Bloch-Wörterbuch

Bloch-Wörterbuch

Leitbegriffe der Philosophie Ernst Blochs

Herausgegeben von
Beat Dietschy
Doris Zeilinger
Rainer E. Zimmermann

De Gruyter

ISBN 978-3-11-048580-6
e-ISBN 978-3-11-025671-0

Library of Congress Cataloging-in-Publication Data
A CIP catalog record for this book has been applied for at the Library of Congress.

Bibliografische Information der Deutschen Nationalbibliothek
Die Deutsche Nationalbibliothek verzeichnet diese Publikation in der Deutschen Nationalbibliografie; detaillierte bibliografische Daten sind im Internet über http://dnb.dnb.de abrufbar.

© 2012 Walter de Gruyter GmbH & Co. KG, Berlin/Boston
Einbandabbildung: Keystone/Hulton Archive/Getty Images
Satz: le-tex publishing services GmbH, Leipzig
Druck: Hubert & Co. GmbH und Co. KG, Göttingen
∞ Gedruckt auf säurefreiem Papier
Printed in Germany
www.degruyter.com

Vorwort

Die *Wörter* Ernst Blochs

Die Philosophie Ernst Blochs ist weder zu seinen Lebzeiten noch nach seinem Tode zureichend rezipiert worden, wenn auch Werk und Wirken von seinen Leipziger und Tübinger Studierenden mit großer Begeisterung aufgenommen worden sind. Durch die 68er-Bewegung hat die blochsche Philosophie der konkreten Utopie vor allem in der Bundesrepublik breitere gesellschaftspolitische Relevanz gewonnen. Dem philosophischen Gesamtentwurf wurde jedoch bisher nicht die ihm gemäße Position eingeräumt.

Abgesehen von Blochs explizit marxistischer Ausrichtung, welche die heutige Rezeption (wenn auch zu Unrecht) erschweren dürfte, ist ein wesentlicher Grund hierfür darin zu sehen, dass die blochsche Philosophie ganz entschieden über die idealistische Systemphilosophie hinausgeht, ohne dabei das hegelsche Erbe und die Einsichten des späten Idealismus, namentlich Schellings, preiszugeben, aber auch ohne die neueren Einsichten des materialistisch orientierten Denkens zu vernachlässigen. Bloch ringt um das Verhältnis von offener materialistischer Philosophie und geschlossenem idealistischen Systemansatz, zugleich das Verhältnis von Transzendenz und Immanenz widerspiegelnd, ebenso das Verhältnis von absurdem Ungrund und ausstehender Rückkehr zum begründenden Grund. Kurz: Er ringt mit einer Metaphysik, die heute nicht mehr als modisch gilt, sich aber zunehmend wieder, wenn auch thematisch gewendet, als Basis modernen Philosophierens erweist. Zudem ist blochsche Philosophie wesentlich ganzheitlich als Theorie-Praxis verfasst, mit wechselseitigem Übergreifen, und das innerhalb eines einzigen Modells, das den Anspruch erhebt, bis in die kleinste Verästelung des praktischen Alltags hinein anwendbar zu sein. Mithin ist blochsche Philosophie auch Existenzphilosophie und bewegt sich insofern in konzeptueller Nähe etwa zum Existenzialismus Sartres. Jedoch überschreitet Bloch die Selbstbegrenzung auf den Bereich der konkreten Sozialität erheblich, indem er die produktive Rolle der (außermenschlichen) Natur für konstitutiv erklärt. Das einzige Buch, in welchem dieser Gesamtzusammenhang blochscher Philosophie wirklich deutlich gemacht und eine Einordnung des blochschen Vorgehens in eine lange historische Denklinie nicht gescheut wird, ist jenes von Hans Heinz Holz, das bereits 1975

(Holz 1975) erschienen ist. Von der Lektüre dieses Buches her erschließt sich zudem die Bedeutung eines modern gewendeten Begriffs der *phantasía kataleptiké*, der geeignet ist, ein erhellendes Licht auf Systematik und Methodik gegenwärtigen Philosophierens zu werfen (vgl. Zimmermann 2004).

Nach einer Neusichtung des Erkenntnisstandes schien es daher mehr als geboten, die konstitutiven Grundbegriffe der blochschen Philosophie aus gegenwärtiger Perspektive in Sicht zu nehmen und sie einer systematischen Explikation zuzuführen. Zielgruppe des Wörterbuchs sind PhilosophInnen und FachwissenschaftlerInnen nicht nur geisteswissenschaftlicher Disziplinen, sondern auch interessierte NaturwissenschaftlerInnen. Da der stringente Zusammenhang zwischen den einzelnen Wissenschaften, Künsten und der Philosophie als der *Wissenschaft vom Gesamtzusammenhang* (Holz) aus dem Blick geraten ist und nicht im Mittelpunkt der medienwirksamen Verbreitung philosophischer Themen steht, ist es nötig, eine Position aufzubauen, welche imstande ist, der weithin einsetzenden Naturalisierung, Logifizierung sowie Ökonomisierung des Denkens entgegenzuarbeiten, damit (auch eine irreführende) Trivialisierung abgewendet und verlorenes Land der Hermeneutik zurückgewonnen werden kann. Gerade der enorme naturwissenschaftliche Erkenntnisfortschritt scheint einen Weg zu einer einheitlichen Theorie von allem zu eröffnen, wie beispielsweise an der starken Konvergenz von Physik, Biologie und Informatik in den letzten Jahren zu erkennen ist. Deutlich wird aber auch, dass jene Theorie von allem lediglich eine Theorie von allem Naturwissenschaftlichen ist und somit nicht wirklich von allem handelt. Insofern gilt es, die ganzheitliche Verfasstheit des Menschen herauszustellen, an deren Wurzel allemal eine systematische wie methodische Harmonisierung von Naturwissenschaften und Geisteswissenschaften liegt.

Obwohl nichtprofessionelle LeserInnen ebenso angesprochen werden sollen, versteht sich das vorliegende Werk als wissenschaftliches Handbuch, das den Stand der Forschung dokumentiert. Das „offene" System Blochs sichtbar zu machen und die Kohärenz der Termini aufzuzeigen, ist ein zentrales Anliegen. Daneben stand der Leitgedanke, Möglichkeiten und Grenzen dieses Denkens auszuloten, seine Intentionen in eigener Sprache neu zu buchstabieren. In dem vorliegenden Band scheint diese Zielsetzung weitgehend erfüllt und die praktische Umsetzung des Programms durchaus gelungen zu sein. Es darf aber nicht darüber hinweggetäuscht werden, dass bei weitem nicht alle blochschen Begriffe so beschaffen sind, dass sie – zumindest im Kreis der versammelten Autorinnen und Autoren bzw. aus der Sicht der Herausgeberin und der Herausgeber – geeignet wären, zu einem einhelligen und von Zweifeln völlig unbelasteten Konsens zu führen. Dieser Umstand sollte auch gar nicht künstlich verborgen werden: Es ist das Kennzeichen wirklich bedeutender Philosophie, dass sie niemals ganz unumstritten und schwerlich einer unauffällig kontinuierlichen Rezeption zu unterliegen geeignet ist. Bloch hat in enzyklopädischer Weise eine Vielzahl von Themen aus den unterschiedlichsten Fachgebieten aufgegriffen und bearbeitet. Hier galt es, der Versuchung zu widerstehen, die ganze Breite seines Werks abbilden zu wollen. Ausgewählt wurden Lemmata, welche in besonderer Weise die Handschrift Blochs tragen und für das Verständnis seines genuin philosophischen Profils von besonderer Bedeutung sind.

Zuletzt gilt es Dank abzustatten: Vor allem ist Prof. Dr. Heiko Hartmann (Berlin) zu danken, der die Idee zu einem Bloch-Wörterbuch, welche vor mehr als zehn Jahren von Dr. Uwe Betz und Dr. Doris Zeilinger (beide Nürnberg) auf der Website der Ernst-Bloch-Assoziation unter Mitwirkung von Autorinnen und Autoren rudimentär realisiert wurde, aufgegriffen hat und das neue Unternehmen *Bloch-Wörterbuch* von Anfang an sehr aktiv befördert und bis zuletzt mit großer Aufmerksamkeit begleitet hat. Dr. Manuela Gerlof und dem Verlag Walter de Gruyter (Berlin) sind wir sehr verbunden für das Engagement und die kompetente Unterstützung. Für redaktionelle Mitwirkung ist Dr. Silvia Mazzini ebenso zu danken wie Dr. Verena Streitenberg und Sinah Marx (alle Berlin). Prof. Dr. Christian Fuchs (Uppsala/Wien) unterstützte uns mit der Einrichtung einer Internetplattform, die als Produktionsmittel für die Manuskripterstellung von allen Beteiligten genutzt werden konnte. Die Herausgeberin und die Herausgeber bedanken sich zudem bei allen Autorinnen und Autoren für ihre Mitwirkung und die Bereitschaft, ihre Beiträge der kritischen Diskussion im Kreis aller Beteiligten zur Verfügung zu stellen. Entstanden ist so ein durchaus facettenreiches Kollektivwerk. Alle etwa noch verbliebenen Fehler oder Unstimmigkeiten gehen gleichwohl zu Lasten der Herausgeberin und der Herausgeber.

Wir widmen das *Bloch-Wörterbuch* Prof. Dr. Dr. h.c. Hans Heinz Holz (1927–2011). Er hat mit seinen Publikationen viel zum besseren Verständnis der philosophischen Kerngedanken seines Lehrers Ernst

Bloch beigetragen. Dies kommt auch in den beiden Artikeln „Metaphysik" und „Spekulativer Materialismus" zum Ausdruck, die er trotz Krankheit für dieses Wörterbuch noch fertig stellen konnte.

Beat Dietschy *Doris Zeilinger* *Rainer E. Zimmermann*

Inhalt

Verzeichnis der abgekürzt zitierten Literatur XIII

Bloch-Wörterbuch 1

Antizipation 3
Jan Rehmann

Ästhetik 13
Francesca Vidal

Atheismus 38
Heiko Hartmann

Augenblick, Dunkel des gelebten Augenblicks 51
Werner Jung

Dialektik 60
Annette Schlemm

Entfremdung 84
Hans-Ernst Schiller/Ivan Boldyrev

Ethik 102
Hans-Ernst Schiller

Fortschritt 131
Peter Zudeick

Freiheit 144
Hans-Ernst Schiller

Front 161
Johan Siebers

Grund 165
Johan Siebers

Heimat 168
Gerd Koch

Inhalt

Hoffnung 189
Francesca Vidal

Intensität 212
Volker Schneider

Kältestrom – Wärmestrom 224
Silvia Mazzini

Latenz 232
Doris Zeilinger

Logos, Logikon 242
Johan Siebers

Marxismus 247
Wolfgang Fritz Haug

Materie 265
Peter Zudeick

Mensch 275
Peter Thompson

Metaphysik 283
Hans Heinz Holz

Möglichkeit 302
Werner Jung

Multiversum 310
Beat Dietschy/Rainer E. Zimmermann

Natur 324
Doris Zeilinger

Naturallianz, Allianztechnik 349
Rainer E. Zimmermann

Naturrecht 360
Rainer E. Zimmermann

Natursubjekt 374
Rainer E. Zimmermann

Noch-Nicht 403
Johan Siebers

Novum 412
Johan Siebers

Objektive Phantasie 416
Silvia Mazzini

Prozess 434
Annette Schlemm

Raum 449
Volker Schneider

Realisierung des Realisierenden 464
Manfred Klein

Revolution 472
Wilfried Korngiebel

Spekulativer Materialismus 483
Hans Heinz Holz

Spuren 508
Laura Boella

Subjekt – Objekt...514
Annette Schlemm

Substanz, Substanzialität 541
Rainer E. Zimmermann

Tendenz..555
Doris Zeilinger

Theorie – Praxis 567
Martin Blumentritt

Traum 578
Heiko Hartmann

Ultimum...582
Johan Siebers

Ungleichzeitigkeit, Gleichzeitigkeit, Übergleichzeitigkeit 589
Beat Dietschy

Utopie 633
Peter Zudeick

Vor-Schein..664
Werner Jung

Zeit 673
Heiko Hartmann

Literaturverzeichnis 679

Verzeichnis der Mitarbeiterinnen und Mitarbeiter 731

Register 737

Verzeichnis der abgekürzt zitierten Literatur

a) Lexika, Wörterbücher

ÄG = Josef Früchtl: Schein, in: Ästhetische Grundbegriffe. Historisches Wörterbuch in sieben Bänden, hrsg. von Karlheinz Barck u. a., Bd. 5, Stuttgart/Weimar 2003, S. 365–390.
DaHa = Arsène Darmesteter, Adolphe Hatzfeld: Dictionnaire général de la langue francaise, Paris 1895–1900, Nachdruck Paris 1964, Bd. 2.
DW = Jacob und Wilhelm Grimm: Deutsches Wörterbuch, 33 Bde., München 1984 (Nachdruck der Erstausgabe, 16 Bde., Leipzig 1922).
DW 4 = Jacob und Wilhelm Grimm: Deutsches Wörterbuch, Bd. 4 (= Bd. IV, I, 1)
DW 10 = Jacob und Wilhelm Grimm: Deutsches Wörterbuch, Bd. 10 (= Bd. IV, 2)
DW 25 = Jacob und Wilhelm Grimm: Deutsches Wörterbuch, Bd. 25 (= Bd. XII, 1)
DW 27 = Jacob und Wilhelm Grimm: Deutsches Wörterbuch, Bd. 27 (= Bd. XIII)
EEP = Europäische Enzyklopädie zu Philosophie und Wissenschaft, hrsg. von Hans Jörg Sandkühler, 4 Bde., Hamburg 1990.
EP = Hans Jörg Sandkühler (Hrsg.): Enzyklopädie Philosophie, 2 Bde., Hamburg 1999.
EPW = Enzyklopädie Philosophie und Wissenschaftstheorie, hrsg. von Jürgen Mittelstrass, 4 Bde., Stuttgart/Weimar 1995/1996.
HPhG = Handbuch philosophischer Grundbegriffe, hrsg. von Hermann Krings, Hans Michael Baumgartner u. Christoph Wild, 6 Bde., München 1973.
HWP = Historisches Wörterbuch der Philosophie, hrsg. von Joachim Ritter, Karlfried Gründer u. Gottfried Gabriel, 13 Bde., Basel 1971–2007.
HKWM =Historisch-kritisches Wörterbuch des Marxismus, hrsg. von Georges Labica u. Gérard Bensussan, dt. Fassung hrsg. von Wolfgang Fritz Haug und Peter Jehle, Berlin 1983ff.
HR = Wörterbuch der antiken Philosophie, hrsg. von Christoph Horn u. Christof Rapp, München 2002.
LChM = Lexikon der christlichen Moral, hrsg. von Karl Hörmann, Innsbruck u. a. 1976.

LThK = Lexikon für Theologie und Kirche, hrsg. von Walter Kasper, 11 Bde., 3. Aufl., Freiburg i. Br. u. a. 1993–2001.
PAUL 2002 = Hermann PAUL: Deutsches Wörterbuch, Tübingen 2002.
PWB = Philosophisches Wörterbuch, hrsg. von Georg Klaus u. Manfred Buhr, Leipzig 1976.
RGG = Die Religion in Geschichte und Gegenwart. Handwörterbuch für Theologie und Religionswissenschaft, 3. Auf., 6 Bde. u. Registerbd., hrsg. von Kurt Galling, Tübingen 1957.
TlF = Trésor de la langue Française, Bd. 10, Paris 1983.
TRE = Theologische Realenzyklopädie, hrsg. von Gerhard Krause u. Gerhard Müller, 36 Bde., Berlin/New York 1977–2004.
WPB = Wörterbuch der philosophischen Begriffe, hrsg. von Johannes Hoffmeister, Hamburg 1955.
WPBa = Wörterbuch der philosophischen Begriffe, vollständig neu hrsg. von Armin Regenbogen u. Uwe Meyer, Hamburg 1998.

b) Bloch

Gesamtausgabe:
AiC = Atheismus im Christentum. Zur Religion des Exodus und des Reichs (Gesamtausgabe Bd. 14).
EdZ = Erbschaft dieser Zeit (Gesamtausgabe Bd. 4).
EM = Experimentum Mundi. Frage, Kategorien des Herausbringens, Praxis (Gesamtausgabe Bd. 15).
GdU 1 = Geist der Utopie. Erste Fassung (Gesamtausgabe Bd. 16).
GdU 2 = Geist der Utopie. Bearbeitete Neuauflage der zweiten Fassung von 1923 (Gesamtausgabe Bd. 3).
LA = Literarische Aufsätze (Gesamtausgabe Bd. 9).
NmW = Naturrecht und menschliche Würde (Gesamtausgabe Bd. 6).
MP = Das Materialismusproblem, seine Geschichte und Substanz (Gesamtausgabe Bd. 7)
PA = Philosophische Aufsätze zur objektiven Phantasie (Gesamtausgabe Bd. 10).
PH = Das Prinzip Hoffnung (Gesamtausgabe Bd. 5).
PM = Politische Messungen, Pestzeit, Vormärz (Gesamtausgabe Bd. 11)
SO = Subjekt – Objekt. Erläuterungen zu Hegel. Erweiterte Ausgabe (Gesamtausgabe Bd. 8)

SP = Spuren (Gesamtausgabe Bd. 1)
TE = Tübinger Einleitung in die Philosophie (Gesamtausgabe Bd. 13)
TM = Thomas Münzer als Theologe der Revolution (Gesamtausgabe Bd. 2).
TLU = Tendenz – Latenz – Utopie (Ergänzungsband zur Gesamtausgabe, Frankfurt a. M. 1985).
ZW = Zwischenwelten in der Philosophiegeschichte (Gesamtausgabe Bd. 12)

Sonstige Werke:
Augenblick = Ernst BLOCH: Der unbemerkte Augenblick. Feuilletons für die Frankfurter Zeitung 1916–1934, hrsg. von Ralf Becker, Frankfurt a. M. 2007.
AvU = Ernst BLOCH: Abschied von der Utopie? Vorträge, hrsg. von Hanna Gekle, Frankfurt a. M. 1980.
BL = Ernst BLOCH und Georg LUKÁCS. Dokumente zum 100. Geburtstag, hrsg. von Miklós Mesterházi u. György Mezei, Budapest 1984.
BLOCH 1906 = Ernst BLOCH: Über das Problem Nietzsches, in: Das freie Wort, Nr. 6, Frankfurt a. M. 1906.
BLOCH 1919 = Ernst BLOCH: Vademecum für heutige Demokraten, Bern 1919.
BLOCH 1924 = Ernst BLOCH: Hitlers Gewalt, in: Das Tage-Buch, H. 15, April 1924.
BLOCH 1935 = Ernst BLOCH: Erbschaft dieser Zeit, Zürich 1935.
BLOCH 1952 = Ernst BLOCH: Avicenna und die Aristotelische Linke, Berlin 1952.
BLOCH 1955 = Ernst BLOCH: Differenzierungen im Begriff Fortschritt, in: Sitzungsberichte der deutschen Akademie der Wissenschaften, Klasse für Philosophie, Geschichte, Staats-, Rechts- und Wirtschaftswissenschaften, Jg. 1955, Nr. 5, Berlin 1956, S. 1–44.
BLOCH 1959 = Ernst BLOCH: Über Eigenes selber, in: Morgenblatt für Freunde der Literatur, Sondernummer Ernst Bloch, Nr. 14 vom 2.11.1959, Frankfurt a. M.
BLOCH 1961 = Ernst BLOCH: Naturrecht und menschliche Würde. Rundfunkvortrag 1961, in: Bloch-Almanach, 5. Folge, hrsg. von Karlheinz Weigand, Baden-Baden 1985, S. 165–178.
BLOCH 1964a = Ernst BLOCH: Hoffnung mit Trauerflor. Ein Gespräch mit Jürgen Rühle, in: Gespräche, S. 13–27.

BLOCH 1964b = Ernst BLOCH: Etwas fehlt... Über die Widersprüche der utopischen Sehnsucht. Ein Gespräch mit Theodor W. Adorno, Gesprächsleiter: Horst Krüger, in: Gespräche, S. 58–77.

BLOCH 1964c = Ernst BLOCH: Etwas fehlt ... Über die Widersprüche der utopischen Sehnsucht, in: Viele Kammern im Welthaus, hrsg. Friedrich Dieckmann u. Jürgen Teller unter Mitarbeit von Elke Uhl, Frankfurt a. M. 1994, S. 687–703.

BLOCH 1965 = Ernst BLOCH: Wirklichkeit: Mensch und Möglichkeit, in: Bloch-Almanach 18, hrsg. von Karlheinz Weigand, Mössingen-Talheim 1999, S. 9–27.

BLOCH 1966 = Ernst BLOCH: Hoffen ohne Glauben, in: Bloch-Almanach 13, hrsg. von Karlheinz Weigand, Baden-Baden 1993, S. 9–32.

BLOCH 1970 = Ernst BLOCH: Die Utopie ist eine philosophische Kategorie unseres Zeitalters, in: TAG, S. 121–126.

BLOCH 1971 = Ernst BLOCH: Utopien des kleinen Mannes und andere Tagträume. Ein Gespräch mit Gerd Ueding, in: Gespräche, S. 41–57.

BLOCH 1974 = Ernst BLOCH: Utopische Funktion im Materialismus, in: Gespräche, S. 269–299.

BLOCH 1974a = Ernst BLOCH: „Die Welt bis zur Kenntlichkeit verändern." Gespräch mit Ernst Bloch, in: Arno Münster (Hrsg.): Tagträume vom aufrechten Gang. Sechs Interviews mit Ernst Bloch, Frankfurt a. M. 1977, S. 20–100.

BLOCH 1974b = Ernst BLOCH: Zum Begriff des Materialismus. Interview mit Marlis Gerhardt, SDR, Sendung vom 28.10.1974.

BLOCH 1974c = Ernst BLOCH: „„Geist der Utopie"". Interview mit Francesco Coppellotti, in: TAG, S. 162–171.

BLOCH 1975 = Ernst BLOCH: Experimentum Mundi. Hoffnung als Wissenschaft. Ein Gespräch mit Hans Ohly u. Leonhard Reinisch, in: Gespräche, S. 260–266.

BLOCH/EISLER 1978 = Ernst BLOCH, Hanns EISLER: Die Kunst zu erben, in: Die Expressionismusdebatte. Materialien zu einer marxistischen Realismuskonzeption, hrsg. von Hans-Jürgen Schmidt, 3. Aufl., Frankfurt a. M. 1978.

BLOCH 1981 = Ernst BLOCH: Gespräch über die Hoffnung (Fernsehdiskussion 12.5.1967). Von Ernst Bloch u. Gabriel Marcel. Bloch-Almanach 1, hrsg. von Karlheinz Weigand, Baden-Baden 1981, S. 117–128.

BLOCH 1992 = Ernst BLOCH: Gedanken über religiöse Dinge, in: Bloch-Alamanach 12/1992, hrsg. von Karlheinz Weigand, Ludwigshafen 1992.
BLOCH/HOLZ 2010 = Ernst BLOCH, Hans Heinz HOLZ: System und Fragment, ein Fernsehgespräch, in: Silvia Markun: Ernst Bloch, eine Monografie, Halle 2010. (Neuausgabe der rororo Bildmonografie von 1977).
Br. I = Briefe 1903–1975, Erster Bd., hrsg. von Karola Bloch u. a., Frankfurt a. M. 1985.
Br. II = Briefe 1903–1975, Zweiter Bd., hrsg. von Karola Bloch u. a., Frankfurt a. M. 1985.
DdW 1 = Ernst BLOCH: Durch die Wüste. Kritische Essays, Berlin 1923.
DdW 2 = Ernst BLOCH: Durch die Wüste. Frühe kritische Aufsätze, Frankfurt a. M. 1964.
FD = Ernst BLOCH: Fabelnd Denken. Essayistische Texte aus der Frankfurter Zeitung, hrsg. von Gerd Ueding, Tübingen 1997.
FLK = Ernst BLOCH: Für Leo Kofler, in: Ders. (Hrsg.): Marxismus und Anthropologie. Festschrift für Leo Kofler, Bochum 1980, S. 27–29.
GdU 1923 = Ernst BLOCH: Geist der Utopie, Berlin 1923.
Gespräche = Gespräche mit Ernst Bloch, hrsg. von Rainer Traub u. Harald Wieser, Frankfurt a. M. 1975.
Hasard = Ernst BLOCH: Vom Hasard zur Katastrophe. Politische Aufsätze aus den Jahren 1934–1939, Frankfurt a. M. 1972.
KE = Ernst BLOCH: Kritische Erörterungen über Rickert und das Problem der Erkenntnistheorie, Ludwigshafen 1909.
KnK = Ernst BLOCH: Kampf, nicht Krieg. Politische Schriften 1917–1919, hrsg. von Martin Korol, Frankfurt a. M. 1985.
LdM = Ernst BLOCH: Logos der Materie. Eine Logik im Werden. Aus dem Nachlass 1923–1949, hrsg. von Gerardo Cunico, Frankfurt a. M. 2000.
LV = Ernst BLOCH: Leipziger Vorlesungen zur Geschichte der Philosophie 1950–1956, hrsg. von Ruth Römer u. Burghart Schmidt, 4 Bde., Frankfurt a. M. 1985.
MDR = Ernst BLOCH: Marx als Denker der Revolution, in: Ders. u. a.: Marx und die Revolution, Frankfurt a. M. 1970, S. 7–11.
MSH = Ernst BLOCH: Über Methode und System bei Hegel, Frankfurt a. M. 1970.

PH I = Ernst BLOCH: Das Prinzip Hoffnung, Bd. I, Berlin (Ost) 1953.
PH II = Ernst BLOCH: Das Prinzip Hoffnung, Bd. II, Berlin (Ost) 1955.
PH III = Ernst BLOCH: Das Prinzip Hoffnung, Bd. III, Berlin (Ost) 1956.
SO 1951 = Ernst BLOCH: Subjekt – Objekt. Erläuterungen zu Hegel, Berlin (Ost) [1949] 1951.
TAG = Tagträume vom aufrechten Gang. Sechs Interviews mit Ernst Bloch, hrsg. von Arno Münster, Frankfurt a. M. 1977.

c) Weitere Autoren

Aristoteles:
MM = ARISTOTELES: Magna Moralia, hrsg. von Franz Dirlmeier, Berlin 1983.
MP = ARISTOTELES: Metaphysik, Berlin 1960.
MPh = ARISTOTELES: Metaphysica, hrsg. von Thomas Alexander Szlezák, Berlin 2003.
Mphy = ARISTOTELES: Metaphysik, in: Philosophische Schriften in sechs Bänden, Bd. 5, nach der Übersetzung von Hermann Bonitz, bearb. von Horst Seidl, Hamburg/Darmstadt 1995.
NE = ARISTOTELES: Nikomachische Ethik, hrsg. von Lasson, Jena 1909.
NEa = ARISTOTELES: Die Nikomachische Ethik. Griechisch-deutsch, übers. v. Olof Gigon, Düsseldorf/Zürich 2001.
Organon = ARISTOTELES: Organon, Zweite Analytiken oder: Lehre vom Erkennen, übersetzt u. erläutert von J. H. von Kirchmann, Leipzig, o. J., S. 1–102.
Physik = ARISTOTELES: Physik, übersetzt u. mit Anmerkungen begleitet von C. H. Weiße, Leipzig 1829.
Physik 1995 = ARISTOTELES: Physik, in: Philosophische Schriften in 6 Bänden, Bd. 6, Hamburg/Darmstadt 1995, S. 1–258.
Topik = ARISTOTELES: Topik, übersetzt u. erläutert von J. H. von Kirchmann, Heidelberg 1882.
ÜS = ARISTOTELES: Über die Seele, Darmstadt 1979.
ARISTOTELES 1987/88 = ARISTOTELES: Physik, 2 Bde., Hamburg 1987/88.
ARISTOTELES 1989: ARISTOTELES: Metaphysik, 2 Bde., Hamburg 1989.

ARISTOTELES 1995 = ARISTOTELES: Rhetorik, übersetzt, mit einer Bibliographie, Erläuterungen u. einem Nachwort von Franz G. Sieveke, 5. Auflage, München 1995.

ARISTOTELES 2004 = ARISTOTELES: De memoria et reminiscentia, übersetzt u. erläutert von Richard A. H. King, in: Werke in deutscher Übersetzung, hrsg. von Hellmut Flashar, Bd. 14, Teil 2, Darmstadt 2004.

Fichte:

FW = Johann Gottlieb FICHTES sämmtliche Werke, hrsg. von I. H. Fichte, 8 Bde., Berlin 1845/1846.

FW 1 = FICHTE 1794/95 = Johann Gottlieb FICHTE: Grundlage der gesammten Wissenschaftslehre, in: Ders.: Werke, Bd. 1, hrsg. von I. H. Fichte, Bd. 1–8, Berlin 1845/1846, S. 85–411.

FGA = Johann Gottlieb FICHTE: Gesamtausgabe der Bayerischen Akademie der Wissenschaften, hrsg. von Reinhard Lauth †, Hans Gliwitzky †, Hans Jacob †, Erich Fuchs, Peter K. Schneider u. Günter Zöller, 42 Bde, 1962ff.

FGA I/1 = Johann Gottlieb FICHTE: Versuch einer Critik aller Offenbarung.

FGA I/2 = Johann Gottlieb FICHTE: Grundlage der gesamten Wissenschaftslehre.

FGA I/5 = Johann Gottlieb FICHTE: Das System der Sittenlehre.

FGA I/7 = Johann Gottlieb FICHTE: Der geschloßne Handelsstaat.

FGA II/3 = Johann Gottlieb FICHTE: Eigne Meditationen über Elementarphilosophie.

Hegel:
Suhrkamp

HW = Georg Wilhelm Friedrich HEGEL: Werke in 20 Bänden, Frankfurt a. M. 1970.

HW 3 = Georg Wilhelm Friedrich HEGEL: Phänomenologie des Geistes, Werke Bd. 3.

HW 5 = Georg Wilhelm Friedrich HEGEL: Wissenschaft der Logik I, Werke Bd. 5.

HW 6 = Georg Wilhelm Friedrich HEGEL: Wissenschaft der Logik II, Werke Bd. 6.

HW 7 = Georg Wilhelm Friedrich HEGEL: Grundlinien der Philosophie des Rechts oder Naturrecht und Staatswissenschaft im Grundrisse, Werke Bd. 7.

HW 8 = Georg Wilhelm Friedrich HEGEL: Enzyklopädie der philosophischen Wissenschaften im Grundrisse. Erster Teil, Werke Bd. 8.
HW 9 = Georg Wilhelm Friedrich HEGEL: Enzyklopädie der philosophischen Wissenschaften im Grundrisse. Zweiter Teil, Werke Bd. 9.
HW 10 = Georg Wilhelm Friedrich HEGEL: Enzyklopädie der philosophischen Wissenschaften im Grundrisse. Dritter Teil, Werke Bd. 10.
HW 12 = Georg Wilhelm Friedrich HEGEL: Vorlesungen über die Philosophie der Geschichte, Werke Bd. 12.
HW 13 = Georg Wilhelm Friedrich HEGEL: Vorlesungen über die Ästhetik I, Werke Bd. 13.
HW 19 = Georg Wilhelm Friedrich HEGEL: Vorlesungen über die Geschichte der Philosophie II, Werke Bd. 19.

Sonstige

HEGEL JS II = Georg Wilhelm Friedrich HEGEL: Jenaer Systementwürfe II. Logik, Metaphysik, Naturphilosophie, neu hrsg. von Rolf-Peter Horstmann, Hamburg 1982.
HEGEL 1987 = Georg Wilhelm Friedrich HEGEL: Jenaer Systementwürfe III: Naturphilosophie und Philosophie des Geistes, Hamburg 1987.

Kant:
Weischedel:
KW = Immanuel KANT: Werke in zehn Bänden, hrsg. von Wilhelm Weischedel, Wiesbaden/Darmstadt 1957/1983.
KW 3 = Immanuel KANT: Kritik der reinen Vernunft. Erster Teil, Werke 3.
KW 4 = Immanuel KANT: Kritik der reinen Vernunft. Zweiter Teil, Werke 4.
KW 5 = Immanuel KANT: Logik, Werke 5, S. 421–582.
KW 6 = Immanuel KANT: Kritik der praktischen Vernunft, Werke 6, S. 107–302.
KW 7 = Immanuel KANT: Metaphysik der Sitten, Werke 7, S. 309–634.
KW 8 = Immanuel KANT: Kritik der Urteilskraft, Werke 8, S. 237–620.
KW 10 = Immanuel KANT: Anthropologie in pragmatischer Hinsicht, Werke 10, S. 399–690.

Akademie-Ausgabe

KAA = Immanuel KANT: Gesammelte Schriften, hrsg. von der Preußischen Akademie der Wissenschaften (Bd. 1–22), Deutschen Akademie der Wissenschaften zu Berlin (Bd. 23), Akademie der Wissenschaften zu Göttingen (ab Bd. 24), Berlin 1900ff.

KAA/2 NG = Immanuel KANT: Versuch den Begriff der negativen Größen in die Weltweisheit einzuführen (1763), Bd. 2, S. 165–204.

KAA/3 KrV = Immanuel KANT: Kritik der reinen Vernunft (1787), Bd. 3.

KAA/4 G = Immanuel KANT: Grundlegung zur Metaphysik der Sitten (1785), Bd. 4, S. 385–463.

KAA/4 KrV = Immanuel KANT: Kritik der reinen Vernunft (1781), Bd. 4, S. 1–252.

KAA/4 MAN = Immanuel KANT: Metaphysische Anfangsgründe der Naturwissenschaft (1786), Bd. 4, S. 465–565.

KAA/4 PKM = Immanuel KANT: Prolegomena zu einer jeden künftigen Metaphysik, die als Wissenschaft wird auftreten können (1783), Bd. 4, S. 253–383.

KAA/5, KpV = Immanuel KANT: Kritik der praktischen Vernunft (1788), Bd. 5, S. 1–163.

KAA/7, SF = Immanuel KANT: Der Streit der Facultäten (1798), Bd. 7, S. 1–115.

KAA/18, MPh2 = Immanuel KANT: Metaphysik. Zweiter Teil (Handschriftlicher Nachlass), Bd. 18.

Lenin:

LW = Vladimir Iljic LENIN: Werke, 40 Bde., 2 Ergänzungsbände, Register, Vergleichendes Inhaltsverzeichnis, Berlin 1960ff.

KBnF = Vladimir Iljic LENIN: Kritische Bemerkungen zur nationalen Frage, Bd. 20.

Kommunismus = Vladimir Iljic LENIN: Kommunismus, Bd. 31.

RnF = Vladimir Iljic LENIN: Resolution zur nationalen Frage, Bd. 19.

SASI = Vladimir Iljic LENIN: Stellung und Aufgaben der Sozialistischen Internationale, Bd. 21.

SuR = Vladimir Iljic LENIN: Staat und Revolution, Bd. 25.

Marx/Engels:
MEW = Karl MARX/Friedrich ENGELS: Werke (MEW), 43 Bde., Berlin 1956ff.
AB = Karl MARX: Der achtzehnte Brumaire des Louis Bonaparte, MEW 8, Berlin 1972.
AD = Friedrich ENGELS: Herrn Eugen Dühring's Umwälzung der Wissenschaft, MEW 20.
BiF = Karl MARX: Der Bürgerkrieg in Frankreich, MEW 17.
BJ = Karl MARX: Betrachtung eines Jünglings bei der Wahl eines Berufes (1835), in: Karl Marx und Friedrich Engels, Werke, Berlin 1990, Bd. 40, S. 591–594.
DB = Friedrich ENGELS: Der deutsche Bauernkrieg, MEW 7.
DdN = Friedrich ENGELS: Dialektik der Natur, MEW 20.
DFJ = Karl MARX: Deutsch-französische Jahrbücher, MEW 1.
DI = Karl MARX/Friedrich ENGELS: Die deutsche Ideologie, MEW 3.
EKPÖ = Karl MARX: Einleitung zur Kritik der politischen Ökonomie, MEW 13.
Enthüllungen = Karl MARX: Nachwort [zu „Enthüllungen über den Kommunisten-Prozeß zu Köln"], MEW 18.
ES = Friedrich ENGELS: Die Entwicklung des Sozialismus von der Utopie zur Wissenschaft, MEW 19.
EZ = Friedrich ENGELS: Die englische Zehnstundenbill, MEW 7.
G = Karl MARX: Grundrisse zur Kritik der politischen Ökonomie, MEW 42.
HF = Karl MARX/Friedrich ENGELS: Die heilige Familie oder Kritik der kritischen Kritik gegen Bruno Bauer und Konsorten, MEW 2.
J = Karl MARX: Zur Judenfrage, MEW 1, S. 347–377.
K I = Karl MARX: Das Kapital, Bd. 1, MEW 23.
K III = Karl MARX: Das Kapital Bd. 3, MEW 25.
KHRE = Karl MARX: Zur Kritik der Hegelschen Rechtsphilosophie. Einleitung, MEW 1.
KHSt = Karl MARX: Zur Kritik der Hegelschen Rechtsphilosophie. Kritik des Hegelschen Staatsrechts, MEW 1.
KPÖ = Karl MARX: Zur Kritik der Politischen Ökonomie, MEW 13.
LF = Friedrich ENGELS: Ludwig Feuerbach und der Ausgang der klassischen deutschen Philosophie, MEW 21.
MaR = Karl MARX: M. an R. [Marx an Ruge], Briefe aus den Deutsch-Französischen Jahrbüchern, MEW 1.

MK = Karl MARX: Die moralisierende Kritik und die kritisierende Moral, MEW 4.
MKP = Karl MARX/Friedrich ENGELS: Das Manifest der kommunistischen Partei, MEW 4.
ÖpM = Karl MARX: Ökonomisch-philosophische Manuskripte, MEW 40 (auch: Ergänzungsbd., Erster Teil).
OS = Karl MARX: Brief an die Redaktion der „Otetschestwennyje Sapiski", MEW 19.
RG = Karl MARX: Randglossen zu Adolph Wagners „Lehrbuch der politischen Ökonomie", MEW 19.
RKD = Karl MARX/Friedrich ENGELS: Revolution und Konterrevolution in Deutschland, MEW 8.
ThF = Karl MARX: Thesen über Feuerbach, MEW 3.
VzrAMKP = Karl MARX/Friedrich ENGELS: Vorrede zur zweiten russischen Ausgabe des „Manifests der Kommunistischen Partei", MEW 19.
ZgK = Karl MARX/Friedrich ENGELS: [Zirkular gegen Kriege] (1846), MEW 4.

Platon:
PHAIDROS = PLATON: Phaidros, in: Sämtliche Werke, hrsg. von Erich Loewenthal, mit bio-bibliographischem Bericht von Bernd Henninger u. editorischem Nachwort von Michael Assmann, Berlin 1940, Bd. 2, S. 409–480.
PHILEBOS = PLATON: Philebos, in: Sämtliche Werke, hrsg. von Karlheinz Hülser, nach der Übersetzung von Friedrich Schleiermacher, Frankfurt a. M. 1991, Bd. 8.
SOPHIST = PLATON: Sophist, in: Sämtliche Werke, hrsg. von Erich Loewenthal, mit bio-bibliographischem Bericht von Bernd Henninger u. editorischem Nachwort von Michael Assmann, Berlin 1940, Bde. 2 u. 3, S. 663 (Bd. 2) –215 (Bd. 3).
STAAT = PLATON: Der Staat, in: Sämtliche Werke, hrsg. von Erich Loewenthal, mit bio-bibliographischem Bericht von Bernd Henninger u. editorischem Nachwort von Michael Assmann, Berlin 1940, Bd. 2, S. 5–407.
TIMAIOS = PLATON: Timaios, in: Sämtliche Werke, hrsg. von Karlheinz Hülser, nach der Übersetzung von Friedrich Schleiermacher, Frankfurt a. M. 1991, Bd. 8.

Schelling:
SW = Schelling Karl F. August
SW = Friedrich Wilhelm Joseph SCHELLING: Sämmtliche Werke, hrsg. von Karl F. August Schelling, I. Abtheilung: Bde. 1–10; II. Abtheilung: Bde. 1–4, Stuttgart/Augsburg 1856–1861.
SW I/1 = Friedrich Wilhelm Joseph SCHELLING: Neue Deduktion des Naturrechts, Werke I/1 (1856), S. 245–280.
SW I/1 = Friedrich Wilhelm Joseph SCHELLING: Philosophische Briefe über Dogmatismus und Kritizismus, Werke I/1 (1856), S. 280–341.
SW I/2 = Friedrich Wilhelm Joseph SCHELLING: Ideen zu einer Philosophie der Natur, Werke I/2 (1857), S. 1–343.
SW I/3 = Friedrich Wilhelm Joseph SCHELLING: Einleitung zu dem Entwurf eines Systems der Naturphilosophie, Werke I/3 (1858), S. 269–326.
SW I/3 = Friedrich Wilhelm Joseph SCHELLING: System des transcendentalen Idealismus, Werke I/3 (1858), S. 327–634.
SW I/4 = Friedrich Wilhelm Joseph SCHELLING: Darstellung meines Systems der Philosophie, Werke I/4 (1859), S. 105–212.
SW I/5 = Friedrich Wilhelm Joseph SCHELLING: Vorlesungen über die Methode des akademischen Studiums, Werke I/5 (1859), S. 207–352.
SW I/6 = Friedrich Wilhelm Joseph SCHELLING: System der gesamten Philosophie und der Naturphilosophie insbesondere, Werke I/6 (1860), S. 131–576.
SW I/7 = Friedrich Wilhelm Joseph SCHELLING: Philosophische Untersuchungen über das Wesen der menschlichen Freiheit und die damit zusammenhängenden Gegenstände, Werke I/7 (1860), S. 331–416.
SW I/9 = Friedrich Wilhelm Joseph SCHELLING: Clara oder über den Zusammenhang der Natur mit der Geisterwelt, Werke I/9 (1861), S. 1–110.
SW I/10 = Friedrich Wilhelm Joseph SCHELLING: Darstellung des Naturprozesses, Werke I/10 (1861), S. 301–390.

SWBG = Schelling Wissenschaftliche Buchgesellschaft
SWBG = Friedrich Wilhelm Joseph SCHELLING: Schriften 1967ff.
SWBG 1799 = Friedrich Wilhelm Joseph SCHELLING: Einleitung zu dem Entwurf eines Systems der Naturphilosophie (Werke Bd. I/3), in: Schriften von 1799–1801, Darmstadt 1975, S. 269–326.

SWBG 1801 = Friedrich Wilhelm Joseph SCHELLING: Darstellung meines Systems der Philosophie (Werke Bd. I/4), in: Schriften von 1801–1804, Darmstadt 1973, S. 1–108.

SAA = Schelling Akademie-Ausgabe
SAA = Friedrich Wilhelm Joseph SCHELLING: Historisch-kritische Ausgabe, im Auftrag der Schelling-Kommission der Bayerischen Akademie der Wissenschaften hrsg. von Jörg Jantzen, Thomas Buchheim, Wilhelm G. Jacobs u. Siegbert Peetz, Stuttgart. 1976ff.
SAA I/2 = Friedrich Wilhelm Joseph SCHELLING: Vom Ich als Princip der Philosophie oder über das Unbedingte im menschlichen Wissen, Bd. I/2.
SAA I/3 = Friedrich Wilhelm Joseph SCHELLING: Philosophische Briefe über Dogmatismus und Kriticismus, Bd I/3.

Sonstige
SCHELLING INIT = Friedrich Wilhelm Joseph SCHELLING: Initia philosophiae universae, Erlanger Vorlesung WS 1820/ 21, hrsg. u. komm. von Horst Fuhrmans, Bonn 1969.
SCHELLING StPVL: Friedrich Wilhelm Joseph SCHELLING: Stuttgarter Privatvorlesungen, hrsg. von Miklos Vetö, Turin 1973.

Spinoza:
Ethik = Baruch de SPINOZA: Die Ethik nach geometrischer Methode dargestellt, übersetzt u. mit Anmerkungen versehen von Otto Baensch, Sämtliche Werke Bd. 2, Hamburg 1994.
Ethik 1975 = Baruch de SPINOZA: Ethik, aus dem Lateinischen von Jakob Stern, hrsg. von Helmut Seidel, Leipzig 1975.
SPINOZA 1999 = Baruch de SPINOZA: Ethik, Hamburg 1999.
SPINOZA 2006 = Baruch de SPINOZA: Werke in drei Bänden, hrsg. von Wolfgang Bartuschat, Bd. 1, Hamburg 2006.
SPINOZA 2008 = Baruch de SPINOZA: Ethik. Teil 3: Über den Ursprung und die Natur der Affekte, Norderstedt 2008.

Bloch-Wörterbuch

Antizipation

Antizipation erhält bei Bloch v. a. im *Prinzip Hoffnung* die Stellung eines anthropologischen Grundbegriffs. Als subjektives Korrelat eines „Noch-Nicht-Gewordenen" in der gesellschaftlichen Wirklichkeit bezeichnet er die allgemeine menschliche Fähigkeit, Zukünftiges vorwegzunehmen, es zielhaft „vor"-zu-haben. Sie ist triebtheoretisch bereits im Hunger verankert, erstreckt sich von den kleinen Tagträumen bis zu den literarisch ausgearbeiteten Zukunftsentwürfen und liegt sowohl den abstrakten Utopien (*u-topos*, ‚Nicht-Ort') als auch den dialektisch mit Gesellschaftskritik vermittelten „konkreten Utopien" zugrunde. Der Begriff orientiert darauf, nach den Antrieben und Bildern menschlicher Selbstbefreiung und ihrer Verankerung in den alltäglichen Auseinandersetzungen zu suchen. Damit markiert er eine Schlüsselfrage von Befreiungstheorien: An der Verbindung von Gesellschaftskritik und überzeugender Antizipation einer alternativen Gesellschaft entscheidet sich die Zukunftsfähigkeit emanzipatorischer Bewegungen und Parteien.

Dem lateinischen *anticipatio* liegt der griechische Begriff der *prolepsis* (πρόλεπσις, ‚Vorgriff', ‚Vorwegnahme') zugrunde, den z. B. Epikur als eine aus Wahrnehmungen gewonnene Vorstellung bestimmt, die als Vor-Bild „zur Voraussetzung sinnvollen Suchens oder Auffindens wird" (Diogenes Laertius 1999, X 33). Bloch wird diese Wortbedeutung aufnehmen und sie sukzessive mit den zentralen Kategorien seiner Philosophie, insbesondere mit dem *Noch-Nicht-Bewussten*, der *utopischen Funktion*, dem *utopischen Überschuss*, dem *Transzendieren* und dem *Vor-Schein* verbinden.

Die Versuche, Blochs Utopie- und Antizipationskonzept aus einer geistesgeschichtlichen Tradition herzuleiten, haben zahlreiche Zuordnungen hervorgebracht, deren Gewichtung sich als außerordentlich schwierig erweist. Theologische Spurensuche tendiert dazu, die blochsche Zukunftserwartung aus Traditionen des jüdischen Messianismus, der christlichen Eschatologie, der Mystik oder auch des Gnostizismus zu erklären. Moltmann zufolge hat Bloch die eschatologische Hoffnung sowohl des Judentums sowie des Christentums „in Philosophie umgesetzt, um sie zur docta spes zu machen" (Moltmann 1978, 484). Tatsächlich sieht Bloch 1912/13 als Träger der eschatologischen Erwartung noch nicht ein universelles Proletariat, sondern ein erneuertes

Judentum, das nunmehr selbstbewusst Christus in sich aufnimmt und in dieser messianischen Synthese sich sowohl mit dem „Deutschtum" als auch mit Russland vereinigen kann (vgl. Symbol: Die Juden, DdW 2, 140). Der *Geist der Utopie* enthält in der ersten Auflage von 1918 noch die Vision eines „Wiederaufbaus der Kirche als der Erziehungs- und metaphysisch zentralisierenden Heilsanstalt überhaupt" (GdU 1, 432).

In der gleichen Schrift stellt Bloch der mediokren „Gedankenatmosphäre" seiner Zeit die großen Denker „Luther, Kant, Fichte, Feuerbach, Kierkegaard, Dostojewski, Schopenhauer und Nietzsche" (ebd., 270) entgegen. Vor allem bei dem „um das Wohin und Überhaupt bekümmerten Nietzsche" (ebd.) bewundert er „die Gewalt dieses veränderten, zielhaften Denkenwollens aktivistischer Art" und sieht die „Ahnung eines noch nicht bewußten Wissens" sowie ein „umwendendes Wollen, ein motorisches Denken des Neuen" (ebd., 269) aufleuchten. Die Formulierungen stammen aus einer frühen Fassung des *Impuls Nietzsches* von 1913 (DdW 2, 107f.) – von einer dialektischen Nietzsche-*Kritik* kann man erst in einer späteren Fassung des Textes sprechen (vgl. EdZ 358–366). In *Erbschaft dieser Zeit* stellt er dem reaktionären Irrationalismus eines C. G. Jung und Klages die Sturm-und-Drang-Philosophie Johann Georg Hamanns entgegen, der aufgezeigt habe, dass jeder Weg ins „Unbewußte des Anfangs" auch ein verkapselter Weg ins „*noch nicht Bewußte* dessen [ist], was in den Menschen steckt und in ihrer Geschichte noch nicht wurde" (EdZ 348f.). Hier gärten die Archai „zur *Zukunft* hinüber", wie schon bei den zukunftsorientierten Archetypen („Brennstoff-Archetypen") vom Zug aus Ägypten nach Kanaan oder vom Schlaraffenland (ebd., 350f.). Frederic Jameson, für den Blochs Marxismus nicht von Hegel her kommt, sondern von Goethe, begründet diese Herleitung mit Ähnlichkeiten zwischen Blochs *Noch-Nicht-Bewußten* und Goethes Schilderungen einer „dämonischen" Kraft (in *Dichtung und Wahrheit*), die weder göttlich, noch menschlich, noch teuflisch sei und sich nur in Widersprüchen manifestiere. Bei Bloch seien diese dämonischen Kräfte jedoch nicht regressiv, sondern werden „von ihren Dämonen vorwärts zu einem Noch-Nicht-Seienden getrieben anstatt zurück in die endlose Wiederholung kindlicher Fixierungen" (Jameson 1978, 414). Beat Dietschy sieht Blochs antizipatorisches Denken wiederum u. a. aus der neukantianischen Moralphilosophie der Heidelberger Schule hervorgehen, da Bloch in seiner Dissertation über Heinrich Rickert (1908) den Versuch unternehme, den neukantianischen

Wertbegriff durch den Begriff der Utopie zu ersetzen (Dietschy 1988, 46; vgl. TLU 74).

Die zuverlässige Auswertung solcher Zuordnungen wird dadurch erschwert, dass Bloch es gewöhnlich im Dunkeln lässt, inwieweit er den Gedanken aus der diskutierten Literatur bezieht oder bereits vom Standpunkt des gewonnenen „Novum" seines (impliziten) Antizipationsbegriffs aufs Material zugreift. Er selbst berichtet, die Idee eines Noch-Nicht-Bewußten in Korrelation mit einem Noch-Nicht-Gewordenen in der Geschichte sei blitzartig im Alter von 22 Jahren (also bereits 1907) über ihn gekommen (TAG 33; Gespräche 300; vgl. Münz-Koenen 1997, 26). Aber sobald man von der geistesgeschichtlichen Ursprungssuche ablässt und sich darauf konzentriert, Blochs explizite Ausarbeitung des Antizipationsbegriffs zu beobachten, wird deutlich, dass der marxschen Gesellschaftsanalyse und seiner Perspektive einer klassen- und herrschaftslosen Gesellschaft eine zentrale Bedeutung zukommt. Dies gilt v. a. für die Aufgabe, das utopische Bewusstsein mit dem Noch-Nicht-Gewordenen der Prozessrealität zu vermitteln. Auch am Antizipationsbegriff lässt sich somit beobachten, dass „das Eintauchen in den sich verwirklichenden Marxismus für Blochs Forschungen einen enormen Relevanzzuwachs brachte, seine Denk- und Sprachmächtigkeit ebenso forderte wie freisetzte und sie zugleich, was dem nur scheinbar widerspricht, disziplinierte" (Haug, Lemma „Marxismus").

Als Kernstück eines um die menschliche Arbeit zentrierten Begriffs der Antizipation gilt Marx' Schilderung des schlechtesten menschlichen Baumeisters, der sich von der besten Biene dadurch unterscheide, „dass er die Zelle in seinem Kopf gebaut hat, bevor er sie in Wachs baut. Am Ende des Arbeitsprozesses kommt ein Resultat heraus, das beim Beginn desselben schon in der Vorstellung des Arbeiters, also schon ideell vorhanden war" (K I, 193). In mehreren Passagen thematisiert Marx die Eigentümlichkeit, dass sich die Ankündigung des Neuen in die Formen des Alten kleidet. So bedeuten z. B. die vereinzelten Jäger und Fischer, mit denen Smith und Ricardo beginnen, trotz ihres rückwärts gewandten „ästhetischen Scheins" eine „Vorwegnahme der ‚bürgerlichen Gesellschaft'", indem sie nämlich als Einzelne von den Naturbanden losgelöst sind (G 19). Die Übermacht der alten Formen wird im *18. Brumaire* als eine Art Grundfigur bisheriger Antizipationen geschildert: „Die Tradition aller toten Geschlechter lastet wie ein Alp auf dem Gehirne der Lebenden [...]. So maskierte sich Luther als Apostel Paulus, die Revolution von 1789–1814 drapierte sich abwechselnd als römische Republik und als römisches Kaisertum" (Br 115). Marx setzt dem das Gegenbild einer neuen sozialen Revolution entgegen, die ihre „Poesie" nur aus der Zukunft schöpft: sie muss die „Toten ihre Toten begraben lassen, um bei ihrem eigenen Inhalt anzukommen" (ebd., 117). Dieser Inhalt wird gekennzeichnet als „Assoziation, worin die freie Entwicklung eines jeden die Bedingung für die freie Entwicklung aller ist" (MKP 482) bzw. als „Verein freier Menschen", deren gesellschaftliche Beziehungen in Produktion und Distribution „durchsichtig einfach bleiben" (K I, 92f.). Während sich in der kapitalistischen Gesellschaft der gesellschaftliche Zusammenhang den Produzenten als „blindes Gesetz" aufzwingt, wird er in der klassenlosen Gesellschaft von ihrem „assoziierten Verstand" begriffen und bewusst gestaltet (K III, 267; vgl. ebd., 197, 271).

Es ist bemerkenswert, dass Marx, wenn er sich zum Zukunftsbild einer klassenlosen Gesellschaft äußert, auf die Bezeichnung Antizipation verzichtet bzw. sie mit der Bestimmung des Dogmatischen verknüpft und sich davon distanziert. Als Vorzug der neuen Richtung kennzeichnet er 1844 in den *Deutsch-französischen Jahrbüchern*, „dass wir nicht dogmatisch die Welt antizipieren, sondern erst aus der Kritik der alten Welt die neue finden wollen" (DFJ 344). Die „Konstruktion der Zukunft" wird ebenso kritisch betrachtet wie das „Aufpflanzen" einer dogmatischen Fahne. Dagegen entwirft er das Programm einer *„rücksichtslosen Kritik alles Bestehenden"* ohne Furcht vor ihren Resultaten sowie vor den Konflikten mit den vorhandenen Mächten (ebd.). Gerade eine solche Kritik fördert jedoch eine reichhaltige Zukunftsdimension zutage und ist in diesem Sinne mit der Grundintention des Antizipationsbegriffs verknüpft, die Bloch explizit ausarbeiten wird: die „Analysierung des mythischen, sich selbst unklaren Bewußtseins" zeigt nämlich, „dass die Welt längst den Traum von einer Sache besitzt, von der sie nur das Bewußtsein besitzen muss, um sie wirklich zu besitzen" (ebd., 346).

Die Entzifferung und Bewusstwerdung einer solchen Traumgeschichte soll jedoch nicht als Umsetzung idealistischer Utopien sondern als „bestimmte Negation" (Hegel) verstanden werden, bei der das Nein nicht von außen kommt, sondern seinen Standpunkt im Verneinen selbst hat: Die Arbeiterklasse „hat keine Ideale zu verwirklichen", sondern nur die im Schoß der bürgerlichen Gesellschaft entwickelten „Elemente der neuen Gesellschaft in Freiheit zu setzen" (BiF 343). Der Antizipation werden realistische Grenzen gesetzt, stellt sich doch „die Menschheit immer nur Aufgaben, die sie lösen kann"

(KPÖ 9; G 93). Von einem solchen Realismus aus kennzeichnet Engels am Beispiel Thomas Müntzers einen chiliastischen Typ der Antizipation, der darin besteht, „über die kaum empordämmernde modern-bürgerliche Gesellschaft hinauszugreifen", aber auf eine Weise, dass dieses „Hinausgehen" über die nächste Geschichtsperiode nur ein „gewaltsames phantastisches sein" konnte: „Die Antizipation des Kommunismus durch die Phantasie wurde in der Wirklichkeit eine Antizipation der modernen bürgerlichen Verhältnisse" (DB 346). Angedeutet ist hier eine unheimliche Dialektik, die auch auf das Schicksal der russischen Revolution und das Scheitern des befehlsadministrativen Sozialismus bezogen werden kann: in einer „unreifen", also dyshegemonialen Konstellation die Regierung zu übernehmen, hält Engels für das „Schlimmste, was dem Führer einer extremen Partei widerfahren kann" (ebd., 400), weil zwischen den radikalen Zielen und den gesellschaftlichen Kräfteverhältnissen ein „unlösbares Dilemma" besteht. „Wer in diese schiefe Stellung gerät, ist unrettbar verloren" (ebd., 401).

In diesem Spannungsfeld von Utopie und bestimmter Negation, revolutionären Fernzielen und konkreter Reformpolitik wird Bloch seinen Begriff der Antizipation ausarbeiten. Die entscheidende Front für seine theoretische Intervention ist eine Einengung und Verkümmerung antizipatorischer Potentiale in den vorherrschenden Strömungen des Marxismus des 20. Jahrhunderts: sobald die Theorie sich zum „Marxismus" institutionalisierte, trat die marxsche Antizipation einer klassenlosen und herrschaftsfreien Gesellschaft in den Hintergrund. In der marxistischen Sozialdemokratie wurde sie entweder fallengelassen – das „Absterben des Staates" (AD 261f.) wurde schon 1891 im Erfurter Programm nicht mehr erwähnt – oder sie verlor ihren handlungsorientierenden Sinn, indem sie in Gestalt unverbindlicher „Endziele" in die Ferne rückte. Um die sozialistische Perspektive wiederzugewinnen und „in die Scheidemünze der Tagespolitik umzuwechseln", prägte Rosa Luxemburg 1903 die Kategorie der „revolutionären Realpolitik" (Luxemburg 1903, 373). Trotz dieser (und anderer) dialektischer Vermittlungsversuche kann verallgemeinernd gesagt werden: Was von der Arbeiterbewegung als „Marxismus" rezipiert wurde, war in erster Linie „Gesetzeswissenschaft" und „Entwicklungslehre". Die Anrufung einer „objektiven", von menschlicher Initiative unabhängigen „Gesetzmäßigkeit" des Geschichtsverlaufs bestimmte nicht nur das Selbstverständnis der marxistischen Sozialdemokratie, sondern wurde später auch in den „Marxismus-Leninismus" übernommen. So mündete die von Engels proklamierte Entwicklung von der Utopie zur Wissenschaft in eine Transzendentalisierung „objektiver" Gesetze ein. Gramsci sah diesen Determinismus mit der Haltung eines passiven Fatalismus einhergehen und analysierte ihn als eine „Form von Religion und von Reizmittel", die zu Entscheidungsunfähigkeit und moralischer Passivität wird, sobald der Subalterne zur „geschichtlichen Person" werden soll (Gramsci 1994, 1386f.).

Der Begriff der Antizipation taucht bei Bloch implizit bereits im „expressionistischen" Frühwerk auf, wird aber in anderer und wechselnder Terminologie artikuliert, z. B. als „Heraufkunft" eines Neuen (TLU, 107; GdU 1, 388), als ein dem Urteilen vorausgehendes Fragen und diesem zugrundeliegende Sehnsucht, die „ihr Ersehntes nicht aus dem Blick [lässt]" und damit die „einzig ehrliche Beschaffenheit des Menschen" (TLU 55) darstellt, als Konzept der *aisthesis*, die als erweitertes, aufs Erfassen von Künftigem orientiertes Wahrnehmungsvermögen gefasst wird (GdU 1, 182) oder philosophisch als Staunen, das das Dunkel des subjektiv Wirklichen aufhellt, indem es dieses mit dem Novum verbindet (vgl. ebd., 369ff.). Erst im *Prinzip Hoffnung* macht sich Bloch daran, die verschiedenen Aspekte des antizipatorischen Bewusstseins systematisch zusammenzufassen und zu einem anthropologischen Grundbegriff auszuarbeiten.

Im Rückgriff auf den jungen Marx versucht Bloch nun, die vom zeitgenössischen Marxismus abgespalteten antizipatorischen Gehalte wieder freizulegen und mit der analytischen Strenge des marxschen Spätwerks zusammenzuführen: Dem analytischen „Kältestrom" verdanke der Marxismus seine Qualität als „Bedingungs-" und „Oppositionswissenschaft", als „Wärmelehre" dagegen sei er „Theorie-Praxis eines Nachhause-Gelangens" (PH 240f.). Beide Seiten werden durch die menschliche Fähigkeit der Antizipation vermittelt und zusammengehalten. Bloch rekonstruiert diese Fähigkeit aus dem Spannungsverhältnis zweier „Pole des antizipierenden Bewußtseins" (PH 336) bzw. der „antizipatorischen Weltbeschaffenheit" (ebd., 353): dem Pol eines „Dunkels des gelebten Augenblicks" und dem des „Offenen" in den Menschen wie in den Dingen, im Unabgeschlossenen und „objektiv Möglichen" der gesellschaftlichen Wirklichkeit (334f.).

Das Theorem eines „Dunkels des gelebten Augenblicks" zieht sich durch Blochs Gesamtwerk. Schon in der ersten Ausgabe des *Geist der Utopie* von 1918 heißt es: „Wir haben kein Organ für das Ich oder Wir, sondern liegen uns selbst im gelben Fleck, im Dunkel des gelebten Augenblicks, dessen Dunkel letzthin *unser eigenes Dunkel*, uns Unbekanntsein, Vermummt- oder Verschollensein ist" (GdU 1, 371f.). Die dritte Ausgabe setzt an: „Dass ich gehe, spreche, ist nicht da. Erst unmittelbar nachher kann ich es vor mich hinhalten. Uns selbst darin, während wir leben, sehen wir nicht, wir fließen dahin" (GdU 2, 17). „Nicht einmal das Jetzt, dass wir rauchen, schreiben, genau dieses nicht, ist uns an sich bewußt. Erst unmittelbar danach stellt sich das vor uns hin" (PA 116). „Wir fangen leer an", lautet die erste Überschrift im *Prinzip Hoffnung*: „Von früh auf sucht man. Ist ganz und gar begehrlich, schreit. Hat nicht, was man will" (PH 21). Und die *Tübinger Einleitung in die Philosophie* beginnt mit den Worten: „Ich bin. Aber ich habe mich nicht. Darum werden wir erst" (TE 13).

In Blochs Erklärungen kann man verschiedene Bedeutungsschichten unterscheiden. Eine erste lässt sich mithilfe von Marx' 6. Feuerbachthese erklären, der zufolge das „Wesen des Menschen" kein immobiles, den Individuen „inwohnendes Abstraktum" darstellt, sondern von den jeweiligen Verwirklichungsbedingungen im „ensemble der gesellschaftlichen Verhältnisse" her zu entschlüsseln ist (ThF 6). Die gesellschaftlichen Individuen müssen sich lernend auf den Weg machen, um „draußen", in ihren jeweiligen geschichtlich-gesellschaftlichen Bedingungen ihr „Wesen" zu finden. In diesem Sinne beschreibt Bloch den Anfang der individuellen Existenz als „dunkel", „leer", „hohl" (TE 14): Um sich zu sehen muss das Innen „aus sich heraus", muss sich „herausmachen", und dieses Lernen „bewegt sich völlig im Außen, ist darin fahrend und so erst erfahrend und so erst auch, mittels des Draußen, das eigene Innen selber erfahrend" (ebd., 13). Daran lagert sich eine zweite Bedeutungsschicht an: Das, was im „lebendigen einzelnen Körper" das Leben ausmacht und „innen" in uns antreibt – der „drängende Zustand", der „Stoß in uns" –, ist selbst nicht zu empfinden (PH 49; vgl. 52): „Das Blut läuft, das Herz schlägt, ohne dass zu verspüren ist, was den Puls in Gang setzt. Ja, tritt keine Störung hinzu, so ist überhaupt nichts unter unserer Haut spürbar. Was in uns reizfähig macht, reizt sich selber nicht" (ebd., 334). Eine weitere Bedeutungsverschiebung findet statt, wenn Bloch diesen unsichtbaren Antrieb auf den gelebten Augenblick überhaupt bezieht, so dass das Jetzt selbst „am meisten dunkel bleibt": „Nur wenn ein Jetzt gerade vergangen ist oder erwartet wird, ist es nicht nur ge-lebt, sondern auch er-lebt" (ebd.). „Das Dunkel des gerade gelebten Augenblicks […] bleibt in seiner Schlafkammer; aktuelles Bewußtsein ist gerade nur in Bezug auf ein eben vergangenes oder für ein erwartet anrückendes Erlebnis [...] da" (ebd., 338). Den blinden Fleck im Unmittelbaren sieht er auch in Sprichwörtern bestätigt: „Was er webt, weiß kein Weber, oder: Am Fuß des Leuchtturms ist kein Licht" (ebd., 344).

Indem Bloch die Anfänge und die jeweils gelebten Augenblicke negativ als Leerstellen bestimmt, geht alle Entwicklung auf den Pol der Antizipation über: „was im Jetzt treibt, stürzt zugleich dauernd vorwärts" (ebd., 335), es handelt sich um ein gärendes Nicht, „um das jedes Etwas noch gebaut ist" (ebd., 356), ein „Hohles [...], das sich füllen will" (TE 14). Das „immanente Existieren" kann nur durch das „aufgeschlossene Transzendere ins Novum" aufgeschlossen werden (PH 347). Auf diese Weise kann Bloch vom „Inkognito" des Anfangs und des Körpers aus eine Trieb- und Bedürfnistheorie entwickeln, die auf einer Stufenfolge von Antizipationen basiert: Entwicklung setzt ein, indem aus dem bedürftigen Innern „etwas hervor[greift]"; das Drängen artikuliert sich erstmals als „Streben, begehrend irgendwohin" bzw. subjektiv als ein nach außen gerichtetes „Sehnen", das, um gestillt werden zu können, „auf etwas deutlich hintreiben muss" (ebd., 49f.). Bloch spricht hier auch von körperverankerten „Trieben", die von den Objekten, auf die sie sich richten (Nahrung, Geschlechtspartner, Macht usw.), in mehrere Einzeltriebe bzw. „Leidenschaften" und „Affekte" unterteilt werden (ebd., 50). Es gibt mehrere Triebfedern, aber „durchgehend vorhanden ist nur der Körper" (ebd., 53). Die nächste Stufe ist das Wünschen: es bildet sich heraus, indem die Menschen sich angestrebte Ziele „ausmalen" und sie mit der Vorstellung eines Besseren verbinden (ebd., 50f.). Aber obwohl das Wünschen bereits auf eine bestimmte Zielvorstellung „hingespannt" ist, bleibt es noch passiv und zumeist inkohärent. Die nächste Stufe ist das Wollen, das im Gegensatz zum Wünschen ein „Tunwollen" ist und die Arbeit oder Tätigkeit, die die Wunscherfüllung erfordert, mit einbezieht: Während sich Verschiedenes, Unvereinbares und Unrealistisches wünschen lässt, hat der Wollende „bereits vorgezogen, er weiß, was er lieber will, die Wahl liegt hinter ihm" (ebd., 51).

Auch bei der Unterscheidung zwischen „gefüllten Affekten" und „Erwartungsaffekten" spielt die Antizipation die zentrale Rolle: während bei ersteren die Triebintention „kurzsinnig" ist, ist sie bei letzteren „weitsinnig", sie unterscheiden sich „durch den *unvergleichlich größeren antizipierenden Charakter* in ihrer Intention, ihrem Gehalt, ihrem Gegenstand" (ebd., 83). Jameson zufolge zielen die Erwartungsaffekte „weniger auf einen bestimmten Gegenstand als auf den Aufbau der Welt im allgemeinen oder [...] auf die künftige Gestalt und Verfassung des Ich" (Jameson 1978, 412). Als wichtigsten bestimmt Bloch die *Hoffnung*, bei der der leidende Charakter der negativen Erwartungsaffekte (v. a. der Angst) überwunden ist – als Erwartungs-Gegenaffekt gegen Angst und Furcht ist sie *„die menschlichste aller Gemütsbewegungen und nur Menschen zugänglich"* (PH 83).

Grundlegend für Blochs Trieb- und Affektenlehre ist eine doppelte Frontstellung zur freudschen Psychoanalyse: erstens kritisiert er, dass der „Götze Libido" den Hunger verdrängt (ebd., 71), was zeige, dass „psychoanalytisch stets nur die besseren Leiden behandelt [...] werden. Die Sorge, wie man Nahrung findet, war für Freud und seine Besucher die unbegründetste" (ebd., 72). Obwohl er betont, dass alle Triebe und Affekte geschichtlich-gesellschaftlich konstituiert sind und ein „Grundtrieb" daher schwer auszumachen ist (ebd., 54f.), hält er in Anlehnung an Spinozas ‚Suum esse conservare' den „Selbsterhaltungstrieb" für den „solidesten" und „durchgängigsten" Trieb, der die anderen Triebe überhaupt erst ins Werk setzt (ebd., 71, 74). „Denn ein Mensch ohne Nahrung kommt um, während sich ohne Liebesgenuss immerhin eine Weile leben lässt. [...] Der Magen ist die erste Lampe, auf die Öl gegossen werden muss. Sein Sehnen ist genau, sein Trieb so unvermeidlich, dass er nicht einmal lange verdrängt werden kann" (ebd., 71f.). Zweitens setzt er der psychoanalytischen Reduktion des Unbewussten auf ein „Unbewußtes nach rückwärts", „Nicht-Mehr-Bewußtes" das Konzept eines „Noch-Nicht-Bewußten" entgegen, bei dem das Subjekt „keinen Kellergeruch, sondern Morgenluft [wittert]" (ebd., 61, 70f., 131f.). Dadurch wird der Selbsterhaltungstrieb zum „Selbsterweiterungstrieb nach vorwärts", dem ein „Noch-Nicht-Bewußtes, [...] eine Dämmerung nach vorwärts, ins Neue [vorschwebt]" (ebd., 86). Sein Ort sind die Tagträume, die Bloch im Gegensatz zu Freud nicht als Vorstufen zum Nachttraum fasst, sondern als „Vorgriffe der Einbildungskraft, [...] Vorauseilungen, Antizipationen" (ebd., 97f.). Im Unterschied zum Nachttraum bleibt das Tagtraum-Ich relativ intakt und „nimmt selber am Grünlicht der Lockerung teil" (ebd., 99). Es kann auch andere miteinbeziehen, öffentlich verbessern und sich nach außen hin mitteilen (ebd., 102f., 105): „Der Inhalt der Tagphantasie ist offen, ausfabelnd, antizipierend, und sein Latentes liegt vorn" (ebd., 111).

Von hier aus unternimmt Bloch die Durchführung des von Marx angedeuteten Projekts einer Entzifferung menschlicher Traumgeschichte. Von den gebratenen Tauben des Schlaraffenlands steigt die Analyse auf zu Sozialutopien und Naturrechtstheorien, Dichtung, Musik und Religion, um darin den „Vor-Schein" einer unentfremdeten Gesellschaft herauszuarbeiten. Was das Material zum Sprechen bringt, ist das Gespür für die in ihm enthaltenen rebellischen und befreienden Dimensionen. Ähnlich wie Gramsci geht es Bloch darum, an den entwicklungsfähigen Elementen im Alltagsverstand, ihrem *buon senso* anzuknüpfen (vgl. z. B. PH 1619; Rehmann 2008, 89f.). Dabei ist er sich auch im Klaren darüber, dass auch die Tagträume von den herrschenden Verhältnissen geformt und ideologisiert sind: viele der geschilderten kleinen Tagträume „ohne echte Zukunft" beziehen sich auf „bisheriges Leben, das sich nur besser rentieren soll" (Gespräche 42). Die „Wunschbilder im Spiegel" geben vor allem wieder, „wie die herrschende Klasse das von den Schwachen Gewünschte wünscht" (PH 12). Aber Bloch betont, dass auch das unwissendste *wishful thinking* dem bewusstlosen Gänsemarsch vorzuziehen ist, „denn es kann informiert werden" (ebd., 1616). Dabei hat die Kategorie der Antizipation die Funktion, die privaten Tagträume mit den großen gesellschaftlichen Gegenentwürfen zu vermitteln. „Verwandtschaft besteht darin, dass sie [...] etwas vorwegnehmen in Antizipation [...] und das betreffen, was noch nicht ist, wozu aber eine Tendenz vorliegt" (Gespräche 44). Ausgehend vom Antizipationsbegriff unternimmt Bloch auch eine originelle Bestimmung des Glaubens, den er im Unterschied zur Religion als eine nicht-transzendente Haltung versteht, „mit der Wissen um Künftiges nicht nur erfasst, sondern auch gewollt und gegen kleinmütiges oder kurzsichtiges Zweifeln durchgeführt wird" (PH 1511).

Die strategische Relevanz von Blochs Antizipationskonzept wird z. B. an seiner Auseinandersetzung mit der faschistischen Hegemoniegewinnung in *Erbschaft dieser Zeit* deutlich. Die Nazis siegten u. a. aufgrund wirksamer „Entwendungen aus der Kommune" und durch die Besetzung „ungleichzeitiger Widersprüche", v. a. zwischen Kapitalherrschaft und Jugend, Kleinbauern und Angestellten (vgl. EdZ 70, 118). Als der Vulgärmarxismus das Erbe der deutschen Bauernkriege vergessen hatte, „strömten die Nazis in die leergewordenen, ursprünglich münzerischen Gebiete" (ebd., 154). Statt die faschistisch besetzten Ungleichzeitigkeiten als „irrational" abzuschreiben, muss man unterscheiden zwischen ihren untergehenden Resten und „unerledigter", nicht „abgegoltener" Vergangenheit, „Zukunft in der Vergangenheit" (ebd., 61, 119, 122). In einer „mehrschichtigen revolutionären Dialektik" sind die zur Aneignung und Verwandlung fähigen Elemente „herauszulösen [...] und [...] zur Funktion in anderem Zusammenhang umzumontieren" (ebd., 123f.).

Die politische Bedeutung des blochschen Antizipationsbegriffs ist auch im 21. Jahrhundert nicht „abgegolten". Der Neoliberalismus hat eine Sachzwang-Logik verankert, die von Kritikern als Prinzip „TINA" („there is no alternative') bezeichnet wurde. Dem hat das Weltsozialforum die zentrale Losung „Eine andere Welt ist möglich!" entgegengesetzt. Das Beispiel zeigt, dass die Frage der Denk- und Machtbarkeit von grundsätzlichen Alternativen für die ideologischen Kämpfe von zentraler Bedeutung ist. Zu ihrer philosophischen Begründung hat Bloch in seiner Theorie der Antizipation einen bahnbrechenden und immer noch uneingeholten Beitrag geleistet. Gegen die unterschiedlichen Erzählungen eines „Endes der Geschichte" hält sein Begriff der Antizipation die „Offenheit des weiterwährenden, bis jetzt keineswegs niedergeschlagenen Geschichtsprozesses" fest: „noch ist nicht aller Tage Abend, noch hat jede Nacht einen Morgen" (ebd., 355).

→ *Augenblick; Front; Heimat; Latenz; Marxismus; Möglichkeit; Noch-Nicht; Novum; Tendenz; Traum; Ungleichzeitigkeit, Gleichzeitigkeit, Übergleichzeitigkeit; Utopie; Vor-Schein; Wärmestrom – Kältestrom*

📖 Dietschy 1988; Diogenes Laertius 1999; Gramsci 1994; Jameson 1978; Luxemburg 1903; Moltmann 1978; Münz-Koenen 1997; Rehmann 2008.

Jan Rehmann

Ästhetik

Bloch steht in der Tradition der idealistischen Ästhetik. Er hat aber keine eigens als Ästhetik benannte Arbeit verfasst, da seine Philosophie der Kunst seinem Gesamtwerk immanent ist. Kunstwerke sieht er als Vermittler von Sinnzusammenhängen, sie gehören zu wichtigen Orten, in denen das Unabgegoltene der Vergangenheit lebendig bleibt. Deshalb sind sie Vermittlungsinstanzen der Zukunftsdimension des Weltprozesses. Kunst steht in einer dialektischen Beziehung zur Hoffnung, da sie zum einen das Unabgegoltene im Weltprozess lebendig hält und zum anderen die Wahrnehmungsmodi des Rezipienten dahingehend erweitert, dass real existierende Möglichkeiten zugleich registriert und vorweggenommen werden. Die implizit enthaltene Ästhetik dient der Philosophie als Weg der Erkenntnis auf Zukunft hin, weshalb in der Ästhetik entwickelte Kategorien wie Hohlraum, Offenheit und Fragment in die Philosophie übergehen und mit ihnen bewusst über die Kunst hinausgehende Phänomene bezeichnet werden.

Die Geschichte der ästhetischen Theorien beginnt in der Antike; schon Aristoteles sieht in der Nachahmung der Natur durch den Künstler (Mimesis) einen schöpferischen Akt. Aber die Postulierung eines eigenen Rechts des Ästhetischen in der Philosophie und ebenso die Herausbildung der Ästhetik als Philosophie der Kunst ist erst Produkt der Neuzeit. Diese Entwicklung hat ihre Grundlage in der veränderten Auffassung des Verhältnisses von Subjekt und Objekt.

Ästhetik, verstanden als Philosophie der Kunst, basiert auf der Erörterung der in den Regelpoetiken von Opitz und Gottsched markierten Veränderungen, auch wenn die Regelwerke selbst als Versuch gegen die aufkommende bürgerliche Subjektivität gedeutet werden können. So zielt Martin Opitz' *Buch von der Deutschen Poeterey* (1624) auf die poetischen Ausdrucksmittel, um die deutsche Sprache als literaturfähig darzustellen. Es ist beeinflusst von Julius Caesar Scaligers in Frankreich postum erschienenen *Poetices libri septem* (1561), eine an Aristoteles angelehnte Regelpoetik. Johann Christoph Gottsched beansprucht in seinem *Versuch einer Critischen Dichtkunst* (1730) als Philosoph eine Poetik zu verfassen und betreibt damit den Beginn einer Konstituierung der Ästhetik. Sein Regelsystem für die Literatur ist auf der Rhetorik der Antike begründet. Nach Gottsched ist es die Aufgabe des Historikers, die Welt so zu zeigen, wie sie ist, die Poesie aber soll herausstellen „was wir Menschen zu thun pflegen, oder wahrscheinlicher Weise gethan haben könnten, thun sollten, oder thun würden" (Gottsched 1962, 98). Poesie wird damit dem Bereich des Wahrscheinlichen zugeordnet, der Kunst jedoch, im Rekurs auf Descartes, keine Erkenntnisfunktion zugestanden. Sein Weltbild ist von der alten kosmologischen Formel geprägt, Gott habe „alles nach Zahl, Maaß und Gewicht geschaffen" (ebd., 132), weshalb er mit seinem Regelwerk neuere Strömungen hin zum Subjektivismus entschärfen will.

Zu dieser Strömung gehört die Erkenntnis, dass das Subjekt sich nicht mehr an einer transzendent verbürgten Ordnung orientieren kann, ein Weltbild also nicht unabhängig von den Subjekten existiert, sondern in Beziehung zu deren Fähigkeit steht, die Welt zu reflektieren. Wichtig für dieses Verständnis ist z. B. Christian Wolffs Lehre von den Assoziationen, in der der Versuch unternommen wird, die Tätigkeit der Phantasie nicht als allein rezeptives Verfahren, sondern mit Betonung ihrer Selbstständigkeit zu analysieren. Die bei Wolff herausgearbeitete Bedeutung der Einbildungskraft hat entscheidenden Einfluss auf die Entwicklung der bürgerlichen Ästhetik (vgl. Scheible 1988, 51ff.). Neben Wolffs Psychologie ist der Begriff des Geschmacks bedeutsam, der in einer Deutung, die die bürgerliche Subjektivität betont, von Baltasar Gracián eingeführt wird. Schon bei Gracián wird mit Geschmack das Zusammengehen von Natur und Kunst bezeichnet.

Ganz entschieden gegen die bei Descartes geforderte Entgegensetzung von *res cogitans* und *res extensa* wendet sich der als Professor für Rhetorik in Neapel lehrende Giambattista Vico in *Principi di Scienza Nuova* (1725). Er verwehrt sich dagegen, gesellschaftlichen Fortschritt allein in Abhängigkeit eines naturwissenschaftlichen Denkens zu sehen und sucht Metaphysik in der Geselligkeit des Menschen, in ihrer Geschichte und deren Spuren, mithin den kulturellen Objektivationen. Im Gegensatz zur Natur sei die geschichtliche Welt Produkt der Menschen, weshalb Metaphysik auf einer poetischen Weisheit (*sapienza poetica*) zu begründen sei, um die Gesetze zu erforschen, nach denen die Menschheitsgeschichte sich entwickelt. Wie Gottsched bezieht auch er sich auf die Rhetorik, jedoch mit dem Anspruch, einen *sensus communis* herauszubilden, der auf der zwanglosen Gemeinschaft der Menschen beruht. Deshalb verteidigt er die Bedeutung des Wahrscheinlichen, aus dem der Gemeinsinn erwachse. Das Subjekt muss sich mit dem Wahrscheinlichen zufrieden geben, da es letzte Gewissheit nur in der Geometrie geben kann, wobei gerade das Wahrscheinliche erst den Blick auf die lebendige Wirklichkeit ermöglicht. Diese Verteidigung der topischen Methode der Rhetorik ist ein wichtiger Schritt hin zur Darlegung der sinnlichen Erkenntnis, sie richtet sich gegen die neue kritisch-systematische Methode nach Descartes, um mit der Topik den Aspekt des Sinnlichen hervorzuheben. Giambattista Vico erkennt an der neuen Methode (critica) ihre Schärfe und Genauigkeit an, da sie sich an die Maßgaben der Geometrie und damit an die der ersten beweisenden Wissenschaft halte. Aber die alte

Methode der Rhetorik, deren Kernstück die Topik ist, die vom Gemeinsinn ausgeht und sich im Bereich des Wahrscheinlichen bewegt, ermöglicht einen Wechsel der Gesichtspunkte, arbeitet mit Syllogismen und vertraut auf Phantasie, Gedächtnis, Reichhaltigkeit der Sprache, womit das Menschliche in besonderer Weise zum Ausdruck kommt (vgl. Ueding 1994, 184ff.).

Die tatsächliche Emanzipation der Ästhetik von der Logik leistet dann Alexander Gottlieb Baumgarten, der den Begriff Ästhetik erstmals zur Benennung einer Philosophie der Kunst verwendet. Seine *Aesthetica* (1750/1758) wird trotzdem sehr zögerlich angenommen, was u. a. mit dem schwierigen lateinischen Sprachstil begründet wird (vgl. Scheible 1988, 72). Zwar übernimmt er die Unterscheidung Descartes' von einem oberen Erkenntnisvermögen, das mit Hilfe des Verstandes klare Vorstellungen und Begriffe liefert, und einem unteren, das auf Sinnlichkeit beschränkt ist, wertet dieses aber auf. Baumgarten orientiert sich an Leibniz' Perzeptionslehre und stellt die These auf, dass sich das sinnliche Erkenntnisvermögen überhaupt nicht am Ideal des oberen messen muss, da es Neues und noch Unsicheres gestalten kann. Kunst folge anderen Gesetzen. Er erweitert damit das Erkenntnisvermögen um den Bereich der subjektiven Wahrheit. Schönheit, die in Analogie zur Schönheit des Kosmos gesehen wird, ist wie die absolute Wahrheit als absolute unerreichbar, aber immer gibt es die Möglichkeit der Annäherung. Wenn den Sinnen ein spezifischer Bereich der Erkenntnis zugesprochen wird, dann ist es Aufgabe von Kunst und Poetik, Erkenntnis auf der Ebene der Sinne zu vermitteln. Zur sinnlichen Urteilskraft wird hier der Geschmack erhoben. Auch hier ist die ästhetische Wahrheit wie bei Vico eine wahrscheinliche. Sein Ideal propagiert er im „felix aestheticus", d. i. ein Mensch mit Begabung zur sinnlichen Erkenntnis. Seine Ästhetik soll sowohl eine Erkenntnis des Schönen sein als auch zur Fähigkeit, schön zu denken, beitragen.

Diese Konzeption beeinflusst u. a. Johann Gottfried Herder sowie Friedrich Schiller und schafft wichtige Voraussetzungen für den Geniekult des 18. Jahrhunderts. Sie bildet den Ausgangspunkt für zwei Wege in der Geschichte der bürgerlichen Ästhetik: Der eine orientiert sich am rationalen Kern und mündet in Kants *Kritik der Urteilskraft*, der andere verläuft über Winckelmann, Schiller bis zu Hegel (vgl. Ueding 1992, 154).

Immanuel Kant erörtert die *Aesthetica* in seiner *Kritik der Urteilskraft* (1790), die in ihrem ersten Teil ästhetische Erfahrung analysiert (vgl. Scheible 1988, 98–170). Hier sucht Kant die Verbindung zwischen der theoretischen Vernunft, die der Naturerkenntnis zugrunde liegt, und der reinen Vernunft, die zum Freiheitsdenken führt. Die Lehre vom ästhetischen Urteil schafft die Vermittlung zwischen Sinnlichkeit und Moral durch die reflektierende Urteilskraft, die das Besondere im Allgemeinen sucht und zum Prinzip der Ästhetik erklärt wird.

Mit seiner transzendentalen Neubegründung der Welt der Kunst sichert Kant die Emanzipation der Ästhetik von der Logik und der Moral durch seine Bestimmung des Geschmacksurteils. Dieses erhebt Anspruch auf Allgemeingültigkeit, aber es konstituiert sich im Subjekt und es gibt auch keine Instanz, die ein Urteil erzwingen lässt. Das Geschmacksurteil steht nicht unter einem Gesetz, sondern ist stets ein „Beispiel einer allgemeinen Regel, die man nicht angeben kann" (KW 6, 320 [§ 18]). Die Sicherung, dass das ästhetische Urteil nicht minderwertig gegenüber Verstandesurteilen ist, geschieht durch Betonung des Geschmacksurteils als eines individuellen Urteils: „[I]n völliger Autonomie entscheidet allein das einzelne Subjekt durch den Geschmack, der sich keine Regeln vorschreiben lässt, was schön sei; und es fällt sein Geschmacksurteil stets als ein einzelnes Urteil anlässlich eines einzelnen Objekts" (Scheible 1988, 109). Zwar ist das Geschmacksurteil kein Erkenntnisurteil, aber es verspricht „Erkenntnis überhaupt", die auf sinnliche Anschauung und Denken angewiesen ist. Sinnlichkeit ist bestimmt durch die Fähigkeit, Vorstellungen zu entwickeln, die durch die Objekte affiziert werden, mithin durch die Einbildungskraft. Da der Verstand Bilder benötigt, bedarf er der Einbildungskraft, wobei es ihr nicht gelingt, das Besondere im Allgemeinen zu konstituieren. Hierzu bedarf es eines Zusammenwirkens von Einbildungskraft und reflektierender Vernunft.

Bei Kant sind Verstand und Vernunft im ästhetischen Urteil nicht ausgeschlossen, sondern befinden sich im Zustand des „freien Spiels". Ob aus dem Besonderen, das im Geschmacksurteil erscheint, eine Theorie des Besonderen abzuleiten ist, klärt sich am Begriff der reflektierenden Urteilskraft. Es stellt sich damit die Frage nach einem Allgemeinen, das das gesellschaftliche Zusammensein erst möglich macht. Die Leistung der reflektierenden Urteilskraft wird durch den Begriff der Zweckmäßigkeit bezeichnet.

Als „Pendant" zum Vernunftbegriff fungiert der Begriff der „ästhetischen Ideen" als Produkt der Einbildungskraft, die es erst möglich machen, dass der Mensch mit der noch nicht reglementierten Natur in Beziehung treten kann (ebd., 124). „Unter einer ästhetischen Idee aber verstehe ich diejenige Vorstellung der Einbildungskraft, die viel zu denken veranlaßt, ohne daß ihr doch irgend ein bestimmter Gedanke, d. i. *Begriff* adäquat sein kann, die folglich keine Sprache völlig erreicht und verständlich machen kann" (KW 8, 413f. [§ 49]). Einbildungskraft und Verstand sind die Kräfte, die das Genie ausmachen. Erst wenn diese Kräfte im freien Spiel zusammenwirken, entsteht Geist. Der schöpferische Prozess liegt damit im Subjekt, das als Genie von Natur aus eine besondere Begabung hat, womit quasi die Natur der Kunst vermittels des Genies die Regeln gibt. Die Aufgabe, „ihre Vernunft in die Natur hineinzubilden [...] vollbringt das Genie, indem es die ästhetischen Ideen objektiviert, sie allgemein mitteilbar macht und auf diese Weise durch ‚Geist' verbindet, was zuvor durch die ‚Kluft' von theoretischer und praktischer Vernunft getrennt war" (Scheible 1988, 129).

Ergänzt wird die Kritik der reflektierenden Urteilskraft und ihrer Bedeutung für die Ästhetik durch eine Kritik der teleologischen Urteilskraft, womit für Schelling die Transzendentalästhetik logisch in eine Naturphilosophie mündet, die die Natur als „Chiffreschrift" (KW 8, 398 [§ 42]) wahrnimmt, die konsequenterweise interpretiert werden muss. Auch hier ist Zweckmäßigkeit der zentrale Begriff, bezogen auf die Zweckmäßigkeit der Natur, deren Gründe dem Menschen verborgen bleiben, weshalb er sie nur in ihren Erscheinungen wahrnehmen kann. Kant schafft eine Verbindung zwischen dem Naturschönen und dem Sittlichen, indem er darauf verweist, dass Naturschönes sich in der interesselosen Betrachtung des Subjekts konstituiert.

Hier hinein gehört auch die Unterscheidung zwischen dem Schönen und dem Erhabenen, das ausschließlich dem Subjekt zugeschrieben wird und in ihm das Gefühl von Unerreichbarkeit und Unermesslichkeit auslöst.

Der Begriff des Schönen, der zentrales Thema jeder Ästhetik ist, hat sich bei Johann Joachim Winckelmann an der griechischen und römischen Kunst zu orientieren, mit der er sich als Kunsthistoriker beschäftigt und die er zum Maßstab des wahren Schönen erhebt. Aufgabe des Künstlers sei es, in der Kunst die Vorbildlichkeit der griechischen Antike anzuerkennen und diesem Ideal nachzueifern. „Die Kenner und Nachahmer der griechischen Werke finden in ihren Meisterstücken nicht allein die schönste Natur, sondern mehr als Natur, das ist, gewisse idealische Schönheiten derselben" (Winckelmann 1962, 4). Es geht also um eine Nachahmung der Natur, die diese noch vervollkommnet, damit die Idee des Schönen zutage tritt. Seine Darlegung des Schönen ist geprägt von der Rhetorik und trägt zur „historischen Konkretisierung und Individualisierung des Begriffs der Schönheit als eines rhetorischen, persuasiven Phänomens" bei (Ueding 1992, 154).

Auch Friedrich Schillers Replik auf die kantische Ästhetik ist vom rhetorischen Denken geprägt. Er stellt die Frage, ob es nicht doch einen objektiven Begriff der Schönheit geben kann und sucht in den Dingen das Bleibende, das unabhängig vom Subjekt Existierende, das eben bleibt, „auch wenn das vorstellende Subjekt ganz hinweggedacht wird" (Schiller 1967b, 416). Ihm geht es um eine Erweiterung der kantischen Ästhetik um die objektive Begründung der Schönheit als *Freiheit in der Erscheinung* (ebd., 400; vgl. Ueding 1992, 155–184).

Schiller ist geprägt von den politischen Strömungen seiner Zeit, der Krise der bürgerlichen Gesellschaft, den zwiespältigen Erfahrungen mit der Französischen Revolution und projiziert seine Hoffnungen und politischen Ideale in den Bereich der Ästhetik. Bei ihm rückt der ästhetische Schein des Kunstwerks, den er in den aufrichtigen und den falschen teilt, in den Mittelpunkt. Genie ist nicht mehr der, in dem die Natur wirkt, sondern derjenige, der dem Stoff die Form gibt und damit Schönheit entstehen lässt. Hier ist es die Arbeit des Künstlers, die zu einem ästhetischen Zustand führt, in dem der Mensch die Freiheit als Spiel erfährt. „Schön ist ein Kunstprodukt, wenn es ein Naturprodukt frei darstellt" (Schiller 1967b, 426). In den Briefen *Über die ästhetische Erziehung des Menschen* (1793/95) wird der Mensch als durch Geschmack erzogen dargestellt, er wird durch diesen quasi kultiviert. Den Menschen sieht er als Wesen, welches durch zwei Triebe, den Stoff- und den Formtrieb, die gegeneinander wirken, bestimmt wird. Aufgehoben werden soll dieser Antagonismus im wechselseitigen Ineinanderspielen der Triebe, deren Resultat der Spieltrieb ist. Hier hat der Geschmack seine pädagogische Funktion, denn er soll den Menschen zur Gesellschaftlichkeit durch ästhetische Erfahrung erziehen: „So gibt es eine Erziehung zur Gesundheit, eine Erziehung zur Einsicht, eine Erziehung zur Sittlichkeit, eine Erziehung zum Geschmack und zur Schönheit. Diese letztere hat zur Absicht, das Ganze unserer sinnlichen und geistigen Kräfte in möglichster Harmonie auszubilden" (ebd., 634).

Während Kant davon ausgeht, dass zwar nur ein intuitiver Verstand zu einer Anschauung des Ganzen kommen kann und kein diskursiver, dieser aber nicht Medium der Erkenntnis sein kann, soll bei Schelling die „intellektuelle Anschauung" zum Organon der Philosophie werden, um die Kluft zwischen theoretischer und praktischer Vernunft zu überwinden. In Schellings *Philosophie der Kunst* (sie ist Thema seiner Vorlesung in Jena 1802/03 und in Würzburg 1804/05 und wird 1859 postum von seinem Sohn veröffentlicht) wird der Kunst ein Vorrang über das begriffliche Denken zuteil, was er mit den Mitteln der Reflexion darlegen will. Auch bei Schelling geht es also um die Frage, ob die von Kant offenbarte Vermittlung zwischen Subjekt und Objekt nicht tiefer gehend bedacht werden kann.

Er erarbeitet eine spekulative Gehaltsästhetik, in der der Kunst die Aufgabe zukommt, die Gegensätze zwischen dem Realen und dem Idealen zu überwinden, weil nur sie diese in der Anschauung erfassen kann. Ausgangspunkt seiner Philosophie ist das absolute Ich, dessen der Mensch in der intellektuellen Anschauung innewird. Vernunft aber sei nicht nur in der Geistesgeschichte erkennbar, sondern auch in der Natur, deren Entwicklung der Entwicklung des menschlichen Geistes vorausgehe. In ihr ist der Geist latent anwesend, weshalb die Natur objektives Subjekt-Objekt sei. Genauso ist im menschlichen Geist immer Natur vorhanden, er ist subjektives Subjekt-Objekt (vgl. Schulz 1985, 31). Das Absolute lässt sich nur von der Kunst erfassen – im Spätwerk wird er diese Rolle der Religion zuschreiben –, weil es anschaulich wird und damit thematisierbar. Während also der Philosoph eine Einheit letztlich nur postulieren kann und dabei abstrakt bleiben muss, werden im Kunstwerk bewusste und unbewusste Tätigkeiten so vereinigt, dass das Unbegreifliche und das Begrifflich-Bewusste vereint werden können. Dabei bleibt die Spannung zwischen Natur und Freiheit bestehen, Harmonie scheint auf, aber die Gegensätze werden nicht negiert.

„Jede ästhetische Produktion geht aus von einer an sich unendlichen Trennung der beiden Tätigkeiten, welche in jedem freien Produzieren getrennt sind. Da nun aber diese beiden Tätigkeiten im Produkt als vereinigt dargestellt werden sollen, so wird durch dasselbe ein Unendliches endlich dargestellt. Der Grundcharakter jedes Kunstwerks, welcher die beiden vorhergehenden in sich begreift, ist also die *Schönheit*, und ohne Schönheit ist kein Kunstwerk." (SW I/3, 620).

Schönheit wird hergestellt durch das Kunstschaffen und dient zugleich der Beurteilung des Naturschönen. Kunst wird damit zur Verbildlichung schöpferischer Kraft. Aufgabe einer Philosophie der Kunst ist es dann, die Entwicklung der Kunst in ihren Wandlungen aufzuzeigen.

In der Philosophie Hegels, die als Gegensatz zur schellingschen Konzeption verstanden werden kann, hat der Begriff des Geistes eine herausragende Stellung, denn in der Selbstgewissheit des Geistes geschieht die Vermittlung, die Welt und Vernunft zusammenführen. Anspruch der Philosophie ist es, Vernunft in der Geschichte aufzuzeigen. Die Geschichte wird zum Beleg für das Wirken der Vernunft. Die Welt des Geistes ist die Welt der Einheit von Substantialität und Subjektivität (vgl. Schulz 1985, 20–30). Hegel unterscheidet objektiven Geist, zu dem Recht, Moralität und Sittlichkeit gehören und absoluten Geist, dem Kunst, Philosophie und Religion zugeordnet werden. Dabei steht die Kunst unter Philosophie und Religion, weil sie der Welt der Äußerlichkeit immer noch verhaftet bleibt. Sie gehört aber dennoch zum Bereich des absoluten Geistes, da sie sich und ihre Produkte unter dem universalen Gesichtspunkt der Schönheit gestaltet, was bedeutet, dass die Idee im Kunstwerk bestehen bleibt. Durch diese Form der Gestaltung werden die Kunstobjekte aus der Endlichkeit herausgehoben, deshalb gehört sie in „das Reich des absoluten Geistes". „Kunst ist als Vermittlung von Innen und Außen vom Geist vollzogene Versöhnung von Gegensätzen" (ebd., 21). Auch wenn Kunstprodukte selbstverständlich einem geschichtlichen Wandel unterworfen sind, sie individuell und endlich sind, intendieren sie „die übergeschichtliche Dimension des bei sich seienden Geistes" (ebd.). In anschaulicher Weise stellt sie die Formen der Vermittlung heraus, was dann im Denken reflexiv vollzogen wird.

Hegels Ästhetik (1835–1838) beruht auf seinen Berliner Vorlesungen, die sein Schüler Heinrich Gustav Hotho für die Publikation bearbeitet hat, wobei er stark in den systematischen Aufbau eingegriffen hat (vgl. Gethmann-Siefert 2005, 15–23). Ästhetik versteht sich als begriffliche Reflexion der Kunst, deren Aufgabe es sei, die in der Geschichte wirkende Vernunft sinnlich erfahrbar zu machen. Da jedes Kunstwerk durch den Geist vermittelt ist, hat es Anteil an der Versöhnung von Subjekt und Objekt.

Hegel setzt das „Kunstschöne" über das „Naturschöne", denn die Natur kann die Vermittlung nur unvollkommen darstellen, da sie dies nicht als eine bewusste, reflektierende Fähigkeit tun kann, weil ihr die Subjektivität fehlt, sie also nicht bewusst den Geist adäquat darzustellen vermag. Das Kunstschöne wiederum vermittelt eine eigene Art der geistigen Aktivität, die erst durch das Kunstschaffen wirkt. Geistigkeit und Freiheit sind deshalb im Kunstschönen präsent. Schönheit ist dann eben kein subjektiver Gesichtspunkt, sondern eine bestimmende Weise der Darstellung des Wahren: „Die Schönheit aber ist nur eine bestimmte Weise der Äußerung und Darstellung des Wahren und steht deshalb dem begreifenden Denken, wenn es wirklich mit der Macht des begreifenden Begriffes ausgerüstet ist, durchaus nach allen Seiten hin offen" (HW 13, 127). Das Kunstwerk ist dadurch bestimmt, dass es Produkt menschlicher Tätigkeit, für den Menschen gemacht und zweckvoll ist. Kunstschaffende verwandeln Gegenstände in Kunst, womit diese der Gegenwärtigkeit entrissen sind. Kunst bringt Wahrheit zur Erscheinung, sie kann aber nicht wie die Philosophie durch verbindliche Denkstrukturen verifiziert werden, weshalb es Aufgabe einer Philosophie der Kunst ist, zu begreifen, was Gehalt und Schein der Kunst ist. „Das *Schöne* bestimmt sich dadurch als das sinnliche *Scheinen* der Idee" (ebd., 151). In der Kunst kann also die Spannung zwischen Subjekt und Objekt aufgehoben werden, so dass Versöhnung aufscheint.

In seinem System der Ästhetik unterscheidet Hegel drei Entwicklungsstufen der Kunst: die symbolische, die klassische und die romantische Kunstform, die sich durch die Bedeutung des Geistes unterscheiden lassen. In der symbolischen Kunstform hat der Geist noch nicht die passende Erscheinungsform gefunden, in der klassischen ist die Vermittlung von Geist und sinnlicher Erscheinung vollendet, was er an der griechischen Skulptur nachweisen will, und in der romantischen lässt der Geist seine sinnliche Erscheinung hinter sich zurück (vgl. Scheible 307). Die ästhetische Handlung ist ebenso in drei Stufen untergliedert, denen die Begriffe „allgemeiner Weltzustand", „Situation" und „Handlung" zugeordnet werden. Im allgemeinen Weltzustand existiert der Widerspruch zwischen Individuum und Gesellschaft noch nicht, „Situation" ist die erste Stufe der Entäußerung des Ideals zu seiner Bestimmung, wobei Handlungen nur ausgelöst werden, wenn es zur „Kollision" der Interessen kommt.

Prinzip der künstlerischen Entwicklung ist die Durchdringung der Welt durch Subjektivität. Ziel der Philosophie ist die Aufhebung von Subjekt und Objekt, wobei die Ästhetik beschreiben soll, welche Funktion die Kunst in diesem Prozess hat. Allerdings wird die Außenwelt gerade durch die vollendete Vermittlung dem Subjekt wieder fremd, da diese doch Illusion bleiben muss.

Die Entwicklung der bürgerlichen Ästhetik prägt die Fragestellungen an die Kunst bis zu heutigen gegenwärtigen ästhetischen Theorien, auch wenn sich die Stellung der Ästhetik gewandelt hat und sie nicht mehr als Philosophie der Kunst verstanden wird.

Als Ästhetik des Übergangs hin zum 20. Jahrhundert lassen sich die Arbeiten von Schopenhauer und Nietzsche deuten, weil sie zwar eine Gesamtdeutung der Welt geben und ihre Vorstellung einer Philosophie der Kunst sich daran orientiert, sie aber die Negation der Vernunftmetaphysik ins Zentrum stellen. Bei beiden rückt der anthropologische Aspekt in den Vordergrund, bei ihnen enthält Kunst eine Entlastungsfunktion in einer Welt, die nicht mehr selbstverständlich als sinnvoller Prozess verstanden wird. Bei Schopenhauer wird die Kunst zum Gegensatz der Welterfahrung, die vom Willen bestimmt ist. Sie entlastet vom Willensdruck und ermöglicht Distanz. Nietzsche will von der Kunst her die Welterfahrung fundieren und negiert den Gedanken einer Vernünftigkeit der Welt.

In der Folge verliert die Kunst ihre Schlüsselstellung für die Metaphysik und wird dem Bereich der kulturellen Schöpfungen zugerechnet. Sie ist in der Lebensphilosophie immer noch ein zentrales Thema, aber in den wissenschaftstheoretisch ausgerichteten Strömungen tritt die Frage nach dem Wert der Kunst zurück.

Heideggers Deutung steht in Bezug zu Schelling, auch bei ihm kann nur die Kunst wesentliche Bezüge des Seins erschließen, aber er steht insofern gegen die Tradition als er in *Sein und Zeit* deklariert, dass das Dasein aus sich selbst heraus erschlossen werden muss und sich dann in seiner Endlichkeit zeige. Seine Überlegungen zur Kunst will er nicht als Ästhetik verstanden wissen, sein Grundthema in Bezug auf ästhetische Erfahrungen ist die Sprache.

Die Verbindung mit der Tradition wird vor allem in Hans-Georg Gadamers Werk *Wahrheit und Methode* (1960) durch die Entwicklung einer geschichtlichen Hermeneutik herausgestellt, in der die Sprache zum Schlüssel der Welt wird. Verstehen wird zum Leitbegriff, weil menschliches Leben verstehendes Leben ist (vgl. Schulz 1985, 63ff.).

Ernst Bloch steht mit Theodor W. Adorno in der idealistischen Tradition, beide entwerfen eine Theorie der ästhetischen Erfahrung im Rahmen ihrer gesamten Philosophie und beide richten ihr philosophisches Denken auf ein Ultimum. Zentrale Aussage in der Ästhetik Adornos ist die Betonung des Doppelcharakters der Kunst als eine einerseits autonome und andererseits soziale Tatsache (*fait social*). Das autonome Kunstwerk soll innerhalb einer entfremdeten Welt zum Statthalter von Vernunft und Freiheit werden. Die in Analogie und Konfrontation entstandenen Konzepte von Theodor W. Adorno, Walter Benjamin und Georg Lukács sind bei der Darlegung blochscher Ästhetik mitzudenken. So wie Adornos ästhetische Theorie immer Vergleichspunkt für blochsches Denken darstellt, sind wichtige Begriffe und Aussagen nur verständlich, wenn man sie als Teil eines Diskurses betrachtet. So muss der Gedanke des „Dunkels des gelebten Augenblicks" mit Benjamins Ausführungen zum Chok als Kennzeichen der Moderne und seinen geschichtsphilosophischen Thesen gesehen werden. Und die Ausführungen zur Totalität erklären sich nur durch die Konfrontation mit Georg Lukács. Bei Georg Lukács führt die Analyse realistischer Stilmuster in der idealistischen Kunst zur Entwicklung der These, eine ästhetische Richtung zum Vorbild zu erklären und die Aufgabe der Kunst des 20. Jahrhunderts als Weiterführung zu beschreiben. Veränderung ist ihm daher ein Einbrechen der Dekadenz. Hier ist es Aufgabe der Kunst, die Wiederherstellung einer schon einmal vorhandenen Totalität und deren Entzweiung zu vermitteln. Vorzugsweise der Roman ist ein Spiegel der zerbrochenen Realität, der aber die Totalität nicht mehr genügend zur Anschauung bringen könne.

Die postmoderne Ästhetik, die v. a. mit Jean-Francois Lyotard ihren Anfang nahm, erklärt Kunst zum Ereignis und rekurriert auf den Begriff des Erhabenen, jedoch nicht als metaphysische Begründung möglicher Einheit von Subjekt und Objekt, sondern als Ausdruck des Orientierungsdefizits. Dabei bezieht sich Lyotard auf Walter Benjamin und deutet dessen Ästhetik im postmodernen Sinn.

Ästhetik ist prägend für die Philosophie von Bloch im Ganzen, weshalb sein Gesamtwerk als Ästhetik gelesen werden kann, was aber nicht heißt, es darauf zu begrenzen. Bloch verfasst keine Theorie der Kunst als Teil seines Werkes, noch dazu in einem Band zusammengefasst, aber die Welt wird unter dem Aspekt der Kunst gedeutet, so dass mit seinem Gesamtwerk auch eine Philosophie der Kunst vorliegt. Die Reflexion über Kunstwerke bildet einen entscheidenden Ausgangspunkt für die Philosophie der Hoffnung, da der Schein des Kunstwerkes sein utopisches Potential markiert. Betont wird dies durch den Begriff „Vorschein", weshalb blochsche Ästhetik in der Forschung zumeist als „Ästhetik des Vorscheins" bezeichnet wird. Vorschein ist kein beliebig vom Künstler einzusetzendes Mittel, sondern erschließt sich in der ästhetischen Erfahrung. Er wird erläutert durch seine Funktion, Tendenzinhalte bildlich zu fassen und dadurch beerbbar zu halten. Dargelegt wird dies in der philosophischen Reflexion der Kunst, welche wiederum ihre Kategorien der Philosophie der Kunst entnimmt. Allgemein lässt sich feststellen, dass blochsche Begriffe und Kategorien ihren Ausgangspunkt in der ästhetischen Reflexion haben, da die Kunst zum Ausgangspunkt philosophischer Reflexion wird (vgl. Vidal 1994).

Schon sehr früh plant Bloch, eine Ästhetik zu verfassen. Sie soll Teil des in jungen Jahren konzipierten philosophischen Systems sein. In der Heidelberger Zeit entwirft er den Plan für ein fünfbändiges philosophisches Werk, dem er den Titel *Das Denken der Wissenschaft und Philosophie als Logik des Systems* geben will. Ende Oktober 1911 stellte er seinem Freund Georg Lukács die Konzeption seines Systems der axiomatischen Philosophie vor, dessen letzter Band eine Ästhetik enthalten soll. Die von ihm erstrebte Philosophie steht in Tradition des deutschen Idealismus wie er von Hölderlin, Schelling und Hegel in der „Tübinger Axiomatik" entwickelt wurde. Hierfür entwirft er auf ca. 12 Seiten das Vorhaben, ein Buch über die Ästhetik mit dem Titel *Ad Experimentum Ästhetik: Figuren des Überschreitens – Ästhetik ohne Illusion* zu verfassen. Alle in der Gliederung aufgezählten möglichen Themen finden sich im späteren Gesamtwerk, sei es die Bedeutung des Vorscheins, des Tagtraums, die Funktion von Symbol, Allegorie und Metapher. Auch dass der Musik eine besondere Rolle zugesprochen werden muss, wird im Entwurf vermerkt.

Der geplante Titel wird erst im letzten Band des Gesamtwerkes (EM) im Titel des 42. Kapitels wiederaufgenommen und heißt „Allegorischer Vor-Schein in der Kunst ohne Illusion". Dieses Kapitel enthält eine Erklärung, was „Ästhetik ohne Illusion" vermag und lässt sich als Resümee des Anspruchs der Ästhetik verstehen. Ästhetik ohne Illusion, die voll ist mit Fragmenten und Auszugsgestalten, vermag in Zeiten des gesellschaftlichen Übergangs, in der ein Novum zwar gewärtig ist, aber aufgrund der Hemmnisse und des Misslichen nicht gegenwärtig „zu reflektieren, was in den Zeiten gelungener Kunstwerke entweder immer klassizistisch bedroht war oder aber überhaupt nicht über den Horizont seines Begriffes stieg. Innerhalb der Gebietskategorie Kunst wird gerade dadurch mit Vor-Schein über dem Schein, statt des Scheins eine Ästhetik ohne Illusion bedeutet, die sich dem bloß kontemplierenden Kunstverständnis entzieht" (EM 197). Ästhetik ohne Illusion ist eine der Reflexion. Ihre Aufgabe ist es, begrifflich zu fassen, was in der Kunst erfahrbar gemacht wird. Durch ästhetische Erfahrung wird erkennbar, dass die Welt, wie sie ist, unvollkommen und noch nicht zu einem guten Ende gekommen ist. Gefasst wird dies durch die Wendung „etwas fehlt", die aus Brechts Oper *Mahagonny* übernommen wird. Was sich aus der Kunst herauslesen lässt, ist auf den gesamten Weltprozess zu übertragen, weil im Kunstwerk das Typische erkennbar wird, das es weiterzutreiben gilt.

„Die bisher manifestierten Gestalten werden so in und für die Gebietskategorie Kunst erstens auf ihr Besonderes abgehört, als ein bezeichnendes und so mit Bedeutung geladenes, zweitens auf Archetypisches, das ist anschaulich, bildhaft, wesenhaft Zentriertes einer Gestalt und ihres Vorkommens, und drittens, hauptsächlich auf Allegorisches, das heißt weit durch die Welt kreuz und quer Schickendes in mehr oder minder analogen Entsprechungen" (ebd., 200).

„Vorschein" wird im Kunstwerk gerade dadurch sichtbar, dass Offenes und Fragmentarisches zum Ganzen des Weltprozesses tendiert. Hierin liegt der Grund, warum die Ästhetik nicht als Teilgebiet der Philosophie behandelt werden kann, sondern interdisziplinäre Durchdringung zur Notwendigkeit wird. Kunst hat dabei die Funktion, Erfahrung zu vermitteln, da sie, Möglichkeiten zugleich registrierend als auch vorwegnehmend, die Wahrnehmungsmodi der Rezipienten erweitert und sie in einer dialektischen Beziehung zur Hoffnung steht. Kunst ermöglicht es, die Hoffnung unter zwei Gesichtspunkten zu erkennen: zum einen die Hoffnung, durch die Menschen hoffen, *spes quae speratur*, und zum anderen die Hoffnung im Sinne des Erhofften, *spes qua speratur*. Da im Kunstwerk eine neue oder andere Welt imaginiert wird oder diese in der kritischen, evtl. auch überzeichnet dargestellten Realität aufscheint, kann Kunst die Hoffnung anschaulich erfahrbar machen und ist dabei zugleich getragen von der Hoffnung, dass es Möglichkeiten für das Andere durchaus gibt. Das Unabgegoltene der Vergangenheit, die Träume, Sehnsüchte, Wünsche, die in der Geschichte nicht erfüllt wurden und damit nicht erledigt sind, sondern erinnert werden müssen, bleiben in künstlerischer Darstellung erhalten.

Die grundlegende Frage nach der Stellung des Menschen im Weltprozess, gemäß einem „Wer sind wir? Wo kommen wir her? Wohin gehen wir? Was erwarten wir? Was erwartet uns?" bestimmt den Blick auf diesen Prozess. Kunst ist ein Moment, diesen Blick zu verändern, ihm eine Richtung auf Zukunft hin zu geben. Möglich ist dies aufgrund ihrer eigentümlichen Zeitlichkeit, die mit der Kategorie der Ungleichzeitigkeit zu fassen ist. In *Geist der Utopie* noch rein deskriptiv verwendet, zeigt sie die Möglichkeiten eines nicht notwendigerweise mit dem realen Weltprozess parallel verlaufenden Prozesses. In *Erbschaft dieser Zeit* wird die Kategorie der Ungleichzeitigkeit zur einer dynamischen und von der Kunst ausgehend auf politisch-soziale Figurationen angewendet (vgl. Dietschy 1988). Entsprechend der Kategorie der Ungleichzeitigkeit lassen sich Kunstwerke als Vermittlungsinstanzen der Zukunftsdimension des Weltprozesses verstehen, da hier Möglichkeiten registriert und vorweggenommen werden. Dadurch verändern sich die Wahrnehmungsmodi. Der Schein im Kunstwerk markiert nicht bloße Unwahrheit, sondern ist Träger des utopischen Potentials. Deshalb verwendet Bloch den Begriff „Vorschein".

Die Ästhetik ist damit die philosophische Reflexion der in der Kunst zum Vorschein kommenden Tendenzinhalte, weshalb Kunst zur wesentlichen Grundlage einer Philosophie der Hoffnung wird und, von der ästhetischen Reflexion ausgehend, die Kategorien entwickelt werden, die sowohl die Ästhetik als auch die Philosophie ausmachen.

Der Kunstschaffende und der Philosoph stehen in einem ambivalenten Verhältnis zueinander, sie sind verbunden durch Produktivität als Kennzeichen der Beschäftigung mit der Welt. Gedacht wird in dieser Interpretation von der Produktion der Kunst her, diese fordert regelrecht eine der Kunst nahestehende Herangehensweise, die nur jemand erreichen kann, der selbst produktiv tätig ist. Im Rekurs auf Hegels Ästhetik spricht Bloch von einer durch die eigene Produktivität begründeten „Brüderlichkeit zur Kunst", die es erst möglich macht, philosophisch nachzuvollziehen, was im ästhetischen Medium geschaffen wurde.

„Die philosophische Begabung und ihre Technik ist an sich nirgends die der Kunst; scharfes Denken, durchgehender Zusammenhang, zentraler Wesensbezug, diese sind keine künstlerischen Eigenschaften und Voraussetzungen, sie sind philosophisch autochthon. Wohl aber zeigt gerade Hegel – und am konzentriertesten in seiner Ästhetik – , daß eine noch gemeinsame bildschaffende Wurzel mit künstlerischer Produktion vorhanden ist und blüht" (SO 283f.).

Insofern findet sich keine Absage an das Genie. Der Begriff dient als Bezeichnung für Menschen, die an der Stelle des fortgeschrittenen Bewusstseins stehend, die Tendenzen für Zukünftiges aufspüren können. Prototyp ist wie in der gängigen Genieästhetik Prometheus. Geistige Produktivität wird in den subjektiven Voraussetzungen gesucht und dann in die geschichtsphilosophische Reflexion eingebunden, indem der Begriff der Genialität mit dem prozessualen der Geschichte verschränkt wird, um über diese Reflexion zur Aufklärung über die Bedeutung des „Noch-Nicht-Bewußten" zu gelangen.

Der Blick auf die Welt und auf die Objektivierungen von Hoffnung ist ein ästhetischer, das zeigt sich auch an der Darlegung der

Bedeutung des „Dunkels des gelebten Augenblicks" als existentielle Erfahrung. Ausgangspunkt der philosophischen Erläuterung der Kategorie ist eine Frage aus dem Bereich der Landschaftsmalerei. „Wo denn fängt in einem Bild die dargestellte Landschaft an?" (PH 345). Diese Frage ist deshalb so schwer zu beantworten, weil die Landschaft nicht außerhalb des Malers liegt, sondern diesen mit einschließt. Bloch benutzt zur Verdeutlichung den der Physik entnommenen Begriff des schädlichen Raums, um zu zeigen, dass die Problematik in der Nähe und Aktualität des Geschehens zu suchen ist. Von hier aus entwickelt er über die Erfahrung des Augenblicks die anthropologische Begründung, warum der Mensch ein hoffender ist und warum das Korrelat in der Eigendynamik der Materie zu suchen ist. Im Vorschein wird der Kern des Daseins, so wie er im Dunkel des gelebten Augenblicks blitzhaft aufscheint, deutlich. Jedes schöpferische Gestalten wächst aus dem Bemühen, etwas Besseres als das, was vorzufinden ist, aufscheinen lassen zu wollen, es hat daher das Gefühl des Mangels im Gegenwärtigen und das Bedürfnis nach einem harmonischen Ganzen in Zukunft zur Bedingung. Offenheit auf Zukunft hin ist die „auratische Art des Dunkels" (PA 145), die den Drang zum Schöpferischen befördert. Weil Erfüllung nur in der Zukunft liegen kann, wird künstlerische Produktivität zu einer der Utopie.

Das Produkt schöpferischer Produktivität ist dann ein echtes Kunstwerk, wenn es über die Selbstdarstellung des Künstlers hinausweist und einerseits im *Inkognito jedes gelebten Augenblicks* (PH 1548) die Identität von Subjekt und Objekt aufscheinen lässt und andererseits seine Universalität, die im Fragmentcharakter begründet ist, deutlich wird. Der Begriff des Vorscheines wird entwickelt, indem Bloch an die Diskussion um die Bedeutung des Scheins in der ästhetischen Tradition anknüpft. Er rekapituliert diese Tradition orientiert an der Frage nach Wahrheit und Falschheit in der Kunst, um dann im Anschluss an Hegel zu der Antwort zu kommen, dass das Schöne eine Erscheinungsform der Idee ist, welche wiederum definiert ist als Erkenntnis einer objektiv vorhandenen Prozesstotalität. Kunst ermöglicht Erkenntnis über die Welt in vorbegrifflicher Form, ihr Schein wird zum utopischen Vorgriff, der immer am „Ort seines Objekts-Korrelats", also an seinem Realitätsgrad, zu messen ist.

„Und die Antwort auf die ästhetische Wahrheitsfrage lautet: Künstlerischer Schein ist überall dort nicht nur bloßer Schein, sondern eine in Bilder eingehüllte, nur in Bildern bezeichenbare Bedeutung von Weitergetriebenen, wo *die Exaggerierung und Ausfabelung einen im*

Bewegt-Vorhandenen selber umgehenden und bedeutenden Vor-Schein von Wirklichen darstellen, einen gerade ästhetisch immanent spezifisch darstellbaren" (ebd., 247).

Vor allem die Erläuterung der Bedeutung des Weitertreibens führt zur Ausweitung der Thematik auf die Ontologie. Auch hier bildet die ästhetische Reflexion den Ausgangspunkt, den Wahrheitsbegriff für ein Denken offenzulegen, das auf die Bedeutung von Tendenz und Offenheit insistiert. Gesucht wird dann nach der Wahrheit in der Welt, was wiederum zur entscheidenden Grundlage für die blochsche Position in der sogenannten Realismusdebatte wird, die nach dem Schriftstellerkongress 1935 in Paris als Streit um das richtige Vorgehen der Volksfront gegen den Faschismus zu deuten ist.

Realismus ist konstitutives Element des künstlerischen Werkes und daher als Kennzeichen von Kunstwerken unabhängig von jeweiligen Zeiten und Gesellschaftsformationen zu verwenden. Der Begriff dient der Darlegung der Beziehung zwischen utopischer Phantasie und ihrem konkreten Korrelat im Weltprozess. Das jeweilige Kunstwerk verweist über seine eigene Individualität hinaus auf einen idealisierten Kontext. Die Bezeichnung „realistisch" impliziert die Frage nach dem Wahrheitsgehalt des Kunstwerkes. Gerade dies aber meint keine bloße Abbildtheorie und wendet sich dezidiert gegen die Bestimmung des Begriffs aus der Perspektive eines die Richtung weisenden Kanons, denn es kommt darauf an, dass die Invariante der Richtung des Weltprozesses aufgezeigt wird. Realismus steht damit nicht konträr zur Utopie, sondern ist im Gegenteil Merkmal des utopischen Charakters von Werken. Diese Position richtet sich ausdrücklich gegen eine schematische Deutung des Begriffs in marxistischer Diskussion. Ausgelöst ist diese Stellungnahme durch die Notwendigkeit, sich auf dem I. Internationalen Schriftstellerkongress zur Verteidigung der Kultur (21.–25. Juni 1935, Paris) zu positionieren. Die Bedrohung durch den Nationalsozialismus bewirkte auf Seiten einiger „bürgerlicher" Autoren eine Annäherung an die Schutzverbände der kommunistischen Parteien, auf Seiten der kommunistischen Parteien eine Hinwendung zum bürgerlichen Erbe. Bloch bricht in seinem dort gehaltenen Vortrag „Dichtung und sozialistische Gegenstände" (LA 135ff.) die scheinbare Einmütigkeit über den politischen Auftrag der Kunst auf und gelangt durch Differenzierungen im Bereich der Phantasie zu einer Kritik des sozialistischen Realismus, die sich gegen das Konzept von Lukács wendet und diesem eine Hinwendung zum Naturalismus vorwirft. Vor der Folie der idealistischen Kritik wird der Begriff der

Phantasie im Rekurs auf Marx differenziert, um zwischen Phantasterei und Phantasie zu unterscheiden und zu verdeutlichen, warum der Prozessgedanke gegen jedes naturalistische Abbild stehen und dagegen antizipatorischen Inhalt haben muss. Ästhetisch erläutert wird dies am Begriff der Dichtung als Bild für den Umgang mit dem Stoff. Dichtung geht es um poetische Verarbeitung der Möglichkeit und so soll als realistische Kunst die genannt sein, die zum Fortbilden der Hoffnung beiträgt.

Die Kritik bezieht sich vor allem auf die Geschlossenheit im Totalitätsbegriff bei Lukács. Galt noch dessen Erläuterung der Kategorie des „Augenblicks" in den unter dem Titel „Geschichte und Klassenbewusstsein" gesammelten Aufsätzen als unverzichtbare Grundlage (PA 588ff.), so wird der Totalitätsbegriff kritisiert als einer „mit der gewissen simplizistischen Neigung zur Homogenisierung, und zwar zu einer fast ausschließlich soziologischen Homogeneisierung des Prozesses" (ebd., 618). Eine Kritik, die in der Expressionismusdebatte kulminiert, so dass blochsche Positionen hier gemeinsam mit Bert Brecht und Hanns Eisler formuliert werden. Sie wenden sich gegen eine epochale Begrenzung der Kunst und fordern, dass Kunst sich an den subversiven Inhalten der Vergangenheit bereichern könne. Für Bloch wird Erben als Auftrag des Künstlers zum Ausdruck für die notwendige Aktualisierung eines unabgegoltenen Anspruchs im Vergangenen. Hier wird, ähnlich wie in der Theorie der Intertextualität, die Beziehung der Kunstwerke im Lauf der Geschichte aufgezeigt, jedoch mit der eindeutigen Richtung, das Erbe immer als ein Überschreiten zu verstehen. Das Ultimum dürfe nicht als Primum missverstanden werden, denn dann könne das Novum nicht erkannt werden, das in der Kunst materialisiert wird. Dieses bezieht sich auf den in der Kunst enthaltenen Überschuss, der erst ihren künstlerischen Rang ausmacht. Die Kategorie des Novums in der Kunst begreift sich als Moment des Originären und als Mittel, Barrieren regelrecht zu sprengen. Kunstwerke besitzen dieses Novum aufgrund ihrer Ungleichzeitigkeit.

Ableiten lässt sich hieraus auch die Position, die vom Menschen erwartet wird. Es geht nicht um einen kontemplativen Kunstgenuss, sondern um die Aufforderung an das Subjekt, durch tätiges Eingreifen in den Weltprozess dazu beizutragen, dass das Wahre verwirklicht wird. Kunst ist bei Bloch ein Mittel der Erkenntnis, aber auch wenn Künstler das Bedürfnis haben, ein harmonisches Ganzes hervorzubringen, kann Kunst Homogenes immer nur gebrochen und als unabgegolten darstellen und gerade dadurch dazu beitragen, dass Kunst zur

„Chiffer des Eigentlichen" (PH 253) wird. Es ist das Fragmentarische in der Kunst, das diese zum Korrelat einer Welt macht, die unfertig ist und in der alle Gestaltungen Fragmente sind. Das Fragment als Objektbestimmtheit der Kunst macht künstlerischen Vor-Schein zum konkreten.

Da sich die Forderung nach dem Fragment nicht nur auf die Form, sondern auch auf den Inhalt bezieht, richtet sie sich gegen Form-Ästhetik und setzt die Form in den Dienst des Inhalts, behandelt sie quasi als dezidierten Inhalt. Hier verteidigt Bloch die Wendung der Ästhetik in der Geschichte von einer Ästhetik des Geschmacks (Kant, Schiller) zu einer des Gehalts (Hegel), wobei die Frage nach den inhaltsästhetischen Hinweisen bei Kant und Schiller außer Acht gelassen wird. Rekurriert wird auf Hegels Gedanken der Vereinbarkeit von Kunstwerk und Begriff, mit dem Ziel, die Versöhnung von Subjekt und Objekt nicht zur Glaubensfrage, sondern zur Frage der Vernunft werden zu lassen.

Kunstwerke sind Verweis auf die Offenheit der Welt und ästhetische Vermittlung der Erkenntnis, dass diese veränderbar ist. Symbole haben die Funktion, zwischen Gegenwart und Zukunft zu vermitteln und als Ausdrucksmittel der Phantasie haben sie Verweischarakter. Dies erklärt sich durch ihre emotional-bildhaften Inhalte, die auf Analogie mit zumeist in der Natur vorkommenden Lebenserscheinungen beruhen. Sie grenzen sich von der Allegorie durch ihren eindeutigen und konstant bleibenden Verweis ab, sind aber zugleich unabgegolten und nur deshalb Verweis auf die Zukunft. Die Allegorie ist eine weitergeführte Metapher, die mit Verweis auf Benjamins Erläuterungen im *Ursprung des deutschen Trauerspiels* als mehrdeutig interpretiert wird. Von der ästhetischen Reflexion und der Erläuterung der Begriffe gelangt Bloch auch hier zur gesamten Philosophie. Gleichnischarakter sei in der gesamten Welt erfahrbar, hier wirken Real-Symbole und Real-Allegorien.

Paradigma für den Umgang mit zeitgenössischer Kunst ist in *Erbschaft dieser Zeit* der Expressionismus, auch weil dieser von Faschismus und Sozialismus gleichermaßen angegriffen wird. Die Verbindung in der Verfemung der Kunstrichtung sieht er im Verhältnis zum Intellektualismus und der gegen das Obrigkeitsdenken gerichteten Ausrichtung der Kunstwerke. Dagegen wird expressive Kunst als die einer veränderten Welt entsprechende erklärt. Begründet wird diese damit, dass sie auf das utopische Substrat der Gotik aufbaut, indem sie dieses beerbt und überschreitet.

Das Gegensatzpaar Gotik-Ägypten ist in *Geist der Utopie* erstmals erläutert. Gotik ist hier Symbol für das Menschliche, ägyptisch steht für „Erstarrung" (GdU 32). Da das Ägyptische eine Präferenz für das Anorganische habe, kommt im Gegensatz zur Gotik die Inwendigkeit des Menschen nicht zum Ausdruck. In der Gotik erhält der Mensch eine exponierte Stellung, das zeigt sich am Umgang mit dem Licht und der Herausbildung des Ornaments. Ornament ist Symbol für das antizipatorische Substrat als Träger der emotionalen Haltungen des Menschen. Der Maßstab Mensch, der in besonderer Weise in den Christusdarstellungen deutlich wird, ermöglicht eine Hinwendung zur Inhaltsästhetik. Das Gegensatzpaar dient der Darstellung der Kunst über die jeweiligen Epochen, durch Darlegung der Beziehung zum Ornament.

Expressionismus ist Erbe der Gotik, was durch die spezifische Art der Verwendung von Form und Farbe deutlich wird. Auch im Expressionismus wird das rein funktionale Element wie bei jeglichem Ornament überschritten. Die Kunst ist gerade dadurch um „utopische Humanität" (EdZ 261) zentriert, weil in ihr archaische und utopische Elemente enthalten sind. Zudem zeigt sich an ihrer inhaltlichen Offenheit der Gehalt des Werkes.

Die hier verwendete Kategorie Ausdruck wird vor allem in der Philosophie der Musik entfaltet, denn damit wird sowohl die Dynamik als auch das humanistische Substrat eines Musikstückes bezeichnet. Ausdruck ist Kategorie des Prozesses.

Die Entwicklung der Philosophie der Musik ist exemplarisch für die Ästhetik. Sie beginnt in *Geist der Utopie* und ist hier von zeitgenössischen Diskussionen getragen (vgl. Vidal 2003a). Musik hat eine zentrale Stellung und gilt in der ersten Fassung als die utopische Kunst überhaupt und hat in der zweiten eine etwas weniger exponierte Stellung (vgl. Mayer 1978). Musik ist die Chance der Begegnung des Subjekts mit sich selbst, das auch hier den Weg vom Inwendigen zum Außen finden muss.

Das Geheimnis der Musik liegt darin, dass sie zum unmittelbaren, weil gegenstandslosen Ausdruck des Menschen wird. Die Geschichte der Musik wird wie die Geschichte überhaupt von der Zukunft her gedeutet, ausgehend vom musikalischen Subjekt. Sie ist ausgerichtet auf das Neue und bleibt daher jung. Einzelne Werke sieht Bloch als „geniale Ichzustände", deren Art, Grenzen und Gattungen zu überschreiten, er mit dem in Anlehnung an Lukács gebildeten Begriff „Teppich" kennzeichnet. Unterschieden werden drei Teppiche. Dem ursprünglich und naiv empfindenden Menschen wird der Teppich des endlos vor sich Hersingens, des Tanzes und der Kammermusik zugeordnet. Hier werden Gefühle unmittelbar zum Ton. Dem griechisch-attischen Subjekt entsprechen die geschlossenen Werkformen: das geschlossene Lied, die „Spieloper" (Mozart), das Oratorium. Für das Gotisch-Werden steht der dritte Teppich, das durchkomponierte Lied, die „Handlungsopern" (Carmen, Fidelio), das große Chorwerk, Sinfonien von Beethoven, Bruckner, Mahler und die Opern Wagners. Durch das Spannungsverhältnis zwischen den Teppichen und durch das Verstricktsein in die Widersprüche der Zeit entwickelt sich der Übergang zur erfüllten Zeit, das ist die Zeit der „seraphischen Musik". Es wird eine zukünftige Wahrheit intoniert, die im Dunkel des gelebten Augenblicks nur durch Hebung und Drehung des schöpferischen Aktes gedeutet werden kann.

In der Philosophie der Musik werden der Ton als Mittel und als Phänomenale, die Harmonielehre als Formel und die Bedeutung von Rhythmus und Kontrapunkt als musiktheoretische Kategorien erarbeitet. Der Ton der Musik ist ihr Stoff, hier klingt das Neue in einer Weise an, die mehr sagt, als es Sprache vermag. Dafür ist es notwendig, dass der Ton auch als einer gehört wird, der aus dem Subjekt heraus brennt. Das Neue wird prophetisch kenntlich, es soll die Hörenden anstecken. Menschliches Maß kommt durch den Rhythmus in die Musik, der die innere Welt der Musik mit der äußeren verbindet. Als „anspruchsvolle Formel" zeigt sich dies bei Beethoven, hier ereignet sich das Neue als Kontrapunkt. Dieser ist die Form des Ereignisses. Bloch bezieht sich, wenn er die Sinngebung der Harmonik auf den Kontrapunkt bezieht, auf Schönberg.

Erkenntnis ermöglicht Musik aufgrund ihres allegorischen, damit mehrdeutigen, Charakters; sie kann ihren Gehalt durch Töne nichtbegrifflich begreifbar machen. Dies wird aufgegriffen in *Experimentum Mundi*, um den Verweis auf Zukünftiges hervorzuheben.

Ausdruck dient damit als Prozesskategorie, mit der sich in Bezug auf die Kunst des Expressionismus deren Sprengkraft zeigen lässt: Die Werke befördern die Wahrheit über die Wirklichkeit hinaus. Auch diese Kunstrichtung wird dann zum Erbe, erkennbar an den prägnantesten Merkmalen Sachlichkeit und Montage. Mit diesen Begriffen illustriert Bloch gesellschaftliche Verhältnisse, nachdem er sie in der Ästhetik entfaltet hat. Er differenziert zwischen den Begriffen als unmittelbare, hier dienen sie Verfall und Betrug, und als mittelbare, hier lassen sie sich durch diabolischen Gebrauch im Sinne des Erbes nutzen. Unmittelbarer Ausdruck der Sachlichkeit ist Leere, hier wird durch das Polieren der Oberfläche Verdinglichung übertüncht und dem kapitalistischen Denkstil entsprochen. Etwas diabolisch, also mittelbar zu nutzen, ist immer dann möglich, wenn der Nimbus des Störenden zutage tritt. Es ist daher die Aufgabe der zeitgenössischen Kunst, das Geläufige zu fällen, so wie es ästhetisch durch die Technik der Montage vermittelt wird, weil sie sich dem Brüchigen zuwendet. Der Begriff wird als Oberbegriff für alle Verfahren verwendet, die das Montieren zum dominanten Gestaltungsprinzip erheben, d. h. Bloch steht der Verwendung des Begriffes in der Kunsttheorie gleichgültig gegenüber, weil ihn nicht der formale, sondern der inhaltliche Aspekt interessiert. Unterscheidungskriterium ist deshalb auch hier Mittelbarkeit und Unmittelbarkeit. Ziel ist eine Bewertung im Sinne der Erbemöglichkeiten. Erbe des Expressionismus ist in seiner Bewertung der Surrealismus wegen der Polymorphie der Verfahrensweisen wie etwa abrupte Juxtapositionen und sprunghafte Folgen inkohärenter Elemente. D. h. aber auch, dass seine Anerkennung begrenzt bleibt auf Werke, denen er expressionistisches Erbe bescheinigt, wie etwa die Bilder von Giorgio de Chirico, dem Roman *Le payson de Paris* von Louis Aragon und vor allem den Arbeiten von Marcel Proust und James Joyce. Eine wirkliche Erörterung surrealistischer Werke findet nicht statt, so dass der Verdacht aufkommt, dass Geschmacksurteile hier entgegen der vorgegebenen Analyse zum Tragen kommen. Die Ästhetik muss gegen den Strich gelesen werden, will man das utopische Substrat auch der Kunst erkennen, die aufgrund des blochschen Geschmacksurteils von diesem abgewiesen wird.

Der Wille, die Welt zu ändern, lässt die Kunst von Bert Brecht zum Modell werden, weil er Sachlichkeit und Montage auf die Bühne bringt. Er macht das Laboratorium Welt zum Thema der Bühne und zeigt die Bruchstellen der Gesellschaft, um sie in „Versuchsmaschinen" zu verwandeln. Damit wird die Bühne zum Ort einer Probehandlung und zugleich zur Stätte der Erfahrung. Die Realisierung liegt nicht in der Verantwortung der Kunst, sondern ist Aufgabe der handelnden Menschen. Auch hier wird eine besondere Leseweise angewandt, um das brechtsche Werk mit Hilfe der in der Ästhetik erarbeiteten Kategorien zu deuten. So wird es interpretiert als ästhetische Darstellung der gegebenen Welt mit möglichen Trauminhalten, die zugleich die revolutionäre Verantwortung des Subjekts kenntlich macht. Brechtsche Dramatik ist damit Erbe an Sachlichkeit und Montage und zudem Pendant zum Surrealismus. Ganz im Sinne Brechts wird das

Neue seiner Ästhetik durch die dialektische Beziehung zwischen Produktivität und Vergnügen entsprechend der Erläuterungen im *Kleinen Organon für das Theater* (Brecht 1967) bestimmt. Ziel ist es, im Rezipienten eine Haltung auszulösen, die produktiv Bezüge zwischen dem auf der Bühne Gesehenen und dem eigenen Leben herstellt, weil die Bühne eine unmittelbar über die Sinne verlaufende Erfahrung ermöglicht. Damit der unmittelbare Genuss produktiv werden kann, muss der dionysische Genuss, der mit Nietzsche auch dem brechtschen Theater unterstellt wird, mit Produktivität verbunden werden, in dem die Bühne zum Bild für das Vergnügen an befreiter Arbeit wird.

Die sinnliche Erfahrung wird durch den Begriff des Genusses beschrieben, das Theater erreicht eine Nähe zur Musik und kann, weil der Mensch unmittelbar angesprochen wird, eine Ahnung von vollkommener Identität aufscheinen lassen. Über Brecht hinausgehend wird am Beispiel der „Parabeldramatik" eine Dramentheorie entwickelt. In dieser wird ästhetischer Genuss erläutert als unmittelbare sinnliche Erfahrung und als durch das Vergnügen initiierte Erkenntnisleistung. Das Vergnügen im Dienste der Erkenntnis wendet sich gegen ein „interesseloses Wohlgefallen" und ist Plädoyer für die Parteilichkeit der Kunst. Ästhetisch ist solche Erfahrung durch das Moment der Distanz, durch die das wahrgenommene Objekt erst zum ästhetischen Gegenstand wird. Die dann mögliche Vermittlung des Überschusses macht das Theater zur paradigmatischen und damit utopischen Stätte (vgl. PH 496f.).

Zum Anspruch der Ästhetik wird es, nachzuweisen, dass Kunst es ermöglicht, den Blick auf den geschichtlichen Prozess zu verändern und der Perspektive zu folgen, um so die Erkenntnisse zu reflektieren. Die ästhetische Erfahrung fordert zur Stellungnahme und zur Einlösung in der Praxis. Der Vorscheincharakter ist aber nicht auf Kunstwerke zu begrenzen, sondern „geht durch sämtliche Proben aufs humane Sinn-Exempel, an denen die Welt so reich ist. Doch eben mit mehr oder minder großem Abstand vom Exempel, mit mehr oder minder großem Noch-Nicht der vollen Erscheinung, mit jenem Abstand also, der so vielfach erst Wunschbilder, Ideale, Symbole statt der Gelungenheit darbietet" (ebd., 277). Diesen Abstand gilt es als „vermittelte Perfektibilität" zu begreifen, um aus der Ahnung zukünftiger Freiheit militanten Optimismus entwickeln zu können. Diese zukünftige Freiheit richtet sich auf Welt und Natur in ihrem Verhältnis zueinander, was notwendigerweise zu einer Naturphilosophie führt. In der Ästhetik wird die Qualität des Naturschönen zum Signum der

Zielperspektive. Hier grenzt sich die Ästhetik von Hegel ab und macht diesem den Vorwurf, das Naturschöne für zu gering erachtet zu haben. Die Relevanz ergibt sich daraus, dass der sinnlich wahrnehmbare Vorschein einer humanisierten Natur nicht auf den Fähigkeiten der Einbildungskraft beruhe. Er hat seine Gründe in der Naturwirklichkeit selbst. Das Naturschöne ist eine geschichtliche Größe, es ist in den historischen Prozess eingebunden und wird durch das Subjekt in Distanz wahrgenommen.

Diese Form der Wahrnehmung schildert Bloch durch den Blick auf die Landschaft als bewusst geistigen Vorgang, in der die Landschaft zum Sinnbild einer Sehnsucht wird. Die Grundlage zur Umformung der Natur in Landschaft durch den Menschen liegt in der Beschaffenheit der Natur selbst. Sie erst weckt sein Interesse und lenkt seinen Blick. Ein distanzierter Blick wird durch die Kunst erst möglich, sie fördert die Horizonterweiterung des Betrachters. Aus der Perspektive einer utopischen Bestimmung von Mensch und Natur, wird die Landschaft zur Vermittlungsinstanz. Dabei ist entscheidend, dass von der Natur eine teleologische Produktivität ausgeht, mithin ein Natursubjekt vorausgesetzt wird, um den Prozess als naturhaft unabgeschlossen zu begreifen. Landschaft ist ein Begriff, der für die utopischen Möglichkeiten in der Natur steht und von der Ästhetik ausgehend auf alle Utopien, seien sie nun geografischer, architektonischer, medizinischer oder gesellschaftspolitischer Art, ausgeweitet wird. Der Blick auf die Bedeutung des Naturschönen ist untrennbar verbunden mit der Naturphilosophie (vgl. Zeilinger 2006). Die utopisch gemeinte Versöhnung gründet in der ästhetischen Erfahrung, in der die Natur zum qualitativen Element der Entscheidung für die Zukunft wird. Die Philosophie der Natur ist daher zu lesen als eine Theorie der utopischen Landschaften, denn diese sind Präsentationen und Interpretationen der in der Natur vorzufindenden Chiffren. Die utopische Variante artikuliert sich durch das Erhabene, weil hier das implizierte Natursubjekt zum Tragen kommt. Hier bezieht sich die Ästhetik zwar auch auf Kants Ausführungen zum Erhabenen, vor allen aber auf Goethe, da dieser anhand des Elementes Schrecken und Schaudern nicht nur auf das Subjekt, sondern auch auf das Objekt zielt: „Denn ein unleugbares Element des Erhabenen ist der Schrecken, der dialektisch in Erhebung umschlagende; und dieser hat auf der Subjektseite ebenso sachlich den Willen sich zugeordnet wie auf der Objektseite die materielle Tiefe" (PH 949). Die Kraft des Naturschönen in ihrer Wirkung auf den Rezipienten hat ihren Grund in der utopischen Qualität der

Natur. Die evozierte Ergriffenheit ist jedoch noch keine kritische Reflexion des Subjekt-Objekt-Verhältnisses und muss deshalb in ein progressives Denken eingebunden werden, das die qualitative Autonomie des Naturschönen mit den utopischen Sehnsüchten der Menschen zusammenführt, wodurch es sich erst irrationaler Vereinnahmung sperrt. Dabei wird das Naturschöne mit ästhetischen Kategorien beschrieben, wenn auch eingeräumt wird, dass die Erhabenheit der Natur nicht durch Beschreibung festgehalten wird. Exemplarisch hierfür steht die Beschreibung des Erstaunens am Rheinfall bei Schaffhausen (LA 427–433). Gerade die Unerschöpflichkeit des Erhabenen ist Beleg für den Verweis auf die Zielperspektive von Welt und Natur. Im Naturschönen scheint die Identität von Subjekt und Objekt auf. Was als schön empfunden wird ist nicht alleine im Subjekt begründet, sondern findet im Objekt eine inhaltliche Entsprechung: „Denn wird auch eine Sache nur deshalb gut genannt, weil sie begehrt wird, so wird sie eben nur begehrt, weil sie gegenständlich begehrenswert ist" (PH 1567).

In der Kunst wird das Naturschöne vorzugsweise als Wunschlandschaft wiedergegeben, so vor allem in der Landschaftsmalerei. Dies beginnt im 17. Jahrhundert, da erst seit dieser Zeit Natur unabhängig von der Gestaltung einer Handlung gemalt wird. Der Stil wird bestimmt durch die Topographie. Die Betonung des Raumes durch Öffnung des Bildhorizontes gelingt durch perspektivische Gestaltung. Dass die Natur in den „qualitativ-erhaltenen Naturbildern" (LA 450) zum Ausdruck der erzielten Versöhnung wird, hängt damit zusammen, dass sie als unberührte nicht existiert, sondern der menschliche Eingriff in die Natur stattfindet. Wenn das Naturschöne im Kunstschönen wiedergegeben wird und so zur reflexiven Erfahrung führt, dann gibt solche Kunstdarstellung Auskunft über den Weltprozess.

In der Ästhetik wird die Zielperspektive von Natur und Welt durch das Bild vom erfüllten Augenblick, der verweilen soll, bezeichnet. Dieser Augenblick ist für das Subjekt ein in den Alltag einbrechendes Glückserlebnis, das das Kontinuum des Alltags sprengt und so stark ist, dass sich hier die utopische Sehnsucht als Einlösung eines Glücksversprechens zeigt. Auf eine derartige Einlösung zielt der Vorschein, es ist der ästhetische Horizont. Deshalb wird der erfüllte Augenblick als eine Symbolintention verstanden: „Das Verweile-doch aber kommt als präsente Wahrheit, als Wahrheit eines Präsenten nicht anders als in der Nähe eines nicht mehr Vergehenden, also eines berührten Endzustands vor: nur als dieses Carpe aeternitatem in momento wird ein Rand des Höchsten Guts ergriffen" (PH 1563). Dieses Versprechen fordert seine Einlösung und ist der Bewegungsgrund für das menschliche Streben. Dass es sich auf ein Ziel richtet, ist erkennbar an der utopischen Invariante, die deutlich wird in allen Produkten, in denen die Erfahrung des Augenblicks mittels Phantasie schöpferisch ausgefabelt wird. Solche Werke, die nur durch einen sehr weiten Kunstbegriff zu fassen sind, verändern den Blick des Betrachters und werden damit zu Proben des Zielinhalts. Ästhetik ohne Illusion ist in diesem Sinne konkret utopisch.

→ *Augenblick; Front; Hoffnung; Materie; Möglichkeit; Natur; Naturallianz; Natursubjekt; Noch-Nicht; Novum; Objektive Phantasie; Utopie; Vor-Schein*

📖 BOTHNER 2006; DIETSCHY 1988; GETHMANN-SIEFERT 2005; GOTTSCHED 1962; MAYER 1978; SCHEIBLE 1988; SCHILLER 1967a; SCHILLER 1967b; SCHULZ 1985; UEDING 1992; UEDING 1994; VIDAL 1994; VIDAL 2003a; WINCKELMANN 1962; ZEILINGER 2006.

Francesca Vidal

Atheismus

Atheismus bedeutet bei Bloch die Verneinung der Existenz eines transzendenten, die Weltgeschichte lenkenden und prädisponierenden personalen Gottes. Atheismus ist für ihn gleichbedeutend mit der notwendigen Humanisierung transzendenter Sphären und Mächte, die allzu oft in der Geschichte von der herrschenden Klasse ideologisch eingesetzt und als Instrumente der Unterdrückung und Einschüchterung missbraucht wurden. Bloch holt das Göttliche in den Menschen zurück, bleibt aber nicht bei Feuerbachs anthropologischer Reduktion Gottes stehen, sondern sucht das sozialrevolutionäre, überschreitende Potenzial der Religion für die Ausgestaltung des historischen Prozesses in Richtung eines Reiches der Freiheit und der Humanität neu ans Licht zu heben und im Sinne der konkreten Utopie produktiv zu machen. Atheismus ist nicht nur Blochs eigener philosophischer Ausgangspunkt, sondern er weist ihn auch in der Religion selbst in allen ihr inhärenten, Menschen- und Gottesherrschaft verneinenden Befreiungsimpulsen nach. Ziel seiner atheistischen Religionsphilosophie ist die Freilegung utopiehaltiger Stoffe und Motive für ein Transzendieren der vorhandenen defizitären Welt ohne Transzendenz.

Unter Atheismus (griech. *átheos*, ‚gottlos') wird allgemein die Leugnung der Existenz Gottes verstanden. Auch wenn es bereits in Antike (Demokrit, Kritias) und Mittelalter (Siger v. Brabant) Ansätze zu Weltdeutungen gab, die ohne die Annahme der Existenz eines personalen Gottes auskamen, gibt es den systematischen Atheismus im eigentlichen Sinne erst seit der Neuzeit. Er war u. a. eine Folge der antikirchlichen, auf Empirie und philologisch-historische Kritik setzenden intellektuellen Aufbrüche des 15. und 16. Jahrhunderts, aber auch des Durchbruchs einer analytischen Naturwissenschaft, die im Materialismus des 18. Jahrhunderts gipfelte (Holbach). Neben dem naturwissenschaftlichen Empirismus war es in dieser Zeit auch der besonders in Deutschland verbreitete Pantheismus gemäß der Konzeption Spinozas, der Gott in der Natur aufgehen ließ (Herder, Lessing) und dadurch atheistischen Weltbildern die Richtung wies. Es waren dann vor allem deutsche Philosophen des 19. Jahrhunderts, die einen offensiven Atheismus vertraten und die traditionelle Gottesvorstellung mit anthropologischen (Feuerbach), politisch-historischen (Marx) und psychologischen Argumenten (Nietzsche) dekonstruierten. Hinzu trat ein naturwissenschaftlicher Atheismus (Haeckel), der jede Teleologie ablehnte und allein das Kausalitätsprinzip als Ausgangspunkt jedweder Welterklärung anerkannte. Atheismus kann sich in verschiedenen Ausprägungen äußern: Er kann die völlige Negation göttlicher Mächte bedeuten, wie z. B. bei Comte, Nietzsche und Marx, oder nur die Abwesenheit Gottes konstatieren, ohne Aussagen über die prinzipielle Möglichkeit seiner Existenz zu machen, wie z. B. bei Tillich und Heidegger. Traditionelle Argumente für die Nichtexistenz eines allmächtigen und allgütigen personalen Gottes sind u. a. die Grunderfahrung des Leidens und des Bösen (Theodizee-Problem), die immer besser verstandene Selbstregulierung des Kosmos und der irdischen Biosphäre durch wissenschaftlich aufweisbare Naturgesetze (bes. Evolutionslehre, Quantenphysik, Molekularbiologie) und die Projektionskraft der sinnsuchenden menschlichen Psyche, die sich Gott in einem vom Tod umgebenen und auf den Tod zulaufenden Dasein illusorisch als rettende Schutzmacht und liebendes Gegenüber entwirft (Psychoanalyse). Seit dem 19. und verstärkt noch im 20. Jahrhundert trugen zudem wachsender Antiklerikalismus und der wissenschaftlich-technische Fortschritt, der dem Menschen das Bewusstsein verlieh, sich und seine Welt autonom gestalten und erlösen zu können, zur Verbreitung des Atheismus bei, nun aber zunehmend in der Gestalt allgemeiner religiöser Indifferenz als eines Massenphänomens in der säkularisierten Gesellschaft (vgl. HWP 1, 595–599; LThK 1, 1132–1141; TRE 4, 349–436; Mauthner 2010).

Bloch ist explizit Atheist. Angesichts der „boshaft beliebig[en]" Kausalität des Weltgeschehens (GdU 2, 336) und des in ihm überall wirksamen „Zufalls-, Unfalls-, Todesdämon[s]" (ebd., 341) verneint er die Existenz eines personalen, transzendenten Gottes, der – allmächtig und allgütig – die Geschichte der Welt als mehrstufige Heilsgeschichte disponiert hat, deren Stationen vom Paradiesgarten über Sündenfall und Christus-Ereignis bis hin zum Weltgericht am Jüngsten Tag von Anfang an vorherbestimmt sind. „Dasein Gottes, ja Gott überhaupt als eigene Wesenheit ist Aberglaube" (PH 1413). Blochs atheistische Grundhaltung speist sich vor allem aus der Philosophie Hegels, Feuerbachs und Marx' (vgl. AiC 88–92; 278–287). Aber auch auf Nietzsche und die Erkenntnisse der modernen Naturwissenschaften bezieht er sich immer wieder (vgl. ebd., 18). In seiner Philosophie geht es um die Möglichkeit des Transzendierens der gegebenen Welt ohne Transzendenz (vgl. ebd., 23), d. h. ohne den Rückgriff auf jenseitige göttliche Mächte, denen der Mensch ohnmächtig gegenübersteht. Immer wieder warnt er jedoch mit Nachdruck vor einem geschichtslosen, von einem groben Materialismus getragenen Atheismus, der die Religion plump banalisiert, wie er ihn z. B. bei Ernst Haeckel findet (vgl. ebd., 22–25; 164–166; 311–318). Denn die Kenntnis der Bibel und des christlichen Mythos erachtet er zum einen als fundamental für die Teilhabe an der abendländischen Kultur und das Verständnis der christlichen Kunst, Architektur und Musik mit ihrem überzeitlichen „symbolischen humanen Gehalt" (LV 1, 452). Marxismus und philosophische Bibellektüre „mit den Augen des Kommunistischen Manifests" (AiC 98) sind für ihn kein Widerspruch. Zum anderen sucht Bloch als Atheist unter den Überformungen durch Tradition und „Herrenideologie" (ebd., 23) nach der utopischen Dimension des Christentums. Er liest das Alte und das Neue Testament mit ihrer „messianische[n] Gesinnung" (TM 228) als Dokumente der menschlichen Hoffnung auf das „Reich der Freiheit" (PH 1528), auf das Ende aller Entfremdung durch Unterdrückung, Leid und Tod, auf volle Menschwerdung und die Erfüllung des „tiefsten Traums [...] von geheimer Göttlichkeit und Glorie" (TM 228), und zwar in einem ganz irdischen, sozialrevolutionären Sinne, „damit es endlich Weihnachten und Ostern wird" (LV 1, 492). Bloch versucht, die Bibel durch „Enttheokratisierung" (AiC 111) wieder zu einem philosophisch und gesellschaftlich relevanten Grundtext der Menschheit zu machen, der sich nicht primär auf Vergangenes bezieht, sondern in die Zukunft weist und zum Substrat des „Experiment[s] Welt" (ebd., 354) unbedingt dazugehört. Atheismus hat somit bei Bloch zwei Dimensionen: Zum einen ist damit sein eigener weltanschaulicher Ausgangspunkt bezeichnet. Zum anderen benennt der Begriff das Ergebnis der blochschen Bibel- und Religionskritik, nämlich den Nachweis einer atheistischen Utopie im Christentum selbst, die die konkrete Errichtung eines ewigen Friedensreiches auf Erden und die Offenbarwerdung des „homo absconditus" (ebd., 347) zum Inhalt hat. Es geht ihm insofern nicht um die Abschaffung der Religion, sondern um die Einlösung ihres utopischen Gehalts im Sinne einer Meta-Religion, die Gott „zum höchsten utopischen Problem, zu dem des Endes" (PH 1412) erhebt und ihn dadurch selbst verzeitlicht. Atheismus in diesem Sinne ist für Bloch „eine ungeheure Frömmigkeit, heißeste Gottesliebe" (GdU 1, 341), und zwar als Liebe zum „radikal Neuen" (ebd., 372), zum „real Möglichen[n] im Geheimnis-Sinn" (PH 1412). Viele Theologen haben in Bloch daher eher einen verbündeten Gottsucher als einen scharfen Atheisten gesehen: „Wollte man nach dem bemessen, ob einer die Hoffnung verstanden hat als Innerstes und zugleich weltgestaltend Herausbrechendes im Menschen, als Seinsgrund und Daseins-Sinn, so müsste man faktisch Ernst Bloch einen Christen nennen, wie es vermutlich wenige gibt" (Mezger 1965, 199).

Die relevanten Stellen des Werks, in denen Blochs Atheismus-Begriff expliziert und – im Kontext des Utopie-Diskurses – religionsphilosophisch fruchtbar gemacht wird, finden sich vor allem im *Prinzip Hoffnung* (vgl. PH 1392–1550), passim in *Thomas Münzer als Theologe der Revolution*, in *Geist der Utopie* (vgl. GdU 1, 373–382; 2, 267–273; 332–346) und – zusammengefasst – in *Atheismus im Christentum*. Ein Konzentrat seiner Bibelinterpretation im Sinne einer atheistischen Utopie bieten die *Leipziger Vorlesungen* im Kapitel ‚Bibel' (vgl. LV 1, 449–494). Über eine neue Kirche und ihre Aufgaben in der klassenlosen Gesellschaft spricht Bloch in *Naturrecht und menschliche Würde* (vgl. NmW 310–314).

Bloch liest das Alte und das Neue Testament gegen den Strich und sucht in den biblischen Texten unter Ausblendung ihrer Aussagen über Macht und Herrschaft eines transzendenten Gottes nach ihrem weltimmanenten utopischen und sozialrevolutionären Potenzial. Er geht von der Prämisse der historisch-kritischen Bibelexegese aus, dass die Bibel über Jahrhunderte von einem „Redaktionskollegium" (LV 1, 453) zusammengestellt wurde, und dass die Auswahl und Kanonisierung der schließlich als Heilige Schrift tradierten Texte sich vornehmlich den Interessen der herrschenden Klasse, d. h. des Priestertums, verdankt (vgl. AiC 98–111).

Am Alten Testament interessiert Bloch besonders der Exodus-Stoff, der von Moses angeführte Auszug der Israeliten aus Armut und Knechtschaft ins Gelobte Land. In diesem Auszug mit seinen großen Bildern, z. B. dem Zug durch das Rote Meer, das den Pharao und seine Soldaten vernichtet, sieht Bloch das „Triumphlied einer unterdrückten, einer rebellischen Klasse" (LV 1, 456). Jahwe selbst ist ein Gott der Zukunft, wenn er von sich sagt: „Ich werde sein, der ich sein werde" (2 Mose 3, 14). Er ist nicht der statische Schöpfer und Herrscher der Welt, sondern evoluiert mit der menschlichen Geschichte, die noch nicht an ihrem Zielpunkt angelangt ist (vgl. PH 1457–1459; AiC 123–125). Das Sein Gottes wird selbst als Prozess gedacht (*deus spes*), nicht als seit Anbeginn der Welt Gegebenes. Somit enthält schon das Alte Testament Stellen, die die von der „Herrenkirche" (LV 1, 457) postulierte überzeitliche Theokratie in Frage stellen. Bloch stellt vor allem heraus, dass der Exodus, d. h. die jahrelange Beduinenzeit in der Wüste, „wo es keinen Unterschied zwischen arm und reich gab", den Israeliten „die urkommunistischen Erinnerungen" (ebd., 458) eingepflanzt habe, die sich dann in den Straf- und Bußpredigten der Propheten „gegen prassende Ausbeuter, gegen Despoten, gegen Herrenpfaffen" (ebd., 459) entluden und den späteren „urchristlichen Liebeskommunismus" (ebd.) vorbereiteten. Besonders die Propheten Amos und Jesaja mit ihren „sozial-apokalyptisch subversiv[en] Predigt[en]" (AiC 131) zitiert er immer wieder als Streiter für die Armen und Feinde der Paläste, d. h. als Verfechter einer ganz weltlich gemeinten Befreiung von sozialer Ungleichheit und politischer Ohnmacht. So deutet Bloch die alttestamentliche „Religion des Exodus" (vgl. ebd., 120–148) primär als große säkulare Sozialutopie, die jenseits ihrer theokratischen Fundierung mit ihrer „Erwartungsdimension" (ebd., 123) schon alle Leitmotive späterer politischer Revolutionen enthält und insofern auch in atheistischer Lesart nichts von ihrer Bedeutung als bleibender Stachel im Fleisch der Klassengesellschaft verliert.

Aus atheistischer Perspektive bewertet Bloch auch das Neue Testament: Hier sind es besonders der den Evangelien zugrunde liegende jüdische Messianismus (vgl. GdU 1, 319–342) und die eschatologische Vorstellung eines neuen Reiches am Ende der Zeiten, die Bloch in den Mittelpunkt seiner geschichtstheologischen Interpretation stellt. Bereits das Fundament des Neuen Testaments ist für ihn sozialutopisch, denn dessen historischer Kontext sind die Spannungen zwischen dem unterjochten jüdischen Volk und den Römern, die sich in verschiedenen Aufständen (Jüdischer Krieg) entluden. In diesem Kontext sieht er Jesus „als König, er wurde nationalrevolutionär verstanden" (LV 1, 463), und nach Bloch geht es Jesus – explizit als Menschensohn, nicht als Gottessohn (vgl. AiC 212–218; GdU 1, 373–382) – in erster Linie um die konkrete Befreiung der Armen, Unterdrückten und Ausgestoßenen, um den Kampf gegen die Ansprüche und Werte der herrschenden Klasse. Erst die frühe Kirche habe mittels der Verdrehung des biblischen Wortsinns das rebellische Moment im Auftreten Jesu in „duckmäuserische Inwendigkeit" und „Vertröstung aufs Jenseits" (LV 1, 465) umgebogen und damit das „Herrenchristentum" (ebd.) begründet, dem es in erster Linie um die Ruhigstellung der Massen gehe, denn „Leute, bei denen das Reich Gottes nur innen ist, sind natürlich leicht zu regieren und zu beherrschen" (ebd.). Das kommende Reich Gottes, von dem Jesus spricht, hat für Bloch nichts mit Weltflucht zu tun und befindet sich nicht im Jenseits, sondern ganz konkret mitten in der menschlichen Gesellschaft. Sätze wie „Ich bin nicht gekommen, Frieden zu bringen, sondern das Schwert" (Mt 10, 34) wertet Bloch als Indizien dafür, dass Jesus seine Mission als Revolution verstanden und, wie u. a. die Erzählung von der Tempelreinigung zeigt (vgl. Mt 21, 12–17), bei ihrer Durchführung keineswegs nur auf Gewaltlosigkeit gesetzt hat. Die Trinitätslehre schließlich holt den transzendenten Gott für Bloch endgültig auf die Erde und in den Menschen zurück, indem sie Gott im Menschen Jesus aufgehen lässt: „Es ist also der Sohn an die Stelle des Vaters getreten, und wer zu Jesus blickt, sieht den Gott, der ein Mensch ist. [...] Ein Mensch tritt an die Stelle der Transzendenz" (LV 1, 480; vgl. PH 1527). Jesus wird so zum Wegbereiter der Menschwerdung des Menschen, dessen ultimatives Wesen in der Zukunft erst noch freizusetzen ist. Jesus ist der Typus der „noch nicht gefundenen Weltidee" (GdU 2, 327). Dies ist mit „Atheismus im Christentum" gemeint, und es klingt Feuerbach an, wenn auch positiv ins Geschichtstheologische und Sozialutopische gewendet. Die Mystiker des Mittelalters (Meister Eckhart) und des Barock (Angelus Silesius, d. i. J. Scheffler) mit ihrer „mystischen Seelenintensität" (GdU 2, 246) sind für Bloch Zeugen dieses impliziten Atheismus, den er als notwendige Humanisierung der entfremdenden Transzendenz propagiert, denn durch sie wird „der ganze Reichtum der menschlichen Natur, die nur deshalb so armselig als Sündenknecht und Sündenlümmel dastand, weil sie alles hergegeben hat an das Phantom, [...] zu den Menschen zurückgeholt" (LV 1, 481). In Schefflers *Cherubinischem Wandersmann* erscheint Gott als Entwurf der menschlichen Seele und ist überhaupt nur in Relation zum Menschen existent: „Ich weiß, daß ohne mich Gott nicht ein Nu kann leben: Werd ich zunicht, er muß von Not den Geist aufgeben" (ed. Gnädinger 1985, I, 8). Blochs Atheismus verneint also nicht nur einfach die Religion, sondern befreit ihr eigentliches, bisher zugedecktes revolutionäres Potenzial: „Atheismus mit konkreter Utopie ist im gleichen gründlichen Akt die Vernichtung der Religion wie die häretische Hoffnung der Religion, auf menschliche Füße gestellt" (AiC 317; vgl. PH 1533). Es geht darum, „Gott zu erennenen und nicht eher zu ruhen, als bis [...] die Erfüllung jener hohlen, gärenden Nacht gelungen ist, um die herum noch alle Dinge, Menschen und Werke gebaut sind" (GdU 1, 342).

Blochs atheistische Lektüre der Bibel führt somit nicht zum „dürren Nein des Atheismus, sondern deutet den Atheismus human" (LV 1, 483). Indem Bloch in der „unterirdische[n] Bibel" (AiC 110) frei von überkommenen Kirchendogmen der allgegenwärtigen Tendenz zur Gottunabhängigkeit, Weltimmanenz und Sozialrevolution nachspürt, fördert er das utopische, weltverändernde Potenzial des Christentums neu zutage und verleiht ihm wieder die Kraft, mit seinen spezifischen Impulsen den auf eine bessere Zukunft vorausweisenden Weltprozess zu fördern (vgl. ebd., 303). Atheismus bedeutet bei Bloch somit zwar „die Verneinung des realen Gott-Thrones" (PH 1525) und die Abwendung von Gott als richtendem und strafendem Demiurgen (vgl. GdU 2, 273), doch zugleich sucht er das in der Religion unter Mythen und Ideologien verborgene Moment der Befreiung des entfremdeten Menschen in seine atheistische Philosophie reflektierter Hoffnung hinüberzuretten und Gott neu zu fassen, nicht als Faktum, sondern als „geahntes Tor, dunkelste Frage, überschwängliches Innen" (GdU 2, 346), als vorwärts weisende Setzung der hoffenden menschlichen Seele (vgl. GdU 1, 227 u. 342). Wie Kunst, Wissenschaft, Literatur usw. ist die Religion für Bloch nur eine der vielen kulturellen Artikulationsformen, mit denen der Mensch seine Gegenwart in Richtung „eine[r] neue[n] Erde" (Offb 21, 1) überschreitet, um die seinem Wesen gemäße „Heimat" (PH 1628) zu erreichen. Atheismus und wahre Humanität sind für Bloch eins, und atheistisch verstanden entwirft nicht zuletzt das – immer noch uneingelöste (vgl. GdU 2, 271) – Christentum fernab aller „Jenseiterei" (AiC 218) eine „Utopie des Reichs" (PH 1524), die „perspektivisch" ist und vorantreibt „hin zum Ausstehenden" (AiC 218; vgl. 328–335). Deshalb kann Bloch sagen: „Nur ein Atheist kann ein guter Christ sein, […] nur ein Christ kann ein guter Atheist sein" (ebd., 24).

Blochs Bewertung und Umdeutung der Religion hat vonseiten der Theologen beider Konfessionen vielfältige Reaktionen erfahren und eine Fülle von Publikationen inspiriert. Die Positionen schwanken zwischen relativierender Aneignung und scharfer Ablehnung des blochschen Entwurfs eines künftigen Reiches Gottes ohne Gott. Selbst die positive Rezeption hält in der Regel am Theismus fest, interessiert sich aber für die Erweiterung und Vertiefung christlicher Glaubensinhalte durch Blochs Religionsphilosophie. Hier sind nur einige Schlaglichter auf einzelne in der Diskussion vorgetragene Argumente möglich.

Der evangelische Theologe Helmut Gollwitzer bestreitet, dass menschliche Freiheit nur durch die Negation Gottes, d. h. durch Atheismus, möglich sein soll, wie Bloch meint (vgl. PH 1405–1417). Insbesondere könne, wie die Kirchengeschichte zeige, von einer „Lähmung der menschlichen Aktivität durch den Gottesglauben" (Gollwitzer 1963, 79) nicht die Rede sein. Die „Behauptung der Unvereinbarkeit von Existenz Gottes und menschlicher Freiheit" sei lediglich das „Postulat eines Ressentiments" (ebd., 80) und keineswegs ein zwingendes Axiom. Gegen Feuerbach und Bloch wendet er zudem ein, dass die persönliche Beziehung des Menschen zu Gott, etwa in den biblischen Berichten, sich nicht auf eine „Selbstkundgabe des Sprechenden" (ebd., 83) reduzieren lasse, sondern dass die Theologie gute Gründe habe, am „Charakter ihrer Texte als Zeugnissen von konkreter Gottesbegegnung" (ebd., 84) festzuhalten.

Hans Küng bezweifelt, dass die Verwirklichung des von Bloch propagierten künftigen Reichs der Freiheit infolge der angeblich unausweichlichen marxistischen Geschichtsdialektik wirklich sicher ist und dass rein weltimmanente Antriebe und Handlungsnormen überhaupt ausreichen, die gegebene Welt ohne übergeordnete religiöse Wertmaßstäbe zu transzendieren: „Hat nicht gerade die neueste Geschichte deutlich gemacht, daß jegliches lineare und womöglich revolutionäre Transzendieren aus der Eindimensionalität unseres modernen Daseins nicht hinausführt? Wird der Mensch nicht immer wieder gerade von den Kräften und Mächten und ihren Mechanismen schließlich abhängig, die er in seiner Mündigkeit und Autonomie entbunden hat?" (Küng 1987, 538) Nach Küng krankt der atheistische Humanismus daran, in innerweltlichen Dimensionen gefangen zu bleiben und die Gesellschaft gar nicht im Sinne größerer Humanität voranbringen zu können, weil ihm Gott als höchster Wert und letzter Sinn fehlt, auf den hin der Mensch sein Handeln ausrichten kann: „Auf der Ebene des Linearen, Horizontalen, rein Menschlichen allein scheint kein wahrhaft qualitativer Überstieg in eine wirklich andere Dimension möglich zu sein: ohne echte Transzendenz auch kein echtes Transzendieren" (ebd., 539). Für den katholischen Theologen ist der Glaube an die Existenz Gottes somit die unverzichtbare Bedingung der Möglichkeit historischen Fortschritts in Richtung auf ein unentfremdetes, sinnerfülltes Leben für alle Menschen. Für ihn bedarf jede Ethik einer Letztbegründung, die er nur in der Transzendenz, d. h. in Gott, erkennen kann. Aus der Perspektive Hans Küngs negiert Blochs Geschichtstheologie mit Gott gerade das Fundament und Movens ihres innersten Zieles, nämlich des Transzendierens ohne Transzendenz.

Johann Baptist Metz konstatiert, dass der biblische Gott von jeher ein „Gott der Hoffnung" sei und der christliche Glaube per se ein „hoffender Glaube" (Metz 1965, 232), d. h. eine große Nähe zu Blochs humaneschatologischer Perspektive aufweise. Wie Küng bezweifelt er aber, dass die Humanisierung der Welt, d. h. das Erreichen der blochschen „Heimat", ohne einen transzendenten Orientierungspunkt gelingen kann: „Entsteht solche ‚Heimat' wirklich im reinen Auf-Zukunft-hin? Gehört zu ihr und zur Anschauung ihres Entstehens nicht das Von-Zukunft-her, die sich je größer im aktiven Entstehen lassen des Noch-nicht auftut?" (ebd., 235) Der moderne Mensch erkenne zunehmend, dass er sich und die Welt eben nicht aus eigener Kraft verwandeln könne, sondern darauf angewiesen bleibe, sich von Gott als einer vom Menschen unabhängigen, numinosen Macht verwandeln zu lassen, da seine Pläne und Handlungen vielfach scheiterten und die Gefahren und Unzulänglichkeiten der Welt bisher keineswegs verringert hätten. Der Mensch könne die zukünftige „Heimat" nicht selber schaffen: „Die Zukunft ist nicht unser eigen, ursprünglicher sind wir in sie hinein enteignet. Wir erfahren diese Enteignung umso bedrängender, je schöpferischer, je operativer und militanter wir uns zur Welt und ihrer Zukunft verhalten" (ebd., 239). Für Metz ist daher die demütige, vertrauensvolle Hoffnung auf Gottes kommendes Reich zukunftsträchtiger als die „militante Beförderung einer noch ausstehenden Humanität" und jede „Gigantomachie einer gewaltsam betriebenen Veränderung der Welt" (ebd., 240). Wenngleich er Blochs Atheismus als katholischer Theologe nicht mitvollzieht, trifft er sich doch mit ihm in der Hochschätzung der Hoffnung als geschichtstheologischer Kategorie, die den Menschen zum Mitbauen am zukünftigen Gottesreich befähigt: „Für solche Hoffnung zeigt sich die Welt nie als ein Fixum [...], sondern als eine entstehende, auf die Zukunft Gottes hin entstehende Welt, für deren Prozeß die Hoffenden in Verantwortung stehen. Gott als größere Zukunft bejahen heißt darum, unbedingtes Gewicht auf die Geschichte und den geschichtlichen Prozeß der Welt legen" (ebd., 241). Metz bemüht sich, Blochs atheistische Philosophie für die Theologie fruchtbar zu machen und sich als Theologe konstruktiv herausfordern zu lassen, wenngleich er am aktiv handelnden, „einzig absoluten Gott" (ebd., 229) unbedingt festhält. Die Unabgeschlossenheit des historischen Prozesses ist jedoch eine Prämisse, die sein Denken mit dem Ernst Blochs verbindet, wenngleich beide das Movens dieses Prozesses unterschiedlich bewerten.

Carl Heinz Ratschow widmet *Atheismus im Christentum* ein ganzes Buch (Ratschow 1972). Die Thesen seiner – durchaus von Respekt getragenen – kritischen Auseinandersetzung mit Bloch lauten kurz gefasst: Bloch betreibe durchaus Religion, er verlasse sie nicht, denn bei ihm manifestierten die Religionen nur „die Ontologie des ‚Noch-Nicht' in theistischem Gewand" (ebd., 129). Zwischen dem göttlichen Oben und dem gesellschaftlichen Oben bestehe kein direkter Zusammenhang, d.h., die Beseitigung eines transzendenten Gottes führe nicht, wie Bloch meine, zwangsläufig auch zur Beseitigung patriarchaler oder monarchischer Gesellschaftsstrukturen und repressiver Herrschaftssysteme. Außerdem sei es gerade die Heilsbotschaft des Neuen Testaments, dass Gott gar nicht mehr oben, sondern in Jesus unten bei den Menschen angekommen sei, d.h., Bloch deute die Bibel einseitig und ignoriere, dass Jesus immer wieder darauf abgehoben habe, dass Gott nicht mehr in transzendenten Sphären throne, sondern unmittelbar bei uns sei und in und durch uns wirke. Ratschow glaubt, Bloch ein unbiblisches Gottesbild nachweisen und dadurch seinen ganzen religionsphilosophischen Ansatz zu Fall bringen zu können: „Dieser Gott ist Gott als der, der nicht herrscherlich oben sitzt, sondern der dienend unten wirkt. Auf diese Einsicht läßt sich die Botschaft des Alten wie Neuen Testamentes wie die Glaubensgewißheit der Kirche unter dem Wirken des Geistes zusammenfassen. [...] Bloch verkennt diese entscheidende andere Seite der Sache, weil sein atheistisches Prinzip ihm die Sicht verstellt" (ebd., 139f.). Wie Küng bekräftigt auch Ratschow, dass echtes Transzendieren ohne transzendenten Bezugspunkt nicht gelingen könne: „[...] reicht das windige Wunschbild einer Utopie wirklich aus, um die Dunkelheiten dieses Menschen zu bannen? Die klare Helle des Gottes steigt vor uns auf. Sie weist uns diesen Dunkelheiten an. Da ist auch kämpferischer Wille gefordert. Aber er entsteigt nicht dem Hunger, sondern er basiert als Gewißheit und Bewußtheit auf dem, was von diesem Gott getan ist – für uns, und er vertraut sich der Hoffnung an, die Gott im Kommen sieht" (ebd., 159). Ratschow macht die persönliche existenzielle Gotteserfahrung zum Teil seiner Argumentation und zieht sie Blochs intellektualistischer *docta spes* vor.

Wolfhart Pannenberg konstatiert hingegen, dass Bloch auf neue Weise die biblische Kategorie des Eschatologischen, die in der Utopie des Reiches zum Ausdruck komme, für die Philosophie fruchtbar gemacht habe (vgl. Pannenberg 1965, 213). Mit Bloch bekräftigt er zudem, dass Gott heute weder als ein Seiendes neben anderem Seienden, d.h. als „Verendlichung des vorgeblich Unendlichen" (ebd., 220), noch als „der ruhige Hintergrund alles Seienden" (ebd., 217) denkbar sei, sondern nur durch die Einführung der Kategorie „Zukunft als Seinsweise Gottes" (ebd.) überhaupt als humanisierende, weltschaffende Größe philosophisch relevant bleibe. Während Bloch die Vorstellung eines Schöpfergottes, der die Welt ein für alle Mal fertig erschaffen hat, ablehnen musste, sieht Pannenberg nun gerade die Chance, aus eschatologischer Perspektive ‚Schöpfung' neu zu fassen als nicht abgeschlossenen, auf die Überschreitung und Verwandlung der gegenwärtigen Welt abzielenden Prozess, der mit dem sechsten Schöpfungstag keineswegs zu Ende war. Gott ist dann die überholende Zukunft einer jeden Phase dieses Prozesses. „Er war als die Zukunft, die noch jeder Gegenwart mächtig gewesen ist" (ebd., 219). Diese nennen wir ‚Gott', der insofern personhaft ist, als er „jede Gegenwart konkret als deren Zukunft betrifft in den Möglichkeiten ihrer Veränderung" (ebd., 220). Die Verheißungen der Bibel sind als „Vorschein der kommenden Gottesherrschaft" (ebd., 223) zu verstehen, Gott selbst ist so ein Teil des Weltprozesses und aus seiner mythischen Statik befreit, und er selbst ist das Heil, das er verheißt (vgl. ebd.). Pannenberg dynamisiert also mithilfe der Philosophie

Blochs den Gottesbegriff mit all seinen Attributen und erklärt Gott zum eschatologischen Zielpunkt der Geschichte, der mit seiner noch nicht wesentlich gewordenen Welt mitreift. Wie für Teilhard de Chardin und die Vertreter der Prozesstheologie ergibt sich für ihn aus diesem Gottesbild ethisch der Aufruf an den Menschen zu „tätige[r] Weltverwandlung" (ebd., 224) und zur „Umschaffung der Welt durch die Liebe" (ebd., 225) mit dem Ziel der endlichen Hervorbringung des in jeder Gegenwart latent immer schon aufscheinenden Humanums in der Zukunft.

Um eine positive Einbindung der Religionsphilosophie Ernst Blochs in die christliche Theologie hat sich ebenfalls der evangelische Theologe Jürgen Moltmann bemüht. Moltmann, der wie Küng und Ratschow an der Notwendigkeit eines transzendenten eschatologischen Horizonts für jede Form historischer Hoffnung festhält (vgl. Moltmann 1976, 26f. u. 44), bezeichnet Blochs Philosophie sogar respektvoll als „Theologie" (ebd., 15) und spricht vom „Adventsbewusstsein" (ebd., 22), das das *Prinzip Hoffnung* gestiftet habe. „Blochs leidenschaftlicher Atheismus gegen jegliche Herrenreligion dient dazu, die Bruderschaft der Glaubenden und der Armen und wahre christliche Hoffnung von den Götzen und Idolen, von den falschen Allianzen und den Missbräuchen zu befreien" (ebd., 71). Wenngleich Moltmann versucht, Blochs atheistische Bibelexegese und Christologie für die christliche Theologie fruchtbar zu machen, insbesondere in seinem Buch *Theologie der Hoffnung* (1964), verlässt aber auch er den Boden fundamentaler theologischer Annahmen nicht: Nur der Auferstehungsglaube könne auf die stärkste Anti-Utopie, den Tod, wirkungsvoll antworten. Die subversiv-sozialrevolutionären Tendenzen der Bibel seien nicht zu leugnen, gleichwohl erledigten sie die grundsätzliche Ausrichtung des Alten und Neuen Testaments auf Gott als stets gegenwärtigen transzendenten Bezugspunkt nicht. Und das *experimentum mundi* bedürfe immer der „Paradoxie des Realen" (ebd., 89), wenn es nicht in einer unverbindlichen hoffnungsvollen Schwebe ohne „Elemente des Endgültigen" (ebd., 87) verharren wolle. Diese Paradoxie sei im Christentum, im Unterschied zur Hoffnungsphilosophie Blochs, bereits verwirklicht: „In der Bewegung der Inkarnation bis in die Passion und den Tod hinein wird auf paradoxe Weise das Reich Gottes jetzt schon gelebt und nicht nur erhofft" (ebd.). Moltmann würdigt Blochs Atheismus dennoch als bahnbrechende „funktionale Kritik der Religion", der es nicht primär „um eine Wesenskritik des Religiösen" gehe, sondern vor allem „um eine funktionale Neuinterpretation des Theismus im Sinne des Messianismus" (ebd., 81) und von daher von der Theologie ernst genommen werden müsse.

In die Kritik mischt sich bei allen Theologen, die sich mit Blochs Religions- und Kirchenkritik auseinandersetzen, die Bewunderung über das intellektuelle Niveau seines Atheismus: Bloch hat einen Atheismus neuer Prägung geschaffen, der Gott nicht einfach verneint, sondern das in dessen Begriff Implizierte herausarbeitet und in den Dienst einer den Fortschritt der Gesellschaftsform intendierenden Utopie stellt. Bloch stellt sich vor allem den Herausforderungen des modernen naturwissenschaftlichen Weltbildes an jedwede theologische und philosophische Spekulation über Gott, wofür ihm gerade auch vonseiten der Theologie immer wieder Respekt gezollt wurde: „Dass er [...] das Problem des eschatologischen Horizontes gesehen und im weiten Panorama menschlicher Erwartungen aufgegriffen hat, dass er in einer einzigartig dastehenden Weise da von aus zu neuen Begriffen für Materie, Geschichte, Anthropologie und Kosmologie gekommen ist, darin übertrifft er die christliche Theologie in ihrem Gespräch mit den Wissenschaften heute bei weitem" (Moltmann 1976, 27).

Aufseiten der jüdischen Philosophie wurde Blochs Atheismus-Konzept u. a. von Ze'ev Levy und André Neher diskutiert. Levy betont Blochs Nähe zur jüdischen Mystik, insbesondere der Kabbala, und zum Denken Franz Rosenzweigs und hebt hervor, dass Bloch anders als Teile der christlichen Tradition immer gesehen habe, dass sich das Christentum in erheblichem Maße aus jüdischen Quellen speise und das Neue Testament gegenüber dem Alten keineswegs autonom sei, sondern sein Innovationspotenzial überhaupt nur aus dem ständigen Dialog mit der jüdischen Offenbarung beziehe (vgl. Levy 1987). Obwohl Bloch bei beiden Religionen gedankliche und begriffliche Anleihen mache, gehe es ihm in seiner Interpretation der Bibel als Sozialutopie letztlich um etwas Grundsätzliches: „Die Bibel ist [...] kein besonderes Besitztum des jüdischen Volkes, sondern dank ihrer humanistischen und universellen Botschaft gehört sie der ganzen Menschheit an. Im Geist seiner eigenen Philosophie interpretiert er die Bibel, vielleicht etwas zu arbiträr, als die Verkündung einer besseren utopischen Zukunft für alle Menschen" (ebd., 34). Levy zeigt, wie sehr Blochs Utopiebegriff von jüdischen Paradiesvorstellungen (Kanaan, Gelobtes Land) und vom jüdischen Messianismus (Maimonides) inspiriert ist und erweist seine atheistische Philosophie als „Metaphysik aus messianischen Quellen" (ebd., 48). Auch André Neher stellt das jüdische Erbe in Blochs Religionsphilosophie heraus, die auf die zentralen Motive der Genesis, des Exodus, der Prophetie, des Sabbats usw. nicht verzichten könne (Neher 1984). Selbst die Begriffe *Hoffnung* und *Heimat* seien zutiefst jüdisch geprägt.

Blochs Atheismus, das bestätigen sowohl die christliche als auch die jüdische Rezeption, transformiert die Religion, indem er – nicht ohne Provokation – ihr „himmlisch Unterirdisches" (TM 228) ans Licht hebt, ihre unabgegoltenen Bilder und Themen zu Ende führt und getragen von der „unbetrüglichen Kraft des Heimwehs" (ebd.) die neue „Reichszeit" (ebd., 229) vorbereitet. Die jüdisch-christliche Religionsgeschichte ist als Substrat dieser atheistischen Utopie stets präsent.

→ *Entfremdung; Freiheit; Hoffnung; Mensch; Noch-Nicht; Utopie*

 Dietschy 2009; Gerhards 1973; Gnädinger 1985; Gollwitzer 1963; Green 1969; Jäger 1969; Kruttschnitt 1993; Küng 1987; Leutzsch 2003; Lutz-Bachmann 1995; Marsch 1961; Metz 1965; Mezger 1965; Moltmann 1964; Moltmann 1965; Moltmann 1976; Moltmann 1995; Münster 2003; Pannenberg 1965; Ratschow 1972; Raulet 1983; Sonnemans 1973; Teller 1965; Weimer 1971.

Heiko Hartmann

Augenblick, Dunkel des gelebten Augenblicks

Das *Dunkel des gelebten Augenblicks* stellt den Ausgangspunkt und Grundimpuls von Blochs Philosophie dar, der sich seit dem *Geist der Utopie* bis zum *Experimentum Mundi* erhält; in ihm bekommt ein Kerngedanke der hegelschen Philosophie seine pointierte Formulierung, wonach das Bekannte noch längst nicht das Erkannte sei. Das reine Präsens ist eben noch keine Präsenz. Es geht um die konkreten Vermittlungen. Und dabei wird schließlich der Kunst samt ihrem Vor-Schein ihre exponierte Rolle in Blochs Philosophie zugewiesen, weil sie Möglichkeiten von „erfüllten Augenblicken" anzubieten versteht und dem Menschen mithin noch Ungelebt-Mögliches vor Augen stellt.

Bereits in der Antike taucht der Begriff des Augenblicks bei Platon im *Parmenides* auf und bezeichnet dabei jenes „Wunderliche", in dem das Eine von Bewegung in Ruhe und von Ruhe in Bewegung umschlägt.

Wunderlich ist dieser Augenblick, weil er, zwischen Bewegung und Ruhe befindlich, keiner Zeit angehört und weil das Eine in ihm weder sich bewegt noch ruht, weder ist noch nicht ist. Von hier aus entwickelt S. Kierkegaard im *Begriff Angst* seine Theorie des Augenblicks auf christlich-theologischer Grundlage. „Den wahren, konkreten Augenblick", schreibt Michael Theunissen im *Historischen Wörterbuch der Philosophie*, „hat das Christentum dadurch erschlossen, daß es Wirklichkeit als paradoxe Einheit von Ewigem und Zeitlichem zu erfahren lehrt". Denn konkret ist der Augenblick das in der Zeit, „worin die Zeit und die Ewigkeit einander berühren" (HWP 1, 649). Dank des Einbruchs der Ewigkeit in die Zeit ist er kein leerer Jetztpunkt, sondern erfüllte Gegenwart (eine im 20. Jahrhundert oft und von vielen, z. B. von Buber, gemachte Unterscheidung). Dank dessen, d. h. vermöge des Augenblicks selber, gibt es aber auch – und damit präfiguriert Kierkegaard ebenfalls eine moderne, namentlich von Heidegger aufgegriffene Unterscheidung – außer der bloß sukzessiven, abstrakt-gleichförmigen „Zeit" die sich aus der Zukunft ereignende und in die drei temporalen Dimensionen differenzierende „Zeitlichkeit", welche ihrerseits Geschichtlichkeit ermöglicht. Existenziell bedeutet dies, dass der Mensch sich in der Zeit für sein (ewiges) Selbst entscheiden muß; bei Jaspers ist der Augenblick ein Aspekt der Geschichtlichkeit der Existenz, ebenfalls als Einheit von Zeit und Ewigkeit begriffen (vgl. HWP 1, 649).

Die frühe Beschäftigung mit der hegelschen Philosophie mag Ernst Bloch inspiriert und zugleich auch – auf eine gewisse Weise – wieder beruhigt haben, wenn man z. B. nur an eine Passage aus der großen Logik, gleich eingangs von Hegels erstem Buch, „Die Lehre vom Sein", denkt: „Hier mag [...] nur dies angeführt werden, daß es nichts *gibt*, nichts im Himmel wie in der Natur oder im Geiste oder wo es sei, was nicht ebenso die Unmittelbarkeit enthält als die Vermittlung, so daß sich diese beiden Bestimmungen als *ungetrennt* und *untrennbar* und jener Gegensatz sich als ein Nichtiges zeigt" (HW 5, 66). Inspirationsquelle ist das dialektische Verfahren, Beruhigung tritt ein, wenn man feststellen kann, daß das *Hic et nunc* (obwohl *factum brutum*) durchaus in seinen Vermittlungen perzipiert wird.

Am 19. Juli 1911 schreibt Ernst Bloch an den Freund und engsten Vertrauten jener Jahre, den einzigen, wie er glaubt, ernstzunehmenden Philosophen der eigenen Generation, Georg Lukács, einen langen Brief, in dem er von seiner intensiven Hegel-Lektüre berichtet, aber auch von einem eigenen umfassenden philosophischen System, das er gegen die Mediokrität des philosophischen Marktes, gegen den grassierenden Neukantianismus, die Lebensphilosophie und Hermeneutik, also gegen Rickert und Windelband, Simmel und Dilthey setzt. Hier tauchen schon wesentliche Begriffe von Blochs späterem Denken auf: die Utopie, die Kategorie Möglichkeit, der Vor-Schein, – tastend und zögerlich zunächst, aber doch schon im Bewusstsein, dass hier Fermente zu einer neuen, von Bloch in symphilosophischer Gemeinschaft mit Lukács gedachten Philosophie liegen: „Ich glaube wir zwei können uns ganz hineingetrauen" (BL 18), nämlich in die Philosophiehistorie, ohne daß sie sich dabei abhanden kämen bzw. zum bloßen Historiker verkämen.

In einem späten Gespräch aus dem Jahre 1974 skizziert Bloch u. a. das Anliegen seines ersten großen System-Aufrisses, *Geist der Utopie*, dessen „zwei Hauptbegriffe" „das Dunkel des gelebten Augenblicks" und „das noch nicht bewußte Wissen" seien (vgl. TLU 386). „Beides", wie er sofort hinzufügt, „Umschreibungen von Utopischem" (ebd.). Mit dem Dunkel des gelebten Augenblicks wird nicht zuletzt eine hegelsche Formulierung aufgegriffen und zeitnah auf den Punkt gebracht, daß das Bekannte noch längst nicht das Erkannte sei. In blochscher Redeweise: „In ihm ist ausgesprochen, daß wir an der Stelle, wo wir uns in jedem Augenblick befinden, nicht sehen. Erst wenn dieser Augenblick vergangen ist oder zuvor, wenn er noch erwartet wird, haben wir eine Ahnung von ihm. Aber sonst läuft durch die ganze Welt hindurch das Dunkel des Unmittelbaren, erscheinend im Jetzt seiner Zeitform und Hier seiner Raumform" (ebd.). In pointierter Kürze schließlich: „Präsens ist noch keine Präsenz" (ebd.). Die Unmittelbarkeit benötigt also Vermittlungen (vgl. ebd., 387); sie muss über sich selbst allererst aufgeklärt werden.

Häufiger ist von der Bloch-Philologie darauf hingewiesen worden, dass dieses Dunkel des gelebten Augenblicks spekulativer Ausgangspunkt blochschen Philosophierens ist (vgl. Kirchner 2002, 33f.; Paetzold 1986, 127–140; Czajka 1986, 26ff.; Münz-Koenen 1997, 141–151). Und dieser Ausgangspunkt erhält sich hartnäckig, bleibt Ansporn für eine (Denk-)Bewegung, die Arno Münster einmal so ausgedrückt hat, dass das Subjekt „aus dem Dunkel des gelebten Augenblicks zur Erkenntnis eingreifender Praxis" zu erwachen habe (Münster 1982, 16).

Ausgangspunkt, betont Bloch in einem anderen Gesprächszusammenhang, sei dieses Dunkel des gelebten Augenblicks, nicht jedoch Hauptpunkt seiner Philosophie (vgl. TLU 340). Bereits der Auftakt der ersten (zwischen April 1915 und Mai 1917 entstandenen) Fassung vom *Geist der Utopie* beschreibt den Zusammenhang, wenn es in dem „Absicht" genannten Vorwort heißt: „Wie nun? – Es ist genug. Nun haben wir zu beginnen. In unsere Hände ist das Leben gegeben. Für sich selbst ist es längst schon leer geworden. Es taumelt sinnlos hin und her, aber wir stehen fest, und so wollen wir ihm seine Faust und seine Ziele werden" (GdU 1, 9). Es gehe – vor dem konkreten Zeithintergrund der Erfahrungen des Wilhelminismus und seiner Entladung im I. Weltkrieg – darum, wieder zu einem „sozialistischen Gedanken", weiter noch: zu einem „utopisch prinzipiellen Begriff" (ebd.) zu gelangen. Darum kreisen die verschiedenen Essays des Bandes, und darin gipfelt endlich auch der den Band beschließende Text „Karl Marx, der Tod und die Apokalypse", in dem Bloch unter Rückgriff auf Hegel und Marx, auf eschatologische Überlegungen und Versatzstücke der Lebensphilosophie seine materialistische Hermeneutik entfaltet. Es geht ihm darum, eine Art von sozialistischer Utopie – die, wie er glaubt, *„noch nicht gefundene* [...] *Weltidee"* (ebd., 426) – zu formulieren, und zwar diesseits der parteilich verfassten und von den Theoretikern der II. Internationale korrumpierten marxistischen Ideologie. Dabei mokiert er sich über das bürgerliche „Eigentum, das unendliche Verderben der Geldwirtschaft, [den] Staat als Zwang und Eigentumsschutz" (ebd., 410), warnt aber auch andererseits noch davor zu glauben, daß mit der Behebung wirtschaftlicher Not bereits alle Probleme gelöst seien. Im Gegenteil: „Mithin, es ist noch nichts da, wenn nichts verschwunden ist als die Not" (ebd., 409). Ziel- und Fluchtpunkt der Überlegungen ist die Vorstellung einer befriedeten Gesellschaft, in der jeder Einzelne allererst seine Identität leben kann; *modo negativo* ausgedrückt: „die Seele darf sich nicht weiter von den Mitteln und falschen Versachlichungen ihrer selbst aufsaugen lassen" (ebd., 434). An dieser Stelle sind lebensphilosophische, Simmelsche Reflexionen mit Gedanken des Jugendfreundes Lukács kombinierende Einflüsse greifbar: so etwa die Rede von der „Seele" (vgl. dazu etwa Lukács 1971) samt den Versachlichungstendenzen der modernen, kapitalistischen Kultur (vgl. Simmel 1919) – d. h. insgesamt die lebensphilosophische Umkodierung des Entfremdungsparadigmas. Dem korrespondiert noch das Ende vom *Geist der Utopie*, in dem Bloch eine neue „Brüdergemeine" – bei Lukács heißt es dazu ähnlich: „Gemeinschaft der Liebe" – sich ankündigen sieht (vgl. ebd., 444).

Die Stellen im blochschen Œuvre mit Bezug auf das Dunkel des gelebten Augenblicks (und ähnlich lautende Formulierungen) sind Legion; vom *Geist der Utopie* bis zum *Experimentum Mundi* ist Bloch wieder und wieder darauf zu sprechen gekommen. Hier mögen daher nur einige wenige markante Passagen vorgestellt werden. In dem Essay *Philosophische Ansichten des Detektivromans*, einem Klassiker der Theorie des Kriminalromans (vgl. Vogt 1998, 11), bildet das Dunkel des gelebten Augenblicks sogar den Ausgangspunkt für die Entstehung des literarischen Genres Krimi. Denn: „Ein dunkler Punkt ist also noch unerkannter [sic!] da, von dem her und zu dem hin sich die ganze Wagenladung der folgenden Ereignisse in Bewegung setzt, eine Untat, meist eine mörderische, steht vor Anfang" (LA 247). Dieser erklärungsbedürftige Punkt, dieses „Dunkel des Anfangs", sei das „Hauptkennzeichen des Detektivromans" (ebd., 254) – um dessen allmähliche Aufklärung gehe es dem Prinzip der Detektion, die schließlich mit der Überführung des Täters und einer Wiederherstellung der Ordnung ende. In dieser Struktur glaubt Bloch auch die besondere Lesefaszination, die vom Krimigenre ausgeht, ausmachen zu können. „Liegt nicht auch der Leser der Rätselfälle", so fragt Bloch, „im Dunkel seines immer wieder anfangenden, noch keinem sichtig gewordenen Augenblick-Seins?" (ebd., 260) Worauf er dann die Antwort gibt, daß, mag die Welt der Leser selbst auch nicht so abnorm wie in einer „Gaunerherberge" oder einem „Tollhause" ausschauen, sie „doch wohl als ebenso prekäres wie schwieriges Detektionsphänomen, dessen Stichwort noch ungelungen ist" (ebd.), daherkommt. Beides steckt im Krimi und seiner Lektüre, die Verschärfung wie zugleich auch wieder die Beruhigung: eine alltägliche Situation gerät plötzlich außer Kontrolle – ein Mord geschieht – und nichts ist mehr so wie vorher, bis dann der Detektiv oder Polizist oder wer auch immer mit der (endgültigen) Lösung des Falles die Ordnung wiederherstellt – mithin für eine Art von Erhellung und Aufklärung sorgt, also Licht ins Dunkel des Augenblicks bringt und mindestens vorübergehend auch wieder den „Schein" von Recht, Ordnung und Sicherheit restituiert. Letzteres kennzeichnet für Bloch auch die Kolportage, an deren herausragenden Vertretern, etwa Karl May, er z. B. in *Erbschaft dieser Zeit* lobend hervorhebt, dass hierin neben dem „nach außen gebrachten Traum der unterdrückten Kreatur, die großes Leben haben will" (EdZ, 172), „der Urwille der Rettung und des Glücks" (ebd., 178) zum Ausdruck kommt. Kolportage nämlich, so Bloch zusammenfassend, „ist der Wunschtraum nach Weltgericht für die Bösen, nach Glanz für die Guten, dergestalt, daß am Ende dieser Bücher stets ein Reich der

,Gerechtigkeit' hergestellt ist, und zwar eine der Niedrigen, denen ihr Rächer und Glück kam" (ebd., 179; vgl. auch 169).

Die *Philosophischen Aufsätze zur objektiven Phantasie* enthalten einen kleinen Text, datiert auf 1935, mit dem Titel „Dunkles Jetzt", worin Bloch die Unmittelbarkeit des Jetzt, den schädlichen Raum gelebter Gegenwärtigkeit, folgendermaßen umschreibt: „Der im Jetzt sich Befindende lebt zwar besonders unmittelbar, ebenso wird der Augenblick durchaus gelebt. Aber gerade weil der Lebende, das Gelebte so unmittelbar sind, werden sie eben nicht er-lebt, es fehlt ihnen der Abstand, der zum Bewußtwerden nötig ist. Gar das nur punktuelle Jetzt, worin die Lebenden sich unmittelbar aufhalten, ist am meisten dunkel" (PA 74). Vorschläge, wie und wodurch das Dunkel gelichtet werden kann, unterbreitet Bloch dann u. a. in seinem Essay *Hoffen, doppeltes Dunkel an sich, Staunen, zentrales Inkognito, Ding für uns*, in dem er zunächst zwei grundsätzliche Arten von Dunkel unterscheidet: einen „verstockten Zustand", da man an dem Ort ist, „worin man lebt und nichts sieht" (ebd., 145), und einen gar nicht verstockten Zustand, in dem das Dunkel eine „breite Zukunft für sich und das ungelebt Mögliche" (ebd.) hat. „Der noch nicht bewußte Zustand", so Bloch weiter, „ist davon erfüllt, überhaupt jeder utopische Raum; es ist insofern ein buntes Dunkel, oder eines, in dem sehr große Fülle umgeht" (ebd.). Dazu ist jedoch Aufmerksamkeit vonnöten, die Bloch im Begriff des Staunens – darin ganz ähnlich den antiken Ursprüngen der Philosophie – erfasst: Staunen sei „das eigentliche philosophische Fronterlebnis" (ebd., 147). Denn das Staunen ver-rückt das Gewohnte und Gewöhnliche, zeigt sich überrascht, „pointiert [...] das Befremdliche" (ebd.). Es enthält das Moment der Vermittlung, mithin die Möglichkeit, etwas Anderes und daher eben anders wahrzunehmen, weshalb Bloch auch wenig später einmal von der „Utopie des Staunens" (ebd., 150) spricht und eine Passage aus dem Roman eines seiner bevorzugten Schriftsteller, aus Jean Pauls *Titan*, beibringt: „Da ihr schöne Tage nie so schön erleben könnt, als sie nachher in der *Erinnerung* glänzen und vorher in der *Hoffnung*: so verlangtet ihr lieber den Tag ohne beide; und da man nur an den beiden Polen des elliptischen Gewölbes der Zeit die leisen Sphärenlaute der Musik vernimmt und in der Mitte der Gegenwart nichts: so wollt ihr lieber in der Mitte verharren und aufhorchen, Vergangenheit und Zukunft aber – die beide kein Mensch erleben kann, weil sie nur zwei verschiedene Dichtungsarten unsers Herzens sind, eine Ilias und Odyssee, ein verlornes und wiedergefundnes Miltons-Paradies – wollt ihr gar nicht anhören und heranlassen, um nur taubblind in einer *tierischen* Gegenwart zu nisten" (ebd., 150f.; Jean Paul 1975, 221). Tierisch, nämlich roh – mag Nietzsche dies auch durchaus glücklich erschienen sein – ist ein Leben im puren Jetzt, eben im Dunkel, wohingegen erst solche Fähigkeiten wie Hoffnung und Erinnerung, die man durchaus als Existenzialien wird ansprechen dürfen, menschliches (Er-)Leben tatsächlich lebenswert aussehen lassen. Man könnte – ausgehend von diesem Zitat, es sozusagen weiter aufspannend – wieder einmal auf die intime Nähe der beiden Jugendfreunde Bloch und Lukács hinweisen, denn für den jungen Lukács aus der *Theorie des Romans* (1916/1920) markieren Hoffnung und Erinnerung die beiden Gravitationspole, um die – im Blick auf die moderne Zeitauffassung im Roman – der Typus des Desillusionsromans seit dem 19. Jahrhundert, spätestens seit Flauberts *Education Sentimentale* (1867) kreist (vgl. Jung, W. 2008, 61ff.).

Noch einmal also: staunend sollen wir dem Augenblick gegenübertreten, sollen nach dessen verborgenen Möglichkeiten Ausschau halten, wozu uns schließlich – dies die herausragende Stellung von Kunst und Literatur – die Rezeption von Kunstwerken immer wieder animieren kann, weil in ihnen Beispiele geglückter Augenblicke vorgeführt werden. Nicht nur – aber vor allem dies. Insofern vermag Kunst auch als eine Art Spiegel zu wirken, in dem der Mensch (durchaus plötzlich) sich zu erkennen vermag: *De te fabula narratur* (vgl. LA 147; Münz-Koenen 1997, 34). Damit kippt dann endlich auch das „Auswendige" wieder nach innen: „Ob einer sich selber besser kennt, als die anderen ihn kennen, ist im gewöhnlichen Leben fast gleichgültig, da er auch sich selber nur im Spiegel der anderen sieht. Das Subjekt erblickt sich meist von außen, in den Bestimmungen, die ihm von daher geworden sind, als ein so oder so gestellter, eingeordneter Mensch. Aber was der Mensch wirklich sein mag, gar unentstellt sein könnte, ist damit noch auf keinen Fall heraus, ins Auswendige gebracht und bestimmt" (ebd., 153).

Der Philosoph Günther K. Lehmann hat in seinem Buch *Ästhetik der Utopie* den Ausgangspunkt und Grundimpuls des blochschen Philosophierens darin gesehen, daß der philosophische Erzähler bzw. erzählende Philosoph Bloch „das Verborgene in seiner Vermummung kenntlich macht", ja, daß er diese „aufknacken" möchte (vgl. Lehmann 1995). Dabei nutzt er denselben Affekt des Sich-Wunderns, den er seiner Leserschaft insinuiert: „Es geht weder um das Gute, das Schöne, das Wahre, sondern alles dreht sich darum, das Kaspar-Hauser-Geheimnis der Welt und des Menschen zu lüften" (ebd., 271 u. 269). *Das Prinzip Hoffnung*, das mit der „Leere" beginnt („Wir fangen leer an", PH 21) und zugleich das Vorwärtstreibende darin aufzeigt ("Vieles schmeckt nach mehr", ebd.), folgt dem alten Bild vom *Dunkel des gelebten Augenblicks*, in dem der Mensch, wie Lehmann treffend, auf den frühen Bloch sich beziehend, formuliert hat, diese Kaspar-Hauser-Existenz führt (vgl. Wellershoff 1960, 381). „Das ist", um noch einmal Lehmann zu zitieren, „ein Unbekannt-Sein mit einer geheimnisvollen Herkunft, die völlig im Dunkeln liegt und sich zu enthüllen beginnt, ohne daß die Identität jemals zuverlässig enträtselt werden könnte" (Lehmann 1995, 259). Licht ins Dunkel – bzw. Lichtungen – können jene „Wunschbilder des erfüllten Augenblicks" bringen, an deren Dechiffrierung bzw. materialistisch-hermeneutischer Durchdringung Bloch sich im gesamten dritten Band seines Opus maximum abarbeitet. Die Palette reicht von der Kolportage bis zum goetheschen Faust, vom Don Giovanni zurück zum Don Quichotte, ganz weit zurück von den Mythen zur Religion, um immer wieder auf eins zu verweisen, dass „[d]ie höchste Zeit [...] die des erfüllten Augenblicks" (PH 1154) ist.

Das ist wenigstens die „angedeutete Erfüllung" (Lehmann 1995, 259) in einem ansonsten offenen philosophischen System, das ein Feld von Möglichkeiten – Tendenzen und Latenzen – absteckt. Diese kulminieren im Begriff des „Vor-Scheins", der, wie Burghart Schmidt zu Recht bemerkt hat, „die Grundkategorie utopischen Philosophierens" ist – Vor-Schein nämlich als jene Gestalt des Scheins, „der, des Illusionären ledig, den Ton des Versprechens in sich bewahrt und aus ihm heraus auf Realisierung gerichtet ist" (Schmidt 1978, 31). Gestaltgewordener Vor-Schein, ob nun in Kunst, Kolportage, Mythos oder Religion, ob als Allegorie (in Kunst und Kolportage) oder Symbol (in Religion und Mythos), ist Synonym für das Antizipatorische, dieses Pharmakon der Menschheit. Zugleich, darauf hat Gudrun Klatt aufmerksam gemacht, steckt in der Konzeption einer spezifischen Ästhetik des Vor-Scheins, von der bei Bloch erst seit den 50er Jahren ausdrücklich die Rede ist, auch der Gedanke des Organons, wenn man auf die Seite der ästhetischen Aktivität schaut. Denn in dieser ästhetischen Aktivität – sei's im Blick auf die Produktion, sei's auf die Rezeption – begegnet die Ästhetik des deutschen Idealismus (Schiller insbesondere) dem jungen Marx; sie unterliege „nicht wie andere Tätigkeiten dem Prozeß der gesellschaftlichen Arbeitsteilung und [sei] den Zwängen der Warenproduktion unterworfen" (Klatt 1984, 155).

Mindestens in diesem einen Punkt ist die Formulierung Norbert Bolz' eine aus dem Geiste der Philosophie Ernst Blochs: „Solange wir uns selbst verfehlen, irren wir durchs Labyrinth" (Bolz 1991, 27).

Lebenslang hat Ernst Bloch am Ariadnefaden gesponnen, hat mit seiner „Enzyklopädie der Utopie", die zugleich auch eine „Archäologie" ist, nach Auswegen aus dem Labyrinth gesucht: nach dem Sprengen des *Dunkel des gelebten Augenblicks*, das die utopische Philosophie – mit einem Ausdruck aus der zweiten Fassung vom *Geist der Utopie* – in der Erschließung der „*im Jetzt treibende[n] Latenz des Urgeheimnisses an sich*, kurz [des] schöpferisch Unbewußte[n] unserer seelischen *Krönung*" (GdU 2, 243) sieht.

Gewiss nicht Abschluss – dies wäre ein hölzernes Eisen für Bloch –, wohl aber die philosophische Summe und Zusammenfassung bietet *Experimentum Mundi*, an dessen Eingangspforte die Frage „Wie also?" angebracht ist, auf die dann im Verlauf des Buchs Antworten auf dem Weg vom Sein zum Werden gebracht werden: „Ich bin. Aber ich habe mich noch nicht" (EM 11). Einmal mehr ist es die existenzphilosophisch verschärfte, auf Kierkegaard zurückweisende Krise des modernen Menschen, mit der Bloch anhebt: der gelebte, doch nicht wirklich erlebte Augenblick (vgl. ebd., 15) in einem Raum, der nur als schädlicher (vgl. ebd., 17) wahrgenommen wird. D. h. eben Raum und Zeit sind uns, wiewohl nahe, dennoch aufdringlich, ja geradezu fremd; sie ängstigen uns, würde Kierkegaard sagen, wenn wir darin steckenbleiben. Doch führt Bloch ins Feld, was er dann auch zum „Hauptthema des Experimentum Mundi" erklärt: „die Untersuchungen des in dem Dunkel des gelebten Augenblicks so treibenden wie sich selbst noch unenthüllten Noch-nicht-Seins, tunlichst als eines Seins wie Utopie" (ebd., 31). Sein Unternehmen entfaltet Möglichkeiten, schichtet Alternativen auf, zeigt hermeneutische Lesarten, die auf Unabgegoltenes am Historischen (Stichwort: Erbe), auf Latentes im je Aktuellen und Vor-Scheinendes aus der Zukunft abzwecken – alles in allem, wenn man die Zuspitzung auf eine philosophische Verschlagwortung vorzieht: auf die Formulierung einer Ontologie des Noch-nicht-Seins.

→ *Noch-Nicht; Ungleichzeitigkeit, Gleichzeitigkeit, Übergleichzeitigkeit; Vor-Schein; Zeit*

📖 Bolz 1991; Czajka 1986; Flego/Schmied-Kowarzik 1986; Jean Paul 1975; Jung, W. 2008; Kirchner 2002; Klatt 1984; Lehmann 1995; Lukacs 1971; Münster 1982; Münz-Koenen 1997; Paetzold 1986; Schmidt 1978; Simmel 1919; Vogt 1998; Wellershoff 1960.

Werner Jung

Dialektik

Dialektik bezeichnet für Bloch jene Logik, welche die Materie in ihrem Entwicklungsprozess entfaltet (vgl. MP 255, SO 131). Sein Dialektikverständnis ist geprägt von der Auffassung, dass im realen Weltprozess die Synthese der Gegensätze nicht immer aufgeht, dass das Resultat nicht bereits vorausgesetzt werden kann, sondern vor allem die geschichtliche Bewegung ergebnisoffen ist und sich als Experiment gestaltet. Dies unterscheidet seinen Ansatz von dem Hegels, der in seinen Hauptwerken nicht primär zeitlich-geschichtliche Veränderungen beschreibt. Bei Hegel findet Bloch die Dialektik als „Darstellung der dem Begriff durch seine Negativität immanenten Bewegung" (SO 122f.). Der Topos „Bewegungszusammenhang von Widersprüchen" lässt sich selbst nur als Bewegung darstellen. Ein Darstellungsmuster findet Bloch in Hegels *Phänomenologie des Geistes*, deren Verwandtschaft mit Goethes *Faust* er betont. Dabei wird im dargestellten Subjekt-Objekt-Verhältnis der „dialektische Prozess in seiner eigentlichsten Struktur und in der *Struktur seines Materials* erfaßt" (SO 198f.). Die dialektische Erkenntnis „oszilliert daher notwendig zwischen ihren Momenten: Subjekt und Objekt; erst dies Oszillieren zwischen Selbst und Material stellt Erkenntnis- und Weltprozeß zugleich her" (ebd. 199).

Die Nachzeichnung der Begriffsgeschichte hängt wesentlich von der inhaltlichen Bestimmung des Begriffs ab. Die Bezeichnung speist sich aus dem griechischen Wort διαλέγειν (*dialegein*), was als „auslegen" im Sinne von „beim Nachdenken auseinanderlegen" verstanden werden kann.

Bei der Dialektik kommt es auf das Verhältnis von Einheit und Vielheit, Gegensätzlichkeit und Übereinstimmung in einer solchen Weise an, dass sich etwas mit sich selbst vermittelnd als stufenweise aufsteigenden Weg von einer Einheit über die Vielfalt hindurch zurück zur Einheit in einem höheren Sinne darstellt. Ernst Bloch verwies bereits darauf, dass es beispielsweise im mythisch-philosophischen Denken Chinas eine „dialektische Richtung" (ZW 15f.) gibt und dass heidnische Einweihungsriten aus Mysterienritualen zur Vorgeschichte der Dialektik gehören (ebd., 151). Für Heraklit (ca. 520–460) ist die Natur durch Entgegengesetztes und Verbindungen aus ihm gekennzeichnet (Heraklit Fragmente, 79f.). Zenon von Elea (ca. 490–430) zeigte, dass Vielheit und Bewegung nicht widerspruchsfrei gedacht werden können. ‚*Dialektiker*' wurden später jene genannt, die entsprechend der Praxis des Sokrates „die Argumentation nach der Frage-Antwort-Methode anlegten" (Diogenes Laertios 1998, 133, Buch 2, 106). Seit Platon (427–347) ist Dialektik das Ordnen von Begriffen durch Unterscheidung, wobei auch das jeweilige Gemeinschaftliche erfasst wird (Sophist 717). Bei Aristoteles (384–322) enthalten auch die Meinungen (Doxa) möglicherweise einen Erkenntniswert. Um diesen zu ermitteln, entwickelte Aristoteles, nachdem er im *Organon* Dialektik noch mit Logik identifiziert hatte, die Unterscheidung zwischen formaler Logik und Dialektik als Fähigkeit, im Bereich des Wahrscheinlichen Schlüsse zu ziehen. „Dialektisch" ist ein Schluss, „welcher sich aus glaubwürdigen Sätzen ableitet" (Topik 1), und glaubwürdige Sätze sind wahrscheinlich sowie gut begründet. Wie in der *Europäischen Enzyklopädie zu Philosophie und Wissenschaften* (EEP) betont wird, wird bei Aristoteles jene Weltsicht begründet, die – so auch bei Leibniz und Bloch – von der Bewegtheit des natürlich Seienden ausgeht und daher „das Sein primär nicht von der Faktizität des Vorhandenen, sondern von der Potenz des Erzeugenden her begriffen" (EEP 551). Als Elemente der Dialektik, die seit Aristoteles vorliegen, werden genannt: Einheit der Gegensätze, Vorrang der Möglichkeit vor der Wirklichkeit, Bewegtheit der Materie und die Wechselwirkung samt Einheit von Aktivität und Passivität (ebd.). Im Neuplatonismus entwickelte Plotin (ca. 205–270) die Vorstellung, dass das Eine, die absolute Einheit und Fülle, aufgrund ihrer Überfülle durch sogenannte Emanationen seinsmäßig niedrigere Stufen (Geist, Seele, Materie) bildet, wobei sich die Einheit und Fülle verliert. Von diesen Stufen her treibt die Liebe zum Ur-Einen die Seele in einem Prozess der Reinigung zurück zum Geist oder gar dem Einen (vgl. Enneaden). Auch Proklos (412–485) teilt Plotins zyklische Sichtweise und unterscheidet drei Phasen der Bewegung: das Verweilen, das Fortschreiten und die Rückwendung. Dies erkennt auch Bloch als wichtige Quelle für spätere dialektische Triaden (vgl. ZW 65, SO 130; vgl. HW 19, 466ff.).

Die aristotelische und stoische Tradition wirkte nachhaltig in das Christentum hinein. Bloch würdigt ausdrücklich die Struktur der im Mittelalter formulierten Werke, bei der auf die Problemstellung (*pro*) die Gegenargumente folgen (*contra*) und schließlich in einer ‚*negatio negationis*' die Fragepunkte erneut positiv behandelt werden. Dem folgt eine Ausgleichung, bei der nochmals die Einwände geprüft werden (*ad 1, ad 2* …) (vgl. ZW 59f.). Bloch meint dazu, „die Wiederbelebung einer solchen Methode wäre gutzuheißen, nicht zuletzt deshalb, weil das Dialektische darin in die Augen springt" (ebd., 63). Wie schon Duns Scotus (1266–1308) vertrat auch Wilhelm von Ockham (ca. 1285–1347) in verstärktem Maße die Ansprüche des Individuums gegen niederdrückend Allgemeines. Auch das Erwachen des Interesses für reale Einzelheiten in der Landschaftsmalerei und das Entstehen individueller Porträts (vgl. ebd., 122) begleitete neue sozialpolitische Praxen und Interessen, die mit der Entfaltung des Kaufmannswesens und der Begründung fürstlicher Machtansprüche gegenüber althergebrachten Privilegien (vgl. ebd., 116) einhergingen. Dabei existierte immer eine rebellische Laienbewegung und Mystik; parallel zur Hochkultur der Gelehrsamkeit „lief mit völliger Ungleichzeitigkeit etwas weiter, was viel älter war, eben die alte manichäische Lehre" (ebd., 143). Neben Joachim de Fiori (ca. 1130/35–1202), von dem das Konzept der „drei Reiche" tradiert wird (vgl. ebd., 144f.), erwies sich auch Bonaventura (1221–1274) als wichtiger Autor, der nach Bloch (vgl. ebd., 151) in seinem Reisebericht des Geistes zu Gott (*Itinerarium mentis in Deum*) die hegelsche Phänomenologie vorwegnahm. Meister Eckhart (ca. 1260–1328) schließlich wurde zum Begründer der deutschen Spekulation (vgl. ebd., 154, 157), wobei er mit dem Grundbegriff der „syntheresis" das Höchste, was die Menschen im freien, vollen, erleuchteten Geist erreichen können, bezeichnete. Für die Zeit des Übergangs vom Spätmittelalter zur frühen Neuzeit ist Nikolaus von Kues (1401–1464) einer der wichtigsten Autoren. Er wurde vor allem bekannt durch seinen Gedanken des Zusammenfalls der Gegensätze in einer Einheit, der „coincidentia oppositorum". Daraus entsteht der Gedanke der „Dreiheit in der Einheit und der Einheit in der Dreiheit" (Kues 1862, 12). Giordano Bruno (1548–1600) vertrat eine Weltanschauung, in der die Materie und ihre Grundformen, also jenes, was Bruno mit „Seele" bezeichnet, zwar unveränderlich sind, ihre Gestalten und Formen jedoch veränderlich (vgl. Bruno 1902, 24ff.). Das Wesen als „die Sache selber" stellt sich nicht den Sinnen dar, sondern nur das, was an den Dingen die Vielheit ausmacht, ist sinnlich wahrnehmbar (vgl. ebd., 105). Als wichtiges dialektisches Prinzip formulierte Bruno das Aufeinandertreffen der Halbkreise der absteigenden Stufenleiter der Naturgestaltung und der aufsteigenden Erkenntnis. Wie Bruno hatte Jakob Böhme (1575–1624) ebenfalls einen großen Einfluss auf die Dialektik Schellings, Hegels und auch Blochs. Für ihn war die Qualität „die Beweglichkeit, Quallen oder Treiben eines Dinges, als da ist die Hitze, die brennet, verzehret und treibet alles, das in sie kommt, das nicht ihrer Eigenschaft ist." (Böhme 1977, 55) Für die

Zukunft prophezeite Böhme den Sieg der Engel (vgl. ebd., 152ff., 401), und damit argumentierte Böhme, wie Bloch vermerkt (ZW 240), erstmals zukunftsorientiert. Hegel sah in Jakob Böhme und Francis Bacon (1561–1626) Extreme (HW 20, 75). Zwar ist vieles, für das Bacon berühmt wurde, in seiner Zeit gar nicht so neu, wie z. B. induktives experimentelles Vorgehen, aber seine Schrift *Große Erneuerung der Wissenschaften* (*Novum Organum*) wurde als Programm dieser neuen Richtung bekannt. Neu ist dabei eine Weise der Welterklärung, die „auf Erfahrung, Beobachtung der äußerlichen oder geistigen Natur des Menschen in seinen Neigungen, Begierden, vernünftigen, rechtlichen Bestimmungen basiert" (ebd., 74). Bacon kritisierte, Aristoteles' Dialektik habe die Naturphilosophie verdorben (Bacon 1870, 109). Er steht deshalb für ein neues Zeitalter, in welchem die Vorherrschaft naturphilosophischer Spekulationen abgelehnt wird und durch empirische Forschung die Grundlage für eine spätere, inhaltlich konkret begründete Dialektik gelegt wird. Bei seinen Untersuchungen setzte Bacon voraus, dass es bewegende Prinzipien in der Welt gibt, wobei Bewegung nicht nur Ortsveränderung ist, sondern auch wechselnde Beschaffenheit (vgl. ebd., 114). Damit beinhalteten seine Ansichten über die Natur durchaus dialektische Momente. Auch René Descartes (1596–1650) dachte über Entwicklung nach, nahm sogar hypothetisch an, dass die Natur einer Entwicklung unterliegt. Er meinte dann aber einschränkend: „[W]enn wir auch wissen, dass sie [die Gestirne und die Erde und Alles] nicht so entstanden sind, so werden wir doch auf diese Weise ihre Natur weit besser erklären, als wenn wir sie nur so, wie sie jetzt sind, beschreiben" (Descartes 1870/II, 103). Als Bewegungsform erkannte er aber nur die Ortsveränderung an (ebd., 37, 59). Sein Denken steht in der Tradition der humanistischen Kritik an einer um ihrer selbst willen betriebenen Scholastik. Seine rationalistische Erkenntnistheorie (in Abgrenzung von der empirischen) ist auf methodischem Zweifel begründet. Der Skeptizismus ist dabei keine verabsolutierende Negation, sondern „Negation bestimmter Behauptungen, für die Wiederherstellung der Wahrheit auf neuer, rationalistisch vermittelte[r] Stufe der Erkenntnis" (Oiserman 1979, 118). Descartes ging von der Existenz zweier unterschiedlicher Substanzen aus. Die erste Substanz, „welcher unmittelbar das Denken einwohnt", ist die Seele; die zweite Substanz, „welche das unmittelbare Subjekt der räumlichen Ausdehnung und der Accidenzen ist, welche die Ausdehnung voraussetzen, wie Gestalt, Länge, Ortsbewegung", ist der Körper (Descartes 1870/III, 130). Baruch de Spinoza (1632–1677) kritisierte die Konzeption der zwei Substanzen bei Descartes (Ethik 1975, 28, 5. Lehrsatz). Er selbst verstand als Substanz das, „was in sich ist und durch sich begriffen wird" (ebd., 23). Wir können von dieser Substanz nur einige ihrer unendlich vielen Attribute erkennen: Denken und Ausdehnung. Der Widerspruch, dessen Pole Denken und Sein Descartes in unterschiedliche Substanzen verlegt hatte, ist bei Spinoza nun ein Widerspruch zwischen den Attributen der einen Substanz. Für das Verhältnis zwischen Substanz und Modi verwendet Spinoza die bereits aus dem Mittelalter bekannte Differenzierung zwischen der schaffenden Natur (*natura naturans*) und der geschaffenen Natur (*natura naturata*) (Ethik 1975, 60). Auf diese Weise sah Spinoza den Zusammenhang zwischen der Welt mit ständigen Veränderungen in unendlicher Vielfalt und der Ganzheit und der Einheitlichkeit der Welt. Für menschliche Praxis ergibt sich daraus eine Einheit von Vernunft und Freiheit, die für die spinozistische Sozialtheorie maßgebend ist und als Grundlage für spätere Philosophiekonzepte wirken wird. Gottfried Wilhelm Leibniz (1646–1716) folgte bei der Suche nach der Substanz der Welt weder dem dualistischen Konzept von Descartes mit dem Widerspruch zwischen den Substanzen (Denken und Ausdehnung), noch dem monistischen von Spinoza, bei dem der Widerspruch auf die Ebene der Attribute verlegt wird. Er entwickelte das Konzept von Monaden, bei denen der Widerspruch sich zeigt als Verhältnis des Inneren und des Äußeren der Monaden (vgl. *Mon*), denn „damit die Vielheit der (einen) Welt wirklich sein kann, muß das Eine in dem Widerspruch existieren, zugleich sein Anderes zu sein" (EEP 551). Im Konzept von Leibniz sind bereits viele Grundzüge der Dialektik enthalten (ebd.), wie die Totalität, die Veränderung, der Qualitätsumschlag, der Widerspruch und die universelle Verknüpfung von jedem mit allem (ebd., 553). Damit erhielt Leibniz für Bloch eine besondere Bedeutung (Holz 1975; Zeilinger 2006a), vor allem hinsichtlich der Behandlung der Themen Zweck, Tendenz und Zukunftsorientiertheit.

Immanuel Kant (1724–1804) hatte noch in seiner 1755 veröffentlichten *Allgemeinen Naturgeschichte und Theorie des Himmels* erstmals eine naturwissenschaftliche Entwicklungstheorie für die kosmischen Objekte entwickelt. In einer langen Übergangsphase erarbeite er dann jene kritische Sichtweise, für die er berühmt wurde. Es ging ihm um die sog. „transzendentale" Erkenntnis, „die sich nicht so wohl mit Gegenständen, sondern mit unserer Erkenntnisart von Gegenständen, so fern diese a priori möglich sein soll, überhaupt beschäftigt" (KWS 3, 63). Bei der Arbeit an dieser Frage führte Kant die rationalistische und die empiristische Tradition zusammen: „Gedanken ohne Inhalt sind leer, Anschauungen ohne Begriffe sind blind" (ebd., 98). Nach Kant dürfen diese beiden Erkenntnisquellen nicht vermischt werden, sondern sie müssen sorgfältig abgesondert und unterschieden werden (ebd., 98). Daraus entstehen die beiden Wissenschaften Ästhetik (Wissenschaft der Regeln der Sinnlichkeit) und Logik (Wissenschaft der Verstandesregeln überhaupt) (ebd.). Als Wissenschaft lässt Kant nur die allgemeine und reine Logik gelten, welche sich nicht auf eine bestimmte Art von Gegenständen bezieht und welche nicht angewandt ist. Wird dagegen die Logik, dem widersprechend, auf konkrete Gegenstände bezogen, entsteht eine „Logik des Scheins", die Kant als „dialektisch" bezeichnet (ebd., 105f.). Dialektik ist somit das unangemessene, nur scheinbar Wahrheit erzeugende Überschreiten der Bereiche des Empirischen und des Rationalen. Dialektik gibt es hier also nur als „Kritik des dialektischen Scheins" (ebd., 105). Johann Gottlieb Fichte (1762–1814) empfand Kants Schriften als befreiend, weil sie die Möglichkeit von Freiheit jenseits der Naturgesetzlichkeit begründen. Nichts ist mehr gegeben, alles ist gesetzt, auch das eigene Ich: „Ich bin, weil ich mich selbst gesetzt habe" (FW 1, 98). Mit dem auf die Wechselbestimmung (1. Bestimmung als bestimmendes Ich, d. h. als tätiges; 2. Bestimmung als bestimmtes, d. h. als leidendes Ich) folgenden synthetischen dritten Schritt (vgl. ebd., 137) mit dem Ergebnis eines „Quantums Tätigkeit" (ebd., 139) bzw. des Maßes, entwickelte Fichte das Grundmodell der triadenförmigen Aufeinanderfolge der Begriffsentwicklung, wie wir sie später auch bei Hegel in anderer Weise vorfinden. Fichtes Wissenschaftslehre beruht darauf, „Mittelglieder zwischen die Entgegengesetzten einzuschieben; dadurch aber wird der Widerspruch nicht vollkommen gelöst, sondern nur weiter hinausgesetzt" (FW 2, 143). An seinem Beispiel mit Licht und Finsternis (ebd., 144f.) wird deutlich, dass er damit polare Gegensätze beschreibt. Die Philosophie von Friedrich Wilhelm Joseph Schelling (1775–1854) nahm im Verlaufe der Zeit unterschiedliche Formen an, wobei einige Grundideen immer tiefer und durchaus in unterschiedlicher Weise ausgelotet wurden. Auch seine Dialektikkonzeption unterlag diesen Wandlungen. Schelling führte Fichtes Methode der sich fortentwickelnden Wechselwirkung zwischen Subjekt und Objekt in den Naturbereich ein. Er entwickelte eine Naturphilosophie, in der die Differenz zwischen der Natur als Objekt (*natura naturata*) und der Natur als Subjekt, als schöpferische Potenz (*natura naturans*), zu einem unendlichen dynamischen Prozess führt (SW I/3, 308ff.). Bereits 1800 machte Schelling deutlich, dass keine rationale Erkenntnisform, auch nicht die dialektische, ausreicht für ein Wissen, welches „zugleich ein Produciren seines Objekts ist" – dies kann nur die „intellektuelle Anschauung" (ebd., 369). Im Jahre 1804 sah er den Zusammenhang zwischen Unendlichem und Endlichem anders. Nun wird das Endliche lediglich als „Abfall vom Absoluten" (SW I/6, 38) gedeutet und nicht mehr als Schöpfung; der Abfall ist als Folge einer „That-Handlung" nicht zu erklären (ebd., 42). In der Schrift *Über das Wesen der menschlichen Freiheit* (SW I/7, 333ff.) wird die Dialektik als Vermögen des Verstandes verstanden, in einer „stufenweise geschehenden Entfaltung" (ebd., 362) die im Samen noch unbewusste Einheit zur Geltung zu bringen. Als „dialektisches Prinzip" bezeichnete Schelling den „sondernde[n], aber eben darum organisch ordnende[n] und gestaltende[n] Verstand, zugleich mit dem Urbild, nach dem er sich richtet" (ebd., 415). In den Fragmenten der *Weltalter* (SW I/8, 195ff.) wird die Rolle der Dialektik eingegrenzt auf eine propädeutische Aufgabe, der die eigentliche Wissenschaft erst folgt (vgl. SW I/9, 214). Auch in den *Erlanger Vorlesungen* (vgl. Schelling Init) bekräftigte Schelling die Notwendigkeit, über das gedachte Logische hinauszugehen und zu fragen, wie gedachte Möglichkeiten zu seienden Wirklichkeiten werden. In der *Philosophie der Mythologie* (SW II/2, 1ff.) unterschied Schelling schließlich zwei Formen der Dialektik, die positive und die negative – diese werden aber überschritten von der Positiven Philosophie. Anfangs ist zwischen Georg Wilhelm Friedrich Hegel (1770–1831) und Schelling eine große Nähe zu beobachten: Gemeinsam bezogen sie sich auf den Begriff von Geist als „lebendige Einigkeit des Mannigfaltigen im Gegensatz" (HW 1, 421). Diese Struktur entstand als Antwort auf die Denkbarkeit des problematischen Verhältnisses von Individuum und Gesellschaft nach der Auflösung der ständisch-feudalen Strukturen. Hegel entwickelte dazu eine besondere Form des vernünftigen Denkens, die über den einseitigen Verstand hinausgeht. Das gedankliche Aufheben von gedanklichen Erstarrungen, ebenso von gegebenen religiösen und staatlichen Institutionen, war dabei von Beginn an Hegels Bestreben. Erst diese Art politischer Fragestellungen führte Hegel zu philosophischen Grundlagenthemen, so zum Verhältnis von Allgemeinem und Besonderem, von Unendlichem und Endlichem. Hegel bestimmte die Aufgabe der Philosophie als Aufhebung der Entzweiung zwischen Subjekt und Objekt (HW 2, 93ff.). Dies erfordert ein „Denken, das die Widersprüche in der Welt zu erfassen sucht, zugleich aber die Einheit begreift, die durch diese Widersprüche strukturiert ist" (Kimmerle 1990, 267). Auf diese Weise bekommen bei Hegel Unterscheidung wie Einheitsbildung eine besondere Dynamik. Dialektik ist dann „die höhere vernünftige Bewegung, in welche solche schlechthin getrennt Scheinende durch sich selbst, durch das, was sie sind, ineinander übergehen, die Voraussetzung [ihrer Getrenntheit] sich aufhebt" (HW 5, 111). In seinem ersten großen Werk, der *Phänomenologie des Geistes* (HW 3), durchläuft die Wissenschaft alle „Gestalten des Geistes als Stationen des Weges in sich, durch welchen sie reines Wissen oder absoluter Geist wird" (HW 3, 593). Dieser Weg führt das Subjekt von erst ganz abstrakten Bestimmungen über immer neue Formen des Anderswerdens, die beim Weitergehen jeweils „aufgehoben" werden, zum vollständigen Werden seiner selbst. In Hegels systematischen Schriften *Wissenschaft der Logik* (HW 5 u. HW 6) und *Enzyklopädie der philosophischen Wissenschaften* (HW 8 bis 10) geht es direkt um die Bewegung der „Sache". Die Sachen sind aber nicht einfach die erlebbaren Dinge um uns herum, sondern eine Sache ist der „Begriff der Dinge" (HW 5, 25, 29). Die „innere Natur der Sache" erweist sich als prozessuierende Einheit von Widersprüchen und kann auch nur in einem Prozess erkannt werden. Jedes Moment dieses Prozesses ist erstens Ausgangspunkt für weitere Bewegungen, zweitens relativ stabile Durchgangs-„Gestalt" (vgl. Bloch, TE 320) und drittens Aufhebungsform der vorhergehenden Bewegung. Die Bewegung des Logischen hat ebenfalls drei Formen, nämlich „(α) die abstrakte oder verständige, (β) die dialektische oder negativ-vernünftige, (γ) die spekulative oder positiv-vernünftige" (HW 8, 168, § 79). Dabei reproduziert das Denken die durch die inneren Widersprüche eines Gegenstands bewirkte Bewegung (vgl. Erdmann 1864, § 18, 10). Deshalb kann auch die ganze Bewegung, nicht nur das als zweites genannte negative Moment, Dialektik genannt werden: „Dialektik aber nennen wir die höhere vernünftige Bewegung, in welche solche schlechthin getrennt Scheinende durch sich selbst, durch das, was sie sind, ineinander übergehen, die Voraussetzung [ihrer Getrenntheit] sich aufhebt" (HW 5, 111). Obwohl die logische Entfaltung der kategorialen Zusammenhänge innerhalb der Begriffslogik bei Hegel „Entwicklung" (HW 8, 308, § 161) genannt wird, geht es in der *Logik* (HW 5 u. 6) und in der Realphilosophie der *Enzyklopädie* (HW 8 bis 10) nicht um zeitliche, historische Prozesse. Hegel behandelte in seiner Philosophie auch zeitliche Veränderungen in historischem Sinn. Auch dann wird nicht einfach die logische Bewegung reproduziert, sondern in unterschiedlichen Bereichen gibt es verschiedene Beziehungen zwischen dem Logischen und dem Historischen. Am engsten existiert eine Parallelität von logischer Entwicklung und historischer Aufeinanderfolge im Bereich der Geschichte der Philosophie. Dabei folgt die menschliche Erkenntnis dem Weg der Selbsterkenntnis des absoluten Geistes (HW 8, 184, § 86). Für die Weltgeschichte ist der Bezug jedoch deutlicher auch durch Unterschiedlichkeit geprägt. Marx, als einer der wichtigsten Autoren für Bloch, war stark durch die hegelsche Philosophie und ihre materialistische Kritik beeinflusst. Er kritisierte an Hegel vor allem dessen Idealismus, den er darin sieht, dass „für Hegel [...] der Denkprozess, den er sogar unter dem Namen Idee in ein selbständiges Subjekt verwandelt, der Demiurg des Wirklichen" (MEW 23, 27) ist. Damit verbunden ist auch die relative Auflösung der Gegenständlichkeit in Hegels Philosophie. Marx selbst unterschied zwischen der durchaus wirklich vorhandenen Gegenständlichkeit in der produktiven Auseinandersetzung mit der Natur, was eine Reduktion von Gesellschaftstheorie auf die Betrachtung lediglich zwischenmenschlicher Beziehungen unmöglich macht, und der Entfremdung, die er nicht nur auf geistige Entäußerungsprozesse bezieht, sondern auf die in den kapitalistischen Verhältnissen realisierte „wirkliche Entfremdung des menschlichen Wesens" (MEW 40, 575). Damit besteht zwar auch für eine materialistische Dialektik die Aufgabe, alles Isolierte, Verdinglichte zuerst in seinen widersprüchlichen Beziehungen und Wechselwirkungen zu zeigen (Negation) und als selbstreflexives Verhältnis (Negation der Negation) zu begreifen, aber dies löst die Gegenständlichkeit nicht völlig auf. Ein wichtiger Kritikpunkt von Marx an der Philosophie Hegels wurde zur Kernauseinandersetzung in seiner *Kritik des Hegelschen Staatsrechts* (vgl. KHSt 293). Hegel betrachtet ein Ganzes, dessen Einheit alle seine Momente konstituiert und das selbst durch deren widersprüchliche Bewegung konstituiert wird. Alle Vermittlungen gehören letztlich zu diesem einen Wesen, zu dieser einen Totalität. Dies ist bei Hegel strukturell notwendig, um Freiheit im Sinne des Durch-nichts-Anderes-Bestimmtseins zu begründen. Nach Marx folgen im Geschichtsprozess Gesellschaftsformationen aufeinander, von denen jede eine relativ in sich geschlossene Ganzheit bildet. Und wenn die Aufeinanderfolge dieser Gesellschaftsformationen, mit je unterschiedlichem Wesen, behandelt werden soll, zeigt sich nach Marx, dass nicht nur „entgegengesetzte Bestimmungen eines Wesens" betrachtet werden müssen, wie bei Hegel, sondern „wahre wirkliche Extreme", die nicht mehr innerhalb eines Wesens vermittelt werden können (ebd., 293). Engels beschäftigte sich ausführlich mit der *Dialektik der Natur* (MEW 20) und benannte Merkmale von dialektischen Bewegungen. Damit meinte er vor allem Prozessualität, Selbstbewegung, Zusammenhang, Einheit und Totalität sowie Wechselwirkung und Widerspruch als Einheit Entgegengesetzter. Bewegung und wechselseitige Einwirkung werden zur Quelle der dialektischen Widersprüche, und der Zusammenhang von Veränderungen ist durch Entwicklung gekennzeichnet. Dabei lassen sich nach Engels besonders drei allgemeine Gesetze unterscheiden (DdN 348): Das Gesetz des Umschlagens von Quantität in Qualität und umgekehrt sowie das Gesetz von der Durchdringung der Gegensätze und das Gesetz von der Negation der Negation. Lenin beschäftigte sich ebenfalls ausführlich mit der hegelschen Dialektik und fasste sechzehn Elemente der Dialektik zusammen (LW 38, 212ff.). Dialektik war ihm methodisches Instrument der konkreten Situationsanalysen im Klassenkampf, die sich unmittelbar praktisch herstellen und nicht vorab theoretisch durchkonstruiert werden können (Arndt 1977, 90). Lukács wies die in der Geschichte der Arbeiterbewegung auftretenden subjektivistischen und objektivistischen Verabsolutierungen zurück und wollte das Verhältnis zwischen geschichtlicher Subjektivität und Objektivität genauer bestimmen. Eine Vermittlung zwischen beidem ist nur auf dialektische Weise möglich, diese durchbricht die Unmittelbarkeit und zeigt die Gegenstände aufgehoben in einer prozessualen Totalität. Dialektik war für Lukács das Verfahren der Auflösung von Verdinglichung durch das Verfahren der Vermittlung (Dannemann/Erdbrügge 1978, 141) mit dem Ziel der Überführung der geschichtlichen Dualismen in eine Prozesstotalität (ebd., 150) und der dynamischen Relativierung der Gegensätze (Lukács 1923, 131).

Bloch bezeichnet die Dialektik, einem Zitat von Alexander Herzen folgend, als „Algebra der Revolution" (SO 131). Gerade angesichts der Erfahrungen mit dem Ersten Weltkrieg, mit dem Faschismus und mit der realsozialistischen Blockierung des Weltprozesses gründet Blochs Hoffnung auf einen möglichst guten Ausgang des Weltexperiments zutiefst auf der Vorstellung einer Prozessualität nach dialektischen Prinzipien. Er sieht die Dialektik „insgesamt, wo immer sie auftritt […] als Kraft in der Welt, die den Abweg zum Weg schlägt, die alles noch umfunktionierbare Contra sprengend auf dem Prozeßweg der Welt arbeiten läßt" (TE 259). Die Dialektik verbürgt dabei keinen

„Automatismus der Widersprüche" (ebd.), sondern bedarf des aktiven Eingreifens entsprechend der progressiven Tendenz (vgl. ebd., 260). Blochs Dialektikkonzept richtet sich entschieden gegen Schematismus: „Es liegt vielmehr ein Unterschied auf Tod und Leben zwischen dem schematischen und dem dialektisch geübten, uneingeforenen Denken" (PA 251). (Dieser Satz entstammt einem Aufsatz von 1948; ein Jahr später ging Bloch nach Leipzig und sollte hinfort mit seiner Auffassung Anstoß erregen.) Eine weitere Unvereinbarkeit besteht für ihn zwischen dialektischem Denken und dem sogenannten gesunden Menschenverstand. An den vorhandenen Dialektikkonzepten würdigt Bloch insbesondere die *Bewegungsorientiertheit* („Aufs bewegliche Element allein kommt es aber in der inhaltlichen Dialektik an"; SO 128), die *Widersprüchlichkeit* (vgl. ebd., 121) und die immanente, die Bewegung vorantreibende *Negativität* (vgl. ebd., 122f.): „Der Dumme merkt nie, daß alles zwei Seiten hat. Er arbeitet mit hölzernen Vorstellungen, mit einfachen, einförmigen, bei denen er verschnaufen kann, und in denen nichts geschieht. Dächte er aber einen Gedanken zu Ende, so würde er merken, daß in dem Denken ein Streit angeht, daß sich Einwände erheben, die es bereichern und inhaltlich verschieben" (ebd.). Ebenso wichtig ist ihm die Vorstellung des *Sprungs* als plötzlicher Qualitätsänderung (vgl. ebd., 125) und der *Totalität* bzw. des Totums: „Statt des faulen, nämlich maß- und ziellosen Pluralismus, in dem sich die Vernunft bankrott erklärt und die Praxis überhaupt nicht mehr weiß, was sie über den nächsten Tag und das unmittelbarste Interesse hinaus will, wirkt im ‚Omnia ubique' der real vorhandene Zusammenhang" (ebd., 144). Die wohl wichtigste Verankerung findet Blochs Dialektikkonzept bei Hegel. Dabei ist Bloch diesem gegenüber nicht kritiklos. Im *Geist der Utopie* von 1918 (GdU 1) überwiegt noch die Kritik an Hegel, der nach Blochs Einschätzung „alles gut findet, um nicht gut sein zu müssen" (ebd., 277). Die Kritik folgt darin durchaus der existentialistischen Tradition, die vor allem den Verlust des Individuellen, des Existenziellen bedauert und Bloch befindet es für nötig, „Kant durch Hegel hindurchbrennen zu lassen: das Ich muß in allem übrig bleiben" (ebd., 294). Er sieht sich damit auch in der gegenhegelianischen Tradition des „Drang[s] nach Tat, Geschichte, Einzelnem, Realem, nach leidvoller, erlebter Erfahrenheit, nach der Härte des Widerspruchs statt der restlosen Auflösung der Welt und Gottes in logische Verhältnisse" (ebd., 368). Dialektik verwendet Bloch hier als Bezeichnung der von ihm als unvollkommen kritisierten „dialektische[n], panlogistisch befriedete[n] Methode zur Erzeugung des Weltinhalts" (ebd., 284), die als logischer Verlauf einer Forschungsweise anerkannt werden kann, aber nicht für alles gültig ist (vgl. ebd., 283). Manfred Riedel schließt daraus, dass „Blochs Denken nicht ‚dialektisch' verfährt" (Riedel 1994, 239, Anm. 152), wobei er unter Dialektik lediglich eine kreisförmig zurückschließende Form von Dialektik versteht. Bloch selbst nennt jedoch später auch die umfassendere, von ihm befürwortete offene Prozesslogik *Dialektik*. In der DDR, nach Angriffen auch auf sein Hegelbuch *Subjekt – Objekt. Erläuterungen zu Hegel* (SO), verweist Bloch entschieden darauf, dass es „ohne Hegel nicht jene Aneignung der menschlichen Kultur [gibt], die so wesentlich zum Marxismus gehört" (PA 482). Wie weit immer Bloch über Hegel hinausgehen mag – für ihn steht fest, dass Unkenntnis Hegels identisch ist mit philosophischem Tiefstand (vgl. ebd., 485). Des Weiteren vermerkt er die Bedeutung Schellings, ohne den „kaum ein Satz bei Hegel so wäre, wie er ist" (ZW 306) und übernimmt von diesem vor allem die Problematik des intensiven „Daß" und den Prozessgedanken (ebd., 314f.; vgl. Wüstehube 1989). Allerdings sieht er in dessen mittlerem und späterem System nur noch „reaktionäre Mythologie" und „Verherrlichung der leeren Irrationalität" (PA 606), so dass er bei der Behandlung der „Vernunft in der Geschichte" doch wieder wesentlich auf das hegelsche Konzept zurückgreift (ebd., 607ff.). Gegenüber Hegel ist Blochs Kritik bereits in der 1923 herausgegebenen Neuauflage des *Geists der Utopie* (GdU 2) weniger scharf, „eine andere Hegel-Rezeption bahnt sich an" (Zudeick 1987, 97). Gegen Hegels Dialektikprogramm bleibt vorrangig der Idealismusvorwurf stehen: Es geht gegen „Hegels Panlogismus, in der restlosen Gleichung von wahrem Denken und wirklichem Sein" (SO 135) und gegen die hegelsche Dialektik als „Gespräch des Weltgeistes mit sich selbst" (ebd., 136), als „Disputation im begriffsmythologischen Palast des Weltgeistes" (ebd., 140). Sieht man den Weltgeist weniger ideell, sondern als Allgemeinbegriff für menschliches Welt- und Selbsterkennen, so lässt sich dies auch anders verstehen: „Das Unmittelbare, das sich nicht sehen und begreifen kann, hat sich in den Vermittlungen des Weltprozesses herauszubringen, damit ein Augenaufschlag geschieht, also nicht nur eine Selbstbegegnung stattfindet, sondern darin eine Weltbegegnung, das ist die Begegnung der Welt mit sich selber" (Bloch 1974c, 170). Bloch kritisiert deshalb auch, dass für Hegel das Subjekt nicht der arbeitende Mensch ist (vgl. SO 42), sondern der „Volksgeist" (HW 12, 73) wird als Träger und Subjekt der Geschichte bestimmt; dasselbe ist für das ganze System der absolute Geist (HW 10, 366). Aber der wesentliche Kritikpunkt ist mit der Vorstellung von *Totalität* verbunden. Bloch sieht sie bei Hegel als schon immer vorhanden und fertig gestellt, nicht als sich herausprozessierend (SO 144). Dadurch entsteht eine Statik des „Kreis[es] von Kreisen" (HW 6, 571; HW 8, 60) und „schließlichem Stillstand" (PA 485) – „das Novum fehlt, die Dimension Zukunft im System" (ebd., 493). Er erklärt dies näher: „Nirgends wird der Begriff der Entwicklung anders gefaßt als daß ihm eine innere Bestimmung, eine an sich vorhandene Voraussetzung zugrunde liegt, die sich zur Existenz bringt. Es ist ein belehrendes Auseinanderlegen und wieder Zusammensetzen fertiger Würfel zu einer fertigen Pyramide. Wie ein Lehrer an der Tafel mathematischer Lehrsätze oder philosophischer Schemata ‚entwickelt', die wesentlich fertig sind, so kommt auch bei Hegel ersichtlich nur dem Begriff und nicht dem Wesen eine ‚Entwicklung' und Metamorphose zu" (GdU 1, 284f.). Was einst Bloch über das Verhältnis von Lukács und Hegel geschrieben hat, gilt letztlich für sein eigenes Verhältnis zu Hegel: „Hegel und Hegelkritik legen [...] also in gleicher Weise die Wege frei zu einer Logik des aktuellen Seins, zu einer Dialektik der ebenso präsenten wie darin transitorischen Totalität" (PA 611). An diesen Kritiken gegen Hegel wird deutlich, wo Blochs Dialektikkonzept eigene Schwerpunkte setzt.

Dies betrifft erstens die Triebkraft der Entwicklung. Hier kritisiert Bloch an Hegel: „Aber der Sauerteig der Antithese, als der stachligen und stachelnden Negation, kommt doch aus der reinen Logizität nie heraus" (SO 136) und: „Es bleibt aber dunkel, [...] weshalb der Geist überhaupt einen Prozeß nötig hat, mit Antithesen, Differenzen, Kollisionen auf jeder Stufe" (ebd., 136f.). Demgegenüber sieht Bloch den Antrieb im Bedürfnis, „als ungesättigtes, als ein durch die ihm jeweils gewordene Welt nicht erfülltes" (ebd., 137). Vorausgesetzt ist, dass das Sein sich in einem „Schwebezustand zwischen Nicht und Haben befindet und aus ihm gärend, quälend, quellend heraus will" (EM 73). Hier greift Bloch zurück auf Schellings „setzende[s], willenshafte[s] Daß-Element" (PH 1009). Für ihn ist „der Daßgrund wirklich Wirkungsgrund und Samen, ist dasjenige, was den Weltlauf, als Quellen seines Quells, immer wieder produziert" (EM 75). Bloch ergänzt also die dialektisch-negierende Logik Hegels durch einen „subjekthaftintensiven" (SO 398) Faktor: „Die Mächtigkeit der Dialektik bleibt so entscheidend die Mächtigkeit des Daß-Faktors, der in allem seine unabgelenkte Prädizierung betreibt. [...] Dialektik insgesamt ist nur eine auf Grund dieses subjekthaften Motors" (TE 265f.). Die Betonung der „energetische[n] Aufladung des Anfangs" (Wüstehube 1989, 95) setzt das Widerspruchsdenken nicht außer Kraft, vielmehr setzt diese den Widerspruch zwischen dem intensiv-treibenden Dass und der konkreten Bestimmung des Was. Die Rolle des Widerspruchs illustriert Bloch gern anhand der Welt-Erfahrungsberichte in Goethes *Faust* und in Hegels *Phänomenologie des Geistes* (TE 51ff., 64ff.). Faust wird gegensätzlich ergänzt durch Mephisto, den „Geist, der stets verneint" (ebd., 76), und bei Hegel kommt der Widerspruch in den Realprozess als „Antinomie im bewegten, also lebendigen Objekt *selber*" (ebd.). „Die Fahrt ihrer ‚Helden' [...] muß immanent durch Widersprechen und Widersprüche hindurch" (ebd., 75), der Widerspruch ist – bei Hegel wie bei Bloch – „gerade das, was es nicht bei sich *aushält*" (ebd., 189). Der Grund dafür liegt in der Differenz des jeweils erreichten Inhalts zum intendierten, aber weiterhin fehlenden Etwas, das noch nicht herausprozessiert wurde, also der fortdauernden Differenz zwischen (intensivem) Dass und (logischem) Was. Dies ist für Bloch „ein Verborgenes ganz anderer Art, nämlich das zu der vorhandenen Existenz *noch unangemessene Wesen*. Ja letzthin ist es die nur *inadäquat* manifestierte *Vollkommenheit*, die bei Hegel im Widerspruch *zielhaft* anwesend ist und ihn so erst immer wieder – heliotropisch macht" (ebd., 189).

In der menschlichen Geschichte gibt es nicht nur jene Widersprüche, die die gerade anstehende Zukunft betreffen – nach Bloch die „gleichzeitigen Widersprüche" (EdZ 119). Sie aktivieren jene „Zukunftsgesellschaft, mit der die jetzige schwanger geht" (ebd., 120). Der Widerspruch, den die Proletarier als entäußerte Menschen setzen, wirkt als „rebellische Vermissung: nämlich des ganzen Menschen, der unentäußerten Arbeit, des Paradieses auf Erden" (ebd., 121). In den „ungleichzeitigen Widersprüchen" (ebd., 122) wirkt Unerfülltes der Vergangenheit. So ist der Widerspruch zwischen Kleinbürgertum und Kapital einer, der von Angst und gestauter Wut gekennzeichnet ist (vgl. ebd.). Er beruht auf der „relative[n] Ungleichzeitigkeit zur jeweiligen Gegenwart in alten Schichten wie Bauern, Kleinbürgern der ‚Provinz'" (EM 186f.). Für Bloch ist diese Weiterung des Widerspruchsbegriffs vor allem aus politischen Erwägungen heraus wichtig. Die Ungleichzeitigkeit legt eine reaktionäre Ideologie nahe, wie im Nationalsozialismus zu erleben war (vgl. ebd.). Es käme demgegenüber darauf an, „die zur Abneigung und Verwandlung fähigen Elemente auch des ungleichzeitigen Widerspruchs herauszulösen, nämlich die dem Kapitalismus feindlichen, in ihm heimatlosen, und sie zur Funktion in anderem Zusammenhang umzumontieren" (EdZ 123). Es gibt auch ein „übergleichzeitiges" Bewusstsein – dieses überholt seine Zeit bewusst (vgl. TE 91). Aufgrund dieser Vielschichtigkeit der Widersprüchlichkeit betont Bloch die Notwendigkeit einer „mehrschichtigen Dialektik" (EdZ 122). Für die klassenlose Gesellschaft erwartet Bloch weiterhin Widersprüche. Auch dort wird es einen „Überschuß des utopischen Gewissens und Eingedenkens" (MP 407) geben. Es wird weiter den „Widerspruch des Subjekts zu den Objektivierungen seiner, mit denen es noch behaftet ist als mit einem Fremden" (ebd.) geben – dieser wirkt als „Motor der bleibenden Dialektik" (ebd.). Und es wird weiter „die Totalität des Eigentlichen" (ebd.) gegen das „ihr unadäquat Gewordene" (ebd.) stehen – als das den Weltprozess anziehende Endziel: „Aber der Stachel bleibt" (ebd.).

Woher kommt nun eigentlich der Widerspruch? Er zeigt sich als Mangel, als Ungenügen, als Differenz zu etwas, das es noch nicht gibt. Bei Hegel ist es der absolute Geist, der sich wie ein „wackerer Maulwurf" (HW 20, 456) innerlich fortarbeitet. Bei Hegel ist dieser absolute Geist aber bereits vorhanden. Er hatte sich in seine Besonderungen hinein entäußert und findet sich lediglich wieder, wie in einer „Anamnesis", was Bloch häufig kritisiert. Wahrscheinlich bezieht Bloch in diese Einschätzung Hegels nicht dessen Einleitung in die *Vorlesungen über die Philosophie der Geschichte* ein, in der dieser auch explizit unterschieden hat zwischen der inhaltlich ganz unbestimmten Verbesserungstendenz („Perfektibilität"; HW 12, 74) und dem wirklichen historischen Gang, der letztlich ein „harter unendlicher Kampf gegen sich selbst" (ebd., 76) ist, bei dem es auch Stagnation (ebd., 100) und Regression (ebd., 76) gibt. Etwas Panlogisches würde Hegel für den menschlichen Geschichtsprozess ebenfalls ablehnen: „Jede Zeit hat so eigentümliche Umstände, ist ein so individueller Zustand, daß in ihm aus ihm selbst entschieden werden muß und allein entschieden werden kann. Im Gedränge der Weltbegebenheiten hilft nicht ein allgemeiner Grundsatz" (HW 12, 17). Umso deutlicher formuliert Bloch für sein Konzept, dass das Resultat noch nicht vorhanden ist, dass es nur latent wirkt, erst im Prozess entsteht und dass es auch geschehen kann, dass der Prozess ergebnislos abbricht, vereitelt wird. Neben dem Widerspruch diskutiert Bloch noch den Widerstand und das Widersacherische. Der Widerstand gehört zur Dialektik und er unterscheidet sich vom Widerspruch: Der „dialektische Widerspruch entwickelt sich *in seiner* Sache selber, als deren innere Entzweiung, aber der Widerstand ist *der Sache äußerlich*, stößt ihr als Unfall, ja als Nihilierendes wie kalte Teufelsfaust zu" (TE 317). Der Widerstand deutet auf ein Widersacherisches im Objekt hin. Dieses beruht darauf, dass es überhaupt keinen Prozess gäbe, „wenn in der Welt nicht etwas wäre, das nicht sein sollte, das so nicht sein sollte" (EM 237). Auch damit begibt er sich auf die Spur Schellings, der an Hegel kritisierte: „Sich ins Denken zurückziehen, heißt ihm nur, sich entschließen über das Denken zu denken. Das kann man aber wenigstens nicht wirkliches Denken nennen. Wirkliches Denken ist, wodurch ein dem Denken Entgegenstehendes überwunden wird" (SW I/10, 142). Inwieweit diese Kritik an Hegel lediglich falsche Schlüsse aus dessen Philosophie und nicht dessen wirkliche Geschichtsphilosophie trifft, sei hier dahingestellt. Die Kritik macht jedoch den eigenen Standpunkt von Schelling und Bloch deutlicher. Das Intensiv-Irrationale als Quelle des Prozesses vereinigt Bloch ebenfalls mit Schelling. Für Hegel hat zwar auch der Keim einer Pflanze „den Trieb, sich zu entwickeln; er kann es nicht aushalten, nur an sich zu sein" (HW 18, 41), aber er verwendet diesen Gedanken nicht systematisch, sondern eher illustrativ. Bloch dagegen entwickelt Schellings Ansatz der Dass-Intensität weiter und bezieht diesen auf die anthropologische Existenzerfahrung wie auch auf die Ontologie der Welt: „Das immanenteste Agens agendum dieses Sinns hat noch andere Unruhe als die des Widerspruchs, ist der erste wie letzte Antrieb, aus dem Dunkel des jeweils gelebten Augenblicks und der Armut des allzu Unmittelbaren herauszukommen, sich so auf den Weg des prozeßhaften Entfaltens seiner zu schicken" (EM 125). Dieser Antrieb steckt unmittelbar im „Dunkel des gelebten Augenblicks" (vgl. TE 14). Letztlich begründet die Dass-Intensität den Widerspruch erst. Die dialektische Fahrt des Faust oder des Bewusstseins in der *Phänomenologie* ist eine des Ungenügens und des Mangels, als solche geht sie aufs Füllende und Rechte hin, „also muß sie allem, was ihr im Gegenständlichen auf die Dauer nicht Genüge tut, widersprechen" (ebd., 75). Die Widersprüche entstehen überhaupt erst durch das Wirken eines „subjekthaften Motors" (ebd., 266).

Stärker als mit der Kategorie des Widerspruchs beschäftigt sich Bloch mit der Kategorie des Nicht. Das Nicht macht sich im Prozess als „aktiv-utopisches Noch-Nicht kenntlich, als utopisch-dialektisch weitertreibende Negation" (PH 360). Das Nicht charakterisiert dabei den „interessehaften *Ursprung* (das Daßhaft-Realisierende)" (PH 357) und das Noch-Nicht, eine der zentralen Kategorien bei Bloch, die Tendenz des materiellen Prozesses (vgl. ebd.). Das „Nicht liegt im Ursprung als das noch Leere, Unbestimmte, Unentschiedene" (PH 357) und liegt dem Sein „als sein stoßendes Nicht-Haben" (TE 222) zugrunde. Zu unterscheiden ist das Nicht vom Nichts, dieser „wilde[n], unvermittelte[n], auf keine Weltdialektik sich einlassende[n] Negation" (ebd., 262). Den Unterschied verdeutlicht Bloch mit folgendem Satz: „Zum Nicht gehört es, daß es hungert und sich füllen will. Es ist nicht Etwas, nicht Erscheinung, aber es zieht dazu hin, setzt sie auf dem Weg zu seinem Was, das es nicht hat, heraus. Das *Nichts* dagegen verhält sich zu Etwas und zu Erscheinendem fremd und zu den weiteren Gestaltungen eines entwickelnden Habens feindlich" (ebd., 250). Aber als „Gegenzug", speziell im Handeln der Menschen, kann sogar das Nichts dialektisch sein (ebd., 264). Es darf dann nicht sich selber überlassen bleiben, sondern muss „von einem *Gegenzug* ergriffen und gebraucht sein" (ebd., 255). Neben den dialektischen Negationen gibt es auch undialektische Negationen, die zu „zu keinem positiven Umschlag" (TE 255) gelangen. Dies sind solche „ohne Umschlag von einem Negativen zum Positiven, so beim Peloponnesischen Krieg, beim Dreißigjährigen Krieg, man kann heute hinzufügen die Hitlerpest" (EM 146; vgl. PH 362). Da Bloch die prozessantreibende Negation primär für zeitliche Aufeinanderfolgen diskutiert, spielen solche „Verkehrungen", wie sie Marx in der Analyse des *Kapitals* (MEW 23) z. B. im Fetischkapitel darstellt, weniger eine Rolle; diese Prozesse fasst Bloch vor allem als Entfremdung und Entäußerung. Seine Dialektikkonzeption kennt ebenfalls sprunghafte Qualitätsveränderungen, beispielsweise wenn der dialektische Gang als „Folge von Umschlägen und Sprüngen" (SO 124) bezeichnet wird. Beispiele für solche Umschläge sind die Freunde, die zu Feinden werden (Sp 57) und auch das Überschreiten des Maßes (ebd., 59), wenn eine Gestaltgrenze überschritten wird (vgl. auch MP 246 ff.). Aus dem Grund des intensiven „Daß" folgt ein „wendungsfähige[r], wendungsreiche[r], wenngleich geordnete[r] Prozeß" (EM 132). Die Dialektik ist dann die Theorie dieser qualitativ-produktiven Bewegung, „einer Bewegung wirklicher Geschichte, worin auf notwendig-vermittelte Art Neues entspringt" (SO 65).

Eine der wichtigsten Kategorien der blochschen Dialektikkonzeption ist die Möglichkeit. Schon Hegel unterscheidet die bloß formelle, abstrakte Möglichkeit, bei der alles möglich ist, „was sich nicht widerspricht" (HW 6, 203), von der realen Möglichkeit, bei der die Bestimmungen, Umstände und Bedingungen einer Sache mit berücksichtigt werden (ebd., 208): „Wenn alle Bedingungen einer Sache vollständig vorhanden sind, so tritt sie in Wirklichkeit" (ebd., 210) und das ist notwendig, denn es „kann nicht mehr anders sein; unter diesen Bedingungen und Umständen kann nicht etwas anderes erfolgen" (ebd., 211). Demgegenüber betont Bloch jene Situation, in der die Sache nicht vollständig bedingt ist, sondern nur teilweise. Etwas nur partial Bedingtes „hat sein Sein nicht als gewordene Wirklichkeit, sondern eben als *objektiv-reale Möglichkeit* in einer noch unvorhandenen Wirklichkeit" (TE 298). Er entwickelt ein Konzept der „Schichten der Kategorie Möglichkeit" (PH 258). Das formal Mögliche erfasst alles Denkmögliche, dies ist für Bloch aber eine „schlechte Offenheit" (ebd., 259). Eine weitere Möglichkeitsform ist die sachlich-objektive Möglichkeit. Sachlichkeit hat hier mit Objektivität zu tun (vgl. ebd., 265) und es geht um den Erkenntnisstand, d. h. den „Gradzustand der wissenschaftlich-objektiven Begründetheit gemäß der unvollständigen wissenschaftlichen *Bekanntheit* der sachlich vorliegenden Bedingungen" (ebd., 261). Bei der dritten Möglichkeitsform, der sachhaft-objektgemäßen, ist die Sachhaftigkeit, d. h. Objektgemäßheit gemeint (ebd., 265). Dabei sind die Bedingungsgründe nicht nur nicht vollständig bekannt, sondern sie sind selbst noch nicht ausreichend hervorgetreten (vgl. ebd., 264). Den offenen Prozess, „dialektisch-vermittelt-*Unabgeschlossenes*" (ebd., 269) kennzeichnet diese Möglichkeitsstruktur. Nicht zu verwechseln ist das mit dem skeptisch verabsolutierenden „schlecht-vermittelt-*Beliebigem*". Denn „auch das Kannsein ist gesetzlich" (ebd., 258) und die durch diese sachhaft-objektgemäße Möglichkeit eröffnete Variabilität ist „gesetzmäßig-sachhaft vermittelt" (ebd., 270). Bloch bezieht sich somit auf Hegels Bestimmung von Möglichkeit als unvollständig Bedingtem und betont im Unterschied zu Hegel, dass „noch keine Gegenständlichkeit der Sache in ihr so auf den Grund gegangen [ist], daß die Gegenständlichkeit selber mit ihrer totalen Begründung zusammenfiele; wodurch sie eben strukturell notwendig wäre" (ebd.). Eine weitere Schicht der Kategorie Möglichkeit sieht Bloch im objektiv-real Möglichen. Hier betont Bloch, dass das „Kannsein" nicht folgenlos bleibt, sondern „im Wirklichen selber eine zukunfttragende Bestimmtheit ist" (ebd., 271). Der Mensch ist dementsprechend „die reale Möglichkeit alles dessen, was in seiner Geschichte aus ihm geworden ist und vor allem mit ungesperrtem Fortschritt noch werden kann" (ebd.), und „die Materie ist die reale Möglichkeit zu all den Gestalten, die in ihrem Schoß latent sind und durch den Prozeß aus ihr entbunden werden" (ebd.). Diese objektiv-reale Möglichkeit ist als unabgeschlossene Bedingtheit das ontologisches Korrelat der Freiheit (vgl. PA 586). Die Struktur der hegelschen Dialektik, bei welcher „eine innere Bestimmung, eine an sich vorhandene Voraussetzung zugrunde liege, die sich zur Existenz" (HW 12, 75) bringt, reicht für Blochs Prozessdenken nicht aus. Er kritisiert daran „das zukunftslose, dem Novum entgegengesetzte Rückwärts, das seine Philosophen immer wieder in reaktionäre Statik trieb" (TE 276). Für Blochs Philosophie gilt der Abschlusssatz aus seinen Leipziger Vorlesungen: „Das Neue an dieser Philosophie ist die Philosophie des möglich Neuen" (ZW 335). In der Fähigkeit zum Novum wird der „Hauptunterschied zwischen Dialektik und Mechanistik" (MP 371) gesehen: „Entwicklung kann nicht ohne Novum gedacht werden, sonst ist sie ja keine Entwicklung, sondern nur ‚Auswicklung'" (Bloch 1974, 82). Deshalb ist bei Bloch das in der dialektischen Bewegung Entstehende keinesfalls im Vorhinein bestimmt. Dialektik „bleibt keine in einem immerdar sich ruhenden, wiedergutmachenden Kreislauf, worin alles schließlich auch ohne Dialektik im Ausgemachten vor sich ginge" (EM 28). Durch den immanenten Widerspruch des Subjekts entspringt immer wieder Neues, das dadurch gekennzeichnet ist, dass „keine gewordene Form dem Subjekt bereits eine endgültig bestimmende, qualifizierende, angemessene ist" (ebd., 218). Das Neue, das Bloch interessiert, besteht jedoch nicht nur in beliebigen Variationen des Zukünftigen, sondern es geht um etwas, „das so noch niemals war und derart allein echte Zukunft ist" (TE 228). Für ein Novum reicht es noch nicht einmal aus, noch nie dagewesen zu sein, sondern es muss in sich tragen den „totalen Zielinhalt selber, der in den progressiven Neuheiten der Geschichte gemeint und tendiert, versucht und herausprozessiert wird" (PH 233). Nur dann ist das Neue ein „Novum". In allen Nova der Prozesse wiederholt sich die Zielorientierung in Richtung auf den „totalen Zielinhalt", auf „jene Freiheit, jene Heimat der Identität, worin sich weder der Mensch zur Welt noch aber auch die Welt zum Menschen verhalten als zu einem Fremden" (PH 241). Im Erreichen dieser Identität endet schließlich auch die Wiederholung im Novum, das „Ultimum" ist erreicht. In anderen Kategorien gesprochen: Es wurde erreicht die *„letzthinnigen Einheit des spätesten Was-Gehalts mit der ursprünglichsten Daß-Intensität des Weltseins"* (TE 366). Da der Weltprozess auf diese Einheit zielt, zeigen sich ihre Ansätze auch schon in den jeweils erreichten neuen Gestalten. Es ist immer schon gemeint, aber noch nie geworden (vgl. ebd., 367). „Neues, vorab gutes Neues ist derart niemals ganz neu. Mindestens ein Traum von seiner Sache ging in der Vergangenheit, und eine reiche Heerschar fruchtbarer Gestaltungen füllt die bisherige Geschichte" (ebd., 228). In Auseinandersetzung mit dem Begriff des Neuen bei Bergson arbeitet Bloch die zwei wesentlichen Beschaffenheiten seines Novum-Begriffes heraus: Möglichkeit und Finalität im Sinne der „Zielstrebigkeit des Menschenwillens, der in den offenen Möglichkeiten der Zukunft gerade sein Wohin und Wozu erst sucht" (PH 232). Zielstrebigkeit wie Offenheit sind notwendig, wenn die Tatsachen überschreitendes Denken handlungsorientierend vorausgreift: „Deshalb geht wirkliches Überschreiten auch nie ins bloß Luftleere eines Vor-uns, bloß schwärmend, bloß abstrakt ausmalend. Sondern es begreift das Neue als eines, das im bewegt Vorhandenen vermittelt ist, ob es gleich, um freigelegt zu werden, aufs Äußerste den Willen zu ihm verlangt. Wirkliches Überschreiten kennt und aktiviert die in der Geschichte angelegte, dialektisch verlaufende Tendenz" (ebd., 2). Bei Hegel gelangt der ganze Prozess der Welt und der Selbsterkenntnis des absoluten Geistes wieder dort an, wo er begann, denn „nicht die allgemeine Idee ist es, welche sich in Gegensatz und Kampf, welche sich in Gefahr begibt; sie hält sich unangegriffen und unbeschädigt im Hintergrund" (HW 12, 49). Dagegen meint Bloch, dass der „Marsch, wie der dialektische Prozess ihn darstellt, […] das von seinem Anfang her Mitgenommene" (SO 187) zwar verbraucht, aber nicht „an den Anfang, gar in immer wiederkehrenden Schlingen" (ebd.) zurückkehrt. Ante rem, also „vor der Erschaffung der Welt" ist der Zielinhalt noch nicht vorhanden; logisch bedeutet dies: Das Subjekt ist noch nicht Prädikat, S ist noch nicht P (vgl. EM 41). Die Welt ist noch unfertig, das Wesen, das erreicht werden soll, ist noch nicht da. Auch ein Scheitern des Weltprozesses ist möglich (vgl. PH 364). Der Titel von Blochs Kategorienlehre lautet *Experimentum Mundi*, das Weltexperiment, denn „es gibt nicht nur Gedankenexperiment, *die Weltgeschichte ist vielmehr selber ein Experiment*, ein reales in der Welt auf eine mögliche rechte Welt zu" (TE 117). Dieses Weltexperiment bildet die Grundlage unseres Lebens und den Gegenstand des blochschen Philosophierens. An dieses Experiment ist die Dialektik gebunden, nicht an eine logische Notwendigkeit (vgl. ZW 334). Um diese dialektische Bewegung zu denken, sind auch entsprechende Denkmittel notwendig, und dies „sind die Denkmittel des philosophisch-konkreten Überschusses der Welt über ihre sogenannten Tatsachen und Gesetze hinaus, über den verdinglichten Status hinaus" (ebd.). Es kommt auf eine „aktive Mitwissenheit des dialektisch-materialistischen Prozesses" (ebd.) an. Wie schon für Leibniz, so ist auch für Hegel in der Gegenwart „das Sein des Nichtseins" (HW 9, 55), das die Zukunft ist, enthalten. Die Gegenwart ist „trächtig von der Zukunft" (ebd.). Allerdings ist diese zeitliche Existenz für Hegel – wie auch für Schelling, für den sich das Absolute außer aller Zeit befindet (SW I/1, 202) – nicht der unmittelbare Gegenstand seines Philosophierens, denn das Vernünftige ist nicht an die Zeit gebunden. Deshalb gilt für ihn: „Das Zeitliche, Vergängliche existiert wohl, kann einem wohl Not genug machen, aber dessenungeachtet ist es keine wahrhafte Wirklichkeit, wie auch nicht die Partikularität des Subjekts, seine Wünsche, Neigungen" (HW 19, 111). Damit nimmt Hegel eine Weltsicht ein, die nicht mehr die von unmittelbar lebenden Menschen ist. Diese ist aber Blochs Anliegen. Es geht um unsere Angelegenheiten, deren Verankerung im Weltprozess er erkennen will. „In den Dingen ist ein Treiben, worin unsere Angelegenheiten noch betrieben werden können, eine Front, worin unsere Zukunft, gerade diese, entschieden werden kann. Solch Veränderbares ist keineswegs selbstverständlich: es könnte ja auch nichts Neues mehr unter der Sonne geschehen. So aber gibt es im Fluß der Dinge, also der Ereignisse, noch durchaus ein Noch und Noch-Nicht, was dasselbe ist wie echte, das heißt, aus nie so Gewesenem bestehende Zukunft" (PH 335). Das Erkennen der Verankerung unserer Angelegenheit im Weltprozess soll uns helfen, die Möglichkeiten aktiven Handelns gegen ein Scheitern und für das Voranschreiten auf dem Weg in eine erfüllte Zukunft zu gehen. Für Bloch ist das Weltexperiment kein beliebiges Herumstochern in den Möglichkeiten, die Offenheit des Systems negiert nicht seine Ordnung. „Es gibt keine Freiheit ohne Ordnung, kein Weltexperiment ohne Stadien und Architekturen, keinen Reichtum ohne seinen ihm gemäßen Kristall" (PA 500).

Blochs Konzept der Totalität basiert auf einem philosophischen offenen System, bei dem nicht eine immer schon vorhandene Entität wie der absolute Geist oder das Wesen sich durch die eigenen Unterscheidungen hindurchbewegt und wieder bei sich ankommt, was Bloch als bloße „Anamnesis" kritisiert. Wesenheit macht sich dort nur als Ge-Wesenheit kenntlich (vgl. TE 276). Bei Bloch dagegen liegt „das Wesen der Welt […] selber an der Front" (PH 18), das „Eigentliche oder Wesen ist nichts fertig Vorhandenes" (PH 1625), sondern gerade *„dasjenige, was noch nicht ist, was im Kern der Dinge nach sich selbst treibt, was in der Tendenz-Latenz des Prozesses seine Genesis erwartet"* (ebd.). Die Grundlage für Blochs Dialektik ist ein dynamischer Materiebegriff (vgl. z. B. LdM 122, EM 229) und er erklärt: „Der Schoß der Materie ist in ihren Gestaltungen so bedürftig wie zu ihnen noch fruchtbar; steht doch genau das eigene Wesen, die Essenz der Prozeßmaterie noch aus, steht nicht als Ge-wesenheit am Anfang, sondern als An-wesenheit herausmanifestiert, einzig am Ende" (TE 299). Bloch kritisiert deshalb jene „Totalitäts"-Vorstellungen, die einen „Glauben an einen ununterbrochenen Zusammenhang" (PA 50) implizieren, und stellt dieser deterministischen Totalitätsvorstellung die Montage entgegen. Es gibt keinen lückenlosen Zusammenhang, eine sich entwickelnde Sache hat keine fertige Bestimmung, sie ist „*ein an und für sich selbst noch Ungelöstes*" (SO 363). Deshalb „muß das offene Daß im Sein, das selbst noch keineswegs eröffnet ist, bewußt bleiben" (ebd.). Die Totalität, das Totum ist in Blochs Denken deshalb kein „fertiges Prinzip des Ganzen", sondern ein „*konkret-utopisches* Totum [...] als *Prozeß-Latenz einer noch unfertigen Welt*" (PA 288). Trotzdem ist das Totum auch für die blochsche Philosophie notwendig. Als „begriffen Umfassendstes" (SO 30) wird es für konkrete Theorie und Praxis benötigt (vgl. ebd., 11). Es „ist das *zusammenhaltende Ziel* der dialektischen Bewegung" (ebd., 144), teilt sich als Tendenz mit (vgl. ebd., 469f.). Deshalb gibt es „keine Trennung zwischen Weg und Endziel", das „Totum befindet sich vielmehr in jedem Moment des Weges, sofern es überhaupt einer ist und nicht bloß eine Sackgasse" (ebd., 145). Für die menschliche Geschichte ist das Totum des Zielinhalts der „noch unausgemacht umgehende Menscheninhalt" (PH 1143), in dem das Allgemeine tönt oder tagt, „das jeden Menschen angeht und die Hoffnung des Endinhalts ausmacht: Identität des Wir mit sich und seiner Welt, statt der Entfremdung" (ebd.). Aus diesem Grund entwickelt Bloch in seinen späteren Lebensjahren vor allem mit *Experimentum Mundi* ein offenes System von Kategorialbegriffen, das sich nicht im Fragmentierten verliert. Schon in seinem Hegel-Buch findet sich ein Hinweis auf die entscheidenden Kategorien: „System ist *utopisch-konkretes Totum*. Invariable der Richtung macht seine Strenge aus, Welt ohne Entfremdung sein bestimmendes Principium = Ultimum, Darstellung der Tendenz und Latenz dieser Welt seinen Bauplan. Das derart mögliche, ja einzig mögliche offene System ist zielhaft zusammengehalten von der utopischen Totalität der Substanz als Subjekt, des Subjekts als Substanz in Einem. Das erst ist das Ganze der Materie, und es ist ein zwar unablässig dem Prozeß sich mitteilendes, doch ebenso ein noch utopisches, konkret-utopisches Ganzes, Alles, Totum" (SO 470). Dieses offene System basiert auf der von Bloch entwickelten „*Dialektik* als durchgehendes Grundgesetz" (EM 64), bei welchem kategoriale Brücken jene relativ stabilen Gestalten verbinden, welche im Fluss der experimentierenden Praxis hervorgebracht werden. „Geht doch der experimentelle Weg vom unsichtigen Meinen durch die kategorialen Daseinsweisen, Daseinsformen, zum identifizierenden Einschlag ins noch ausstehende Überhaupt des Meinens, als zu einem noch nicht gelungenen, aber mit sich selber zu vermittelnden, herauszuschaffenden Sinngesicht" (ebd.,

262). Dieser experimentelle Weg wird besonders deutlich in der menschlichen Geschichte. Diese wird, wie schon Hegel erkannte und was von Bloch gewürdigt wird, in starkem Maße von Arbeit bestimmt. Deshalb ist Dialektik in der menschlichen Geschichte die „Gangart der Materie, vorzüglich der im menschlichen Arbeitsprozeß befindlichen" (MP 255). In der menschlichen Arbeit vollzieht sich die reale Subjekt-Objekt-Beziehung, „es gibt in der Geschichte einzig eine dialektisch sich entwickelnde Beziehung des Menschen zum Menschen und zur Natur" (SO 138), deshalb sind „die Füße, mit denen sich die Dialektik bewegt, [...] die der arbeitenden Produzenten der Geschichte, nicht die des Geistes, des reinen Geistes, der von Hegel aus der Geschichte abstrahiert und mythologisiert worden ist" (ebd.). Für Bloch ist die Dialektik durchaus das „einzige Gesetz, das durch die Geschichte hindurchgeht", aber „selbst von ihr gibt es Ausnahmen, undialektische Negationen ohne Umschlag von einem Negativen zum Positiven" (EM 146). Um die reale Geschichte besser begreifen und damit in sie eingreifen zu können, erweitert Bloch seinen geschichtsphilosophischen Ansatz um die Begriffe Ungleichzeitigkeit und Mehrschichtigkeit und bereichert damit die Dialektikvorstellung. Die Ungleichzeitigkeit wurde schon anhand der blochschen Position zur Widersprüchlichkeit behandelt. Aus der Ungleichzeitigkeit ergibt sich eine Mehrschichtigkeit, aus welcher resultiert, der Dialektik „das *Problem* einer mehrschichtigen Ganzheit zur Pflicht" zu machen (EdZ 121), im Sinn von „Polyrhythmik und [...] Kontrapunkt solcher Dialektik" (ebd., 124).

Dialektik ist nicht nur Bewegungsmodus der menschlichen Geschichte, sondern auch der Natur. Während der frühe Bloch die Natur nur als „Schutthaufen von betrogenem, gestorbenem, verdorbenem, verirrtem und umgekommenem Leben" (GdU 2, 337) betrachtet und annimmt, „nur in uns selber brennt noch Licht, nicht in der Welt" (GdU 1, 341), wandelt sich sein Naturbild später. In der Physik lernt er den Relativismus kennen, eine Dynamik-Energetik (vgl. MP 352), Welle und Partikel als Wechselmomente, die einander bedingen, ineinander umschlagen (vgl. ebd., 356). Dies begünstigt einen Rückgriff auf den frühen Schelling, auf die Tradition der „schöpferischen Natur" (*natura naturans*), welche stets wirksam ist in den realen Naturerscheinungen (*natura naturata*). Damit scheint „dem Übergang zur Dialektik nichts im Wege" (MP 353) zu stehen: Es gibt Dialektik „in der Natur deshalb, weil sie gleichfalls ein prozeßhaftes, ja besonders unerledigtes und unfertiges Feld ist" (EM 218). Verbunden damit ist die Annahme von etwas Subjekthaftem in der Natur, denn „materialistische Dialektik ist Subjekt-Objekt-Beziehung, und wo es kein Subjekt gibt [...], ist Dialektik nicht einmal Schein" (LdM 439). So führt Bloch ein Subjekt in der Natur „hypothetisch" ein, einen *„Subjektkern in der Natur"* (EM 218, vgl. ebd. 251; PH 785ff.).

Die geschilderten dialektischen Bewegungsformen natürlicher und geschichtlicher Vorgänge erfordern ein Denken in Zusammenhängen. Dialektisches *Denken* ist hier die „objektive Erzeugungsweise, die produktive Relation in allen Kategorien" (LdM 343); wesentlich handelt es sich um das Denken in Widersprüchen, denn es „schreitet durch auftretende Widersprüche im Sachverhalt eines Denkens fort" (TE 186, vgl. SO 121; PA 425). Das Dialektische ist auch im Erkenntnisprozess geradezu an die Widersprüchlichkeit gebunden, denn es geht um „den Stachel immer neuer Widersprüche, immer neuer Lösungen und Widersprüche in ihnen" (SO 65). Dabei entsteht ein Denkprozess, in welchem Verdinglichungen verschwinden, der jedoch unterschiedliche Gestalten als „Knäuelbildungen innerhalb des dialektischen Prozesses" (ZW 324) bildet. Auf diesem Weg der Darstellung eines offenen Systems geht es darum, „die kategorialen Grundzüge eines offenen Systems darzustellen, dessen Offenheit gerade glattes Einräumen nicht zuläßt" (EM 29f.). Aufgrund des „geschichtlichen Vorwärtsstreben[s]" (PA 611) des Geschichtsprozesses gilt: „Den Nichtwollenden zerrt die Dialektik hinter sich her, den Wollenden führt sie; an beidem kann die Meinung, daß sie nur unerlaubt vermenschliche, nichts ändern" (SO 134).

→ *Entfremdung; Fortschritt; Freiheit; Front; Heimat; Materie; Möglichkeit; Natursubjekt; Noch-Nicht; Novum; Prozess; Subjekt – Objekt; Substanz; Tendenz; Ultimum; Ungleichzeitigkeit, Gleichzeitigkeit, Übergleichzeitigkeit*

📖 Arndt 1977; Bacon 1870; Böhme 1977; Bruno 1902; Cicero; Dannemann/Erdbrügge 1978; Descartes 1859; Descartes 1870/II; Descartes 1870/III; Descartes Untersuchungen; Diogenes Laertios; Erdmann 1864; Heraklit Fragmente; Holz 1976; Kimmerle 1990; Kues 1862; Lukács 1923; Oiserman 1979; Riedel 1994; Ritsert 2008; Wüstehube 1989; Zeilinger 2006a; Zudeick 1987.

Annette Schlemm

Entfremdung

Entfremdung ist für Bloch ein vorwiegend negativ bewerteter Begriff, der sich anthropologisch und sozialphilosophisch auf das Verhältnis des Menschen zu sich selbst, zu anderen und zur Natur bezieht. Der Gegenbegriff, ohne den Entfremdung nicht denkbar wäre, ist *Identität*, das Zusammenfallen von Wesen und Sein in der Präsenz des erfüllten Augenblicks, der „Gesichtertausch" (TE 45) von Subjekt und Objekt, das Ich, das Wir geworden ist, ohne ihm geopfert zu werden. Entfremdung ist also die Verschlossenheit und Zerrissenheit des Selbst, die Macht und Gleichgültigkeit der objektiven Welt, die gegenseitige Feindseligkeit der Menschen in Gesellschaften des Mangels und der Klassengegensätze. Die Vorstellungen Blochs von einer Aufhebung der Entfremdung gehen weit über das hinaus, was bei Marx, an den er anknüpft (vgl. PH 327) unter dem „durchgeführten Naturalismus des Menschen und dem durchgeführten Humanismus der Natur" (vgl. ÖpM 538) gedacht war. Bloch hält an der Idee des Natursubjekts, der *natura naturans* fest, das sich zu seinen Produktionen ähnlich verhalten könnte wie der Mensch zu den von ihm historisch produzierten Entfremdungen. Das Subjekt der menschlichen und das der Naturgeschichte könnten sich als identisch erweisen, wenn die aus den Produktionsverhältnissen stammende Entfremdung überwunden wäre.

Die Wörter *Entfremdung* oder *entfremden* sind in ähnlicher Lautung und Schreibweise schon im Mittelhochdeutschen bekannt, werden sodann bei Luther und gehäuft in der Literatur des 18. Jahrhunderts (vgl. Grimm DW) verwendet. Die lateinische Entsprechung ist *alienatio* bzw. *alienare*, das mit der Bedeutung ‚entäußern' der Rechtssprache des klassischen Rom angehört und im Englischen oder in den romanischen Sprachen fortlebt. Cicero (*De finibus*) wendet das Wort auch in Entsprechung zum griechischen ἀλλοτρίωσις (allotriôsis) an, das als *Anderswerdung* den Gegensatz zur οἰκείωσις (oikeiôsis), dem Bei-sich-zu-Hause-Sein (*oikos* = ‚Haus'), darstellt.

Der mit dem theoretischen Begriff der Entfremdung bezeichnete Sachverhalt kann auch gemeint sein, wenn das Wort nicht verwendet wird. So werden in unterschiedlichen philosophischen Konzeptionen Begriffe wie *Entäußerung, Entzweiung* (Hegel), *Verdinglichung* (Lukács) oder *Unaufrichtigkeit* (Sartre) gebraucht. Das Erleben von Entfremdung artikuliert sich auch ohne den Gebrauch eines spezifischen

Terminus, etwa bei Nietzsche: „Das bist du alles nicht, was du jetzt tust, meinst, begehrst" (Nietzsche 1981, 186). Das Entfremdungserleben ist unabhängig von seiner theoretischen Konzeptualisierung; umgekehrt muss der Diagnose Entfremdung nicht unbedingt ein leidvolles Erleben entsprechen. Man kann sich auch in der Entfremdung wohl und bestätigt fühlen (s. u. und vgl. Marx/Engels HF 37): Man kann das Keep-smiling, mit dem man sich verkaufen muss, genießen; man kann sich Sisyphos als einen glücklichen Menschen vorstellen (vgl. Camus 2000); man kann die Ohnmacht, das Scheitern, die Unterwerfung verklären.

Manchen Autoren zufolge thematisiert schon Heraklit in seiner Kritik des Verhältnisses der Vielen zum Logos ein Entfremdungsverhältnis (vgl. Petrović 1991, 11), ebenso wie das Alte Testament in der Ablehnung des Götzendienstes (vgl. Fromm 1991, 108f.). Den philosophischen Begriff der Entfremdung verdanken wir freilich der Stoa. Nach Diogenes Laertius (VII. Buch) neigt den Stoikern zufolge alles Lebendige zur Selbstbefreundung (*oikeiôsis*) und strebt deshalb danach, sich zu erhalten (vgl. Forschner 1995, 142ff.). Oikeiôsis meint eine Selbstwahrnehmung und Selbstbeziehung, die einen bejahenden Charakter hat. Beim Menschen erweitert sich diese biologische Selbstaffirmation zum Streben nach vernünftiger Identität. Entfremdung (*allotriôsis*) ist die Störung dieser Selbstbeziehung. Im Unterschied zu modernen Denkformen, in denen das Bei-sich-Sein erst Resultat eines Entfremdungsprozesses ist, bildet es für die Stoa den natürlichen Ausgangspunkt. Von der Spätantike bis in die Neuzeit wird der Begriff *Entfremdung* weiter im rechtlichen, theologischen und auch im psychiatrischen Sinn gebraucht (vgl. frz. *alienation* = ‚Geistesstörung, Irresein', ebenso engl., wo der Psychiater als *alienist* bezeichnet werden kann).

Zu philosophischer Prominenz gelangt der Begriff durch Rousseau, obwohl dieser das Wort vermutlich nur im Sinne der Entäußerung natürlicher Rechte im *Contrat social* verwendet. Der Sache nach stiftet Rousseau in seinen kulturkritischen Schriften die geschichtsphilosophische Bedeutung des Begriffs. Die Entwicklung der Bedürfnisse und der Mittel, sie zu befriedigen, haben dazu geführt, dass das Gefühl ursprünglicher Freiheit (*liberté originelle*) erstickt wurde (vgl. Rousseau W, 8f.) und man nicht mehr als der zu erscheinen wagt, der man ist (vgl. ebd., 10f.). Der Wilde lebt in sich selbst (*en lui-même*), der Zivilisierte ist immer sich selbst fern und außer sich (*hors de lui*) und kann nur im Spiegel der anderen leben (Rousseau U, 264f.). Verstellung und Unterdrückung, Ungleichheit und moralische Verderbnis sind der Preis des Zivilisationsprozesses, der einen künstlichen und degenerierten Menschen schafft. Entfremdung ist ein Sich-Entfernen (*s'éloigner*) vom Ursprung.

Von Rousseau beeinflusst ist auch Friedrich Schiller, der in den *Briefen über die ästhetische Erziehung des Menschen* die Geschichte der Menschheit als einen Prozess der Entzweiung und des Verlustes der maßgeblichen Harmonie der griechischen Antike deutet. Die moderne Zerrissenheit zeigt sich insbesondere in der Arbeitsteilung, der Vereinseitigung des Menschen und in der Verselbstständigung des Staates.

In der deutschen Philosophie ist es Hegel, der den Begriff *Entfremdung* populär macht. Der Ausdruck *Entfremdung* scheint erst in der *Phänomenologie des Geistes* verwendet zu werden, aber schon die Manuskripte über *Die Positivität der christlichen Religion* bzw. über *Religion und Liebe* haben es mit Entfremdungsphänomenen zu tun, wenn sie die autoritative Vorgegebenheit des zeitgenössischen Christentums kritisieren und eine Zerrissenheit des modernen Menschen diagnostizieren. Für die reife hegelsche Philosophie ist entscheidend, dass Entfremdung nicht mehr ein bloß negativ zu beurteilender Abfall von einer natürlichen oder geschichtlichen Behaustheit ist, sondern notwendiger Durchgangspunkt zur Erreichung wahrhaften Bei-sich-Seins. In der *Phänomenologie* wird der Begriff *Entfremdung* zur Charakterisierung der christlichen als der „offenbaren" oder, wie es später heißt, der „absoluten" Religion verwandt. Die Menschwerdung in Christo ist die „Entfremdung des göttlichen Wesens" (HW 3, 564), die im Kreuzestod ihren äußersten Ausdruck findet. Aber der Tod ist nur das Aufgeben des natürlichen Willens und so ist in ihm „das absolute Wesen mit sich selbst versöhnt" (ebd., 565). In den *Vorlesungen zur Philosophie der Religion* heißt es: „Gott hat durch den Tod die Welt versöhnt und versöhnt sie ewig mit sich selbst. Dies Zurückkommen aus der Entfremdung ist seine Rückkehr zu sich selbst, und dadurch ist er Geist, und dies Dritte ist daher, dass Christus auferstanden ist. Die Negation ist damit überwunden, und die Negation der Negation ist so Moment der göttlichen Natur" (HW 17, 295). Ein weiterer wichtiger Punkt besteht darin, dass Hegel die Entäußerung und damit auch die Entfremdung an die Problematik der Arbeit und der modernen Ökonomie bindet. Die *Jenenser Systementwürfe* sprechen von der Arbeit als Entäußerung im Sinne von Verdinglichung („ich mache mich unmittelbar zum Dinge"). Im Tausch entäußere ich mich sodann „dieses meines Daseins [...] zu einem mir Fremden, und erhalte mich darin" (Hegel 1987, 208f.). Entfremdung wäre also eine besondere, juristisch zu definierende Art der Entäußerung: die des Tausches und seines Vertrages. Auch in der *Phänomenologie* ist Entäußerung der Grundbegriff. Erst im Kapitel über *Bildung* wird das Substantiv *Entfremdung* verwendet (HW 3, 360ff.). Entfremdung also ist die Entäußerung auf der Stufe der Bildung; diese ihrerseits wird definiert als Entfremdung des unmittelbaren Seins (vgl. ebd., 364). Resultat der Bildung, die in der *Phänomenologie* als historische Gestalt des Bewusstseins behandelt wird – Hegel bezieht sich auf die französische Entwicklung vom Ende des Mittelalters bis zur Vorgeschichte der großen Revolution –, ist die Erhebung des Für-sich-Seins zur Bedeutung des Allgemeinen (vgl. ebd., 397). Ihr Ziel ist nach der *Rechtsphilosophie*, welche die Bildung als systematische Grundlage und Element der bürgerlichen Gesellschaft behandelt, das „Denken als Bewusstsein des Einzelnen in Form der Allgemeinheit" (HW 7, 360). Bildung ist „die harte Arbeit gegen die bloße Subjektivität des Benehmens, gegen die Unmittelbarkeit der Begierde sowie gegen die subjektive Eitelkeit der Empfindung und die Willkür des Beliebens" (ebd., 345). Der Gang durch die Gestalten des Bewusstseins, den die *Phänomenologie* unternimmt, ist zwar nicht schon die philosophische Darstellung der Geschichte, aber die Gestalten selbst hat der „Weltgeist" in der „ungeheuren Arbeit der Weltgeschichte" hervorgebracht (vgl. HW 3, 33f.). Diese Arbeit erscheint insgesamt als Entäußerung, die im Gang der Erfahrung stufenweise aufgehoben wird, bis sie der Geist „in sich zurückgenommen hat, also in *seinem* Anderssein als solchem bei sich ist" (ebd., 575). Bei-sich-Sein ist hier eine neue Form der Gegenständlichkeit, die des *Begriffs* (die unmittelbare Einheit des Denkens und des Seins), der sich nicht mehr entäußert, sondern sich selbst bestimmt. Die materielle Arbeit, die Formierung am Natürlichen, ist für Hegel nur eine Gestalt des Geistes auf dem Weg zur Identität. Diese Arbeit ist, wie wir sagen können, entfremdet, weil sie in der Furcht des Herrn geschieht, auf sein Kommando, zu seinem Genuss. Sie ist bereits ein Element der Bildung, denn das arbeitende Bewusstsein kommt im formierten Gegenstand „zur Anschauung des selbständigen Seins *als seiner selbst*" (ebd., 154). Hegel ist sich darüber im Klaren – ohne dies in der *Phänomenologie* zu thematisieren –, dass das Bei-sich-selbst-Sein im Produkt für den Arbeiter der modernen Industrie eine Illusion ist. Der moderne Arbeiter ist zwar frei und als abstrakte Person anerkannt, aber seine Arbeit ist ebenso abstrakt geworden, d. h. immer einfacher und mechanischer, im Zusammenhang der Herstellung des ganzen

Produkts eine isolierte Teilfunktion. Die „Vereinzelung und Beschränktheit" der Industriearbeit vermehrt „die Anhängigkeit und Not der an diese Arbeit gebundenen Klasse", die ihrerseits „die Anhäufung der Reichtümer" auf der anderen Seite bewirkt (HW 7, 389). Es ist diese von Hegel illusionslos gesehene Wirklichkeit, von der Marx ausgeht und auf die sich sein Konzept der entfremdeten Arbeit bezieht (vgl. ÖpM 511).

Erst durch Marxens theoretische Analyse der modernen Industriearbeit in den *Ökonomisch-philosophischen Manuskripten* erhält der Begriff *Entfremdung* die Schlüsselstellung, die er nach dem Zweiten Weltkrieg für einige Jahrzehnte innehatte. Erst mit dieser Theorie bzw. ihrem Bekanntwerden durch die postume Veröffentlichung 1932, werden auch Fremdheitserfahrungen jenseits des unmittelbaren Arbeitsprozesses als Entfremdungsphänomene konzipierbar. Das zeigt sich schon an Feuerbachs *Wesen des Christentums*, wonach Religion die gemütvolle und wunschgeleitete Überhöhung der menschlichen Gattungseigenschaften ist: „Die Religion, wenigstens die christliche, ist das Verhalten des Menschen zu seinem Wesen, aber […] als zu einem anderen Wesen" (Feuerbach 1971, 54). Im zweiten Teil („Das unwahre, d.i. theologische Wesen der Religion") adressiert Feuerbach an Hegel den Vorwurf, theologisch dem Menschen sein Bewusstsein zu entfremden (vgl. ebd., 346). Erst Marx freilich spricht von der „religiösen Selbstentfremdung" (ÖpM 519), wobei die Pointe dieses Ausdrucks auf der Produktion des Fremden durch den Menschen selbst liegt. Die Vorstellungen des Jenseits sind Fremdheiten, die sich nicht einer Offenbarung verdanken, sondern die der Mensch selbst hervorgebracht hat. Der theoretische Begriff *Entfremdung* wird also erst dann auf die Religion wie im Übrigen auf den modernen Staat angewendet, wenn die ökonomische Entfremdung, deren unmittelbarer Ausdruck das Privateigentum ist, erkannt und theoretisch erfasst werden kann. Die „Bewegung [des Privateigentums] – die Produktion und Konsumtion – ist die *sinnliche* Offenbarung von der Bewegung aller bisherigen Produktion, d.h. die Verwirklichung oder Wirklichkeit des Menschen. Religion, Familie, Staat, Recht, Moral, Wissenschaft, Kunst etc. sind nur *besondre* Weisen der Produktion und fallen unter ihr allgemeines Gesetz" (ebd., 537). Dieses allgemeine Gesetz ist eben das der Entfremdung. „Die positive Aufhebung des *Privateigentums* […] ist daher die positive Aufhebung aller Entfremdung, also die Rückkehr des Menschen aus Religion, Familie, Staat etc. in sein *menschliches*, d.h. *gesellschaftliches* Dasein" (ebd.). Die Entfremdung des modernen

Industriearbeiters, die Marx 1844 untersucht, ist also nicht die einzige Form von Entfremdung, nicht einmal die einzig ökonomische: „Die besitzende Klasse und die Klasse des Proletariats stellen dieselbe menschliche Selbstentfremdung dar. Aber die erste Klasse fühlt sich in dieser Selbstentfremdung wohl und bestätigt, weiß die Entfremdung als *ihre eigne Macht* und besitzt in ihr den *Schein* einer menschlichen Existenz; die zweite fühlt sich in der Entfremdung vernichtet, erblickt in ihr ihre Ohnmacht und die Wirklichkeit einer unmenschlichen Existenz" (Engels/Marx HF 37). Auch als ökonomische ist die Entfremdung ein Verhältnisbegriff. Der Ausgangspunkt besteht darin, dass der gesellschaftliche Reichtum in der Form des Privateigentums den Arbeitern als „selbständige Macht" (ÖpM 512), die sie beherrscht, gegenübertritt. Kern der Theorie ist die These, dass die Arbeit nicht nur die stoffliche Form des Produkts, sondern auch die gesellschaftliche Form seiner Fremdheit, das Privateigentum, produziert. Die Vergegenständlichung des modernen Arbeiters im Produkt führt nicht zur Anschauung des Selbst als unabhängigen Seins, sondern zu „*Verlust und Knechtschaft des Gegenstands*" (ebd.), d. h. zu Reichtum in den Händen anderer und zur Herrschaft dieser ökonomischen Macht über ihn. Die Entfremdung des Arbeiters vollzieht sich jedoch nicht nur (*erstens*) im Verhältnis zum Produkt, sondern betrifft schon (*zweitens*) das Verhältnis zum Stoff der Arbeit, der äußeren Natur. Ferner prägt (*drittens*) Entfremdung das Verhältnis des Arbeiters zu sich selbst (eine Form der Selbstentfremdung), nämlich zur eigenen produktiven Tätigkeit, die a) einem anderen gehört und von diesem kommandiert wird; die b) vereinseitigt wird, „maschinenartig", d. h. ganz im hegelschen Sinne zu einer „abstrakten Tätigkeit" wird (vgl. ebd., 474, 514) und die schließlich c) zu einem bloßen Mittel verkommt, um die physische Existenz, das Leben außerhalb der Arbeit, zu sichern (vgl. ebd., 514f.) Gerade in den beiden letzten Aspekten erweist sich die Entfremdung der Arbeit als eine Entfremdung (*viertens*) vom Gattungswesen, denn dieses besteht in universaler, bewusster, vom unmittelbaren Drang der Bedürfnisse freier und an den Objekten selbst orientierter Tätigkeit (vgl. ebd., 515ff.). Schließlich besteht Entfremdung (*fünftens*) im Verhältnis der Individuen zueinander (vgl. ebd., 517f.), wobei die Merkmale der Herrschaft („selbständige Macht") und der Instrumentalisierung (Arbeit als „Mittel", ebd. 514) im Vordergrund stehen. Es liegt auf der Hand, dass der Begriff *Entfremdung* im späteren marxschen Werk nicht mehr die zentrale Position innehat, die er 1844 einnimmt. Schon in den *Feuerbachthesen* von 1845 distanziert sich

Marx vom Gattungswesen zugunsten des Begriffs „Ensemble der gesellschaftlichen Verhältnisse" (6. These). *Die deutsche Ideologie* (1845/46) spricht von der „Totalität von Produktivkräften", die von den Individuen „losgerissen" sind (DI 67) und die „nur von allseitig sich entwickelnden Individuen angeeignet" werden können (ebd., 424). Bereits in diesen Formulierungen wird jedoch auch klar, dass die Thematik der *Manuskripte* von 1844 nicht ad acta gelegt ist; auch Wörter aus dem Stamm *entfremden* fehlen später nicht. Ebenso sind im *Kapital* und seinen Vorarbeiten Thematik und Wortfeld präsent (vgl. K I, 381f., 455, 596, 674). Der eigentliche Grund für die spätere Relativierung des frühen Entfremdungskonzepts liegt in der Unausführbarkeit des Anspruchs, das Privateigentum aus dem unmittelbaren Verhältnis des Arbeiters zu seinem Produkt abzuleiten. Da die Arbeit nur unter der Bedingung des Privateigentums neuen privaten Reichtum produziert, muss der eigentliche Ursprung anderweitig aufgeklärt werden. In den Manuskripten von 1844 soll die Lösung darin bestehen, dass diese Frage in die nach dem „Verhältnis der entäußerten Arbeit zum Entwicklungsgang der Menschheit verwandelt" wird (ÖpM 521), aber auch diese neue Frage bleibt unbeantwortet. Erst im 24. Kapitel des *Kapital* (Bd.1) wird das Problem eine Lösung finden. Viel wichtiger aber ist, dass sich auch die spezifische Form des Reichtums, welcher der entfremdeten Arbeit entgegensteht, die des Tauschwerts, aus dem unmittelbaren Verhältnis des Arbeiters zum Produkt nicht ableiten lässt. Marx wird deshalb im *Kapital* von einem Verhältnis von Dingen, dem Wertausdruck der Produkte, ausgehen, um aus diesem die lebendige Arbeit und ihre Verhältnisse als den Ursprung des Werts zu erschließen.

Die wichtigste Weiterentwicklung der Entfremdungstheorien, die sich bereits in *Die deutsche Ideologie* durch das Konzept der „Verselbständigung der realen Verhältnisse" (DI 347) ankündigt, ist mit den Begriffen *Verdinglichung* (vgl. K III, 887, 838) oder *Fetisch* (vgl. K I, 85) verbunden. Verdinglichung ist in der ökonomischen Theorie von Marx jene spezifische Entfremdung, in der ein Verhältnis von Menschen als Verhältnis von Dingen erscheint und wirkt. So erscheint das Verhältnis von Arbeiten im Geldausdruck ihrer Produkte, wenn sie als Waren produziert werden; die Aneignung lebendiger Arbeit durch das Kapital erscheint im Profit und in seiner Form als Zins. Das „gesellschaftliche Verhältnis der Produzenten zur Gesamtarbeit" nimmt „die phantasmagorische Form eines Verhältnisses von Dingen" an. Die gesellschaftlichen Charaktere der Arbeit werden als „Natureigenschaften der Dinge" gespiegelt (ebd., 87), die gesellschaftlich notwendige Arbeitszeit als Maß der Wertgröße setzt sich in den Krisen „als regelndes Naturgesetz gewaltsam" durch (ebd., 89).

Es ist das Verdienst von Georg Lukács, die zentrale Stellung der Verdinglichung und damit eben auch der Entfremdung in der marxschen Theorie vor Augen gestellt zu haben. Schon in seinem von Hegel und Simmel inspirierten Buch *Die Theorie des Romans* beschäftigt Lukács das Problem der „zweiten Natur" als „Inbegriff von erkannten, sinnesfremden Notwendigkeiten", die „in ihrer wirklichen Substanz unerfassbar und unerkennbar sind" (Lukács 1920, S. 53). Das Problem dieser Fremdheit versucht Lukács nun in Begriffen der marxschen Theorie neu zu stellen. Auch wenn seine Marx-Interpretation von *Geschichte und Klassenbewusstsein* (1923) in wichtigen Punkten zu „hegelianisch" gewesen sein mag, stellt sie doch ein neues Niveau der philosophischen Auseinandersetzung mit Marx' ökonomischer Theorie dar. Insbesondere für Blochs Denkweg war sie, wie seine Rezension aus dem Jahre 1923 (PA 598ff.) und die Studien zum Materialismusproblem zeigen, von nachhaltiger Wirksamkeit (vgl. Schiller, H.-E. 1982, 5. Kapitel und ders. 1991). Die Haupteinsicht von *Geschichte und Klassenbewusstsein* besteht darin, dass der Fetischcharakter der Ware „als zentrales, strukturelles Problem der kapitalistischen Gesellschaft in allen ihren Lebensäußerungen" (Lukács 1968, 170) gelten muss. In der Warenform wird qualitativ Verschiedenes gleichgesetzt, nämlich als „Wert", und als quantitatives Verhältnis berechenbar. Berechenbarkeit, Kalkulierbarkeit ist die pragmatische Seite der Verdinglichung: „Die Gegenstände der Bedürfnisbefriedigung erscheinen nicht mehr als Produkte des organischen Lebensprozesses einer Gemeinschaft [...], sondern einerseits als abstrakte Gattungsexemplare, die von anderen Exemplaren ihrer Gattung prinzipiell nicht verschieden sind, andererseits als isolierte Objekte, deren Haben oder Nichthaben von rationalen Kalkulationen abhängig ist" (ebd., 182). Da im Kapitalismus auch die Arbeitskraft Warenform erhält, werden auch die menschlichen Fähigkeiten verdinglicht, die sich besitzen und einsetzen, verrechnen und veräußern lassen (vgl. ebd., 194). Die Bedeutung von Lukács' zentraler Einsicht für Bloch lässt sich an verschiedenen Punkten aufweisen. Sicher gehört zu ihnen auch die Forderung, den „Weg von der Utopie zur Wirklichkeitserkenntnis" (ebd., 90) zu gehen bzw. das Endziel in den Tendenzen des Gesellschaftsprozesses als dessen „konkrete[n] Sinn auf der jeweilig erreichten Stufe" (ebd., 92f.) zu erkennen. Im vorliegenden Zusammenhang ist die Aufdeckung der Verdinglichung in den „Antinomien des bürgerlichen Denkens" (ebd., 209ff.) das Entscheidende. Da die Denkform *Verdinglichung* den qualitativen Inhalt aus der rationalistisch quantifizierenden Berechnung ausschließt, macht er sich als etwas Irrationales und Unerkennbares geltend, in der Philosophie als „Ding-an-sich" (ebd., 207ff.). Die „Unauflösbarkeit des Begriffsinhaltes" (ebd., 217) nimmt in den Einzelwissenschaften wie im Alltagsbewusstsein die Gestalt nackter Faktizität an. Aber, so der zentrale und für Bloch epochemachende Gedanke, die Verdinglichungskritik lehrt uns, dass man über die Unmittelbarkeit der Empirie hinausgehen muss, „daß die Tatsachen eben nichts anderes sind als [...] künstlich isolierte und in Erstarrung gebrachte *Momente* des Gesamtprozesses" (ebd., 319). In Blochs Denken besonders auffällig ist die Anwendung dieser Denkform auf die vormenschliche Natur. Dabei wird ebenfalls die Vorstellung einer „Erzeugung des Erzeugers" (ebd., 256), die sich bei Lukács auf die Verwandlung des Proletariats vom unbewussten in das bewusste Subjekt der Geschichte bezieht, auf das hypothetische Subjekt der Natur angewandt (vgl. Schiller, H.-E. 1991, 166). Für Bloch bedeutet Lukács' *Geschichte und Klassenbewusstsein* die Erkenntnis, dass der Marxismus nicht nur eine objektivistische Theorie des wirtschaftlichen Interesses ist und dass seine Denkformen für die Auflösung philosophischer Probleme fruchtbar gemacht werden können. Beide Motive bleiben für die Verhandlung des Themas *Entfremdung* bzw. *Verdinglichung* in der Marx-Literatur und Marx-Nachfolge bestimmend. Autoren wie Erich Fromm (*Das Menschenbild bei Karl Marx*; *Wege aus einer kranken Gesellschaft*; *Furcht vor der Freiheit*) oder Herbert Marcuse (*Neue Quellen zur Grundlegung des historischen Materialismus*) wenden sich gegen das politisch dominierende objektivistisch-deterministische Marxbild; ebenso der französische Philosoph Henri Lefebvre (*Der dialektische Materialismus*; *Das Alltagsleben in der modernen Welt*) und der schwedische Sozialwissenschaftler Joachim Israel (*Der Begriff der Entfremdung*). 1948 hat Lukács eine Interpretation von Hegels Entwicklung vorgelegt, die auf den Begriff der *Entfremdung* zuläuft (*Der junge Hegel*). Im Osteuropa der 60er und 70er Jahre dient der Begriff Entfremdung auch der Kritik an der sozialistischen Bürokratie. Stellvertretend genannt seien Gajo Petrović (*Wider den autoritären Marxismus*), Karel Kosik (*Dialektik des Konkreten*), Adam Schaff (*Marxismus und das menschliche Individuum*; *Entfremdung als soziales Phänomen*) und Mihailo Marković (*Dialektik der Praxis*).

Die mit der Entfremdungsthematik einhergehende Erweiterung des Horizonts der marxistischen Theorie hat auch zu Berührungen oder Überschneidungen mit der Tradition des Existentialismus geführt. Zwar gehört der Begriff *Entfremdung* der hegelianischen und marxistischen Theorie an, aber auch in der von Kierkegaard ausgehenden Richtung wird der normale alltägliche Selbstverlust, das Entfremdungsgefühl des mangelnden Bei-sich-selbst-Seins in den eigenen Lebensäußerungen, bemerkt und gedeutet. Was die existentialistischen von den marxistischen Konzeptionen unterscheidet, ist zunächst die Abkoppelung des Phänomens vom Arbeitsprozess und dem Produzieren im weitesten Sinne. Auf dieser Grundlage wird Entfremdung verkürzt zur Entfremdung vom eigenen Selbst, die nur darum nicht rein psychologisch zu verstehen ist, weil sie mit theologischen oder fundamentalontologischen Ansprüchen verbunden wird. Entfremdung wird verstanden als eine Grunderfahrung des menschlichen Seins und in dieser Abstraktheit als eine individuelle Selbstbeziehung. Die allgemein menschliche, bei Kierkegaard auf die Erbsünde zurückgeführte, Erfahrung sei, „dass kein Mensch sich selber durchsichtig zu werden vermag" (Kierkegaard 1975, 743). Dennoch kann jeder er selbst sein oder werden, indem er sich „in seiner ewigen Gültigkeit" (ebd.) selbst empfängt und wählt. Sozialbeziehungen können diesen Weg verstellen, denn sie verführen zum Aufgehen in der Masse und zur Anpassung an den Zeitgeist, zur Flucht vor sich selbst (vgl. Löwith 1950, 125ff.). Heidegger hat diese konformistische Form der Entfremdung als die Verfallenheit an das „Man" konzipiert und ihr die Individualisierung („Eigentlichkeit") in einer „vorlaufenden Entschlossenheit in den Tod" entgegengehalten (vgl. Heidegger 1972).

Auch Sartre steht zunächst in der existentialistischen Tradition. Der Ekel vor dem nackten und sinnlosen Dass des Seins, sodann der Gegensatz von bewusstem Für-sich und dinglichem An-sich artikulieren Erfahrungen, die man in marxscher Tradition als Entfremdungserlebnisse deuten könnte. Den Begriff selbst wendet Sartre in *Das Sein und das Nichts* auf soziale Zuschreibungen (Klassifikationen) an: Durch sie bin ich etwas, was zu sein ich nicht gewählt habe (Sartre 1997, 903). Überhaupt ist das Für-andere-Sein die Sphäre der Entfremdung oder der Objektwerdung des Für-sich-Seins und des Kampfes um die eigene Subjektivität (ebd., 484, 656, 715, 726). Durch die Politisierung des Existentialismus nach 1945 wird auch die Auseinandersetzung mit der marxistischen Theorie gefördert, wobei das Konzept der Entfremdung sich ändert durch die Einsicht in die wechselseitige Vermittlung von Dinglichkeit und Subjektivität. Der Mensch in seiner Entfremdung ist der Schlüssel zur Vermittlung von Individuum und gesellschaftlicher Objektivität: „Die Entfremdung steht am Ausgangs- und Endpunkt; und der Handelnde vermag niemals etwas zu unternehmen, das nicht Negation der Entfremdung wäre und nicht zurückfiele in eine entfremdete Welt; aber die Entfremdung des objektivierten Resultats ist nicht die gleiche wie zu Anfang" (Sartre 1999, 109 Anm.). Entfremdung bedeutet nicht mehr nur den Blick und die Deutung der anderen, sondern sie besagt, dass die soziale Realität aus „Kollektivobjekten" (ebd., 175) besteht, die den Individuen ihre „unpersönlichen Zwecksetzungen" (ebd.) als eine „Gegen-Finalität" (ebd., 176) zu ihren eigenen Zwecken aufzwingen. Wie bei Bloch ist auch bei Sartre der Begriff der Dialektik nicht durch die begrenzte Darstellung der Entwicklung objektiver Widersprüche in den verselbstständigten Resultaten menschlichen Zusammenwirkens bestimmt, sondern durch den Ausgangspunkt vom widersprechenden und sich entfremdenden Subjekt. Dabei bleibt der theoretische Entwurf Sartres spezifisch existentialistisch: Es geht um „die unaufhebbare Singularität des menschlichen Wagnisses" (ebd., 188); zu verstehen gilt, wie der Einzelne *„seine Entfremdung lebt,* wie er sie überschreitet und sich in eben diesem Überschreiten entfremdet" (ebd., 193).

Ähnlich wie Sartre verbindet auch Bloch existentialistische und marxistische Motive, wobei er freilich einen religiösen Antrieb beibehält und die Naturphilosophie in sein Konzept einbezieht. Ausgangspunkt ist die marxsche Theorie: „Dem erzeugenden Ich wächst das Erzeugte über den Kopf, das Erzeugte scheint gänzlich selbstlaufender Besen zu sein, und wie sehr erst wirkt dann alles andere automatisch. Der gesellschaftliche Grund dieser Entfremdungen ist das Zur-Ware-Gewordensein aller Menschen und Dinge" (TE 39), „Entfremdung jedenfalls ist überall ein Zeichen der verlorenen Beziehung zum Erzeugenden und seinem Inhalt. Statt dessen schiebt sich Betrieb – Getriebe dazwischen, eine ebenso dominierende wie abstrakte Mechanei" (LA 281). In Übereinstimmung mit Marx sieht Bloch das Proletariat „als schärfstes Symptom der menschlichen Selbstentfremdung" (PH 327). Deshalb habe der Sozialismus, der das Proletariat aufhebt, *„die Sorge um den Menschen im Mittelpunkt, die reale Aufhebung seiner Selbstentfremdung im Ziel"* (ebd., 306). Bloch befindet sich in Übereinstimmung mit anderen marxistischen, insbesondere osteuropäischen Intellektuellen der fünfziger und sechziger Jahre, wenn er den humanistischen Charakter der marxschen Theorie betont und das Schlusskapitel von *Das Prinzip Hoffnung* unter den Titel stellt: „Karl

Marx und die Menschlichkeit" (ebd., 1602ff.). Echter Marxismus sei „seinem Antrieb wie [...] Zielinhalt nach nichts anderes [...] als Beförderung der Menschlichkeit".

Das „unfreundliche, unglückliche und so ungewollte Außensein" (LA 278), das es auch in vormodernen Gesellschaften gab, wird heute neu erfahren, und zwar „nicht als entferntes Draußen, sondern genau als eines daheim, in der Welt unseres veräußerten, zur Ware gewordenen, darin verdinglichten Lebens. Die meisten gelten nur noch als Rädchen im Betrieb, sind darin rein auf ihre Arbeitskraft eingeebnet, reduziert, quantifiziert [...]" (ebd.). Demgegenüber hat „Beisichsein, echtes Miteinandersein [...] in Liebe, Freundschaft, zuweilen noch in Familie einen Schutzpark" (ebd.). Doch dringt auch in ihn die Entfremdung der ökonomischen Verdinglichung ein und er vermag weder Ersatz zu liefern noch Ausgangspunkt gesellschaftlicher Veränderung zu sein: „[...] durch kleines Glück unvergessbar" ist „die Uniformität wie die Banalität des allgemeinen Daseins", seine „objektive Langeweile" (ebd.). Bloch diagnostiziert eine „überall gekommene Sinnentleerung", die „Daseins-Mechanik aus totaler Leere", das „Nichts-Dahinter Gefühl in der bürgerlichen Gesellschaft" (ebd., 352). Die „kapitalistisch-technische Leere" ist ein „Hohlraum", jedoch ein „Hohlraum mit Funken" (ebd., 353.). Insbesondere der dritte Teil von *Erbschaft dieser Zeit* versucht zu zeigen, wie der Hohlraum einer sinnentleerten Kultur Ort des Experiments und der Suche nach dem Neuen sein kann. „Zur-Ware-Werden aller Dinge und Menschen, Reduktion der zwischenmenschlichen Beziehungen auf Tauschwert, Verselbständigung des Warenumlaufs hinter dem Rücken, über den Köpfen der Menschen: das ist die wichtigste Fabrik der Entfremdung" (ebd., 279). Gleichwohl gibt es auch „im Osten", in den „scheinsozialistischen" Ländern stalinscher Prägung Entfremdung, wie Bloch nach seiner Übersiedlung in den Westen feststellt: „Was man [...] so kommunistisch nennt [...], das überbot im Lauf der Zeit sogar die Selbstentfremdung von heutzutage; denn die geplante Vergesellschaftung der Produktionsmittel steckte fest in bloßem, überwiegendem Staatskapitalismus" (ebd.). Statt des Sozialismus kam „Verheizung aller Personen und Diktatur eines verdinglichten Apparats; so wurde dergleichen freilich das – außer dem Faschismus – schärfste Exempel von Entfremdung, das selber abgeirrteste dazu" (ebd.).

An vielen Stellen seines Werks betont Bloch, dass es existenzielle Probleme des Menschen gibt, die mit der angezielten Beendigung der von den Menschen selbst produzierten Fremdheit und Feindseligkeit ihres Lebens, also der sozialen Entfremdung, nicht erledigt sein können. „Auch ohne Armut wird man sich noch genug unähnlich oder falsch bedingt sein, es gibt noch Zufall, Sorgen, Geschick genug und kein Kraut gegen den Tod" (SP 32). Diese Phänomene der Nichtidentität können also nicht als soziale Entfremdungsphänomene gelten – Bloch spricht einmal von „jener Art menschlicher Entfremdung und Ungefundenheit, die nicht nur [...] aus der Klassengesellschaft stammt" (NmW 276) –, sind aber vielleicht als Phänomene einer Selbstentfremdung der *natura naturans* verstehbar. Besonders der Tod bleibt das fremde Nicht-Ich schlechthin (vgl. EdZ 391). Obwohl wir diese begriffliche Unterscheidung von Entfremdung und Nicht-Identität oder sozialer und naturproduzierter Entfremdung theoretisch zu treffen vermögen, sind sie in den konkreten Erfahrungen meist ineinander verwoben. Dieses Verschlungensein verdichtet sich für Bloch in einem Foto, das er unter der Überschrift „Todesfahrt des Bobs Poitz" in einem Boulevardblatt gefunden hatte: Man sieht einen Schlitten, der, aus der Bahn gerissen, auf den Kurvenrand zufliegt, seine Kufen sind schon über der Barriere, in Kopfhöhe einiger völlig ahnungsloser, gleichgültig blickender Zuschauer, die im nächsten Augenblick tot oder schwer verletzt sein werden. „Unmäßig verdichtet hat das Bild menschliches Leben. Seine immerzu kritische Lage ist darin, die dasselbe ist wie seine noch ungewusste, zentral unbeherrschte. Dieses, dass sich die Menschen nicht auskennen und nicht an ihrem Ort sind, erscheint vor dem Unfall plakathaft, vor dem Tod gar feierlich. Denkt man sich das Bild als Film und gibt man der schrecklichen Möglichkeit nach, ihn unter Zeitlupe zu sehen, so liefe er als völliges Stück ‚Jedermann' ab, als Leben ohne Begriff und mit ebenso unvermittelt hereinsausenden Schicksalsschlägen" (LA 222f.). Die *Spuren* enthalten eine reiche Anzahl von Erzählungen, die das Thema Entfremdung und Nichtidentität variieren. Ohne Anspruch auf Vollzähligkeit seien genannt: *Der Schwarze* (SP 35f.), *Armer und reicher Teufel* (ebd., 44ff.), *Schreiber auf der Mairie* (ebd., 54f.), *Stachel der Arbeit* (99f.), *Die unmittelbare Langeweile* (112f.), *Potemkins Unterschrift* (118f.), *Ein Inkognito vor sich selber* (ebd., 119f.), *Der Bettzipfel* (ebd., 129f.). Als paradigmatisch kann die Geschichte vom Zirkusclown gelten, der auf die programmgemäße Frage: Wie heißen Sie denn? unversehens außer Tritt kam: Weiß nicht, weiß nicht, weiß nicht. Bloch kommentiert: „Hat der beruflich Untergekommene, sozusagen gut Benannte nicht immer noch ein Namenloses in petto, das ihm schon an der Wiege nicht gesungen wurde, geschweige von seinen späteren Lenkern zum nützlichen Mitglied? [...] Bei wie vielen mindestens ist ihr Paß gefälscht, gerade weil er kraft des Meldeamts echt ist" (ebd., 120f.). Aber es bedürfte des „gefälschten Passes", der sozialen Entfremdung, nicht, um die Nichtidentiät des menschlichen Seins als ontologisches Problem zu erkennen: „Wir sehen zum Fenster hinaus, gehen, stehen. Schlafen ein, wachen auf, es ist immer dasselbe, scheint nur in dem dumpfen Gefühl: wie ist das alles doch unheimlich, wie übermächtig seltsam ist es, zu ‚sein'. Sogar diese Formel ist schon zu viel, sieht aus, als ob das nicht Geheure nur am ‚Sein' läge. Denkt man sich aber, dass nichts wäre, so ist das nicht weniger rätselvoll. Es gibt keine rechten Worte dafür oder man biegt das erste Staunen um" (ebd., 216). Wie auch immer die rechte Interpretation aussehen mag, „gesellschaftstheoretisch" oder „metaphysisch", wie immer sich beide Aspekte ineinander verweben mögen, es gilt: „Kein Mensch ist, was er hat und vorstellt; er ist nicht einmal, was er sich idealistisch ergänzt, sofern diese Ideale aus dem bisherigen sozialen Außen, aus der Glänzbarkeit seines Standes und dergleichen geschöpft sind. Der wirkliche Mensch liegt noch außerhalb dieser Spiegelbilder; er leidet, wünscht, erschafft und genießt noch wenig sich gemäß, weiß seinen Namen noch nicht genau" (LA 227).

Innerhalb der Entfremdungstheorie betont Bloch vor allem den Komplex, der mit dem Begriff der Verdinglichung zusammenhängt: „[...] die Denkform Ware ist selber die gesteigerte Denkform Gewordenheit, Faktum. Über diesem Faktum wird das Fieri besonders leicht vergessen und so über dem verdinglichten Produkt das Produzierende, über dem scheinbaren Fixum im Rücken der Menschen das Offene vor ihnen" (PH 329). Die durch Lukács betriebene Ausweitung des Verdinglichungskonzepts wird zum Schlüssel der Kritik an Denkformen des Alltags, der Philosophie und der Wissenschaften und ermöglicht es Bloch, sich den Widerstand zu erklären, den das Denken der Utopie und des Prozesses findet und überwinden muss. Insbesondere lässt sich die naturwissenschaftliche Erkenntnis relativieren: „Der Bezug des naturwissenschaftlichen Kalküls und mechanischen Weltbilds zu den Kategorien des Warenumlaufs wurde nirgends kritischer und illusionsfreier dargestellt" (PA 35). Neuzeitliche Naturwissenschaft beruht auf der Anwendung von Mathematik auf Natur, eine „Verbindung [...], deren Kühnheit wir kaum mehr nacherleben können" (ZW 265). Mit der Renaissance begann der Aufstieg einer Wirtschaftsweise, die hauptsächlich für den Markt produziert. Er „verwandelt die Qualitäten der Arbeit und ihrer Gegenstände in abstrakte

Größen, die sich in Zahlen ausdrücken. [...] Dadurch kam das Interesse an Kalkulation, an rechnerischer Bewältigung der Wirklichkeit" (ebd., 264). Zwar sind die Erfolge der neuzeitlichen Naturwissenschaft unbestreitbar. Wenn sie sich jedoch einer historischen Denkform verdanken, die in Ideologie und Herrschaft verflochten ist, lassen sich auch jene Erfahrungen mit der Natur wieder geltend machen, die aus dem quantifizierenden und auf Wiederholung angelegten Naturdenken der modernen Wissenschaften herausgefallen sind. Wenn die Warenproduktion überwunden ist, könnte auch „die total gewordene Entfremdung von Qualitäten und ihrer Materie" (TE 205) überwunden werden, soweit es sich um eine Entfremdung der Menschen zur Natur handelt.

Die Humanisierung der Natur oder die Aufhebung der Entfremdung in der Natur hat noch einen anderen Aspekt. Es geht nicht nur um die entfremdende Haltung des gesellschaftlichen Menschen, der selbst ein Naturwesen ist, zur äußeren Natur, sondern auch um die Möglichkeit einer Verdinglichung in der außermenschlichen Natur selbst. Bloch stellt „die Frage, ob dieser Naturbegriff [der neuzeitlichen Naturwissenschaft, d. V.] als verdinglichender und mechanischer nicht [...] ein Stück selber dinglichen, mechanisierten Weltinhalt repräsentiert" (EdZ 291). Mentor dieses Gedankens ist Schelling. Zwar habe erst Marx die „Entfremdung [...], worin das Produkt menschlicher Arbeit ihr selber als ein fremder Gegenstand gegenübertritt", entschleiert. „Aber der Blick [...] von dem festgefrorenen Produkt auf das Produzierende, der Blick gegen die Verdinglichung, gegen die Fetischisierung, der beginnt also in der Schellingschen Naturphilosophie" (ZW 316). Sie enthält die Forderung, die Natur als Produzierendes, als *natura naturans*, zu begreifen (vgl. SWBG 1799). Schelling will insbesondere „die sogenannte todte Materie nur als eine schlafende Thier- und Pflanzenwelt betrachten, welche [...] in irgend einer Periode, deren Ablauf noch keine Erfahrung erlebt hat, auferstehen könnte" (SWBG 1801, 104). Daran knüpft Bloch an, wenn er meint, dass die Tatsachen der Natur „Bastillehaftes mit sich führen" und auch in der Natur „das Faktenhafte" eine „anzugreifende Verdinglichung von Prozeßmomenten darstellt und so doch nicht aus dem Prozeß herausfällt. Entgegen jedem Tatsachenfetischismus ist das Wesen weder historisch noch naturhaft schon erschienen" (EM 241). Mit Lukács hält Bloch daran fest, dass es Dialektik nur dort geben kann, wo es ein Subjekt gibt, und dass in der Natur „das Subjekt, wenigstens auf der bisher erreichten Stufe, unmöglich in den dialektischen Prozeß einbezogen werden kann" (Lukács 1968, 353). Bloch freilich denkt an die *natura naturans*, die zwar „notgedrungen immer noch hypothetisch" sei (EM 218), aber aus seinen Prämissen müsste sie eigentlich notwendig folgen: „Dialektik gibt es in der Natur deshalb, weil sie gleichfalls ein prozeßhaftes, ja besonders unerledigtes und unfertiges Feld ist. *Dialektische Bewegung selber* ist die des Neuen: sie läßt eben durch immanenten Widerspruch des Subjekts immer wieder Neues entspringen, sofern keine gewordene Form dem Subjekt bereits eine endgültig bestimmende, qualifizierende, angemessene ist" (ebd.).

Grund der Dialektik „ist in der menschlichen Geschichte der subjektive Faktor, in der vor- und außermenschlichen Welt (Natur), mit noch weniger ausgebrochener, bewußter Art, dieses, was als Natura naturans gedacht worden war. Dialektik insgesamt ist nur eine auf Grund dieses subjekthaften Motors, dieses Dominantzugs durch alle Widrigkeiten hindurch; so erscheint sie auch einzig als Subjekt-Objekt-Beziehung in der Welt, mit dem Subjekt als Objekt, dem Objekt als Subjekt am [...] Ende" (TE 266). Durch diese „Homogenisierung von Menschengeschichte und Natur" (vgl. Schiller, H.-E. 1982, 284) im Zeichen einer durch das Widersprechen des Subjekts fundierten Dialektik bleibt auch die Konzeption der geschichtlichen Dialektik nicht unberührt (vgl. Schiller, H.-E. 2007). Sie wird so verstanden, dass sie nicht nur der Freilegung des subjektiven Faktors dient, sondern von diesem her konstruiert werden soll. Das geht nur in einer Entstellung der marxschen Denkbewegung. „Erst die Kritik der politischen Ökonomie hebt die Arbeit aus ihrer Vergessenheit im Produkt heraus, führt sie auf den subjektiven Faktor zurück und geht derart praktisch daran, Entfremdung und Schicksal aufzuheben" (ZW 316). Es ist jedoch, wie wir gesehen haben, nicht einfach das Produkt, von dem Marx ausgeht, sondern das Verhältnis der Produkte in Gestalt des Tauschwerts, also als gesellschaftliches Verhältnis. Und es ist auch nicht einfach der subjektive Faktor, auf den er die Verdinglichung des Werts zurückführt, sondern eine bestimmte Form der Intersubjektivität im Verhältnis der Menschen zur äußeren Natur. Für Marx war die Dialektik der Ware fundiert im Privateigentum an den Produktionsmitteln, für Bloch ist sie fundiert in der bedürftigen Subjektivität. Bloch benutzt die Begriffe *Entfremdung* und *Verdinglichung*, um Raum für seine Spekulation zu schaffen, aber auf deren objektive Formbestimmtheit, den Fetischismus, geht er nicht ein. Vom Begriff der Entfremdung her wird auch die historische Dialektik subjektiviert, es gilt die „Prävalenz des Subjekts" (TE 83). Dialektik sei „Subjekt-

Objekt-Beziehung, nichts anderes"; „arbeitende Subjektivität, die die ihr gewordene Objektivierung und Objektivität immer wieder überholt und zu sprengen strebt. Letzthin ist stets das bedürftige Subjekt, indem es sich und seine Arbeit unangemessen objektiviert findet, der *Treiber* der geschichtlich auftretenden Widersprüche" (SO 512). Indem die materialistische Dialektik allgemein-ontologische Geltung erhalten soll, wird sie als Entfremdung eines Subjekts gedacht, das die „Unangemessenheit" seiner Objektivierung erfährt. Wenn Dialektik aus dem Widerspruch zur entfremdeten Objektivität entspringt, kann es sie nicht mehr geben, wenn die Entfremdung aufgehoben ist (vgl. ebd., 453); wenn Dialektik Bewegung des Neuen ist (vgl. EM 218), dann ist sie im Ultimum der aufgehobenen Entfremdung definitionsgemäß zu Ende (vgl. Schiller, H.-E. 1982, 284f.). Auf dem Weg freilich sind die entfremdeten Objektivierungen notwendig, denn Subjektives hält es bei sich nicht aus, solange es nicht verwirklicht ist, solange es noch die Leere und Unbestimmtheit der Unmittelbarkeit gibt, die „unangemessene" Vergegenständlichungen nicht beheben können. Von hier aus erweist sich die Entfremdung unangemessener Vergegenständlichung als notwendig und dienlich: „Dem Jetzt und Hier fehlt der Abstand, der zwar entfremdet, doch deutlich und überblickbar macht" (PH 207). Was für das bewusste, sich seines Dunkels bewusste Subjekt der Menschen gilt, gilt auch für die ihrer selbst unbewusste *natura naturans*: „Das keimende Subjekt der Natur, das ist: der tragende Erzeuger, wodurch überhaupt Welt ist, lernt sich selbst erst im Weltprozeß kennen" (EM 228).

„Entfremdung könnte nicht einmal notiert, gar als solch Freiheitsraubendes an den Menschen, solch Entseelendes in der Welt verurteilt werden, wenn es kein Maß an ihrem Gegenteil gäbe, also an jenem möglichen Zusichkommen, Beisichsein, woran die Entfremdung ermessen werden kann" (TE 84). Dieses Bei-sich-Sein wäre *Identität* von herausgebrachter Wesensbestimmtheit und einem Sein, das sich nicht mehr von sich abzustoßen braucht. Inhaltlich muss diese Identität unbestimmt bleiben, obwohl sie von Bloch immer wieder umschrieben wird. Sie sei „absolut vermittelte Identität", „Fürsichsein" (SO 499) oder „[e]in Menschsein, das in seinem Daseinskreis mit nichts ihm Fremden mehr behaftet ist, ein Realisierendes, das selber realisiert ist: dieses ist der Grenzbegriff der Verwirklichung als Erfüllung" (PH 348). Gleichwohl unternimmt Bloch „Versuchsbestimmungen" (TLU 398) in den drei Dimensionen von Subjektivität, Intersubjektivität und Objektbezug. Die erste sei Glück, welches nur in der zweiten Dimension, nämlich in einer solidarischen Gesellschaft ohne Herr und Knecht, möglich sei. Die dritte Versuchsbestimmung betrifft „die Natur, die uns umgibt, mit utopisch vermitteltem Grundmotiv darin, das lautet: Aufhebung des Behaftetseins mit einem uns Fremden in der naturhaften Außenwelt" (ebd.). In *Experimentum Mundi* spricht Bloch von „Glück", „Solidarität menschlicher Würde" und „Heimat" (EM 261), worin die stoische *oikeiôsis*, das Zu-Hause-Sein, anklingt. „Heimat" ist auch das letzte Wort des *Prinzip Hoffnung*, und auch Marx bedient sich dieser Metapher. In der Arbeit ist der entfremdete Mensch nicht zu Hause (ÖpM 514) und nicht einmal seine Wohnung ist ihm „Heimat – wo er endlich sagen könnte, hier bin ich zu Hause" (ebd., 554). Aber während Marx meint, die Gesellschaft sei die „vollendete Wesenseinheit des Menschen mit der Natur" (ebd., 538) und die natürlichen Voraussetzungen – „die feste wohlgerundete Erde" (ebd., 577) – anzuerkennen fordert (ebd., 545), denkt Bloch unter der Aufhebung der Entfremdung zur Natur eine Identität oder mögliche „Deckung von *Subjekt* und *Objekt*" (PA 163), in welcher „der Abstand zwischen Subjektivität und Objektivität verschwindet" (PH 1577), einen „Gesichtertausch beider" (TE 45) oder eine Welt, in der das Auswendige wie das Inwendige werden soll (vgl. GU 2, 289). Es ist klar, dass sich diese Verschmelzungsphantasien, das Festhalten an der Möglichkeit einer „totalen Erfüllung" (AiC 327), wenn überhaupt, nur noch in der Tradition religiöser Eschatologie denken lassen. „Gewiß, wenn Selbst und Ding zusammenrücken, so hören beide auf" (SO 470). Die Aufhebung der Entfremdung bekommt den Sinn einer Aufhebung von Fremdheit überhaupt, die in keiner Weise mehr als eine von Menschen hervorgebrachte verstanden werden kann, und das beraubt diesen Begriff des Sinnes, der ihm in der Philosophiegeschichte zugekommen ist. Erhofft wird eine „Welt, worin nichts mehr mit Fremdem [...] behaftet ist" (TE 267f.), eine Vorstellung, die nicht einer gewissen Gigantomanie entbehrt. Beklagt wird, dass „der Kosmos mit dem, was wir machen, nichts zu tun [hat]", dass er „eine um uns gänzlich unbekümmerte, zu uns disparate Welt" (LV 4, 214) ist. Es sei „Nihilismus", wenn man sich abfindet mit „der unbeweglichen, um uns unbekümmerten Kerkerwand der Masse, der Materie, und dann [mit] diesem sinnlos-großartigen Heroismus der Menschen, die mitten in diesem Unsinn ein Sinnschauspiel aufführen, das nicht lange dauert" (ebd., 215). Aber speist sich der Humanismus nicht gerade aus der Einsicht, dass der Mensch ein Selbstzweck für den Menschen sein muss, auch wenn die Menschheit im Kosmos eine ephemere Kleinigkeit ist? Das wird man kaum Nihilismus nennen können.

Das Thema *Entfremdung* ist nach wie vor aktuell, obwohl das Wort in den Zusammenhängen, in die es gehört, nur noch selten verwendet wird. Während Entfremdungsgefühle angesichts von Anpassungsdruck und Spaßindustrie nur als pathologisierte zugelassen sind, hat die Verdinglichung des Lebendigen, des Personalen und damit eben auch des Sozialen ein geradezu unheimliches Ausmaß erreicht. Wie müssen Menschen verfasst sein, die sich versichern, nicht sie, sondern ihr Gehirn habe entschieden; die sich als Typen klassifizieren und hauptsächlich wissen wollen, was „angesagt" ist? Das Leiden an Entfremdung scheint stumm geworden. Stattdessen werden Identitäten konstruiert – irgendeinen Reim muss man sich machen auf die Frage, wer man ist, und wenn der alte nicht mehr passt, bastelt man sich einen neuen. Interpretatorische Beliebigkeit im stählernen Gehäuse wird mit Offenheit verwechselt, ein halbwegs funktionstüchtiges Selbstbild mit dem Bei-sich-selber-Sein. Die Erinnerung an die Theorien von der Stoa bis zu Bloch könnte hilfreich sein, um die Selbstverständlichkeit der Entfremdung befremdlich zu finden.

→ *Dialektik; Freiheit; Heimat; Marxismus; Natur; Realisierung des Realisierenden*

📖 CAMUS 2000; CICERO 2000; DIOGENES LAERTIUS 1967; FEUERBACH 1971; FORSCHNER 1995; FROMM 1987; HEIDEGGER 1972; KIERKEGAARD 1985; LÖWITH 1950; LUKÁCS 1968, 1920; NIETZSCHE 1981; PETROVIC 1991; ROUSSEAU W; ROUSSEAU U; SARTRE 1997; SARTRE 1999; SCHILLER 1966; SCHILLER, H.-E. 1982, SCHILLER, H.-E. 1991; SCHILLER, H.-E. 2007.

Hans-Ernst Schiller/Ivan Boldyrev

Ethik

„Moralisches" ist nach Bloch „das wichtigste Kennzeichen menschlichen Seins" (PH 1373). Ethik im Sinne des philosophischen Nachdenkens über Moral war folglich für Bloch ein zentrales Anliegen, das er zunächst gegen und später im Marxismus geltend macht (vgl.

GdU 2, 304f.; PA 477). Zentral sind der Begriff des höchsten Gutes und die kantische Postulatenlehre. Die Ethik rückt in eine Schlüsselstellung für den Entwurf einer utopischen Metaphysik. Ihr zufolge ist Noch-Nicht die Identität von Sein und Wesen sowie von Subjekt und Objekt, aber dieses Noch-Nicht ist bereits ein Sein eigener Art. Es wird identifiziert mit dem, was sich im Dunkel des gelebten Augenblicks verbirgt, weshalb das höchste Gut auch als seine Lichtung, als Einstand des Augenblicks in der Ewigkeit bezeichnet wird (vgl. PH 1562ff.). Dieses metaphysisch höchste Gut kann freilich erst dann zum vorrangigen Zweck des menschlichen Denkens und Handelns werden, wenn das politisch und sozial höchste Gut, die klassenlose Gesellschaft, erreicht ist. Sie zu verwirklichen ist die zentrale Forderung der „Veränderungsethik" (EM 196; PM 252). Der „Verdoppelung der Utopie" (Schiller, H.-E. 1982, 166) in die Zielvorstellung der klassenlosen Gesellschaft und einer Identität im Augenblick entspricht also eine Verdoppelung der Ethik, welche im Frühwerk mit den Begriffen „Ethik des Abstands" und „Ethik der Innerlichkeit" bezeichnet wird (GdU 1, 347ff.).

Die Begriffe *Moral* und *Ethik* sind aus dem Lateinischen bzw. Griechischen übernommen und lexikalisch weitgehend gleichbedeutend. Sie sind ursprünglich Adjektivformen von *mos* bzw. *ethos* (ἔθος) und meinen das, was die *mores* oder das *ethos* betrifft. *Mos* und *ethos* werden wiedergegeben mit ‚Sitte', ‚Gewohnheit' oder ‚Charakter'. In der Eindeutschung kann die Ethik deshalb, wie bei Kant, zur *Sittenlehre* werden, das Prinzip moralischer Begründung zum *Sittengesetz*. Im neueren Sprachgebrauch wird *Moral* meist im Sinne einer lobenswerten handlungswirksamen Einstellung verwendet: XY beweist Moral, wenn er/sie nicht so schnell aufgibt, oder er handelt unmoralisch, wenn er/sie seine Versprechen nicht hält oder andere verletzt usw. Ethik hingegen meint die Ansichten über die Moral. Auch der Alltag hat seine Ethik, einen Zusammenhang von Überlegungen, was wertvoll ist, an welche Regeln man sich halten soll (z. B. die Goldene Regel: Was Du nicht willst, das man dir tu, das füg auch keinem andern zu!), oder „was es bringt", moralisch zu sein. Die Ansichten, Überzeugungen oder Meinungen und die wirklichen Handlungen stehen in einem engen, aber nicht unbedingt harmonischen Verhältnis: dem des Widerspruchs (was zur Heuchelei führt) oder der parteilichen Selbstgerechtigkeit, vielleicht auch der Kritik.

Von der Alltagsmoral und ihrer Ethik muss die wissenschaftliche Beschäftigung mit ihr unterschieden werden, obwohl sie von den Alltagsvorstellungen ausgehen und in sie zurückwirken kann. Verschiedene Wissenschaften wie Soziologie und Psychologie, Pädagogik und Ethnologie beschäftigen sich unter unterschiedlichen Fragestellungen und Methoden mit der Moral. Philosophisch kommt es auf die unparteiliche Überprüfung der Gründe an, die eine moralische Vorschrift oder ein moralisches Urteil für sich beanspruchen kann (präskriptive oder normative Ethik). Wichtig ist der richtige Zusammenhang, der zwischen den verschiedenen moralischen Begriffen, z. B. den Tugenden, besteht. Statt Ethik in diesem Sinne ist auch der Begriff „Moralphilosophie" geläufig, der ebenfalls von Kant verwendet wird (vgl. KAA/4 G 389). Gelegentlich versucht man, die Begriffe Ethik und Moralphilosophie als Ausdruck unterschiedlicher Konzeptionen zu verstehen: Ethik würde demnach eine philosophische Beschäftigung mit Moral nach dem Muster von Platon, Aristoteles, Epikur oder Seneca bedeuten; Moralphilosophie wäre eine praktische Philosophie wie die Kants oder der Diskursethik. Eine solche terminologische Unterscheidung hat sich nicht durchgesetzt und scheint auch nicht sinnvoll. Man spricht stattdessen von teleologischer (τέλος = ‚Ziel, Zweck') oder Güter-Ethik bzw. von deontologischer (δεῖν = ‚sollen, müssen') oder Sollens-Ethik. Teleologische Ethik hätte es demnach mit dem guten Leben und seinen Zielen oder Zwecken zu tun, deontologische Ethik mit dem richtigen Handeln und seinen Regeln. Auch diese Unterscheidung kann jedoch zu Etiketten erstarren, die dem Verhältnis von materialer und formaler Ethik und natürlich auch dem von antiker und moderner Ethik nicht gerecht werden.

Die Schlüsselstellung Kants für die moderne Ethik und auch für Bloch bliebe unverständlich, wenn man nur die Abkehr von der Orientierung an der besten Lebensweise in den Blick bekommen würde. Tatsächlich ist die Gleichgültigkeit gegenüber den materiellen Zwecken typisch für eine Gesellschaft, in der die Individuen – zumindest auf dem Markt und vor Gericht – als abstrakt gleiche und freie Subjekte gelten sollen. In der Bestimmung des Prinzips als bloßer Gesetzmäßigkeit, dem kantischen „Formalismus", hat man zu Recht eine Angleichung der Moral an das Recht gesehen (vgl. Baumann 1995, 48). Mindestens genauso wichtig sind indes der prinzipielle Universalismus und die Individualisierung der ethischen Problematik, die sich im Anspruch auf das selbstständige moralische Urteil des Handelnden in der Forderung nach Autonomie zum Ausdruck bringt.

Das kantische Pathos der Pflicht lässt leicht übersehen, dass das Autonomieprinzip eine schwindelerregende Forderung enthält, die als Überforderung erlebt werden kann: Der Einzelne hat selbst über die Gesetzmäßigkeit zu urteilen, er ist sein eigener, aber an die Forderung der Allgemeingültigkeit gebundener Gesetzgeber (vgl. KAA/4 G 432). Der politische Sinn dieser Konstruktion ist demokratisch: auch die Gesetze, welche die äußeren Verhältnisse der Individuen und Staaten regeln, unterstehen dem kategorischen Imperativ und müssen sich dem Test der Zustimmungsfähigkeit für jedermann, der seine praktische Vernunft betätigt, unterwerfen lassen. Die Rechtsförmigkeit der Moral wird so zum Ausdruck ihres Anspruchs, die Prinzipien des staatlichen Zusammenlebens zu begründen. Diese Idee, mit der Kant in der Tradition der neuzeitlichen bürgerlichen Sozialphilosophie steht, wäre in der Antike als absolut vermessen erschienen. Politische Ordnungen wurden nicht durch die Zustimmung aller Bürger konstituiert, sondern von Einzelnen (oder in Platons Entwurf von einer elitären Gruppe) gestiftet, welche die Ordnung der Natur kennen.

Gleichwohl gilt auch für die antike Moral, dass das Verhältnis von individuellen Antrieben und gesellschaftlichen Reproduktionserfordernissen ihr eigentliches Bestimmungsfeld ist. Wodurch sich die Moralkonzepte in dieser Hinsicht unterscheiden, ist das Maß an Selbstständigkeit und Urteilsfreiheit, das dem Einzelnen zugewiesen wird. Unterschiedlich ist, natürlich neben den konkreten Inhalten, der Grad, in dem die Ziele der Moral verinnerlicht sind. Moral und folglich immer auch Ethik, ist letztlich auf das Individuum und sein Handeln bezogen, mag dieses Handeln nun „privat" oder „politisch", vereinzelt oder kooperativ sein. Moralisch ist das Bewusstsein dann, wenn es sich mit allgemeinen Forderungen in ihrer Verbindlichkeit für das eigene Handeln konfrontiert. Man kann deshalb die Moral als die individuelle Form gesellschaftlicher Praxis bestimmen.

Wollte man Bloch im oben skizzierten Bezugssystem unterbringen, so hätte man ihn eindeutig der teleologischen Ethik zuzuordnen, freilich mit der Maßgabe, den historisch-utopischen Charakter des guten Lebens und des anzustrebenden Ziels mitzudenken. Ansatzpunkt für den späteren Bloch ist der Teil der kantischen Ethik, in dem Kant übergeht von der Bestimmung des formalen Prinzips allen richtigen Handelns zur Bestimmung des Zwecks der praktischen Vernunft. Dieser Zweck ist zunächst das in der moralischen Dimension lebende Individuum, die Person, deren „absoluter Wert" von Kant als Würde bezeichnet wird, sodann aber der Begriff einer Welt, in der sich das Maximum an Moralität mit dem Maximum an Glück verbindet. Die antike Ethik, auf die Kant genau in diesem Zusammenhang zu sprechen kommt, spielt für Bloch eine deutlich untergeordnete Rolle. Wichtiger als sie ist die christliche Ethik, in der seit Augustinus Gott selbst die Stelle des höchsten Gutes einnimmt.

Die Orientierung an der Lehre des höchsten Guts bei Kant sowie deren ontologische Verzeitlichung setzen Gründe voraus, den Ausgangspunkt eines apriorischen Moralprinzips für unpassend zu halten. Solche Gründe hat schon Hegel formuliert, indem er sich gegen den unhistorischen Charakter der kantischen Ethik gewandt hat. Das Autonomieprinzip ist demnach ebenso leer wie zerstörerisch, unfähig zur Erkenntnis der konkreten geschichtlichen Wirklichkeit und zur konstruktiven Wirkung in ihr. Für Marx war die kantische Ethik durch Hegels Kritik offenbar erledigt; sie gilt ihm, verglichen mit der französischen Entwicklung, als kleinbürgerlicher Ausdruck der deutschen Misere, womit in der 1. Hälfte des 19. Jahrhunderts die ökonomische und politische Zurückgebliebenheit Deutschlands im Vergleich zu den beiden großen Staaten im Westen Europas bezeichnet wurde (vgl. DI 176ff.). Moral und Ethik sind für Marx Bestandteile des Überbaus, die ideologische Funktion annehmen, weil sie von den gesellschaftlichen Antagonismen abstrahieren und die Erkenntnis der basalen Verhältnisse blockieren. Im Hinblick auf Feuerbach, Bruno Bauer und Max Stirner heißt es in *Die deutsche Ideologie*: „Beiläufig bemerkt, musste die deutsche Philosophie, weil sie nur vom Bewusstsein ausging, in Moralphilosophie verenden, wo dann die verschiedenen Heroen einen Hader um die wahre Moral führen" (ebd., 349). Auf eine entschieden moralische Sprache hat freilich Marx selbst nie verzichtet. Der Widerspruch zwischen dem moralischen Antrieb, wie er sich etwa 1843 in der berühmten Formulierung des kategorischen Imperativs, „alle Verhältnisse umzuwerfen, in denen der Mensch ein erniedrigtes, ein geknechtetes, ein verlassenes, ein verächtliches Wesen ist", geäußert hatte (KHRE 385), und der aus der Moralkritik abgeleiteten Weigerung, sich auf eine Diskussion der Geltungsgründe der eigenen Stellungnahmen einzulassen (vgl. Schiller, H.-E. 1993), hat in der Marxnachfolge entweder zu einem selbstgerechten Moralisieren oder (vornehmlich in der deutschen Sozialdemokratie vor dem 1. Weltkrieg) zu dem Versuch geführt, eine ethische Begründung sozialistischer Politik mit kantianischen Mitteln nachzuliefern (vgl. Sandkühler 1974). Auch für Bloch rückt „die scharfe Betonung aller (ökonomisch) determinierenden [...] Momente *den Marxismus in die Nähe einer*

Kritik der reinen Vernunft, zu der noch keine Kritik der praktischen Vernunft geschrieben worden ist" (GdU 2, 304f.).

Für den jungen Bloch ist freilich auch die Wertphilosophie des 19. und des beginnenden 20. Jahrhunderts wichtig. Der Wertbegriff wurde schon von Kant in der *Grundlegung* (1784) benutzt, um die moralische Person als Zweck an sich selbst auszuzeichnen. Im Unterschied zu dem, was einen Preis, d. h. einen relativen Wert hat, besitzt die Person einen absoluten Wert und das heißt: eine Würde (vgl. KAA/4 G, 434f.). Dies zeigt, dass sich der moralphilosophische Wertbegriff im Zusammenhang mit dem ökonomischen entwickelt; sicher gegen ihn, denn die Verwandlung aller Produkte und Tätigkeiten in ökonomische Werte bedeutet ihre Verwandlung in messbare Mittel, also genau ihre moralische Entwertung. Aber die moderne Ethik akzeptiert diesen Prozess, und deshalb sucht sie über ihm eine Instanz, die mit ihm kompatibel ist, „den Wert", der wie das Geld im Ökonomischen um seiner selbst willen angestrebt werden kann. So wiederholen sich die Klagen um den „Werteverfall", die Rufe nach „geistig moralischer Wende" oder dem „Ruck". Sie sind nicht zuletzt darum problematisch, weil sie im Namen verdinglichter Werte erhoben werden, an die man sich persönlich nicht zu halten braucht – wie uns ein langjähriger Bundeskanzler und seine Partei in puncto Gesetzestreue vorgeführt haben.

In der Wirklichkeit des modernen Lebens hat nur eine Instanz die Aussicht, als Zweck an sich selbst oder absoluter Wert allgemein anerkannt zu werden, nämlich die Nation, der Staat, ggf. drapiert mit Begriffen wie Volk oder Rasse, allgemeines Wohl oder Zivilisation. Geld zu besitzen und sich dem Ziel seiner Verwertung widmen zu können, ist nun einmal ein Selbstzweck, dem sich nicht alle widmen können. Die Wertphilosophie ist denn auch im selben Zuge entstanden wie der moderne deutsche Nationalstaat, das zweite Reich, auch wenn es nicht statthaft wäre, das Denken ihrer Vertreter auf ihren Nationalismus zu reduzieren. Philosophen sind einigermaßen komplizierte Menschen, und ein Denker wie Nietzsche stand dem neuen Reich durchaus kritisch gegenüber, was seine Brauchbarkeit für die Nazis, die gegen die schlappen Rauschebärte rebellierten, nicht beeinträchtigt hat. Als Gründungsvater der Wertphilosophie gilt Friedrich Hermann Lotze (1817–1881), ein Göttinger Professor, der eine Logik und ein System der Philosophie geschrieben hat; ihr enfant terrible war Nietzsche, der die „Umwertung aller Werte" verkündigte. Im beginnenden 20. Jahrhundert sind die berühmtesten Vertreter der „Wertphilosophie" zum einen Heinrich Rickert, der im Titel von Blochs Dissertation auftaucht; zum anderen Max Scheler (1874–1928), den Bloch während des 1. Weltkriegs in der Schweiz kennen lernte und den er im September 1919 um Vermittlung bei der geplanten Bewerbung um eine Philosophie-Professur in Köln bat (Br I, 251ff.). Rickert firmiert unter der Bezeichnung Neukantianismus; Scheler, dessen Hauptwerk *Der Formalismus in der Ethik und die materiale Wertethik* 1913 und 1916 in zwei Teilen erschien, war ein Schüler Husserls und gehört der „Phänomenologie" genannten Denkschule an.

Inhaltlich sind moralische Werte das, was die ethische Tradition als Tugenden bzw. als Güter bezeichnet hat: Wahrhaftigkeit, Gerechtigkeit, Liebe, Glück etc. Unter dem Wertbegriff sollen freilich nicht nur ethische, sondern auch religiöse und ästhetische Zentralbegriffe gedacht sein. Charakteristisch für die Wertphilosophie ist nicht die Einsicht, dass diese Begriffe Forderungen enthalten und allgemeine Gültigkeit beanspruchen, sondern die Voraussetzung, dass ihr Wertcharakter in einer bewusstseinsimmanenten oder quasi transzendentalen Objektivität liegt. Bloch hat in *Geist der Utopie* versucht, sich diese phänomenologische Denkfigur im Zusammenhang der Postulatenlehre zunutze zu machen, ist aber in seinem späteren Werk zu einer, seinem eigenen Verständnis nach, historischen und materialistischen Konzeption gelangt. *Wert* wäre einer solchen Konzeption zufolge der Ausdruck dafür, dass ein Ding oder eine Tätigkeit, ein Zustand oder eine Verfassung erstrebenswert oder erhaltenswert sind. Das Adjektiv kommt vor dem Substantiv und vor beiden kommen Verben, nicht das *Werten*, sondern die Tätigkeiten des Suchens, Begehrens, Erstrebens. Dass das *Wert-Sein* für das strebende Subjekt in etwas anderem liegen könnte als den objektiven Bestimmungen der praktischen Zwecke selbst, läuft dieser Konzeption nach auf eine Hypostasierung oder Verdinglichung dieser Bestimmungen hinaus. Z. B. ist Helfen nicht deshalb moralisch wertvoll, weil tätiges Mitleid ein Wert ist, sondern es ist ein Wert (genauer gesagt, eine Tugend), weil wir Gründe dafür angeben können, die Hilfe für Bedürftige zu schätzen (z. B. weil es Gottes Gebot ist, den Nächsten zu lieben, oder: weil wir auch erwarten würden, dass uns geholfen wird, oder: weil wir einem residualen sozialen Instinkt folgen, der tief in unserer Natur verankert ist, mit der wir nicht in Widerspruch kommen wollen). Werte wie die moralischen Zentralbegriffe *gut* und *böse* sind Kategorien des praktischen Bewusstseins – schon Kant hatte sie in der *Kritik der praktischen Vernunft* als „Kategorien der Freiheit" bezeichnet (KpV 65) –, aber Kategorien sind keine „Gegenstände". Ihr Inhalt bestimmt sich durch ihre Anwendung auf die Sinnlichkeit, und in der sinnlich-praktischen Tätigkeit sind sie historischen Veränderungen unterworfen, die durchaus widersprüchlich sein können (vgl. Heller 1972).

Was bei der Bloch-Lektüre ziemlich schnell auffällt, ist eine extrem wertende und empörungsfreudige Sprache, die sich ins Verächtliche zu steigern vermag. Professionelle Zeitgenossen etwa sind Kleingeister, Pfuscher, „fliegende Fische, die wie Adler tun wollen" und bei denen man sich fragen muss, warum sie vor sich selbst keinen Ekel empfinden (DdW 2, 89f.). Das iuvenile Starkdeutsch der Entwertung mag befremden, auch wenn man die zugespitzten sozialen Konflikte jener Zeit in Rechnung stellt und Blochs Bereitschaft, sich einzumischen, prinzipiell begrüßt. „Gewiß doch, der Feind ist sichtbar", und gemeint ist „die ökonomisch-politische Machtwelt um uns" (TM 227). Andererseits gibt es merkwürdige Idealisierungen wie 1917 die Feststellung einer „Reinheit und Ideenhaftigkeit der Politik" des amerikanischen Präsidenten Wilson (PM 41). Sie wird zwar bald korrigiert (vgl. TM 114), um in den dreißiger Jahren durch die Beförderung von Stalin zur Lichtgestalt, zur „Richtgestalt der Liebe, Führer ins Licht" ersetzt zu werden (Zudeick 1985, 153f.). Zusammen vermitteln Verwerfung und Idealisierung den Eindruck einer Tendenz zur manichäischen Einteilung in Gut und Böse, großartig und verächtlich, der die moralische Reflexion freilich widerspricht: „Je ‚böser', das heißt, ichsüchtiger ein Mensch ist, desto ‚dunkler' wird er auch sein, im gleichen Zug; doch eben darum, auch hier: man kann nie wissen, nie bereits völlig hineinsehen, gar richten" (SP 121). Neben dem möglicherweise Guten im Bösen empfiehlt sich gelegentlich die Reflexion auf „Das Böse im Guten" (PM 253). „Ein Böses sui generis (als kräftig treibende Kreatur) ist als dialektisches Moment auch in der Humanität" und bedarf der bändigenden Kultivierung. Es gibt „gewalttätige Triebfedern", „dies seltsam Unpazifistische", „unberuhigten Vitaldruck" gerade im Schaffen. „Kurz, auch die Güte [...] ist nicht das ganze Gesicht des Guten" (ebd., 254). Alles kommt hier darauf an, ob dies apologetisch oder selbstkritisch gemeint ist.

Schon in *Erbschaft dieser Zeit* hatte Bloch den unberuhigten Vitaldruck mit dem nietzscheschen Begriff des Dionysischen zusammengebracht (EdZ 358ff.). „Dionysos' ist eines der kräftigsten, wenn nicht das kräftigste Zeichen des Menschen, der noch außer sich ist" (ebd., 362), er „steht für ein sehr allgemeines ortloses Subjekt, das in den bisherigen Bestimmungen durch Moral und Intellekt nicht satt wurde" (ebd., 360). Die Reflexion auf das Böse im Guten hätte sich freilich schon bei Nietzsches Theorie des Ressentiments bedienen können. Zumal sie, was leider völlig in Vergessenheit geraten ist und auch von Bloch nicht bemerkt wurde, in Marx und Engels klarsichtige Vorgänger hatte. In der *Heiligen Familie* beschäftigen sie sich mit Eugene Sues Roman *Die Geheimnisse von Paris* und analysieren an der Figur des Rudolph den „Hass gegen die Bösen": „Der ‚gute' Rudolph! Mit der Fieberglut der Rachlust, mit dem Durst nach Blut, mit der ruhigen und reflektierten Wut, mit der Heuchelei, welche jede schlechte Regung kasuistisch beschönigt, besitzt er gerade alle die Leidenschaften des Bösen, um derentwillen er andern die Augen aussticht" (HF, 221). Marx und Engels ziehen eine menschliche Existenzform vor, die „weder gut noch böse, sondern menschlich ist" (ebd., 180).

Bloch greift die Stücke der Moralkritik von Marx und Engels auf, die sich, wie im Rundschreiben gegen Kriege, einen Schüler Feuerbachs, auf die mangelnde Wirksamkeit einer christlich imprägnierten Liebesmoral bezogen hatten (vgl. ZgK 3–17). „Abstrakt-deklamierende Menschenliebe" (PH 316) wird zur Heuchelei, weil sie sich eher selbst genießt als die strukturellen Quellen des Elends abzuschaffen. „Menschenliebe, sofern sie sich klar als eine zu den Ausgebeuteten fasst, sofern sie zu wirklicher Erkenntnis fortgeht, ist zweifellos ein unerlässliches Agens im Sozialismus" (ebd., 318). Jedoch führe eine „Pektoral-Praxis" zum Gegenteil dessen, was sie zu bezwecken vorgibt. „Ohne Parteiung in der Liebe mit ebenso konkreten Haßpol, gibt es keine echte Liebe" (ebd., 318).

Das wichtigste Argument gegen das prinzipielle Gewaltverbot einer aus der Bergpredigt abgeleiteten Moral besteht darin, dass sein Verfechter gerade durch den Gewaltverzicht schuldig werden kann, wenn er aus einem, sit venia verbo, moralischen Egoismus heraus, lieber „rein" bleiben will als dem Übel zu widerstehen. „*Denn nicht nur, was er tut, auch was er duldet, dass es anderen geschehe, richtet den Mann* [...]. Widerstehe nicht dem Übel – das ist gesagt, damit das Übel nicht dazu noch vermehrt werde, damit der Widerstehende nicht auch noch selber schuldig werde. Doch gibt es Zeiten, in denen das Übel so ungeheuerlich anwächst, dass der Duldende, gerade dadurch, daß er duldet und die anderen dulden läßt, das Übeltun erst recht vermehrt, bestärkt, bestätigt, ja sogar herausfordert [...]. Dergestalt wird der Duldende für die Übergewalt des Übels ganz persönlich [...] mitverantwortlich" (TM 113f.). Die Parallele zu Max Webers Feldzug gegen die Gesinnungsethik von 1919 (vgl. Weber 1999) ist unübersehbar, auch wenn dessen Ziel durch eine nationalistische Politik definiert war, die sich gegen das Eingeständnis der deutschen Kriegsschuld am Ersten Weltkrieg und gegen die Veröffentlichung von in diesem Sinn belastendem Material aus den bayerischen Archiven wandte. Das eigentliche Problem liegt eben doch darin, was als „Übel" zu gelten hat, aber dies wird bei Weber wie bei Bloch vorausgesetzt.

Für Bloch ist das Übel der zweiten Dekade des 20. Jahrhunderts vor allem der preußische Militarismus. Deshalb ist es verständlich, dass er den Kriegseintritt der USA im Jahre 1917 begrüßte. Aber musste es gleich „die Moral" sein, die hier „mit dem Revolver in der Hand" auftritt (PM 37)? Hätte es nicht genügt festzustellen, dass das Interesse der USA an einem Sieg der europäischen Demokratien mit moralischen und rechtlichen Zielen besser in Übereinstimmung zu bringen war als das Hegemoniestreben des Deutschen Reiches? Grundsätzlicher heißt es in *Geist der Utopie*: „Zuweilen mag das Überwinden des Bösen stiller gelingen [...], aber es steht doch in der Regel so, dass die Seele schuldig werden muß, um das schlecht Bestehende zu vernichten, um nicht durch idyllischen Rückzug, scheingute Duldung des Unrechts noch schuldiger zu werden. Das Herrschen und die Macht an sich sind böse, aber es ist nötig, ihr ebenfalls machtgemäß entgegenzutreten, als kategorischer Imperativ mit dem Revolver in der Hand, wo und solange sie nicht anders vernichtet werden kann, wo und solange sich Teuflisches gegen das (unentdeckte) Amulett der Reinheit noch derart heftig sperrt; und sich danach erst des Herrschens, der ‚Macht' auch des Guten [...] so reinlich als möglich zu entledigen" (GdU 2, 302). Man muss sich nicht zu skrupulöser Unentschiedenheit und einer scheinguten Duldung des Unrechts bekehren, um diesen abstrakten Dualismus bedenklich zu finden; zumal sich die gute Macht auch noch vom Ausweis ihrer moralischen Qualität dispensiert, wenn das „Amulett der Reinheit" unentdeckt ist. Der Gute ist schuldig, wenn er duldet, und er wird schuldig, wenn er widersteht. Aber was macht ihn dann zum Guten? Natürlich dass er dem Schlechten widersteht. Aber haben nicht alle Gewalttäter versichert, dass ihr Opfer einfach das Allerletzte an Verworfenheit und Schlechtigkeit sei?

Eine Antwort lässt sich in allen Perioden des blochschen Schaffens wiederfinden, obwohl sie, wie so vieles, argumentativ nicht ausgeführt wird. Grundübel ist das Eigentum, für die ursprüngliche christliche Ethik nicht weniger als für einen säkularen Sozialismus. Wenn man den Kern der Moral als die Überwindung eines egoistischen Standpunkts ansieht – und es ist in der Tat schleierhaft, wo er sonst liegen soll – muss das private Eigentum, das die Interessen der Einzelnen bestimmt, als widermoralisches Hindernis erscheinen. So hatte Jesus seine Zuhörer aufgefordert, ihr Eigentum und ihre Familien zu verlassen, um ihm zu folgen; er hat sie aufgefordert, sich die Kreaturen zum Vorbild zu nehmen, die nicht säen und nicht ernten, und er hat verkündet, dass eher ein Kamel durch ein Nadelöhr komme als ein Reicher in den Himmel. In Thomas Morus' *Utopia* verurteilt der Erzähler das Privateigentum, weil es die schlechten Eigenschaften des Menschen belohne und die guten verkümmern lasse (vgl. Morus 1964, 56). Sebastian Franck, ein Mystiker der Reformationszeit, meinte: „Wenn der Eigennutz nicht wäre, wäre das Evangelium nicht schwer" (zit. in PH 1142). Und Marx geißelte das Menschenrecht des Privateigentums als ein Recht des Eigennutzes (J 365; vgl. NmW 200ff.). Im Marxismus der Folgezeit wurde die Eigentumskritik freilich gemäßigt zum Programm einer Abschaffung des privaten Eigentums an den Produktionsmitteln, also ihrer Vergesellschaftung.

Was die Ethik Jesu und die des säkularen Sozialismus verbindet, ist die Naherwartung („spätestens in der übernächsten Generation"), hier der Revolution, dort des Endes aller Tage. Nur unter dieser Voraussetzung lassen sich die ethischen Fragen, die aus der Konfrontation von Egoismus und Menschenliebe entstehen, einfach suspendieren. Für den Marxisten wird es Moral und Ethik erst in einer klassenlosen Gesellschaft geben können: als „Ethik ohne Eigentum" (EM 193; PH 1142). „Träume von einer uneigennützigen Beziehung zwischen Menschen können zum erstenmal, durch Abschaffung des Eigentums und der Herrschergewalt weniger über viele, wirklich werden" (PM 241). Aber wird es dann eine Ethik überhaupt noch brauchen? Bloch war der Auffassung, dass es jenseits der aus der Klassengesellschaft entspringenden sozialen Probleme solche existenzieller Art gibt – „die Zielfragen des Wohin und Wozu" (NmW 310) –, für die eine Ethik unerlässlich wird (vgl. PH 1072f., 1083). Wichtiger ist die Frage, wie es sich „in der Zwischenzeit" mit ethischen Problemen verhalte. Die Evangelien haben eine klare Antwort: Gefordert ist Gott zu lieben und den Nächsten wie sich selbst. Die Naherwartung führt nur dazu, dieses Prinzip in aller Konsequenz durchzuführen, es in bislang unerhörter Weise zu verinnerlichen und auf Feinde auszuweiten.

Für die säkulare Utopie, die ohne eine Kritik gesellschaftlicher Strukturen nicht möglich wäre, kann es eine solche Prinzipienfestigkeit nicht geben. Sie kann nicht auf das Ende dieses moralfeindlichen Äon warten, so nah es auch sein mag, weil die Menschen selbst die Veränderung herbeiführen müssen. Mit dem Titel einer „Veränderungsethik" nimmt Bloch in Anspruch, dass die Veränderung moralfeindlicher Strukturen selbst den Charakter einer moralischen Forderung besitzt. In einer auf dem privaten Eigentum an den Produktionsmitteln beruhenden Gesellschaft kann die Eigentumslosigkeit keine allgemeine Perspektive sein. Nur eine straff organisierte Avantgarde wird eine „Moral ohne Eigentum" (EM 188) praktizieren können oder vielmehr müssen. Die Ethik der Revolutionäre wäre die vollständige Hingabe an die Sache und die Organisation, die sie betreibt. Da sie kämpfen und gegen die Gebote der traditionellen Moral verstoßen müssen, können sie sich immer wieder in moralische Konflikte verwickeln. Nur in Augenblicken der Zuspitzung und für kurze Zeit wird man sie ignorieren können. Ansonsten erhebt sich auch für Anhänger einer „Veränderungsethik" die Frage nach dem Verhältnis von Politik und Moral. Aber handelt es sich überhaupt um eine „Ethik" im philosophiegeschichtlich üblichen Sinn, quasi mit allem, was dazugehört? Mit einem Prinzip, das Handlungsregeln liefert und das konkrete Handeln zu orientieren und zu regeln vermag? Der Aufruf, alle Verhältnisse umzuwerfen, in denen der Mensch ein geknechtetes und verächtliches Wesen ist, mag moralisch sein, aber eine Ethik scheint er gerade nicht an die Hand zu geben. Jedenfalls finden wir sie weder bei Marx noch bei Bloch.

Die Ethikkritik Blochs ist v. a. an Kant adressiert: „Selten hat Generalität erhabener gesprochen, selten wurde das Prinzip einer allgemeinen Gesetzgebung in der Maxime jedes Willens rigoroser antizipiert. Aber nirgends wird zugleich klarer, [...] daß es [...] überhaupt kein Prinzip konkret-allgemeiner moralischer Gesetzgebung bei währender Klassengesellschaft, bei wesenhaft un-allgemeiner, antithetischer geben kann" (PH 1141f.). Der kategorische Imperativ ist „gerade in der Klassengesellschaft, mit Herr und Knecht, unbefolgbar" (PA 457). Er würde die Klassensolidarität sabotieren. So sieht natürlich keine konkrete Kritik aus, wie sie etwa von Max Horkheimer in der Diskussion der kantischen Beispiele zur Anwendung des kategorischen Imperativs vorgelegt wird (vgl. Horkheimer 1988, 119f.). Ähnlich abstrakt ist auch die blochsche These, dass der kategorische Imperativ „von der Kapitalistenklasse samt den Harmonisierern überhaupt nicht anders als zu ihrem Gericht angerufen werden" kann (PA 458). Bloch denkt dabei an jene Formulierung Kants, wonach das Moralprinzip fordert, „dass du die Menschheit sowohl in deiner Person als in der Person eines jeden anderen jederzeit zugleich als Zweck, niemals bloß als Mittel gebrauchst" (KAA/4 G 429). Nach Kant betätigt sich die Person als Selbstzweck, indem sie moralkonforme Zwecke setzt. Jeder Verteidiger der bestehenden Wirtschaftsordnung würde darauf hinweisen, dass der Lohnarbeiter in einem rechtlich einwandfreien Vertrag als Person und damit als Selbstzweck akzeptiert wird. Ob dies bloße Fassade oder wieweit es wirklich der Fall ist, lässt sich nicht mit einem Federstrich apriori entscheiden. Bloch und wahrscheinlich die meisten Marxisten haben die Fähigkeit des Kapitalismus, der Mehrzahl der Menschen ein Gefühl der individuellen Wahlfreiheit zu vermitteln, sicher unterschätzt (vgl. Schiller, H.-E. 2006, 257ff.).

Blochs Kritik am Prinzip der kantischen Ethik bedeutet auch, dass er ihren unhistorischen Charakter ablehnt. Weil es von Empirischem sich unabhängig halten will, bleibt es „vom schlecht Empirischen gerade hoffnungslos abhängig" (SO 497). Auch hier bleibt es bei allgemeinen Andeutungen, dem Hinweis auf den „preußischen Krückstock" und den „Willen eines absoluten Monarchen gegen den Untertan Kreatur" (PA 457). Generell gilt für Bloch, dass Moralvorstellungen und Ethiken von historisch-gesellschaftlichen Bedingungen abhängig sind und sie reflektieren müssen: „Werturteile sittlicher Art waren […] stets von der wechselnden gesellschaftlichen Basis abhängig" (PH 1567).

Eine Verabsolutierung historisch aufgetretener und wandelbarer Verhältnisse ist für Bloch insbesondere „die Grundfrage innerhalb der Gebietskategorie Ethik", nämlich der „scheinbare Gegensatz von *Sinnlichkeit und Sittlichkeit,* Trieb und Moralität" (EM 190). Die „gesamte Verhältnisfrage des natürlichen und des sittlichen Menschen ist veraltet, ist klassengeschichtlicher Schein" (ebd., 191; vgl. PH 1117). Bloch bedient sich (wie schon 1906 in seiner ersten Veröffentlichung *Über das Problem Nietzsches*) zur Kennzeichnung dieses Gegensatzes der Begriffe des Apollinischen und des Dionysischen, die Nietzsche zuerst in *Die Geburt der Tragödie aus dem Geiste der Musik* verwandt hat, und tritt für eine Synthesis ein: Dionysos sei der „Statthalter des im Menschen Brennenden und Ungelösten", Apollo stehe für die „fortschreitende Bestimmung des dionysisch bezeichneten Materials" (EM 193; vgl. PH 1118, EdZ 358ff. u. Gekle 1990). Unabhängig von der historischen Triftigkeit von Nietzsches Konstruktion muss man freilich feststellen, dass Blochs Verwendung der Begriffe mit ihr nur vage übereinstimmt. Insbesondere die Gleichsetzung eines moralischen Intellektualismus, für den Sokrates steht, mit dem apollinischen (vgl.

PH 1115) ist eine Verkennung Nietzsches. Für diesen sind Apollo, die verklärte Individualität, und Dionysos ursprünglich zwei Kunsttriebe, welche die Widersprüchlichkeit der griechischen Weltsicht offenbaren und die in der attischen Tragödie zusammenfinden. Sokrates hingegen ist der theoretische Mensch, der diese Einheit von Traum und Rausch zerstört. Der wirkliche Feind des Dionysischen ist nicht die verklärte Individualität des Apollinischen, sondern die Lebensfeindlichkeit des Christentums, die sich im „theoretischen Menschen" (Nietzsche 1972) vorbereitet.

Nietzsche hat die Begriffe des Apollinischen und des Dionysischen in seinen späteren Werken historisch und politisch ausgeweitet (Nietzsche 1969, 769ff.). Daran schließt Bloch an, wenn er die kantische Ethik als den „extreme[n] Apollo der Moral" (EM 191) bezeichnet, weil sie den Gegensatz von apriorischer Vernunft und empirischem Antrieb auf die Spitze treibt. Tatsächlich ergibt sich aus Kants Voraussetzung, dass ein Wille moralisch gut nur insofern ist, als er sich einzig um des Gesetzes willen bestimmt. Dies ist nur unter Absehung der empirischen Antriebe, also gegen sie, die sich aufdrängen, möglich. Indem der Gegensatz von Moralität und Affekt, Bedürfnis oder Interesse mit dem von apriorischer Vernunft und empirischer Sinnlichkeit identifiziert wird, ist er als prinzipiell unüberwindbar behauptet, solange wir natürliche Wesen, solange wir eben Menschen sind. Der Kompromiss zwischen moralischem Sollen und amoralischer Faktizität ist die unendliche Annäherung ans sittliche Ideal (vgl. KAA/5, KpV 122). Ihr gilt die blochsche Kritik. Das „ewig Approximative" (PH 196) ist jene „Skrupelart, die es mit der Realisierung gar nicht ernst meint" (PH 215). „Die als Skrupulosität, wo nicht als letzthinniges Nichtwollen der Ankunft und Gelungenheit erscheinende Unendlichkeit ist eine Karikatur des historisch-utopischen Gewissens und keinesfalls dieses selbst" (ebd., 967). Richtungsweisend hieß es schon im *Geist der Utopie*: „Hegels Lehre, dass alles Vernünftige bereits wirklich sei, macht vorzeitigen, totalen Frieden mit der Welt; aber Kants lediglich approximative Unendlichkeit der Vernunft, und gerade der praktischen, macht aus der Welt einen Ozean ohne Ufer: welchen Trost trägt dann der Schiffbrüchige, ja auch der Fahrende davon, dem nie mögliche Ankunft wird?" (GdU 2, 225).

Geschichts- und revolutionstheoretisch dürfte es freilich nicht so klar sein, dass die Unendlichkeit der Annäherung an das Ziel bloß einem falschen Dualismus geschuldet ist. Die Idee der französischen Aufklärung, gesellschaftliche Zustände zu schaffen, in denen „das Privatinteresse des Menschen mit dem menschlichen Interesse zusammenfällt" (MEW 2, 138; zit. in PM 250), ist nicht falsch geworden. Es wäre nur eindeutig naiv oder verantwortungslos, zu erwarten oder zu versprechen, dass die Leidenschaften des Menschen in irgendeinem historischen Zustand nie mehr zu Konflikten führen müssten. Die Position der Aufklärung wäre also in der Form des regulativen Prinzips beizubehalten, dass sich das Bemühen, die sozialstrukturellen Ursachen von gesellschaftlichen Antagonismen abzuschalten, nicht vorschnell mit anthropologischen Verallgemeinerungen und Rechtfertigungen des Status quo abspeisen lassen soll.

Blochs eigene Konstruktion geht davon aus, dass die Probleme der menschlichen Existenz in einer eigentumslosen Gesellschaft nicht aufhören würden und dass sich die Menschen weiter um ihre endgültige Lösung bemühen müssen – die sie aber in dieser Welt nicht finden können. Die Ablehnung der unendlichen Annäherung ist bei Bloch eigentlich nur fundiert in einer eschatologischen Gewissheit, die nur dann nicht grundlos ist, wenn seine Version des Postulierens Sinn macht.

Das höchste Gut ist „dem Überhaupt des menschlichen Intendierens zugeordnet", es ist das „Wozu überhaupt", in populärer Sprache „der Sinn des Lebens" (PH 1562). „Identität des zu sich gekommenen Menschen mit seiner für ihn gelungenen Welt ist zwar [...] bloßer Grenzbegriff der Utopie [...]: jedoch dieses Allererhoffteste in der Hoffnung, höchstes Gut genannt, stellt ebenso die Region des Endzwecks dar, an der jede solide Zwecksetzung im Befreiungskampf der Menschheit teilnimmt. *Das Alles im identifizierenden Sinn ist das Überhaupt dessen, was die Menschen im Grunde wollen*" (ebd., 368). Das höchste Gut ist der „Polarstern jeder Utopie und erst recht der konkreten" (ebd., 1564).

Philosophiegeschichtlich lässt sich das Problem des höchsten Guts auf Platon und auf Aristoteles zurückführen, dessen Bloch in diesem Zusammenhang erstaunlicherweise nicht gedenkt. Stattdessen zitiert er Cicero mit einer Definition, die erkennbar nur die Bestimmung aus dem ersten Kapitel der *Nikomachischen Ethik* paraphrasiert (ebd., 1559). Wichtiger ist für Bloch die mittelalterliche Philosophie. „*Dauer, Einheit, Endzweck*; das sind die hier ausgearbeiteten Formalbestimmungen des höchsten Guts" (ebd.) Die Begriffe *Unum, Verum, Bonum* werden seit Augustinus auf Gott übertragen, der für die Menschen das „Ziel aller Wertziele" sein soll. „Diese Ähnlichwerdung mit Gott ist für Thomas wie für die Mystik das gleiche wie die höchste Glückseligkeit" (ebd., 1560).

Die wichtigste philosophiegeschichtliche Adresse für Blochs Konzeption des höchsten Gutes ist freilich Kant. Dies nicht nur wegen der Begriffsbestimmung unmittelbar, sondern auch wegen der systematischen Konstruktion, in der sich an den Entwurf des höchsten Gutes Postulate anschließen, die eine Verbindung von praktischer und theoretischer Vernunft erlauben. Kant hatte das höchste Gut als den Begriff eines Gegenstands der reinen praktischen Vernunft bestimmt. Der Gegenstand der praktischen Vernunft ist ein Zweck, der Gegenstand der reinen praktischen Vernunft ist ein Zweck an sich selbst oder Selbstzweck. Dieser liegt nun zwar in der sich selbst bestimmenden Vernunft eines jeden vor, aber die Selbstbestimmung braucht auch einen materialen Gegenstand, und der hat einen Bezug auf das Glücksstreben. Sieht man auf das Ganze der praktischen Vernunft und ihres Gegenstandes, so kann es sich nur um eine Verbindung von Glück und Moralität handeln. Moralität bedeutet Allgemeingültigkeit für jedes vernünftige, d. h. Zwecke setzende Wesen. Die Verwirklichung des Ganzen der praktischen Vernunft bedeutet also einen Zusammenhang aller vernünftigen Wesen unter dem moralischen Gesetz. Dieser Zusammenhang wurde in der *Grundlegung zur Metaphysik der Sitten* als „Reich der Zwecke" bezeichnet. Berücksichtigt man nun das Element des Glücks, bietet sich der Begriff des höchsten Gutes als ein Weltbegriff an. Für Kant ist ein Ganzes vernünftiger Wesen nur unter einem Oberhaupt, Gott nämlich, denkbar. Das Ganze des höchsten Gutes wird in der *Kritik der praktischen Vernunft* somit als das „Reich Gottes" bezeichnet.

Es ist dreierlei festzuhalten: 1. Die Notwendigkeit, überhaupt die Verbindung von Glück und Moralität als eine Welt zu denken, in der sie gesetzmäßig hergestellt wird, ergibt sich nach Kant aus der Idee der Gerechtigkeit. Es ist unter Gerechtigkeitsgesichtspunkten einfach nicht hinnehmbar, dass die Schufte reüssieren und derjenige, der sich moralisch selbst bestimmt, bloß das Opfer ist. 2. Eine Welt des höchsten Gutes lässt sich nur als transzendente Welt denken, denn in der Welt, in der wir leben, gibt es die notwendige (gesetzmäßige) Verbindung von Glück und Moralität nicht, und es kann sie nicht geben; man muss nur an die vielen erfolgreichen Verbrechen der Geschichte denken. 3. Gleichwohl ist der Begriff des höchsten Gutes ein Pflichtbegriff. Wir sind apriori verbunden, das Weltbeste nach unseren Kräften zu befördern. Damit ist nun freilich auch gesagt, dass wir es durch Handlungen in dieser Welt befördern sollen.

Wie soll das möglich sein? Dadurch, dass wir das „Reich Gottes", das natürlich nur durch Gott selbst gestiftet werden kann, zur Erscheinung bringen. Der eine Weg besteht, gut augustinisch, darin, die unsichtbare Kirche, eine Gemeinschaft der Gesinnungen, sichtbar zu machen. Der andere Weg besteht darin, die Einheit von Moralität und Glück schon in der äußeren Welt, soweit es eben in ihr möglich ist, zu verwirklichen. Das moralische Handeln in der äußeren Welt besteht in rechtlichen Handlungen, die erzwungen werden können, die aber auch moralisch erfordert sind. Eine menschliche Gemeinschaft, in der das Recht Geltung hat, wird, so Kants Überzeugung, auch das irdische Glück für alle nach sich ziehen. Diese politische Idee bezeichnet Kant als den „Chiliasmus der Philosophie". Die Verbreitung und Vervollkommnung moralischer Gesinnungen ist für ihn der „Chiliasmus der Theologie" (vgl. Schiller, H.-E. 1991a, 73).

Wir können nun unschwer die strukturelle Analogie zwischen der kantischen und der blochschen Philosophie erkennen. Die kommunistische Gesellschaft, die nach Bloch an die Stelle des Ziels einer Verrechtlichung der menschlichen Gesellschaft treten muss, gilt als „politisches Summum bonum" (PH 199). Die Identität von Sein und Wesen, welche zugleich die Verschmelzung von Subjekt und Objekt und die Lichtung des Augenblicksdunkels sein soll, tritt an Stelle des traditionellen Gottesbegriffs und ist das metaphysisch höchste Gut.

Im Begriff des höchsten Gutes „bekundet sich" nach Bloch „der Kern der Menschen als identisch mit dem Kern der Erde" (ebd., 1550). Das höchste Gut hat einen „Natursinn" (ebd., 1593), es wäre „die qualifizierteste Daseinsform [...] der Materie" (ebd., 1601). Dieses „summum bonum [...] in seiner strengsten Gestalt" ist freilich „nur erst als Frage vorhanden, als Chiffer" (PH 1582), in Form von „Heimkehr- und Heimats-Chiffern" (ebd., 1600). Um das zu verstehen und zugleich die Strukturanalogie vollständig zu erfassen, müssen wir auf die Konstruktion der Postulatenlehre eingehen.

Postulate sind nach Kant Sätze, die das Vorliegen von Bedingungen bejahen, welche notwendig sind, damit das höchste Gut als Pflichtbegriff realisiert werden kann (vgl. Nachweise und Zitate in: Schiller, H.-E. 1982 u. 1991a). Das ist die allgemeine inhaltliche Bestimmung. Die konkrete ist dreifach: Postulate sind die menschliche Freiheit, die Existenz Gottes und die Unsterblichkeit der Seele. Es ist hier nicht angebracht, Kants Argumentation zur sachlichen Notwendigkeit dieser Voraussetzungen zu referieren. Wichtig ist, sich die formale Bestimmung des Postulatsbegriffs vor Augen zu halten. Zwar spricht auch Kant gelegentlich von den moralischen Imperativen, also *unmittelbar praktischen Sätzen*, als Postulaten und gebraucht dieses

Wort demnach im Sinne von ‚Forderung', ‚Aufforderung' oder ‚Verlangen'. Aber er unterscheidet von dieser Redeweise klar eine zweite, die spezifisch und grundlegend ist, nämlich die von *theoretischen Sätzen*, die einem apriori geltenden praktischen Gesetz (einem kategorischen Imperativ oder Pflichtgebot) unzertrennlich anhängen. Dass ein Gott ist, dass die Menschen frei und ihre Seele unsterblich ist, sind keine praktischen Sätze im Sinne von „Handle so" oder „Verwirkliche das" , „Sorge dafür, dass", sondern es sind Behauptungen, die sich freilich als solche – wie die *Kritik der reinen Vernunft* gezeigt hat – nicht beweisen lassen. Sie können nur für wahr gehalten, also geglaubt werden. Aber dieser Glaube ist, so das ganze Pathos Kants, ein „Vernunftglaube", will sagen ein Glaube, der durch praktische Vernunft notwendig ist. Die Art dieser Notwendigkeit des Bejahens von Ideen, die nicht bewiesen werden können, ist eine komplizierte und letztlich nicht überzeugende Angelegenheit. Es genügt festzustellen, dass sie auf einen „Schluss […] dass etwas sei […] weil etwas geschehen soll" (KAA/3 KrV 523) hinausläuft, also auf eine Art „moralistischen Fehlschluss", wie man in Anlehnung an den in der Ethik geläufigen Begriff eines „naturalistischen Fehlschlusses" formulieren kann: Wenn das höchste Gut Pflicht ist, müssen die Bedingungen, unter denen es allein realisiert werden kann, vorhanden sein, auch wenn wir ihre Realität nicht erfahren können.

Im blochschen Werk wird die Differenzierung von Postulat als praktischem und Postulat als theoretischem Satz wieder zurückgenommen. Postulate sind bei Kant Bedingungen zur Verwirklichung des höchsten Guts, aber nicht selbst ein zu Verwirklichendes. Genau dazu werden sie bei Bloch. Die kantischen Postulate gelten als Utopien (TLU 318), sie gelten als Postulate der „Verwirklichungen" (GdU 2, 226). Gott, Unsterblichkeit und ethische Freiheit sind selbst ein Noch-Nicht, das zur Realisierung ruft. Sie sind ein Sein, aber noch kein präsentes, herausentwickeltes. Dass dem so ist, ergibt sich aus dem Postulieren im eigentlich kantischen Sinne: Wenn ihre Verwirklichung nicht in der Form des Noch-Nicht-Seins real möglich wäre, könnte sie auch nicht gefordert werden. Sie wird aber gefordert, also sind sie qua Forderung (praktischer Satz) möglich. Die Ideen des Unbedingten werden also *erstens* als den Menschen verpflichtende Forderungen verstanden, die verwirklicht werden müssen (Postulat 1: ein Imperativ oder praktischer Satz). Und sie werden *zweitens* als ein Noch-Nicht-Sein behauptet, weil sie gefordert werden (Postulat 2: ein theoretischer Satz, der einer praktischen Forderung als Möglichkeitsbedingung anhängt). Aber von wem werden sie eigentlich gefordert? Vom Hoffenden. Und wer kann sie garantieren? Die Hoffnung. Und so ist *drittens* Hoffnung Hoffenden ein Halt (AiC 312), oder: Der Akt der Hoffnung garantiert das Erhoffte im Modus der realen Möglichkeit – wie bei Kant das Sollen berechtigt, auf das Sein seiner Verwirklichungsbedingungen zu schließen. Nun sind aber bei Bloch die Bedingungen der Verwirklichung das zu Verwirklichende selbst im Modus des Noch-Nicht-Seins oder der realen Möglichkeit des Utopischen. Die von Kant errichtete oder festgestellte Schranke, die es verbietet, die Postulatsinhalte zu einer theoretischen Erklärung der Welt zu benutzen, wird bei Bloch niedergerissen. Postulate sind für ihn theoretische Sätze mit metaphysisch-ontologischer Geltung, während sie für Kant nur in der Verbindung mit der praktischen Vernunft, mithin als moralischer Glaube, statthaft waren. Man kann von einer „Ontologisierung der Postulatenlehre" sprechen (vgl. Schiller, H.-E. 1982, 123). Bei Bloch wird *viertens* das Noch-Nicht-Sein selbst zu einem Fordern, einem „Real-Postulat" (TE 172). Als das „utopisch Wesenhafte einer Sache" gilt „das Postulierende" (ebd., 170) „Unsere Aufgabe ist, die im Weltprozeß anhängige Sache, statt sie mit einem als vorhanden angegebenen ‚Prinzip' oder gar ‚Absolutum' abzubrechen und falsch zu fixieren, in ihrer bisherigen Noch-Nicht-Bestimmtheit zu begreifen und zu ihrer noch bevorstehenden, realmöglichen Gelungenheit fortzutreiben" (SO 363f.). Was „das noch Offene [...] der Welt verspricht, haben die Menschen der Welt zu halten" (TE 375) – übrigens eine Parallele zu Nietzsches *Zarathustra* (III. Teil, *Von alten und neuen Tafeln*, 5. Aphorismus): „Was *uns* das Leben verspricht, das wollen *wir* – dem Leben halten."

Es kann kaum ein Zweifel bestehen, dass wir uns bei der Postulatenlehre im Herzen der blochschen Philosophie befinden. Philosophie soll als System möglich sein „vom fordernden Subjekt und seinen nicht nur geworden-kosmischen Gegenständen her" (SO 462). Das gilt natürlich auch für *Geist der Utopie*: „Die beste Frucht, der einzige Zweck des Systems" sei „das wünschende, fordernde Ich, die [...] Postulatswelt seines Apriori" (GdU 2, 236).

Die genannten vier Momente des durch Bloch modifizierten „Primats der reinen praktischen Vernunft in ihrer Verbindung mit der speculativen" (KAA/5 KpV 119) sind in allen Entwicklungsstadien des blochschen Werks vertreten, andeutungsweise bereits in der Dissertation von 1908. Allerdings gibt es Unterschiede zwischen den beiden Hauptphasen des blochschen Denkens, die von der Hinwendung zum

Marxismus und spekulativen Materialismus herrühren. *Erstens* nimmt Bloch Abschied vom affirmativen Gottesbegriff des Frühwerks, der Atheismus in Anführungszeichen wird zum wirklichen Atheismus, der auf die eschatologischen Potentiale der Natur selbst vertraut: der mit anderen Worten darauf vertraut, dass ein neuer Himmel und eine neue Erde (Jes. 65, 17) in der Potentialität der Materie selbst angelegt ist. Nun gilt die Formel „Reich Gottes – ohne Gott" (PH 1413), während die anderen beiden Ideen des Absoluten, die Unsterblichkeit in Form des zum Tode exterritorialen, weil noch gar nicht herausgebrachten Kerns unserer selbst (vgl. AiC 341) sowie die Freiheit in ihrer Bestimmung als Freiheit zum höchsten Gut in der Form des Noch-Nicht-Seins erhalten bleiben. *Zweitens* wird das Postulieren aus dem Zusammenhang der phänomenologischen Werttheorie gelöst, in welchem es in *Geist der Utopie* unverkennbar steht. Dabei verliert es seinen schöpferischen Anspruch, der sich mit der Hybris einer Theorie der Grenzenlosigkeit des Willens verbunden hatte.

Zum ersten Punkt: Schon in der Dissertation hieß es: „Der moderne und tiefsinnige Gedanke, daß die Gottheit allein im Postulat zu suchen sei, ist durchaus unentschieden geblieben" (TLU 100f.). Gott gilt als hilfsbedürftig (vgl. ebd., 106) und ist insofern in seiner Existenz selbst von den Menschen abhängig. „Denn wir sind mächtig; nur die Bösen bestehen durch ihren Gott; aber die Gerechten – da besteht Gott durch sie, und in ihre Hände ist die Heiligung des Namens, ist Gottes Ernennung selber gegeben" (GdU 2, 346). „Oberstes Postulat" sei das „Schaffenwollen oder Wissenwollen oder Seinwollen wie Gott" (ebd., 341). Gott fordert uns wie wir ihn fordern, gesucht ist die Verbindung zwischen dem moralischen Ich [...] „und dem schweigenden, uns verlassenden, vor seiner Verwandlung zum Heiligen Geist zögernden Gott, als die Rufe, Gebete und die tiefe Ernennungskraft des heroisch-mystischen ‚Atheismus' selber" (ebd., 204). Im späteren Werk ist das Gottespostulat nur noch implizit enthalten in der Versicherung, alles Unbedingte lande in der Moral und habe in ihr „seine fassbare, ja die ganze Welt zu einem Schlusspunkt sammelnde Praxis" (PH 1193).

Zum zweiten Punkt: Das Postulieren ist im Frühwerk mit der Rezeption der phänomenologischen Ethik verbunden, namentlich mit Scheler und seinen Büchern über die materiale Wertethik und *Zur Phänomenologie und Theorie der Sympathiegefühle und von Liebe und Hass* (1913), in neuer Bearbeitung 1923 als *Wesen und Formen der Sympathie*. Bloch behauptet eine „Beziehung der Phänomenologie zu dem Eingedenken, dem Gesolltsein, den ethisch-ontologischen Begriffen" (GdU 1, 259). Die Ontologisierung der Postulatenlehre wird also mit einem realistischen Verständnis der Phänomenologie verbunden. „Sobald man sich bereits nur den *Begriff* der Demut oder der Güte oder der Liebe oder des Seelenvollen oder des Geistes entwickelt und definiert, gilt der Bestand zugleich schon in seiner ganzen unausweichlich ergreifenden, zur Realisation rufenden Tiefe. Jeder moralisch-metaphysische Expressionsgegenstand ist so zugleich die Realität, die noch nicht voll erreichte, jedoch uns bereits fordernde, essentielle, utopische, schließlich allein ‚reale' Realität" (GdU 2, 257). Es gibt also „eine postulierte, realitätshaltige [...] Realsetzung als notwendig erkannter Definitionen, bei denen sich der nervus probandi zugleich als der nervus essendi herausstellt; das Esse gemäß der recht verstandenen", tatsächlich von Bloch umfunktionierten „Kritik der praktischen Vernunft, die ja alle Antithetik der reinen Vernunft aufhebt, im Sinn einer postulierten, utopischen Realität" (ebd., 437).

Blochs ontologisches Verständnis der Postulatenlehre lässt sich auch so formulieren: „Es gibt kein Gelten ohne ein noch so bedrohtes Sein" (GdU 1, 276), Und dieses Sein erscheint in *Geist der Utopie* als ein im Postulat real gesetztes: „*Daß wir selig werden, daß es das Himmelreich geben kann, daß sich der evident eingesehene Trauminhalt der menschlichen Seele auch setzt, daß ihm eine Sphäre wie immer bestimmter Realität korrelativ gegenübersteht,* ist nicht nur denkbar [sondern] aus der Natur der Sache a priori postuliert und demnach auch von *utopischer,* intensiver Neigung genau gegebener *essentieller* Realität" (GdU 2, 343f.). Die schöpferische Kraft sei so groß, dass die „vollkommene Vergegenwärtigung unserer gelebten Gegenwart, daß selbst dieses ehedem als Werk des Messias und der allverwandelnden Apokalypse Gedachte als Werk der Identifizierung ein philosophisches Werk darstellt" (TLU 116f.). „Der gute Wille hat so keine Grenze" (GdU 2, 344) – eine Überzeugung, von der Bloch nur zögernd, aber schließlich doch eindeutig im selben Zuge Abschied genommen hat (vgl. PH 1108), indem die Verbindung zwischen Postulatenlehre und „phänomenologischer Methode" wieder gelöst wird.

Abschließend sei noch auf die Paradoxie hingewiesen, dass der Terminus des höchsten Gutes, an dessen Begriff bei Kant die ganze Postulatenlehre hängt, im blochschen Frühwerk keine Rolle spielt, während sich das Postulieren als „Schluss vom Sollen aufs Sein" in den späteren Werken etwas schamhaft in der Rede von der Hoffnung als Prinzip versteckt: die „Substanz der noch nicht gelungenen Sache" steckt im unnachlasslichen Prinzip „aufgrund des Postulats" (EM 180). Ansonsten wird es meist im Sinne der praktischen Forderung verstanden, so wenn die Parolen der Französischen Revolution als Postulate bezeichnet werden (NmW 211) oder wenn vom „Postulat menschlicher Würde" (ebd., 232, 268) die Rede ist.

Im späteren Werk führt das Bestreben, die eschatologische Perspektive mit der wirklichen Geschichte zu verbinden, zu der These, auf das höchste Gut seien alle Werte bezogen (vgl. PH 1576). Erst jetzt gibt es auch Ansätze dafür, den Wertbegriff zu explizieren, ihn nicht mehr bloß als geklärt zu unterstellen. Werte sind nach Bloch „objekthaft-subjekthaft" (ebd., 1571), wobei die Objekthaftigkeit von vornherein realistisch, nicht bloß bewusstseinsimmanent gefasst wird. Dementsprechend ist die Beziehung selbst eine reale, immer auch praktische. Wie der ökonomische Wert der Brauchbarkeit auf objektiven Eigenschaften beruht, die aber nur in Beziehung auf ein bedürftiges Subjekt zum Wert (Gebrauchswert) werden, so haben auch die Werte der anderen Gebiete eine objektive Komponente: „wird auch eine Sache nur deshalb gut genannt, weil sie begehrt wird, so wird sie eben nur begehrt, weil sie gegenständlich begehrenswert ist" (ebd., 1567).

Beim Gebrauchswert ist diese gegenständliche Werthaftigkeit vermittelt durch gesellschaftliche Arbeit, aber auch moralische Wertbegriffe werden durch die Menschen in ihrer gesellschaftlichen Tätigkeit unter den gegebenen Verhältnissen hervorgebracht – nichts anderes kann es ja heißen, dass sie historisch relativ und „von der wechselnden gesellschaftlichen Basis abhängig" sind (ebd.). Die Arbeit wiederum muss sich an der Brauchbarkeit des Materials orientieren – und analog muss sich die Hervorbringung von moralischen Wertvorstellungen an den durch die gesellschaftliche Praxis möglichen und geförderten Eigenschaften des Menschen orientieren: Sparsamkeit etwa macht in einer Gesellschaft ohne Geld keinen Sinn, sowenig wie Pünktlichkeit in einer Gesellschaft ohne Zeitmessung. Wie das Produkt der Arbeit einen objekthaften Wert der Verbrauchbarkeit besitzt (der unter den Verhältnissen des Marktes durch einen objekthaften Wert der Tauschbarkeit in bestimmter Proportion ergänzt oder sogar ersetzt werden kann), so haben auch die Hervorbringungen in der moralischen Sphäre eine gesellschaftliche Objektivität, die sich in ihrem allgemeinen Geltungsanspruch und dem mit ihnen verbundenen Sanktionsdruck zeigen. Gleichwohl sind natürlich auch diese Güter immer „auf den Willen bezogen" (ebd., 1569) –, sonst könnten sie keine moralischen sein. Insofern gibt es einen „Subjektivitäts-Primat" (ebd.). Werte müssen hervorgebracht und insbesondere realisiert, d. h. zum Zweck gemacht werden.

Schon in der Dissertation hatte Bloch gefordert, „die Werte in das Leben hereinzuholen" (TLU 80) und behauptet, dass „das tiefste Rätsel des Wertes [...] noch entdeckt und zu seiner apokalyptischen Kraft gelöst werden [müsste]" (ebd., 82). Im *Prinzip Hoffnung* wird die Theorie der Werte und insbesondere der moralischen Werte, in einen historischen Zusammenhang wirklicher Praxis gestellt; ohne diese marxistische Richtung wäre es wohl bei einer verchristlichten Lebensphilosophie geblieben, einem Nietzsche, der in den Horizont ketzerischer Eschatologie gestellt wird. Dass die Werte sich auf das höchste Gut beziehen, heißt nun, dass sich das Wertvoll-Sein einer Sache, einer Tätigkeit oder eines subjektiven oder objektiven Verfasstseins aus einem Bedürfnis und seinem Begehren nach Vollkommenheit ergibt. Der „Grundakt", dem sich alle Werte und ihre Ausgestaltungen verdanken, sei das „Bedürfnis nach bestem Leben, gerichtet auf dessen vervollkommnetste Form" (PH 1556). Deren tentative Ausgestaltungen sind Leitbilder, Leittafeln und Ideale.

Leitbilder bestimmen das Werten, liegen ihm zugrunde (vgl. ebd., 1555). Sie „stellen Wertpersonen dar, wie sie zu verschiedenen Zeiten als vorbildhafte Gestalten bedeutend wurden, etwa der stoische Weise, der Ritter, der Mönch, [...] die Dame, auf ihre Art auch die Kurtisane" (EM 189). Nicht vergessen werden dürfen das „Leitbild Genosse" (PH 1092; 1096) oder das Leitbild „Citoyen" (ebd., 1094, 1096). „Das *Leitbild* ist (vom weltflüchtigen und niemand zu sich verpflichtenden des Mönchs, vom revolutionär-idealischen des Citoyen abgesehen) [...] jeweils das des klassenmäßig perfekten Vertreters der jeweils herrschenden Klasse", wobei jedoch mancher „brauchbare [...] Zug" zu entdecken sei. Die Leitbilder „kamen und gingen mit dem Wechsel der gesellschaftlichen Arbeitsverhältnisse" (PM 247), sie haben „eine Klassengrundlage" in der Gesellschaft ihrer Zeit. Heute taucht der Begriff des Leitbilds vor allem in der Marketing-Sprache privater Betriebe auf und hat als ethisch-normativer Grundbegriff eher etwas Abgestandenes. Gleichwohl kann man die soziale Wirksamkeit von Leitbildern als „kanonischen Typen" (PH 1094) auch heute nicht unterschätzen. Wie wir zu sein, was wir zu denken und zu sprechen haben, wird uns durch die Kulturindustrie auf beinahe omnipräsente Weise buchstäblich vor Augen gehalten. Kraft seiner Bildlichkeit hat das Leitbild immer einen individuellen Zug. Dennoch ist es mit dem „Vorbild" nicht identisch, als welches nur wirkliche und eben nicht „ideale, typische" Individuen fungieren können. Wichtig in Leitbildern ist nach Bloch die Beziehung auf eine Tugend, die oder deren konkrete Ausprägung wiederum historisch ist. „In den Leitbildern verdichtet sich dasjenige in menschlich sichtbarer, ausbildender Gestaltung, was jeweils Tugend genannt worden ist, als das der Kreatur nicht gegebene, sondern ihr aufgegebene Verhalten. Leitbilder als Haltungsbilder stehen also nicht im bloß inwendigen Raum einer formal-guten Gesinnung" (ebd., 1094). „Leitbild aller menschlichen Leitbilder" und „zugleich das *Problem eines Leitbilds im Weltprozeß*" ist das höchste Gut (ebd., 1565).

Die Tugenden sind auf „Leittafeln" fixiert und um ein Zentrum gruppiert. Die Leittafeln sind „Grundsätze des Guten" (EM 188f.). Sie zeigen keine Person, sondern eine „Lebensform" (PH 1096). Das *Prinzip Hoffnung* verhandelt in den Kapiteln 46, 47 und 50 verschiedene solcher Leittafeln in blochscher Interpretation; auch das Apollinische und das Dionysische werden in diesem Zusammenhang besprochen. Die „Leittafeln" von Freiheit, Gleichheit und Brüderlichkeit werden in *Naturrecht und menschliche Würde* behandelt. Die „eigentlichen Leittafeln" enthalten Imperative (ebd., 248), ihr Urtyp sind die Zehn Gebote, die Mose bekanntlich auf zwei Tafeln fand. „Die eigentlichen *Leittafeln* waren mit einer Tugendgruppe oder mit einer einzigen regierenden Haupttugend jeweils beschrieben. Auf der griechischen Leittafel stand vor allem Besonnenheit, auf der ritterlichen Tapferkeit, Höflichkeit, Treue, Ehre, auf der bürgerlichen (von ehemals) Arbeitsamkeit, Rechtschaffenheit. Dass daneben noch ein kleiner Himmel anderer Tugenden strahlte, wieder sinngemäß je nach der Standesmoral in ihrer Ausführung und ihrem Inhalt variierte, ist mit der notwendigen Kooperation der Klassen selbst gesetzt. So finden sich hier Dankbarkeit, Bescheidenheit, Keuschheit, Wahrhaftigkeit, Gerechtigkeit, Billigkeit, Pietät, Ehrfurcht, Pflichtbewußtsein und auch Pünktlichkeit, diese einzige Tugend übrigens, die vollkommen ausgeübt werden kann. Das alles sind materiale moralische Kategorien, kaum eine ist darunter, die nicht auch dem Klasseninteresse diente oder von ihm aus sich ebenfalls empföhle, kaum eine freilich auch, an der nicht noch eine Verpflichtung und menschliche Bereicherung wäre" (PM 247f.). In der Produktion der moralischen Werte haben wir also mit widersprüchlichen Zwecken zu rechnen. Sie verdanken sich sowohl dem Bedürfnis nach dem menschlich besten Leben als auch dem nach Erhaltung der Klassenstruktur.

„Scheint das Ziel nicht nur Wünschens- oder Erstrebenswertes, sondern Vollkommenes schlechthin zu enthalten, so wird es Ideal genannt" (PH 189). Es gibt ästhetische, religiöse und moralische Ideale (und sogar „Ideallandschaften"; vgl. ebd., Kap. 40), wobei diese Gebiete selbst wieder als ganze eine Vollkommenheitshierarchie, eine „Skala bis zum höchsten Gut" bilden. Ideale fordern, auf den Willen bezogen sind sie Zwecke (ebd., 1557). Gerade das höchste Gut ist, wie schon Kant formulierte, ein Ideal (ebd., 191). Das Ideal des kategorischen Imperativs ist die menschliche Würde (ebd., 192). Das „politisch höchste Ideal" ist „das Reich der Freiheit", die klassenlose Gesellschaft (ebd., 199). Im Marxismus werde das Ideal „durch die Tendenz, nicht durch die Abstraktion einer Theorie gesetzt, und durch die Praxis der Tendenz immer tiefer, in immer tiefer erreichten Wirklichkeitsschichten berichtigt" (NmW 225). Dem *Prinzip Hoffnung* zufolge ist dies „die utopische Funktion am Ideal" (PH 194). Die „postuliertpostulative Möglichkeit, dem Ideal vollkommen gleich zu werden" gehört „zur Gegenstandsbestimmtheit des Ideals" (ebd., 1556). Was immer das heißen mag, kann sich nur in einer Differentialdiagnostik des Postulatsbegriffs klären.

Wenn wir uns nach den geläufigen Grundbegriffen von Moral und Ethik im blochschen Werk umsehen, so ist es nicht einfach, fündig zu werden. Eigentlich müsste der Begriff des Glücks eine wichtige Rolle spielen, denn er steht traditionell in engster Verbindung mit dem des höchsten Guts. In einer Ethik, die dem Überhaupt des menschlichen Willens zugewandt ist, kann das Glück freilich nicht aus einer Summe von bekannten Befriedigungen bestehen, deren Sinnhaftigkeit und Bedingungen zu bedenken wären. Die Hoffnung geht vielmehr darauf, dass „noch alles anders ‚sein' kann, nämlich so sehr unser eigenes ‚Sein', daß man keine Frage mehr braucht, sondern dies sich im Staunen völlig stellt und endlich ‚Glück' wird, ein Sein wie Glück" (SP 217). Glück wird identisch mit Identität im metaphysischen Sinne und rückt so in das Ziel allen ethischen Bestrebens. Andererseits werden die bekannten Glückserfahrungen relativiert: An ihnen hebt Bloch die „Melancholie der Erfüllung" (PH 221) hervor, die sich letztlich aus dem bleibenden metaphysischen Problem einer Realisierung des Realisierenden ergebe; am *Carpe diem* im hedonistischen Sinne hebt er seine Banalität hervor (ebd., 341); an der Liebe zwischen Mann und Frau ihre transzendierende Symbolik (ebd., 368ff.). Natürlich ist Bloch kein Lebensfeind, er vertritt keinen Asketismus, wohl aber eine philosophische Glücksskepsis: „Leid schlägt stärker durch, weil es uns, wie wir noch sind, wohl verwandter ist; Frohes, das wir doch mehr wären, hat man genau deshalb nie ganz in bar. Fällt uns siedendheiß etwas ein, wie man sagt, so ist das meist nichts besonders Gutes. Glück kühlt sich im Jetzt, wenn es in dieses einfällt, leichter ab. Es ist vorher oder nachher meist glücklicher, als wenn es eintritt" (SP 97).

Ein weiterer Begriff, der Erwähnung verdient, ist der der Verantwortung. Er spielte in der akademischen Ethik des vergangenen Jahrhunderts wie in der politischen Rhetorik eine herausragende Rolle, die selbst einer Deutung bedürfte. Bloch hat sich nur nebenbei auf ihn eingelassen (WF 60ff.). Klassisch ist der Zusammenhang von Verantwortung und Justiz, wobei der zentrale Begriff der der Zurechnung ist. Verantwortlich für eine Tat (oder Unterlassung) ist derjenige, dem sie nicht nur objektiv (im Sinne der Verursachung) sondern auch subjektiv in dem Sinne zugerechnet werden kann, als er etwas dafür konnte, d. h., dass er die Freiheit hatte, anders zu handeln. Zur Verantwortlichkeit, so Bloch, gehört „Willens- und besonders Handlungsfreiheit" (ebd., 60). Generell ist der Grad der individuellen Verantwortung vom Grad der Handlungsmacht abhängig. Das gilt insbesondere für institutionelle Verbrechen in Wirtschaft und Politik. Bloch kennt auch ein Kollektivsubjekt der Verantwortung, „das Volk", und seine politisch-moralische Verantwortung. Sie besteht vor allem darin, „sein Menschenrecht zu erkämpfen" (ebd., 63). Allerdings muss neben dieser strategischen auch eine gleichsam taktische Verantwortung übernommen werden. Jede Widerstandaktion muss auf ihre Erfolgschancen und ihre möglichen Kosten geprüft werden, um einen „Blutsonntag" (nach der Bezeichnung für ein Massaker mit über 1000 Toten durch das zaristische Militär anlässlich einer Demonstration im Januar 1905) zu vermeiden. Insgesamt kann man sagen, dass die Analyse des Begriffs Verantwortung sehr viel genauer sein könnte, als dies bei Bloch der Fall ist.

Besonders merkwürdig ist Blochs Abneigung gegen den Begriff der Gerechtigkeit. Sie wird von ihm mit dem Patriarchalismus zusammen gedacht und entspreche „als vergeltende wie als austeilende der Formel Suum cuique, soll heißen, sie setzt den Hausvater, den Landesvater voraus, der jedem seine Portion Strafe oder Anteil an sozialen Gütern (Einkommen, Stellung) von oben herab auf den Teller legt" (NmW 228). Bloch hat nicht bedacht, dass auch eine klassenlose Gesellschaft Verteilungsfragen zu beantworten hätte. Gerechtigkeit setzt ihm zufolge „abgeteilte Ungleichheit voraus, deren jeder ihr Teil zugemessen wird, und hält sie fest" (PM 248) – während es doch eher so ist, dass unter dem Begriff der Gerechtigkeit soziale Ungleichheiten (wie die der Bildungschancen) ausgeglichen werden sollen.

Nach Bloch gibt es eine „Gerechtigkeit von unten", die sich im „Revolutionstribunal" verwirklicht (NmW 229, 231). Er fragt sich nicht, was das Gemeinsame der Gerechtigkeit „von oben" (immerhin soll der Richter über den Parteien stehen, weil er unparteiisch sein soll) und der Gerechtigkeit „von unten" sein könnte. Er wäre dann auf den Begriff der Gleichheit gekommen, der bei Aristoteles das Definiens der Gerechtigkeit ist. Freilich ist auch Gleichheit ein historischen und sozialen Wandlungen unterworfener Begriff; man muss zwischen einfacher und proportionaler Gleichheit unterscheiden, und es ist ein revolutionärer Einschnitt, wenn die rechtliche Gleichheit, die athenische *isonomia*, sich nicht mehr nur auf männliche Bürger, sondern auf alle Menschen beziehen soll. Aber gerade die Menschenrechte, zu denen als zweite Hauptnorm die Gleichheit gehört, sind eine Frage der Gerechtigkeit (vgl. Schiller, H.-E. 2009).

Schließlich muss der Begriff ‚Würde' erwähnt werden. Er ist, wie die Erklärung der Menschenrechte der UNO von 1948 verkündet, das Prinzip der Menschenrechte (vgl. NmW 13). Bei Bloch spielt er nicht die Rolle, die der Titel *Naturrecht und menschliche Würde* suggerieren mag; das Buch sollte denn auch zunächst „Naturrecht und Sozialismus" heißen (vgl. Zudeick 1985, 206). Metaphorisch erscheint der Begriff der Würde in der Metapher vom aufrechten Gang. In ihrer physiologisch-moralischen Zweiseitigkeit kommt der ontologisch-normative Doppelsinn des Würdebegriffs und der moralischen Wertbegriffe überhaupt ebenso zum Ausdruck wie in der doppelsinnigen Verwendung des Wortes Postulat bei Bloch: Es gilt „das Postulat menschlicher Würde" (NmW 232). Das bedeutet zunächst und vor allem eine praktische Auf-Forderung: es soll keine Demütigung geben, keinen „Stiefel im Gesicht", keine Bevormundung und Unterdrückung. Es bedeutet aber zugleich, dass dieser Anspruch aufgrund einer einfachen ontischen Tatsache gilt: der Menschheit in uns (Kant) oder, nichtidealistisch gesprochen, der Zugehörigkeit zum Reproduktionszusammenhang einer Gattung, deren Individuen normalerweise in der moralischen Dimension leben und die sich nicht reproduzieren könnte, ohne dass dies der Fall ist (vgl. Schiller, H.-E. 2006, 321ff.). Würde ist immer etwas, das (auch sich selbst gegenüber) realisiert werden muss, aber es ist zugleich eine reale Möglichkeit, die als solche verpflichtet. Es ist wichtig zu sehen, dass nicht die aktuelle Fähigkeit zur moralischen Entscheidung, sondern die Zugehörigkeit zur Gattung ausschlaggebend ist, und dass dies so sein muss, weil die moralische Dimension selbst an physiologische und soziale Bedingungen geknüpft ist. Andernfalls könnten wir ohne theologische Voraussetzung weder bei Embryonen noch bei Dementen vom Anspruch auf allgemeine Würde reden. Bloch hat sich leider nicht so tief auf den Würdebegriff eingelassen, dass seine Überlegungen für die seit einiger Zeit geführten Diskussionen über die rechtsethische Beurteilung von Reproduktionstechnologien und den Umgang mit nichteinwilligungsfähigen Patienten, speziell von Schwangerschaftsabbruch und Sterbehilfe, hätte hilfreich sein können. Ihr unmittelbares Anliegen, im Marxismus die Tradition des Naturrechts zur Geltung zu bringen, war ungemein wichtig und lehrreich, geht aber heute auf Kosten ihrer Aktualität.

Auch am Begriff der menschlichen Würde zeigen sich die Schwierigkeiten einer Ethik, die gleichsam auf den Kredit der Zukunft lebt. Erst im Kommunismus werden „die großen Worte sinnvoll, welche die Klassengesellschaft bald über die *Würde des Individuums,* bald über die *Generalität der wahren Moral* ausgegeben hat" (PH 1141). Das Problem besteht darin, dass die Begriffe zugleich nicht sinnvoll und doch grundlegend sein sollen. Denn Bloch besteht ja durchaus darauf, dass sich das Eintreten für eine kommunistische Perspektive dem moralischen Impuls verdankt, der sich gegen Ausbeutung und Unterdrückung wendet (vgl. PM 241). Die Berufung auf eine erst herzustellende Zukunft dient dem Ausweichen vor der Dialektik der moralischen Begriffe, mit denen wir es als Handelnde heute zu tun haben.

Ein weiteres Problem in Blochs „Veränderungsethik" ergibt sich aus der chiliastischen Struktur seines Denkens. Da die Verwirklichung der sozialen Utopie als Vorbedingung zur Realisierung des metaphysisch höchsten Gutes gilt, kann sich eine „eschatologische Ungeduld" (Schiller, H.-E. 2008, 64) auswirken, derzufolge das politische Geschehen als ein vorläufiges Übel erscheint, das keiner näheren Betrachtung und Bedenklichkeit unterzogen werden muss: Hauptsache, wir wissen, wo wir stehen, und setzen uns mit ganzen Kräften ein. Die eschatologische Ungeduld äußert sich in einer permanenten Erregung, in welcher die Gegenwart als Augenblick der weitest tragenden Entscheidungen erscheint: „Es hängt von diesem Jahrhundert ab, ob wenigstens das gut Erreichbare wirklich wird. Ob das Reich der Freiheit in die Nähe treten kann" (PH 1550). Im 21. Jahrhundert sind die Karten neu gemischt, ungeheure Enttäuschungen sind zu verarbeiten, aber solange die Verhältnisse ungerecht und destruktiv sind, können wir nicht aufhören, eine bessere Gesellschaft anzustreben.

Gewalt gegen eine staatliche Unterdrückungsmacht kann in den Situationen des naturrechtlich bestimmten Widerstandsfalls nicht abgewiesen werden. Bloch hält am „Gewaltrecht des Guten" fest und wendet sich gegen den Defätismus einer Globalkritik am Widerstand. Aber er ruft zugleich in Erinnerung, dass ungute Mittel das Gute auch verhindern können. „Bei unguten Mitteln kann der Preis auch zu hoch werden, besonders dort, wo der gute Zweck" auf die lange Bank geschoben wird (EM 119). In dieser Konfrontation von Ziel und Mittel liegt die kritische Funktion der Utopie. Seine bessere Einsicht konnte Bloch freilich nicht vor Sätzen schützen wie dem, dass dem Kämpfer für das Reich der Freiheit die Sittlichkeit von selber zufalle (vgl. PM 253). Insgesamt aber besteht er auf der Nichtidentität von Politik und Moral und arbeitet so gegen eine moralische Immunisierung sozialistischer Politik. Es gehe nicht an, „für die Moral einen Ersatz zu suchen dergestalt, dass bereits der Kampf für eine bessere Gesellschaft die Moral selber sei" (NmW 272). „Politik löst weder die Individualkonflikte unterhalb ihrer vollständig auf (etwa das ‚kommunistische Vergißmeinnicht' der Geschlechtsliebe) noch erläutert und erhellt sie das Wozu, das Summum bonum und gar das Dunkel des Todes" (PM 253).

Ein Grundproblem der Beschäftigung mit Ernst Bloch macht sich beim Thema Ethik besonders bemerkbar: In dem unablässigen Strom von Namen, Zitaten, Assoziationen ist es außergewöhnlich schwer, den begrifflichen Zusammenhang oder die argumentative Struktur zu erkennen und zu rekonstruieren. Bloch wird fortgerissen von der Begeisterung über die eigene Sprachgewalt, so dass bald der Eindruck entsteht, Besinnung oder kritische Reflexion sei gar nicht erwünscht. Dazu gehört, dass er sich auf keinen Autor wirklich einlässt, auch auf die wichtigsten wie Hegel, Kant oder Marx nicht. Man muss die Fülle der Kenntnisse bewundern und dankbar sein für eine kulturgeschichtliche Horizonterweiterung, die im 20. Jahrhundert ihresgleichen sucht. Aber diese Fülle hat oft etwas Additives und Oberflächliches, alles wird in einen Mahlstrom der utopischen Metaphysik gezogen, die selber ihr Prinzip definitionsgemäß nicht bestimmen kann – das Eigentliche steht eben noch aus, das Überhaupt des Willens, das Beste, das wir nicht vergessen sollen, vermag keiner anzugeben.

Die Unentschiedenheit des Willens ist keine Erfindung Blochs, und man braucht auch nicht auf ein unbekanntes *Überhaupt* zu kommen, um sie zu bemerken. Sie offenbart sich immer dann, wenn ein erzwungener, reflektierter oder einfach erlebter Abstand zur Anpassung an die gesellschaftlich prämierten Formen des Arbeitens und Feierns vorliegt. Langeweile, Überdrehtheit und Brutalität sind sichere Zeichen für die Heimatlosigkeit der meisten Menschen in einer Welt, die von einem tauschwertorientierten Leistungsprinzip angetrieben wird und von der Angst, aus diesem Betrieb herauszufallen. Was man von Blochs Moralia auf jeden Fall übernehmen sollte ist die Bereitschaft, sich auf diese Heimatlosigkeit ohne Beschönigungen einzulassen. In einer akademischen Landschaft, die weitgehend von prozeduralen Fragen okkupiert ist oder die Moral in psychologische Kategorien von Anerkennung und Bestätigung aufzulösen droht, ist das Festhalten an den Fragen der Lebensform, d. h. einer gesellschaftlichen Einrichtung, die es allen erlaubt, in einer versöhnten Natur sinnvoll zu leben und tätig zu sein, von unausgeschöpfter Bedeutung. Die Vergegenwärtigung der vergangenen kulturellen Produktion, über die Bloch so reichhaltig verfügt, kann zur Bestimmung des moralischen Willens hilfreich sein.

→ *Atheismus; Augenblick; Entfremdung; Freiheit; Hoffnung; Materie; Natur*

📖 BAUMANN 1995; GEKLE 1990; HELLER 1972; HORKHEIMER 1933; NIETZSCHE 1872, 1969; SANDKÜHLER 1974; SCHELER 1966, 1973; SCHILLER, H.-E. 1982, SCHILLER, H.-E. 1991a; SCHILLER, H.-E. 1993; SCHILLER, H.-E. 2006; SCHILLER, H.-E. 2008; SCHILLER, H.-E. 2009; WEBER 1999; ZUDEICK 1985.

Hans-Ernst Schiller

Fortschritt

Fortschritt ist ein Schlüsselbegriff in Blochs Geschichtsphilosophie. Geschichte wird verstanden als ein fortschreitendes vielfältiges Ineinander von Werden und Vergehen und nicht als Nebeneinander von fertigen Dingen, als dialektischer Prozess, und nicht als lineares Nacheinander von zufälligen Ereignissen. Fortschritt ist dabei das Qualitätsmerkmal der Veränderungen im Prozess, der „rote Faden" einer möglichen Entwicklung zu Humanität und Freiheit.

In der Alltagssprache bezeichnet Fortschritt zunächst die Abfolge von Ereignissen und Entwicklungen, das zeitliche Nacheinander. Der Satz

„Ein Schritt folgt auf den anderen" sagt über Inhalt und Qualität der Schritte nichts aus, der Satz „Die Zeit ist weit fortgeschritten" sagt lediglich: Es ist spät. Von da her kann auch negativ Besetztes Fortschritt genannt werden: Man spricht von einem fortgeschrittenen Stadium etwa des Krebses oder eines Krieges. Aber schon im Alltagsverständnis ist diese rein quantitative Sichtweise häufig mit Wertungen vermischt. Wenn jemand Fortschritte im Erlernen einer Sprache, einer Fertigkeit, einer Kunst macht, dann ist das positiv gemeint.

In der philosophischen Tradition finden sich quantitativ-lineare und zyklische Geschichtsmodelle, vor allem aber Abfallstheorien (Abfall von einem idealen Urzustand), in denen Fortschritt keinen Platz hat: Die Vorstellung von einem ‚Goldenen Zeitalter' zum Beispiel, der noch Platon anhing, in dem die Menschen den Göttern nahe waren, in dem Unrecht und Krieg, Armut und Hunger unbekannt waren. Diese Auffassung wird freilich schon von Aristoteles (vgl. Politik 1268 b27–1269 a7) und seinen Zeitgenossen kritisiert: Statt einem fiktiven Idealbild nachzutrauern, müssten die primitiven und barbarischen Bräuche der Alten überwunden werden. Das Neue wird gegenüber dem Alten zum Besseren, Fortschritt zumindest im Ansatz zum qualitativ-positiven Prinzip (vgl. Koselleck 1975, 355).

Anders als häufig dargestellt, ist der qualitative Fortschrittsbegriff also keine Erfindung des Zeitalters der Aufklärung. Allerdings hat er ihm seine rasante Karriere zu verdanken. Deutlich ist der Fortschrittsbegriff der Moderne ein Gegenentwurf zum jüdisch-christlichen Geschichtsbild, in dem der Mensch als Geschöpf Gottes Träger einer Heilsverkündung ist, die über ihn hinausweist. Geschichte ist danach zwar Fortschritt, aber sie verläuft linear von der Schöpfung bis zur Wiederkehr Christi und mündet im ewigen Leben in einer künftigen Welt. Aber selbst in der von diesem Weltbild bestimmten mittelalterlichen und frühneuzeitlichen Tradition gab es – von Aristoteles beeinflusst – schon Vorboten aufklärerischen Denkens (vgl. HWP 2, Sp. 1035–1036). So spricht Thomas von Aquin von einem Fortschritt der Erkenntnis im Laufe der Geschichte, Albertus Magnus davon, dass Philosophie und Wissenschaften auf dem Weg, den die Alten vorbereitet haben, fortschreiten auch zu neuen Einsichten, die nicht in der Lehrtradition vorgegeben sind, und Roger Bacon erklärt, dass die *philosophia experimentalis* die Geheimnisse der Natur erkennen und allerlei Neues möglich machen werde: Die Verlängerung des menschlichen Lebens, fliegende Maschinen, selbst fahrende Wagen und Dampfschiffe.

In Humanismus und Renaissance entwickelt sich dann allmählich die Vorstellung, dass die Menschheit als Gattung fähig ist, sich selbst zu entwickeln, ihre Fähigkeiten zu erkennen, zu vervollkommnen und sich nach Maßgabe dieser Fähigkeiten und der objektiv gegebenen Möglichkeiten zu verwirklichen. Die Menschheit wird verstanden als Subjekt und Objekt einer fortlaufenden Vervollkommnung. Im 17. und 18. Jahrhundert wird diese Vorstellung zu einem universalen Prinzip. Erfindungen, Entdeckungen, Erkundungen zu Land und zu Wasser, technische Errungenschaften führen zu einem Bewusstsein davon, dass die Gegenwart der Vergangenheit deutlich überlegen sei.

In der europäischen Aufklärung gilt als selbstverständlich, dass die Menschheit sich aufgrund zunehmender Beherrschung der Natur, aufgrund vermehrten Wissens und größerer technischer Fähigkeiten immer weiter, und das heißt: immer „höher", entwickelt. Der Fortschrittsbegriff umfasst schließlich auch Moral und Gesellschaft, die Verbesserung der Lebensbedingungen, der politisch-sozialen Verhältnisse, der Rechtsverhältnisse, von Kultur und Zivilisation, Zunahme von Humanität, von Freiheit, die sittlich-moralische Vervollkommnung der Menschheit insgesamt. Fortschritt bezeichnet von da an endgültig nicht mehr nur das Faktum, sondern die Qualität einer Entwicklung.

Schon Zeitgenossen der Aufklärung haben freilich die Gefahr gesehen, dass im Überschwang eines Fortschritts-Optimismus alles als Fortschritt gewertet wird, was neu ist, dass der Begriff der „Modernität" an die Stelle eines qualitativen Forschrittsbegriffs tritt. Fortschritt würde so zur Gewissheit einer geregelten Abfolge der Ereignisse von der Vergangenheit über die Gegenwart in die Zukunft. Dagegen wendet sich zum Beispiel Rousseau, der Kulturgeschichte als Verhängnis und Fortschritt als Zerstörer von Tugenden versteht. Er bestreitet, dass Wissenschaften und Künste zum moralischen Fortschritt der Menschheit beigetragen haben und entwirft ein Bild vom von Natur aus freien und selbstbestimmten Menschen, den die Zivilisation diesem ursprünglichen Zustand entfremdet habe. Ähnlich argumentieren Vertreter der literarischen Romantik in ihrer Zivilisations- und frühen Kapitalismus-Kritik. Entscheidend ist aber auch hier, dass Entwicklungen sich an Wertkriterien messen lassen müssen und aufgrund dessen als Rückschritt oder Perversion qualifiziert werden können.

Allerdings hatte schon Immanuel Kant einen Fortschrittsbegriff entwickelt, der nicht naiv aus der Beobachtung der Natur auf die Perfektibilität von Mensch und Geschichte schließen ließ. „Für Kant war der Fortschritt zum Besseren weniger eine Vorgabe der Natur oder göttlicher Planung als eine Aufgabe, die dem Menschen für immer gestellt ist" (Koselleck 1975, 382).

Für Hegels Geschichtsphilosophie ist der Fortschrittsbegriff konstitutiv: „Die Weltgeschichte ist der Fortschritt im Bewusstsein der Freiheit – ein Fortschritt, den wir in seiner Notwendigkeit zu erkennen haben" (HW 3, 32). Dabei gilt „das Bewusstsein des Geistes von seiner Freiheit und ebendamit die Wirklichkeit seiner Freiheit überhaupt" als „die Bestimmung der geistigen Welt und – indem diese die substantielle Welt ist und die physische ihr untergeordnet bleibt oder, im spekulativen Ausdruck, keine Wahrheit gegen die erste hat – als der Endzweck der Welt" (ebd.). Der Weltgeist verwirklicht sich in und durch die Geschichte, die nicht gedacht ist als lineare Entwicklung, sondern als Prozess mit Sprüngen und Brüchen, Rückschlägen und Diskontinuitäten.

Diese dialektische Selbstbewegung des Geistes will Marx nach seinem berühmten Diktum „auf die Füße stellen", er versteht Geschichte als tatsächliche Entwicklung von Natur und Gesellschaft. Fortschritt ist dabei in erster Linie eine von Produktivkräften, deren Weiter- und Höherentwicklung auch die Verbesserung von Lebens- und Arbeitsbedingungen möglich macht (vgl. Mäder 2010).

In der zeitgenössischen Diskussion wird die Expansionslogik des Fortschritts zunehmend skeptisch betrachtet: Technischer Fortschritt führt nicht unbedingt zu mehr Humanität, sondern die technisch-ökonomische Entwicklung bringt auch die Ausweitung der Herrschaft des Menschen über den Menschen und der Ausbeutung und Zerstörung der Natur mit sich, mündet in der Militarisierung von Gesellschaften, in Tendenzen zu totalitärer Herrschaft und zur Akzeptanz von Gewalt zur Durchsetzung von Interessen und Lösung von Konflikten. So lassen die Ergebnisse von Atomtechnik, Gentechnik und Reproduktionstechnologien am Sinn von Fortschritt zweifeln. Nicht zuletzt, weil sie Gefahren für die Demokratie mit sich bringen: So werden nicht nur Proteste gegen Großtechnologien, Atomkraftwerke, Wiederaufbereitungsanlagen oder Freisetzungen von genmanipulierten Substanzen mit Großaufgeboten von Polizei und zuweilen auch Militär bekämpft, sondern alleine die kritische Auseinandersetzung mit diesen Fragen steht bei der Staatsgewalt unter Verdacht, weil es sich um „anschlagsrelevante" Themen handle.

Fortschritts-Skepsis dieser Art bezieht sich wesentlich auf die Kritische Theorie der Frankfurter Schule. So spricht Adorno von Fortschritt einerseits als „Widerstand gegen die immerwährende Gefahr des Rückfalles", warnt aber gleichzeitig vor einer „Ontologisierung des Fortschritts" (Adorno 1964, 48; vgl. 28). Fortschritt der Produktivkraft bedeutet immer auch Fortschritt der Herrschaftsmittel, das ist eine Kernthese der *Dialektik der Aufklärung* (vgl. Adorno/Horkheimer 1987), nach der ungewiss bleibt, ob die antagonistischen Widersprüche das System sprengen oder ob der Kapitalismus aufgrund seiner Kraft und Flexibilität den Zyklus von Krise über Erneuerung zu Krise nicht auf ewig stellen könne.

Der Prozess der Zivilisation als vermeintlicher Fortschritt der Menschheit, so Horkheimer und Adorno, ist tatsächlich ein Prozess der Regression, der schon in den Frühphasen der Zivilisation einsetzt mit dem Versuch der Menschen, sich von der Übermacht der Natur und dem Bann des Mythos zu befreien. Diese Emanzipation des Menschen von der Natur, die „Entzauberung der Welt", schlägt um in eine blinde Beherrschung und Manipulation der Natur, und zwar insofern und insoweit sie auf einer bloß „instrumentellen Vernunft" beruht, die von der Aufklärung übrig bleibt, wenn diese ihr kritisches Potenzial verloren hat. Bezogen auf den Menschen selbst und die Beziehungen zwischen den Menschen führt dieser Prozess zum Prinzip der Selbstbeherrschung und der Transformation menschlicher Beziehungen in Macht- und Herrschaftsbeziehungen. Aufklärung erzeugt Verdinglichung, die Ausbeutung und Unterdrückung nach sich zieht. Der vermeintliche Fortschritt der Menschheit reduziert sich so auf ein bloßes Fortschreiten der Macht: Die verheißene Befreiung von Zwängen der übermächtigen Natur verkehrt sich in Anpassung an Technik und Marktgeschehen. Aufklärung führt so zu neuer Unmündigkeit, wird zum Massenbetrug.

Blochs Fortschrittsbegriff hält Anschluss an die Traditionslinie Aufklärung – Hegel – Marx, er ist zentrales Element seiner Geschichtsphilosophie. „Dieser sachlich so strahlende Begriff", schreibt Bloch, „wirkt auch formell hell, gleich als wäre das mit ihm Gemeinte zwar schwer zu erkämpfen, aber leicht zu verstehen. So erscheint seine Sache nicht nur einleuchtend, sondern selber einfach und klar" (TE 118). Mit den Problemen dieses scheinbar so klaren Begriffs hat Bloch sich gleichwohl früh beschäftigt. Schon in seiner Doktorarbeit über Rickert ist Bloch davon überzeugt, dass Geschichte fortschreitet und sich nicht nur von früher nach später zeitlich entwickelt. Er weist auf „die ungenügende Wiedergabe des Fortschritts, die Beschränkung auf lauter einzelne Zeitdifferentiale und die unverbundene Folge der begrifflich fixierten Stadien" hin, die nicht in der Lage sind, „die Unruhe und den Reichtum eines wirklich historisch erfassten Verlaufs" (KE 51) abzubilden. „Unruhe" und „Reichtum" des historischen Prozesses geschichtsphilosophisch zu bewahren, das ist Blochs Anliegen. Geschichte ist weder „zerfallene Bilderfolge" noch „festes Epos des Fortschritts und der heilsökonomischen Vorsehung" (TM 19), sagt Bloch, sondern ein „vielrhythmisches und vielräumiges" Wesen (EdZ 69). Gleichwohl soll von Fortschritt geredet werden können, wenn von Geschichte die Rede ist.

Auch Blochs Fortschrittsbegriff bezieht sich zunächst auf Technik als Mittel der Naturbeherrschung. Wobei der Begriff ‚Beherrschung' bei Bloch Kenntnis der Naturgesetze meint, nur als solcher ist er bei ihm positiv notiert in dem Sinne, dass der Mensch die Naturgesetze seinen Zwecken dienlich machen soll. Diese Möglichkeiten sieht er durchaus optimistisch. So sind seine Erwartungen an die immer weitere Erforschung der Atomenergie noch im *Prinzip Hoffnung* geradezu euphorisch (vgl. PH 774). Aber er hat gleichzeitig stets eindringlich davor gewarnt, die Natur vom „Ausbeuterstandpunkt" aus zu betrachten, weil der „Herrscher"-Aspekt in „Naturbeherrschung" nicht nur eine abstrakte und inadäquate Naturbeziehung bewirke, sondern weil „Herrschaft" als unvermittelte Naturbeziehung letztlich schädlich auf den Menschen zurückwirken könne.

Ganz im Sinne Hegels versteht Bloch Fortschritt als nicht-lineares Entwicklungsprinzip. „Der Fortschritt – eine Kategorie, die sich in der bestehenden Gesellschaft ausschließlich auf die Technik reduziert hat – ist als einheitlich, als wirklich geschehender niemals geradlinig; er verläuft vielmehr in einem Sprung, der Richtungsänderung setzt. Dieser Sprung wird von dem immer höher entwickelten Produktionsmittel Maschine nur nahegelegt" (PH 1055f.).

Bloch betont dabei stets den ambivalenten Charakter des Fortschrittsbegriffs. Technischer Fortschritt zum Beispiel kann mit Kulturverlust verbunden sein. Er macht das an der Beleuchtungstechnik deutlich, die vom Kienspan bis zur Glühbirne ohne Zweifel technisch fortgeschritten ist. Wobei die „grellnackte" Glühbirne nicht nur Helligkeit erzeugt, sondern auch unangenehm wirken kann. „Aber der Kerzenkandelaber, auf alten Mahagonitischen, verbreitet allerdings auch heute ein nicht nur milderes, sondern festlicheres Licht" (TE 121). Gleichwohl ist auch für Bloch selbstverständlich, dass die Vermehrung von Wissen, von Kenntnissen und Fähigkeiten konstitutiv für die Entwicklung der Menschheit im Sinne von Fortschritt ist. Was

Fortschritt aber letztlich inhaltlich sei, hat sich am zentralen Kriterium des „Menschengemäßen" messen zu lassen. So mag die Guillotine ein Fortschritt für die Henkerzunft sein, als Mittel zur Serialisierung des Vollzugs der Todesstrafe ist sie das keineswegs.

Fortschritt in der Geschichte lässt sich einerseits ablesen aus ihrem bisherigen Verlauf. Die Entwicklung der Menschheit aus dunklen Uranfängen über die Hochkulturen bis zu industrialisierten Gesellschaften ist unbestreitbar als Geschichte des Fortschritts zu werten, wenn man sie als Zivilisationsgeschichte und Geschichte der Befreiung liest. Die Überwindung von Gottgnadentum, Militarismus und Feudalismus, die – zumindest tendenzielle – Abschaffung der Sklaverei, die Ächtung der Todesstrafe, Wahlrecht, Demokratie, politische Freiheit, die Emanzipation der Frau – all das sind Forschritts-Elemente, die andererseits zu messen und zu bewerten sind nur an einem Begriff von Sinn und Ziel der Geschichte. „Sinn [...] ist Perspektive, wie sie in der zu verändernden Welt möglich ist, wie sie in der Vervollkommnungsfähigkeit der Welt die Latenz guter Ziele für sich hat" (TE 144).

Problematisiert wird Blochs Fortschrittsbegriff zum einen in der orthodox-marxistischen Diskussion in der DDR, zum anderen in der neomarxistischen Diskussion im Westen. Im Osten gerät Blochs Verbindung von Fortschritt und Tradition in die Kritik (vgl. Schulz/Horn 1957), die schon in den Auseinandersetzungen um ein mögliches „Kulturerbe" aus der bürgerlichen Gesellschaft in den 30er Jahren eine Rolle spielte. Bloch betont gegen den Schematismus eines staatlich verordneten „Historischen Materialismus", dass weder alles per definitionem gut ist, was Fortschritt genannt wird, noch alles Vergangene – bis auf die so genannten „Klassiker" – per definitionem aus dem Fortschrittsbegriff ausgeschlossen werden darf. Sein Verständnis von Erbe an nicht Abgegoltenem in der Vergangenheit bedeutet: Was als Fortschritt einmal hart erkämpft werden musste, bleibt zu bewahrende Tradition. Die aber nicht unbedingt in ‚gute' Tradition übergegangen ist, deren Bewahrung sich von selbst verstünde. Sondern Fortschritt in der Vergangenheit muss gegebenenfalls immer wieder gegen allerlei Widerstände behauptet, auch neu erkämpft werden. Vor allem aber greift ein differenzierter Forschrittsbegriff auf das, was als Fortschritt in der Vergangenheit nicht voll erfüllt, nicht ganz eingelöst wurde, zurück und führt es fort. Das gilt zum Beispiel für „Freiheit, Gleichheit, Brüderlichkeit" als Fahnenwörter der Französischen Revolution.

Schon in seiner Dissertation hatte Bloch einen Fortschrittsbegriff formuliert, der immer auch Rückgriff auf Geschichte bedeutet: „Es ist allerdings sehr wahrscheinlich, dass aus der analog begriffenen Vergangenheit auch Schlüsse auf die Perioden der Zukunft gezogen werden können. Die Kurve unserer bisherigen Geschichte liegt deutlich genug vor, um eine rückwärts gewandte Prophetie von großer apriorischer Stärke zu erreichen" (KE 51). Fortschritt kommt nicht „aus der hohlen Hand", notiert Bloch später. „Dagegen gutes Neues ist mit den Strömungen seiner Zeit und ebenso zugleich mit den Wendezeichen im Vergangenen vermittelt, die weiter rufen" (TE 147f.). Dieser Vermittlungsbegriff richtet sich gegen „einlineares Fortschreiten" ohne „Rückendeckung" der Geschichte (ebd., 148).

Mit Hegel und Marx kritisiert Bloch einen Jakobinismus, der das Vorherige abstrakt überschlägt. „Vergangenheit schien fast nichts zu enthalten als Fürsten- und Pfaffenbetrug" (ebd., 148). Solche Tendenzen sieht Bloch noch Mitte der 50er Jahre in der DDR bei einer Linken, die „vom mystisch-Subversiven in der Vergangenheit keine Ahnung" hat (ebd., 149). Die unerledigte Aktualität von Geschichte gilt es zu vergegenwärtigen. „Als griffe Vergangenes gerade weiterrufend, Zukünftiges gerade hinter sich zu Vergangenem, Ungelungenem zurückrufend in unseren lebenden Tag" (ebd., 151).

„Die Entdeckung der Zukunft im Vergangenen, das ist Philosophie der Geschichte, also auch der Philosophiegeschichte" (SO 517), heißt es in Blochs Hegel-Buch. Und das bedeutet gleichzeitig, dass Bloch sich nicht darauf einlassen will, Denker wie Hegel oder Schelling oder Bruno als „erledigt" abzuhaken, wie es die Parteilinie vorgeben will. Fortschritt heißt für Bloch eben nicht nur und nicht automatisch das Neue, das ebenso automatisch das Bessere sein soll. Er will auch an der Philosophie des Idealismus noch ein Erbe antreten, am Christentum, an der Mystik, er zieht seine Fortschrittslinien weit in die vergangene Geschichte hinein, und der Kompass für diese Fahrt heißt „Zukunft im Vergangenen", heißt Bewahrung des Unabgegoltenen, das meint „ehemaliger, doch ungleichzeitig noch fortlebender, sachlich möglicherweise nicht völlig unabgegoltener Haltungen und Gehalte vor allem aus vorkapitalistischer Zeit" (TE 152).

Diese Argumentation wendet sich gegen den Glauben an einen Fortschritts-Automatismus, der sich auch unter Marxisten immer wieder breit machte. In dem Zusammenhang weist Bloch beharrlich auf die Traditionslinie Hegel – Marx hin: Hegel hatte Geschichte als „Fortschritt im Bewusstsein der Freiheit" verstanden, Fortschritt als Element eines niemals gleichförmigen, immer wieder auch rückläufigen, neu ansetzenden, also dialektischen Prozesses. Antrieb zu dieser

Dialektik ist der Wunsch des Weltgeistes, zu sich selbst zu kommen, bei sich selbst zu sein, Subjekt und Substanz identisch werden zu lassen. Geschichte als „Gespräch des Weltgeistes mit sich selbst" (SO 136), sagt Bloch, ist eine Kopfgeburt, wie Marx kritisiert hat, der Hegels Geschichtsphilosophie gleichwohl als großen Wurf schätzte, weil sie „das Wesen der *Arbeit* faßt und den gegenständlichen Menschen, wahren, weil wirklichen Menschen als Resultat seiner *eignen* Arbeit begreift" (ÖpM 574). Damit stehe Hegel auf dem Standpunkt der modernen Nationalökonomie. Nur hat Hegel, so Marxens berühmtes Diktum, die Wirklichkeit dieser Welt als reines Wissen aus Gedanken ableiten wollen und damit auf den Kopf gestellt, Hegel muss also wieder „auf die Füße" gestellt werden.

Das ist ein wichtiger Ausgangspunkt Blochs. Ein weiterer: Marx weist auf das „unegale Verhältnis der Entwicklung der materiellen Produktion, z. B. zur künstlerischen" hin und notiert: „Überhaupt der Begriff des Fortschritts nicht in der gewöhnlichen Abstraktion zu fassen" (EKPÖ 640). Er sieht eine „ungleiche Entwicklung" nicht nur zwischen Basis und Überbau, sondern auch der Produktivkräfte und der Produktionsweisen, deren Entwicklung nicht überall gleich fortschreitet. In Anlehnung daran spricht Bloch von „Ungleichzeitigkeiten" auf verschiedenen gesellschaftlichen Ebenen, zum Beispiel von der ungleichmäßigen Entwicklung von ökonomischer Basis und kulturellem Überbau: „Der Fortschritt in beiden geschieht offenbar nicht notwendig in gleicher Art, in gleichem Tempo und vor allem mit gleichem Rang" (TE 122). Diese Theorie der Ungleichzeitigkeit entwickelt Bloch schon in den späten 20er, frühen 30er Jahren (vgl. EdZ), er sieht sich dann in der DDR Mitte der 50er Jahre genötigt, gegen allzu schematische „Marxismus"-Varianten Position zu beziehen.

1955 hält Bloch vor der Deutschen Akademie der Wissenschaften einen Vortrag mit dem Titel *Differenzierungen im Begriff Fortschritt* (vgl. TE 118ff.). Darin setzt er sich zunächst ausführlich mit der Kulturkreistheorie auseinander, also der Vorstellung, dass einzelne oder alle Kulturen sich – unabhängig voneinander – zyklisch entwickeln, dass die einzelnen Entwicklungsstufen sich nach einer gewissen Zeit also wiederholen. Im deutschen Sprachraum wurde die Kulturkreistheorie im 19. Jahrhundert von dem deutschen Ethnologen Leo Frobenius entwickelt, sie wurde Anfang des 20. Jahrhunderts von der Wiener Schule der Völkerkunde und von Oswald Spengler in seinem Buch *Der Untergang des Abendlandes* aufgegriffen. Kulturkreise sind danach zum Beispiel Ägypten, Indien, China, auch das antike Griechenland. Sie sind jeweils eine Welt für sich, die Welt ist ein Nebeneinander von vielen Kreisen. Vor allem aber wird Geschichte nicht als Prozess verstanden, sondern als Kreislauf, und zwar analog zu den Jahreszeiten. Auf diese Weise wird die Geschichte der Menschheit als mögliche Geschichte des Fortschritts eliminiert. „Bestenfalls sieht die Geschichte nun drein wie ein amerikanischer Zirkus, wo in drei oder mehr Manegen zugleich geturnt, geritten oder Feuer geschluckt wird, all das voneinander isoliert" (ebd., 127).

Interessant ist für Bloch an alledem die in der räumlichen Gleichförmigkeit gedachte Gleichzeitigkeit. Er kommt damit zurück auf das Problem der Unruhe und des Reichtums der Geschichte, auf die Schwierigkeit, die Vielfalt der Geschichte philosophisch zu erfassen. Die vielen Völker, Gesellschaften und Kulturen auf der Erde, vor allem die philosophisch oft exterritorialen außereuropäischen Kulturen, sollen Platz haben in einem philosophisch haltbaren Begriff von Fortschritt. „Der Fortschrittsbegriff duldet keine ‚Kulturkreise', worin die Zeit reaktionär auf den Raum genagelt ist, aber er braucht statt der Einlinigkeit ein breites, elastisches, völlig dynamisches Multiversum, einen währenden und oft verschlungenen Kontrapunkt der historischen Stimmen" (ebd., 146).

Wie in der epischen Kunst, so soll es auch in der Geschichtsschreibung möglich sein, gleichzeitige oder zeitlich benachbarte Schauplätze darzustellen, ohne dass die einheitliche Gesetzmäßigkeit der gesellschaftlichen Entwicklung vor lauter Vielstimmigkeit aus dem Blick gerät. Denn am Gedanken einer solchen Gesetzmäßigkeit hält Bloch fest: „Es gibt überall den Fortgang von einer Urkommune über Klassengesellschaften bis schließlich zur Reifung des Sozialismus; und es gibt überall, in allen Ensembles gesellschaftlicher Verhältnisse, das Menschenhafte – vom Anthropologischen bis zum Humanum –, das diese Ensembles so wechselnd färbt wie einheitlich umfasst" (ebd., 128). Nur ist ihm wichtig, dass Fortschritt kein homogenes Geschichtsprinzip ist, das einem linear geltenden Bewegungsgesetz gehorcht, sondern Element eines vielräumigen und vielrhythmischen Geschehens in unter- und übereinanderliegenden Zeitebenen (vgl. ebd., 137).

Damit argumentiert Bloch gegen eine Fortschrittsgläubigkeit, die ihm schon in den 20er und 30er Jahren ein Dorn im Auge gewesen war. In *Erbschaft dieser Zeit* heißt es: „Die Geschichte ist kein einlinig vorschreitendes Wesen, worin der Kapitalismus etwa, als letzte Stufe, alle früheren aufgehoben hätte; sondern sie ist ein *vielrhythmisches und vielräumiges, mit genug unbewältigten und noch keineswegs ausgehobenen, aufgehobenen Winkeln*" (EdZ 68f.; vgl. 16f., 58f., 61, 63ff., 67ff.). In diesem Sinne widerspricht er auch dem latenten bis offenen Fortschrittsoptimismus im angeblich „real existierenden" Sozialismus der DDR, wonach der Kapitalismus zwar durch proletarische Revolution beseitigt werden muss, diese Revolution aber quasi-automatisch aus gesellschaftlich zugespitzten Widersprüchen sich ergibt. Es gibt keine Gewähr dafür, sagt Bloch im Vortrag *Differenzierungen im Begriff Fortschritt*, dass das Spätere in der Geschichte immer auch das Bessere ist (vgl. TE 119). Er spricht von „Rückläufigkeiten des Nacheinander", und damit war auch für die damaligen Hörer und Leser klar, dass nicht nur verschiedene Fortschrittsarten in Wirtschaft, Technik, Kunst gemeint waren, nicht nur die verschiedenen Zeitreihen und Zeitebenen des Fortschritts (ebd., 137) und erst recht nicht nur die Entwicklung des Kapitalismus. Vielmehr konnte man gerade seine Erläuterungen zum Fortschritt im Kapitalismus als Hinweis auf Entwicklungen im Sozialismus lesen, vor allem seine Anmerkung, dass Fortschritt auch „düster-progressiv" sein könne (ebd., 119).

Und wenn Bloch den Glauben an einen Automatismus des Fortschritts, an ein quasi-automatisches Hineinwachsen des Kapitalismus in den Sozialismus auch der „späteren Sozialdemokratie" (TE 120) anlastete, dann war allen Kundigen doch klar, wen er eigentlich meinte: Vulgärmarxisten und parteiamtliche Marx-Vereinfacher (die sich freilich auch auf Marx beriefen und berufen). Marx hatte gelegentlich erklärt, dass „die kapitalistische Produktion [...] mit der Notwendigkeit eines Naturprozesses ihre eigene Negation" (K I, 791) erzeuge, und Engels erklärte angesichts der englischen Zustände, dass Revolution und Sozialismus „mit unabwendbarer Notwendigkeit aus den gegenwärtigen Gesellschaftszuständen" (EZ 242) hervorgingen. Aus solchen Bemerkungen zogen viele die Überzeugung, dass nun nichts mehr zu tun sei, dass man mehr oder weniger die Hände in den Schoß legen könne, weil der Fortschritt in der Geschichte schon alles erledigen werde.

Dagegen Bloch: Ohne den subjektiven Faktor gibt es keine Geschichte, ohne den Menschen, der den Fortschritt erkämpft, keinen Fortschritt. „Der Begriff Fortschritt impliziert ein Wohin und Wozu, und zwar ein zu wollendes, also gutes Wozu und ein zu erkämpfendes, also noch nicht erreicht-vorhandenes. Ohne Wohin und Wozu ist der Fortschritt überhaupt nicht denkbar, an keinem Punkt messbar, vor allem auch als Sache selber gar nicht vorhanden" (TE 143). Das ist am

Ende der Kern von Blochs Fortschrittsbegriff: Fortschritt ist objektiv möglich, Geschichte ist darauf angelegt, aber letztlich abhängig vom Handeln der Menschen.

In der neomarxistischen Debatte im Westen lief Bloch demgegenüber Gefahr, selbst als Fortschrittsoptimist abgetan zu werden. Walter Benjamin, mit dessen Geschichtsbegriff Bloch viel gemeinsam hat, vertrat beim Fortschrittsthema eine extreme Gegenposition: „Der Begriff des Fortschritts ist in der Idee der Katastrophe zu fundieren. Dass es ‚so weiter' geht, *ist* die Katastrophe. Sie ist nicht das jeweils Bevorstehende, sondern das jeweils Gegebene" (Benjamin 1978, 683). Und Adorno merkt an: „Keine Universalgeschichte führt vom Wilden zur Humanität, sehr wohl eine von der Steinschleuder zur Megabombe" (Adorno 1992, 314). Angesichts solch starker Worte könnte Bloch als der blauäugige Fortschritts-Philosoph erscheinen, der sich weigert, so schwarz zu sehen wie die Vertreter der Kritischen Theorie. Warum stellt Bloch sich nicht die entscheidende Frage nach der Rebarbarisierung der angeblich zivilisierten Menschheit, warum die Menschheit, anstatt in einen wahrhaft menschlichen Zustand einzutreten, in eine neue Form der Barbarei versinkt?

Die Antwort lautet zunächst: Adorno und Horkheimer sind selbst nicht die Schwarzseher, als die sie manchmal erscheinen. Zwar spricht die *Dialektik der Aufklärung* gelegentlich von Verhängnis, was aber nicht bedeutet, dass sie Fortschritt in der Geschichte insgesamt für unmöglich halten. Sie sagen lediglich: Die über sich selbst unaufgeklärte Aufklärung muss sich ihrer Voraussetzungen, vor allem aber ihrer Verstrickung in instrumentelle Vernunft und damit instrumentelle Herrschaft bewusst werden. Dann ist es möglich, den verhängnisvollen Fortschritt, nämlich den des Verfalls und der Selbstzerstörung der Gattung, zu beenden und die Geschichte des wahren, also menschengemäßen Fortschritts zu beginnen.

Und für Bloch hieße die Antwort: Die Entwicklung von der Steinschleuder zur Megabombe gehört zu den katastrophalen Möglichkeiten, die in der Geschichte angelegt sind. Sie ist offensichtlich keine Fortschrittsgeschichte. Aber die mögliche Fortschrittsgeschichte, also der Weg zum Humanum, ist im Gang der Geschichte ebenso angedeutet, angelegt, es gibt deutliche, kräftige Hinweise darauf. Dieser Weg kann durch gute, vernünftige, kämpferische menschliche Praxis verwirklicht werden. Die „instrumentelle Vernunft", die für Adorno am Beginn des verhängnisvollen Weges steht, steht ja gerade im Mittelpunkt von Blochs Kritik an falschem, weil unvermitteltem Umgang mit Natur und Technik. Und wenn es, wie Benjamin formuliert, „so weitergeht", dann ist in der Tat die Katastrophe möglich. Der Prozess, darauf weist Bloch unermüdlich hin, ist noch nirgends gewonnen, er kann immer auch vereitelt werden. Aber dass es nicht immer so weitergeht, dafür können die Menschen als Agens und Movens der Geschichte sorgen.

Für Bloch ist Ziel der Geschichte mit Marx die Aufhebung der Entfremdung und Verdinglichung des Menschen. „Dieser Zielinhalt ist kein bereits definites, sondern einzig ein noch nicht manifestes, ein konkret-utopisches Humanum" (TE 147). Was dieses Humanum sei, lässt sich noch nicht voll inhaltlich sagen. Eher kann man Rückschläge in der Geschichte des Fortschritts auch auf diesem Feld konkreter benennen: Der Tod des Aufklärers Sokrates zum Beispiel, Inquisition und Ketzerverfolgung, die neufeudale Verklärung des Mittelalters, romantischer Traditionalismus bis zum Klerikalfaschismus (ebd., 148f.). Und dass „Hitler zum entsetzlichsten Beispiel" (ebd., 119) zu den „toten Rückschlägen" im Geschichtsprozess gehört, das lässt sich zumindest schon angeben.

Walter Benjamin hat an einer zentralen Stelle seiner Geschichtsphilosophie Paul Klees Bild *Angelus Novus* so interpretiert: Der Engel der Geschichte, der das Antlitz der Vergangenheit zuwendet, sieht „eine einzige Katastrophe, die unablässig Trümmer auf Trümmer häuft und sie ihm vor die Füße schleudert". Aber er kann nichts tun, weil ein Sturm vom Paradies her ihn handlungsunfähig macht. „Dieser Sturm treibt ihn unaufhaltsam in die Zukunft, der er den Rücken kehrt, während der Trümmerhaufen vor ihm zum Himmel wächst. Das, was wir den Fortschritt nennen, ist *dieser* Sturm" (Benjamin 1974, 698). Blochs Antwort könnte lauten: Fortschritt ist kein Sturm vom Paradies her, sondern Ergebnis harter Arbeit. „Geschichte ist eine harte, gemischte Fahrt" heißt es schon im *Geist der Utopie* (GdU 2, 301), im *Thomas Münzer* nimmt Bloch dieses Motiv wieder auf: „Geschichte ist keineswegs [...] zerfallene Bilderfolge, keineswegs auch [...] ein festes Epos des Fortschritts [...], sondern harte, gefährdete Fahrt, ein Leiden, Wandern, Irren, Suchen nach der verborgenen Heimat; voll tragischer Durchstörung, kochend, geborsten von Sprüngen, Ausbrüchen, einsamen Versprechungen, diskontinuierlich geladen mit dem Gewissen des Lichts" (TM 14f.).

Es gibt keinen Bürgen, keine Garantie für Fortschritt, aber es gibt Bündnisgenossen. Die Geschichte selbst, richtig gelesen, könnte eine Genossin sein. „Der Weltprozess ist noch nirgends gewonnen, doch freilich auch: er ist noch nirgends vereitelt, und die Menschen könnten auf der Erde die Weichensteller seines noch nicht zum Heil, aber auch noch nicht zum Unheil entschiedenen Weges sein. Die Welt bleibt in ihrem Insgesamt das selber höchst laborierende Laboratorium possibilis salutis" (LA 391).

→ *Dialektik; Freiheit; Marxismus; Materialismus; Multiversum; Natur; Prozess; Revolution; Ungleichzeitigkeit, Gleichzeitigkeit, Übergleichzeitigkeit; Zeit*

📖 ADORNO 1964, ADORNO 1992; ADORNO/HORKHEIMER 1987; BENJAMIN 1974; BURCK 1963; BURKERT 1997; GEHLEN 1978; KOSELLECK 1975, 2006; LÖWENSTEIN 2009; MÄDER 2010; RAPP 1992; RITTER 1969; SCHULZ/HORN 1957; WEHRSPAUN 2003.

Peter Zudeick

Freiheit

Freiheit wird von Bloch definiert als „der Modus des menschlichen Verhaltens gegenüber objektiv-realer Möglichkeit" (NmW 186). Die grundlegende Differenzierung ist die zwischen Willens- und Handlungsfreiheit (vgl. ebd., 176f. u. ö.). Das Problem der Handlungsfreiheit besteht darin, ob wir tun können, was wir wollen, oder ob wir durch äußere (natürliche oder soziale) Widerstände daran gehindert werden. Das Problem der Willensfreiheit besteht darin, ob wir in unseren Entscheidungen uns selbst, durch eigene Wünsche und Überlegungen, bestimmen, oder ob wir manipuliert oder von inneren Zwängen bestimmt sind. Beide Aspekte bilden das Ganze der Freiheit, in deren Begriff noch zwischen positiver und negativer Freiheit unterschieden wird (vgl. NmW 177f.). Diese Prädikate sind hier nur im logischen, nicht im ethisch wertenden Sinne gemeint. ‚Negativ' ist die Freiheit von etwas: Ich bin frei z. B. von Vorurteilen, Verpflichtungen, Bedrückungen. ‚Positiv' ist die Freiheit zu etwas: Ich bin frei zur Prüfung von Gründen, zu Wünschen und Entscheidungen, zum Setzen und Verwirklichen von Zwecken. Auch diese Unterscheidung in positiv und negativ darf nicht erstarren, denn eine ‚Freiheit von' kann wieder verloren gehen, wenn sie nicht in einer ‚Freiheit zu' genutzt werden kann. Die wichtigste Bestimmung der positiven Freiheit ist für Bloch die „ethische Freiheit", die Fähigkeit zur Bestimmung und Verwirklichung moralischer Forderungen und Ziele (vgl. TM 139).

Da der Begriff der Freiheit ein Zentralbegriff der Philosophie ist, dem von der klassischen Zeit der Griechen bis auf unsere Tage zahlreiche Untersuchungen gewidmet worden sind, würde ein Gesamtüberblick den Rahmen dieses Artikels sprengen. Erinnert sei jedoch an Denker, auf die Bloch selbst sich bezieht.

Sokrates wird von Bloch die Lehre zugeschrieben, dass „das Wissen des Guten unweigerlich dessen Tun" setzt und niemand freiwillig Unrecht tut (vgl. PH 217). Im ersten Teil seiner Behauptung könnte sich Bloch auf Aristoteles (vgl. MM 1182 a) sowie auf Xenophon (vgl. 1997, 95 f.) berufen, die beide Sokrates die These zuschreiben, Tugend und Wissen seien dasselbe. Der Satz, dass niemand freiwillig Unrecht tue, ist ein Wort des Dichters Epicharm, dem Sokrates laut eines (fälschlich) Platon zugeschriebenen Dialogs *Über das Gerechte* zugestimmt haben soll. In Platons naturphilosophischem Spätdialog wird der Satz vom Hauptredner, Timaios, vertreten (vgl. Platon 1992, 174f., 86 d/e). Platon lässt Sokrates im *Gorgias* und im *Menon* die These verfechten, dass jeder nach dem Guten strebt, nur streben die einen aufgrund wirklicher Erkenntnis, die anderen auf Grund eines bloßen Scheins des Guten. Daraus lässt sich vielleicht schlussfolgern, dass die schlecht Handelnden (d. h. die Tyrannen und die tyrannischen Seelen, die prassen und rauben, vergewaltigen und töten) für ihr Tun gar nicht verantwortlich sein können, denn sie wissen ja nicht, was das Gute ist. Wüssten sie es, würden sie ohne weiteres anders handeln. Aber die intellektualistische Interpretation solcher Überlegungen negiert die Tatsache, dass das Streben nach dem Guten bei jedermann schon vorausgesetzt ist. Außerdem ist natürlich grundlegend zweifelhaft, ob sich das Wissen an die, die es offenbar nicht haben, lehrend weitergeben lässt. Im *Menon* kommt Sokrates jedenfalls zum Ergebnis, dass die Tugend nicht lehrbar ist, und Xenophon berichtet von weiteren Faktoren, die nach Sokrates Einfluss auf die Lebensführung hätten, nämlich Naturanlage und Übung. Auch Sokrates braucht demnach der These nicht widersprochen zu haben, dass ethisches Wissen einer affektiven Verankerung im Charakter bedarf, um wirksam werden zu können. Nach Xenophon hat er das Problem nicht anerkannt, das im Christentum (vgl. Paulus: Röm 7, 14ff.) eine große Rolle spielen wird: dass wir das Gute kennen und auch wünschen, aber zu schwach sind, es zu tun.

Wer so redet, kann nach Xenophons Sokrates nur ein Scheinwissen haben, eben eines, das nicht wirklich in ihm verankert ist. Das Problem der Willensschwäche kann zur zentralen Erfahrung offenbar erst im Rahmen einer theologischen Ethik werden, für die das irdische Streben der Menschen von Grund auf verderbt ist. Es ist jetzt ein anthropologisches Problem, was für die Griechen der klassischen Zeit ein Problem des Unbeherrschten war (vgl. Aristoteles, ÜB 433a).

Aristoteles zufolge ist die Ethik ein Teil der Politik. Politische Freiheit besteht in der Beteiligung der Bürger an den öffentlichen Angelegenheiten und in der Herrschaft der Gesetze. Ethische Freiheit besteht in einer Entscheidung (προαίρεσις [prohairesis]), die als überlegtes Streben bezeichnet wird (vgl. NEa 1113a). Sie ist situativ und setzt eine allgemeine Zweckbestimmung voraus: Der Wille (βούλησις [bulesis]) geht auf den Endzweck, die Entscheidung auf die Mittel, d. h. die Handlungen, die ihn wirklich machen können. Hegel zufolge sind die Darlegungen des Aristoteles über Willen und Freiheit „das Beste bis auf die neuesten Zeiten" (HW 19, 221). Hier ist nur festzustellen, dass auch Bloch ihnen verpflichtet ist, was die Beziehung auf die Möglichkeit betrifft: Ein überlegtes Streben kann nur auf das gehen, was durch uns ausgeführt werden kann (vgl. NEa 1111b).

Erst in der Tradition der Atomistik nimmt der Widerspruch von Freiheit und Fremdbestimmung die Gestalt eines Widerspruchs von Naturnotwendigkeit und menschlicher Selbstbestimmung an. Epikur löst ihn auf, indem er im Naturgeschehen selbst einen Spielraum annimmt, dem unser freier Wille korespondiert. Es gebe in der Welt der Atome spontane Bahnabweichungen, die sich in der Welt unseres Handelns als Zufälle darstellen, welche die Zukunft offen halten (vgl. Diogenes Laertius 1967, 10. Buch, Brief an Menoikeus, sowie PA 526–531). Die stoische Schule hingegen hält an der durchgängigen Notwendigkeit und Vorherbestimmtheit der Begebenheiten fest. Dem Schicksal, der ‚Heimarmene' (εἱμαρμένη), gegenüber findet eine Verinnerlichung der Freiheit statt, die durch die Einsicht in die Notwendigkeit zur Unerschütterlichkeit (ἀταραξία [ataraxia]) führen soll. In einem Staatswesen der Despotie – wie sie im Hellenismus, in der späten Republik und im Kaiserreich Roms bestand – bleibt die Selbsttötung der letzte Akt der Freiheit: „Schlimm ist es in der Notwendigkeit zu leben, aber in der Notwendigkeit zu leben, gibt es keine Notwendigkeit [...]. Offen sind überall die Wege zur Freiheit, viele kurze, leichte" (Seneca 1999, 12. Brief an Lucilius). Bloch hat auch aus der Stoa, v. a. bei Zenon, sozialutopische Gehalte herausgehoben, ohne jedoch ihr grundsätzliches Einverständnis mit dem Weltlauf und das Ideal der Erhabenheit über die äußeren Umstände zu unterschlagen. Den wirklichen Sprengstoff jener Zeit sah er im Urchristentum, seinem Liebeskommunismus und seiner Naherwartung des Gottesreichs als eines neuen Äon, der sich gemäß apokalyptischer Tradition in kosmischen Katastrophen seinen Weg bahnt.

„Jesus selbst kam durchaus nicht so inwendig und jenseitig, wie eine der herrschenden Klasse stets gelegene Umdeutung seit Paulus das wahrhaben will" (PH 579). Gerade die paulinische Verjenseitigung der Erlösungshoffnung hat den Begriff der ‚christlichen Freiheit' geprägt im Sinne einer Verinnerlichung, die der stoischen zur Seite steht, ohne deren Weltfrömmigkeit zu teilen. Die Freiheit eines Christenmenschen besteht im Glauben (vgl. Gal 5). Die „herrliche Freiheit der Kinder Gottes" ist die Freiheit des Glaubens, unabhängig von den rituellen Geboten des Gesetzes, die Freiheit von Sünde und Tod (Röm 8). Diese Gedankenwelt hat auf den Autor von *Geist der Utopie* und *Thomas Münzer* eine beachtliche Anziehungskraft ausgeübt. Sie ist vermittelt durch die großen Debatten, welche die Rechtfertigungslehre speziell des Römerbriefs in der Geschichte der Christenheit ausgelöst hat. Im Hinblick auf Bloch fordert die Freiheitsdiskussion der Reformationszeit unsere Aufmerksamkeit. Luther hatte in der Heidelberger Disputation von 1518 behauptet, dass der freie Wille nur dem Namen nach eine Sache sei. In seiner Antwort auf die päpstliche Bannandrohung hat er 1520 seine Position dahin gehend präzisiert, dass „es in niemandes Vermögen steht, etwas Böses oder Gutes zu ersinnen, sondern alles durch eine absolute Notwendigkeit geschieht" (zit. nach Wenz 1998, 5f.). Erasmus hatte dagegen 1524 die Position des Synergismus verfochten: Göttliche Gnade und menschlicher Wille müssen zusammenwirken, die Gnade als Haupt-, der menschliche Wille als Nebenursache (Erasmus 1998, 95). Die Antwort Luthers war die Schrift *De servo arbitrio* von 1525: Der menschliche Wille „mag ein freier Wille genannt werden nicht gegen das, was über ihm ist, als gegen Gott, sondern gegen das, was unter ihm ist. Mit meinen Gütern, Äckern, Haus, Hof mag ich schaffen, walten, lassen tun frei, wie mein Wille ist; wiewohl dasselbige auch regiert wird allein durch Gottes Willen, der recht frei ist, wie und wohin es ihm gefällt" (Luther 1924, 62). Es gibt also die Handlungsfreiheit des Eigentümers, und ihr liegt sein eigener Wille zugrunde, aber dieser Wille unterliegt seinerseits einer äußeren, höheren Notwendigkeit. Im ethischen Sinne sind wir absolut unfrei: „Also ist des Menschen Wille im Mittel zwischen Gott und Satan und lässt sich führen, leiten und treiben wie ein Pferd oder ein anderes Tier. Nimmt ihn Gott ein und besitzt ihn, so geht er wohin und wie Gott will. [...] Nimmt ihn der Teufel ein und besitzt ihn, so will er und geht, wie und wohin der Teufel will. [...] die zwei Starken fechten und streiten darum, wer ihn einnehme" (ebd., 58). Bloch hat sich entschieden „gegen den Gott-Despotismus des Luthertums"(TM 141) und „das Lutherglück letzthinniger persönlicher Verantwortungslosigkeit" (ebd., 138) gewandt. Tatsächlich nimmt er, ohne ihn zu nennen, die Position des Erasmus ein, freilich mit anderer Gewichtung der beiden synergetischen Ursachen.

Den Vertretern des naturwissenschaftlichen Determinismus dürfte heute wie vor 300 Jahren kaum bekannt sein, welche Verwandte sie haben. Sie würden mit Recht darauf bestehen, dass es etwas anderes ist, die Herrschaft des Kausalgesetzes oder die des Willens eines göttlichen Weltenherrschers zu behaupten. Gleichwohl scheinen sowohl im Lebensgefühl wie im logischen Status des Prinzips Ähnlichkeiten zu bestehen. Auch die unumschränkte Herrschaft des Kausalgesetzes ist ein Glaube; jedenfalls hat noch niemand behauptet, die Verursachung einer Handlung aus Randbedingungen und Naturgesetzen lückenlos nachgewiesen zu haben – die Vielzahl der zu berücksichtigenden Faktoren macht das einfach zu kompliziert. Das regulative Prinzip, die naturwissenschaftliche Erklärung nicht willkürlich abzubrechen, ist wohl begründet, denn ihre Erfolge sind unabweisbar. Sie bestehen in der Beherrschbarkeit und Manipulierbarkeit der erkannten Prozesse, etwa in der medikamentösen Behandlung von Stimmungen, was allerdings auch ethische Probleme mit sich bringen kann. Der Einwand gegen den naturwissenschaftlichen Determinismus betrifft jedoch nicht nur die verschiebbaren Grenzen seiner Durchführbarkeit, sondern – noch vor aller ethischen Diskussion der Anwendungen auf den menschlichen Willen – die prinzipiellen Grenzen der Anwendung naturwissenschaftlicher Denkweise. Kant hat diese Grenzen darin gesehen, dass die Naturwissenschaften selbst auf konstitutiven Leistungen des Subjekts beruhen, eine Theorie, die trotz der möglichen Fehlbarkeit ihres Apriorismus, weiter reichende Perspektiven aufweist. Im transzendentalen Ich, das nach Kant die Gegenstände der Erfahrung und die Grundsätze ihrer Erkenntnis erst möglich macht, ist problematisch eine Instanz gegeben, die als Träger für die Gegenthese zum Determinismus in Frage kommt. Diese Gegenthese besagt, dass es eine Kausalität durch Freiheit gibt, d.h. durch eine Ursache, die selbst nicht wiederum gesetzmäßige Wirkung einer anderen Ursache ist. Bekanntlich ist Kant der Auffassung, dass sich beide Behauptungen gegenseitig widerlegen lassen, obwohl er dem naturwissenschaftlichen Determinismus weit entgegenkommt: Selbst die inneren menschlichen Zwecksetzungen, die sich einer direkten Beobachtbarkeit entziehen, können von einem Gesetz bestimmt sein, das er den empirischen Charakter nennt. Der Mensch wäre trotz seiner beeindruckenden Denkfähigkeit nichts als ein *automaton spirituale* (KAA/5, KpV 69), eine Geistmaschine, wäre da nicht die Erfahrung des Moralischen, d. h. das Verständnis eines Gesetzes, welches nicht auf das bezogen ist, was geschieht, sondern auf das, was geschehen soll. Freiheit gilt für Kant als Postulat, d. h. als ein durch die moralische Erfahrung notwendig zu bejahender Begriff, der aber rein theoretisch nur Problem sein kann (zu Blochs Rezeption der Kantischen Postulatenlehre vgl. Schiller 1991a). Indem Kant vermuten ließ, dass die Chancen der Verwirklichung von Moral in der Geschichte mit den Prozessen der Zivilisierung und Kultivierung, die unmittelbar nichts Moralisches an sich haben, steigen könnten, hat er selbst eine Richtung gewiesen, in der sein eigener Ansatz von Hegel und Marx überschritten werden sollte (vgl. Schiller 2006, 52ff.).

Für Hegel ist Freiheit der Grundbegriff der Geschichte. „Die Materie hat ihre Substanz außer ihr; der Geist ist das *Bei-sich-selbst-Sein*. Dies eben ist die Freiheit" (HW 12, 30). Sie ist zunächst nur ein Ansich-sein, das entfaltet werden muss und „eine schwere lange Arbeit der Bildung erfordert" (ebd., 31): „Die Weltgeschichte ist der Fortschritt im Bewusstsein der Freiheit – ein Fortschritt, den wir in seiner Notwendigkeit zu begreifen haben" (ebd., 32). Geschichte in diesem philosophischen Sinne ist für Hegel politische Geschichte, denn der Staat ist die Wirklichkeit der Freiheit, „die Einheit des allgemeinen und subjektiven Willens" (ebd., 57). Der Wille bestimmt sich nicht nur, wie in der Kantischen Ethik der Autonomie, zur Form des Gesetzes, sondern er ist frei „als sich selbst den Inhalt gebend" (HW 10, 288).

Alle hier nur additiv aufgeführten Prinzipien: die Freiheit als Beisich-sein und die Beziehung auf die Allgemeinheit der anderen als wirklicher Gesellschaft, die historische Arbeit des Geistes als Prozess der Freiheitsentfaltung und die inhaltliche Selbstbestimmung, wirken sowohl bei Bloch wie bei Marx fort. Der junge Marx nimmt das Beisich-Sein im Anderen zum Maßstab der Entfremdung in der Dimension der unmittelbaren sozialen Beziehungen. Arbeit freilich wird von ihm als materielle Arbeit, als Formierung von Natur verstanden: Sie schafft eine relative Freiheit von den Naturgewalten und große Reichtümer, aber nur für die Eigentümer der Produktionsmittel. Der Staat kann nicht das Element der Freiheit sein, da er auf der Unfreiheit der produktiven Arbeit beruht. Obwohl Marx in den Manuskripten, die *Das Kapital* vorbereiten, ein klares Bewusstsein davon verrät, dass dem einzelnen Arbeiter in der Wahl der (bezahlbaren) Konsumtionsmittel wie des Arbeitsherrn ein „weites Feld der Wahl, Willkür und daher der formellen Freiheit gelassen" (G 377) sein kann, bleibt die Arbeitswelt eine Sphäre der Notwendigkeit und des Zwangs, der sich bis zur kleinlichsten Despotie des Kapitalisten zu steigern vermag. Die „reale Freiheit" wird erst in einer kommunistischen Gesellschaft möglich sein, in der „die freie Entwicklung eines jeden die Bedingung für die freie Entwicklung aller ist" (MKP 482). Diese Entwicklung ist „travail attractif, Selbstverwirklichung des Individuums" (G 512), „Herausarbeitung des menschlichen Inneren", „seiner schöpferischen Anlagen" (ebd., 396). Sie definiert „das wahre Reich der Freiheit", worin „die menschliche Kraftentwicklung [...] als Selbstzweck gilt", eine Sphäre, die sich freilich nur auf der eigentlich materiellen Produktion, die trotz Klassenlosigkeit und maschineller Erleichterung ein Reich der Notwenigkeit bleibe, als seiner Basis erheben kann (K III, 828; von Bloch zit. z. B. in PH 1039). Bloch hat sicher pointiert, aber nicht zu Unrecht, jene utopische Sphäre als die einer „Kultur" bezeichnet, die den Rahmen einer zweiten Menschwerdung abgeben könnte (vgl. PH 242).

Da die verschiedenen Ausführungen zum Freiheitsbegriff im blochschen Werk nicht immer miteinander kompatibel sind, empfiehlt sich eine Darstellung entlang der Werke, in denen sie sich befinden. In *Thomas Münzer* (1921) geht Bloch aus von der Unterscheidung in Wahlfreiheit, die er auch psychologische Freiheit nennt, und ethische Freiheit. Die Wahlfreiheit besteht darin, dass wir zu den Reizungen äußerer Ursachen und unseren Reaktionen auf sie selbst wieder Stellung nehmen können: „der Austritt aus dem gegeben ‚Weil', der Entschluss zum ‚Trotzdem' steht offen" (TM 139). Die psychologische Freiheit ist zwar nicht einfach da, aber sie lässt sich „mit fortschreitender Selbstverursachung der Handlungen" (ebd.) gewinnen. Wahlfreiheit wird hier zunächst als negative Freiheit verstanden. Die Befreiung von den Reaktionsgesetzen schafft erst die Möglichkeit „zu negativen oder positiven ethischen Inhalten" (ebd.), also die „Freiheit zu", die positive Freiheit, die hier sogleich als ethische Freiheit gilt. Sodann vollzieht sich eine wichtige Wendung. Die ethische Freiheit ist nach Bloch nicht einfach eine formelle Freiheit der Wahl unabhängig vom Gewählten. Sondern die Wahl ethisch negativer Ziele – die Rede ist vom „Selbstischen", also von dem, was man gemeinhin „Egoismus" nennt – wirft sogleich wieder in die Abhängigkeit von den äußeren Ursachen und die Notwendigkeit ihrer Wirkungen, denen man sich sodann erneut überlassen kann oder auch nicht. Die Wahl positiver ethischer Ziele hingegen ist selbstreferentiell. Wer sie frei wählt, wählt die Freiheit als ontologischen Status. Aber wie sind die ethischen Ziele positiv bestimmt? Zunächst als karitative Tätigkeit (im Gegensatz zu Egoismus), sodann als ein mystisches Wir-Erlebnis. Beides soll ein Zustand der Freiheit, gar „absoluter Freiheit" sein. Freiheit gälte demnach nicht mehr als Attribut einer Handlung oder eines Entschlusses, sondern als „Fürsichsein".

Die ontologische Bestimmung der Freiheit besteht im Bei-sichsein, der „Identität", oder darin, dass alle Unruhe des Willens „heimgelangt ist und die menschliche Intention wahrhaft auftrifft, sich antrifft und umarmt […] aus dem Quellpunkt absoluter Freiheit an sich geflossen" (ebd.). Die ganze Problematik der blochschen Philosophie konzentriert sich in der Freiheitslehre in diesem Punkt, dass die ethische Freiheit absolut und zugleich noch nicht sein soll. Die Bestimmung der Freiheit „scheitert noch an der Unbekanntheit, objektiven Unentschiedenheit des intelligiblen Charakters, an der allerdings zutiefst noch bestehenden *apriorischen Unfreiheit*, das ist: Sich-selbst-Verhülltheit der menschlichen Bestimmung, kurz, an dem moralisch-metaphysischen Inkognito des Menschenwesens" (ebd., 140). Das zweite Problem besteht darin, dass die ethische Freiheit im Sinne der Manifestation des Menschenwesens gar kein Menschenwerk und damit auch kein Menschenzweck sein kann. Die aristotelische Bestimmung, dass wir frei nur im Hinblick auf das sein können, was in unserer Macht steht, wird darin verkehrt, dass wir unfrei sind, den Zustand der Freiheit zu erreichen: Die „ethische Freiheit" kann sich „aus eigener Kraft nicht erringen" (ebd.). Bloch streicht den Sündenfall, behält aber die Erlösungsbedürftigkeit und den klassischen Synergismus bei. „Das Fürsichsein, die Freiheit der Kinder Gottes steht so lange aus, und die Lösung von der eigenen selbstischen oder schwankenden Art […], die Selbstpräsenz, Wirpräsenz, das absolute Eingedenken steht so lange in Verzug, als nicht Messianisches den menschlichen Willen ‚aufgreift', als mithin nicht Antwort von oben, Gnade, Krönung durch die angetroffene Glorie an diesem Menschenwillen, Heilswillen ‚teilnimmt'" (ebd.).

Ist also unser Wille, dem Bloch des Frühwerks zufolge, frei, oder ist er es nicht? Wie meistens ist die Antwort ein entschiedenes „Ja, aber". Frei sind wir insofern, als wir uns von den äußeren Reizen und den

Gesetzen unserer Reaktionsweise (dem empirischen Charakter) distanzieren können. Frei sind wir ferner darin, nach ethischen Gesichtspunkten zu wählen. Unfrei sind wir allerdings darin, dass uns die Bestimmung des ethischen Endziels, Freiheit als ontologischer Status des Fürsichseins oder der Identität, nicht gelingen kann. Unfrei sind wir deshalb natürlich auch darin, dass wir dieses unbekannte Ziel aus eigener Kraft nicht erreichen können. Es wäre nun sehr hilfreich zu erfahren, was die ethischen Gesichtspunkte oder Inhalte sind, nach denen wir, befreit von den äußeren Ursachen unseres Handelns und unseres Charakters, entscheiden könnten. Leider lässt uns Bloch weitgehend im Stich. Statt ethische Kriterien zu diskutieren, wird der „Heilswille" selbst zum ethischen Inhalt: Die Wahl des ethisch Guten ist die Entscheidung, ein absolutes Bei-sich-sein zu wollen. Das „nicht-Seinwollen wie Gott" gilt als „die allein echte Erbsünde" (GdU 2, 335).

Die Vermittlung zwischen dem Handeln hier und heute und der in das Noch-Nicht verlegten Zielbestimmung ethischen Handelns liegt in der Rebellion gegen die äußere Bedrückung des Menschen durch Herrschaft und Armut. Thomas Münzer ist der Held des blochschen Frühwerks, weil er die soziale Rebellion – „daß es ein Ende haben muß" (TM 182) – mit dem Willen zum Unbedingten, „zum Überhaupt" (ebd., 227), verbindet. Diese Verbindung ist „chiliastisch": die Schaffung eines irdischen Reichs der Brüderlichkeit als Voraussetzung für die Wirksamkeit der Gnade, den Durchbruch zur Transzendenz oder „die Lichtung unseres gelebten Augenblicks selber" (ebd., 228). Die Konstruktion einer klassenlosen Gesellschaft als Vorstufe der metaphysischen Befreiung knüpft an Vorstellungen der *Offenbarung des Johannes* an, die bei Joachim di Fiore ausgebaut wurden und in verschiedenen Sozialrebellionen des ausgehenden Mittelalters und der beginnenden Neuzeit lebendig waren.

Mit der Denkfigur des Chiliasmus, die trotz gewisser Modifikationen für das gesamte blochsche Denken bestimmend bleibt, tritt die andere Dimension des Freiheitsbegriffs, die Handlungs- oder äußere Freiheit in den Gesichtskreis. Bloch beschäftigt sich nicht mit den positiven Bestimmungen einer Gesellschaft, die Freiheit im Zusammenleben der Menschen verwirklichen würde; mehr als „ein durchorganisiertes Produktionsbudget" (ebd., 94) scheint für die Einrichtung des materiellen Lebens nicht vorgesehen. Immerhin lässt Bloch schon in der Zeit des Ersten Weltkriegs keinen Zweifel daran, dass die Menschenrechte eine konstitutive Rolle spielen müssten. Wichtig ist im Hinblick auf die soziale und institutionelle Seite vor allem der negative Aspekt: die Befreiung. „Freiwerden aus den Händen der Schinder und Schaber; Aufhebung des dumpfen Leids, des Ausbeutungssystems an sich [...]; dahinter aber Freiwerden, durch ökonomisch-politische Rebellion erst erlangbar, zum echten, fruchtbaren, relevanten Leid, zum Leid an der kreatürlichen Selbstvergiftung und Selbstverdeckung; Entgröbung des Willens also, Zeit und Raum zur Ertötung des alten Adam und seiner Egoität" (ebd., 188). Die negative soziale Freiheit im Sinne der Befreiung schafft also die Möglichkeit der ethischen Freiheit im Sinne des metaphysischen Wollens und seines Synergismus mit der „Gnade", dem Zutun eines unbekannten Gottes, an dessen Stelle im späteren Werk das hypothetische Natursubjekt treten wird.

Zusammenfassend lässt sich die blochsche Konzeption des Frühwerks so charakterisieren: „äußere Freiheit schafft Raum zur Entgröbung, innere Freiheit aber schafft Raum für Gott" (ebd., 188). Eine Frage wäre freilich noch zu klären: Was ist mit den subjektiven Antrieben und den objektiven Möglichkeiten der äußeren Freiheit im Sinne einer Freiheit von Herrschaft und Not, also im Sinne der klassenlosen Gesellschaft? Bloch meint, dass das „Kommunismusideal" „der Menschennatur allernächst" sei (ebd., 99), woran doch einige Zweifel erlaubt sein dürften – warum sonst sollte die „Entgröbung" so schwierig sein? Objektive Schwierigkeiten, insbesondere solche, die sich aus dem Stand der Produktivkräfte ergeben, sind für den Willen jederzeit lösbar: „[...] ganz gewiß wäre deutlichstes Nichtwollen des Eigentums imstande gewesen, der ökonomischen Zwangsläufigkeit zu entgehen, wie sie zu aller Zeit [...] bestand" (ebd.). Wenn die Befreiung zu jeder Zeit möglich war – eine Auffassung, die auch Adorno vertrat (Adorno 2006, 249) – muss es an den Menschen selbst gelegen haben: sie wollten eben nicht und sie wollen immer noch nicht. Was für Bloch bleibt, sind moralische Appelle, denn das Nichtwollen ist keine bloße Sache der Wahlfreiheit, zu der wir bloß die Distanz von den unmittelbaren Antrieben brauchen, sondern eine ethische Entscheidung. Freilich werden solche Appelle ohnmächtiger und noch weniger überzeugend sein, als sie es schon üblicherweise sind, wenn ihr Prinzip nicht die Autorität einer etablierten Instanz, sei es Gottes oder der reinen Vernunft, sein soll, sondern in der Unbestimmtheit eines Noch-Nicht liegt.

Das spätere Werk Blochs entfernt sich von der spiritualistisch-theologischen Ausrichtung des Frühwerks und versteht sich, in einem ziemlich besonderen Sinne, als „materialistisch". Es ist gekennzeichnet durch eine verstärkte Hinwendung zu sozialphilosophischen Fragen und zur marxschen Theorie.

Im Abschnitt „Vom Kern der Freiheit" in *Naturrecht und menschliche Würde* (1961, Manuskript aus den vierziger Jahren) ist die erste Bestimmung wieder die „psychologische Freiheit des Willens", die Wahl zwischen widerstreitenden Antrieben (vgl. NmW 176). Im Unterschied zu *Thomas Münzer* bedeutet diese Freiheit nun nicht mehr, „dass der freie Wille aus den kausalen Zusammenhängen austreten oder gar sie zerreißen könnte" (ebd., 177). Bloch adaptiert sich der Position, die Kant vertrat: auch wenn wir uns von den unmittelbaren Antrieben der Sinnlichkeit distanzieren können, sind unsere Entscheidungen doch abhängig von unserem empirischen Charakter („auch die vorhandene Person ist eine Nötigung", ebd.) oder, wie heutige Hirnforschung sagen würde, von den Verschaltungen unseres Gehirns, die auf äußere Ursachen der Erziehung oder physiologische Erbschaft zurückgehen. Entscheidend ist nun, dass die Entscheidung in der „Nötigung durch die eigene Person" liegt. Welche psychologischen Determinanten sich auch immer bei der Entscheidung ausgewirkt haben mögen – die Wahl ist im fraglichen Sinne frei, wenn es die eigene Entscheidung des Handelnden ist.

Dieser Freiheitsbegriff ist nach Bloch Voraussetzung für den zweiten, der nun als Handlungsfreiheit (äußere Freiheit) eingeführt und sogleich als „politisch-soziale Freiheit" verstanden wird (vgl. ebd.). Gemeint sind institutionelle Fragen, Alternativen der Einrichtung des Gemeinwesens, d. h. der gemeinsamen Arbeit, des Verteilens, Vorsorgens, des direkten Zusammenlebens. Auch diese Freiheit hat zunächst eine negative Seite. Sie ist Befreiung von Zuständen, die als drückend, ungerecht, unwürdig empfunden werden. Aber die Freiheit von etwas darf, so mahnt Bloch, nicht formalistisch missverstanden werden (vgl. ebd.). Sie ist historisch situiert. Die Negation ist bestimmte Negation, so könnten wir im hegelschen Sinne sagen, und somit bereits positiv bestimmt. Dass die positiven Bestimmungen in *Naturrecht und menschliche Würde* – „Freilegung der Produktivkräfte", „Selbstbestimmung des mündigen Menschen", „genossenschaftliche Verwaltungsform" – recht allgemein bleiben, kann man Bloch schwerlich ankreiden. Die positiven Bestimmungen dessen, wozu sich die Menschen politisch-sozial befreien, müssen von ihnen selbst konkretisiert werden, sie können keine philosophische Schreibtischarbeit sein.

Als dritte Schicht des Freiheitsbegriffs wird nun die „ethische Freiheit" thematisiert. Sie bleibt merkwürdig blass, denn Bloch verzichtet selbst auf Andeutungen dessen, was diesen freien Willen zu einem „ethischen" macht. Die Prädikate, die in *Thomas Münzer* hier noch Verwendung fanden, gehören nun in eine vierte Schicht, die der religiösen Freiheit. Ihr Muster ist „das Urchristentum": „Entscheidend wurde das Seelenheil, das heißt die Freiheit von den Antrieben und Werken der Sünde, die Freiheit zum Reich Gottes" (ebd., 181). Auch in der intelligiblen Welt Kants, dem „Reich der Zwecke" oder dem höchsten Gut als Weltbegriff, erkennt Bloch, natürlich zu Recht, die religiöse Sehnsucht. Unklar bleibt, wie bei Kant, die Vermittlung dieses Freiheitsziels zum ethischen Handeln in der Gegenwart, dem privat-individuellen wie dem politischen. Zur Lösung wird statt des Chiliasmus an dieser Stelle Hegel aufgerufen. Er habe den Dualismus in der *Phänomenologie des Geistes* überwunden. Das Für-sich-sein des Selbst ist die religiöse Freiheit als „Aufhebung des Fremdobjekts der Intention", als „Entäußerung von aller Entäußerung" (ebd., 186). Aber der Jubel kommt zu früh. Denn leider bleibe dies alles bei Hegel bloß kontemplativ, bloß gedacht. Damit aber kehrt der überwunden geglaubte Dualismus als einer von Kontemplation und Praxis wieder.

Ob die intendierte „Freiheit der Kinder Gottes" bzw. die Identität von Substanz und Subjekt überhaupt ein Ziel menschlicher Praxis sein kann, muss nach wie vor bezweifelt werden. Wenn das nicht möglich ist, kann jene Vorstellung auch durch keinen Begriff der Geschichte vermittelt werden. Bloch selbst hat dieser Einsicht Raum gegeben: der Eintritt des Eschaton wäre unvermittelt, ein „totaler Sprung aus allem Bisherigen"(PH 233), was sollte er auch anderes sein. Vielleicht können wir darauf hoffen, dass jenes Identitätsziel erreichbar wird, wenn die menschlichen Verhältnisse im Sinne der politisch-sozialen Freiheit in Ordnung gebracht sind. Es kann aber zu nichts führen, das religiöse Identitätsziel zum Ausgangspunkt einer Begründung sozialethischer Verpflichtung machen zu wollen.

Der Grund für die praktische Irrelevanz des Eschaton unter den atheistischen Voraussetzungen liegt in der von Bloch selbst betonten Bindung des Freiheitsbegriffs an den der Möglichkeit. Mag auch noch so vieles denkbar sein – zum Gegenstand unserer Entscheidung kann nur werden, was möglich ist oder historisch möglich wird. „Freiheit ist der Modus des menschlichen Verhaltens gegenüber objektiv-realer Möglichkeit" (NmW 186). Umgekehrt freilich erweist sich vieles (z. B. Flugzeuge und Religionen, Städte und Gesetzbücher, Völkermorde und der Atomkrieg) erst als möglich, weil es mit dem Menschen eine Lebensform gibt, die durch bewusste, planvolle und durch Sprache vermittelte Produktion ausgezeichnet ist.

Die beiden Aufsätze *Über Freiheit und objektive Gesetzlichkeit, im Prozess gesehen* (1954) und *Freiheit, ihre Schichtung und ihr Verhältnis zur Wahrheit* (1956) stammen aus der Zeit, in der Bloch ein fest etablierter und gefeierter Philosoph der DDR war. Sie stoßen ab durch die propagandistische Sprache des Kalten Krieges und durch Gewissheiten, die anmuten wie eine Weltuntergangspredigt von 1999 („der untergehende Kapitalismus"; „die freie Konkurrenz [...] rettungslos vergangen" (PA 536, 576). Sachlich gesehen, bewegen sich Blochs Ausführungen zunächst auf dem Terrain der politisch-sozialen Freiheit, genauer gesagt: auf dem der Revolutionstheorie oder der Theorie des gesellschaftlichen Übergangs. Er wendet sich gegen zwei Extreme: die einen erwarten den Übergang zum Sozialismus als etwas, das sich von allein nach historischen Gesetzen vollzieht – das ist der „Sozialdemokratismus", für den der vorrevolutionäre russische Marxist Plechanow steht – die anderen sind Putschisten, die meinen, „daß bei genügend jähem Vorstoß alles zu jeder Zeit politisch möglich sei" (PA 536). Hier nennt er z. B. Sorel, obwohl er auch auf seine Münzer-Schrift verweisen könnte. Das Ganze hat die Form einer Diskussion der „Gewichtsverteilung" des „subjektiven und objektiven Faktors" (ebd., 532) und kommt zu dem – ebenso wahren wie gegenwärtig belanglosen – Ergebnis, „daß es überhaupt keine objektiv-totale Reife zur Revolution gibt und geben kann" (ebd., 540). Der subjektive Faktor ist „Mensch" oder auch „Klasse", der objektive ist „draußen", eine Außenwelt, die Gesetzmäßigkeiten aufweist. Solche objektiven Gesetze wären Gesetze des Geschehens, nicht normative Gesetze des Handelns wie juristische Vorschriften oder etwa der Kategorische Imperativ nach Kant (das „Sittengesetz").

Leider erläutert Bloch nicht, was er unter einem objektiven Gesetz versteht. Er unterscheidet Naturgesetze von historischen oder sozialen Gesetzen und stellt fest, dass wir nicht wirken können, wenn wir gegen objektive Gesetze verstoßen. Bei Naturgesetzen leuchtet dies unmittelbar ein und ist von Bacon klassisch formuliert worden: „Natura parendo vincitur". Im Unterschied zu Naturgesetzen wären historische Gesetze aber durch menschliches Handeln vermittelt (vgl. PA 538). Daraus ergibt sich, dass die gesetzmäßige Notwendigkeit in Geschichte und Gesellschaft keine geschlossene und auch keine abgeschlossene sei (vgl. ebd., 547). Keine geschlossene: d. h. es gibt Abweichungen, die sozialen, insbesondere wirtschaftlichen „Gesetze" setzen sich nur im Großen und Ganzen, der Tendenz nach, durch. Das Muster dafür bildet das von Marx konzipierte „Gesetz des tendenziellen Falls der

Profitrate" (vgl. EM 146 und zur Diskussion: Schiller, H.-E. 1982, 242f.). Die Notwendigkeit historisch-sozialer Gesetze ist aber auch keine abgeschlossene: Wenn es gelingt, neue Bedingungen zu schaffen (etwa in den Eigentumsverhältnissen), dann können sich auch neue Gesetze bilden (vgl. PA 548). Da Bloch in keine wissenschaftstheoretische Erörterung über den Begriff sozialer und historischer Gesetze eintritt, müssen wir das, was er als allgemeine Theorie der Geschichte formuliert, auf das zurücknehmen, was er konkret vor Augen hat: „Der Sozialismus hat zwar eine Reihe von Gesetzen der kapitalistischen Ökonomie durch neu geschaffene Produktions- und Distributionsbedingungen aufgehoben (so das Gesetz des Mehrwerts, der absoluten und relativen Verelendung, der Durchschnittsprofitrate, der Konkurrenz, der Krisen). Nicht aufgehoben, sondern in ihrer Gültigkeit nur eingeschränkt sind dagegen andere Gesetze der Warenwirtschaft, solche, die gerade dem Übergang vom Kapitalismus über den Sozialismus zum Kommunismus notwendig eigen sind (so vor allem das Wertgesetz, das Gesetz der Waren- und Geldzirkulation" (ebd., 595). Aus Blochs Text heraus lassen sich diese Beispiele nicht beurteilen.

Den Kern des Vortrages von 1956 bildet eine neue Version der aus *Thomas Münzer* und *Naturrecht und menschliche Würde* bekannten Differenzierungen. Während das Münzer-Buch zwischen Wahlfreiheit und ethischer Freiheit unterschieden hatte, waren im Naturrechtsbuch die Handlungsfreiheit als politisch-soziale Freiheit und die religiöse Freiheit hinzugekommen. Nun wird der Wahlfreiheit die Entscheidungsfreiheit zur Seite gestellt – beide fungieren unter dem Titel „Willensfreiheit" – und die ethische Freiheit wird verdreifacht in Gewissensfreiheit, moralische Freiheit und finale Freiheit. Letztere ist ein unverfänglicherer Name für die vormals „religiöse Freiheit" genannte Willensrichtung auf das „Überhaupt". Die moralische Freiheit betrifft die individuelle Haltung zum „Befreiungskampf der Menschheit" und zugleich die „Übereinstimmung des Tuns mit den eigenen Bestimmungsgründen" (ebd., 587), also wohl das, was wir Authentizität nennen würden.

Am ausführlichsten sind Blochs Äußerungen zur politisch-sozialen Freiheit. „Freiheit und Ordnung" ist in *Das Prinzip Hoffnung* die Überschrift für das große Kapitel über die Sozialutopien (vorab veröffentlicht bereits 1946), aber die grundbegrifflichen Bestimmungen (vgl. PH 614–621) sind auch in *Naturrecht und menschliche Würde* enthalten. Freiheit in den gesellschaftlichen Verhältnissen wird verwirklicht durch die Menschenrechte, sofern sie von der im neuzeitlichen Naturrecht gelegenen Fixierung auf das private Eigentum befreit werden. Es handelt sich dann um subjektive öffentliche Rechte, um eine facultas agendi, d. h. individuelle Berechtigung. In der bürgerlichen Gesellschaft werden die individuellen Berechtigungen geordnet durch staatliche Gesetze, die *norma agendi:* das objektive Recht oder der „Inbegriff der Rechtssätze", die „Rechtsordnung" (vgl. NmW 240). Bloch besteht darauf, dass auch die klassenlose Gesellschaft einer Ordnung bedarf. „Der Sozialismus [...] intendiert bereits auf seinem Weg [...] die öffentliche Ordnung einer norma agendi nur als die *unverdinglichte Ordnung einer öffentlich gewordenen Freiheit der facultas agendi aller*" (ebd., 258). Bloch paraphrasiert hier die Kommunismus-Formel aus dem *Kommunistischen Manifest* (MKP) in den Begriffen der Rechtstheorie.

Die nächstliegende Frage lautet: soll die sozialistische norma agendi auch die Form des Rechtsgesetzes haben? Die These, dass es ohne Gesetze keine Freiheit gibt, gehört zum Grundbestand der klassischen Sozialphilosophie. Bloch hingegen scheint der Auffassung zu sein, dass Gesetze vor allem Einschränkungen sind, die bestimmten Kollektiven dienen: „Das Auge des Gesetzes sitzt im Gesicht der herrschenden Klasse" (ebd., 206f.). Objektives Recht gehört zur Staatlichkeit, und da der Staat als Herrschaftsinstrument absterben soll, scheint es in der gewünschten und geforderten Zukunft keinen Ort mehr zu haben. „Das *letzte subjektive Recht* wäre so die Befugnis, *nach seinen Fähigkeiten zu produzieren, nach seinen Bedürfnissen zu konsumieren*; garantiert wird diese Befugnis durch die *letzte Norm des objektiven Rechts: Solidarität*" (ebd., 252). Die Ordnung utopischer Freiheit könnte ohne Rechtsordnung auskommen, aber es ist schwer ausdenkbar, dass es keine Regeln mehr geben muss. Die Frage nach den Regeln der Ordnung wird ersetzt durch die Metaphorik des „Reichshaften" (PH 619), die ebenso vage wie belastet ist. „Konkrete Ordnung erscheint im unwesentlich Gewordenen als Leitung von Produktionsprozessen, im wesentlich Bleibenden als Bau immer zentralerer Zieleinheit des Menschengeschlechts oder als Bau des *Reichs* der Freiheit" (ebd., 618). Das Reichshafte solcher Ordnung wäre also „die Gebautheit", ihr Wesen „die *Utopie der Zufallslosigkeit, Situationslosigkeit*" (ebd., 619). Diese Ordnung soll nur die Freiheit zu ihrem Inhalt haben, nämlich „das wesenhafte Selbst und Was" des Willens (vgl. ebd., 620). Es kann also nur jene Freiheit gemeint sein, die Bloch als ethische, religiöse oder finale Freiheit bezeichnet hatte und die in der Unbestimmtheit des utopischen Noch-Nicht liegt. Wen tatsächlich die Aussicht auf die

Freiheit einer klassenlosen Gesellschaft geschreckt haben sollte, weil er glaubte, nichts mit ihr anfangen zu können, den wird es schwerlich beruhigt haben, von Blochs chiliastischem Traum einer „machtfreien Lehrmacht des Gewissens ums Wohin und Wozu" (NmW 312) zu hören. „Diese Macht ist die Kirche, sie vergeht mit Eigentum und Klassen [...] nicht so [...] notwendig wie der Staat. Eine künftige Weltleitung [...] übernimmt keinerlei Staatsgeschäfte, wohl aber wäre denkbar, daß etwas wie zentrierte Ratgebung, wie Verwaltung des Sinns überbleibt. Etwas, das die Gemüter ordnet und das die Geister lehrt, um immer wieder [...] in Bereitung und Richtung zu leben" (ebd., 310).

Weniger problematisch und von erstaunlicher Aktualität ist die Einbeziehung der Natur in die Utopie der gesellschaftlichen Freiheit. Natur als sozialutopische Kategorie wäre der Raum der Freizeit (vgl. PH 1074), d.h. die „konkrete Umgebung (Heimat)" (ebd., 1080) für die menschliche Freiheit. Ihr Vor-Schein ist das „Feiertagsgefühl in der Natur", der Zufluchts- und Friedenscharakter (1075f.), den die Natur zeigen kann. In heute geläufigen Ausdrücken könnten wir sagen, dass die soziale Verwirklichung der Freiheit verbunden sein muss mit einer ökologischen Perspektive, der Suche nach Frieden mit der äußeren Natur.

Es gehört zu den Verdiensten Ernst Blochs, die Tradition des Naturrechts und damit die Idee der Freiheit in der marxistischen Literatur vertreten zu haben. Auch sein Bestehen auf der Frage des Wozu, der Zielbestimmung im Freiheitsbegriff, ist bemerkenswert, denn die gegenwärtige Philosophie lässt sich allzu oft auf das Problem der Regelbegründung verkürzen. Allerdings darf man nicht übersehen, dass alle blochschen Anstrengungen bestimmt sind durch seinen Willen, die Frage des Wozu als die eines eschatologischen Überhaupt denkbar und lebbar zu halten.

Die Freiheitsfrage der Gegenwart in den fortgeschrittenen Industrieländern ist durch das oberflächliche Auseinanderfallen von privater und gesellschaftlicher Freiheit gekennzeichnet, deren innerer Zusammenhang ignoriert wird. Unter der Parole der Freiheit wird politisch die Befreiung der Besitzenden von Steuern gefordert und die längst erfolgte Befreiung des globalisierten Kapitals von Regulierungen verteidigt. Es ist nicht abwegig zu vermuten, dass der ökonomiekritische Impuls, dem sich Blochs Positionen zur politisch-sozialen Freiheit verdanken, nach wie vor seine Berechtigung hat. Das Einstehen für die

Menschenrechte, das er im Osten nicht gefahrlos praktiziert hat, wird heute angesichts der schier unermesslichen Möglichkeiten der Überwachung und Drangsalierung jedes Einzelnen zu einer unumgänglichen Pflicht. Im vordergründig privaten Leben scheint das Freiheitsproblem sich vor allem als das der Kreditlinie zu stellen. Die innere Freiheit wird für viele Menschen beeinflusst von der kulturindustriellen Verbreitung sinnstiftender Erfolgs- und Besitzideale sowie einer Reihe mehr oder weniger bestimmter Katastrophenängste: vor dem Verlust des Einkommens, vor der Klimakatastrophe, dem Staatsbankrott, den Terroristen. Angst ist der subjektiv größte Feind der Freiheit, und es wäre ein Fehler, ihn zu ignorieren, weil er so wenig fassbar ist. Was man von Bloch lernen kann, ist die Einsicht in den unauflöslichen Zusammenhang von innerer und äußerer Freiheit.

Die theoretischen Diskussionen der Gegenwart kreisen um zwei Themen: den naturwissenschaftlichen Determinismus, der durch die Hirnforschung Auftrieb erhalten hat, und die Schuldfähigkeit als unverzichtbares Element des Strafrechts. Bloch hat sich um beide Themen nicht gekümmert, aber das wiegt nicht allzu schwer: Der naturwissenschaftliche Determinismus reicht theoretisch an das Kernproblem der bewussten Selbstverursachung des eigenen Handelns gar nicht heran (so wenig wie die chemische Analyse eines Bildes Aussagen über den künstlerischen Ausdruck zu fällen vermag) und kann praktisch, gerade was die Hirnforschung betrifft, nur zu Manipulationen führen, in denen sich das für die moderne Naturwissenschaft konstitutive Ideal der Naturbeherrschung verwirklicht – als Naturbeherrschung am Menschen. Es ist von schwer überbietbarer Paradoxie, wenn Hirnforscher nach ethischen Regeln für die Anwendung ihrer Erkenntnisse verlangen und zugleich die menschliche Freiheit leugnen, womöglich im Gewande humanitärer Parteinahme für die der Straflust ausgelieferten Delinquenten, die nichts als Produkt verderblicher Einflüsse seien. Unbestreitbar gibt es beides: Straflust und verderbliche Lebensbedingungen. Wenn jedoch die Freiheitsdiskussion vom Strafrecht und seiner Schuldfrage, die sich immer auf Vergangenes bezieht, bestimmt wird, geht die wesentliche Dimension der Zukunft verloren: Die Freiheit ist immer etwas, das errungen und bestimmt werden muss. Ein solcher Gedanke wäre freilich auch für das Strafrecht von entscheidender Bedeutung.

Zur heutigen Lage der Freiheit gehört das vermutlich weit verbreitete Gefühl, nicht recht zu wissen, was man will. Man kann dies unter Rekurs auf die Psychoanalyse erklären mit einer Ich-Schwäche, die mit der realen Ohnmacht des Einzelnen einhergeht, oder mit dem Hinweis auf die Leere und Langeweile, die Gleichgültigkeit und mangelnde Tiefe eines gesellschaftlichen Lebens, das in Beruf wie Freizeit hauptsächlich einfache Reize bietet. Wenn sich das Freiheitsproblem so stellt, wird es erneut wichtig, sich vor Augen zu halten, dass der freie Wille etwas ist, was angeeignet oder ausgebildet werden muss. „Die Individuen", schrieben zwei Sozialphilosophen des 19. Jahrhunderts, „gingen immer von sich aus" (DI 75). Aber, so Bloch, „gerade unser Selbst ist uns nicht vorgegeben" (PH 74). Finalität ist Bloch zufolge die „Zielstrebigkeit des Menschenwillens, der in den offenen Möglichkeiten der Zukunft gerade sein Wohin und Wozu erst sucht" (ebd., 232). Das dürfte ganz besonders für jene interessant sein, die nicht bereit oder in der Lage sind, sich in die öffentlich anerkannten Schemata der Identitätsfindung einzupassen.

→ *Entfremdung; Ethik; Fortschritt; Heimat; Marxismus; Möglichkeit; Naturrecht; Noch-Nicht*

ADORNO 2006; DIOGENES LAERTIUS 1967; ERASMUS 1998; LUTHER 1924; PLATON 1992; SCHILLER, H.-E. 1982; SCHILLER, H.-E. 1991; SCHILLER, H.-E. 2006; SENECA 1999; XENOPHON 1997; WENZ 1998.

Hans-Ernst Schiller

Front

Zusammen mit Novum und Ultimum bildet Front das basale Kategorialgerüst, das den Realisierungvorgang beschreibt. Front ist also ein kategorialer Terminus und deutet auf den vordersten und eigentlichen Zeitabschnitt, in welchem der Mensch lebt und handelt und das Neue heraufkommt. Front bezeichnet das Jetzt des gelebten Augenblicks als Handlungsmöglichkeit und ist damit sowohl offene Gelegenheit für Neues auf dem Weg zur Utopie und Identität als auch immer das im Dunkel des gelebten Augenblicks Gelegene. Front als Gelegenheit zur Realisierung muss als solche wahrgenommen werden, fordert daher Entschlusskraft und Fertigkeit seitens des Subjekts (von Bloch „aufrechter Gang" genannt); freilich können diese auch verfehlt werden.

Die Brüder Grimm zitieren Goethe aus *Wilhelm Meisters Wanderjahren* im Eintrag „Fronte": „Nun steht er stark und kühn, nicht etwa selbstisch vereinzelt, nur in verbindung mit seines gleichen macht er fronte gegen die welt" (DW 4, 249). Der Satz beschreibt die dritte Form der Ehrfurcht (nach Ehrfurcht für das, was „über" uns ist, und Ehrfurcht für das, was „unter" uns liegt). Ehrfurcht ist, im Unterschied zur Furcht, für Goethe Voraussetzung der menschlichen Würde. Obwohl der Terminus „Front" in der Philosophie als solcher keine weite Verbreitung kennt, ist das Motiv der Verknüpfung von freier Wahl und Entscheidungsnotwendigkeit im kontextuell bestimmten Jetzt als Bedingung für authentisches menschliches Handeln und Existieren ein bekanntes Thema, spätestens seit Kierkegaard (vgl. Kierkegaard 1843), dann bei Jünger (vgl. Jünger 1920) und Heidegger (vgl. Heidegger 1927) ebenso wie in der Existenzphilosophie im Allgemeinen. An der Front wird der Mensch zum aktiv Handelnden, indem er sich der Welt entgegenstellt und sie auf diese Weise weiterführt. Die Front beinhaltet aber immer auch eine Unterbrechung des einfach fortlaufenden Prozesses, ein dialektisches Moment.

In Blochs Denken sind Kategorien spekulative (d. h. noch unausgetragene) materielle Gestalten, deren Inhalte sich erweitern und verändern im Laufe der Geschichte und im Lichte des Neuen, das ständig heraufkommt. Im Falle der sog. Gebietskategorien ist diese geschichtliche Veränderbarkeit leicht einzusehen: Denn alles, was zum Beispiel ‚Liebe', ‚Freiheit', ‚Wille', ‚Natur' genannt wird, ist keineswegs schon klar, nicht nur dem Begriff nach, sondern auch als Realmöglichkeit. Aber das Gleiche trifft zu für die formaleren Kategorien des Realisierungsprozesses selber. Als kategoriales Grundverhältnis bestimmt Bloch die Beziehung zwischen dem intensiven *Dass-Grund* der Existenz und dem *Was* der kategorialen Gestalten. Diese Beziehung zeigt Lücken auf – das Endziel der Geschichte ist die vollständige Deckung von *Dass* und *Was*: „Die Kategorien stellen sich im Denken zunächst als die jeweils allgemeinsten Beziehungsbegriffe dar; als solche spiegeln sie die jeweils allgemeinsten Daseinsweisen, Daseinsformen des sich bewegenden Etwas. Die Daseinsweisen sind eben die des Verhaltens als einer früher gesetzhaft, heute als tendenzkundig, tendenzhaft begriffenen Beziehung, die Daseinsformen sind die der gestalthaften, gestalthaft aus sich ausziehenden Beschaffenheit, als einer relativ ausgeprägten. *Daß aber zwischen Daß und Was überhaupt bezogen werden kann: diese Beziehung ist selber die Grundkategorie*, und alle anderen führen sie nur aus, alle anderen sind nur die fortgeführte Lichtung der aus dem Daß entspringenden Etwas-Vielheit durch ein Wegnetz" (EM 71; Hervorh. J.S.). Die Grundbeziehung ist kein kausales Verhältnis, sondern eher, wie bei Schopenhauer, die Beziehung zwischen Ding-an-sich und Erscheinung, ein Ausdrucks- oder Manifestierungsverhältnis, das im Medium des Mangels, des Noch-Nicht, nach Vollständigkeit strebt, nach dem Zustand, in welchem es nichts im intensiven Drang der Existenz gibt, das nicht ausgetragen würde als geprägte, geäußerte, objektive Gestalt oder Wesenheit. Existenz und Essenz verhalten sich im Grundverhältnis als Frage zueinander und gleichfalls als versuchte Antwort, wie Bloch immer wieder betont.

Auch die Kategorie Front ist eine Lichtung der „Etwas-Vielheit", und zwar im Sinne der vordersten, im Halbdunkel gelegenen Stufe der Zeit: „Die Front ist so zu definieren: Sie ist der jeweils vorderste Abschnitt der Zeit, wo wir uns lebend und handelnd befinden. So liegt die Front jedesmal im Jetzt, das eben wiederum das Jetzt des Nicht ist, des aus sich herausdrängenden und so immer wieder vorwärtsstürzenden. Das Nicht an der menschlichen Front ist im gerade gelebten Augenblick, einem gelebten, jedoch wegen seiner noch völlig unsichtigen Unmittelbarkeit nicht erlebten" (TE 227). Die Front zeigt, dass der Realisierungsprozess ein unterbrochener ist, der von Ereignis zu Ereignis geht, und kein allmähliches Fließen. Front, Novum und Ultimum zusammen machen die dialektischen Kraftzentren der Revolution aus.

Da die Front sich im Dunkel des gelebten Augenblicks „das noch völlig ungehabte Grundsein des Existere" (ebd., 228), im blinden Fleck des Jetzt, befindet, ist es der Ort, an dem das Experimentsein der Welt stattfindet. Die Unmittelbarkeit des Jetztseins wird an der Front vermittelt und immer aufs Neue und versuchsmäßig zum Haben gebracht. Für Bloch rückt der Begriff der Front in die Nähe des „carpe diem" und der Gelegenheit, und wir können dabei auf den Begriff des *kairos* verweisen (auf den richtigen Zeitpunkt), der eng zusammenhängt mit dem von Bloch unter den Namen „Front" Gedachten. Kairos ist die Gelegenheit zum Versuch einer Handlung oder Entscheidung, eine Gelegenheit, die wahrgenommen werden muss und sowohl Geduld erfordert als auch verpasst werden kann, und die – so wie auch die Front – damit einen wahrheitsaufweisenden und orientierenden Charakter hat. Die ontologische Wahrheit im Prozess wird sichtbar gemacht an der Front der Verwirklichung, im unabkömmlichen rechten Moment des *kairos*: καιρός γάρ, ὅσπερ ἀνδράσιν μέγιστος ἔργου παντός ἐστ' ἐπιστάτης („es ruft die Stunde / Der mächtige Lenker allen Menschenwerks"; Sophokles 1894, 75f., Übers. Weinstock).

Diese Zusammenhänge deuten auf die ethisch-ontologische Doppelnatur der Front hin. Für Bloch – und hierin folgt er wie viele andere Existenzphilosophen Hegel – *sind wir nicht einfach*, sondern *wir haben zu sein*, und werden vom Sein dazu veranlasst, unser Sein auf uns zu nehmen und unsere Wirklichkeit zu gestalten, einem An-und-für-sich-Sein des Subjekts entgegen. An der Front wird dies versuchsweise möglich, denn dort gibt es den Spielraum für Entscheidung und freie Wahl, wenn auch immer nur und gerade im Lichte der vorhandenen konkreten Möglichkeiten.

Bloch sagt einerseits, dass jeder Augenblick, wenn er sich ereignet, an der vordersten Stelle des Zeitablaufes sich befindet und daher als Front bezeichnet werden kann. Andererseits macht Bloch auch immer wieder klar, dass die Front als Vorstufe des Neuen verstanden werden muss, und dass wir es hier mit einem ontologisch graduellen Begriff zu tun haben: Nicht jeder Augenblick hat die Möglichkeit eines wirklich Neuen tendenziell-latent in sich. Vielmehr scheinen zwei Bedingungen erforderlich: erstens die *reale* Möglichkeit eines Neuen und zweitens deren Erkennen und Ergreifen durch den handelnden Menschen. Es scheint so zu sein, dass auch der Front nur durch die menschliche Reflexion zu sich selbst verholfen werden und sie nur dadurch ihre ontologische Rolle erfüllen kann. Die Front als Ort der Verwirklichung ist daher nur möglich unter der Voraussetzung einer menschlichen Existenz und Selbstbestimmung, mit einem Wort: unter der Voraussetzung des aufrechten Ganges, der sowohl ein Prinzip der Moralität als auch ein Motor der Geschichte ist.

→ *Dialektik; Ethik; Metaphysik; Natursubjekt; Novum; Ultimum*

📖 Heidegger 1927; Jünger 1920; Kierkegaard 1843; Sophokles 1894.

Johan Siebers

Grund

Grund gehört in erster Linie in die Sphäre des Logischen. Grund ist zunächst im Sinne der Kausation das, woraus eine Folge abgeleitet werden kann. Eine Folge tritt nur auf, wenn sie einen zureichenden Grund besitzt (*principium rationis sufficientis*). Zweitens ist Grund bei Bloch die paradoxe Verknüpfung von Ratio und Existenz, oder von Ratio und dem Intensiven, Nicht-Logischen, das Bloch in Anlehnung an Eckhart, Böhme und Schelling „Ungrund" nennt. Der letzte Grund für das Seiende ist somit dieser Ungrund, Urgrund oder Abgrund, der nicht mehr von der Vernunft erfasst werden kann und ihr deshalb verborgen (*absconditus*) bleibt. In der deutschen Mystik wird dieser Urgrund von Eckhart her eng mit dem Willen und dem Streben in Verbindung gesetzt (vgl. Heimsoeth 1922). Bei Bloch kehrt er als „Daß-Anstoß" wieder.

Grund bedeutet „tiefste Stelle" (alt- und mittelhochdeutsch *grunt*) und entwickelt sich in der deutschen Mystik zur Bezeichnung der „Innerlichkeit, tiefste Wesens- und Wirkenskraft, Ursprung, Seelengrund (Abgrund, Ungrund, Urgrund)" (WPBa 273). In der Logik bedeutet Grund seit Leibniz und Wolff „dasjenige, wodurch man verstehen kann, warum etwas ist" (ebd., 274), und ist zusammengesetzt aus dem Satz vom zureichenden Grund, als letzter Begründung der Tatsachenwahrheiten, und dem Satz vom Widerspruch, als letzter Begründung der Vernunftwahrheiten. Schelling schließt an den Sprachgebrauch der Mystik an und identifiziert, so Blochs Rezeption, den Ungrund mit dem Dass als „Hunger, Gier […] endloses Streben […] Hungerleiderei des Unendlichen", aber auch, weil der Ungrund nicht vernünftig ist, als „totale Freiheit" (LV 4, 230; vgl. Schellings Freiheits-Schrift, 1. Abt., Bd. 7). Über diesen Weg findet der Begriff des Grundes/Ungrundes seinen Weg in Blochs Denken, als Faktor der kategorialen Urbeziehung zwischen Dass und Was, welche im aristotelischen erkenntnistheoretischen Unterschied zwischen Sinnlichkeit und Verstand, ὅτι (dass) und διότι (weil), vorgebildet ist (*Analytica Posteriora*, 78a, 22) und im scholastischen Unterschied zwischen *quodditas* und *quidditas*, „Washeit" und „Dassheit", besonders *existentia* und *essentia* (Existenz und Wesen) eine explizite ontologische Deutung erfuhr, die auch für Bloch wichtig ist (vgl. Thomas von Aquin 1988; LV 4, 232–240); auch bei Bloch geht es hier primär um einen ontologischen Unterschied. Die *Kritik* an der Wesensmetaphysik wird von

Bloch teilweise aufgenommen, jedoch daraufhin gedeutet, dass eine Verdinglichung und Verselbständigung des Wesens ein Missachten des ontologischen Primats des Vermittlungsprozesses zwischen Dass und Was ist (vgl. EM 14), nicht als Absage an die Begriffe Essenz und Existenz, Wesen und Dasein.

,Abgrund' (gr. ἄβυσσος) ist seit der Gnosis (Valentinus) und dem Manichäismus die Bezeichnung für den verborgenen, unoffenbaren und unbegreiflichen Gott und ist bei Böhme Gott als „grundloser Grund", „stille Ewigkeit", „ewiges Nichts" (WPBa 3) und Ursprung des Bösen, das, wie das Gute, für Böhme in Gott gelegen ist. Diese Idee wird von Schelling übernommen, insofern als mit Gott als Grund des Seienden die Möglichkeit des Bösen notwendigerweise zugleich gegeben ist. Für Bloch gibt es ein relativ Negatives, das als „Noch-Nicht" prozessuale Schnittstelle von Dass-Sein und Was-Sein ist, aber auch ein absolutes Nichts, das Bedingung des Bösen ist.

Den Grund finden wir zunächst in uns selbst, im gerade gelebten Augenblick. Darin sind Grund und Ungrund noch unauflöslich miteinander verbunden, weil der Augenblick der Ort der Verwirklichung, zugleich aber auch unmittelbar unerfahrbar ist, im Dunkel liegend. „Ich bin", sagt Bloch, „aber ich habe mich nicht" (SP 2). Das Sein der individuellen, personhaften Existenz ist für Bloch, im Gegensatz zu Kant, mehr als die „bloße Position" des Objekts (KW 4, 534) oder Subjekts, obwohl es noch kein logisches Prädikat ist. Das Sein der Existenz ist zwar im Anfang so gut wie Nichts (vgl. HW 5), aber das Personhafte, Individuelle bleibt auch im Prozess des Sich-Äußerns, auf dem Weg zum „Haben", erhalten. Das Dunkel des gelebten Augenblicks kann auf vielartige Weise erfahren werden, individuell wie kollektiv. Eine Erfahrung des Abgrundes ist darin immer auch möglich. Bloch hat sie in einem Fragment aus der Zeit der Niederschrift von *Geist der Utopie* unter dem Titel „Inneres Abstürzen" beschrieben (1915, jetzt PA 14f.). Darin wird der Augenblick schlechthin „unerträglich" (ebd.). Diese Unerträglichkeit beschreibt Bloch als eine Übelkeit, verursacht durch das Aussetzen des Lebenspulses im unterbrochenen, punkthaften Vorgang des „jetzt und wieder jetzt" (ebd.). Dieses Wegfallen des Augenblicklichen hat selbst kaum Dauer, aber es hat eine lang nachhallende Auswirkung auf die Affekte. Der unerträgliche Augenblick ist bodenlos, er „hat keinen Boden, wo er ankommt, um zu zerschellen; denn er ist selber ein Zerschellen" (ebd.). Der Augenblick selbst ist leer und hohl, von einer „erstickenden Nichtigkeit", und nur der Wille herauszukommen und den Weg zum fortschlagenden Puls zurückzufinden, macht, dass der Mensch in diesem Moment nicht einfach verschwindet. „Nach gelebtem Chok, so wird berichtet, ist noch jeder Schmerz schön. Denn er ist" (ebd.).

In dieser Erfahrung droht der Wille selbst zu verschwinden und damit der intensive Grund. Aber der Mensch will noch lieber das Nichts wollen, so Nietzsches Wort, als nicht zu wollen (vgl. Nietzsche 1980a). Man könnte sagen, dass Bloch den Willen zur Macht hier kritiklos bejaht und im Willensverlust einer kaum zu beherrschenden und unverstandenen Todesangst teilhaftig wird. Aber nur in der Konfrontation, mit offenen Augen, mit diesem letztendlich notwendigen Ende aller Möglichkeiten und dem Abgrund unserer Existenz, ließe sich eine Grundlage für ein authentisches Sich-in-Existenz-Verstehen schaffen und aneignen. Diese Sicht vernachlässigt jedoch, dass die Beziehung von Jetzt zu Jetzt für Bloch eine des Überschreitens ist (vgl. Nietzsche 1980b, 148: „Und diess Geheimniss redete das Leben selber zu mir. ‚Siehe, sprach es, ich bin das, *was sich immer selber überwinden muss*'"). Das, was in der Erfahrung der Unerträglichkeit stockt, ist das Überschreiten und damit eben die Verschränkung von Tod und Leben, die sich an der Front der Wirklichkeit erneuern, aufs Ultimum hin. Blochs Ethik ist zu einem erheblichen Grade von nietzscheanischen Motiven geprägt, und auch der Wille zur Macht ist oft in seinen Aussagen spürbar, aber wir können nicht nur Bloch mit Nietzsche lesen, sondern auch umgekehrt: Der unerträgliche Augenblick ist ein sich ins Leere verlaufendes Überschreiten und darin dem Bösen verwandt. Im Böhme-Kapitel in *Zwischenwelten in der Philosophiegeschichte* heißt es: „Im Grund aller Dinge lauert das negative Feuer, und sobald ihm eine Gelegenheit gegeben ist, bricht es zerstörend hervor als Unheil" (ZW 238).

Das Denken über Grund und Ungrund und deren Zusammenhang hat die deutsche Philosophie bestimmt und im 19. Jahrhundert zur Herausbildung zweier Richtungen geführt, die Bloch als „Heilslinie" und „Unheilslinie" bezeichnet (LV 4, 355ff.). Die Unheilslinie (Kierkegaard, Schopenhauer, Nietzsche) setzt sich von Hegel ab und betont das in der Sache selbst anwesende Unheil. Die Heilslinie, welche sich von Hegel her abzweigt, sich aber nicht gegen ihn kehrt (ebd., 356), hat als wichtigste Stadien Feuerbach, Marx und Engels. Der dialektische Materialismus betont die fortschreitende Vermittlung von Dass und Was (ebd., 359). Bloch führt aus, dass, ungeachtet des verschiedenen gesellschaftlichen ‚Auftrags' (d. h. durch den Klassenkampf bestimmt zu sein), zwischen Heils- und Unheilslinie eine Einheit besteht wegen der im Sein selbst gelegenen Verschränkung von Grund und Ungrund. Aus der Sicht dieser Einheit, die freilich nur der Metaphysik zugänglich ist, lassen sich die beiden Richtungen aneinander abarbeiten und korrigieren und schließlich vervollständigen. Es liegt auf der Hand, dass Bloch seine Philosophie als den angemessenen Ausdruck dieser Einheit verstanden wissen wollte.

→ *Latenz; Materie; Metaphysik; Noch-Nicht; Tendenz; Utopie*

📖 Aquin 1988; Heimsoeth 1922; Nietzsche 1980a; Nietzsche 1980b.

Johan Siebers

Heimat

Heimat ist bei Bloch etwas, das noch nicht da ist, das man noch nicht hat. Sein Werk *Das Prinzip Hoffnung* kann als ein säkulares, kritisches Itinerar für Reisen im Vor-Schein von Heimat, in Richtung auf Heimat, als die Beschreibung eines Weges, an dessen Ende Heimat steht, gelesen werden. Blochs Verständnis von Heimat greift dabei bekannte Konnotationen und etymologische Facetten des Wortes auf, gibt ihm aber seine eigene Denk- und Praxis-Begrifflichkeit. Heimat ist hier kein geographisch lokalisierbares, statisches Ziel, sondern ein fortdauernder Annäherungsprozess, der stetig neue Heimat-Projektionen und Handlungsantriebe entwickelt, indem ein „Noch-Nicht" erkannt wird. Heimat bedeutet eine menschliche, naturnahe und genossenschaftliche Verfasstheit der Welt, in der Menschen anderes als das Bestehende denken und machen können. Als subjektive Dimension steckt in der blochschen Semantik des Wortes Heimat ein Verwirklichungsanspruch, eine menschliche Betätigung, so dass für Bloch der Mensch ein heimatstiftendes Wesen, ein sich selbst stiftendes performatives Wesen ist. Im Kontext des blochschen naturrechtlichen und menschenrechtlichen Diskurses erscheint der Realisierungs- und Entfaltungs- sowie Stärkungsprozess von Menschenrechten und Demokratie als ein Prozess in Richtung auf Heimat und Identität ohne Entfremdung.

Die Wort- und Begriffsgeschichte von Heimat ist sehr facettenreich (vgl. Schmidt, Th. E. 1999) und erfährt durch die Bemühungen von Bloch eine weitere Ausdifferenzierung. Es gibt durchaus Schnittmengen zwischen herkömmlichen Heimat-Verständnissen und Blochs neuem Verständnis – sie sind aber eher gering. In literarisch-künstlerischen Feldern wird sich an Bloch (bewusst oder unbewusst) häufiger angenähert, wie noch gezeigt werden wird. Im herkömmlichen Heimatdiskurs hingegen wird in der Regel vor allem der Bezug zur Herkunft entfaltet. Auch dort, wo kein deutlicher Bloch-Bezug besteht, kann jedoch mittels der von ihm empfohlenen „Kunst zu erben" Lehrhaftes und Bedenkenswertes aus Wort- und Begriffsverwendung und -geschichte entnommen werden (vgl. Bloch/Eisler 1978).

„Heimat muss von germanisch *Heim* kommen, und das bedeutet soviel wie Welt, Erde, Wesen, Boden, Wohnung, Siedlung, Sicherheit, aber auch Stammsitz und Erbsitz" (Vidal 2005, 123f.). Es besteht also eine starke räumlich-örtliche Konnotation. Auch das *Deutsche Wörterbuch* spricht von Heimat als „das land oder auch nur der landstrich, in dem man geboren ist oder bleibenden aufenthalt hat" (DW 10, 865). Neben der gemeingermanischen Bezeichnung des Ortes, „wo einer zu Hause ist [...], kommt gotisch auch der Ausdruck ‚haimopli' vor, in der Bedeutung von ‚Grundbesitz, heimisches Land' [...]. Die gemeingermanische Wurzel ‚heim-' ist ihrerseits abzuleiten von der indogermanischen Wurzel ‚kei-', die ‚liegen' oder ‚ruhen' bedeutet [...]. Im Althochdeutschen heißt die Heimat ‚heimingi', ‚heimoti' oder ‚heimwist'; neben diesen Substantiven erscheint auch das Adjektiv ‚heimisg' (vgl. unser ‚heimisch') in der Bedeutung von ‚heimatlich'" (Häny 1978). Gemeinhin wird die Epoche der (deutschen) Romantik mit Heimat, Nationalgefühl (und Heimatsehnsucht) als wichtigen Motiven assoziiert. Besondere Bedeutung hat auch hier die Verbundenheit mit der Natur und einer bestimmten Landschaft.

Heimat wird traditionell, alltagssprachlich und bis in die politische, juristische und literarische Sprache hinein namentlich im Deutschen als Herkunft, als Behausung, als Verortung verstanden – also anders als bei Bloch verengt, mit stark räumlichem Bezug. „Statistisch ist Heimat für 31 Prozent der Wohnort, für 27 Prozent der Geburtsort, für 25 Prozent die Familie, für sechs Prozent die Freunde und für 11 Prozent das Land. Das sind deutsche Zahlen" (Schlink 2000, 23). Ungleichzeitigkeit wird tendenziell registriert – doch Nähe und Ferne werden dichotomisch gesehen. Mit der Aufnahme des Heimat-Denkens von Bloch könnte eine dialektische Vermittlung gelingen.

Zu Ergebnissen, die das Aktivische, das Heimat-*Machen* belegen (und damit näher am blochschen Verständnis sind), kommt Mitzscherlich (1997) in ihrer empirischen, psychologischen Untersuchung „zum individuellen Prozess von Beheimatung". Sie ermittelt, dass „Heimat [...] etwas [ist], was ich mache": Heimat wird als Prozess des Einbettens, z. T. als Lebenskunst, verstanden.

Eduard Spranger zeichnet in seiner Publikation *Der Bildungswert der Heimatkunde* (1923) ein in diesem Sinne traditionelles Heimat-Verständnis, indem er feststellt: „Heimat ist erlebbare und erlebte Totalverbundenheit mit dem Boden. Und noch mehr: Heimat ist geistiges Wurzelgefühl" (zit. nach Koch 1989, 311). Diejenigen, die sich als Lehrende mit Migrantenkindern in der multikulturellen Erziehung befassen, erweitern heute ihr Heimatverständnis um Begriffe wie Flucht, Grenze, Migration, Integration, Assimilation, Kulturen-Vielfalt und Differenz und haben eine eher urbane Heimat-Imagination (Vidal 2005; vgl. Bräuer 2009, 52; Castro Varela 2007; Manos 2001). Brumlik (Brumlik 1989, 43) sieht überhaupt die moderne Großstadt eher als angemessenes, avanciertes Heimat-Muster gegenüber der für gewöhnlich herangezogenen Referenzgröße Provinz (vgl. Zimmermann 2010). Hier ist eine starke Veränderung gegenüber dem Heimatbegriff der Romantik festzustellen, der als Reaktion auf Industrialisierung/Verstädterung und Rationalisierung der Welt das einfache Leben auf dem Lande in der Natur zum Sehnsuchtsort von Heimatdenken machte.

Die Malerin Paula Modersohn-Becker findet am 26.2.1903 in einem Brief aus Paris ihre Antwort auf Heimat: „Und Worpswede! Neulich sah ich im Louvre unsere Rousseausche Landschaft mit den Kühen. Da waren mir unbewusst die Tränen in die Augen gekommen, vor stillem Glück, daß ich solch eine Heimat habe" (Modersohn-Becker 1957, 191). Sie bleibt damit stark der romantischen Lesart verhaftet. In aktuelleren künstlerischen Zusammenhängen – z. B. in Leipzig (Galerie für Zeitgenössische Kunst, 2001: *Heimaten*) und Stuttgart (Fotoprojekt der KulturRegion Stuttgart, 2007: *... und grüßen Sie mir die Welt/fotografierte Heimaten*) – finden wir die Verwendung des Plurals Heimaten. Die Begrenzung auf den einen Ort der Herkunft wird damit herausgefordert, was deutlich macht, dass ein Prozess stattfindet und manche Entscheidung noch offen ist. Das legten auch die künstlerische Aufgabenstellung und der Titel der Jahresausstellung (2009) des Bundes Bildender Künstler (BBK) in Braunschweig nahe, die *Heimat, kein Plural* hieß.

Literarisch-politische und bild-künstlerische Publikumszeitschriften wenden sich des Öfteren unter Annäherung an das blochsche Heimat-Verständnis dem Heimat-Thema zu: Das Schweizer Kulturmagazin *Du* gab 2009 ein Heft (Nr. 802) mit dem Titel *Heimat auf Zeit. Vom Leben im Anderswo* heraus, der nahe legt, dass Heimat einem Wandel unterliegt. Und *der blaue reiter – Journal für Philosophie* brachte in seinem Themenheft mit dem Titel *Heimat* (Heft 23, 2007) Autoren und Themen mit direktem Bezug zu Bloch (etwa Beiträge von Friedrich Dieckmann, Christoph Türcke, Burghart Schmidt – oder Rüdiger Görner zu *Friedrich Hölderlins Heimaten*). Auch hat es Sammelbände mit Titeln gegeben, die Blochs Verständnis nahe kommen und ihn zitieren: *Heimat: Das allen in die Kindheit scheint und worin noch niemand war. Deutsch-israelisch-palästinensisches Lesebuch* (Meyer/Wiegerling 1997) oder *Mit dem Hintern am Boden und dem Kopf in den Wolken. Entdeckungsfahrten Richtung Heimat* (Kamberger 1981).

Die Bedeutung des blochschen Verständnisses von Heimat in aktuellen, politischen Heimatdiskursen machte die 2009 veranstaltete sog. Grüne Kulturkonferenz *Heimat. Wir suchen noch* der Bundestagsfraktion Bündnis 90/Die Grünen klar. Heimat ist hier mehr als „ein wohlbekannter Ort", nämlich auch „eine vertraute Sprache. Menschen, die man kennt. Ein ganz bestimmter Geruch, der Erinnerungen weckt" (Bündnis 90/Die Grünen 2009). In Renate Künasts Rede *Heimat, 68 bis 89 bis heute. Eine Eroberung* heißt es in Richtung Bloch weisend: „Heimat ist dort, wo ich selber Ursache bin und nicht Wirkungen ferner, anonymer Gewalten ausgesetzt bin. [...] Heimat [...] hat deshalb viel mit Menschen, mit Begegnung und Freundschaft zu tun. ‚Unsere Heimat ist der Mensch' stellt Max Frisch lakonisch fest [...]. Und deshalb ist ‚Heimat' auch ein ‚Sehnsuchtsort', ein Ort der erinnernden Fantasie ‚etwas, das allen in die Kindheit scheint und worin noch niemand war' – so die eindrucksvolle Beschreibung von Ernst Bloch" (Bündnis 90/Die Grünen 2009).

Motivational ähnlich, aber bloch-methodisch, ist eine Ausstellung des Ernst-Bloch-Zentrums in Ludwigshafen am Rhein, dem Geburts-, also Herkunftsort Blochs, verfahren: Die ausstellungsdidaktische Installation des sog. Themen-Satelliten zum blochschen Stichwort Heimat verwickelt die Betrachter in die Auseinandersetzung mit herkömmlichen Wortverwendungen von Heimat und versucht, sie auf solche Weise zu aktivieren und ins blochsche Heimat-Denken einzuführen (vgl. www.bloch.de/Moderiertes_Zukunftsforum/intros/Heimat.html).

Neben etymologischen, traditionellen, pädagogischen und philosophisch-künstlerischen Heimatbegriffen liefert der historisch-juristische Aspekt des Begriffs Heimat eine weitere Lesart. Der juristische, staats-, versorgungs- und namentlich völkerrechtliche Begriff von Heimat spricht Ab- und Herkunft an, stellt aber Verbindungen zur Freiheit der Wahl von Wohnsitzen (Freizügigkeit), zum Schutz vor Vertreibung, zur Besitzstandswahrung, zum Siedlungsrecht und zum Recht auf Verlassen eines Landes oder Staates her. Hier ist selten von Heimat ganz abstrakt die Rede, sondern es wird der bestimmte, bestimmende Artikel *die* vorangestellt und zum Bespiel vom Recht auf die Heimat gesprochen. Solches Verständnis von *der* Heimat spitzt sich zu auf Herkunft und meint dann ethnisch-landsmannschaftliches Herkommen, wird als geburtsregisterlicher Eintrag oder als Pass-Identität verstanden und offensiv mit nationaler (Patria-)Zugehörigkeit verbunden. Die Nationalstaatsbildung bindet Heimat an Nation. Im System des Feudalismus (und auch im römischen Imperium) wurde in regionale und lokal definierte Verhältnisse, Produktionsweisen, Sprachen, Sitten – also Heimat-Kulturen – über längere Zeiträume wenig eingegriffen. Die Nationalstaatsbildung zieht willkürliche Staaten- und „Heimat"-Grenzen, teilt „Heimaten", macht die Sprache der dominanten Ethnie als einheitliche Sprache verbindlich und vereinheitlicht in der Regel das Rechtswesen. Die Bewohner der Territorien verlieren so zwar nicht ihre „räumliche Heimat", wohl aber die „kulturelle"; im Zuge von Vertreibung gehen sie ihrer „räumlichen Heimat" verlustig (vgl. Anderson 2005; Wallerstein 2002).

Das Gleichheitsgebot aus Art. 3 III Grundgesetz legt fest, dass weder Heimat noch Herkunft ein Grund für eine Benachteiligung sein sollen. Es wird klar, dass Heimat eben nicht gleichbedeutend mit Herkunft ist (auch Abstammung wird extra genannt), allerdings mit diesem Begriff in engem Zusammenhang steht. Heimat meint hier „die örtliche Beziehung zur Umwelt und zielt vor allem auf eine Gleichbehandlung deutscher Flüchtlinge" (Pieroth/Schlink 1995, 121). Wichtig ist die Beziehung zu einem geografisch begrenzten Ort oder einer bestimmten Region oder Landschaft. Herkunft hingegen bezeichnet den „sozialen, schichtenspezifischen Aspekt der Abstammung" (ebd.).

Komplizierter wird es, wenn man nach einem Recht auf Heimat fragt. Nach Seyla Benhabib „ist das Menschenrecht auf Zugehörigkeit ein Rechtsprinzip bzw. ein Grundrecht, da es den Menschen als Wesen begreift, dessen moralische Subjekthaftigkeit und kommunikative

Freiheit wir anzuerkennen verpflichtet sind" (Benhabib 2008, 141). Die Verankerung eines solchen Rechts im Grundgesetz wurde im Interesse der Vertriebenen nach dem zweiten Weltkrieg bei dessen Entstehung diskutiert, dann aber abgelehnt, weil das Recht auf Heimat „bereits durch die andernorts verbürgten Rechte auf Freizügigkeit, auf Niederlassungs- und Aufenthaltsfreiheit, auf Schutz der Wohnung und durch das Diskriminierungsverbot gedeckt" sei (Schimpf/Partsch 1994, 48f.). Die Verfassungsgeber sahen die Summe der aufgezählten Stichwörter als Heimat bzw. als ‚heimatlich' an. Juristisch erhält (die) Heimat handhabbare Gestalt also dadurch, dass Partialrechte näher bestimmt werden, die in der Summe *die* Heimat konstituieren. „Darüber hinaus hielt die Mehrheit das Recht auf die Heimat für begrifflich nicht definierbar und daher als Grundrecht illusionär" (ebd., 49). Denn es wurde befürchtet, dass der Begriff Heimat wegen seiner Weichheit und emotionalen Komponenten juristisch nicht brauchbar ist.

Gleiches gilt auch für den international-völkerrechtlichen Begriff. Kimminich hat daher empfohlen, „sich auf die Weiterentwicklung der das Recht auf Heimat konstituierenden Teilrechte zu beschränken". Daran anknüpfend hat Tomuschat „das Verbot der Vertreibung, der demographischen Veränderung und der willkürlichen Ausweisung, das Recht auf Rückkehr, sowie die Beziehung des Selbstbestimmungsrechts zum Recht auf die Heimat in der Staatenpraxis" (ebd.) dokumentiert.

Heimat ist ein Wort, das unspezifisch für subjektive und kollektive Orts- wie Mentalitätsbeschreibungen steht. Abschließend ist festzuhalten, dass der Topos Heimat prismatisch, multivalent und mehrperspektivisch Dimensionen der Zeit, des Raumes, von Stimmungen, Mentalitäten, Gefühlen, Werthaltungen, Abgrenzungen, Affekten, Interaktionen, Unfertigem, Konstruktionen und machtpolitischer Aufladung beinhaltet. Und er generiert Vertrautheit, Unverstelltheit, Kindheit, religiöse Paradiesvorstellungen, Vergangenes, Bilder von Glück – aber auch neues Gelingen, Perspektiven im sozialen und im Natur-Verhältnis, Abwesenheit von Fremdheit. Auch das russische *mir* (Мир) zeigt die Multivalenz des Heimatbegriffs, es meint materiell eine Dorfgemeinschaft nach der Bauernbefreiung im 18. Jahrhundert und bedeutet zugleich Welt, Frieden und Gemeinschaft.

Wenn Heimat sich in romantisierender Literatur und im Liedgut findet und organisiert auf Heimat-Bühnen und in sog. Heimat-Filmen, Heimat-Bünden Zielmarkierungen setzt, kann sich ein Heimat-Verständnis auch mit völkischen, nationalsozialistischen, rassistischen, militärischen Kontexten verbinden (in deutscher Geschichte etwa mit der bellizistischen Bevölkerungspolitik einer sog. Germanisierung). Auch die Geschichte des alten wie neuen Kolonialismus kennt solche Muster.

Der Bezug auf *Heimatliches* wird ebenfalls als „sozial-politischer Kitt" politisch, herrschaftssichernd und machtpolitisch sich abgrenzend von den anderen und dem anderen gegenüber als Kampfbegriff (z. B. Heimat als Volksgemeinschaft) eingesetzt (vgl. Bajohr/Wildt 2009), weswegen er politisch umstritten ist und teilweise gemieden wird. Bei Bloch hingegen ist Heimat etwas Zukunftsorientiertes, Freiheitliches. Heimat ist ein nur schwer zu operationalisierender Begriff, aber gerade deshalb verwendet ihn Bloch und gibt dem Wort seinen neuen Begriffsinhalt (vgl. Behrens 2006; Brumlik 1989; Daxner 1989; Dietschy 1989; Klein 2007; Schmidt, B. 1994a u. 2006).

Bloch greift gerade in dieses „reflexiv-intentionale Mischgebilde, dieses Mischgebilde aus Identität, Gefühls-Komplexität und Anspruch" (Schmidt, B. 2006, 17), das Heimat genannt wird, und schafft darin und daraus *seine* Heimat-Philosophie, *seine* Philosophie in Richtung Heimat.

Die Auseinandersetzung mit Heimat geschieht am weitesten ausgebreitet in *Das Prinzip Hoffnung*. Die darin vorhandenen Stellen, in denen der Heimatbegriff auftaucht, geben den folgenden Ausführungen ihre Struktur. Das dreibändige Werk ist, wie seine Gliederung zeigt, anschaulich-systematisch/deduktiv-induktiv angelegt. Es malt durchaus bekannte Wunschbilder aus bzw. über-malt und entziffert sie neu, ist aber vorsichtig genug, das, was als Heimat-Ziel gelten könnte, nicht allzu deutlich auszumalen (etwa im Sinne einer Planerfüllung und Zielerreichung; vgl. Bloch 1964c, 696f.). Blochs Denken im Antizipatorischen bedarf einer neuen, expressiv-plastischen Sprachformung und Schreibweise, um das Neue, das Noch-Nicht darstellbar zu machen. Françoise Wuilmart, die Übersetzerin von *Das Prinzip Hoffnung* ins Französische, nennt die „Art und Weise" Blochs, seine Gegenstände „anzusprechen, die Anspielung, die Suggestion, die sprachlich der Metapher und der poetischen Konnotation entspricht […] eine Ausdrucksweise, die Goethe schon als ‚offenbares Geheimnis' bezeichnet hat" (Wuilmart 1985, 209).

Bereits im Vorwort von *Das Prinzip Hoffnung* werden Kontexte skizziert, in denen sich der blochsche Terminus Heimat befindet, und auch ganz am Ende wird Heimat thematisiert. Dazwischen richtet Bloch sein Laboratorium ein, in dem er an utopische Heimat-Hoffnungen erinnert – gewissermaßen als schutzwürdiges und aktiv anzutretendes Weltkulturerbe (*World Heritage*) und als zu revitalisierendes Gedächtnis der Welt (*Memory of the World*). Er stellt sie vor und arbeitet sie – neu – durch. Hier nimmt er Tagträume nach vorn, ins Zukünftige und ins Offene auf; dort nimmt er den Leser und die Leserin mit in den Traum, auf Reisen zu einer Welt mit Heimat-Konnotation. Es wird deutlich, dass Bloch ursprünglich beabsichtigt hatte, ein Werk mit dem Titel *The Dreams of a Better Life/Träume vom besseren Leben* zu veröffentlichen. Viermal finden sich Argumentationen um den Begriff Heimat im Vorwort zum *Prinzip Hoffnung*:

(1) Zunächst räumt Bloch Heimat eine grundlegende philosophische Bedeutung ein, er setzt gleich zu Beginn ein Zeichen des *Noch-Nicht*, indem er feststellt, dass das „Grundthema der Philosophie, die bleibt und ist, indem sie wird, [...] die noch ungewordene, noch ungelungene Heimat [ist], wie sie im dialektisch-materialistischen Kampf des Neuen mit dem Alten sich herausbildet, heraufbildet" (PH 8).

(2) Bloch stellt die Ausführung zu seinem „positive[n] Utopikum: die Heimat oder das Alles" sodann in ein Verhältnis „zur Ideologie, zu Archetypen, zu Idealen, zu Symbolen, zu den Kategorien Front und Novum, Nichts und Heimat, zum Problem des Jetzt und Hier". Das Heimat-Utopikum „geht im Prozess der Welt um, aber sitzt ihm nicht auf; beide: Nichts wie Alles – sind utopische Charaktere, als drohende oder erfüllte Resultatbestimmungen in der Welt noch keineswegs entschieden" (ebd., 11).

(3) Blochs Heimat-Verständnis setzt menschliche Subjektivität in ihr Recht: „Der letzte Wille ist der, wahrhaftig gegenwärtig zu sein. [...] Der Mensch will endlich als er selber in das Jetzt und Hier, will ohne Aufschub und Ferne in sein volles Leben". Heimat bezeichnet demnach den Zustand, in dem der Mensch mit sich selbst und seiner Umwelt vollends versöhnt ist. Bloch bezeichnet diesen Zustand als Hoffnungsbilder, „der erfüllten Menschen selber und ihrer mit ihnen voll entfalteten Umwelt, also Heimat" (ebd., 15).

(4) Heimat ist „mythisch, gegen Tod und Schicksal" gerichtet und nimmt „Frohbotschaften, welche die Phantasie der *Religion* ausmachen" in Richtung „Erlösung vom Übel, [...], Freiheit zum ‚*Reich*'" auf. „Es folgt, gerade was diesseitige Intentionen auf solche Heimatwerdung angeht, das Zukunftsproblem im tragenden, umfassenden *Raum* der Heimat: der *Natur*. Zentralpunkt hier überall bleibt das

Problem des Wünschenswerten schlechthin oder des *höchsten Guts*" (ebd., 16; vgl. Persson 1985).

Die nächste wichtige Fundstelle in *Das Prinzip Hoffnung* befindet sich nicht zufällig im 19. Kapitel, das den Titel *Weltveränderung oder die Elf Thesen von Marx über Feuerbach* trägt. Denn hier werden existenzielle Beheimatungsfragen in Gesellschaft und Natur angeschnitten. Bloch schließt mit der Aussage, dass „die vergesellschaftete Menschheit im Bund mit einer ihr vermittelten Natur" (PH 333f.) die Welt zur Heimat macht – „menschliche Freiheit und Natur als ihre konkrete Umgebung (Heimat) bedingen sich wechselseitig" (ebd., 1080). Wie genau der Umbau aussehen soll, bleibt offen, er soll allerdings in Einklang mit Gesellschaft und Natur erfolgen. An die Überlegungen aus der Einleitung anknüpfend, stellt Bloch die Verquickung von menschlicher Subjektivität, Gesellschaft, Natur und dann Heimat dar. Es zieht sich eine Argumentationslinie von Naturallianz bis Heimat durch Blochs Heimataussagen, nach der die Natur zwar zum einen Leidvolles wie „Krankheit, Unfreundlichkeit, auch Disparatheit zum Menschen" mit sich bringt, andererseits aber auch mit der „Schönheit und Symbolik" aufwartet, die den Heimkehr-Chiffern (und Heimat-Chiffern) „äußere Objekte" (ebd., 1600) stellt. Natur wird die „nicht mehr entäußerte Gegenstandswelt, also Heimat" (SO 108).

Bloch beendet den dritten und letzten Band von *Das Prinzip Hoffnung* prononciert mit der Leitformel „Heimat": Das ist es, worauf sein Werk hinausläuft. Heimat ist also zunächst etwas, das am Ende steht. „Ziel ist jene Gemeinschaft, wo die Sehnsucht der Sache nicht zuvorkommt, noch die Erfüllung geringer ist als die Sehnsucht" (ebd., 1628). Um dies zu erreichen, verlangt Bloch eine Radikalität von Gesellschaft und Dasein, „das heißt sich an der Wurzel fassen" (ebd.). Der Mensch muss aktiv arbeitend schöpferisch tätig werden und in die Gegebenheiten eingreifen und diese verändern, denn er lebt noch in einer Vorgeschichte, die Welt, als eine rechte, ist noch nicht geschaffen worden. „Hat er sich erfasst und das Seine ohne Entäußerung und Entfremdung in realer Demokratie begründet, so entsteht in der Welt etwas, das allen in die Kindheit scheint und worin noch niemand war: Heimat" (ebd.). So endet der mit der Begriffsreihung „Gewißheit, unfertige Welt, Heimat" überschriebene letzte Abschnitt von *Das Prinzip Hoffnung*. ‚Gewissheit' ist zu verstehen als Menge von Versprechungen, die die Menschheitsgeschichte in Richtung auf gelingendes Leben angehäuft hat – was nicht gleichzusetzen ist mit dem merkantil gedachten erfolgreichen Leben, sondern mit sinnhafter „utopische[r] Richtung": „Glück, Freiheit, Nicht-Entfremdung, Goldenes Zeitalter, Land, wo Milch und Honig fließt, das Ewig-Weibliche, Trompetensignal im Fidelio und das Christförmige des Auferstehungstags danach" (ebd., 1627). ‚Unfertige Welt' gilt als reale Mangel-Beschreibung und Grund zur Verfertigung eben dieser Welt in Richtung auf das, was hier als dritter und letzter Begriff steht: Heimat. Stellt man nun das letzte Wort der Reihung in den Kontext des letzten Wortes des Abschnitts, des Kapitels und des Gesamtwerkes überhaupt, dann könnte dem Wort Heimat die Zuspitzung einer Coda zukommen; denn eine Coda fasst ein ganzes (meist künstlerisches) Werk (vornehmlich eine Symphonie) ausklingend – hier besser: weiterklingend! – zusammen.

Aber „die Sache hat keinen Schluß" (Bloch in Miermeister 1996, 46). Bloch differenziert aus seinem Verständnis des Noch-nicht-Gelungenen, des noch Ausstehenden heraus so: „Das Experimentum Mundi kann gerade wegen seines Experimentcharakters noch keine Coda im Sinn irgendeines Abschlusses sein" (Bloch 1975, 263). Er ist der Meinung, „die Welt selber [sei] ein Fragment, indem sie ein Versuch ist, indem sie ein selber noch sehr laborierendes Laboratorium possibilis salutis darstellt", fest stehe allein die „Invarianz der Richtung" (ebd., 263).

Dies anzuzeigen, geschieht nun bei Bloch in zweifach gekonnter Weise. Formal so: Nach einem Doppelpunkt erscheint nur das eine Wort „Heimat". Der Doppelpunkt erhält hier die Funktion, eine Erklärung und Zusammenfassung des vorher Gesagten einzuleiten. Er ist zugleich optisch trennend und semantisch betonend. Man täte gut daran, den Doppelpunkt an das ihm folgende Wort „Heimat" anzufügen, um so die appellative und sich rundende, aber nicht schließende Schreibweise auch grafisch anzuzeigen; zu schreiben also als „[…]: Heimat". Das klingt, das liest sich wie ein Ausruf, ein Aufruf! Hier wird die unterschwellig in allen drei Bänden des *Prinzip Hoffnung* mitlaufende Heimat-Thematik herausgezogen und begrifflich ans Licht gebracht. Also keine Reprise, die die schon genannten Themen variiert und knapp nochmals aufgreift, sondern das innere Band wird sichtbar nach außen gebracht und benannt „[…]: Heimat"!

Zum Thema Heimat akzentuiert Bloch ein alltagsweltliches Beispiel neu (vgl. Münster 1982, 222–225), nämlich das bäurische Tao. Es verweist auf das mittelalterliche Konzept des sog. Ganzen Hauses zurück – ein Begriff, der 1854 von Wilhelm Heinrich Riehl mit Bezug auf europäisch-mittelalterliche Gesellungsformen geprägt und namentlich durch Otto Brunner deutsch-völkisch als Gemeinschaftsmodell rezipiert wurde. Mit einem erweiterten Familienverständnis von Intimität und Öffentlichkeit als einer umfangreichen Ökonomik (vgl. Brunner 1968, 103–127; s. a. Negt 1998) „beschrieb Bloch die gut proportionierte, heimatgewordene und heimatbildende Ordnung eines ‚richtigen Lebens im richtigen'". Zum besseren Verständnis dieses teils verborgenen und doch öffentlichen Zustands eignet sich ein Rückgriff auf das Bauerntum eher, als die „üblichen Vergleichungen mit entlegener Mystik" (Bloch, J. R. 1998). Durch diese akzentuierende Bezugnahme auf rurales Leben werden erneut die Erd- bzw. Naturverbundenheit und die aktivisch-schöpferische Haltung eines „Noch-Nicht" des blochschen Heimatbegriffes deutlich. Bedeutsam ist in diesem Zusammenhang auch das „Fraulich-Waltende an so vielen Orten, wie es dem altbäurischen Tao durchaus entspricht" (ebd.).

Françoise Wuilmart hat das Schluss- und Schlüsselwort *Heimat* bei Bloch entgegen gängiger Wörterbuchübersetzungen, die auf das Land der Herkunft rekurrieren, durch das Wort *foyer* übersetzt, das lexikalisch ‚Heim' oder auch ‚Herd' bedeutet. Ergänzt wird diese Übersetzung durch den Zusatz „der Ort der Identität mit sich selbst und den Dingen" – so hatte Bloch es sich erbeten. In der Übersetzung mit *foyer* wird „erstens auf das ‚Zuhause' angespielt, das Bloch ja verschiedentlich immer wieder als genaues Synonym von Heimat verwendet. Zweitens deutet ‚foyer' auf einen Brennpunkt [im mathematisch-technischen Sinne], auf den hin alle Menschen sich bewegen, die von Träumen, von Hoffnung, von Utopien und von den Grundrissen einer besseren Welt getragen sind. Drittens findet sich im Wort ‚foyer' eine Anspielung auf die strahlende und gemütliche Wärme eines Herdes [...]. Diese drei Konnotationen überschneiden sich im ‚Prinzip Hoffnung' mit den langen Umschreibungen zur Erklärung des Wortes ‚Heimat' [...]" (Wuilmart 1985, 217f.).

Zwei sinntragende, sinnstiftende Passagen – nämlich *Der schaffende, umbildende Mensch* und *Schein in die Kindheit* – aus dem Schluss des *Prinzip Hoffnung* mit dem berühmten Heimat-Signal, regen dazu an, weitere, auch auf das Subjekt bezogene Heimat-Bilder und -Diskurse zu aktivieren.

Erstens *Der schaffende, umbildende Mensch*: Menschliche Produktivität, Arbeitsvermögen, Kreativität als sich selbst statt eines (göttlichen) Schöpfers/Kreators ins wirkende Recht setzendes Vermögen: Das sind Potenzialitäten für das Etablieren, das Schaffen von Heimat.

Geschieht dies alles ohne Entfremdung, in Freiheit, Würde und Gleichheit, dann werden die menschenrechtlichen Konturen von Heimat immer deutlicher, indem der Mensch sich befähigt zeigt (sich zeigt, mit anderen handelnd sich zeigt), „alle Verhältnisse umzuwerfen, in denen [er] ein erniedrigtes, ein geknechtetes, ein verlassenes, ein verächtliches Wesen ist" (PH 1604), wie zum Beispiel bei der Unterwerfung unter ausbeuterische Produktionsprozesse. Aus toter Arbeit wird so lebendige Arbeit (vgl. Negt 2001; s.a. Vidal 2003). Bloch bedenkt solche Fragestellungen unter anderem umfänglich im 42. Kapitel *Achtstundentag, Welt im Frieden, Freizeit und Muße* des *Prinzip Hoffnung*, und zwar „dergestalt also, daß menschliche Würde [...] ohne ökonomische Befreiung überhaupt nicht möglich ist, daß auch nicht ökonomische Befreiung geschehen kann, ohne die Sache der Menschenrechte in ihr [...] keine wirkliche Installierung der Menschenrechte also ohne Ende der Ausbeutung, aber kein wirkliches Ende der Ausbeutung ohne Installierung der Menschenrechte" (Bloch 1961, 173; vgl. Christensen/Frauhammer 1985). Heimat ist mehr als eine Gabe, die ohne Zutun verliehen wird. Sie muss aktiv erworben werden, so dass das Verhältnis, in dem Identität und Heimat zueinander stehen, von gegenseitiger Konstitution geprägt ist. Heimat-Etablieren ist demnach eine nicht unbeträchtliche Anstrengung, die menschliche Produktivität, Arbeitsvermögen, Kreativität fordert, aber dafür mit Selbst-Schöpfer-Sein und Befreiung aus unwürdigen Verhältnissen aufwartet.

Bloch nimmt einen der tiefsten Sätze von Brecht aus Bertolt Brechts und Kurt Weills *Aufstieg und Fall der Stadt Mahagonny*, der nur aus den zwei Wörtern „Etwas fehlt" besteht, in den Kontext seiner sog. Affekten- und Bedürfnislehre auf (vgl. Bloch 1964c; PH 49ff. u. 1073; Paetzold 1974, 59): Solche Erfahrung des Fehlens, solche Diagnose treibt je individuell, aber immer auch kollektiv, aktiv an. Der dem zugrunde liegende Mangel und „Hunger nach erfülltem Leben" (PH 1194) steht im Zusammenhang mit anderen gesellschaftlichen Bedürfnissen, weswegen er einem gesellschaftlich-historischen Wandel unterliegt und insofern nicht als natürlich bezeichnet werden kann. Er geht um in „Wechselwirkung mit den übrigen gesellschaftlichen, daher geschichtlich variierenden Bedürfnissen, denen er zugrunde liegt und mit denen er sich gerade deshalb ebenso verwandelt wie er [...] verwandeln lässt" (ebd., 76).

„Materialistisch bestimmt Bloch den Mangel im geschichtlich Seienden, das zugleich die Momente von utopischer Identität produziert.

Nur erst im ideologischen Schein vermögen wir der Gelungenheit von Geschichte uns zu vergewissern [...]. Der Mangel des modernen Lebens erweist sich also nicht nur als ein *Mangel des Selbstverständnisses* der Menschen, sondern auch als ein objektiver *Mangel der* ,Welt' selbst. Im Dunkel des gelebten Augenblicks manifestiert sich als leibnahe Erfahrung die Nichtidentität des Seienden [...]. Das nichtidentische Seiende enthält indes in sich die Potentiale und Versprechen von Identität" (Paetzold 1974, 31): „Ich bin. Aber ich habe mich nicht. Darum werden wir erst" (TE 13). „Wer sind wir? Wo kommen wir her? Wohin gehen wir? Was erwarten wir? Was erwartet uns?" (PH 1). Blochs futurische, prospektive, praxis-philosophische Maxime (vgl. Müller, H. 1986), seine praxeologische, eingreifende Haltung ist: „In der Welt muß man selber nach dem Rechten sehen, als einem zu Erwartenden und Betreibbaren; Optimismus mit Trauerflor, kämpfend" (TE 242).

Nach Bloch können Menschen bedacht, belehrt ihren Weg gehen. Er spricht von der *docta spes*, also von der gelehrten/gelernten Hoffnung. Das Hoffen „muß sich an den geschichtlichen Möglichkeiten orientieren und darf nicht in blindes Zutrauen oder Wunschdenken umschlagen" (Zyber 2007, 101). Es hat „Mut zu [...] Ungarantiertheit" (PH 1625). Hoffen ist für Bloch ein kognitiver Vorgang (vgl. ebd., 10, 126, 163). Solches Hoffnungsdenken schärft die Wahrnehmung, kann differenzieren. Ähnliches ist auch von begriffener Heimat zu sagen. Menschen können den Heimat-Weg methodisch gehen, und das heißt: nicht gleichgültig, sondern bedacht „mit dem Weg der Sachen gehen", was „universitas, genetisch gegliederte Totalität des Blickes" verlangt. „Steht doch das Totum [hier: Heimat] selber, jenes Ganze, das wirklich die Wahrheit wäre, erst sehr latenzhaft im Begriffe, hier zu sein, im real-utopischen Begriff" (TE 61). Es geht darum, menschliche Wunschvorstellungen zu realisieren – eben durch den schaffenden, umbildenden Menschen Heimat anzustreben.

Eine zweite sinnstiftende Passage aus *Das Prinzip Hoffnung* regt die Aktivierung von Heimat-Diskursen an: *Schein in die Kindheit*. Bloch hat den Mut, Heimat als Scheinen in der Kindheit zu versinnbildlichen. Aber man darf im blochschen Verständnis von Heimat Kindheit nicht als quasi paradiesische Idylle missverstehen; denn das Paradies liegt ja noch vor uns – als Heimat-Produktion. Was aber kann dann unter Kindheit im Kontext des Heimat-Denkens gemeint sein? Es folgen Antwort-Versuche und Denk-Anregungen:

Georg Stefan Troller, ein Exilant in den USA wie Bloch, setzt die Magie der Kindheit mit dem Zauber der Heimat gleich. Zunächst schreibt er in seinem Lebensbericht *Selbstbeschreibung*: „Vielleicht ist es unmöglich, den Zauber einer Heimat zu erklären, weil er ja eins ist mit der nie zu definierenden Magie der Kindheit". Anschließend unternimmt er allerdings selbst den Versuch, die Bedeutung und den Inhalt von Heimat genauer zu fassen und bemerkt, dass Heimatliebe mit retrospektiver Selbstliebe zu tun hat. „Darum führt Heimatverlust auch zum Abhandenkommen eines guten Stücks der normalen Selbstliebe" (Troller 2009, 94). Hier wird Kindheit als Mentalität/Seinsverfassung und/oder Lebens-Phase mit magischer Aufladung im (Rück-)Blick verstanden.

Eine wechselseitige Spiegelung von Heimat und Kindheit bzw. Heimat in Kindheit und Kindheit in Heimat kann exemplarisch am Beispiel des Archäologen Heinrich Schliemann gezeigt werden. Am 28. Mai 1899 schreibt Freud über Schliemanns Entdeckung Trojas: „Der Mann war glücklich, als er den Schatz des Priamos fand, denn Glück gibt es nur als Erfüllung eines Kinderwunsches" (Freud 1986, 387). Den Kindheitstraum Schliemanns, Troja zu finden und auszugraben, versuchte der Psychoanalytiker Rainer J. Kaus so zu erklären, dass Schliemann über „echte [...] Glückserfahrung" verfügt habe (Kaus 1992, 1049). Kaus zeigt aus psychoanalytischer Sicht, „daß ontogenetisch die Realisierungsbedingungen kindlicher Lebensträume mit ursprünglichen Glückserfahrungen, traumatischen Verlusten ohne Zerstörung der psychischen Substanz, Reparationsstrebungen und der Wahrung der Balance von Realitäts- und Lustprinzip sowie der Dialektik von Eros und Thanatos zusammenhängen" (ebd., 1037). Unter Rückgriff auf Freuds Begriff des archaischen Erbes macht Kaus „die phylogenetischen Bedingungen und deren Verbindung zur Ontogenese namhaft [...], um zu verdeutlichen, warum Schliemann, der schon als Knabe Troja ausgraben wollte, diesen Kindertraum später tatsächlich verwirklichen konnte" (ebd.) „Für die ‚verschiedenen organischen Systeme' [Kaus zitiert hier Goethe] des Kindes, unter ihnen das Psychische, bilden Ontogenetisches und Phylogenetisches zwei ineinander verschränkte Hauptgesichtspunkte" (ebd., 1067). Würde „sich die [nicht nur] psychoanalytische Archäologie der Kindheit" auf beides mehr beziehen, so Kaus, „würden wir [...] mehr über die Realisierungsbedingungen kindlicher Lebensträume sagen können" (ebd.).

Aus seiner skeptischen Rezeption der Psychoanalyse (vgl. Binder 1983; Piron-Audard 1983) als einer Therapie primär im Felde des

Nachttraumes heraus warnt Bloch jedoch vor der Überschätzung des Zurück als „Überschätzung dessen, was in der Kindheit vorgegangen ist, [...] aber doch nicht das Leben eines erwachsenen Menschen und einer erwachsen sein wollenden Zeit ganz ausmacht" (Bloch 1971, 52f.). Bloch ergänzt die psychoanalytische Idee vom Nicht-Mehr-Bewussten, also Unbewussten, durch die Existenz eines Noch-Nicht-Bewussten. So wie Vergangenes auf das gegenwärtige Leben der Menschen Einfluss hat, so wirkt auch das, was noch nicht ist, von dem wir aber antizipieren bzw. hoffen, dass es kommen wird, auf unser Bewusstsein ein.

Dies bedenkend und mit der Würdigung Freuds als zugleich Mentalitäts-Archäologen – Freud war ein Liebhaber der Archäologie/Altertumswissenschaft: er habe „eigentlich mehr Archäologie als Psychologie gelesen" (Zweig 1989, 154) – Kultur-Historiker und Reisend-Lernender, wird eine verklärende Stilisierung des emphatischen Kindheitsbezugs in den letzten Zeilen des *Prinzip Hoffnung* vermieden. Micha Brumlik fragt in diesem Zusammenhang, „ob die Würde des Menschen nicht darin wurzelt, Kind gewesen zu sein" (Brumlik 2009, 36) – also nicht Kind zu bleiben, sondern diese Lebensphase, diesen transitorischen Ort, diese Metapher, diesen vitalen, produktiven, gärenden (Aggregat-)Zustand erlebt zu haben. Heimat, so ließe sich fortsetzen, bedeutet nicht, in die (spezielle, je eigene) Kindheit zu regredieren, in ihr mental zu verharren, ihr nachzutrauern. Denn in der blochschen Formulierung am berühmten Schluss von *Prinzip Hoffnung*, heißt es nicht, dass etwas zurückscheint in die Kindheit, sondern, dass es „allen in die Kindheit scheine" (PH 1628), so dass wir hier ein sich spiegelndes Verhältnis, ein Wechselspiel von Kindheit und Heimat vor uns haben: Heimat spiegelt sich in Kindheit – und Kindheit spiegelt sich in Heimat. Kindheit ist – wie Heimat – eine produktive, verändernde Herausforderung an die vorhandene, uns umgebende Welt. Troller führt einen Gedanken von Bloch an, der das kreative Potenzial von Kindheit (nicht empirisch gesichert) postuliert: „Was nach dem achten Lebensjahr kommt, wird kaum mehr dichterisch-irrational, sondern nur noch als rationale Problemstellung verarbeitet" (Troller 2009, 95; zum pathetischen Jugendbegriff bei Bloch siehe PH 38ff., 132f.).

Kinder erleben eine Welt, die für sie schon gewaltförmig vorhanden ist, wenn sie geboren werden (vgl. Petri 1989), und die von denen beherrscht werden kann, die bereits da sind; und diese Welt wird ihnen nun zu einer zu meisternden Aufgabe, zur einrichtenden, aufrichtenden, überschreitenden Bewährungsprobe (vgl. L'80 1985). Das ähnelt dem appellativen Charakter der Verhaltens- und Handlungsstruktur von Handeln in Richtung Heimat: Umbau, Umgestaltung, Bewohnbarmachung, gegen die Gewalt des Vorfindlichen angehen, Versuche, Bewährungsproben des Neuen machen, Proben aufs Exempel machen: Geht das so, geht das anders? Das geht anders! Wie ein Kind die Welt neu erobert, so muss auch der Mensch auf dem Weg zur Heimat teils naiv-kreativ, teils bedacht-forschend vorgehen.

Die aufgezeigten Parallelen und Unterschiede zur Psychoanalyse haben deutlich gemacht, dass eine Einbeziehung der fachlich-denkerischen Umgebung Blochs zum Verständnis seines Heimatbegriffs beizutragen vermag. Parallel zum *Prinzip Hoffnung* arbeitete Bloch im US-amerikanischen Exil an anderen, aber verwandten Themen bzw. später erst erscheinenden Büchern, so dass gesagt werden kann, dass sein Heimat-Denken eng verbunden ist mit Naturrecht, mit hegelscher Rechtsphilosophie und Religionsphilosophie. Im Kontext der Beschreibung von Absicht und Entstehung seiner Kategorienlehre (dem *Experimentum Mundi*) sagt Bloch zu seinem Schreib- und Produktionsverständnis und somit auch zu dem gedanklichen Umfeld von *Prinzip Hoffnung*: „die Titel der Bücher geben ja doch an, worum es geht, also *Geist der Utopie* oder *Das Prinzip Hoffnung* oder *Das Materialismusproblem, seine Geschichte und Substanz*, oder *Naturrecht und menschliche Würde* mit der Untersuchung der Kategorie des aufrechten Gangs" (Bloch 1975, 266). Also steht Blochs Heimat-Begriff im Kontext weiterer thematischer Dimensionen seines Schaffens. Will man sein Heimat-Denken herkömmlich wissenschafts-disziplinär klassifizieren, so zeigen seine Überlegungen in Richtung Geistes- und Kulturgeschichte, Philosophie, Anthropologie, Sozial- und Politikwissenschaft, Interaktionismus, Demokratie-Theorie und Regierungslehre wie -praxis, Naturphilosophie/Ökologie (vgl. Koch/Manke/Zingelmann 1985), Ästhetik, Ökonomie und Rechtswissenschaft, was die unterschiedlichen Aspekte des Begriffs, wie sie einleitend vorgestellt wurden, widerspiegelt.

In Bezug auf die Philosophie der Utopie und im Kontext seiner Untersuchung zur blochschen Ästhetik hat Heinz Paetzold einen Versuch der Operationalisierung blochschen Denkens gewagt: Demnach wird bei Bloch individuell und historisch vom Dunkel des gelebten Augenblicks ausgegangen, das „abbildlich für das Dunkel des objektiven [ist]" (PH 341) – es indiziert „das permanente Dunkel der Geschichte selbst" (Paetzold 1974, 27). Jeder solcher gelebten „Augenblicke wäre mithin, wenn er Augen hätte, Zeuge des Weltanfangs, der in ihm immer wieder geschieht; *jeder Augenblick ist, als unhervorgetreten, im Jahr Null des Weltanfangs [...], jeder Augenblick enthält mithin ebenso, als potentiell, das Datum der Weltvollendung und die Data ihres Inhalts"* (PH 359). Daraus zieht Bloch geschichtsphilosophische und ontologische Konsequenzen für die Voraussetzungen einer prozessualen Philosophie der Heimat. Es werden schließlich existenzphilosophische Motivschichten wahrgenommen und respektiert (vgl. Paetzold 1974, 23).

Mit Hilfe des blochschen Heimat-Verständnisses lassen sich so Verhältnisse klären, kritisieren, gestalten und unterschiedliche Intensitätsgrade und „Maßverhältnisse des Politischen" (vgl. Negt/Kluge 1992) bilden. Maßstab sind dabei die Utopien, „denn Utopien weisen als Bilder und Evokationen eines Äußersten und Letzten auf ein Sein in seiner Fülle hin" (Paetzold 1974, 32). Sie ermöglichen es, „das gegenwärtige Sein als Noch-Nicht-Sein zu kritisieren" (ebd.). Anders als bei einer schlichten Kritik des Bestehenden wird hier mithilfe von Utopien die Veränderlichkeit der Zustände aufgedeckt. „Andererseits [...] sind [Utopien] also Identitätsbilder, die zugleich das Problem der Realisierung jenes Anderen, das sie figurieren, stellen; denn reale Identität, nicht die bloße Antizipation, wäre der Zustand der Vollendung" (ebd.). Der manchmal als neomarxistischer Philosoph bezeichnete Bloch bereichert mit seinem Denken in Richtung Heimat die kritischen, also differenzierenden Analyseansätze von Karl Marx. Ihm gelingt es, Marx' Denken gleichermaßen zu beerben wie anzureichern. So spricht er davon, dass Hoffnung und Heimat als „Träume vom besseren Leben" Teil eines „schöpferischen Marxismus" sein müssen (PH 16). 1974 stellt Bloch in einem Vortrag den Zusammenhang zwischen Marxismus und Heimat dar, indem er sagt: „Was konkrete Utopie und ein Sein wie Utopie als fernste und dennoch praktischste Form bedeuten, heißt für das individuelle Subjekt Glück und dessen Hoffnungsinhalte, heißt für die gesellschaftliche Seite des subjektiven Faktors Solidarität und Möglichkeit des aufrechten Gangs [...]. Heißt auf der objektiven naturhaften Seite ein Objekt, [...] das Bestandteil und Baustein wird für das uns Allernächste, für das, was als Wort in aller Menschen Mund allzuoft gekommen ist, in dem aber trotzdem noch niemand war, nämlich Heimat. Das ist Marxismus." (Bloch 1974, 290) Heimat kann demnach nur in einer klassenlosen Gesellschaft gefunden werden.

Ferner schlägt Bloch konkret-utopische Heimat-Funken namentlich aus Marx' Brief an Arnold Ruge, aus dem er den Gedanken anführt, dass „die Welt [...] längst den Traum von einer Sache [besitzt],

[…] von der sie nur das Bewußtsein besitzen muß, um sie wirklich zu besitzen' und danach zu handeln. Und der sonst extreme Realpolitiker Lenin sagt: ‚Es wird in unserer Bewegung viel zu wenig geträumt'" (Bloch 1971, 44f.). Gemeint ist ein reflektiertes Träumen in Richtung eines aktivischen Heimat-Hoffens mit Vernunft – und mit Erinnerung an Gelungenes und an Gründe für Nicht-Gelungenes (speziell zu Entfremdung und zum sog. subjektiven Faktor in Natur und Gesellschaft). Ein Verständnis von Geschichte liefert demnach freiheitliche Gestaltungsoptionen, die sich als Utopien, Visionen und (Zukunfts-) Träume darstellen. Bloch übernimmt die utopische Idee einer historischen Tendenz, in der alle emanzipatorischen Ideen der Vergangenheit aufgehoben sind.

Es bietet sich an, Marx' Idee vom Welt-Traum mit Hilfe von Bloch mit dem Blick nach vorn zu lesen. Denn auch Marx stellt fest, dass die größte Herausforderung darin besteht, das Ziel zu bestimmen, wenn er sagt: „Größer noch als die äußern Hindernisse scheinen beinahe die inneren Schwierigkeiten zu sein. Denn wenn auch kein Zweifel über das ‚Woher', so herrscht desto mehr Konfusion über das ‚Wohin'" (DFJ 343f.). „Die *Konstruktion* der Zukunft und das Fertigwerden *für alle Zeiten* [ist] nicht unsere Sache" (ebd., 344). „Unser Wahlspruch muß also sein: Reform des Bewußtseins nicht durch Dogmen, sondern durch Analysierung des mystischen, sich selbst unklaren Bewußtseins, trete es nun religiös oder politisch auf. Es wird sich dann zeigen, daß die Welt längst den Traum von einer Sache besitzt, von der sie nur das Bewußtsein besitzen muß, um sie wirklich zu besitzen. Es wird sich zeigen, daß es sich nicht um einen großen Gedankenstrich zwischen Vergangenheit und Zukunft handelt, sondern um die *Vollziehung* der Gedanken der Vergangenheit. […] Wir können also die Tendenz […] in *ein* Wort fassen: Selbstverständigung (kritische Philosophie) der Zeit über ihre Kämpfe und Wünsche" (ebd., 346). Man kann Blochs dynamisches, produktives Heimat-Verständnis in diesem Zusammenhang mit dem vitalen marxschen Begriff vom „Lebensgewinnungsprozeß" (RG 362) übersetzen.

Bloch wendet sich gegen die „Geringschätzung des subjektiven Faktors" und somit auch gegen die „Geringschätzung der individuellen Menschen" (Bloch 1965, 21). Der individuelle Mensch ist gestaltendes Subjekt „im Blochschen Weltexperiment" (Zeilinger 1985, 119). „Freiheit ist darin immer die Möglichkeit des Anderskommens, des Andersmachenkönnens" (EM 139). Das andere, was gemacht werden kann, ist eine glückliche, solidarische Gesellschaft, die auf

Über- und Unterordnung der Menschen verzichtet, das heißt „Freiheit und menschliche Würde, in Natur als einem nicht mit uns Fremden behafteten Objekt gerichtet auf Heimat" (ebd., 248). Hier wird klar, dass Bloch Heimat nicht als Gegenteil von Fremde, sondern von Entfremdung versteht.

Zur politisch-strategischen Bedeutung von Heimat sei auf Michael Daxner verwiesen, der sich der Frage nach der topographischen Füllung von Heimat stellt und zu dem Schluss kommt: „Frieden hat einen Ort, Heimat ist eine Struktur" (Daxner 1989). Neuere politologische Konzepte einer politischen Philosophie und Verhaltenslehre können – Aristoteles' Verständnis von Politik als Lehre vom guten, richtigen Leben variiert aufgreifend – mittels des blochschen Heimat-Denkens Konturen und perspektivische Prozessualität bekommen. Genannt sei hier die Idee einer *good governance* verbunden mit der Strategie von *empowerment*, mit persönlichem *self esteem* oder innerstaatlicher *self-reliance* (jeweils versus der von Michel Foucault diagnostizierten Unterwerfung unter „Gouvernementalität", vgl. Foucault 2004, als menschliches Be- und Verhaftetsein in Regierungs- und Gewalt-Förmigkeit). So können sie der bloß sozial-technischen, verkürzenden Nutzung entraten. Bloch gebraucht „das Wort ‚Prozeß', das vielfachen Sinn hat, einen chemischen, einen medizinischen, einen juristischen und einen Heilsinn. Es gäbe eben gar keinen Prozeß, wenn nicht etwas wäre, das so nicht sein sollte" (Bloch 1964c , 703).

Zu Recht kann Micha Brumlik Blochs *nomos anthropos* [νόμος ἄνθρωπος] an den Denk-Ansatz von Seyla Benhabib, ihn blochisch stärkend, heranführen und zugleich Blochs Zeitgenossenschaft belegen, wenn er an Blochs Ausführungen in *Naturrecht und menschliche Würde* erinnert und feststellt, dass diesem Naturrecht Assoziationen an die „Legende des Goldenen Zeitalters, die sich erhalten hatte", zugrunde lagen. „Als mythologische Erinnerung an die Urkommune, an die Zeit ohne Privateigentum, Amt, Krieg, an die Herrschaft des ungeschriebenen Nomos. Die Inhalte dieses νόμος ἄνθρωπος [*nomos anthropos*], wie er im stoischen Naturrecht wieder aufzutauchen schien, waren: Gleichheit aller Menschen von Geburt […]; *Einheit* aller Menschen, um Glieder einer internationalen Gemeinschaft, eines Vernunftreiches der Liebe zu sein. Die Stoa ist hier enorm demokratisch, ihr Naturrecht eine einzige Philanthropie, ihr Staat eine Bruderschaft" (NmW 26).

Hierzu passt begrifflich wegen der Ableitung von *iter* (‚*Weg*') Seyla Benhabibs Vorschlag einer demokratischen Iteration (Benhabib 2009,

114), die gezielt Schritt für Schritt, wiederholend und vorausschreitend Wege in neue dialogische, interaktionelle Situationen und rechtliche Verfahrensweisen mit Wahrung des Rechtes des anderen einschlägt und dergestalt einen „demokratischen Experimentalismus" (Brunkhorst 1998) in Gang setzt, der einen Mechanismus vermeidet (vgl. Bloch 1974, 279) und in Richtung auf Welt-Heimat ausgelegt ist. Denn die Weg- und Reise-Metapher (*iterationelle* Demokratie) eröffnet zusätzlich den erkenntnistheoretischen Blick auf Heimat als ein raum-zeitliches Phänomen, als eine Freiheit des Handelnd-sich-Bewegens, als Konstituenz von Demokratie (vgl. Arendt 1993, 42f.) und als eine prospektive, experimentelle Handlungsorientierung hin auf Gelingendes, zu Schaffendes in der Welt aus dem Material der Welt selbst. In den Worten des romantischen Denkens kann Heimat verstanden werden als „wunderbarer Prozeß der Weltergänzung" (Heine), als „Weltergänzung durch Poesie" (Chawtassi 1972). Marx bringt diese – auch blochsche – Idee auf die Formel „Wir entwickeln der Welt aus den Prinzipien der Welt neue Prinzipien" (DFJ 345). Bei Bloch klingt es so: „Was ich anstrebe, ist, aus der Gegenwart das Mögliche, das in ihr angelegt ist, herauszulesen" (Bloch 1970, 124).

Blochs *Prinzip Hoffnung* lässt sich zusammenfassend verstehen als ein Vademecum, ein „Schatzkästlein" (in Anlehnung an den Regionalisten Johann Peter Hebel) voller Heimat-Bezüge, für den Heimat-Gewinnungs-Weg. Es ist ein Itinerar, d. h. eine Zusammenstellung von Reiserouten, Zielen, Wegbeschreibungen, Umwegen, Haltepunkten, Herbergen, Markierungen und navigatorischen Varianten, Berichten von früheren Reisen, in denen der „Reisende selbst [...] seine Zurüstung und Ausrüstung, je nach dem Gelände und Objekt, das er zu bestehen hat" (PH 1197), ändert. Welche systematische Bedeutung solchen teilweise als heilig bezeichneten Itinerarien zukommt, wird daran deutlich, dass Bloch von „Reisebüchern zu Gott" (ebd.) spricht.

Blochs Heimatbegriff ist „keine Kategorie der Tatsächlichkeit, keine ökonomische Kategorie vom Standort, keine politische Kategorie der Nation, erst recht keine politische Kategorie des Nationalismus oder Chauvinismus", sondern frei von Blut und Boden „eine Kategorie der Möglichkeit" (Behrens 2006, 91). Heimat ist für Bloch „universal-menschlich" (NmW 27). Sein Heimat-Begriff überschreitet nicht nur nationale Grenzen, vielmehr scheint das kantische weltbürgerliche Denken in ihm auf (vgl. Brumlik 1989, 45). Heimat steht emphatisch für eine menschliche Verfassung der Welt, so dass die

Stärkung von Menschenwürde und Menschenrechten im Kontext des blochschen naturrechtlichen und menschenrechtlichen Diskurses ein Prozess in Richtung auf Heimat und Identität in ein „rebellisch-humanes Heil" (PH 1432) ist, der von ungleichzeitigen existenziellen und historischen Bedingungen einer unfertigen Welt ausgeht (systematisch und exemplarisch: Dietschy 1988; aktuell: De Sousa Santos 2004). Bloch wendet sich dafür den Realien Unrecht, Vertreibung, Natur, Ausbeutung, Entfremdung, Erniedrigung zu, um nur einige zu nennen.

Blochs *Heimat*-Begriff ist zudem ein aktivischer. Er ist gekennzeichnet durch die Vektoren Handlung, Verfahren, „Umbau" (PH 334), Prozess, Bewegung, Sehnsucht, „Intention/Intentionen" (ebd., 1628, 15f.) und weist philosophisch-systematisch in Richtung einer innerweltlich-praktischen Transzendenz. Blochs Heimat-Begriff stärkt Menschen für heutige Debatten, Problemlagen, Erklärungen und Tractanda in einer Welt der Globalität, in einer kosmopolitischen, „kosmobilen" und unfertigen Welt. Er hat dabei etwas Schwebendes, etwas, was noch – durch menschliche Gestaltungs-Praxis – bestimmt werden muss, und korrespondiert mit einem Verständnis vom „offenen Horizont" (ebd., 221). Denn „damit es wirklich gibt, woran man sich halten kann, muß sowohl das Fernziel entwickelt werden, wie das Nahziel präpariert, aber so, dass das Nahziel immer in Bezug zum Fernziel steht, und das Fernziel im Nahziel anwesend ist" (Bloch, zit. nach Horster 1978, 97).

Indem Blochs *Heimat*-Verständnis – noch nicht! – in dieser Welt realisiert ist, aber doch von dieser Welt ist und in ihr vor-scheint, lässt sich mit ihm als Kontrast-Mittel eingreifen – gestaltend eingreifen in Beheimatungs- und Alltags-Bedürfnisse des Individuums sowie universalistisch in Welt-Probleme der Gesamtheit der Individuen. Es geht um philosophische (*Heimat-*)Begriffe, die „Griffe sind, an denen sich die Dinge drehen lassen [...], eine Philosophie der Fingerzeige" (Brecht 1994, 513).

Blochs *Heimat*-Begriff ist auch ein Denkbild, eine Aufmerksamkeitsrichtung in praktischer, experimenteller, zukunftsverantwortlicher Absicht. Heimat ist analog zu Utopie zu denken und muss als erstrebenswerter Gegenpol zu ständig drohender Entfremdung verstanden werden. „Bloch [...] analysiert versperrte Möglichkeiten, um ihnen eine Perspektive des Besseren entgegenzuhalten [...]. Heimat kann nur da sein, wo Menschen schöpferisch handeln können, wo sie die Möglichkeit des Anderen offen halten, wo sie hinaus denken aus bedrängter Gegenwart" (Vidal 2005, 126) und so ein „Noch-Nicht" erkennen und anstreben (vgl. Koch 1989, 311).

→ *Antizipation; Entfremdung; Fortschritt; Hoffnung; Kältestrom – Wärmestrom; Marxismus; Mensch; Möglichkeit; Natur; Naturrecht; Noch-Nicht; Prozess; Traum; Utopie; Vor-Schein*

📖 Anderson 2005; Arendt 1993; Bajohr/Wildt 2009; Behrens 2006; Benhabib 2008; Berger 1926; Binder 1983; Bloch, J. R. 1998; Bräuer 2009; Brecht 1994; Brumlik 1989, 2009; Brunkhorst 1998; Brunner 1968; Castro Varela 2007; Chawtassi 1972; Christensen/Frauhammer 1985; Daxner 1989; De Sousa Santos 2004; Dietschy 1988, 1989; Foucault 2004; Freud 1986; Grimm 1984; Häny 1978; Heimat, Forschung, Kulturpflege 1978; Hillebrecht 2000; Horster 1978; Kamberger 1981; Kaus 1992; Klein 2007; Koch 1989; Koch/Manke/Zingelmann 1985; L'80 1985; Lindemann 1992; Manos 2001; Meyer/Wiegerling 1997; Miermeister 1996, Mitzscherlich 2000; Modersohn-Becker 1957; Müller, H. 1986; Münster 1982; Negt 1998, 2001; Negt/Kluge 1992; Paetzold 1974; Persson 1985; Petri 1989; Pieroth/Schlink 1995; Piron-Audard 1983; Schimpf/Partsch 1994; Schlink 2000; Schmidt, B. 1978a, 1989, 1994a, 2006; Schmidt, Th. E. 1999; Troller 2009; Vidal 2003; Vidal 2005; Wallerstein 2002; Wuilmart 1985; Zeilinger 1985; Zimmermann 2010; Zweig 1989; Zyber 2007.

Gerd Koch

Hoffnung

Hoffnung ist im Werk von Bloch das zentrale Thema der Philosophie überhaupt und hat seinen Ausgangspunkt in der philosophischen Anthropologie, da die Reflexion, was der Mensch ist, sich an der Frage orientiert, was er hoffen kann. Zwar gehört Hoffnung wie die Furcht zu den Affekten, weil aber der Weltprozess unabgeschlossen ist und der Mensch zum Besseren strebt, ist sie zugleich ein kognitiver Akt. Obwohl auch die Furcht antizipieren kann, ist diese nur ein Affekt, während die Hoffnung vor allem ein Richtungsakt kognitiver Art ist.

In Bezug auf ihr Wesen als kognitiven Akt ist ihr Gegensatz nicht Furcht wie beim Affekt Hoffnung, sondern Erinnerung (vgl. PH 10f.). Durch die Hoffnung wird deutlich, dass der Mensch sich mit der Welt im Prozess befindet, da sie die Spannung ist, die den Prozess vorantreibt. Hoffnung ist für Bloch von jeher das Wesen des Menschen, sie ist ihm „das eigentliche Prinzip, aus dem alle Metaphysik herkommt, und in das sie sich immer wieder dialektisch aufhebt" (Schulz 1985, 73). Er will dies belegen durch den Rekurs auf die geisteswissenschaftliche Thematisierung von Hoffnung in jüdischer Apokalyptik, der Tradition der aristotelischen Linken, dem joachimitischen Chiliasmus, den sozialrevolutionären Ideen von Thomas Münzer, dem dialektischen Materialismus und Kants Anthropologie.

Der Begriff Hoffnung umfasst ein sehr weites Bedeutungsfeld und wird sowohl psychologisch, geschichtsphilosophisch als auch theologisch interpretiert. In der Psychologie betrifft er die Affekte und Emotionen des Menschen, in der Philosophie wird er als Movens historischer Prozesse interpretiert und in der Theologie als Tugend (vgl. HPhG 3, 692–700). Hoffnung ist zum einen der Prozess des Hoffens, also der Vorgang selbst (*spes qua*), und zum anderen das erhoffte Ziel (*spes quae*), das als ungewisses Gut antizipiert wird (vgl. Pieper 2006). Das Hoffen bezieht sich auf ein real Mögliches oder im Bereich des Glaubens auf etwas Verheißenes, da Hoffnung immer Gründe benötigt.

Die Fülle der Bedeutungsinhalte zeigt sich in den sprachlichen Ausdrücken. In der Bestandsaufnahme des *Deutschen Wörterbuchs* (vgl. DW 10) von Jacob und Wilhelm Grimm steht Hoffnung als Ausdruck für eine Erwartung in Hinblick auf etwas Zukünftiges und wird gewöhnlich mit Angenehmem und zu Förderndem verbunden. Der Begriff wird auch im Bereich des Rechtlichen gebraucht, als berechtigter Anspruch auf etwas zu Erwartendes. In der Literatur der Klassik wird Hoffnung personifiziert, um Sehnsüchte zum Ausdruck zu bringen. Auch in der Sprache des 20. Jahrhunderts wird der Begriff Hoffnung im Sinne einer Erwartung von Zukünftigem verwendet und findet sich in zahlreichen Wendungen.

Während in der griechischen Antike bei Hesiod oder Pindar noch die Skepsis gegenüber dem erwartungsbezogenen Affekt Hoffnung (ἐλπίς, *elpís*) überwiegt (sie gehört zu den Übeln in der Büchse der Pandora) und der Affekt der Furcht und der Vorfreude zugeordnet wird, bindet die Klassik der Tragiker Hoffnung an ein rationales Moment. Der Wirklichkeitsbezug rückt in den Vordergrund, was jedoch noch nicht den Inhalt meint. Hoffnung meint die Erwartung der Zukunft schlechthin, ohne eindeutige positive oder negative Wertung. Hoffnung richtet sich sowohl auf eine positiv erwartete oder erwünschte Zukunft als auch auf mögliches Unheil und kennzeichnet das Verhalten in Hinblick auf die Zukunft. Dieses wird sowohl beschrieben als Illusion, als auch durch Ratio geprägte Voraussicht und als existentielle Zuversicht (vgl. Woschitz 1979). Hoffnung ist ein Horizontbegriff, der in Rede, Dichtkunst und Philosophie thematisiert wird, wobei immer positive und negative Seiten der Hoffnung zugleich angesprochen werden (vgl. Fahrenbach 1956, 9).

Für Platon etwa gehört sie zu den Vorgriffen der Seele auf Zukünftiges, schon er kennt sowohl gute, berechtigte als auch böse und unberechtigte Hoffnungen, wodurch sich Torheit und Weisheit unterscheiden lassen, was den Weisen zur Vorsicht gegenüber der Hoffnung gemahne (vgl. *Philebos*). Im *Symposium* wird Eros zum Urgrund aller Hoffnungen erklärt, und genau wie das „höchste Gut" berechtigt auch Eros zu den größten Hoffnungen (vgl. Platon 1985, 193d). Hoffnung ist jedoch immer unsicher und daher auch gefährlich, da sie den Menschen täuschen kann (vgl. *Timaios* 69d).

Aristoteles setzt Hoffnung in seinem Werk *De memoria et reminiscentia* in Beziehung zu Wahrnehmung und Gedächtnis, denn er wertet das Gegenwärtige als einen Gegenstand der Wahrnehmung, das Zukünftige gehört der Erwartung an und das Vergangene dem Gedächtnis (vgl. Aristoteles 2004, 1, 449b). Der Mensch hat die Fähigkeit, sich die Vergangenheit zu vergegenwärtigen und sich die Zukunft auszumalen, und wenn das Vergangene mit Hilfe des Erfahrungswissens reflektiert wird, dann kann dieses die Antizipation steuern, weshalb Hoffnung sich dann an Ratio orientiert. Tut sie dies nicht, schafft sie eine Scheinwelt (vgl. Woschitz 1979, 127ff.). Hoffnung ist vor allem Thema der *Rhetorik* des Aristoteles in Bezug auf die Psychologie der Hörenden, er charakterisiert das Hoffnungsdenken je nach Lebenserfahrung; so hofft Jugend leicht, da ihr die Zukunft noch offen steht. Ältere hoffen schwer, da sie durch ihr Leben in vielem desillusioniert sind (Aristoteles 1995, II, 12 u. 13). Hoffnung bestimmt er als gehobenes oder gedrücktes Gestimmtsein der Seele, sie gehört wie die Furcht zu den Affekten.

In der römischen Antike meint der Begriff Hoffnung (*spes, sperare*) sowohl die vertrauensvolle Erwartung als auch den wissenden Bezug auf Zukunft hin. Hoffnung ist ein Erkenntnismodus des Subjekts und entspringt der Empfindung des Mangels. Dem Menschen wird die Fähigkeit zugesprochen, sich sowohl erinnernd der Vergangenheit als auch vorausdenkend der Zukunft zuzuwenden. Die Qualität des Verhaltens auf Zukunft hin wird geprägt durch die erworbenen Erfahrungen. „Spes / sperare als Charakterisierungsbegriff solchen Verhaltens wird von daher bestimmt, wie der Mensch darin künftige Wirklichkeit antizipiert: ob illusionistisch, mit Hilfe von Wunschphantasien, Träumen, Unvernunft, irrigen Vorstellungen und Irrationalismen" (Woschitz 1979, 188). Cicero bezeichnet Hoffnung als eine auf Zukunft gerichtete Erwartung des Guten (*exspectatio boni*) (vgl. Cicero 1997, IV, 80), auch bei ihm gehört sie wie die Furcht zu den Affekten. Seneca, der die Lehre der Stoiker beerbt, kritisiert Hoffnung als unbestimmtes Gut und fordert vernunftgemäßes Handeln, um das *summum bonum* zu erreichen, das „muß sich so hoch erheben, dass es durch keine Macht erniedrigt werden kann, so hoch, dass weder Schmerz noch Furcht oder Hoffnung Zugang haben, noch irgend etwas, was das Recht des höchsten Gutes schmälern könnte. Dorthin aber vermag nur die Tugend sich zu erheben; nur indem man mit ihr Schritt hält, erreicht man solche Höhe" (Seneca 2005, 15).

Im *Alten Testament* wird Hoffnung an das Heilshandeln Jahwes geknüpft, der als partnerschaftlich handelndes Subjekt konzipiert wird. Die Hebräer reflektieren ihre Erfahrungen als das von Gott erwählte Volk und verbinden Hoffnung mit Vertrauen auf die göttliche Verheißung des Heils. Der Glaube wird geprägt von der Tradition des Exodus und der Sinaitheophanie nach dem Bundesschluss. „Hoffnung wird nicht als psychische Zuständlichkeit, sondern als eine durch die geschichtlichen Heilserweise Jahwes eröffnete qualitative Möglichkeit des Vertrauens, der Zuversicht, der Treue, des Zuflucht-Suchens konstituiert. Ihr Grund ist nicht menschliche Autonomie und Möglichkeit, sondern Jahwe selbst. Aus der Vergegenwärtigung vergangenen Handelns Jahwes und seiner Verheißungen weiß sich Israel auf Künftiges geöffnet" (Woschitz 1979, 221). Hoffnung ist deshalb an Glauben gebunden und zielt auf das zu erwartende Gute, so wie es von Jahwe verheißen wird, weshalb Hoffnung zum Inhalt des Bundes mit Jahwe gehört. Während Hoffnung sich in den Anfängen auf das Leben und den Alltag der Hebräer bezieht, richtet sie sich in der Gerichtsprophetie auf ein umfassendes, eschatologisches Heil für den gesamten Kosmos und wird im Anschluss an die Nathanverheißung (2. Sam 7) auf einen zukünftigen Heilskönig bezogen. Grundzug der Apokalyptik ist der Dualismus von altem und neuem Äon, wobei der alte Äon zur Katastrophengeschichte erklärt wird und der neue nur in Erscheinung treten kann, wenn der alte vergeht. Hoffnung richtet sich hier auf Gerechtigkeit im neuen Äon, der in einer visionären Bildersprache angekündigt und dessen Nähe prophezeit wird. Ähnliche Gedanken finden sich auch in iranischer Avesta-Literatur, sowie in akkadischen und ägyptischen Texten (vgl. Körtner 1988, 48f.), so dass die Anfänge apokalyptischen Denkens nicht auf das Alte Testament begrenzt werden können. Da apokalyptisches Denken jedoch als Reaktion auf Krisenerfahrungen zu deuten ist, geht es weniger um Zukunftserwartungen, als um die Bewältigung der Gegenwart, woraus sich die ethischen Implikationen ergeben (vgl. Körtner 1988, 58f.).

Im *Neuen Testament* wird die Erwartung an das zukünftige Heil an Jesus gebunden, er verkörpert die Hoffnung der Christen auf das verkündete Reich Gottes. Die Parusie Christi, also die erwartete Wiederkunft des Messias, wird zum Symbol der Hoffnung und bestimmt die christliche Ethik, d. h. christliche Hoffnung mahnt zur Verantwortung in der gegenwärtigen Welt. So wird Hoffnung beim Apostel Paulus (vgl. Röm 4) zum Signum des Glaubens, und im Johannesevangelium richtet sie sich auf die zukünftige Gemeinschaft mit Jesus (vgl. Joh 14, 2; 17, 24). Zum Inhalt der Hoffnung wird das kommende Reich Gottes, das als neue Himmelsstadt mit neuer Schöpfung und ewigem Leben vorgestellt wird (vgl. Apk 21–22). In der Eschatologie fordert die Hoffnung auf das vollkommene Jenseits Orientierung im Jetzt auf dieses hin, also eine Gestaltung der Welt in Hinblick auf zukünftige Hoffnung. Begründet wird diese Verantwortung für das Diesseits dadurch, dass das zukünftige erhoffte Reich in das gegenwärtige hereingreift. Die christliche Hoffnung ist immer auf das Engste mit dem Glauben verknüpft, in dem sie enthalten ist (vgl. LChM, Sp. 798–812).

Im Chiliasmus richtet sich Hoffnung auf ein kommendes *Tausendjähriges Reich* als Vorgänger der Erfüllung der Heilsgeschichte. Bei Augustinus, der die Chiliasten als Häretiker bezeichnet, meint christliche Hoffnung (*spes Christianorum*) die Auferstehung des Leibes und zielt damit auf Gott und die Wiederherstellung der Gottesebenbildlichkeit. Sie wird vermittelt durch Jesus im Raum der Kirche, diese ist Ort der Auferstehungshoffnung (vgl. Woschitz 1979, 14). Bei Augustinus wird sie zur Tugend, ihr Inhalt ist das zukünftige Heil, das durch Jesus vorweggenommen ist. „Noch sehen wir nicht, was wir hoffen. Aber wir sind der Leib jenes Hauptes, in dem schon vollendet ist, was wir hoffen" (Augustinus, Serm. 157, 3, zit.

n. Pieper 2006, 269). In der Scholastik, vornehmlich bei Thomas von Aquin, bezieht sich Hoffnung auf ein Gut und unterscheidet sich daher von Furcht. Sehr ausführlich behandelt er das Thema in der *Summa Theologica*. Die Hoffnung richtet sich auf ein in Zukunft zu erreichendes Gut, um einen Mangel im gegenwärtigen Leben zu überwinden. Dieses Ziel erscheint zwar möglich, ist aber sehr schwer zu erreichen. Dieses zu erreichende Gut ist nicht Gegenstand der Erkenntnis, sondern Strebekraft, weshalb die Hoffnung ein Element der Strebekraft ist. Dies erklärt, warum sie zu den Kardinaltugenden und damit in die Trias Glaube, Liebe, Hoffnung gehört (vgl. Meyer-Sickendiek 2005, 264ff.).

Für Helmut Fahrenbach ist die besondere Rolle, die der Hoffnung im christlichen Glauben zugesprochen wird, prägend für das nachfolgende abendländische Denken, auch wenn die Zielrichtungen von Hoffnung divergieren: „[…] das ursprünglich-geschichtliche Sichverstehen im Horizonte der Hoffnung auf die Zukunft und das Fragen nach diesem Zusammenhang ist mit dem christlichen Glauben in die abendländische Welt und damit auch vor das gegenwärtige philosophische Bewusstsein gekommen" (Fahrenbach 1956, 8).

In den sechziger Jahren des 20. Jahrhunderts wird Hoffnung im Rekurs auf die Philosophie von Bloch, aber ohne Transzendenz zu negieren, als *Theologie der Hoffnung* thematisiert. Hoffnung wird näher bezeichnet als verantwortende Hoffnung, da diese Theologie die Zukunftsperspektive für die Welt sein will. Sie versteht sich als „Muster eines neuen Teppichs für das Ganze der Theologie […], die alttestamentliche Theologie der Verheißungen, die neutestamentliche Eschatologie der Parusie Christi, die holländische Theologie des Apostolats und eine revolutionäre Ethik, die diese Welt so lange verändern will, bis sie zur erkennbaren Welt Gottes wird" (Moltmann 1997, Vorwort). So wie Bloch an der Hoffnungsfrage entlang die Philosophie darlegt, überträgt es Jürgen Moltmann auf die Theologie. Eschatologie wird verstanden als Hoffnungslehre, die bestimmend sei für den christlichen Glauben im Ganzen und diesen prägt. Aus dieser Hoffnung heraus wächst die Verantwortung der Christen, in der Gegenwart auf das Reich Gottes hinzuwirken. Ähnlich argumentieren Theologen wie Helmut Gollwitzer und Wolf-Dieter Marsch. Im Kontext der lateinamerikanischen Befreiungstheologie und -philosophie wird Blochs Hoffnungsdenken stärker auf die Überwindung von Unterdrückung und den Ausschluss der Armen und kulturell anderen bezogen (vgl. Gutiérrez 1973, 200ff.)

Im November 2007 erschien die Enzyklika *Spe salvi* von Papst Benedikt XVI. als aktuelle Antwort auf die Frage, was der Mensch hoffen darf. Betont wird darin, dass Hoffnung als göttliche Tugend nicht Vertröstung auf das Jenseits meint, sondern Aufgabe für die Gegenwart, sie sei performativ und fordere das „Tätig-sein" des Gläubigen. Diese Auffassung wird gestützt durch Hinweise auf die Apostelbriefe – „Auf Hoffnung hin sind wir gerettet" (Röm 8, 24) – und über Augustinus bis zur neuzeitlichen Philosophie. Der Theologie der Befreiung wird entgegengehalten, dass Jesus nicht Spartakus sei (vgl. Benedikt XVI. 2007).

Im Sinne einer christlich begründeten Existenzphilosophie entwirft Gabriel Marcel seine *Philosophie der Hoffnung*, in der das Reich menschlicher Freiheit auf den Grundpfeilern des Christentums errichtet werden soll. Hoffnung ist hier der Gegenpol zur Verzweiflung (so auch bei Kierkegaard), er lehnt Blochs mit Spinoza begründete These, sie sei Gegenpol zur Furcht, entschieden ab. Hoffnung ermöglicht ein Überschreiten des allein Rationalen und technisch Machbaren. Ihre Notwendigkeit für das menschliche Leben zeige sich in Grenzsituationen, sie lässt sich kennzeichnen als Erwartung eines Besseren im jenseitigen Heil und trägt so zur Überwindung von Verzweiflung bei, setzt aber Geduld voraus. Bei Bloch ist Verzweiflung der Gegenpol zur Zuversicht, da bei beiden Offenheit fehle (vgl. Bloch 1981, 118–128). Im Rationalismus wird Hoffnung im Bereich der Affekte angesiedelt und so etwa bei Descartes an ihrem Verhältnis zur Erkenntnis gemessen und daher kritisch gesehen. Bei Spinoza ist Hoffnung einem Mangel an Erkenntnis geschuldet, sie sei bloß „unbeständige Lust, entsprungen aus der Vorstellung eines zukünftigen oder vergangenen Dinges, über dessen Ausgang wir in Zweifel sind" (Spinoza 2008, 71, Lehrsatz 18, Anm. 2). Für Hobbes ist Hoffnung eine Verwirrung, die das seelische Gleichgewicht stört (vgl. HWP 3, Sp. 1157–1166).

Erst in der Aufklärung erhält Hoffnung wieder philosophische Relevanz, vorwiegend bei Immanuel Kant. Kants Kritiken lassen sich seinen Teilfragen nach dem Menschen zuordnen und diese wiederum verschiedenen Gebieten. So ist die Frage „Was darf ich wissen" der *Kritik der reinen Vernunft* und der Metaphysik, die Frage „Was soll ich tun" der *Kritik der praktischen Vernunft* und der Moral, und die Frage „Was darf ich hoffen" der *Kritik der Urteilskraft* und der Religion zuzurechnen. Alle Fragen münden in der einen Frage „Was ist der Mensch?" (KW 5, 448). Die zentrale Rolle der philosophischen Hoffnung liegt bei Kant im Bereich der Dinge, die weder durch menschliches Wissen noch durch menschliches Handeln sicher vorausgesagt und nur postuliert werden können. Was den Menschen positiv zur Hoffnung berechtigt, wird daran geknüpft, dass der Mensch dem kategorischen Imperativ untersteht, der letzte Zweck seines moralischen Wollens ist das höchste Gut, das die „unbedingte Totalität des *Gegenstandes* der reinen praktischen Vernunft" (KW 6, 235) darstellt. Hoffnung wird erläutert anhand der Frage, wie Sittlichkeit möglich sei. Das höchste Gut enthält sowohl die Vollendung des Tugendstrebens als auch Glückseligkeit, wobei Sittlichkeit Priorität zukommt, sie ist Voraussetzung zur Erlangung der Glückseligkeit, aber nicht einfach Mittel, diese zu erlangen. Aus dem Pflichtbegriff leitet Kant ab, dass der Mensch Glückseligkeit, gegründet auf einem „Bedürfnis der reinen praktischen Vernunft", erhoffen kann, da es „zu *Postulaten* [führt]" (ebd., 276). Es ist die Pflicht, die das Postulat Hoffnung impliziert (vgl. Jansohn 1972, 9ff.). „Diese Pflicht gründet sich auf einem, freilich von diesen letzteren Voraussetzungen ganz unabhängigen, für sich selbst apodiktisch gewissen, nämlich dem moralischen, Gesetze, und ist, so fern, keiner anderweitigen Unterstützung durch theoretische Meinung von der innern Beschaffenheit der Dinge, der geheimen Abzweckung der Weltordnung, oder eines ihr vorstehenden Regierers, bedürftig, um uns auf das Vollkommenste zu unbedingt-gesetzmäßigen Handlungen zu verbinden. Aber der subjektive Effekt dieses Gesetzes, nämlich die ihm angemessene und durch dasselbe auch notwendige *Gesinnung*, das praktisch mögliche höchste Gut zu befördern, setzt doch wenigstens voraus, daß das letztere *möglich* sei, widrigenfalls es praktisch-unmöglich wäre, dem Objekte eines Begriffes nachzustreben, welcher im Grunde leer und ohne Objekt wäre" (ebd., 277).

Hoffnung gerät im materialistischen Denken bei Karl Marx zum kognitiven Akt. In der *Kritik der Politischen Ökonomie* wird sie als wahrnehmbare Realität eingeschätzt und damit als Substanz der Wirklichkeit, deren rationales Moment sich in der Hoffnung auf ein Überschreiten der entfremdeten Welt richtet.

In der Existenzphilosophie, etwa bei Martin Heidegger, Sören Kierkegaard oder Gabriel Marcel wird das Dasein als Sorge bestimmt. Der Mensch ist in das Sein geworfener Entwurf und Hoffnung eine Stimmung, die zu einem bestimmten Verhalten in Bezug auf die Zukunft führt. Das Ich ist um sein eigenes Seinkönnen besorgt, hat seine faktische Lage für sich erschlossen und Zukünftiges ist das Sichvorweg-Sein in der Faktizität. Der Mensch kann sich auf Zukunft hin entwerfen, er hat Möglichkeiten des Entwerfens und des Begegnens, d. h. er kann sich zu seinen Möglichkeiten hin verhalten. Immer wenn solche Möglichkeiten bedroht sind und das Gelingen des Lebensentwurfes damit in Frage gestellt wird, entwickelt sich als Gegensatz zur Verzweiflung als quasi letzte mögliche Antwort Hoffnung, da in solchen Grenzsituationen sich die den Menschen eigene Zuversicht bewähren muss. Hier ist es die Not, die den Menschen faktisch zur Hoffnung zwingt, wenn er Verzweiflung überwinden will (vgl. Fahrenbach 1956, 134ff.).

In der Philosophie Ernst Blochs wird Hoffnung auf die Zukunftsbezogenheit des Menschen und des Seins im Ganzen gesehen, weshalb sie gegenüber der Tradition und auch der zeitgenössischen Hoffnungsphilosophie neu verstanden wird als dialektisch-materialistisch begriffene Hoffnung (vgl. PH 8). In *Das Prinzip Hoffnung* wird Hoffnung sowohl in Hinblick auf das Subjekt als auch auf den Horizont der Zukunft hin in aller Breite entfaltet, dabei ist Hoffnung die Frage nach der Zukunft schlechthin. Bloch trennt nicht zwischen dem Gebrauch des Begriffs Hoffnung in Alltag, Philosophie, Soziologie und Theologie, sondern sieht Gemeinsamkeiten und Zusammenhänge, da es sich beim Hoffen um eine allgemein menschliche Eigenschaft handle, auch wenn die einzelnen Hoffnungsakte bis hin zur begründeten Hoffnung differieren.

Das Thema Hoffnung wird zu der entscheidenden anthropologischen Frage. Bloch schließt an Kants Frage nach dem Menschen an und erweitert diese folgendermaßen: „Wer sind wir? Wo kommen wir her? Wohin gehen wir? Was erwarten wir? Was erwartet uns?" (ebd., 1). Gerade die letzten beiden Fragen konzentrieren sich auf das Hoffen, indem sie die Erwartung des Menschen in Hinblick auf Zukunft ansprechen und auf den Sinn des menschlichen Daseins zielen. Im Zentrum steht die Utopie einer gelungenen Subjekt-Objekt-Vermittlung, einer menschen- und naturgerechten Gesellschaft, symbolisiert durch den Begriff von *Heimat*, die erst werden soll. Sie ist damit nicht mehr wie bei Kant allein eine Frage der Religionsphilosophie, sondern der Philosophie im Ganzen und hat ihren Ausgangspunkt in der philosophischen Anthropologie.

Hoffnung äußert sich in den Träumen von einem besseren Leben, was Bloch vor allem in seinem Hauptwerk *Das Prinzip Hoffnung* von den kleinen Tagträumen ausgehend über das antizipierende Bewusstsein bis zur reflektierten Hoffnung, der *docta spes*, die die Welt als noch nicht seiende Heimat entwirft, aufzeigt. Entfaltet werden – neben der Grundlegung – eine Systematik und eine Enzyklopädie der Hoffnungen zugleich, die diese in den unterschiedlichen Gestaltungen vorführt mit dem proklamierten Ziel, „an die Hoffnung, als eine Weltstelle, die bewohnt ist wie das beste Kulturland und unerforscht wie die Antarktis, Philosophie zu bringen" (ebd., 5). Hoffnung wird im menschlichen Bewusstsein verortet, ihr objektives Korrelat im Weltprozess aufgezeigt und dann in Zeugnissen vorgeführt. Der erste Teil, die „Wunschbilder im Spiegel", zeigt Manifestationen von Hoffnung im Alltag des Menschen (Auslage, Märchen, Reise, Film, Schaubühne), wobei die Aufzählung als Wertung zu lesen ist. Sind die Wünsche der Auslage noch geprägt durch die Vorgaben der Kulturindustrie, werden sie in Märchen und Kolportage schon gegen bestehende Glücksangebote gerichtet und auf der Schaubühne, sehr deutlich bei Brecht, zum Willen der Veränderung. Die „Grundrisse einer besseren Welt" zeigen Hoffnungen in verschiedenen gesellschaftlichen Utopien: ärztliche, gesellschaftliche, technische, architektonische, geographische, ästhetische, philosophische und auf die Arbeit bezogene innerhalb bisheriger Geschichte. Die „Wunschbilder des erfüllten Augenblicks" behandeln schließlich die Utopie der Identität, die Übereinstimmung des Subjekts mit der Welt, wie sie möglich sein könnte. In fünf Gebiete unterteilt wird nach der Funktion der Identität gefragt: Moral, Musik, Todesbilder, Religion, Morgenland Natur, Höchstes Gut. Dabei geht es nicht um eine Aufzählung von Hoffnungsbildern, sondern um die Herausarbeitung des Belegs, dass es dem Menschen eigen ist, das Bestehende immer wieder überschreiten zu müssen, und er dies zielgerichtet auf das Bessere hin tun will, was selbstverständlich nicht bedeutet, dass ihm dies auch gelingt.

Die Enzyklopädie ist geprägt von dem in *Erbschaft dieser Zeit* (1935) entwickelten Gedanken, dass die Geschichte keineswegs einen unaufhaltsamen Fortschritt mache, sondern es so große Verschüttungen geben kann, dass negative Utopie scheinbar recht behielte. Jedoch ist dies nicht als Negation des Freiheitsziels der Geschichte zu deuten, weshalb es gelte, das Trotzdem des Fortschritts hervorzuheben und dieses aus geschichtlicher Tradition herauszuarbeiten. Daraus nährt sich das Wissen um die Offenheit der Geschichte: Zeitweilige Stockungen, selbst wenn sie lange Zeiträume einnehmen, entscheiden nicht über die objektiv-realen Möglichkeiten des Prozesses. Dieser Gedanke erklärt auch die Entstehungsgeschichte von *Das Prinzip Hoffnung* im amerikanischen Exil 1938–1947. Hier schreibt Bloch an

Dreams of a better Life, die schon in den USA erscheinen sollen. Dort erscheint jedoch nur das spätere 36. Kapitel *Freiheit und Ordnung. Abriß der Sozialutopien* in dem von Emigranten gegründeten Aurora Verlag. Amerikanische Verlage zeigen sich zwar anfangs interessiert, lehnen das Werk dann aber wie etwa die Oxford University Press als „too cryptic" ab. Erste Vorabdrucke erscheinen nach 1949 in Zeitschriften wie *Sinn und Form* und der *Deutschen Zeitschrift für Philosophie*, das Werk wird im ersten (1954), zweiten Band (1955) und dritten Band (1959) im Aufbau Verlag der DDR publiziert und erscheint dann bei Suhrkamp (vgl. Schmidt, B. 1978a, 15–40). Bloch spricht davon, das Werk 1938–47 geschrieben und 1953 und 1959 durchgesehen zu haben (vgl. PH Vorwort), was als Hinweis auf die Veränderungen zu deuten ist. Hoffnung verstanden als Grundrichtung der Welt bestimmt den Aufbau des Werkes in fünf Teilen: 1. Bericht: Kleine Tagträume, 2. Grundlegung: Das antizipierende Bewusstsein, 3. Übergang: Wunschbilder im Spiegel (Auslage, Märchen, Reise, Film, Schaubühne), 4. Konstruktion: Grundrisse einer besseren Welt (Heilkunst, Gesellschaftssysteme, Technik, Architektur, Geographie, Perspektive in Kunst und Weisheit), 5. Identität: Wunschbilder des erfüllten Augenblicks (Moral, Musik, Todesbilder, Religion, Morgenland Natur, höchstes Gut). Die Gerechtigkeitsbemühungen werden in *Naturrecht und menschliche Würde* (1961) wieder aufgegriffen und vertieft dargestellt. Ganz allgemein begreift Bloch auch *Das Materialismusproblem, seine Geschichte und Substanz* und *Subjekt-Objekt. Erläuterungen zu Hegel* sowie auch die philosophischen, literarischen und zur Objektiven Phantasie gehörenden Aufsätze im Kontext des *Prinzip Hoffnung* als weitere Erläuterungen des Hoffnungsthemas.

Was Hoffnung zum Prinzip macht und inwieweit die Beständigkeit der utopischen Invariante im Weltprozess sie von Zuversicht abgrenzen lässt, wird komprimiert in der *Tübinger Einleitung in die Philosophie* (1963), die Bloch als „Prolegomena zum Prinzip Hoffnung" (EM 29) versteht. Diese Darlegung der Hoffnung ist als Reaktion auf die Entscheidung der Blochs, sich nach dem Bau der Mauer in Tübingen niederzulassen, verstanden worden. Die Annahme des Lehrstuhls in Leipzig 1949 (die erste Anfrage von Krauss kam im Februar 1948) ist getragen von der Intention, am Aufbau einer sozialistischen Gesellschaft mitzuwirken und im Osten Deutschlands eher einen demokratischen Neubeginn wagen zu können. In der vorhandenen antifaschistischen Front, in der Verstaatlichung der Großindustrie sowie der geplanten Bodenreform sahen viele Emigranten eine Chance, an humanistische Traditionen anknüpfen zu können, mithin geschichtlich Unabgegoltenes aus den Hoffnungsinhalten der Vergangenheit beerben zu können. Die Entscheidung für Tübingen wurde daher als Eingeständnis gewertet, dass die Philosophie der Hoffnung kapitulieren musste. Dem widerspricht Bloch in der Tübinger Antrittsvorlesung vehement. Das dialektische Zusammengehen von Erfahrung und Aktualität lässt ihn daran festhalten, dass auch seine Philosophie an der Spannung des Unvereinbaren nicht bricht, sondern wächst. Da Hoffnung eben nicht Zuversicht sei, müsse sie immer wieder enttäuscht werden, das gehöre zu ihrer Unbestimmtheit. „Hoffnung hat eo ipso das Prekäre der Vereitelung in sich: sie ist keine Zuversicht. Dafür steht sie zu dicht an der Unentschiedenheit des Geschichts- und Weltprozesses, als eines zwar noch nirgends vereitelten, doch ebenso nirgends gewonnenen" (LA 387). Darin steckt der Gedanke, dass Zukunftshoffnungen einer geschichtlich-gesellschaftlichen Analyse bedürfen, um als „reale Möglichkeiten" kenntlich zu werden. Hoffnungsphilosophie ist deshalb geprägt durch den Umgang mit Enttäuschungen und Brüchen und betont die Relevanz der Erinnerung an das darin Unabgegoltene als Voraussetzung für entwerfende Phantasie. Die Geschichte wird als Dokument zerschlagener Hoffnungen gelesen, in der zwar manchmal Befreiung aufscheint, viel häufiger aber Hoffnungen enttäuscht werden. Dies wird aber nicht als Beleg gegen die Hoffnung gedeutet, sondern es wird gezeigt, dass damit Zeichen gesetzt werden, in denen das Unabgegoltene sichtbar bleibt. Ob etwas der Vergessenheit anheim gegeben wird oder zum Grund für Erinnerung wird, ist begründet im Verhältnis zur Zukunft. Erinnerung bedarf der Erwartung des Zukünftigen, deshalb verweist sie auf das Unabgegoltene, dessen Erfüllung noch aussteht. Insofern ist das Abbilden dann ein Fortbilden, wenn es um die Gestaltung der Zukunft geht.

Der Mensch ist als Triebwesen angelegt, das seine Mängel überwinden will, indem es Sehnsüchte entwickelt, angefangen bei einem richtungslosen Streben über das Sehnen, das zwar noch richtungslos ist, sich aber schon auf ein Außen richtet bis hin zu einem Suchen, das sich auf etwas richtet und das der Mensch sich antizipierend ausmalen kann. Von Beginn an ist dieser Trieb auf ein Außen gerichtet. Grundtrieb ist Selbsterhaltung und daher Hunger, er ist das Nicht, „das es nicht bei sich aushält" (TE 14). Das Gefühl des Mangels von Etwas drängt nach Erfüllung, hierin liegt der Antrieb für Erwartungsaffekte und Erwartungsbilder. Organ des Hoffens ist Phantasie. Das bloße Dasein ist dem Menschen zu wenig, daraus entwickelt er seine Fragen,

Ängste und Sehnsüchte. In Tagträumen und Wunschbildern kündigt sich mögliche Zukunft an, auch wenn sich das Wünschen in einer unerfassbar bleibenden Gegenwart vollzieht, die der Mensch jedoch auf Zukunft hin überschreitet. Hoffen unterscheidet sich vom Wünschen und Erwarten, weil sich im Hoffen das gegenwärtige Sein vom Hoffnungsziel her versteht, sich das Ich hier in seiner Gegenwart auf Zukunft hin bewegt. Aber der Mensch ist nicht nur Triebwesen, und so geht es nicht nur um Befriedigung der Triebe, sondern er lernt das Denken. „Not lehrt Denken" (TE 14) meint damit, dass der Mensch lernt, innere und äußere Natur auf Zukunft hin zu gestalten.

Auch als Triebwesen denkt der Mensch seine Sehnsüchte als Ich, er ist immer Trieb- und Gesellschaftswesen. Der Mensch wird verstanden als historisch-gesellschaftliches Individuum, welches sich durch sinnlich-praktische Tätigkeit einen Zugang zur Welt schafft. Er nähert sich der Welt praktisch-handelnd, um seine Absichten und Interessen im jeweiligen Komplex der gesellschaftlichen Beziehungen zu verwirklichen. Dahinter steht der hegelsche Arbeitsbegriff, also Arbeit verstanden als bewusste Tätigkeit des selbstständigen Subjekts, durch die es sich selbst und seine Geschichte erzeugt, weil er sich selbst und die Welt durch sein Eingreifen verändert.

Spürbar werden die Triebe als Affekte, die in gefüllte und in Erwartungsaffekte eingeteilt werden. Hoffnung gehört zu den Erwartungsaffekten, hat wie alle Affekte einen Zeitbezug, und dieser intendiert am stärksten Zukunftsbezogenheit. Während bei gefüllten Affekten wie Neid, Wut oder Ehrgeiz der Gegenstand, auf den sich der Affekt richtet, benannt werden kann, ist er bei Furcht oder Hoffnung ungewiss, die Erfüllung ist offen, muss nicht eintreten. Als Affekt steht Hoffnung über der Furcht, weil er den Menschen nicht einengt, sondern ihn in seiner Weite auch für die Fülle der Möglichkeiten öffnet. Ihr antizipatorisches Moment liegt damit in der Überwindung von Furcht und Angst. Aus der Blickrichtung Zukunft zeigt sich, dass der Mensch von Hoffnung bestimmt ist, weshalb sie zum Prinzip erklärt wird. Hoffnung ist Charakteristikum des Menschseins, denn hoffen zu können bestimmt das Wesen des Menschen. Der Mensch als Triebwesen ist ständig bemüht, den gegenwärtigen Zustand zu überwinden, da er diesen als Mangel interpretiert. Das Selbst will nicht im Jetzt verharren, sondern aus diesem ausbrechen, weshalb der Mensch nicht einfach zur Selbsterhaltung, sondern zur Selbsterweiterung tendiert. Den Stoff für seine Träume gewinnt er aus der Außenwelt, die wie der Mensch ständig im Werden ist und deshalb

Möglichkeiten bereit hält. Das triebhafte Ich wird positioniert als in der Welt seiend und daher Orientierung im Welthaften suchend. Es ist kontinuierlich im Werden und sein Wesen formiert sich erst in diesem Werden. Weil der gelebte Augenblick als unmittelbarer immer dunkel ist, werden Menschen von der Hoffnung bestimmt. Sie wollen das Unmittelbare vergegenständlichen, um es vermittelbar zu machen. Aber alle bisherigen Vergegenständlichungen sind noch nicht zum wahren Kern vorgedrungen, dies gilt nicht nur für den Menschen als Subjekt, sondern auch die Welt als Ganzes befindet sich im Prozess auf Zukunft hin.

Der Blick auf die Zukunft ist für Bloch mit Marx in die Philosophie gekommen, die Welt wird nicht mehr allein erinnert oder in ihrer bloßen Gegenwart gesehen, sondern in Hinblick auf das noch Kommende. Die Welt ist nicht statisch, sondern unvollendet und im Werden befindlich. Mit Rekurs auf Hegel wird das Prozesshafte, mit Kant die Zielgerichtetheit des Prozesses betont. Als Abwehr des Gedankens der Abgeschlossenheit und der Wohlgeordnetheit wird der hegelsche Prozessgedanke um das kantische Postulatsdenken erweitert. Die Ontologie des Noch-Nicht wird zur Begründung, Utopie nicht einfach als Methode des Denkens zu begreifen, sondern als Seinsprinzip: Das utopische Bewusstsein hat als objektives Korrelat utopisches Sein. Deshalb ist das Noch-Nicht die Grundstruktur von allem, was ist. Ein Teil der Möglichkeit ist Wirklichkeit, aber noch nicht alles, weshalb sie noch nicht Alles ist, sondern Latenz. Bloch bringt dies auf die Formel „S (Subjekt) ist noch nicht P (Prädikat)" (EM 41), d. h. das, was im Subjekt als dem Weltgrund steckt, hat noch keine aussagbare Gestalt und ist deshalb noch nicht endgültig prädizierbar, was nicht auf das Bewusstsein beschränkt bleibt, sondern alles Sein betrifft. Es ist die Hoffnung, die die neue Welt quasi in sich trägt und deshalb an der Front steht und immer ungesichert bleiben muss, also nie Zuversicht sein kann.

In *Das Prinzip Hoffnung* wird dies an subjektiven Antizipationsformen grundlegend aufgezeigt. Grundlegung hierfür sind die Anthropologie des Noch-Nicht-Bewussten, die Ontologie des Noch-Nicht-Seins, die Gesellschafts- und die Naturutopie. Neben Freuds Unbewusstes setzt Bloch das Noch-Nicht-Bewusste, das am Rande des Bewusstseins über dieses hinaus scheint „als neue Bewußtseinsklasse und als Bewußtseinsklasse des Neuen" (PH 129). Es gibt Verdrängtes, aber auch Aufdämmerndes, dies steht am Rand von Noch-Nicht-Bewusstem und Noch-Nicht-Gewordenem, an der Schwelle des Bewusstseins. Im Noch-Nicht-Bewussten entwickelt sich Hoffnung auf Veränderung hin zum Besseren, was sich schon in kleinen Tagträumen ankündigt, und so bildet sich hier „der psychische Geburtsort des Neuen" (ebd., 132).

Erst in der Renaissance interessierte man sich für die schöpferischen Fähigkeiten des Menschen, vorrangig im Bereich der Kunst. Prometheus wird zum Bild des Künstlers schlechthin und mit ihm geistige Produktivität als Signum für die Emanzipation aus nicht mehr plausiblen Abhängigkeiten. Grundlage und inhaltliche Abstützung erhält dieser Umbruch im Denken durch die Entdeckung der „petites perceptions" (Leibniz) als Auslöser schöpferischen Handelns. Weiterentwickelt wird dies im Geniebegriff von Kant, der dem Künstler bescheinigt, Natur nicht nur nachzubilden, sondern neu zu schaffen. Das Unbewusste sei hier das Nicht-Mehr-Bewusste. Das Noch-Nicht-Bewusste streife Freud als das Heraufdämmernde: „Das Noch-Nicht-Bewußte ist so einzig das Vorbewußte des Kommenden, der psychische Geburtsort des Neuen" (ebd., 132). Der freudsche Begriff wird erweitert, um das auf Zukunft Verweisende hervorzuheben und es an möglichen Orten für schöpferisches Handeln zu explizieren. Was Bloch mit Freud eint, ist der Vorrang des Wunsches und die Annahme, dass der Ursprung des Denkens in der Erfahrung des Mangels zu suchen ist. Unterschiedlich ist die Einschätzung der Phantasie, bei Bloch an den Selbsterhaltungstrieb gebunden und bei Freud an den Sexualtrieb. Außerdem geht Freud nicht davon aus, dass sich Wünsche immer so auf die Wirklichkeit beziehen, dass sie in dieser durch Veränderung der Wirklichkeit auch erreicht werden können. Damit öffnet er einen Weg, im Wunsch auch das zu sehen, was den realistischen Blick auf die Welt versperren kann. Bloch negiert dabei völlig den durchaus vorhandenen Zukunftsbezug in der freudschen Psychologie, was vorrangig von Hanna Gekle (vgl. Gekle 1986) aufgezeigt wurde. Ziel der Hoffnungsphilosophie ist das Aufzeigen von Verbindungen zwischen dem Handeln des Subjekts und dem treibenden Agens der Weltgeschichte. Dargelegt wird dies am Verständnis von Jugend, Zeitwende und Produktivität als herausragenden Momenten utopischen Handelns. Der Jugend wird die Fähigkeit zugesprochen, in ihrer Sehnsucht nach dem Leben die Welt als schöpferisches Morgen aufzufassen und das Handeln auf Zukunft auszurichten. Zeitwenden gelten als per se revolutionäre historische Abschnitte, hier werden Hoffnungen und Träume als sozialer Auftrag interpretiert. Dabei zeigt sich im Besonderen die Verbindung zwischen den Träumen des Subjekts und den realen Möglichkeiten in der Gesellschaft, d. h. es wird sichtbar, dass der Modus der Veränderung in der Gesellschaft angelegt ist. Geistige Produktivität ist von Noch-Nicht-Bewusstem erfüllt, dies ist Kennzeichen schöpferischer Tätigkeit. Produktivität hebt an mit einer zur Arbeit befähigenden Ahnung, die Ausdruck von Sensibilität für Neuerungen ist und dann zur Schaffung von Werken motiviert, wenn sie mit Phantasie verbunden wird. Dies ist die Phase der Inkubation, der als meist blitzhafte Klärung die Inspiration folgt, hier treffen schöpferisches Agens des Subjekts und ökonomisch-soziale Bedingungen zusammen. Explikation ist der Akt der Ausarbeitung.

Der Mensch wird auch hier verstanden als hoffendes Wesen, das echte Zukunft vorausahnt, wenn sich seine Hoffnung auf objektive Tendenzen bezieht. Zwar unterscheiden sich die Hoffnungsinhalte je nach Zeiten, individuellen oder gesellschaftlichen Situationen, nicht aber die Intention: diese richtet sich immer auf das höchste Gut, das *summum bonum*. Hoffnung behält daher immer den Wunsch nach dem Vollkommenen, auch wenn dieser nie in Erfüllung geht. Auch wenn auf diesem Weg Brüche und Hohlräume liegen, bleibt die Richtung bestehen, d. h., es gibt eine Tendenz zur Latenz der Erfüllung. Die Beständigkeit der Richtung ist Beleg dafür, dass Hoffnung ein Prinzip ist. Dafür muss Hoffnung über den bloßen Affekt hinausgehend zum Erkenntnisakt werden. Dabei wird die Offenheit des Menschen für die Zukunft mit der Offenheit der Welt in Verbindung gebracht, sie ist „durchgehender Bedingungszusammenhang" (PH 238) und damit gebunden an den Prozess der geschichtlichen Vermittlungen. Die Welt ist auf den Menschen angelegt, Bloch interpretiert sie tendenziell anthropozentrisch und setzt so den Menschen als Endzweck des Weltprozesses (vgl. Braun 1997, 95). So wie der Mensch im Werden ist, so ist es auch die Natur, die dem Menschen zugewandt ist, insofern er die Bedingungen zur Identität von Mensch und Natur schafft. Das Handeln des Subjekts ist die Potenz, das Entgegenkommen der Natur als objektiv-reale Möglichkeit in der Richtung auf Naturallianz die Potentialität der Materie. Bloch geht davon aus, dass auch die Natur ihr wahres Wesen noch nicht gefunden hat und sich daraufhin entwickelt. Der Mensch greift in diesen Prozess ein, entweder negativ, wenn er sich die Natur zu Willen machen will, oder im Idealfall im Einklang, in einer Allianz, die es erst möglich macht, dass Gesellschafts- und Naturutopie aufeinander zulaufen. In Hinblick auf die Frage, was der Mensch hoffen darf, setzt er im Weltprozess auf die Kategorie der Möglichkeit als „partielle Bedingtheit"

(EM 128). Zum einen gibt es die „maßgeblich vorliegenden Bedingungen", zum anderen das utopische Totum, das verhindert, dass partiell erfüllte Möglichkeiten für das Ganze gehalten werden können. Materie hat dementsprechend innere und äußere Möglichkeiten, das in Möglichkeit Seiende und das nach Möglichkeit Seiende. Das Reale ist dann etwas, das die Möglichkeitsdimensionen einschließt. Der Materiebegriff setzt an bei dem der Aristotelischen Linken (Avicenna usw.) und wird weiterentwickelt immer in Hinblick auf die der Materie eigene Potentialität und ihre Zielgerichtetheit.

Was der Mensch für die Zukunft erwartet, wird dargelegt an den Gesellschaftsutopien, was den Menschen selbst erwartet, am Verhältnis zur Natur, so dass der Zielinhalt eines bestmöglichen Zustands der Welt im Sinne einer Identität von Subjekt und Objekt in der Marx entlehnten Formel gipfelt: „Naturalisierung des Menschen und Humanisierung der Natur". Wird dieses Ziel auch bewusst nicht konkret dargelegt, bleibt der Zielinhalt doch kenntlich in der „Einheit von Hoffnung und Prozeßkenntnis" (PH 727).

Hoffnungsphilosophie wird hier politisch, denn sie fordert das aktive Eingreifen des Menschen, der sich am Fernziel orientiert. „Wissend-konkrete Hoffnung also bricht subjektiv am stärksten in die Furcht ein, leitet objektiv am tüchtigsten auf die ursächliche Abstellung der Furcht-Inhalte hin. Mit der kundigen Unzufriedenheit zusammen, die zur Hoffnung gehört, weil sie beide aus dem Nein zum Mangel entspringen" (ebd., 3). Zukunftsentwürfe müssen in Kenntnis der realen Möglichkeiten, mithin durch dialektische Verschränkung von Vergangenheit und Zukunft, in engagierte Praxis überführt werden. Das Ziel Heimat wird dabei eindeutig nach Wertidealen (ebd., 270) bestimmt, postuliert wird ein sozialistisch-demokratisches Leitbild, „in das die Postulate des Naturrechts und der französischen (bürgerlichen) Revolution (Freiheit, Gleichheit, Solidarität) als historisch normative Erbsubstanz des Sozialismus konkret verwirklicht eingehen müssen" (Fahrenbach 1998, 164).

Das philosophische Denken richtet sich aufgrund seines Zukunftsbezugs, also der Möglichkeitsdimensionen des Lebens, auf die Praxis. „Es kommt darauf an, das Hoffen zu lernen" (PH 1) meint, dass Hoffnung ein aktiver Affekt ist, der vom Menschen Handeln fordert und zwar gegen die Urheber von Furcht. Hoffen zu können, heißt daher nicht, die Welt in Geduld zu ertragen, sondern durch tätiges Handeln in den Prozess einzugreifen. Hoffnung tritt nicht nach Enttäuschungen oder Fehlschlägen ein, sondern ist getragen vom „militanten Optimismus" (ebd., 229), dass der Mensch zum guten Ende des Weltprozesses beitragen kann. Insofern ist *Das Prinzip Hoffnung* als eine Hermeneutik der Hoffnung zu verstehen, deren Begriff die *docta spes*, die begriffene Hoffnung ist, und diese „sucht in der Welt selber, was der Welt hilft" (ebd., 1). Laut Bloch handelt *Das Prinzip Hoffnung* daher nur „vom Hoffen über den gewordenen Tag hinaus" (ebd., 9), d. h., es unterscheidet zwischen bloßem *wishful thinking* und dem Kern von Hoffnung, der als utopischer Überschuss aktivierbar ist. Auch die Hoffnung selbst ist belehrbar, und bleibt als gehoffte Hoffnung (*spes quae speratur*) immer im Ungewissen. „Rechte Hoffnung steht als solche, nämlich als geschichtlich-tendenzhaft vermittelte, zwar am allerwenigsten im leeren Raum, aus dem ihr nichts entgegenkäme, in dem deshalb irgendwo geabenteuert werden könnte. Aber gerade weil rechte Hoffnung in der Welt, via Welt geht und mit dem objektiven Prozeß vermittelt arbeitet, steht sie mitsamt diesem Prozeß in einem Wagnis, *als dem der Front*. Und nur, wenn das gesetzmäßig erwartbare, erreichbare Ziel: die sozialistische Humanisierung, nicht durch Unzulängliches verdunkelt, durch Abwege bitter entfernt wird, können auch die objektiv geltenden Gesetze der dialektischen Entwicklung und ihrer ferneren Möglichkeit wirksam leiten, glücklich fruktifiziert werden. In sich selbst als hoffende Hoffnung durchaus entschieden, muß doch der Ausgang erst noch entschieden werden, in offener Geschichte, als dem Feld objektiv-realer Entscheidung" (ebd., 1624).

Um auf die Tendenzen im Wirklichen angemessen reagieren zu können, bedarf es hinreichender Gründe, die nur durch Vernunft bereitgestellt werden. Erst die Vernunft präzisiert das noch undifferenzierte Wollen zum Sollen einer normativ geltenden Realität, die aus dem Gegebenen noch herausgebracht werden muss. Weil Vernunft Distanz zu Interessenlagen, Ideologien und vorgegebenen Traditions- und Denkmustern ermöglicht, schafft erst sie die Grundlage für ein kommunikatives Verständnis für latent vorhandene Tendenzen in der gegebenen Welt, weshalb nur mit Vernunft begriffene Hoffnung (*docta spes*) zum Ausdruck gebracht werden kann.

Die Hoffnung auf das Ultimum, also den bestmöglichen Zustand von Welt und Natur, entspringt dem „Dunkel des gelebten Augenblicks". Schon in *Geist der Utopie* wird erklärt, dass der Mensch kein Bewusstsein seines augenblicklichen Tuns haben kann, was in ihm die Frage nach sich selbst weckt, als eine Frage, die unkonstruiert und unkonstruierbar ist, denn sie ist „die ausgesagte, aber unkonstruierte, an sich selbst existente Frage" (GdU 2, 249). Es ist damit die Rätselfrage überhaupt, die deutlich macht, dass jeder Augenblick etwas vom Ganzen enthält, was Mensch und Welt anstreben, weshalb potentiell das *summum bonum* aufblitzt, denn „die Welt als Prozeß ist das Experiment zur Lösung der immer und überall treibenden Ursprungsfrage" (PH 358). Der Mensch ist geprägt von dieser Erfahrung der Fremdheit und Bedürftigkeit. Nur steht das Ungelöste nicht für einen Ursprung, sondern für ein Werden, die Lösung liegt gleichsam in der Zukunft, sie ist latent vorhanden, geht im Ungewordenen umher, ist aber noch nicht realisiert, weshalb sie immer ungewiss und nur in ihrer Offenheit bestimmbar bleibt. Die Identität von Subjekt und Objekt leuchtet derart im erfüllten Augenblick am Horizont der Zukunft auf und wird zum treibenden Agens. Aber sie geht nicht einfach in Substanz auf, sondern erhält Unterfütterung aus dem Welthaften, utopische Funktion ist Teil der Objekte selbst (vgl. Zimmermann 2001, 31ff.).

Hoffnung als Erkenntnisakt richtet sich auf die „Träume vom besseren Leben" (PH 9). Gegenstück ist hier Erinnerung, diese meint Erkenntnis, die sich auf Vergangenes bezieht. Es geht damit immer um das Unabgegoltene der Vergangenheit, das in der Erinnerung bleibt, weil es als mögliches Heraufkommendes gedeutet wird. Hoffnung als Erkenntnisakt verändert derart auch die Erinnerung, denn „Hoffen macht das Erinnern fruchtbar, schlägt das Schöne, das fortwährend Bedeutende aus ihm heraus" (PA 145).

Für Bloch zeichnet sich bisherige Philosophie als Erinnerung aus, da sie sich auf Gewesenheit richtet, sie stehe unter dem Bann der Anamnesis. Erst mit marxscher Theorie lasse sich Philosophie in Hinblick auf Praxis und damit auf Zukunft hin aufwerten, was entlang der *Feuerbachthesen* expliziert wird. Bloch versteht Marx' Kritik in den *Feuerbachthesen* nicht als Aufruf zur Aufhebung der Philosophie, sondern zu einer Philosophie der Zukunft, was erfordert, die Grundfragen der abendländischen Metaphysik in eine aktive, nach vorne gerichtete Metaphysik aufzunehmen und dahingehend weiter zu entwickeln, dass die Fragen nach dem Wohin und Wozu des Weltprozesses von Natur und Geschichte transformiert werden. In diesem Sinne interpretiert er die marxsche Philosophie als Vorläuferin und Bestätigung des *Prinzip Hoffnung*, ausgedrückt in einem Zitat aus einem Brief Marxens an Arnold Ruge im September 1843: „Es wird sich [...] zeigen, daß die Welt längst den Traum von einer Sache besitzt, von der sie nur das Bewußtsein besitzen muß, um sie wirklich zu besitzen. Es wird sich zeigen, daß es sich nicht um einen großen Gedankenstrich zwischen

Vergangenheit und Zukunft handelt, sondern um die *Vollziehung* der Gedanken der Vergangenheit. Es wird sich endlich zeigen, daß die Menschheit keine *neue* Arbeit beginnt, sondern mit Bewußtsein ihre alte Arbeit zustande bringt" (DFJ 346).

Ob jedoch die Fragen nach dem Wohin und Wozu des Weltprozesses auf das *summum bonum* hin gelöst oder vereitelt werden, ist abhängig vom Handeln der Menschen, der Prozess der Welt auf ein gutes Ende hin ist durch das Handeln der Menschen immer auch gefährdet (vgl. Fahrenbach 1998). Im Hinblick auf Zukunft erst steht die Gegenwart als Frontraum des Neuen, und an der Vergangenheit interessiert das noch Unabgegoltene, also das als Zukunftsaufgabe Gebliebene. Das Neue wird definiert: „Es geschieht und gründet sich in der realen Möglichkeit des Noch-Nicht-Bewußten, Noch-Nicht-Gewordenen, und zwar mit Prävalenz eines gut-Verheißenden, sobald die finsteren Möglichkeiten theoretisch-praktisch verriegelt, die hellen theoretisch-praktisch befördert werden können. Hierbei gilt nicht etwa ein Zukünftiges ohnehin, sondern nur eines, das so noch niemals war und derart allein echte Zukunft ist" (TE 228). Gegenwart steht in diesem Sinne an der „Front des Weltprozesses" (PH 230), sie ermöglicht den Entwurf ins noch Ungewordene. Da die Gegenwart essentiell mit Zukünftigem durchsetzt ist und ihr der Horizont vorscheint, bezieht jegliche Reflexion über die Wirklichkeit Zukunft mit ein. Insofern befindet sich die Wirklichkeit im Zustand des Noch-Nicht, d. h. sie ist nicht abgeschlossen, sondern im Prozess. Zukunft „gibt sich *psychisch* als *Wunschbild* nach *vorwärts, moralisch* als menschliches *Ideal, ästhetisch* als natur-objekthaftes *Symbol*" (ebd., 275). Wunschbilder haben die Möglichkeit eines besseren Lebens, Ideale die vollkommenen gesellschaftlichen Verhältnisse zum Inhalt. In der Natur sind es Symbole, die auf das Identisch-Sein von Subjekt und Objekt zielen. Sie sind Ausdrucksmittel der Phantasie und rufen im Menschen Reaktionen hervor, indem sie durch ihren emotionalen bildhaften Inhalt auf etwas anderes verweisen. Aber Bloch begrenzt Hoffnungsinhalte nicht auf ein postuliertes Ziel, sondern spricht zugleich von der Eigendynamik des Prozesses, es ist damit die Welt selbst, in der Hoffnung gärt, er betont deshalb den Subjektcharakter der Natur. Jan Robert Bloch hat bei aller Wertschätzung des *Prinzip Hoffnung* betont, dass dabei von Bloch zu wenig beachtet wird, dass die autonomen Kräfte, die hier wirken, gegenüber dem Schicksal der Menschen völlig indifferent sind, die Natur gleichgültig ist gegenüber menschlichen Problemen und Wünschen (vgl. Bloch, J. R. 2009, 67).

Hoffnungsphilosophie ruft sehr unterschiedliche Reaktionen hervor. In der DDR kommt es zu massiven Angriffen: Diese Art des Philosophierens sei Anthropologisierung der Ökonomie bis zum Vorwurf, die Hoffnungsphilosophie sei Religion (Manfred Buhr), habe Angst vor der Zukunft, sei irrational und gerate damit zu einem Eklektizismus idealistischen Philosophierens (vgl. Schmidt, B. 1978a, 21ff.). In der BRD reagieren v. a. evangelische Theologen positiv auf die Hoffnungsphilosophie, weil sie ein neues Bewusstsein für die Eschatologie eröffnet habe, aber sie grenzen sich ab vom Diesseits-Bezug, verweisen auch in der Theologie der Hoffnung auf die Bedeutung des zu erwartenden Reiches Gottes. Viele Literaten wie etwa Max Bense, Martin Walser, Günter Grass, Wolf Biermann, Christa Wolf, Ingeborg Bachmann, Uwe Johnson sehen *Das Prinzip Hoffnung* als literarisches Werk, das ihr eigenes Schreiben beeinflusst habe. Teile der kritischen Studentenbewegung nehmen die Arbeiten Blochs begeistert auf und v. a. Rudi Dutschke sieht in Bloch und in der Hoffnungsphilosophie eine Bestätigung der eigenen Ziele. Die ersten Arbeiten zum Begriff der Hoffnung bei Ernst Bloch stammen von Heinz Kimmerle (1966), Gérard Raulet (1976) und Gerardo Cunico (1976) und haben bis heute Einfluss auf die Blochforschung.

Für Theodor W. Adorno steht trotz der Würdigung des Werkes fest, dass Hoffnung kein Prinzip sein kann (Adorno 1974, 248). Dabei bezieht sich die Kritik nur auf Blochs Werk *Spuren* und verweist auf den darin enthaltenen unaufgelöst bleibenden Widerspruch, dass Bloch mit seinen konkreten Beispielen im Abstrakten bleibt. Seine Architektur der Begriffe würde mehr auf Suggestion denn auf Ableitung beruhen und sei damit entschieden ein Werk des Expressionismus. „Unterm Primat des Ausdrucks über die Signifikation, nicht sowohl darauf bedacht, daß die Worte die Begriffe deuten, wie darauf, daß die Begriffe die Worte nach Hause bringen, ist Blochs Philosophie die des Expressionismus" (ebd., 244). Der Vorwurf richtet sich darauf, dass Bloch das konkrete Kleine in eine Kategorie heben will, die abstrakt ist und seine Philosophie damit die Struktur einer *prima philosophia* beibehalten würde, obwohl sie doch *ultima philosophia* sein will. „Die Farbe, die Bloch meint, wird grau als Totale, Hoffnung ist kein Prinzip. Philosophie kann aber nicht vor der Farbe verstummen. Sie kann nicht im Medium des Gedankens, der Abstraktion sich bewegen und Askese gegen die Deutung üben, in der jene Bewegung terminiert. Sonst sind ihre Ideen Rätselbilder" (ebd., 246). Dabei bleibt die Frage offen, ob Adorno selbst zu sehr darin verhangen bleibt, das Sein als Seiendes zu sehen.

Günther Anders betont zwar seine Verbundenheit mit Bloch, sieht aber in der Betonung der Hoffnung als Prinzip ein falsches Signal. Seiner Auffassung nach bedingt die technische Gesellschaft und ihre Welt der Produkte, dass die Vorstellungskraft und Phantasie des Menschen antiquiert wirken und es immer schwieriger wird, sich gegenüber der Zukunft zu verhalten. Angesicht der permanenten Bedrohung einer atomaren Selbstvernichtung muss man den Menschen als blind gegenüber der drohenden Apokalypse bezeichnen. Gegen die Bedrohung helfen nicht Hoffnung und Utopie, sondern nur die Aktivierung der Angst, weil sich „die Menschheit nicht mehr im Zustande des ‚Noch-Nicht', sondern bereits in dem des ‚Gerade noch' befindet, und die (dünn gesäten Rufer in der Wüste der Zeit) angesichts der technisch möglichen Apokalypse ihre Stimme erheben, um vor deren höchst wahrscheinlich gewordenem Eintreten zu warnen" (Anders 1980, 278). Als Gegenentwurf zum *Prinzip Hoffnung* ist das *Prinzip Verantwortung* von Hans Jonas (1979) konzipiert. Als scharfer Kritiker des utopischen Denkens warnt Jonas vor einem verantwortungslosen Umgang mit menschlicher Freiheit. Nach seiner Auffassung erkennt der Mensch das Gute erst, wenn es bedroht wird und nimmt es ansonsten als selbstverständlich: „wir brauchen die *Bedrohung* des Menschenbildes – und durchaus spezifischer Arten der Bedrohung – um uns im Erschrecken davor eines wahren Menschenbildes zu versichern. Solange die Gefahr unbekannt ist, weiß man nicht, was es zu schützen gibt und warum: das Wissen darum kommt, aller Logik und Methode zuwider, aus dem Wovor. [...] Wir wissen erst, *was* auf dem Spiele steht, wenn wir wissen, *daß* es auf dem Spiele steht" (Jonas 1979, 63). Deshalb sei Verantwortung gegenüber der möglichen Fernwirkung des menschlichen Handelns (ebd., 64), so v. a. gegenüber den Fernwirkungen möglicher Eingriffe in Natur und Mensch, sittliche Verpflichtung, um ein mögliches Malum zu vermeiden. Aus dieser Betonung der Verantwortung entwickelt er Regeln ethischen Handelns, die den Bestand von Mensch und Natur sichern sollen. Diese sittliche Verpflichtung hat Vorrang gegenüber utopischen Hoffnungen und setzt Freiheit des Subjekts voraus (ebd., 172ff.). Das Prinzip Hoffnung ist für Jonas nicht nur illusionär, sondern gefährlich, weil es die tatsächlich bestehenden Gefahren verdeckt. Hoffnung philosophisch zu überhöhen sei angesichts der immer notwendiger werdenden ökologischen Überlebenssicherung des Menschen verstiegen. Dagegen stehe die nicht-utopische Ethik der Verantwortung (vgl. ebd., 390), da nur sachliche Verantwortung bereit mache zum Verzicht und zum verantwortungsbewussten Handeln.

Ganz explizit gegen Hoffnung als Prinzip und damit gegen Ernst Bloch gerichtet wendet sich Helmut Schelsky (1979). Er missversteht Hoffnung bei Bloch als eine träumende Hoffnung, die gegen Erfahrung stehen würde. Ausgangspunkt ist die These, dass das *Prinzip Hoffnung* so viel Widerhall innerhalb der Studentenbewegung finde, weil Bloch ein Jugendbewegter geblieben sei und als solcher einer suchenden, mit Aggressionen und Sehnsüchten geplagten Jugend den Weg wie ein Prophet weise und er zudem als Vertreter eines humanitären Marxismus anerkannt sei (vgl. Schelsky 1979, 7–15). Die Studentenbewegung wird mit der bündischen Jugend der dreißiger Jahre verglichen, um Kongruenzen aufzuzeigen (vgl. ebd., 61) und dabei der Vorwurf erhoben, dass Faschismus und Marxismus gemeinsame philosophische Ursprünge haben (ebd., 1979, 64). Auf Grund dieser sei das *Prinzip Hoffnung* politisch gefährlich und schwäche den Sinn für die Realität, da es Gegenwartserfahrungen entwerte, was sich auch an den Schülern Blochs zeige, denen ein falsches Verhältnis zur Realität nachgesagt wird (vgl. ebd., 189ff.). Dagegen entwirft er „Aussagen einer Philosophie der ‚Erfahrung', die im Gegensatz zu den Grundannahmen der Philosophie Blochs stehen" (ebd., 45).

In der gegenwärtigen Öffentlichkeit hat sich der Begriff *Prinzip Hoffnung* verselbstständigt und findet sich auf den Wirtschafts-, Sport- und Nachrichtenseiten aller gängigen Nachrichtenformen. Hier dient er aber mehr der Kritik und will auf einen fehlenden Realitätsbezug hinweisen, eine Orientierung an Wünschen und nicht an real Möglichem, also gerade entgegen der blochschen Intention. Als Name von wohltätigen Vereinen drückt er zumindest den Impuls kritischer Hoffnungsphilosophie aus, auch gegen bestehende Widerstände das Trotzdem der Hoffnung hervorzuheben. Gerade wegen der Vieldeutigkeit des Begriffes *Hoffnung* stellt sich für die Forschung immer wieder die Herausforderung, ihn zum einen zu präzisieren und zum anderen im Sinne Blochs wach zu halten. Zu beachten ist jedoch, dass das *Prinzip Hoffnung* und das *Prinzip Verantwortung* nicht nur antagonistisch gelesen werden sollten, denn Hoffnung fordert zweifelsohne zur Verantwortung heraus, wie sich angesichts der heutigen unabsehbaren Folgen menschlicher Eingriffe in die Natur zeigt.

→ *Fortschritt; Freiheit; Latenz; Möglichkeit; Naturallianz; Natursubjekt; Noch-Nicht; Theorie – Praxis; Ultimum; Ungleichzeitigkeit, Gleichzeitigkeit, Übergleichzeitigkeit; Utopie; Vor-Schein*

📖 Adorno 1974; Anders 1980, 1994; Aristoteles 1995, 2004; Benedikt XVI. 2007; Bloch, J. R. 2009; Braun 1997; Cicero 1997; Cunico 1976; Denker 1978; Fahrenbach 1956, 1998; Freire 1992; Friedrich 1987; Gekle 1986; Gündel 1987; Gutierrez 1973; Horster 1978; Jansohn 1972; Jonas 1979; Jungk 1990; Kimmerle 1966; Körtner 1988; Marcel 1957; Meyer-Sickendiek 2005; Moltmann 1994, 1997; Picht 1979; Pieper 2006; Platon 1985; Raulet 1976; Roberts 1990; Schelsky 1979; Schmidt, B. 1978a; Schulz 1985; Seneca 2005; Spinoza 2008; Vidal 1998; Woschitz 1979; Zimmermann 2001; Zubke 1996.

Francesca Vidal

Intensität

Intensität ist ein Schlüsselbegriff zum Verständnis blochscher Philosophie überhaupt. Ganz nah an ihrem wesentlichen Merkmal, der Offenheit. Bloch definiert hierbei eine ganz und gar eigentümliche Form von Grenzgängertum zwischen Innen und Außen, als Maß für Genauigkeit, Treffsicherheit und Nähe zur Wahrheit. Seine über das ganze Werk hin entwickelte Kategorienlehre und die darauf basierende Form von Theorie-Praxis haben ihren Anfang und Ursprung in seiner auch das religiöse Erleben integrierenden Erkenntnistheorie. Die Steigerung, das Fortschreiten des Erkennens im Erkenntnisprozess selbst bezeichnet die Intensität.

Intensität ist im allgemeinen Diskurs kein genuin philosophischer, eher ein physikalisch konnotierter Begriff. Insofern verweist er auch auf die Schnittstelle zu einer von Bloch intendierten alternativen Naturauffassung. Hierbei wird Objektivität vermittelt mit und durch Subjektivität. Das Selbst-Ergreifen der Welt, das Schaffen von Welt als Heimat ist die Möglichkeit für Verwirklichung der in uns angelegten und auch draußen in unserer Umgebung objektiv vorhandenen Tendenz. Intensität markiert insofern eine flexible, bewegliche Genauigkeit. Einen Grad der Tiefe, mit einer vorhandenen Richtung. Physikalisch ist Intensität ein Maß des Raumes und der Kraft, die innerhalb dieses Raumes auftaucht, und welche dort identifizierbar ist. Kurz: Energiefluss dargestellt als Leistung pro Fläche/Raum. Sie wird in Graden angegeben. Grade sind relative Bezugsgrößen.

Gottfried Wilhelm Leibniz verwendet erstmals die Begrifflichkeit *„intension où degrés"* als infinitesimale Graduierung etwa für Geschwindigkeit in den *Nouveaux Essais* (vgl. Leibniz 1704, 214f.), und sein Schüler Christian Wolff entwickelte daran anschließend 1730 vom lateinischen *intendere* ausgehend den Neologismus *intensitas* (vgl. Wolff 1964, 562). 1740 taucht *intensité* im Französischen auf (vgl. TlF 198; DaHa 1964 Bd. 2, 1322; Kleinschmidt 2004, 19ff.), offenbar entlehnt dem italienischen *intensitá*. Im Englischen isoliert 1665 beim Physiker Robert Boyle (1627–1691), findet *intensity* dann erst gegen Ende des 18. Jahrhunderts allgemeinen Eingang und Verwendung, allerdings als Ableitung aus dem französischen *intensité* (vgl. Kleinschmidt 2004, 20). Bei Lessing erscheint dann 1767 die Neuschöpfung *intensiv* (vgl. Paul 2002, 502) relativisiert aus dem französischen *intensif* (vgl. Kluge 2002, 444). Kant fixiert das Gegensatzpaar *extensiv/intensiv* für den Bereich der Wahrnehmung endgültig (vgl. KAA/3 KrV, 152–155), reduziert das Gleichgewicht zwischen beiden jedoch später im handschriftlichen Nachlass entscheidend: „Alle intensive Größe muß doch zuletzt auf extensive gebracht werden" (KAA/18 MPh2, 242, Nr. 5590). Für Fichte sind Extensität und Intensität im unendlich kleinsten Raum synthetisch vereinigt (vgl. FW 1, 401). Novalis notiert im *Allgemeinen Brouillon* 1798/99 zur Entstehung des Begriffs „Dichtigkeit" als Inhalt auch im Bereich von Farbe, Figuren, Flächen, Raumfülle, Gestalt (vgl. Kleinschmidt 2004, 52f.) unter „concentrativer Perspektive" (Kleinschmidt 2004, 60 Anm. 25) und hebt so das dynamische und produktive Element heraus, das dann in der romantischen Naturphilosophie u. a. bei Lorenz Oken 1809/1811 eine mathematisch fundierte Form erhält, die im Schnittpunkt der Null/Zero beide Varianten der Unendlichkeit als Extensität/Intensität verdichtet oder aufweitet, d. h. im Punkt vollste Konzentration wie in der endlosen Zahlenreihe unendliche Weite versucht zu erfassen (vgl. Oken 1991, 4ff.). Schelling steigert in seinem *System des transzendentalen Idealismus* die Ausrichtung der Intensität auf das Innere des Ichs, Subjekt und Objekt kulminieren in diesem Schnittpunkt der Intensität (vgl. SW I/3, 534f.). Extensität und Intensität verweisen aufeinander und sind durch einander wechselseitig bestimmt. Hegel kritisiert diese unentschiedene „leere Tiefe" in der *Phänomenologie des Geistes* (vgl. HW 3, 17f.) aufs Schärfste, denn derartige „Innigkeit" (Herder/Humboldt) behindere fortschrittliche Praxis.

Im Äußeren angekommen, ist der Begriff nunmehr etabliert und als Einhegung dynamischer Ungenauigkeiten zählbar (in Graden und

Intensität

mathematisch bearbeitbar) geordnet. Dynamik kann so in dynamischer Darstellung greifbar erscheinen. Intensität ist zudem eine Funktion des Ortes, eine Funktion der Lage, an der sich der Beobachter befindet bzw. an der gemessen wird. Diese Funktion ist, bezogen auf den Raum, Richtung und Bewegung. Der Theorieraum der Intensität entstammt der Bemühung der Aufklärung, naturbezogene romantische Erkenntnis zu präzisieren. Ergebnisse der Mathematik, die fließende Genauigkeiten darzustellen gelernt hatte, brachten auf Seiten der Naturbetrachtung ebenfalls das Bedürfnis, steigende oder abfallende Genauigkeiten darstellbar und kommunizierbar zu machen. Naturgefühl wurde derart mit wissenschaftlicher Objektivierung zusammengebracht. Somit eröffnete sich diese neue unhermetische Sicht, verbunden mit aufklärerischer Rationalität, zu einer neuen Form der Darstellung und Bearbeitung dynamischer Vorgänge und Inhalte.

Intensität markiert die Möglichkeit des Erkennens und die Qualität der Genauigkeit in der Dialektik zwischen Einzelnem und Vielem, zwischen Allgemeinem und Besonderem. Vorrang hat hier bei Bloch das Besondere, das Einzelne als körperlich-materielle Manifestation im Subjekt. Blochs offenes System indiziert offene Kategorien (Gestalt-Kategorien), die sich gemäß fortschreitender Erkenntnis, fortschreitenden Erkennens auf dem Weg präzisieren. Dieses Präzisieren findet einerseits in objektiv-analytischer Form (Kältestrom) und andererseits in „beweglicher" Form (Wärmestrom) statt. Hier wird zunächst Vages mit vagen Begriffen umfasst, Messinstrument bzw. -anzeiger der „einschlagenden" Genauigkeit ist hier die Intensität. Intensität steht für den Grad des ganz nah am Prozess befindlichen Identifizierens. Sie bildet den Bogen zur lebendig-aktuell existierenden Materie selbst, die Bloch als Prozessmaterie, als im Prozess befindliche versteht. Intensität bezeichnet den Grad der Genauigkeit, den Grad der Tiefe des Erkennens, unmittelbar verbunden mit unserem natürlichen Inneren. Direktes Empfinden ist hierbei bezeichnet als intensives Sein. Für Bloch ist dieses eine noch unerschlossene, aber doch präsente und wirkende Kraft, die Welt als menschengemäße und menschlich-naturgemäße zu entfalten.

Schon als 18-Jähriger (vgl. Brief an Mach, BR I, 20) markiert Bloch die Bedeutung des Subjektiven als Aufklärungsinstanz. Die neue Philosophie soll Inneres mit dem Außen vermitteln und durch das Innere die Welt befreien, den in ihr vorhandenen Kern realisieren. Bloch sieht sich selbst als Paraklet, als Heilsbringer, der das religiöse Element des Erkennens säkularisiert, verdichtet und zu neuer Höhe und Größe bringt (vgl. Brief an Lukács Okt. 1911, ebd., 66f.).

Die Qualität und Tiefe religiösen Erkennens von Welt soll in die neue Metaphysik und neue Religion eingebracht werden, als deren Stifter sich Bloch selbst sieht. Einer seiner Systementwürfe aus der Zeit intensiver Korrespondenz mit Georg Lukács (1910–1917; vgl. Briefe Nr. 8, 9, 18 u. 103; ebd., 28–208) trägt den Titel-Entwurf: „Der Name Gottes. Einleitung in die Summe der spekulativen Philosophie" (Brief 72 , 5.6.1914, ebd., 134). Die Erschließung des religiösen Elements als Hebel zu tieferer Erkenntnis bestimmt einen ganz eigenen Zugang für Bloch. Die darin wohnende innere Kraft soll eine dichtere, näher an der Naturmaterie orientierte und befindliche Möglichkeit, Wahrheit zu eröffnen, erreichbar machen. Diese Spur in Blochs Denken und Werk beginnt sehr früh und endet nie: „Dieses innere Gefühl, das die mächtigen religiösen Stimmungen allein in sich birgt, kann nur verstanden werden als ein Gefühl des Lebens: es ist die siegreiche innere Tätigkeit, die alle äußeren Dinge überwindet" (Bloch 1992, 12). „Der tiefere Grund des religiösen Lebens, dessen unmittelbares Bewußtsein die Sicherheit des Glaubens ausmacht, liegt darin, daß das Wesen der Dinge mit unserem tiefsten Inneren zusammenfällt. Es ist eine alte philosophische Erkenntnis, daß das göttliche Licht nur im Grund des seelischen Lebens zu finden ist; die letzten philosophischen Erwägungen führen zu dem dunklen Wissen: die Welt sind wir selbst" (ebd.).

Als Stifter dieses neuen Glaubens ohne Gott, eines „neuen Glaubens an das Leben" (ebd., 13), sieht sich Bloch selbst in direkter Anknüpfung an Nietzsche (Bloch 1906, 79f.), dessen Richtung auf eine qualitative Bestimmung des Subjektiven, als „das Leben selbst" (ebd., 80), von Bloch gelobt und aufgenommen wird. Es geht ihm um „Vollendung und Vergoldung, als Erschaffen und zum Licht Tragen unseres Selbst. [...] von hier aus geht der Weg zu einer neuen Philosophie der Kultur: zu einem durch genaue Erforschung und Vertiefung des Selbst ermöglichten und eroberten Standpunkt der vollkommenen Autonomie" (ebd.). „Die bestehende Welt ist nicht wahr, das Nichtwissen ist der einzige Grund der Erscheinung dieser Welt; aber die menschliche Sehnsucht in beiderlei Gestalt: als Unruhe und als Traum, ist das Segel in die andere Welt, in das schließliche Wissen, Anlangen im Jetzt und Gewußtsein von seinem, unserem Gott" (TLU 112). Hier geht es um die *„motorische Intention"* (ebd.), die an die *„mystische, in-*

tuitive Intention" (ebd., 114) angeschlossen ist, als „erster Akt des Willens zur Wahrheit und darauf gerichtet, die Objekte vom auffassenden geschichtsphilosophischen Ich abhängig zu machen" (ebd., 113). Die bewegende Kraft entstammt der Materie selbst, der Wunsch nach Steigerung hat eine Richtung im Traum nach vorwärts. Dieses Motiv durchzieht Blochs Philosophie vom Anfang bis zur letzten Zeile und wird immer wieder variiert, findet Ausdruck im Kategorienspiegel. Die Herausbildung und Ausdifferenzierung der Kategorien erfolgt dabei nicht durch den Gedanken, „sondern die prozessuale, intensiv-logische Wirklichkeit differenziert, weshalb der Gedanke sie – mit seinen Zeichen und Kategorialbegriffen – bloß abbildet und dann von da aus fortbildet" (ebd., 127). Dabei geht es um „das echte Rätsel des Ursprungs, nämlich das intensive Daß" (ebd., 147), welches sich in einer dialektischen Bewegung realisiert, in die Welt drängt.

Im Wechselspiel „verwirklicht also das sich am Geist ergreifende Intensive den Geist", allerdings „verwirklicht es darin doch zuguterletzt nicht diesen, vielmehr eben sich selbst, dies kategorial allein Gemeinte, das dunkle Jetzt in allem" (ebd., 115). Denn, so argumentiert Bloch weiter: dieses „Verhältnis zwischen Intensivem und Intuitivem" spiegelt das gespannte und geladene Verhältnis zwischen Einzelnem und dem Allgemeinen, und es ist „deshalb so kompliziert, weil das Einzelne, das trägt und verwirklicht, stets zugleich auch noch hinter dem eingedenkend Allgemeinen, das regelt und in sich begreift, wiederum als allein Gemeintes hervortritt, weil also das Verwirklichende, intensiv Intendierende durch das von ihm realisierte Eidetische hindurch lediglich seinen eigenen, daran gewiesenen Kern realisiert" (ebd.). Das Intensive prägt sich am weitesten im Einzelnen aus, das sich an dem umgebenden Allgemeinen reibt, es bearbeitet, verwendet und weiterführt. „Das bloß Allgemeine, dies nur Assignatenhafte wird dabei nicht an sich, am Allgemeinen selbst, sondern am alleinigen Essenzgold des Nächsten, Einzelnen, Augenblicklichen, Intensiven zur Deckung gebracht. Das endlich angelangte Einzelne ist selber und allein das Allgemeine" (ebd.). Hier schließt sich der Kreis zur Bedeutung des gelebten, des dunklen und nahen Augenblicks in Blochs Philosophie. Der gelebte Augenblick ist der Ort des Wahrwerdens, der Verwirklichung. „Am Empfundenen kommen die Kategorien in Gang" (ebd., 124), und sie werden wahrhaft dialektische. Blochs Kategorienlehre versucht dieses Intensive in kategoriale Formen zu gießen, in flüssige und dialektische Formen zur Erhellung einer offenen, noch ungeschlossenen und unabgeschlossenen Welt.

Die Sperrigkeit von Blochs Denken gegenüber herkömmlicher Analytik ergibt sich aus seiner konsequent dialektischen Sicht und Durchführung. Alle Aspekte und Intentionen dazu sind bereits auch im Frühwerk ausgeführt. Selbst das Ökonomische hat dort seinen Platz (vgl. GdU 1, 402ff.), eindeutig bezeichnet z. B. im Ziel der Abschaffung des Eigentums, wobei Bloch den ursprünglich gefassten Plan, eine Ökonomie zu „verfassen" zeitlebens nicht realisierte (vgl. Br. II 422, Brief 6 an Adorno 1931). Der Grundgedanke – die Welt sind wir selbst und letztendlich werden wir erst das, was wir zunächst nur erträumen – ist von Beginn an bei Bloch präsent: „wir selber sind an dem Gang der Welt, die kernlos ist, ja die überhaupt nicht wahr ist, mithandelnd, mitentscheidend, miternennend beteiligt" (GdU 1, 340). Die expressionistisch-religiöse Eintönung in Blochs Darstellung ist der Versuch, die Empfindsamkeit als Erkennen von Welt überhaupt zu versprachlichen und kommunizierbar zu machen. Anderes – näheres – Erkennen von Welt soll so möglich werden. Ebenso eine Hervorbringung des noch Ungekommenen; somit realisiert sich der Mensch als Kreator von Welt. Gesucht und bezeichnet wird die Verbindung von Innen und Außen im Individuum, als Brücke zur Realisierung einer Welt als Heimat.

Bloch konzipiert dies zunächst als „System des theoretischen Messianismus" (GdU 1, 337). Dies ist eine Neufassung des Logischen, das anstelle „des bloßen Kommentars der *gewissen*, also beobachtend erweisbaren Evidenz empirischer Kategorialdeckung und ihrer Tatsachenlogik die *einleuchtende* Evidenz, also die zweite Wahrheit und ihre lediglich moralisch-spekulative Logik, den Primat der praktischen Vernunft auch in der Logik heraufziehen lässt" (ebd., 339). Dieses – von Bloch so bezeichnete *Eingedenken* bearbeitet zwei Gebiete: „einmal die Besorgung der intensiv gegebenen Dinge, also die Mitwissenheit der bis zum Ästhetischen einschließlich zurückzulegenden Enzyklopädie" und den Raum der Offenbarung: „die letzte Drehung, das sich selbst vor Augen Stehen, die Besorgung der eigenen Intensität und ihrer Ziele, die gänzlich die Unruhe und die Frage des Ichs nach Gott mit sich selbst und seiner eigenen mythischen Gegenständlichkeit beantwortet" (ebd., 339). Die Gottwerdung des Menschen – Augustinus' siebter Tag – scheint hier vor.

Über das ganze Werk verteilt greift Bloch immer wieder auf diese Figur zurück. Das Lesen der Welt, das Herauslesen, ermächtigt das Ich, die Welt in Symbolen sichtbar werden zu lassen, sie zu objektivieren. Dies ist die Basis für schöpferische, schaffende Praxis, Erzeugung von Welt: „Das Subjekt ist nun erst in der über sich gedrehten Welt zuhause; es hat den eigenen Zustand der Zerstreutheit und damit die blosse vorüberhuschende Erfahrung verlassen. Das zuckende Jetzt und wieder Jetzt geht zum Erlebnis der fliessenden Zeit als der Form des Intensiven in allem über, wobei sich hinter der Gegenwart die erloschene Anwesenheit des Ich oder Intensiven als Vergangenheit in und über der Gegenwart, die noch verhüllt gegenwärtige Anwesenheit als Zukunft erhebt" (LdM 15).

Die Suchbewegung des Subjekts treibt das Denken als „schöpferische Aussage" voran, „so ist das Denken ein immer konkreter in die Selbsterkenntnis der materialen Subjekte übergehender Faktor, mittels dessen sich die materialen Subjekte über sich selbst informieren. Die Sucht und Objekt-Beziehung des erkennenden Subjekts muss sich dabei an jedem Punkt in die Intensität und Objekt-Beziehung der materialen Subjekte einbringen; aus einem einzigen Anfang ist dies nicht gewinnbar, sondern jede Bestimmung reicht nur soweit als das eingesetzte, durch die schlichte Anschauung vermittelte X des zu Bestimmenden, und jede neue Bestimmung muss einer neuen Haltung des erkennenden Subjekts entspringen. [...] Diese mehr noch als konstitutive, diese konstituierende Anwendbarkeit wahrer Denkbestimmungen [...] hat darin ihren Grund, dass ja auch die ‚Materie' der Erkenntnis nicht eigentlich eine solche im ontischen Sinne ist, sondern selbst noch ein System prädikativer Vermittlungen, selbst noch ein Urteilsprozess oder eine sich immer wieder berichtigende Subjekt-Objektivierung. [...] Die immer näher sich genetisch aufschliessende Bestimmung, zugleich auch das selbst noch Bedeutende, erst utopisch Wirkliche der weltlichen Symbolgestalten selbst hätte erst in einer vollkommenen Wirklichkeit ihr Ende, in einer intensiv-ontischen Zuleitung des Intensivierenden, das ist Realisierenden" (ebd., 42f.). Antrieb zur Bewegung in der Welt ist die Unruhe: „Das Meinen als Tendieren, Intendieren, als Stoss des Intensivseins wohnt Menschen nicht nur im Herzen, sondern in jedem gelebten Augenblick; es ist das Pochen jedes Augenblicks, der sich aber noch nicht erblickt. Es ist der Nullpunkt des Kerns von allem, noch nirgends getroffen, prädiziert erschienen, daher unerfüllt weiter durchs Dasein laufend" (ebd., 210).

Wie und wo erscheint dieses an der Weltoberfläche, bzw. tritt aus dem ewigen Strom der Bewegung heraus? Was ist das Gemeinte dieser Welt? Wie ist es erkennbar? Die vorliegende Situation und Beschaffenheit von Welt kann laut Bloch durch Erschließung des Intensiven für das Erkennen erhellt und objektiviert werden. Dadurch wird Welt handhabbar, wir erzeugen Chancen und machen (s. o.) die Welt in ihrer ganzen Vielfalt und Vielfältigkeit zur unseren. Die Kategorienlehre Blochs bindet diese Fähigkeit und Möglichkeit systematisch an. Genauigkeit erhält dadurch eine völlig und genuin andere, ungewöhnliche Gestalt: sie kann offen sein, sie muss es sogar sein. Und gerade ihre Offenheit bestimmt die Genauigkeit, die neue, andere Qualität von Präzision. Brüche und Fehler in der derart erzeugten Objektivität werden geringer, keine Dogmatik oder einschränkende Begrenzung behindert den Blick. Diese andere Form des Erkennens dringt weiter, tiefer und intensiver in die Realität der vorhandenen Welt ein. Sie erschließt neben der physisch verfügbaren Oberfläche auch das Davor und Danach, und auch eine bislang nur utopisch vorhandene Möglichkeit von Zukunft.

Eine neue Form von Praxis entsteht. Intensität ist die Form bzw. die Graduierung des Näherrückens an den Kern der Materie. Wobei dieser noch gar nicht heraus ist, d. h., die derartige Theorie-Praxis ist Mitherausgeberin und Mithervorbringerin dieses noch unverwirklichten – gemeint als unvollendeten – Dass der Welt.

„Intensität und Sein sind Wechselbegriffe; indem das Empfundene angetroffene Intensität – wenn auch eines Nicht-Ich – darstellt, ist es *primär Wirkliches*. Ungelöstes, von Widersprüchen beladenes, ja in lauter Widersprüche noch eingewickeltes Wirkliches: aber das Sein ist Empfindung, die Empfindung ist unmittelbar geäußertes äußeres Sein. Sie ist als empfundener Wille dem bloß gefühlten Willen erkenntnistheoretisch überlegen, als Sein dem bloßen Insichsein überlegen; und sie trägt das bedeutend blassere, wenn auch entwickeltere Beziehungssein des Gedankeninhalts. Sie ist der ‚Vorwurf' des Gedankeninhalts, der seinerseits den Vorwurf sowohl verzehrt wie ausführt. Am Empfundenen kommen die Kategorien in Gang; es selber ist zwar nicht mehr vorkategorial wie die unmittelbar gefühlte Intensität des Insichseins, aber selbst erst mit undeutlichen Kategorien ausgezeichnet" (TLU 124).

Bloch bezieht sich – wie üblich – immer wieder auf Spuren in der bisherigen Philosophie. Die Genese seiner Gedanken erscheint jedoch weitgehend solitär, denn genauso, wie er selbst sein Werk ständig modifizierend umgestaltete, ist auch der Einsatz bzw. die Erwähnung philosophischer Vorläufer eher additiv und dient der Stützung seiner eigenen Argumentation. Er sieht sich definitiv selbst als Paraklet, definiert dies allerdings auch für jeden, der seiner Meinung nach ernsthaftes Philosophieren betreibt. Die *Leipziger Vorlesungen zur Geschichte der Philosophie* sind ein beredtes Beispiel hierfür (zur Berufung und zum Philosophieren vgl. auch LV 1, 34). Auch das Intensive, die Intensität zieht eine weite Spur durch das gesamte Werk. Bloch variiert die Grundgedanken fortwährend, findet immer wieder neue Anschlussstellen bei anderen Philosophen, neue Aspekte.

Im „Gedenkbuch" für Else Bloch-von-Stritzky notiert Bloch am 15.3.1921: „Übrigens ist mir oft begegnet, daß das ‚Feld' meines Denkens in der Tat ein Feld, ein Land, ein unentdecktes Land ist, in dem noch kein Mensch war; desto größer das Staunen, wenn ich zuweilen bemerke, in der Verfolgung eines Problems, einer Intention (diese ist bei mir fast stets früher als das Problem, dem sie gilt): hier war schon einer vor dir gewesen, ich sehe Spuren, ein Weg ist da, dunkel, aber doch gebahnt und noch zu erkennen. So erging es mir beispielsweise in der Durcharbeitung des Problems des noch nicht Bewußten; plötzlich war ich nicht mehr allein sozusagen, sah Spuren gewesenen Daseins, alter Bearbeitung: Spinoza! rief ich; in der Tat war er schon dort, die Darstellung der adäquaten Ideen ist sein Reisebericht. Aber eben, wie es niemand versteht und keiner das Tiefste an Philosophieren versteht, der nicht selber dort war, so ist dieses plötzliche Erkennen des ‚Vorgängers' bei mir auch keine philosophiegeschichtliche Erinnerung, sondern plötzliches, spontanes Entdecken von Begangenwordensein auf der eigenen Expedition" (TLU 25f.).

Diese Expedition beginnt früh. 1902 schreibt Bloch im Jugendmanuskript „Über die Kraft und ihr Wesen": „Philosophie der Kraft löst nicht nur alle Stoffe und Elemente in Energie auf wie die Naturwissenschaft, deutet nicht nur das Ding an sich als energetischen allgemeinen Willen, der gleichsam seinen Beruf verfehlt hat, ziellos in sich und seine Kreise zurückfließt: sondern das Wesen der Welt ist heiterer Geist und Drang zum schaffenden Gestalten; das Ding an sich ist die objektive Phantasie" (PA 115). 1907: „Nicht was eine Sache sei, sondern wie nach ihr gefragt werden müsse, steht methodisch am Anfang. [...] Auf das Ganze des zur Frage Stehenden bezogen muß man dann das Problem aller Probleme aufwerfen: Ist der Mensch Frage und die Welt Antwort, oder ist die Welt Frage und der Mensch Antwort? Immerhin: die Frage nach der Frage führt zu der Einsicht, daß das Problemstellen selber ein Problem enthält und daß statt der Kunst des Antwortens die Kunst eines antreffenden Fragens anstünde. Grundschule des Philosophierens wäre dann, statt der Logik und in ihr, die Problematik" (TLU 53). Die Kunst des antreffenden Fragens ist von objektiver Phantasie beflügelt. Das Besondere, die Besonderheit tritt an gegen das abstrakt Allgemeine. Lebendiges Leben, intensives Sein fragt nach. Das Subjekt empfindet Qualität im und am Fragen, spürt nach dem Dass. Dieser Prozess lebt vom Antrieb aus dem Inneren des Subjekts, der gleichzeitig in Wechselwirkung mit der umgebenden Materie steht. Dessen unmittelbare Empfindung ist „nicht das ‚negativ' Aufgedrängte, sondern das positiv Intensive [...] ist die in ihr, trotz allem, geschehende Antizipation des unmittelbar gewordenen Was" (ebd., 131).

Die Wirklichkeit kommt also dort dem Fragenden entgegen, Bloch greift hierbei Hegel auf, den er lobt, kritisiert und dabei gleichzeitig überschreitet: „Was [...] Hegels ‚Selbstdifferenzierung der Vernunft' angeht, sie war so breit wie keine andere: sie hat die Welt zwar auf den Kopf gestellt, aber sie hat die *Welt* auf den Kopf gestellt, nicht bloß eine verstandeshafte Fassade. Sie hat den Begriff der Einzelheit mit dem der Intensität aufgeladen, sie hat dem Individuiert-Intensiven (wenn auch einem panlogisch definierten) die dialektische Sprengrolle zugeteilt, – ‚auf sein Drängen – wenn der Maulwurf im Innern fortwühlt – haben wir zu hören und ihm Wirklichkeit zu verschaffen' (Werke XV, S.691); da ist Schellings reaktionäre Teufelei selber gesprengt. [...] Die wirklichen Triebkräfte der historischen Bewegung wurden noch nicht erkannt, auch führt die Buch-Vollendetheit der Hegelschen Subjekt-Gestalten hinter die Dämmerungen des späten Kant zurück, nämlich hinter das Postulatsdenken eines noch Unverwirklichten. Aber Hegels Kategorienlehre meinte zum ersten Mal das sowohl stoßende, wie darin sondernde, detaillierende *Leben* der Wahrheit, als ein vermitteltes, immanent sachliches" (MP 83). E. v. Hartmann bringt laut Bloch „als entscheidendes Novum eine *Zweiseitenlehre der Kategorien*: das heißt, mit wenig Ausnahmen ist *jede Kategorie ein Spannungsverhältnis zwischen Daß und Wie, zwischen Wille und Vorstellung, zwischen alogischer Intensität und logischem Gesetz*" (ebd., 94) jede Kategorie enthält einen ‚kleinen Schopenhauer' und einen ‚kleinen Hegel', Naturimpuls und Systemgedanken. Allerdings geht an dieser Grenzstelle Hartmanns Kategorienlehre in die Metaphysik über, in die frühere, fragwürdige „Philosophie des Unbewußten", aus der sie die letzten Prinzipien bezieht, also nicht aus Induktionen. „Hartmanns Metaphysik ist eine Schellingiade: dergestalt, daß in Gott ein blindes Urwollen und eine weise, doch ohnmächtige Uridee unterschieden werden; der Wille bricht in die Idee ein, und aus diesem ‚Urzufall', aus dem ‚Faux-pas' dieses Brautbetts entstand – die Welt. Seitdem sind in allen Erscheinungen des Daseins gedankenloser

Wille (Intensität) und kraftlose Idee (Logos) gemischt; die Intensität aber wirkt von Anfang an nichts Gutes. Ihr tätiger Wille ist zwar Realisierungs- und Realprinzip par excellence, doch eben deshalb macht ihn Hartmanns Metaphysik (Schelling entsprechend, mehr noch Schopenhauer, mehr noch dem müden Spießertum des nachromantischen Pessimismus) zur Qual und Unseligkeit schlechthin. Der Wille ist der unstillbare Hunger der unbestimmten Daßheit, ist das ‚Sinistre' in der Welt und ihr eigentlich ‚dysteleologischer' Unsinn; denn die Realität als solche ist des Teufels" (ebd., 95). Entscheidend für Bloch ist hingegen das „Sinnlich-Einzelne" als das „brennendste Kategorialproblem" (ebd., 98) denn: „Die *wirkliche Intensität* des Willens-Widerspruchs, seiner Daßheit und seiner Diesheit, steht außerhalb jeder Narretei und Mythologie; diese Intensität macht sich schon auf Erden gut" (ebd., 99).

Welche Theorie-Praxis wäre dem entsprechend? „Wo aber setzt das Anhebende ursächlich an? Wo ist das Prius, sobald das so aktuell wie immanent Anstoßende sich herausbegibt und welthaft ist? Wirkt das Daß, der intensive Ursprung, primär ‚innen' oder ‚außen'? Auf Geschichte bezogen: im wollenden, fühlenden, vorstellenden, denkenden ‚Bewußtsein' oder im davon unabhängigen, obzwar beeinflußbaren ‚objektiven Sein'? Nun, hier entscheidet einzig das gegenständliche Denken, das sich mit seiner Sache herausmacht. Es entscheidet kein dauernd introvertiertes, das sein wertes Befinden über alles und über allem schätzt. Das Innen ist schon deshalb nicht die primäre Bestimmung des Anfangs, weil auch das seelischst Tönende am Nicht-Haben allemal vom Haben bestimmt wird, auf das sich das Nicht-Haben inhaltlich spannt. Die bloß innere Straße ist daher kurz und wäre nicht einmal, wenn sie nicht gegenständlich bezogen wäre" (TE 211). Die Welt ist erkennbar, fordert Untersuchung, ist Ausgangsbasis und unser Sein hier ist konfrontiert mit spürbarem Mangel. Etwas fehlt (vgl. Gespräche 58, 74). Danach wird gesucht. Das Nicht repräsentiert den Antrieb und gibt den Impuls: Nicht als Nicht-Haben treibt an. Der Impuls beginnt im Empfinden, hervorgerufen durch eine immanente Tendenz (die aufgespannten Federn von Leibniz) die den Drang des Dass zum Was repräsentiert. Die Empfindung trifft auf etwas in der Umgebung, das wiederum selbst seiner Entwicklung harrt: die noch nicht verwirklichte Materie. Die Dichte (Bloch spricht auch von Tiefe) des Erkennens zeigt sich im Grad der Intensität des Hervorgebrachten. Von der Empfindung entdeckt und erkannt, vom Logos benannt tritt das „Meinen" aus der Unmittelbarkeit heraus, wird aussagbares Etwas: „Das Unmittelbare des intensiven Existere, also Insistere stößt erst an den Weg, in den Weg erscheinender Vermittlungen, und nur letztere sind als logisch faßbar, als objektive gefaßt die Kategorien der Daseinsformen selber. Jedoch als allemal auf das intensive Existere bezogen, von dem her alle Kategorialformen bewegte Verhältnisse sind zwischen dem Anstoß und seinem Inhalt" (EM 76). Repräsentant der Tendenz ist die Zeit, und in uns ihr Abbild. Wir haben Vergangenheit, erleben Gegenwart und erhoffen eine Zukunft. Vergangenheit und Zukunft sind analysierbar und erschließbar für uns, die konkrete Gegenwart hingegen ist flüchtig: der gelebte Augenblick ist im Dunkel. Dieses Dunkel zu erhellen ist die Aufgabe, „die Zeit ist nirgends ein abstraktes Schema der Veränderung, sondern deren konkret-elastisches Wegfeld, sich mit der Art und dem Inhalt der Veränderung selber ändernd. Zuletzt und zuinnerst ist die Zeit die rahmenhafte Entfaltung eines sich intensiv Aufmachenden im Wegfeld; Kant nannte sie die Form des inneren Sinns: das ist richtig, sobald dieser innere Sinn nicht transzendental-idealistisch genommen wird, schon gar nicht psychologisch, sondern als Weise objektiven Tendierens eines objektiv Intensiven" (ebd., 106).

Hier schließt sich der Kreis zum Anfang der religiösen Dichte beim frühen Bloch. „Daseiend ist die Zeit eben nur in und mit der materiellen Veränderung, als deren [...] sich bildende und variable Laufweise, Wegweise. Dergestalt die Form des Tendierens darstellend, ist die Zeitkategorie eine der dem Menschen verwandteste, indem sie vor allem dem Hoffen, nicht nur dem Fürchten noch Strecke gibt. Es ist gut, Zeit zu haben [...], es ist so gut und fast besser, als Raum zu haben, Raum zum Gehen und Gestalten. Denn erst die Zeit – als Wegweise-Form der fortschreitenden intensiven Äußerung, das heißt Veränderung – läßt auch gestalten, dialektisch gestalten. Sie macht das Außen des Raums, das für sich allemal entspannte, ex-tensive, zu einem Außen für Spannung, Intensität. Derart kann Marx sagen, die Zeit sei der Raum der Geschichte, als der einer Welt, die sich verändert und – was nicht selbstverständlich ist – veränderbar ist" (ebd., 107).

Der menschengemäße Energie-Raum ist Zeit-Raum, Zeit-Raum mit Bewegung und Richtung und mit Vertiefungs-/Verdichtungstendenz. Ein Raum der Spannung. Intensität ist die Markierung der Qualität dieser Spannung, der Grad der Annäherung an das Dass. Eine Angabe über den Zustand der Praxis wie den des Prozesses selbst. Ein qualitatives Maß, in dem die Dichte des religiösen Erlebens und der daraus resultierenden Erfahrung genauso als Fähigkeit verstanden wird, wie die Objektivierung von Naturmaterie mittels des Logos und der herkömmlichen naturwissenschaftlichen Analytik. Prozessmaterie, Tendenz, Latenz, Noch-Nicht, u. v. m. können alle mittels beweglicher Aufdeckung vorangetrieben werden.

Der Grundgedanke: „Wir selber sind an dem Gang der Welt, die kernlos ist, ja die überhaupt nicht wahr ist, mithandelnd, mitentscheidend, miternennend beteiligt" (GdU 1, 340).

Intensität ist die anzeigende Bezeichnung für unseren Status in diesem Prozess.

→ *Antizipation; Augenblick; Heimat; Kältestrom – Wärmestrom; Latenz; Logos, Logikon; Materie; Mensch; Metaphysik; Natur; Noch-Nicht; Novum; Objektive Phantasie; Subjekt – Objekt; Tendenz; Theorie – Praxis; Ungleichzeitigkeit, Gleichzeitigkeit, Übergleichzeitigkeit*

📖 KLEINSCHMIDT 2004; KLUGE 2002; LEIBNIZ 1996; OKEN 1991; WOLFF 1964.

Volker Schneider

Kältestrom – Wärmestrom

Kälte- und Wärmestrom stehen bei Bloch für zwei komplementäre menschliche Haltungen, welche vor allem der Marxismus benötigt, um seine Ziele zu realisieren. Dem Kältestrom zugeordnet sind Ideologiekritik, präzise Analyse der ökonomisch-sozialhistorischen Zustände, Erkennen des falschen Bewusstseins; dem Wärmestrom zugeordnet sind Enthusiasmus, moralische Zielstrebigkeit und objektive Phantasievorstellungen.

Die physikalische Größe Wärmestrom (oder Wärmefluss) beschreibt Wärmeübertragungsvorgänge. Konkret wird darunter *„die Fortbewegung geleiteter Wärme als Strom betrachtet*: der Wärmestrom fließt in Richtung der abnehmenden Temperatur HELMHOLTZ *vorl. über theorie der wärme*" (DW 27, 2070). Hingegen ist Kältestrom kein physikalischer Begriff; unterschieden werden aber kalte und warme Meeresströmungen. Wie Bloch bei der Definition seines Raum- und Zeitbegriffs auf den „elastischen" Riemannschen Raum Bezug nimmt (vgl. PM 411; TE 129–138), so übernimmt er auch hier aus der Physik den Begriff des Wärmestroms bzw. aus den Geowissenschaften das modifizierte Begriffspaar Kälte-/Wärmestrom.

Eine Verwendung des Begriffspaars *Kältestrom – Wärmestrom* im philosophischen Diskurs ist bei Bloch einmalig. Beide Begriffe erhalten neue Bedeutungen und Implikationen: Wie die kalten und die warmen Meeresströmungen den Temperaturaustausch erst ermöglichen und ein Gleichgewicht im Naturprozess bewirken, so ermöglichen erst Kälte- und Wärmestrom zusammen eine gelingende Praxis, weil Vernunft und Intensität in ihr wirken, als „Kühle" und „Vertrauen". „Beide Haltungen", so Bloch, „sind gleich wichtig, sind in jedem echten Marxisten, wechselwirkend, vereinigt" (MP 372). Hält aber die Kühle ins Vertrauen Einzug, heben sich beide wechselseitig auf, so passiert ein „Sprung von der Analyse zur Fülle, von der Entzauberung zum Eingedenken" (ebd.). Bloch will seine Begriffsbildung aber nicht nur als eine metaphorische Transponierung verstanden wissen; nach seiner Auffassung waren „die philosophischen und physikalischen Begriffbildungen [allzu lang] voneinander getrennt" (ebd., 352). Kälte- und Wärmestrom sind in Blochs Denken direkt mit seiner (auch physikalischen) Materieauffassung verbunden, nämlich der Materie als Korrelat der realen Möglichkeit: „Kälte und Wärme konkreter Antizipation sind darin vorgebildet, sind auf diese beiden Seiten des real Möglichen bezogen" (PH 239).

Kälte- und Wärmestrom bezeichnen auch zwei konstitutive Merkmale des Marxismus, die als erkenntnistheoretische Instrumente dienen können. Der vernünftige, kalkulierende, sachliche Blick des Kältestroms ermöglicht eine präzise Analyse der ökonomischen, historischen, politischen und kulturellen Aspekte einer bestimmten Gesellschaft. Die Ergebnisse dieser kritischen Analyse erlauben eine genaue Orientierung bezüglich der konkreten Bedingungen für gesellschaftliche Veränderungen. Der Wärmestrom ist die andere Weise des „Rotseins" (ebd.), die auf Träumen und Hoffnungen der Menschen basiert. Bloch nennt diese Hoffnungsinhalte „Intention auf Glück" und „Reich der Freiheit" (TLU 262, 285; LdM 161) und er bemerkt, dass viele Revolutionen (wie der „Spartakusaufstand, die Bauernkriege, die Französische Revolution 1789, der Aufstand von 1848, die Pariser Kommune und die Oktoberrevolution", TLU 232) in vollem Vertrauen auf und im Glauben an die Realisierung der Endziele der Menschen durchgeführt wurden (vgl. ebd., 224f.). Die Kraft des Enthusiasmus, dieses Ziel verwirklichen zu wollen, nennt Bloch Wärmestrom. Der Marxismus strebt nach dem „Reich der Freiheit"; er hat mittels seiner materialistischen Geschichtsauffassung den Wärmestrom um die notwendige Präzision und Nüchternheit für dessen Indienstnahme als revolutionäre Strategie erweitert. Im echten Marxismus sind also Kälte- und Wärmestrom „in der dialektischen Methode, im Pathos des Ziels, in der Totalität des behandelten Stoffs vereint" (PH 240). Erkenntnistheoretisch betont Bloch daher, dass nicht nur der Kälte-, sondern auch der Wärmestrom ein gesellschaftsanalytischer Begriff ist, der eine heuristische Funktion hat. Dies liegt bezüglich des Kältestroms auf der Hand, und zwar auf zweifache Weise: Seine ökonomisch-geschichtlichen Analysen dienen sowohl als Entwurf einer Revolutionsstrategie wie auch der Entzauberung, als der Erkenntnis falschen Bewusstseins. Denn der „Kältestrom ist detektivisch, eiskalt. Und er hat immer die Voraussetzung dabei: reines Zuhören, womit will die mich jetzt betrügen, die Klasse, die feindliche? Also totaler Ideologieverdacht" (TLU 222f.). Da Bloch den Menschen aber nicht nur als Vernunftwesen, sondern in seiner Gesamtheit betrachten will, trennt er „ökonomisch-quantitative und die humanqualitative Analyse" (MP 374) nicht, denn sie sind „miteinander verbunden, der Kältestrom hier, der Wärmestrom dort, derart, daß im Marxismus das Wahre am Wärmestrom erst feststellbar wird durch den Kältestrom. Sonst, wenn sie nicht als verbunden gezeigt werden, als eine ökonomische Quantität, Unterbau hier, als eine pur kulturelle Qualität, Überbau dort, wächst vor allem die schon angegebene Antinomie von Quantität und Qualität" (ebd.). An dem Verhältnis des Begriffspaars *Theorie – Praxis* kann ebenfalls gezeigt werden, dass es sich um ein wechselseitiges Bedingungsverhältnis handelt, soll nicht eine Antinomie heraufbeschworen werden. Die Theorie steht im Marxismus für die Analyse der Bedingungen, die Strategie, den Kältestrom. Aber ohne die Praxis, ohne den wärmenden Enthusiasmus und auch den Glauben an ein erreichbares Ziel wäre diese Theorie allein kein Marxismus, denn „die Vernunft kann nicht blühen ohne Hoffnung, die Hoffnung nicht sprechen ohne Vernunft, beides in marxistischer Einheit" (PH 1618). Die komplementäre Union von Wärme- und Kältestrom versichert also nach Bloch, dass der Marxismus authentisch, stark und effektiv wirken kann. Die menschliche „unerschöpfte Erwartungsfülle" (ebd., 239) bringt bei der Durchführung einer Revolution Enthusiasmus und Entschiedenheit als tragende Elemente ein. Wenn dieser Enthusiasmus nicht einfache Träumerei, sondern mit der objektiv-realen Möglichkeit der Materie verbunden ist, bleibt er nicht abstrakt, sondern er wird sozusagen die Brücke zwischen der Theorie und der Realität, er wird Praxis, fundiert von den Tendenzen des Weltprozesses. Diese präzise *„unerschöpfte Erwartungsfülle"* (ebd.) ist nichts Vages, sondern befindet sich, analytisch betrachtet, im Stadium des Noch-Nicht.

Der Mensch kann sich seiner selbst nie völlig bewusst sein: Im „Dunkel des gerade gelebten Augenblicks" (GdU 2, 237–256; PH 334–349) sind seine Gefühle, seine Hoffnungen latent anwesend, auch wenn er sich ihrer noch nicht voll bewusst ist. Diese Elemente der Intensität, die oft als irrational und als Träumereien bezeichnet werden, müssen analysiert werden. Denn sie gehören erstens zur historisch-kulturellen Situation einer bestimmten Gesellschaft (wenn sie nicht der subjektiven, sondern der objektiven Phantasie angehören). Und zweitens sind sie Vor-Schein, also konkrete Antizipationen des „Reichs der Freiheit". Die Inhalte der Tagträume, der lebhaften Phantasie- und Erwartungsvorstellungen, enthalten wichtige Vorstellungen über die Entfaltung und Entwicklung der Zukunft. Sie sind Bestandteil der objektiven Phantasie, welche die objektiv-realen Möglichkeiten erfasst und sie in Form eines Vorscheins sichtbar macht. Die objektive Phantasie zeigt also die Tendenzen und Latenzen der Geschichte, die nicht nach abstrakter, sondern nach konkreter Realisierung im dialektischen Weltprozess streben. Durch die Untersuchung der Tagträume und der Phantasievorstellungen aller Menschen eröffnet der Wärmestrom eine „Aussicht aufs Eigentliche", auf ein „gesamthistorisch-utopisches Totum" (PH 240): Die Erwartungen des Menschen beinhalten auch Elemente, die sich nicht nur auf die Gegenwart, sondern auch auf die Zukunft beziehen, die auch vom Marxismus betrachtet werden muss. Im Gegensatz zum Kältestrom zeichnet sich das Bewusstsein des Wärmestroms nicht durch Kalkül und Strategie, sondern „durch Bilder, durch Tempo, durch Ausdruck, durch persönliches Vorbild" aus (Gespräche 222). Es gehört hauptsächlich den Bereichen der Moral und der Ästhetik an und kann nicht quantitativ gemessen werden. Trotzdem sind sie Bestandteil der Gesamtuntersuchung einer Gesellschaft, die ein Marxist durchführen muss. Wichtig ist zu betonen, dass die „ökonomisch-quantitative und die human-qualitative Analyse" (MP 374) für Bloch keine Antinomien, sondern „miteinander verbunden" sind (ebd.). Denn ohne die Bedingungsanalyse des ernüchternden Kältestroms riskiert der Wärmestrom ständig, dass sein blinder Enthusiasmus manipuliert wird. Ohne die Wärme unterläge der Kältestrom aber der Gefahr des Ökonomizismus und des mechanischen, sterilen und distanzierten Kalküls. Daher ist eine *Oszillation* zwischen den beiden

Strömen vonnöten. „Sie verhalten sich zueinander wie das Unbetrügbare und das Unenttäuschbare, wie Säure und Glauben, jedes an seinem Ort und jedes zum gleichen Ziel verwendet" (PH 240).

Um die Bedeutung der Komplementarität zu demonstrieren, hat Bloch diese Begriffe zum ersten Mal in *Erbschaft dieser Zeit* thematisch eingeführt, indem er beschreibt, dass die damaligen Marxisten sich vor allem (und fast ausschließlich) auf den Kältestrom konzentriert haben. Diese Vernachlässigung des Wärmestroms hat sich als schwerer Fehler erwiesen, der katastrophale Konsequenzen mit sich gebracht hat: Die Nazis haben viel Zustimmung bekommen, indem sie sich Aspekte und Bereiche des normalen Alltagslebens zunutze machten – Aspekte, die die Marxisten ausgelassen und vernachlässigt haben. Die Sprache der Nazis war einfach, für alle verständlich. Weniger ihre „Theorie", sondern vielmehr der unerschütterliche Glaube an ihre Sache hat große Teile der Bevölkerung mitgezogen. Dagegen verwendeten die Marxisten die sachliche Sprache der Analyse, ließen aber „Erwärmung", Enthusiasmus und Phantasie vermissen. Da die Vulgärmarxisten jener Zeit Phantasie und Gefühl der Phrase und der unbesehenen Irrationalität überlassen haben, schreibt Bloch ihnen eine große Schuld zu: „Große Massen in Deutschland [...] konnten schon deshalb nationalsozialistisch werden, weil sie der Marxismus, der sie deutet, nicht zugleich auch ‚bedeutet'" (EdZ 65). Der Marxismus muss sich also nach Bloch um seinen Wärmestrom kümmern, in den er bislang so wenig investiert hat. Und zwar nicht als Negation, sondern als Komplement des Kältestroms. Bloch wird diese Idee auch später betonen: „Und so gehört zum Wärmestrom die Moral und, mindestens ebenso, die Phantasie. Beides, der moralische Hintergrund und das In-die-Phantasie-Greifen, bringt uns der Praxis näher als das sture Ableiern von ökonomischen Parolen und das Sammeln von Zitaten, die überhaupt nicht mehr durchdacht werden" (TLU 223). Nach der ersten Thematisierung in *Erbschaft dieser Zeit* hat Bloch den Wärme- und Kältestrom systematisch in seinem Hauptwerk *Das Prinzip Hoffnung* behandelt. Darin präsentiert er diese beiden Begriffe in Verbindung mit seiner Materie- und Möglichkeitskonzeption (vgl. Holz 1975). Wie Aristoteles sieht Bloch auch in der Materie Latenzen, die sich noch nicht entwickelt haben, die aber schon da sind und die auch realisiert werden können, indem sie objektiv-reale Möglichkeiten verkörpern. Die unterschiedlichen, komplementären Untersuchungen des Wärme- und Kältestroms sind folglich mit dem „Korrelat der Möglichkeit" (PH 237) verbunden. Dieses Korrelat hat „zwei Seiten, gleichsam eine Rückseite, auf welche die Maße des *jeweils* Möglichen geschrieben sind, und eine Vorderseite, worauf das Totum des *zu guter Letzt* Möglichen sich als immer noch offen kenntlich macht. Eben die erste Seite, die der maßgeblich *vorliegenden Bedingungen*, lehrt das Verhalten auf dem Weg zum Ziel, während die zweite Seite, die des *utopischen Totum*, grundsätzlich verhüten läßt, daß Partialerreichungen auf diesem Weg für das ganze Ziel genommen werden und es zudecken" (ebd.). Die eine Seite entspricht dem Kältestrom und bezieht sich auf das „*Nach-Möglichkeit-Seiende der Materie*" (ebd., 238): Sie ist die kritische Betrachtung der Bedingungen, die zum Ziel führen könnten, und der Entwurf einer genauen Strategie, um dorthin zu gelangen. Betrachtete man aber nur diese Seite, würde man Gefahr laufen, ein Teilziel mit dem Hauptziel zu verwechseln oder nur mechanisch-quantitative, aber keine intensiv-qualitativen Kräfte zu nutzen, um das Ziel zu erreichen. Deswegen soll diese erste mit der zweiten Seite verknüpft sein, das „*In-Möglichkeit-Seiende[n] der Materie*" (ebd.). Die zweite Seite des Korrelats entspricht dem Wärmestrom des Marxismus: Das ist die fundierte Erwartung der Erreichbarkeit des Zieles und der Enthusiasmus, es zu erreichen (vgl. Braun 1977; Franz 1985). Diese Erwartung ist nicht abstrakt, sondern fundiert, denn sie bezieht sich auf konkret-reale Möglichkeiten. Die Inhalte des Ziels sind im Vorschein der Tagträume erfahrbar: diese sind Antizipationen von Erreichbarem. Die latente Präsenz dieser Inhalte gibt dem Enthusiasmus Kraft und Pathos, so dass der Mensch in den Prozess der Geschichte aktiv eingreifen will, damit die Potentialitäten aktiviert werden können. Das zu erreichende Ziel ist das Ende der Selbstentfremdung – d. h. Fülle, Realisation der latenten Inhalte des Menschen und seiner Geschichte. „Materialismus nach Vorwärts oder Wärmelehre des Marxismus ist derart Theorie-Praxis eines Nachhause-Gelangens" (PH 241). In seinem systematischen Werk *Experimentum Mundi* behandelt Bloch diesen „Doppelaspekt der Möglichkeit", d. h. seine aristotelische Materieauffassung in Bezug auf Wärme- und Kältestrom ausführlich. „Das Kata to dynaton verbindet sich so marxistisch dem *Kältestrom*, dem kühlen nüchternen Blick [...]. Während die andere, die nun eigentlich ontologische Bestimmung des Möglichen als des Dynamei on ein zielhaft Enthusiasmierendes in sich haben kann und muß, derart dem *Wärmestrom* im Marxismus korrespondierend. Das Kata to dynaton wirkt gegen das Überfliegen, der Wärmestrom aber vermag den langsamen Gang der Dinge zu beschleunigen, er trägt die Zukunft in der Vergangenheit wie die Vergangenheit in der Zukunft über sich hinweg" (EM 141). Während der Kältestrom die ökonomisch-materiellen Bestimmungen analysiert und einen Plan für die Veränderung der Welt entwirft, der gemäß der geschichtlich-gesellschaftlich konkreten Möglichkeiten im Weltprozess realisierbar ist, garantiert der Wärmestrom, dass der Plan den Träumen der Menschen entspricht und die menschliche Aktion durch einen emanzipierenden Schritt dem Ziel näherbringen kann.

Obwohl die Begriffe Kälte- und Wärmestrom nicht ausführlich behandelt werden, durchziehen sie alle Werke Blochs. In seinem Gesamtwerk verkörpern sie sowohl politische (expliziter Bezug auf den Marxismus) als auch erkenntnistheoretische (Gleichstellung von Vernunft- und Phantasieanalyse) und ontologische Kategorien (aristotelische Materieauffassung). Mit dem Risiko, als irrationales Denken etikettiert zu werden, betont Bloch, dass es für den Marxismus eminent wichtig ist, sich nicht nur auf die Vernunft, sondern auch auf die Gefühle und die objektive Phantasie zu gründen: „Die Vernunft kann nicht blühen ohne Hoffnung, die Hoffnung nicht sprechen ohne Vernunft, beides in marxistischer Einheit – andere Wissenschaft hat keine Zukunft, andere Zukunft keine Wissenschaft" (PH 1618). Diese Stellungnahme ist eines der Elemente, die zeigen, warum Bloch als unorthodoxer Marxist bezeichnet wurde. Darüber hinaus können diese zwei miteinander verbundenen Begriffe auch als Mahnung gesehen werden, den Menschen nicht eindimensional zu betrachten: Wie Wärme- und Kältestrom immer nur dialektisch und ungetrennt wirken können, so wird ein „Eingedenken", eine Aufmerksamkeit für die Aspekte des Menschen gefordert, die vernachlässigt oder isoliert werden. Blochs Idee des Kälte- und Wärmestroms hat viele Bezugspunkte mit einem anderen von ihm erdachten Begriff, dem der *objektiven Phantasie*, welche künstlerische Subjektivität mit einer marxistischen Interpretationsperspektive verbindet (vgl. u. a. PA 166).

Außerdem können auch wichtige Bezüge zu den Entwürfen einer Gesellschaft hergestellt werden. Die Sozialutopien des 19. Jahrhunderts (die Bloch in *Das Prinzip Hoffnung* ausführlich beschreibt, vgl. PH 547–729), könnten als Wärmestrom, das Naturrecht (vgl. ebd., 629–637; vgl. auch NmW) als Kältestrom der Menschheitsgeschichte gesehen werden (vgl. Cunico 1988). Die Sozialutopien verkörpern für ihn „ein[en] Teil der Kraft, sich zu verwundern und das Gegebene so wenig selbstverständlich zu finden, daß nur seine Veränderung einzuleuchten vermag" (PH 557). Das Naturrecht war *„scharf gedacht*. Das gedacht Abgeleitete gibt sich als bindend, als schlechthin geltend, statt des Nirgendwo der Vernunft erscheint ihr *ableitbares Überall*" (ebd., 629), was seinen direkten Einfluss auf die Gesetzgebung erklärt. Aus dieser Perspektive kann man sagen, dass das Zusammentreffen das Erbe der Sozialutopien (Wärmestrom) und des Naturrechts (Kältestrom) den Weg zur *konkreten Utopie* eröffnet. Diese Elemente sind aber undialektisch – und sind also mit der konkreten Möglichkeit, mit den Tendenzen der Geschichte, nicht verbunden –, wenn sie isoliert werden. Nur zusammen können sie den Menschen helfen, „Heimat" zu finden. Genau wie auch Kälte- und Wärmestrom nur zusammen erfolgreich wirken können: Denn ohne Wärmestrom wäre der Marxismus nur Positivismus, ein Mechanismus von schematischer Dialektik und ökonomischem Kalkül. Ohne Kältestrom würde der Wärmestrom nur Träumerei bleiben und manipuliert werden. „Das ist Marxismus, sowohl als kundige Herstellung der Bedingungen zu dem von ihm Intendierten wie als Eingedenken des Zielinhalts dieser Bedingungen" (TLU 285). Insofern sind Kälte- und Wärmestrom die zwei Zugpferde, mit denen der Marxismus das Schiff der Menschheit zur „Insel Utopia" führen kann, das ist: zur menschlichen Heimat.

In der Bloch-Forschung sind diese Begriffe lediglich als Teil seiner politischen Philosophie dargestellt worden. Kälte- und Wärmestrom können aber auch in einen erkenntnistheoretischen Kontext gebracht werden, der sich nicht nur auf marxistisches Denken begrenzt, sondern darüber hinausgehend epistemologische Fragestellungen entwickelt. So könnte Blochs Idee des Wärme- und Kältestroms innovativ wirken in den Debatten zwischen der Queer-Theorie, einigen postmodernen und feministischen DenkerInnen: in jenen Debatten, in denen die Vorherrschaft oder gar der Totalitarismus der (westlichen/männlichen) Ratio (Logos) in Frage gestellt wird. Blochs Idee der Phantasie als „Ratio des Irrationalen" und des Enthusiasmus als „Phantasie in Aktion" wären in diesen Kontexten wichtige Bezugspunkte, die nicht die Ratio dämonisieren, sondern sie als eines der vielen Vermögen des Menschen sehen, so dass sich ein Diskurs entwickeln könnte, der eine innovative Zusammenarbeit von Vernunft und (konkreter) Phantasie, Analyse und Enthusiasmus fordert.

→ *Hoffnung; Noch-Nicht; Ungleichzeitigkeit; Vor-Schein*

📖 BRAUN 1977; CUNICO 1988; FRANZ 1985; HOLZ 1975.

Silvia Mazzini

Latenz

Latenz macht sich als das ausstehende Wesen, als Statthalterin des noch nicht realisierten Zielinhalts in der Tendenz geltend. Insofern ist Latenz die Ursache für das Streben, welches nicht sein könnte, wenn kein Ziel angelegt wäre und wenn es keinen Zweck gäbe.

Das lateinische Verb *latere* bedeutet verborgen sein, aber auch geborgen sein, sicher sein oder unbekannt bleiben. Die Bedeutung des Verborgenseins steckt auch im griechischen κρύπτειν (*kryptein*). Nicht Latenz, wohl aber Verborgenheit ist im deutschen Sprachgebrauch seit dem Mittelhochdeutschen bekannt. Verborgenheit steht einmal für den „*zustand des verstecktseins, obscuratio*", außerdem – im Kontext von Latenz einschlägiger – ist es „*der verborgene gegenstand, das geheimnis*" (DW 25, 150). In der Philosophie der Antike und des Mittelalters verwenden Cicero, Augustinus und Thomas von Aquin den Begriff Latenz (vgl. HWP 5, 39–46). So klassifiziert Cicero Gründe nach regelmäßiger und unregelmäßiger Wirksamkeit. Bei den Letzteren unterscheidet er einsehbare und latente, was ihn zu seiner Definition des Zufalls führt: „eventus obscura causa et latenter efficitur" (Cicero, Top 63), wobei er hier differenziert zwischen *obscurus* ‚dunkel, finster, versteckt, verborgen, undeutlich, unverständlich' und *latens* im Sinn von ‚verborgen, heimlich'. Zufall ist also durch doppelt Verborgenes gekennzeichnet: Er ist ein Ereignis dunkler Ursache und bewirkt von etwas Verborgenem. Bei Augustinus erscheint das Verb *latere* in mehreren Bedeutungen. So ist vom verborgenen Sinn der Bibel die Rede („multa enim latebant in scripturis"; Enarr. in Ps. LIV 22, vgl. HWP 5, 39). Bezüglich des Theodizeeproblems nimmt er die Position ein, dass unsichtbare, formgebende Kräfte im materiellen Sein Gott entlasten angesichts des Bösen in der Wel („occulta quaedam semina in istis corporeis mundi huius elementis latent"; es sind in den stofflichen Elementen dieser Welt gewisse unsichtbare Samen verborgen; De trin. III, 8; vgl. ebd. 39f.). Außerdem kann ein Ding, eine Sache (*res*) entweder wahrgenommen werden, erkannt werden oder aber verborgen bleiben (Princ. dial. V.; vgl. ebd. 40). Thomas von Aquin verwendet *latere* zum einen im Zusammenhang der Erläuterung des Verhältnisses von Form und Materie, indem er die Auffassung des Anaxagoras bestätigt: „Nam Anaxagoras non ponebat formas actu praeexistere in materia, sed latere" (‚Denn Anaxagoras behauptete nicht, dass die Formen in der Materie schon wirklich angelegt wären [präexistierten], sondern [lediglich] darin verborgen seien'; De pot. III, 8.; vgl. ebd.). Thomas beerbt insofern den Materiebegriff des Anaxagoras und auch den des Aristoteles, aber seine Interpretation führt ihn im Ergebnis zum Gegenteil der ursprünglichen Intention: „Er übernimmt zwar das δυνάμει ὄν [dynamei on], das In-Möglichkeit-Sein als Grundbestimmung der Materie, aber er folgert aus dem Möglichkeitscharakter der Materie einzig ihre Unvollkommenheit. Denn die Möglichkeit ist bei ihm weniger vollkommen als die Wirklichkeit" (LV 2, 53). Die Verborgenheit Gottes in der Welt betont Thomas in seinem berühmten Hymnus „Adoro te devote latens deitas, quae sub his figuris vere latitas" (Demutsvoll bete ich dich an, verborgene Gottheit, die du dich unter diesen Gestalten wahrhaft verbirgst; De piae preces 11/1; vgl. HWP 5, 40). Über Meister Eckhart (vgl. Fischer 1974, 89ff.) und Nikolaus von Kues (*De deo abscondito*; vgl. Weier 1967) wird diese Bestimmung durch Luther erweitert, indem Gott auch in seiner Offenbarung der *deus absconditus*, der verborgene Gott, bleibt (vgl. Brandt 1957, 1257f. u. Adam 1963, 97–106).

Auch wenn Leibniz den Terminus Latenz nicht verwendet, so enthält seine Theorie der Perzeptionen und der Monaden eine Theorie der Latenz, da seine Tendenzlehre ohne die Idee der Latenz nicht möglich wäre. Es handelt sich (ganz im Sinn der späteren Auffassung Blochs) um eine ontologische Theorie der Latenz (vgl. Holz 1958). Auf Leibniz beruft sich William Hamilton (1788–1856), dessen *Lectures on Metaphysics and Logic* eine „theory of latency" enthalten, in der Hamilton eine Theorie unbewusster Aktivitäten in psychologisch-erkenntnistheoretischer Absicht entwirft (vgl. HWP 5, 40). Daneben nähert sich Schelling in seiner Naturphilosophie dem Latenz-Begriff: „Wir [behaupten] eine innere Identität aller Dinge und eine potentiale Gegenwart von allem in allem ... und [betrachten] also selbst die sogenannte todte Materie nur als eine schlafende Thier- und Pflanzenwelt" (SW I/4, 208). An Schellings Potenzenlehre knüpft Spicker an. Er setzt die göttliche Potenz, die „gleichsam latente, ungeäußerte Kraft, wie sie vorausgesetzt werden muß, ehe sie creativ wurde" (Spicker 1902, 162) mit der Materie „als göttliche[m] Attribut" (ebd. 130, 140f., 194) gleich, die eben jene „ursprünglich latente Kraft" (ebd. 190) ist. Auch bei Heidegger ist der Gedanke der Latenz nachweisbar. In *Sein und Zeit* heißt es: „Das ‚Wahrsein' des λόγος als ἀληθεύειν [Wahrsein] besagt: das Seiende, *wovon* die Rede ist, im λέγειν als ἀποφαίνεσθαι [Erscheinung] aus seiner Verborgenheit herauszunehmen und es als Unverborgenes (ἀληθές) sehen lassen, *entdecken*"

(Heidegger 1953, 33). Somit ist aber etwas im Verborgenen gegeben, das offenbar gemacht wird. Daraus resultiert, dass der Logos „ein bestimmter Modus des Sehenlassens ist" und er „gerade *nicht* als der primäre ‚Ort' der Wahrheit angesprochen werden darf" (ebd.).

Der Begriff Latenz hat in der Philosophie Blochs eine herausragende Bedeutung, ist doch das offene System ohne die Kategorie Latenz nicht konstruierbar. Die Aktualisierung des alten Latenz-Begriffs ist nicht nur ungewöhnlich für einen philosophischen Ansatz des 20. Jahrhunderts, sondern insbesondere für eine materialistische Position, die Bloch dezidiert für sich reklamiert. Der Rückgriff auf Latenz ist auch Resultat einer Auseinandersetzung mit der mittelalterlichen christlichen Philosophie, die für die blochsche Systematik generell bedeutsam ist (z. B. *quodditas – quidditas*; vgl. LV 2); außerdem stellt sich Bloch in die Tradition von Leibniz und Schelling (vgl. dazu Holz 1975 u. Habermas 1981), womit die naturphilosophische Relevanz unterstrichen wird. Die systematische Darlegung des Latenzbegriffs erfolgt im Kapitel „Drehung / Hebung: Kausalität, Finalität, latente Substanzialität" in seiner Kategorienlehre *Experimentum Mundi. Frage, Kategorien des Herausbringens, Praxis*. Dort räumt er ein, dass die traditionelle religiöse, auf Verborgenes im Sinn von Transzendentem gerichtete Bedeutung die Verwendung des Begriffs Latenz in materialistischer Philosophie bisher verunmöglicht habe: „Latenz, in einer Art Erwartungsraum, erscheint derart leicht wie ein letztes Stück des alten Himmels, in den der Strom der guten Werke mündet" (EM 147). Bei Bloch jedoch soll es ein *Transzendieren ohne Transzendenz*, ein Überschreiten von Grenzen (die sich in dem entfremdeten Dasein manifestieren) im Diesseits sein. Dieser Prozess ist in einer materialistischen Philosophie ohne menschlich-werthaft angelegte Potentialität in der Materie, im „Stoff", nicht denkbar. Prozess und Bewegung („unvollendete Entelechie") verdanken sich den Latenzen (und Tendenzen), sind von ihnen „erzrealistisch durchzogen" (PH 258).

Bereits in *Geist der Utopie* ist Latenz ein Terminus großer Signifikanz, bedeutsamer als das spätere Begriffskorrelat Tendenz. Bedingt ist die Relevanz durch den Gegenstand des Frühwerks: einer Philosophie der Musik, der am stärksten utopiegeladenen menschlichen Ausdrucksform. In Mahlers Kompositionen sieht Bloch den utopischen Charakter beispielhaft verwirklicht: „Dort klingt auch zumeist die zweite Musik, jene andere Art von Tönen, der geheime Atem, die geheime Atmosphäre von Musik" (GdU 1, 197), welche „die Chiffre zu einer seelenhaften Aktion [ist], die sich wesentlich innen, in dem Gegenstandsgebiet der Musik selber abspielt" (ebd.), also eine beseelte Objektivität. Zunächst aber ist, nach dem Zivilisationsbruch des Ersten Weltkriegs, der „*interne* Weg, auch Selbstbegegnung genannt" (GdU 2, 13) der zu beschreibende. Ein Neubeginn steht an, der das „Gewissen des Überhaupt" (ebd.) reaktiviert, das „Eine, das stets Gesuchte, die eine Ahnung" (ebd.) aufleben lässt, am verlässlichsten ästhetisch, als das „apriorisch latente Thema aller ‚bildenden' Kunst und zentral aller Magie der Musik, gedeutet schließlich an der letztmöglichen Selbstbegegnung, am begriffenen Dunkel des gelebten Augenblicks, wie es aufspringt und sich selbst vernimmt in der unkonstruierbaren, der absoluten Frage, im Wirproblem an sich selbst" (ebd.). Erst nach dem Ausrichten dieser „*internen* Vertikale" (ebd.) ist der Weg ins Draußen frei, denn Innerlichkeit allein reicht nicht aus, es gibt eine „*Welt* der Seele", in welcher „die *externe kosmische* Funktion der Utopie" (ebd.) einen sozialen Auftrag und einen Auftrag an der Natur zu erfüllen hat, „gegen Elend, Tod und das Schalenreich der physischen Natur" (ebd.; vgl. auch 308f.) – wohlgemerkt gegen das Schalenreich, also gegen das, was den Kern der Natur vor dem Menschen verbirgt. Die hier dargelegten Zusammenhänge eröffnen fulminant den Horizont blochschen Philosophierens. Später werden Musik, Ethik und Metaphysik als Hort der Latenz bestimmt (vgl. ebd., 123f.). Es fällt auf, dass Bloch den Begriff Latenz erst 1923 einführt, zum Beispiel an der Stelle, wo Musik als Kunstform über alle Wortkunst gestellt wird, denn „der dunkle Urlaut der Musik löst jedes Wort, selbst jedes Drama in sich auf, und innerster Wandel, eine Fülle geheimster Gesichte, geheimster Augenblicklichkeit und Latenz drängt in den singenden Flammen großer Musik vorüber" (ebd., 144). Latenz hat in diesem Kontext die überlieferte Bedeutung von Geheimnis, wird auch ohne ihr späteres Komplement Tendenz, wohl aber mit utopischer Konnotation gebraucht. Begrifflich schärfer definiert Bloch Latenz in dem 1923 eingefügten Kapitel über das Noch-Nicht-Bewusste, mit Bezug zu Leibniz, für ihn der „einzige große Denker des Möglichen seit Aristoteles" (PH 281): „Wie Leibniz die seelischen *Wurzeln* zeigte und derart dem Sturm und Drang, auch den Nachtseiten der Natur den fundus animalis der petites perceptions aufzeigte, so beginnt die utopische Philosophie der höher hinauf leuchtenden Denkart, der [...] Seele das Unbewußte höherer Ordnung, den fundus intimus, *die im Jetzt treibende Latenz des Urgeheimnisses an sich*, kurz das schöpferisch Unbewußte unserer seelischen *Krönung* zu erschließen" (GdU 2, 243). Die „*treibende Latenz*" kann als die Urform der Tendenz-Latenz angesehen werden, wobei an der hier vorliegenden Formulierung die Priorität der Latenz deutlich wird. Sie verliert später die Bestimmung, selbst treibend zu sein (hierfür steht dann Tendenz). Deutlicher tritt der objektive Charakter nun in den Vordergrund, indem Bloch zwischen „Existenzialität und Latenz" (ebd., 249) differenziert, die sich im gelichteten Dunkel des Augenblicks vereinen. Latenz herrscht in „allen Objekten der Welt, [...] *wonach eben das Ding an sich selber allenthalben dieses ist, das noch nicht ist, das im actualiter Dunklen, Blauen, im Herzen der Objekte treibt*" (ebd., 253). Erlaubt ist hier ein Brückenschlag zu Thomas Münzer und der chiliastischen Theologie, die zwar, im Vergleich mit der Scholastik, philosophisch-systematisch unausgereift geblieben ist. Aber diese „Unausgeführtheit der spiritualistischen Theologie stammt [...] nicht nur aus Schwäche, so gewiß diese besteht, nicht nur aus dem spezifisch revolutionären Temperament [...], sondern zutiefst vor allem aus der echten mystischen Scheu, aus der Ahnung des noch uneinfaßbaren höchsten Gegenstands" (TM 182). Augenfällig berührt die Verweigerung der chiliastischen Theologie die Auffassung Blochs von Latenz als noch nicht aussagbarem Zielinhalt. Bestätigt wird dies durch seine berühmte Aussage zum Marxismus, den „gerade die scharfe Betonung aller (ökonomisch) determinierenden [...] Momente [...] *in die Nähe einer Kritik der reinen Vernunft rückt*" (GdU 2, 304), wobei die „vorhandene, aber noch Geheimnis bleibende Latenz aller transzendierenden Momente" (ebd.) geradezu nach einer marxistischen Kritik der praktischen Vernunft ruft, die noch nicht geschrieben worden ist (vgl. ebd.) – Bloch beklagt hier, wie später öfter, das Fehlen einer marxistischen Religionsphilosophie. In *Das Prinzip Hoffnung* wird dann die Rede sein von den „beiden Grundelementen der marxistisch erkannten Wirklichkeit" (PH 727), der Tendenz und der Latenz, wobei die Latenz „das Korrelat der noch nicht verwirklichten objektiv-realen Möglichkeiten in der Welt" (ebd.) ist (die Tendenz „die Spannung des verhindert Fälligen"; ebd.). Bloch unternimmt eine Rettung beider Begriffe für eine marxistische Philosophie, die sowohl den Kältestrom als auch den Wärmestrom im Marxismus für unentbehrlich erachtet.

Eine nähere Definition, was unter Latenz, materialisitisch gefasst, zu verstehen sei, findet sich im Hegelbuch. Die Geschichte der Menschen und ihrer Welt sei offensichtlich noch im Werden begriffen, denn sonst „gäbe es nicht das schlecht Viele in der Welt, [...] kein zeitliches *Vergehen* und kein räumliches Außereinander und *Erstarren*,

[…] keinen Prozeß" (SO 498). Allein diese Unabgeschlossenheit ermöglicht die Orientierung auf ein Ziel hin, das subjektiv wie objektiv richtungsweisend sein kann: „Trotz der Ungleichzeitigkeit, trotz der mehreren Kammern im Welthaus: die Vielheiten sind, *bei nicht zu kurz gegriffener, nicht zu abgeschlossen-inhaltlicher Orientierung der Totalität*, zu dieser weder disparat noch sonstwie schlecht-pluralistisch auseinanderlaufend" (ebd., 498f.). Unter Berücksichtigung dieser Bedingung wird klar, so Bloch, dass die „Vielheiten […] sich vielmehr [zeigen] als negativ oder positiv geordnet im Prozeßverhältnis zum dämmernden Überhaupt hin" (ebd., 499). In der Intensität graduell differenziert, sind sie der „Tiefe" zugeordnet – „verum est index sui et falsi, das gilt auch fürs utopisch-offene System" (ebd.). Bei entsprechendem Blick auf sie erweisen sich alle im Weltexperiment herausgebrachten Gestalten (Vielheiten), auch die unscheinbarsten, als Versuche; sie alle sind „eine auftauchende Instanz der herauszuschaffenden vermittelten Identität" (ebd.). Der theoretische Blick auf diese Vielheit hat ein an der materiellen, unabgeschlossenen Tendenz geschulter zu sein. Nach Bloch ist dieser Tendenzbegriff als solcher kategorial unproblematisch. Es gibt allerdings eine „vorläufige Grenze der Aussagbarkeit als einer fix-definitiven" (ebd.), die allerdings „wo ganz anders" (ebd.) liegt, nämlich „in der *währenden Latenz*", das heißt in der anhaltend fortdauernden Latenz, der „sich selber, realiter, noch verhüllten Beschaffenheit des Zielinhalts der Tendenz selbst" (ebd.). Latenz ist mithin ein kategorialer Grenzbegriff, der nur aussagen kann, dass aufgrund des prozesshaften Geschehens etwas im Prozess angelegt sein muss, das dieses Geschehen utopisch-inhaltlich fundiert: „Er ist dasselbe wie der Antrieb der Tendenz selbst, wie dasjenige also, weshalb überhaupt Tendenz und Prozeß sind; und dieses eben, als die außerordentliche, noch nicht aus sich herausgekommene Nähe des Zielinhalts, macht ihn so dunkel. Die noch immanenteste Immanenz macht ihn schwierig, nicht die Spezifikationen, die ihm doch Instanzen der Erhellung sind, und erst recht nicht irgendeine Transzendenz" (ebd.). Wenn dieser Zielinhalt erst latent ist, also in seiner spezifischen Qualität totaliter überhaupt noch nicht herausgebracht wurde als „das Fürsichsein, die absolut vermittelte Identität" (ebd.), es sich sowieso um einen „zweifellos schwierig definierbaren und topisierbaren Realitätsgrad des Noch-Nicht" (ebd., 500) handelt, stellt sich die Frage, wie diese Qualität überhaupt identifizierbar ist in der versuchenden Vielheit des Welthaften. Dies ist nur ex negativo möglich: „Vorerst ist das letzthinnige Noch-Nicht nur durch Negationen dessen aussagbar, was es in dem dem Subjekt Gewordenen zuverlässig nicht ist: es ist nicht Entfremdung, nicht Entäußerung, nicht Verdinglichung, kurz, nicht Nicht-Identität des Menschen mit sich selbst. Intention, Tendenz, Instanzen und Chiffren des Fürsichseins gibt es genug, doch die Sache selbst heißt ersichtlich weder Substanz noch Idee noch auch Materie im mechanischen Sinn noch auch Humanum im bisher ausgemachten" (ebd.).

Eine konzise Formel für das Verhältnis von Latenz und Tendenz findet sich in *Das Prinzip Hoffnung*: Die Latenz sei das „Gewissen" der Tendenz (vgl. PH 203). Eine andere Stelle erhellt die Bedeutung dieses Begriffspaares für die Philosophie der konkreten Utopie: „Erst mit der Verabschiedung des geschlossen-statischen Seinsbegriffs geht die wirkliche Dimension der Hoffnung auf. Die Welt ist vielmehr voll Anlage zu etwas, Tendenz auf etwas, Latenz von etwas, und das so intendierte Etwas heißt Erfüllung des Intendierenden" (ebd., 17). In der Differenzierung zwischen „Anlage" und „Latenz" kommt zum Ausdruck, dass Bloch mit Latenz wesentlich den vorscheinenden Inhalt des Ziels begrifflich fassbar machen will. Als dem objektiven Sein zugehörig, ist nicht von vornherein eine inhaltliche Orientierung auf das Menschgemäße gegeben, es gibt die „*Latenz des Nichts* [...] als Vereitlung, Vernichtung [...], als die Wirkungssphäre dessen, was man das Böse nennt" (ebd., 1532). Auch Zufall, regellose Vielheit, drohendes Chaos (vgl. ebd.) prägen diese Sphäre. Daneben gibt es sogar eine „im Grund nur langweilige Latenz" (ebd., 181) – jene Inhalte, Archetypen, die den Boden der Nachtträume bilden und nichts Übersteigendes in sich haben. Welche Qualität der Latenz Bloch für relevant erachtet, zeigt das Beispiel des Geniebegriffs. Geniale Begabung sei „Hinaussein" (ebd., 142) über das bisher Gewordene und Gegebene; solches Genie trete auf in Kunst und Wissenschaft. Die Wissenschaft sei zuständig für die „begriffliche[n] Abbildung der Tendenz-, Latenzstruktur des Realen" (ebd.), während die Kunst sich der „bildhaften Abbildung eines realen Vorscheins" (ebd.) widme. Latenz und Tendenz gehören der objektiven Sphäre an; der Mensch findet aber in ihnen ein seinen Intentionen Entsprechendes. Das (beerbbare) Ideal ist nicht einsam im Menschen angesiedelt, es hat seine Anschlusspunkte in der prozessierenden Realität außerhalb seiner: Das Ideal „hat in seinen Antizipationen, wenn sie konkrete sind, ein Korrelat in den objektiven Hoffnungsinhalten der Tendenz-Latenz" (ebd., 198) – und nur weil es dieses Korrelat gibt als intensiv-logische Qualität der Welt auch außerhalb des Menschen, sind die menschlichen Intentionen realisierbar. So befindet sich die Welt im Zustand „einer möglichen Verwirklichung eines noch Möglichen" (ebd., 336), eingespannt zwischen zwei Pole, für die Bloch die Metaphern „Quell" und „Mündung" wählt: „Der Quell ist bezeichnet durch das *Dunkel des Jetzt*, worin Verwirklichen entspringt, die Mündung durch die *Offenheit des objekthaften Hintergrunds*, wohin die Hoffnung geht" (ebd.). Bloch resümiert an dieser Stelle: „Es wurde erkannt: im Verwirklichen selber ist etwas unreif und noch nicht verwirklicht, daher schwächt es" (ebd.) und bewirkt die „Melancholie der Erfüllung" (ebd., 221) – eine der treffendsten, eingängigsten Formulierungen Blochs. Außerdem macht sich das „Unreife [...] kenntlich im Dunkel des gelebten Augenblicks" (ebd., 336). Der zweite Schritt der Erkenntnis bezieht sich auf die den subjektiven Möglichkeiten entsprechenden objektiven Möglichkeiten: „Es wurde weiter erkannt: im objekthaften Hintergrund oder Korrelat ist Offenheit, noch entscheidbar Real-Mögliches, ist Utopie als Frontbestimmtheit der Objekte selbst [...]; dies Reifbare macht sich kenntlich als immer noch während Tendenz, immer noch dämmernde Latenz" (ebd.). Bezogen auf die „Mündung" als dem der Latenz zuzuordnenden Pol präzisiert Bloch, dass entsprechende absolute Erfahrungen den merkwürdigen Status eines *„antizipierenden Stillehaltens"* (ebd., 337) haben; der Inhalt dieser Erfahrung ist „allemal knappste *Symbolintention eines Überhaupt"* (ebd.), und obwohl diese Erfahrung zuvörderst nur dem Subjekt zugehörig zu sein scheint, ist sie „doch erzphilosophisch in der Sache selbst fundiert, nämlich in einem Aufblitzen von utopischem Endzustand" (ebd.). So öffnet sich in solchen erfüllten Augenblicken den menschlichen Erfahrungen das Wesenhafte der Latenz: „sie betreffen in der Tat den *Kern der Latenz*, und zwar als letzte Frage, in sich selbst widerhallend. Diese Frage ist auf keine bereits vorhandene Antwort hin konstruierbar, auf kein irgendwo in der vorhandenen Welt bereits geschlechtetes Material beziehbar" (ebd.; vgl. GdU).

Die Latenz gehört, wie auch die Tendenz, zu den großen „sich hindurchschickend" (EM 115) – nämlich durch den Weltprozess – objektivierenden Kategorien: Kausalität, Finalität, latente Substanzialität (vgl. ebd., 115–149). Während der Tendenzbegriff wesentlich eine zeitliche Dimension hat, ist die Latenz extra-temporal: Der in ihr situierte „wahrhaft gute Zweck", der „eben die Substanz trägt" (ebd., 121), ist ungeworden und unerkannt, er fundiert die Spannung, bewirkt „die nicht nur subjektive, auch objektive Anziehungskraft des guten Ziels" (ebd.), und er wird durch missglückte Realisierungsversuche nicht desavouiert. Systematisch eng verknüpft ist Latenz nicht nur mit der Kategorie Tendenz, sondern auch mit der Kategorie Totalität: „Es erhellt nun, daß Totalität, indem sie dergestalt in der Tendenz geht, jedoch gehemmt und noch unerreicht, zugleich das utopisch Fundierende der Tendenz einschließt: die *Latenz*" (ebd., 147). Universales Begreifen, Begreifen der Totalität, muss das im Weltprozess Latente miterfassen. Das gemeinte Totum, „das als Methode wie Gegenstand jeder wirklichen Philosophie bezeichnet worden ist" (PA 288), ist in Blochs Denken erstmals kein „*fertiges Prinzip des Ganzen*", sondern ein „*konkret-utopisches* Totum eben als *Prozeß-Latenz einer noch unfertigen Welt*" (ebd.). Für Bloch ist Philosophie systematisch oder sie ist nicht. Daraus, und aus der Auffassung das Totum betreffend, ergibt sich: „System ist *utopisch-konkretes Totum*. Invariable der Richtung macht seine Strenge aus, Welt ohne Entfremdung sein bestimmendes Principium = Ultimum, Darstellung der Tendenz und Latenz dieser Welt seinen Bauplan. Das derart mögliche, ja einzig mögliche offene System ist zielhaft zusammengehalten von der utopischen Totalität der Substanz als Subjekt, des Subjekts als Substanz in Einem. Das erst ist das Ganze der Materie, und es ist ein zwar unablässig dem Prozeß sich mitteilendes, doch ebenso ein noch utopisches, konkret-utopisches Ganze, Alles, Totum" (SO 470).

Ein weiterer Zusammenhang stellt sich her zur Kategorie *Novum*. Da Latenz nicht etwas bereits Vorhandenes ist, sei es etwas Dingliches oder etwas Energetisches, das aus dem Status des Verborgenseins nur herausgehoben zu werden bräuchte, nur befreit werden müsste, um da zu sein – Bloch spricht bildhaft von der gespannten, ruhenden Feder, die nur abgezogen werden müsste –, manifestiert sich in den versuchenden Prozessgestalten Neues (vgl. EM 147). Daher ist Latenz ein Zustand, „worin noch ferne Geburt des Neuen umgeht und so, daß ohne den ungekommenen Austrag von Latentem überhaupt nichts schwanger sein könnte" (ebd.). Wobei die Betonung eines „echt Latenten" (ebd., 148) erneut belegt, dass nicht alles Latente bereits ausgemacht für menschliche Zielinhalte steht. „Novumcharakter" (ebd.) haben aber jene Verwirklichungsversuche aus Latenz, in denen das *Ultimum* vorscheint, also der Zielinhalt sich geltend (vgl. ebd., 147) macht. Es ist der menschliche Wille (qua Arbeit, Kraftentwicklung), der diese Inhalte gemäß der Tendenz befördern kann. Schließlich gäbe es keine Geschichte „ohne den so gebrochenen, zunächst objektiv-objekthaften Möglichkeitsraum des gesamten Wechselverhältnisses von Tendenz und Latenz in der Welt" (ebd., 148). Latenz steht für den Ermöglichungsstatus schlechthin, sie bringt die objektive Tendenz und die subjektive Intention vermittelnd zusammen: Die Potenz des Subjekts und die Potentialität des Objekts, die die Realisierung des Neuen im Weltprozess ermöglichen, finden in der Latenz eine angelegte Vermittlung von Dass-Grund und Was-Inhalt. Objektiv fundiert Latenz die Tendenz, aber sie fundiert auch die subjektive Intention.

Abschließend nochmals zur Rechtfertigung der Verwendung der Kategorie Latenz in einem materialistisch-marxistischen System. „Latenz als Begriff einer offenen, dabei aufnehmend breiten Fülle ist weit ungebräuchlicher als der der Tendenz. Auch bei Marx kommt er kategorial nicht vor, wohl schon deshalb nicht, weil Latenz mehr als die ‚Zweckursache' transzendent mißbrauchbar ist und so freilich der materialistischen Haltung entgegengesetzt scheint" (ebd., 147) – dies gesteht Bloch zu. Sein Argument pro Latenz ist das von ihm eingeführte Noch-Nicht-Gewordene des gemeinten Zielinhalts, dessen Platzhalterin sie ist. Als solche sichert Latenz, dass das Beste nicht vergessen wird, „aber noch keiner konnte dieses Unscheinbare, tief Versteckte, Ungeheure jemals im Begriff entdecken" (PH 337; vgl. GdU 1, 364). Insofern erhält das noch nicht verwirklichte, nicht einmal begrifflich ganz erfasste höchste Gut einen kategorialen Ort, wenn auch als Grenzbegriff. Diesen verteidigt Bloch: „Indes: Latenz berührt sich mit der himmlischen Geographie nicht mehr, eher weniger als die Tendenz mit dem Platonischen Eros; denn sie ist, wenn sie nicht von dieser Welt ist, als einer mechanisch fertigen, so erst recht nicht von jener, als einer mythologisch fertigen, auskristallisierten. Latenz ist die Beschaffenheit, worin die Tendenz die seltsame Vorexistenz ihrer Richtung und ihrer Vorwegnahme hat" (EM 147f.). Aufgrund der noch sich entwickelnden Geschichte, des andauernden *Experimentum Mundi*, können die Inhalte keine fertigen sein. „Und ebendeshalb gibt es auch von den deutlichst intendierten Inhalten keine andere Angabe oder Festlegung als die der utopischen Intention, des Inhalts im objekthaften Zustand der Utopie" (TLU 262). Steht die vollinhaltliche begriffliche Formulierbarkeit auch noch aus, so „wird diese Tendenz-Latenz durchaus [formulierbar] in gärendem, vorab ringend modellhaftem Vor-Schein der noch-nicht bewußten, noch-nicht-gewordenen Formen wie Inhalte eines Überhaupt von Losung wie Lösung. Nur mit dem Index Tendenz und Latenz, nur innerhalb dieser Bestimmungs- und utopischen Realitätsarten kann der Kern der Sache bezeichnet werden; denn er ist für sich selbst noch nicht heraus. *Er ist selber erst nur in Tendenz und Latenz, in Realgärung und Realverschlossenheit, im objekthafen Chifferstand und Realgeheimnis"* (ebd.). Als Fanal könnte folgende provokative Feststellung Blochs dienen: „Inhalte außerhalb bloßer Tendenz-Latenz sind unangebbar, weil sie in Entschiedenheit, Objektivierbarkeit, Realität noch nicht vorhanden sind; die Welt ist noch das Welträtsel selbst" (ebd., 263).

→ *Intensität; Kältestrom – Wärmestrom; Marxismus; Möglichkeit; Noch-Nicht; Novum; Objektive Phantasie; Prozess; Tendenz; Ultimum; Utopie*

📖 Adam 1963; Brandt 1957; Cicero Top; Fischer 1974; Habermas 1981; Heidegger 1953; Holz 1958, 1975; Spicker 1902; Weier 1967.

Doris Zeilinger

Logos, Logikon

Kennzeichnend für den Idealismus ist, dass er eine ontologische Differenz zwischen Stoff und Geist annimmt. Blochs Philosophie stellt sich dem entgegen, indem er betont, dass Form, Lebendigkeit, Intention, Gestalt, Geist und auch logische Struktur Aspekte der *einen* – nicht als toter „Klotz", sondern als bewegtes und bewegendes Sein zu verstehenden – Materie sind. Der Idealismus ist ein allgemeiner Zug im Denken, der diesen grundsätzlichen ontologischen Dualismus annimmt als (meist unbewusste) Legitimierung oder Sanktionierung bestimmter Machtverhältnisse, und bedarf nicht so sehr der Widerlegung als der „Ernüchterung" (MP 471). Im spekulativen, dialektischen Materialismus geht es darum, die Wahrheit im Idealismus (dass es Geist gibt) von diesem Dualismus zu befreien. Der klassische philosophische Begriff des *Logos* (Vernunft) wird in diesem Kontext von Bloch umgedeutet im Sinne eines *Logikon (in) der Materie* und bezeichnet die dynamische kategoriale und teleologische Entwicklung auf ein Ziel hin (eng verwandt mit Goethes „Geprägte[r] Form, die lebend sich entwickelt" (*Urworte, Daimon*)), im Unterschied zum realen Hemmenden und Vereitelnden. In der Logik im engeren Sinne (Aussagelogik) ersetzt Bloch die Form der Kopula „ist" in der allgemeinen Struktur des Aussagesatzes, die Subjekt und Prädikat miteinander verbindet, durch „ist noch-nicht": *S ist noch-nicht P*. Sowohl Subjekt als auch Prädikat sind noch offen, unfertig, in Bewegung, auf ihre finale Identität hin bezogen. Die teleologische Dynamik der Materie ist dialektisch: Das bedeutet, dass Widersprüchlichkeit ihr eigentümlich ist und dass die aristotelischen Prinzipien der Identität und des *Tertium non datur* nur gelten in Bezug auf das Endziel des materiellen Prozesses, daher als sein Motor, nicht als sein Medium angesehen werden müssen. Eine voreilige Gleichsetzung dieser beiden Prinzipien führt für Bloch zur von ihm stark kritisierten Logistik.

Das gr. Wort *logos* erfährt schon im antiken Denken eine ungeheure Erweiterung seines Bedeutungsfeldes; zum anfänglichen Begriff der noch nicht aufgelösten Einheit von Sprache und Vernunft im wohlartikulierten Satz kommen im Laufe der Zeit spezifische Bedeutungsabwandlungen hinzu, in Grammatik, Rhetorik, Logik und auch Psychologie und Metaphysik. Schon Heraklit (6. Jh. v. Chr.) nimmt eine Übereinkunft zwischen der menschlichen Vernunft und einem kosmischen Ordnungsprinzip an. Die platonische Bedeutung des Logos hebt auf diesen als den vernünftigen Teil der Seele ab und damit auf die Vernunft schlechthin. Die Verwendung des Begriffes im Neuplatonismus (Philo) bildet den Übergang zum christlichen und transzendenten Gebrauch des Terminus (Johannesevangelium, Kap. 1) als Bezeichnung des „schöpferischen Wortes des alttestamentarischen Gottes und dessen die Welt erzeugende und durchdringende Vernunft" (WPB 389). In der Stoa wurde ein Begriff des *Logos* entwickelt, der auf ein aktives Vernunftprinzip der Welt selbst verweist. Alles Seiende ist vom Logos durchdrungen mittels sog. logischer Keimzellen (*logoi spermatikoi*), die allem Seienden innewohnen und das Streben nach Wachstum und Vervollkommnung begründen. Hans Heinz Holz hat den Terminus *Logos Spermatikos* (der auch von der christlichen Theologie rezipiert wurde) aufgegriffen, um Blochs materialistischen Begriff des Logikon zu veranschaulichen (vgl. Holz 1975).

Dass die Wirklichkeit vernünftig sei, ist auch im deutschen Idealismus, vor allem bei Hegel, eine Grundannahme. Über Hegel gelangt Bloch zum Begriff des Geistes als rationalem Kern des Weltprozesses (*Geist der Utopie*). Hier ist es wichtig zu betonen, dass die Tätigkeit des Geistes sich als spekulatives Denken vollzieht, im Medium des konkreten Begriffes, und nicht in den Abstraktionen der verstandesmäßigen Reflexion (Siebers 2002). Die spekulative Vernunft (und der ihr angemessene spekulative Satz) enthält alle, auch einander widersprechende, Bestimmungen in sich als vorläufige Totalität und hat darum notwendigerweise einen Prozesscharakter. Man darf annehmen, dass Bloch die (methodologische) Bedeutung des Spekulativen durchaus klar war (MP 471) und er dabei, insofern Logik und Metaphysik betroffen sind, seine Philosophie und sein Schreiben als spekulativ verstand.

So wie es im Sein eine Spaltung und zugleich eine Beziehung oder Zugehörigkeit zwischen „Dass" und „Was" gibt, so gibt es in der vernünftigen Rede (im Aussagen oder im Sprechen als *Logos*) auch ein Intensives, nämlich den Drang sich zu entäußern, und einen Formoder Kategorialaspekt, nämlich die versuchte Adäquatheit zum Objekt des Prädikats. „Was uns müht, will und kann geäußert werden" (MP 470); „Wir sprechen und wollen das, was gemeint ist, aussagen" (EM 32). Für Blochs Verständnis von Sprache und Rede ist es wesentlich, dass das Sprechen ein Sichausdrücken ist, *dass da jemand spricht*: „derart auch trifft jeder Schlag gegen die Personenhaftigkeit und Begeisterung oberhalb Form und Schrift, gegen den Expressionismus mithin als Prinzip, zugleich den Spiritualismus, der stetig bevorsteht, der im Bildersturm, im Dringen auf Person und allein belebende, formüberlegene, schriftüberlegene Geistigkeit, im Chiliasmus des Wiedertäufertums am tiefsten aufging und die Wahrheit am Expressionismus bildet" (PM 81).

Unter „Logikon" (manchmal auch: „Logikum") versteht Bloch nun diejenigen Aspekte des Zusammenhanges zwischen Drang und Kategorialität in Realisierung und Expression, welche die Finalität und Vernünftigkeit verkörpern. Der Weg zur Heimat ist logisch: „dialektischer Materialismus ist per se ein logischer, nicht nur indem er die Welt nicht als denkfremd, gar als zu roh oder zu dumm ansieht, um erkannt, also begrifflich abgebildet zu werden, sondern indem er ihre Kategorien ebenso als Daseinsformen des Weltstoffs selbst pointiert" (MP 474). Das ist freilich nur möglich aus der Sicht des Geistes der Utopie, für welche sowohl Dasein als auch Kategorialität noch ausstehen, ihre Identität noch nicht erreicht haben, aber wohl auf dem Wege dahin sind. Die Utopie bildet den Gegensatz zum Ursprung als anfänglicher Vergangenheit, zu der es zurückzukehren gilt. Riedel spricht von der „zweiten Philosophie" in Gegensatz zur *prima philosophia*, der „ersten Philosophie" der klassischen Metaphysik, und betont, dass für Bloch „Wahrheit erst als ‚zweite' ist, ‚Heimat' als Rückkehr zu einem Ort, an den sich nicht zurückkehren läßt, [Wahrheit], der keine erste Seinswahrheit vorhergeht – ohne daß sie darum aufhört, zweite Wahrheit zu sein" (Riedel 1994, 225). Bloch selbst spricht von einer „zweiten Ethik", aus deren Sicht „das letzte Ethische" in „das letzte Logische" umschlägt und die Philosophie als (materielle) Logik schließt (GdU 1, 349).

Blochs Interesse an Logik im engeren Sinne geht zurück auf den Anfang seiner philosophischen Entwicklung und findet sich wieder in manchen einzelnen Beobachtungen und Überlegungen, zerstreut über das ganze Corpus seiner Werke verbreitet, aber eine veröffentlichte Abhandlung über Logik liegt nicht vor (vgl. jedoch LdM). Das bedeutet keineswegs, dass die Logik nicht wichtig wäre für sein Denken. Ein offener und auch streng systematischer Zug ist – wenigstens implizit – im ganzen Werk spürbar, ist verwandt mit Blochs positivem (obwohl auch umdeutendem) Aneignen der klassischen Metaphysik und ihres Rationalitätsbegriffs und kommt klar zutage in der Behandlung der Kategorienlehre in EM und in TE (Teil „Logikum/Zur Ontologie des Noch-Nicht-Seins", TE 210–300). Die Sprache der Philosophie ist und bleibt für Bloch die strenge, diskursive Begrifflichkeit im Unterschied zur Vorstellung: „Denn vieles an Worten und an dem Fortgang der aus ihnen gebildeten Sätze kommt aus dem nur assoziativen Vorstellen, und das geht ihnen, wie oft und üblich in fahriger Unterhaltung, nach, Begriffe dagegen stammen aus dem Denken" (EM 32). Die dialektisch-materialistische Logik dementiert dabei den Satz vom Widerspruch, insofern „das richtige Denken und das Wahre der Welt von lauter Widersprüchen bewegt sei" (PA 425), aber „indem es nichts als Widersprüche gibt, aber kein einziger dieser Widersprüche bleibt, bewährt sich der Satz vom Widerspruch auf neue Art gerade in der Dialektik". So wird die formale Logik verbunden mit der Dialektik, aber nicht die Logistik, die ein Widerspruchsfreies, sich an „Denkgesetzen" und an den Satz der Identität (der für Bloch ebenfalls noch aussteht) haltendes Denken verlangt. Dieses Rechen-Denken ist für Bloch eine Form der Entfremdung oder des Geistfetischismus, in letzter Instanz, wie der erkenntnistheoretische Positivismus (dem er „Tatsachenfetischismus" vorwirft), verwandt mit dem Waren-Denken des Kapitalismus und ein Feind der Ontologie des Möglichen. Es sollte klar unterschieden werden vom inhaltsreichen, lebendig-bewegten Vernunftbegriff des spekulativ-dialektischen Materialismus. In dem Aufsatz „Zur Frage Logistik" von 1951 (PA 424–431) stellt er die Frage, „ob man [...] in der Logistik als angeblich unmythologischem Organon nicht etwas gerade sehr Mythologisches vor sich hat". Adorno schrieb später einen von der gleichen Idee wie vom gleichen Pathos erfüllten Satz: „Mythisch ist das Immergleiche, wie es schließlich zur formalen Denkgesetzlichkeit sich verdünnte" (Adorno 1970, 66).

Das Logikon hört sich in den Worten, die Bloch zu seiner Beschreibung findet, manchmal an wie pythagoreische Sphärenmusik. Das darf nicht verwundern; die Musik ist die utopische Kunst par excellence und bildet eine Art wegweisender, hoffender Ordnung, die durchaus mit dem Logikon als „leitend Überbietendes gegen das grassierende Zufallsreich" (MP 474) in Verbindung gebracht werden kann. Und in der Tat finden wir in dem Aufsatz „Über das mathematische und das dialektische Wesen der Musik" aus dem Jahr 1925 (PA 501–514) den Gegensatz zwischen Rechnen und Denken wieder im Zusammenhang mit dem Thema der Fuge. Wir spüren den wahren Gehalt des „Logos in der Materie", nämlich den musikhaften Ton im Stil, und auch die Logik wird genannt: „das Fugenthema ist kein Axiom, sondern ein Charakter, der sich in den einzelnen Stimmen, gleichsam den Lagen seines Lebens, den Strömen seiner Welt, bewährt und entwickelt. Bei einer mathematischen Formulierung all der Regeln und Gebräuche des Kontrapunkts käme bestenfalls ein neuer, ein nicht sonderlich grünender Zweig der Mathematik zum Vorschein, in der vom Kontrapunkt und gar erst von gehörter Musik wenig zu erkennen wäre; so wie ja auch die mathematisch gedachte Logik, der sogenannte Algorithmus, den eigentlichen Zwecken und Sinngehalten der Logik völlig fernsteht. Man hält also nichts mehr in Händen, wird lediglich die geistige Ähnlichkeit eines Ordnens schlechthin beachtet" (PA 505).

Im *Prinzip Hoffnung* verbindet Bloch die Logik nochmals mit der Musik (PH 1262ff.) indem er eine Parallele zieht zwischen scholastischer Logik und der Rationalität des Kontrapunkts. Er verweist auf Boethius, der nicht nur als Erster die aristotelische Syllogistik formalisiert hat, aber auch, im Traktat „Ars Musica", dem Mittelalter die griechische Musikwissenschaft weitergab, und auf die weitere Formalisierung der Logik bei Abälard und Petrus Hispanus, die zeitgleich aufging mit der Entstehung der „Gesetzesfreude" (ebd., 1264) des Kontrapunkts. „Kontrapunkt ist Abwandlung des Themas in mehreren Stimmen, ex una voce plures faciens; durch Umkehrung, Imitation, Krebs, und so fort. Die scholastische Logik lehrte Variationen und Kombinationen von formellen Urteilselementen, ex uno judicio plures faciens; durch Konversion, Kontraposition, Subalternation, modale Konsequenz und so fort" (ebd.). Dieser Formalismus besteht hier noch nicht auf sich, wie in der späteren Logistik, sondern als Teil des „artikulierten Ausdruckwesens" (ebd.) in Musik und Denken, und – als Stufe des abendländischen Rationalismus – als eine Gestalt im logischen Weltprozess. Er illustriert auf treffende Weise nicht nur Blochs kreative und von tiefem historischem Verständnis zeugenden Einsichten, sondern auch den Inhaltsreichtum des Logikon selbst.

→ *Ethik; Metaphysik; Noch-Nicht; Utopie*

📖 ADORNO 1970; HOLZ 1975; RIEDEL 1994; SIEBERS 2002.

Johan Siebers

Marxismus

Marxismus findet der junge Bloch in seiner Heimatstadt vor als lebendige Kultur der sozialdemokratischen Arbeiterschaft. Stück um Stück erschließt sich ihm die Denkwelt der marxistischen Klassiker und der ersten Generation von Marxisten. Während er Marxismus fertig vorfindet und sich von ihm geistig bereichern lässt, bereichert er ihn seinerseits mit dem Ensemble von Begriffen, die den Inhalt dieses Wörterbuchs bilden. Auch für Blochs Verhältnis zu Marxismus und speziell marxistischer Philosophie trifft sein Satz zu, der sich als Motto für sein Gesamtwerk anbietet: „Geburtshilfe ist der Tenor in allen Büchern, die ich geschrieben habe" (Gespräche 235).

Um Ernst Blochs Anspruch und Vorgehensweise zu verstehen, muss man nicht nur zwischen Marx und dem Marxismus unterscheiden und die Spannung zwischen beiden im Auge behalten, sondern auch den Begriff des Marxismus differenzieren, getreu der von Bloch groß gemachten Unterscheidung zwischen *factum* und *fieri*, die sich wie ein Leitmotiv durch seine Gedankenwelt zieht. Präfiguriert ist die Differenz bei Spinoza. Dieser unterscheidet in der *Ethik* (Ethik, I. Teil, Lehrsatz 29, Anm.) die immerfort weiter werdende *natura naturans* von der gewordenen, durch Gottes- oder Naturgesetze determinierten *natura naturata*: Im *Werdenden* wirkt Gott *ut causa libera*, als selber nicht determinierte, freie Verursachung. Entsprechend ist zwischen einem zum Bestand geronnenen Marxismus und seinem, solange er existiert, unabschließbaren Werdensprozess zu unterscheiden. Diese Differenzierung tritt desto unabweisbarer hervor, je klarer die Einsicht Platz greift, dass Marxismus sich nicht, wie Lenin gemeint hat, als „das System der Anschauungen und der Lehre von Marx" (SASI 38) begreifen lässt, eine Vorstellung, die zudem den Lernprozess und das lebendige Sichwidersprechen bei Marx dem Mythos von System und Lehre opfert. So wichtig die – zu Lenins Zeit erst zum kleinen Teil zugänglichen – marxschen Texte sind, bildet Marxismus sich kraft der historisch situierten Rezeption und zwangsläufig selektiven praktischen Umsetzung durch Teile der Arbeiterbewegung und der Intelligenz. In diesen Bildungsprozess tritt Bloch ein in der dramatischen Epoche der Weltkriege und des Faschismus, der Spaltung der Arbeiterbewegung angesichts der auf Marx sich berufenden Revolutionen mit der schließlich weltweiten Ost-West-Konfrontation im Kalten Krieg. Seine Sprache könnte nicht kräftiger abstechen vom auch „unter linken Theoretikern weit verbreiteten Parteichinesisch", dem Bloch gerade das ankreidet, was man ihm selbst vorwerfen zu können glaubte, indem es nämlich „gerade für und in öffentlichen Bewegungen Gemeintes esoterisch formuliert, sektiererisch einschließt und politisch unfruchtbar macht" (Gespräche 168). Dagegen hat Bloch „den marx-engelsschen Gedanken [...] von jener tödlichen Phrasenhaftigkeit befreit, die ihn seit Kautsky – und dann besonders in der sowjetmarxistischen Orthodoxie – begleitete" (Negt 1972, 438). Er brachte dies dank einer Sprachkraft zu Wege, die Georg Lukács in neidgetönt-spöttischer Bewunderung eine „Mischung aus Hebels Schatzkästlein und Hegels Phänomenologie" (Gespräche 34) nannte, während Bruno Frei in ihr „aus dunklem Satzgefüge Scheinwerferlicht" aufleuchten sah (Frei 1969, 257).

Auch wenn Marxismus sich nicht auf Marx reduzieren lässt, geht er doch immer wieder von Marx aus, zumal dieser an jeder geschichtlichen Wegbiegung stets von neuem für Überraschungen gut ist, wenn bisher kaum Beachtetes mit der Gegenwart zusammentritt. Seine überragende Denkkraft sichert ihm eine einzigartige Stellung im Marxismus, obwohl dieser ihn nur selektiv aufnimmt und aus vielen Gründen konkreter Geschichte nicht bei ihm stehen bleiben kann.

Die Art wie Karl Marx „mit plakathaftem Aufruf und philosophischer Schärfe zugleich" (MDR, 8) der Unzufriedenheit Wort und Wissen gab, war für Ernst Bloch das „Ereignis", das – in den Worten Eberhard Brauns – „ebenso praktisch wie theoretisch die Wende brachte"

(Braun BOW). In Blochs Selbstverständnis scheint es sich umgekehrt darzustellen, als habe nicht so sehr Marxismus eine Wende in sein Leben und Denken gebracht, als vielmehr er selbst eine Wende in den Marxismus. Verantwortlich dafür ist sein Verständnis der Moral und der ihr gebührenden Stellung im Marxismus. Ein kleiner Umweg ist angesagt: Um Moral als legitimen Grundbegriff in den Marxismus einzuschreiben, bestimmt Bloch als ihren „einzig echten Sinn […] die Anweisung auf Kommunismus" (Gespräche 227), den er seinerseits als „handelnde Aufhebung des Verhältnisses von Herr und Knecht unter Menschen" (ebd.) bestimmt. Während die Theorie der marxistischen Gründergestalten dieser Basisstellung der Moral widerspricht, sieht Bloch die Bestätigung in ihrer Praxis: „alle Klassiker des Marxismus haben es nicht nötig gehabt, aus anderen als moralischen Gründen Marxisten zu werden" (ebd., 214). Zum Beispiel seien Luxemburg und Liebknecht deshalb verehrungswürdig, weil sie „etwas nicht nur nicht *für*, sondern *gegen ihr privates Interesse*" (ebd., 215, Hervorh. W.F.H.) getan haben. Wenn Interesse den Anteil meint, den man an einer Sache nimmt, so scheint Bloch hier, ganz gegen seine erklärte Absicht, einen ökonomistisch verengten, klassengesellschaftlichen Interessenbegriff vor Augen zu haben. An anderer Stelle meint er sogar, dass es „im Interesse der Arbeiterklasse selber liegt, alle Interessen […] abzuschaffen" (EM 53). Dem bürgerlichen Intellektuellen, den er selbst verkörpert, scheint der Weg zum Marxismus mit Selbst- und Interesselosigkeit gepflastert. Doch wie soll einer für eine Sache kämpfen können, in der es um ihn selber nur modo negativo geht? Bloch hat dem Marxismus viel gegeben. Um zu verstehen, was er ihm geben konnte und wie, muss man die Frage umdrehen und zuvor fragen, was der Marxismus Bloch gegeben hat.

Man kann sagen, dass die „Axiome" des marxschen Philosophierens (vgl. Haug 2007) bei ihm wie ein Blitz eingeschlagen haben. Zu denken ist zunächst an den *„kategorischen Imperativ, alle Verhältnisse umzuwerfen,* in denen der Mensch ein erniedrigtes, ein geknechtetes, ein verlassenes, ein verächtliches Wesen ist" (KHRE 385), eine Anweisung, die darauf hinausläuft, Verhältnisse zu schaffen, in denen „die freie Entwicklung eines jeden die freie Entwicklung aller ist" (MKP 482) und die „dann auch das Gelöbnis eines jungen Lesers der Marxsätze namens Ernst Bloch [wurde], als er noch Gymnasiast war" (TLU 392); dazu fügen sich Sätze wie der, dass „Gesellschaft nun einmal nicht ihr Gleichgewicht findet, bis sie sich um die Sonne der Arbeit dreht" (Enthüllungen 570), oder dass „selbst eine ganze Gesellschaft, eine Nation, ja alle gleichzeitigen Gesellschaften zusammengenommen, nicht Eigentümer der Erde", sondern „nur ihre Besitzer, ihre Nutznießer" sind und sie „den nachfolgenden Generationen verbessert zu hinterlassen" haben (K III, 784), und dass hierzu verlangt ist, die Reproduktion als regelndes Prinzip der Produktion durchzusetzen, also den gesellschaftlichen Stoffwechsel mit der umgebenden Natur „systematisch als regelndes Gesetz und in einer der menschlichen Entwicklung adäquaten Form herzustellen" (K I, 528), eine Weisung, die Bloch übersteigend umsetzen wird in die Perspektive einer „konkreten Allianztechnik" (PH II, 259), die nicht mehr „in der Natur wie eine Besatzung in Feindesland" steht (ebd., 270), sondern sich mit dem „Produktionsherd in der Naturwelt" (ebd., 269) zu verbünden strebt, „natura naturans und supernaturans statt natura dominata" (ebd., 273). Zu denken ist schließlich an das Dialektik-Axiom, „jede gewordne Form im Flusse der Bewegung, also auch nach ihrer vergänglichen Seite" (K I, 28) aufzufassen. Solche zu Weisungen verdichteten Orientierungen wirkten wie nachhaltige Herausforderungen in immer neuen Schüben und mit progressiver Erweiterung oder Verschiebung des Relevanzfeldes.

In dieses Feld einzutreten brachte Bloch einen geistigen Gewinn, der kaum hoch genug einzuschätzen ist. Wenn er sagt, Marx habe dem Proletariat „das unausdenkliche Geschenk der historisch-materialistischen Dialektik" (AvU 152) gegeben, so ist das nicht falsch, und doch verbirgt er sich dabei im Proletariat vor sich selbst. Ihm selbst, dem im ideenhistorischen Material Schwimmenden, ist damit das größte Geschenk gemacht. Zu sagen, dass er es brauchen konnte und etwas damit anzufangen wusste, wäre nur die halbe Wahrheit. Denn die historisch-materialistische Dialektik fing etwas mit ihm an. Hier passt das oft zu billig gebrauchte Bild, es sei etwas vom Kopf auf die Füße gestellt worden. Wenn der Riese des antiken Mythos zum Luftgewicht wurde, sobald man ihn des Kontakts zum Erdboden beraubte, so wurde Ernst Bloch durch die geschichtsmaterialistische Erdung, die er dem Marxismus verdankte, zu jenem Titan der historischen Hermeneutik-nach-vorn, als den ihn die Nachwelt erinnert. Diese Bodenberührung kam nicht bloß aus Büchern, so wenig deren Einfluss zu verachten ist. Als die Russische Revolution von 1917 das infernalische Morden und Zerstören des Ersten Weltkriegs im Osten unterbrach und der Massensehnsucht nach einem besseren Leben in aller Welt ein neues Licht aufsteckte, war das Wort zu konkretem Leben geworden. Lukács und Bloch „haben selbstverständlich beide die Oktoberrevolution als eine Erfüllung betrachtet, Lukács noch mehr im theologischen Sinn damals" (TLU 377), erinnert sich Bloch 1967. Wie 1789 „ein spekulativer Blitz" in Deutschland aufzuckte, „durch die kantische Philosophie zum Teil entbunden, durch die Französische Revolution bestätigt, mit einem Unterbau und einem praktischen Ziel versehen" (ebd., 394), so jetzt mit sozialem, nicht mehr bloß politischem Tiefgang. „Incipit vita nova" (GdU 1, 9), ein neues Leben hebt an, so schließt das Vorwort zu Blochs 1918 erschienenem *Geist der Utopie*. Für einen wie Bloch, der im spekulativen Denken zuhause war und sich im Transzendenten vergangener und gegenwärtiger Bildungswelten bewegte wie der Fisch im Wasser, war dies der letzte Anstoß, falls es dessen bedurfte, vom Himmel auf die Erde niederzusteigen, ohne den Himmel zu vergessen. Diese Denkbewegung lässt sich mit keiner Formel besser begreifen, als mit der blochschen des „*Transzendierens ins Diesseits*" (Gespräche 234). Bloch bezog diese Formel nicht auf sich selbst, doch stand ihm im Allgemeinen klar vor Augen, dass „dialektisches Denken [...] sich stets als Moment dessen [weiß], was es begreift" (FLK 27). Indem er Marxismus als den „Versuch einer historischen Selbsterkenntnis des produktiven Subjekt-Objekts der Geschichte" (ebd.) begriff, war seine eigene Selbsterkenntnis mit von der marxistischen Partie.

Dazu kam die Lust des Entdeckers, der das Gefühl hat, als Erster einen neuen Kontinent zu betreten. Das lässt sich am Vergleich mit einer Zeitmessung Rosa Luxemburgs ablesen. Im Jahr 1903, als der siebzehnjährige Bloch den „ganze[n] spekulative[n] Farbenbogen von Leibniz bis Hegel" (Gespräche 19f.) las und „überhaupt nichts [...] als die" (ebd.) kannte, hat Luxemburg im Gedenkartikel zum zwanzigsten Todestag von Karl Marx „die materialistisch-dialektische Geschichtsauffassung" als „eine *Forschungsmethode*" gerühmt, die, obgleich sie „den Ausblick in eine ganz neue Welt gestattet", weitgehend „unbenutzt" daliege (Luxemburg 1903, 364). Arbeiterbewegung und Sozialdemokratie konnten in der damaligen historischen Konjunktur nicht viel damit anfangen. Der real-utopische Moment von 1917 riss die marxschen Denkmittel in die Aktualität. Jetzt öffnete sich nicht nur Bloch ein solcher „Ausblick in eine ganz neue Welt". Der Moment verlangte danach, die marxsche Forschungsmethode zu gebrauchen. Bloch verdankte ihr den Blick in eine Welt, von der er spürte, sie als einer der Ersten vor Augen zu haben. Alle bisherige Geschichte und alles von Bloch erschlossene historische Material schien nur darauf gewartet zu haben, mit dieser revolutionär aus dem Kontinuum der Geschichte herausgesprengten Gegenwart „zusammenzutreten". So erfuhr er die aktuelle Begegnung mit dem Marxismus als Entfesselung seiner Produktivität. Zusammenfassend kann man sagen, dass das Eintauchen in den sich verwirklichenden Marxismus für Blochs Forschungen einen enormen Relevanzzuwachs brachte, seine Denk- und Sprachmächtigkeit ebenso forderte wie freisetzte und sie zugleich, was dem nur scheinbar widerspricht, disziplinierte, indem es ihr die Bleisohlen der gesellschaftlichen Wirklichkeit unter die Sohlen band. So prägte ihn der revolutionäre Moment von 1917 für den Rest seines Lebens. Bloch, der „Marx als Denker der Revolution" gerühmt hat, der diese als Erster im Ernst „*gedacht*" habe (MDR 7), erschien Oskar Negt als „*der deutsche Philosoph der Oktoberrevolution*" par excellence, auch dort noch, „wo sich seine Aufmerksamkeit [...] mehr den Problemen der sozialrevolutionären Intelligenz und der Freiheitsbewegungen der Dritten Welt zuwandte" (Negt 1972, 437).

Wo immer Bloch die axiomatische Marx-Sonde in die Welträume der Vergangenheit und des Imaginären schickte, kehrte sie reich beladen zurück. So ist es zu verstehen, dass der vom Marxismus Empfangende es dem Marxismus überreichlich vergelten konnte.

Als Bloch zum Marxismus stößt, hat er eine Marx-Kritik im Gepäck. In ihr kündigt sich modo negativo sein eigener Beitrag in Gestalt einer Philosophie an, die „in ihrer Absicht durchdringend marxistisch ist" (TLU 233). Seine Kritik besagt, dass Marx, „der große neue soziale Prophet" (GdU 1, 407) mit seinem „das Leben selbst in die Hand nehmende[n] und total organisierende[n] Atheismus" (ebd.) ein Vakuum hinterlassen habe, das dann „in allem Oberen, Endgültigen unangemessenerweise immer noch" (ebd.) konservativ gefüllt wird, „wo Marx zu predigen hätte" (ebd.). Angesichts der Krise der Religion im bürgerlichen Bereicherungs- und Konsum-Materialismus und Nihilismus ist es in Blochs Sicht „kein besonderes philosophisches Verdienst, wenn der Marxismus atheistisch konsequent bleibt, um der Menschenseele nichts anderes als einen mehr oder minder eudaimonistisch eingerichteten ‚Himmel' auf Erden ohne die Musik zu geben" (ebd.), während „gerade die scharfe Betonung aller ökonomischen und die vorhandene, aber noch im Geheimnis bleibende Latenz aller transzendentalen Momente den Marxismus in die Nähe einer Kritik der reinen Vernunft rückt, zu der noch keine Kritik der praktischen Vernunft geschrieben worden ist" (ebd., 407f.). Kurz: „Wir bringen der

Gemeinde nicht mit, weswegen sie sein soll, und deswegen können wir sie nicht bilden" (ebd., 9). Auf diesen Satz, der in nuce Blochs Programm enthält, wird zurückzukommen sein.

Bloch hebt alsbald an, seine von außen kommende Marx-Kritik in innermarxistische Kritik und in die Anstrengung umzusetzen, dem „seelenlosen" und geradezu mechanistischen Eindruck entgegenzuwirken, den der Marxismus macht, „solange die Revolution das lebende Gestern nicht innehat und umtauft" (EdZ 111). Um das Feld seines Eingreifens zuzumessen und zu situieren, formuliert er die These von der Doppelnatur des Marxismus, in der dessen lebendiger Widerspruch und doch auch, recht behandelt, seine potenzielle Antriebskraft zu sehen sei: „nur der Marxismus ist, wie der Detektiv, so der Befreier" (PH III, 483; PH 1621). Das detektivische, kritisch-analytische Element, das in der marxschen Kritik der politischen Ökonomie gipfelt, fasst Bloch ins Bild des Kältestroms, das Befreiungselement ins Bild des Wärmestroms. Der detektivische Kältestrom „hat immer die Voraussetzung dabei: [...] womit will die mich jetzt betrügen, die Klasse, die feindliche? Also totaler Ideologieverdacht" (TLU 223). Zum Wärmestrom gehört dagegen „das, was in die Phantasie greift, was moralisch bewegt" (ebd.), seine Erschließung verlangt nach dem Durcharbeiten von Hoffnungsmaterial, nach seiner Verwandlung in begriffenen Traum, was „das andere, den Kältestrom, nicht aufhebt, sondern vervollständigt" (ebd., 224).

In Blochs Analysen der 1930er-Jahre zur historischen Niederlage marxistischer Aufklärung im Kampf gegen die faschistische Propaganda hat sich seine Kritik des rationalistisch-aktionistischen „Aberglaubens, daß sich durch die bewegte und lebendige Praxis die Theorie ohne weiteres schon einstellt und nicht nötig hat, in der Vergangenheit etwas anzuerkennen oder sich von ihr etwas sagen zu lassen" (AvU 159), realpolitisch gehärtet. Es geht um „dialektische Überleitung" (EdZ 66) der vorbürgerlichen Widersprüche „in revolutionäre Theorie und Praxis" (ebd.). „Die Revolution greift nicht nur in den Verstand, sondern ebenso in die Phantasie, die sozialistisch so lange unterernährt worden war. [...] Die Nazis haben betrügend gesprochen, aber zu Menschen, die Sozialisten völlig wahr, aber von Sachen; es gilt nun, zu Menschen völlig wahr von ihren Sachen zu sprechen" (Hasard 197). Kurz: „Große Massen Deutschlands [...] konnten schon deshalb nationalsozialistisch werden, weil sie der Marxismus, der sie deutet, nicht zugleich auch ‚bedeutet'" (EdZ 65). Später wird Bloch sagen: „Uraltes sozialistisches Land wurde hier dem Gegner preisgegeben" (MDR 11).

Der Eindruck, „eine *kritische* Auseinandersetzung mit dem Marxismus" setze „eigentlich erst ab 1955 ein" (Dietschy 1988, 80), hält nicht stand, wenn man unter dem zuvor Expliziten das „implizit" Gesagte und selbst bei der einen oder anderen Anrufung Stalins das Subversive hervorholt (vgl. etwa SO 1949/1951, 151). Wenn derselbe Autor bemerkt, im *Prinzip Hoffnung* „bleibt die Kritik noch implizit" (Dietschy 1988, 79), so bedeutet die Tatsache, dass „der Akzent hier unmissverständlich auf einem praktisch-kritischen Materialismus" liegt (ebd.), der Sache nach eine streng genommen revolutionäre Herausforderung für eine objektivistische Herrschaftsideologie, zu welcher der stalinistische Marxismus-Leninismus inzwischen zementiert war.

Wie für jeden schöpferischen Denker gilt also auch für Bloch, dass „der Marxismus", wenn so einer sich ihn aneignet, schon beginnt, nicht mehr derselbe Marxismus zu sein. Es mag dann so aussehen, als habe er „in der Tat Marx in sein System eingebaut, nicht umgekehrt" (Braun BOW). Doch so wie „ohne Marxismus [...] für ihn Philosophie überhaupt nicht denkbar" ist (Dietschy 1988, 87), so ist ihm sonnenklar, dass „eine exakte und eine schöpferische *Fortentwicklung* des Marxismus" das „Amt [ist], das übernommen werden" (Gespräche 79) muss. Kurz, in dem Maße, in dem er Marxismus aufnimmt, setzt er dessen Bildungsprozess fort. „Blochs Deutung hält sich eng an den Marx-Text, lässt aber dennoch den Punkt klar hervortreten, an dem seine Erweiterung des Marxismus einsetzt" (Dietschy 1988, 79). Bei näherer Betrachtung wird sich allerdings zeigen, dass Bloch die Spannung zwischen Marx und dem Marxismus an bestimmten Punkten zugunsten des Letzteren auflöst und die Lizenz zum Interpretieren gelegentlich sogar bis zur undeklarierten Revision ausschöpft oder, wie beim ganz marxwidrigen Verständnis des Marxismus als Ideologie, die unter Stalin kanonisierte Revision mitmacht.

Zumeist allerdings praktiziert Bloch beides, den Rückgriff wie die Überschreitung, wie wenige außer ihm „ebenso eigenständig wie marxtreu" (Frei 1977, 103). Hellwach spürt er in den Marxtexten die allzuoft übersehenen gedanklichen Zeitbomben auf. Ein ums andere Mal lässt er sie hochgehen, um den Ökonomismus und die sedimentierten Vulgärmarxismen aufzusprengen. Man verkennt Blochs Mitwirkung an der Weiterentwicklung des Marxismus, stellt man ihn einem gewordenen Marxismus gegenüber und bemisst ihn nach dessen Kriterien. Alles Werden ist umkämpft. Und wie der Stillstand auf Dauer tödlich ist, so ist alle Weiterentwicklung *ut causa libera* riskant.

Mit besonderer Intensität, wie sie sich sonst nur noch bei Antonio Gramsci findet, liest Bloch die Feuerbach-Thesen von Marx. Und wie bei Gramsci ist das Wort „lesen" zu schwach, um zu beschreiben, was hier vor sich geht. Es ist, als fänden beide in den Thesen den genetischen Code des fälligen Philosophierens, auch wenn sie vom selben Ausgangspunkt zu unterschiedlichen Ausprägungen dessen kommen, was sich als Philosophie der Praxis bezeichnen lässt. „Für Bloch ließ Marx die Welt vor allem als veränderbar erscheinen" (Braun BOW). So ist auch das Kapitel über die Feuerbach-Thesen in *Das Prinzip Hoffnung* mit „Weltveränderung" überschrieben. Schaut man genauer hin, entdeckt man, dass sich unter diesem Titel zugleich eine ‚Marx-Veränderung' verbirgt.

Bloch erkennt die Bedeutung des marxschen Kritikbegriffs des „anschauenden Materialismus" (9. These; ThF 7; vgl. den gleichnamigen Eintrag in HKWM 1, 1994, 290–97). Unter dem Eindruck der zumal im Marxismus-Leninismus herrschenden Leseweise der Feuerbach-Thesen fühlt er sich unter Zugzwang gesetzt. Angesichts der politisch durch Stalinismus und Nazismus überdeterminierten Problemlage, die offene Kritik ebenso verbot wie sie jede Neuerung in den Grundlehren sanktionierte, schiebt er die Philologie beiseite und reagiert subversiv, um nicht zu sagen subreptiv. Unter der Hand nimmt er eine Reihe von Problemverschiebungen vor. Wo Marx „allem bisherigen Materialismus" vorwirft, dass er „die Wirklichkeit [...] nur unter der *Form des Objekts oder der Anschauung*" fasst, „nicht aber als [...] *Tätigkeit, Praxis*; nicht subjektiv" (1. These; ThF 5), artikuliert Bloch die marxsche Kritik um: Nun lautet sie, „daß die Anschauung nur ‚unter der Form des Objekts' gefasst wird, [...] nicht aber als Tätigkeit, Praxis, nicht subjektiv" (PH I, 277). Doch das Novum bei Marx ist nicht, die Anschauung als subjektive Tätigkeit zu fassen; gerade das rühmt er ja am Idealismus, „der natürlich die wirkliche, sinnliche Tätigkeit als solche nicht kennt" (1. These; ThF 5), sondern der Anschauung entspringt und entspricht für Marx das objektivistische Wirklichkeitsverständnis.

Blochs unterschwellige philosophische Restauration verbindet sich mit einer zweiten, die sich ein Stück weit im Kraftfeld des von Stalin kodifizierten Leninismus bewegt: Hier geht es um die philosophische Assimilierung der die neue Denk-, weil Herrschaftsordnung störenden, marx-engelsschen Philosophiekritik. Aus ganz anderen Gründen als die sowjetische Staatsideologie mit ihrer „philosophisch-staatlichen Funktion" (Labica 1986, 69) verteidigt Bloch die Philosophieform. Für ihn steht die Legitimität seiner eigenen philosophischen Praxis im Marxismus auf dem Spiel. Seine Interpretation der 11. Feuerbach-These – „Die Philosophen haben die Welt nur verschieden *interpretiert*, es kömmt drauf an, sie zu *verändern*." (ThF 7) – zeigt ihn im entsprechenden Mehrfrontenkampf. Er nutzt dabei die „offene[n] Türen, die der Antipragmatismus der größten Praxis-Denker, weil treusten Wahrheits-Zeugen offenhält" (PH I, 301) – außer Marx, Engels und Lenin auch „Stalin, mit gleicher Energie, gleicher Liebe zur Weisheit, also gleicher Philosophie" (ebd.). Unterm Schutz dieses Autoritätenlobs gilt es, die pragmatistische Verfügbarmachung der elften These für jeden beliebigen Zweck zurückzuweisen (vgl. ebd., 300). Sodann wendet sich Bloch gegen die vulgärmarxistische Interpretation, die einen Gegensatz zwischen Interpretation und Veränderung der Welt herausliest und mit der Interpretation die Philosophie insgesamt abschreibt, und der er fälschlicherweise den Begriff der „Antiphilosophie" (ebd.; vgl. dagegen den gleichnamigen HKWM-Eintrag) zuordnet. Zuerst rückt Bloch Interpretation an Kontemplation heran und hebt als marxschen Zielbegriff „*nicht*-kontemplative Erkenntnis" (ebd., 302) hervor. Dann verschiebt er die Zielrichtung von der Kontemplation als solcher auf „eine *bestimmte Art* kontemplativer Philosophie" (ebd., 303). Schließlich bindet er mit dem Marx der *Deutsch-Französischen Jahrbücher* von 1843/44 die Aufhebung der Philosophie an ihre Verwirklichung – und erklärt sie umgekehrt für unaufhebbar, solange sie noch unverwirklicht ist (ebd., 304; vgl. KHRE, 384). Die „Negation" der Philosophie durch Marx und Engels beziehe sich „auf Philosophie mit Wahrheit um ihrer selbst willen, also auf autark-kontemplative, auf eine die Welt lediglich antiquarisch interpretierende, sie bezieht sich nicht auf eine die Welt revolutionär verändernde" (ebd.). Am Ende wird die Philosophie gar zur Orientierungsquelle der Weltveränderung: „Marxismus wäre gar keine Veränderung im praktischen Sinn, wenn er vor und in ihr kein theoretisch-praktisches Prius der *wahren Philosophie* wäre" (ebd., 305). So hat, mit unterschwelliger Marxkorrektur und klug-opportuner Anlehnung an den im Weltmarxismus jener Epoche hegemonialen sowjetischen Marxismus-Leninismus, Bloch sich die offenen Türen in und seinen Freiraum innerhalb desselben gesichert. Viel später, nun schon als Einer, der aus der DDR in den Westen übergewechselt ist, geht er weiter: „Die verwirklichte Philosophie ist Kommunismus, und der gedachte und erstrebte Kommunismus ist noch Philosophie. Aber sie hört als Philosophie nicht auf, wenn sie erfüllt wird" (Gespräche 208). Gegen Marx rehabilitert Bloch hier die *philosophia perennis*.

Grundlegend aber und keinerlei Abschwächung oder Verbiegung zulassend ist für Bloch der von Marx als Frucht der Religionskritik aufgestellte „*kategorische Imperativ, alle Verhältnisse umzuwerfen,* in denen der Mensch ein erniedrigtes, ein geknechtetes, ein verlassenes, ein verächtliches Wesen ist" (KHRE 385). Dass Marx sich „detektivisch" mit den Verhältnissen befasste, „worin und wodurch der Mensch ein geknechtetes, verlassenes Wesen geworden ist" (AiC 349), rechnet Bloch „zum Kältestrom im marxistischen Denken, doch das gesuchte Wozu, das menschhaltige Fernziel dieses Durchschauens gehört ebenso sicher zum Wärmestrom im ursprünglichen Marxismus [...]. So daß genau auch der Wärmestrom seine Wissenschaft braucht: nicht als keine, sondern als endlich konkrete Utopie" (ebd., 349f.).

Der „Wärmestrom-Wissenschaft" obliegt es, alles Zurückgesunkene aufzuwecken, das Verstummte zum Sprechen zu bringen, das Vergangene, nicht, wie es gewesen ist, sondern wie es hätte werden können, ja wie es bereits zu werden begonnen hatte. Bloch sieht mit seinem Geburtshelferblick der neuen Welt wahre Schätze in dem enormen Material, das die kapitalistisch geprägte Rationalität von sich ausgeschieden und als irrational zurückgelassen hat. Es gilt, nicht nur im gegenwärtigen Kapitalismus den Blick zu schärfen für die Elemente der neuen Gesellschaft im Schoße der alten, sondern in den Überresten vorkapitalistischer Vergesellschaftung nach vorwärtsweisenden Andeutungen Ausschau zu halten als nach Elementen der Zukunft in der Vergangenheit. Nicht zuletzt bemühte er sich um „die Identifizierung alttestamentarischer Final-Tendenz und neutestamentlicher Enderwartung (in der Volksreligion der christlichen Mystik frisch erhalten) mit dem revolutionären Gehalt eines gut verstandenen Marxismus" (Frei 1969, 260).

Ist das letzte Wort der Erstfassung von *Geist der Utopie* „Gebet", so das von *Das Prinzip Hoffnung* „Heimat". Und wie im blochschen „Gebet" das An- und Heimkommen, so schwingt in der blochschen „Heimat" das Eingedenken des Gebets mit. Keine bloße Absetzbewegung, eine Übersetzung hat stattgefunden beim Übergang vom Protomarxisten zum Marxisten Bloch. Sie stützt sich auf Marx' These, die „bürgerlichen Produktionsverhältnisse" als „letzte antagonistische Form des gesellschaftlichen Produktionsprozesses" schaffe mit den in ihrem „Schoß [...] sich entwickelnden Produktivkräften [...] zugleich die materiellen Bedingungen zur Lösung dieses Antagonismus" (KPÖ 9). „Mit dieser Gesellschaftsform", fährt Marx fort, „schließt daher die Vorgeschichte der menschlichen Gesellschaft ab" (ebd.). Mit Blick auf eine Theorie der Gesellschaftsformen in der Geschichte ist diese These viel diskutiert und auch in Frage gestellt worden. Doch nicht darum geht es Bloch. Wenn die vor aller geschriebenen, also vor der Existenz von Staaten verlaufene Geschichte „Vorgeschichte" genannt zu werden pflegt, so sagt Marx der bürgerlichen Gegenwart auf den Kopf zu, noch nicht über die Vorgeschichte der „menschlichen Gesellschaft" hinaus zu sein. Was Marx damit meint, liest Bloch aus der zehnten Feuerbach-These. „Der Standpunkt des alten Materialismus ist die bürgerliche Gesellschaft, der Standpunkt der neuen die menschliche Gesellschaft oder die gesellschaftliche Menschheit" (ThF 7). Bloch begreift die utopische Reichweite und den Vorgriffscharakter dieser These. Sie öffnet ihm die spekulative Frage nach der noch verschlossenen Geschichte. Und sie gibt ihm den Code in die Hand, die Sprachen der historischen Heilsbewegungen und Mythen zu entschlüsseln. Wenn wir noch immer in der Vorgeschichte der gesellschaftlichen Menschheit stecken und wenn deren Geschichte erst noch aus der Latenz ins Offene gebracht werden muss, tritt die religiös chiffrierte Vergangenheit mit der technisch hoch entwickelten, aber von Krisen und Kriegen desto umfassender erschütterten kapitalistischen Gegenwart zusammen. „Der Mensch lebt noch überall in der Vorgeschichte, ja alles und jedes steht noch vor Erschaffung der Welt, als einer rechten. *Die wirkliche Genesis ist nicht am Anfang, sondern am Ende*, und sie beginnt erst anzufangen, wenn Gesellschaft und Dasein radikal werden, das heißt sich an der Wurzel fassen. Die Wurzel der Geschichte aber ist der arbeitende, schaffende, die Gegebenheiten umbildende und überholende Mensch. Hat er sich erfasst und das Seine ohne Entäußerung und Entfremdung in realer Demokratie begründet, so entsteht in der Welt etwas, das allen in die Kindheit scheint und worin noch niemand war: Heimat." So endet *Das Prinzip Hoffnung*.

Doch wenn alle bisherige Geschichte nur Vorgeschichte der menschlichen Gesellschaft ist, d.h. einer Gesellschaft, die erstmals wirklich die Gesellschaft ihrer Mitglieder ist, dann ist auch das wirklich menschliche Leben noch latent. Das manifeste Leben, gezeichnet durch Herrschaft, sowohl persönliche als auch die unpersönliche der entfesselten Warencharaktere, hat zugleich an dieser Latenz teil. Darin, dass in dieser Sicht für Bloch „noch kein Mensch richtig da ist, lebt" (PH 341), findet Jan Rehmann „das gegenwärtige Leben gegenüber dem künftigen als bloße ,Vorgeschichte' abgewertet" (Rehmann 1994, 374). In der Tat setzt Bloch alles daran, den auf den Menschen lastenden Druck, einer Devise des jungen Marx folgend, noch drückender zu machen, indem er ihm das Bewusstsein dieses Drucks hinzufügt. Wertet er damit auch das faktische bürgerliche Leben ab, so schürt er das Ungenügen und die Unzufriedenheit mit diesem Leben, wie er überhaupt Unzufriedenheit und Langeweile zu geschichtsphilosophisch geladenen Begriffen ausarbeitet. In den Subjekten des „falschen" Lebens sieht Bloch die möglichen Subjekte dessen, was der junge Marx unter dem Namen Kommunismus als „Auflösung des Widerstreits [des] Menschen mit der Natur und mit dem Menschen" anzielt (ÖpM 536).

Dafür, dass dieses Ziel der Entwicklung immanent ist, zeugt für Bloch die Wirkung der Kunst, allen anderen Künsten voran die Musik. In ihr scheint den Menschen eine Ahnung vom „Reich der Freiheit" auf. „Der Vor-Schein der Musik drückt sich vorgreifend allerdings in einer Sprache aus, welche jeder versteht, ohne daß er schon wüsste, was sie bedeutet" (Gespräche 237). Genau dieses Paradox, deutungslos verstanden zu werden, macht die Musik zum Paradigma letzthinnigen Werdens. „Musik ist ‚fieri', und alle Kunst ist ‚fieri' und gibt einen Auftrag" (ebd.). Bloch erläutert dies mit dem Hinweis auf die im frühen 20. Jahrhundert moderne Kunst, mit der Lukács über Kreuz lag: „Nur aus einem Verwandten heraus kann die expressionistisch-surrealistische Kunst in ihrer scheinbaren Gegenstandslosigkeit begriffen werden, weil ihr Gegenstand das Noch-Nicht-Gekommene ist [...]. Daher die Absage an die übliche Gegenständlichkeit, die zu stark mit dem Faktum geladen ist [...] anstatt mit dem fieri" (ebd.). Um die Perspektive des Noch-Nicht-Gekommenen, mit dem die Welt schwanger geht, konkret zu ermessen, müssen alle Zeichen auf Aufbruch gestellt werden.

Kategorien sind nach Marxens Einsicht Ausdruck der „Daseinsformen, Existenzbestimmungen, oft nur einzelne Seiten dieser bestimmten Gesellschaft" (G, 40; vgl. Haug 2008). Hieran schließt Blochs Funktionsbestimmung einer den Marxismus fortbildenden „Kategorienlehre" an: Zu leisten hat sie die „Bereitschaftsstellung klarer und reicher Kategorialbegriffe zur Darstellung der wichtigsten dieser Daseinsformen [...]. Kategorienlehre pointiert Ordnung auf diesem Weg" (LdM 235f.). Es ist der Weg einer von weither kommenden Befreiungsbewegung, die ständig in der Gefahr ist, der statischen Macht des Faktischen und damit den Mächten, die da *sind*, zu erliegen. In den Kategorien der Weltaneignung, in denen bürgerliches Denken Sein, Zeit und Sinn gefasst und so sein Weltverhältnis ausgesprochen hat, reproduzieren sich mit der Macht der Gewohnheit die vom Kapitalismus determinierten „gang und gäbe Denkformen" (K I, 564), deren ökonomisch grundlegende Formen Marx im Begriff einer „Religion des Alltagslebens" (K III, 838) kritisch zusammengefasst hat. Dieses kategoriale Gefüge, in dem wir unser Dasein zunächst wie selbstverständlich auslegen und einrichten, muss solchem Bewegungsbedürfnis entsprechend umgebaut werden. Die Kategorien gehören „auf die unfertige Welt bezogen; sie müssen im Einklang stehen mit der objektiven Tendenz; [...] sie müssen dem Fluss des realen Prozesses entsprechen" (Horster 1977, 387). In ihrer unmittelbar vorfindlichen Gestalt repräsentieren sie die Eigentumsverhältnisse, die sich gegen Vergesellschaftungstendenzen stemmen. Bloch will die bewusstlose Einschließung des Denkens ins Privateigentum mit ihrem starren, statischen, wie nach Eigentumsgrenzen geordneten Wesensbegriff aufsprengen. Die positivistische Überwältigung des Werdens durch das Faktische, der von diesem über die Tendenz verhängte Bann, musste gelöst werden. Für Bloch ist dies die Ausschreibung des zweiten geschichtlichen Auftrags, den er sich zumisst neben der Entwicklung der „Wärmestromwissenschaft": die kategorial-konstruktive Vorbereitung des Umbaus der Verhältnisse.

Adorno hebt 1964 im Gespräch mit Bloch den umfassenden Charakter dieser Aufgabe hervor, da nur „*alle* Kategorien sich ihrer eigenen Zusammensetzung nach verändern können", nicht die isolierte, auch nicht „die Kategorie des Glücks, die als isolierte immer etwas Armseliges und den anderen Betrügendes hat" (Gespräche 65). Ähnliches wie von der isolierten Ausmalung des Glücks befürchtet er von der positiven Ausmalung der Utopie. Er schlägt vor, sich „um der Utopie willen zu verbieten, von der Utopie ein Bild zu machen" (ebd., 69), und will nur einen „negativen" Utopiebegriff zulassen, nicht im Sinne einer Abwertung, sondern in einem Sinne, der „nur in der bestimmten Negation dessen, was ist", aufscheint (ebd.).

Das moderne Paradigma einer Umarbeitung des kategorialen Gefüges in seiner Totalität bietet Hegels *Logik*, wie auch Hegels Dialektik insgesamt die historische Vorlage ist, mit der und zugleich gegen die Bloch wie Adorno, jeder auf seine Weise, spielen. Blochs *Erläuterungen zu Hegel, Subjekt-Objekt* überschrieben, haben es vielschichtig in sich. Da auch Hegel von der NS-Ideologie integriert gewesen war, kam dieses Werk in der Nachkriegssituation einer national-kulturellen Rettungsaktion gleich. Innermarxistisch bedeutete es die Öffnung eines Freiraums für philosophisches Denken. Ans Licht der Öffentlichkeit kam es über Hindernisse. Blochs Vorwort ist doppelt datiert, 1947 in den USA, 1949 in Leipzig. Der Aufbau-Verlag datiert das Copyright auf 1949, die Erstauflage erschien 1951. Die Diskrepanz der Angaben gibt einen Wink. Noch herrschte Stalin. Nicht nur war Hegel suspekt. Sondern schon auf der ersten Seite ruft Bloch zum „Selbstdenken" auf und verspottet den „Gänsemarsch der Phrase", in den jeder verfällt, der „wiederholt, was andere wiederholt haben" (SO 1951, 13). „Durchdringend marxistisch" ist zunächst die glückliche Hand, mit der Bloch Hegelsätze ausstellt, die es weiterwirkend in sich haben. Sodann, wie er mit größtem Respekt „einen der unbequemsten unter den großen Denkern" (ebd., 14) auf eine Weise verständlich macht und aktualisiert, wie sie einzig der Moment einer geschichtsmaterialistischen Aufhebung gewährt. Denn ungeachtet höchster Bewunderung – „von keinem Denkansatz möchte er sein Philosophieren doch so entschieden abgehoben wissen wie gerade von dem Hegels" (Schmied-Kowarzik 1986, 224). So auch von der logischen Methode als der „Bewegung der Kategorien des reinen Denkens, in denen alles Seiende begriffen wird" (ebd.), was „den realen Prozessen von Natur und Geschichte keinen Raum für ein Werden von Neuem" (ebd.) lässt. Kurz und bildkräftig schreibt Bloch Hegel den Satz zu: „Zukunft ist Wind und Spreu" (Gespräche 194). Im Gegensatz dazu bestimmt Bloch die Kategorien „als Explikationsformen eines Denkens […], das sich selber als Moment des noch offenen Werdeprozesses versteht" (Schmied-Kowarzik 1986, 225). Alles Seiende und jeder ihm geltende Gedanke soll als Anhebendes gedacht werden können „im Horizont der zu gewinnenden Zukunft" (PH 148). Dabei genügt „keine fertig gemachte Ontologie des Seins des bisher Seienden" (ebd., 274), sondern die Aufgabe verlangt nach „der stets neu zu begründenden Ontologie des Seins des Noch-Nicht-Seienden, wie sie Zukunft selbst noch in der Vergangenheit entdeckt und in der ganzen Natur" (ebd.). „Was heraufkommt, ist noch nicht entschieden" (ebd. 227). Für diese geschichtliche Offenheit müssen mehr oder minder alle Kategorien aufgeschlossen werden.

Den „dialektisch-*materialistischen* Theorie-Praxis-Begriff des Marxismus" (EM 249) unterbaut Bloch mit der „*Logik einer Situations- und Tendenzanalyse*" (ebd.). Wenn Lenin mit Recht die „konkrete Analyse einer konkreten Situation" (Kommunismus 154) zur „lebendigen Seele des Marxismus" (ebd.) erklären kann (und „nicht logische Erwägungen, sondern die tatsächliche Entwicklung der Ereignisse, die lebendige Erfahrung"; SuR 421) für entscheidend erklärt, so bleibt nach Blochs Einsicht das Situationsbild an der Oberfläche hängen, solange in ihm nicht die konkreten Möglichkeiten, überhaupt „Latenz" und „Tendenz" mitbedacht sind.

Die Wirklichkeit eines gleichwohl erst Möglichen, also noch nicht faktisch Vorfindlichen, fasst Bloch im Begriff der „konkreten Utopie". Als philosophischer Terminus ist das Wort „zuerst von [Bloch] gebraucht worden, im Unterschied zu ‚abstrakter Utopie', und es gab deswegen große Schwierigkeiten in der DDR, weil die konkrete Utopie dort als ein ‚hölzernes Eisen' empfunden wurde" (Gespräche 234). Bloch hat darauf erwidert, sie sei „so wenig ein Widerspruch im Beiwort, daß sie vielmehr die haltbarste Rettung ist, und das entscheidend nicht nur für die Propaganda, für die Durchführung des Sozialismus. Vielmehr arbeitet und leuchtet in der konkreten Utopie auch die Rettung all jenes fort und fort uns betreffenden *Überschusses* in Kulturen, vorab ihren kunsthaften Allegorien, religionshaften Symbolen, der mit abgelaufener Ideologie nicht erschöpft ist" (AiC 350). Der Begriff soll die marxistische Kritik der Utopie differenzieren. Utopie im Sinne dieser allzu pauschalen und das Kind mit dem Badewasser ausschüttenden Kritik war die Vorstellung eines vollkommenen Gesellschaftszustands, die keine realistische Perspektive der Überwindung des gegenwärtigen bietet, weil sie seinen Idealen blind verhaftet bleibt und nicht an „die *wirkliche* Bewegung" anknüpft, „welche den jetzigen Zustand aufhebt" (DI 35). Die Anknüpfung an wirkliche Bewegung, die ein „Brückenschlag" ist, reichert Bloch an durch die Orientierung an dem, was noch nicht heraus ist und noch keinen Ort in der faktischen Wirklichkeit hat, also im Wortsinn u-topisch ist, sich gleichwohl wirklich, wenngleich untergründig, latent, bewegt. Hoffnung macht er zum „Prinzip einer Philosophie, die die subjektive Verbundenheit mit dem objektiven Noch-Nicht darstellt, mit dem Heraufkommenden, also mit dem, von dem die Welt voll ist und das noch nicht geworden ist, aber dem man treu bleibt" (Gespräche 234).

Zuletzt geht es Bloch darum, dass „auf das Realproblem der Entfremdung in allem und ihrer möglichen Aufhebung ein gleichzeitig detektivisches wie utopisches Licht" (AiC 351) falle.

Bloch weitete die Welt des Marxismus auf eine Weise, die auch vielen gutgläubigen, an die vorherrschende ökonomienahe und objektivistische Sprache Gewohnten als befremdlich, ja unmarxistisch erscheinen musste. Von keinem der Gründer und klassischen Vordenker waren solche Worte je gehört worden. Da nahm sich einer eine unerhörte schöpferische Freiheit heraus. Hinzu kam das Misstrauen der Machtpragmatiker des Staat gewordenen Sozialismus, von denen er sich bald genug als belauert, verdächtigt und schließlich „zum staaatsgefährdenden Idealisten gestempelt" erfuhr (Negt 1972, 439). Nicht dass der Staat nicht gefährdet und auch nicht mit zersetzend gedachten Melodien eines entkernten Sozialismus umsäuselt worden wäre. „Alles wird zum reinen Wunschbild", schrieb der Revolutionshistoriker Walter Markov in der DDR-Festschrift zu Blochs siebzigstem Geburtstag, „auch Marxismus, Diktatur des Proletariats, klassenlose Gesellschaft. Missverständnis und Übelwollen wird nicht anstehen, sich dazu auf – Ernst Blochs Reklamation des Marxismus als konkreter Utopie zu berufen" (Markov 1955, 231f.). Wenig später hatten Missverständnis und Übelwollen aus den eigenen Reihen, geängstigt durch den ungarischen Volksaufstand mit Lukács in der Aufstandsregierung, ein Lehrverbot durchgesetzt und hatte die weitere Geschichte diese Ausschließung Blochs als einen von vielen Schritten in den vom Selbstverrat vorbereiteten Untergang erledigt.

Doch was ist an Georg Lukács' Urteil? Als junger Mann lebte Bloch einige Jahre lang in so freundschaftlicher „Symbiose mit Lukács [...], daß wir wie kommunizierende Röhren funktionierten" (Gespräche 32). Doch „mit jedem Schritt", erinnerte sich Lukács 1967, „mit dem ich ein echter Marxist geworden bin", hat sich die „Scheidung" von Bloch vertieft (ebd., 33). Jetzt sah er Bloch als Nicht-Marxisten, bei dessen Denken es „im Grunde genommen sich nicht um ein marxistisches System, sondern um ein utopisches System" handle (ebd., 34). Wie andere ihrer Art kann diese Scheidung, die für Lukács zur imaginären Ausscheidung Blochs aus dem Marxismus wurde, getrost als eine innerhalb des Marxismus spielende angesehen werden.

Anders verhält es sich mit Blochs Exodus aus der sich einmauernden DDR, die ihm die Lehrmöglichkeit entzogen hatte. Die Frage legte sich nahe, ob dieser Akt nicht auf den Auszug aus dem Marxismus hinauslaufen würde. 1964, im Gespräch mit Jürgen Rühle, klingt es manchmal wie von fern an, als spielte Bloch mit diesem Gedanken. Der Sprung ins Reich der Freiheit scheint die Form des Sprungs über die Mauer angenommen zu haben. Als Rühle ihn nach dem Kommunismus fragt, antwortet Bloch, er „möchte das Wort Kommunismus durch Marxismus ersetzen" (ebd. 20). Zugleich verschiebt er dessen Grenze in eine unbestimmte Vergangenheit. „Der Marxismus ist ja sozusagen weit älter als Marx" (ebd. 21). Später wird er erläutern:

„Marxismus bedeutet den Kampf des schlecht Weggekommenen, Unterdrückten, Getretenen" (ebd., 102), wie ihm positiv „der gesamte Marxismus, auch in seine leuchtendste Form gebracht und in seiner ganzen Verwirklichung antizipiert, [...] nur eine *Bedingung* für ein Leben in Freiheit, ein Leben in Glück, ein Leben in möglicher Erfüllung, ein Leben mit Inhalten" dünkt (ebd., 74). Dann engt er die Bedeutung wieder auf das stalinistisch Entgleiste ein und erklärt zu „einer Hauptfrage" seiner Marxismus-Kritik die Frage der Diktatur des Proletariats, deren ungenügende Ausleuchtung durch Marx er als eine der Wurzeln der Verwandlung ins Gegenteil ausmacht. „Wir haben einen sozialistisch sich gebenden Staatskapitalismus in der Sowjetunion" (ebd., 25). Aus der Diktatur des Proletariats ist die „Diktatur der Apparatschiks eines Parteiapparates" (ebd., 83) geworden, und statt der von Marx gedachten Befreiung des Individuums „ist durch einseitigen Ökonomismus selbst ökonomisch eine Verlumpung eingetreten, derart, dass bei Strafe des ökonomischen Untergangs jedem Menschen alles, was die Partei will, befohlen werden kann. Wir haben also eine neue Art von Versklavung" (ebd., 85).

Bei alledem vermag der ‚Herr dieser Welt' ihn mit seinen materiellen Schätzen nicht in Versuchung zu führen, und von dessen immateriellem Schatz, der bürgerlichen Freiheit, weiß Bloch nur zu gut, dass sie die andere Seite der gesellschaftlich-politischen Wirkungslosigkeit ist, während er in der DDR „aus dem Zentrum" kritisiert und damit der „Ulbricht-Welt" wirklichen Grund zur Beunruhigung gegeben hatte (ebd., 23). „Es ist eine Kritik vom Original her möglich" (ebd., 104).

Als die letzte, Bloch überdauernde Herausforderung lässt sich der beunruhigende Gedanke verstehen, dass, wenn es schon schwer ist, alle Menschen zu ernähren, sie noch immer leichter zu ernähren als zu erlösen sind (vgl. AiC 350f.). Rückt am Ende die „Heimat", auf die für Bloch alles zuläuft, bei jeder Annäherung wieder in die Ferne? Kann das Transzendieren ins Diesseits je in genau diesem befriedeten Diesseits ankommen? Rückt die letzte Heimat mithin in transzendentale Unerreichbarkeit, ein Polarstern zur Orientierung immerhin?

Die marx-engelssche Vision vom Absterben des Staates, sagte Bloch 1964 zu Rühle, war blind dafür, dass dieses Verschwinden eine unbesetzte Stelle hinterlassen würde. Denn „der Ort, wo dies stand, besteht und verschwindet nicht, wenn der Staat abgegolten sein sollte. Dann bleibt Gemeinschaft und bleibt Gemeinde. [...] Allerdings die Posaunen müssen mit einem vermutlich neuen Gesang gefüllt werden. Dieser Gesang nun – das ist das große Anliegen" (Gespräche 25). Der religionsbildende Beweggrund bliebe, aber ohne jenen „Theismus, in dem das Oben steckt wie in der Obrigkeit" (ebd., 170), wie Bloch 1974 zu Günter Nenning sagt. Als Atheist warnt er davor, „daß Marxisten um des Atheismus willen nun die ganze Religionssphäre und ihre Inhalte als Lug und Trug ausklammern" (ebd.). Hier taucht der Fluchtpunkt der „Wärmestromwissenschaft" wieder auf, die Bloch von Anfang an dem Marxismus hinzufügen will. Jener anfangs zitierte Satz aus dem Vorwort des 1917 abgeschlossenen ersten *Utopie*-Buchs – „Wir bringen der Gemeinde nicht mit, weswegen sie sein soll, und deswegen können wir sie nicht bilden" (GdU 1, 9) – benennt bereits das Ungenügen, die unterbesetzte Stelle, an deren Ausfüllung Bloch bis zuletzt unbeirrbar arbeitet. Und bis zuletzt arbeitet er dabei ebenso *im* wie *am* Marxismus. Das bisherige Scheitern, sagt noch der Neunzigjährige, „lag [...] nicht zuletzt auch in den Unzulänglichkeiten von Theorie und Praxis des Marxismus selber. Aber wohlgemerkt: nur in *Unzulänglichkeiten*, nicht etwa in Unsinnigkeiten oder Vernichtungen. Diese Unzulänglichkeiten können und müssen aufgehoben werden" (Gespräche 258).

→ *Atheismus; Kältestrom – Wärmestrom; Latenz; Natur; Revolution; Tendenz; Theorie – Praxis; Utopie*

📖 Braun Bow; Dietschy 1988; Frei 1969; Frei 1977; Haug 1985; Haug 2007; Haug 2008; Horster 1977; Labica 1986; Markov 1955; Negt 1972; Rehmann 1994; Rehmann 2004; Schmied-Kowarzik 1986.

Wolfgang Fritz Haug

Materie

Bloch verwendet den Materie-Begriff in doppelter Bedeutung: als physische und als menschlich-gesellschaftliche Materie. Dieses Doppelte ist stets als Einheit gedacht. Jenseits des Dualismus von Stoff und Geist wird Materie verstanden als einheitliches Substrat des Weltprozesses, als Träger von Entwicklung und damit als Stoff, aus dem das Neue wird, als Bedingung der Möglichkeit von Utopie.

Materia (Materie) ist die lateinische Übersetzung des griechischen *hyle* (ὕλη, ‚Stoff'; ursprünglich ‚Holz, Bauholz, Stoff der Handwerker'). Die philosophische Tradition versteht Materie als universalen Stoff von unterschiedlicher Dichte und unterschiedlicher Verteilung im Raum. Auf der Suche nach der *arché* (ἀρχή), also dem Urprinzip, Urgrund oder Urstoff, kommen die Vorsokratiker zu unterschiedlichen Ergebnissen: Die älteren ionischen Naturphilosophen (Thales, Anaximander) definieren Materie als bestimmten Stoff (Wasser, Luft) oder auch als unausgeprägte Materie (das *apeiron* [ἄπειρον] des Anaximenes), für die jüngeren ionischen Naturphilosophen (vor allem Leukipp und Demokrit) ist Materie aus unteilbaren Grundbausteinen, den Atomen, zusammengesetzt. Die Vielfalt von Materie ergibt sich aus der unterschiedlichen Anordnung und der Kombination der Grundbausteine im leeren Raum. Platon verwendet den Begriff noch vorwiegend in seiner alltagssprachlichen Bedeutung, er nennt die Materie gestaltlos und qualitätslos, ein relativ Nichtseiendes, das aber gestaltbar und formempfänglich ist. Was die Dinge aber sind, sind sie aufgrund ihrer Teilhabe an den Ideen. Immerhin ist aber bei Platon das Begriffspaar Materie–Form schon vorgeprägt, das mit Aristoteles bestimmend für die philosophische Materiediskussion wird. Alles Seiende, alle Dinge, alle Gegenstände bestehen aus Form und Materie. Materie ist danach das aller Form Zugrundeliegende, also Substrat (*hypokeimenon* [ὑποκείμενον]), gleichzeitig aber auch das Vermögen, Form aufzunehmen. Sie ist nicht ein Ding unter anderen Dingen, sondern das allen Gemeinsame im Raum und in der Bewegung, der Schoß des Werdens, in dem die Dinge entstehen. Materie ist die Möglichkeit (*dynamis* [δύναμις]), verwirklicht zu werden (*energeia* [ἐνέργεια]), das Unbestimmte (*aoriston* [ἀόριστον]), das der Form zur konkreten Existenz bedarf, die Grundlage aller Gestaltung, das „weibliche" Prinzip. Diese Form-Materie-Konzeption verdrängt weitgehend die atomistische Lehre und bleibt für die antike Philosophie und Naturwissenschaft bestimmend. Ein grundlegendes Problem ist dabei die Frage, wie Materie bewegt wird, ob nur durch Druck und Stoß von außen oder ob sie selbst bewegt, lebendig ist. Die Stoa beantwortet diese Frage mit dem Begriff der *logoi spermatikoi* (λόγοι σπερματικοί), allem Seienden immanente Kräfte, die wie Keime oder Samen wirken, also letztlich doch von außen zur Entfaltung gebracht werden müssen. Der Neuplatonismus, vor allem Plotin, versteht Werden als ewiges Hervorgehen, als Emanation des Seienden aus dem Einen. Materie ist letzte und schwächste Stufe dieses Prozesses, leeres, gestaltloses Nichtseiendes, passiv und ohne Form.

Demgegenüber knüpft die arabische Philosophie und Naturwissenschaft des Mittelalters (Avicenna, Averroës, Avicebron) wieder an Aristoteles an. Wie Aristoteles versteht auch Avicenna die Materie als ewig und unerschaffen. Gott als oberste bewegende Denkform muss abdanken, Gott ist lediglich der Erwecker der Formen aus der Materie, die wiederum ausgezeichnet ist durch eine gewisse Bereitschaft, Formen aufzunehmen. Averroës entwickelt, Ansätze von Avicenna kritisierend, diese Lehre weiter: Formen gehen für ihn hervor aus der Potentialität des Stoffes, sie werden nicht nur quantitativ aus der Materie entwickelt, sondern sind bereits – als Möglichkeit – qualitativ in der Materie ausgestaltet und differenziert. Gott hat hier nur noch die Funktion, als Beweger die Möglichkeiten in Wirklichkeiten zu überführen. Avicebron schließlich, eher vom Neuplatonismus als von der Aristoteles-Rezeption geprägt, geht in seiner Materie-Theorie über die neuplatonische Stufenlehre hinaus, die die physische Materie als unterste Stufe der kosmischen Ordnung betrachtet und von der geistigen Materie klar unterscheidet. Demgegenüber formuliert Avicebron den Begriff einer universellen Materie, die alle Bereiche umfasst. Geistige und körperliche Materie sind verschieden, aber nur noch graduell, alle Formen werden von dem einen, universellen Substrat Materie getragen.

Die christliche Scholastik des Mittelalters knüpft an den aristotelischen Materie-Form-Dualismus an und setzt sich auch mit den arabischen Aristoteles-Interpreten auseinander. Erst in der Renaissance gibt es Tendenzen, diesen Dualismus zugunsten eines einheitlichen Materie-Begriffs aufzugeben. So erklärt Giordano Bruno im Rückgriff auf Avicebron die Materie als einziges substantielles Prinzip, als Quelle und „Schoß der Formen" (vgl. Bruno 1902, S. 60; vgl. Zimmermann 2001a u. Eusterschulte 2001). Die Formen selbst sind nur verschiedene Bestimmungen der Materie, Bruno kennt keine Verursachung der Formen durch ein Zweckprinzip. Letztlich setzt er Materie aber mit Gott gleich, da Gott in allem gegenwärtig ist. Einen ähnlichen Pantheismus vertritt auch Spinoza: Gott existiert notwendig, und kraft der Notwendigkeit der göttlichen Natur ist alles außer Gott dazu bestimmt, auf bestimmte Weise zu existieren – es gibt nichts Zufälliges. Gott ist Substanz, und das bedeutet für den Materie-Begriff, dass es keine von außen wirkenden Formkräfte geben kann. Es herrscht das Prinzip der völligen Immanenz. Geist und Materie sind zwar Gegensätze, aber keine verschiedenen Substanzen, sondern verschiedene Attribute einer Substanz.

Das naturwissenschaftliche Denken, das sich spätestens seit dem 17. Jahrhundert von der Naturphilosophie emanzipiert, fasst Materie immer stärker rein quantitativ auf: als Körper (Produkt aus Masse und Bewegung bei Galilei und Newton) oder Ausgedehntheit (Hobbes, Descartes). Leibniz hingegen versucht als Zeitgenosse Newtons, einen dynamischen Materiebegriff zu entwickeln. Seine *Monaden* sind nicht ausgedehnt, also keine Körper wie Atome, sondern Kraftzentren der Materie, die sich aus sich heraus zu verschiedenen Formen entwickeln. Aufklärungsphilosophen wie Kant aber sind vom Denken der Naturwissenschaften stark beeinflusst. Sein Materiebegriff ist im Wesentlichen von mechanischen Gesetzmäßigkeiten wie Attraktion und Repulsion, Trägheit und Ausdehnung gekennzeichnet. Die Frage nach der Entwicklungsdynamik von Materie wird hier nicht mehr gestellt.

Für die modernen Naturwissenschaften ist spätestens mit der Quantenphysik diese Frage im Prinzip beantwortet: Bewegung ist für Materie konstitutiv, wobei „Bewegung" sowohl in der klassischen als auch in der modernen Physik nicht als (dialektische) Entwicklung zu verstehen ist im Sinn einer Evolution von Zuständen, sondern als Einschränkung eines allgemeinen Entwicklungsbegriffs.

Anders als die Erscheinungsweise seiner Hauptwerke vermuten lässt, hat Bloch sich schon früh mit dem Materie-Problem beschäftigt. Im Rahmen seiner Systempläne arbeitet er seit 1926 an einem „System des dialektischen Materialismus" (vgl. Cunico 2000, 453 u. Cunico 2001, 48–51). Ein Buchprojekt *Theorie-Praxis der Materie* entsteht 1934–37 im Prager Exil. Teile dieser Vorarbeiten sind dann im US-Exil in *Das Prinzip Hoffnung* eingeflossen, das seit 1954 in der DDR erschien, und in die Einzelveröffentlichung *Zur Ontologie des Noch-Nicht-Seins* (1961), die 1970 in die *Tübinger Einleitung in die Philosophie* (GA Bd. 13) einging. Systematisch erscheint Blochs Materie-Theorie erst 1972 (*Das Materialismusproblem, seine Geschichte und Substanz*), als Element der ebenfalls früh erarbeiteten Kategorienlehre dann 1975 in *Experimentum Mundi*. Die frühen Vorarbeiten und Buchprojekte selbst sind erst im Jahr 2000 veröffentlicht worden (*Logos der Materie*). Entsprechend ist Bloch lange Zeit nicht als Systemdenker wahrgenommen worden, und die zentrale Rolle seiner Materietheorie für die Philosophie der Utopie wurde nur von wenigen aufmerksamen Lesern des *Prinzip Hoffnung* gesehen – so von Jürgen Habermas, der schon 1960 (vgl. Habermas 1960) auf diese Zusammenhänge hingewiesen hat.

Allerdings war Blochs Materie-Theorie seinen Studenten an der Universität Leipzig durchaus bekannt. Das Skript des Materialismusbuches war Grundlage eines Doktoranden-Kolloquiums, es lag an der Philosophischen Fakultät aus, Examenskandidaten und Doktoranden konnten es benutzen. Im Zusammenhang mit der von der SED-Führung inszenierten Generalabrechnung mit Blochs Philosophie (vgl. Gropp 1957) spielte sein Materiebegriff eine zentrale Rolle. So bezeichnet ihn Rudolf Rochhausen als „Grundkategorie eines idealistischen anthropozentrischen Systems […], das zu einer Vergöttlichung der produktiven Natur und des Menschen führt" (Rochhausen 1957, 88).

Der Materiebegriff steht im Mittelpunkt von Blochs Theorie der Ontologie des Noch-Nicht-Seins. Was noch nicht ist, soll gleichwohl als möglich *und* in Ansätzen und Vorformen (als Vor-Schein) vorhanden dargestellt und erkannt werden können. Der Horizont des Noch-Nicht ist erst andeutungsweise erschienen, sein Kern und seine Fülle können im Weltprozess herausgebracht werden. Das Substrat dieses Prozesses heißt Materie im umfassenden Sinn. Materie bezeichnet also sowohl Naturstoff als auch geschichtlich-gesellschaftliche Verhältnisse: Sie ist als Substrat des Prozesses das, was prozessiert und worauf sich bewusste Tätigkeit richten kann. Dem liegt zunächst die naturwissenschaftliche Voraussetzung von der Materialität (der materiellen Einheit) der Welt zugrunde. Materie und Mensch sind nicht etwa Gegensätze, sondern Entwicklungsstufen ihrer selbst. Das gilt nicht nur – wie selbstverständlich – für die Körperlichkeit des Menschen, sondern auch für den menschlichen Geist. Materie und Geist sind nicht dualistisch entgegenzusetzen, sondern als (dialektische) Einheit zu verstehen. Dabei interpretiert Bloch die Entwicklung eines bewussten Subjekts aus nicht nur biologischen, sondern anorganischen Anfängen als nicht zufällig, sondern als Disposition der Materie zu solcher Ausformung. Auch in der Naturmaterie gibt es ein Treibendes, ein Agens, das Entwicklungen in Gang setzt. Dieses Agens enthält keimhaft ein Subjektives, das im bewussten Menschensubjekt seine höchste Ausformung findet. Bewusstsein qua Geist entwickelt sich also aus dem Drang des materiellen Seins zur Selbstreflexion.

Allem Seienden liegt ein Materielles zugrunde, das heißt: Materie ist nicht mehr nur „als das zu verstehen, was man mit den Händen fassen kann, was ein Gewicht hat" (Gespräche 278). Die „Erklärung der Welt aus sich selbst" (SO 107; vgl. MP 372 u. passim) als Grundlage eines jeden Materialismus ist Voraussetzung auch für Blochs Philosophie. Es gibt keinen Schöpfer, keinen Geist außerhalb oder oberhalb dieser Materie-Welt. Mehr noch: Alles Seiende *ist* ein Materielles, es gibt keinen Dualismus von Stoff und Geist. Dies gilt trotz aller Probleme, die Entwicklung des Bewusstseins aus Stoff-Materie zu erklären, die Bloch durchaus gesehen hat. Für ihn sind Anorganisches, Organisches und Bewusstsein Differenzierungen innerhalb des Materiellen. Insofern spricht Bloch auch von der physisch-organischen Basis der menschlich-gesellschaftlichen „Materie". Aber sein umfassender Materie-Begriff, der über den des mechanischen Materialismus hinausgeht, ist eben auch ein einheitlicher: Es ist *eine* Materie oder ein Materieprinzip, das diese Welt ausmacht. Insofern kann der Begriff „Substrat", wenn man ihn als das „Zugrundeliegende" übersetzt, hier auch durch „Substanz" ersetzt werden als das, woraus etwas besteht, das wesentlich Seiende. Bloch spricht zwar überwiegend von Materie als Substrat, benutzt aber gelegentlich auch den Begriff Substanz (vgl. SO 438).

Sein und Bewusstsein sind Differenzierungen von Materie, die als bewegt verstanden wird. „Die Bewegung (als Äußerung der Kraft) ist die Daseinsweise der Materie" (MP 192) sagt Bloch oder auch: „Bewegung und Formung, also Motorisches und Logisches sind die Grundeigenschaften der sich ausgestaltenden Materie" (PA 160, vgl. LdM 121f.). Oder wieder anders: „Bewegung ist die Verwirklichungsweise der Materie, Materie ist der Verwirklichungsinhalt der Bewegung" (LdM 122). Anders als die überwiegende philosophische Tradition verlegt Bloch diese Bewegung in die Materie selbst und spricht sie nicht dem Formprinzip zu. „Sie ist kein toter Klotz, der nur von Druck und Stoß geschoben wird und sich immer gleich bleibt. Derart, daß sie, selbst wenn die Bewegung von ihr als untrennbar verstanden wird, bei allen Formen wieder auf die alten, die dauernd quantitativen Füße fällt" (TE 230). Immer wieder neu ansetzend, besteht Bloch darauf, der „Klotzmaterie" der klassisch-mechanischen Physik (und des mechanischen Materialismus) sein Verständnis der bewegten Materie entgegenzusetzen: „Die Materie ist bewegt, indem sie in ihrem zu sich offen Möglichen ein ebenso unausgetragenes Sein ist, und sie ist nicht passiv wie Wachs, sondern bewegt sich selber formend, ausformend. Und der Geist ist darin kein Trumpf gegen sie, worin sie verdampft, die dann immer als unverbesserlicher Klotz gedachte, sondern ihre eigene Blüte, aus dem Substrat keineswegs herausfallend oder auch heraussteigend" (ebd., 234).

Wesentliche Elemente seiner Neu-Interpretation des Materie-Begriffes entwickelt Bloch zunächst aus einer bestimmten Sicht auf Aristoteles. Bei ihm ist Stoff einmal das, was den Formen ermöglichend zugrunde liegt (*katà tó dynatón* [κατὰ τὸ δυνατόν]), also gleichsam das Wachs, dem sich die Formen einprägen. Er enthält allerdings auch gleichzeitig die materiellen Bedingungen für das Hervortreten der Formen. Das nennt Bloch das „eigene Anliegen der Materie" (MP 143). Materie ist Anlage zur Verwirklichung, im Stoff steckt eine Vielfalt von Möglichkeiten, die verwirklicht werden können. Die zweite Materie-Bestimmung bei Aristoteles, das *dynámei ón* (δυνάμει ὄν), bezeichnet das „In-Möglichkeit-Seiende", das heißt als Möglichkeit zur Wirklichkeit Treibende. Bloch interpretiert dieses Element geradezu überschwänglich. Zwar prägt sich die Form der Materie ein, aber in der Empfänglichkeit des Schoßes steckt doch ein eigenes Vermögen. Materie ist nicht mehr nur das Bedingende der Formen, sondern hat den Willen, den Trieb, die Sehnsucht, Form zu werden, eine „Trieb-Disposition zu immer höheren Formen. Durch die Sehnsucht der Materie nach Form, durch das Sehnsucht-Erregende der höchsten Form kann überhaupt erst die Energetik der Formen verwirklichend zum Zuge kommen" (ebd., 144, vgl. 130, 139, 349, 399; PH 238; Gespräche 285ff.). Es ist zweifelhaft bis unwahrscheinlich, dass Aristoteles tatsächlich so verstanden werden kann. Dass er also ein Materie-Prinzip formuliert habe, dem ein eigenes Vermögen zukäme, Gestalten zu gebären. Das behauptet Bloch auch nicht. Sondern er spricht einerseits davon, dass der – grundsätzlich passive – Materie-Begriff des Aristoteles eine solche Neufassung eröffne, andeute, auf sie hindeute, dazu Anlass gebe. Und andererseits macht er hinreichend deutlich, dass er diese Interpretation vor allem in der arabischen und jüdischen Aristoteles-Rezeption (Avicenna, Avicebron, Averroës) des 11. und 12. Jahrhunderts und in der Philosophie Giordano Brunos (16. Jh.) vorgeprägt sieht. Die wesentliche Leistung dieser Philosophen, so unterschiedlich deren Zugang zum Materie-Problem auch sein mag, ist für Bloch „die *Aktivierung* der Materie" (MP 518) durch Betonung ihres schon bei Aristoteles angelegten „dynamischen" Charakters.

Die zweite Quelle für Blochs Materie-Begriff ist der dialektische Materialismus, in seiner Lesart „eine fabelhaft kühne Verbindung zwischen Aristoteles und Demokrit, zwischen Hegel (als qualitativer Dialektik) und – sage man: Hobbes (als Erklärung der Welt aus sich selbst)" (LdM 168f.). Bloch spricht von einer „Hochzeit Dialektik-

Materie" (MP 255; vgl. TE 193, 207f.; SO 439), wobei Dialektik im Sinne Hegels als „Logik des Prozesses" (SO 131) genommen wird, eine Logik, die nach Blochs Verständnis das Bewegungsgesetz der bewegten Materie bezeichnet. Zwar lässt Hegel selbst Materie nur als Durchgangsstation der Idee gelten, als Außersichsein des Geistes. Die einzige Wahrheit der Materie, sagt Hegel, ist die, dass sie keine Wahrheit hat (HW 10, S. 44). Aber für Bloch ist daran doch wichtig, dass in Hegels Lehre vom Umschlag von Quantität in Qualität ein dialektisches Verständnis von Materie vorgeprägt sei (MP 246ff., 206ff). Marxistisch wird in dieser „Hochzeit Dialektik-Materie" Dialektik von der „Selbstbewegung des Begriffs" (SO 388) zu einer Dialektik der Materie, die sich von anorganischen Anfängen in qualitativen Sprüngen bis zum menschlichen Geist höher entwickelt. Marx und Engels selbst freilich sprechen nur vereinzelt und eher beiläufig von Materie. So in einer Würdigung des großen Empiristen Francis Bacon in der Schrift *Die Heilige Familie*: „Unter den *der Materie* eingeborenen Eigenschaften ist die *Bewegung* die erste und vorzüglichste, nicht nur als *mechanische* und *mathematische* Bewegung, sondern mehr noch als *Trieb, Lebensgeist, Spannkraft*, als *Qual* – um den Ausdruck Jakob Böhmes zu gebrauchen – der Materie" (HF, 135). Zwar spricht einiges dafür, dass Bacon hier zustimmend beschrieben wird. Für dessen „naiven Materialismus" finden Marx und Engels den schönen Satz: „Die Materie lacht in poetisch-sinnlichem Glanze den ganzen Menschen an" (ebd.). Aber diese Äußerung bleibt singulär. Materie kommt bei Marx sonst kaum vor, er verwendet häufiger die Begriffe Natur oder Naturstoff. Explizit hat sich dagegen Friedrich Engels mit der Materieproblematik beschäftigt, und zwar zweimal ausführlich: In seinem *Anti-Dühring* (vgl. AD) und der *Dialektik der Natur* (vgl. DdN). Insgesamt gilt: Marxistisch wird Materie verstanden als Stoff, der sich – aus sich heraus und gemäß seiner Daseinsweise als Bewegung – zu immer höher sich differenzierenden qualitativen Stufen bis hin zum menschlichen Bewusstsein entwickelt. Engels sagt sogar einmal, dass es die *Natur* der Materie sei, sich zu immer höheren Formen zu entwickeln (vgl. ebd., 479). Das heißt für Bloch: Es gibt die „dialektische Bewegung in der Natur" (SO 211), es gibt „dialektische Materie" (PH 237). Wichtig ist und bleibt dabei aber vor allem die Rolle des Menschen: Der Mensch, sofern er genügend Einsicht in die Gesetzmäßigkeit der Entwicklung der Materie hat, wird fähig, in diesen Prozess fördernd-verändernd einzugreifen. Bloch spricht von einer Arbeitsteilung zwischen Subjekt und Objekt: „Die Materie stellt hierbei die Substanz dar, die in der ‚Arbeitsteilung' Subjekt-Objekt gemeinsam enthaltene, welche in und durch die tätig-gegenständliche Dialektik zwischen Subjekt und Objekt erst zu ihren unabgeschlossenen Möglichkeiten, vielmehr: *möglichen Wirklichkeiten* sich entwickelt" (SO 438). Der Mensch als „kühnste Organgestalt" der Materie, der „Prometheus Mensch" wird so zum möglichen Weichensteller des Weltprozesses (TE 234).

Die dritte Quelle von Blochs Materiebegriff ist die Naturphilosophie Schellings, vor allem Schellings Versuch, in allen möglichen Materieformen den „Keim eines höheren Lebens" zu sehen (SW I/9, 54), „Andeutungen eines Zukünftigen [...], das hier (auf dieser Stufe) sich noch nicht erreichen ließ" (SW I/10, 377). Alles Werden hat Sehnsucht nach Manifestation, „alle Kreatur [...] sehnt sich mit uns, so gut als wir, nach dem höheren Leben, das in uns nur schon hier entwickelter ist" (SW I/9, 54). Was Bloch daran interessiert: Schellings dynamischer Materie-Begriff kehrt alle geläufige Meinung von der Organisation der Welt mit „anorganischem Sockel" und „organischer Statue" um: „der Basis selber wird ein Organisierendes vorgelegt, ins Innere gelegt" (MP 221), so dass Schelling auch in anorganischen Formen ungelungene organische erblicken kann, in organischen sogar Vorboten „sittlicher und sozialer Verhältnisse" (SW I/10, 377). Und auf der Grundlage dieses Primats der organischen Materie kann der menschliche Geist als „höchste Blüte der ganzen organischen Metamorphose" verstanden werden (SW I/4, 211). Schelling spricht in diesem Zusammenhang auch von einer möglichen „Auferstehung der toten Materie" (ebd., 208). Von daher schlägt Bloch schließlich den Bogen zwischen Materie und Utopie (vgl. TE 196ff.). Materie ist nicht starr und unveränderlich, und ihre Veränderbarkeit bezieht sich nicht nur auf die Formkraft von außen, also die handwerkliche oder technische Gestaltung etwa durch den Menschen. Als *„prozessuale, offen gehaltene Materie"* (SO 409, vgl. TE 208f.) ist sie noch nicht „ausdefiniert", nicht vollständig herausgebracht, sie ist nicht nur Faktizität, sondern eben auch Möglichkeit, ja „Daseinsform der Möglichkeit" (LdM 119). Dass es einen Prozess gibt, liegt letztlich am Unfertigen, damit Fertigstellung Ermöglichenden und darauf Drängenden der Materie. Mit Bloch gesprochen: *„reale Möglichkeit ist nichts anderes als die dialektische Materie"* (PH 237) und „Prozeß überhaupt wäre ohne solch utopisch beschaffene Materie nicht möglich" (TE 209). So wird der Bogen *zwischen* Utopie und Materie zu einem „in der Materie" (ebd., 232). Und zwar in einer „kraftgeladenen, energieverdichteten Materie, einer unstatischen, die ihre Atome nicht mehr als feste ‚Bausteine' hat, ihre Struktur nicht mehr im starren euklidischen Raum. Statt dessen geht es bereits in den Atomen bildend zu, sie können als elektromagnetische Felder dargestellt werden mit einem Kern als ‚Energieknoten', ja als Erregungszentrum, von dem das Feld sich mit Lichtgeschwindigkeit ausbreitet. Und wie unmechanistisch erst ging die ‚Ausbreitung' in den organischen, sozialen, kulturellen ‚Feldern' weiter; der so sich aktivierenden Möglichkeit sind keine Grenzen gesetzt. Immer neue Gestalten kamen und kommen aus dem bildenden materiellen Schoß, aus der Materie als dem Substrat stets bedingter, doch noch nie begrenzter, erschöpfter Möglichkeiten. Und es ist genau der Möglichkeits-Begriff, der bereits vom ‚linken' Aristoteles, ob auch passiv, mit dem der Materie verbundene, welcher Utopie in Materie sehen läßt und umgekehrt" (ebd., 232f.).

Anknüpfend an die Traditionslinie der aristotelischen Linken, Bruno, Spinoza, Schelling, will Bloch so einen „neuen Horizontbegriff von Materie" definieren, er postuliert „die noch offene Materie nach vorwärts" (MP 20). Von „Materie nach vorwärts" hatte Bloch schon in seinem Prager Manuskript von 1937 (LdM 176, vgl. ebd., 442) gesprochen, der Begriff zieht sich durch sein Lebenswerk. Materie als Substrat der objektiv-realen Möglichkeit wird zum Garanten des Neuen in der Welt (vgl. MP 469), *sofern* – und das ist conditio sine qua non – der subjektive Faktor (Materie als Vermögen) den objektiven Faktor (Materie als Möglichkeit) zur Erreichung des möglichen Ziels aktivieren kann. „In so zu begreifender Materie hat auch die Phänomenologie und Enzyklopädie der menschlichen Hoffnungsinhalte ihren vom bloßen menschlichen Bewußtsein unabhängigen Halt; der pure Geist [...] ist keiner. Derart wird nicht überraschen, daß die objektiv-reale Möglichkeit, die einzige *Garantie* des Novum, in Materie ihr einziges *Substrat* hat" (TE 233). So kommt Bloch zur Formulierung eines „Materialismus nach vorwärts" (ebd.), eines an diesem Ende „nicht mehr nur empirischen, sondern nun auch spekulativen Materialismus" (MP 20). Spekulativ im Sinne von *speculari* (‚erspähen, umherblicken, Ausschau halten'), vor allem was die Begriffe Finalität und Entelechie betrifft. Bloch begreift Materie als final, das heißt ausgerichtet auf einen Zweck, ein Endziel. Dieser Zweck, den die Materie als erst noch zu realisierenden in sich hat (Entelechie), ist das „Ideal des Guten", das freilich im Prozess erst noch verwirklicht werden muss, weshalb Bloch von „unvollendeter" Entelechie redet (vgl. ebd., 471ff.). „Die Materie selber ist unabgeschlossen, also ist sie Materie nach vorwärts, ist offen, hat eine unabsehbare Karriere vor sich, in die wir Menschen mit eingeschlossen sind, sie ist die Substanz der Welt. Die Welt ist ein Experiment, das diese Materie durch uns mit sich selber anstellt" (TLU 281).

→ *Dialektik; Kältestrom – Wärmestrom; Möglichkeit; Natur; Naturallianz; Natursubjekt; Spekulativer Materialismus; Subjekt – Objekt; Substanz; Utopie*

📖 BLOCH, J. R. 2006; BRUNO 1902; CUNICO 2000, 2001; EUSTERSCHULTE 2001; HABERMAS 1960; MÜNSTER 1987; REINICKE 1974; SCHMIDT, A. 1975; ZIMMERMANN 2001a.

Peter Zudeick

Mensch

Was ist der Mensch? So wird die anthropologische Frage oft gestellt. Für Bloch war die Frage schon falsch gestellt und sollte heißen: Was wird der Mensch? (vgl. EM 173) Der Mensch ist also das „noch nicht festgestellte Wesen", das sich in einem Entwicklungszustand befindet. In dem Sinne ist der Mensch kein Gattungswesen, sondern ein Gattungswerden, das aus der Materie entsprungen ist, als Produkt der Interaktion zwischen Kontingenz und Notwendigkeit; ein Zufallsprodukt also, das selber den Zufall kontrollieren muss und will. Blochs Auffassung ist daher eine dezidiert anthropozentrische, in der aber der Mensch als nicht-teleologisches Telos der Materie anzusehen ist, das die Aufgabe hat, im Gleichschritt mit der Naturalisierung des Menschen, die Natur zu humanisieren.

Mensch (griech. ἄνϑρωπος [*anthropos*], lat. *homo*, frz. *homme*, engl. *man*) ist nicht nur die Bezeichnung für ein statisches, sondern auch für ein hermeneutisches (Dilthey) sowie ein offenes Konzept, d. h., eines des noch nicht „festgestellten Wesens" (Bloch; vgl. PH 135). Die Anthropologie hat mithin eine philosophische und antizipierende Dimension, die immer nach Antworten auf die kantische Frage sucht: Was ist der Mensch? Bloch nimmt diese Frage auf und formuliert sie um: „Wobei wichtig ist, daß gar nicht gesagt werden kann, was der

Mensch ist, weil er eben am stärksten drängend von allem, was es gibt, sich nicht hat, sondern wird" (EM 172). Der Begriff Mensch impliziert also von vornherein die Dimension eines noch nicht begreifbaren und unausgegorenen Prozesses: „Der Mensch fühlt sich in solchen Zeiten deutlich als nicht festgestelltes Wesen, als eines, das zusammen mit seiner Umwelt eine Aufgabe ist und ein riesiger Behälter voll Zukunft" (PH 135). Insofern ist die philosophische Anthropologie immer eine Philosophie der bewussten und unbewussten Selbstüberwindung des Menschen. Beispielhaft seien die Konzepte Rousseaus, Marx' und Nietzsches genannt: So wandelt sich der Mensch für Rousseau „durch die Korrumpierung in der Kultur" (HWP 5, 1061). Nach Marx – und Bloch – „entsteht der eigentliche M[ensch] erst durch die Überwindung der Selbstentfremdung in der klassenlosen Gesellschaft" (ebd.). Nietzsche hingegen „konzipiert als Symbol einer zukünftigen totalen Daseinsbejahung den ‚Über-M[enschen]', für den alle ‚Gegensätze [...] zu einer neuen Einheit gebunden sind'" (ebd.).

Die Anthropologie ist für Bloch nur insofern interessant, als sie die allgemeine und invariante Anwesenheit der Hoffnung in all ihren Formen, durch alle Epochen der menschlichen Geschichte hindurch darstellte. Für Bloch gibt es *„keine andere Invariante in der Welt als die der Richtung aufs Noch-Nicht-Gekommene, das ein Erfüllendes sein könnte"* (TLU 261). Die Geschichte des Menschen war also immer eine dialektische Mischung aus der Invariante der Richtung des menschlichen Wesens und der Ontologie des Noch-Nicht-Gewordenen des menschlichen Seins: „Man ist mit sich allein und will das doch am wenigsten. Denn man ist menschlich, in sich allein fangen alle Menschen an. Und können zugleich allem begegnen, was um uns herum sie angeht. Wobei wichtig, daß gar nicht gesagt werden kann, was der Mensch ist, weil er eben am stärksten drängend von allem, was es gibt, sich nicht hat, sondern wird. Er ist geschichtlich schlechthin, vor allem freilich, indem gerade sein Anfang noch nicht heraus ist, deshalb auch nicht dasjenige, worauf er zielt. Das derart letzthin in dem dauernden Meinen unseres Lebens und Strebens Steckende keimt oder möchte keimen, wenn es könnte und die Umstände danach wären. Was sich nur befindet, bleibt dumpf, findet sich nicht. Jedes will aus diesem seinem Nicht heraus, geht in die Ferne, gerade um sich nahe zu kommen, sich herauszubringen. Dieses anfangende Nicht und was es sucht, kommt in uns Menschen hoch, wie nirgends sonst" (EM 172).

In diesem Zitat sehen wir vielleicht am klarsten, wie die kantische anthropologische Frage des Menschseins durchbrennt in der Behauptung, dass der Mensch das Tier ist, das sich vervollkommnen kann. Blochs zentrale Kategorie des Noch-Nicht gilt universell, ist vor allem aber eine anthropologische und damit auch eine naturphilosophische Kategorie. Die Frage Blochs ist immer, wie der Mensch zu dem geworden ist, was er jetzt ist, und was aus ihm noch werden kann. Unter welchen Bedingungen ist der Mensch entstanden, wie prägt ihn seine Lebenswelt und wie wird er sich weiterentwickeln im Rahmen der Prozessmaterie? Der Mensch mag wohl ein „Geschöpf der Mitte" (vgl. Dessauer 1959) sein – zeitlich, räumlich sowie auch biologisch –, aber er befindet sich auch noch im Prozess des Sich-Vervollkommnens als Teil der sich entwickelnden Materie. Für Bloch ist der Mensch zwar ein kontingentes „Geschöpf", das sich jedoch bewusst und unbewusst weiterentwickelt: ein „Geschöpf der Mitte", das noch mitten in der Selbstschöpfung, der Selbstwerdung steht. Insofern ist der Mensch für Bloch kein Gattungswesen, sondern ein Gattungswerden.

Das bisherige Resultat des Menschwerdens – der Mensch *an und für sich* – ist für Bloch, in Anlehnung an Hegel also, nur ein verdinglichtes Prozessmoment, der Mensch sei „nichts ohne sein Werden und dessen wachsende Weltfülle von Inhalten" (EM 170), könne nur so verstanden werden. Da das Was eines Etwas, das Mensch heißt, nur ein temporäres Moment ist, heißt das auch, dass die Vervollkommnung noch aussteht und dass die „Wahrheit" des Menschen noch nicht klar vorauszusehen ist, sondern nur vorauszuahnen. Zentrales Anliegen der Philosophie ist für Bloch also die Suche nach der Wahrheit, gerade der des Menschen: „Das wäre allerdings keine Philosophie mehr, der nicht die Wahrheit der Hauptpunkt wäre und das Zentrum" (TLU 244).

Diese geahnte Wahrheit des noch nicht vollendeten Tier-Menschen ist aber gleichzeitig eine unvollendete, noch unausgegorene und sich ständig revidierende Wahrheit, die im Rahmen der dialektischen Verbindung zwischen Aristoteles' Kategorien *kata to dynaton* und *dynamei on* entsteht. Oder wie dies Marx im *Achtzehnten Brumaire* treffend ausdrückt: „Die Menschen machen ihre eigene Geschichte, aber sie machen sie nicht aus freien Stücken, nicht unter selbstgewählten, sondern unter unmittelbar vorgefundenen, gegebenen und überlieferten Umständen" (AB 115). Der Mensch ist also eine sich selbst konstituierende Wahrheit und etwas, „was erst noch gefunden werden muß" (SP 32). Die materielle Wirklichkeit, die uns umgibt, lässt also zu einem gegebenen Moment nur das zu, was möglich ist. Diese

Wirklichkeit aber ändert sich, durch den Prozess ihrer eigenen Entwicklungsdynamik, der latenten, aber inhärenten Möglichkeiten, ständig. Was uns als Menschen aber aus dieser Umgebung heraushebt, ist die bewusste sowie unbewusste Fähigkeit, sie kreativ und aktiv umzuwandeln. „Das Tier ist fertig, wenn es die Art erhalten kann, beim Menschen fängt mit der Pubertät erst die entscheidende Entfaltung an. Das Tier ist in seine Umgebung tatsächlich wie hineingepresst, und diese ist wieder, mit einer Entsprechung bis zur Mimikry, auf seinen eigenen Bauplan eingetragen; der Mensch verändert seine Umwelt durch Arbeit, er selber wird erst durch diese Mensch, nämlich Subjekt der Weltveränderung" (PH 1238f.).

Das heißt, dass der Mensch gleichzeitig ein Produkt der Natur ist sowie der Agent ihrer und damit auch seiner Überwindung. Wir können Bloch daher als anthropozentrischen Naturphilosophen bezeichnen, nicht weil der Mensch als etwas Besonderes erschaffen wurde, sondern weil er die Welt als etwas Besonderes konzipiert und umgewandelt hat und in diesem Prozess sich autopoietisch verwandelt. Wie Zeilinger zeigt, besteht Bloch auf dieser anthropozentrischen Haltung, kritisiert an Giordano Bruno und anderen eine zu konstatierende philosophische „Entmittung des Menschen" (vgl. Zeilinger 2003), geschuldet dem neuen heliozentrischen Weltbild bzw. generell einer unangemessenen Überhöhung naturwissenschaftlicher Erkenntnisse im philosophischen Denken. Die Verbindung von Latenz und Tendenz im Zusammenspiel von Materie und Möglichkeit im Universum und damit auch im menschlichen Gehirn führt unabdingbar zu einer Zielorientierung, die utopisch sein muss, gerade weil sie noch kein erkennbares Ziel oder Gegenwart im Sinn von Präsenz hat. Die menschliche Utopie bei Bloch unterscheidet sich mithin von derjenigen der herkömmlichen Utopisten, indem sie konkret ist im hegelschen Sinne: nämlich als ein *concrescere* – ein Zusammenwachsen – von dem, was möglich ist, und dem, was möglich sein wird, mit dem Menschen als aktivem Beförderer des Prozesses. Obwohl wir wenig Ahnung haben können, wie der Mensch als Resultat dieses Prozesses in Zukunft aussehen wird, sind wir doch gleichzeitig durchaus in der Lage, dies durch unsere Kapazität, nach vorwärts zu träumen, antizipierend zu projizieren. „Was ist der Mensch? Dasjenige, was zwar noch nicht weiß, was es ist, doch wissen kann, was es, als sich entfremdet, sicher nicht ist und deshalb so falsch nicht bleiben will, wenigstens nicht soll" (PA 18). Insofern sind Anthropologie und menschliche Utopiekonzepte bei Bloch so sehr ineinander verflochten, dass es unmöglich ist, sie voneinander zu unterscheiden. Das unnötige Tier ‚Mensch' – „ein so später Gast auf der schon späten Erde" (EM 173) – muss also notwendigerweise seine Umwelt humanisieren, um sich als Mensch naturalisieren zu können (vgl. PH 277). „Die Tiere sind mit sämtlichen Handlungen und Empfindungen in ihr fixes Gattungswesen und dessen Umwelt eingebaut: der Mensch kann sich darüber hinausheben" (ebd., 1238). Die Vervollkommnung als wirklicher, d. h. wahrer Mensch, findet daher erst nach der wirklichen *Genesis* statt, die bekannterweise nicht am Anfang, sondern am Ende eines dialektischen Prozesses des Werdens steht, der durch den „arbeitende[n], schaffende[n], die Gegebenheiten umbildende[n] und überholende[n]" Menschen (ebd., 1628) unternommen wird. Anthropologische Konstante ist das Werden des Menschen, die Veränderung durch den Menschen: „Der Mensch ist invariant gerade als das sich usque ad finem stets überschreitende Wesen" (TLU 261; LdM 362). Im offenen Weltprozess kann sich der Mensch daher weder als Kulturwesen noch als Naturwesen – in Kooperation mit der außermenschlichen Natur – seiner Wirkmächtigkeit und Verantwortung entziehen, denn fest steht, „daß im Menschen der Hebel sei, von dem die Welt aus technisch in ihre Angel zu heben ist" (PH 801).

Wie Wolfgang Würger-Donitza betont (vgl. Würger-Donitza 2003, 34), hat die philosophische Anthropologie – im Gegensatz zu „Partial"-Ansätzen wie biologischen, medizinischen, politischen, soziologischen und psychologischen – es auf sich genommen, den Menschen und sein Wesen transzendental und daher in der Ganzheit seiner Beziehung zur Welt und seiner Rolle in der Welt zu erklären. Diese Ganzheit ist aber für Bloch selbst eine partiale Ontologie des Noch-Nicht-Gewordenen, die uns dazu zwingt, die Frage unseres Wesens auf Grundlage des Eingedenkens und des Evidenzgefühls, die man sonst nur in der Mathematik und der Logik erkennt, zu untersuchen. Für Bloch gibt es nur eine Invariante, nämlich die „Tendenz auf Erscheinung des Wesens" (TLU 260), die für sich selbst noch nicht heraus ist. Aber sie ist der Kern einer Sache, „*selber nur erst in Tendenz und Latenz, in Realgärung und Realverschlossenheit, im objekthaften Chiffrestand und Realgeheimnis*" (ebd., 262) – kann also nur geahnt werden. Dieses Evidenzgefühl speist sich aus einer Dialektik der Offenheit der Subjekt-Objekt-Beziehung von Mensch und Welt sowie einer offenen Dialektik der Hoffnung, die nicht auf den vorhandenen und als unabänderlich angesehenen „verdinglichten Prozeßmomenten" (TLU 263) des Jetzt und Hier beruht, sondern im

Jetzt und Hier ständig die Kategorie Möglichkeit bedenkt und vorfindet (vgl. TLU 367f.). Im Gegensatz zu Heideggers „ontologische[r] Rückstrahlung des Weltverständnisses auf die Daseinsauslegung" (Heidegger 1967, 16) beschwört Bloch also eine dialektische und dynamische Rückkopplung der Subjekt-Objekt-Beziehung, die noch nicht abgeschlossen ist.

Blochs Anthropologie hat als Voraussetzung also ein Paradox: Wie kann man die Zusammenhänge zwischen Universum, Welt und Mensch verstehen, wenn nicht nur alles fließt, sondern wenn alles im Dunkeln fließt und wir nicht klar erkennen können, wohin. Wie Heidegger sagt: „Daß wir je schon in einem Seinsverständnis leben und der Sinn von Sein zugleich in Dunkel gehüllt ist, beweist die grundsätzliche Notwendigkeit, die Frage nach dem Sinn von ‚Sein' zu wiederholen" (ebd., 4). Im gleichen Kontext sagt auch Alain Badiou zu dieser Frage des Seins: „Die Philosophie, [wir könnten auch hier sagen, die philosophische Anthropologie] in ihrem ganzen Wesen, liefert eine Methode des ‚Ja-sagens' zu den vorher ungewussten Gedanken, die gezögert haben, die Wahrheiten zu werden, die sie sind" (Badiou 2009, 3). Das heißt, dass die Anthropologie nichts anderes ist als eine Erzählung der Menschheitsgeschichte aus einer Position der blinden Selbstbeteiligung an der Front des real-möglichen Prozesses: „Wir Menschen stehen an der Front des Weltprozesses, und wenn wir den subjektiven Faktor, der wir sind, den Faktor der Tat, die sich mit uns selbst verwirklicht, nicht einsetzen, dann allerdings entsteht nichts" (TAG 144). Man könnte dies als eine Art offene Autopoiesis beschreiben: eine Systemtheorie mit offenem System und sich wandelnder Theorie, die im Dunkel des gelebten Augenblicks stattfindet und analeptisch sowie proleptisch erfasst werden muss. Die provisorischen Wahrheiten des Menschlichseins sind für Bloch jene, die nicht einfach aus dem Bestehenden herrühren, sondern aus dem Kommend-Gewesenen als transzendent ohne Transzendenz aufsteigen und auf uns zukommen, aus einer „Teleologie der vielfachen Möglichkeiten" (Caldwell 2003, 127).

Für Bloch gibt es vier Formen oder „Schichten" (PH 258) der Möglichkeit: Die erste Schicht ist „Das formal-Mögliche" (ebd.), „ein *formales* Kannsein; denn denkmöglich ist alles, was überhaupt als in Beziehung stehend gedacht werden kann" (ebd., 259). Im Widersinn des Alles-Seinkönnens ist aber schon eine Tendenz hin auf die zweite Kategorie angelegt, auf „Das sachlich-objektiv Mögliche" (ebd.). Hier finden die abstrakten und widersinnigen Möglichkeiten ihren Boden als Vermutung oder Ahnung. Die dritte Schicht, das „sachhaft-objektgemäß Mögliche" (ebd., 264), betrifft nicht nur die Möglichkeiten, die wir in der Welt erkennen, sondern jene Möglichkeiten, welche die Welt für sich und uns noch offen hält als *Potenzialität* (ebd., 268). Von besonderer Relevanz ist die vierte Schicht, das „objektiv-real Mögliche": „Das Kannsein würde fast nichts bedeuten, wenn es folgenlos bliebe. Folgen hat das Mögliche aber nur, indem es nicht bloß formal zulässig oder auch als objektiv vermutbar oder selbst als objektgemäß offen vorkommt, sondern indem es im Wirklichen selber eine zukunfttragende Bestimmtheit ist. [...] So ist der Mensch die reale Möglichkeit alles dessen, was in seiner Geschichte aus ihm geworden ist und vor allem mit ungesperrtem Fortschritt noch werden kann" (ebd., 271). Da dem Menschen auch das Bewusstsein davon zu Eigen ist, muss er für sich selber eine Ahnung entwickeln, wie diese realmögliche Potentialität zu verwirklichen ist. Für Bloch sind die größten antizipierenden Wahrheiten die Religion und der Marxismus, weil sie letzten Endes die einzigen großen Erzählparadigmen der menschlichen Weltgeschichte sind, die auf dieser Treue zum Menschen und seiner Welt beruhen, aber gleichzeitig auch auf der Veränderbarkeit von Mensch und Welt beharren, als objektiv-realer Möglichkeit (vgl. ebd., 284). Aus diesem Grund war Bloch bemüht, Christentum und Marxismus zusammenzubringen, um die Gemeinsamkeiten in ihren unentdeckten Wahrheiten zu finden. Christen und Kommunisten haben für Bloch in diesem Sinne eine profunde Gemeinsamkeit: Sie beide glauben an bisher unmögliche, unvorstellbare, unmachbare, noch nicht gewordene, aber gleichzeitig invariante und objektiv realmögliche Wahrheiten. So akzentuiert er: „Das höchste Gut ist selber dieses noch nicht gebildete, in der Tendenz des Prozesses letzthin bedeutete, in der Latenz des Prozesses letzthin realmögliche Ziel" (ebd., 1566). Blochs Anthropologie kann daher auch als materialistischer Gnostizismus gesehen werden, indem die Ahnung einer sich vervollkommnenden Welt und eines sich vervollkommnenden Menschen eine heterogene Mischung aus Traum, Hoffnung, Wirklichkeit und dem Real-Möglichen ist: Der „Übergang aus dem Reich der Notwendigkeit in das der Freiheit hat nur an unabgeschlossener Prozeßmaterie Land. Genau die bisher entferntest gehaltenen Extreme: Zukunft und Natur, Antizipation und Materie – schlagen in der fälligen Gründlichkeit des historisch-dialektischen Materialismus zusammen. *Ohne Materie ist kein Boden der (realen) Antizipation, ohne (reale) Antizipation kein Horizont der Materie erfaßbar*" (ebd., 273f.).

Hinzu kommt, dass Blochs Anthropologie keine im herkömmlichen wissenschaftlichen Sinne des Wortes ist. So konstatiert Marsch: „Die[se] Selbstverständlichkeiten heutiger Sozialanthropologie sind Bloch natürlich nicht unbekannt, er setzt sie voraus. Aber er geht einen nicht unwichtigen Schritt weiter: Jener geschichtlich offene Prozeß der Wechselwirkung zwischen Mensch und Welt treibt nicht irgendwohin – er führt auch nicht zur ‚Entlastung' spontan subjektiver ‚Antriebe' in objektiven ‚Institutionen' und Mächten der Kultur –, sondern er hat sein Ziel in einer zunächst geheimnisvollen, aber durchaus philosophisch bewußt zu machenden Entsprechung zwischen dem ‚nach vorwärts-träumenden Menschen' *und* der sich entwickelnden Welt: subjektive Hoffnungsinhalte *und* das ‚objektiv-real Mögliche' entsprechen einander – ‚Metamorphose des Menschen [...] in Ansehung unseres Kerns, des sich erst bildenden Selbst' – *und* das ‚ständige Plus-ultra essentieller Möglichkeit'" (Marsch 1963, 64f.).

Blochs Anthropologie besteht letzten Endes aus dem Versuch, den werdenden Mensch und die konkrete Utopie in einer autopoietischen – eben keiner teleologisch dogmatischen – Einheit erneut zusammenzubringen. Der Versuch, eine Invariante der Richtung als Grundtendenz der Hoffnung zu temporalisieren, war ihm immer am wichtigsten. So äußert sich Bloch 1975 über das gerade erschienene Werk *Experimentum Mundi*: Das Buch „will eine Philosophie dieser Invariante setzen, die selbst Prozeß ist – also wieder ein Paradox: eine Invariante, die im Prozeß ist –, mit Hilfe der Grundkategorie Möglichkeit" (Gespräche 264). Der Prozess des Werdens ist also vor die Programmatik des Erreichens oder auch des Seins zu stellen. Bloch schreibt in diesem Sinne autopoietisch über Hegel: „Werden war von Anfang an das Paßwort, das Hegel gebrauchte. Es öffnete ihm den Weg durch das starr erscheinende Gefüge der Dinge, so wie dieses Gefüge selber ein Weg war, einer, der sich selbst bewegt: ein Fluß" (SO 226).

Die autopoietische Offenheit der Entelechie bedingt aber ein politisches Hineinwirken in die Sache der menschlichen Befreiung, denn das Ziel existiert nur als Potenz/Potenzialität, und nicht als Wirklichkeit. Das Ziel ist zwar in der Sache selbst, aber die dialektische Beziehung zwischen Ziel und Sache impliziert, dass das Ziel noch nicht festgestellt werden kann, weil die Sache noch im Werden steht: „Dieses Einschreiten [in große offene Horizonte] ist theoretisch-praktische Arbeit gegen die Entfremdung, also für die Entäußerung der Entäußerung, also für die Äußerung des Heimatlichen, worin der Kern oder das Wesenhafte von Mensch und Welt endlich zu beginnen vermag, sich zu manifestieren" (ebd., 519).

→ *Marxismus; Möglichkeit; Heimat; Hoffnung; Natur; Noch-Nicht; Novum; Prozess; Tendenz; Traum*

📖 BADIOU 2009; CALDWELL 2003; DESSAUER 1959; HEIDEGGER 1967; MARSCH 1963; WINDER 1974; WÜRGER-DONITZA 2003; ZEILINGER 2003.

Peter Thompson

Metaphysik

Der Name Metaphysik, mit dem im *Corpus Aristotelicum* einfach jene Schrift belegt wurde, die in der Reihenfolge nach der Physik-Vorlesung eingeordnet wurde (*meta ta physika*) – also ein rein editionstechnischer oder bibliothekarischer Terminus – erhielt sehr bald schon eine inhaltliche Bedeutung. Er sollte jene philosophische Disziplin bezeichnen, die es mit Gegenständen zu tun hat, welche nicht in den Bereich innerweltlicher Erfahrung fallen, sei es, dass sie der menschlichen Vernunft a priori zukommen, sei es, dass sie als transzendent betrachtet werden. Von daher versteht noch Immanuel Kant Metaphysik als „die Wissenschaft, von der Erkenntnis des Sinnlichen zu der des Übersinnlichen durch die Vernunft fortzuschreiten" und behandelt die Frage nach der Möglichkeit und Beschaffenheit synthetischer Urteile a priori als Vorfrage zu einer jeden künftigen Metaphysik, die als Wissenschaft wird auftreten können (vgl. KAA/4 PKM). Bloch macht von dem Terminus nicht im kantischen, sondern im nacharistotelischen Sinne Gebrauch, ohne sich auf philosophiegeschichtliche Begriffsdifferenzierungen einzulassen, wenn er seine eigene Konzeption von Metaphysik im Rahmen einer marxistischen Philosophie entwickelt.

Bloch kann den Terminus Metaphysik in die marxistische Philosophie übernehmen, weil die zentralen Fragen der klassischen Metaphysik nach den Formbestimmtheiten des Seins und Denkens (Ontologie), nach der Welt als Totalität (Kosmologie) und nach den objektiven

Grundlagen von Erkenntnis und Moral (Psychologie) erhalten bleiben (vgl. Baumgarten 1739), wenn Philosophie eine „wirkliche Konzeption der Welt" sein soll, die „aus der wirklichen Tätigkeit jedes einzelnen hervorgeht, die in seinem Tun impliziert ist", und die entsteht, weil es „nötig ist, kritisch und kohärent die eigenen unmittelbaren Anschauungen von der Welt und vom Leben zu systematisieren" (Gramsci 1975, 1378f.).

Der dialektische Materialismus hat, indem er sich als wissenschaftliche Weltanschauung versteht, die Probleme der klassischen Metaphysik nicht eliminiert, sondern als Fragen von systematischer Bedeutung in sich aufgenommen. Die wissenschaftliche Weltanschauung formuliert „die Gesamtauffassung (Theorie) vom Weltganzen, vom Ursprung, von der Natur und der Entwicklung des Weltalls, von der Entstehung und Entwicklung der Menschheit und ihrer Zukunft, vom Wesen und Sinn des menschlichen Lebens, vom gesellschaftlichen Verhalten des Menschen, von den Fähigkeiten des menschlichen Denkens und den Werten der menschlichen Kultur und von ähnlichen grundsätzlichen Problemen" (z. B. PWB, 1287f.). Im Gegensatz zur spätbürgerlichen Kritik an der Metaphysik und zur Privatisierung der Metaphysik stellt sich der dialektische Materialismus den Fragen, die die Welt als Ganzes und die Stellung des Menschen in ihr betreffen. Dabei ist zu berücksichtigen, dass die theoretische Auffassung von der Welt als Ganzes ein Element der praktischen Orientierung in ihr ist und handlungsleitende Funktion hat, insofern ein System der Zwecke und gesellschaftlichen Perspektiven nicht ohne Vermittlung mit einem Konzept der Totalität rational entworfen werden kann. Der Kern einer Weltanschauung, in dem die Mannigfaltigkeit der Phänomene auf die ihnen zugrundeliegende Einheit und gesetzliche Ordnung konzentriert wird, ist der Gegenstand auch der marxistisch-leninistischen Philosophie – und in diesem Gegenstand sind die Themen der klassischen Metaphysik präsent. Indessen wird die geschlossene Systemgestalt der alten Metaphysik aufgesprengt.

Was bleibt dann als Gegenstand der Metaphysik für die scheinbar paradoxe Erscheinung einer marxistischen Metaphysik übrig? „Zwei Hauptmotive treten sofort hervor: die dialektische Methode und das enzyklopädische System" (PA 484). „Gemeinsam bleibt allen diesen Bildungen die Einheit, der Bezug auf einen ordo rerum, bei noch so weitläufiger Mannigfaltigkeit besonderer, selbst einzelner Inhalte. Es bleibt das Locierte und Zentrierte, wohin sich auch noch alle Nebenschriften mit ihren Inhalten, ja noch so abseitig auftretende Gedanken eines rechten Philosophen einfügen" (ebd., 487). „Systematisches bleibt philosophisch unerläßlich. Nur muß es marxistisch umfunktioniert werden, als Zweites außer der Hegelschen Dialektik, das auf die Füße zu stellen ist. Also im Gang auf materiellem Boden und im schlechthin noch Offenen seines tendenzhaft-materiellen Wegs darzustellen ist" (ebd., 493). Gerade an Hegel, der alle „vormalige Metaphysik" in spekulative Logik gleich Dialektik aufhob, gewinnt Bloch einen Begriff von Metaphysik, der ihr idealistisches Gewand wendet. Daher werden Teilstücke der klassischen Metaphysik ausgeschieden. Die rationale Psychologie wird in die Erkenntnistheorie entlassen, ihr aktives Element (der leibnizsche *appetitus*) geht in die Lehre vom politischen Handeln, von Praxis überhaupt ein; die rationale Theologie schlägt um in die Theorie des Gesamtzusammenhangs (nach Engels) und bildet mit der Kosmologie-Naturphilosophie die Dialektik der Natur. Damit verändert sich der Inhalt der allgemeinen Ontologie, aus der Lehre vom Seienden als solchem, *ens qua ens*, wird sie zur Ontologie des Noch-Nicht-Seins, der kategorialen Bedingung der Möglichkeit von Bewegung, deren Wirklichkeit die Bewegungsformen der Natur- und Gesellschaftsdialektik sind. So hat Blochs Metaphysik drei Kernbereiche: die Form-Inhalte der Geschichte und ihre Widerspiegelung im utopischen Bewusstsein; die Rolle des subjektiven Faktors als Antriebskraft der Geschichte; die kategorialen Formen des Prozesses. Die wissenschaftliche Weltanschauung, die diese Kernbereiche als Einheit zusammenschließt, ist der Materialismus, der die Beschränktheit der Einzelwissenschaften hinter sich lässt und das prinzipiell erfahrungsüberschreitende Ganze, das Totum, ins Bewusstsein holt.

Ernst Bloch ist der Metaphysiker des dialektischen Materialismus. Der dialektische Materialismus versteht sich aber gerade als Aufhebung der klassischen Metaphysik. Es ist daher vorab zu klären, inwieweit Blochs Selbstverständnis darin seine Rechtfertigung findet, dass in der Aufhebung der Metaphysik deren zentrale Probleme in neuer Form wieder auftauchen.

Die Utopie ist die Denkform, in der die Metaphysik nach der Aufhebung ihrer vormaligen Gestalt ihre Intention wieder aufnimmt, gegenüber der kontingenten Wirklichkeit der vielen Einzelheiten eine ideale Totalität zu konzipieren, die sich nicht auf die Summe der „Dass" beschränkt, sondern die Sinneinheit des Wesens („Was") zum Inhalt hat. Das ist noch nicht die neue Metaphysik-Dialektik, die den Weg vom wissenschaftlichen Wissen des Etwas zum System ihrer Beziehungen ausschreitet, die eben erst die Wirklichkeit ist, „wonach das

Logische in der Materie gelegen ist, einzig materiell erscheint und durchaus nicht ein eigenes Prinzip darstellt, hoch über der Materie, sondern sich einlässt in das Zusammen von Kraft, Stoff, Vernunft" (EM 64). „Diese jeweils sachlich vorhandene Beziehung ist zwar keinesfalls selber Denken, aber sie ist als Vermittlung und zwischen Daß und Etwas, Etwas und seinem Was, wozu das viele Etwas wesentlich gehört, auf logische Art formierend und so nachdenkbar" (ebd., 70). „Die Aussage des Besonderen durch ein Allgemeines, des Allgemeinen als sich zutragend durchsetzend, ausprägend – diese selber gesammelte Einsammlung des vielen Etwas in sein jeweiliges Was eröffnet das Kategoriale. Die Kategorien stellen sich im Denken zunächst als die jeweils allgemeinsten Beziehungsbegriffe dar; als solche spiegeln sie die jeweils allgemeinsten Daseinsweisen, Daseinsformen des sich bewegenden Etwas" (ebd., 71) „Die Kategorien sind das immer weiter sich ausprägende Relations-Wie, der versuchte Bezug des Daß zum Was" (ebd., 78). „Verhältnisse und Zusammenhänge in der realen Welt sind so real wie vernunftgemäß [...]. Die Welt hat also eine dem Gedanken zugängliche Vermittlungs-Mitte in jedem ihrer Gegenstände" (ebd. 79).

Die Utopie, nicht als Entwurf einer sozial besseren, technisch perfekteren, menschlich unentfremdeten Welt, sondern als Bewegungsform des Überschreitens eines Ist-Zustands, ist die Metaphysik der „Zwischenwelten". Der stoische Kosmopolitismus, das „Dritte Reich" des Joachim von Fiore, die „Utopia" des Thomas Morus sind keine Modelle für Staatsgründer, sondern „Figuren der unabgeschlossenen Frage". Ihr geschichtsphilosophischer Ort ist die Einschnittstelle zwischen zwei sich systematisch definierenden verschiedenen Gesellschaftsformationen; an jeder neuen Einschnittstelle sind frühere Utopien wieder rezipierbar, wiederholbar. Religionsphilosophisch kann eine eschatologische Perspektive in einen nicht mehr geschichtlichen Hintergrund führen, wie beim jungen Bloch deutlich, beim späteren noch zuweilen. Das ist auch die Ebene, in der Utopie und Literatur wie Metaphysik und Literatur sich begegnen. Welt als Geschichte kann sich nicht im geschlossenen System darstellen, sie muss in ihrer Systematik sich dem Fragmentarischen offen halten (vgl. Bloch/Holz 2010). Hegels Eule der Minerva fliegt erst in der Abenddämmerung, Leibniz' Möglichkeit, die zur Verwirklichung drängt, erwacht mit der Aurora (vgl. Holz 1956, 12).

Als Literaturgattung ist die Utopie eine Art Metaphysik. Es gehört zum sozusagen ‚literarischen' Moment der Metaphysik, dass in ihr ein personalisiertes Subjekt zum bestimmenden Akteur der Geschichte wird. Theologisch ist das Gott – säkular das handelnde Individuum – sei es der Monarch von Gottes Gnaden, sei es der Caesar, sei es der republikanische Volkstribun. Von den „welthistorischen Individuen" (Hegel) wurde stets das Heraufführen eines Neuen erwartet. Das spiegelt sich in den Kategorien der Erwartungshaltung, die dann in die Metaphysik eindringen und die sich am Problemstand, orientiert an Nicht-Identität, Zeitlichkeit, Möglichkeit, ausdrücken.

Es ist ein Verdienst Blochs, dass er, ohne Scheu vor Missverständnissen, auf die metaphysische Seite des Materialismus hingewiesen hat. Als metaphysischer bleibt der philosophische Materie-Begriff (also der „Materialismus") zwar nicht unberührt von den Entwicklungen der Physik, aber doch selbstständig gegen sie.

Diese Selbstständigkeit ist darin begründet, dass die Physik Materie immer nur als ihren besonderen Gegenstand, als Objekt ihrer Versuchsanordnungen betrachten kann, während, wie bemerkt, die Philosophie gerade den Umschlag vom Besonderen zum Allgemeinen vollzieht. Ein spekulativer Materialismus wird ohne eine Klärung des Universalienproblems, die Realität des Einzelnen und des Allgemeinen betreffend, nicht begründet werden können. Die Verknüpfung des Materialismus mit dem Universalienproblem macht demgemäß auch die Spannung des blochschen Materialismusbuchs aus, seine Gliederung in einen „Ersten Kursus, Die Lehren vom Einzelnen-Allgemeinen, den Stoff angehend" und einen „Zweiten Kursus, Die Lehren von der Materie, die Bahnungen ihrer Finalität und Offenheit" (MP 18).

Die Frage nach der Realität der Begriffsgegenstände – des abstrakt Allgemeinen, der Genera, des Wesens (oder wie auch immer das Universale bestimmt werden mag) – betrifft in der Tat den Materialismus an einem zentralen Punkt. Das Materielle ist in seiner Materialität gegeben als das Einzelne, das „Dieses-da" (τόδε τι bei Aristoteles), nur an ihm kann erfahren werden, was es heißt, dass etwas *ist*; materielles Sein erscheint in der *haecceitas* (wie die Scholastiker die Einzelheit des Seienden im Anschluss an Aristoteles nannten). Das, was am Einzelnen auf den Begriff gebracht, also als Allgemeines ausgewiesen werden kann, bleibt von seiner Dinglichkeit abgezogen und ist mit ihr nicht gleichzusetzen; es gibt keine „Farbe", sondern nur Rot, Gelb, Grün, Blau usf., und auch eigentlich sie nicht; sondern nur dieses bestimmte und einmalige Rot der Blume (das in keiner anderen auch der gleichen Art so wieder erscheint); das bestimmte und einmalige Gelb der

Hauswand (das in dieser Tönung sonst nicht mehr vorkommt). Das von Leibniz formulierte *principium identitatis indiscernibilium,* demzufolge es nicht zwei Substanzen gibt, die nur der Zahl nach *(solo numero)* verschieden wären, ist für jeden Materialismus unabdingbar, so dass Materialismus und Nominalismus zusammenzurücken scheinen. Der Satz des Duns Scotus „*ratio singularitatis frustra quaeritur*" müsste dann gelten und den Materialismus dem Irrationalismus ausliefern, der nur im Kontingenten die Realität findet und alle Allgemeingegenstände auf Konvention, Setzung oder Zeichengebung zurückführt; Materialismus und Positivismus hätten dann eine gemeinsame theoretische Grundlage.

Dass dies weder der Sinn des vordialektischen noch gar des dialektischen Materialismus ist, lässt sich bereits aus dem eleatischen Ursprung des einen, dem hegelschen des anderen entnehmen. Auch gibt die Verbindung des metaphysischen Materialismus mit dem erkenntnistheoretischen Realismus jenem eine antipositivistische Wendung. Eines nominalistischen Antiplatonismus würde der Materialismus, und gerade der dialektische, nicht froh; er büßte dabei seine Kraft ein, das Einzelne zu erklären und seine Bewegung zu beherrschen. Dennoch bleibt die Frage offen, wie das offenbar „Geistige" der Allgemeingegenstände in einer materialistischen Philosophie aufzuheben sei. Werden die Genera, an denen das Einzelne teilhat, als ein Real-Allgemeines gefasst, und wird die Einzelheit durch die jeweils besondere Mischung der Genera erklärt, so ist der Weg zu einem platonischen Ideenreich (das Nietzsche mit Recht als „Hinterwelt" bezeichnet hat) nicht fern. Verzichtet man auf die Realität des Allgemeinen, so bleibt von der Gesetzlichkeit der Welt, von ihrer kosmologischen Ordnung, nur die transzendente Willkür Gottes im Schöpfungsakt oder die diesseitige Willkür des setzenden oder vereinbarenden Philosophenverstandes übrig.

So ist einer konsequent materialistischen Philosophie aufgegeben, die Realität des Allgemeinen aus der Materialität der Welt zu deduzieren. Ist die Materie, wie es bei Lenin (in *Materialismus und Empiriokritizismus*) aristotelisch anzuklingen scheint, nur der unbestimmte Sachgrund von Welt (der Titel aller möglichen Gegenständlichkeiten), so bleibt allerdings die Spezifikation der Materie eine Folge der zu ihr jeweils hinzukommenden Formen – und dies ist in der Tat die Meinung des Aristoteles, aber doch wohl nicht die Lenins, der mit Engels die Materie selber als formträchtig, als je schon strukturiert und demgemäß als Inbegriff aller möglichen aus ihr hervorgehenden Formen ansieht.

In das Materialismus-Problem hat sich, wie hier deutlich wird, eine Konfusion eingeschlichen, die zunächst aufgeklärt werden muss. Es wird nämlich, seit Aristoteles, von Materie in einem zweifachen Sinn gesprochen. Einmal bezeichnet der Begriff das amorphe Material, das durch das Hinzukommen einer Form eine bestimmte Seinsweise erhält und damit erst wirklich wird; hier wird Materie gleichsam nach Art des grammatischen Subjekts gedacht als das ὑποκείμενον, das Zugrundeliegende, das in der Explikation des Satzes näher bestimmt, durch Prädikate usw. konkretisiert wird; die Kategorientafel des Aristoteles bezieht sich hierauf. Zum anderen aber bezeichnet der Begriff das substanzielle Sein der Welt hinsichtlich seiner Beschaffenheit, meint also ein schon prädikativ aufgefülltes Sein: im so gedachten ὑποκείμενον wird die logische Struktur des indogermanischen Satzbaus ontologisiert, das heißt die Vielheit der erscheinenden Eigenschaften des Weltseienden auf einen Urgrund (ἀρχή) zurückbezogen. Dieser Urgrund ist dann, wie Bloch aus Aristoteles interpretiert, das In-Möglichkeit-Seiende, δυνάμει ὄν, „worin der Stoff nicht als das Bedingende (nach Maßgabe des Möglichen), sondern als gärendes Möglichkeitssubstrat selber bestimmt ist [...]. Ja der Aristotelische Stoff ist nicht nur das Tragende, sondern das jeden gestaltenden Aufstieg in den Erscheinungen Begünstigende ... Dergestalt, daß sich die Formen nicht nur nach, sondern kraft Maßgabe ihrer erlangten Möglichkeit nach oben entwickeln können, die Bewegung ihrer also immer mehr der höchsten Form sich teleologisch annähern kann" (ebd., 143).

Zwei Aspekte des Materie-Problems, die sich im Rückbezug auf die ebenso logisch-grammatische wie ontologisch-substanzielle Bedeutung des ὑποκείμενον in der Konstruktion des indogermanischen Satzbaus verschlingen, sind also auseinander zu halten. Leibniz hat sie in einem zusammengefasst, indem er das logische Subjekt inhaltlich mit allen seinen möglichen Prädikaten auffüllte, so dass diese in jenem wenigstens potentiell – κατὰ τὸν δυνατόν – enthalten sind; und ein so aufgefülltes Subjekt ist dann aber auch der ontologische Realgrund aller möglichen Verwirklichungen – δυνάμει ὄν – und als solcher das universal Allgemeine, aus dem alle Besonderungen als Prädikationen herausgesetzt sind. Den logisch-ontologischen Doppelcharakter des Weltsubstrats hat Leibniz in dem Satz – einem grundlegenden Satz für jeden spekulativen Materialismus – formuliert: *praedicatum inest subiecto,* das Prädikat ist im Subjekt enthalten; und dieser Satz ist nur evident (sofern nicht jede Aussage auf eine tautologische reduziert werden soll), wenn er sich auf das Weltsubstrat im Ganzen bezieht und im Zusammenhang gelesen wird mit jenem anderen spekulativen Satz der leibnizschen Philosophie: *omne possibile exigit existere*, jedes Mögliche strebt danach zu existieren, was besagt, dass die Bewegung der Welt und das in ihr auftretende Neue aus dem unendlichen Möglichkeitsreservoir des Seienden und den konkurrierenden Tendenzen darin abgeleitet werden kann, ohne dass die Identität der Substanz (als eine Identität von Identität und Nicht-Identität) dabei aufgehoben werden müsste.

Die im Einzelnen zutage tretende, vorkommende Materie (die Materialität des unmittelbar Gegebenen) erweist sich dann als die jeweilige konkrete Ausprägung eines universellen Weltgrunds Materie, zu dem sich das Einzelne verhält wie der Satz zur Sprache, d. h. wie die Prädikation zu ihrem unendlich prädizierbaren Subjekt. Ja, wie schon angedeutet, kann nur der spekulative Begriff der Materie diese dialektische Aufhebung des Universalienstreits leisten, indem er als „übergreifendes Allgemeines" gebraucht wird. Die erkenntnistheoretischen und metaphysischen Dualismen fallen dann als scheinhafte weg: „Also gilt nicht mehr die harte, undialektische Teilung: *sensus stat singularitatem, ratio stat universalitatem*, vielmehr ist sowohl die Sinnlichkeit wünschenswert relativiert, als auch das abstrakte Denken braucht den unverabsolutierten Ort in der dialektisch vermittelten Ordnung der Apperzeptionsmomente, der allemal untrennbaren und zusammenwirkenden" (ebd., 111).

Die Frage nach dem Realitätsgehalt des Allgemeinen erfüllt seit Aristoteles ein zentrales Stück der Philosophie, das – je nach der Antwort auf diese Frage – der Erkenntnistheorie oder der Metaphysik zugeordnet wird: die Kategorienlehre. Diese hat ihren Ursprung im „Organon" des Aristoteles, wo die Kategorien als „die obersten Gattungen der über ein Einzelding möglichen Aussagen" entwickelt werden. Zehn solcher Kategorien zählt Aristoteles auf: Substanz, Quantität, Qualität, Verhältnis, Ort, Zeit, Tun, Leiden, Sichbefinden, Sichhaben. Und diese Aufzählung mag willkürlich anmuten, Kant war jedoch im Unrecht, wenn er dem Aristoteles vorwarf, er sei hier zufällig verfahren, und auch Bloch sieht zu wenig, wenn er die „noch halb grammatikalische Bindung und Beschränkung" der *aristotelischen* Kategorien rügt und schreibt: „Auch haben die logischen Aussageformen nur ein sehr undeutliches Verhältnis zu den realen Gattungsformen, welche in den einzelnen Erscheinungen zwecktätig sich verwirklichen und deren ‚Entelechie' bilden" (ebd., 36f.).

In der Tat sind die aristotelischen Kategorien grammatischen Ursprungs und halten sich an die möglichen Artikulationen des Subjektes im Satz. Die Fundierung des logischen Charakters von Aussagen auf die Sprachform meint indessen die Konvergenz von Logik und Ontologie, in der die Welthaltigkeit der Sprache, ja die *Homoiomorphie* von Sprache und Welt, die Inhaltlichkeit der logischen Formen garantiert; die *Topik* weist über die formale Logik der *Analytiken* hinaus auf eine hermeneutische Logik hin.

Insofern wird schon an der aristotelischen Kategorientafel etwas sichtbar, was für jede zukünftige Kategorienlehre und vorab für eine materialistische wesentlich sein sollte: Einmal treten Kategorien als die formalen Allgemeinbestimmungen des Seienden als eines Seienden auf und leiten ihre formale Allgemeinheit aus der Struktur der Sprache her, lassen sich also in gewisser Weise als Transzendentalien fassen; zum anderen sind die Kategorien, gerade weil sie aus der Sprache hergeleitet sind, an der Realstruktur der Welt orientiert und mit den realen Weltgehalten aufgefüllt, die in der Sprache abgebildet werden. So kann ein Kategoriensystem sich auf verschiedenen Stufen der Allgemeinheit entfalten; sind die Transzendentalien der aristotelischen Kategorientafel von oberster Allgemeinheit – das Seiende als solches, als Gegenstand der Aussage betreffend – so konkretisieren sich auf einer niederen Allgemeinheitsstufe die Kategorien zu „Daseinsformen der realen Welt"; hierher gehören dann Kategorien wie Widerspruch, Gegensatz, Bewegung, Ursache, Zweck, Wert und dergleichen; und zum Beispiel an der Kategorie Wert lässt sich, den Explikationen von Marx im *Kapital* folgend, die Ausfächerung in immer näher bestimmte Subkategorien belegen, ebenso wie die Konstitution der Kategorie Wert aus der Dialektik von Gebrauchswert und Tauschwert.

Kategorien sind also „allemal Formbeziehungen der Menschen zu Menschen und zur Natur, kurz: Formen der sozialen Vergegenständlichung und ihrer jeweiligen Gegenständlichkeit; wichtig ist bei alledem freilich, dass hier die Kategorien gerade als Daseinsformen, als reale Figuren nichts Fest-Logisches im platonischen Sinn sind, gar bleiben. Sie zeigen stattdessen, in Folge veränderter Einzelheiten, gar Besonderheiten ihrer Allgemeinheit, fortdauernden Bedeutungswandel gemäß dem Prozesscharakter der Gesellschaft, worin sie formuliert werden, und für deren Inhalte sie gelten. […] Die Geschichte der Kategorien als objektiver Daseinsformen fällt derart, wie besonders Lukács in ‚Geschichte und Klassenbewußtsein' betont hat, marxistisch mit der Geschichte der Vergegenständlichung und Gegenständlichkeitsformen zusammen, die das Dasein des Menschen und seiner Welt gestalten" (ebd., 112f.).

Auf den Apriorismus einer deduzierbaren Kategorienmenge, wie er dem kantischen Versuch, die Kategorien aus den Urteilsformen abzuleiten, zugrunde liegt, wird der Marxismus, historisch geschult, also leichten Herzens verzichten; nicht so indessen auf das Moment von Formalismus, durch das die Gesetzmäßigkeit des Besonderen, seine Subsumtion unter Regeln, erst aufgefasst werden kann. Das Kategoriensystem gleicht einem Schichtenbau, dessen oberste Region „objektiv transzendentale" Bestimmungen des Seienden umfasst, während die weiteren Kategorialregionen die formalen Prinzipien der Konstitution von Regionen des realen Seins (oder, wie in der Mathematik, des daraus entspringenden idealen Seins) enthalten. Eine erkenntnistheoretisch differenzierte Fassung des Kategorialbegriffs verbietet es, Kategorien einfach als Abstraktionsformen von Eigenschaften des Seienden, quasi als substantivierte materielle Attribute zu fassen. Die Bemerkung von Marx (aus der *Einleitung zur Kritik der politischen Ökonomie*), Kategorien seien „Daseinsformen, Existenzbestimmungen, oft nur einzelne Seiten dieser bestimmten Gesellschaft, dieses Subjekts" (EKPÖ 637) kann keinesfalls in diesem planen Sinne zu verstehen sein; schon deshalb nicht, weil hier nicht der marxistische Begriff von Kategorien expliziert wird, sondern die Kategorien der bürgerlichen Wissenschaft, bzw. ihrer Ökonomie, ideologiekritisch auf das hin durchleuchtet werden, was sich unter ihrer hypostasierten Form verbirgt. Wohl aber hilft eine weitere Marx-Bemerkung, die besagt, diese Kategorien drückten „die bürgerlichen Beziehungen in der Form des Gedankens aus" (vgl. ebd., 633 u. 636).

In dieser Formulierung liegt zweierlei. Einmal werden die in kategorialer Form ausgesagten Inhalte als „Beziehung", nicht als Substanzen oder Eigenschaften bezeichnet; Kategorien sind also Begriffe, die in formaler und quasi substantieller (verdinglichter) Weise Beziehungen (oder Funktionen) des Seienden ausdrücken – z.B. Raum, Zeit, Wert, Ware, Fetisch etc. Wissenschaftstheoretisch präzisiert wären Kategorien dann jene Termini einer Theorie, die die Struktur der in dieser Theorie abgebildeten Inhalte entwerfen.

Zum zweiten kommt – in dem Marx-Wort – die „Gedanklichkeit" hinzu. Auch hier dürfen wir es uns wieder nicht zu einfach machen. Sicher meint *jeder* Begriff eine von ihm selbst unterschiedene, also ihm „äußere" Wirklichkeit, die er in der „Form des Gedankens" abbildet. Zur Kategorie wird er offenbar erst, wenn diese „Form des

Gedankens" (und zwar hinsichtlich ihrer Genesis, ihrer Struktur und ihrer Funktion) in seine Bedeutung mit eingeht. Es kann also gegebenenfalls einen nichtkategorialen und einen kategorialen Gebrauch desselben Begriffes geben. „Ware" ist ein Wort, das seit der Entstehung des Warentausches einen auch umgangssprachlich ziemlich präzisen ökonomischen Sinn hat; ja sogar die allgemeine Äquivalenz ist schon im fünften vorchristlichen Jahrhundert ausgesprochen worden: „Für Feuer ist Gegentausch alles und Feuer für alles wie Waren für Gold und Gold für Waren" (Heraklit 2007, B 90). Erst seit der Analyse des 1. Kapitels des *Kapital* kann man jedoch davon sprechen, dass der Begriff „Ware" eine Kategorie sei – weil nämlich nun die „Form des Gedankens" (die sich darin niederschlagende Dialektik des Wertverhältnisses, die Verselbstständigung des Produkts gegenüber dem Produzenten, die Abstraktheit der arbeitsteiligen Produktion, der Fetischcharakter usw.) für den Begriff konstitutiv wird. Ware bleibt umgangssprachlich Begriff für eine Allgemeingegenständlichkeit – so etwa, wenn die Hausfrau sagt, sie gehe ins Warenhaus, um einzukaufen – und kann auch in diesem Sinne wissenschaftlich verwendet werden; zugleich aber ist Ware kategorialer Titel für einen gesellschaftlichen Sachverhalt geworden, dessen Struktur durch eine Theorie beschrieben (oder definiert) ist, die als Abbild dieses Sachverhalts in den kategorialen Sinn des Wortes (qua ihrem Abbildanspruch) eingeht. Kategorien sind also Reflexionsbegriffe par excellence, das transzendentale Gerüst wissenschaftlicher Weltdarstellung, aber durchaus in jenem objektiven Sinne von Transzendentalität, den wir schon einmal andeuteten und der sich nun historisch dahingehend konkretisieren lässt, dass in Kategorien, als den konstitutiven Strukturbegriffen von Aussagen-Systemen, die Subjekt-Vermitteltheit des Objekts, d. h. die Praxis-Vermitteltheit der Theorie gegenständlich ausgedrückt ist.

Was idealistisch als reine Geisttätigkeit sich ausgab, die kategoriale Leistung bei der Bewältigung des Weltstoffs – des der Erkenntnis wie der Arbeit – wird so selbst in der materiellen gegenständlichen Praxis fundierbar: Die Welt ist dem Menschen nur im tätigen Umgang der Menschen mit ihr gegeben wie sie ist: sie stellt sich nicht der Kontemplation, sondern der Arbeit. Kategorien sind die Gegenstandsformen, in denen der angeeignete Gegenstand zugleich die Weise der Aneignung reproduziert. „Damit aber tritt ein völlig neues (wenn auch bei den Enzyklopädisten stets impliziert gemeintes) Substrat des Materialismus auf den Plan: das Substrat der menschlichen Bewegung, der menschlichen Tätigkeit. Nicht mehr das angeschaute Objekt der Physik, sondern das Objekt des tätig-menschlichen Subjekts, das ist der menschlichen Arbeit. Das undeutliche Subjekt der physischen *Bewegung* erhebt sich zum deutlichen Subjekt der menschlichen *Arbeit;* die Dialektik der Natur springt über in die Dialektik der menschlichen Geschichte; Leben wie Denken sind Bewegungsformen einer höher qualifizierten Materie und der Geist kein total Anderes, gar dualistisch Entgegengesetztes, sondern deren ‚höchste Blüte'" (MP 308).

Die Ambivalenz im Kategoriebegriff, die es leicht machte, diesen im Sinne einer idealistischen Erkenntnistheorie zu interpretieren, kann so materialistisch ausgeräumt werden: dann allerdings (und nur dann), wenn die Einwirkung des Menschen auf die Natur, die Arbeit selbst, als ein Naturprozess (wenn auch von dialektisch neuer Qualität) gefasst wird. Die unüberbrückbare Kluft zwischen Natur- und Geisteswelt, zwischen *res extensa* und *res cogitans* muss aufgehoben sein, die Materie selbst als in Potenz zur Reflexion und seit dem Auftreten des Menschen im Akt der Reflexion definiert werden, das Universum also als ein Reflexionssystem konstruiert sein, damit die schlechte *alteritas* von Subjekt und Objekt, die erkenntnistheoretische Crux des Materialismus, wegfalle. „Diese Selbstreflexion ist möglich, weil die Materie gerade nicht das Äußerliche ist, gar in ihrer Vulgäransicht das Äußerliche kat'exochen, vielmehr das Agens alles später Äußeren in sich hat und insgesamt der gebärende Schoß ist, auf den als das Selbst der Materie selber ihre Selbstreflexion Bewußtsein schließlich [an]treffen kann" (ebd., 461).

Jede am Weltentwurf der Wissenschaften orientierte Theorie des Gesamtzusammenhangs – also auch der dialektische Materialismus – hat demgemäß transzendentalen Ursprung, der in der Aufhellung des Verhältnisses von Denken und Sein am Leitfaden der gegenständlichen Tätigkeit geklärt und dessen epistemologische Form (als eine solche des „Werdens des Wissens") entwickelt werden muss. Und sie hat einen spekulativen Horizont, in dessen Entwurf sie jede mögliche Erfahrung überschreitet, nämlich die Totalität von Welt, die immer nur im *Begriff* des Ganzen gegeben sein kann; denn im *Begriff* des Ganzen – aber auch nur im Begriff des *Ganzen* – fallen Begriff und gegenständliche Realität des Begrifflichen spekulativ als Spiegelung der Spiegelungen zusammen: Das ist der materialistische Sinn der hegelschen absoluten Idee in ihrer Identität mit der Natur (HW 6, 573; HW 8, 393).

Die Grundfrage der Philosophie also und die in ihr eingeschlossene Widerspiegelungstheorie nehmen das klassische Problem der ontologischen Begründung der Erkenntnis (wie der Praxis) auf einem neuen Niveau auf: Es ist das Modell der Reflexionsphilosophie, das selbst noch einmal der Frage nach dem Grunde unterworfen wird. Durch die Einsicht in die fundierende Rolle der „gegenständlichen Tätigkeit" kann in einem universellen Begriff der Materialität und der materiellen Verhältnisse die Vermittlung zwischen Subjekt und Objekt gedacht und so die Dichotomie der Erkenntnisglieder (die aus dem idealistischen Schein entsprang) aufgehoben werden. Der Gegensatz von *Seinsmetaphysik* und *transzendentaler Konstitutionstheorie,* der selbst die Verfassung der traditionellen Metaphysik bestimmte, wird dialektisch überwunden. Dies geschieht aber nicht, indem die metaphysische Frage nach dem einheitstiftenden Prinzip der Wirklichkeit beiseite geschoben und als „Scheinproblem" denunziert wird (wie es der Positivismus tut), sondern indem eine dialektische Antwort gefunden wird, die die metaphysische Alternative von Materialismus und Idealismus selbst noch *materialistisch,* das heißt aus der Struktur des materiellen Verhältnisses, universelle wechselseitige Reflexion des Seienden zu sein, erklärt. Der Materialismus wird so zur übergreifenden Weltanschauung, die den Idealismus nicht als ihr anderes ausschließt und negiert, sondern noch den Grund der Entstehung des idealistischen Scheins aus dem materiellen Widerspiegelungsverhältnis selbst angeben kann.

Es zeigt sich, dass der idealistische Schein bei der Beantwortung der Grundfrage der Philosophie in engem Zusammenhang mit der Konstruktion des jede mögliche Erfahrung übersteigenden Begriffs des Ganzen entsteht. Kant hat – in der Erwartung, den Idealismus überwinden zu können – diesen Zusammenhang in der „transzendentalen Deduktion" thematisiert und ist dabei auf die Notwendigkeit der Erzeugung des Scheins gestoßen, ohne dies selbst aber noch deduzieren zu können. So wurde ihm die Dialektik zur „Logik des Scheins", ohne dass er dessen materiellen Ursprung hätte aufklären können. Die Realität des Scheins, also den Widerspiegelungscharakter des Scheins aufzudecken, vermag erst das Fetisch-Kapitel im *Kapital.* So fällt Kant in den Idealismus zurück, den er vermeiden wollte. Aber dieser Rückfall ist bedeutsam, denn er lässt den Konstruktionsfehler der transzendentalen Deduktion erkennen und ermöglicht Hegel, die Fixierung der Erkenntniskritik auf die scheinbare Evidenz analytischer Urteile zu durchbrechen und statt dessen die Evidenz des spekulativen Satzes „Das Wahre ist das Ganze" darzutun. Damit war die alte Metaphysik durch Dialektik restituiert, und der Schein von Kants kosmologischen Antinomien konnte aufgelöst werden. Engels knüpft an diese Leistung

Hegels an und kann nun Dialektik materialistisch als die „Wissenschaft des Gesamtzusammenhangs" konzipieren, also das Erbe der klassischen Metaphysik (von Aristoteles über Leibniz bis zu Hegel) in der Dialektik der Natur antreten. Auch hier kommt die Einsicht in die begründende Rolle der Praxis zu Hilfe. Die Orientierung der Erkenntnis am Satz vom Grunde führt in die schlechte Unendlichkeit der nie abschließbaren Kette von Bedingungen und Ursachen, so dass Totalität immer nur auf dem Wege über die Negation endlicher Bestimmtheiten gleichsam extrapolierend erreicht werden kann (das Schlusskapitel von Hegels *Wissenschaft der Logik* macht das deutlich). Vom hier und jetzt seienden Erkenntnissubjekt laufen die Linien fortschreitender Objekterkenntnis immer weiter vom Nächsten und Nahen in die Ferne, wo sie sich im Ungewissen verlieren.

Umgekehrt verhält es sich bei der gegenständlichen Tätigkeit. Indem das handelnde Subjekt sich auf den nahen Gegenstand hier und jetzt richtet, zieht es sozusagen aus aller Ferne die Bedingungen der Möglichkeit des Gegenstandes in sein Umfeld hinein. In seinem aktiven Verhältnis zu diesem Gegenstand in dieser bestimmten Situation verhält es sich zugleich zur ganzen Welt als der Voraussetzung und dem Grunde jedes Einzelnen. Als tätiges ist das Subjekt ein Spiegel der ganzen Welt, in der Tätigkeit selbst ist die Widerspiegelung enthalten (Leibniz hat das in der Einheit von *appetitus* und *perceptio* in der Monade schon antizipiert). In jedem Augenblick einer Handlung konzentriert sich die Totalität der Weltbezüge, die implizit in jedem partiellen Verhältnis anwesend ist; dies ist der materiale Gehalt des cusanischen „totum relucet in omnibus partibus". Das Programm der spekulativen Philosophie (Hegel) lässt sich mithin erst im Rahmen ihrer materialistischen Umkehrung und in einer dialektischen Ausarbeitung der Theorie-Praxis-Einheit einlösen.

Das tätige Subjekt ist aber auch nicht das Individuum solum ipse, sondern eben der gesellschaftlich organisierte Mensch, so dass in der Praxis und also auch im Widerspiegelungsvorgang immer auf die Gattungsgeschichte der Menschheit im Allgemeinen, auf Klassen und im besonderen Bezug genommen wird. Ein Subjekt ist immer schon ein Allgemeines, auch und gerade dann, wenn es sich in seiner Individualität realisiert.

Die Tatsache, dass die Praxis immer die Praxis eines Individuums ist und als solche ein Allgemeines, hat zwei Aspekte. Indem sich die gegenständliche Tätigkeit auf einen Gegenstand richtet, der als identisch und in Gedanken oder auch in der Wirklichkeit reproduzierbar festgehalten wird, geht das singuläre Etwas, das aristotelische „Diesesda", in ein Allgemeines, ein „Etwas dieser Art" über; diese Allgemeinheit drückt sich im Allgemeinbegriff (*notio communis*) einer Sache aus. Das besagt, dass eine Sache logisch als ein Exemplar einer beliebig großen Menge gleicher Sachen angesehen werden kann; es besagt aber auch, dass diese Sache für eine beliebige Zahl von Subjekten dieselbe sein kann – der ihnen gemeinsame Gegenstand, aber für jeden der seine.

Im *Praxisverhältnis* ist also die Realität des Allgemeinen eingeschlossen – und nur in der Bestimmung des Realitätsmodus der Universalien sind die Einheit von Theorie und Praxis und das Wesen der Widerspiegelung in der gegenständlichen Tätigkeit zu fassen. So kehrt innerhalb einer materialistischen Dialektik das alte metaphysische Problem des ontologischen Status der Universalien zurück, nun allerdings in einer Weise, die die Fronten des klassischen Universalienstreits aufhebt und dessen kontroverse Positionen als subordinierte Momente in den Umriss einer Reflexionsstruktur einträgt, die ihrerseits die Struktur eines materiellen Verhältnisses ist. Von da aus erfährt auch die Zweideutigkeit der Kategorien, als welche allgemeine Daseinsformen in der Gestalt von Aussageformen gesetzt werden, ihre dialektische Auflösung. Denn eine materialistische Kategorienlehre kann das Verhältnis von Daseins- und Aussageformen im Rahmen des Widerspiegelungstheorems ohne Schwierigkeiten bestimmen, muss allerdings auch den Generalisierungstypus von Kategorien (gegenüber Allgemeinbegriffen jeglicher Art) klären und fundieren können.

So ist die Widerspiegelungstheorie Metaphysik und Aufhebung der Metaphysik in ein und demselben Vorgang. Sie gibt das dialektische Prinzip der Konzeptualisierung von Weltverhältnissen an, indem sie zugleich den Verkehrungscharakter der idealistischen Begriffsform solcher Konzepte enthüllt. Materialistische Theorie ist immer auch kritische und bezieht das Kriterium ihrer Kritik aus der Praxis. Die großen Lehrstücke des Marxismus-Leninismus hängen systematisch miteinander zusammen; und dieser Zusammenhang ist so beschaffen, dass er seinen eigenen Widerspiegelungscharakter durchschaubar macht. Metaphysik, die sich als Widerspiegelung darstellt, ist jedoch keine Metaphysik mehr, sondern materialistische Dialektik. So hat der dialektische Materialismus das Erbe der klassischen Metaphysik angetreten und sie in sich und durch sich aufgehoben.

Nicht alle in der Tradition zur Metaphysik gehörigen Themen werden ihr heute noch zuzurechnen sein. Halten wir uns an Kants

Definition: „Die Metaphysik ist das System der reinen Philosophie. Das Wort bedeutet eine Wissenschaft, die über die Grenzen der Natur hinausgeht. Natur ist der Inbegriff aller Gegenstände der Erfahrung" (Kant 1821, 17), – so bleiben als Gegenstände, die aus der ehemaligen Metaphysik zu übernehmen sind, eben jene übrig, die grundsätzlich nicht *in* der Erfahrung gegeben sein können, wohl aber als Bedingung der Möglichkeit *von* Erfahrung zu gelten haben: Dies muss allerdings nicht transzendentalphilosophisch verstanden werden, sondern dialektisch, das heißt als Konstruktion der möglichen Totalität des Prozesses der Erfahrung, ausgehend von den einzelnen Erfahrungen selbst. Hegels *Phänomenologie des Geistes* hat die Methode der Konstruktion vorgeführt, wenn auch in idealistischer Verkehrung und darum der materialistischen Umstülpung bedürftig. An drei zentralen Themen sei gezeigt, in welcher Weise „metaphysische" Gegenstände in den dialektischen Materialismus verändert eingehen.

Friedrich Engels hat mit aller Deutlichkeit die Antwort auf die Grundfrage der Philosophie als zentral für die sachliche Verfassung wie für die ideologische Funktion der Philosophie gestellt. Die Dichotomie von Materialismus und Idealismus ist in diesem fundierenden Sinn nicht weltanschauungstypologisch gemeint (bei Dilthey und später in dessen Nachfolge Erich Rothacker; vgl. Rothacker 1947) sondern bezeichnet die beiden Interpretationsmuster, in denen das Verhältnis von Sein und Denken dargestellt werden kann. Es ist die seit dem Fragment 3 des Parmenides – „dasselbe nämlich ist Denken und Sein" – für jede Metaphysik unausweichliche Frage, ob das Sein nichts Anderes als das Denken des Seins sei oder ob das Denken als eine Repräsentation des Seins (von welchem Adäquatheitsgrad auch immer) aufgefasst werden müsse. Die idealistische Antwort, die dem Denken Priorität zuerkennt, ist nicht einfach eine aus unvollkommener Kenntnis der Wirklichkeit entspringende und also mit dem Fortschritt der Wissenschaften dahinfallende Verkehrung des in der „natürlichen Welteinstellung" gegebenen Realverhältnisses von Denken, sondern ein mit Notwendigkeit immer wiederkehrender Schein. Weil nämlich alle über das Ganze der Welt, über den Gesamtzusammenhang zu treffenden Aussagen gerade nicht durch die Erfahrungswissenschaften bestätigt werden können, sondern allein in der Struktur des spekulativen Begriffs zu begründen sind, entsteht der Schein (den man mit Kant einen „transzendentalen" nennen könnte), das Sein, der Weltgrund, die letzte Instanz in der Kette aller Erfahrungsgehalte sei das Denken oder wenigstens von der Art des Denkens – also Geist.

Hegel, der das System der philosophischen Wissenschaften als System der Konstruktion der absoluten Idee entworfen hat, führte diese Konsequenz mit äußerster Radikalität durch; die Hegel-Kritik Ludwig Feuerbachs und des jungen Marx hat diese Radikalität ernst genommen und mit ebensolcher Radikalität dem „Monismus der Idee" das Programm der Umkehrung Hegels entgegengestellt und damit zugleich die Bestimmung des Verhältnisses von Sein und Denken als die Grundfrage der Philosophie herausgestellt.

Die Bedeutung von Blochs Werk liegt in der organisierenden Zentrierung der gesamten Geistesgeschichte der Menschheit um die Antizipation einer von natürlicher Not und menschlicher Unterdrückung befreiten Welt, deren Verfassung er mit dem Marx-Wort vom „Humanismus der Natur und Naturalismus des Menschen" umschreibt und in der Herstellung des Kommunismus erstrebt. Bloch liefert ein weltanschauliches Modell für jene Teile des Bürgertums, die bereit sind, die frühbürgerlichen Aufklärungspostulate und das Programm von „Freiheit, Gleichheit, Brüderlichkeit" auch um den Preis der Aufhebung der kapitalistischen Gesellschaft und der ökonomischen Bedingungen des Widerspruchs von Bourgeoisie und Proletariat zu verwirklichen. Die weltanschauliche Kraft der blochschen Philosophie liegt in der Vereinigung einer progressiv-utopischen Perspektive mit der Aneignung des gesamten kulturellen Erbes. Die Orientierung Blochs auf die philosophischen Probleme des Fortschritts, des antizipierenden Bewusstseins, der Zukunft hat es ihm ermöglicht, im Gegensatz zur bürgerlichen Metaphysik des 20. Jahrhunderts wichtige philosophische Fragen zu erkennen, die sich einer dialektisch-materialistischen Ontologie stellen, und für sie Lösungsansätze anzudeuten, die mit dem Bestand an philosophischer Tradition vermittelt sind. Da geht es zum Beispiel um den Status von vorgreifenden Bewusstseinsakten und ihr objektiv-materielles Korrelat, um den Charakter modaler und temporaler Kategorien, um differentielle Kriterien kulturellen Erbes und anderes mehr. Dabei zielt Bloch auf eine Theorie der *Totalität von Welt*, die sich der theoretischen Vorgaben der klassischen Metaphysik bedienen und ihnen gegenüber bewähren muss. Bloch ist sich darüber im Klaren, dass er damit das Feld der Metaphysik betritt, und er nimmt auch für sich in Anspruch, Metaphysik zu treiben: „Ontologie des Noch-Nicht-Seins steht auf dem Niveau der alten Metaphysik, mit völlig verändertem Gebäude; neue Metaphysik und konkrete Utopie sind dergestalt Synonyme, geeint in *Transzendieren ohne Transzendenz*" (TE 356). Aber diese Metaphysik soll eine andere Struktur besitzen als die traditionelle, sie soll gerade deren statisches Moment, die Fixierung auf den Abschluss des Systems, in einem prozessualen Weltkonzept unterlaufen: „Der Name Metaphysik, indem er ja keineswegs mit Übersinnlichem eo ipso zu tun hat, könnte durchaus auch vor einer neuen Ontologie bestehen [...]. Ontologie des Noch-Nicht-Seins ergibt durchgehend eine andere Ontologie überhaupt als die in der Metaphysik bisher behandelte. Denn deren Ontologie war überall eine des Fertig-Seins. Genau in der Ontologie des Utopischen aber, in der des unablässig sich mitteilenden Noch-Nicht-Seins ist das Ganze der Welt alles andere eher als res bene peracta, res bene finita [...]. Menschliche Arbeit, menschliche Hoffnung haben das Korrelat der objektiv-realen Möglichkeit eines wirklich wahrgewordenen Seins. Und das Positivum dieser – wenngleich nur utopisch vorhandenen – Totalität teilt sich der gesamten Ontologie der prozessualen Daseinsweisen mit" (ebd., 354f.). Sicher verwickelt sich dieses Konzept in Aporien des „Weltbegriffs", aber es macht zugleich deutlich, dass auch der Verzicht auf Metaphysik immer noch, wenn auch dann eben nicht explizit und also auf schlechte Weise, mit metaphysischen Annahmen arbeiten muss. Denn sowohl Identität als auch Widerspruch, Sein als auch Werden, zeitlose Logizität und zeitliche Historizität von Wahrheit werden gedacht, selbst wenn sie nicht näher kategorial untersucht werden. Insofern hat Bloch auf „metaphysische" Implikationen im historischen Materialismus und in der Naturdialektik aufmerksam gemacht, hat ein systematisches Problem artikuliert, das in der dialektischen Verbindung von Totalität und Veränderung beschlossen ist.

Aber auch noch ein weiteres hat Bloch als „metaphysisches" Problem gesehen, das im Marxismus fortdauert: die Begründung des materialistischen Monismus. Der idealistische Monismus kann die Einheit von Sein und Denken denkend aus dem Denken konstruieren, dessen Verfassung in der Selbstgewissheit des *cogito* unbezweifelbar gegeben ist; insofern machte er die mythologische und theologische Begründung der Weltwirklichkeit überflüssig, und darin liegt das relative Recht sowohl der cartesisch-kantisch transzendentalphilosophischen wie der leibnizisch-hegelischen spekulativen Umformung der antiken und mittelalterlichen Metaphysik. Wird die Welt als Realität von geistiger Art gedacht, so ist die Einheit des Mannigfaltigen keine Schwierigkeit – denn diese Einheit ist ja gerade die intentionale Daseinsweise des Denkens, des Geistes. Von der cartesischen *res cogitans* über die leibnizsche Monade bis zur hegelschen Idee wird dieses Modell ausgearbeitet und variiert, mit eben dem Ergebnis, dass die Ausdehnung immer nur als ein „phaenomenon bene fundatum" oder als eine „Entäußerung der Idee" begriffen wurde. Gerade diese Konsequenz wird vom Materialismus, der die Erfahrung der natürlichen Welteinstellung aufzugeben nicht bereit ist, als idealistischer Schein, als Verkehrung, zurückgewiesen.

Wie aber gewinnt der Materialismus aus der Extensionalität der Materie den einheitlichen Grund alles Seienden, dessen Vielfalt Friedrich Engels als „Bewegungsformen der Materie" spezifiziert hat? Eine solche Formulierung bleibt ohne ein ausgearbeitetes ontologisches Modell bloß eine Anweisung auf ein Forschungsprogramm, das dieses Konzept einlösen müsste. Bloch hat mit einer klassischen metaphysischen Kategorie darauf reagiert. Er nennt die Frage: „Materie ist also nach ihren mehrfachen Daseinsformen gefächert, entwicklungsgeschichtlich differenziert. Den mechanischen Boden gibt es durchaus, doch dann zeichnet Engels in seiner ‚Dialektik der Natur' sehr gesondert unterbrechende, durchbrechende ‚starting points' zu sehr sich differenzierenden Sonderungen und neuen Schichten materieller Art. Zu Pflanzen, Tieren, zu Menschwerdung durch Arbeit, zu ökonomischem Unterbau, zu politisch-kulturellem Überbau; wobei letzterer den Unterbau keineswegs nur mehr oder minder trübe reflektiert, sondern gegebenenfalls, mit Kraft und Stoff per se, sogar aktiviert" (ebd., 127). Eine solche Prozessmaterie hat selbst logische Form: „Dialektischer Materialismus ist per se ein logischer, nicht nur indem er die Welt nicht als denkfremd, gar als zu roh und zu dumm ansieht, um erkannt, also begrifflich abgebildet zu werden, sondern indem er ihre Kategorien ebenso als Daseinsformen des Weltstoffs selber pointiert" (ebd., 474). Das Modell zur Lösung dieses Problems einer logisch der Begriffsform entsprechenden, ja sie hervorbringenden, in Selbstbewegtheit sich entfaltenden Materie und damit zur Konstruktion der Mannigfaltigkeit aus einem einheitlichen Grund ist für Bloch die aristotelisch-leibnizisch-goethesche Konzeption der Materie = Natur = Substanz als Entelechie.

→ *Dialektik; Materie; Natur; Natursubjekt; Spekulativer Materialismus; Substanz; Theorie – Praxis*

 BAUMGARTEN 1739; GRAMSCI 1975; HERAKLIT 2007; HOLZ 1956; KANT 1821; ROTHACKER 1947.

Hans Heinz Holz

Möglichkeit

Im Anschluss an Aristoteles und dessen Unterscheidung der Kategorie Möglichkeit in *katà to dynatón* (κατὰ το δυνατόν, ‚das nach Möglichkeit Seiende') und *dynámei on* (δυνάμει όν, ‚in Möglichkeit Seiendes') schreibt Bloch diese beiden Momente der Möglichkeit der marxistischen Philosophie auch als „Kälte- und Wärmestrom" ein: „dem kühlen nüchternen Blick", der auf die Analyse „der ökonomisch-materiellen Stations- und Fahrplanbestimmungen für den Geschichtsgang" gerichtet ist, gesellt sich die „eigentlich ontologische Bestimmung des Möglichen" (EM 141) noch hinzu. Möglichkeit ist für Bloch mit einer Formulierung aus *Experimentum Mundi* – „ein eigener riesiger Seinsmodus rund ums vorhanden Wirkliche und vor allem ihm voraus, voller noch nie so gehabter Potential-Inhalte, relativ steuerbarer. Derart ist sowohl das Vermögen zum Verändern auf Seite des subjektiven Faktors wie das objektiv Veränderbare in einer unfertigen Tendenz-Latenz-Welt topisiert" (ebd., 144; vgl. dazu auch insgesamt LV I, 258 u. 264).

In der Philosophiegeschichte von der griechischen Antike bis ins 20. Jahrhundert lassen sich im Blick auf die Möglichkeit bzw. das Mögliche (δύναμις [dynamis], lat. *possibilitas*) drei unterschiedliche Verwendungsweisen erkennen: 1. Im logischen Sinne die Denkbarkeit eines Gegenstands bzw. Sachverhalts ganz allgemein. 2. In erkenntnistheoretischem Sinne – und in Kants Formulierung – die Angemessenheit von einem Ding/Sachverhalt zu den „formalen Bedingungen der Erfahrung (der Anschauung und den Begriffen nach)" (KW 3, 248 [A 218, B 265]). 3. In metaphysischem oder ontologischem Sinne schließlich die grundsätzliche Unterscheidung und das Verhältnis von Wirklichkeit und Möglichkeit. Bereits in der Antike ist gerade um das ontologische Verständnis der Möglichkeit heftig gerungen worden. Auf der einen Seite bestreitet die megarische Schule, zurückgehend auf Diodorus Kronos, grundsätzlich den Gedanken der Möglichkeit, weil ihrer Meinung nach nur das vorhandene Wirkliche auch möglich ist; ein Mögliches, das nicht auch wirklich ist, erweist sich als unmöglich. Demgegenüber vertritt Aristoteles, insbesondere zusammenfassend in der *Metaphysik* (MPh V, 12), wo die verschiedenen Aspekte der Möglichkeit erkenntnistheoretisch wie ontologisch-metaphysisch dargelegt werden, hinsichtlich der realen Möglichkeit die Ansicht, dass es drei Arten gibt: 1. das Noch-nicht-

Seiende, 2. das Kontingente, 3. das im Notwendigen eingeschlossene Mögliche, d. h. in diesem Fall: die Möglichkeit liegt in den Ursachen des Wirklichen selbst. Zentrales Unterscheidungsmerkmal für Aristoteles ist, ob es sich bei der Möglichkeit a) um das Vermögen, etwas zu werden (*dynamis*) handelt, also hinsichtlich der ersten Materie (*prima materia*) um etwas, das nur der Möglichkeit nach ist, also das In-Möglichkeit-Seiende, und erst durch die Wirksamkeit der Form (*energeia*) sodann realisiert wird, oder aber b) um „eine Bestimmung der bereits gestalteten Materie", mithin das „nach Möglichkeit Seiende". Bloch nennt diese aristotelische Unterscheidung in seinen *Leipziger Vorlesungen* einerseits neutral (das *dynámei on*), andererseits pessimistisch (*katà to dynatón*), und er rekapituliert diese Unterscheidung folgendermaßen: „Möglichkeit erstreckt sich nach zwei Seiten als *nach Möglichkeit seiend* und als *in Möglichkeit seiend*. Der Stoff ist dasjenige, was die Bedingungen zur Entfaltung des Wesens enthält, und zwar auf eine begrenzte und begrenzende Weise, das heißt, er bewirkt als Nebenursache, dass sich die Form, also das Wesen, die Entelechie oder die Natur einer Sache, nur nach Möglichkeit ausprägen kann, nach Möglichkeit in dem schon populären Sinn: ,Na ja, ich will mein Bestes tun, nach Möglichkeit werde ich das ausführen'" (LV 1, 262f.).

Der Streit um die Möglichkeit wirkt in der gesamten mittelalterlichen Philosophie weiter und bestimmt auch noch die Debatten in der Neuzeit: bei Abälard etwa gilt nur das als möglich, was von Gott wirklich geschaffen worden ist. Für Descartes muss dann alles, was nach den Naturgesetzen möglich ist, irgendwann auch wirklich werden, und für Leibniz werden die realen und die Denkmöglichkeiten kurzgeschlossen: Möglich sei das, was deutlich erkannt werden kann. Kants „kopernikanische Wende" ersetzt endlich die Denkmöglichkeit in der Vernunft Gottes durch die bereits bei Leibniz angedachte Denkmöglichkeit in der menschlichen Vernunft: „[D]ie Bedingungen der *Möglichkeit der Erfahrung* überhaupt sind zugleich Bedingungen der *Möglichkeit der Gegenstände der Erfahrung*" (KW 3, 201 [A 158, B 197]). Danach wird es während des deutschen Idealismus und in der Philosophie des 19. Jahrhunderts ruhiger um die Kategorie Möglichkeit, die explizit dann erst wieder in der Ontologie Nicolai Hartmanns (vgl. Hartmann 1938) unter Rückgriff auf den megarischen Möglichkeitsbegriff entscheidend auftaucht und in allen Seinssphären, die Hartmann in Reales, Logisches und Ideales einteilt, rekonstruiert wird (vgl. HWP 6, Sp. 72–92).

Obwohl Bloch selten und – unberechtigterweise – despektierlich auf Nicolai Hartmann zu sprechen kommt und dann immer zugleich dessen Zweitrangigkeit herausstellt: „Minderwertiges, Epigonenkram, hochberühmte[r] Tinnef à la Jaspers oder Nikolai [sic!] Hartmann" (Br. II, 792), kann doch die Beschäftigung Blochs mit der Kategorie Möglichkeit einen Anstoß vom Ontologen Hartmann erfahren haben – möglicherweise in der und durch die Vermittlung von Georg Lukács, für dessen eigene Konzeption einer Ontologie, postum dann als *Ontologie des gesellschaftlichen Seins* erschienen, Hartmann gewiss eine bedeutsame Rolle gespielt hat. Vielleicht gerade auch in polemischer Hinsicht – in der Tatsache, dass Bloch in der Revitalisierung des seiner Meinung nach völlig abstrusen megarischen Möglichkeitsbegriff eine besondere Herausforderung gesehen hat.

Während der Freund Lukács in seinem Frühwerk *Geschichte und Klassenbewusstsein* von der objektiven Möglichkeit spricht, diese erkenntnistheoretisch aus der Selbsterkenntnis der proletarischen Klasse im Produktionsprozess ableitet und noch in der *Ontologie,* diesmal freilich realontologisch, eben unter Rückgriff auf Nicolai Hartmann, die Möglichkeit von den Bedingungen, die die Wirklichkeit setzt, abhängig sieht, reduziert Bloch die Möglichkeitskategorie wieder und plädiert seinerseits eindeutig für die aristotelische Fassung des Möglichkeitsbegriffs.

An verschiedenen Stellen seines Werkes greift Bloch diese Modalkategorie auf, und immer wieder geht er dabei auch polemisch auf die Behandlung der Möglichkeit in der bisherigen Philosophiegeschichte ein (vgl. Riedel 1994; Holz 1978; Markun 2010). Vor allem der megarische Möglichkeitsbegriff bildet den konkreten Bezugspunkt für Blochs Polemik. Im Kapitel 18 als dem „ontologischen Kernstück" (Schmidt, B. 1983b, 19) von *Das Prinzip Hoffnung* diskutiert er die verschiedenen Schichten der Kategorie Möglichkeit. Dabei unterscheidet er den Modus der Aussage vom Modus des Seins. „Und Sein und Denken sind nicht einfach durch ein Abbildungsverhältnis verknüpft, so dass der Denkmodus Möglichkeit als Spiegelbild des Seinsmodus Möglichkeit betrachtet werden könnte. Vielmehr gibt es Verschiebungen, das Real-Unmögliche kann immer noch denkmöglich sein, so etwa, wenn wir uns einen Kentaur vorstellen oder gebratene Tauben, die dem Träumer im Schlaraffenland in den Mund fliegen" (Bloch, in: Markun 2010, 113). Die reale Möglichkeit wohnt freilich „in keiner fertig gemachten Ontologie des Seins des bisher Seienden, sondern in der stets neu zu begründenden Ontologie des

Seins des Noch-Nicht-Seienden, wie sie Zukunft selbst noch in der Vergangenheit entdeckt und in der ganzen Natur" (PH 274). Schärfer kann der Gegensatz zu Nicolai Hartmann, damit aber auch zu Lukács, nicht gedacht werden. Explizit heißt es zu Hartmann, dass bei diesem „das Mögliche nur als Begriffsverhältnis anerkannt wird" (ebd., 278). Und zusammengefasst lautet Blochs Einwand gegen die bisherige Explikation des Möglichkeitsbegriffs dann: „Item, die Logik und Ontologie des weiten Reichs des Möglichen ist erdrückt worden von dem statischen Wahn, dass alles Mögliche im Wirklichen bereits ausgestaltet sei. Dass es deshalb so gleichgültig sei wie die Ähre, aus der das Korn heraus ist, oder wie Schachfiguren nach beendetem Spiel. Die Wahrheit ist aber die Marxsche, die von aller bisherigen Philosophie sich abhebende, daß es darauf ankomme, die Welt als richtig interpretierte, das heißt eben als dialektisch-materialistisch prozeßhafte, als unabgeschlossene, zu verändern" (ebd., 284).

Einer ganz ähnlichen Argumentation begegnet man in der *Tübinger Einleitung in die Philosophie* wieder. Hier stellt jedoch Bloch auch die konkreten Bedingungen, unter denen sich die Realisation des Möglichen vollzieht, in Rechnung. Die Wendung des jungen Marx im Blick, wonach die Menschen ihre Geschichte unter vorgefundenen Umständen selbst machen, formuliert Bloch: „Das Mögliche gilt jeweils nur nach Maßgabe gewordener, noch vorhandener Bedingungen, vor allem der ökonomischen" (TE 296). Zum Zielpunkt erklärt er „eine Ontologie des Noch-Nicht-Seins": „Sie gründet letzthin im Noch-Nicht-Bewußtsein der Subjekte, im Noch-Nicht-Gewordenen der Objekte, dem das Subjekthafte, mit Wechselbezug von Mensch und Umwelt, so zu- wie eingeordnet ist" (ebd., 299).

Eingelöst hat Bloch schließlich diese programmatische Forderung nach einer Ontologie des Noch-Nicht-Seins in seinem letzten Werk, dem *Experimentum Mundi*. Dessen Hauptthema „sind die Untersuchungen des in dem Dunkel des gelebten Augenblicks so treibenden wie sich selbst noch unenthüllten Noch-nicht-Seins, tunlichst als eines Seins wie Utopie" (EM 31). Und wie schon im *Prinzip Hoffnung* und in der *Tübinger Einleitung* spielt erneut die Kategorie Möglichkeit, dieser „bisher nicht einmal stiefmütterlich behandelte Begriff" (ebd., 44), eine wesentliche Rolle. Wie er die Möglichkeit behandelt, versucht Bloch an einem historischen Paradigma zu belegen: „Ursachen sind, obzwar mechanistisch nicht übertreibbar, die sachhaften Voraussetzungen gesetzhaft notwendiger Verwirklichung, Bedingungen sind die sachhaften Voraussetzungen möglicher Verwirklichung, die ohne eingreifendes Subjekt nicht zustande kommt. So entwickelt der Kapitalismus in sich dialektisch die Bedingungen für den revolutionären Umschlag in den Sozialismus, doch noch nicht ohne weiteres die gesetzhaften Ursachen dazu. Denn Bedingungen schaffen nur eine geladene Atmosphäre, in die der subjektive Faktor, als das Neue wirklich aktiv auslösender, mit unumgänglicher Finalbetonung einzutreten hat, damit er sich an die revolutionäre Arbeit halte und dadurch wirklich ein revolutionäres Resultat setze" (ebd., 129).

Man kann darin zunächst einmal wiederum eine kryptische Auseinandersetzung mit Nicolai Hartmanns Arbeit *Teleologisches Denken* sehen, worin dieser gegen ein hybrides teleologisches Denken, das Kausalität durch Finalität ersetzt, zu Felde zieht (vgl. Hartmann 1966, 47). Bloch greift Hartmanns Diskussion um Kausalität, die *causa efficiens*, und Finalität, die *causa finalis*, in gewisser Weise auf, wenn er seinerseits die Begriffe Ursache und Bedingung einführt. Bloch denkt allerdings zusammen, was Hartmann strikt geschieden wissen will, und er behauptet darüber hinaus, dass Ursachen und Bedingungen schließlich in einer unumgänglichen „Finalbetonung" verschweißt werden müssen. Bloch stellt damit den subjektiven Faktor über das objektiv Gegebene; dieser subjektive Faktor ist erst das auslösende Moment für die revolutionäre Veränderung der Verhältnisse.

Was der Jugendfreund Lukács mit Blick auf die Arbeit als deren teleologisches Moment, das Antizipationsvermögen des menschlichen Bewusstseins, angesprochen hat, das zieht Bloch ins Große aus. Nichtsdestoweniger aber bleibt die Teleologie, die „Finalbetonung", subjektiv gebunden. Hier verläuft dann auch die Demarkationslinie zwischen den beiden Ontologien von Bloch und Lukács. Der Hochschätzung des subjektiven Faktors bei Bloch entspricht ganz das Anknüpfen an den aristotelischen Möglichkeitsbegriff. Aus der aristotelischen Metaphysik entlehnt Bloch die Begriffe des *katà to dynatón*, „nach Maßgabe des Möglichen", und des *dynámei on*, „In-Möglichkeit-Seins" (vgl. EM 139). Während er das *katà to dynatón* dem objektiven Prozess zurechnet, reklamiert er das *dynámei on* für den subjektiven Faktor, für die konkrete Bewusstseinsarbeit am Geschichtsverlauf. Ins *dynámei on* deutet Bloch das Bewusstsein hinein. Was Aristoteles der Materie insgesamt als Vermögen zuschreibt, übersetzt Bloch in die Fähigkeit des Bewusstseins. Beide, das *katà to dynatón* und das *dynámei on*, müssen aber zusammenkommen, damit sich wirklich etwas bewegt und der subjektive Faktor schließlich über die bloße Erkenntnis des Gegebenen hinaus darin liegende Möglichkeiten freisetzt.

Obwohl Bloch sich den marxschen methodischen Überlegungen aus den *Grundrissen* anschließt, wonach die Kategorien „Daseinsformen, Existenzbestimmungen" (G 40) sind, tauchen dennoch bei der Kategorie Möglichkeit, deren gedoppelte aristotelische Bestimmung vorausgesetzt, Schwierigkeiten auf. Wenn wir nämlich mit Bloch behaupten wollen, dass die Kategorien selbst „im Begriff festgehaltene Daseinsformen" bzw. „Daseinsformen der Prozeßwelt" (EM 161) sind, dann fragt es sich, was dem „in mente" aufgefassten *dynámei on* in der Wirklichkeit entspricht. Das *katà to dynatón* stellt insofern kein Problem dar, als sich hierin die Seins- und die Erkenntniskategorien entsprechen. Das objektive Geschehen wird von der Wissenschaft „kalt" und analytisch nachvollzogen, diese passt auf die Wirklichkeit, indem sie – ontologisch gesprochen – deren Sein im idealen Reich der Erkenntnis rekonstruiert: „Das kata to dynaton verbindet sich so marxistisch dem Kältestrom, dem kühlen nüchternen Blick, was bürgerlich und reformistisch herabkam auf Politik als Kunst des Möglichen, aber an Ort und Stelle bei Marx die gespannte Genauigkeit der ökonomisch-materiellen Stations- und Fahrplanbestimmungen für den Geschichtsgang und den veränderten Eingriff in ihn fundiert" (ebd., 141).

Was aber entspricht dem *dynámei on*, wie verhalten sich hier Sein und Bewusstsein zueinander? Was geht dem Bewusstsein am Sein als dem „In-Möglichkeit-Sein" auf? Die Fortsetzung der zitierten Stelle, die davon spricht, dass das „Dynamei on ein zielhaft Enthusiasmierendes in sich haben kann und muss, derart dem Wärmestrom im Marxismus korrespondierend" (ebd.), macht dies nicht recht deutlich. Woher kommt denn das „zielhaft Enthusiasmierende", wenn doch bereits „dem kühlen nüchternen Blick" „die Stations- und Fahrplanbestimmungen für den Geschichtsgang" (ebd.) klar geworden sind? Wo liegt das Mehr des Möglichen? Sinnvollerweise kann dieses Mehr nur als Überschussproduktion im subjektiven Faktor begriffen werden. Es geht über das Faktische, die Wirklichkeit samt den in ihr wesenden Tendenzen hinaus und artikuliert sich – mehr oder minder bewusst – als ein Mehr, das sich das Bewusstsein in seiner Bildungsarbeit an der ganzen (bisherigen) Geschichte angeeignet hat. Das Mehr erscheint so mithin ohne konkretes materielles Substrat als Bewusstseinsproduktion; als das, was, nachdem das Bewusstsein – hegelisch – seine Entwicklungsstufen und verschiedenen historischen Konkretisationen durchlaufen hat, noch übrig bleibt, weiter unabgegolten ist, und wogegen sich die Wirklichkeit, auch die des hierauf bezogenen Bewusstseins, als defizitär erweist.

Am Ende von *Experimentum Mundi* bleibt kein Zweifel daran, dass die Kategorie Möglichkeit unter die Suprematie des denkenden Bewusstseins fällt. Zwar gilt es in revolutionäre Praxis umzusetzen, was als Ziel der Geschichte, von Marx auf den Begriff des Kommunismus gebracht, wirklich wird, aber dessen Möglichkeit wird bereits x-mal zuvor vom Bewusstsein nachdenkend voraus-gedacht als Hermeneutik großer Kunstwerke, als Dechiffrierung unabgegoltener Ideologien und als Erinnerung an beständige Philosophien, aber auch an Mythen und gelungene Kolportage, in denen – und das legitimiert das materialistisch-hermeneutische Verfahren bis zuletzt – der berühmte „Traum von einer Sache" (DFJ 346; EM 255) überdauert.

Allein das Begreifen der objektiv-realen Möglichkeiten, also dessen, was Aristoteles das *katà to dynatón* genannt hat, reicht nicht aus; diese „sind nur realisierbar, wenn der subjektive Faktor kräftig eintritt, wie er [...] innerhalb des Geschichtsprozesses gemäß einem ökonomisch-gesellschaftlichen Fahrplan als eingreifende Beförderung des objektiv-real Fälligen, konkret Möglichen erscheint. Die objektiven Faktoren der realen *Potentialität* allein, so nötig sie sind, stellen eben keine Garantie des Gelingens, sie sind auf das Vermögen, die *Potenz* des realisierenden Subjekts angewiesen. Realisieren heißt demnach subjektives Vermögen in Gang setzen, um objektiv-real Mögliches zu verwirklichen und gar neue Möglichkeiten herzustellen; es bezeichnet also das Eingreifen, Einbrechen des subjektiven Faktors in den noch unentschiedenen Schwebezustand der bereits seienden Bedingungen, damit diese als objektiver Faktor ihre Potentialität in die Aktualität des Wirkens freisetzen" (EM 255).

Vom Primat des Bewusstseins bis zum endgültig erreichten Ziel der Geschichte, das in der Marxperspektive heisst: „Naturalisierung des Menschen, Humanisierung der Natur" (ebd., 264; vgl. ÖpM 538), hat Bloch im *Prinzip Hoffnung* (vgl. PH 318) gesprochen. Dass er den „Primat des Kopfes" gegen Kopflosigkeit, Orthodoxie wie Orthopraxie, gefordert hat, ist nicht hoch genug zu schätzen.

Subjektivität darf für Bloch nicht in der Masse, im Strom des objektiven Geschichtsverlaufs, in der Klasse, Partei, Organisation etc. verloren gehen. Ihre Fähigkeiten und Fertigkeiten, Anlagen etc. müssen als produktiver Bestandteil der Bewegung gesetzt werden. Der subjektive Faktor ist das „gärende Ferment" darin. Das Subjekt mit seinen Qualitäten bleibt als irreduzibler Rest nach Abzug aller Determinanten von außen immer noch übrig, es ist eben immer mehr, als es scheint (*individuum est ineffabile*), und vermag schließlich auch mehr, als schon herausgebracht ist. Es geht niemals in objektiven Strukturen auf, und alle Zuschreibungen nähern sich ihm lediglich. Das Individuum mit seinem Bewusstsein, der subjektive Faktor, lässt sich als ein Wesen von Auch-Bestimmungen fassen ohne letzte Bestimmtheit. Dieses Menschenbild, das auf keine fertige Anthropologie hinausläuft, schreibt Bloch dem (traditionellen) Marxismus und den sich auf ihn berufenden Parteien, Organisationen und Bewegungen ins Stammbuch, damit nicht der Fehler fortgesetzt wird, abstrakte Notwendigkeiten auf dem Weg zum historischen Ziel über konkrete Anlagen, Bedürfnisse, Fähigkeiten und Fertigkeiten zu stellen.

Die Objektivität, von der Blochs Jugendfreund Lukács in seiner Ontologie spricht, gilt es auf der anderen Seite als das materielle Fundament, als Basis zu begreifen. Ihre realontologische Erkenntnis muss als notwendige Voraussetzung für jede Veränderung angesehen werden. In den Strukturen des gesellschaftlichen Seins auf der jeweils erreichten Stufe, die wir unsere Wirklichkeit nennen, liegen schon im Keim die Möglichkeiten und Alternativen zu einer anderen gesellschaftlichen Wirklichkeit. Aber dieses gesellschaftliche Sein muss dazu zunächst erkannt werden, die Seinskategorien müssen als Erkenntniskategorien rekonstruiert werden. Der „schädliche Raum" (vgl. EM 16) des allzu Nahen bzw. das „Dunkel des gelebten Augenblicks" – sie müssen in die Bewegung, den historischen Prozess, der zu ihm hingeführt hat, hineingeholt, gleichzeitig müssen die in ihm forttreibenden Momente herausgearbeitet werden.

Dabei ist der Prozess der Arbeit, bei Bloch die künstlerische Produktion, beispielhaft; beispielhaft deshalb, weil diese modellhaft für das gesellschaftliche Sein des Menschen überhaupt steht. Arbeitend nämlich hebt der Mensch den Schein der Unmittelbarkeit, die existentielle Bedrohung des Zu-Nahen im schädlichen Raum, auf. In der Arbeit erfährt sich der Mensch als Teilhaber der Gesellschaft und an der Geschichte, deren ganze Vergangenheit in Gestalt der Arbeitsmittel, Gegenstände und Umstände in den konkreten Produktionsprozess hineinscheint und ihm entgegentritt. Zugleich treten in der jeweiligen Signatur der Arbeit, in dem, wodurch sie geprägt und beeinflusst wird, auch die Schichten der Kategorie Möglichkeit zutage. Die teleologischen Setzungen, die die Menschen im Arbeitsprozess vornehmen, spielen sich unter den vorgefundenen Verhältnissen ab. Man kann diese nicht einfach ignorieren, sondern hat sie vielmehr als konkrete Bedingungen anzunehmen, um von hier aus das Gebiet des Möglichen, dessen, was historisch geht und was nicht, abzustecken. Die

Entwicklungslinien nach vorne liegen in erster Linie in den Gegebenheiten der Wirklichkeit fest (hierin mag dann auch weiter die Rede vom Primat des Ökonomischen ihre Gültigkeit besitzen), sie müssen aber gleichzeitig von bewussten gesellschaftlichen Subjekten, die sich innerhalb und außerhalb der Arbeit, in der materiellen Sphäre und „zu Hause" bilden, erkannt, freigesetzt und an die gesellschaftliche Praxis rückvermittelt werden.

Wenn man mit Marx daran festhalten will, dass Sein und Bewusstsein sich so zueinander verhalten, dass das Sein nichts anderes als das zum Bewusstsein gelangte gesellschaftliche Sein ist, dann kann man von Bloch, aber auch von Lukács lernen, dass sich dieses Bewusstsein in der Arbeit bildet, nicht zuletzt aber auch „zu Hause", d. i. in produktiven Rezeptionsakten – also durch die Annäherung an die sowie die Aneignung und Verarbeitung der (künstlerisch-kulturellen) Objektivationen der bisherigen Menschheitsgeschichte: der Kunst als dem „Gedächtnis der Menschheit", wovon übereinstimmend Hegel wie Lukács (vgl. Lukács 1981, Bd. I, 485, 584, 812) gesprochen haben.

Am Ende benötigen sich Lukács' Ontologie des gesellschaftlichen Seins und Blochs Ontologie des Noch-Nicht-Seins gegenseitig, ja, ergänzen sich wechselseitig, da die Ontologie des gesellschaftlichen Seins ein Perspektivenlicht braucht, wie umgekehrt diese Perspektive, von Bloch in seiner Ontologie störrisch als Kommunismus auf den Begriff gebracht, allererst eines materialistisch begründeten Fundaments bzw. Substrats bedarf, um mit Recht sich als Perspektive geltend machen zu können.

→ *Augenblick; Kältestrom – Wärmestrom; Latenz; Materie; Noch-Nicht; Vor-Schein*

📖 BAHR 1975; BRAUN 1983; HARTMANN 1938, 1966; HOLZ 1978; MARKUN 2010; RIEDEL 1994; SCHMIDT, B. 1983b; ZUDEICK 1985.

Werner Jung

Multiversum

Der Begriff Multiversum ist für Bloch kennzeichnend für die innere Bestimmtheit eines Weltganzen oder Universums im Werden. In der

Vielzahl und Verschiedenartigkeit der Ausprägungen der Natur- und der Geschichtsmaterie kommt die Experimentalbeschaffenheit der Welt zum Ausdruck. Kulturen und Völker, Nationen und Gesellschaften werden dabei nicht als unverbundenes Neben- oder Nacheinander von Schauplätzen der Humangeschichte verstanden, sondern als „methodische Fülle der Zeit- und Zeitenverflechtung" (TE 128) interpretiert. Den vielen und vielfach gewendeten, umgepflügten Kulturen (vgl. lat. *versus* ‚Ackerfurche', von lat. *vertere*, ‚umwenden') gemeinsam ist, dass sie ihre (endgültige) Frucht noch nicht herausgebracht haben. Diese wäre in Blochs Sicht das in allen Ausgestaltungen und gesellschaftlichen „Lebensgewinnungsprozessen" (RG 362) gesuchte Eine, das er mit den Chiffren des „Humanum" oder der „Heimat" umschreibt. Multiversum steht also für die erprobende Vielfalt der Weltwege zum Humanum.

Die Idee, das Universum in seiner Gesamtheit würde in eine Anzahl von Teiluniversen zerfallen bzw. sich aus verschiedenen (vielen) Welten zusammensetzen, geht im Grunde bis auf die Philosophie der griechischen Antike zurück, und bereits das zelebrierte *Höhlen-Gleichnis* des Platon kann durchaus in diesem Sinne gelesen werden. Allerdings wurde diese Idee begrifflich nicht vor der Epoche der Renaissancephilosophie wirklich im Detail ausgearbeitet, als – geschult vor allem an der Sichtweise der christlichen Malerei der Vor-Renaissance – der Gedanke aufkam, die diesseitige Welt verhalte sich zur jenseitigen wie eine aktuelle zu einer virtuellen. Fraglos galt freilich das himmlische Jenseits in diesem Sinne als die *reale* Welt, während das aktuell zugängliche Diesseits nur wie eine schlechte Kopie der wahren Realität aufgefasst wurde, aber zum einen werden sich die Meinungen darüber alsbald teilen, zum anderen kann der eher experimentelle Einstieg der Renaissance-Malerei in die damit verbundenen Probleme der Darstellung als Einleitung in eine neue, umstürzlerische Sichtweise von Raum, Zeit und Materie angesehen werden. Grundsätzlich müssen in diesem Rahmen verschiedene Herangehensweisen an den Begriff des Vielfach-Universums (Multiversum) auseinander gehalten werden: 1. Hinsichtlich der Virtualisierung von Räumen besteht das Universum somit aus der Menge aller möglichen Komponenten, die selbst eigenständige Welten sind, nur dass eine Komponente die aktuelle ist, in der die Menschen leben. In der griechischen Mythologie können die Abenteuerreisen der bekannten Helden, von der Besatzung der Argo bis hin zur Odyssee, als Reisen durch virtuelle Welten gelesen werden. Daraus erhellt auch ihre geographische Inkompatibilität. 2. Grundsätzlich müssen die unter 1. genannten Komponenten nicht notwendig hierarchisch geordnet sein. In der christlichen Differenzierung von Diesseits und Jenseits sind sie es allerdings, zur Zeit Dantes sogar auf recht strukturierte Weise. Gleichwohl muss dabei folgendes bedacht werden: In der Regel sind die Komponenten des Universums parallele Welten, derart, dass sowohl Raum als auch Zeit (und ggf. sogar die Materie) nicht den bekannten Regeln der aktuellen Welt gehorchen müssen. Es ist sogar ein wesentlicher Bestandteil der mittelalterlichen Sichtweise vom Jenseits, dass dieses explizit nicht der gewöhnlichen Kausalität unterworfen ist (vgl. Wertheim 1999, 3). Wenn dagegen Giordano Bruno die Existenz vieler Welten geltend macht, dann versteht er darunter eher andere bewohnte Planetensysteme, welche denselben Bedingungen der Raumzeitlichkeit und Materialität unterliegen, die auch für das von den Menschen bewohnte Planetensystem gültig sind. Anders dagegen Spinoza, bei dem die verschiedenen (vielen) Welten durch verschiedene Attribute der Substanz (bzw. auch durch eine unterschiedliche Anzahl dieser Attribute) definiert werden, welche den in Frage stehenden Modi zugänglich sind. Im Grunde geht Spinoza davon aus, dass Bewohner des Universums (als Menge aller dieser möglichen Welten) mehr oder weniger entwickelt sind, je nachdem, wie viele Attribute ihnen zugänglich sind. Offensichtlich sind diese Komponenten des Universums mithin hierarchisch geordnet, während das bei Bruno nicht der Fall ist. 4. In der modernen Zeit ist der Begriff des Multiversums eher auf literarische Weise und für unterschiedliche Perspektiven der Weltbetrachtung verwendet worden, so bei William James, der sich erstmals einer Untersuchung des „Pluriversums" (*A Pluralistic Universe*, 1909) gewidmet und dadurch seinen Freund Benjamin Paul Blood beeinflusst hat, einen Philosophen und Dichter mystischer Ausrichtung, dessen Buch *Pluriverse* 1920 postum veröffentlicht wurde. Neuerdings hat Edgar Morin diesen Begriff wieder in die Debatte eingeführt (vgl. Morin 2010, 451, Anm. 7 u. 454, Anm. 40). James wendet sich dabei vor allem gegen den philosophischen Monismus, insbesondere Hegels und Lotzes, und betont, dass Dinge durch Aneinanderreihung oder Verkettungen („Und"-Verbindungen) in Zusammenhang kämen, nicht weil sie schon Teile einer allumfassenden Einheit wären. James' Pragmatismus unterstreicht, dass die Welt noch unfertig und veränderbar ist. Er leugnet nicht die Einheit des Universums, sondern deutet es als Multiversum. „Im Sinne des Pragmatismus bedeutet der Pluralismus oder die Lehre, dass das Universum eine Vielheit darstellt, nur, dass die verschiedenen Teile der Wirklichkeit in äusserlichen Beziehungen zu einander stehen können" (James 1994, 208; vgl. Art. Pluralismus, HWP 989). Insofern wird in dieser Sicht das Universum als Menge von unfertigen Fragmenten aufgefasst, die plural nebeneinander stehen. Das heißt, das pluralistische Universum von James gleicht „mehr einer föderativen Republik als einem Imperium oder einem Königreich" (James 1994, 208), und es sind vor allem auch diese *politischen* Konnotationen, welche eine Wirkungsgeschichte entfalteten. So wurde im politischen Pluralismus bei H. Laski die „Autonomie der sozialen Gruppen gegenüber dem Staat ähnlich betont wie im philosophischen Pluralismus die Eigenständigkeit der Einzeldinge gegenüber einer All-Einheit der Wirklichkeit" (HWP 990).

Bei Bloch begegnet der Begriff *Multiversum* erstmals in politischen Aufsätzen 1917/18 sowie im *Geist der Utopie* (1918). Hier ist vom symphonisch ausgeweiteten Raum Beethovens die Rede, „in dem sich das Wir vernimmt, [...] der zur Brüderlichkeit aufgeteilte Weltgrund wiederklingt und das Es dieses musikalischen Geschehens zum individuellen Multiversum" wird (GdU 1, 121). Im Schlussteil des Werks wird der Begriff im Kontext einer Ethik und Metaphysik der Innerlichkeit (vgl. ebd., 49) wieder verwendet. Im Kapitel über die Liebe wird die Unterschiedenheit der Liebenden hervorgehoben, die ermöglicht, „dass man in sich bleibend zum Anderen werden kann" (ebd., 358). Das Ich sei derart „imstande, über sich in ein alle fassendes [...] Multiversum" hineinzusehen, das gerade dadurch, dass es „das Einzelne als Spiegel wie als Gegenstand festhält und gleichsam mit Distanz summiert, die Anderheit, das Wir, die intelligible Menschheit, ‚das Reich der Zwecke an sich', das Ingesinde als Inhalt wie als Ziel des Sittlichen gewinnt" (ebd.).

Bloch verwendet den Begriff Multiversum mit Bedacht, sieht er doch das „metaphysische Grundphänomen wahrhafter Liebe" darin, „dass sie den Liebenden gänzlich in dem Nächsten leben läßt, ohne seine Seele oder die des Geliebten anders als zu ihrem Heil, zum Heil dieser Seelen aufzuheben" (ebd., 359), wobei er das „Heil" in der letzten Ausgabe des Buches als „Wir" (GdU 2, 267) präzisiert. D.h., er insistiert auf dem „bewahrten Und" und der „Vielheit im Einen" (GdU 1, 359), die auch für William James' Multiversum-Begriff massgebend waren. Verstärkt wird im *Geist der Utopie* hingegen die eschatologische Dimension: „das Ich wie das Du bleiben erhalten im Dritten, im dereinstigen Allgegenwärtigsein Aller in Allen" (GdU 2, 267).

Das Thema des Multiversums begegnet im Frühwerk Blochs aber auch und vor allem im Zusammenhang mit seiner Staatskritik und seinem Plädoyer für eine internationale Friedensordnung, erstmals in einem Artikel über Max Scheler in der Zeitschrift „Friedens-Warte" (1917). Er begreift darin den Krieg als „Umkehrruf [...] an das kapitalistisch verkommene Europa" und erinnert Scheler kritisch an seine vordem glühend vertretenen Gemeinschaftsgedanken, seinen „wohlgeahnten Europäismus, ja Tellurismus unter Fortbestand des organisch Nationalen, des Multiversums der Nationalkulturen" und im Rahmen seiner „Corpus-Christi-Weltidee" (KnK 443). Bloch, der in zahlreichen Artikeln in der *Freien Zeitung* in Bern sich mit der Kriegsschuld Deutschlands und dem preußischen Autoritarismus auseinander gesetzt hatte, trat selber dezidiert gegen Deutschland und für die Entente ein, welche allein die Chance für eine demokratische Neuordnung im Verhältnis der Völker und Nationen böte. Dabei setzte er auf eine föderalistische Lösung, ein „Multiversum von Weltrepublik" (GdU 2, 333), ja eine Art „Weltschweiz" (GdU 1, 402) und begrüßte den Vorschlag Woodrow Wilsons für einen Völkerbund enthusiastisch. Ihm traute er zu, „die Welt von der Tyrannei der kreatürlichen Rohheit zu befreien und *das Zeitalter der vereinigten Republiken der Welt* anbrechen zu lassen" (KnK 157). Durch Wilson sei der Liberalismus „noch einmal aus der bloßen Wirtschaftsideologie, worein er verkommen und versunken war, zur politischen Idee aufgestiegen" (ebd., 502), welche die politischen Menschenrechte voransetze (vgl. ebd., 504).

Man hat Bloch wegen seiner Parteinahme für die Kriegsgegner Deutschlands Taktieren und Opportunismus vorgehalten (vgl. Zudeick 1987, 75). Im *Vademecum für heutige Demokraten* (1918) wird jedoch sichtbar, dass dahinter vielmehr ein prinzipielles Eintreten für Demokratie und Menschenrechte steht, welche er in Amerika – „seit Washingtons Tagen das Land der politischen Freiheit katexochen" (KnK 501) – verkörpert sah. Die Schrift macht auch deutlich, wie Bloch neben andern Denktraditionen sich ebenso vom Autor des *Pluralistic Universe* inspirieren liess: „[...] das Land ist voll von einem Pragmatismus des Menschenzwecks, der Menschensehnsucht, des Menschengeistes als der alleinigen Wahrheit; voll von latenter Metaphysik: endlich den Magnetstrom des menschlichen Willens, des Willens zum Paradies, in den taumelnden, wertfremden Unfug des bisherigen Weltlebens hineinzurichten" (ebd., 506). Es ist allerdings nicht eine „amerikanisierte Welt", die Bloch herbeiwünscht, sondern eine aus unterschiedlichsten Kulturen gespeiste Weltdemokratie (vgl. Yoshida 2011). Und das Amerika Wilsons wird durchaus nur als das „demokratische Minimum" bezeichnet, mit dem sich gerade in Ansehung der dort herrschenden Plutokratie „ein Sozialist nicht im entferntesten zufrieden geben" (KnK 504, vgl. 502) könne. Was Bloch also vorschwebt, ist ein Hinüberwachsen der politischen in die soziale und ökonomische Befreiung, beides in globalem Maßstab. Nur „auf dem Boden des Staatenbundes, der alle Staaten umgreifenden Weltrepublik, [...] des nunmehr auch die Völker, nicht nur die Individuen befreienden Liberalismus", so ist er überzeugt, werde „Erlösung vom Kapital", werde „sozialistisch gewordene Demokratie und nicht sozialistisch verschleierte, ideallose Autokratie" (ebd., 505) möglich sein.

Multiversum bedeutet in diesem Zusammenhang also die Überwindung von Imperialismus und Kolonialismus durch ein föderatives Modell internationaler Beziehungen, das weniger einem Bundesstaat als einem Staatenbund gleicht, ja letztlich eher einer nicht-staatlichen, auf Gleichberechtigung beruhenden Assoziation, Bloch spricht gar von einer „Kirche" (GdU 1, 432) oder einer „spirituellen Konföderation" (GdU 2, 333): „Es kommt [...] die fortschreitende und nicht nur kolonialpolitisch festgelegte Einbeziehung fremder Gesittungen und Phänomenologien in einen gemeinsamen Blickpunkt, gemäß den alten Absichten des Missionsgedankens. Es kommt die nicht mehr zu vereitelnde föderative Annäherung der Staaten selber" (GdU 1, 432). In der Ausgabe von 1923 des *Geist der Utopie* werden die „Staaten" durch „Völker" ersetzt (vgl. GdU 1923, 353) und in einer Studie Blochs *Über politische Programme und Utopien in der Schweiz* „das neue Multiversum befreiter Menschheit" als „von allen ‚Staaten', auch allen autoritären ‚Organisationen' befreite Konföderation" (KnK 558) gekennzeichnet. Das unterstreicht noch einmal, dass Bloch im „junkerlich-militärische[n] Zwangs- und Obrigkeitswesen" (ebd., 390) eine der Hauptursachen des Krieges erkannte und daher in der Überwindung des Machtstaats eine vordringliche Aufgabe sah. Der *Geist der Utopie* forderte dazu auf, „aufs Gründlichste den Abbau des hochkapitalistischen oder auch neufeudalen Kriegs-, Militär- und Staatszaubers von Gottes oder auch eines minderen Geistes Gnaden zu betreiben" (GdU 1, 399). Den Staat könne man nicht unfeierlich genug denken. „Er ist nichts, wenn er nicht auf günstige Weise wirtschaften lässt und demgemäss verwaltet" (ebd.). In den späteren Ausgaben des Buchs wird „verwaltet" durch „veraltet" ersetzt, womit der Akzent vom liberalen zum sozialistischen Verständnis verlagert wird, nach dem der Staat abstirbt und sich „in eine internationale Verbrauchs- und Produktionsregelung", eine „Bundesorganisation des Unwesentlichen" (ebd., 402) verwandelt.

Ist in diesen Überlegungen des frühen Bloch ein gewisser Einfluss des amerikanischen Pragmatismus spürbar, so ändert sich das später, zwar nicht unbedingt der Sache, wohl aber dem Wortlaut nach. In einem Artikel zum 100. Geburtstag von William James, 1942 im amerikanischen Exil verfasst, geht Bloch auf Distanz zu diesem. Zwar habe er – „bester amerikanischer Wille von ehedem" – als einer der wenigen bürgerlichen Denker dem Ozean des Möglichen Beachtung geschenkt, doch werde die Freiheit unter dem Vorzeichen von Zufallsprinzip (Tychismus), Subjektivismus und Pragmatismus beliebig, weich und uferlos (vgl. PA 60f.; EM 134). Es fehle „seinen Möglichkeiten jede Wetterkunde, Tendenzkunde. Unerwartet, abrupt und gewaltsam stürmen sie auf die Menschen ein" (PA 64). Auch James' Konzeption der Vielheit in der Welt wird nun kritisch beurteilt: „Danach gibt es, wiederum der Wahlfreiheit entgegenkommend, kein einheitliches, sondern ein pluralistisches Universum, ein Multiversum und nicht einmal das. [...] es gibt nur unendlich Einzelnes, äußerstenfalls eine bloße ‚Gleichzeitigkeit' von Einzelerscheinungen in jedem Augenblick" (ebd., 62).

Bereits in *Erbschaft dieser Zeit* (1935) hat Bloch das Wahrheitsverständnis von Marxismus und Pragmatismus scharf unterschieden: „nicht deshalb ist dem Marxismus etwas wahr, weil es brauchbar ist", entscheidend sei für ihn, ob eine Theorie mit der wirklichen Tendenz übereinstimme (EdZ 284). Andererseits wird das Konzept des Multiversums in verschiedenster Weise in dem Buch aufgenommen und weiterentwickelt. Es spielt etwa eine Rolle in seinem gegen die nationalsozialistische Berauschung gerichteten Projekt einer kulturrevolutionären Diskursstrategie, die in einer Art „semantischem Freibeutertum" (vgl. Korngiebel 1999, bes. 227ff.; vgl. EdZ 19 u. 159) eine Wiedergewinnung faschistisch besetzter Begriffe und Gebiete durch kritische Verwandlung und Umfunktionierung versucht. So werden im Kapitel *Mythos Deutschland und die ärztlichen Mächte* (1933) Begriffe wie Volk, Vaterland, Nation und Nationalstaat dekonstruiert, in ihrer nationalsozialistischen Verwendung und Verwendbarkeit kritisiert, aber auch auf das „*ungewordene Licht*" (EdZ 103) hin untersucht, das selbst in rückwärtsgewandten Kollektivsymbolen stecken mag. Dabei macht Bloch dem Nationalsozialismus nicht nur den Sozialismus streitig, sondern auch das, was mit Nation und Volk gemeint sein könnte. Er kritisiert scharf den Rassismus im „*aufgenordete[n] Vaterland*" (ebd., 95), das „*Nationalpathos aus Blut*" (ebd., 96), betont jedoch: „‚Nation' ist gewiss eine Wirklichkeit und nicht allein, wie bisher immer, eine Ideologie. Erst echter Sozialismus aber holt auch echte Nation auf, als Sprach- oder Kultureinheit; erst die internationale Regelung der Gütererzeugung und Güterverteilung legt das Multiversum der Nationen wirklich frei" (ebd., 98).

Zu beachten ist, dass Bloch, anders als ein Großteil der marxistischen Tradition, Nation hier nicht als etwas, das zu überwinden wäre, sondern als Zukunft bestimmt, ermöglicht durch den Sozialismus im Weltmaßstab: „erst dies Esperanto des Unwesentlichen schafft wesentliche, menschliche Existenz, auch als Nation, ans ideologiefreie Licht. Bis dahin haben Arbeiter in der Tat kein Vaterland" (ebd.). Damit spielt er auf die berühmte Formulierung im *Kommunistischen Manifest* an (vgl. MKP 479). Mit Marx teilt Bloch nicht nur die internationalistische Position und die Ansicht, dass die Entwicklung der Produktivkräfte in der bürgerlichen Gesellschaft den engen Rahmen der Nationalstaaten sprenge und eine künftige Weltgesellschaft vorbereite. Er ist auch mit ihm darin einig, dass nationale Bewegungen nur insoweit von Interesse seien, als sie die politische Emanzipation von noch fortbestehenden feudalen Restbeständen vorantrieben (vgl. dazu und zum Folgenden: Dietschy 1988, 247ff.). Marx hat in der Tat dem Problem der nationalen Befreiung nur wenig Bedeutung zugemessen und seine Einschätzung erst im Zusammenhang mit der irischen Frage revidiert. Lenin hat dies aufgenommen und 1913 den Standpunkt vertreten, dass der soziale Befreiungskampf des Proletariats mit demjenigen unterdrückter Nationen zu verknüpfen sei und es Pflicht der Arbeiterbewegung sei, für die „völlige Gleichberechtigung aller Nationen" und die Rechte nationaler Minderheiten einzutreten (vgl. *Resolution zur nationalen Frage*, RnF 420). Das Recht auf Selbstbestimmung schloss für ihn – im Unterschied etwa zu Stalins Auffassung – für Kolonien wie auch für nationale Minderheiten ausdrücklich das Recht auf politische Sezession, auf „Lostrennung und Bildung eines selbständigen Staates" (ebd., 421) ein. Gerade in diesem Punkt nimmt Bloch eine andere Position ein. Die Selbstbestimmung der Völker, die für Lenin eine Frage konsequenter Demokratie war, die „nur vom Standpunkt verknöcherter Bürokraten aus bestritten werden" (*Kritische Bemerkungen zur nationalen Frage*, KBnF, 25 u. 36) kann, wurde von Bloch nicht systematisch aufgegriffen und zumeist nur als eine Frage behandelt, die innerstaatlich zu lösen sei (vgl. z. B. KnK 141). In der Erörterung der Freiheitsrechte in *Naturrecht und menschliche Würde* fehlt sie ganz. Sezession scheint für Bloch in prinzipiellem Gegensatz zu Revolution zu stehen. So verteidigt er zwar den kulturellen Pluralismus, zeigt sich aber den sozial-politischen „Gruppenutopien" wie der Jugendbewegung oder der Frauenbewegung, aber auch den „National- oder Minoritätsutopien" (PH 709) gegenüber eher reserviert, sie stehen für ihn im Verdacht der Sezession und werden als „Partialutopien" (ebd., 683) abgewertet, denen der *„Umbau der gesamten Gesellschaft"* (ebd., 681) fehle.

Wenn Bloch von einem „wesentlich kulturell bestimmten Nationalleben" (ebd., 372) spricht, so scheint dies eher dem essentialistischen Stalinschen Konzept von Nation als dem politisch zentrierten Lenins nahe zu kommen. „Eine Nation", so lautet Stalins rigide Definition in *Marxismus und nationale Frage* (1913), „ist eine historisch entstandene stabile Gemeinschaft von Menschen, entstanden auf der Grundlage der Gemeinschaft der Sprache, des Territoriums, des Wirtschaftslebens und der sich in der Gemeinschaft der Kultur offenbarenden psychischen Wesensart" (zit. nach Fetscher 1973, 596). Allerdings ist Bloch weit davon entfernt, wie Stalin einen bestehenden Nationalcharakter zu verewigen, er setzt auf eine nur durch revolutionäre Umgestaltung und – im Unterschied zu Konzeptionen eines „Sozialismus in einem Land" – nur international zu erringende Gestalt von Nation: „Das Vaterland wird erst geboren durch Entfernung seiner Nutznießer, durch reale Aufhebung der Klassen. […] Erst die Internationale läßt das Nationale von sich Besitz ergreifen, macht aus schmalen und ideologiehaften ‚Völkerseelen' Volksleiber der Nähe" (EdZ 99). Diese Konzeption berührt sich am ehesten noch mit jener Otto Bauers, für den das Problem der Nation ebenfalls nicht mit der Ausbildung oder Auflösung des bürgerlichen Nationalstaats zusammenfiel. Aufgabe des Sozialismus war es für den Austromarxisten nicht etwa, die als werdende Kulturgemeinschaften verstandenen Nationen aufzulösen oder „die nationalen Besonderheiten zu nivellieren, sondern die internationale Einheit in der nationalen Mannigfaltigkeit hervorzubringen" (Bauer 1975, 68).

Ganz ähnlich argumentiert auch Bloch, wenn er in seinem Vortrag *Differenzierungen im Begriff Fortschritt* (1955) in der DDR den Gedanken des „Multiversums der Nationen" wieder aufnimmt und kulturgeschichtlich wendet. Er macht nicht nur auf die Vielspännigkeit historischen Fortschreitens aufmerksam, sondern kritisiert insbesondere, dass in der Kulturgeschichte die „Multiversa" (TE 129) der nicht europäischen Kulturen in einer „allzu geradelinig auf Europa hin angelegten" (ebd., 125) Zeitachse eingeordnet würden. „Der Fortschrittsbegriff braucht statt der Einlinigkeit ein breites, elastisches, völlig dynamisches Multiversum, einen währenden und oft verschlungenen Kontrapunkt der historischen Stimmen. So läßt sich, um dem riesigen außereuropäischen Material gerecht zu werden, nicht mehr einlinig arbeiten, nicht mehr ohne Ausbuchtungen der Reihe, nicht mehr ohne komplizierte neue Zeit-Mannigfaltigkeit (Problem einer ‚Riemannschen' Zeit)" (ebd., 146). Als Zielpunkt für Fortschritt sei einzig das „*immer noch im Schwang befindliche Humanum mit den vielen versucherischen und beitragenden Wegen zu ihm hin*" (ebd., 129) zu denken. In einer nicht in die Gesamtausgabe aufgenommenen Passage des Vortrags hebt er zudem das Eigenrecht der „nicht europäisch mediatisierbaren Nationalkulturen" hervor und den Fortschritt, der „aus tausend Quellen zugleich, in wirklicher Demokratie der Wertung" (Bloch 1955, 19) sich speise. Und er fragt: „wird nicht unter der roten Fahne, und nur unter dieser, nicht überall das eigene Leben der Völker gesucht und bejaht?" (ebd., 18).

Auch im Blick auf die deutsche oder die italienische Geschichte sieht Bloch, anders als etwa Lenin oder Lukács, in der Aufsplitterung, welche die Nationwerdung verzögert hat, nicht bloß ein negatives, fortschrittshemmendes Element (vgl. Dietschy 1988, 251f.): „es steckt auch ein Plus drin in dieser Ungleichzeitigkeit: Sie hat die vielen kulturellen Zentren erzeugt, die es in Italien oder Deutschland gab" (TLU 218). Zwar ist mit der Entstehung kapitalistischer Ballungszentren der Plurizentrismus mehr und mehr in einen Provinzialismus verwandelt worden. Für Bloch jedoch ist die darin enthaltene kulturelle Differenz nicht gänzlich überholt oder bloß ein Reaktionsraum für antimoderne Bewegungen. „Provinz" ist im Gegenteil in die „Übergleichzeitigkeit" eines künftigen Plurizentrismus hinüberzuretten: „Es muß die Internationale nicht die Nacht sein, in der alle Katzen grau sind, sondern ein neues Multiversum darstellen – auch darauf müßte geachtet werden, damit wir nicht irgendwann einen Großkapitalismus von terrestrischer Ausdehnung für die sozialistische Gesellschaft halten" (ebd.).

Blochs Konzeption eines „*Multiversum* – auch in der Zeit" (TE 128), die mit dem linear-progressiven Verständnis von Geschichte aufräumt, hat also einen engen Zusammenhang mit seiner Theorie der Ungleichzeitigkeit, ja, ist im Grunde aus ihr hervorgegangen. Nicht nur hat er gerade in *Erbschaft dieser Zeit* die „Nebenwege und Bruchstellen" (EdZ 113) deutscher Geschichte erkundet, die Ungleichzeitigkeiten im Verhältnis von Stadt und Land ausgelotet, die ungleichen Zeitstrukturen zu erfassen gesucht. Er gelangt darin auch zur Erkenntnis: „Die Geschichte ist kein einlinig vorschreitendes Wesen, worin der Kapitalismus etwa, als letzte Stufe, alle früheren aufgehoben hätte; sondern sie ist ein *vielrhythmisches und vielräumiges, mit genug unbewältigten und noch keineswegs ausgehobenen, aufgehobenen Winkeln*" (ebd. 69). Daran knüpfen zwanzig Jahre später die *Differenzierungen im Begriff Fortschritt* an. Sie thematisieren nicht nur die Vielstimmigkeit und Mehrschichtigkeit von geschichtlichen Prozessen, sondern ebenso auch die Unregelmäßigkeiten in der regionalen Verteilung der Geschichtsmaterie, die Unterschiedlichkeit der Zeitdichte und -Beschleunigung. Diese Uneinheitlichkeit bringt der Begriff des *Multiversums* nun zum Ausdruck. Er verweist aber auch auf „eine Art *Raumzuschuss in der historischen Zeitlinie*", sodass „gleichzeitige oder zeitlich benachbarte Schauplätze" (TE 128) für das vielfältige Geschichtsmaterial der „verschiedenen Völker, Gesellschaften, Kulturen auf der Erde" (ebd., 146) entstehen, ohne dass Geschichte in geschlossene „Kulturkreise" zerfällt. Der Begriff des Multiversums erlaubt es Bloch, die Vielstimmigkeit von Geschichte zu denken und gleichzeitig zu vermeiden, dass aus den „Schauplätzen" wie bei Oswald Spengler „Grossinseln (ohne Kommunikation)" (ebd., 126) würden (vgl. dazu Yoshida 2004, 68 ff.).

Bloch hat bereits in *Erbschaft dieser Zeit* an den Kulturkreislehren kritisiert, dass sie in einem Geographismus von „Kulturgärten" oder beziehungslosen „Kultur-Monaden" (EdZ 326) mündeten, der jeden Anschein von durchgehendem Geschichtsprozess abschaffe und damit auch die seit der Stoa angedachte Einheit des Menschengeschlechts in Frage stelle (vgl. TE 126). Multiversum meint bei Bloch also nicht unverbundene Parallelwelten, sondern eine einzige, die freilich „viele Kammern im Welthaus" (EdZ 387) aufweist. In dem Essay mit diesem Titel, der 1929 in der Frankfurter Zeitung erschienen ist (vgl. Augenblick 122ff.), notiert er zwar Inkommensurables und Disparates: „Religionen strotzen noch im vollsten Nebeneinander" (ebd., 128), Einstürze, Erdbeben und „kosmische Schutzlosigkeit" (ebd., 129) zeigen die Fremdheit des Menschen im Haus der Natur an, „Subjekt ohne Gesicht" und „Tendenz ohne gestellte Materie" kennzeichnen den „Weltodysseus" (ebd., 130). Vieles „vagiert" hier, das noch in keinen allgemeinen Zusammenhang gebracht werden kann. Die Endfassung des Textes, die in der zweiten Ausgabe von *Erbschaft dieser Zeit* (1962) vorliegt, macht aber deutlich, dass diese Problemanzeigen nicht „zum Zweck einer Abdankung des Allgemeinen, weiterhin Ganzen, schließlich gar Einen" (EdZ 394) gemacht wurden. Das Viele zu benennen, heißt also nicht, auf das Eine und Ganze zu verzichten, nötigt aber dazu, dieses anders als in Begriffen fertiger Vorhandenheit und abgeschlossener Systeme zu denken: „dies Totum gibt es noch nicht, außer in utopischer Experimentbeschaffenheit" (ebd.). Dasselbe gilt für das Eine, das not tut – das Sinnziel von Geschichte ist einzig in der „vielfältig versuchten Prozeß-Richtung auf es hin" (ebd.) fassbar.

Pluralismus wird von Bloch also als „*Anforderung* an die Unitas" (EdZ 394) verstanden, damit das noch Ungelungene und Unwahre, die Dissonanzen, Diskrepanzen und Diskontinuitäten des historischen Prozesses nicht unterschlagen werden. Ein Auseinanderbrechen in disparate Vielheit schließt er dabei aus: „Trotz der Ungleichzeitigkeit, trotz der mehreren Kammern im Welthaus: die Vielheiten sind, *bei nicht zu kurz gegriffener, nicht zu abgeschlossen-inhaltlicher Orientierung der Totalität*, zu dieser weder disparat noch sonstwie schlechtpluralistisch auseinanderlaufend" (SO 498f.). Freilich ist damit noch kein gemeinsam bewohnbares Welthaus gewonnen. „Die wirklich gemeinsam einheitliche Zeit des Geschichts-, ja Weltprozesses keimt überall erst: als – Zeitform beginnender Identität, das heißt des Unentfremdeten in der Beziehung von Menschen zu Menschen und zur Natur" (TE 138). Das Multiversum ist insofern eine Gestalt des Unterwegs, es trägt die Signatur des Vorläufigen, ist ein „Multiversum versus Unum nondum inventum" (EdZ 395). In diesem Sinn ist auch das bisher „vorliegende Multiversum der Kulturen" für Bloch nur „ein Ausdruck dafür, daß das Humanum [...] noch nicht gefunden" (TE 129) ist.

Entwirft er also ein Multiversum, das zwar Züge eines Labyrinths aufweist, in dem jedoch, wie bei Hegel, stets ein Ariadnefaden zum Ziel gespannt ist (vgl. SO 24 u. 471)? Muss die Vielheit letztendlich doch der Einheit weichen, einem Telos des All-Einen, das die vielfältigen Weltwege übertrumpft? H. H. Holz hat in diesem Sinne Blochs Hegelkritik auf ihn selber zurückgewandt und sein System als gewalttätig bezeichnet, weil es den Pluralismus der Erscheinungen der Einheit der Idee unterwerfe (vgl. Holz 1975, 22). Bilder und Chiffren aus Kunst und Literatur aller Zeiten strömten in Blochs Sprachstil zusammen „zu einer *Unitas* des Sinns, in der die *Alteritas* der Bilder aufgehoben wird" (ebd., 48). In der Tat konvergieren Zeugen und Zeichen, die Bloch aufbietet, häufig „in Richtung auf eine *Endfigur*" (PH 1591). Das allegorisch Vieldeutige überführt er gerne in die Eindeutigkeit des Sinns, sodass das Multiversum letztendlich als bloßer Statthalter des „Unum nondum inventum" erscheinen mag. Dennoch hat sich Bloch namentlich in gesellschaftspolitischer Hinsicht für Pluralismus stark gemacht. Er hat die Vielfalt in der Gleichheit akzentuiert: „der Cantus firmus, worin bereits die Einheit des Menschengeschlechts klingt, setzt in seiner Ausschüttung am wenigsten Gleichmacherei", heißt es in *Naturrecht und menschliche Würde*, er setze vielmehr „blühendste Unterschiedenheit" (NmW 192). Auch sind für Bloch „die möglichen Wege zum Sozialismus [...] verschieden je nach Situation, nationaler Besonderheit", kein „fertig übernehmbares, gar aufpreßbares Importschema" (PM 362f.). So „verschwindet die Vielheit noch nicht" (MP 120).

Blochs Multiversum ist gewiss nicht zentrifugal, als auseinander laufende Vielheit, sondern zentripetal gedacht, als Komposition der „Polyphonie eines Unisono" (NmW 192). Dennoch kann nicht behauptet werden, es löse sich auf in ein homogenes Universum, in dem jede Alteritas von der Unitas absorbiert würde. „Erst sehr weit hinaus ist alles, was einem begegnet und auffällt, das Selbe" (SP 220). Das „Viele der Dinge als ihr Anderssein untereinander", die Alteritas als Grundlage des „Anderssseinkönnens" und das „fruchtbar Unterbrechende" (MP 459 f.) verschwinden nicht in einem absoluten Wissen. Für einen spekulativen Materialisten „kommt der Stoß zu neuen materiellen Präzisierungen von unten, vom unstimmig Einzelnen her" (ebd., 460f.; vgl. Dietschy 1988, 188).

Es wird aus dieser Diskussion der blochschen Sichtweise deutlich, dass bei Bloch der Begriff Multiversum eher als ein metaphorischer Typ verwendet wird, der wesentlich mit der Interpretation ein und desselben Universums zusammenhängt. Während die historischen Sichtweisen durchaus die konkrete Erfassbarkeit paralleler Welten zu unterstellen pflegten, ist die Erfassbarkeit als Folge der Bewusstseinsentwicklung nunmehr ein eher abstraktes Unternehmen. Physikalisch sind Raum, Zeit und Materie bei Bloch auch im Multiversum identisch. Was sich dagegen unterscheidet, ist die *historisch gelebte Zeit* bzw. die Interpretationsperspektive, unter welcher sich der reflektorische Blick auf *dieses Universum hier* richtet. Ähnliches gilt für den Raum und die Materie. Zwar sind alle diese parallelen Welten im strengen Sinne virtuell, beziehen sich aber auf einen konkreten Realgrund, der materialistisch durch ein materielles Substrat definiert ist. Es versteht sich von selbst, dass diese Virtualität höchst *konkrete* politische Auswirkungen haben kann. Für Bloch kommt es also darauf an, die korrekte Perspektive einzunehmen. In diesem Sinne wird sein Ansatz auch anderswo gedeutet (vgl. Bodei 1979, 136–149; Conigliaro 1990). Insofern unterscheidet er sich von der neuerdings in der naturwissenschaftlichen Debatte aufgekommenen Sichtweise ganz erheblich, denn hier geht es zum einen um die Modellierung quantenphysikalisch *möglicher* Welten (vgl. Everett 1957), zum anderen um die Existenz konkreter physikalischer Komponenten des Universums, die untereinander durch Wurmlöcher (vgl. Morris/Thorne/Yurtsever 1988) in einem Netzwerk verbunden sind (vgl. Smolin 1999). Bei den Letzteren können vor allem auch die physikalischen Konstanten variieren, d. h., es können andere physikalische Gesetze herrschen als die uns bekannten.

Dem politischen Verständnis von Blochs Multiversum kommen die Debatten um Multi- und Interkulturalität, namentlich die postkoloniale Kritik an eurozentrischen oder neo-rassistischen Ideologien, näher (vgl. Balibar 1990). Für Haruyo Yoshida sucht Blochs Multiversumbegriff zwei Werthaltungen zu versöhnen, die in einem Spannungsverhältnis zueinander stehen: die eine setzt auf ein „einigendes Humanum" als Grundlage für jede Völkerverständigung, die andere auf den „Eigenwert differenter Kulturen, der globale Vielfalt erst ermöglicht" (Yoshida 2004, 71). Das „Multiversum der Kulturen" wird weiter als Gegenkonzept zur Einbahnstrasse des Universums westlich-europäischer Prägung verstanden, das dem Differenten die Anerkennung verweigert (vgl. Kimmerle 1996, 19–29). Verschiedentlich wird allerdings darauf hingewiesen, dass Blochs Konzeption mit ihrer Gleichzeitigkeit des Ungleichzeitigen und dem darin implizierten zeitlich-räumlichen *Ineinander* der Kulturen über die gleichberechtigte Anerkennung verschiedener Kulturen weit hinausweist (vgl. Kufeld 2002, 141), „weltumspannend angelegt ist und eine Pluralität des Universalen anvisiert" (Behrens 1996, 192; vgl. 200). Das Beharren auf kulturelle Differenz im multikulturellen Diskurs leistet in der Tat einer naturalistischen Betrachtungsweise Vorschub, welche die gesellschaftliche Produktion von Ungleichheit ausblendet und zudeckt, dass „die kapitalistische Gesellschaft Multikulturalität höchstens im Nebeneinander der vereinzelten Kulturen duldet" (ebd., 201). Demgegenüber insistieren *politische* Bewegungen und Gesellschaftsentwürfe wie etwa jene der Zapatistas in Mexico darauf, dass „eine Welt, in der viele Welten Platz haben", erst erkämpft werden müsse (vgl. Dietschy 2006, 111). Sie untermauern damit, dass ein Multiversum in Blochs Sinne erst auf dem Boden einer anderen als der gegenwärtigen globalisierten Marktgesellschaft realisierbar ist.

→ *Fortschritt; Heimat; Materie; Raum; Ungleichzeitigkeit, Gleichzeitigkeit, Übergleichzeitigkeit; Zeit*

📖 BALIBAR 1990; BAUER 1975; BEHRENS 1996; BODEI 1979; CONIGLIARO 1990; DIETSCHY 1988, 2006; EVERETT 1957; FETSCHER 1973; HOLZ 1975; JAMES 1994; KIMMERLE 1996; KORNGIEBEL 1999; KUFELD 2002; MORRIS/THORNE/YURTSEVER 1988; MORIN 2010; SMOLIN 1999; WERTHEIM 1999; YOSHIDA 2004, 2011; ZUDEICK 1987.

Beat Dietschy/Rainer E. Zimmermann

Natur

Natur ist in der Philosophie Blochs jener Teil des Welthaften (Strukturen, Gestalten), der unabhängig von menschlicher Praxis gegeben, aber dennoch deren Gegenstand ist. Dieser menschlichen Potenz korrespondiert eine Potentialität der Natur, insofern in beiden als intensiver Grund der noch nicht herausgebrachte Kern allen Seins wirkt. Aufgrund dieser Prozesstendenz und der in ihr enthaltenen Latenzen ist eine Fortentwicklung der Natur möglich (Natur hat eine Zukunft), und zwar im Sinne einer Enthüllung/Entfaltung ihrer noch nicht herausgebrachten menschgemäßen Potenziale. Gleichzeitig schließt dies wechselseitig auch eine Fortentwicklung des Menschen ein, was zu einem nicht mehr entfremdeten Natur-Mensch-Verhältnis führen soll.

Die vielfache Bedeutung des Wortes *Natur* in Alltagssprache und Fachterminologien erschwert eine klare Definition. Selbst im philosophischen Kontext muss konzediert werden: „In der gesamten Naturphilosophie gibt es kaum ein zweideutigeres und äquivokeres Wort als jenes, was ihr den Namen gegeben hat, das Wort φύσις, das die Lateiner mit dem Wort *natura* wiedergeben" (HPhG 956). Übersetzungen des griechischen bzw. lateinischen Terminus spiegeln den Bedeutungsumfang wider: ‚Geburt, Herkunft, Natur, Anlage, Wesen, Begabung, Fähigkeit, Wuchs, Gestalt, Geschlecht, Charakter, Naturordnung, Naturkraft, Welt, Geschöpf, Wesen'. Als deutsches Lehnwort ist Natur (mhd. *nature*) seit dem 13. Jahrhundert nachweisbar.

Bis ins 17. Jahrhundert gilt Natur als Offenbarung des Göttlichen, eine Naturteleologie wird angenommen („Entelechie", „natura naturans"), Natur wird bevorzugt über einen Komplementärbegriff inhaltlich bestimmt. Innerhalb dieses Diskurses kommt es zu Bedeutungsdifferenzierungen: Während bei den Sophisten Sitte und Gesetz (*nomos* [νόμος]) repressiv auf die Natur (*physis* [φύσις]) wirken, handelt es sich bei den Begriffspaaren des Aristoteles Natur (φύσις) – Mensch (ἄνθρωπος), bei Cicero (*natura – voluntas*) und auch noch bei Thomas von Aquin um echte Bedingungszusammenhänge, insofern Natur hier als Strukturgebendes, erst Ermöglichendes des Komplements aufgefasst wird. Bereits bei Thomas erfolgt bezüglich der Naturteleologie eine erste Korrektur: nur Bewusstsein (also der göttliche Geist) könne teleologisch wirken, nicht die Natur selbst. Insofern ist die Entteleologisierung der Natur, die den mechanischen Naturumgang befördern wird, selbst theologischen Ursprungs. Erhalten bleibt aber bis ins 16. Jahrhundert die Auffassung, dass Natur „den Charakter eines ontologischen *prius* hat" (ebd., 959). Dann allerdings wird mit der Antithese *natura – gratia, naturale – supernaturale* die Natur ihrer Potenzialität als Substrat der menschlichen Vervollkommnung beraubt und diese in die Hände der göttlichen Gnade gelegt (bei Luther: Verderbtheit der menschlichen Natur). In der Folge leitet sich aus dieser inferioren Positionierung der Natur ein „einklagbarer Versorgungsanspruch" (ebd., 961) durch göttliche Gnade ab. Als Alternative dazu entsteht der Gedanke, Natur müsse sich selbst genügen können. So wird in der Aufklärung Natur zum Begriff des Seins in seiner Totalität schlechthin (Spinoza: *natura naturans – natura naturata, Deus sive natura*). Die aufkommenden modernen Naturwissenschaften bewirken einen Verlust des Interesses an Naturteleologie; das systematische, kontrollierte Experiment (Galilei: *metodo resolutivo, metodo compositivo*) erlaubt rationale Erklärungen von Naturvorgängen, die ein der Natur innewohnendes Streben nach etwas als obsolet erscheinen lassen.

In der praktischen Philosophie aber bleibt Natur positiv konnotiert (z. B. bei Schelling), auch im (dialektischen) Materialismus (z. B. bei Engels, vgl. DdN). Andererseits, u. a. bei Kant, Schiller, Marx, wird eine Transzendierung der vorhandenen Natur im geschichtlichen Prozess (Vernunft) erwogen („Resurrektion der Natur", „Humanisierung des Menschen, Naturalisierung der Natur"; vgl. ÖpM 594; vgl. auch Petrović 1986).

Der weitgehende Verlust naturphilosophischen Denkens führt im Verlauf der nächsten Jahrhunderte zu einer Degradierung der Natur als bloßem Stoff menschlicher Ausbeutung im Rahmen technischer Verfügbarkeit. Seit einigen Jahrzehnten ist, ausgelöst durch krisenhafte Erscheinungen im Ökosystem bzw. technische Unfälle, eine Rückbesinnung auf die natürlichen Lebensgrundlagen zu beobachten. „Bloch ist einer der ersten Denker, der im Rückgriff auf Schelling und Marx noch vor Ausbruch der allgemeinen Debatte um die Ökologie-Krise das Problem einer Allianz zwischen Mensch und Natur [...] aufgreift und durchdenkt" (Schmied-Kowarzik 1986, 228).

Die ersten Hinweise auf das Thema Natur finden sich in Briefen an Lukács, im Zusammenhang mit einem frühen Systementwurf. Während im April 1911 von einer „naturphilos[ophischen] Geschichtsphilos[ophie] (problematischer Gang der Substanz)" (Br. I, 39) die Rede ist, wird die Stellung der Natur Ende Oktober 1911 genauer bestimmt: Nach dem einleitenden Teil über „Logik und Erkenntnistheorie" folgt „in einem weiteren Band das Erste Buch: die anorg[anische] Natur in der Summe der axiom[atischen] Philos[sophie]; das zweite Buch: Die organische Natur in der Summe der axiom[atischen] Philosophie" (ebd., 66). Bloch folgt im Entwurf seines Systems der stoischen Kodifizierung.

Relevant für Blochs Naturphilosophie ist von Anfang an die sinnliche *Erfahrung* der Natur als Ausgangspunkt: „Gestern kam ich von einer dreitägigen Kletterpartie zurück [...] – ein körperlicher Auftrieb zum Licht und zu einer ringsum seltsam vibrierenden und zerklüfteten Ewigkeit" (Pelletier 2003, 54; zu „Wanderschaft und Spaziergang" vgl. Pelletier 2003, 54f.).

Natur ist Thema des ersten erhaltenen Manuskripts *Entwurf der Naturphilosophie* von 1912 (ebd., 32–54). In diesem Text finden sich mehrere Topoi, die das naturphilosophische Denken Blochs prägen werden.

Bereits hier relevant ist die Unterscheidung zwischen *anorganischer und organischer Natur:* „Es ist ein Anderes, ob wir an Ackerkrume oder an Wiesen vorbeischreiten und ringsum bewaldete Hügel, weidende Herden und freundlich verstreute Dörfer sehen, die das Ganze aufnehmen und krönen, oder ob wir weite Ebenen, Meere und hohe Berge betrachten, die im Firnschnee, in Kälte u[nd] absoluter Stille daliegen und nirgends eine Beziehung zu menschlichen Wohnstätten aufweisen" (ebd., 36). Die problematische Abstandsbeziehung zur anorganischen Natur wird hier erstmals thematisiert. Jedoch ist die Enträtselung der anorganischen Natur Voraussetzung für das Begreifen der organischen Natur: „Obwohl uns nun das belebte Gelände näher steht, sind wir dennoch gezwungen, zuerst in das unfruchtbare Gebiet zu gehen, da von hier aus allein der Unterbau des ganzen organischen Lebens zu studieren ist" (ebd.). Bloch führt auch den zentralen Begriff der *Landschaft* ein: „Das Erste [die vertraute Umgebung] bildet die mittlere und das Zweite [die abweisende Umgebung] die obere Landschaft" (ebd.). Noch im *Experimentum Mundi* ist „Landschaft" anspruchsvollstes Ensemble von „qualifizierten Kategorien und Kategoriengruppen" (EM 219) der Natur, ein „qualitativ-spezifisches Ornament" bildend (ebd.), ausdrucksstark und deutbar (vgl. Raulet 1987; Schmitz-Emans 2008).

Ebenfalls wird schon zwischen *äußeren und inneren Ursachen* der sich verändernden Natur unterschieden: „Überdies hat statt all der äusserlich bewirkten und fluktuierenden Variationen die ruckweise, aus inneren Ursachen vor sich gehende Abänderung, die Mutation und die ihr folgende langdauernde Artkonstanz eine immer grössere Evidenz als die gesamte entw[icklungs]gesch[ichtliche] Erscheinung erlangt" (Pelletier 2003, 39). Hier klingt der Gedanke einer *Naturteleologie* und einer *Naturdialektik* an. An beidem hält Bloch hinfort fest, beides bringt ihm heftige Kritik ein. Selbst A. Schmidt verneint eine Naturteleologie (ebenso ein hypothetisches Natursubjekt; vgl. Schmidt, A. 1962; Schmidt, B. 1983a, 232ff.), im westlichen Marxismus wird eine Dialektik der Natur weitgehend zurückgewiesen (J.-P. Sartre, Frankfurter Schule; vgl. Zeilinger 2008).

Unter Rückgriff auf die aristotelische Entelechie (zur Bedeutung Aristoteles' für Bloch vgl. Ehricht 2004) sympathisiert Bloch mit der Vorstellung eines *Wesenhaften* in den Naturgestalten, das ihnen als möglicherweise Herauszubringendes innewohnt: „Jedoch kann dies alles (Darwin über die Veränderlichkeit der Arten) nicht die Einsicht verhindern, dass wir vor allem in der Reihe der Tange, Farne, Nadelhölzer u[nd] Laubhölzer, dann zoologisch mindestens in der Reihe der Gliederfüssler und Wirbeltiere scharf umschriebene Gruppen vor uns besitzen, die niemals aus dem blossen planlosen Abdruck der Umwelt zu erklären wären, sondern im Bauplan wie in der Entelechie [...] ihre deutlich hindurch fühlbaren Urbilder verkörpern" (Pelletier 2003, 39). Hier scheint ein Bezug zur Zweckmäßigkeit der Natur im Sinn Kants auf, der in der *Kritik der teleologischen Urteilskraft* schreibt: „Der Begriff von Verbindungen und Formen der Natur nach Zwecken ist doch wenigstens ein Prinzip mehr, die Erscheinungen derselben unter Regeln zu bringen, wo die Gesetze der Kausalität nach dem bloßen Mechanism derselben nicht zulangen" (KW 8, 470). Allerdings modifiziert Bloch Kant entscheidend, indem die Zweckmäßigkeit nicht als spekulative Idee, als „regulatives Prinzip" („Denn wir führen einen teleologischen Grund an, wo wir einem Begriffe vom Objekte, als ob er in der Natur (nicht in uns) *befindlich* wäre, Kausalität in Ansehung eines Objekts zueignen [...], mithin die Natur als durch eignes Vermögen *technisch* denken"; ebd., 470f.) aufgefasst wird, sondern „als Vernunftbegriff", was Kant kategorisch ablehnt, da wir eine Kausalität annehmen, die wir „uns selbst entlehnen und anderen Wesen beilegen, ohne sie gleichwohl mit uns als gleichartig annehmen zu wollen" (ebd., 471). Bloch hingegen betont den erfahrend-begreifenden Zugang zu diesen Wesen, „die wir schlechterdings nicht anders als nach Zwecken organisierte Naturprodukte begreifen können, da sie an sich selbst eine innere Zweckmäßigkeit offenbaren. Diese zweckmäßig organisierten, ja ‚*sich selbst organisierenden* Wesen' (B 293 [zitiert nach Kant, § 65 „Dinge, als Naturzwecke, sind organisierte Wesen", KW 8, 486]) kommen auch keineswegs nur vereinzelt vor, sondern sie reichen von den Flechten bis zu den Bäumen durch die ganze Pflanzenwelt und von den Polypen bis zu den Säugern durch die gesamte Tierwelt, und auch wir Menschen gehören als Naturwesen zu jenen Naturphänomenen, die grundsätzlich nur als Naturzwecke begriffen werden können" (Schmied-Kowarzik 1996, 42; zu „Selbstorganisation" vgl. u. a.: Bloch, J. R. 1995a; Dobronravova/Hofkirchner 2004).

Im ersten Hauptwerk, *Geist der Utopie*, sind die meisten konstitutiven naturphilosophischen Elemente bereits versammelt. Den eigentümlichen Charakter des frühen Hauptwerks, der sich auch in den folgenden Werken nie ganz verliert, analysiert Adorno sehr treffend: „Das Buch, Blochs erstes und alles Spätere tragendes, dünkte mir eine einzige Revolte gegen die Versagung, die im Denken, bis in seinen pur formalen Charakter hinein, sich verlängert". Diese Intention Blochs trifft bei Adorno ins Schwarze: „Dies Motiv, allem theoretischen Inhalt vorausgehend, habe ich mir so sehr zugeeignet, daß ich meine, nie etwas geschrieben zu haben, was seiner nicht, latent oder offen, gedächte" (Adorno 1965, 11). Adorno verteidigt Blochs Darstellung der

Philosophie, die bei ihm „wieder wesentlich für die Sache" (ebd., 15) geworden sei. Gerade die naturphilosophisch zentralen Probleme, nämlich die „Vermittlung" sowie die „Dialektik", gewännen durch Blochs Sprache neue Impulse: „Hatte Hegel den Begriff der Vermittlung der Ansicht entrissen, sie sei ein Mittleres zwischen Verschiedenem, und sie ins Inwendige der Sachverhalte verlagert, die unterm saugenden Blick des Arguments lebendig und zu ihrem eigenen Anderen werden, so hat Bloch diese Struktur des Gedankens erstmals in die literarische Form der Philosophie umgesetzt" (ebd., 15f.). Womit sich Bloch von „allen mittleren Intellektuellen" (aber auch Brecht zählt dazu; vgl. Wizisla 1990) und dem „philosophischen Betrieb" den Vorwurf der Unwissenschaftlichkeit eingehandelt habe. Bloch hat nach 1965, dem Erscheinungsjahr von Adornos Aufsatz, vor allem in *Experimentum Mundi. Frage, Kategorien des Herausbringens, Praxis* die Darstellung systematisiert und teils auch die Sprache entsprechend angeglichen.

Die wesenhaften – den Menschen einschließenden – Naturgestalten werden in *Geist der Utopie* („Traum", GdU 1 u. 2) wieder aufgenommen: „Aber wir gehen im Wald und fühlen, wir sind oder könnten sein, was der Wald träumt. [...] Wir haben es nicht, das, was dies alles um uns an Moos, sonderbaren Blumen, Wurzeln, Stämmen und Lichtstreifen ist oder bedeutet, weil wir es selbst sind und ihm zu nahe stehen, dem Gespenstischen und noch so Namenlosen des Bewußtseins und Innerlichwerdens" (GdU 1, 81). Diese kurze Passage, die immerhin in eine Musikphilosophie einführt, gestaltet Bloch nicht fachlich-systematisch, sondern beginnt mit der Erfahrung, setzt den *„gehörte[n] Ton"* als Initialzündung. Das Erlebnis des Musikhörens bewirkt dieselbe traumhafte Erfahrung wie ein Gehen im Wald: eine Näheerfahrung, die noch fremd anmutet, aber mehr verspricht. „Wir haben es nicht, [...] weil wir es selbst sind" – und uns selbst noch nicht *haben*. Erstmals taucht hier die Vorstufe des späteren Diktums auf: „Ich bin. Aber ich habe mich nicht. Darum werden wir erst" (vgl. SP 1; TE 13). Natur und Mensch sind in ihrem *Kern identisch*. Allerdings ist dieser in beiden nicht herausgebracht, treibt, bleibt aber, wegen der noch unerkannten, zu großen Nähe, dunkel. In *Geist der Utopie* kommt somit ein weiterer zentraler Begriff hinzu, derjenige des *Nähedunkels*, welches erhellt werden soll zur wirklichen *Nähe*. Diese Figur der identisch treibenden Kraft in Subjekt und Objekt, die Tendenz und der sie tragenden Latenz, ist in *Geist der Utopie* in einigen

Varianten zu finden. Ein Beispiel: „Aber das innere Leben glüht und stampft. [...] Es ist dieselbe Kraft, die sich in der Lava, dem Bleisturz im kalten Wasser, der Holzmaserung und zuhöchst in der zuckenden, blutenden, fetzenartigen oder sonderbar geballten Gestaltung der innern Organe ausgewirkt hat" (GdU 1, 31).

Wenn zutrifft, was Schmied-Kowarzik feststellt, dass der „philosophische Begriff" an eine „lebensweltliche Primärerfahrung" (husserlscher Provenienz) sich nicht anknüpfen lässt, so bleibt zu erwägen, inwiefern Schellings „intellektuale Anschauung" (SW I/1, 319; SW I/2, 13f.) hier Einfluss genommen hat: „Diese Anschauung ist die innerste, eigenste Erfahrung, von welcher allein alles abhängt, was wir von einer übersinnlichen Welt wissen und glauben. Diese Anschauung zuerst überzeugt uns, daß irgend etwas im eigentlichen Sinne *ist*, während alles übrige nur *erscheint*, worauf wir jenes Wort *übertragen*. Sie unterscheidet sich von jeder sinnlichen Anschauung dadurch, daß sie nur durch *Freiheit* hervorgebracht und jedem andern fremd und unbekannt ist, dessen Freiheit, von der eindringenden Macht der Objekte überwältigt, kaum zur Hervorbringung des Bewußtseins hinreicht" (SW I/1, 318). „Ich bin" ist bei Schelling nicht nur eine Selbsterfahrung (wie bei Fichte), sondern auch eine Seinserfahrung: Wir erfahren in der intellektuellen Anschauung „nicht sinnlich, sondern eben intellektuell – uns selbst als Wirkliches in der Totalität von Wirklichkeit" (Schmied-Kowarzik 1984, 38).

Hier zu verorten ist auch das Staunen. Bloch zitiert das Mädchen aus K. Hamsuns *Pan* mit den Worten „Ja denken Sie nur, es regnet" und stellt fest: „Die das fühlte, plötzlich darüber staunte, war weit zurück, weit voraus. Wenig fiel ihr eigentlich auf und doch war sie plötzlich an den Keim alles Fragens gerückt" (SP 216). Ein alltägliches Naturphänomen führt ursächlich an die Quelle menschlichen Staunens überhaupt. In *Experimentum Mundi* taucht eben dieses Beispiel im Rahmen der Logik auf. Das erste Glied eines impersonalen Urteils, „sagen wir: Es regnet", also das „Es", wird „noch nicht prädiziert durch Regen", das „Es" ist gerade auf dem Gebiet der Natur noch unbestimmt. „Es" steht stellvertretend für den *Ergriff*: „*Ergriffe* stehen logisch vor dem Urteil, sind eine Vorstufe zu dem bestimmten Subjekt, das im Prädikat begriffen wird; Ergriffe werden im Prädizieren ihrer zu Begriffen bestimmt." Insofern ist kein im Urteil gebildeter Begriff ohne vorherigen Ergriff möglich. Im Ergriff geht der intensive Grund, der *Dass-Grund*, ins Urteil ein: „Das Es hält hierbei formal den Platz für das einfache und doch so wenig einfache Daß dafür, daß es überhaupt etwas zu bestimmen gibt" (EM 39). Logisches Prädizieren im Sinn Blochs, d. h. unter Berücksichtigung des „hinweisende[n] Ergriff[s]" (ebd., 40), der noch kein Urteil voraussetzt (anders als der Begriff), führt aber nicht zu Urteilen über ein statisches Sein einer Sache. Es handelt sich um eine „Urteilsform entwicklungsgeschichtlicher, synthetisch vermehrender Art, ausgedrückt durch die schlagende Formel *S ist noch nicht P*" (ebd., 41) – die von Bloch selbst als Kernsatz seiner Philosophie bezeichnet wird (vgl. Lowe 1965). Diese logische Urteilsform ist in der Naturphilosophie verankert. Die Wirklichkeit, maßgeblich Natur und Soziales, ist zwar Sein, jedoch als Nicht-Haben defizitär: Sie ist insofern Noch-Nicht-Sein.

In *Geist der Utopie* erfolgt auch die Zusammenführung von *Naturphilosophie und Ästhetik*. Neben (begrenzten) Einflüssen Worringers (Br. I, 30; Worringer 2007; vgl. PH 129–203) auf Blochs frühe Kunsttheorie („subjektivistische Mimesistheorie"; vgl. Münster 1982, 143ff.; vgl. auch Gekle 1990) konstatiert Münster eine Nähe zu Schellings Naturphilosophie. Die „Blochsche Genesis des Genies am ‚Ort des produktiven Dunkels' im Sinne der schaffenden und erschaffenden Natur" wird nur verstehbar, indem zweierlei erkannt wird: Die Verortung der „Wurzeln dieses Seins in der ‚Nacht- und Mondseite der Natur' (Schelling)" und „das Problem des Überschreitens der Schwelle vom Unbewußten zum Bewußten, vom Nicht-Ich zum Ich" (Münster 1982, 146). Zimmermann verweist in diesem Zusammenhang auf die Nähe zur sartreschen Kategorie des „Präreflexiven"; letztlich gehe es darum, „prä-reflexives Bewußtsein (von sich selbst) in reflexives zu überführen" (Zimmermann 2001, 21; zu Strukturähnlichkeiten blochscher und sartrescher Philosophie vgl. Zimmermann/Grün 1999). Erst bei Zugrundelegung einer solchen Bewusstseinstheorie, die einen vorbewussten Zustand impliziert, ein „Dämmern nach vorwärts" (vgl. PH: „Entdeckung des Noch-Nicht-Bewußten oder der Dämmerung nach vorwärts …", 129–203), wird es möglich, die Natur als „eine ästhetisch-teleologische Kraft zur Synthesis" zu qualifizieren, in der „naturgewollten Schaffensorgie des von der ‚träumenden Seele' zutiefst ergriffenen und geleiteten Ichs" (Münster 1982, 147).

Bloch führt dies exemplarisch aus an einer Analyse des Verhältnisses von organischer und anorganischer Natur in Bildhauerei und Architektur. Der Stein, „dieses transzendental geladene Material" (GdU 1, 38), wird durch die Formgebung des Künstlers „nicht nur als

Stoff bearbeitet, sondern [...] auch als Gegenstand rezipiert" (ebd.), wodurch der Stein eigens produktiv mitwirkt. So gibt der geformte Stein, das Produkt einer spezifischen Subjekt-Objekt-Beziehung, dem menschlichen Innen eine relativ bleibende Ausdruckgestalt. Weil das Sehen dem Menschen als die deutlichste, die verlässlichste Art der Wahrnehmung erscheint, gilt der bildnerische Ausdruck als der überzeugendste. Auf der Objekt-/Stoffseite entfaltet sich nach Bloch in einem dialektischen Prozess von anorganischer und organischer Natur das Werk: Die anorganische Natur (hier der Stein), ihr „mathematische[s] Wesen" (ebd.), hält Einzug in die innere menschliche Natur und wird ihrer eigenen Ordnung gewahr: „Hier schlägt der Stoff über die ziehenden Geschlechter einen Bogen, um letzthin eben mittelst dieses seines dauernden, toten Materialcharakters die Natur einzumischen oder herbeizutragen und sie, die darin gehobene anorganische Natur, als das Vehikel und Symbol der Ewigkeit oder des in sich ruhenden Weltkreises zu gestalten" (ebd., 39). In der künstlerisch „gehobenen anorganischen Natur" gelingt ein „Transzendieren ohne Transzendenz", auch wenn sie nur „Vehikel" und „Symbol" künftigen Gelungenseins ist. Allerdings birgt diese Operation auch Gefahren: Das ursprüngliche Streben nach „Selbstbezeichnung" (das „Erste"; ebd., 37) und der „Wille zur Form" (das „Zweite"; ebd.) begeben sich in eine ihnen nicht angemessene Umgebung, werden „in eine öde, verrufene und durchaus nicht gesuchte Gegend gelockt" (ebd., 39). Darüber hinaus geraten sie unter das Diktat des Stoffes: „Die ursprünglich organische Wegrichtung wird fast ohne die Spur einer Erinnerung aufgegeben oder vielmehr zugunsten des fremdgesetzlichen, uns strikt entgegengeltenden Ziels eines D r i t t e n , einer anorganisch abstrakten Konstruktion verlassen" (ebd.). Allerdings kann das Vorherrschen des rein konstruktiven Prinzips, der absoluten Form, nicht verhindern, dass eine Intensität als „Grundwasser wieder auf[steigt], so daß sich, weit gründlicher als in dem leeren Ruhm der sogenannten Naturschönheit, eine Art Mineralogie höherer Ordnung, eine Art zweiter, über alles hinausgehobenen Naturphilosophie in der Sphäre der Ästhetik zu instituieren droht" (ebd.). Hier scheint diese Entwicklung negativ konnotiert zu sein („droht"). Als vierte Stufe folgt daher das „organisch Abstrakte" (ebd., 40); die Drehung/Hebung kommt zu einem vorläufigen Resultat: „[...] es ist die Einfühlung auf einer ganz neuen Stufe, es ist die Herabsetzung der gegenstandslos gewordenen Konstruktion zum bloßen Hilfsmittel der Äußerung und Werkäußerlichkeit überhaupt, es ist die Erzeugung der Konstruktion aus dem Ornament und die Erzeugung des Ornaments aus dem sich selber Sehenwollen als jenem letzthin organischen Konstruktionsprinzip, von dem alles Formen vor der materialen Ablenkung ausging" (ebd., 41).

Bloch unterscheidet also ästhetisch zwischen einer „Konstruktionsreihe" und einer „Ornamentreihe" (ebd., 42). Ihre Basis haben beide in der Natur: Die „Konstruktionsreihe" entstammt dem „kristallinischen (d. i. dem anorganischen, D.Z.) Gestaltungsprinzip", die Ornamentreihe dem „organischen Gestaltungsprinzip" (ebd.). Das Geschlossene der Konstruktion wird schließlich durch das Ornament geöffnet – Bloch nennt dies „Durchbruch": „[...] hier wirkt das künstlerische Eingedenken, das jedem Abschluß feindlich ist, und die Kraft zum Formen enthüllt sich als die bloße Kraft zum von sich Abhalten, zum Aussagen und Werkmachen, [die Form leistet den konstruktiven Teil], zu einer letzthin nichts Fremdes mehr einmischenden Indirektheit der Vermittlung" (ebd.). Das Anorganische und das Organische haben sich über Stufen hinauf in ein für den menschlichen Ausdruckswillen adäquates Verhältnis hinein entwickelt.

In diesem Kontext treten weitere zentrale Begriffe auf, so die *Offenheit* bzw. *Unabgeschlossenheit*, auch das *Abhalten*, der für den Akt der Selbstvergegenständlichung, schließlich (als *Drehung und Hebung*) für den Akt der Erkenntnis so zentrale Begriff.

Die Möglichkeit der Selbstbegegnung in einem bildnerischen Gegenüber ist bedingt durch den Vor-Schein des Wesentlichen im Kunstwerk. Der im künstlerischen Produkt wirkende Vor-Schein ruft im Produzierenden (auch Rezipienten) die Ahnung einer möglichen „Vollendung in Totalität" (PH 248) hervor, womit Bloch aber „weder ein Transzendieren der Welt im Sinne eines religiösen Vorscheins oder die ersehnte Rückkehr ins Paradies, noch das Zu-Sich-Selbst-Kommen des Geistes im Sinne Hegels [meint], vielmehr erweitert Blochs Zielvorstellung die Natur, ohne über sie hinauszugehen" (Berghahn 2008, 32), zumindest nicht in einem transzendenten Sinn – wohl aber als *natura supernaturans*.

Somit liegt bereits in den ersten Schriften ein umfassendes naturphilosophisches Konzept vor, das in unterschiedlichem Ausmaß die von Braun im Naturbegriff Blochs unterschiedenen fünf Bedeutungen beinhaltet: „(1) Die Rolle der Natur in der Grundlegung der Philosophie, (2) die technische, (3) die wissenschaftliche, (4) die ästhetische und (5) die utopische Bedeutung" (Braun 1997, 170). In den späteren Werken werden diese Grundgedanken aufgegriffen und ausgebaut (die technischen vor allem in *Das Prinzip Hoffnung*, die wissenschaftlichen in *Das Materialismusproblem, seine Geschichte und Substanz*).

In *Thomas Münzer* hebt Bloch utopisch auf eine *verklärte Natur* ab, die den vitalistisch-existenziell-emotional getriebenen Menschen umgeben möge: „Wir haben genug Weltgeschichte gehabt, es war auch genug, zu viel, viel zuviel Form, Polis, Werk, Blendwerk, Absperrung durch Kultur: offen regt sich ein anderes, ein unwiderstehliches Leben, der enge Hintergrund der Geschichtsbühne, Polisbühne, Kulturbühne entweicht; Seele, Tiefe, über allem ausgespannter Traumhimmel, gestirnt vom Boden bis zum Scheitel, scheint herein, es entrollen sich die wahren Firmamente, und unaufhaltsam zieht unsere Straße des Ratschlusses bis zu jenem geheimen Sinnbild hinüber, auf das sich die dunkle, suchende, schwierige Erde seit Anbeginn der Zeiten zubewegt" (TM 229). Hier zeigen sich noch – wie auch in *Geist der Utopie* – Spuren von Transzendenz bezüglich des angestrebten Telos. Dietschy weist darauf hin, dass diese „Überwelt" aber „zugleich eschatologisch gewendet [wird]" (Dietschy 1988, 56), denn: „[E]s kann nicht mehr astralmythisch, das Drüben, sondern allein noch, soteriologisch, das Ende den Problemkreis schließen" (GdU 1, 377). Gegen das Statische am Ende des Johannes-Evangeliums („Einen anderen Grund der Dinge kann niemand legen, als der von Anfang gelegt ist, wir müssen uns in seine *notwendige* Folge ergeben") argumentiert Bloch: „Und dennoch: ein Pathos des Noch-Nicht war vorher unüberhörbar, ein ‚aufrichtiger Jugendgedanke' Schellings: ‚über dem Produkt das Produzierende nicht zu vergessen', und der in seiner späten Philosophie über dem gewordenen Geschichtsprodukt sich doch nicht beruhigte" (TM 225).

Später wird „verklärte Natur" für Blochs *Heimat*begriff stehen, für das „subjektiv gelungene Objektive", das „Objekt-Subjekt einer nicht mehr entäußerten Gegenstandswelt". Und diese ist nicht mehr im Jenseits anzusiedeln, sondern im Diesseits: „also Heimat" (SO 108). Der irdische Weg wird dann auch nicht mehr nur dunkel, suchend, schwierig vorgestellt, sondern als revolutionäre Praxis – allerdings mit der Möglichkeit des Scheiterns.

1926, in einem Brief an Siegfried Kracauer (vgl. Br. I, 276 ff.), grenzt sich Bloch übrigens gegen Lukács' Auffassung von „Subjekt-Objektivierung" ab, die bei diesem allein der „kapitalistischen Arbeitsteilung" entstamme, während er selbst noch weitere, auch viel ältere Sphären sehe, „als eine gleichsam räumliche Notform des sonst zeitlich distrahierten Prozesses" (ebd., 277f.). Neben einer politischen und religiösen Sphäre nennt Bloch „eine noch fast völlig dunkle Sphäre des historisch an sich selber fast noch völlig Unvermittelten, Uneingegangenen, des schlechthinnigen Horizontproblems von ‚Natur'" (ebd., 278). Diese Briefstelle weist sehr klar auf das noch nicht hinreichend gelöste Problem einer marxistischen Naturphilosophie (auch einer Religionsphilosophie) hin.

Bloch greift diesen Gedanken ebenfalls im 1928 entstandenen Aufsatz „Viele Kammern im Welthaus" (EdZ 387–396) auf: „Mit nichten ist auch die ‚Naturschranke' überwunden, wie es sich der Kapitalismus wünscht" (ebd., 392f.). In drei Bereichen wirkt das Vermittlungsdefizit bzw. die Anschlusslosigkeit: in der existenziellen Naturerfahrung des Subjekts, in der Technik, in der Übermacht der kosmischen Natur.

Neben die Feststellung des großteils noch Unvermittelten mit der äußeren Natur tritt die Frage nach der inneren Natur und ihrem Beweggrund: „Wie dunkelt erst der Kern der Natur, Menschen im Herzen" (ebd. 393). Der Gedanke eines Subjektiven („Kern der Natur") in der Natur findet sich in Schellings Definition: „Die Natur als bloßes Produkt (natura naturata) nennen wir Natur als Objekt (auf diese allein geht alle Empirie). Die Natur als Produktivität (natura naturans) nennen wir Natur als Subjekt (auf diese allein geht alle Theorie)" (SW I/3, 284). Dies aufnehmend und erweiternd, setzt Bloch kategorial ein *Natursubjekt*, auch wenn dieses hypothetisch bleiben muss. Bloch steht hier ganz in der Tradition des aristotelischen Averroismus, wie seine Schrift *Avicenna und die aristotelische Linke* (Bloch 1952) bezeugt.

In einer Verschränkung von Mensch und Natur wird menschliche Intensität („im Herzen") als „Ort" bzw. Heimstatt des noch nicht erkannten Naturkerns angegeben.

Bloch optiert in diesem Kontext für einen dialektischen Materialismus – allerdings einen modifizierten: Statt des einförmigen Dreierschritts fordert er eine pluralistische dialektische Methode, deren „wechselreicher, auch stark synkopisierter Rhythmus" (EdZ 395) dem „vielzeitige[n], vielräumige[n] Prozeß, worin seine keineswegs homogene Materie sich ausgestaltet und herausexperimentiert" (ebd.), adäquat ist. Entscheidend ist der Gedanke der *Naturutopie*: „Und wie die Gesellschaft, so schlägt auch die von ihr abhängige Welt [die „Topferde-Natur"] immer wieder neue Seiten auf. Das kann sogar, wenn auch zu einem noch nicht bestimmbaren Teil, in der von uns relativ unabhängigen Welt, sie induzierend, ihr korrespondierend, der Fall sein" (ebd., 395f.). Hier erfolgt der Blick auf eine mögliche Mitproduktivität von Teilen der Natur, die im Rahmen des bisherigen Mensch-Natur-Verhältnisses noch nicht ausgelotet worden sind. Auf das Naturallianzkapitel im *Prinzip Hoffnung* vorgreifend, traut er der „technische[n] Vermittlung von heutzutage" dies nicht zu, sondern wirbt für ein „*kosmomorpheres* Verhältnis als das der List [...], als das bloßer ‚Beherrschung', ‚Ausbeutung' der Naturkräfte" (ebd., 396). Bloch formuliert in wenigen Sätzen das Konzept seines spekulativen Materialismus: „Ja, das Agens aller Dinge selber, das X, das sie treibt und worin ihr Wesen zugleich latent ist: dies eben wurde als ‚Weltodysseus' bedeutet, der selber noch Niemand heißt, samt einem ‚Ithaka', zu dem dies Fahrende noch keineswegs eine gebahnte Zukunft des Erreichens hat, das sich während der richtigen Fahrt und durch sie aus seiner Tendenz-Latenz sogar erst hebt" (ebd.). Diese Sätze schließen an die Ausführungen über die anorganische Natur an und meinen zunächst sie, beschränken sich aber in ihrer Geltung nicht darauf. Das „Agens aller Dinge" ist nicht nur dynamisch-intensiv, sondern es enthält der Anlage nach, latent, auch ihr Wesen. Dieses Wesen ist noch nicht herausgebracht, noch nicht erkannt. Es treibt, tendiert in einem offenen Prozess mit der Möglichkeit der Realisierung, wenn diese Potenzialität von der Potenz des Subjekts in der Praxis ergriffen wird.

Unter der Überschrift „Exzerpt, montiert aus ‚Viele Kammern im Welthaus'" wurden diese Passagen in *Das Materialismusproblem, seine Geschichte und Substanz* („Geschrieben 1936–37; durchges. u. erw. 1969–71") aufgenommen. Darin findet sich auch das Kapitel „Zum Kältestrom-Wärmestrom in Naturbildern". Anders als im Manuskript von 1912, in dem Bloch sich mit Paläontologie und Biologie auseinander setzt, wendet er sich nun der Physik, genauer der Quantenphysik zu, um deren Bedeutung in naturphilosophischer Absicht zu klären. Das Manuskript des Materialismusbuchs wurde von dem Physik-Nobelpreisträger Percy Bridgman begutachtet und von dem Einstein-Nachfolger „auf dessen Lehrstuhl für theoretische Physik an der deutschen Universität in Prag", Philipp Frank (nach 1938 in Harvard), durchgesehen (Bloch, J. R. 2009). Ausdrücklich nimmt er die Quantenphysik von seiner Kritik sonstiger bürgerlicher Verfallsformen der Naturwissenschaft, wie „formalistische Begriffsbildungen und [...] Auskreisung möglicher qualitativer Naturinhalte" (MP 316) aus. Vielmehr unterstreicht er, dass „vor allem in der Quantenphysik ein eigener, bisher unentdeckt gebliebener Sektor der Natur bedeutet und erforscht wird" (ebd., 316f.). Der neue (anti-statische) Materiebegriff eröffne philosophisch neue Dimensionen, z. B. auch einen „neue[n] Zugang zur Dialektik" (ebd., 317). Bloch sieht in dem allgemeinen Aufbruch eine Chance, Natur*qualität* (vgl. Daxner u. a. 1981) neu zu beleben: „Darum ist es keine Einmengung, durchaus nicht, in einzelwissenschaftlich-physikalische Forschung, wenn man, bei Betonung ihrer und des durch sie derart erweiterten Blicks auf einen vorhandenen eigenen Natursektor, das trotz allem auch *qualitativ* Strukturierte der Natur nicht so sehr ausspielt als kenntlich macht, philosophisch im Gewissen hält" (MP 317). Kennzeichen dieses qualitativ Strukturierten ist etwas „Charakteristisches": Es werde ausgezeichnet „nicht nur ästhetisch, sondern vor allem geographisch und neuerdings ökologisch als Landschaft, weiter als Gruppierung von Landschaftscharakteren" (ebd.). Wieder aufgenommen wird also der Begriff der „Landschaft", jetzt genauer bestimmt in drei Modi: ästhetisch, geographisch und ökologisch. Diese qualitativ-charakteristischen Aspekte der Natur waren der neuzeitlichen Physik bislang unzugänglich. „Kurz, es gibt eine ununterschlagbare Fülle heimatlos gewordener Gegenstände und Inhalte der Natur, die bereits in dem nur mechanischen und extrem in dem rein formalistischen approach an die Natur offensichtlich nicht unterkommen" (ebd.). Das neue, durch die Quantenphysik notwendig gewordene Denken eröffnet möglicherweise einen neuen Zugang zu Naturqualität.

1938 beginnt Bloch mit der Abfassung von *Das Prinzip Hoffnung*, 1947 liegen die drei Bände im Wesentlichen vor (vgl. z. B. Brief an den Aufbau-Verlag vom 28. 4. 1947; Jahn 2006, 5). Die Niederschrift folgt also der Klärung des Materialismus- bzw. Materiekonzepts, der Fundierung der konkreten Utopie in einem spekulativen Materialismus: Neue Organisationsformen der Materie können auch auf dem Gebiet der Natur (nicht nur auf dem des Sozialen) Hoffnung begründen.

Wie aus dem 1944/45 entstandenen Manuskript „Zahlen und utopische Figuren; Natur als Vorbei und als Morgenland" (LdM 395–422) deutlich wird, rückt die Kritik an dem entfremdeten Verhältnis zur Natur, insbesondere zur anorganischen, immer mehr ins Zentrum. Unübersehbar bei der Wahl des Titels ist die Anspielung auf Novalis' Gedicht „Wenn nicht mehr Zahlen und Figuren" (Novalis 1, 406), allerdings mit der bezeichnenden, ins Affirmative gewendeten Abwandlung: Zahlen (vgl. „Vertrauen auf die Zahl; mathematischer Pantheismus und Was an der Zahl besser ist als dieser", LdM 399–407, auch LdM 318) und *utopische* Figuren. Tieck überliefert in seinem Bericht zu Heinrich von Ofterdingen, dass Novalis „nach Vollendung des Ofterdingen noch sechs Romane" zu schreiben beabsichtigte, „in denen er seine Ansichten der Physik, des bürgerlichen Lebens, der Handlung, der Geschichte, der Politik und der Liebe, so wie im Ofterdingen der Poesie niederlegen wollte" (Novalis 1, 405). Geplant hatte er also eine systematische Philosophie in Romanform, so dass mutatis mutandis bei Novalis das intendiert war, was Zimmermann einen „altbekannte[n] Sachverhalt" nennt, „dass wirklich bedeutende Philosophie immer auch eine Repräsentationsform epischer Prosa impliziert, die in sich selbst poetisch verfasst ist" (Zimmermann 2008, 219). (Im Prager Manuskript von 1937 allerdings wird Novalis' Position, erst in Zukunft würde das in „Zahlen und Figuren" sich ausdrückende „Wesen der Dinge" durch ein „geheimes Wort" neu bestimmt, mit Hegel kritisiert: Hegel habe „bereits jetzt und hier durch die Kategorien der weiteren Vermittlung" (LdM 318, vgl. 318 f.) Novalis überboten.)

Wie stets ist Ausgangspunkt der Analyse die Erfahrung: Die Sonne „wärmt und leuchtet als schönster Freund des Lebenden, lockt es erst hervor, doch hat nichts mit ihm gemein", ebenso der Stein, *„er schweigt"* (ebd., 396). Die Erfahrung des Fremdseins ist aber nicht nur ein menschliches Problem, sondern auch eine quasi *Selbstentfremdung der Natur*, einer Natur, die nicht weiß, wo ihr der Kopf steht: „[…] überall ist viel Gestalt, doch zu wem gehört sie, in dem ungeheuren enthaupteten Ensemble?" (ebd., 398). Die naturphilosophische Antwort auf diese Frage: „Weltseele, Natura naturans" (Averroës, Spinoza, Schelling) sieht Bloch nicht als letztgültige Begründung an und fragt weiter: „[…] wo ist dies schaffend Eine, ausser im Begriff von ihm? Ist das Genie Natur irgendwo sichtbarer oder weniger hinzugefühlt, hinzugedacht als ein transzendenter Gott?" (ebd.). Wie im *Prinzip Hoffnung* oder später im *Experimentum Mundi* bedient sich Bloch bereits hier des Bildes der Sphinx, um das Rätselhafte gerade der anorganischen Natur (nur das Anorganische kann, „im strengen Sinn", Natur genannt werden; ebd.) zu versinnbildlichen: „Stottert nicht Natur lauter Anfänge, haben nicht wirklich Sphinxe Platz genommen, als der Kopf wachsen sollte, ja, ist nicht die Sphinx, als immerhin mit Kopf versehenes Rätsel, für die vorhandene anorganische Natur schon zu viel Aufsatz?" (ebd.). Bloch deutet die Sphinx mit ihrem menschlichen Kopf, der Grauen in Rätsel verwandelt, als ersten Schritt in Richtung Lösung: „Doch es endet eben nur erst einem Wunschbild nach, dem Wunschbild eines dem Menschen zugänglichen Rätsels, auf das das supponierte Innere der Natur gebracht wird" (ebd.).

In *Das Prinzip Hoffnung* („Konstruktion") wendet sich Bloch intensiv dem Thema *Naturerkenntnis* zu, die sich bei ihm, wie schon bei Kant in der *Kritik der teleologischen Urteilskraft*, „keineswegs in der streng kausalen Bestimmung der Naturgegenstände gemäß der mathematisch-empirischen Gesetzeswissenschaft der Physik" (Schmied-Kowarzik 1996, 19) erschöpft.

Bloch zieht keine scharfe Trennungslinie zwischen einem vorwissenschaftlichen und dem neuzeitlich-modernen wissenschaftlichen Naturumgang. Bezeichnend hierfür sind die eingangs zitierten Autoren: Schiller, Goethe und Baader. Bloch sympathisiert jetzt deutlich mit einer säkularisierten „Verklärung" der Natur, wofür das Baader-Zitat steht: „Zum Begriff der Freiheit des Menschen gehört auch die Naturfreiheit, welche nicht Naturlosigkeit ist, sondern Besitznahme der Natur, Befreiung ihrer zur Materie des höchsten Guts, zum wiedergebrachten Garten Eden" (Baader 2008, zit. nach LV 4, 229). Mit Verweis auf Baader kritisiert er nun auch Hegel, bei dem Naturutopie unterbelichtet bleibe: „In diesem Punkt ist er seinem Zeitgenossen Franz von Baader fern, dem ersten, obzwar erzmythologischen Wiederdenker einer verklärten, einer humanisierten Natur. Gar die unmythologische Verlegung der Naturprobleme großen Stils an ein Ende der Philosophie, dergestalt daß Natur nicht nur als Schauplatz der bisherigen Geschichte, sondern als Verschlossenheit und Chiffre einer bisher überhaupt noch nicht gekommenen, einer mit dem Menschen vermittelten wirklichen *Welt*-Geschichte, *Welt*-Substanz zuletzt aufragt: dieses Problem war für Hegel, kraft letzthinniger Objektivitäts-Ablehnung, substantiell gesperrt" (SO 102). So euphorisch sich Bloch zu Hegels Gleichung Substanz=Subjekt gelegentlich äußert, so fundamental kritisiert er die dem hegelschen Idealismus geschuldete „Liquidierung" des Objekts im Substanzbegriff: Es erfolgt ein „völlige[r] Zusammenfall, ja Einsturz des Objekts ins Subjekt. Wonach dann schließlich überhaupt kein Objekt in der Substanz mehr übrig bleibt: – die Höhe scheint erreicht, der Idealismus kulminiert, Hegels Vorhaben wirkt wie erfüllt, die Substanz ist ihm Subjekt geworden" (ebd., 99; vgl. Zeilinger 2011).

Sehr pointiert wird auch der Bezug zwischen den gesellschaftlichen Verhältnissen und dem Verhältnis zur Natur: Der Klassengegensatz und die Widersprüche des Systems verunmöglichten die Vorstellung einer Harmonie von Mensch und (kosmischer) Natur („Die Welt scheint einer Gesellschaft, die durch innere Unordnung gelähmt ist, feindlich gesinnt zu sein."; R. Garaudy, zit. nach PH 730). Ein angemessenes Mensch-Natur-Verhältnis ist noch nicht vorhanden, sondern erst zu gewinnen, in einem wechselseitigen Prozess, wie Marx in den *Ökonomisch-Philosophischen Manuskripten* ausführt: „Das *menschliche* Wesen der Natur ist erst da für den *gesellschaftlichen* Menschen; denn erst hier ist sie für ihn da als *Band* mit dem Menschen, als Dasein für die Anderen und der Anderen für ihn; erst hier ist sie da als die *Grundlage eines menschlichen Daseins*. Erst hier ist ihm sein *natürliches* Dasein, sein *menschliches* und die Natur für ihn zum Menschen geworden. Also die *Gesellschaft* ist die vollendete Wesenseinheit der Menschen mit der Natur, die wahre Resurrektion der Natur, der durchgeführte Naturalismus des Menschen und der durchgeführte Humanismus der Natur" (zit. nach ebd.). Stoßrichtung und Perspektive des blochschen Ansatzes ist ab hier: Telos des Weltprozesses möge ein neues, nicht entfremdetes Mensch-Natur-Verhältnis sein, das als konkrete Utopie von Menschen historisch zu gestalten ist, in einem vielschichtigen dialektischen Prozess in Allianz, d. h. Mitproduktivität mit der Natur. „Transzendieren ohne Transzendenz" hat hier seinen eigentlichen Ort. Zur Konkretisierung trägt der menschliche Naturumgang im Bereich der Technik Entscheidendes bei.

Bereits 1911, in einem Brief an Lukács (Br. I, 66f.), prognostiziert Bloch als Ergebnis der Rezeption seiner Philosophie „große Leibesgesundheit und eine gesicherte Technik". Die *technischen Utopien* werden in *Das Prinzip Hoffnung* („Wille und Naturbilder, die technischen Utopien") enzyklopädisch versammelt (vgl. auch „Kampf um Gesundheit, die ärztlichen Utopien"; PH 526–546). Die Schwerkraft zu überwinden, ins Innere der Erde vorzustoßen, Gold zu machen – alles Wunschbilder, die den Menschen Möglichkeiten eröffnen, sie bereichern sollten. Bloch erörtert den Zusammenhang zwischen der psychischen Disposition des Naturforschers und dem Erfassen seines Gegenstands. Mit großem Interesse wendet er sich der Alchemie zu, und zwar der „mutatio specierum", der „Umwandlung der anorganischen Arten" (PH 746). So galt bei den Alchemisten die Imagination des Goldes als Voraussetzung möglichen Gelingens: „Das Gold sollte jedenfalls mit dem Willensbild seiner selbst erregt und gerufen werden" (ebd., 747). Genauer betrachtet, sollte der menschliche subjektive Wille im Innern der Natur ein ihm Entsprechendes finden: „Einige Vorschriften [...] wirken, als ob gerade das ganze leidenschaftliche Willenssubjekt in die Natur einzusteigen habe, mit deren eigenem Innern oder Quellpunkt [...] ‚sympathetisch' verbunden" (ebd.). Ziel dieses Vorgehens ist mithin, dem noch so rätselhaften Kern der Natur, dem supponierten Inneren, näher zu treten. Dieses Innere wird auch als „Essenz" aufgefasst. Zum Beispiel enthalten alle Metalle, außer der in ihnen steckenden passiven „materia prima", drei essenzielle Bestandteile. Darüber hinaus kennt die Alchemie zusätzlich eine „höchste ‚Essenz' oder den Goldkeim [...], der in allen gewöhnlichen Metallen drängt, am Wachstum verhindert, eine ‚Entelechie', die noch nicht aktualisiert ist" (ebd., 749). Selbstredend ist Bloch kein Alchemist, vielmehr sieht er den Gesamtzugriff der Alchemie gleichnishaft für den von ihm geforderten neuen Naturumgang, der Zugang verschaffen soll zu den noch gefrorenen, noch nicht erkannten Produktivkräften der Natur. „Nur der Reine, verwandelt durch eigene Umkehr, besitzt die totenerweckende Kraft, die gleich Blei in das Chaos gesunkenen Stoffe aufzulösen, zu erneuern und zu wecken. Durch das heilige Wasser, den Logos spermatikos, gibt er sie dem Dasein zurück und führt sie geläutert empor, bis alles Untere in die Höhe verwandelt ist", zitiert Bloch die *Oden Salomonis* und kommentiert: „Durch diesen Satz wird die alchymistische Utopie – die kühnste und mythologischste, die in der Technik überhaupt möglich war – wirklich in toto bezeichnet" (ebd., 752).

Kategorial handelt es sich bei „Essenz" um einen der beiden Pole der Prozessspannung (neben der „Existenz"), in den anderen entsprechenden Begriffspaaren „Dass" und „Was", „Intensität" und „Logos" entspricht „Essenz" dem „Was" bzw. dem „Logos".

Was die Alchemisten mit ihren „phantastischen Prozeßmitteln" (ebd., 754) gar nicht finden konnten, scheint für Bloch mit den naturwissenschaftlich-technischen Möglichkeiten des 20. Jahrhunderts durchaus in Reichweite gerückt zu sein: „[...] die Umwandlung der Metalle (Elemente) als Plan selber, klingt in der Zeit der Atomzertrümmerung, der Elektronverlagerung der Elemente keineswegs mehr grotesk". Bloch platziert an dieser Stelle eine grundsätzliche Kritik an Positionen des 19. Jahrhunderts: „Grotesk war vielmehr, daß man im vorigen Jahrhundert, im Darwin-Jahrhundert der ‚Umwandlung der Arten', die anorganischen Elemente selber als unverrückbar ansah und den ganz identischen Ausdruck: ‚mutatio specierum' (er kommt zum ersten Mal in der Alchymie vor) überhaupt nicht verstand" (ebd.). Der Einwand kann nur so gedeutet werden, dass er die „mutatio specierum" begrüßt und sein utopisches Natur-Konzept durch die neuen Möglichkeiten der Naturwissenschaft des 20. Jahrhunderts (erst recht des 21. Jahrhunderts) konkretisiert findet.

Im Kapitel „Nicht-euklidische Gegenwart und Zukunft, technisches Anschlußproblem" scheint Bloch – im Gegensatz zu obigen Ausführungen – einen Technik-Fetischismus zu vertreten. Er konstatiert ein „zeitweiliges Moratorium der Technik" (ebd., 769) in der ersten Hälfte des 20. Jahrhunderts, das hinsichtlich der Geschwindigkeit, mit der Erfindungen im 19. Jahrhundert sich ausbreiten, nicht mithalten kann. Als Beispiel hierfür nennt er die schleppende Entwicklung der „Atomenergie, sicher umwälzender als Dampfboot und Elektrizität zusammen" (ebd., 770). Hier taucht auch eine Gegenüberstellung sozialistischer und kapitalistischer Technik auf, wobei die am Profit orientierte Technik der am Bedarf orientierten Technik notwendigerweise qualitativ unterliegen müsse. Diese Sätze mögen seinem neuen Wirkungskreis, der DDR, geschuldet sein (zur Reaktion auf Blochs Naturphilosophie in der DDR vgl. Zeilinger 2009), nehmen aber im Grunde bereits vorhandene Überzeugungen auf: den Wunsch nach einer neuen Technik zur besseren Bedürfnisbefriedigung.

Das Thema *Bewusstsein-Natur/Technik* greift Bloch auch mit Blick auf die nicht-euklidische Physik auf, die „Art Natur", „welche noch die alte Gesellschaft aus dem Boden der Natur heraufgerufen hat" (PH 774). In ihr erscheine „die Welt als bloße Verdinglichung mathematischer Symbole" (ebd., 776), was ein spezifisches Entfremdungsverhältnis produziere, ein rein abstraktes Verhältnis. Zu der in jenem Bereich der Natur, in dem die euklidische Geometrie nicht gilt, wirkenden so genannten „Impulsmaterie" aber stehen die sie betreffenden technischen Verfahren erstens in einem disparaten, unvermittelten Verhältnis. Zweitens gelten auch hier Naturgesetze im Sinn von Notwendigkeit, die neu zu entschlüsseln sind. „*Drittens* und *letzthin* also könnte erst die volle Eindringung in die *wesenhafte Notwendigkeit* der Prozesse auch die Entorganisierung vor dem Nicht-Bezug zum ‚Feuer' des Natur-Agens bewahren" (ebd., 783). Bildhaft wird hier mit „Feuer" das in der Natur Produzierende gefasst, eine entmystifizierte *natura naturans*: „So wird das Problem eines zentral vermittelten Bezugs zur Natur das dringendste; die Tage des bloßen Ausbeuters, des Überlisters, des bloßen Wahrnehmens von Chancen sind auch technisch gezählt" (ebd.). Daraus folgt die Forderung, eine konkrete Beziehung zwischen dem Menschen und dieser Natur herzustellen, die „*Abstraktheit (Fremdheit)*" (ebd., 776) vermittelnd zu überwinden. Hierfür sei notwendig, den „Zusammenhang mit dem *menschlichen Subjekt*" (ebd., 777) nicht zu verlieren, welcher gefährdet ist u. a. durch die ‚Entorganisierung' als Ergebnis eines Prozesses, in dem die technischen Mittel immer mehr die Organähnlichkeit (so z. B. die Faust als Vorbild des Hammers) verloren haben, über die Maschinerie bis hin zur Atomtechnik. Zum anderen aber ist die Einbeziehung jener Technik der Entorganisierung in das Geschichte und Natur übergreifende Schema eines dialektischen Weltprozesses zu vollziehen, unter Berücksichtigung der „*Kern- und Agens-Immanenz* des eigentlich naturhaften Objektzusammenhangs" (ebd.). Erst die Diskussion dieser offenen Frage ebnet den Weg zu einer „*Vermittlung der Natur mit dem menschlichen Willen – regnum hominis in und mit der Natur*" (ebd., 778). Die enormen technischen Möglichkeiten überschreiten die Natur in Richtung einer *natura supernaturans*, weshalb gelten muss: „[…] *es ist die technisch intendierte ‚Übernaturierung' der Natur selber, welche Einwohnerschaft in der Natur verlangt*" (ebd., 784).

Bloch bleibt letztlich auch nicht die Antwort auf die Frage schuldig, wie dieses Eindringen in das Naturinnere erfolgen könnte. Er setzt, wie schon oben ausgeführt, auf die Willensstärke des Subjekts und vermutet auf diesem Gebiet, insbesondere in unserer westlichen Zivilisation, viel noch nicht erkanntes Potenzial: „Doch ist das alles freilich noch Europa, also – gemessen an der *weit älteren, weit radikaleren Willenstechnik Asiens* – fast noch Dilettantismus" (ebd., 789). Zu erforschen sei also eine „Willenstechnik", die neue Horizonte im Naturumgang eröffnet, ein legitimes Anliegen, denn „Wille und Imagination als Naturfaktoren sui generis" (ebd., 801) könnten nicht einfach abgemeldet bleiben. Paracelsus sei dieser Forderung am weitesten entgegengekommen, indem er den objektiven Sinn bewahrt habe, der subjektive Spontaneität allererst ermöglicht. Abschließend gilt: „Das mögliche Aktionsfeld des Menschen in der Natur ist zuverlässig umfangreicher, unabgeschlossener; und es kann das sein – womit das Hauptthema zurückkehrt – aufgrund jenes möglichen Subjekts der Natur, das nicht bloß subjektiv, auch objektiv sich ausgebärt und utopisch dynamisiert" (ebd.).

Weder Mensch noch Natur konnten sich bislang endgültig manifestieren, noch ist der wechselseitige Prozess der Humanisierung bzw. Naturalisierung wesentlich vorangebracht worden. Vielmehr besteht weiterhin eine Abstandsbeziehung zur Natur, eine Art sentimentalische Beziehung, die wahrzunehmen ist als Chance für Gestaltungsmöglichkeiten in Naturallianz, nicht nur ästhetisch, sondern auch alliangstechnisch, wohl auch sozial. Die Grundhaltung der Allianz im Umgang mit der Natur wird neue Erkenntnisse erbringen, denn sie wird eine „mit der Mitproduktivität der Natur vermittelte" (ebd., 807) sein. So erweist sich gerade das Naturverhältnis als die entscheidende Komponente für eine zukünftig gelingende gesellschaftliche Praxis. Bisher wurde diese Bedeutung der Natur zu wenig berücksichtigt. Erst seit drei, vier Jahrzehnten, also lange nach Entstehung des *Prinzips Hoffnung*, wird in Gesellschaft und Politik das Thema Technik unter dem Gesichtspunkt der Umweltfreundlichkeit bzw. -zerstörung, der klimatischen Veränderungen wahrgenommen. Später hinzugekommen sind Gentechnologie und Reproduktionsmedizin. Es scheint jedoch so zu sein, dass Blochs Entwurf einer Naturallianz noch nicht voll durchgedrungen ist, abgesehen davon, dass die sozial-ökonomischen Bedingungen auch nicht geschaffen wurden. Daher sei noch einmal daran erinnert: „Die Fähigkeit des problemhaften Natursubjekts, dieses Haus mitzubilden, ist eben das objektiv-utopische Korrelat der human-utopischen Phantasie, als einer konkreten. Darum ist es sicher, daß das menschliche Haus nicht nur in der Geschichte steht und auf dem Grund der menschlichen Tätigkeit, es steht vor allem auch auf dem *Grund eines vermittelten Natursubjekts und auf dem Bauplatz der Natur*. Grenzbegriff für diese ist nicht der Anfang der menschlichen Geschichte, wo Natur (die während der Geschichte beständig anwesende und sie umgebende) zum Platz des regnum hominis umschlägt, aber zum rechten, und sie unentfremdet aufgeht, als vermitteltes Gut" (ebd.).

Dies ist die vom jungen Marx intendierte Perspektive eines neuen Mensch-Natur-Verhältnisses, wofür eine komplexe Vermittlungsleistung vonnöten ist: die soziale Vermittlung der Menschen untereinander (und mit sich selbst) und die Vermittlung der Technik mit der Natur, gleichzeitig auf der Basis und mit dem Ziel einer Naturallianz. Und so schreibt Bloch im vorletzten Kapitel des *Prinzips Hoffnung* unter der Überschrift „Zahl und Chiffer der Qualitäten; Natursinn des höchsten Guts": „Daher bleibt die Natur, die unvergangene, uns rings umschließende und überwölbende, mit so viel Brüten, Unabgeschlossenheit, Bedeutung und Chiffer in sich, *statt Vorbei vielmehr Morgenland*. [...] In jeder Schönheit, jeder Symbolchiffer ihres De nobis res agitur hebt sich die Natur sowohl von ihrem Platz weg, wie sie ihn mit Unscheinbarkeiten, Erhabenheiten des Eigentlichen, das an diesen Platz gehört, wieder einnimmt. Das Eigentliche ist das höchste Gut, es ist die qualifizierteste Daseinsform des der Möglichkeit nach Seienden, also unserer Materie. Das Eigentliche dämmert so im gesamten Potential der Materie – hin zu einer letzten, als der adäquat qualifizierten, figurierten. Diese ihre noch nicht seiende Reichsfigur regiert, durch die großen Gefahren, Hemmungen, Umkreisungen hindurch, alle anderen eines guten Wegs, und in ihr ist es, der Intention nach, gestaltet wie Freude" (ebd., 1601).

Also nicht nur Allianztechnik, auch wechselseitiges Ergreifen im Bereich des Ästhetischen (vgl. Zeilinger 2006) – letztlich auch die recht verstandenen Religions-Symbole – müssen begriffen werden als ein Versuch, als „Verwandlung und Selbstverwandlung der Dinge zu Gütern, natura naturans und supernaturans statt natura dominata" (PH 817).

Im systematischen Hauptwerk *Experimentum Mundi* ist Natur *Gebietskategorie*. An die frühen Entwürfe anknüpfend, wird zwischen organischer und anorganischer Natur unterschieden. Die organische Natur ist relativ leicht zu fassen: Sie führt im Bereich der biologischen Natur über Pflanzen und Tiere in einer Entwicklungslinie zum Menschen. Durch Pflanzen- und Tierzucht hat der Mensch einen eigenen Teil dieser biologischen Natur zustande gebracht. Schwieriger verhält es sich mit der anorganischen Natur: Auch hier hat der Mensch um- und weiterbildend eine „zweite Natur" geschaffen, „vor allem in geographischer oder gar technologischer Ansehung […], uns ökologisch ebenfalls umgebend[e]" (EM 177).

Aber: Das große Rätsel gibt die kosmische Natur auf: „Dann aber steht da eben rund um die und über der sozusagen unnatürlichen Natur die von Menschen bis auf weiteres noch kaum berührbare astronomisch-kosmische" (ebd.). Hegels und Giordano Brunos bzw. Spinozas Antwort auf diese Rätselfrage kontrastierend – weder teilt er Hegels Herabsetzung der Natur, „nachdem der Mensch als Korn heraus ist" (ebd.), noch Spinozas Einschluss der „ganz[en] menschlichen[n] Welt […], die hier als Geschichte ohnehin völlig fehlt" (ebd.) in die Formel „deus sive natura" – geht Bloch auch hier einen Schritt weiter und stellt die Frage der Zukunft der kosmischen Natur als einer dem Menschen Möglichkeiten eröffnenden Option, einer „Humanisierung der Natur". Das wirkliche Potenzial der Natur ist ihre Offenheit, ist die Zukunft, ist die Utopie der Natur, deren Gestalten im dialektischen Weltexperiment herausprozessiert werden.

Wie kommt Bloch aber zu der These, gerade die mehrheitlich anorganische, nicht die im unmittelbaren Stoffwechselprozess mit dem Menschen stehende Natur enthalte Werte, die den Menschen angehen könnten? Alle Natur sei dem Menschen ein spiegelndes Glas, in dem er sich wiedererkennt und – hypothetisch gesetzt – passiert dieser Prozess auch wechselseitig. Naturerfahrung sagt uns, auch „im Eindruck des scheinbar Stummen [mag] etwas zu uns sprechen, wie wir uns von ihm angesprochen fühlen" (ebd., 214; vgl. Nikolaus von Kues: „Omnia ubique, totum relucens in omnibus"). In besonderer Weise scheint sich der Mensch in den Gestalten der anorganischen Natur zu spiegeln. Dem Menschen sind hier spezifische Gestalten von Naturqualität zugänglich, vom nächtlichen Sternenhimmel über „obere" Landschaften bis hin zum Kristall, die eine eigentümliche Berührtheit, ein Angetansein hervorrufen können. Blochs Terminus für diese in seinem Denken so bedeutsamen Erscheinungen ist „qualitativ-spezifisches Ornament" (ebd., 219) – auch hier eine Metapher, die alte aus dem *Geist der Utopie* („Die Erzeugung des Ornaments"). An der ursprünglichen Stelle geht es um Malerei als Ornament und die dadurch mögliche Selbstbegegnung: „Hier können uns die Bildwerke, fremdartig bekannt, wie Erdspiegel erscheinen, in denen wir unsere Zukunft erblicken, wie die vermummten Ornamente unserer innersten Gestalt" (GdU 2, 48). Das Ornament ist in diesem frühen Kontext Bedeutungsfigur, die als solche über ihre verwirklichte Form hinausweist. Ähnlich im späten Kontext des *Experimentum Mundi*: Die Natur-Ornamente sind ebenso Bedeutungsfiguren, die als Qualifizierungsversuche der Natur selbst „vorübergehend versucherisch, ganz und gar nicht fixierend sich erheben" (EM 219), als Ausdruck der „keimende[n] Subjekt-Objekt-Beziehung der Natur" (ebd., 221). Hier ist also ein dialektischer Produktionsprozeß der Natur als eigene Subjekt-Objekt-Beziehung vorgestellt, nicht als Mensch-Natur-Beziehung. „Produkte" dieser keimenden Subjekt-Objekt-Beziehung der Natur sind für den Menschen wahrnehmbar, erfahrbar als Natur-Ornamente, die Bloch mit der bedeutungsgeladenen Begriffskombination „Geometrikum eines Natur-Eidos" (ebd., 219) benennt: Das Geometrikum fordert die noch ausstehende „Mathesis des Neuen" (ebd., 218), das qualitative Maß, im Eidos schwebt die Wesensgestalt vor. Als Versuche sind diese Natur-Gestalten jedoch nicht abgeschlossen, sondern sie deuten auf etwas hin, das noch nicht entzifferbar und klar ist: Sie sind *Realchiffern*, „ein objekthaftes Schweben in Formen, zuletzt ein objekthaftes Utopie-Sein in versuchter Gelungenheit" (ebd., 219). Die in Naturschönheit und ihrer Erhabenheit erscheinenden Phänomene deuten schließlich hin auf ein „nicht regulatives, sondern objektiv-reales Als Ob im Ziel seines Unterwegs" (ebd., 226). Insofern sind die Realchiffern „Realproben des in jedem Augenblick versteckten und noch nirgends herausgebrachten Kerngesichts der Welt" (ebd., 219). Das bereits im *Geist der Utopie* am Kunstwerk entdeckte, wenn auch noch nicht vollständig deutbare Bild „unserer innersten Gestalt" findet ein Pendant in den Realchiffern der Natur, die ein Bild liefern – wenn auch ein noch zu entzifferndes – „des Kerngesichts der Welt".

So bedürfen Mensch und Welt eines Prozesses des Herausbringens dieser nur sich andeutenden, vorscheinenden Qualitäten, des vermuteten gemeinsamen Kerns. Bemerkenswerterweise bezieht sich Bloch an dieser Stelle positiv auf Kant. Zwar behauptet Kant, das Erhabene bleibe „dieses Als Ob, ohne daß angeblich ein Begehren nach seiner Existenz entsteht, ohne daß Ästhetisches überhaupt als mögliche Seinsbestimmtheit gedacht wird". Doch Bloch fährt fort: „Trotzdem sagt die *Kritik der Urteilskraft* nicht so ganz ohne Begehren und Interesse: ‚Erhaben ist, was auch nur denken zu können ein Vermögen des Gemüts beweist, das jeden Maßstab der Sinne übertrifft', und, das Objekt betreffend: ‚Erhaben ist also die Natur in derjenigen ihrer Erscheinungen, deren Anschauung die Idee ihrer Unendlichkeit bei sich führt' [...]. Und Unendlichkeit ist hier keine andere als die, welche die Ahnung einer künftigen Freiheit mit sich führt; wonach eben die Erhabenheiten doch dem Begehrungsvermögen wieder zugeordnet werden, also den Formalismus des puren Abstrakt-Scheins durchschlagen" (PH 948f.). Hier besteht Bloch also auf einem bei Kant deutbaren Existenz-Bezug. Auch im *Experimentum Mundi* findet sich wieder der Anschluss an Kant: „So zeichnet er in der Kritik der praktischen Vernunft besonders die Erhabenheit, welche vom gestirnten Himmel über uns auf uns übergreift, mit dem moralischen Gesetz in uns als koinzidierend aus, mit ungeheurer interdisziplinärer Verbindung und zugleich, umgekehrt wie bei Hegel, mit dominierender Stellung des Naturschönen, gar Naturerhabenen, worin eine nicht nur kalkülhaft erfaßte Natur von Meer, Hochgebirge, Sternenhimmel, teils mathematisch-, teils dynamisch-erhaben vorkommt" (EM 221). Entscheidend ist hier das Wort „koinzidierend": Die erhebende Wirkung, die der Blick in den Sternenhimmel oder das Erleben elementarer Naturschauspiele hervorruft, koinzidiert, ist eins mit dem „moralischen Gesetz". Bloch zieht mit Kant eine Verbindungslinie, die hindeutet auf diesen gemeinsamen Kern, der in den ethischen Maximen der menschlichen Vernunft und in Naturphänomenen seinen Ausdruck findet, und beides ruft im Menschen entsprechende Empfindungen hervor. Als weiteren Zeugen, neben Kant, führt Bloch Paracelsus an, der den Entsprechungs-Gedanken mit seiner Figur des Mikrokosmos Mensch und des Makanthropos Natur noch stärker akzentuiert. Bei ihm ergreift der Mensch, „wie bereits in der Stoa, den Gegenstand im selben Maß, wie ihn der Gegenstand packt, ergreift, beide sich auf diesem Weg wechselseitig entgegenkommend. Der Austauschpunkt liegt bei Paracelsus in der Korrespondenz zwischen dem Menschen als ‚Archeus' und der Natur als ‚Vulcanus', das ist zwischen dem führend Heilenden im Subjekt als Mikrokosmos einerseits und dem erhabenen Feuerwesen in der Natur andererseits, wie es zugleich den Menschen im Großen, den Makanthropos (den Adam Kadmon der Kabbala) bedeutet" (ebd., 222). Bei Paracelsus liegt also eine noch viel stärkere *unio* von Mensch und Natur vor, jedoch, anders als zum Beispiel bei Bruno, mit klaren Qualitätszuschreibungen: Der Mensch gibt die Richtung an.

Das der kosmischen Natur inhärierende Humanisierungspotenzial verhindert auch, dass der Naturbegriff des Naturrechts moralisch als absolut richtungweisend gilt. Natur stellt im Naturrechts-Kontext zwar eine *Wertnorm* dar, Bloch lässt aber an keiner Stelle erkennen, dass er den Naturbegriff des Naturrechts als einzige ethische Leitlinie verstanden wissen will. Aus der Perspektive des „utopisch-inhaltlichen Ende[s]" des „Humanexperiments" (NmW 275) tritt das Naturrecht sogar in gewisse Konkurrenz zu moralischen Rechtslehren – Bloch bezieht sich hier wiederum auf Kant. Dieser konnte seine Maxime, den Menschen jederzeit als Zweck, nie als Mittel anzusehen, „von seiner Moral und nicht nur von Halbheiten seines Naturrechtes her" (ebd.) begründen. Große Moral übertrifft hier das Naturrecht, „ist sogar dem radikalen so zu- wie übergeordnet" (ebd.). Insofern nämlich, als Naturrecht „menschliche Freiheit in möglich gewordener Solidarität" setzt, also ein gesellschaftliches Projekt verwirklicht, echte Moral hingegen „auf die Lichtung jener Art menschlicher Entfremdung und Ungefundenheit" (ebd., 276) intendiert, die nicht nur eine gesellschaftliche Ursache hat. Bloch gelingt ein einprägsames Bild, um das Verhältnis von Naturrecht und Moral anschaulich zu machen: „Das positiv vorhandene Recht freilich wird primär vom radikalen Naturrecht revolutionär ‚berichtigt', gerichtet; echte Moral sagt dazu Ja und hält das Amen offen" (ebd).

Die Naturphilosophie Blochs impliziert einen aktuellen *gesellschafts-politischen Auftrag*: „Die sozialpolitische Freiheit, welche die gesellschaftlichen Ursachen in die Hand nimmt, setzt sich so naturpolitisch fort" (PH 815). Es gibt auch in der Beziehung zur Natur parallel zu der Beziehung der Menschen untereinander „den Sprung aus dem Reich der Notwendigkeit in das der Freiheit" (AD 264). Konkrete Vermittlung mit den Produktivkräften, „sozial wie physisch", ist unabdingbar, soll „blinde, katastrophenhaltige Notwendigkeit" (PH 816) gebrochen werden. Einige Stellen im Werk legen bezüglich des Verhältnisses zur anorganischen Natur sogar einen kausalen Zusammenhang nahe: „Und nur, wenn das zwischenmenschliche Verhältnis geziemend in Ordnung gekommen ist, das Verhältnis zum Menschen, dem Gewaltigsten, was lebt, kann auch eine wirklich konkrete Vermittlung beginnen mit dem Gewaltigsten, was nicht lebt: mit den Kräften der anorganischen Natur" (ebd., 729). Das Verhältnis zur Natur wird nur in der Totalität (nicht in einem isolierten Bereich, z. B. der Technik) der gesellschaftlichen Praxis qualitativ veränderbar sein (vgl. dazu u. a. MuN 1978; Daxner u. a. 1981; Schmied-Kowarzik 1986; Zeilinger 2007; Zimmermann 2006).

→ *Ästhetik; Dialektik; Heimat; Intensität; Kältestrom – Wärmestrom; Latenz; Materie; Naturallianz; Naturrecht; Natursubjekt; Spekulativer Materialismus; Tendenz; Utopie*

📖 ADORNO 1965; BAADER 2008; BERGHAHN 2008; BLOCH, J. R. 1995a; BLOCH, J. R. 2009; BRAUN 1997; DAXNER u. a. 1981; DIETSCHY 1988; DOBRONRAVOVA/HOFKIRCHNER 2004; EHRICHT 2004; GEKLE 1990; JAHN 2006; LOWE 1965; MÜNSTER 1982; NOVALIS 1; PELLETIER 2003; PETROVIC 1986; RAULET 1987; SCHMIDT, A. 1962; SCHMIDT, B. 1983; SCHMIED-KOWARZIK 1984; SCHMIED-KOWARZIK 1986; SCHMIED-KOWARZIK 1996; SCHMITZ-EMANS 2008; WIZISLA 1990; WORRINGER 2007; ZEILINGER 2006; ZEILINGER 2007; ZEILINGER 2008; ZEILINGER 2009; ZEILINGER 2011; ZIMMERMANN/GRÜN 1999; ZIMMERMANN 2001; ZIMMERMANN 2006; ZIMMERMANN 2008.

Doris Zeilinger

Naturallianz, Allianztechnik

Die Frage einer friedvollen Synergie von Mensch und Natur stellt sich gegenwärtig nach wie vor und dringender denn je. Die unreflektierte, bedenkenlose Einverleibung der Natur in der privatisierten Produktion expandiert weltumgreifend und führt kurzfristig zu enormen Schäden für die Allgemeinheit und langfristig zu gravierenden Überlebensproblemen. Die Naturvergessenheit in der vorherrschenden Industrie, welche sich die Natur gefügig machen will, ohne auf sie zu hören, basiert auf einem Technikverständnis, dessen Leitbild allemal Unterwerfung heißt: „Unsere bisherige Technik", schreibt Ernst Bloch, „steht in der Natur wie eine Besatzungsarmee in Feindesland, und vom Landesinnern weiß sie nichts" (PH 814). Für Bloch gebietet die Vernunft daher eine Naturallianz, die zu antizipieren er explizit unternimmt: nämlich als den „wirkliche[n] Einbau der Menschen [...] in die Natur" (ebd., 817). Die Vermittlung der Technik mit der Natur geschieht dabei im Rahmen einer konkreten Allianztechnik, mittels der die „Mitproduktivität eines möglichen Natursubjekts" (ebd., 802) in Rechnung gestellt wird: „Je mehr gerade statt der äußerlichen eine Allianztechnik möglich werden sollte, eine mit der Mitproduktivität der Natur vermittelte, desto sicherer werden die Bildekräfte einer gefrorenen Natur erneut freigesetzt" (ebd., 807).

Der Begriff der Naturallianz taucht erst vergleichsweise spät in der allgemeinen naturphilosophischen und naturwissenschaftlichen Literatur auf, ganz prominent bei Prigogine (Prigogine/Stengers 1981), der ihn explizit nutzt, ohne allerdings auf Bloch Bezug zu nehmen (s. hierzu auch Jantsch 1982). Im Grunde kann man das Hauptmotiv (nämlich die Angewiesenheit des Menschen auf die Natur, weil er selbst deren Produkt ist) bereits in der frühen Philosophie der griechischen Stoa wiederfinden, wo es aber eine unterschiedliche Konnotation entfaltet, weil die primär ökologisch ausgerichtete Intention doch eher erst nach einem Prozess fortschreitender Industrialisierung denkbar wird. Allenfalls in dem archetypischen Entwurf Bacons (Bacon 2008) können Anklänge an das Hauptmotiv lokalisiert werden, die bereits die modernen Konsequenzen eines richtig verstandenen Allianzkonzeptes vorscheinen lassen. Bacon wählt mithin einen naturwissenschaftlichen und erkenntnistheoretischen Einstieg: „Das Ziel unserer Gründung", heißt es über *Salomon's House*, „ist die Erkenntnis der Gründe und der geheimen Bewegung der Dinge; sowie die Ausdehnung der Grenzen des Menschlichen Imperiums, daraufhin abzielend, alle möglichen Dinge mit zu umgreifen" (ebd., 480). Und er fährt fort, das Instrumentarium dafür zu entfalten (ebd., 480ff.). Dabei tut er nichts anderes, als die Prinzipien für eine Akademie zu entwerfen, deren Vorbild die zu jener Zeit bereits existierende Academia dei Lincei in Rom ist. Auf jenen Ansatz bezieht sich auch die blochsche Debatte selbst. Holz (Holz 1975) hat das zureichend anschaulich dargestellt: „Technische Utopie liegt also vor allem da vor, wo eine ars inveniendi kombiniert wird, wie bei Francis Bacon, aber schon zuvor in der syllogistischen Kombinatorik des Raimundus Lullus und später bei Leibniz, der in seiner ars combinatoria die Ansätze von Lullus und Bacon wieder aufnahm. Ist aber bei Lullus und Leibniz der Gedanke vorwiegend rational konstruiert und mathematisch gefaßt, so verbindet sich bei Bacon damit die sinnliche Fülle der Imagination, die zur Antizipation von allerlei technischem Gerät führt. [...] So ist ‚Nova Atlantis' nicht bloß die erste technisch-reflektierte Utopie, ja d'Alembert nannte diese Schrift ‚un catalogue immense de ce qui reste à découvrir'" (ebd., 106f. mit Verweis auf PH 764ff.; zu neueren Betrachtungen bezüglich Lullus u. Leibniz s. Zimmermann/Wiedemann, 2010a, 2010b). Am Beispiel des Themensatelliten „Naturallianz" am Ernst-Bloch-Zentrum in Ludwigshafen ist vor einiger Zeit versucht worden, die blochsche Konzeption mit Blick auf die aktuellen Projekte der Raumfahrt konzeptuell weiterzuführen, insbesondere in Hinsicht auf die Besiedelung des Planeten Mars (Naturallianz 2000). Bereits Holz (vgl. Holz 1975, 110) hatte einst den Mars als die Paradoxie eines topischen Utopia bezeichnet (vgl. ebenfalls Bloch, J. R./Zimmermann 2000 u. Kufeld 2003). Im Umkreis der Bloch-Forschung hat der Begriff der Allianztechnik vor allem im Zusammenhang mit den Debatten über eine moderne Arbeitswelt Anwendung gefunden (Fuchs 2002; Kornwachs 2004). Man sehe dazu auch die umfangreichen Aktivitäten Welf Schröters, zum Teil im Kontext gewerkschaftlicher Diskussionen zum Thema (vgl. Schröter 2010 nebst den Einträgen der Bloch-Akademie; allgemeiner sehe man auch Naturallianz 2006). Außerhalb des Bloch-Diskurses wird der Naturallianz-Begriff überwiegend im ökologischen Sinne genutzt: So gibt es etwa einen Zusammenschluss diverser NGOs mit einem hauptsächlichen Hintergrund im Naturschutz. Oder der Grundgedanke wird literarisch gewendet (Lebus 1997). Allerdings sind diese Annäherungen an das Thema nicht immer von zureichendem Verständnis geprägt. Hartmut Böhme zum Beispiel (Böhme 1988) bemängelt überraschend, der blochsche Ansatz sei zu technikgläubig (ebd., 34). So schreckt er auch vor der Formulierung eines neuen kategorischen Imperativs nicht zurück, der lautet: „Handle so, daß jede auf die Utopie der Naturversöhnung zielende Vergegenständlichung vor dem Möglichkeitshintergrund der selbstgewirkten Auslöschung des gesellschaftlichen und natürlichen Lebens entworfen wird" (ebd., 35). Weil bei Bloch die Hoffnung bekanntlich auch scheitern kann, ist diese Formulierung zumindest redundant. Der kritische Blochbezug wird insofern nicht unmittelbar deutlich. Korrekt dagegen ist Böhmes Hinweis auf die romantische Auffassung, etwa des Novalis, dass die Natur in ihrer gegenwärtigen Form dem Menschen Allianzen ohnehin immer schon anbiete: „Wo Selbsterhaltung nicht in eine auch naturangemessene Technik und Praxis umgesetzt wird, besteht auch nicht die Aussicht auf ‚immer bessere Zeiten'. In der Naturphilosophie liegt die Wurzel des romantischen Antikapitalismus und der Technikkritik" (ebd., 114).

Ähnlich wie im Falle der Erörterung des Natursubjektes insgesamt, beginnt Bloch recht eigentlich die Entfaltung seiner Sichtweise zunächst von den Mängeln der Ökonomie her: „Kapitalismus plus Maschinenware brachte die Zerstörung der alten Städte, der gewachsenschönen Häuser und ihrer Möbel, der phantasievollen Silhouette alles organisch Gebauten. An seine Stelle trat um die Mitte des letzten Jahrhunderts eine Vorarchitektur der Hölle, der Lage der arbeitenden Klasse, aber auch dem Arbeitsplatz entsprechend, an dem und als der die siegende Maschine zuerst auftrat" (PH 808). Und weiter: „Die bürgerliche Maschinenwelt steht in der Mitte zwischen dem Verlorenen und dem noch nicht Gewonnenen; sie wird zwar in Hinsicht ihres progressiven Charakters, ihrer bisher weitestgehenden Entfesselung der Produktivkräfte, in einer nicht mehr kapitalistischen Gesellschaft noch lange am Werk zu bleiben haben, doch sie bleibt bei alldem mit der eigentümlichen Bleichheit und Sekretionslosigkeit gezeichnet, worin die ganze kapitalistische Welt liegt" (ebd., 809). In der Hauptsache lokalisiert Bloch die Ursachen für jene „Bleichheit" in der zunehmenden Tendenz zur Abstraktion hin. Im Grunde argumentiert er somit auf der Linie jener Kritik, die Bruno ursprünglich gegen eine mathematisierte Naturwissenschaft gerichtet hatte, die später in die Physik Galileis einmündete (vgl. Zimmermann 2001b, 2001c). Mithin ist die Vorstellung von einer zu erstrebenden Allianz mit der Natur (die nichts weiter ist als eine solidarische Selbstverbundenheit der Natur mit sich, insofern ja der Mensch ihr Produkt ist, in schellingscher Interpretation eines ihrer Organe, nämlich das Organ der Selbstanschauung) eine nahe liegende Ableitung aus dem Begriff des Natursubjekts: *„Es gibt die Anlage, die reale Möglichkeit zu einem Subjekt der Natur*, durch Ergreifung wird sie in Fausts Feuer-Beziehung gebracht, die die Natur nur überwindet, um sie mit dem latent Besten in ihr zu unserem Besten zu vermitteln" (PH 810). Instrumentalisierende Abstraktion ist daher ein Zugang zur Natur, der jener konkreten Selbstvermitteltheit entgegensteht: „Unsere bisherige Technik steht in der Natur wie eine

Besatzungsarmee in Feindesland, und vom Landesinnern weiß sie nichts, die Materie der Sache ist ihr transzendent" (ebd., 814). Als Lösung strebt Bloch die Umsetzung eines marxistischen Ansatzes an: „Marxismus der Technik, wenn er einmal durchdacht sein wird, ist keine Philantropie für mißhandelte Metalle, wohl aber das Ende der naiven Übertragung des Ausbeuter- und Tierbändigerstandpunktes auf die Natur" (ebd., 813). Der Organik-Begriff gewinnt in diesem Zusammenhang bei Bloch eine eigentümliche Qualität, die im Hinblick auf den von Edgar Morin erstmals 1977 (Morin 2010, 187ff.) vorgetragenen Ansatz an großer Aktualität gewinnt: Im Grunde versteht Bloch nämlich unter „organischen Maschinen" solche, die „durch Nachahmung von Leibgliedern entstanden" sind (PH 771). Allenfalls bei Dampfmaschinen und Lokomotiven sieht er noch den Anschein dessen gewahrt, was er „alte organische Reihe" nennt (ebd., 772). Insofern erkennt er bereits in der Maschinerie selber ein „*unnaturhaftes Vorkommnis, eine Art unnatürliche Physik*", weil die Tätigkeit der Organprojektion immer stärker verlassen bzw. überschritten wird (ebd., 773). Den Beginn dieser Entwicklung (Bloch spricht hier ausdrücklich vom „nicht geheuren Weg") setzt er mit der ersten Möglichkeit an, Stoffe zerstrahlen zu können, also mit dem Beginn der Erforschung und praktischen Nutzung von Radioaktivität (vgl. ebd., 774). Zwar gewährleiste diese Technik langfristig die „Verwandlung der Antarktis zur Riviera" (ebd., 775), man dürfe aber die Gefahren hierbei nicht außer Acht lassen: „Mit alldem wäre zugleich die Entorganisierung der Technik, der nicht mehr euklidischen, bis ins Entlegenste vollkommen; sie hinge aus unserer mesokosmischen Welt in eine unermeßlich andere über, nicht nur in eine subatomare, sondern auch in eine makrokosmische. [...] Wäre es gar denkbar, die Raum-Zeit-Verhältnisse der Einstein-Welt auf unsere zu übertragen, dann kämen Paradoxien zum Vorschein, die nicht nur jede technische Romanvision überbieten, sondern fast die Modellbücher alter Magie" (ebd.). Dafür birgt für Bloch diese Magie allerdings auch die Gefahr immer größerer Künstlichkeit in sich oder wie er sagt, des: „immer weiteren Überhangs in vermathematisiertes Niemandsland" (ebd., 776). Gerade darin sieht er ein immer deutlicher hervortretendes Negativum, das selbst einen Umschlag anzeigt, im „*Bruch der anschaulich-physikalischen Leitlinie selber*" (ebd.). Und weiter heißt es hier: „Nur wird dieser Umschlag nicht mehr auf dem Boden der bürgerlichen Beziehung zum Menschen und zur Natur geschehen können, das heißt innerhalb jener Komponente der Naturbeziehung, die zur bürgerlichen Ideologie gehört und so die übrige *Abstraktheit (Fremdheit) der bürgerlichen Materialbeziehung* teilt. Sondern eine nicht mehr imperialistische Gesellschaft wird, wie sie die Atomenergien human verwaltet, so sich dieses, wie immer auch nicht-euklidische, Material als eines *ohne letzthinnige Fremdheit vermitteln*. […] Soweit noch eine nicht-euklidische Physik, trotz beständigen Rekurses auf Beobachtung, ihre Welt als bloße Verdinglichung mathematischer Symbole aufbaut, ist die Abstraktheit so groß geworden, daß Subjekt und Objekt überhaupt nicht mehr zusammenkommen, ja daß das nicht-euklidische Objekt gerade als reale Bewegungsmaterie völlig ausfällt. Derart erscheint hier vollends Unvermitteltheit mit dem Inhalt – ein ideologisches Analogon zum völlig entfremdeten, entwirklichten Funktionsbetrieb der spätkapitalistischen Gesellschaft, projiziert in die Natur" (ebd., 776f.). Bloch führt weiter aus: „Indes ruft nun gerade der *Triumph der nicht-euklidischen Praxis*, den die Zerstrahlungstechnik darstellt, *heilsame Antizipationen aus dem Bild einer nicht mehr verapparatlichten Gesellschaft auf den Plan*. Diese konkret-utopischen Linien entspringen in der Technik besonders deutlich aus der Aufgabe einer *konkreten Subjekt-Objekt-Beziehung*. Dergestalt, daß das Subjekt mit dem Naturobjekt, das Naturobjekt mit dem Subjekt vermittelt werden und beide sich nicht mehr zueinander verhalten als zu einem Fremden. Entorganisierung, die das Organische und schließlich das Mesokosmische gänzlich verläßt, darf nicht den Zusammenhang mit dem *menschlichen Subjekt* verlieren, das gerade in der Technik, nach dem schönen Wort von Engels, die Dinge an sich in Dinge für uns verwandeln will. Und Entorganisierung muß aus gleichem Grund den *Abbild-Kontakt mit dem Objekt* bewähren, mit seiner realen dialektischen Gesetzmäßigkeit, wie sie Natur und Geschichte im gleichen Zusammenhang verbindet, aber auch […] mit *jener Kern- und Agens-Immanenz* des eigentlich naturhaften Objektzusammenhangs, die halb-mythisch einmal als ‚natura naturans' oder auch hypothetisch als ‚Subjekt der Natur' bezeichnet wurde und die mit dem Fragwürdigen (doch auch der Frage Würdigen) dieser Bezeichnungen gewiß noch nicht erledigt ist" (ebd., 777). Bloch bemängelt vor allem, dass die vorherrschende Physik seiner Zeit eine solche Erledigung immer schon zu unterstellen scheint: „Die physikalische Tendenz geht dahin, alle Krafterscheinungen als lokale Unregelmäßigkeiten in einem metrischen, nichteuklidischen, gekrümmten Kontinuum zu definieren. Ersichtlich verschwindet damit mindestens die spezifische Vielheit der Kräfte, wie seit langem ihre Über- und Unterordnung verschwunden ist. […] Und doch: […] die Quantifizierung macht alle Katzen grau, sie ignoriert die verschiedenen Modi, in denen generelle Naturkraft doch erscheint und sich auswirkt. Sie läßt ein mechanisches Einerlei über die allemal qualitativen Stufen der Entwicklung siegen, einen Satz der Identität (nicht nur der Erhaltung) der Energie über deren allemal noch gärenden Kern [...] und deren immer höher qualifizierten Objektivationen. [...] Gerade die Reduktion der verschiedenen Kraftdominanten auf eine einzige Grundkraft der Natur kann nicht nur eine sein, die alles mechanistisch zugrunde analysiert. [...] Sondern ‚Ladung', ‚Energieknoten', ‚Feld' [...], alle diese neuen Termini von Wirkungskraft und Samen sind über die Hälfte Abstrakta statt Vermittlungen. Sind trotz ihrer nicht bloß quantitativen, sondern höhermathematischen Abstraktion isoliert gehaltene *Quantifizierungen einer natura naturata, nicht Eindringungen ins Produzierende einer natura naturans*, wenigstens als Agens gefaßt" (ebd., 803f.). Mithin heißt es weiter: „Gibt es einen Herd des Produzierens in der Natur, so ist die Struktur dieses Ursprungs mit subatomaren Modellen oder auch mit einem universellen Feldgesetz nicht erschöpfbar. Besonders nicht die eines Ursprungs, der, statt auf Anfänge beschränkt zu sein, sich doch in immer neuem Einsatz durch Weltprozess und Weltzusammenhang hindurchbewegt, in der Tendenz, sich zu manifestieren. All das ist dem Mechanismus verschlossen" (ebd., 805). Und es folgt der zentrale Satz: *„Die endgültig manifestierte Natur liegt nicht anders wie die endgültig manifestierte Geschichte im Horizont der Zukunft*, und nur auf diesen Horizont laufen auch die künftig wohlerwartbaren Vermittlungskategorien konkreter Technik zu" (ebd., 807). In diesem Sinne gewinnt der Naturbegriff selbst seine wesentliche Konnotation: „Natur ist kein Vorbei, sondern *der noch gar nicht geräumte Bauplatz, das noch gar nicht adäquat vorhandene Bauzeug für das noch gar nicht adäquat vorhandene menschliche Haus*. Die Fähigkeit des problemhaften Natursubjekts, dieses Haus mitzubilden, ist eben das objektiv-utopische Korrelat der human-utopischen Phantasie, als einer konkreten. Darum ist es sicher, daß das menschliche Haus nicht nur in der Geschichte steht und auf dem Grund der menschlichen Tätigkeit, es steht vor allem auch auf dem *Grund eines vermittelten Natursubjekts und auf dem Bauplatz der Natur*" (ebd.). Es kommt nicht von ungefähr, dass Bloch als Motto für die nachfolgende Sektion im *Prinzip Hoffnung* ein Zitat von Marx und Engels verwendet, das freilich nicht, wie er behauptet, aus der *Heiligen Familie* stammt, sondern aus der *Deutschen Ideologie*: „Das Privateigentum entfremdet nicht nur die Individualität der Menschen, sondern auch die der Dinge" (DI 212; PH 807). Die Vermittlung zwischen Natur und Mensch (präziser: das Selbstverhältnis der Natur zu sich mittels des Menschen) kann er nicht deutlicher und vor allem konkreter zum Ausdruck bringen. Was wäre also zu tun? Bloch fährt mit einem Marx-Engels-Zitat fort: „Wenn der Mensch aus der Sinnenwelt und der Erfahrung in der Sinnenwelt alle Kenntnis [...] sich bildet, so kommt es also darauf an, die empirische Welt so einzurichten, daß er das wahrhaft Menschliche in ihr erfährt, sich angewöhnt, daß er sich als Mensch erfährt. Wenn das wohlverstandne Interesse das Prinzip aller Moral ist, so kommt es darauf an, daß das Privatinteresse des Menschen mit dem menschlichen Interesse zusammenfällt. [...] Wenn der Mensch von den Umständen gebildet wird, so muß man die Umstände menschlich bilden. Wenn der Mensch von Natur gesellschaftlich ist, so entwickelt er seine wahre Natur erst in der Gesellschaft" (HF 138). Und Bloch schließt mehr oder weniger agnostisch: „Diese und ähnliche Sätze findet man fast wörtlich selbst in den ältesten französischen Materialisten. Es ist hier nicht der Ort, sie zu beurteilen" (ebd.). Einerseits also ist der Aspekt der Naturallianz für Bloch systematische Konsequenz seiner onto-epistemisch begründeten Metaphysik: „[Zugleich] kommt der objektiv-realen Hermeneutik wiederum eine wesentliche strategische Rolle zu: Was sie bezeichnet, das ist das Moment der Vermittlung, den Ort, an welchem die Intervention des Menschen über die Natur kommt" (Raulet 1982, 155; hier danach meine Übers.). Und Raulet kommentiert weiter: „Die Verwirklichung der Utopie, welche Marx in seinen Manuskripten von 1844 zum Ausdruck bringt, [...] beginnt in dem Augenblick, wenn der Mensch entdeckt, daß die Natur nicht lediglich ein Reservoir von Symbolen ist, aus dem er sich bedienen kann, um all jenem, das ihm noch verborgen bleibt, einen Sinn zuzuweisen. Vielmehr überschreitet er daraufhin die rein technische Manipulation der Natur und erkennt in der Natur selbst eine Macht, die jener vergleichbar ist, die er zuvor Gott zugeordnet hatte. Zugleich transformiert die Säkularisierung eine einzigartige dreifache Sinnrelation [...] in eine reziproke Abhängigkeit des Menschen und der Natur" (ebd., 156; vgl. Zimmermann 1996, 2001, 2001d). Andererseits jedoch begründet sich der Allianzbegriff konkret auf die Übertragung struktureller Subjekteigenschaften auf die Natur und verbindet sich auf diese Weise zugleich mit dem Gedanken einer Aufhebung von Ausbeutungsverhältnissen, die recht eigentlich der Sozialphilosophie entstammen. Die Naturallianz ist dabei nicht nur ein Friedensprinzip im Sinne der Versöhnung von Mensch und Natur, sondern wesentlich eine Kategorie der Produktivität, der gestaltenden

Erzeugung des mit der Natur solidarisch handelnden Menschen. Die Erschaffung von Heimat setzt insofern eine tätige, unentfremdete Mensch-Natur-Beziehung voraus, die dem technischen Handeln eine neue Qualität zuweist: „*An Stelle des Technikers als bloßen Überlisters oder Ausbeuters steht konkret das gesellschaftlich mit sich selbst vermittelte Subjekt, das sich mit dem Problem des Natursubjekts wachsend vermittelt*" (PH 787). Die Befreiung der Natur zu einem solchen Bündnis ist mit dem Konkretwerden der gesellschaftlichen Verhältnisse verschränkt: „Naturströmung als Freund, Technik als Entbindung und Vermittlung der im Schoß der Natur schlummernden Schöpfungen, das gehört zum Konkretesten an konkreter Utopie. Doch auch nur der Anfang zu dieser Konkretion setzt zwischenmenschliches Konkretwerden, das ist, soziale Revolution, voraus; eher gibt es nicht einmal eine Treppe, geschweige eine Tür zur möglichen Naturallianz" (ebd., 813). Wir sind heute in der Lage, die im „Schoß der Natur schlummernden Schöpfungen" besser zu begreifen und somit das Programm Blochs weiterzuverfolgen, insofern, als Teilgebiete der modernen Naturwissenschaften in Gestalt der Theorien von Selbstorganisation und Strukturbildung (Chaostheorie, selbstorganisierte Kritikalität) oder der Lehre von der Autopoiese, mit ihren mannigfaltigen Anwendungen – wie auch in Gestalt einer umfassenden physikalischen „Theorie von allem" (Theory of Everything), die zugleich den prähistorischen Grund von Welthaftem zu liefern imstande ist – die Natur als Gebiet autonomer Prozessualität ansehen, als aktive *natura naturans* (vgl. MP 494, 532; EM 216). Diese Theorien sind imstande, die Materie zu konzeptualisieren als eine, die aus sich selbst die konkreten Formen schöpft (vgl. Zimmermann, 2007, 2008a; Zimmermann/Hofkirchner 2009). Mithin ist einerseits im Bereich der Naturwissenschaften ein Paradigmenwechsel konstatierbar, der es ermöglicht, einen von Bloch antizipierten „nichteuklidischen" Materiebegriff als einen zu diskutieren, der „ohne letzthinnige Fremdheit" ist (PH 775f.), der einen Vorschein auf *„nicht-euklidische Technik"* (ebd. 775) inmitten aller Praxis eröffnet wie auch eine produktive Auffaltung des theoretischen Spektrums einer modernen Kosmologie, die vom Makel des „bloßen Mechanismus" (vgl. MP 445ff.) befreit ist – bis hin zu einer Übertragung der Raum-Zeit-Verhältnisse auf die alltägliche Welt menschlichen Zusammenlebens (vgl. PH 775). Andererseits ermöglicht es die Verallgemeinerung der Standard-Mathematik mit Mitteln der neueren Topos-Theorie, mit ihrem experimentellen Ausgriff auf die Welt der Computer-Simulationen, und mit den neueren Theorien der Kognition und des Bewusstseins im

Allgemeinen, zunächst vom „Menschen als Frage" (MP 450) auszugehen, aber nach Maßgabe der Tatsache, dass er als Naturprodukt wesentlich bereits eine Antwort unter vielen darstellt, der man gleichermaßen auf den Grund zu gehen hat. Hiermit wird zugleich die Einfügung der Theorie in eine politisch engagierte Praxis vollzogen, wofür der konkrete Bezug auf semiotische/semiologische (also überhaupt theoriebildende), psychoanalytische und ethno-soziologische Felder ein zureichender Beleg ist. Beide Bewegungen, sowohl die Insichtnahme des Menschen unter der Perspektive seiner charakteristischen Tätigkeiten (des reflexiven Denkens und des Vorstellens), als auch die Insichtnahme der Natur als eine, die den Menschen hervorzubringen in der Lage gewesen ist, mit Blick auf ein immer noch nach vorn offenes, keineswegs zum Abschluss gekommenes Projekt, auf einen Weltentwurf auf ein konkret-reales Feld der Möglichkeiten hin, – diese beiden Bewegungen werden die menschliche Grundhaltung auf eine von fundamentaler Solidarität hin ausrichten helfen, auf eine hin, die nicht von „*kolonialer List*" (PH 782) oder „Domination" (ebd., 783) geprägt ist. Vielmehr wird erst mit dieser überhaupt die Grundlage geschaffen sein, um sich an die Natur als das anzunähern, was sie schon immer war: „*Kern- und Agens-Immanenz* des eigentlich naturhaften Objektzusammenhangs" (ebd., 777), für den *natura naturans* gleichsam als Logo (wenn nicht als Logos) steht. Diese blochsche Sicht hat sich gleichermaßen in den architektonischen Utopien niedergeschlagen, die darauf abzielen, eine bessere Welt abzubilden (ebd., 819–872; vgl. Raulet 1982, 1987 u. Zimmermann 2007c). Dieser Aspekt hängt mit jenem des Raumbegriffs bei Bloch auf das Engste zusammen (PH 841; EM 110f.). Freilich sind für Bloch noch gar nicht alle Mittel bereitgestellt, um jene konkreten Projekte zu beginnen, welche geeignet wären, die Konsequenzen seines Ansatzes auch nur halbwegs auszuschöpfen. Selbst die Dialektik, das primäre epistemische Mittel der Herangehensweise, ist noch unentwickelt: „Das heißt, es fehlt noch der Stachel des *ausgebrochenen* Widerspruchs; dieses subjektiv Negierenmachende, zum Negieren Bringende, wie objektiv Negative im unzureichend Vorhandenen, dies Unzufriedene findet sich ausgebrochen, allein entscheidend in der menschhistorischen Dialektik" (MP 467). Mithin gilt auch: „Der Mangel an subjektivem Faktor im menschlichen Materialismus, die Ablehnung von objektiv-realen Wertungen bei Spinoza und ganz radikal in Holbachs ‚Système de la nature' kam gegenüber der Abschaffung des lenkenden Jenseits überhaupt nicht in Betracht. [...] Und wie der subjektive Faktor hier fehlt, so wird im objektiven Faktor selber, als einem erstarrt gefaßten, vielleicht noch ein äußerlicher Zufall anerkannt, aber keinerlei Anders-Seinkönnen, sich relativ ‚kontingent' verhaltend, das heißt, mit noch Real-Möglichem in sich" (PA 538). Bloch verspricht sich (und damit liegt er ganz auf der Linie Sartres) eine künftige Verallgemeinerung und Fortführung der marxistischen Theorie als Grundlage des noch ausstehenden Gelingens. Allerdings ist marxistische Theorie allemal die Voraussetzung hierfür: „Erst seit Marx sind Wollen und Gang der Sache richtig aufeinander abgestimmt. Weil das Wollen, wenn es konkret ist, als ein besonders aktiver Teil der begriffenen Tendenz selber auftritt. Der gleichen Tendenz also, die es befördert und die das Zeichen des verhinderten Eintritts, mehr: des Zustands eines verhindert Fälligen ist, eines gesetzmäßig Fälligen. [...] Freiheit ist begriffene Notwendigkeit: dieser Satz kommt erst im Marxismus nach Hause, und zwar deshalb, weil die Freiheit der Aktionen mit dem Gesetz der Notwendigkeit wirklich vermittelt ist" (ebd., 546). Und weiter: „Nun aber ist die Frage, endlich im Marxismus wieder frisch gewordene: sind die altüberkommenen Wechselbegriffe Freiheit-(gesellschaftliches) Gesetz auf die nicht von Menschen produzierten Verhältnisse übertragbar? – genauer: auf den der mathematischen Naturwissenschaft gegebenen Gebietsgegenstand Natur? Diese Frage berührt ein [...] ungemein weites Feld; ihr Thema kann in vorliegendem Zusammenhang nur erst angedeutet werden. [...] [Hier] steht einzig das Verhältnis von *menschlicher* Freiheit im Verhältnis zu Naturgesetzen zur Diskussion und das Korrelat zu dieser Freiheit in dem neuen Andersseinkönnen, dem Neuen überhaupt in der Natur" (ebd., 556f.). Bei Marx und Engels selbst ist dieser Aspekt gleichfalls noch nicht zureichend präzisiert: „[Marx] ließ es zuweilen offen, ob die gesamte Natur als historisches Phänomen oder ob die gesamte Menschengeschichte als Naturphänomen darzustellen sei. Sie wäre dann ein letztes, allgemein-naturwissenschaftlich umschlossenes Stadium der physischen Materie; historischer Materialismus wäre dann ein bloßer Spezialfall" (ebd., 557). Gleichwohl gilt es, einen systematischen Unterschied mitzubedenken: „So ist die physische Natur durch die Theorie-Praxis, die Technik heißt, zwar zu Produktivkräften lenkbar, in immer wachsendem Umfang auch zu Produktionsmitteln veränderbar, aber nicht wie die menschliche Gesellschaft von Grund auf verfügbar und so umbaubar" (ebd., 559). Die bei Bloch thematisierten Realchiffern, auf ein Ornament im übertragenen Sinn eines Geometrikums als Natur-Eidos verweisend (und damit intrinsischen Harmonieprinzipien folgend; vgl. EM 219), gewinnen im Zusammenhang mit dem Begriff der Naturallianz neuerlich an Bedeutung: Ihr Entziffern ist dann nämlich nichts weiter als die Vorbedingung für jede Allianztechnik, so dass dabei die Entzifferung konkret stattfindet durch die Arbeit des Menschen, „doch in seinem Bündnis mit dem Agens der Natur" (ebd., 227). Insofern sind die Realchiffern tatsächlich als „Embleme der Natur als eines möglichen Morgenlands" (ebd.) zu verstehen: „So daß der Mensch in der Natur nicht mehr zu stehen braucht wie in Feindesland, mit dem technischen Unfall als ständiger Drohung [...]. Ein anderes nicht ausbeutendes Verhalten zur Natur wurde schon der objektiv-realen Möglichkeit nach bedeutet als befreundete, konkrete Allianztechnik, die sich in Einklang zu bringen versucht mit dem hypothetischen Natursubjekt" (ebd., 251).

→ *Antizipation; Dialektik; Ethik; Freiheit; Latenz; Materialismus; Materie; Metaphysik; Möglichkeit; Natur; Naturrecht; Natursubjekt; Subjekt – Objekt; Substanz; Tendenz*

📖 BACON 2008; BLOCH, J. R./ZIMMERMANN 2000; BÖHME 1988; FUCHS 2002; HOLZ 1975; JANTSCH 1982; LEBUS 1997; KORNWACHS 2004; KUFELD 2004; MORIN 2010; PRIGOGINE/STENGERS 1981; RAULET 1982; SCHRÖTER 2010; ZIMMERMANN 1996; ZIMMERMANN 2001; ZIMMERMANN 2001b; ZIMMERMANN 2001c; ZIMMERMANN 2001d; ZIMMERMANN 2006; ZIMMERMANN 2007; ZIMMERMANN 2007b; ZIMMERMANN 2007c; ZIMMERMANN 2008a; ZIMMERMANN 2010a; ZIMMERMANN 2010b; ZIMMERMANN/HOFKIRCHNER 2009.

Rainer E. Zimmermann

Naturrecht

Wenn die Welt noch ganz und gar unfertig und darum selbst das maßgebliche Möglichkeitssubstrat ist, dann ist ihr permanenter Prozess im Ganzen ein solcher der Selbstverwirklichung. Mithin beschränkt sich Hoffnung als Kern des subjektiven Faktors nicht auf bloßes Träumen, sondern greift aktiv auf die Welt hinaus als Verwirklichung der menschlichen Solidarität in der gesellschaftlichen Organisation der Lebensführung. Naturrecht tritt auf diese Weise für den humanen Gehalt in einer Gesellschaft in die Schranken, deren Struktur noch den inhumanen Widerstreit des Menschen mit dem Menschen voraussetzt. Insofern hat Naturrecht stets einen utopischen, d. h. innerhalb der Klassengesellschaft nicht zu verwirklichenden Horizont. Andererseits aber manifestiert sich Freiheit als gesellschaftliche zwar im Recht, aber Freiheit der Natur gegenüber bewährt sich zugleich in der Ausnutzung natürlicher Gesetzmäßigkeiten zu menschlichen Zwecken (vgl. Holz 1975, passim). Nur von der Mitproduktivität der Natur her kann somit Naturrecht abschließend gedacht werden.

In der Hauptsache bezeichnet Naturrecht jenes Recht, welches dem positiven Recht (als dem alltäglich angewendeten) übergeordnet ist, insofern es auf Grundsätzen beruht, die eine nahezu universelle Allgemeingültigkeit beanspruchen und sich wesentlich aus den anthropologischen Eigenschaften des Menschen herleiten. Je nach vorherrschendem Zeitgeist kann als Grund des Naturrechts eine religiöse, unspezifisch transzendente ebenso wie eine immanente Institution oder Entität vorausgesetzt werden oder die Natur selbst. Mithin ist die Begründung des Naturrechts von vornherein nicht frei von Ideologien, obwohl das Naturrecht selbst sich eher als der historischen Entwicklung übergeordnetes Recht versteht. Ideologische Fallen sind daher nicht ohne weiteres vermeidbar, wie sich vor allem am Beispiel sozialdarwinistischer Thesen sehen lässt, die auf unzulässig biologistische Weise Eigenschaften der Verhaltensbiologie auf soziale Systeme zu übertragen pflegen und noch bis in die jüngste Zeit hinein dazu genutzt werden, politische Interessen auf pseudowissenschaftliche Weise zu untermauern.

Die Notwendigkeit zu einer Differenzierung zwischen dem positiven, geschriebenen Recht und dem Naturrecht ist im europäischen Kulturkreis bereits sehr frühzeitig eingesehen und diskutiert worden: Schon die vorsokratischen Sophisten gehen auf dieses Problem ein, ausgehend von einer kosmopolitischen Naturrechtslehre, in der die These von der prinzipiellen Gleichheit der Menschen immer schon mit berücksichtigt ist, wenn auch, angesichts jener Epoche der Sklavenhaltergesellschaft, nicht stringent fortgeführt oder gar praktisch umgesetzt. Naturrecht ist insofern eher Teil der philosophischen Reflexion, aber nicht der politischen Aktion. Zu den ersten einschlägigen Autoren gehören Antiphon, Lykrophon und Alkidamas, deren Schriften nicht allzu gut überliefert und zumeist nur durch Erwähnungen bei anderen Autoren bekannt sind. Insbesondere sind von Ersterem

Reden zu einer Rechts-Kasuistik überliefert, die einige der in Frage stehenden Probleme bereits thematisieren. Von Aristoteles, der erstmals den Begriff der Würde explizit in die Debatte einführt, erfahren wir zumindest einige systematische Aspekte der Einordnung der anderen. Weitere Protagonisten, wie Protagoras, Aristipp und Epikur, sind besser bekannt und verfügen über eine längere Tradition der rezeptiven Anwendung. Von Ersterem stammt der berühmte Satz: „Der Mensch ist das Maß aller Dinge, der Seienden, daß sie sind, und der Nichtseienden, daß sie nicht sind" (*Homo mensura*). Den gängigen Vorwurf des epistemischen Relativismus, der aus diesem und anderen Sätzen abgeleitet zu werden pflegt, kann man aus heutiger Sicht recht leicht abwehren, wenn man dem Naturrecht als maßgebliche Instanz die Natur voranstellt und zugleich den Menschen als Naturprodukt sieht. Dann werden nämlich alle „Dinge" zu einer Repräsentation ihrer selbst, die (soweit man weiß: allein) von Menschen (auf menschliche Weise) vorgenommen wird. Durch den Briefroman Wielands *Aristipp und einige seiner Zeitgenossen* (Wieland 1988) ist Aristipp in späterer Zeit intensiver rezipiert worden als die anderen Protagonisten. Die Schule Epikurs setzt sich, ähnlich wie die Stoa, wenn auch nicht mit vergleichbarer Kraft, in der Epoche des römischen Imperiums weiter fort, greift aber nicht auf einen ähnlichen kosmopolitischen Ansatz aus. Tatsächlich wird die von Beginn an thematisierte Gleichheitsformel im Rahmen der römischen Stoa viel umfassender umgesetzt, vermutlich auf die römische Sitte der Freigabe bzw. des Freikaufs von Sklaven zurückzuführen, so dass führende Stoiker Roms hinsichtlich ihrer Herkunft ebenso gut Sklave sein können (Epiktet), hoher Beamter (Seneca, Boethius) wie auch Imperator (Marcus Aurelius). Bei Cicero (Cicero 1994) findet sich eine explizite Ableitung des Rechts aus der Natur der Menschen (ebd., 15–30), die bei Sextus Empiricus (Sextus Empiricus 2001) sogar in die Materie selbst verlagert wird: „[D]ie Begriffe (logoi) von allen Erscheinungen sind in der Materie, so daß diese alles sein kann, was sie allen erscheint" (ebd., 60; vgl. Becker/Scholz 2004, 120 u. Scholten 2003, 56).

Je nach vorherrschenden Prämissen der philosophischen Reflexion in der einen oder anderen Epoche wird das in der Antike aufbereitete Korpus des Naturrechts auf die christliche Ideologie gestützt (Thomas von Aquin), auf die Anfangsgründe der Aufklärung (Hugo Grotius, Samuel von Pufendorf, John Locke), auf die wesentlich dem englischen Radikalismus entstammende revolutionäre Aufbruchslogik (Thomas Paine, Thomas Jefferson) und auf die rechtsreformatorische

Theorie (Friedrich Carl von Savigny). Implizit ist diese Entwicklung noch im gegenwärtigen Grundgesetz der Bundesrepublik Deutschland aufgehoben, besonders deutlich im Artikel 1 GG, der die Würde des Menschen thematisiert. In der neueren Zeit ist auch die Abgrenzung des Naturrechts gegen die Ethik zunehmend problematisch geworden und konstituiert im Übrigen einen Teil der immer noch aktuellen Kritik an der Naturrechtskonzeption. Die Frage, inwiefern sich eine grundlegende Ethik auf begriffliche Universalien stützen kann, ist nach wie vor von großer Brisanz (vgl. Zimmermann 2002).

Für Bloch erweist sich die Frage nach dem Naturrecht als konsequent zu fordernde Konkretion der philosophischen Theorie: „Was rechtens sei? – darum kommt man nicht herum. Diese Frage läßt immer aufhorchen, sie drängt und richtet. Ein als naturrechtlich bezeichnetes Denken hat sich ihr gewidmet, grundsätzlich, nicht von Fall zu Fall" (NmW 11). Es geht also um „unveräußerliche Rechte" (ebd.), um einen klaren Ausgriff auf Universalität. Freilich besteht hierbei neuerlich Klärungsbedarf, denn „genau jetzt, an diesem Punkt, [geht] eines der entscheidensten Themen des Humanismus in Aktion. Zu ihm gehört die Frage nach den *echten* Intentionen des alten Naturrechts, gehört die Aufgabe eines sozialistischen Erbes an diesen ehemals liberalen, nicht nur liberalen *Menschenrechten*. Die Etablierung des aufrechten Gangs [...] ist ein Postulat aus dem Naturrecht" (ebd., 12). Die Bedingung lautet explizit: „Keine wirkliche Installierung der Menschenrechte ohne Ende der Ausbeutung, kein wirkliches Ende der Ausbeutung ohne Installierung der Menschenrechte" (ebd., 13). Es gilt aber zugleich, den Entwurf einer Sozialutopie gegen das Naturrecht abzugrenzen, denn die „Sozialutopie ging auf menschliches Glück, das Naturrecht auf menschliche Würde. Die Sozialutopie malte Verhältnisse voraus, in denen die *Mühseligen* und *Beladenen* aufhören, das Naturrecht konstruierte Verhältnisse, in denen die *Erniedrigten* und *Beleidigten* aufhören" (ebd.). Diese Trennung ist weiterhin strikt zu beachten, um einerseits Wärme- und Kältestrom nicht unzulässig miteinander zu vermischen, andererseits aber beide gleichermaßen zu berücksichtigen. Auch Bloch setzt an der historischen Entwicklung des Begriffs an, vor allem mit Blick auf die stoische Sichtweise: „Zwei Pfeiler tragen nun die eigentliche *Doktrin* des stoischen Naturrechts: der Begriff der gemeinsamen Gedanken, κοιναι ἔννοιαι, und das Postulat eines Lebens in Übereinstimmung mit der Natur, ὁμολογουμένως τῇ φύσει ζῆν" (ebd., 27). Das den Menschen Gemeinsame spricht sich freilich „nur dadurch aus, daß die vernünftige Natur des Menschen eben mit der *Sache der Natur in Übereinstimmung* steht, dauernd darin gehalten wird. Juristische wie jede Wahrheit gibt sich derart als ‚einschlagende Vorstellung', φαντασία καταληπτική, das heißt als eine solche, worin der Geist ebenso unausweichlich das Objekt ergreift wie das Objekt den Geist [...]. Das höchste Kriterium des wahren Lebens, des wahren Rechts, der wahren Erkenntnis ist deshalb ein Kosmomorphes: Teilnahme an der Weltvernunft" (ebd., 28). Die Frage ist, auf welche Weise dieses wechselseitige Ergreifen (vgl. Zeilinger 2006) weiterhin gewährleistet werden kann, wenn die idealistische Basis der Reflexion verlassen und durch eine materialistische Basis ersetzt wird. Dieser Frage geht Bloch in einem historischen Durchgang durch die Verästelungen der fortschreitenden Modernisierung der Begriffe im Detail nach und schließt dann an die moderne existenzialistische Debatte an, die sich in Deutschland zur Zeit Fichtes und Schellings bereits anbahnt: Für Fichte liegt der Grund allen Seins im Sollen, in der Zwecktätigkeit des Bewusstseins. Und der Zweck ist dabei allemal die praktische Vernunft, „und in der Rechtssphäre ist er eben die vollkommene Selbstbestimmung des Menschen als juristischer Person" (NmW 89). Für Schelling ist das Recht kein Sollen, „es ist ein Dürfen, ist Freiheit [...]. Die Freiheit des individuellen Willens wird nur um ihretwillen beschränkt: ‚Ich höre nur deswegen auf, meine Freiheit der Freiheit anderer moralischer Wesen entgegenzusetzen, damit umgekehrt diese aufhören, ihre Freiheit der meinigen entgegenzusetzen.'" (ebd., 109), zitiert Bloch dessen Schrift „Neue Deduktion des Naturrechts" von 1795 (vgl. SW I/1). Diese Diktion erinnert bereits deutlich an die spätere sartresche Sicht, nach welcher meine Freiheit wesentlich bedingt ist durch die Freiheit des anderen. Im Grunde kreist die Vorbereitung dieses Gedankens um die formal korrekte Ablösung von einem mythologischen Denkgrund, auf den sich noch die antike Differenzierung zwischen den Rechtsbegriffen von *Themis* einerseits und *Dike* andererseits stützt, so wichtig für das Verständnis der Tragödie (vgl. NmW 122f.). Noch Hegel ringt mit dieser Tradition, wenn er auch bereits dazu beiträgt, das Naturrecht in den Hintergrund des positiven Rechts zu verdrängen: „Hegel parallelisiert die juristischen Gesetze ganz wie ein Naturrechtler, doch zu umgekehrtem Zweck, mit denen der mathematischen Physik. Das klassische Naturrecht hatte die mathematische Physik als Muster der Demonstrierbarkeit genommen und als Vorbild einer Vernünftigkeit, die sich eben im positiven Rechtsleben nicht oder kaum fand. Hegel, der überall sonst gegen das bloße Außersichsein der Natur kritisch ist und von der anorganischen Materie sagt, ihre Wahrheit sei, keine zu haben, bringt nicht nur historisches Sein wiederum auf den starrsten, nämlich physikalischen Stand des Gewordenseins, er vindiziert auch den Zufalls- und Machtgebilden des positiven Rechts, was ein Grotius eben nur seinem logischen Rechtsideal zugebilligt hatte. Derart meint die Vorrede zur ‚Philosophie des Rechts': ‚Von der Natur gibt man zu, daß [...] sie in sich vernünftig sei und das Wissen diese in ihr gegenwärtige, wirkliche Vernunft, nicht die auf der Oberfläche sich zeigenden Gestaltungen und Zufälligkeiten, sondern ihre ewige Harmonie, aber als ihr immanentes Gesetz und Wesen zu erforschen und begreifend zu erfassen habe'" (ebd., 144). Diese blochsche Sicht auf Hegels Ansatz (vgl. HW 7) ist wichtig für das Verständnis der nachfolgenden blochschen Einfügung des Naturrechts in die marxistische Theorie. Bloch weist darauf hin, dass dem Marxismus alle „Hypostasen und Vergoldungen" (NmW 221) fremd seien, „weil er keine Kontrast-Ideologie zur Geschichte" (ebd.) benötige. Mit anderen Worten: Hegel habe Durchschlagendes nicht leisten können, weil er nach wie vor einem formalen Idealismus verfallen sei. Dieser sei nunmehr überwunden, denn der Marxismus habe „die Abstraktheit und angebliche Ewigkeit" (ebd., 236) der benannten Vernunftmaße gesprengt und dabei den Begriff einer „angeblich ewig gleichen Menschennatur" (ebd.) aufgegeben. Letztlich habe das auch zu einem Rückzug von Sozialutopie und Naturrecht geführt, dem aber entgegenzutreten sei: „So ist mehr als je neben dem konkreten Erbe am Sozialutopischen ein ebenso Konkretes am Programm Citoyen fällig. Item: mehr als je ist es an der Zeit, auch die Unterschiede in den sozialutopischen und den naturrechtlichen Intentionsfeldern funktionell endlich verbunden zu sehen und praktisch aufgehoben" (ebd., 237). Auf diese Weise wird die politische Ökonomie an die Ethik gebunden: „In einer klassenlosen Gesellschaft ohne Marktverkehr ist kein Warenbesitzer, sondern der Güterproduzent Rechtssubjekt (juristische Person), und sein Recht ist, nicht einmal zum Güterproduzieren gezwungen zu sein. Das *letzte subjektive Recht* wäre so die Befugnis, *nach seinen Fähigkeiten zu produzieren, nach seinen Bedürfnissen zu konsumieren*; garantiert wird diese Befugnis durch die *letzte Norm des objektiven Rechts: Solidarität*" (ebd., 252). Man sieht leicht, dass hier eine konstituierende Relation zur Ethik nicht weit entfernt ist. Mithin bleibt Politik nach wie vor mit Ethik verknüpft. Bloch formuliert dazu (das Wort *Ethik* freilich durch *Moral* ersetzend): „Moral, damit sie ohne Heuchelei und Ideologie sein könne, verlangt den Bau des öffentlich Rechten, und dieser Bau hat nicht nur sein Richtfest, sondern seine notwendig präparierende Heimbildung selber in der Moral" (ebd., 274).

Bei Hans Heinz Holz (vgl. Holz 1975) ist der Grundgedanke Blochs, auch im Hinblick auf seine Einordnung in den gesamten Ansatz, bereits mit umfassender Gründlichkeit zusammengefasst: dass nämlich „das Sein des Menschen (und mit ihm das Sein der Welt) noch unzureichend bestimmt ist, *in actu* noch nicht das hat, was ihm *in potentia* zukommt, daß es also noch nicht identisch ist mit dem Begriff seiner selbst, daß die entscheidende Seinsdimension die Zukunft, die ausschlaggebende Kategorie die Möglichkeit, der treibende Faktor das Streben über sich hinaus ist – und daß eben diesem Noch-Nicht im Bewußtsein die Hoffnung korrespondiert" (ebd., 21). Und Holz fährt fort: „Im Hoffen, in den verschiedenen Modi der Antizipation wird das Noch-Nicht-Wirkliche mehr oder weniger angemessen in den Blick gebracht, die Inhalte des Hoffens sind mehr oder weniger ideologisch verschleiert oder verzerrt die Inhalte einer zukünftigen Welt, die Utopie ist die noch unvollkommene Vorwegnahme der Zukunft, ihre Entzifferung liefert uns den Fahrplan einer vom Menschen erkannten und zu lenkenden Geschichte" (ebd.). Bei Bloch trägt dieser ganze Ansatz bekanntermaßen eine immanent eschatologisch-messianische Konnotation an sich, die darauf zurückzuführen ist, dass der Ursprung blochschen Philosophierens von einer religionsphilosophisch begründeten, wenn auch säkularisierten, Erwartungshaltung messianischen Typs nicht getrennt werden kann. Holz formuliert hierzu: „Das Ziel der Geschichte muß dann die Herausbildung des Gattungswesens der Menschheit sein [...]. Wäre dieses Ziel ganz und gar verborgen, hätte der Mensch von seinem Gattungswesen nicht schon eine [...] Ahnung oder Vorstellung, die der Verwirklichung vorausläuft (vielleicht sogar bis ans Ende der Geschichte utopisch vorausgreift), so könnte [...] überhaupt kein Leitfaden für die planvolle Veränderung des Gegebenen" (ebd., 67) erfassbar sein. Die wesentlichen Fragen lauten also: „welches sind die objektiven Momente *am* Wirklichen, *in* der Welt, die den Rechtsgrund liefern, eine Vorstellung von Nicht-Wirklichem als Abbildung eines *Noch*-Nicht-Wirklichen aufzufassen, und welchen erkenntnistheoretischen Charakter kann eine solche ‚Abbildung' besitzen?" (ebd.). Zum einen kann das dadurch betrieben werden, indem all jenes Berücksichtigung findet, was dem antizipierenden Bewusstsein als solche Zielutopien entspringt, die in jeder großen Leistung der Kunst und der Wissenschaft wirksam sind, so dass in allen vergangenen Werken ein Überschuss bestehen bleibt, demzufolge sie nicht abgegolten sind (vgl. Holz ebd., 76f.). Zum anderen aber gibt es die Phantasie, die wesentlich „ausmalt" und ein Nicht-Wirkliches mit Hilfe der Vorstellungen des Wirklichen setzt: „So verfährt grundsätzlich das in Neuland vorstoßende Denken; es ist, wie an der Sprache ablesbar, metaphorisch" (ebd., 87). Aber das Gehoffte „kommt nicht von selbst. Es muß vielmehr gegen die Widerstände in der Welt durchgesetzt werden. Diese Kraft wächst ihm zu, wenn es bildhaft vorgestellt, in der Phantasie antizipiert wird. Imagination ist eine entscheidende Tendenzkraft im Geschichtsprozeß" (ebd., 88). So gesehen ist die Welt also noch ganz und gar unfertig und darum selbst das maßgebliche Möglichkeitssubstrat: „ihr Prozeß im ganzen [ist] ein solcher der Selbstverwirklichung" (ebd., 91). Mithin beschränkt sich Hoffnung als Kern des subjektiven Faktors „nicht auf bloßes Träumen, sondern greift aktiv in die Welt hinaus [...] als Verwirklichung der menschlichen Solidarität in der gesellschaftlichen Organisation der Lebensführung; als Konstruktion des vollkommenen Daseinsraumes, zugleich als Symbol des geglückten Seins in der Architektur, als freie Entfaltung der menschlichen Möglichkeiten in Arbeit und Spiel" (ebd., 102).

Soweit die grundsätzliche Sichtweise Blochs, wie sie präzise und zureichend kompakt (und insofern auf für die Sekundärliteratur bis heute praktisch einzigartige Weise) bei Holz dargestellt ist. Keineswegs ist dabei einsichtig, inwieweit diese Deutung in irgendeinem Sinne als „biologistische" verstanden werden sollte, wie von Burghart Schmidt behauptet (vgl. Schmidt, B. 1985, 37). Ganz im Gegenteil umgreift diese Insichtnahme blochscher Theorie nicht nur alle Gebiete des menschlichen Denkens gleichermaßen – wenn auch auf einer streng vereinheitlichten, aber umso korrekteren Grundlage –, sondern sie ist bislang in ihrer Präzision weitestgehend unerreicht geblieben. Nur von diesem Grund aus kann eine Annäherung an die Naturrechtsproblematik gelingen. Auch hierfür stellt das Buch von Holz die Bedingungen für einen geeigneten Einstieg zur Verfügung. Ohnehin ist es ganz zentral, den engen Zusammenhang zwischen Naturproduktivität und aufrechtem Gang angemessen zu bewerten. Erst in neuerer Zeit hat es Oskar Negt (Negt 2006) unternommen, hierbei weitergehende Klarheit herzustellen: Der blochsche Begriff „aufrechter Gang", der vor allem auf die menschliche Würde abhebt, wird selten als Konsequenz der unterliegenden naturphilosophischen Systematik verstanden. Das, was Negt als den „Marx-Blochsche[n] kategorische[n] Imperativ" (ebd., 13) zu formulieren vermag („alle Verhältnisse umzuwerfen, in denen der Mensch ein erniedrigtes, ein geknechtetes, ein verlassenes, ein verächtliches Wesen ist"; zit. nach PH 1604), entstammt ja grundsätzlich der sozialphilosophischen Betrachtung: „Würde, soziale Anerkennung, Selbstwertgefühle, das alles ist heute auch verknüpft mit der Frage, habe ich einen nicht nur meine materielle Existenz sichernden Arbeitsplatz, finde ich mich in den Produkten meiner Arbeit wieder, oder bin ich Opfer von Selbstausbeutung oder feinmaschigen Zwangs" (Negt 2006, 13). Insofern verweist für Negt wirkliche Verantwortung auf die Frage, ob wir denn des geschichtlichen Erbes auch nur würdig sind. „Ob wir, wenn wir zum Beispiel die von Bloch in Erinnerung gebrachten Naturrechtstheorien der bürgerlichen Aufschwungperiode den gegenwärtigen Maßstäben von Überholtem und Gültigem unterwerfen, den Bewusstseinsstand dieser Theorien überhaupt schon erreicht haben" (ebd., 16). Aus der Sicht der Mitproduktivität der Natur wird so der aufrechte Gang, vermittelt über das kollektive Gedächtnis, an die allgemeine Verantwortung des Intellektuellen gebunden, so dass das ethische Projekt selbst den Status eines anzustrebenden Noch-Nicht gewinnt – durchaus im Sinne einer existenzialistischen Denklinie (vgl. ebd., 19; Bloch, J. R. 1989, 76 u. Aufrechter Gang 2000). Tatsächlich kann schon bei Ovid eine sinnfällige Formulierung aufgefunden werden, die den Vermittlungszusammenhang zwischen sozialphilosophischem und naturphilosophischem Anliegen von vornherein an die anthropologische Verfassung des Menschen knüpft: „Während die übrigen Wesen gebeugt zur Erde hin schauen, / gab er dem Menschen ein aufrecht Gesicht und ließ ihn den Himmel / sehen, aufwärts den Blick empor zu den Sternen erheben. / So verwandelt, nahm die Erde, die eben noch roh und ungestaltet gewesen, des Menschen neue Gestalt an" (Ovid 1980, I, 84–88).

Man sieht bereits, dass unabweislich die Frage nach der gelingenden gesellschaftlichen Organisation in den Blick gerät – von vornherein auf Probleme der Philosophie, der Politik und des Staates sowie der Rechtsphilosophie verweisend. Holz setzt an Platons *Politeia* an und betrachtet diese als den kontextuellen Hintergrund aller antiken Staatsphilosophien, von denen her die modernen Theorien ihren Ausgang genommen haben. Er bezeichnet die *Politeia* als „das Paradox einer (am spartanischen Modell orientierten) Utopie der herrschenden Klasse" (Holz 1975, 104) Und fährt fort: „Utopisch tiefer greift jedoch das Gegensatzpaar *Diogenes-Aristipp*, die Ideologien des

‚musterhaften Bettlers und des musterhaften Schmarotzers'" (ebd.) umgreifend. „Über die Antike hinaus blieb wirksam als utopisch erinnerter Plan der ideale humane Weltstaat der Stoa, ihr Programm des Weltbürgertums und der Ökumene, geboren aus dem Geiste des *Imperium Romanum*" (ebd.). Grundsätzlich geht somit die Utopie auf das menschliche Glück, das Naturrecht aber auf die menschliche Würde. Holz sieht die Anfänge der modernen Formulierung dieses Aspektes (in Anlehnung an Bloch) in der Schrift Fichtes über den *Geschlossenen Handelsstaat*, in welcher bereits ausdrücklich die Vermittlung von Naturrecht (hier als Vernunftrecht) und Sozialutopie angestrebt ist (ebd., 105). In der Tat: Die gesellschaftliche Organisation bedarf offensichtlich einer rechtlichen Grundlegung, die den Rechtsalltag in der Hauptsache mit einem festen Bezugsrahmen versieht. „Es gibt [aber] auch das Recht, das man fordert oder sich sogar nimmt, das subjektive oder Freiheitsrecht" (Christensen 1985, 4). Dieses Recht also ist das Naturrecht: Im Grunde beginnt die konkrete Differenzierung zwischen dem formalisierten Recht (*nomos*) und dem Naturrecht (*dike*) bereits in der griechischen Antike, etwa in der Tragödie des Aischylos (zum Beispiel in seinem Stück *Die Schutzflehenden* (Hiketiden); Aischylos 2005, 147ff.). In der Zeit der großen Revolutionen dient das Naturrecht nicht mehr der Legitimation des Staates, sondern wird zum Kampfinstrument gegen die feudale Macht (vgl. Holz 1975, 105). Verallgemeinernd will das moderne Naturrecht eine Gesellschaft konstruieren, „worin jedem unabhängig von Stand und Herkommen die gleiche Teilhabe an der politischen Gestaltung der Zukunft gewährleistet wird" (Christensen 1985, 4). Diese Zielsetzung erinnert stark an das gegenwärtige Unternehmen Antonio Negris und Michael Hardts, einem Staatsrecht Ausdruck zu verleihen, das wesentlich die Belange der *multitudo* in das Zentrum der Betrachtungen stellt (vgl. Fuchs/Zimmermann 2009; vgl. Hardt/Negri 2000, 2004). Tatsächlich ist die auf Spinoza zurückgehende Implikationsbeziehung *virtus = potentia ⇔ civitas = multitudo* (vgl. Fuchs, Zimmermann 2009, 15–23) gerade die Repräsentation des konfliktträchtigen Problemkerns, der dazu geeignet ist, ein Gelingen zu verhindern, weil die linke Seite der Beziehung auf die individuelle Person abzielt und die rechte Seite auf das Kollektiv: Äquivalenz kann nur dann erreicht werden, wenn die individuelle Person vom Bourgeois zum Citoyen sich zu wandeln imstande ist. Christensen formuliert diesen Umstand eher aus der Sicht der marxschen Theorie, was den Sachverhalt nicht wesentlich verändert, die Perspektive gleichwohl einigermaßen einschränkt: „Mit der Garantie der die Volkssouveränität konstituierenden staatsbürgerlichen Freiheitsrechte ist [...] der Anspruch auf eine jeden Staatsbürger umfassende gleiche Teilhabe an der Gestaltung der Zukunft angemeldet. Mit dem Schutz der das Eigentum umfassenden persönlichen Rechte ist aber die ungleiche Verteilung von faktischen Chancen zur Gestaltung der Zukunft festgeschrieben" (Christensen 1985, 5). Gerade hierdurch definiert sich der gesellschaftliche Widerspruch, von welchem Bloch im marxscher Manier eben jene Konfrontation von Bourgeois und Citoyen ableitet: „Was sich seines [des Citoyens] illusionshaften und doch noch mehr antizipierenden Bilds bediente, war die gleiche ökonomisch-soziale Tendenz, die nachher den befreiten Bourgeois hervorbrachte. Dessen ebenfalls, doch unvergleichbar anders und düster progressives Wesen, diese bloße Freiheit des Erwerbs bildete notwendig auch am Citoyenbild mit, mindestens an seinem wichtigen Rahmen. Ja bereits 1791, als die Menschenrechte noch gläubig deklariert wurden, war in den Maienträumen, die nicht reiften, bereits ein Stück jenes Bourgeois, das dann so gewaltig gereift ist" (NmW 200; vgl. Christensen/Frauhammer 1985, 183; Bloch, J. R. 1989, 79). So haben die Naturrechtstheorien recht eigentlich die bürgerliche Revolution vorbereitet, aber das vom Naturrecht gesetzte Subjekt freien Handelns blieb unerreicht, wenn auch stets präsent (vgl. Christensen 1985, 6f.). Obwohl Bloch sich auf die marxsche Argumentation beruft, gewinnt bei ihm doch der unterliegende Aspekt individueller Freiheit eine ganz andere Konnotation als im Marxismus seiner Zeit vorgesehen: „Wenn Bloch am Naturrecht nur die statische Form von dessen Begründung verwirft, aber nicht auch die Anmeldung individueller Freiheit, dann sieht die marxistisch-leninistische Theorie darin ein ahistorisches Gegenüberstellen von unwandelbarer Intention und veränderlicher Ausdrucksform. [...] Folglich sind die subjektiven Rechte beim Aufbau einer sozialistischen Gesellschaft auch nicht der individuellen Freiheit zugeordnet und einer autonom zu gestaltenden Zukunft" (ebd., 10). Bloch lokalisiert vor diesem Hintergrund eine Beschränkung des Naturrechtsgedankens selbst, die es aufzuheben gilt. Einerseits rekurriert das Naturrecht auf eine normativ festgeschriebene menschliche Natur: „Auch wo nicht [bei der Neubegründung des Begriffs] more geometrico dargestellt wurde, blickte die Rechtsnatur wie der Kosmos Newtons drein: ehern, kontinuierlich, unverrückbar; ja von hierher gilt nun Naturrecht gleich der Natur als besonders ewig. Und diese Gesetz-Mechanik eben wurde feudaler

Willkür, despotischem Machwerk, heterogener Ungleichheit entgegengehalten – das Weltall selber ist homogen" (NmW 71). Andererseits müssen die historischen Schranken der naturrechtlichen Konzeption überwunden werden: „Denn die an das kapitalistische Privateigentum gebundene Freiheit bringt über die Marktmechanismen Zusammenhänge hervor, die den Ausgangspunkt der Freiheit wieder zerstören" (Christensen 1985, 15). Mithin richtet Bloch seinen Blick auf die konkreten Bedingungen der Möglichkeit freien Handelns: „Er will den Raum konstruieren, den der aufrechte Gang braucht, indem er Ermöglichungsbedingungen herausstellt. Das Privateigentum an Produktionsmitteln zählt nicht zu diesen Bedingungen" (ebd.). Bloch versucht, diese Bedingungen auf einen Solidaritätsbegriff zu stützen, der aus der Natur selbst sich ableitet und daher zwanglos mit seinem Begriff der *Naturallianz* zusammenhängt. Naturrecht wird so als Veto gegen einen Mangel an aufrechtem Gang gefasst (ebd., 16), basiert aber zugleich auf einer (utopisch) angezielten Harmonie: „Jeder hat [dann] die Gelegenheit, ein Mensch zu sein, weil keiner mehr die Gelegenheit hat, ein Monstrum zu sein; so geht der sozialen Ordnung sowohl ihr Zwangscharakter wie ihre abstrakte Idealität verloren. Das gesellschaftliche Individuum hat den abstrakten Staatsbürger in sich zurückgenommen und sich in ihn aufgenommen; so wird Gemeinschaft selbstverständlich, Ordnung konkret" (PH 618).

Der explizite Naturbezug ist im Rahmen dieser Argumentation keineswegs zu unterschätzen: Der Freiheitsbegriff ist in diesem Zusammenhang nämlich doppelt zu sehen. Einerseits ist er von vornherein mit dem Begriff der Entfremdung gekoppelt, denn eine Philosophie, die auf eine Aufhebung der gesellschaftlichen Widersprüche abzielt, kann Recht primär nur als Entfremdung betrachten (vgl. Holz 1975, 149). Holz weist darauf hin, und im Wesentlichen kann dieser Gedanke bereits im bisher Dargelegten aufgefunden werden, dass von Beginn an das Naturrecht eine limitierende, kritische, korrigierende Funktion hinsichtlich der Satzung besaß (vgl. ebd., 154): „Naturrecht wird so als ‚der strenge Vetter der Utopie' […] anvisiert. […] Naturrecht tritt für den humanen Gehalt in einer Gesellschaft in die Schranken, deren Struktur noch den inhumanen Widerstreit des Menschen mit dem Menschen voraussetzt. Insofern hat Naturrecht stets einen utopischen, das heißt innerhalb der Klassengesellschaft nicht zu verwirklichenden Horizont" (ebd., 150). Und weiter: „Naturrecht hat also nur im Hinblick auf die Satzung einen bestimmten

Sinn, der logisch prädiziert und historisch erfaßt werden kann. Indem das Naturrecht sich zur Satzung als deren Negation verhält [...], setzt mit dem Eindringen naturrechtlicher Gedankengänge in Gesetzgebung und Rechtssprechung eine Aufweichung des *ius strictum* ein" (ebd., 159).

Andererseits aber manifestiert sich Freiheit als gesellschaftliche zwar im Recht, aber Freiheit der Natur gegenüber bewährt sich zugleich in der Ausnutzung natürlicher Gesetzmäßigkeiten zu menschlichen Zwecken: „Immer hat sie als Gegenstand ein objektiv-real Mögliches, zu dem der menschliche Einsatz als Zutat kommt, durch welche das Mögliche verwirklicht werden soll. [...] ‚Freiheit ist so in der Tat *der Modus des menschlichen Verhaltens gegenüber objektiv-real Möglichen*'" (ebd., 170).

Bloch verallgemeinert in diesem Sinne den marxistischen Ansatz. Jürgen von Kempski hat dazu formuliert: „Ernst Bloch hat sich des marxistischen Instrumentariums bemächtigt [...], aber irgendwann eben [...] stellt sich die Frage: Was rechtens sei?" (Kempski 1978, 369). Insofern will Bloch den Rechtsgedanken in den Marxismus hinüberretten, vor allem deshalb, weil die Verleugnung des Rechts zugunsten der Sozialutopie in die Diktatur führt. Es ist dabei von vornherein klar, „daß das Problem des Rechts eben nicht nur in der Herstellung rechtlicher Gleichheit, der Abschaffung aller Privilegien und Diskriminierungen besteht, sondern darüber hinaus in der Sicherung der Rechte aller" (ebd., 372). Wie es also wichtig ist zu bemerken, dass auch in der klassenlosen Gesellschaft Recht und Moral nicht zusammenfallen (vgl. Holz 1975, 165), so muss beachtet werden, dass die klassenlose Gesellschaft nicht lediglich durch den Zustand der Rechtsgleichheit definiert werden kann (vgl. Kempski 1978, 372). Diese Forderung (Sicherung der Rechte aller) kollidiert freilich mit der gleichzeitigen Forderung nach Abschaffung der Unveräußerlichkeit des Eigentums (vgl. ebd., 371).

Aus heutiger Sicht ist jedoch das Grundproblem unabweislich, dass nämlich Freiheit weder auf Kontrolle noch auf Motivation verzichten kann (vgl. Garzón Valdés 1978, 386). Um somit Heimat im blochschen Sinne als einen Zustand von Glück und Würde zugleich definieren zu können (vgl. ebd., 381), bedarf es einer völlig neu zu denkenden Annäherung: Garzón Valdés betrachtet daher den blochschen Ansatz zu einer Harmonisierung von Freiheit und Ordnung (im Grunde bereits ein altes idealistisches, wenn auch sehr wohl existenzialistisch strukturiertes Projekt, wenn man etwa an das Systemprogramm des Deutschen Idealismus denkt; vgl. Zimmermann 1988) als Suche nach einer *Polis ohne Politik*. Angesichts der zwei gangbaren Möglichkeiten zu einer Lösung des Problems: nämlich zum einen „zurückzugehen auf die Natur der Dinge und ihnen die objektiven Bedingungen zu entnehmen, die eine positive Ordnung mit einem annehmbaren Minimum an Freiheit und Gerechtigkeit sicherstellen" (Garzón Valdés 1978, 374) oder zum anderen „den utopischen Charakter des Naturrechts anzuerkennen und die Gegenwart [...] anzupassen" (ebd.), kommt er zu der Einsicht, dass das Erste zur anthropologischen Begründung der Moral und des Rechts führen würde, und das Zweite zur Wiederaufwertung des dynamischen Prinzips Hoffnung. Das erste schreite voran vom Sein, das ist, zum Sein, das sein soll. Das zweite vom erwünschten Sein zu dem, was gegenwärtig ist (vgl. ebd., 374). Bloch komme zu folgendem Schluss: „Die Würde kann nur in einer konkreten Ordnung, deren Inhalt und Ziel die Freiheit ist, in einer Ordnung, die die Gesellschaft in eine ‚polis ohne politeia' transformiert, erlangt werden" (ebd., 375). Und weiter: „Sozialutopie entwirft unter dem Mantel der romanhaften Erzählung eine vollkommene Gesellschaft. Das Naturrecht deduziert, ausgehend von einem dogmatisch begründeten Prinzip, seine Postulate mit vorgeblich mathematischer Exaktheit. Die erste verfolgt das Glück des Menschen, das zweite dessen Würde" (ebd., 376; vgl. Zudeick 1985, 257f.).

Eine etwas verschiedene Sichtweise wählt Eberhard Braun für seine Debatte des Problems. Auch er geht zunächst vom Grundwiderspruch aus, um die Rolle des Naturrechts bei Bloch zu rekonstruieren: „Die bürgerliche Theorie ist [...] genötigt, mit den Kategorien, die der einfachen Warenproduktion entlehnt sind, die kapitalistische Warenproduktion, die auf der Trennung der Produzenten von ihren Produktionsmitteln und der daraus resultierenden Scheidung der Menschen in Eigentümer und Eigentumslose, in Nicht-Arbeitende und Arbeitende beruht, zu rechtfertigen. [...] Dies bezeichnet die zentrale und fundamentale Aporie bürgerlicher Theorie" (Braun 1975, 381f.). Braun bezieht diese Ausgangsposition gleich zu Beginn auf die Situation des Naturrechts: „Die ökonomischen Theorien haben daher mit denselben Schwierigkeiten zu kämpfen wie die Theorie des Naturrechts, denn sie gehen von derselben philosophischen Grundlage aus, eben einer bestimmten Naturrechts-Konstruktion. Aus diesem Grund muß die Werttheorie die fundamentale Aporie des Naturrechts reproduzieren" (ebd., 382). Blochs Theorie des Naturrechts „bezieht sich so auch direkt auf das Kernstück der marxschen Theorie, auf die Kritik der politischen Ökonomie. Das Naturrecht auf Arbeit, das naturrechtliche Fundament der klassischen politischen Ökonomie, die Basis der humanen Intention, verwandelt sich in das historische Prinzip der klassenlosen Gesellschaft, worin die humane Intention verwirklicht, das Moment der Klassenherrschaft aber aufgehoben ist. Die private Arbeit, die auf der Basis des Privateigentums Waren produziert, wird zur gemeinschaftlichen Arbeit auf der Basis gemeinsamen Eigentums der Produzenten. [...] Die sozialistisch intendierte Aufhebung der ökonomischen Ausbeutung und der politischen Unterdrückung mit der klassenlosen Gesellschaft als Ziel, das ist Aufhebung und Verwirklichung des klassischen Naturrechts zugleich" (ebd., 418f.).

→ *Antizipation; Dialektik; Ethik; Freiheit; Latenz; Materie; Metaphysik; Möglichkeit; Natur; Naturallianz; Natursubjekt; Spekulativer Materialismus; Subjekt – Objekt; Substanz; Tendenz*

📖 AISCHYLOS 2005; BECKER/SCHOLZ 2004; BLOCH, J. R. 1989; BRAUN 1975; CHRISTENSEN 1985, CHRISTENSEN/FRAUHAMMER 1985; CICERO 1994; FUCHS/ZIMMERMANN 2009; GARZÓN VALDÉS 1978; HARDT/NEGRI 2000; HARDT/NEGRI 2004; HOLZ 1975; KEMPSKI 1978; NEGT 2006; OVID 1980; SCHMIDT, B. 1985; SCHOLTEN 2003; SEXTUS EMPIRICUS 2001; WIELAND 1988; ZEILINGER 2006; ZIMMERMANN 1988; ZIMMERMANN 2002; ZIMMERMANN 2007; ZUDEICK 1985.

Rainer E. Zimmermann

Natursubjekt

Für Bloch drängt aus allem Seienden der Urgrund unruhig aus sich heraus. Der forttreibende Kern dieser Tendenz ist das Subjekthafte selbst, das Bewegung setzt als Hinwendung zu einem versuchten Fürsichwerden. Hypothetisch entspricht ihm jener *„Subjektkern der Natur"* (EM 218), der häufig als *natura naturans* thematisiert worden ist. Dialektik in der Natur gibt es mithin vor allem, weil die Natur ein unerledigtes Feld darstellt. Und die *„[d]ialektische Bewegung selber ist die des Neuen: sie läßt [...] durch den immanenten [Selbst]-widerspruch des Subjekts immer wieder Neues entspringen, sofern keine gewordene Form dem Subjekt bereits eine endgültig bestimmende, qualifizierende, angemessene ist. Naturphilosophisch stellt sich deshalb [...] die Frage: Gibt es – entsprechend dem arbeitenden Subjekt als dem Erzeuger der Geschichte – ein Subjekt in der Natur, eines, das der Motor von Naturdialektik sein könnte?" (ebd.).

Der Naturbegriff im Allgemeinen ist in der Philosophie schwerlich erfassbar ohne zugleich die Begriffe von Substanz und Materie mit zu erörtern. Insofern sind überlappende Erläuterungen in diesem Falle nicht vermeidbar. Ein gutes Panorama zur Übersicht mit speziell blochscher Perspektive bieten Holz (vgl. Holz 1967) und insgesamt Burghart Schmidt (vgl. Schmidt, B. 1978a). Zur Kritik des Ansatzes sehe man insbesondere Alfred Schmidt (vgl. Schmidt, A. 1978). Zwar wird der Begriff der Substanz zum Teil schon bei den Vorsokratikern und bei Platon thematisiert, aber seine erste systematische Erfassung wird doch erst von Aristoteles geleistet – schon deshalb, weil hier die Philosophie in Gestalt der ersten wissenschaftlichen Prosa dargeboten wird und nicht mehr als erbauliche Abfolge von Dialogen oder Aneinanderreihung von Aphorismen. Auch von den später durch die Jahrhunderte nachfolgenden philosophischen Schulen wird der Ansatz des Aristoteles stets als verbindliche Vorgabe angesehen, nicht zuletzt auch bei Bloch (vgl. MP 479ff.; Zimmermann 2001, 148–151). Die Relevanz der blochschen Aristoteles-Rezeption wird deutlich in der bisher nicht zureichend gewürdigten Arbeit von Jäger (vgl. Jäger 1969a) und neuerdings bei Klein (vgl. Klein 2008), der allerdings den ontologischen Unterschied zwischen dem Nichts und dem Nichtsein sträflich vernachlässigt, so dass der Möglichkeitsstatus des Stoffes bei Aristoteles unscharf wird (vgl. ebd., 54). Zudeick (vgl. Zudeick 1980, 68) betont dagegen allzu sehr die Einflüsse der Mystik und Schellings. Allerdings äußert er sich auf durchaus schlüssige Weise bereits zur Frage des Verhältnisses von Substanz und Substrat (ebd., 57f.). Ähnlich überbewertet ist der gnostisch-mystische Einfluss bei Pauen (Pauen 1992, 28), so dass der ganze Subjektbegriff missverstanden ist. Umso erhellender eine „aristotelische Klarstellung" durch Ehricht (vgl. Ehricht 2004). Auch Schiemann (vgl. Schiemann 2003) stellt die aristotelische Konzeption stark verkürzt dar, insofern er sie auf die moderne Philosophie zu beziehen bestrebt ist, ohne die arabische Rezeption zu bedenken. Bei Aristoteles (vgl. Aristoteles 1989) ist vor allem wesentlich, dass in den Hauptbegriffen eine Bedeutungsverschiebung beachtet werden muss, welche in Hinsicht auf den Substanz-Begriff (οὐσία) die Konnotation von Substanz, Subjekt (bezogen auf das Einzelding) auf Wesenheit (im Einzelding) verlagert. In Hinsicht auf den Subjekt-Begriff (ὑποκείμενον) geschieht dies durch eine entsprechende Verlagerung von Subjekt (Einzelding) auf Substrat (als Stoffursache im Einzelding) (ebd., xxi, xxii). Was das Erste angeht, so ist die Substanz logisch gefasst das letzte Aussagensubjekt in der Prädikation, aber als Einzelding (z. B. Sokrates). Hierin besteht auch gerade die Kritik, welche Aristoteles letztlich gegen Platon richtet: Nicht das Allgemeine (Art und Gattung: z. B. Mensch/Lebewesen), sondern das Einzelding ist erste Substanz. Das Allgemeine ist lediglich zweite Substanz, weil das übrige (die Akzidenzien) von ihm ausgesagt wird, es selbst aber noch einmal vom Einzelding. Das Wort οὐσία selbst kommt von εἶναι her und bedeutet vor allem Seiendheit (als Inbegriff des Seienden als erstes Seiendes). Somit wird hier das Wesen nicht nur für die sinnliche Substanz in Anspruch genommen, sondern recht eigentlich für ihre immanenten und transzendenten Seinsursachen (vgl. ebd., xxiii, xxiv, mit Verweis auf VIII, 3 (ebd., 1043b, 13–16) und XII, 1). Dagegen wird das Subjekt grundsätzlich logisch betrachtet, als Substrat naturphilosophisch (was sich besonders deutlich in VII, 3 zeigt). Dabei gilt vor allem, dass der Formursache die Stoffursache zugrunde liegt. Insofern sieht man hier deutlich, dass auch das Aussagen selbst (κατηγορεῖται) doppeldeutig angelegt ist, nämlich einmal als Bestimmtes und einmal als Unbestimmtes. Bei Bloch sind die Kategorien gerade „das immer weiter sich ausprägende Relations-Wie, der versuchte Bezug des Daß zum Was [...] und umgekehrt", in einer „Beziehungsstellung des Begreifens zu seinem real-objektiven Korrelat, dem [welthaft] kategorial Prädizierenden" (EM 78, vgl. 26, 102, 105; Serres 1981, 93; Zimmermann, 2001a, 92, 97). Dieser Aspekt wird gerade dann relevant, wenn man ihn auf den Materiebegriff bezieht: Tatsächlich ist bei Aristoteles die Materie durch das Eidos (die Form) in der Lage, von einem eigentlich Noch-Nicht-Seienden zu allem Seienden zu werden: Deshalb ist Materie der Möglichkeit nach Substanz (δυνάμει). Aber sie ist mithin wesentlich unbestimmt und kann deshalb nicht wirklich Substanz sein (ebd., 1042b, 9f. nebst 1071a, 3–11). Es heißt in diesem Zusammenhang: „Ferner ist der Stoff [= Materie = ὕλη] dem Vermögen nach [der Möglichkeit nach], weil er zur Form gelangen kann; sobald er aber in Wirklichkeit ist, [dann] ist er in der Form" (ebd., 1050a, 15). Das heißt, die Materie kann als das mit dem Stoff verbundene Wesen (ebd., 1044a, 11) gefasst werden (ἡ μετὰ τῆς ὕλης), aber: „Hinsichtlich des stofflichen Wesens (περὶ δέ τῆςς ὑλικῆς οὐσίας) darf man nicht übersehen, daß, wenngleich alles aus demselben ersten Prinzip oder denselben ersten Prinzipien hervorgeht, und derselbe Stoff (ἡ αὐτὴ ὕλη) als Prinzip allem Entstehenden zugrundeliegt, es dennoch einen eigentümlichen Stoff für jedes Einzelne gibt" (ebd., 1044a, 15–18). Doch aus einem und demselben Stoff kann verschiedenes entstehen, nämlich durch die bewegende Ursache (ebd., 25f.). Für Bloch besonders relevant sind die Ausführungen bei Aristoteles 1032a nebst 1032b: „Das Werdende wird teils durch Natur, teils durch Kunst, teils von ungefähr (spontan). Alles Werdende aber wird durch etwas [...]. Etwas aber meine ich nach jeder Kategorie" (ebd., 1032a, 12ff.). Sowie: „Alles aber, was wird, sei es durch Natur, sei es durch Kunst, hat einen Stoff (hat Materie als Stoff = *hyle*); denn ein jedes Werdendes hat die Möglichkeit sowohl zu sein als auch nicht zu sein, und das ist in einem jeden der Stoff. Überhaupt aber ist sowohl das, woraus etwas wird, wie das, wonach es wird, Natur (denn das Werdende hat [...] Natur) und ebenso auch das, wodurch etwas wird, nämlich das als formgebend bezeichnete, gleichartige Wesen; dieses aber ist in einem anderen" (ebd., 1032a, 20–24). Hier sichert der letzte Halbsatz, dass Materie nicht selbst schon Substanz ist. Mithin verhält sich bereits bei Aristoteles die *physis* zur *ousia* wie bei Spinoza das Attribut zur Substanz (vgl. PH 271, Zimmermann 2001, 143). Im Übrigen gilt zudem: „Form (εἶδος) nenne ich das Sosein eines jeden Dinges und sein erstes Wesen" (Aristoteles 1989, 1032b, 1–4) nebst „Das Werden und die Bewegung heißen teils Denken (νόησις), teils Werktätigkeit (ποίησις); nämlich die vom Prinzip und der Form ausgehende Bewegung Denken, dagegen diejenige, welche von dem ausgeht, was für das Denken das Letzte ist, Werktätigkeit" (ebd., 1032b, 15–18). Neuerlich wird hier der Stoff als Substrat eingeordnet: „Es ist also [...] unmöglich, daß etwas werde, wenn nicht schon etwas vorher vorhanden war (προϋπάρχοι). Daß also ein Teil notwendig vorhanden sein muß, ist erkennbar; denn der Stoff ist ein Teil, er ist in dem Werdenden vorhanden, und er wird. Aber auch von dem im Begriff Enthaltenen muß etwas vorher vorhanden sein [...]. Der Grund (αἴτιον) davon aber liegt darin, daß das Werdende sowohl aus Privation, wie auch aus dem Zugrundeliegenden (Subjekt = *hypokeímenon*) wird, welches wir Stoff (Materie als Stoff) nennen" (ebd., 1032b, 30; 1033a, 2; 1033a, 8–10). Die zugehörigen wesentlichen Stellen in der *Physik* (Aristoteles 1987/88) finden sich dort vor allem 193a, b, wo der Vorrang der Form hinsichtlich der Naturbeschaffenheit (φύσις) sichergestellt wird. Es erscheinen hier Substrat und Form als die zwei Prinzipien der Gestaltung. Gleichwohl, bei aller naturphilosophischen Ausrichtung, wird das Logische doch auch in der Physik explizit thematisiert: „Das Zugrundeliegende ist doch der Anfang, und es scheint vor dem von ihm Ausgesagten zu liegen" (ebd., 189a, 31f.). Sowie: „Es ist ja der Natur gemäß (κατὰ φύσιν), das Allgemeine zuerst zu sagen, danach gesondert die Einzelheiten anzuschauen" (Aristoteles 1987/88, 189b 31f.). Gemeint ist hier, dass dies der Grundsatz der Darstellung ist, während der Weg der Erkenntnis umgekehrt verläuft. Und schließlich: „Wenn es Ursachen und Anfangsgründe des von Natur aus Vorhandenen gibt, aus welchen als den ersten es ist und geworden ist, [...] dann entsteht alles aus dem Zugrundeliegenden und der Formgebung (ἐκ τε τοῦ ὑποκειμένου καὶ τῆς μορφῆς)" (ebd., 190b, 19f.). Es ergibt sich mithin folgende Systematik: a) *Ousía* (Wesen/Wesenheit) [Substanz, Subjekt (Einzelding), Wesenheit (Einzelding)]; b) *Hypokeímenon* (Zugrundeliegendes) [Subjekt (Einzelding), Substrat (Stoffursache im Einzelding, welche der Formursache zu Grunde liegt)]. Logisch (sprachlich) also zu verstehen: als letztes Aussagesubjekt der Prädikation; ontologisch: von dem alle Existenz abhängt. Es ist gerade Aufgabe der Metaphysik, über das Wesen zu handeln: περί τους ουσίας. Mit der Stoa (vgl. Forschner 1995) setzt zusätzlich die logische und ontologische Explikation des Freiheitsgedankens ein, dessen Voraussetzung die richtige Erkenntnis der Welt ist, zudem Grundlage der Ethik als Lehre vom angemessenen Verhalten. Darauf stützt sich die primäre Vermittlung der Triade Physik – Logik – Ethik, um das naturgemäße Leben erreichen zu können (ὁ κατὰ φύσιν βίος). Dies verlangt auch nach der Einsicht in die Naturgesetzlichkeit (ἀνάγκη φύσεως). Mithin wird die Ethik ontologisch und kosmologisch fundiert, mit einer Tendenz hin zur immanenten Systematik. Dies geschieht neuerlich mittels einer Reflexion auf die Struktur der Sprache, systematischer noch als bei Aristoteles. (Man darf nicht vergessen, dass der Schulgründer Zenon zugleich der erste Autor einer umfassenden Grammatik ist). Zudem gibt es eine Hervorhebung der prozessualen Dynamik im Übergang von der Hexis (dem Feld der Möglichkeiten) zur Praxis (dem Feld der Wirklichkeiten). Substanzielles kann dabei benannt, Vorgänge von und an Substanziellem können lediglich ausgesagt werden (vgl. Boethius 1981 u. 1966.). In der arabischen Rezeption (die primär aristotelisch, aber auch stoisch und neuplatonisch geprägt ist; vgl. Kraemer 1986) manifestiert sich der innovative Aspekt vor allem in der Unterscheidung zwischen *natura naturans* und *natura naturata*. Man muss hier klar sehen, dass seit der Betrachtungsweise von Prozessualität als Konsequenz der Freiheit im Rahmen der Stoa die Akzente sich allmählich auf die Darstellung der aktiven Materie hin verschieben, während die Substanz in den Hintergrund tritt. Insofern stellt sich freilich die Frage, ob der Stoff bei Aristoteles wirklich so passiv zu verstehen ist, wie von Bloch selbst behauptet (LdM 121), so dass die ursprüngliche Konzeption dessen Absichten eher weniger fern steht: „*der Stoff ist nicht, idealistisch, das Subjekt, aber das Subjekt ist, materialistisch, der Stoff*" (ebd., 123 – im Original hervorgehoben; hier allerdings geschichtsphilosophisch verstanden). Hierzu hat Zudeick (vgl. Zudeick 1980) Erhellendes geschrieben: Er weist darauf hin und gibt viele Belege dafür an, dass die Materie zunächst Substrat der Möglichkeit ist und nicht mit dieser identisch, so zwar, dass das Substrat auch aristotelisch als aktiv dynamisches verstanden werden kann (ebd., 57f. u. II n.4, 250). Dass Bloch den aristotelischen Materiebegriff vermutlich allzu passiv verstanden hat, vermutete bereits Roeder von Diersburg (vgl. Roeder von Diersburg 1967; vgl. Zudeick auch mit Verweis auf Happ 1971). Bei dem Ersteren heißt es: „Man wird also die Gleichung ‚Reale Möglichkeit = Materie', auf die Bloch seine ganze Konzeption gegründet hat, vorsichtiger fassen müssen; ganz abgesehen davon, daß im aristotelischen Zusammenhang die Gleichsetzung einer Modalität mit einem Substrat undenkbar ist" (ebd., 51f.). Freilich ist auch die Aussage Hans Heinz Holzens hierzu – in seinem ansonsten nach wie vor maßgeblichen Buch (vgl. Holz 1975) – höchst ambivalent: „In Auslegung des Hegelschen Kerngedankens, daß die Substanz zugleich als Subjekt gedacht werden müsse, kommt Bloch hier […] zu einem eigenen Ansatz. Die *Welt selbst* ist im Prozeß auf ihre zukünftige Ganzheit und Identität hin, die vom Horizont her aufscheinend die *innerweltliche* Einheit als eine solche der Richtung schon verbürgt" (ebd., 27). Die von mir hervorgehobenen Wörter verweisen hierbei auf eine innere Widersprüchlichkeit der Formulierung, die auch in späteren Formulierungen zum Materiebegriff nicht wesentlich aufgehoben wird (ebd., 129, 134). Dafür ist der Satz: „Natur = einheitlicher Seinsgrund alles innerweltlich Seienden – erfordert einen Rückgang auf die Materie als gemeinsames Substrat der Natur" (ebd., 139) wieder ganz auf der hier dargelegten Linie. Zuerst wird der Begriff einer produktiven Materie bei Abu Sulayman al-Sijistani (932–1000) [al-Mantiqi: der Logiker] eingeführt und von dort aus vor allem durch Averroës Cordubensis (Ibn Rushd) rezipiert: Im *Commentarium in II librum physicorum* (11, 14) ebenso wie in *De coelo (summa secundae) I, 2* taucht der Begriff *natura naturans* explizit auf. Durch eine spätere Textübertragung von Michael Scotus wird (bei Scotus Eriugena) daraus eine schöpferische Materie (*creens/creata*) in dem Text *Peri Physeon*. Thomas von Aquin wird sich vorerst dieser Sicht anschließen (vgl. summa theol. q. 85), der Interpretation einer solchermaßen aktiven Materie aber schließlich aus theologischen Erwägungen heraus nicht folgen können (vgl. Zeilinger 2006, 16–23 u. 75ff.). Bruno nimmt den relevanten Kern der arabischen Rezeption unabhängig davon auf: „Deshalb muß die Materie, die immer dieselbe und immer fruchtbar bleibt, das bedeutsame Vorrecht haben, *als einziges substantielles Prinzip* und als das was ist und immer bleibt anerkannt zu werden, während alle Formen zusammen nur als verschiedene Bestimmungen der Materie anzuerkennen sind, welche gehen und kommen, aufhören und sich erneuern, und deshalb nicht alle das Ansehen eines Prinzips haben können. Darum haben auch einige unter jenen, da sie das Verhältnis der Formen in der Natur wohl erwogen hatten, soweit man es aus Aristoteles und anderen von ähnlicher Richtung erkennen konnte, zuletzt geschlossen, daß die Formen nur Akzidenzien und Bestimmungen an der Materie seien, und daß deshalb das Vorrecht als Actus und Entelechie zu gelten der Materie angehören müsse, und nicht solchen Dingen, von denen wir in Wahrheit nur sagen können, daß sie nicht *Substanz* noch Natur, sondern Dinge an der Substanz und an der Natur sind. *Diese aber*, behaupten sie, *ist die Materie*, die nach ihnen *ein notwendiges, ewiges und göttliches Prinzip* ist, wie bei jenem Mauren, dem Avicebron, welcher sie den allgegenwärtigen Gott nennt" [Dicsono antwortet bestätigend auf Teofilo] (Bruno 1982, 60f.; vgl. PH 272; MP 501f.; Zimmermann 2001a, 76). Spätestens seit der arabischen Rezeption wird es wichtig, zwischen dem zu unterscheiden, was (reale) Substanz ist und was (modal) Welthaftes. Bei Bruno deutet sich vorübergehend eine sprachliche Ungenauigkeit an (im obigen Zitat durch meine Hervorhebungen bezeichnet), zwischen den Begriffen Substanz, Prinzip, Materie, Natur, die als eine Quelle für spätere Missverständnisse angesehen werden kann.

Diese Unschärfe könnte durch die Folgen der neuzeitlichen Metaphysikkritik verursacht worden sein, wie sie Kondylis (vgl. Kondylis 1990) ausführlich besprochen hat (vgl. Zimmermann 2001b; Eusterschulte 2001). Ob allerdings die blochsche These von der Abgeschlossenheit der Konstruktion Brunos durchgehalten werden kann, bleibt fraglich (vgl. Zeilinger 2002, 33ff.). Bei Jäger (vgl. Jäger 1969a) wird

auf diese Unschärfe und die Konsequenzen bereits andeutend hingewiesen. Spinoza (Spinoza 1999) wird das endgültig in seiner Ethik klarstellen. Die relevanten Definitionen lauten hier:
„Def. 3: Unter Substanz verstehe ich das, was in sich selbst ist und durch sich selbst begriffen wird, d. h. das, dessen Begriff nicht des Begriffes eines anderen Dinges bedarf, vom dem her er gebildet werden müsste.
Def. 4: Unter Attribut verstehe ich das, was der Verstand (*intellectus*) an einer Substanz als deren Essenz ausmachend erkennt.
Def. 5: Unter Modus verstehe ich die Affektionen einer Substanz, anders formuliert das, was in einem anderen ist, durch das es auch begriffen wird.
Def. 7: Dasjenige Ding heißt frei, das allein aus der Notwendigkeit seiner Natur heraus (*ex sola suae naturae necessitate*) existiert und allein von sich her zum Handeln bestimmt wird […]."
Daraus ergeben sich bereits etliche Konsequenzen, die von Spinozas Nachfolgern nicht immer korrekt verstanden und wiedergegeben wurden (Leibniz voran):
„1p15c [Vorstellungskraft (*imaginatio*) & Verstand (*intellectus*)] Das Wasserbeispiel macht hier die Sichtweise substanzieller und (modal) welthafter Eigenschaften in ihrer Trennung besonders deutlich (und weist zugleich die spätere Kritik Leibnizens an der Unteilbarkeit der Substanz ab, so dass dessen *principium individuationis* unnötig wird).
1p29 [*natura naturans/naturata*] Unter *natura naturans* ist zu verstehen, was in sich ist und begriffen wird *oder die Attribute der Substanz*, sofern sie ewiges und unendliches Wesen ausdrücken […]. Unter *natura naturata* aber ist alles zu verstehen, was aus der Notwendigkeit der Natur Gottes oder jedes göttlichen Attributs folgt (erste Hervorhebung von mir).
2p7 [Isomorphismus-Theorem]: *Ordo & connexio idearum idem est ac ordo & connexio rerum.*
2p11: Das erste, was das wirkliche Sein des menschlichen Geistes (*actuale mentis humanae esse*) ausmacht, ist nichts anderes als die Idee eines wirklich existierenden Einzeldinges (vgl. Aristoteles).
2p11c [Der menschliche Geist ist Teil von Gottes unendlichem Verstand.]
4praef.: Unter gut werde ich daher im Folgenden das verstehen, worin wir mit Sicherheit wissen, dass es ein Mittel ist, dem Musterbild der menschlichen Natur, das wir uns selbst vor Augen halten, näher und näher zu kommen."

Spätestens an diesen Stellen wird ganz klar, dass die Substanz eine (einzige) ist, die in unendlich vielen Attributen ausgedrückt werden kann, von denen dem Menschen aber nur zwei (Materie und Geist = *res extensa & res cogitans*) zugänglich sind, die in ihren Modus fallen. Mit anderen Worten: Es gibt eine (unbeobachtbare) Welt *realiter* und eine (beobachtbare) Welt *modaliter*. Bei Spinoza findet man insofern den ersten Ansatz zur Systemtheorie (Atlan), denn der *Raum* (als *ausgedehnte Materie*) spielt hier eine wesentliche Rolle, indem er *wie ein Organismus* ist, der nicht aus seinen Teilen aufgebaut ist, sondern diese in sich ausgliedert. Danach spielt er sich selbst durch, und insofern ist das, was Spinoza Attribut nennt, eigentlich das, was wir System nennen (vgl. Rombach, 1981, 35). Mithin ist System in diesem Zusammenhang „jene qualitative Bestimmung eines absoluten Seienden, die die Antwort auf die Wasfrage nicht durch eine Realität gibt […] sondern dieses in seinem inneren Leben sich darstellen läßt. Alle Aussagen, die nach innen zu gesprochen sind, stellen nicht eigentlich Prädizierungen […] dar, sondern nur Explikationen […] eines von Anfang an schon gegebenen Totalwissens über die Sache selbst. *Die Welt als System wird mit dem künftigen Wort ‚Natur' belegt*" (Rombach, 1981, 35ff., Hervorh. R. Z.).

Bloch nimmt das später auf: „Der Raum ist hinsichtlich der Intensität wesentlich Ex-tension […], hinsichtlich der logischen Vermittlung […] die Ordnung des Nebeneinander" (LdM 275). Freilich muss hier gesehen werden, dass Spinoza nun endgültig von der Transzendenz-Perspektive der Substanz abrückt, die wesentlich dem Umstand geschuldet war, dass letztlich alle griechischen Philosophien in der Hauptsache idealistisch strukturiert oder zumindest um einen idealistischen Kern gruppiert sind. Für Spinoza ist die Substanz nicht im Jenseits angesiedelt, sondern sie ist alles, was es gibt – also die Welt insgesamt. Aber dem Menschen ist eben nur ein Teil davon zugänglich, und diesen Teil nennt dieser voreilig Welt. In Wahrheit aber ist die Letztere nur die modale Welt, die er beobachten kann. Jedoch die von ihm unabhängig gegebene Welt ist die reale, die er aber nicht beobachten kann. Es gibt also nur die eine Welt, die aber offensichtlich auf mannigfaltige Weise abgebildet werden kann, je nachdem, über welche Attribute das Denken irgendeiner Art von Lebewesen verfügt. Anders gesagt: Der Ansatz Spinozas ist sowohl realistisch als auch kompatibel mit materialistischen Auffassungen (wenn nicht gar selbst materialistisch) und entfernt zudem den Menschen aus dem Zentrum der denkenden Tätigkeit. Das heißt, sein Ansatz ist insbesondere nicht anthropozentrisch. Im Prinzip kann man schließlich sagen, dass Schelling die Perspektive Spinozas wieder neu aufnehmen und in eine eigene, moderne Sprache übertragen wird. Die stoischen Aspekte (vor allem der Freiheitsbegriff) werden hier erneut besonders relevant (vgl. Zimmermann 2007).

Der Begriff des Natursubjekts ergibt sich bei Bloch unmittelbar aus der Kritik am Warenbezug des Menschen: „Der Übergang von Gebrauch in Tausch ist alt, aber erst kapitalistisch kam die Verwandlung aller Tauschgüter in abstrakte Waren und der Ware in Kapital. Dem entspricht ein nicht nur von den Menschen, sondern auch von den Dingen entfremdeter Kalkül, ein zu ihrem Inhalt gleichgültiger. [...] So steht gerade die bürgerliche Technik in einem reinen Waren-Bezug, einem von Haus entfremdeten, zu den Naturkräften, mit denen sie von außen operiert" (PH 778). Gerade aber in dieser Tendenz zur Abstraktion sieht Bloch den Mangel: „Ohnehin schon verhält sich die bürgerliche Gesellschaft zum Substrat der Dinge, die ihr Denken und Handeln betreffen, abstrakt. Also bleibt auch ein arbeitendes Substrat der Natur, das an ihr, was sonst Wirkungskraft und Samen genannt worden ist, außer Bezug. Es ist aber dieses Bezugsproblem für jede konkret werdende Technik das dringendste; denn es ist das der technischen Hoffnung selber" (ebd., 779). Zwar würde in der Regel nicht verkannt, dass alle formulierbaren Gesetze der Natur objektiv-reale Bedingungszusammenhänge zwischen Prozessen widerspiegeln und die Menschen in dieses „von ihrem Bewußtsein und Willen Unabhängige, doch mit ihrem Bewußtsein und Willen Vermittelbare durchaus eingebettet" sind (ebd., 780). Aber die reflexive Nutzanwendung tendiere doch eher zur Naturbeherrschung als einer Beherrschung der Naturgesetze, gleichsam mittels hegelscher List: „Es entsteht vor allem auch, indem die Notwendigkeit einzig als *äußere*, mit dem subjektiven Faktor unvermittelte, ja ihm entgegengeltende aufgefaßt wird, eine mögliche *Feindschaft* gegen die Notwendigkeit, also gegen den objektiv-realen Gesetzesfahrplan überhaupt. Und damit erscheint diese Notwendigkeit dem Bewußtsein [...] einzig als eine zu sprengende. Das trotz der engelsschen Weisung: ‚Nicht in der geträumten Unabhängigkeit von den Naturgesetzen liegt die Freiheit, sondern in der Erkenntnis dieser Gesetze und in der damit gegebenen Möglichkeit, sie planmäßig zu bestimmten Zwecken wirken zu lassen' (Anti-Dühring, Dietz 1948, 138). In diese Richtung wies bereits die Einsicht Hegels, freilich so, daß dessen unleugbare Naturfeindschaft [...] nun gerade wieder die *Beherrschung* der Naturgesetze ebenso und mehr im Sinn der List als in dem des konkreten Eingedrungenseins in den Stoff verstand" (ebd. 781). In der Malerei der italienischen Renaissance ebenso wie in der Mystik Jakob Böhmes erkennt Bloch eine gegenläufige Tendenz, die „*das Herstellende auch in der Natur* verspürt" (ebd., 783). Wie Persson (vgl. Persson 1985, 147) überzeugend gezeigt hat, ergibt sich die Möglichkeit eines Natursubjekts somit unmittelbar als Konsequenz engelsscher Naturdialektik: „Sagen, daß die Materie während ihrer ganzen zeitlos unbegrenzten Existenz nur ein einziges Mal und für eine ihrer Ewigkeit gegenüber verschwindend kurze Zeit in der Möglichkeit sich befindet, ihre Bewegung zu differenzieren und dadurch den ganzen Reichtum dieser Bewegung zu entfalten [...], das heißt behaupten, daß die Materie sterblich und die Bewegung vergänglich ist" (DdN 325). Diese Sichtweise wurzelt freilich tief in der neuzeitlichen Natur-Debatte zwischen Shakespeare und Montaigne (vgl. Zimmermann 1996a). Wir erkennen in diesem Zitat auch sogleich die Schwierigkeiten, die der mechanische wie dialektische Materialismus mit der Differenz zwischen Substanz und Substrat haben, denn ganz offensichtlich können Begriffe wie „Ewigkeit" oder „zeitlose Existenz" nicht korrekt sein. Zudeick (vgl. Zudeick 1980, 109f.) führt dieses Problem unzutreffend auf die blochsche Hegel-Interpretation zurück: Hegels Problem, „daß die Substanz ebenso Subjekt werde", ist für Bloch enthalten im Problem der „Materie als unvollendete Entelechie" (MP 478); Substanz ist derart „Keim und utopisches Totum der materia ultima im Laboratorium Welt" (EM 246, vgl. MP 450, Gespräche 288). Die im Prozess der Geschichte zu realisierende Substanz ist objektivierbar letztlich nur in der Lichtung des dunklen Augenblicks und seiner Identifizierung von Dass und Was (vgl. ebd. 262, 246f.). Wenn das Hegels Problem wäre und Bloch es so übernommen hätte, dann wäre hier allerdings der Anfang jenes Missverständnisses zu sehen, das sich durch das blochsche Werk hindurchzieht. Aber erstens geht es Hegel doch weniger um dieses Problem als um die Abschaffung des Substanzbegriffs: „Die lebendige Substanz ist ferner das Sein, welches in Wahrheit Subjekt oder, was dasselbe heißt, welches in Wahrheit wirklich ist" (HW 3, 23). Bei Hegel fällt die in seinem Sinne modifizierte Substanz unter den Bereich der Wirklichkeit (HW 6, 187). Dieser aber entzieht sich ganz der hier in Frage stehenden Begrifflichkeit (HW 8, 279). Dazu muss außerdem noch bedacht werden, dass bereits Kondylis (vgl. Kondylis 1979, 526) dargelegt hat, auf welche Weise Hegel nach 1802 hinter das im Rahmen der Tübinger Axiomatik Erreichte zurückfällt, vor allem, wenn es darum geht, sich für die Erkennbarkeit des Absoluten zu entscheiden, die gleichbedeutend ist mit der Aufgabe der spinozistisch begründeten Substanz. Und zweitens verrät die oben bezeichnete Stelle im Materie-Buch (vgl. MP 478) gar nichts über die hegelsche Sicht der Dinge, sondern nur über die blochsche Sicht. Und dass Hegel das besagte Problem überhaupt hatte, geht auch auf eine blochsche Interpretation zurück, die im Übrigen nicht völlig klar ist, nicht aber auf hegelsche Selbstaussage (vgl. ebd., 82). Für das Verständnis dieser materialistischen Grundschwierigkeit, Substanz und Subjekt/Substrat voneinander zu trennen, auf die wir nochmals kommen werden, ist die hier besprochene Literaturstelle gleichwohl recht erhellend. Offenbar schwebt Bloch diese Problematik bereits sehr frühzeitig vor, wird aber zunächst nicht auf den Punkt gebracht: „Insoweit allerdings ist bei Kant die Gliederung primärer als bei Hegel, der entweder rein für sich nur ordnend oder aber versetzt, uneigentlich systematisiert; und umgekehrt bei Hegel die Wesensschau primärer als bei Kant: die einheitliche, im tiefsten Grund über aller Gliederung projektierte Verwandlung Myschkins in das Du, Makariens in das Sonnensystem, des Subjekts in die Substanz" (GdU 1, 290). Freilich hat Bloch später auf diese Passage verzichtet, wie er auch die poetische Diktion der Darlegungen zurückgenommen hat (vgl. GdU 2, 236). Aber dort, im Grunde in einer Denkbewegung messianischer Innerlichkeit und im Untergrund wesender Unzufriedenheit mit dem Umstand, dass Menschen sterben müssen, entspringt mit großer Wahrscheinlichkeit die ganze Problematik. In diesem Zusammenhang ist noch bedenkenswert, dass begriffene Selbsterkenntnis als Subjekt-Objektivierung, von Bloch als Kerngedanke Hegels gesehen, eben gerade nicht das Subjekt zur Substanz werden lässt, weil Erkenntnis eine (modal) welthafte Form von Seiendem impliziert und nicht das diesem zugrunde liegende Sein (vgl. SO 35). Zudeick selbst argumentiert übrigens auf durchaus ähnlicher Linie (vgl. Zudeick 1980, 272f., Anm. 83). Bis zu Kant hin und auch beim frühen Schelling verschwindet diese Tendenz (zur Aufgabe der Naturbeherrschung) nicht, wird aber, so Bloch, nicht zureichend herausgearbeitet, weil der Subjektbegriff in einem „empirisch-organischen Sinn" immer noch fehlt (vgl. PH 784). Zwar habe Kant dem physischen Gesetzeszusammenhang ein transzendentales Subjekt zu Grunde gelegt, damit aber nicht der Mechanik der Natur ein Subjekt eingebracht, „wohl aber ein heilloses in die mechanischen Begriffe von der Natur" (ebd., 785). Natur bei Kant sei stattdessen das, wozu ein empirisch-organisches Subjekt nur hinzugedacht werden kann. „Aber sobald das Problem auftaucht, ob die eminenten Zweckhaftigkeiten der menschlichen Technik einen Anschluß an die Produktion der physischen Vorgänge haben können oder nicht: in diesem Augenblick tritt das Problem eines mit uns vermittelbaren Natursubjekts aus der bloßen regulativen Hinzufügung zur Mechanik heraus" (ebd.). Wenn es mithin auch eine grundlegende Tendenz auf diese Sicht hin geben mag, so ist doch noch nichts herausgebracht: „Bereits als verwirklicht vorhanden ist freilich nicht einmal das so unzweifelhafte Subjekt der menschlichen Geschichte, obwohl es als der arbeitende Mensch empirisch-organisch, vor allem empirisch-sozial sich wachsend manifestiert. Wieviel mehr also mag das als *Natur-Subjekt* hypothetisch Bezeichnete noch Anlage und Latenz sein müssen; denn der Begriff eines dynamischen Subjekts in der Natur ist in letzter Instanz ein Synonym für den noch nicht manifestierten Daß-Antrieb (das immanenteste materielle Agens) im Realen überhaupt" (ebd., 786). Entsprechend wird die *natura naturans* später als „Quell" in jenem „alles realisierenden Daßgrund" bezeichnet, „der die reale Dialektik des expliziten Prozeß-Zusammenhangs der Welt bestimmt" (EM 74f.). Gerade hierin erkennt Bloch auch die Wahrheit jenes Subjektes der Natur (PH 786f.). Und er sieht diese Auffassung bereits in der tradierten Rede von der *natura naturans* angedeutet: „Wie denn der alte Begriff natura naturans, der zuallererst ein Subjekt der Natur bedeutet hat, […] in nichts […] ein Psychisches als Prius vor natura naturata setzt. Konträr, der Begriff natura naturans war von Anfang an, von seinem *Urheber, dem ‚Naturalisten' Averroës*, an auf *schöpferische Materie* bezogen" (ebd., 787). Daraus folgt sofort die Konsequenz: „Wie der Marxismus im arbeitenden Menschen das sich real erzeugende Subjekt der Geschichte entdeckt hat, wie er es sozialistisch erst vollends entdecken, sich verwirklichen läßt, so ist es wahrscheinlich, daß Marxismus in der Technik auch zum unbekannten, in sich selbst noch nicht manifestierten Subjekt der Naturvorgänge vordringt: die Menschen mit ihm, es mit den Menschen, sich mit sich vermittelnd. […] Und schließlich: vom ersten Subjekt, als dem der menschlichen Macht, kann nicht einflußreich genug gedacht werden; vom zweiten Subjekt, als der Wurzel natura naturans, ja supernaturans, nicht tief und vermittelt genug" (ebd.). Ähnlich bereits zuvor: „Die Angel in der Geschichte der Natur aber, die der Mensch zum Unterschied von seiner eigenen Geschichte zwar beeinflußt, doch nicht macht, ist jenes mit uns kaum noch vermittelte, ja noch hypothetische Agens des außermenschlichen Geschehens, das abstrakt Naturkraft heißt, unhaltbar-pantheistisch natura naturans genannt worden war, das jedoch in dem Augenblick konkret zugänglich gemacht werden kann, wo der arbeitende Mensch, dieser stärkste, höchstbewußte, von der übrigen Natur keinesfalls abgetrennte Teil des universellen materiellen Agens, aus dem halben Inkognito seiner bisherigen Entfremdung herauszutreten beginnt" (ebd., 287f.). Jäger (vgl. Jäger 1969a, 308, 313) macht den angestrebten Synergismus zwischen Natur und Mensch noch deutlicher; der Materiebegriff erweist sich dabei als einer, der überhaupt erst imstande ist, den Hoffnungsbegriff zu fundieren. In diesem Sinne beurteilt Bloch die modernen Naturwissenschaften, namentlich die Physik, als solche, die vor allem Abstrakta anbieten statt Vermittlungen. Zudeick (vgl. Zudeick 1985, 303) gibt davon eine etwas verkürzte Darstellung, weil sich Bloch kaum gegen „jedes mathematische Kalkül" ausspricht, in dem Bestreben, aufzuzeigen, dass „in der Natur objektiv angelegte Qualitäten bestimmte Verhaltensweisen ansprechen". Bloch beklagt vielmehr in erster Linie *„Quantifizierungen einer natura naturata, nicht Eindringungen ins Produzierende einer natura naturans,* wenigstens als Agens gefaßt" (PH 804). Die Physik aber bleibe gerade als dialektische immer schon auf einen Kraftkern wie *natura naturans* bezogen. „Die dynamisch-qualitative Naturphilosophie Schellings, auch Hegels befindet sich als eine auf physische Produktivität bezogene durchaus im Paracelsischen [Zeichen] und ist selber nur ein Zeichen, doch eines für vermittelte Natur, außerhalb des mechanistischen Sektors. Ohne solche Vermittlung ist das Physische in der Tat nur der Leichnam des abstrakten Verstands [...]. Gibt es einen Herd des Produzierens in der Natur, so ist die Struktur dieses Ursprungs mit subatomaren Modellen oder auch mit einem universellen Feldgesetz nicht erschöpfbar. Besonders nicht die eines Ursprungs, der, statt auf Anfänge beschränkt zu sein, sich doch in immer neuem Einsatz durch Weltprozeß und Weltzusammenhang hindurchbewegt, in der Tendenz, sich zu manifestieren" (ebd., 804f.). All das sei dem Mechanismus gleichwohl verschlossen: „Das wirkliche Problem des Agens, das den Umsatz wie dialektischen Umschlag der Naturerscheinungen betreibt, ist eine auch quantitativ vorhandene, aber quantitativ nicht verfolgbare Implikation" (ebd., 805). Bei Schelling wie Hegel sieht Bloch Ansätze zu dieser Auffassung thematisiert: „Schelling wie Hegel freilich lassen die Manifestationsgeschichte der Natur im *vorhandenen Menschen,* ja an der Umsatzstelle des *geschichtlichen Anfangs* landen, und Hegel noch mehr als

Schelling, der in den ‚vielfältigen und verschlungenen Monogrammen der Objekte' immerhin noch eine unentzifferte Bedeutung sieht, eine im menschlichen Geist noch nicht recht hellgewordene" (ebd., 806). Insofern steht Schelling nach Auffassung Blochs der Problemlösung doch näher als Hegel. Denn die Naturwurzel hat keineswegs ausgeblüht (und ist hegelsch nicht aufgehoben), vielmehr gilt: „*Die endgültig manifestierte Natur liegt nicht anders wie die endgültig manifestierte Geschichte im Horizont der Zukunft,* und nur auf diesen Horizont laufen auch die künftig wohlerwartbaren Vermittlungskategorien konkreter Technik zu. [...] Natur ist kein Vorbei, sondern *der noch gar nicht geräumte Bauplatz, das noch gar nicht adäquat vorhandene Bauzeug für das noch gar nicht adäquat vorhandene menschliche Haus.* Die Fähigkeit des problemhaften Natursubjekts, dieses Haus mitzubilden, ist eben das objektiv-utopische Korrelat der human-utopischen Phantasie, als einer konkreten. Darum ist es sicher, daß das menschliche Haus nicht nur in der Geschichte steht und auf dem Grund der menschlichen Tätigkeit, es steht vor allem auch auf *dem Grund eines vermittelten Natursubjekts und auf dem Bauplatz der Natur*" (ebd., 807; zur Schelling-Rezeption bei Bloch vgl. Zimmermann 1998, 221ff., Zimmermann 1992; für die ganze Denklinie Spinoza-Schelling-Bloch, sehr erhellend Pelletier 1991); Bloch selbst zum späten Schelling in Bloch 1977, 27; LdM 373). Man sollte aber die Rezeption nicht allein auf Schelling abstellen (Zudeick 1980, 68 – vgl. dort aber auch Ausführungen, die Blochs eigene Mängel der Rezeption belegen, ebd., 71; Schmidt, B. 1983a, 9; für eine Sicht aus hegelscher Perspektive vgl. zudem Schlemm 2005; dazu auch beachtlich die Erwähnung der eingehenden Auseinandersetzung Blochs mit Spinoza bereits 1913: an Lukács, Br II, 116). Was aber den expliziten Anthropozentrismus angeht, den Bloch im Unterschied zu Spinoza überall vertritt, hat hierin Holz (Holz 1975, 105) bereits frühzeitig eine idealistische Konsequenz erkannt und diese kritisiert. Bei Markun (Markun 1985, 60) ist die blochsche Sicht gleichwohl unkritisiert stehen geblieben: „Kurz, ist der Mensch die höchste Blüte der bisher so geringen Menge von organischer Materie, so ist die mögliche Blüte der großen Masse von organischer Materie [...] überhaupt noch nicht befindbar" (MP 371). Vor Superlativen soll sich der Philosoph allerdings hüten. Noch 1974 wird der „Sprung zum Menschen" von Bloch stark hervorgehoben (Bloch 1974). Erfrischend nicht-anthropozentrisch ist dagegen die Darlegung von Givsan (Givsan 1986, 87). Man vergleiche dazu auch ergänzend Cunico (Cunico 1986) und

Raulet (Raulet 1986), wenn bei dem Letzteren auch der postontologische Aspekt der Hermeneutik etwas übertrieben wird. Unverständlich zu diesem Thema ist dagegen Voßkühler (Voßkühler 1984, 292): „Erst dann, wenn sich der Mensch menschlich realisiert, kann auch die Materie dem Menschen ihr menschliches Antlitz zuwenden [...]. Solange die höchste Potenz der Natur blind sich gegenüber ist, schlägt auch die Natur nicht die Augen auf." Das widerspricht unmittelbar der von ihm selbst kurz zuvor ganz prominent in der Einleitung geäußerten Forderung, darauf auszugehen, noch ungewordene Naturpotenzen freizusetzen (ebd., 269). Im späteren Werk verbindet Bloch die ontische Perspektive, unter welcher letztlich sein ethischer Ansatz steht, mit der ästhetischen Insichtnahme von Welthaftem. Im Zuge einer qualifizierten Mathesis zielt er auf jene Anzeichen ab, in welchen das Ausstehende des Natursubjekts vorzuscheinen imstande ist. Die Begriffe Ornament und Chiffer spielen in diesem Zusammenhang eine entscheidende Rolle: „Das Ornament im übertragenen Sinn, im Sinn einer sich nicht wiederholenden Struktur, als Geometrikum eines Natur-Eidos, ist in künstlerischer Darstellung zweifellos ebenfalls und erst recht abgebildet. Es sind zugleich alle diese Gestalten, deutend, weiterdeutend, fortbedeutend, sie sind – statt in sich abgeschlossen oder am Ziel zu sein – *Chiffern*. Und zwar nicht nur Chiffern für die menschliche Lesekunst, in sich selbst aber durchaus entziffert und klar. Sondern es sind *Realchiffern*, ein objekthaftes Schweben in Formen, zuletzt ein objekthaftes Utopie-Sein in versuchter Gelungenheit. Das heißt: die qualitativ-dialektischen Gestaltkategorien gerade auch der anorganischen Natur, obgleich oft bis zur kristallinischen Form abgeschlossen scheinend, sind, emblematisch erfaßt und gefaßt, ebensoviele Realproben des in jedem Augenblick versteckten und noch nirgends herausgebrachten Kerngesichts der Welt" (EM 219; vgl. eine frühe alternative Stelle in LdM 414f.; dort auch die stoische Verbindung Logik-Physik-Ethik, ebd., 420). Hier deutet sich etwas an, das ohne große Schwierigkeit als semiologischer Einsatz Blochs verstanden werden kann: Von der Denklinie Spinoza-Schelling aus gesehen, geht es vor allem um das Deuten des Weltzusammenhangs in einer methodischen Vermittlung von Kognition und Kommunikation. Während der Produktion von Zeichenketten treten wir aus der Dimension ihrer Fraglichkeit heraus (signitiv purgiertes Realitätsverständnis). Das Urteil optiert für den Augenblick ontologisch. Aber gerade in dieser Zeichenpräsenz von Subjektivität gewinnt die thematisch festgelegte Interpretation oder Deutung des

Welthaften an ethischer Potenz, weil jene Subjektivität die Zeichen selbst kreiert: Deshalb gründet alle Freiheit zuletzt in unserer Zeichennatur und kann als Freiheit des Interpretierens zugleich als fundamentales Naturrecht definiert werden. In diesem Sinne ist gerade das Hoffen, Instrument der praktischen Antizipation, keineswegs freischwebend spekulativ, sondern eher exakt imaginierend in der Produktion dessen, was Bloch *Objektive Phantasie* nennt (vgl. Hogrebe 1992, 54, 57f.). Diese Phantasie begründet die Modellierung von Welthaftem durch den Menschen: „Die Welt tritt so, an ihren *eigenen Modellen* beachtet, in einer Prozeßreihe immer wieder emergierender, immer wieder dialektisierter Real-Allegorien, Real-Symbole auf" (TE 343). Die Modellierung ist mithin Abbildung der Bewegung nach Maßgabe der kognitiven Kapazität des Menschen: „Kurz, ist ‚Bewegung die Existenzweise der Materie', ist Dialektik der Natur ‚die Selbstbewegung der Materie und die Spaltung des Einheitlichen': so ist ‚der Menschengeist, als höchste Blüte der organischen Materie' zugleich ‚die höchste Bewegungsform der Materie'[…] als des *immer entwickelteren Bewußtseinsinhalts*" (MP 366). Es gibt konsequentermaßen keine neue marxistische Anthropologie ohne neue marxistische Kosmologie (vgl. TE 145). Aber nicht eigentlich das Denken, „sondern die Spontaneität im Denken bleibt derart das Prius der Natur oder die im Naturobjekt zugleich wirksame Produktion des Objekts. Die transzendentale Tätigkeit, wodurch das Subjekt zum Objekt kommt, ist zugleich die Naturtätigkeit oder ursprüngliche Produktivität der Natur, wodurch diese ihre Objekte (Produkte) heraussetzt" (MP 217). Auf diese Weise holt Bloch eine weitere Forderung der Philosophie Spinozas ein, nämlich die Welt als Expression des unterliegenden Grundes aufzufassen und darzustellen. Neben die mathematische Abstraktion im Ausdruck formaler Sprachen tritt nunmehr eine ästhetische Fortführung auf eine Konkretion im Ausdruck einer verallgemeinerten Natur-Hermeneutik hin. Das verbindet Bloch nochmals mit Schelling: „Von daher, aus dem letzten Willen zur *Einheit* der Erzeugung, auch die beständige Angleichung der ‚Natur' an ihren Produktions- und Bildreflex in der ‚Poesie' und die oft nur poetisch verstehbare Phantastik in romantischer Naturphilosophie. Eine ‚organisierende oder allgemeine Natur', auch Weltseele genannt, liegt hier der Poiesis Natur insgesamt zugrunde, vermittelt zwischen einer organischen und anorganischen Reihe, fluktuiert zwischen organischer und anorganischer Natur" (MP 220). Bloch bezieht sich hier vor allem auf die Stelle: „Was wir Natur nennen, ist ein Gedicht, das in geheimer Schrift verschlossen liegt" (SW III, 628). Er weist darauf hin, dass Schelling das Natursubjekt (als bewusstlose Intelligenz und *natura naturans*) als Erzeugendes, Produzierendes der Natur setze und als Auferstehendes der Geschichte zugleich (vgl. MP 223). Mit Schelling gegen Hegel formuliert Bloch, insofern zerfalle die Philosophie in zwei Teile: den negativen der logischen Konstruktion des Was-Wesens und den positiven der historisch-empirischen Narration vom Realisieren des Dass-Faktors (MP 240, Zimmermann 2001, 75). Mithin sind für Bloch die Realchiffern „Odysseen des ausziehenden Stilliegens, [...] dialektische Bewegung hin zu einem identisch gewordenen Auf-der-Stelle-Treten, all das in höchst uneigentlichem Gleichgewicht dialektischer Spannung. So enthält Natur, diesfalls wie leere Quinte und doch voll lauter Erwarten zugleich, Lineamente eines Endzustands, doch nur als solche seiner Hoffnung. Gerecht wird dem gewiß nicht mehr die bloß quantitativ, dann funktionalistisch gewordene Naturwissenschaft, woraus die Naturqualitäten ausgeschieden sind, doch lebendig wirkt solches Fragen in jedem starken sinnfälligen Natureindruck, ausgesprochen in jeder genauen Naturpoesie und auch von dort, sozusagen interdisziplinär, philosophisch ausdeutbar" (EM 220). Sowohl spinozistische als auch schellingsche Konnotationen werden hier unmittelbar ersichtlich: „Chiffern der Natur. Sie enthalten Ontologie, doch nur als eine des Noch-Nicht-Seins, in objekthaft-utopischer Allegorie und zuletzt in objekthaft-utopischem Symbol. Konstitutive Lesung ihrer ist möglich bei großer Vertiefung in die real-bedeutende Sache; diese Vertiefung macht die menschliche Subjekt-Objekt-Beziehung (ihr Akt ist hier Betroffenheit) stellvertretend für die in den Realchiffern keimende Subjekt-Objekt-Beziehung der Natur" (ebd., 221). Tatsächlich sieht Bloch im Begriff der Betroffenheit „jene Brücke zwischen Mensch und Natur, welche nicht nur Naturpoesie, sondern kritische Naturphilosophie selber zu ihrem Träger hat" (ebd.). Bei alldem bleibt gleichwohl der Charakter des Ausstehenden, noch nicht Herausgekommenen erhalten, und „die *Materie der Chiffer* ist so wenig wie die der prozessualen Dialektik die mechanische des Vorbei, des selber starren Schauplatzes, auf dem dann Geschichte geschieht. Konträr: die Materie der Chiffer ist im zeitlichen wie räumlichen Sinn noch unpassiert, sie ist das Substrat objekthafter Möglichkeit. Die Naturmaterie insgesamt steht in fortdauernd mitvorhandener Wechselwirkung mit der menschlichen Arbeit und Geschichte; sie steht aber ebenso am Ende der Geschichte und gibt dem Ende noch viel zu raten auf. Auch die dialektischqualitativ erfaßte Natur setzt sich nicht an die Stelle der erloschenen Transzendenz, dies Amt bleibt einzig dem Humanum. Doch indem sie dem Humanum, vor allem in der Realchiffer, sich vermittelt, hält Natur den utopischen Topos eines manifest gewordenen Humanum möglicherweise in sich geradezu apokalyptisch verborgen" (ebd., 223). Genau in diesem Sinne erweisen sich die Realchiffern als Embleme der Natur als eines möglichen Morgenlandes (vgl. ebd., 227). Man kann an dieser Stelle eine explizite Projektstruktur der Existenz lokalisieren, die Bloch in die Nähe Sartres rückt, auch wenn der Letztere den Naturbegriff nur selten thematisiert: „Der Mensch der Geschichte steht zwar zweifellos an der Front des Weltprozesses, jedoch ist dieser gerade deshalb nicht etwa bloßes passiertes, starres Hinterland, vielmehr ein noch durchaus unerledigtes Problem seiner selbst. Die Aufgabe des Menschen bestünde daher darin, eben Schlüssel für das Selbstverständnis des größtenteils anorganischen Stoffs in diesem Prozeß zu sein [...]. Ebenso ist die letzte Wahrheit der Natur, also ihre ultima materia, also substantia nur die Wahrheit der Geschichte, die ungekommene Wahrheit des Reichs. [...] es ist in der Natur etwas, das *ans Ende der Geschichte* gehört [...]. Die anorganische Natur liegt derart im Raum, den sie besetzt hält, über bisherige Geschichte und Kultur, samt Ethik, Ästhetik, Dogmatik hinaus, sei es, daß sie als gegenwärtige einen Platz einnimmt, wohin sie nicht gehört, sondern eben das Haus des Reichs; sei es vor allem, daß sie als künftige, als die Utopie der Natur und ihrer Materie erst in der Verlängerungslinie der historischen Utopie ihren Ort hat. [...] Dem Gründlichen einer Subjekt-Objektivierung der Natur entspricht zuletzt aber auch der Latenzgehalt der *Materie* des Natursubjekts" (ebd., 228). Nicht nur ist der Existenzbegriff für Bloch ohnehin zentral, man erkennt hierin auch deutlich die heideggerschen Konnotationen, die in den blochschen Substanzbegriff mit ausstrahlen (vgl. Palazzetti 1991, 93). Auf die implizite Projektstruktur weist zudem bereits B. Schmidt (Schmidt, B. 1983a, 209, 214f.) hin und verbindet diesen Aspekt einleuchtend mit einer Diskussion des Zufalls. Diese Explikation einer möglichen Materie beendet Bloch gleichwohl mit einem weiteren expliziten (und mithin durchaus problematischen) Substanzbezug: „Eine allemal qua Dialektik lebendig offene Materie ist die letzthin noch ungelungene, doch im Horizont stehende *Substanz* der objektivrealen Utopie. A prima materia ad ultimam materiam läuft das Subjekt der Natur, das sich Resultat werden will, das Resultat aber ist die Materie des im Natursubjekt arbeitenden, noch unobjektivierten, mit sich noch unvermittelten Kerns" (EM 229f.). Es wird hier besonders deutlich, in welchem Sinne die Semiologie (des kommunikativen Diskurses) an die ontologische Qualität der menschlichen Seinsweise gebunden wird: die propositionale Erfassung des Welthaften ist ‚epistemisch Alles bis auf Eines' und bedeutet somit, dass das Wahre also die Totalität des Ganzen bis auf Eines ist (kosmologische Deutung). Im externen Einen wird das Singuläre erkannt, welches die Dynamik des sich selbst organisierenden Universums strukturiert, aus seiner eigenen Irreduzibilität heraus. Die resultierende Struktur drückt sich sodann in Symmetriebrüchen und Phasentransitionen aus: das heißt, die permanente Selbstorganisation des Welthaften hängt von etwas ab, das außerhalb seiner selbst situiert ist. Mithin kann sich der bei Schelling so verstandene ‚ewige Anfang' nicht seiner selbst als Anfang vergewissern, so dass die Weltformel auch besagt, dass die Welt eine ist, die, einem offenen Anfang entstammend, als offene verbleibt. Aber insofern es überhaupt etwas gibt, gibt es auch Zeit. Der Anfang bleibt in allem, was existiert, verdrungen. Das heißt, Zeit ist eine Art des Beginnens, die als etwas gegeben ist, das verdrungen bleibt. Auf diese Weise ragt das Unfassbare in die Welt hinein und kontaminiert ihre Einheit. Es handelt sich hierbei um eine fundamentale Inkonsistenz, die inmitten aller konsistenten Situationen und Verhältnisse lauernder Grund bleibt und deshalb epistemische Zumutung (vgl. Hogrebe 1992, 111ff., 114ff., vgl. Schelling StPVL 102f., 105ff. u. vgl. Zimmermann 2001, 89f.). Dann gewinnt die Aussage, die Natur dichte sich selbst in Symbolen, mit welchen sie sich selbst bedeutet (vgl. Raulet 1976a, 107) eine ganz neuartige Konnotation: „Um es kurz zu sagen, auf welchem Mangel die wahre Symbolik inmitten der modernen Welt tatsächlich beruht: Jede Symbolik muß von der Natur ausgehen und zu ihr zurückkehren. Das Objekt der Natur bedeutet und ist zugleich" (SW IV, 571). Spätestens hier können Bloch und Schelling zwanglos zusammengeführt werden. Daraus erhellt zudem die anthropologische Qualität des Ansatzes: „Das Ziel bleibt die in der sich entwickelnden Materie angelegte Naturalisierung des Menschen, Humanisierung der Natur. Diese letzte Materie oder der Inhalt des Reichs der Freiheit nähert sich im Aufbau des Kommunismus, als seinem einzigen Raum, erst an, hatte noch nirgends Präsenz; das ist ausgemacht" (PH 241). Bloch sucht streng genommen „in der Ästhetik eine neue Anleitung zur Praxis [...]. Während herrschende Technik und Wissenschaft Natur als toten Klotz behandeln, zeugt das ästhetische Verhältnis zu ihr von der Suche nach einer Vermittlung;

wo diese [...] scheitert, drückt sich in dieser Ungleichzeitigkeit eine noch einzulösende Aufgabe aus" (Raulet 1987, 28; ausführlicher Raulet 1982). Frühzeitig hat Bothner (vgl. Bothner 1982) in seiner nach wie vor maßgeblichen Arbeit diese Zusammenhänge aus ästhetischer Sicht besprochen: Er sieht in der Surrealismusbewegung den eigentlichen Auslöser für Bloch, sich mit dem Naturbegriff zu beschäftigen: „Die Qualitäten in der Natur werden durch die Kunst ans Licht gebracht" (ebd., 90). Freilich bleibt Naturphilosophie dann nicht bei Dichtung und Malerei stehen (ebd., 91 mit Verweis auf MP 437; vgl. Bloch 1980, 208; gleichfalls erhellend Bothner 1996). Die angestrebte Lösung besteht letztlich darin, der Natur einen eigenen Sinnzusammenhang zuzugestehen, mit dem menschliche Praxis zu rechnen hat. Eine derart explizierte Dialektik von Mensch und Natur, in der sich Naturchiffren mit menschlichen Zwecken verbinden und die mit Methoden einer objektiv-realen Hermeneutik erschlossen werden kann, ist in der Lage, dem technischen Handeln ein Verhaltensrepertoire zur Verfügung zu stellen, das Natur immer schon von vornherein in Rechnung stellt. Bloch nennt eine solche Technik Allianztechnik (und wir finden deren Explizierungen heute in den Modellen der Design Science.). Erste Beispiele finden sich in der Gartenbaukunst (vgl. Raulet 1987, 43–55). Daran schließt Bloch in seinem Brief an Lowe an: „Ist es nicht ein Grenzideal für den (unvorhandenen) Marxismus konkreter Technik, in Natur, sage man, wie in den Busen eines Genossen zu schauen?" (Br II, 741). Wesentliches Ergebnis ist, dass die Tiefendimension des Raumes sich als Spannung zwischen der gelebten Nähe und dem *Nunc stans* der Erfüllung, das heißt, eines Augenblicks mit Tiefe im Ausgriff auf die Ferne versteht (Raulet 1987, 54f.). Es geht also nach wie vor um ein Problem der Vermittlung: „Sobald eben das Problem der Vermittlung sich konkretisiert, indem das mögliche Subjekt der Naturdialektik (die natura naturans) mit dem menschlichen Geschichtssubjekt konstitutiv vermittelt wird, statt daß der Mensch in der Natur wie in Feindesland steht und sie nur technisch-abstrakt beherrscht. Dann entstünde – mindestens in noch unvereitelter Latenz offen – in den von Menschen nicht mehr so unabhängigen oder zu ihnen disparaten Naturvorgängen ein anderer Bezug als der bisherige Nichts-Bezug völliger Sinnfremdheit" (TLU 306). Was das Ornament angeht, sieht Raulet darin jenen Rest von Ungleichzeitigkeit an der Natur, in welchem sich „Ungleichzeitigkeit allegorisch und die Suche nach der Heimat symbolisch" ausdrücken (Raulet 1987, 12; Zimmermann 2001, 217). Er erkennt bei

Bloch auch eine mögliche Rettung des Ornaments (vgl. Raulet 1987, 101) durchaus bereits angelegt, wofür eine neue Methodologie geboten scheint. Diese neue Methodologie der Praxis erfordert insofern die Übertragung hermeneutischer Kategorien der Ästhetik auf das objektive Gebiet der Geschichte, unter Anerkennung einer Hypothese vom Natursubjekt: „Und die[se] natura naturans, gar auch supernaturans im Objektivierungssubstrat Materie ist selber genauso unfertig mit sich, genauso voll objektiv-realer Möglichkeiten in ihren künftigen Was-Gestalten, Was-Identifizierungen, Was-Realisierungen; hier ist Platz. Gerade auch für das Non omnis confundar des exterritorial wartenden Menschenseins, dann Menschheitsseins *in Wahrheit*" (AiC 341f.; vgl. Zimmermann 2001, 204). Aus heutiger Sicht sind an dieser Stelle freilich auch einige milde Einwände zu erheben, welche die Qualität (und Aktualität) der von Bloch vorgestellten Materietheorie gleichwohl nicht zu schmälern geeignet sind: Denn der mechanische Materialismus des 18. und 19. Jahrhunderts hat vor allem die spätere marxistische Rezeption wesentlich beeinflusst, indem er in der Hauptsache dazu neigte, in einer allgemeinen (gleichsam philosophischen) Materie bereits die Substanz zu erkennen – in freilich flagrantem Vergehen gegen die ursprüngliche Definition des Aristoteles, auf die sich ja Bloch selbst bezieht (vgl. z. B. EM 229 und vor allem verschiedene Stellen in MP). Erst gegen Ende des 20. Jahrhunderts wurde allmählich deutlich, auf welche Weise das in der griechischen Philosophie bereits eingeführte Verhältnis von Substanz und Materie beibehalten werden kann, ohne einen mit materialistischen Ansätzen unvereinbaren Rekurs auf ein transzendentes Jenseits zu nehmen (der ja schon seit Spinoza ad absurdum geführt worden war und den auch Bloch stets ablehnte, obwohl seine Terminologie des Reichs mitunter Missverständnisse hervorzurufen geeignet ist). Es zeigt sich in der Tat, dass Bloch selbst nicht völlig zureichend gegen die Versuchungen des mechanischen Materialismus abgesichert war. Es findet sich am Ende auch bei ihm eine unverkennbare Unschärfe bei der Festlegung der Bezugsperspektive, so dass nicht immer zureichend kenntlich wird, inwieweit er über die Substanz spricht oder über die (welthafte) Materie. So bezieht sich das von Bloch öfter bemühte Zitat des Cusanus (Cusanus 2002, III, 42, 7): „In omnibus autem partibus relucet totum, cum pars sit pars totius [...] sic universum in qualibet eius parte relucet." [In allen Teilen strahlt das Ganze wider, weil der Teil Teil des Ganzen ist [...] ebenso ist der Widerschein des Universums in jedem seiner Teile.] klar auf die modale Welt und kann als eine Harmonieforderung an die Vermittlung des Ganzen mit den Teilen verstanden werden. Jene Harmonisierungsfunktion übernimmt (seiner eigenen marxistischen Rezeption geschuldet) bei Bloch die Dialektik, wie wir gesehen haben. Und es heißt mithin: „[Realexperiment der Welt selber:] Substrat der Welt ist dabei die Materie, nämlich jene Materie in Latenz und Tendenz, die sich als Logikon ausdrückt, so daß beide, Logikon als der Materie Attribut und Materie als Substrat des Welthaften, mit dem Universalgesetz der Welt, der materiellen Dialektik, zusammenfallen." (EM 263, 261). Hervorgehoben sind hier die welthaften Bezüge. Insofern – nämlich als Materietheorie interpretiert – lauten die Ausführungen Blochs an dieser Stelle äußerst modern: Es spricht nichts dagegen, das Logikon als der Materie Attribut zu bezeichnen, so wie wir heute sagen würden, dass Geist recht eigentlich Materieform ist. Und es ist auch nichts gegen ein hypothetisches Universalgesetz der Welt einzuwenden, das in Gestalt einer Dialektik (also einer Verfassung von Gesetzmäßigkeiten) die Evolution der Materie steuert (mithin also wesentlich Selbstorganisation ist), wenn diese als Substrat des Welthaften angenommen wird. In der Tat: Aristotelisch – so haben wir bereits gesehen – ist Materie wesentlich Substrat, fällt also als Welthaftes unter die Kategorie des Subjekts. Allerdings weicht Bloch mitunter von dieser Diktion ab, wenn es etwa heißt: „Denn das Reale enthält in seinem Sein die Möglichkeit eines Seins wie Utopie, das es gewiß noch nicht ~~gibt~~, doch es gibt den fundierten, fundierbaren Vor-Schein davon und dessen utopisch-prinzipiellen Begriff, so politisch wie ethisch wie ästhetisch wie metareligiös" (EM 238).

In diesem Zitat ist die Trennung zwischen den Seinsbereichen nicht mehr ganz sauber: Unterstrichen sind hier wieder die welthaften Anteile, kursiv bezeichnet die substanziellen Anteile. Das Wort „gibt" ist durchgestrichen, um darauf hinzuweisen, dass es das falsche Verb wäre für etwas, das primär auf die Ebene der Substanz gehört (wie das Sein oder die Möglichkeit). Freilich muss der Begriff der Möglichkeit besonders differenziert werden (was Bloch bekanntlich auch in aller Ausführlichkeit getan hat), weil man jetzt auch die Ansiedlung von Begriffen wie „Produktion", „Evolution", „Kreativität" erkennt – nämlich auf der welthaften Ebene. Für uns bleibt das gleichwohl relevant, denn einerseits heißt es: „Materie wird nun zum letzten Grundbegriff, […] die Kategorie Möglichkeit ist hier also ein Synonym für Materie" (Bloch 1977, 142). Andererseits aber heißt es auch: „Materie ist nicht nur der Topos, sondern die Substanz des konkret Utopischen" (ebd.,

143). (Noch in einem Interview von 1974 heißt es: „Substanz des Geschehens = Materie"; vgl. Bloch 1974. – Andererseits kann man aber auch finden: „Dies Substrat, als unser ebenso eigenes, ist es, das sich in Myriaden Werdegestalten, Organisationsformen seiner ausspannt; es steht, als natura naturans wie naturata, gerade im Laboratorium Salutis voll-inhaltlich auf Feuer, in Feuer. *Materia ultima, das ist ihr [der Materie] realisierter Weltgrund in Latenz*" (TE 234, Hervorh. von mir). Diese Formulierung kann sicherlich ohne Bedenken unterschrieben werden.) Insofern muss unterschieden werden zwischen der Möglichkeit auf der Ebene der Substanz (in dem logischen Sinne, wie eine Existenz von Welthaftem überhaupt begründet werden kann, aus einer in sich ruhenden, nicht-evolutiven Substanz heraus) und der Möglichkeit auf der Ebene des Welthaften, welche als Folge von bereits (beobachtbar) Vollzogenem sich darstellt. Mithin setzt die (welthaft modale) Möglichkeit der Produktion Produkte frei, die selbst wieder produktiv sein können. (Wie der Mensch selber Produkt der Natur ist, aber auch produktiv). Aber die (vorweltlich reale) Möglichkeit eines Herausgehens der Substanz aus sich selbst als welthafter Entäußerung ihrer selbst ist davon nicht berührt und kategorial verschieden. Mit anderen Worten: Eine Materietheorie kann sich nicht über Fragen der Substanz äußern. (Man beachte hier, dass wir der Einfachheit halber die Bezeichnung „welthaft" beibehalten, wohl wissend, dass ja die Substanz selbst nichts weiter ist als die ganze reale Welt, und dass wir daher nur jenen Teil, der dem Menschen modal zugänglich ist, vereinfachend und aus Bequemlichkeit Welt nennen (*in abuse of language*), was aber am Kern der Betrachtung nichts weiter ändert.) Über diesen Sachverhalt gibt es in der Tat zahlreiche Missverständnisse. So schreibt Bloch in seinem frühen Logos-Manuskript: „Sie [die Materie] ist der gärende Schoss einer Substanz, die sich gleichsam selbst erst gebiert, das heisst entwickelt, verdeutlicht und qualifiziert. Das Gärende ist das Subjekt in der Materie, die entstehende Blüte oder Frucht [...] ist die Substanz dieses Subjekts" (LdM 173). Man sieht sofort, dass sich eine Substanz nicht gebären, entwickeln oder qualifizieren kann. Sie kann sich allerdings verdeutlichen (als expressio den Wahrnehmenden ihrer Attribute gegenüber, aber nicht sich selbst gegenüber). Weiter heißt es hier: „*Materie ist die Substanz der objektiv-realen Utopie*" (ebd., 421). Und: „Materie als Substrat der materiellen Dialektik ist das vermittelte Novum" (ebd., 441). Der „problematische Gang der Substanz" ist Bloch selbst übrigens nicht verborgen geblieben (an Lukács, Br. II, 39). Die unberechtigte Gleichsetzung von Substanz und Subjekt wird daher vielfach übernommen: Man sehe Gekle (vgl. Gekle 1986, 117), bei Zudeick (vgl. Zudeick 1980) bereits im problematischen Titel, auch bei Zeilinger (vgl. Zeilinger 2006, 77) schon hinsichtlich Spinoza und Bruno. Für das Verhältnis von Möglichkeit und Subjekt (vgl. MP 500) und das entsprechende Zitat von Averroës bei Bloch: „Generatio nihil aliud est nisi converti res ab eo, quod est in potentia, ad actum" (MP 501) gilt Ähnliches. Übrigens auch für das von Bloch häufig zelebrierte Zitat aus den *Dies irae*: „Quidquid latet, apparebit". Denn das verweist auf die Begriffe *evolutio/expressio*, die jenes (modal) Welthafte bezeichnen, als das sich die Substanz je perspektivisch offenbart (vgl. TE 230). Bei dieser ganzen Konstruktion ist aber Materie hier nicht immer gleich Materie. Sie taucht auch als Materie der Materie [mit Substanzcharakter] wieder auf, und zwar in zwei gesonderten Aspekten, nämlich als Masse-Energie (Raum-Zeit) und Theorie-Praxis (vgl. Zimmermann 2001, 81). Insofern entspricht diese (durchaus auch im Sinne der modernen Physik) einheitliche Materie gerade nicht der Substanz, sondern dem Subjekt als Substrat, nämlich unter der Konnotation eines hypothetischen Urstoffes. Und dieser ist es dann, der zu Recht der Differenzierung in *natura naturans* und *natura naturata* unterzogen werden kann. (Dass die materialistische Denklinie das in der Regel anders gesehen hat, belegt deutlich Lange 1974). Dabei bedarf die jeweilige Formulierung doch einer genauen Betrachtung im Einzelnen. Wenn es etwa heißt, „der *Weltprozeß* [werde] *selbst zur utopischen Funktion, mit der Materie des objektiv-Möglichen als Substanz*" (PH 203), dann bleibt diese Aussage korrekt, falls das „als" einen metaphorisierten Gebrauch des Wortes „Substanz" implizieren soll. Materie ist dann aber keineswegs wirklich Substanz, und im Grunde sind wir wieder bei der aristotelischen Diktion, die ja Materie und Möglichkeit als Aspekt der Substanz behandelt, wie wir oben gesehen haben. Ähnliches kann für die Formulierung: „Der Weg [der Materie nach vorwärts] eröffnet sich darin als Funktion des Ziels, und das Ziel eröffnet sich als Substanz im Weg" in Anspruch genommen werden. Es darf die Vermutung geäußert werden, dass jene begriffliche Unschärfe, die letztlich auch bei Bloch anzutreffen ist, in der Hauptsache auf eine unnötig starke Bezugnahme auf die kantische Interpretation zurückzuführen ist, weil oftmals verkannt wird, dass (im Gegensatz zu dem bei Kant Ausgeführten) bei Spinoza gar keine unzulässige Vermischung von Real- und Erkenntnisgrund vorliegt, sondern vielmehr eine stoische Wurzel des onto-epistemischen Vermittlungszusammenhanges (MP 177). Im Übrigen wird die Raumrelevanz als Aspekt der Substanz (vgl. ebd., 49) [tatsächlich eine semiologische Vorwegnahme von Deleuze: *expressio*] bei Bloch zwar angesprochen, selten aber in ihrer ganzen Tragweite für die weitere Explikation herangezogen (vgl. Zimmermann 2006a). Es ist vor allem Eberhard Simons gewesen, der den Raumaspekt bei Bloch (im Grunde sogar gegen Bloch) neuerlich herausgearbeitet und hervorgehoben hat (vgl. Simons 1983, 188–197). Eine Tendenz zur vorauseilenden Fehlinterpretation könnte auch auf einen stark auf Kant bezogenen Einfluss der zeitgenössischen Phänomenologie zurückgeführt werden, denn auch diese operiert immer in großer Nähe zu einer unscharf werdenden Grenze zwischen der Domäne der Substanz und jener der Materie (vgl. Pelletier 2009). Früher hat Dietschy (vgl. Dietschy 1988, 95) alternativ auf die methodologische Eigenart Blochs verwiesen, an sich unvereinbar scheinende Frage- und Argumentationsweisen in seiner Philosophie zu vereinigen. Einen ähnlichen Hinweis gibt Habermas bereits im Jahr 1960: „Bloch überspringt die soziologisch-historische Untersuchung der aus dem gesellschaftlichen Prozeß dialektisch hervorgetriebenen objektiven Möglichkeiten, bezieht sich vielmehr sogleich auf deren allgemeines Substrat im Weltprozeß selbst – auf die Materie" (Habermas 1987, 151). In der heutigen Zeit wird der Begriff des Subjekts oftmals mit einer eher aktiven, vor allem auch intentionalen Konnotation versehen. Von vornherein ist diese in der Definition des Aristoteles nicht notwendig enthalten, denn hier verweist der Subjektbegriff allein auf das Zugrundeliegende, und weder Subjekt noch Substrat müssen zwangsläufig über irgendeine intentionale Struktur verfügen, der man stattdessen den Lebewesen im engeren Sinne, namentlich dem Menschen, zuschreibt. Wenn wir nunmehr nochmals die oben angeführten Stellen bei Bloch ansehen, die seine Sichtweise des Natursubjekts in der Hauptsache bestimmen, dann können wir leicht erkennen, dass alle diese Ausführungen mit einer Bezugstellung auf modal welthafte Materie kompatibel sind und das Natursubjekt mithin in die Welt hinein verlagern, nicht aber mit der Einführung einer Substanz von allem verwechselt werden sollten, auch, wenn die Wortwahl, wie wir gesehen haben, nicht immer eindeutig ist. Im Übrigen ist die heutige Naturwissenschaft (unter philosophischer Perspektive) vor allem durch vier Punkte geprägt, welche eine gesamte Würdigung des im Vorliegenden explizierten Vermittlungszusammenhanges wesentlich beeinflussen müssen. Es handelt sich um die a) Konvergenz von Physik, Biologie, Informatik, b) die Suche nach einer kognitiven Metatheorie (Psychoanalyse, Biosemiotik, Design Science), c) die Neupositionierung des

Philosophierens (und des expliziten Praxis-Bezugs), d) die Hermeneutik der Natur: im Rahmen der mathematischen Topos-Theorie. Diese vier Aspekte zusammengenommen, ermöglichen durchaus, philosophisch interpretiert, einen verallgemeinerten Subjektbegriff: Denn sie finden ihren gemeinsamen Ableitungsgrund ganz nüchtern in der Thermodynamik, insofern wir uns heute vorstellen, dass der beobachtbaren Evolution keine wirklich teleologisch verfasste Komponente der fortschrittsorientierten Zielrichtung innewohnt, sondern vielmehr eine Entfaltungsrichtung von welthaft Vorhandenem lediglich mit Blick auf den Begriff der Systemkomplexität definiert werden kann, der keine wertorientierte Beurteilung mehr gestattet. Das führt letztlich auch zu einer durchgängigen Ernüchterung der Ethik, die sich gerade in dem von Spinoza angestrebten Sinne bestätigt, nämlich als eine, die gar nicht wertet bzw. werten kann (wie die Moral), sondern allein auf Angemessenheit prüft. Aber das Kriterium der Angemessenheit kann nur das gegenwärtig verfügbare Wissen über die in Frage stehende Situation sein. Eben deshalb ist Ethik im Grunde Wissen (epistemisch), während Moral im Grunde Glauben ist, also von ungeprüftem Wissen (*doxa*) sich ableitet. So gesehen, erweisen sich heute auch im naturwissenschaftlichen (und mithin erst recht im naturphilosophischen) Rahmen die kognitiv begründeten Humankategorien von Raum, Zeit und (physikalischer) Materie als emergente Eigenschaften der menschlichen Insichtnahme von (modaliter) Welthaftem und nicht als grundlegende Realkategorien der wahren Welt (realiter). Auf der fundamentalen Ebene der Physik lassen sie sich in Gestalt eines abstrakten mathematischen Graphen darstellen, der Spin-Netzwerk genannt wird und so etwas wie einen Quanten-Computer abbildet, der nichts weiter tut als Information zu prozessieren. Wir können also sagen, das Universum stelle sich wie ein solcher Computer dar, der zugleich Hardware und Software ist, während auf der Ebene der makroskopischen Beobachtung dessen Prozessieren von (Quanten-) Information sich beobachten lässt (nämlich gemäß der biologisch verfassten kognitiven Fähigkeit des Menschen) als eine komplexe Menge von physikalischen (und anderen) Phänomenen (vgl. Zimmermann 2002a, 2007a, 2007b, 2007c). Praktisch besehen, ist das Spin-Netzwerk der Urstoff, aus dem alles besteht, was beobachtet werden kann. (Insofern kann man nicht wirklich sagen, es sei der Wasserstoff, der im Menschen zu Bewusstsein kommt, denn dieser ist gleichfalls nichts weiter als ein Epiphänomen des ihm zugrunde liegenden Netzwerkes). Dieser Urstoff (die Materie der Materie) kann aber nicht beobachtet werden, sondern lediglich gedacht – ganz im Sinne des Aristoteles. Gleichwohl verfügt er über das intelligible Potenzial der Dynamik einer sich auffaltenden Bewegung der Evolution: Formbildung (Komplexität des in Frage stehenden Systems) und Bedingungen des (Spiel-)Raums der Interaktionen (mit anderen Systemen) entscheiden über die individuelle Gestalt, in welcher dem Beobachter am Ende die Materie in einem der untersuchten Phänomene erscheint: Mithin ist Latenz der Tendenz Grund als Spielraum der Entfaltung, also als produktiver Raum, als Erwartungsraum mit jener „Beschaffenheit, worin die Tendenz die seltsame Vorexistenz ihrer Richtung und ihrer Vorwegnahme hat" (EM 147f.). Mehr noch: Man kann in den Naturwissenschaften einen Agenten definieren als eine Struktur, die imstande ist, wenigstens einen thermodynamischen Arbeitszyklus zu verrichten (Stuart Kauffman). Legt man diese Definition zugrunde, so zeigt sich, dass das Spin-Netzwerk begriffen werden kann als das Ergebnis der Kooperation zwischen fundamentalen Agenten (sogenannten Schleifen = loops), die sich jeweils zu sechst zusammenschließen und dadurch ein hexagonales Segment des Netzwerkes hervorbringen. Anders gesagt: Je sechs Fundamentalagenten kooperieren in einem vorgegebenen Spielraum und bringen durch diese strategisch verfasste Interaktion eine grundlegende Struktur hervor, die allem weiteren zugrunde liegt. In diesem Falle kann man mit größter Berechtigung von Natursubjektivität sprechen und zwanglos Spinoza und Schelling zusammenführen (vgl. Zimmermann 2005, 2007a). Ein solcher Ansatz ist zudem mit der ursprünglichen Perspektive des Aristoteles ebenso kompatibel wie mit dem marxistisch-materialistischen Ansatz Blochs. Die Menge der vorhandenen Agenten auf diesem maximal elementaren (fundamentalen) Niveau der Betrachtung ist ein Abbild des hypothetischen Natursubjektes und manifestiert sich in den beiden unterschiedlichen Aspekten der *natura naturans* wie *natura naturata* (vgl. Zimmermann 2000, 2004). Ausführungen zu neueren Sichtweisen, namentlich mit Blick auf die Theorien der Selbstorganisation im Sinne der Brüsseler Schule Prigogines, sehe man zudem bei Markun (Markun 1985, 63 mit Bezug auf MP 361), Jan Robert Bloch (Bloch, J. R. 1995a, 134–158; 2000a) sowie Klymene (Klymene 1996). Raulet (vgl. Raulet 1991) gibt einen allgemeineren Überblick über moderne Auffassungen zum Natur-Stoffwechsel (zur Realallegorese vgl. Raulet 1986, 120). Eine anschauliche Übersicht über neuere Entwicklungen gibt auch Zeilinger (vgl. Zeilinger 2009). B. Schmidt (Schmidt, B. 1988, 251, 261) äußert sich zu diesen Aspekten, freilich unter Absehung vom modernen Emergenzprinzip, zum

Beispiel anhand des Organismus, sieht allerdings ganz richtig, dass Bloch im Gegensatz zu Spinoza eher einen bottom-up-Entwurf anbietet und keinen top-down-Entwurf. Die ganze Zeit aber sprechen wir allein über die Ebene des Subjekts bzw. Substrats. Es geht also primär um eine Theorie der Materie, nicht um eine (metaphysische) Theorie der Substanz. Was auch nicht verwundern kann: deshalb sind ja gerade jene Bücher zur Metaphysik hinter denen zur Physik angeordnet worden (*meta ta physika*), weil das, was in ihnen verhandelt wird, gleichsam hinter der Physik sich befindet als etwas, das dieser zugrunde liegt. Das bedeutet aber nicht, dass der Substanzbegriff heute entbehrlich wäre, denn nach wie vor gilt der Unterschied zwischen dem skeptischen Denken und dem spekulativen Denken. Das Letztere befördert eine Imagination, die keineswegs irgendeiner Beliebigkeit Vorschub leistet, sondern sich an den Randbedingungen orientiert, die vom gegenwärtig verfügbaren Wissen vorgegeben werden. Es kann allerdings durch stringente Spekulation heuristisch begründete Innovationen in das wissenschaftliche Denken einführen, die geeignet sind, dieses zu erweitern. In dieser Hinsicht aber ist es vor allem nötig, das richtige Verhältnis von Substanz und Materie immer zu bedenken. Räume (im physikalischen Sinne) mögen sich somit als Schäume erweisen, aber jenes korrekte Mitbedenken ihrer Bedingungen allein ermöglicht die praktische Anwendung der hier zusammengeführten Gedanken inmitten einer konkreten (und gesellschaftlich relevanten) Praxis. Was die Werke Blochs angeht, so kann die hier vorgeschlagene Sichtweise leicht etliche Schwierigkeiten der Interpretation aus dem Weg räumen, wenn die Sprache entweder unklar oder der inhaltliche Bezug nicht korrekt erscheint, zum Beispiel bei der zelebrierten Stelle: „Natura naturata nos ipsi erimus" (EM 264). Diese Formulierung scheint bis zuletzt problematisch geblieben zu sein (TAG 149). Auch der oben genannte Vorschlag Dietschys mag als Erklärung für die eine oder andere Inkonsistenz nicht völlig zu überzeugen. Bloch selbst sieht zwar den dialektischen Materialismus als „fabelhaft kühne Vermittlung" zwischen Aristoteles und Demokrit, Hegel und Hobbes [...], dabei der „gärenden Substanz (sic!) Brunos (aus der nun doch auch Hegels ‚Idee' ihr Dasein [...] gezogen hat)" nahe stehend (LdM 168f.), aber wir kennen ihn auch als einen Philosophen, der mit fabelhaft kühnen Vermittlungen elegant umzugehen weiß. Das ist auch genau das, was wir an seiner Philosophie, einer der wenigen zeitgenössischen Philosophien, die auf das Ganze auszugehen unternehmen, zu schätzen gelernt haben.

→ *Antizipation; Dialektik; Ethik; Freiheit; Latenz; Materialismus; Materie; Metaphysik; Möglichkeit; Natur; Naturallianz; Naturrecht; Subjekt – Objekt; Substanz; Tendenz*

📖 BLOCH, J. R. 1995b, 2000a; BOETHIUS 1966, 1981; BOTHNER 1982, 1996; BRUNO 1982; CUNICO 1986; CUSANUS 2002; DIETSCHY 1988; EHRICHT 2004; EUSTERSCHULTE 2001; FORSCHNER 1995; GEKLE 1986; GIVSAN 1986; HABERMAS 1987; HAPP 1971; HOGREBE 1992; HOLZ 1967, 1975; JÄGER 1969a; KLEIN 2008; KLYMENE 1996; KONDYLIS 1979, 1990; KRAEMER 1986; LANGE 1974; MARKUN 1985; PALAZZETTI 1991; PAUEN 1992; PELLETIER 1991; PERSSON 1985; RAULET 1976a, 1982, 1986, 1987, 1991; ROMBACH 1981; ROEDER VON DIERSBURG 1967; SCHIEMANN 2003; SCHLEMM 2005; SCHMIDT, A. 1978; SCHMIDT, B. 1978, 1978a, 1983a, 1988; SERRES 1981; SIMONS 1983; SPINOZA 1999; VOSSKÜHLER 1984; ZEILINGER 2002, 2006, 2009; ZIMMERMANN 1992, 1996a, 1998, 2000, 2001, 2001a, 2002a, 2004, 2005, 2006a, 2007, 2007b, 2007c, 2007d; ZUDEICK 1980, 1985.

Rainer E. Zimmermann

Noch-Nicht

Noch-Nicht darf als knappste Formulierung des Hauptgedankens der Philosophie Blochs verstanden werden. Zwischen dem aktuell seienden Sein und dem, was möglicherweise sein könnte, steht das Noch-Nicht als eine ontologische Kategorie des Intensiven und des Strebens. Seiendes ist weder einfach mit sich selbst identisch in purer Einheit noch unvermittelt differenziert in purer Vielheit, sondern die Identität von allem steht noch aus und ist deshalb in Bewegung oder im Prozess. Den ontologischen Zwischenraum, welcher hiermit gegeben ist, bezeichnet Bloch als Noch-Nicht. Das seiende Sein drängt, für Bloch, auf die Realisierung seiner Identität hin, welche er als Utopie und insofern als Möglichkeit und nachdrücklich nicht als nur zu realisierende, bereits vorgegebene Essenz oder als determinierten Ausgang von etwas versteht.

Das Noch-Nicht ist mithin eine ontologische Grundstruktur. Obzwar sie uns zunächst zugänglich wird über die affektiven oder kognitiven

Verhältnisse wie die menschlichen Bedürfnisse, Sehnsüchte, Träume und Wünsche und die Sphäre des „Noch-Nicht-Bewussten", darf nicht aus dem Auge verloren werden, dass wir es hier gleichwohl mit einer materiellen Seinseigenschaft zu tun haben. Endziel des ontologischen Strebens ist das „Alles in Allem", das damit als (noch ausstehender) Grund der Gemeinschaft der Seienden verstanden werden kann. Das Endziel Identität ist nicht vorgegeben als Essenz, sondern ist tendenziell möglich und eine in der ontologischen Struktur des Noch-Nicht verborgen Latenz. Das Noch-Nicht bestimmt so auch den Spielraum des menschlichen, persönlichen und sozialen Handelns. Aber die Herbeiführung des Endziels ist nicht nur Sache eines verfügbaren menschlichen Entschlusses, sondern bedarf auch der Anerkennung des Umstandes, dass der Kern des Seins nicht nur noch nicht herausgebracht ist, sondern noch nicht einmal in den Prozess des Verwirklichens eingegangen ist.

Der Begriff des Noch-Nicht gehört in das Umfeld einer Ontologie des Möglichen, hat aber keine explizite Vorgeschichte, da es sich hier um eine Neuerfindung Blochs handelt. Blochs Philosophie nimmt auch hier Themen der klassischen Metaphysik auf und transformiert sie dabei: 1. Es sind somit die Entwicklungen im Begriff der Möglichkeit zu erwähnen, 2. die Entwicklungen im Begriff des Strebens, sowie 3. im Begriff des Negativen, und 4. im Begriff der Zeitlichkeit und insbesondere der Zukunft.

Das Mögliche kann aufgefasst werden als das, was sein kann (also seinsmöglich ist) oder als das, was sich ohne Verletzung der Regeln der Logik denken lässt (somit denkmöglich ist). Diese Bedeutungen sind in der Geschichte der Philosophie unterschiedlich positioniert worden. Wir beziehen uns hier nur auf die erste Bedeutung: Bereits Aristoteles versteht die Seinsmöglichkeit als Kraft oder Vermögen (*dynamis*), als „das Vermögen, etwas zu werden" (WPB 424), beschränkt es jedoch auf die Möglichkeit, eine vorher immer schon vorgegebene Anlage oder Eigennatur zu verwirklichen. Das, was noch nicht realisiert ist, aber realisiert werden kann, ist die in Möglichkeit gegebene Essenz eines Seienden. Das Strebensverhältnis, in welchem dieses In-Möglichkeit-Sein besteht, ist die *Entelechie*. Alle Teleologie ist von diesem Gedanken bestimmt, noch bis hin zur Auffassung Leibnizens von der Seele als der Entelechie der Tiere (vgl. Leibniz 1982, §74, 79).

Die Teleologie ist seit Descartes als Erklärungsprinzip weithin aus den Naturwissenschaften verschwunden, bleibt aber in der Metaphysik, vor allem in Bezug auf die Beziehung zwischen Mensch und Gott (oder zwischen Mensch und Absolutem) richtungweisend. Das Endziel einer ontologisch verstandenen Teleologie kann nur in der Vollkommenheit Bestand haben. Hier verbinden sich die Teleologie und der metaphysische Begriff des Willens und Strebens. Bei Platon ist das Verlangen (*eros*) die Hauptform der Beziehung des Endlichen zum Unendlichen. Dieses Verlangen nimmt dabei die Form der Nostalgie an, weil das Unendliche als Bestimmung und Heimat zugleich gedacht und in der Vergangenheit lokalisiert wird. Auch bei Aristoteles wurzelt die dynamische Aktivität des Seienden im Streben nach dem Seinszustand (oder in seinem Nachahmen) desjenigen Seienden, dem von Anfang an nichts fehlt (Gott). Ziel des Strebens ist für die klassische Metaphysik insofern immer auch Rückkehr. Bei Spinoza verwandelt sich der ontologische Begriff des Strebens in den Beharrungswillen des Seienden (*conatus*), und Leibniz spricht später von einer Forderung oder einem Bedürfnis nach Sein (*exigentia existentiae*) als Ursache für die Realisierung von Möglichkeiten. Bei Schopenhauer und Nietzsche wird das Streben, auf unterschiedliche Weise, selbstbewusst als Wille, als erstes metaphysisches Prinzip aufgefasst, dann aber als Anspruch auf Vollkommenheit denunziert (Metaphysikkritik). Heimsoeth (vgl. Heimsoeth 1922) hat bereits auf die verbindende Rolle hingewiesen, welche die Begriffe des Strebens und des Willens in der Entwicklung der deutschen Philosophie gespielt haben, und darin kommt er überein (wenn auch mit anderer Bewertung) mit Heideggers Bezeichnung der Metaphysik als einer Denkform, die identisch ist mit dem Willen zur Macht (vgl. Heidegger 1989). Mit dem Begriff des Noch-Nicht stellt Bloch sich allerdings unzweideutig auf die Seite eines Willensbegriffes, der sich als ein im Sein selbst liegender Impuls zur Verwirklichung erweist.

Das von Bloch gewählte Verfahren, die angemessene Bezeichnung eines Seienden nicht im Rahmen einer einfachen Subjekt-Prädikat-Aussage durchzuführen, sondern unter Anerkennung des Noch-Nicht (zusammengefasst in der Formulierung: ‚S *ist noch nicht* P'), hat seine geschichtlichen Wurzeln in der negativen Theologie (Proclus, Dionysius Areopagita): Gott kann nicht direkt bezeichnet werden, sondern nur indirekt, indem man aus der Erfahrung bekannte Eigenschaften für ihn verneint, so wie Seele, Geist, Vorstellung, Phantasie, Zahl, Größe usw. (WPB 447). So kann, für Bloch, auch nicht direkt angegeben werden, woraus z. B. die Identität des Menschen besteht; wir wissen bestenfalls nur, wann die Menschlichkeit verletzt wird. Auf diesem Weg wird das Noch-Nicht zum Maßstab für das Handeln. Hinzugefügt werden darf, dass die Tradition der negativen Theologie das Negative auch reflexiv auf die eigenen Texte bezogen hat: Auch die Philosophie und das philosophische Schreiben selbst sind vom Noch-Nicht durchzogen und insofern immer unabgeschlossen (TE 214).

Das Noch-Nicht ist somit Modus der Zukünftigkeit. Der Abstand, der im Seienden zu sich selbst besteht, verweist auf eine ausstehende Endzeit, in welcher er überbrückt und in einen Zustand überführt werden könnte, worin das Streben sich vollendet und aufhebt und Identität als vollkommene tatsächlich eintritt. Diese Vollkommenheit ist die des Cusanischen „Alles in Allem", eine Utopie der lebendigen Gemeinschaft. Die Endzeit ist zwar nicht schon gegeben oder garantiert, aber – wieder *ex negativo* – mit der Realität des Strebens (oder Glaubens) ist es für Bloch klar, dass sie wenigstens nicht bereits vereitelt ist. Die historischen Verbindungen zu Ideen der Apokalypse und des Messianismus sind zum Teil schon von Bloch selbst verfolgt worden: Damit zeigt sich auch, wie eng die beiden Begriffe Noch-Nicht und Zeit miteinander zusammenhängen.

Die Negativität wird auf diese Weise im Noch-Nicht zu einer ontologisch fundamentalen Kategorie. Dieses zeigt sich auch in der Analyse der menschlichen Existenz. Diese kann nur in einer sprunghaften Aneignung eines Glaubens- oder Hoffnungsaktes die gemäße Antwort auf das Noch-Nicht sein – sonst wäre sie Zuversicht und eben kein Noch-Nicht. Das Noch-Nicht ist also auch die Sphäre der enttäuschbaren Hoffnung, und die menschliche Existenz hat darin ihre Eigenart, dass sie nur als bewusstes Performativ besteht, als eine bewusste Praxis, die von dieser freien Hoffnung geprägt wird. Hier darf auf Kierkegaards Analyse des „Sich-in-Existenz-Verstehens" als einen Vorläufer in der Begriffsgeschichte des Noch-Nicht hingewiesen werden. Das Noch-Nicht ist mithin auch die Bedingung der Möglichkeit verantwortlichen Handelns und wird somit zu einem Grundbegriff der (bei Bloch häufig impliziten) Ethik. Die Entwicklung des untergeordneten Begriffs des Noch-Nicht-Bewussten vollzieht Bloch in expliziter Auseinandersetzung mit dem Begriff des „Nicht-mehr-Bewussten" oder *Unbewussten*, wie er in der freudschen Psychoanalyse und ihrer Vorgeschichte auftritt (PH 129–203; PA 86–133; vgl. Nicholls/Liebscher 2010).

Alle Themen der blochschen Philosophie referieren auf das Noch-Nicht, und eine umfassend sachgemäße Darstellung müsste deshalb das ganze Denken beschreiben. Hier werden wir uns dagegen auf einige wichtige Aspekte beschränken, ohne einen Anspruch auf Vollständigkeit zu erheben. Die Erschließung des „Noch-Nicht" als allgemeine Seinseigenschaft wurde von Bloch schon in seinen ersten philosophischen Veröffentlichungen begonnen (vgl. GdU 1; PA 115–122, sowie die Dissertation von 1908, jetzt teilweise in TLU 55–108, später ausführlich in PH 49–391), wobei es vor allem um die Form ging, welche das Noch-Nicht im menschlichen Bewusstsein annimmt. Auf der einen Seite gibt es die Phänomene der Ahnung und der Kreativität (auch die Kreativität des Tagtraums und der Wunschvorstellung), auf der anderen gibt es das Dunkel des gerade gelebten Augenblicks: Wenn ich anfange, ein Bild zu malen, kann ich mir eine Vorstellung machen von dem, was ich darstellen möchte, aber wie das Gemälde sich tatsächlich verwirklichend ausdrücken wird, bleibt offen und zeigt sich lediglich, indem ich es einfach ins Unbestimmte hinein male. Etwas Unvorhersehbares, aber Geahntes haftet dem ersten Strich auf dem weißen Tuch immer an. Da, wo Gedanken in Taten umgesetzt werden (oder Gedanken selbst als Taten erfahren werden), bekommen wir es mit dem Noch-Nicht zu tun. Bloch zitiert häufig den Satz von Franz Marc: Malen ist „unser *eigenes* Auftauchen zu einem anderen Ort" (GdU 2, 47). Was für die künstlerische Kreativität gilt, findet sich in allen spontanen Akten. Die Ahnung und damit auch das Unerwartete begleiten den Menschen, insofern er, um mit Kant zu reden, Urheber seiner Handlungen ist, und diese menschlichen Handlungen finden vor einem offenen Hintergrund statt: Sie verweisen *ex negativo* auf unsere eigene Freiheit und auf das noch Unerledigte in der Welt.

Aber auch die Struktur der Erfahrung selbst ist vom Noch-Nicht durchzogen. Der gerade gelebte Augenblick ist uns undurchsichtig: „Hier nun vereinigt sich der eine und der andere Gedanke völlig subjektiver Art. Wir haben nichts, weder außen noch innen etwas, das jeweils festzuhalten wäre. Darum bleibt alles so unendlich schattenhaft, nichts zu erleben, bei nichts zu sein, höchstens uneigentlich im Erinnern und, weniger preisgebend, im Hoffen. So mühevoll es schon ist, einen Punkt, von dem das Auge absichtlich wegsehen will, dennoch mit Aufmerksamkeit zu beobachten, so sehr wird doch diese schwierige Aufgabe der Selbstbeobachtung noch überboten, wenn es gilt, das jeweils Augenblickliche, ein durchaus nicht erst begrifflich Atomisiertes, ganz im Gegenteil, aus dem Zustand der melancholischen Schattenhaftigkeit seines da-Seins herauszuholen und hell, persönlich, nicht mehr nur bewußtseiend, sondern ohne Schleier und

Gegenüber, seiend zu besitzen. [...] Wir wissen so überhaupt nicht, wer wir sind; wenn etwas spukhaft ist, so ist es der, der sich den vorstellen will, der vorstellt" (GdU 1, 370). Es gibt Gebiete inmitten unserer Existenz, die sich durch Vermittlungsprozesse progressiv verfügbar machen und dadurch erhellen lassen; die Gebietskategorien, ausführlich dargelegt in EM, geben den Rahmen dafür ab. Die menschliche Geschichte ist für Bloch ein Versuch, auf dem Wege zu uns selbst zu einer „adäquaten Offenheit" (PH 336) zu kommen. Aber der Augenblick, das Jetzt selbst, mit welchem unsere Existenz unauflöslich verknüpft ist, bleibt im Dunkel, bleibt „unreif" (ebd.) und wird darum als Quelle des historischen Prozesses nicht erschöpft. Bloch spricht von einem „bodenlosen Staunen", von einer „unkonstruierbaren Frage", die sich „in sich widerhallend" (so vor allem im vorletzten Kapitel von GdU 1), uns stellt und die wir, mit dem was wir aus unserem Leben machen, beantworten. Die Zeitlichkeit selbst lässt sich nicht bis zur Mündung der Geschichte fortführen, sie strömt aus und kommt zum Stillstand (vgl. PH 337) in der Antizipation einer Raumkategorie, jener des Reichs, denn Gegenwart, Gleichzeitigkeit oder Gemeinsamkeit des Alles in Allem sind Begriffe der Extensionalität (vgl. Unseld 1965), nicht des sukzessiven Verlaufs der Zeit. Bloch vermeidet den Terminus „Transzendenz", und spricht stattdessen von der „Exterritorialität" des Kerns des geschichtlichen Prozesses im Vergleich zum Prozess selbst (vgl. TE 373). Das „Dunkel des gelebten Augenblicks" veranlasst uns zu immer neuen Versuchen auf dem Wege zu einer unentfremdeten Existenz und bestimmt die Hoffnung dazu, aber im gleichen Zug macht die Reflexion über seine Bedingungen klar, dass die Vollendung der Geschichte nie auf rein geschichtliche Weise zu erreichen ist und nur im Hoffen antizipierend als Orientierung und praktisch-ethisch als letzter Wert sich zu uns verhält. Die Zukunft offen zu halten wird damit zum kategorischen Imperativ des Noch-Nicht. Eine frühe Formulierung finden wir am Ende der ersten Fassung von *Geist der Utopie*, wo Bloch über „Wahrheit als Gebet" spricht: „Denn wir sind mächtig; nur die Bösen bestehen durch ihren Gott, aber die Gerechten – da besteht Gott durch sie, und in ihre Hände ist die Heiligung des Namens, ist Gottes Ernennung selber gegeben, der in uns rührt und treibt, geahntes Tor, dunkelste Frage, überschwängliches Innen, der kein Faktum ist, sondern ein Problem, in die Hände unserer Gottbeschwörenden Philosophie und der Wahrheit als Gebet" (GdU 1, 445). Das Problem einer negativen Theologie, bei Bloch umformuliert als das Problem einer negativen Anthropologie und Ontologie, führt hier zu der Einsicht, dass auch das „Beten" (als subjektives, schöpferisches Verhältnis zu einer antizipierten oder erhofften zukünftigen Sachlage) einen Wahrheitsanspruch hat, dass es Medium der Erkenntnis und der Praxis sein kann. Wegen des Noch-Nicht kann die Philosophie sich nicht auf eine rein intellektuelle Analyse beschränken, sondern sie muss auch ein utopisches, schöpferisches, tätiges Eingedenken in ihre Methode aufnehmen. In einem relativ frühen Aufsatz (1922) schreibt Bloch darüber: „die ernennende, aufdeckende, schöpferisch informierende, schließlich identifizierende Kraft der Philosophie ist so groß, daß selbst das völlig enthüllte Jetzt, die vollkommene Vergegenwärtigung unserer gelebten Gegenwart, daß selbst noch dieses ehedem als Werk des Messias und der allverwandelnden Apokalypse Gedachte als Werk der Identifizierung ein philosophisches Werk darstellt" (TLU 116f.). Obwohl die Ontologie des Noch-Nicht auf eine ähnliche Doppeldeutigkeit im Prozess der Identifizierung hinausläuft wie die Theologie von Gnade und Werken, ist es für Bloch, wie in diesem Zitat ersichtlich, oft undeutlich, wo die Grenze gezogen werden soll. Dass nicht alle Identifizierung Werk ist, kann klar eingesehen werden durch die zentrale These von der Exterritorialität. Aber weil es keinen überzeitlichen Gnadenspender gibt, bleibt die Frage, was Identifizierung noch mehr ist als Werk, zunächst unbeantwortet und im Schweben, und Bloch spricht an manchen Stellen problemlos von Fortschritt und Annäherung des geschichtlichen Prozesses an den Kern des Existierens (z. B. TE 118–153). Hier muss auch auf Benjamin (vgl. Benjamin 1974) und Adorno (vgl. Adorno 1951) verwiesen werden, die beide ein Noch-Nicht anerkennen in der Gestalt einer Erlösungsbedürftigkeit von der bzw. für die Welt. Für Bloch ist es das „in jedem gelebten Augenblick ganz nahe wandernde Urrätsel" (TE 273), an welchem Erlösungsbedürftigkeit und Erlösungsfähigkeit erfahrbar werden. Aber auch die Erlösung, unter Beibehaltung ihrer absoluten Intention, bleibt doch Menschensache, bleibt Sache insbesondere der Arbeit: „Im Nicht-Haben treibend, am Werden beglückt, ist die tätige Hoffnung dem Land verschworen, das mindestens Anti-Nichts heißt. Sein Alles liegt seit Anfang der Geschichte nirgends als in der arbeitenden Intention darauf hin" (ebd., 277). Es ist dabei *prima facie* ungeklärt, wie eine ins Metaphysische gesteigerte Arbeit aussehen würde. Auf jeden Fall wird es sich dabei um eine Arbeit, ein Werk des Hoffens handeln, das heißt, ein Werken in dem oder an dem Menschen und in der oder an der Welt, das, im strengen Sinne, nur aus dem Geist des Hoffens heraus, der Utopie oder des Noch-Nicht zu vollziehen ist, weil es aus dem Gegenlicht der Hoffnung (Bloch spricht manchmal von „den drei großen Gebietskategorien Glaube, Hoffnung und Liebe") sein Maß bezieht: „alle Kategorien stehen *senkrecht auf der Zeit*, ohne die sie, als der Prozeßzeit, gar nicht stünden, aufstünden" (ebd., 299).

Eine zentrale Stelle für die Ontologie des Noch-Nicht bildet der sechste Teil der *Tübinger Einleitung in die Philosophie* („Logikum. Zur Ontologie des Noch-Nicht Seins"; ebd., 210–300), zurückgehend auf Vorlesungen, gehalten am Anfang der sechziger Jahre. Bloch fasst hier seine Ontologie zusammen, in der Hauptsache unter Verweis auf die Darstellung im zweiten Teil des *Prinzip Hoffnung*. Er hebt jetzt nachdrücklich hervor, wie die Philosophie des Noch-Nicht sich zum Nihilismus verhält und legt ausführlich dar, wie die Negativität im Noch-Nicht zu verstehen sei. Wir erwähnen hier kurz einige Hauptpunkte: 1. Bloch verwendet den Terminus „Laboratorium possibilis salutis" (Werkstatt möglicher Erlösung; ebd., 217) als Andeutung einer Welt, die unter der Aufsicht des Noch-Nicht steht. Der Horizont einer Erlösungsproblematik ist damit explizit bestimmt. Bloch versteht Erlösung vor allem aus dem Verhältnis zwischen dem Sein und dem Seienden. In einer ausdrücklichen Kritik an Heideggers Überstrapazierung der ontologischen Differenz bemerkt Bloch, dass das Sein, das „noch nie präsent war" (ebd., 216), auf das Seiende angewiesen ist als seinen einzigen „Bereitungsort" (ebd.). Ontologie „des Seins quer durch Seiendes hindurch" (ebd.) kann nur bedeuten, dass das Seiende als Vielheit von einander abwechselnden Gestalten eine Reihe „*nach vornhin offener Seinsbedeutungen*" umfasst (ebd.). Das Seiende hat somit Bedeutungscharakter, insoweit als es vorausläuft, Experiment ist, für das Sein. 2. Bloch unterscheidet „Nicht" von „Nichts" (ebd., 218ff.). Noch-Nicht ist eine Form des „Nicht", des Mangels. Der Stachel in der bloßen Existenz, z. B. im Hunger, der ein Verlangen nach Sättigung aufruft, ist zu unterscheiden vom „Nichts" als Gegensatz zum „Alles". Das Erste referiert auf Umstände, Bedingungen, reale Möglichkeiten zur Veränderung und Verbesserung unserer Lage, ist die dialektische Stufe der Antithese, die als Vermittlung und Motor des historischen Prozesses der materiellen Tendenz funktioniert; seine kernhafte Formulierung ist jenes „*S ist noch nicht P*". Das Zweite ist eine Kategorie des Absoluten und besagt die Möglichkeit, dass nur das angemessene Ende für diesen historischen Prozess, das „Alles in Allem", nicht zutrifft, vereitelt wird. Das Noch-Nicht macht die Tendenz im Prozess aus, das Alles oder Nichts die Latenz. Das Nichts als historisch unvermittelte oder unproduktive Negativität ist das Böse, das sich deshalb in den historischen Prozess einmischen kann, aber in ontologischer Hinsicht absolut ist und direkt das Endziel kompromittiert (ebd., 262): „Zwischen Scheitern und Hoffnung gibt es keine dialektische Vermittlung, denn die Macht des Bösen schafft so wenig das Gute wie sie es widerlegt" (Riedel 1994, 323). Hier treffen wir die gleiche Spannung an, die wir oben notiert haben bei der Diskussion der Beziehung zwischen Geschichte und Endziel. 3. Bloch versteht auf orthodox marxistische Weise den Nihilismus als Reflexion der gesellschaftlichen Lage einer untergehenden Bourgeoisie: Die geschichtliche Gestalt des Kapitalismus hat auf dialektischem Wege den Punkt erreicht, an dem sie übergehen muss in eine neue Ordnung – das ist eine Entwicklung des Negativen als „Nicht". Aber im ideologischen Bewusstsein der herrschenden Klasse dieser Ordnung wird dieses „Nicht" verklärt zum „Nichts", um damit den historischen Fortgang zu hemmen. Aus dieser Sicht ist Nihilismus, wie bei Heidegger, aber aus anderen Gründen, in der Tat auch Metaphysik (wenn Metaphysik aufgefasst wird als Hypostasierungskomplex statt als Grundwissenschaft vom Sein). Der Nihilismus bleibt aber ein wichtiges Hauptstück in der Philosophie, weil er uns die Gelegenheit bietet, die Tiefen der Vereitelung, des Leidens und der Verzweiflung klar ins Auge zu fassen: Das ist der „Optimismus mit Trauerflor" (TE 241; vgl. Siebers 2011).

Das „Noch-Nicht" gibt uns die Grundzüge einer Philosophie der Hoffnung an die Hand, sowohl als Möglichkeit und Notwendigkeit utopischen Denkens und Handelns, als auch mittels der Einsicht, dass wir statt Zuversicht nur Hoffnung, als ein radikales Schweben, haben können: „Am Boden der Hoffnung haben wir nichts Besseres als *das nächste Beste*" (Riedel 1994, 323). Diese paradoxe Lage, eng verwandt mit der Offenheit, durchtönt die Philosophie Blochs; ein wesentlicher Aspekt der Philosophie der Hoffnung – die *docta spes* – ist damit beschäftigt, dieses Paradox nicht voreilig auflösen zu wollen.

Im Chiliasmus und vor allem bei Joachim di Fiore (12. Jh.) sieht Bloch den Durchbruch der Idee, dass das mythische Reich der Gemeinsamkeit des Alles in Allem als historische Zukunft gedacht werden kann: „Die ideale Gemeinschaft lag bei Jambulos (wie später bei Morus, Campanella und so noch oft) auf einer fernen Insel, bei Augustin in der Transzendenz: doch bei Joachim erscheint Utopia, wie bei den Propheten, ausschließlich im Modus und als Status historischer Zukunft" (PH 592). Das Tausendjährige Reich ist bei Joachim noch nicht abgeschwächt zu einer bloßen Sozialutopie, aber wird als reale „mystische Demokratie" und „societas amicorum" verstanden (ebd., 593) und in den Joachim folgenden Gemeinden vorwegnehmend realisiert und erlebt. Wie in allen chiliastischen Strömungen, bleibt die Utopie hier eine Sache der Verkündung und des (religiösen) Glaubens. Der Chiliasmus ist für Bloch von großer Bedeutung, weil es hier (mit allen Gefahren) um ein unverkürztes Verständnis von Utopie geht, das sich aber nicht im Bereich des Transzendenten ansiedelt, sondern konkret wird. So will Bloch auch sein politisches Denken verstanden wissen. Die *docta spes* ist inspiriert vom religiösen Glauben und lässt sich von der kritischen Vernunft her korrigieren, aber sie teilt mit dem Chiliasmus den Gedanken an das „Reich" als einem Endziel, das nichts weiter bedeuten kann als das „Reich Gottes auf Erden". Das ist für Bloch das Gegenteil von Theokratie: „Jesus hört auf, ein Haupt zu sein, er löst sich in der ‚societas amicorum' auf" (ebd.). Der Marxismus erbt somit alle Hoffnungspotenziale der Vergangenheit und führt sie erneuert und oft auch ernüchtert weiter. Für Bloch ist es ein wesentlicher Bestandteil einer lebendigen und nicht enggeführten marxistischen Politik, dass sie die Hintergründe ihres Begriffes von Befreiung und Emanzipation in Mystik und Laienbewegung und die noch nicht realisierten Potenziale, die sich darin verstecken, nicht vergisst.

→ *Antizipation; Augenblick; Hoffnung; Latenz; Logos, Logikon; Mensch; Möglichkeit; Objektive Phantasie; Tendenz; Utopie*

📖 ADORNO 1951; BENJAMIN 1974; HEIDEGGER 1989; HEIMSOETH 1922; LEIBNIZ 1982; NICHOLLS/LIEBSCHER 2010; RIEDEL 1994; SIEBERS 2011; UNSELD 1965.

Johan Siebers

Novum

Novum ist in der Philosophie Blochs eine ontologische Kategorie, die gemeinsam mit den beiden Kategorien Front und Ultimum die kategoriale Struktur des Weltprozesses vorgibt. Die Wirklichkeit ist für Bloch ein unterbrochener dialektischer Prozess. Die Bruchstellen zeigen eine triadische Struktur in der Gestalt von Front-Novum-

Ultimum, die selbst nicht wieder zeitlich verstanden werden darf, sondern transzendental-konstitutiv. Das Novum ist dasjenige Neue, das tatsächlich im strengen Sinne neu und deshalb von bloßer Varietät, Abwechslung oder dem Aufeinanderfolgen der Jetzt-Momente zu unterscheiden ist. Wegen der Beziehung zum totalen Zielinhalt deutet die Neuheit auf den Anfang vom Ende, auf eine „Treue zum Anfang, der seine Genesis erst noch hat" (TE 376).

Das Neue (lat. *novum*) hat in der Geschichte der Philosophie lange Zeit eine untergeordnete Rolle gespielt und wird so z. B. von dem für Blochs Philosophieverständnis wichtigen Hegel fast völlig vernachlässigt (SO 12), war aber in die christliche Theologie (Eschatologie) schon früh als Begriff aufgenommen worden (Verheißung einer neuen Erde und eines neuen Himmels: „Siehe, ich mache alles neu"; Offenbarung 25, 1). In der Literaturgeschichte kann es in Dantes *Vita Nuova* nachgewiesen werden, das ein ständiger Bezugspunkt für Bloch war (TE 357). Erst im späten 19. und frühen 20. Jahrhundert fängt die systematische philosophische Analyse des Neuen an (C. S. Peirce, W. James, H. Bergson, A. Whitehead). In der Philosophie des 20. Jahrhunderts wird die Reflexion über Natur und Bedingungen des Neuen immer wichtiger und zeigt viele Verzweigungen auf, so in der Existenzphilosophie (J.-P. Sartre) in der Beziehung zur Freiheit, in der Hermeneutik (H.-G. Gadamer) in Beziehung zu den Verständigungsprozessen und dem Postmodernismus (J. Derrida, G. Deleuze), in welchem vor allem die unreduzierbare Vielheit und das Unterbrechende des Neuen betont wird. Das Neue ist ein wichtiges Thema geblieben, auch in den jüngsten Entwicklungen, z. B. bei A. Badiou, der das Neue, ähnlich wie Bloch, auffasst als Unterbrechung und Außerkraftsetzung einer fixierten ontologischen Ordnung (vgl. Badiou 1986). Blochs Verwendung und Betonung des Begriffs des Neuen ist sicherlich durch seine Zeit und einen expliziten Bezug auf die neuere Tendenz geprägt, aber im Unterschied zu vielen anderen Denkern seiner Epoche führt das unreduzierbare Neue, das den Bann der Anamnesis des Denkens zerbricht, bei Bloch zu einer Affirmation des – selbst wiederum neuen – Begriffs von Totalität.

„Das Neue: es geht seelisch in der ersten Liebe um, auch im Gefühl des Frühlings; letzteres hat trotzdem kaum einen Denker gefunden" (PH 230). Die vormarxistische Philosophie hat keinen Platz gefunden für das Novum, das aber doch alle „große[n] Ereignisse", alles „Adventsbewußtsein" und als Erwartungsaffekt auch einen erheblichen Teil der Religionen begleitet (ebd.). Für Bloch erklärt der gesellschaftliche Auftrag der Philosophie in allen Gesellschaftsordnungen bis in unsere Zeit hinein die Blindheit für das Neue. Erkenntnis und Wahrheit werden identifiziert mit Erinnerung, Kontemplation, *anamnesis*. Erst mit der 11. Feuerbachthese ("Die Philosophen haben die Welt nur verschieden *interpretiert*; es kömmt drauf an, sie zu *verändern*"; ThF 7) wird eine neue Konstellation von Theorie und Praxis denkbar, die auch das Neue selbst sichtbar macht, nicht indem sie die Theorie der Praxis unterordnet, sondern indem sie die grundsätzliche praktische Revidierbarkeit der Theorie aufzeigt. Die Kategorie Novum ist ein Versuch, den Frühling nicht nur zu fühlen, sondern auch zu denken und denkend mit der Praxis zu vermitteln. Das Neue ist sowohl Phänomen als auch Maßstab im geschichtlichen Prozess.

Neu ist, was noch nie so da war. Bloch kritisiert Bergsons Analyse der Neuheit aufgrund der Überlegung, dass Bergson "überhaupt kein echtes Novum" kennt (PH 231). Weil er die lebendige *durée* in Gegensatz zur Mechanik denken wollte, wird das Neue bei ihm das einfache Anderssein von Moment auf Moment, damit es in der *durée* noch einen Unterschied zwischen Anfang und Ende geben kann (ebd.). Aber Abbruch, sprunghafte Veränderung, usw. passen nicht in Bergsons Auffassung vom Neuen. Zentral ist folgendes Argument: "Zum Novum gehört, damit es wirklich eines sei, nicht nur der abstrakte Gegensatz zur mechanischen Wiederholung, sondern selber eine Art spezifischer Wiederholung: nämlich des noch ungewordenen totalen Zielinhalts selber, der in den progressiven Neuheiten der Geschichte gemeint und tendiert, versucht und herausprozessiert wird" (ebd.). Die echten Neuheiten in der Geschichte – Revolutionen, neue Verhaltensmuster, grenzüberschreitende Erfahrungen, das Denken selbst als Überschreiten – sind alle Aktualisierungen der Intention auf das Ganze hin, und daher beziehen sie ihre spezifische, auch zeitgebundene, Identität. Nur als historische Versuche im Gegenlicht der Utopie sind Neuheiten möglich. Eine Konsequenz ist, dass die offene Zukunft nicht in einer Differenz erzeugenden Iteration besteht, sondern in der Wiederholung dessen, was noch nicht ist. Das Neue ist nur wirklich neu, wenn es auf eigene Weise ein Versuchen des Totum ist. Weil die Neuheit das Herz der Triade Front–Novum–Ultimum ausmacht, einer Triade, die als Analyse des lebendigen Augenblicks aufgefasst werden kann, wird die Schlussfolgerung nahe gelegt, dass Bloch hier die Idee eines *élan vital* ersetzt durch einen Begriff des Lebens, für den die Orientierung auf das Ganze wesentlich ist für das, was die Lebendigkeit des Jetzt-Moments ausmacht. Die Belebtheit und Bewegtheit, das Überschreitende im lebendigen Prozess, sind unauflöslich mit Front, Novum und Ultimum verknüpft.

Die Front bedeutet den Ort, an dem der historische Prozess angelangt ist, und zeichnet vor, was konkret im Prozess möglich geworden ist. Novum ist, an der Front, das Überschreiten auf neue Möglichkeiten hin. Es beinhaltet sowohl die Aktualisierung der realen, kontextuell bestimmten Realisierungsmöglichkeiten als auch den immer präsenten Versuch auf das Ganze, das Ultimum hin. Die wechselseitige Abhängkeit von Ultimum und Novum ersetzt das klassische Bedingungsverhältnis zwischen Ultimum und Primum (ebd., 233).

Die Philosophie war bisher gefangen in einem „Ahnenkult" (ebd. 234) des Ursprungs. Sogar die vulgärmaterialistischen Ansichten über eine Entropie aller Materie im kalten „Dunstball" (ebd.) kann unter dem Aspekt dieses Kultes gesehen werden. Bloch polemisiert gegen dieses Ursprungsdenken, das von Platon über Augustin und Hegel bis zu Nietzsche fortbesteht, und sagt, es gebe „eine Unzahl realer Möglichkeiten, die dem Anfang nicht an der Wiege gesungen worden sind" (ebd. 234f.). Der Ursprung ist das Verwirklichende selbst, und das ist in der Geschichte der „geschichtliche Täter" (ebd.), der Mensch, der sich selbst als Verwirklichendes noch nicht (ganz) verwirklicht hat, und in der Natur die *natura naturans*, das „Natursubjekt". Die ausschließliche Betonung des Ursprungs als der schon da gewesene Anfang ist eine Verkennung des Novum und verschließt den Blick für die utopische Seinsstruktur der menschlichen Existenz. Der Begriff des „Prinzips" hat lange diese Ambivalenz mit sich geführt: auf der einen Seite als historischer Anfang, das Erste, auf der anderen Seite als bleibende Mitte, Ursprung oder Wesen (und so heute wieder in Agambens Projekt einer philosophischen Archäologie; vgl. Agamben 2009). Der Begriff Novum wird eingesetzt, um auch den Begriff des Prinzips zu korrigieren, auf einen Ursprung hin, „der seine Genesis erst noch hat" (TE 376).

Das Novum ist somit eine mit Pathos geladene Kategorie, die auch nur in einem entsprechend angemessenen Stil philosophisch darzustellen ist. Bloch vermeidet in seinen Texten über das Neue diesen Stil nicht. Für Bloch ist das Trompetensignal in Beethovens „Leonoren-Ouvertüre" emblematisch für das Novum als Überschreiten auf die Befreiung hin, auf eine Befreiung an der Front der Ereignisse, aus der konkreten Gefangenschaft, die ihr zugrunde liegt, auch ein Intendieren auf das Totum als Ankunft und Heimat hervorbringend. Der schon zitierte Satz von dem, was uns nicht an der Wiege gesungen worden ist, zeigt auch das Befreiende, Revolutionäre, Selbstergreifende und durch und durch Optimistische der blochschen Spekulationen über das Neue.

→ *Front; Möglichkeit; Ultimum*

📖 AGAMBEN 2009; BADIOU 1986.

Johan Siebers

Objektive Phantasie

Mit dem Begriff *Objektive Phantasie* bezeichnet Bloch das menschliche Vermögen, über Charakteristika eines Objektes Kenntnisse zu gewinnen, die *in nuce* als Latenz schon präsent sind, die sich aber *noch nicht* manifestiert haben. Da die Vorstellungen der Objektiven Phantasie am einfachsten (aber nicht ausschließlich) in Kunstwerken klar und deutlich hervortreten und dazu dienen können, durch die Praxis die Welt nach den Wünschen der Menschen zu gestalten und zu verändern, erhält der Begriff neben den erkenntnistheoretischen und ontologischen auch ästhetische und politische Bedeutungen.

Philosophiegeschichtlich stammt das Wort *Objektive Phantasie* von dem Theologen und Philosophen Jakob Frohschammer (1821–1893). In seinem Werk *Die Phantasie als Grundprinzip des Weltprozesses* (1877) beschreibt er die Weltphantasie als immanentes philosophisches Prinzip, das die Basis des Weltprozesses (der Natur- und Menschheitsgeschichte) bilde und als Vermittlerin zwischen Vernunft (Geist) und Sinnlichkeit (Natur) diene. Die im menschlichen Geist subjektiv und formal wirkende Weltphantasie wird als „subjektiv" bezeichnet, während sie den Namen *Objektive Phantasie* trägt, wenn sie in der Natur objektiv und real agiert.

Unter anderem Namen geht der Begriff *Objektive Phantasie* im weiteren Sinne auf die antike griechische Philosophie zurück und entwickelte sich im Laufe der folgenden Jahrhunderte bis heute weiter. Das Wort Phantasie wird in Philosophie, Literatur, Psychologie, in anderen Wissenschaften und auch in der Alltagssprache in unterschiedlichen, wenn nicht in ambivalenten Bedeutungen verwendet und manchmal mit den Bereichen des Imaginären, des Traums, der Illusion, Fiktion oder auch Virtualität verwechselt oder vermischt. Deswegen ist eine historische Verortung des Lemmas in der Philosophiegeschichte wünschenswert, wenn nicht notwendig, um danach die drei Hauptbedeutungen des Wortes zu definieren zu können. Dies verdeutlicht, worin Blochs Erneuerungen und seine Charakterisierung des Konzeptes bestehen.

Phantasie kommt vom griechischen φάντασμα (*phántasma*; ‚Bild, Schatten') und bezeichnet die Fähigkeit, sich abwesende fiktive Objekte vorzustellen. Wegen ihrer Fähigkeit, Bilder zu erzeugen, ist auch die synonyme Verwendung von *Imagination* (lat. *imago*; ‚Bild, Schatten') oder Ein*bild*ungskraft üblich. In der Philosophiegeschichte wurde der Phantasie lange eine Erkenntnisfunktion zugeschrieben: Durch die Erinnerung an schon wahrgenommene Objekte verband sie die sinnliche Wahrnehmung mit dem Verstand (a.). Wenn diese Bilder keinen Bezug zur Realität hatten und trotzdem real geglaubt wurden, bekam das Wort Phantasie die Konnotation von Wahnsinn, Regellosigkeit, Halluzination oder im besten Fall Phantasterei (b.). Die Romantik hat schließlich den Begriff der *schaffenden* Phantasie entwickelt, der auch heute sowohl im philosophischen Gebrauch als auch in der Alltagssprache am meisten Verwendung findet (c.).

a. Schon Platon klassifizierte die *Phantasie* als ein Erkenntnisvermögen: Die „Erkenntnis durch Bilder" war das erste Stadium der Dialektik; dabei wurde die Welt der Ideen mit der Welt der Wahrnehmung in Verbindung gesetzt. Aber vor allem Aristoteles gab eine Definition der Phantasie, die die Bedeutung des Wortes für Jahrhunderte prägte: Die Imagination war für ihn die Fähigkeit, sich auch Dinge vorzustellen, die *in actu* nicht präsent waren, die aber von den Sinnen schon wahrgenommen wurden.

Ersichtlich ist, dass die Einbildungskraft in der Antike schon mit *Objekten* in Bezug gesetzt wurde – und in diesem Sinne könnte dieser Aspekt mit Blochs *Objektiver* Phantasie unmittelbar verbunden werden, ebenso wie die stoische *kataleptische Phantasie*. Für Zenon und Chrysippos war die kataleptische Phantasie die Vorstellung eines Objektes, das vom Subjekt wahrgenommen wird und das auf diese Weise vom Subjekt anerkannt werden kann. Da die Einbildungskraft dazu zwingt, die Existenz des wahrgenommenen Objektes zu behaupten, ist sie das Kriterium für die Wahrheit der sinnlichen Wahrnehmung.

Bei Plotin bekam die Einbildungskraft eine kosmische Funktion: Indem sie dem Verstand hilft, Begriffe zu bilden, tendiert die Einbildungskraft zu dem *Einen* und ist deswegen ein Aspekt des Seins selbst. In dieser Richtung dachte Giordano Bruno während der Renaissancezeit weiter. Nach Bruno arbeitet die Einbildungskraft mit der *Mnemonica*: Sie ist dazu fähig, Verbindungen zwischen allen Dingen (wieder) zu erinnern, so dass sie eine universelle Vermittlung zwischen allen Dingen übernehmen kann. Eine Vermittlung der Einbildungskraft zwischen *res cogitans* und *res extensa* wurde auch von Descartes thematisiert, weil sie dem Verstand hilft, das Bild einer körperlichen Figur zu kontemplieren (vgl. Descartes 1992, 7, 49ff.). Der Erinnerungsinstanz, die schon von anderen Philosophen hervorgehoben wurde, schrieb Kant *reproduktive Einbildungskraft* zu. Er führt aber auch den Begriff *produktive Einbildungskraft* ein, die der Funktion der reinen Intuition von Zeit und Raum entspricht (vgl. KW 10, 466–468 [§ 25]). Die reproduktive Einbildungskraft steht für Kant im Zentrum aller möglichen menschlichen Erkenntnisse und Erfahrungen, indem sie deren Bedingungen setzt (vgl. KW 3, 149 [§ 24]). Wenn dieser Begriff auch noch nicht die Idee der Phantasie als Schöpferin absoluter Neuheit erbrachte, führte er doch zweifellos in die Richtung, die von den Romantikern (siehe c.) vollständig entfaltet wurde. In diesem Zusammenhang sollte auch Kants Theorie des Genies (das seine Vorstellungen fixiert und unterschiedliche Bilder in unterschiedlichen Sinnzusammenhängen kombiniert) als eine Bestätigung der Neuheit, die Kant mit dem Begriff der produktiven Einbildungskraft brachte, gesehen werden.

b. Im 18. und 19. Jahrhundert bekam das Wort Einbildungskraft andere Bedeutungen und Konnotationen. In diesem Sinn oft auch Phantasie genannt, war sie auch ein Synonym des Wunderbaren – das einen anderen Bereich der Einbildungskraft eröffnet, der hier nicht ausführlich thematisiert werden kann. Es handelt sich um den Bereich, der mit der Phantasterei und mit den unterschiedlichsten Aspekten der Irrealität, des Übernatürlichen, der Torheit, Halluzination oder Regellosigkeit verbunden ist. In der Literatur ist dieser Aspekt vor allem im Genre der Phantastik oder Fantasy mit allen ihren Facetten (hier könnten auch Borges und der südamerikanische magische Realismus erwähnt werden) relevant. Für Sartre war Einbildungskraft die Fähigkeit des Gewissens, über Materialität hinauszuschauen (da sie sich auf ein nicht existierendes Objekt bezieht) – was für ihn ein Ausdruck menschlicher Freiheit ist (vgl. Sartre 1994, 28–32, 197–215; Marcuse 1979, 124–138).

Allgemein kann festgestellt werden, dass sich in dieser breiten und schwierig definierbaren Gruppe das findet, was als frei von Kontakten mit der Realität betrachtet wird. Man könnte sagen, dass die Phantasie hier als Erzeugerin von Bildern gesehen wird, die keinen direkten Bezug zur Realität haben. Einerseits distanzieren die Aspekte der so verstandenen Phantasie sich von der „realen" Welt, andererseits schaffen sie andere Welten, die aber normalerweise keine interne Kohärenz haben. Unter diesem Gesichtspunkt hat die Gruppe (b.) eine ambivalente Beziehung zu der Erkenntnisfunktion (a.) der Phantasie. Auch dient diese Gruppe (b.) als Brücke zwischen den beiden anderen, denn sie hat gemeinsame und gleichzeitig unterschiedliche Elemente auch mit der schaffenden Funktion (c.) der Phantasie. Tatsächlich werden auch in der Gruppe (b.) Welten geschaffen; Welten, die aber nicht kohärent sind.

c. Von Kants Differenzierungen der Einbildungskraft ausgehend spielt die schaffende (und nicht erinnernde) Phantasie im 19. und vor allem im 20. Jahrhundert eine wichtige Rolle. Im Anschluss an Kant unterschied Hegel die Einbildungskraft in zwei Hauptfunktionen und Charakteristika: Die erste bezeichnet eine reproduktive Funktion der Bilder, während die andere eine kreative und schaffende Funktion hat (vgl. HW 10, § 455–457). Seit Hegels Unterscheidung bezeichnete das Wort Phantasie eher die kreative Fähigkeit, etwas Neues zu schaffen – unterschiedliche Bilder und Elemente zu kombinieren, die innerhalb der Kategorie der Möglichkeit bleiben. Viele Philosophen haben diese Aspekte in unterschiedlichen Bereichen weiter thematisiert. Man kann hier auch die praktische Phantasie des Strategen einbeziehen, der das Reale mit dem Möglichen verbindet, oder die Formulierung von Hypothesen in den Wissenschaften (wobei man Phantasie braucht, um mehrere Möglichkeiten bedenken zu können).

Man kann sagen, dass Bloch die bisher als die drei Hauptbedeutungen des Begriffs *Phantasie* in der Philosophiegeschichte beschriebenen Richtungen in seinem Denken weiter bearbeitet und in einer originellen und innovativen Weise wiedergibt. Was er Objektive Phantasie nennt, spielt in seinem Gesamtwerk eine zentrale Rolle und kann nicht nur als Bestandteil seiner Ontologie, sondern auch als „Kreuzungsknoten" zwischen seinem ästhetischen und seinem politischen Denken betrachtet werden.

Der Begriff der *Objektiven Phantasie* zieht sich durch sein gesamtes Werk, von seinem Erstling, dem expressionistisch geschriebenen *Geist der Utopie*, bis zum letzten systematischen Werk *Experimentum Mundi*. Während vor allem *Das Prinzip Hoffnung* (und dazu die *Tübinger Einleitung*, die Bloch als Einleitung zum *Prinzip Hoffnung* bezeichnete, obwohl sie viel später verfasst wurde) die Implikationen der Objektiven Phantasie in unterschiedlichen, vielfältigen Aspekten der Kultur, Wissenschaft und auch des Alltagslebens der Menschen organisch darstellt, sind selbstverständlich die *Philosophischen Aufsätze zur objektiven Phantasie* das Werk, das sowohl im Titel als auch in seiner Auslegung die Objektive Phantasie als zentrales Thema bearbeitet. Doch darf man nicht vergessen, dass dieser Begriff in praktisch allen Werken Blochs eine wichtige Rolle spielt und dass in *Experimentum Mundi* eine präzise begründete Definition vorliegt, die im Rückblick auf die davor entstandenen Arbeiten zwar keine Änderung, jedoch eine wichtige Klärung bringt.

Aus der ersten Fassung von *Geist der Utopie* stammt ein Satz, den Bloch öfter in anderen Werken wiedergibt: „In uns allein brennt noch dieses Licht, und der phantastische Zug zu ihm beginnt, der Zug zur Deutung des Wachtraums, zur Handhabung des utopisch prinzipiellen Begriffs. Diesen zu finden, das Rechte zu finden, um dessentwillen es sich ziemt zu leben, organisiert zu sein, Zeit zu haben, dazu gehen wir, hauen wir die metaphysisch konstitutiven Wege, rufen was nicht ist, bauen ins Blaue hinein, bauen uns ins Blaue hinein und suchen dort das Wahre, Wirkliche, wo das bloß Tatsächliche verschwindet – incipit vita nova" (GdU 2, 13; PA, 136). Schon in diesem Zitat sind Elemente zu finden, die Blochs Idee der *Objektiven Phantasie* für immer prägen werden. Die Erkenntnisfunktion der Phantasie, die lange auch in der Philosophiegeschichte unterschiedlich betont wurde, zeigt sich hier insbesondere auf die Tagträume bezogen. So ist schon der eigene Aktionsbereich der Phantasie dargestellt: Sie konzentriert sich auf die Innerlichkeit des Menschen – kann sich vielleicht (Bloch präzisiert es in diesem Sinne nicht) auf die Psyche des Menschen beziehen –, um sich dann aber auch anderen Bereichen zuzuwenden. Was Bloch hier das „Blaue" nennt, erinnert nicht nur an die mystisch assoziierte Funktion dieser Farbe, z.B. in Novalis' romantischer Idee der Blauen Blume (im *Heinrich von Ofterdingen*; Novalis 1, 237–413), an Nietzsches berühmtes Gedicht „Nach neuen Meeren" (Nietzsche 1999, 106), an Chagalls Stil und insbesondere an den Namen der Künstlergruppe *Der blaue Reiter* (vgl. Kandinsky/Marc 1984). Dieses Blaue bezeichnet die Dimension des Unbekannten, das aber erreicht werden *kann*. In diesem Erkenntnisprozess übernimmt die phantastische „gelichtete Emotionalität des Geistes" (GdU 2, 258) eine Führungsrolle. So hat hier die Phantasie sowohl eine Erkenntnisfunktion („Rationalismus des Herzens", ebd., 223, 259) als auch eine Vermittlungsrolle zwischen der menschlichen Innerlichkeit und einer metaphysischen, kosmischen Dimension („das Wahre, Wirkliche"), die an die Theorien von Pythagoras, an die Renaissance und die Romantik erinnert (ohne sich in ihnen zu erschöpfen). Außerdem wird hier die Innovation betont, die die Phantasie einbringt („Incipit vita nova"), und ihre Zukunftsdimension gedeutet. Es handelt sich zweifellos um eine objektive (objekt-gerichtete) Phantasie: „Denn das Ding an sich, noch allein in geistlicher Sehnsucht ‚erscheinend' und so auch der Musik vorgeordnet, ist, was in der nächsten Ferne, im actualiter Blauen der Objekte treibt und träumt; *es ist dieses, was noch nicht ist, das Verlorene, Geahnte, unsere im Dunkel, in der Latenz jedes gelebten Augenblicks verborgene Selbstbegegnung, Wirbegegnung, unsere durch Güte, Musik, Metaphysik sich zurufende, jedoch irdisch nicht realisierbare Utopie*" (ebd., 201; PA 136). In dieser Hinsicht eröffnet Bloch eine „neue[n] Gegenstandslehre [Objektsauffassung, S.M.], mit der *Metaphysik von Ahnung und Utopie*" (GdU 2, 199), indem er behauptet: „Jeder moralisch-metaphysische Expressionsgegenstand ist so zugleich die Realität, die noch nicht voll erreichte, jedoch uns bereits fordernde, essentielle, utopische, schließlich allein ‚reale' Realität" (ebd., 257).

Die Anspielung auf die „allein ‚reale' Realität" im *Geist der Utopie* wird von Bloch im *Prinzip Hoffnung* unter der Bezeichnung des „Realismusproblems in der Kunst" weitergeführt, worin die Objektive Phantasie eine Schlüsselrolle spielt, und dank dem sie eine definierte, systematisch dargelegte Position in seiner Ontologie bekommt. Unter „Realismus" darf hier natürlich keine banale Reproduktion von Aspekten des Realen verstanden werden: „insofern Realismus ein ästhetisches Muster darstellt, dem gemäß die Eigenart eines Werkes gemessen werden kann, hat der Begriff normativen Charakter" (Vidal 1994, 71). Bloch beobachtet zum Beispiel, dass auf Giottos Gemälde *Erweckung des Lazarus* wie auch im dritten Teil der *Divina Commedia* und in der Himmelsszene im Schlussteil des *Faust* „Einzelheiten" (PH 247) realistisch dargestellt sind, dass man aber nicht sagen könne, dass sie die Welt widerspiegeln, wie man sie im Alltag erlebt. Was steckt dann dahinter – was also ist realistisch? Die Welt ist für Bloch unfertig. Die Welt enthält auch Tendenzen und Latenzen, die aktiviert werden können – die schon da, aber manchmal (noch) nicht bewusst (und deswegen noch nicht gewusst) sind. Die Tendenzen und Latenzen gehören in erster Linie zum Realen: Sie sind reale Möglichkeiten. Diesbezüglich kann Bloch sagen: „Also von jenem einzig reellen Realismus her, der nur einer ist, weil er sich auf die Tendenz des Wirklichen versteht, auf die objektiv-reale Möglichkeit, der die Tendenz zugeordnet ist, mithin auf die selber utopischen, nämlich zukunfthaltigen Eigenschaften der Wirklichkeit" (PH 165). In diesem Sinn ist ein repräsentiertes Objekt „wesenhafter" als das sinnlich-historische Vorkommen des Gegenstandes, denn seine Vorstellung enthält auch die Tendenzen und Latenzen, die nicht sichtbar sind, aber die doch aktiviert werden können. „Das Ding an sich ist die objektive Phantasie" (Aus dem Jugendmanuskript *Über die Kraft und ihr Wesen* 1902; dann in SP 71 u. PA 115 zitiert; vgl. auch PA 158). Denn das „Ding an sich" kann für Bloch kein Objekt oder kein Wesen sein, das man in der Gegenwart mit den Sinnen wahrnimmt oder mit der Vernunft konzipiert. Denn alles enthält Tendenzen und Latenzen, die noch nicht manifestiert sind. Die Objektive (objekt-gerichtete) Phantasie ist aber fähig, diese Tendenzen und Latenzen zu erkennen und auch in der Form zu visualisieren, die sie in Verbindung mit den konkret-realen Möglichkeiten übernehmen können. Daher ist sie für Bloch die einzige Erkenntnisfakultät, die dem Menschen hilft, eine Vorstellung (und in der Kunst auch eine Darstellung) der Dinge zu erhalten, wie sie sein werden (oder werden können) – wenn sie „bei sich" und „an sich" sein werden.

Was in der Philosophiegeschichte als eine Art „Schwäche" der Phantasie gesehen wurde – ihre Fähigkeit, Bilder eines Objektes auch ohne die sichtbare, physikalische Anwesenheit des Objektes selber zu erzeugen –, ist für Bloch ihre größte Stärke und ihre erkenntnistheoretische Überlegenheit über die traditionelle Ratio. Denn die Objektive Phantasie ist nicht nur mit der An- oder Abwesenheit eines Objektes, sondern vielmehr mit seiner Entwicklung und Verbindung mit der Geschichte – mit den realen Möglichkeiten – verknüpft. Sie ist überhaupt keine Illusion. Sie bleibt jedoch „virtuell" (PH 248), wie auch das Bild im Spiegel virtuell ist, aber sie enthält mehr als das, was man normalerweise sehen kann. Sie enthält auch die Zukunft. „Die Phantasievorstellungen sind hier nicht solche, die sich aus Vorhandenem lediglich zusammensetzen, auf beliebige Weise (steinernes Meer, goldener Berg und dergleichen), sondern die Vorhandenes in die zukünftigen Möglichkeiten seines Andersseins, Besserseins antizipierend fortsetzen" (ebd., 163f.). Denn „antizipatorische Elemente sind ein Bestandteil der Wirklichkeit selbst. Also ist der Wille zur

Utopie mit objekthafter Tendenz durchaus verbindbar, ja in ihr bestätigt und zu Hause" (ebd., 227).

Die Kunst zeigt die von der Objektiven Phantasie in einer Kunstform geäußerte Vorstellung in Form eines Vor-Scheins. Diesbezüglich ist ein Zitat aus den *Literarischen Aufsätzen* treffend: „Nüchternheit und Wissen bleiben wohl das Salz der guten Träume; ertragen diese das Wissen nicht, so waren sie Selbsttäuschung oder schwindelhaft, und marxistischer Begriff führt von privaten oder heimatlosen Wunderlichkeiten fort. Doch als echter und großer entzieht er nicht das in Wahrheit, gerade in der Wahrheit poetische Korrelat, welches Marx einmal den ‚Traum von einer Sache' in der Welt genannt hat. Marxistischer Begriff verbindet, lenkt und berichtigt den poetischen Überschuss im Dichtermaterial, das heißt, er verbindet ihn mit dem Tendenz- und Latenz-Überschuss, den die bewegte Wirklichkeit selber über ihre sogenannten Tatsachen aufweist. Diese sogenannten Tatsachen mag der Naturalismus beschreiben, sie sind so viel wert und so oberflächlich wie er selber. Die wirklich realistische Dichtung hat es mit dem Prozeß zu schaffen, aus dem die Tatsachen künstlich isoliert-fixiert worden sind; und der Prozeß verlangt exakte Phantasie, ihn darzustellen, ist mit ihr selber konkret verbunden" (LA 137).

Hier ist die Erkenntnisaufgabe der Objektiven Phantasie auch im rein ästhetischen Bereich klar zu sehen. Insbesondere bemerkt Bloch, dass man durch ein Kunstwerk in der Tat Elemente der Epoche kennt, in der es verfasst, komponiert wurde und in der es spielt. Es handelt sich also wieder um keine reinen „Bilder", denn es gibt einen direkten Bezug zum „Realen": „Statt des isolierten Fakts und des vom Ganzen gleichfalls isolierten Oberflächenzusammenhangs der abstrakten Unmittelbarkeit geht nun die Beziehung der Erscheinungen zum Ganzen ihrer Epoche auf und zum utopischen Totum, das sich im Prozeß befindet" (PH 256f.). Die Art und Weise, wie die Phantasie die Ereignisse in einem Kunstwerk fokussiert, ist – im Vergleich mit anderen Erkenntnismethoden – einzigartig: Wenn die Phantasie konkret (objektiv) ist, dann geht sie „dem ‚Bedeutenden' der Erscheinungen nach und führt es aus" (ebd., 257). Das Bedeutende ist „das Besondere des Allgemeinen, [...] die jeweilige charakteristisch-typische Figur des Totum. Und das eigentliche Totum, dieses, worin auch das erfaßt epochal Ganze aller epochalen Momente selber wieder ein Moment ist, stellt sich gerade in den breit vermittelten Großwerken nur am Horizont dar, nicht in einer bereits ausgestalteten Realität" (ebd.; vgl. auch PA 129 u. LdM 148).

Das Totum, das von der großen Kunst gezeigt wird, ist die politisch-kulturell-historische Situation ihrer jeweiligen Epoche. Diese Epoche ist aber keine Protagonistin, sondern befindet sich „am Horizont": Von diesem Horizont aus strahlt sie wie eine Sonne, die weit weg, aber präsent ist. Von hier aus erfasst sie die Ereignisse und Elemente in ihrer Tendenz und Latenz. Das Ganze, das von der Objektiven Phantasie erfasst wird, ist im Endeffekt die Zukunft der Realmöglichkeit: die Latenz und Tendenz. Es ist kein geschlossenes, stagnierendes, sondern ein noch-nicht-vollendetes Ganzes.

Aber wenn die Welt unvollendet ist, wie kann dann ein Kunstwerk vollendet sein? Was wäre sonst das *Korrelat* der Phantasie in der Welt? Wenn das Kunstwerk den Weltprozess widerspiegelt, muss es also auch etwas Unvollendetes sein. „Die Tiefe der ästhetischen Vollendung bringt selber das Unvollendete in Gang" (PH 254). Diese Nicht-Vollendung hat natürlich mit der technischen Fertigkeit des Künstlers nichts zu tun, denn solche Fertigkeit ist in jedem großen Kunstwerk vorausgesetzt (vgl. ebd., 253f.). Dieses Unvollendet-Sein besteht in einem Sachcharakter des Objektes: in seiner Materie (die Welt ist unvollendet – also ist auch die Materie unvollendet). Was Bloch später in den *Philosophischen Aufsätzen* betonen wird, ist schon im *Prinzip Hoffnung* dargelegt: Die ästhetische Phantasie hat die Welt als *Korrelat*, wenn sie sich fragmentarisch (wie die Welt selbst es ist) ausdrückt. „Und deshalb ist jeder künstlerische, erst recht jeder religiöse Vor-Schein nur aus dem Grund und in dem Maße konkret, als ihm das Fragmentarische in der Welt letzthin die Schicht und das Material dazu stellt, sich als Vor-Schein zu konstituieren" (ebd., 255).

Für Bloch hat also die Phantasie ein Korrelat in der Welt. Blochs Position ist stark und einzigartig, auch weil die Phantasie oft als Flucht aus der Realität gesehen wurde und wird. Als Flucht aus der Realität wird die Phantasie manchmal auch von Bloch gesehen, aber nur wenn sie nicht konkret und objektiv ist. Im *Prinzip Hoffnung* behauptet er, dass sowohl „der flache Empirist" („Fetischist der sogenannten Tatsachen"), als auch „der überschwängliche Schwärmer" (der „die Dinge überfliegt") „äußerlich, oberflächlich, abstrakt" (ebd., 256) bleiben. Das Reale ist nicht etwas ganz Vollendetes oder träge Materie, wie der Empirist sagt, für den die „sogenannte Tatsachenwelt nicht als fließende Prozesswelt verstanden […]" wird (PA 29). Anderseits ist aber das Reale doch facettiert, aber es ist nicht willkürlich oder so bildsam, wie der Träumer möchte. Obwohl der Überfliegende „einem höherem Menschentyp" zugehört (denn er akzeptiert die Dinge nicht, sondern er will sie ändern), bleiben diese beide Figuren für Bloch ohne Vermittlung mit der Welt: Daraus resultiert ihrer beider Niederlage.

Ein extremes (wahrscheinlich das berühmteste) Beispiel des weltfremden Träumers ist Don Quichotte. Dieser „einsame Narr [...] war unter den unbedingten Träumern der unbiegsamste" (PH 1216); und erregt am meisten Mitleid. Aus den Büchern, die er las, entsprang sein „Glaube des Unbedingten" (ebd., 1218). Dieser Glaube blendet ihn und lässt ihn die Realität nur durch seine starren mentalen Schemata interpretieren. Diese Schemata sind dem Realen vermittlungslos entgegengesetzt. Don Quichottes Glaube ist also *antiquarisch-utopisch*. Einerseits will er die Welt verändern und eine bessere Zukunft schaffen, andererseits nimmt er die mittelalterliche Kultur als Vorbild: Eine verschwundene Welt, deren Regeln in Don Quichottes Zeit nicht mehr gelten. Aus diesem unvermittelten Verhältnis zwischen Traum und Welt, zwischen Antizipation und Vergangenheit entstand eine „Karikatur der Utopie – sich selbst ein Pathos, anderen eine Komik, praktisch eine Prügelgeschichte des abstrakt Unbedingten. [...] [Und stellt] wegen seines abstrakten Idealismus, die Karikatur eines phantasma bene fundatum und seines konstitutiven Inhalts [dar]. Der Inhalt ist Güte, ja Goldenes Zeitalter, wie Don Quichotte selber sagt, aber der Weg dazu hin geschieht hier mittels der tollsten und geprügeltsten Abstraktionen, die die Welt kennt. Darin, in diesem Zusammenstoß besteht Don Quichottes Irrsinn, daraus stammt sein traurigkomisch Schicksal" (ebd., 1224). Hierzu muss bemerkt werden, dass die Figur des Narren eine lange Tradition in Bezug auf die Phantasie hat (siehe die oben genannte zweite Hauptbedeutung des Wortes b.). Bei Bloch muss man aber immer daran erinnern, dass die Objektive Phantasie sich von „bloßer Phantasterei eben dadurch unterscheidet, dass nur erstere ein Noch-Nicht-Sein erwartbarer Art für sich hat, das heißt, nicht in einem Leer-Möglichen herumspielt und abirrt, sondern ein Real-Mögliches psychisch vorausnimmt" (ebd., 164).

Don Quichotte ist eine extreme Figur. Auch unter diesem Gesichtspunkt könnte er wieder als Verkörperung eines Aspektes der Phantasie gesehen werden, die für Bloch eminent ist. Es handelt sich um ihre Fähigkeit, die Möglichkeiten ins Extreme zu treiben, damit sie klarer zu sehen und zu analysieren sind. Dieser Aspekt der Phantasie spielt nicht nur in Blochs ästhetischem, sondern auch in seinem politischen Denken eine zentrale Rolle.

In der Welt gibt es nach Bloch latente Möglichkeiten, die noch nicht herausgebracht wurden. Die Objektive Phantasie übertreibt und verlängert die Möglichkeiten eines Objektes, sie zeigt Entwicklungsmöglichkeiten (mögliche Zukunftssituationen) von Dingen, Personen, Gedanken, Gesellschaften: „alles im Kunstbild Erscheinende ist zu einer Entschiedenheit hin geschärft oder verdichtet" (ebd., 247). Die Phantasie birgt also für Bloch einige Latenzen zu einer möglichen (real-möglichen) Tendenz. Auf diese Art und Weise sind die Latenzen „sichtbar". Sie sind ein Schein von etwas, das nicht willkürlich, sondern in einer *real-möglichen* Weise passieren *kann*. „Künstlerischer Schein ist überall dort nicht nur bloßer Schein, sondern eine in Bilder eingehüllte, nur in Bildern darstellbare Bedeutung von Weitergetriebenem, wo *die Exaggerierung und Ausfabelung einen im Bewegt-Vorhandenen selber umgehenden und bedeutenden Vor-Schein von Wirklichem darstellen*, einen gerade ästhetisch-immanent spezifisch darstellbaren" (PH 247; vgl. Wurt 1986, 28–33). In der Kunst ist dieser Aspekt besonders auffällig – und auf diese Weise ist Kunst für Bloch eine „Nicht-Illusion, denn sie wirkt in einer Verlängerungslinie des Gewordenen, in seiner gestaltet-gemäßeren Ausprägung" (PH 248). Indem die Tendenzen von Menschen und Situationen bis an ihr Ende getrieben werden, wird „das Konsequente, ja objektiv Mögliche" sichtbar. Das übernimmt eine wichtige, wenn nicht notwendige Rolle in allen Aspekten des menschlichen Lebens. Denn „wo extravertierte Phantasie gänzlich fehlt, [...] da erscheinen freilich nur matters of fact und Oberflächenzusammenhänge" (ebd., 106). Das betrifft für Bloch nicht nur den Bereich der Ästhetik, des Alltagslebens, der politischen und utopischen Entwürfe, sondern auch die Naturwissenschaften. Denn indem die Wissenschaftler konkretfundierte Hypothesen formulieren, treiben auch sie einige mögliche Entwicklungen über das faktisch Bestehende hinaus (vgl. dazu auch *Über Fiktion und Hypothese*, PA 21–26, wo Bloch von der objekthaften Hypothese spricht).

Darüber hinaus kann beobachtet werden, dass Blochs Argumentation über die Objektive Phantasie von einer rein ästhetischen Thematik ausgehend in einen breiteren Bereich mündet, der einerseits wissenschaftliche, andererseits auch politisch-gesellschaftliche Konnotationen bekommt. Denn die Objektive Phantasie besitzt für Bloch die Fähigkeit, die Tendenzen und Latenzen des Realen zu erfassen und sie dann in einem Vor-Schein Gestalt werden zu lassen, so dass die Möglichkeit ihrer konkreten Realisierung sichtbar wird. D. h. dieselbe Phantasie, mit welcher der Künstler ein Kunstwerk erzeugt, ist dann auch auf der Ebene der Politik wichtig, wenn eine Gesellschaft „ihre

Welt" verändert und sogar erschafft. Die Phantasie ist sozusagen die offizielle Architektin der konkreten Utopie. Sie entwirft Projekte in unterschiedlichen Phasen der Konstruktion. Wenn sie in einem ersten Moment „die Idee gibt" – wenn sie Modelle und Hypothesen skizziert, wie die Welt verändert und neu gestaltet werden kann – kommt sie auch in einem zweiten Moment ins Spiel; nämlich dann, wenn es darum geht, die Idee auf die Wirklichkeit anzuwenden. Die Phantasie ist also kein Vorrecht der Künstler, sondern notwendiges Instrument auch für die Politiker. Die Produkte der Objektiven Phantasie (u. a. Kunstwerke, aber auch gesellschaftliche Projekte oder Vorstellungen) sind an sich realisierbar, wenn die Gesellschaft latente Elemente (Hoffnungs- und Erwartungsinhalte) unterstützt und auf ihre Ziele hin ausrichtet. Auf diese Weise kann nach Bloch eine Gesellschaft entworfen und strukturiert werden, die den Bedürfnissen und Wünschen der Menschen entspricht und in diesem Sinn höchst demokratisch sein kann. Deswegen ist „das Organon der psychischen Utopie, des auf konkret Neues subjekthaft bezogenen Noch-Nicht-Bewußten, wie des Noch-Nicht-Gewordenen psychisch repräsentiert, [...] weniger abgelegen, es ist die Politik" (ebd., 126).

In diesem Zusammenhang übernimmt die Phantasie bei Bloch eine revolutionäre Rolle, indem sie die Gesellschaft völlig neu ordnen will. Schon im *Prinzip Hoffnung* behauptet Bloch, dass „das revolutionäre Interesse" die Verlängerungen der Phantasie, die in der Kunst und in den Wachträumen allgemein zu sehen sind, kennen soll, damit es die Weltverbesserung nach der konkreten Möglichkeit sowohl in der Theorie als auch in der Praxis entsprechend gestalten kann (vgl. PH 107). Die Entscheidung, die Phantasievorstellungen als bloßen Vor-Schein zu belassen oder sie mit den Tendenzen und Latenzen der Geschichte zu verbinden, wird aber nicht in der Kunst, sondern in der Gesellschaft getroffen (vgl. PH 249). Die Gesellschaft kann also der Geschichte eine Richtung geben, Tendenzen und Latenzen unterstützen, Hemmungen überwinden oder Probleme lösen, so dass der Vor-Schein der Kunst und Tagträume im Leben immer präsenter werden – d. h. nicht nur als Potentialitäten, sondern *in actu* wirken können. Denn der Mensch spielt im Weltprozess eine wichtige Rolle, indem er aktiv und bewusst dessen Richtung beeinflussen kann. In diesem Sinn soll Politik für Bloch als „Kunst des Möglichen" verstanden werden (vgl. PM 409–418) – d. h. als die Kunst, die die Tendenzen und Latenzen an jenes Ende treibt, das dem Bild einer besseren Welt mehr entspricht, so dass die Distanz zwischen Objektiver Phantasie und konkreter Realität immer kleiner wird. Denn „Kunst ist ein Laboratorium und ebenso ein Fest ausgeführter Möglichkeiten" (PH 249; vgl. Wiegmann 1976, 108–112; 115–118 u. Mazzini 2010, 52–65).

Aber wie kann eine Kenntnis der Phantasievorstellungen gewonnen werden? Und auf welche Art und Weise kann man zwischen Phantasterei und objektiver Phantasie unterscheiden? Dies sind Schlüsselfragen in Blochs Philosophie, denn sie betreffen seine ganze Ontologie und deren Konsequenzen für sein politisches Denken. Ein wichtiges Element, das im *Prinzip Hoffnung* und auch in den *Philosophischen Aufsätzen* intensiv behandelt wird, kann für die Beantwortung dieser Fragen von Nutzen sein: Das Verhältnis zwischen Noch-Nicht-Bewusstem und Noch-Nicht-Gewusstem (das wiederum zum Noch-Nicht-Gewordenen führt).

Im Gegensatz zu Freud (vgl. PH 55ff., vor allem PA 84ff.) behauptet Bloch, dass es auch eine Art von Unbewusstem (das er „das Vorbewusste" nennt) gibt, bei dem nicht erinnert, sondern *antizipiert* wird. Bloch denkt, „das Noch-Nicht-Bewußte selber muss seinem Akt nach *bewußt*, seinem Inhalt nach *gewußt* werden [...], *bewußt-gewußt* als utopische Funktion. Deren Inhalte repräsentieren sich zunächst in Vorstellungen, und zwar wesentlich in denen der Phantasie" (PH 163). Es gibt also Aspekte und Inhalte, die man irgendwie kennt, indem sie noch-nicht-bewusst sind. Damit man sich ihrer bewusst werden kann, ist es aber notwendig, sie sich *vorzustellen*. Diese Vorstellungen gehören in den Bereich der Objektiven Phantasie (und nicht der Phantasie im Allgemeinen) immer dann, wenn sie nicht nur *erinnert* werden – d. h. wenn sie nicht „lediglich gewesene Wahrnehmungen reproduzieren" (wie eine große philosophische Strömung in der Begriffsgeschichte der Phantasie behauptet hat: siehe a.). Blochs Neuerung diesbezüglich besteht in der Betonung der Zukunft, der Latenzen und Tendenzen der Geschichte, die einen Anteil Zukunft enthalten und in Form von konkreter Möglichkeit antizipieren. Denn das „Noch-Nicht-Bewußte insgesamt ist die psychische Repräsentation des Noch-Nicht-Gewordenen in einer Zeit und ihrer Welt, an der Front der Welt" (PH 143). Die so verstandene Phantasie entnimmt Vorstellungen vom Noch-Nicht-Bewussten und hilft deswegen dem Menschen, sich der Latenz- und Tendenzinhalte bewusst zu werden (vgl. Bloch, J. R. 1995, 207–219). „*Noch-Nicht-Bewußtes wird durch Gewußtsein ausgeführt, nicht zerschlagen, und wird es gewußt gemacht, so ist das Bewußtsein um Inhalte bereichert, die vorher nie manifest, nur latent in ihm waren*" (PA 129). Die Phantasie ist für Bloch eine „Bestimmung des Unbewußten", eine Bestimmung der Wünsche und Tendenzen des Menschen, die ihm noch-nicht-bewusst waren. „Für die Artikulierung des Noch-Nicht-Bewußten, mit Noch-Nicht-Gewordenem, Noch-Nicht-Gelungenem als repräsentiertem Inhalt, gibt es keine fertigen Muster, am wenigsten gibt es ein prähistorisch abgeschlossenes Apriori der Phantasie" (ebd., 131).

Die Phantasie kann sozusagen eine „psychische[n] Repräsentation bevorstehender und möglicher Neuheit" sein, wobei „das Aufdämmernde [...] hier sogar eines der Sache selbst [ist]" (ebd., 125). Da die Vorstellungen der Phantasie sich auf die konkrete Möglichkeit stützen, haben sie nicht nur einen subjektiven oder individuellen, sondern vor allem einen Aspekt, der alle Menschen betrifft: Ihre Richtung auf die Hoffnungsinhalte, die realisiert werden können (vgl. ebd., 144–149; 169–171). So kann Bloch über einen zweifachen Sinn des Begriffs Bewusstsein sprechen, was wichtige Implikationen für die Objektive Phantasie hat. Er unterscheidet zwischen einem *intransitiven* Sinn (Beschreibung des Zustandes, aus der Ohnmacht wieder zu erwachen) und einem *transitiven* Sinn, der sich auf die Gegenstände dieses Zustandsbewusstseins konzentriert. Diese zweite Bedeutung bezieht sich auf ein Wissen um etwas und „setzt das einem Bewußte gleichzeitig als das einem Gewußte, das einem Unbewußte als das einem Ungewußte" (ebd., 159). Für Bloch ist dieses zweite Bewusstsein bedeutsam, weil es den Prozess der Vermittlung in sich weiter vollzieht – der Vermittlung zwischen Subjekt und Objekt, zwischen Noch-Nicht-Bewusstem und Noch-Nicht-Gewordenem. Diese Vermittlung kann nur der Wille durch die Praxis realisieren – aber bevor eine Entscheidung getroffen werden kann, die die Praxis aktiviert, spielt selbstverständlich das Bewusst-werden und -sein eine entscheidende Rolle.

Der Wille wird durch die Gefühle aktiviert und verstärkt. In diesem Kontext verbindet sich der Bereich der Objektiven Phantasie mit dem des Wärmestroms, indem der Wille nicht nur auf die *kalten*, als rational definierten Gründe und Überlegungen, sondern auch auf die Wunschbilder, die Hoffnungen und die Tagträume achtet, die konkret-möglich sind. Und wie der Wärmestrom ein notwendiges, manchmal fehlendes Element für eine erfolgreiche Realisierung der Projekte darstellt, so macht sich die Objektive Phantasie die unersetzbare Kraft der konkret-möglichen Träume zunutze. Das „In-die-Phantasie-Greifen [...] bringt uns der Praxis näher als das sture Ableiern von ökonomischen Parolen und das Sammeln von Zitaten, die überhaupt nicht mehr durchdacht werden" (TLU 223).

Der Wille ist so nicht unbegrenzt, sondern mit dem Realen vermittelt, „mit objektiver Allianz" (PA 175). Er bezieht sich auf keine abgeschlossene Welt, sondern auf den „Prozess der vermittelten Neuheit", die „Dialektik des Sprungs zum Neuen" (ebd., 176f.). Diese notwendige Vermittlung mit den Real-Möglichkeiten ist u. a. eine Garantie gegen Illusionen (so dass man nicht planen kann, die Welt in einer beliebigen Weise zu verändern, wenn konkrete, als Latenz schonpräsente Möglichkeiten nicht vorhanden sind) und auch gegen bewusste oder unbewusste Manipulationen derjenigen, die Führungs- und Verantwortungsrollen in der Politik bekleiden. „Und ausschließlich hängt die Hauptsache aller Hauptsachen vom Anteil des subjektiven Faktors als einem voluntaristischen ab: nämlich die *Verwirklichung* der objektiv-realen Möglichkeiten, damit sie, soweit sie schlechte sind, tunlichst gesperrt, soweit sie gute sind, tunlichst befördert werden und nicht brachliegen" (ebd., 549). Dieser Aspekt bringt uns wieder zu den gesellschaftlichen und auch politischen Implikationen der Objektiven Phantasie zurück.

Das Ziel des Willens ist letztlich das „Reich der Freiheit", das „Regnum Humanum". Nach diesem Ziel strebt letztlich die Objektive Phantasie. Es ist das „Ding an sich". Wie bereits erwähnt, ist die Phantasie objektiv, wenn sie sich an ein Objekt wendet. Dieses Objekt ist für Bloch präsent nicht nur, wenn es *er-scheint* (wie die „Tatsachenfetischisten" behaupten), sondern auch wenn es noch nicht da ist (man könnte sagen: „*vor-scheint*"). Denn „Erkenntnis, sagt Engels, ist keine Abbildung von Tatsachen, sondern von Prozessen; ist doch die gesamte Welt ein noch anhängiger Prozeß" (ebd., 624), und deswegen ist das „Ding an sich" nur in Form eines Vor-Scheins zu kennen. „Also entschiedenst ist dies detektivische Wissen um die Dinge, wie sie sind, einig mit dem antizipatorischen, wie sie sein können" (ebd., 625) – das Wissen um das, was Bloch das „Plus ultra der Philosophie" (LdM 69–73) nennt. „Vermittelte Antizipation und Objektive Phantasie geben uns und dem Weltprozeß das plus ultra des Heimkommens seiner Ausdrucksgestalten, Auszugsgestalten" (PA 131).

Im *Experimentum Mundi* verbindet Bloch die Idee der Objektiven Phantasie direkt mit der Stoa und betont, dass „Phantasia bei den Griechen nicht Einbildungskraft, sondern mehr oder minder treffende Vorstellung bedeutet. Die kataleptische Phantasie ist danach eine, worin im Akt des Urteilens und in seinem Gegenstand eine sich gleichsam begegnende Gleichheit am logischen Werk ist. Dergestalt, daß wahre Vorstellungen die sind, in denen das Subjekt das Objekt und ebenso das Objekt das Subjekt antrifft und ergreift, eine Berührung, die bei Erkenntnis und Erkanntem als Disparatem nicht statthaben könnte" (EM 56). Diese Verbindung (oder, mit Blochs Worten: „Umarmung") von Subjekt und Objekt ist der Schlüssel, um die Rolle und Bedeutung der Objektiven Phantasie in Blochs Philosophie festzustellen. Objektive Phantasie bedeutet nach Bloch keine Abbildung eines Objektes (wie es in der Philosophiegeschichte oft gesagt wurde), sondern eine „Fortbildung" des Objektes selbst in seiner Zukunftsdimension: „Als eines, das seine Sache auch überholen kann, in ihrer Schwimmrichtung, versteht sich" (ebd., 62f.). Sie kann sozusagen die Potentialitäten des Objektes verlängern und ist keine Durchsetzung, keine gewalttätige Änderung seiner Natur oder Essenz, sondern eine seiner möglichen Entwicklungen. Das Subjekt „greift" das Objekt nicht (also: keine Be-greifung), sondern „umarmt" es. Die Verhältnisse zwischen Subjekt-Objekt sind also hier keinem Wettkampf und keiner Hierarchie zuzuordnen, sondern bilden eine „Wechselwirkung" – eine gegenseitige Hilfe, Mitwirkung und Mitarbeit. Aus der pantheistischen Stoa, deren Lebensideal eine Übereinstimmung mit der Natur suchte, stammt nach Bloch der Begriff der *Objektiven Phantasie:* „Das war [...] bedeutet mit dem Begriff der Phantasia kataleptikē als einer gegenseitigen Ergreifung von Subjekt und Objekt oder Ich und Welt, im gleichen Akt des Erkennens" (ebd., 64). Von dieser Philosophieströmung nimmt Bloch Elemente, die gegen eine manchmal zu oft auftauchende Tendenz zur Selbstreferenzialität oder zum Solipsismus dienen. Die Objektive Phantasie ist in diesem Sinne eine verbindende Umarmung zwischen Subjekt und Objekt. Denn sie ist keine Vorstellung von Einzelgegenständen, sondern etwas, das eine Verbindung mit der Welt hat oder sucht.

Es genügt also nicht, etwas zu hoffen, zu visualisieren, zu träumen, damit es realisiert wird: das wäre eine abstrakte, keine Objektive Phantasie. Nach Bloch enthält auch die abstrakte Phantasie einen Teil von Subversivität, denn sie visualisiert eine Welt, die anders als die vorhandene Welt ist. Man ist sozusagen mit den Dingen nicht zufrieden, wie sie sind, und man will sie ändern. Diese Änderung wird aber konkret-möglich erst dann, wenn es eine Übereinstimmung mit der „Realdialektik der Welt" (ebd., 64) gibt. „Vollziehen der Träume gelingt eben nicht in einem bloß feststellenden Abbilden des Gegebenen im Gedanken, dazu hilft erst ein vermehrendes Fortbilden durch den Gedanken, der sich allerdings, sehr wohl verstanden, in der Schwimmrichtung von Tendenz zu Latenz, also im möglichen Met-hodos der

Welt halten muß" (ebd., 66). Hier ist wichtig daran zu erinnern, dass das Wort μέϑοδοσ [méthodos] auf bedeutungsvolle Weise aus *meta* (μετα, ‚was *jenseits* bringt') und *hodos* (ὁδός, ‚Weg') komponiert ist. Es gibt also hier keine getrennte *res cogitans* und *res extensa*, keine unabhängigen Welten. Subjekt und Objekt sind – im realen Prozess – miteinander verbunden und voneinander abhängig. Die Idee einer Phantasie als Irrtum und Flucht aus dem Realen würde an dieser Stelle nicht passen, denn Objektive Phantasie verbindet sogar das Subjekt mit dem Objekt: „An dieser Stelle erscheint die eigentlichste, die metaphysische Brücke der Entsprechungen zwischen erkennendem Subjekt und fortbildend treu erkanntem Objekt" (ebd., 66). In der Objektiven Phantasie bei Bloch entsprechen die Intentionen des Subjektes den Tendenzen des Objektes. Hier ist auch eine starke, fast pantheistische Verbindung und Korrespondenz zwischen dem Mikrokosmos des Menschen und dem Makrokosmos der Welt festzustellen, indem die Objektive Phantasie ihre effektive, fast essenzielle Verbindung zeigt. In diesem Sinne weist Blochs Position Ähnlichkeiten mit dem Denken Plotins und den Philosophen der Renaissance auf. Im Menschen vibriert die Hoffnung und sind utopische Inhalte durch Tagträume und Vor-Schein-Erscheinungen z. B. in Kunstwerken sichtbar: Diese Elemente sind auch in der Welt (als Latenz) präsent.

Der Mensch spielt diesbezüglich eine aktive Hauptrolle, indem er mit seiner Arbeit die Welt verändern kann. Er kann also durch die Theorie und durch die Praxis bewusst den Weltprozess beeinflussen und auch nach seinen Intentionen richten. Deswegen ist es für Bloch absolut notwendig, dass Objektive Phantasie nicht als Phantasterei verstanden wird. Denn sie ist eine Erkenntnismethode, die durch nichts Anderes ersetzt werden kann. Objektive Phantasie ist also nicht nur ein ästhetisches Vermögen, sondern auch eine politische Waffe. „Keine andere ‚Phantasie' besteht marxistisch zu Recht als die künstlerisch genaue, als die wissenschaftlich gelenkte und konkret vorgreifende. Diese allerdings besteht marxistisch zu *höchstem* Recht; in der exakten Kunst, in der allemal reichen Philosophie. Denn der Marxismus steht so wenig gegen *echte* Phantasie (als eine, die der Tendenz, vor allem der Latenz des Geschehens zugeordnet ist), daß er ihr die Welt zum ersten Mal als mögliches Korrelat gezeigt hat" (PA 53). Durch Objektive Phantasie zeigt sich, dass die marxistische Theorie nicht abstrakt ist. Die Praxis, die die Welt nicht nur interpretieren, sondern verändern will, findet in der Objektiven Phantasie ihre Rechtfertigung, wenn nicht ihre Kraft. Wenn Wünsche des Menschen Vorgriffe sein können – und deswegen nicht nur möglich, sondern objektiv-real-möglich sind, kann also man behaupten, dass Objektive Phantasie ein „offener Topos" der objektiven-realen Möglichkeiten ist, der dem Novum zugewandt ist (vgl. EM 256).

Mit Blochs Worten kann man hier also sagen, dass die Objektive Phantasie die Wärme- und die Kälteströme verbindet, da er eine mögliche Einheit zwischen künstlerischer Subjektivität und interpretativen Analysen des Marxismus sieht. Und weil Wärme- und Kältestrom nur wirksam sind, wenn sie zusammenarbeiten, sieht Bloch eine Verbindung zwischen den Phantasiekräften und den Verstandesanalysen als notwendig an, damit der Mensch seinem Ziel näher kommt. In diesem Sinn eröffnet Blochs Begriff der *Objektiven Phantasie* Ausblicke auf ein weiteres Thema in den heutigen erkenntnistheoretischen, postmodern geprägten Debatten: Objektive Phantasie verkörpert ein Analyseinstrument, das als komplementär zu dominanten Vernunftformen verstanden werden kann. Interessant ist dabei, dass Bloch die Phantasie auch als eine „induktive Vernunft" (LdM 68) bezeichnet hat.

Blochs Idee der *Objektiven Phantasie* ist bisher von der akademischen Philosophie noch kaum untersucht worden. Die objektive, „wissenschaftliche Phantasie" (TE 105) könnte aber einen wichtigen Beitrag zu mehreren Bereichen einbringen. In einer interkulturellen Philosophie würde z. B. diese „Ratio des Irrationalen" (Gespräche 222) dabei helfen, jenseits der westlich-traditionellen Trennung zwischen Rationalität und Irrationalität, einen vorurteilsloseren Austausch mit anderen Formen von Denken zu ermöglichen. Was gerade in den postkolonialen, postmodernen, feministischen oder queer-Debatten diskutiert wird, würde mit einer neuen Perspektive bereichert. In *Erbschaft dieser Zeit* wird von Bloch behauptet, dass die Vernunft mehrere Stufen und Weisen haben kann, zu „funktionieren" und sich „auszudrücken". Es gibt *Viele Kammern im Welthaus*. In ihnen gibt es noch viele Elemente, die von der dominanten Denk- oder Lebensweise marginalisiert werden. Es besteht die Gefahr (vor allem in einer globalisierten Welt), dass sie verloren gehen oder vergessen werden. Um eine Homogenisierung der Welt zu verhindern, förderte Bloch die Nutzung der Objektiven Phantasie, die heute auch „interkulturelle Phantasie" genannt werden könnte. Dazu gehört „eine Skizze, weniger: ein kleiner Katalog", den er 1928 verfasst hat, „sehr unvollständig und wissentlich ungeordnet. *Ein Katalog des Ausgelassenen, jener Inhal-*

te, die im männlichen, bürgerlichen, kirchlichen Begriffssystem keinen Platz haben. Die aber im selben Maße wieder hervortreten müssen, als das System revolutionär gesprengt wird oder ‚relativistisch' selber sprengt. Und infolgedessen – gegen den *abstrakten* Rationalismus – existentielle Inhalte erscheinen, die gewiß nicht jede Ratio sprengen, aber eine existentiellere und konkretere brauchen" (EdZ 392).

→ *Ästhetik; Latenz; Möglichkeit; Noch-Nicht; Tendenz; Traum; Vor-Schein*

📖 BLOCH, J. R. 1995; MARCUSE 1979; MAZZINI 2010; SARTRE 1994; VIDAL 1994; WIEGMANN 1976; WURT 1986.

Silvia Mazzini

Prozess

Blochs Philosophie kann als Prozessphilosophie bezeichnet werden. Die Prozessualität ist die tragende Struktur seiner Weltauffassung und ihrer Erkenntnis in entsprechenden Kategorien. Die Welt entfaltet sich nach Bloch in einem Prozess, der als Experiment vom Menschen an der Front in Gang gehalten wird (vgl. EM 31, 253; PA 401). Dem Prozessgedanken Folge tragend, entfaltet Bloch eine differenzierte Sicht auf die unterschiedlichen Phasen der Prozessualität, denen man im Bild des Flusses von der Quelle bis hin zur Mündung folgen kann. Unter der Voraussetzung einer durchaus nicht in die Beliebigkeit führenden Offenheit erweist sich der Weltprozess als Experiment, in dem die menschliche Geschichte eine besondere Rolle einnimmt. Für menschliches Handeln erweist sich ein angemessenes Begreifen der Möglichkeiten der Prozessualität im Erkenntnisprozess als wesentlich.

Prozess hat seinen Ursprung in der Rechtssprache. So kennt das Altgriechische mit ἀγών (*agon*) und δίκη (*dike*) zwei Termini. *Dike* meint das Ergebnis eines Prozesses, „das (einem gebührende) Recht, um das im Prozess gestritten wird" (HR 113). „Die Griechen aber nannten Δίκη die ‚Gerechte', ebenso die ‚Weiseste'; denn sie bringe in der Zeit, mittels der Zeit, alles an den Tag. Das lautet sehr mythisch", so Bloch, „hat doch ebenso sehr Rationelles: in Untat hineinleuchtendes Licht" (LA 261). *Agon* meint den Prozess selbst. Hervorzuheben ist, dass bereits hier der Aspekt des Widerstreitens bedeutungskonstitutiv ist. Das deutsche Wort ‚Prozess' leitet sich ab aus dem lateinischen *procedere* (‚hervorgehen, vorgehen, vorrücken'); die Substantivierung *processus* bedeutet Vorgang, Verlauf, insbesondere eines juristischen Verfahrens (WPB 491) und gelangte mit dem Römischen Recht (HWP 1545f.) in die deutsche Sprache. Im Begriff Prozess ist die Gerichtetheit der Veränderung impliziert (vgl. EWP 385). Schon in der Alchemie des 16. Jahrhunderts wurde, wie Bloch vermerkt, mit der „mutatio specierum (Umwandlung der anorganischen Arten)" (PH 746) auf die prozessuale Veränderung von Stoffen gesetzt. Für den Frühromantiker Friedrich von Hardenberg, genannt Novalis, war das Leben ein „überschwänglicher Erneuerungsproceß" (Novalis 2, 345) und jedes individuelle Leben mit dem universellen durch gegenseitige Bestimmung verbunden (vgl. ebd., 570). Auch für Friedrich Schlegel war klar: „Die Natur ist kein Gewächs, sondern ein Wachsen. Masse ist fixirter Fluß" (Schlegel PL III, 152). Auch auf Franz von Baader bezieht sich Bloch bezüglich der Prozessidee ausdrücklich: „Für ihn ist die Geschichte ein Prozeß in vierfachem Sinn, den noch heute das Wort ‚Prozeß' hat: Chemischer Prozeß, Heilungsprozeß im medizinischen Sinn, Gerichtsprozeß [...] und Rettungs-, Erlösungsprozeß im religiösen Sinn" (LV 4, 229; vgl. auch TLU 368). Baader und Bloch teilen „eine schöpferische Grundtendenz: die Welt ist nicht fertig und abgeschlossen, sondern in einem Prozeß des Werdens und der Entwicklung begriffen" (Hartl 1979, 18). Bloch geht es um die „Selbstreflexion der Materie" (ebd., 19), Baader um den Schaffensprozess zwischen dem Schöpfer und seinem Werk (vgl. Baader 1925, 36ff.). Für Baader wie für Böhme stehe ein „Ungrund", ein „Abgrund" am Beginn der Welt (LA 258), betont Bloch. Er vergleicht diese Situation mit derjenigen in einem Kriminalroman: Das Verbrechen ist geschehen, „der ganze Roman ist die Entwicklung von einem ante rem" (LV 4, 228). Obgleich Bloch zugesteht, dass dies als Gedanke mit einer „rein reaktionären Haltung" (ebd.) zusammenhängt, die nach der Verwerfung der Französischen Revolution (vgl. Baader 1925, 53ff.) auch für Schelling ab ca. 1804 wegweisend wurde, schätzt er Baaders Prozessdenken.

Für die weitere allgemeine und philosophische Begriffsbildung waren die Veränderungen in den Naturwissenschaften im 19. Jahrhundert maßgebend. Gegenstand der Chemie des 19. Jahrhunderts war nicht mehr die Klassifikation von Substanzeigenschaften, sondern

Umwandlungsprozesse rückten in den Mittelpunkt. Auch die Biologie vollzog einen solchen Übergang von statischen Artenklassifikationen zu Prozessen der Artveränderung (vgl. Mittelstraß EWP, 386). Deshalb steht für die romantische und dialektische Naturphilosophie die Prozessualität der Welt im Mittelpunkt.

Schelling entwickelt den Gedanken vom „absoluten Prozess" (SW I/4, 3). Er entschlüsselt die Prozesse als „wiederholtes Selbstconstruiren der Materie" (ebd., 4). Entstehende Produkte lassen sich als bloße Wirbel im Fluss des Geschehens vorstellen (SW I/3, 289). Wie Bloch herausarbeitet, kommt mit Schelling das „Gärende" hinein, und damit ein „qualitativ Geladenes" (ZW 315; vgl. der quellende und treibende Riesengeist in der Welt: SW I/4, 546). Dabei setzt der Prozess ein Prozessierendes voraus, das sich in Spannung befindet. „Produktivität" (SW I/2, 22; SW I/3, 89; SW I/3, 283) ist ein erster Begriff, mit dem Schelling die Prozessualität kennzeichnet. Grundlegend für Schellings Verständnis der prozessualen Produktivität ist die Dualität (SW I/2, 432; SW I/3, 258). Es ist jedoch unbedingt notwendig, Schellings Konzeption des Verhältnisses zwischen dem Absoluten, d. h. dem Unendlichen, Unbedingten, sich „außer aller Zeit" (SW I/6, 41) Befindlichen und dem zeitlich sich verändernden Endlichen zu berücksichtigen. Der Grund der Existenz und das Existierende sind zu unterscheiden (SW I/7, 357). Die Ursprünge endlicher Dinge können „nur durch die Reihe der Ursachen und Wirkungen begriffen werden [...], die aber selbst endlos ist" (SW I/6, 40). Sie haben in der von Schelling seit 1804 entwickelten Vorstellung vom Absoluten und vom Endlichen kein unmittelbares Verhältnis zum Absoluten, obwohl auch „die Natur, dieß verworrene Scheinbild gefallener Geister", ein „Durchgeborenwerden der Ideen durch alle Stufen der Endlichkeit, bis die Selbstheit an ihnen, nach Ablegung aller Differenz, zur Identität mit dem Unendlichen sich läutert" ist (ebd., 62; vgl. Adolphi 2000).

Hegel beschreibt das „Anders- oder Flüssigwerden der Gestalt" (JS II, 271) in frühen Schriften als realen Prozess. Dabei beendet Hegel die bis dahin übliche Trennung der Bezeichnung Bewegung für die mechanische Ortsveränderung und Prozess für chemische und andere Zustandsveränderungen. Einige Jahre später wird der Prozess für Hegel zu einem dialektischen. Der Gegenstand der Philosophie ist nicht das Empirische, sondern das Wirkliche, d. h. das „Dasein in seinem Begriffe. Es ist der Proceß, der sich seine Momente erzeugt und durchläuft, und diese ganze Bewegung macht das Positive und seine Wahrheit aus" (HW 3, 46). Ein Prozess hat nach Hegel die Bestimmung, „das Unterschiedene identisch zu setzen, es zu indifferenzieren, und das Identische zu differenzieren, es zu begeisten und zu scheiden" (HW 9, 288). Dabei ist das „Prinzip des Prozesses" (HW 3, 222) die reine Negativität. Auch in der Weltgeschichte, welche „den Stufengang der Entwicklung des Prinzips, dessen Gehalt das Bewußtsein der Freiheit ist" (HW 12, 77), darstellt, sind diese Stufen „Grundprinzipien des allgemeinen Prozesses, wie aber jede innerhalb ihrer selbst wieder ein Prozeß ihres Gestaltens und die Dialektik ihres Überganges ist" (ebd).

Auch bei Marx und Engels sind Bewegung und Prozess synonym eingesetzt, beispielsweise bei der Bewegung der Waren in Austauschprozessen (K I, 126ff.). Dialektik wird zur angemessenen Denkform für Entwicklungsprozesse erklärt, so auch bei Engels: „Grade die Dialektik ist aber für die heutige Naturwissenschaft die wichtigste Denkform, weil sie allein das Analogon und damit die Erklärungsmethode bietet für die in der Natur vorkommenden Entwicklungsprozesse, für die Zusammenhänge im ganzen und großen, für die Übergänge von einem Untersuchungsgebiet zum andern" (DdN, 330f.). Auch die nicht dieser dialektischen Tradition folgende Philosophie des 20. Jahrhunderts greift das Thema der Prozessualität zentral auf, so bei Henri Bergson, für den „die Materie, die die Welt ausmacht, ein ungeteilter Fluß ist" (Bergson 1921, 254). „Wo der Verstand, am reglos geglaubten Bild der vorrückenden Handlung sich mühend, unendlich vielfache Teile und eine unendlich kunstvolle Ordnung aufzeigte, da ahnen wir nun einen einfachen Prozeß, ein werdendes Handeln innerhalb eines ihm gleichartigen entwerdenden" (ebd., 255). Während Ernst Bloch an mehreren Stellen Bergson in kritischer Absicht aufgreift, bezieht er sich nicht auf Alfred North Whitehead, der zwei Arten von Prozessartigkeit unterscheidet (Whitehead 1929, 320): Zum einen den Prozess des zeitlichen Übergangs von einem besonderen Seienden zu einem anderen besonderen Seienden und zum anderen den der Konkretisierung, wobei sich jedes einzelne Ding bzw. Ereignis als Konkretisierung aus dem Kontext des „neuen Einen" (*novel One*) erweist (vgl. ebd, 321).

In der weiter entwickelten marxistischen Philosophie wurde von Herbert Hörz dem Prozess die spezielle Wirkung zugeschrieben, neue Qualitäten hervorzubringen. Dabei verändert sich die Grundqualität, und ein neues Wesen des Objekts entsteht (Hörz 1976, 314). Prozessualität geht über Strukturalität hinaus, weil hier nicht nur Qualitätsveränderungen innerhalb einer Grundqualität, die Ausdruck eines Wesens ist, stattfinden – sie ist aber auch noch nicht Entwicklung, weil die durch Entwicklung verbunden Zustände zusätzlich bezogen werden auf ein relatives Ziel (ebd., 315).

Dass die Prozessualität nicht nur einen abgeleiteten Status hat, sondern sich – vor allem in Bezug auf die Erkenntnisse der Selbstorganisationskonzepte und der Synergetik – alle beständigen Entitäten als durch Wechselwirkungsprozesse hervorgebracht erweisen (EWP 386), gibt dieser Kategorie eine hochaktuelle Bedeutung.

Blochs Philosophie, die „keinen Frieden macht mit der Welt" (GdU 2, 308), wie er selbst seine Intention in *Geist der Utopie* darstellt, kann sich nicht mit gegebenen Tatsachen abfinden. Tatsachen werden von Bloch (mit Hegel) als „Verdinglichung von Prozeßmomenten" (EM 241) begriffen, woraus Veränderbarkeit als grundlegender Modus alles Welthaften resultiert. So kann das Wirkliche nur ein die Welt verändernder, sie verbessernder Prozess sein, dessen objektive Potenzialität wir uns, als Subjekte mit korrelierender Potenz, zunutze machen können: „Kein Ding ließe sich wunschgemäß umarbeiten, wenn die Welt geschlossen, voll fixer, gar vollendeter Tatsachen wäre. Statt ihrer gibt es lediglich Prozesse, das heißt dynamische Beziehungen, in denen das Gewordene nicht völlig gesiegt hat. Das Wirkliche ist ein Prozeß; dieser ist die weitverzweigte Vermittlung zwischen Gegenwart, unerledigter Vergangenheit und vor allem: möglicher Zukunft" (PH 225). Diese Prozessualität ist die Grundlage für ein utopieorientiertes Weltverständnis, weil konkrete Utopie „in der Prozesswirklichkeit ein Korrespondierendes" (ebd., 226) hat. Für Blochs Weltsicht ist fundamental, dass die Welt „nicht bloß im argen [liegt], sondern im Prozeß" (SO 509). Damit befindet sich Bloch in der Tradition von Prozessdenkern wie Schelling und Hegel. Es ist für ihn evident, dass menschliche Existenz neben dem natürlichen Gären von suchenden, sehnenden und strebenden, als solchen spezifisch menschlichen Affekten durchzogen ist. Dass ein Mensch existiert, ist kontingent, aber er hat die Bestimmung, sein sich im Lebensprozess erst entwickelndes Wesen – das Was – zu entfalten. Der individuelle Lebensprozess führt dabei tendenziell „von der Leere des existentiellen Jetzt bis zur Erfüllung des verwirklichten Wesens" (Raulet 1983, 51). „Wie wir schon sind, leben wir keineswegs nur dahin. […] Es pocht etwas in uns, dies klopft, hungert, treibt, setzt an. Also meldet sich immer wieder das setzende Daß, das Daß, ganz unten, das sich noch nicht hat, doch drinnen wie draußen, draußen wie drinnen das Seine sucht, setzt, eben auf den weiteren Weg des sich-heraus-Bringens schickt" (EM 253). Dieser „Weg des sich-heraus-Bringens" kann als Prozess der Entfaltung menschlicher Subjektivität nicht isoliert erfolgen, sondern das „Heraus" geht in die Welt hinein, eine Welt, die ebenfalls entfaltungsfähig ist und auf das gestaltende Werk mitproduzierend reagiert.

Bloch betrachtet „die ganze Welt als einen Prozeß" (PA 401). Der zugrunde liegende Materiebegriff bestimmt Materie als das „reale Möglichkeitssubstrat des dialektischen Prozesses" (ebd., 316). Materie ist deshalb „ein nach vorn offenes, ein in seinen Möglichkeiten noch unausgetragenes Sein" (ebd., 316f.). Aus diesem Verständnis einer Prozessmaterie ergibt sich nicht nur eine Prozessualität von Geschichte, sondern auch von Natur. Bloch betont nachdrücklich die Zukunftshaltigkeit der Natur, die „ja selber noch keinesfalls ein Vorbei ist" (ebd., 565): „Dieses ad acta Gelegtsein der Natursphäre ist nicht wahr, das keimende Subjekt der Natur hat nicht Stereotype und Leichenstarre um sich. Seine Formen sind prozeßhaft, dialektisch-qualifizierend, morphologisch-experimentell, kurz von Umtrieben der Utopie bewegt" (EM 225f.). Der Weltprozess wird getragen von einer ständigen Subjekt-Objekt-Wechselbeziehung, durch welche beide Pole sich entwickeln und bei der sie sich sehr weit annähern. Es geht um „Weltwege, vermittels derer das Inwendige auswendig und das Auswendige wie das Inwendige werden kann" (GdU 2, 289). Wir und unsere Ziele, unser Wollen und die Zustände der Welt fallen nicht zusammen. Die Pole befinden sich in einer ständigen Spannung, die nach ihrer Aufhebung drängt. Deshalb ist der Prozess bei Bloch nicht nur eine mechanische Aufeinanderfolge von Zuständen, sondern er ist bestimmt durch diese Spannung und das Streben nach Erfüllung. Prozessualität ist weder etwas „[s]chlecht Unendliche[s]" (HW 5, 163), bloße Bewegung aus früheren Zeiten in spätere, noch eine Bewegung, bei der am Ende nur das herauskommt, wovon ausgegangen worden war. Sie hat eine Quelle, verläuft über Stadien und sucht ihre Mündung. Diese zu unterscheidenden Phasen von Prozessen werden in dem allgemeinen Kategorienverhältnis „Dass – bestimmtes Etwas – identisches Was" (LdM 252) erfasst. Bloch beschreibt die Übergänge zwischen diesen Phasen auch als Bewegung „der aus dem Daß entspringenden Etwas-Vielheit" (EM 71) und als Fortschreiten des „Daß des Meinens über das mannigfach erscheinende Etwas zum Was seines Inhalts" (ebd., 76). Die alles entscheidende Kategorie ist das „Daß":

„Das Woher von allem steckt im Daß dessen, daß überhaupt etwas ist, und dieses Daß des Anstoßes wie des Werdens zum Sein genau als einem Prozeßsein liegt eben und überall im Dunkel seines noch nicht manifest gewordenen, immer erst punktuellen, unausgebreiteten Augenblicks. Das Was dieses Daß, der mögliche Sinngehalt seines im Weltprozeß sich herausexperimentierenden, zur adäquaten Manifestierung drängenden Daßfaktors, also der Sinn dieser Welt liegt selber noch in keinerlei Vorhandenheit. Befindet sich erst im Zustand einer Möglichkeit, als einer noch nirgends gültig realisierten, freilich auch noch nirgends endgültig vereitelten. Daß es überhaupt etwas gibt, dieses Daß drängt zur Geschichte, drängt in den Prozeß, worin das Daß die vielen Etwasse auf sein Was hin setzt, probiert und so das X im Daßfaktor, das darin zu sich tendierende Was überhaupt nach außen zu bringen, lösend heraus zu bringen unternimmt" (ebd., 31). Letztlich wird der prozessuale Fortgang bestimmt durch einen Übergang von Unmittelbarem hin zu seinen Vermittlungen und letztlich zum Vermittelten. Die ersten Schritte aus dem sogenannten „Dunkel des gelebten Augenblicks" (vgl. GdU 2, 13; PA 149f.; EM 15, 69) erfolgen über *Drehungen* und *Hebungen* (vgl. EM 83), und jene „große Drehung, Hebung aus dem Dunkel des Unmittelbaren heraus" (ebd. 248) heißt Weltprozess. Da in Wirklichkeit alles miteinander vermittelt ist, ist Unvermitteltes „unwirklicher" als das Vermittelte. Je mehr der Fluss „wirklich fließt, je schwerer er sich bewegt und abarbeitet, desto wechselnder ist der Stand des Seins in ihm verteilt" (TE 291). Damit bezieht sich Bloch positiv auf die verschiedenen Seinsweisen bei Hegel „als selber sich entwickelnde, als neu bestimmte Träger eines neu bestimmten Inhalts" (ebd., 290) und er sieht in den sich durchsetzenden Gesamttendenzen der Entwicklung eine höhere Realität als in den reinen Tatsachen (vgl. ebd., 292).

Die Quelle des Prozesses ist das Gärend-Drängende, das Intensive, das wir unabweislich spüren, das sich in Prozessgestaltungen zeigt. Etwas ist nicht so, wie es sein sollte – dies ist der Antrieb für alles. „Gäbe es doch überhaupt keinen Prozeß, wenn in der Welt nicht etwas wäre, das nicht sein sollte, das so nicht sein sollte" (EM 237). Dass etwas fehlt, bestimmt das fehlende Etwas zur Zielorientierung. „Etwas fehlt…" (Bloch 1964b; 1974a, 165), und was fehlt, ist nicht einfach nur ein weiterer Schritt, bei dem sich nicht viel verändert, sondern der Ausgangspunkt, die Triebkraft des weiteren Voranschreitens ist die „Selbstfrage der Welt nach ihrer Essenz" (EM 247): „Ich sehe den Prozeß, den Geschichtsprozeß und den Weltprozeß als Versuch, herauszubringen, was in dem X des Unmittelbaren gärt und treibt, tendiert und latent ist" (Bloch 1964a, 16f.). Kategorialer Ausdruck des „X des Unmittelbaren" als Quelle des Gärenden und Treibenden ist das „Daß". Damit übernimmt Bloch in philosophischer Tradition, speziell von Schelling, das „Daß" als Bezeichnung für dasjenige, welches als das Produzierende der Grund für die auffindbaren Produkte ist, und meint damit eine nicht-rationale Intensität (vgl. MP 225), die „an sich alogisch" ist (EM 75). „Daß" die Welt vorhanden ist, verweist auf ihre produktive Quelle, es ist der „Tragekern der Welt" (ebd. 247), die sich aber im Zustand des Ungenügens befindet: „non satis est" (ebd., 68). Deshalb gilt für Bloch: „Insofern ist der Daßgrund wirklich Wirkungskraft und Samen, ist dasjenige, was den Weltlauf, als Quellen seines Quells, immer wieder produziert. [...] Er löst seine objektive Fraghaftigkeit versuchsweise im Weltexperiment, in den aufeinanderfolgenden objektiven Etwas-Antworten, Daseinsformen" (ebd., 75). Die gärende Funktion des „Daß" wird auch von der häufig wiederkehrenden Redewendung vom „Dunkel des gelebten Augenblicks" getragen: „Je unmittelbarer man bleibt, desto dumpfer bleibt auch das Wie und Wo, in dem man sich befindet und nicht findet. Was wir an uns selber sind, ist dunkel, als uns zu nahe" (PA 13). Das „Dunkel des gerade gelebten Augenblicks ist nicht allein in uns, subjektiv", sondern es existiert auch „draußen, unter allem ziehend, was vor sich geht und doch ebenso nicht vor sich geht, sich nicht vor sich dreht" (EM 50). Dieser Antrieb des Prozesses ist mehr als das, was mit der dialektischen Formel von der Widersprüchlichkeit als „treibender Kraft" der Selbstbewegung der Materie (PWB 1305) gemeint ist: „Das immanenteste Agens agendum dieses Sinns hat noch andere Unruhe als die des Widerspruchs, ist der erste wie letzte Antrieb, aus dem Dunkel des jeweils gelebten Augenblicks und der Armut des allzu Unmittelbaren herauszukommen, sich so auf den Weg des prozeßhaften Entfaltens seiner zu schicken" (EM 125). Es erweist sich als drängender Antrieb, sich und die Welt aus der Unmittelbarkeit und dem Dunkel des bloßen „Dass" zu erheben. An anderer Stelle betont Bloch die ontologische Differenz zwischen dem Wer (logisch: Subjekt) und dem in ihm angelegten Was (logisch: Prädikat). Das Sein ist fundamental nur als Bewegung des Subjekts in Richtung auf sein Prädikat zu verstehen: „Anfang wie Grund des Seins ist sich bewegendes Nicht-Haben" (TE 248). Im Verlauf dieser Bewegung entstehen Zwischenergebnisse, in denen sich im Prozess das Produzierende verwirklicht, ohne dabei zu erstarren. Der Prozess fließt nicht gestaltlos einfach nur dahin, sondern er entwickelt „Gestalten eines relativen Anhaltens" (SO 488): „Die Welt ist [...] voller Figuren, die aus ihrem Fluß auftauchen, voller Immergenz dieser Art, mit qualifizierendem Mehr-Gefüge über der jeweiligen Summe der jeweiligen Teile. Zugleich aber mit jener *Einheit von genetischem Fluß samt seinen Gesetzen und strukturellen Gestaltqualitäten,* ohne welche Einheit es eben weder Fluß – als Prozeß von etwas – noch Gestalten – als unstatische Prozeßfiguren – geben könnte. Kein echtes Werden also ohne Anhalten, kein echtes Gestalten ohne Zerbrechen und Ge-wissen von Fragment" (TE 330). Es entstehen immer wieder „aufeinanderfolgende objektive Etwas-Antworten, Daseinsformen" (EM 75), „Versuchsgestalten, Auszugsgestalten" (TE 195). Auf diese Weise verbindet Bloch Freiheit und Ordnung: „Es gibt keine Freiheit ohne Ordnung, kein Weltexperiment ohne Stadien und Architekturen, keinen Reichtum ohne seinen ihm gemäßen Kristall" (PA 500).

Ein weiteres wesentliches Charakteristikum der blochschen Prozessualität ist die Entstehung von Neuem: „In den Dingen ist ein Treiben, worin unsere Angelegenheiten noch betrieben werden können, eine Front, worin unsere Zukunft, gerade diese, entschieden werden kann. Solch Veränderbares ist keineswegs selbstverständlich: es könnte ja auch nichts Neues mehr unter der Sonne geschehen. So aber gibt es im Fluß der Dinge, also der Ereignisse, noch durchaus ein Noch und Noch-Nicht, was dasselbe ist wie echte, das heißt, aus nie so Gewesenem bestehende Zukunft" (PH 335). Darin unterscheidet sich Bloch explizit von der bergsonschen Prozessvorstellung. Bei diesem sei das Novum nur „Anti-Wiederholung, [...] impressionistisch, auch liberal-anarchistisch, nicht antizipatorisch" (ebd., 159). Für Bloch zeigt sich die Qualität des Neuen nicht nur durch eine bisher noch nicht dagewesene Qualität, sondern dadurch, dass diese neue Qualität sich als ein Schritt hin in Richtung des Gelungenseins, der Aufhebung der Entfremdung zwischen Objekt und Subjekt, in Richtung des sogenannten Ultimums erweist. Dann wird das Neue mit der Kategorie „Novum" gekennzeichnet. Entscheidend ist das Verhältnis zum „noch ungewordenen totalen Zielinhalt[s] selber, der in den progressiven Neuheiten der Geschichte gemeint und tendiert, versucht und herausprozessiert wird" (ebd., 233). Die dabei entstehenden „Gestalten des relativen Anhaltens" (SO 488) und „Daseinsformen" (EM 75) des Prozesses sind „wachsende experimenthaft-manifestierende Bestimmungen dieses materiellen X oder X in der Materie" (PA 158). Damit erweist sich der Prozess als „sich qualifizierende Höherentwicklung" (Teller 1956, 62). Zumindest der Möglichkeit nach können sich die Daseinsformen immer höher entwickeln. Aber das Novum ist für Bloch „keineswegs notwendig darauf angelegt, ein Gutes zu sein, es kann so Furcht wie Hoffnung erregen, die doppelte Möglichkeit von Absturz und Aufgang enthalten" (EM 141), gemäß dem „Alles" oder „Nichts" als prinzipiell möglichem Prozess-Resultat. Jedoch ist im von der Tendenz bewegten, mit Latenz geladenen „*Horizontgebiet*" (ebd., 124) der Gegenwart das Novum kraft der objektiv-realen Möglichkeit positiv konnotiert: „*Objektiv-reale Möglichkeit ist die in der Substantialität behauste Kategorie der Kategorien überhaupt, also auch der Transmissionskategorien, sofern und indem sie das Novum nicht verschließen, ihm vielmehr kausal-final Platz schlagen*" (ebd. 141).

Der Prozess verläuft nicht störungsfrei, quasi-automatisch von der Quelle bis zum Mündungsziel, sondern er durchläuft und verwirklicht in seinem Gang ein Wegenetz; er ist wendungsfähig, wendungsreich, wenngleich geordnet (vgl. ebd., 132). In diesem Wegenetz gibt es Verzweigungen, und die Gegenwart ist dadurch bestimmt, dass in ihr konkrete Entscheidungen stattfinden (vgl. ebd., 20, 87). Sie basieren auf vorhandenen Bedingungen, welche als „Wirkgrund des Zukünftigen in einem mehr oder weniger unausgemachten Schwebezustand" (ebd. 127) fungieren. Die Vorhandenheit der Bedingung „schließt die von ihr bedingte Folge nicht unbedingt mit ein" (ebd. 128). Diese Noch-Nicht-Entschiedenheit der Welt wird von Bloch als „Frontcharakter" (SO 451) bezeichnet: „[An] der Front ihres Prozesses ist der Zielinhalt selber in Gärung und realer Möglichkeit" (PH 223). An der Front, dem „vordersten Seinsabschnitt der bewegten, utopisch offenen Materie" (ebd., 230) sind es die Menschen, die das Experiment Welt in Gang halten (vgl. EM 31). An ihr wirken der subjektive Faktor als „unabgeschlossene Potenz, die Dinge zu wenden" und der objektive Faktor als „unabgeschlossene Potentialität der Wendbarkeit, Veränderbarkeit der Welt im Rahmen ihrer Gesetze" (PH 286) zusammen. Begründet wird dieser Frontcharakter des ergebnisoffenen Prozesses mit dem Möglichkeitsstatus der Materie (vgl. LdM 122). Gleichzeitig ist das „Kannsein" (PH 258) nicht ungesetzlich: „Durch diese Offenheit nach vorwärts kommt also keineswegs ein Undeterminiertes, sondern ein noch nicht vollzählig Determiniertes in die spezifische Gesetzesweise" (PA 554). Die ausführliche Analyse der Möglichkeit und ihrer Schichten bei Bloch (z. B. PH 258ff.) erlaubt ein Verständnis von Bestimmtheit und Bedingtheit, bei der „die abstrakte Antithese zwischen Aktion und Determinismus" (PA 555) aufgehoben werden kann. Dabei geht es in den Entscheidungen an den Wegkreuzungen um Alles, also den „positiven Austrag des [...] Gemeinten" (PH 360), oder Nichts als „Scheitern des Bestimmens" (EM 70) bzw. als „besiegelte Vereitelung der Utopie" (PH 364). In diesem Sinne ist der Prozess „eine Unentschiedenheit – mit Nichts oder Allem in der realen End-Möglichkeit" (ebd., 223). Fort-Schritt im Sinne eines unbeirrbaren Voranschreitens ins Bessere ist deshalb nicht gesichert: „Es gibt auch in diesem Betracht durchaus keinen sicheren Zeit-Reihenindex des Fortschritts, wonach eben das Spätere in der Geschichte allemal oder auch nur im großen ganzen ein progressives Plus gegenüber dem Vergangenen bezeichnete" (TE 119). Ein Maß für das Alles oder Nichts, für Gewinn oder Vereitelung ist nicht von vornherein vorgegeben. Der Weltprozess geschieht und expliziert nicht etwas Fertiges (vgl. SO 451). Trotzdem gibt Bloch konkrete Bestimmungen für Zielinhalte. Eine Formulierung spricht – Marx zitierend – von einem „Ziel" als „die in der sich entwickelnden Materie angelegte Naturalisierung des Menschen, Humanisierung der Natur" (PH 241). Anders formuliert: Am Ziel des Welt-Prozesses erwartet uns das „Humanum, mithin das Ende des Objekts am befreiten Subjekt, das Ende des Subjekts am unentfremdeten Objekt" (SO 510). Das Ziel ist nicht konkret vorgegeben, aber die Richtung ist auch nicht beliebig, sondern der Prozess intendiert eine Richtung, „eine utopisch gerichtete, jedoch als dauernd im Unterwegs vermittelt eine Invariante der konkreten Utopie" (EM 30f.).

Wenn wir davon ausgehen, dass sich im Prozess zu Beginn etwas Unvermitteltes immer weiter vermittelt und es schließlich als komplex Vermitteltes entsteht, so ist hier mit Bloch auch die Kategorie Totalität anwendbar (vgl. SO 144). Totalität ist das *„zusammenhaltende Ziel der dialektischen Bewegung"* (ebd.). Diese Totalität, worin sich alles in „Ordnung der Freiheit" (EM 143) befindet, ist die schließliche Mündung des Prozesses (vgl. SO 145). Sie ist „das höchste Gut, das die Unruhe des Bedürfnisses und Strebens letzthin stillt" (ebd, 144). In einem letzten Novum wäre schließlich „das in der Realisierung des Realisierenden selber gewonnen [...], mit der Auflösung des Anfangs-X im gutgewordenen Ende" (EM 256). Bei Bloch gilt das Ultimum als „dialektische[s] Entspringen [des] totalen Inhalts" (PH 233) und ist damit eine Prozesskategorie. Es ist dieser Zielinhalt, der noch nicht fertig vorliegt, der aber „in den progressiven Neuheiten der Geschichte gemeint und tendiert, versucht und herausprozessiert wird" (ebd). Die Zielgerichtetheit der Prozessualität ist wiederum ein Unterscheidungsmerkmal gegenüber der Prozessphilosophie Bergsons: „Bergson wendet sich gegen einen Prozeßgedanken mit Ziel" (ebd., 159). Für Bloch hingegen ist das höchste Gut oder auch das „vollkommenste Ding" (*ens perfectissimum*) ein Kriterium für Höherentwicklung, die möglich, aber nicht gesichert ist: „Und der echte Materialismus, der dialektische, hebt eben die Transzendenz und Realität jeder Gott-Hypostase auf, ohne aber das mit einem Ens perfectissimum Intendierte aus den letzten Qualitätsinhalten des Prozesses, aus der Realutopie eines Reichs der Freiheit zu entfernen. Ein Vollziehbares, kraft des Prozesses Erwartbares ist im dialektischen Materialismus durchaus nicht verneint: vielmehr ist seine Stelle gehalten und offengehalten wie nirgends" (ebd., 1413). Das Höchste, Vollkommenste, Gelungenste zeigt sich als schließlich erreichte Identität, als „Übereinstimmung der frei gewordenen Menschen mit ihren Bestimmungsgründen" (PA 591) oder auch als das „Ende des Objekts am befreiten Subjekt, das Ende des Subjekts am unentfremdeten Objekt" (SO 510). Es geht um die „Identität des zu sich gekommenen Menschen mit seiner für ihn gelungenen Welt" (PH 368); es geht um das „Fernziel des weitesten Mit-sich-im-Reinen-Seins, des allversammelnden Sich-Umschlingens der Millionen" (PA 591). Diese Ziel-Identität ist die „utopisch-reale Grenzkategorie", die „den abstandslosen Zusammenfall von Erscheinung und Wesen, also dessen, was alles Seiende in der Wahrheit und Wirklichkeit seines Überhaupt, seines Eigentlichen und Wesentlichen wäre" (ebd.), erfasst. Eine andere Ausdrucksweise zeigt sich im formulierten Ziel für die Weltwege, dass „das Inwendige auswendig und das Auswendige *wie* das Inwendige werden kann." (GdU 2, 289). Zur Verdeutlichung des Sinns wird an anderen Stellen (vgl. Gespräche 207) das Wörtchen „wie" durch Kursivdruck hervorgehoben, denn es markiert einen nicht antagonistischen Rest von Nichtidentität (Schmidt, B. 1985, 69). Blochs Kategorie Identität darf keinesfalls missverstanden werden als statische Fixierung; sie ist im Gegenteil als „ein offen sich bewegendes Identifizieren" (ebd., 68) zu verstehen. Weil „Identität solcher Art […] identifizierbare Differenz voraus[setzt]" (ebd., 69), bleibt hier der Prozessgedanke erhalten und der vielfach an Identitätsphilosophien kritisierte Identitätszwang findet nicht statt. Das Reich, zu dem der Prozess hintreibt, der im „Alles" gelungen wäre, wird von Bloch auch „Heimat" genannt. Mit diesem Begriff will Bloch ausdrücken, „daß man in der Heimat identisch sein kann, daß die Objekte, wie Hegel sagt, nicht mehr behaftet sind mit einem Fremden, sondern wo das Objekt uns so nahe rückt wie das

Subjekt, daß wir darin zu Hause sind" (Gespräche 206). Der Prozess in Richtung dieser erfüllenden, aber nie erstarrenden Identität hat die Eigenschaft, dass er bei Verhinderungen noch stärker in Richtung des Verhinderten strebt. Diese Spannung des verhindert Fälligen (vgl. PH 727), die „intensive Hinspannung eines objektiv Erwartbaren" (EM 145) beschreibt als Tendenz die „Energetik der Materie in Aktion" (MP 469). Die objektive Tendenz ist jedoch – entsprechend der Offenheit des Prozesses – noch unentschieden, sie bedarf des eingreifenden subjektiven Faktors: „So vor allem gibt es wohl eine unnachlaßliche Tendenz hin auf die klassenlose Gesellschaft, nicht aber gilt ein Gesetz, nach dem die klassenlose Gesellschaft sich notwendig einstellt" (EM 146). Dass die Tendenz so stark wirken kann, beruht auf der Latenz, dem „utopisch Fundierende[n] der Tendenz" (ebd., 147). Die Latenz ist dabei das „Korrelat der noch nicht verwirklichten objektivrealen Möglichkeiten in der Welt" (PH 727), von Keimendem, Verstecktem, und doch Erwartbarem (vgl. LdM 351). „Latenz ist die Weise, womit der noch nicht seiende Zielinhalt sich in der Tendenz geltend macht" (EM 148). Trotz der vorhandenen Spannung in Richtung der Invariante ist der Verlauf des Prozesses nicht abgesichert: „der Prozeß ist noch nicht gewonnen, aber auch noch nicht vereitelt" (TLU 242). Insofern vollzieht sich in der Welt „das Realexperiment der Welt selber" (EM 263): „Die Welt ist ja ein einziges Experiment ihrer selbst, ein Experiment, das weder gelungen noch aber vereitelt ist" (TLU 389).

Der Weltprozess wird zur menschlichen Geschichte. In früheren Schriften geht Bloch davon aus, dass die nichtmenschliche Natur ihre produktive Rolle verloren hat, weil „der Feuerfluß der Erde [...] erloschen [ist], auch die großen Mutationen der organischen Welt sind seit langem entkräftet" (GdU 2, 331). Aufgrund der großen Bedeutung der individuell-subjektiven existenziellen Triebkräfte des Geschehens sucht Bloch damals auch nach einer Kontinuität der Geschichte, die sich über Seelenwanderung, den „großen Seelenzug" (ebd., 327), vermittelt. Erst später verlässt er diesen Standpunkt, inzwischen auch die Position einer mitproduzierenden Natur vertretend. Beim Thema der Geschichte folgt er vielen Konzepten aus dem Marxismus. „Die menschliche Geschichte ist so keine Atom-, auch keine organische Kohlenstoff-Verbindung mehr, sondern eine Folge von Klassenkämpfen" (LdM 445). Bloch betont auch die Begrenztheit der bisherigen Geschichte dieser Klassenkämpfe: „Und die ganze bisherige Geschichte ist noch menschliche Vorgeschichte, das heißt, keine bewußt hergestellte" (SO 511). Als Geschichtsprozess erst kann der Weltprozess seine Intention inhaltlich ausdrücken; es geht hier direkt um Glück, Herrschaftsfreiheit, Solidarität, Freiheit, Würde und Heimat: „Weltprozeß heißt: Mit tätiger Antizipation im Subjekt gerichtet auf Glück, in einer Gesellschaft ohne Herr und Knecht gerichtet auf dadurch mögliche Solidarität aller, id est auf Freiheit und menschliche Würde, in Natur als einem nicht mit uns Fremdem behafteten Objekt gerichtet auf Heimat" (EM 248). Auf diesem Weg durchläuft die Geschichte zwar „sich dynamisch wandelnde Beziehungsformen" (PA 620), aber die Aufeinanderfolge dieser Beziehungsformen vollzieht sich – entsprechend der relativen Offenheit der Prozessualität überhaupt – nicht linear determiniert: „Die Geschichte ist kein einlinig vorschreitendes Wesen, worin der Kapitalismus etwa, als letzte Stufe, alle früheren aufgehoben hätte; sondern sie ist ein *vielrhythmisches und vielräumiges, mit genug unbewältigten und noch keineswegs ausgehobenen, aufgehobenen Winkeln*. Heute sind nicht einmal die ökonomischen Unterbauten in diesen Winkeln, das ist: die veralteten Produktions- und Austauschformen vergangen, geschweige ihre ideologischen Überbauten, geschweige die echten Inhalte noch nicht bestimmter Irratio" (EdZ 68f.). Auf diese Weise ist der Geschichtsprozess zu verstehen als eine „harte, gefährdete Fahrt, ein Leiden, Wandern, Irren, Suchen nach der verborgenen Heimat; voll tragischer Durchstörung, kochend, geborsten von Sprüngen, Ausbrüchen, einsamen Versprechungen, diskontinuierlich geladen mit dem Gewissen des Lichts" (TM 14f.). Um der Differenziertheit von geschichtlichen Prozessen gerecht zu werden, ist für Bloch auch „zu erwägen, ob nicht *innerhalb der völlig prozeßhaft gehaltenen Geschichtsfolge* […] gleichzeitige oder zeitlich benachbarte Schauplätze nötig und darstellbar sind" (TE 128). Trotzdem ist Geschichte nicht ein beliebiges Aufeinanderfolgen von Ereignissen. Ausgangspunkt und Richtungsorientierung der historischen Bewegung, die oben nur mit den allgemeinen Prozesskategorien des „Daß", des „bestimmten Etwas" und des „identischen Was" ausgedrückt wurden, finden sich hier konkretisiert wieder als Produktivkraft, Produktionsform und Humanismus als entdeckten Produktivinhalt (vgl. LdM 252). Da „das Experiment Welt […] vom Menschen an der Front in Gang gehalten" wird (EM 31), kommt uns die entscheidende Aufgabe zu, den Weltprozess zu entscheiden: „Unsere Aufgabe ist, die im Weltprozeß anhängige Sache […] in ihrer bisherigen Noch-Nicht-Bestimmtheit zu begreifen und zu ihrer noch bevorstehenden, realmöglichen Gelungenheit fortzutreiben" (SO 363f.). In den „Thesen" zum Fortschrittsbegriff (TE 146f.) fasst Bloch wichtige Grundsätze einer Philosophie der fortschreitenden Prozessualität zusammen. Er betont die Vielfalt der Wege des Fortschritts in einem „breite[n], elastische[n], völlig dynamische[n] Multiversum", wobei der Zielinhalt „ebenfalls als so reich und tief erkannt werden [muß], daß die verschiedenen Völker, Gesellschaften, Kulturen auf der Erde [...] Platz *an ihm* haben und *zu ihm* hin" (ebd. 146). Das Humanum als Zielinhalt ist nicht bereits vorhanden, sondern es prozessiert sich erst heraus. Indem der Weltprozess zu einer gelungenen Identifizierung aller bisher antagonistisch entgegenstehender Momente tendiert, aber dies auf ungesicherten Wegen, experimentierend, stellt er die Frage nach sich selbst (vgl. EM 245).

Als Produkte des Weltprozesses, an seiner Front, kommt den Menschen mit der Gestaltung der neuen Weltzustände auch die Aufgabe zu, ihr Erkenntnisorgan zu sein: „Der erkennende Mensch darin hat hierbei gerade mit der Selbsterkenntnis als der Realfrage der Welt nach sich selber genau die Funktion, daß er, eben an der Front des Weltprozesses stehen, dessen Realfrage immer qualitativer verstärkt" (ebd., 246). Erkennen ist dabei die „informierende Mitwissenheit mit dem Gang der objektiven Realität" (ebd., 242) und „im erkennenden Fortbilden sind Erzeugen und Abbilden vermittelt" (ebd., 60). Wenn die Welt als Prozess betrachtet wird, kann Erkenntnis nichts Statisches als Gegenstand haben: „Es kann derart nichts erkannt werden, ohne dass dieses sich bewegt. Und es wird nur erkannt, um zu verändern, folglich ist dies Eingreifende von vornherein im Blick" (LdM 94, TLU 255). Wenn sich Erkenntnis auf das Begreifen des Wesens in der Welt der Erscheinungen bezieht, so betont Bloch, dass – seiner Ansicht nach seit Marx – dieses Wesen sich nicht mehr als Ge-Wesenheit fassen lässt, sondern sich als werdendes Wesen von der Zukunft her bestimmt. Die neue Erkenntnisform der *„Geschehens- und Veränderungs-Wissenschaft"* (PH 331) orientiert nicht auf die Erkenntnis von gegenwärtigen Tatsachen, sondern „die reale Abbildung [...] legt die Triebkräfte des Geschehenen bloss" (LdM 237) und Wahrheit heißt „Abbildung der Wirklichkeit sowie Macht, in die Wirklichkeit nach Maßgabe ihrer erkannten Agentien und Gesetzmäßigkeiten einzugreifen" (PH 311). Im menschlichen Erkenntnisprozess geht es deshalb um die „Frage, was die Dinge, Menschen und Werke in Wahrheit seien, nach dem Stern ihres utopischen Schicksals, ihrer utopischen Wirklichkeit gesehen" (GdU 1, 339). Dabei gibt es keine Unparteilichkeit, Wertfreiheit oder reine Objektivität, denn eine dialektische

Abbildtheorie „bildet nur ab, indem das arbeitende Subjekt sich ebenso in die Sache begibt, sich hineinbildet und das in ihr Angelegte mit bewusst-revolutionärem Anteil vorwärts treibt" (LdM 98). Der Fortgang des Erkenntnisprozesses folgt ebenfalls dem Weg vom „Daß des Meinens über das mannigfach erscheinende Etwas zum Was seines Inhalts" (EM 76). Dabei vermittelt sich dieser Fortgang über Kategorien, welche als „Organisationsformen der bewegten Materie, worin sich das intensive Dass auf dem Weg zu seinem latent-substanziellen Was vermittelt" (LdM 216) zu verstehen sind. Die Kategorienfolge entspricht „den pochenden Entfaltungsformen der materiellen Produktivkräfte und ihres Inhalts: der intensiven Materie" (ebd). Die dabei zu durchschreitenden „sieben Stadien" (EM 254) sind insbesondere im Werk *Experimentum Mundi* dargelegt.

→ *Dialektik; Fortschritt; Heimat; Intensität; Latenz; Mensch; Möglichkeit; Noch-Nicht; Novum; Subjekt – Objekt; Tendenz; Ultimum*

📖 ADOLPHI 2000; BAADER 1921, 1925; BERGSON 1921; HARTL 1979; HÖRZ 1976; RAULET 1986; SCHMIDT, B. 1985; TELLER 1956; WHITEHEAD 1929.

Annette Schlemm

Raum

Raum hat bei Bloch einen physikalisch-konkreten und ebenso einen transzendierenden Charakter. Er ist einerseits Platzhalter, Platzgebender für Möglichkeit, aber zugleich auch deren dialektischer Widerpart. Seine vorgebliche Geschlossenheit – sein Behältnischarakter (das „Kofferhafte", EM 108) und seine daraus rührende Begrenztheit – schadet laut Bloch einem Vorwärtskommen in der offenen Welt. Dieses Vorwärtskommen vertritt der *utopische Raum*, ein Raum, der transzendiert – ohne Transzendenz. Dieser Raum ist noch nicht realisiert.

Im griechischen Atomismus (Leukipp, Demokrit) wird erstmals ein Begriff von unbegrenztem und leerem Raum gebildet (vgl. HWP 8, 70; EPW 483), bei Parmenides steht das Leere für das Nicht-Seiende; die Pythagoreer verstehen allenfalls eine Innenansicht, den Raum-

Inhalt, Dinge Im Raum, nicht diesen selbst (vgl. HWP 8, 71). Erst Platon kommt zu einem Begriff des Raumes, ihm ist er die „Amme des Werdens" (ebd., 72) das „Ausweichend-Platzmachende" (ebd.,; Platon 1992, 52a); leeren Raum gibt es bei Platon nicht, er ist lückenlos gefüllt (vgl. ebd.,; Platon 1992, 52b, 58 cd). Aristoteles entwickelt in seiner Örter-Theorie eine gegenständlichere Sicht als Platon. Unendlichkeit ist ihm immer nur mögliches Resultat beliebig oft wiederholbarer Operationen, sie ist das, *„wozu es immer ein Äußeres gibt"* (Physik 1995, 69 [207a]; HWP 8, 74), sie bleibt unvollkommen, *„vollendet-und-ganz"* (ebd.,; HWP 8, 77) hingegen ist das alles enthaltende Universum als All-Raum. Konkretionen sind manifestiert im Ort: „Ort [...] ist [...] die *Grenze des umfassenden Körpers*" (ebd., 84 [212a]; HWP 8, 74). Raum als Ort verstanden ist demgemäß ein Gefäß mit Inhalt (vgl. ebd.). Euklid definiert zwar nirgends den „euklidischen Raum", hat jedoch das Rüstzeug dafür bereitgestellt: die dreidimensionale euklidische Geometrie (vgl. ebd., 77).

Augustinus denkt die Welt *im* Raum, Raum und Zeit sind mit dieser Welt von Gott geschaffen, und somit nur *in* dieser Welt vorhanden (vgl. ebd., 82). Johannes Scotus Eriugena sieht Raum als vorhergehenden, die Dinge aufnehmenden, unbewegt, nicht sinnlich, nur gedacht und durch die Vernunft wahrnehmbar (vgl. ebd., 83). Bei Averroës wird der Raum dynamisiert und zu einer Potenz der Materie, aktualisiert durch die jeweiligen Formen der Körper. Gleich der Materie ist der Raum ewig, Welt-Raum (vgl. ebd.). Giordano Bruno sieht Raum als aktual unteilbare erste Form aller Dinge: er liegt hinter, außer oder vor dem Natürlichen, er ist überzeitlich und unermesslich. Untrennbar ist er mit dem Körper verbunden, aber aus diesem zu erschließen (vgl. ebd., 85). Descartes etabliert die Geometrie als Theorie des Raumes, Raum ist Träger der Materie, Raumerfassung geschieht mittels mathematischer Einhegung. Die Basis für die moderne naturwissenschaftliche Analytik ist somit zunächst festgeschrieben. Subjekt und Objekt befinden sich in getrennten Räumen (vgl. ebd., 86).

Spinoza erklärt eine unkörperliche, nicht teilbare Ausdehnung zum Attribut Gottes (vgl. ebd., 82; Spinoza 2006, 28). Den endgültigen Behältercharakter verschafft Newton dem Raum, der absolute, unbewegte Raum ist der „wahre" Raum (vgl. HWP 8, 87). Diese Vorstellung wird von Leibniz kritisiert und verworfen, er definiert Raum relational und legt den Grundstein für die modernen flexiblen Raumkonzeptionen (vgl. ebd.; Hattler 2004).

Kant relativiert Newton und Leibniz und ordnet den Raum unseren Vorstellungen zu: Raum und Zeit sind Formen der sinnlichen Anschauung, bzw. deren apriorische Bedingungen. Sie liefern die Begründung synthetischer Urteile a priori für Mathematik und Naturwissenschaften. Sie sind: „Bedingungen der Möglichkeit der Erscheinungen" (HWP 8, 90) und können nur „im" Raum gedacht werden (vgl. ebd.). Räumliche Bestimmungen gelten nur unter der Perspektive unserer Subjektivität, weil wir „nur aus dem Standpunkte eines Menschen vom Raum, von ausgedehnten Wesen" denken können (ebd.; KAA/3 KrV, 55). Der absolute Raum ist theoretisch notwendiger Vernunftbegriff, der relative Raum ist Gegenstand der Erfahrung (vgl. HWP 8, 92). „Die Erfüllung des Raumes mit absoluter Undurchdringlichkeit kann die mathematische, die mit blos relativer die dynamische Erfüllung des Raumes heißen" (ebd. und KAA/4 MAN, 502, 506ff.). Fichte versteht den Raum als neutralen Schauplatz unseres Handelns in dem noch keine Linie des Handelns festgeschrieben ist. Er ist das Allgemeine, in dem Freiheitshandlungen sich erst ausrichten und manifestieren (vgl. HWP 8, 93f.). Die sich selbst zum Objekt gewordene äußere Anschauung ist der Raum für Schelling. Objektivierte innere Anschauung ist die Zeit. Raum und Zeit treten als zum Objekt gewordenes Produzieren von Objekten auf, sie sind untrennbar in der Bewegung der absoluten Intelligenz verbunden (vgl. ebd., 94). „Der Raum ist also nichts anderes als ein Handeln der Intelligenz. Wir können den Raum als die angehaltene Zeit, die Zeit dagegen als den fließenden Raum definieren. Im Raum nebeneinander, wie in der objektiven Zeit alles nacheinander ist. Beide, Raum und Zeit, können also nur in der Succession als solche Objekt werden, weil in derselben der Raum *ruht*, während die Zeit *verfließt*. Synthetisch vereinigt zeigen sich beide, der Raum und die objektiv gewordene Zeit, in der Wechselwirkung." (SW I/3, 476f.) Hegel unterscheidet den abstrakten und den konkreten Raum. Raum ist „erste oder unmittelbare Bestimmung der Natur" und „abstrakte Allgemeinheit ihres Außersichseins" (HWP 8, 94 u. HW 9, 41). Der konkrete Raum ist derjenige, der uns in der Welt entgegentritt, er ist immer gefüllt/angefüllt, ist ein bestimmter materieller Körper. „Die Erfüllungen des Raums gehen den Raum selbst nichts an; die Hier sind eins neben dem andern, ohne sich zu stören. Das Hier ist noch nicht Ort, sondern nur die Möglichkeit des Ortes; die Hier sind vollkommen dasselbe, und diese abstrakte Vielheit – ohne wahrhafte Unterbrechung und Grenze – ist eben die Äußerlichkeit. Die Hier sind auch unterschieden; aber der Unterschied ist ebenso kein Unterschied, d. h., es ist der abstrakte Unterschied. Der Raum ist also Punktualität, die aber eine nichtige ist, vollkommene Kontinuität. Setzt man einen Punkt, so unterbricht man den Raum; aber der Raum ist schlechthin dadurch unterbrochen. Der Raum hat nur Sinn, insofern er räumlich ist, also gegen sich und anderes äußerlich ist; das hier hat in ihm selbst wieder ein Oben, Unten, Rechts, Links. Was nicht mehr in ihm selbst äußerlich wäre, nur gegen Andere, wäre ein Punkt; aber den gibt es nicht, weil kein Hier ein Letztes ist. [...] Dieses ist die vollkommene Äußerlichkeit des Raumes. Das Andere des Punkte ist aber ebenso Außersichsein als er, und daher sind beide ununterschieden und ungetrennt; der Raum ist jenseits der Grenze als seines anderen noch bei sich selbst, und diese Einheit im Außereinander ist die Kontinuität. Die Einheit dieser beiden Momente, der Diskretion und Kontinuität, ist der objektiv bestimmte Begriff des Raums; dieser Begriff ist aber nur die Abstraktion des Raums; der relative Raum ist aber etwas viel Höheres, denn er ist der bestimmte Raum irgendeines materiellen Körpers; die Wahrheit des abstrakten Raumes aber ist vielmehr, als materieller Körper zu sein" (ebd., 43). „Der Raum ist die unmittelbare daseiende Quantität, worin alles bestehen bleibt, selbst die Grenze die Weise eines Bestehens hat; das ist der Mangel des Raums. Der Raum ist dieser Widerspruch, Negation an ihm zu haben, aber so, daß diese Negation in gleichgültiges Bestehen zerfällt. Da der Raum also nur die innere Negation seiner selbst ist, so ist das Aufheben seiner Momente seine Wahrheit; die Zeit ist nun eben das Dasein dieses beständigen Sichaufhebens, in der Zeit hat der Punkt also Wirklichkeit. Der Unterschied ist aus dem Raume herausgetreten, heißt: er hört auf, diese Gleichgültigkeit zu sein, er ist für sich in seiner ganzen Unruhe, nicht mehr paralysiert. [...] Die Wahrheit des Raumes ist die Zeit, so wird der Raum zur Zeit; wir gehen nicht so subjektiv zur Zeit über, sondern der Raum selbst geht über" (ebd., 48; vgl. Hösle 1998, Nishida 1999).

Im Neukantianismus Cohens ist Raum eine Kategorie, denn das Denken selbst erzeugt diesen (vgl. HWP 8, 95). Heidegger bestimmt das Dasein „an sich" als räumlich, mit „wesenhafter Tendenz auf Nähe" als „In-der-Welt-Sein" (ebd., 95f.; Kettering 1987). Die Dimensionserweiterungen der modernen Mathematik ermöglichen schließlich neue Typen von Räumen, die z. B. als Phasenräume genutzt werden, um die Dynamik komplexer physikalischer Systeme zu analysieren. Nicht-euklidische Räume, Räume mit konstanter Krümmung, positive, negative usw. erweitern die physikalischen Anwendungen. Differentialgeometrische Räume – z. B. als 4- oder n-dimensionale Raum-Zeit-Mannigfaltigkeiten – erweitern die „berechenbaren" Variationen von möglichen Räumen (vgl. EPW 486). Raum-Zeit-Kontinua mit Erweiterungen der 4-dimensionalen in 5-dimensionale Welten sprengen die bislang einheitliche Welt auf und ermöglichen gleichzeitiges Denken von parallelen Welten (vgl. ebd., 495).

Die moderne Kosmologie versucht, sich dem zu nähern, Singularitäten werden errechnet (Hawking/Penrose), die andere Räume mit anderen Physiken bezeichnen. Hawking postuliert mittlerweile ein singularitätsfreies Raum-Zeit-Kontinuum ohne Anfangs- oder Endpunkte (vgl. ebd., 496). Diese Raumvorstellungen sind jedoch hochspekulativ. Stringtheorien u. a. von verschlungenen Welten usw. sind auf der Basis vorhandener Mathematik möglich, jedoch nicht unbedingt schlüssig (vgl. Dünne/Günzel 2006, Günzel 2009, Zeilinger 2007a).

Der statische Raum ist für Bloch per se schädlicher Raum. Um etwas zu erkennen, müssen wir es von uns weghalten, wir brauchen dazu Abstand. Zu nah gibt es einen blinden Fleck im Sehvermögen. Die Distanz ist notwendig, damit wir physisch in der Lage sind zu sehen, zu erkennen, und zu differenzieren. Das wiederum verhindert die direkte Wahrnehmung eines intensiven Jetzt, immer sind wir ein Stück weit davon entfernt, wir müssen zuerst etwas fixieren, es festhalten und konservieren. Erkennbar wird so für uns immer erst etwas Verarbeitetes und Vergangenes. Nie erkennen wir direkt, immer über den Umweg, immer vermittelt. Erst ein dynamisierter Raum, der Bestandteil unseres Empfindens und kein Außer-uns ist, erst dieser Raum kommt zu uns – und zu sich selbst – ein Raum als Ort unserer Erfüllung: Heimat wäre ein Zielbegriff bei Bloch dafür. Summum bonum.

So, wie Hegel den Raum in die Zeit übergehen lässt, bzw. die Zeit als die *Wahrheit des Raums* definiert, so definiert Bloch einen erfüllten, aus der Erde und Welt entwickelten „Goldraum" als Raum-Zeit-Gefüge in uns, mit uns und mit der uns umgebenden Natur, welche wir Menschen dann zu sich selbst gebracht haben. Dieses utopische Ziel ist als Ziel-Raum in allem als Möglichkeit latent enthalten, jedoch noch nicht herausgebracht. Diese Aufgabe des Herausarbeitens fällt uns zu. Wir sind berufen – aufgerufen –, Raum als Lebensraum zur Verwirklichung zu bringen, den Raum aus seinem begrenzten und gefangenen Sein hinaus zu führen.

„Das Gewordene, die Vergangenheit, der Tod haben eine nahe Beziehung zum Raum, und wie die Zeit die Form der Geschichte, so ist der Raum daher die Form der Natur, vor allem der anorganischen Natur. [...] In der Tat ist der Raum zweideutig: er trennt und verbindet zugleich, er ist die Vielheit des Einzelnen und zugleich die Einheit im Mannigfaltigen, er ist die dimensional gebreitete Vergangenheit im Sinn der euklidischen Betrachtung fertiger Gebilde und zugleich doch auch ein Lebendiges im Sinn synthetischer Geometrie oder gar im Sinn produktiver ‚Gestaltung, Umgestaltung' goethisch-kabbalistischer Raumwesenheiten" (EM 49).

Unsere Lebenspraxis ist als Raum-Praxis angelegt, wir erfahren und gestalten den Raum um uns und in uns. Kulturtechnik ist zuallererst *Raumtechnik*. Wir erobern und be-greifen das, was um uns ist.

„Das Leben hat sich unter und auf den Dingen angesiedelt, als auf Objekten, die keine Atmung und Speise brauchen, ‚tot' sind, ohne zu verwesen, immer vorhanden, ohne unsterblich zu sein; auf dem Rücken dieser Dinge, als wären sie der verwandteste Schauplatz, hat sich die Kultur angesiedelt. [...] Vorn ist es hell oder hell gemacht, aber kein Mensch weiß noch, woraus der *Rücken* der Dinge besteht, den wir allein sehen, gar ihre *Unterseite*, und worin das Ganze schwimmt. Man kennt nur die Vorderseite oder Oberseite ihrer technischen Dienstwilligkeit, freundlichen Eingemeindung; niemand weiß auch, ob ihre (oft erhaltene) Idylle, Lockung, Naturschönheit das ist, was sie verspricht oder zu halten vorgibt" (SP 174f.).

Programmatisch ergibt dies für Bloch den Auftrag: „Sehe man drum jetzt und hier sich um, mit tätig gesetzter Zeit im tätig umgebauten Raum; die Spuren des sogenannten Letzten, ja auch nur wirtlich Gewordenen sind selber erst Abdrücke eines Gehens, das noch ins Neue gegangen werden muß. Erst sehr weit hinaus ist alles, was einem begegnet und auffällt, das Selbe" (ebd., 220).

Vorstellungen von Raum und Zeit sind die Basis für unser bisheriges Erkennen. Die Raumerfahrung ist unsere erste realisierte Form des Umgebungsbezugs. Ihr folgt das Empfinden von Zeit erst nach, vorstellbar zunächst nur als Zeit-Raum. Die Verräumlichung der Zeit macht diese erst für uns handhabbar, erschließt sie unserem Auffassungsvermögen, knechtet sie aber zugleich. Raum als begrenzender Behälter wird somit zum Grab für wirkliche Bewegung: „Die Zeit ist die erste Form des Lebens, und nur wo das Leben sinkt, erstarrt sie zu einer Art Linie. Sie nimmt dann räumliche Art an, in der die Dinge gleichsam wie im Raum stehen; das Zeitliche reduziert sich auf jenes ganz Beiläufige, dass wir die Dinge verlassen oder zu ihnen hinkommen; selbst also die ‚Zukunft' erscheint hier völlig sinnlos als eine Art fertig gestellter, nur uns noch unbekannter Raum. Dieses Sinken nun, der Zeit gegenüber eine Fahnenflucht, ist in der Tat ein legitimer Akt, sich des Raums bewusst zu werden" (EM 49). Aber auch der Raum selbst ist aktual für uns nur in unzulänglicher Form präsent. Sein Werden steht nach Bloch genauso aus. Raum als verwirklichter „Goldraum" ist Raum für uns, Raum durch uns. Blochs Begriff der Heimat trifft dies bestens: Raum, in dem wir noch nicht sind, Raum in dem noch niemand war, der jedoch als Vor-Schein jedem in die Kindheit scheint (vgl. PH 1628), der als Vor-Zeichen, als Erwartung, auch als Spannung, als Abenteuer mit offenen Ausgang in unserer intensiven Phantasiewelt aufscheint.

Der konkrete Raum, in dem wir uns befinden, ist ein Gefängnis oder zumindest erst Bau-Raum und Zeughaus für eine bessere Welt. Wir befinden uns auf hoher See, und der Raum um uns ist ein Schiffshaus, in dem und mit dem wir reisen (vgl. u. a. EdZ 229), mit einem Segel als Antriebsquelle. Diese sprachlichen Bilder tauchen bei Bloch immer wieder auf und sind im gesamten Werk fortwährend präsent. Das Schiffshaus repräsentiert dabei die in Bewegung – in Fahrt – befindliche Räumlichkeit: ein Haus als Behältnis, ein Zuhause, das noch nicht in endgültiger Position ist. Getragen vom Wasser, teils unter, größtenteils jedoch über der Wasseroberfläche befindlich. Menschengeformte Materie, die herausragt und doch Teil dieser Umgebung ist und die immer angebunden bleibt. Das Segel wiederum vertritt das objektive Naturelement, gleichzeitig eine Gerätschaft, denn ein Segel ist ein Artefakt, ein technisches Produkt, welches die Naturkraft auf intelligente Weise umlenkt, sie in den Dienst nimmt: der Antrieb erfolgt sozusagen gegensätzlich zur Windrichtung, er ist der List der Vernunft geschuldet und kombiniert Kraft und Gegenkraft (Wind und Wasserwiderstand in Kiel und Ruder) zur Bewegung nach vorwärts, bzw. zur Richtung, in die wir selbst steuern. Wir können also mithilfe des entgegenkommenden Windes diesem entgegenfahren (jedenfalls fast: Eine kleine Abweichung ist physikalisch zwingend erforderlich, um diesen Effekt zu erzeugen, deshalb muss man gegen den Wind kreuzen, wenn man in diese Richtung will). Gleiches gilt laut Bloch für das Erkennen. Wir kreuzen mit unserem Erfahren durch den Raum und durch die Möglichkeiten, allein die gewünschte, angestrebte Richtung hält Kurs: die Tendenz muss stimmen.

Als Raum-Zeit-Kontinuum versteht Bloch dabei die menschliche Geschichte, unabgeschlossen, unfertig und selbst in Bewegung befindlich. Unsere Ankunft ist gefährdet, aber noch nicht entschieden. Wir haben es in der Hand, wohin die Reise geht, trotz der möglichen widerständigen Naturgewalten. Der Raum als Verwirklichungsraum ist der Probe- und Prüfraum für gelingende Theorie-Praxis. Im Inneren des Subjekts ist der Startplatz, der Beginn von „Treppe und Tür" zur erfüllten, zur verwirklichten *natura naturans*, zur *Naturallianz* (vgl. PH 813; vgl. Zeilinger 2006). Der Platz, der Bauplatz, ist die Erde, die Dimension ist kosmisch.

Ob der multidimensionale Riemannsche Raum die richtige Darstellung dafür ist, bleibt offen. Für Bloch ist dies ein belebter, ein beseelter Raum voller unentdeckter Möglichkeiten. Einer, der auf dem noch nicht geräumten Bauplatz einer menschlich gerechten Welt überhaupt erst entstehen könnte.

Die Dimension geht ins Kosmische über, Bloch intendiert eine neue Metaphysik.

Blochs Raumbegriff schließt Lebensraum (geographisch), sozialen Raum (politisch) und historischen Raum (ökonomisch) mit ein. Auch der jeweils bestimmte *Kultur-Raum*, der uns umgibt und in dem jeweils individuell ein konkretes Raumverständnis herangebildet wird, ist immer integriert und intendiert. Dies unterscheidet Blochs Raumverständnis deutlich von bisher entwickelten Begriffen. Sein offenes Denken und sein offenes System schließen Zeit-Raum und Materie-Raum in allen vorliegenden Formen zusammen. Der Durchklang (Diapason) verbindet die verschiedenen Ebenen auf gerichtete Weise! Der menschen- und naturgemäße Raum als Heimat in Erfüllung liegt – noch – in der Zukunft, ist aber vor-scheinend bereits präsent. Die all-umfassende, bewegliche Beschreibung verflüssigt den Begriff der Raumes. Es entsteht derart eine Raum-Gestalt, ein *Gestalt-Raum*, der zwar erkennbar, aber noch nicht eindeutig festgelegt ist. Wir müssen uns den wahren, den echten Raum demnach erst erarbeiten.

Vorgegeben sind uns äußere Merkmale; Gestaltumrisse und auch die Inhalte sind noch offen. Wir selbst sind dabei Teilnehmer, Akteure, Schöpfer und Bewohner dieses Raumes. Die Aufhebung der zum Erkennen erforderlichen Distanz kann unendliche Verdichtung als Zerstörung bedeuten, aber eben auch – und das ist das Rettende daran – unendliche Erweiterung/Erfüllung. Hier kreuzt Blochs Schiff im Meer der Unendlichkeit modernster TOE (Theory of Everything); solche physikalischen Welttheorien versuchen, die offenen Ebenen –

die uns noch verschlossenen, unserem Zugriff verborgenen Welten – mathematisch einzuhegen, zu umgreifen. Diese Welten existieren ineinander verschlungen und verwoben, unser Zugang ist unvollständig und bezieht sich danach bisher nur auf eine einzige Oberfläche, unsere Erde und den erreichbaren Teil des Weltraums. Jenseits dieser Welt sind die uns bekannten Gesetzmäßigkeiten aufgehoben. Bloch behauptet dagegen unsere eigene Naturkraft, unsere im Innersten verborgene Intensität, als Erkenntnisinstrument, das dann auch eine – in noch nicht abgebildeter neuer Mathesis möglicherweise formulierbare – neue Erkenntnisform und Welt hervorzubringen aufgerufen ist und das auch dazu imstande ist, diese zu realisieren. Sie kann unser Zugang sein.

Dies unterscheidet Bloch von anderen Raumtheoretikern. Die Dimension der Unendlichkeit wird in Adaption von Leibniz' Gedanken innen verdichtet, um außen zu wirken. Unendlich-kleine Verknüpfung erweckt unendlich Großes. Das Einzeln-Allgemeine wird greifbar, bearbeitbar, ohne zwingend und zwanghaft abgeschlossen zu sein. Offenheit wird handhabbar gemacht. Der scheinbar bis ins Unendliche gehenden äußeren Bedingtheit (alles ist mit allem verbunden) setzt Bloch das Noch-Nicht entgegen, den Entscheidungsraum für uns, der eine Einflussnahme ermöglicht, der uns erhebt. Drehung/Hebung sind die blochschen Begriffe für die Bewegung im Prozess des Erkennens, der dort stattfindet. Eine Richtungsgebung durch uns ist möglich. Raum wird dadurch von einem Gefäß zum *Gestaltraum*, d. h. ein mit Eigenkraft versehener Aspekt der Materie, der mit unserer Initiative verwoben seiner Weiterentwicklung – als Auswickelung seiner inhärenten Möglichkeiten – entgegenstrebt. Das Auswickeln ist wiederum ein von Leibniz stammender Gedanke, den Bloch hierbei aufgreift. Leibniz' berühmtes Beispiel des Meeresrauschens steht Pate: Im akustischen Raum des diffusen Meeresrauschens, im Meer der einzelnen Tropfen und Töne entsteht durch unsere Erfassung, Auffassung und Verarbeitung in uns selbst ein Tonteppich des Meeres, der diese Materie zu uns erkennbar sprechen lässt. Wir können derart vorbereitet dann damit etwas anfangen, bilden einen Gesamteindruck, wickeln den Tonteppich sozusagen aus. Wir erleben Natur und erfahren sie, spüren ihre Erhabenheit, Größe, Vielfalt, geben diesem einen Namen: das Meer spricht dann zu uns mit unserer Zunge. Der Logos der Materie spricht zu uns. Wir erheben uns und den Einzelton zum Klang. Wir ordnen das Chaos der Einzelheiten und einzelnen Töne zu einem Gesamt-Eindruck und können so das Meeres-Rauschen hören. Das *Diapason* der Natur ruft uns auf, uns ihr zuzuwenden, uns als Teil von ihr zu begreifen und unseren Teil zu ihrer Erhebung zu leisten.

Bezogen auf diesen ablaufenden Erkenntnisvorgang ist Bloch ausgesprochen modern. Bewahren und Entwickeln sind unsere Aufgaben für den Raum der Natur. Raum wird vom Behälter zum Mitwirkenden. Hier greift Bloch auch auf Hegels Verständnis der Zeit als dem wahren Raum zu. Der Raum wird als *vorläufiger* sozusagen verzeitlicht. Gegen mögliche Erstarrung setzt Bloch uns: Nur wir können den scheinbar unausweichlichen Vereisungsprozess der Entropie entreißen. Das umgreift alle oben genannten Räume und Räumlichkeiten. Kultur, Geschichte, Ökonomie wirken in den Naturraum, exploitieren und zwingen, erzwingen Raumerstarrungen. Falscher Umgang mit Ressourcen in jeglicher Hinsicht ist das Resultat. Blochs Kategorienlehre versucht dem etwas entgegenzusetzen: flüssige Begrifflichkeiten. Das Rätsel der Natur gibt er allerdings nicht vor zu lösen. Das bleibt offen. Der „Rücken der Dinge" (SP 174) ist uns noch nicht zugewendet. Der Raum der Intensität als Verwirklichungsraum, als Probe- und Prüfraum für gelingende Theorie-Praxis im Inneren des Subjekts ist der Startplatz, der Beginn von Treppe und Tür zur erfüllten, entwickelten *natura naturans*. Die Dunkelheit der Frage des gelebten Augenblicks weicht dem Morgenrot des Aufbruchs. Eines Aufbruchs, dessen Richtung wir bestimmen, dessen Weg wir vor-scheinen sehen können, dessen Ende – die Erfüllung – wir nicht kennen, aber deren Vorscheinen auch schon hier, in der aktualen Realität (Vergangenheit, Gegenwart und Zukunft eingeschlossen und miteinander verbunden) zu finden ist. Blochs Dynamisierung des Raumes ergreift die Zeit-Komponente des Raum-Zeit-Kontinuums und führt sie an die Dimension der Möglichkeit gelingender Praxis heran: Das Prinzip Hoffnung, menschliches Hoffen, ist ins Gelingen verliebt, steht „auf Kriegsfuß mit dem Scheitern!" (TLU 398).

Dieser „Goldraum" (vgl. Paracelsus 2010, 21; vgl. Bense 1943) verbindet Mikro- und Makrokosmos. Bloch nimmt hier Paracelsus, Spinoza, Leibniz, Hegel, Kant, Marx u. v. m. mit auf den Weg. Die von Bloch (noch) nicht geschriebene Ökonomie ist der Startraum für die derartig andere Theorie-Praxis, der Raum, an und in dem sich erweist, ob der *Entropie* eine *Ektropie* entgegengesetzt werden kann. Dies bezeichnet die Eigenschaft des Lebendigen, des Organischen im Speziellen, einen Raum zu schaffen, der durch Hinzufügung, Aufnahme aktiv oder passiv, in der Lage ist, sich zu verändern, und aus dieser Dynamik auch die Fähigkeit entwickelt, zu „entscheiden". Hier wird die Mitproduktivität der Naturumgebung genauso angesprochen. Eine Ektropie als Befreiung des „hypothetischen" Natursubjekts im oder als Menschensubjekt (vgl. TLU 306). Das Prinzip Hoffnung wird dabei getragen von einem „Prinzip Montage": Bloch montiert Vor-Scheinendes zu Neuem. Teile des Alten wie Neuen erscheinen so in neuem Zusammenhang. Spuren lesen und Spuren aufzeigen wird derart zum Spuren-Legen für die Nachfolgenden. Diese Kollagen sind eher Montagen, da Bloch sie mit klarer und erkennbarer Richtung/Tendenz ausstattet (vgl. EdZ 221–228). Raum wird dabei zum Gebiet, der Prozess der Bewegung hat einen Gebietscharakter (vgl. PH 274): Raum ist so ein immerzu bewegter, nicht statischer Prozess. Raum erscheint als Gebiet von und für Möglichkeiten. Zukunft, Vergangenheit und Gegenwart werden als Raum-Gegenwart gelebte Zeit, gelebter, lebendiger Zeit-Raum: Augenblick; werden erblickter Raum als erlebte Zeit. Raum soll – als Ziel-Raum – zur Heimat werden (vgl. ebd., 391). Utopischer Raum: Sein wie Utopie. Gelebter Augenblick wäre so der verwirklichte, utopisch intendierte, Zeit-Raum ohne starre Begrenzung: offene Intensität, unendlich dichter und weiter Lebens-Raum, gelebter Raum.

Blochs Hinführung zur expressionistischen Kunst als Darstellungsform und Ausdruck dieser Bewegung geht von der griechischen Linie (vgl. GdU 1, 32ff.) über die ägyptische hin zur gotischen Linie: „die gotische Linie hat den Herd in sich; sie ist ruhelos und unheimlich wie ihre Gestalten" (ebd., 32), fortgesetzt im Barock, ornamentaler Ausdruck und „absoluteste Abstraktheit zugleich" (ebd., 33). Das Material schlägt zunächst das Bemühen in den Bann: versteinert erstarrt das organische Wesen in der Abstraktheit. Und doch bleibt im Ornament der Atem der Lebendigkeit : „die Steine blühen hier und tragen Früchte" (ebd., 41), „ es ist ein steinernes Schiff, eine zweite Arche Noah, die Gott entgegenfliegt" (ebd., 41f.). Die unendlich scheinende Verlängerung nach oben strebt in den gotischen Himmelstürmen der Kathedralen hinauf zur Ewigkeit: Zeit wird Raum – zumindest so gefühlt und dargestellt. Erhabene Endlosigkeit der gotischen Linie. Blochs Bearbeitung und Ausarbeitung sowie Beurteilung des Ornaments gibt deutliches Zeugnis der Konsistenz seiner Raumauffassung bis zum Schlusspunkt des Werks in *Experimentum Mundi*.

Es geht um den Kern der „neuen, neualten Raummagie" (ebd., 45), die in der Kunst hinausgreift in die neue, utopische Welt. Es geht gegen den „abgelaufenen äußeren Raumglauben" (ebd., 48), „bei dem die Dinge im Raum, aber der Raum nicht in den Dingen steht, bei dem der Raum nur ausgefüllt, aber nicht tätig ist, [...] nicht arbeitet" (ebd., 46). Die neue, utopische Welt ist kosmisch, jedoch selbst noch unwissend (vgl. EM 226). Der Kosmos selbst weiß noch nicht, wo ihm der Kopf steht: „Denn was die Realchiffern angeht, als die bedeutsamsten Erscheinungen dieser Welt, so ist ihr Konstituens nicht bloß subjektive, sondern objektive kosmische Unwissenheit. Und nicht bloß Unwissenheit, sondern die gesamte Angelegenheit dieses Kosmos ist objektiv noch nicht hell und eben deshalb voller vorgreifender, jedoch nicht ausreichender *Naturutopie*, von ihr bewegt durchzogen, unfertig gefüllt. Arbeitend in der kosmischen Unwissenheit als einer lernbegierigen, Realität suchenden, als einer Unwissenheit aus unerschienener, noch in Latenz befindlicher Realität" (ebd.).

Das neue Morgenland, das zu suchen und das zu erreichen wir aufgerufen sind, erschien bereits in der Chiffre des „Neuen Jerusalem", das allerdings säkularisiert werden muss (vgl. ebd., 227). „Die Aufgabe des Menschen bestünde daher darin, eben Schlüssel für das Selbstverständnis des größtenteils anorganischen Stoffs in diesem Prozeß zu sein, damit das Rätsel erraten werde, das die Natursphinx des Weltseins insgesamt, die Kosmos-Sphinx sich selber noch ist. Ebenso die letzte Wahrheit der Natur, also ihre ultima materia, also substantia nur die Wahrheit der Geschichte, die ungekommene Wahrheit des Reichs. So deutlich wie nichts sonst lehrt dialektische Naturphilosophie: es ist in der Natur etwas, das *ans Ende der Geschichte* gehört und an den Anfang oder Schauplatz erst des unter Reich Gedachten. Die anorganische Natur liegt derart im Raum, den sie besetzt hält, über bisherige Geschichte und Kultur, samt Ethik, Ästhetik, Dogmatik hinaus, sei es, daß sie als gegenwärtige einen Platz einnimmt, wohin nicht sie gehört, sondern eben das Haus des Reichs; sei es vor allem, daß sie als künftige, als die Utopie der Natur und ihrer Materie erst in der Verlängerungslinie der historischen Utopie ihren Ort hat" (ebd., 228). Die gotische Linie, begonnen im *Geist der Utopie*, wird verlängert und säkularisiert, sie wird um die materialistisch-dialektische Sichtweise erweitert und gefüllt. „Traum vom besseren Leben meint zu guter Letzt, in toto, eine neue Welt, also wieder einen Schauplatz, ein kosmisches Land. Doch einen für ein Reich, das in der Geschichte noch nirgends erschienen ist, in der Kunst meist nur in kontemplativem Abstand, in der Religion außerhalb des ‚Menschensohns' überwiegend nur in transzendenten Hypostasen. Die in den Realchiffern bedeutete Natur trüge und umgäbe dann ein mögliches Reich der

Freiheit, mit dem Objekt nicht mehr behaftet als mit einem Fremden" (ebd., 230). Über den Weg nach Außen erschließt sich das Inwendige die Welt, die Entfremdung und notwendige Trennung entschwindet: „Das im Prozeß hinzukommende Plus ist hierbei die Herausdrehung des Inwendigen, der Aufgabengehalt des Herausdrehens aber ist der Inhalt des sich im gelingenden Äußeren Innewerdens selber. Darin ginge die Substanz des ganzen Weltprozesses auf als jene, die noch fehlt, und zwar in zwei Weisen, als das Nunc, das in der Zeit noch nicht geschlagen hat, als das Etwas, das im Raum noch nicht aufgeschlagen ist" (ebd., 262).

„Goldraum" (Naturraum/Paracelsus) und „Neues Jerusalem" (Reichsgedanke/Münzer) tragen bis ins zukünftige sozialistische, später kommunistische Land. Die in Blochs Erkenntnistheorie vorgesehene Bewegung der Drehung/Hebung ist räumlich gesehen, sie mobilisiert und dynamisiert den Raum, strebt nach Höherem, das gleichzeitig Tieferes ist. Tiefe gilt hierbei als intensiveres Erkennen, Gründlichkeit ohne Beschränktheit, vage, und doch bedeutend, betreffend, treffend. Tiefes Wissen von Höherem.

Unser Raum-Wissen wird durch die Erweiterungen in die Höhe, Weite und Tiefe umfassender und intensiver. Das Erkennen strebt in Drehung und Hebung sozusagen raumerobernd, raumgreifend voran. Tiefe gemeint als Tiefe des Erkennens und Vertiefung des Wissens in alle Dimensionen hinein und in alle Richtungen hinaus. Die Figur des Reichs bedeutet hierbei die Chiffre des Menschenplatzes in diesem Prozess: etwas, das in unserer Hand liegt, der Reichsgedanke betrifft die menschenmögliche Ordnung; säkularisiert. Die in allen Kulturen – auch im Glauben – manifestierten Visionen einer Erfüllung und einer paradiesischen Welt verbinden Menschen und Natur zu einer Reichsidee. Im Münzer-Buch geht es um die Kraft dieses Gedankens, welcher aus dem Glauben stammt und der politisch eingeholt werden sollte zum „*Durchbruch der Reichs*. Niemals hat die Menschheit Tieferes gewollt und erfahren als in den Intentionen dieses Täufertums, hin zur mystischen Demokratie" (TM 64). Hin zum Reich Gottes auf Erden „als niederfahrendes Himmlisches Jerusalem" (ebd., 210). Reich als Raum in tieferer Dimension. Bloch verstand sich – zu Beginn seiner Entwicklung – als Verkünder und Prophet dieser Idee eines noch zu schaffenden Reichs der Erfüllung (ein schönes Beispiel dafür ist ein Brief Blochs an Margarete Susman von 1911; Susman 1992, 79; vgl. GdU 2, 332f.). Man kann dies belächeln, jedoch markiert dieser Umstand einen ganz wesentlichen Aspekt blochscher Philosophie: eine

„Ernsthaftigkeit der Seele", die gepaart mit rational-objektiver Analyse eine völlig neue Qualität des Denkens bedeutet. Blochs Philosophie trägt so einen zutiefst menschlichen und gefühlvollen Charakter, der das hypothetische Natursubjekt förmlich *in persona* erscheinen (besser: vor-scheinen) lässt, Gefühle verräumlicht. Immer gepaart mit marxistisch-dialektischer Vorgehensweise: Kältestrom und Wärmestrom sind untrennbar von Beginn an vereint. Objektivität wird immer wieder neu ausgelotet und infrage gestellt.

Bezogen auf den Begriff von Raum ergibt sich so eine in der Bezeichnung Tiefe gut nachvollziehbare Ausprägung der Interpretation und Vorgehensweise. Daraus entwickelt Bloch über die Analyse der Taufe als Wiedergeburt eine verblüffende Öffnung des Blicks: „Wiedergeburt insgesamt meint eine neue Dimension auch in der Außenwelt, einen Raum ohne den bisherigen jenseitigen Adressaten, ohne den bisherigen Druck des Schicksals. Dergestalt daß das Unausweichliche von vorher den Menschen nichts mehr angeht oder daß es, bei wirklicher Absage an die alte Knechtschaft, gesprengt wird" (TM 215), dabei geht es dann überaus politisch um „Erzwingung des Reichs" (ebd., 229) als Sprengung des begrenzenden Systems insgesamt: durchgeführt als Vermittlung von Gefühlsnatur und Natur (vgl. TLU 306), umfassend anders, als Schaffung eines „Multiversums" föderativer Kultur, „damit die Verschwendung der abgeschlossenen Kulturen aufhöre und der Mitmensch, unter dem Namen Moral gemeint, auch geboren werden könne" (GdU 2, 333). Der Raum dieses Reichs ist direkt mit uns und dem Kulturraum vermittelt.

„Die Bestimmung des Raums ist deshalb so verwickelt, weil der Raum nicht nur Äusserlichkeit, sondern auch Schema der Äusserung, der Gestaltung ist. [...] Er ist die Kruste oder Schale, [...] welche das Gewordene hält und sein Produkt nicht ins Nichts fallen lässt" (LdM 284f.). Die Befreiungsaufgabe, die uns zufällt, hat eine objektive Basis, ein Ziel, auf das wir uns berufen können: „im Extensions-Schema jeder Gestalt ist ein Platz, wo das eine, das völlig konzentrierte Element des Endzustands eingebettet ist. Daher kann jede Gestalt, sofern sie im Omnia ubique gesehen wird, zur Vertretung jeder anderen werden, soll heißen: zur Vertretung des utopischen Zentralinhalts. Und zwar des Inhalts in jenem noch utopischen Raum, der – kraft seiner ‚Kleinheit' – alles enthält. ‚Auszug' im Sinn von exodus und ‚Auszug' im Sinn von extractus kommen hier überein" (ebd., 290). Der vorgedachte Reichsinhalt der Täufer genauso wie Paracelsus' konzentrierter Goldraum.

Das Offene erscheint so auch als eine verallgemeinerte Dimension des Raumes. Manifestiert in der Bewegung, die eine Richtung hat, wird diese aus der Beliebigkeit genommen. Drehung als Akt, als Praxis ist gerichtete Raum-Nahme, Raum-Erzeugung: Drehung kreiert einen Raum, der aktiv geformt wird und der in seiner Flüchtigkeit trotzdem – nämlich *in* uns – weiterhin existiert. Ein flüssiger, flexibler, beweglicher – in Bewegung befindlicher Raum, der durch diese erzeugt, markiert, bezeichnet und in Fahrt gehalten wird. Raum als Ausdruck von Bewegung *anti-statisch*. Als Erwartungsraum steht er unter Spannung, ist geladen mit Möglichkeiten.

Das „Hier als räumlicher Rand" (EM 84) ist die Schnittstelle von Raum und Zeit (als veredelter Raum); der Zeitbezug hebt den Raum auf eine andere Ebene. „Also geht auch dem bestimmbaren Raum ein Unmittelbares vorher, das dem Jetzt entspricht [...] das nicht festzuhaltende Hier und immer wieder Hier" (ebd.). Raum streift in seinem gestalteten Gebrauch Gelungenheit. Die Welt wird tief (vgl. ebd., 113). Der Raum wird hier, am Rand, zur Zeit, Zeit-Raum. Das Hier ist der Ort an der Schwelle zur Zeit. Dort wurzelt die Bewegung, der Antrieb, die Dynamik, das aus dem Festen hervordrängende, tendenzhaft, widerspenstig. Die fortwährende „Anstückung" (ebd., 85) verräumlicht die Zeit.

Der von Bloch verwendete Begriff Anstückung versucht dieses zeitlich begrenzte, beschränkte Sein zu fassen. Es ist noch stückhaft, unvollständig, un-verbunden, vereinzelt in negativer Weise, solitär ohne Verbindung (vgl. ebd., 88). Dieses Sein wartet auf unsere Inbesitznahme und Bearbeitung, unsere Gestaltung. Im Hier und Jetzt wohnt der Kern des „Goldraums". Der gelebte Augenblick ist so auch verwirklichter, „befreiter" Raum, ist realisierte Nähe: „als Wesentlichwerden, das gerade keine Ferne braucht, sondern sich in verdichtetstem Ineinander kundgeben kann; zentral gewordenes Hier bildet so das Raumpendant zum erfüllten Augenblick" (ebd., 109). Erst das gekommene Alles realisiert und verwirklicht demnach den Kern des Raums, den Kern der Erde und des Menschen. „Natura naturata nos ipsi erimus" (ebd., 264). Dann wird Raum verwirklicht sein, unentfremdetes Reich, „Goldraum" und Neues Jerusalem, Reich der Freiheit, gelungener Übergang von Raum in Zeit.

→ *Front; Intensität; Materie; Metaphysik; Möglichkeit; Multiversum; Naturallianz; Natursubjekt; Noch-Nicht; Substanz; Theorie – Praxis; Utopie*

📖 BENSE 1943; DÜNNE/GÜNZEL 2006; GÜNZEL 2009; HATTLER 2004; HÖSLE 1998; KETTERING 1987; NISHIDA 1999; PARACELSUS 2010; PLATON 1992; SPINOZA 2006; SUSMAN 1992; ZEILINGER 2006; ZEILINGER 2007a.

Volker Schneider

Realisierung des Realisierenden

Realisierung des Realisierenden bedeutet innerhalb des Geschichtsprozesses ein Zusammenwirken von subjektivem und objektivem Faktor zur Verwirklichung von Möglichkeiten, das „reale Herausbringen" der in der „vorhandenen Realität" angelegten „objektiv-realen Möglichkeiten". Die *„Potenz* des realisierenden Subjekts", sein erkennendes Begreifen sowie sein Handeln, ist Voraussetzung dafür, dass die sich im „Schwebezustand" befindendenden Bedingungen des Seienden „als objektiver Faktor ihre Potentialität in die Aktualität des Wirkens freisetzen". Sowohl subjektiv als auch objektiv motiviert diesen realisierenden Akt immer erneut eine vorscheinende Präsenz des Zielinhalts des Prozesses („Inhalt des zu Realisierenden"): als Dialektik des Thelischen und Logischen in subjektiver Antizipation und objektiver Phantasie (EM 255).

Realisation (lat. *res, realis*; frz. *réalisation*; engl. *realization*) bedeutet Verwirklichung. Der Begriff Realisation ist wohl aus der französischen Rechtssprache entlehnt. „In der zweiten Hälfte des 18. Jh. gehört ‚realisieren' im Sinne von ‚verwirklichen' schon zum allgemeinen Sprachgebrauch; man sagt z. B. ‚eine Idee realisieren'" (HWP 8, 143). Der- oder dasjenige, welcher bzw. welches die Ideen, Pläne oder Konzepte realisiert, kann als Realisierendes bezeichnet werden. Der Begriff hat in dieser Bedeutung eine wichtige Stellung im Werk von Ernst Bloch, was noch näher zu bestimmen ist. „Neben dieser Verwendung und Ansätzen zu ihrer Präzisierung hat R[ealisierung] im Laufe der Zeit eine Reihe weiterer, teilweise sehr disparater Bedeutungen erhalten, so daß kaum von der Geschichte *eines* Begriffs gesprochen werden kann" (ebd.).

Die Betonung spontaner (gegenüber den rezeptiven) Komponenten im Erkenntnisprozess einerseits und andererseits die zunehmende

Bedeutung autonomer Aktion im sittlichen Handeln (auf Kosten des Strebens nach Erfüllung normativer Vorgaben wie der Idee des Guten, dem *summum bonum*; vgl. ebd.) bewirkt einen Bedeutungszuwachs als philosophischer Terminus. Die „Realisierung der Begriffe und Grundsätze" ergeben den „Beweis", dass die philosophischen Grundbegriffe wahre Vorstellungen realer Gegenstände und die philosophischen Grundsätze damit korrekt sind (vgl. Tetens 1775, 35–49). Kant spricht von der Realisierung der Kategorien: Zum einen werden diese realisiert, „indem ihnen durch die Schemata der Sinnlichkeit eine Beziehung auf Objekte, mithin Bedeutung" verschafft wird (vgl. KAA/4, KrV, 146f., 104f.) und Begriffe, indem man ihnen als einer bloßen Gedankenform durch konkrete Beispiele Sinn und Bedeutung unterlegt (KAA/4, MAN, 478). Dadurch erhalten die Kategorien eine objektive Bedeutung (Realisieren), die sich allerdings auf den Bereich der Sinnlichkeit bzw. möglicher Erfahrung beschränkt. Die Kategorien erhalten eine Erkenntnisbedeutung somit nur in Bezug auf Sinnlichkeit (vgl. Höffe 2003, 155). Ferner gehören die „Bemerkungen über die ‚Wirklichmachung' von Gegenständen der praktischen Vernunft" (HWP 8, 144) zu dieser Problemlage. Diese werden bald durch die Wendung „Realisierung der Handlungsweise der Vernunft" ersetzt (Reinhold 1789, 569ff.). „Fichte versteht unter R[ealisierung] die Annahme, daß einem Begriff ein äußeres Faktum der Sinnenwelt entspreche" (ebd.; vgl. FGA I/1, 78), jedoch gibt es auch die umgekehrte Bezugsrichtung, wenn das „Dauernde, das allem Veränderlichen zugrunde liegt, bzw. das Gemeinschaftliche, das in allen Veränderungen der Empfindungen fortdauert, durch Begriffe oder Kategorien realisiert" (ebd.) gedacht wird. Nach der Ausarbeitung der Wissenschaftslehre heißt „Realisierung", dass das Ich die „Hervorbringung einer Realität außer sich" (FGA I/2, 430) anstrebt, „also das zunächst im Ich Erzeugte (Begriffe, Streben) auf etwas außer uns, auf das Nicht-Ich" (HWP 8, 144) „übertragen" (FGA II/3, 120ff.) will. Fichte kritisiert die Verwendung des Begriffs realisieren in der Warenwirtschaft, im Austausch Ware gegen Geld: In Geld kann nichts realisiert werden, denn Geld „bezieht sich unmittelbar auf Waare, und wird nur in dieser realisirt" (FGA I/7, 126). Marx fügt hinzu: „Die Waren müssen sich daher als Werte realisieren, bevor sie sich als Gebrauchswerte realisieren können" (K I, 100). Schelling differenziert zwischen Realisierung im Wissen und Realisierung in der Geschichte, das heißt, „daß ‚alle Ideen sich zuvor im Gebiete des Wissens realisirt haben [müssen], ehe sie sich in der Geschichte realisiren' [SAA I/2,

79f.] können" (HWP 8 144). Einmal handelt es sich um das Ich (welches „als das Unbedingte im menschlichen Wissen bestimmt wird" (ebd.), und dessen Realisierung, die als „ein Sich-selbst-Hervorbringen durch das Denken" bestimmt wird, während „das Absolute später durch Handeln realisiert werden" (ebd.; vgl. SAA I/3 103) soll. Im „Sinne der Ideal-Real-Duplizität des transzendentalen Idealismus ist R[ealisierung] dabei ein Mit-Bewusstsein-Produzieren, das teils durch das realisierende Ich, teils durch die ganze Gattung Mensch in der Geschichte bewirkt wird" (ebd.; vgl. SW I/3, 535f., 588ff.). Hegel „bezeichnet schon in seinen ersten Systementwürfen mit R[ealisierung] ein durch Reflexion erzeugtes logisches Verhältnis des Subjekts zu sich selbst" (vgl. HWP 8, 144). In der *Phänomenologie des Geistes* ist vom „Kampf mit dem Entgegengesetzten" (HW 3, 404f.) die Rede, der „die Bedeutung in sich [vereinige], ihre [d. i. der Vernunft] *Verwirklichung* sein" (ebd., 405). Verwirklichung bestehe „eben in der Bewegung, die Momente zu entwickeln und sie in sich zurückzunehmen; ein Teil dieser Bewegung ist die Unterscheidung, in welcher [sich] die begreifende Einsicht sich selbst als *Gegenstand* gegenüberstellt; solange sie in diesem Momente verweilt, ist sie sich entfremdet" (ebd.), denn sie ist als solche inhaltslos. Realisiert wird sie aber, indem sie selbst ihr Inhalt wird: „[D]ie Bewegung ihrer Realisierung besteht darin, daß *sie selbst* sich als Inhalt wird, denn ein anderer kann ihr nicht werden, weil sie das Selbstbewußtsein der Kategorie ist" (ebd.). In der *Wissenschaft der Logik* führt Hegel dies weiter aus: „In der Tat hat die Forderung, das Sein aufzuzeigen, einen weiteren inneren Sinn, worin nicht bloß diese abstrakte Bestimmung liegt, sondern es ist damit die Forderung der *Realisierung des Begriffs* überhaupt gemeint, welche nicht im *Anfange* selbst liegt, sondern vielmehr das Ziel und Geschäft der ganzen weiteren Entwicklung des Erkennens ist" (HW 6, 554). Windelband kritisiert Hegel: Realisierung des Begriffs sei keine „nach hegel'schem Rezepte [...] geheimnisvolle Selbstrealisierung der ‚Ideen' [...], vermöge deren die empirischen Vermittlungen als unnötiges Beiwerk erschienen" (Windelband 1882, 1, 49). Die Realisierung „eines Ideellen bzw. Ideals als ‚Übergang' eines Gedankenhaften in ein Wirkliches vollzieht sich zunächst nur als gedachte Änderung vorgefundener Sachverhalte im Sinne jenes Ideellen bzw. Ideals durch menschliches Tun" (HWP 8, 144; vgl. Avenarius 1888, 2, § 616f.). Realisierung wird auch als das in den Realwissenschaften übliche Verfahren einer Setzung und Bestimmung realer, von unserem Bewusstsein unabhängiger Objekte verstanden.

Külpe unterscheidet die *allgemeine*, „die bloße Erfassung oder ‚Setzung realer Objekte', von der *speziellen* R[ealisierung], bei der es um die ‚Bestimmung der Realitäten' geht, und behauptet die Zulässigkeit beider Forschungsmethoden" (HWP 8, 144f.; vgl. Külpe 1912, Vorw.). Whitehead aktualisiert die aristotelische Akt/Potenz-Lehre: Er setzt „eine transzendente Sphäre zeitloser, abstrakter Potentialität" (ebd.) voraus, „in der Realisierung durch Auswahl ihre ‚Exemplifikation' findet, und sagt: ‚In der Realisierung wird die Potentialität Wirklichkeit'" (Whitehead 1984, 177, 152). In der Informations- und Kommunikationsästhetik avanciert Realisierung zum Grundbegriff, indem Bense ihn als „Selektion aus einem Repertoire" und „Verwirklichung der Auswahl" bestimmt (Bense 1958, 55ff.; Bense 1960, 125, 31, 39).

Der Begriff *Realisierung* bzw. *Realisierendes* taucht im Werk von Ernst Bloch erst in seiner Spätphilosophie zentral auf. Jedoch finden sich bereits im Manuskript *Verwirklichung und Seinsgrade* von 1935–36 (LdM 111–131) einschlägige Gedanken, so im Abschnitt „Das Verwirklichende und das zu Verwirklichende; Materie als Daseinsform der Möglichkeit" (ebd., 119–123). Weitergeführt wird die Explikation in *Das Prinzip Hoffnung* (vgl. PH 348–349) und in der *Tübinger Einleitung in die Philosophie* unter dem Titel: „Die Formel Incipit vita nova" (vgl. TE 366). Im Kapitel 49 des *Experimentum Mundi* (vgl. EM 254–263) erfolgt eine erweiterte Ausgestaltung. In *Experimentum Mundi* stehen die Kategorien in der „Vermittlungs-Mitte" der *docta spes* – der gelehrten Hoffnung, dem Hauptthema des *Prinzip Hoffnung* – im Zusammenhang von aussagbaren Etwas-Beziehungen zwischen Subjekt und Objekt und dem ungelösten *Dass-Problem* (vgl. Dietschy 1983, 170). Diese Kategorienbetrachtung war von Nietzsche, der auf der Suche nach neuen Lebensmöglichkeiten für den *freien Geist* war, herausgearbeitet worden. Dieser freie Geist hat ein Vorrecht, auf den Versuch hin zu leben und sich in seinem Denken der Erfahrung des vielen aussetzen zu können und sogar zu dürfen, einschließlich der Suche nach neuen Lebensmöglichkeiten des menschlichen Daseins und des Selbsterfahrens im Fluss des eigenen Erlebens (vgl. Riedel 1994, 290). Zunächst bezeichnet das „Dass", dass etwas ist, während demgegenüber dialektisch gefragt wird, was etwas ist, z. B. eine Pflanze, Blume genannt, die sich später als „blaues Veilchen" identifizieren lässt. Diese Was-ist-Frage ist nach Nietzsche eine konstruierte Frage, denn das einzelne *Etwas* wäre vollständig auf sein Was-Sein hin befragbar. Es wäre ein für alle Mal ein Allgemeines, gestalthaft und fest umrissen, das erkannt werden kann. Es ließe sich kategorisieren mit „kleinen Begriffen" wie „Veilchen" und „blau", die von ihrer erdhaften Verbindung losgelöst wären, aber auch die „großen Begriffe" wie „gut", „gerecht" ließen sich ins höchste menschliche Glücksverlangen heben, weil sie von der irdisch verdunkelten Sprache und den geschichtlichen „Voraussetzungen" losgemacht worden waren, um als *„frei gewordene Ideen Gegenstände der Dialektik"* zu bilden. „Große" wie auch die kleinen Begriffe des „Guten" und „Gerechten" und die größten und höchsten, die Universalbegriffe des „Zwecks", der „Einheit", des „Seins" zusammengenommen präformieren das Einzelne in logisch verschiedener Weise, die Nietzsche *Kategorien* nennt: sie sind Aussageweisen oder Grundformen der Prädikation (vgl. Riedel 1994, 291). Es liegt in der Macht des subjektiven Faktors, die Verhältnisse zu verändern, d. h., er kann in der Geschichte Dinge zur Realisierung bringen. Der Mensch ist ein „phantastisches Thier", was ein „Zutrauen zu dem Leben!" (Nietzsche 1980, Aph. 1, 372) braucht, weil es Definieren und Handeln und gleichsam auf Erden dienstbare Geister rufen kann. Es kann in einer Fremde von Erkenntnis und Orientierungslosigkeit dennoch manövrieren, obwohl es seinem Willen und seinen Anstrengungen manchmal unterliegt; doch kann es die Dinge auch drehen und zu seinem Nutzen umschmieden, diese Wandlungsfähigkeit und die Kraft hat es, um sich gegen Gleichgültiges und Absichtsloses tendenziell zu stemmen. Der Mensch hat also die Möglichkeit, auch unangepasst sein Leben zu vollziehen. Dieses Herstellen und Machen durchzieht das blochsche Spätwerk, und so formuliert Bloch im letzten Kapitel von *Experimentum Mundi* praktisch ein Kompendium von Grundfragen seiner Philosophie, die in diesem jedoch in einem systematischen Rahmen einer Kategorienlehre behandelt werden (vgl. Dietschy 1983, 164): Wir setzen als unvollendetes *Dass* (*quod*) an, d. h. als existierende, gestaltende, weltverändernde Subjekte, allerdings auch als Subjekte ohne ein *Was* (*quid*), d. h., was sie wesenhaft bestimmen könnte und das noch keinen Abschluss gefunden hat. „Der Mensch ist etwas, was erst noch gefunden werden muss" (SP 32), sagt Bloch in den *Spuren*. Der Mensch hat seine Identität noch nicht erreicht, was sich auf den „Dass-Grund" auswirkt: Es steht im Menschen noch etwas aus, was noch nicht erreicht wurde. Dieser „Dass-Grund" gibt für die Funktion und Bedeutung der Kategorien den entscheidenden Ausschlag. „Bloch spricht in diesem Zusammenhang von einer *Zweiseitenstruktur* *der Kategorien*, deren Bedeutung zwischen *quid* und *quod* spielt und in jedem Zug des Spiels auf das Gelingen des *quid pro quod* zielt" (Riedel 1994, 303). Diese Kategorien entspringen nicht einfach aus dem „Dass-Grund", wie etwa dem transzendentalen Bewusstsein oder gar der Erfahrung, sondern sind an das Allgemeingültige und überall Gleichgültige, gleich dem Endstadium der Metaphysik, gebunden (vgl. ebd.). Das „von Bloch gefaßte Daß hat nichts mit dem affirmativ Positiven sogenannter Faktizitäten zu tun, wie oft hineingelesen wurde. Dieses Daß ist ja gerade das Innere des Unausgemachten" (Bahr 1975, 163). Allerdings sagt Bloch in *Logos der Materie*, dass das Dass ein setzender Akt ist, der treibt und werden lässt. „Es ist, in Gestalt von Vorgängen, ein ebenfalls setzendes, treibendes, in Gestalt von Zuständen ein bereits gesetztes Dass. [...] Im Vorgang erscheint das willenhafte Gezieltsein des fremden, äusseren Dass als Tendenz" (LdM 119). Somit gilt das Dass als Gestalt des Gewordenseins und andererseits – im Falle eines Vorgangs (prozesshaftes Werden) – als Tendenz. Auch der Gang der Welt ist im Prozess, der von einer Noch-Nicht-Gelungenheit zeugt, woraus aber folgt, dass über sein Nichtgelingen noch gar nicht entschieden ist. Bloch zeigt hier sein grundsätzliches Verstehen der Welt als einer offenen. Das Areal, in dem sich die Bestimmungen ereignen, ist durch „logisches Prädizieren, Dimensionieren in Zeit und Raum, Objektivieren in kausalfinalen Transmissionskategorien, Manifestieren in Gestaltkategorien, Kommunizieren in Gebietskategorien, schließlich als substantielles Identifizieren" (EM 254) gekennzeichnet, was „allerletzt als Realisieren des Realisierenden selber" (ebd.) erscheint. Das Dass, in dem sich das Drängende und Intendierende, aber auch das Intensive vereinigt, ist das Realisierende, das Setzende, macht insofern in allen Kategorien die unterhalb des Logischen liegende Seite aus, und dieses Logische bestimmt den Inhalt des Gesetzten genetisch wie auch morphologisch. Daraus ergibt sich ein komplexes Theorie-Praxis-Verhältnis: Ein Setzen ohne Erhellung, also inhaltliche Bestimmung durch das Logische, wäre blind. Jedoch muss sich dieses vom Logischen inhaltlich bestimmte Gesetzte als solches in der Praxis bewähren. Scheitert es, und zwar als sich entwickelnde Inhalte hin zu einer, vereinfacht ausgedrückt, besseren Praxis, gibt es keine positive Veränderung, so waren die Inhalte fraglich (vgl. ebd.). Gelingt dies aber, dann liegt ein wirkliches Realisieren des Realisierenden vor. „Gelingende Praxis enthält eben im immer erneut Insistierenden des Daß den Durchbruch eines nicht nur zu Bestimmenden, sondern eines zu Verwirklichenden. Worin über das Was des Daß schon ausgesprochen ist, daß es kein vorhanden Wirkliches darstellt, wie es der menschlichen Erkenntnis nur Bestimmung aufgibt" (ebd., 255). Das Was kann das Dass, was ja unbestimmt ist, zu einer näheren Bestimmung führen. Dabei muss die Bestimmung zum zentralen Theorie-Praxis-Verhältnis beitragen, um die Veränderung real voranzutreiben und Unbestimmtes zu Bestimmtem werden zu lassen. Das Was ist aber kein Wirkliches, es muss erst noch herausgebracht werden, wie Bloch dies nennt, um ein vollständig Bestimmtes zu werden. Das Herausbringen ist auf eine tendenzielle objektiv-reale Möglichkeit angelegt, die dem objektiven Faktor gleichkommt, der gegenüber dem subjektiven Faktor mit dem Realisier- und Machbaren zusammenfällt; dies hatte Bloch allerdings schon im *Prinzip Hoffnung* herausgearbeitet (vgl. Riedel 1994, 300). Allerdings muss der handelnde Mensch aktiv werden und diese Möglichkeit fördern. „Realisieren heißt demnach subjektives *Vermögen* in Gang setzen, um objektiv-real Mögliches zu verwirklichen und gar neue Möglichkeiten herzustellen" (EM 255). Antrieb für solchen mit Tatkraft verfolgten Veränderungswillen sind die Tagträume, die realisierbar sein müssen und den jeweiligen Zielinhalt implizieren. Dieser Zielinhalt wäre im besten Fall ein *Nunc stans*, ein verharrender Augenblick des Guten. „Die Realisierung des Realisierenden selber, diese letzte Praxis der auf Erleuchtung des Daß gerichteten Theorie steht gewiß weit vor der Tür. Obwohl sie durch alle antizipierenden wie praktischen Aufhebungen der Ursachen von Mühsal und Beladenheit, Erniedrigung und Beleidigung vorbereitet wird. Jedoch metaphysisch gefaßt, das heißt als das wirklich ins Überhaupt Einschlagende, ist die radikale, auf ihre eigene Wurzel gehende Verwirklichung durchaus ein Noch-Nicht, als die noch gänzlich ausstehende *letzte* Utopie" (ebd., 257). Diese letzte Utopie ist noch weit weg, d.h., sie steht noch aus, aber sie klingt schon im Noch-Nicht an, wenn sich das Dunkel des gelebten Augenblicks lichtet und zum erlebten Moment wird. „Der Quellort sowohl der Traumwelt des Noch-Nicht-Bewußten wie des Realisierens liegt im Dunkel des gelebten Augenblicks. Er ist so das eigentliche Bindeglied von *Prinzip Hoffnung* und *Experimentum Mundi*" (Dietschy 1983, 181). Dieser dunkel gelebte Augenblick ist in der Mitte des Daseins und produziert die Frage: „Wann lebt man eigentlich, wann ist man selber in der Gegend seiner Augenblicke bewußt anwesend? So eindringlich dies aber auch zu fühlen ist, es entgleitet immer wieder, das Fließende, Dunkle des Jeweils, wie dieses, das es meint" (GdU 2, 237). Das

Dunkel liegt an einer Übergangsschwelle, die für den Menschen anthropologisch bedingt zu denken ist. „Ohne Dunkel kein Licht" wäre die Kurzformel solcher Überlegungen. Der Mensch ist ein sich unbekanntes Wesen. „Der Mensch erlebt sich nicht in der Gegenwart, er nimmt sich nicht als tätig (z. B. schreibend, lesend, gehend) war. Diese Tätigkeiten als bewusst wahrzunehmen würde bedeuten, dass sie praktisch nicht mehr ausführbar wären. Diese Funktion dient auch nur als Bild für das Entgleiten der Gegenwart" (Klein 2007, 111). Um zu einem Realisierenden zu werden, muss sich ein Ereignis folgender Dimension einstellen: Der Mensch, der beginnt, offene Fragen zu stellen und damit eine Erwartungshaltung einnimmt, der in „Leben, Hoffen, Ahnden, aus dem Dunklen ins Helle" (GdU 2, 242) strebt, wird schöpferisch tätig. So „wird jene eindrucksvolle Grenze *zum noch nicht Bewußten* deutlich überschritten. Ein Dämmern, ein inneres Hellwerden, Mühe, Dunkel, krachendes Eis, ein Aufwachen, sich annäherndes Vernehmen, ein Zustand und Begriff, bereit, dem Dunkel des gelebten Augenblicks, dem namenlosen apriorischen Brauen in uns, an uns, vor uns her, im gesamten in Existenz-Sein an sich selbst, endlich das scharfe identische Licht zu entzünden, die Pforte des sich selbst Entgegenblickens zu eröffnen" (ebd., 243). An dieser Nahtstelle korrelieren das ins Unbewusste abgesunkene „gerade Vorbei" (ebd., 237) und das Aufkommen des Noch-Nicht-Bewussten. Nachdem diese Möglichkeit im Bewusstsein eröffnet ist, muss eine Verbindung zum Noch-Nicht-Sein gefunden werden (vgl. Klein 2007, 144). Es beginnt etwas vom *„utopischen Endzustand"* aufzublitzen (vgl. EM 258), allerdings als eine unkonstruierbare Frage, welche Bloch als Frage bezeichnet, die sich auf keine bereits vorhandene Lösung hinbiegen lässt. Sie läuft wieder ins Dunkel des Augenblicks hinein. Das Dunkel des Jetzt bildet aber einen Startpunkt des staunenden Fragens (vgl. PH 337). Die unkonstruierbare Frage ist also keine, auf die verzichtet werden könnte, denn sie treibt den „Kern der Latenz" (EM 258) voran. Die Revolution kann diesem Kern gleichkommen, indem sich im Augenblick der Geschichte eine Aktion ereignet, die sich als eine vorscheinende Lösung abzeichnet. Ohne Vorschein allerdings kommen diese Nahziele vom rechten Tendenzweg ab und verkommen zu einer „kaschierend reformistischen Ideologie des Bestehenden" (ebd. 260). Das Realisieren des Realisierenden wird zu einem Novum, was wortwörtlich zu nehmen ist, es ist nicht etwas schon Gewesenes gemeint, an das lediglich erinnert wird: Die „Wurzel des Erscheinenden selber ist keine Gewesenheit oder auch Landschaft eines bereits golden gewesenen Zeitalters oder irdischen Paradieses; denn sie hat noch nie in Erscheinung ihrer selbst geblüht" (TE 366). Dabei ist wichtig zu beachten, dass dieses Prinzip nicht mit Obersätzen in einen logischen Zusammenhang gesetzt ist, von denen aus lediglich deduziert zu werden braucht. Die Möglichkeit, dass alles zu einem großen Umsonst, zu einer enttäuschten Hoffnung führen kann, ist immer gegeben, aber, *„der Nullpunkt im Daß sucht, versucht durchs Experiment der Welt sein, das ist ihr Omega, vorscheinend eben im Subjekt als Glück, in der Gesellschaft als Solidarität menschlicher Würde, im Draußen der Weltlandschaft, mit nicht mehr ausgelassenem Insichsein, als Heimat"* (EM 261). Es bleibt dieses utopische Fernziel über die Nahziele hinweg zu fokussieren. Die Erhellung des „Dass-Anstoßes" dürfte nie eine endgültige Ankunft und damit eine Ende erreichen, denn dies wäre keine Lösung, sondern nur der Beginn weiterer Probleme. Es handelt sich dabei um eine Invarianz, die gerade die objektiv-reale Möglichkeit ausmacht (vgl. Bahr 1975, 166). Letztlich handelt es sich also um ein Weltexperiment als *„Realexperiment der Welt selber"*, indem konsequenterweise das Prinzip eines „Durchhaltens und Gezieltseins" (EM 263) vorherrschen sollte.

→ *Augenblick; Hoffnung; Latenz; Metaphysik; Noch-Nicht; Novum; Prozess; Revolution; Subjekt – Objekt; Tendenz; Theorie – Praxis*

📖 AVENARIUS 1888; BAHR 1975; BENSE 1958, 1960; DIETSCHY 1983; HÖFFE 2003; KLEIN 2007; NIETZSCHE 1980; REINHOLD 1789; RIEDEL 1994; TETENS 1775; WHITEHEAD 1984; WINDELBAND 1882.

Manfred Klein

Revolution

Der Begriff Revolution bezieht sich bei Bloch positiv auf eine alle Ebenen der Gesellschaft involvierende soziale Revolution, keineswegs auf eine bloß politische Revolution, in deren Verlauf lediglich die Herrschaftsformen wechseln bzw. eine Klassenherrschaft durch eine andere ersetzt wird. Gemäß dem Leitsatz „nichts zu vergessen, alles zu verwandeln" (EdZ 157) bezeichnet Bloch mit Revolution einen aus vielfältigen Praxisformen bestehenden, umfassenden Prozess gesellschaftlicher Veränderung zur Herstellung einer globalen Assoziation auf der Grundlage von Freiheit, Gleichheit und Solidarität, mithin eines geschichtlich völlig neuen Arrangements gesellschaftlicher Verhältnisse.

Das offenbar erst in der Spätantike aus dem lateinischen Verb *revolvere* (,umwälzen, zurückrollen, umkehren') gebildete Substantiv *revolutio* wurde in der überlieferten Literatur lediglich zur Beschreibung verschiedenster Bewegungsabläufe und noch nicht im politischen Sinne gebraucht. Aufstände und Bürgerkriege wurden mit anderen Begriffen umschrieben. Das Mittelalter benutzte *revolutio* hauptsächlich zur astronomischen Beschreibung des Umlaufs der Gestirne; in der frühen Neuzeit trug die berühmt gewordene Studie des Kopernikus von 1543 einen diesem Sprachgebrauch entsprechenden Titel: *De revolutionibus orbium coelestium* (*Von den Umdrehungen der Himmelskörper*). Doch im Spätmittelalter und in der frühen Neuzeit wurde der Begriff Revolution über die Volkssprachen nach und nach mit politischen Konnotationen aufgeladen und zur Bezeichnung des Wechsels politischer Herrschaft, der Veränderung der Teilhabe an staatlicher Macht bzw. des Austauschs von Regierungsformen verwendet.

Die englische *Glorious Revolution* von 1688 markierte einen vorläufigen Höhepunkt der politischen Konjunktur des Begriffs. Seit der Ära der Aufklärung und insbesondere der Ereignisse der Französischen Revolution kam es jedoch seit 1789 zu jener „modernen" Veränderung der Signifikate, die bis in die Jetztzeit andauert: von nun an wird Revolution als ein historischer Einschnitt begriffen, der die Welt in neue, nicht mehr umkehrbare Verlaufsformen gebracht hat. In der Vorphase der französischen Revolution wurde das Wort schon von Voltaire, Rousseau und Diderot verwendet, um 1789 tauchte es in seiner neuen Bedeutung sogleich bei Mirabeau, Condorcet u. a. auf, in Deutschland bald auch bei Kant, Fichte und Hegel. Im öffentlichen Bewusstsein weichen die zuvor mit Revolution verbundenen Vorstellungen zyklischer Herrschafts- und Verfassungswechsel (symbolisch-modellhaft in Analogie zu den konzentrischen oder exzentrischen Umlaufbahnen der Himmelskörper!) allmählich dem Paradigma eines linear fortschreitenden Geschichtsverlaufs.

Marx, Engels und andere Sozialisten des 19. Jahrhunderts definierten ihrerseits Revolution im Rückgriff auf die bisherige Geschichte bürgerlicher Revolutionen, wobei die Ereignisse von 1789 den zentralen Bezugspunkt bildeten. In Abgrenzung zu den oft nur *politi-*

schen Revolutionen, aus denen keine tiefgreifenden ökonomischen Veränderungen resultierten, favorisierten Marx und Engels die Begriffe *soziale Revolution* und *proletarische Revolution* zur Charakterisierung künftiger, auf die Aufhebung von Klassenherrschaft ausgerichteter Umwälzungen. Dieser Revolutionsbegriff wurde bei beiden Klassikern flankiert durch die Hervorhebung der stattfindenden *industriellen Revolution* sowie die gelegentliche Betonung von Revolutionen auf wissenschaftlichem und kulturellem Gebiet. Das Ereignis der Oktoberrevolution von 1917 brachte in ihrem Gefolge eine Ebenen-Differenzierung des Begriffs mit sich: man unterschied zwischen ökonomischer, politischer und kultureller Revolution. Der Begriff der *Kulturrevolution* stellt eine entscheidende Neuerung führender Akteure der Oktoberrevolution dar (Lenin, Trotzki, Lunatscharski, Bogdanov u. a.). Gegen Bogdanovs Konzeption einer strikt *proletarischen Kultur* (*Proletkult*) insistierte Lenin auf der Aneignung und Veränderung entwickelter bürgerlicher Kultur durch die Revolution. Unter den weit gefassten Begriff „Kultur" wurden Alphabetisierung und Bildung ebenso subsumiert wie technisch-industrielles Wissen, Künste und Wissenschaften. Die Übernahme bürgerlicher Kultur verlangte demnach ein Gewinnen der bürgerlichen Spezialisten (der Intellektuellen) für die Sache der Revolution und zugleich den Zugang der Massen zu den bislang exklusiven geistigen Ressourcen; über eine Veränderung der Theorie-Praxis-Arbeitsteilung sollte schließlich die Entwicklung proletarischer Hegemonie umgesetzt werden. Hier setzten auch spätere Strategien der Umwandlung des *kulturellen Erbes* an, die etwa bei Gramsci oder Bloch ganz neue kulturrevolutionäre Theorien, Verfahren und Praxisansätze hervorbrachten. Bei Bloch tauchte der Begriff Revolution schon in den frühen Werken auf, wenngleich zunächst eher beschreibend. Spätestens seit *Erbschaft dieser Zeit* ist jedoch deutlich geworden, dass Bloch im Unterschied zu Lenin und dessen Mitstreitern sich mit seinen kulturrevolutionären Interventionen keinesfalls auf die Bestimmung nachrevolutionärer (oder auch revolutionsbegleitender) Praktiken beschränken wollte, sondern vor allem auf antizipierende, d. h. die soziale und politische Umwälzung vorbereitende und stimulierende Tätigkeiten abzielte (vgl. auch HWP u. HKWM.)

Der Begriff *Revolution* und das zugehörige Eigenschaftswort *revolutionär* sind bereits in den Frühschriften deutlich artikuliert. Schon in der Schweizer Emigration während des Ersten Weltkriegs erhob Bloch aus einer dezidiert *antimilitaristischen* Kriegsgegnerschaft 1917–19 in vielen Zeitungsartikeln die Forderung nach einer deutschen Revolution. Bei aller Nähe zu USPD und Spartakusbund trennte ihn aber von den Strömungen der sog. *Zimmerwalder Linken* sein Beharren auf einer besonderen Kriegsschuld Deutschlands als Aggressorstaat. Nicht nur das Zerbrechen allgemeiner imperialistischer Strukturen, sondern parallel dazu die Niederlage und die institutionelle wie mentale Überwindung speziell des deutschen Militarismus erschienen ihm als unabdingbare Voraussetzungen einer *demokratischen* und *sozialen* Revolution in Europa (vgl. KnK 401ff., 457ff. u. ö.).

Auch in dem noch stark mystisch wie auch expressionistisch inspirierten *Geist der Utopie* (1918) ist die Rede von der Notwendigkeit, „mitten durch die besserwissenwollenden, revolutionär, utopisch organisatorischen Energien hindurch" (GdU 1, 251f.) einen neuen Anschluss zu fassen. Unmittelbarer gesellschaftlicher Hintergrund solcher Reflexionen ist hier die gerade erst siegreiche Russische Revolution sowie die schon revolutionäre Situation in Deutschland, außerdem spielt die Erinnerung an „frühere Revolutionen" mit hinein (vgl. ebd., 297ff.). Der „Bewegung von 1789" (ebd., 403) und der „ersten verunglückten russischen Revolution" von 1905 (ebd., 420) gelten explizite Hinweise. Die zweite Fassung des *Geist der Utopie* (1923) hingegen ist nach der gescheiterten deutschen Revolution verfasst: „Der Krieg ging aus, die Revolution ging an und mit ihr die offenen Türen. Aber richtig, sie haben sich bald wieder geschlossen" (GdU 2, 11). Die sozialen Kontexte des Begriffs werden nun etwas konkreter: Bloch spricht vom „wirtschaftsrevolutionären Klassenkampf", dessen Träger das „revolutionäre Proletariat" (ebd., 299f.) sei. Neben die Aktualität der Russischen Revolution tritt die Erinnerung an „Münzer" und den „Bauernkrieg" (ebd., 294f.). Bemerkenswert ist, dass Bloch Beethoven und Wagner als „Revolutionäre" bezeichnet: nicht nur ihrer (zumindest zeitweiligen) politischen Haltung, sondern auch ihrem künstlerischen Schaffen nach (vgl. ebd., 58). Mit dem Leitmotiv Revolution klingt auch bei Bloch schon eine kulturelle Dimension von revolutionären Verläufen an: „Derart praktisch zu sein, derart auf dem Bauhorizont des alltäglichen Lebens zu helfen und zurecht zu richten, derart gerade politisch-sozial zu sein, ist dem Gewissen kräftig nahe und eine der Utopie durchaus eingeschriebene, revolutionäre Sendung" (ebd., 295).

Zeitlich genau zwischen die beiden Fassungen von *Geist der Utopie* fällt eine Schrift von 1921, deren Titel *Thomas Münzer als Theologe der Revolution* überdeutlich eine revolutionäre Tätigkeit in den „Überbauten" anspricht, in diesem Falle der Theologie. Bloch begreift die Bauernbewegungen des frühen 16. Jahrhunderts im Anschluss an Engels als eine „soziale Revolution" (TM 176). Engels hatte die revolutionäre Konstellation von „Mystik", „Chiliasmus" und „Kommunismus" herausgestellt und die Verbindung von Münzers Theologie zu ketzerischen Ideen wie auch zum Werk des Joachim von Fiore betont (vgl. DB 344ff.): „Seine politische Doktrin schloss sich genau an diese revolutionäre religiöse Anschauungsweise an und griff ebensoweit über die unmittelbar vorliegenden gesellschaftlichen und politischen Verhältnisse hinaus wie seine Theologie über die geltenden Vorstellungen seiner Zeit" (ebd., 353). Im *Thomas Münzer* zieht Bloch zwar nicht immer eine trennscharfe Unterscheidung zwischen „Revolution", „Rebellion", „Aufruhr" und „Revolte" (vgl. TM 65ff., 109, 113 u. ö.), bestimmt aber den Gegensatz zwischen Münzer und Luther u. a. als die Fundamentaldifferenz zweier politischer Strategien: „Revolution von unten" vs. „Staatsstreich von oben" (ebd., 146). Münzer spricht und erscheint in Blochs Darstellung nicht nur als politischer Organisator und „Kämpfer, sondern als Exeget des chiliastischen Geistes" (ebd., 182). Bloch betont wie Engels die bäuerlichen, plebejischen und keimhaft proletarischen Träger der sozialen Revolution von 1525, hebt aber noch stärker als jener die Tätigkeit Münzers in den gesellschaftlichen „Überbauten" hervor: „Indes ist eben beim aktiven Theologen der Revolution das eine mit dem anderen, die Tat mit dem fernen Ziel, das Ideologische mit der rein religiösen Idee so wechselseitig verschränkt, dass – vor allem in den Antrieben der Jugend, des überschäumenden, erglänzenden Sendungsgefühls, mit dem er vor die letzten Taboriten tritt – Herrenhass, Pfaffenhass, Kirchenreform und Adventsekstase fast unmittelbar die Begriffe tauschen" (ebd., 21). Die scheiternde Bauernrevolution und insbesondere Münzers egalitäre Theologie stellen für Bloch allerdings auch einen Vorausgriff auf spätere Zeiten dar, sie antizipieren bereits den Zusammenbruch einer feudalen Ordnung wie auch eines Ordo-Weltbilds: „Die Französische Revolution brachte vollends den Überbau lange vergangener ökonomischer Verhältnisse zum Einsturz" (ebd., 163).

Erbschaft dieser Zeit (Oktober 1934) und die im Umfeld dieses Buches entstandenen Aufsätze entfalten ein verändertes, weiterentwickeltes Konzept von Revolution. Im Angesicht der faschistischen Bedrohung sah Bloch die Notwendigkeit eines Bündnisses, das nicht nur den Kampf gegen die begonnene NS-Herrschaft aufzunehmen habe, sondern zum Kampf gegen das Monopolkapital weitergeführt werden solle, welches die faschistische Herrschaftsform zur Krisenbewältigung nutze: „An dieser Stelle übergreift der *obere Fascismus* (als Haltung des Großkapitals) den Nationalsozialismus (als Werbung der proletarisierten Schichten im Dienst des Großkapitals); erst *Fascismus in diesem Sinn* ist selbstverständlich die letzte Phase der kapitalistischen Wirtschaft" (EdZ 214). Blochs Analyse ging davon aus, dass es dem Hitlerfaschismus gelungen war, mittels trügerischer sozialer Versprechen und „irrationaler" Mythen die schwankenden „Mittelklassen" bzw. „Mittelschichten" und die „Proletarisierten" sowie auch Teile der Arbeiterklasse zu gewinnen und in einen gesellschaftlichen Konsens unter nationalen und rassischen Vorzeichen einzubinden. Er betrachtete die nationalsozialistische „Revolution" als eine Mimikry von wirklicher Revolution und begriff zugleich die mediale Gewalt, mit der die NS-Ideologie in den Alltag der Menschen eindrang: „Aber der *Verführung* muss ans Leder gegangen werden; denn sie ist ebenso stark wie der Terror eine Wirklichkeit" (Hasard 102). Die revolutionäre Perspektive ist nun bei Bloch, im Anschluss an marxistische Differenzierungen seit Lenins Zeiten, deutlicher gekennzeichnet durch drei Hauptaspekte: eine ökonomische, eine politische und eine kulturelle Ebene. Ökonomisch besteht das Ziel in der Überwindung kapitalistischer Produktionsverhältnisse, politisch in der Errichtung neuer demokratischer Strukturen. Ein besonderer Akzent aber wird auf die kulturelle Ebene gelegt: der Kampf um das von den Nazis vereinnahmte kulturelle Erbe, seine Neubewertung und sein mögliches neues Arrangement machen (in einigen Zügen analog zu den Aufzeichnungen von Antonio Gramsci) die Konturen eines „ideologischen Klassenkampfes" sichtbar und antizipieren eine als möglich erachtete „sozialistische Hegemonie" nach der Befreiung. Das kulturelle Erbe umfasst für Bloch grundsätzlich alle potenziell emanzipatorisch nutzbaren, „unabgegoltenen" Elemente aus kulturellen Aufstiegs-, Blüte- und Zerfallszeiten: „Außer den Höhlen des Ungewordenen und der gärenden Unbestimmtheit, außer den Erbstücken des revolutionären Bewusstseins sind, rätselvoller Weise, auch noch die Schatzhäuser *stehender Kultur*" (EdZ 329).

Im Brennpunkt der Jahre 1933/34 sah Bloch viele rebellische Zeichen, Symbole und Formen von den Nazis usurpiert und als „Fälschungen" in ihr System eingegliedert; er zeigte dementsprechend – wie eine Kapitelüberschrift in *Erbschaft dieser Zeit* lautet – ein „Inventar des revolutionären Scheins" (ebd., 70ff.) auf. Es galt, das gesamte kulturelle Erbe zu sichten und die *Erbstücke* je nachdem zu problematisieren, zu neutralisieren, umzufunktionieren oder wiederanzueignen. Das bedeutete nichts anderes als den Versuch einer Desartikulation des narrativen Systems der NS-Ideologie (ihrer *Mythen*) und die Entwicklung einer antifaschistischen Sinnstiftung: „Die Revolution greift nicht nur in den Verstand, sondern ebenso in die Phantasie, die sozialistisch so lange unterernährt worden war. Sie greift gerade in die Phantasie des Verstands, in die außerordentliche Spannung der prozessualen Wirklichkeit und dessen, was in ihr – als unsere Welt – noch nicht geworden ist" (Hasard 197). Das in den „Überbauten" durchzuführende, so verstandene Programm von *Erbschaft dieser Zeit* und den nachfolgenden Aufsätzen skizziert eine kulturelle Revolution. Es vermeidet dabei alle Vorstellungen eines schlichten ideologischen Kampfes „Klasse gegen Klasse". Bloch legt Verfahren und Techniken nahe, die mit Metaphern von „Handgemenge", „Waffenraub", „Freibeutertum" und „Partisanentaktik" verbunden sind: „Will man die Mittel verstehen und überwinden, die einem verelendenden Bürger gerade gegen die echte Revolution gereicht werden, so muss man – diabolisch – in Bürgers Lande oder besser: auf sein Schiff. Er hat nur noch ein Schiff; denn es ist die Zeit des Übergangs" (EdZ 20). Blochs Programm nahm die im Juli/August 1935 auf dem VII. Weltkongress der Komintern von deren Generalsekretär Georgi Dimitroff vorgestellte antifaschistische Strategie der Arbeitereinheitsfront und besonders der Volksfront vorweg (vgl. Klatt 1984, 141ff.; Dietschy, 156ff.; Korngiebel, 252ff.). Auch die von der Komintern verabschiedete neue Linie setzte auf ein Bündnis von Arbeiterklasse, Bauern, Kleinbürgern und kritischen Intellektuellen zum Sturz des Faschismus. Blochs strategische Formel vom „‚Dreibund' des Proletariats mit den verelendeten Bauern und dem verelendeten Mittelstand, unter proletarischer Hegemonie" (EdZ 123) wurde in den nachfolgenden Debatten von ihm noch präzisiert. „Sofern die Revolution also zunächst gegen ihren Hauptfeind, den Fascismus, ist, stützt sie sich außerhalb des Proletariats nicht nur auf die Dorfarmut und die unteren Schichten des Kleinbürgertums, begnügt sie sich nicht nur damit, die Mittelschichten zu neutralisieren, sondern sie versucht sie zu mobilisieren, sie betreibt im Namen der Freiheit und Menschlichkeit den gemeinsamen Kampf gegen den Fascismus" (Hasard 341).

Blochs Intention gemäß sollte der Kampf gegen Faschismus und Monopolkapital im Namen der *Citoyen*-Ideale der Französischen Revolution betrieben werden. Interessanterweise unterscheidet Bloch sehr ähnlich wie Gramsci zwischen Gewalt und Hegemonie, Erstere drückt sich in Zwangsmaßnahmen gegen die Feinde der Demokratie aus, Letztere entsteht im Kampf selbst als über die führende Strömung weit hinausgreifende, gemeinsame Überzeugung, Haltung und Konsens über die Ziele, Vorgehensweisen und gesellschaftliche Beziehungen: „Aber die Demokratie selbst, obwohl sie in ihrer bürgerlichen Wiederherstellung das positive Kampfziel der ersten Etappe ist, stellt durchaus keine bloße Etappe dar; sie ist keine bloße Parole der Strategie oder gar der Taktik. Sie ist keine Tarnung aus Schwäche, hinter der die angeblich antidemokratische Diktatur des Proletariats lauert und die Freiheiten kassiert. [...] Fällig wird zur gegebenen Zeit die Diktatur der erlangten und konsequenten Demokratie selber; eine (zum Unterschied von Weimar) gegen ihre Feinde allerdings erbarmungslose. Und in dieser Diktatur wirkt keine Unterdrückung der Mehrheit, sondern einzig die revolutionäre Hegemonie, die Kampfhegemonie des Proletariats. Die Bauern und Kleinbürger haben erfahren, was ohne das Proletariat an ‚Revolution' zum Vorschein kommt; der Kampf um die Befreiung der Nation wird das Proletariat ohnehin an die Spitze rufen, denn es ist die einzige konsequent revolutionäre Klasse" (ebd.).

Bloch legte (gleichsam wahlverwandt luxemburgistisch oder gramscianisch) einen starken Akzent auf die Wiedergewinnung und Weiterentwicklung demokratischer Strukturen, erinnerte an „Pressefreiheit", „Denk-, Lehr- und Meinungsfreiheit" und auch an die „besten Traditionen des deutschen Geistes, von Hutten bis zur Paulskirche": „Sollen die demokratischen Intentionen dieser Überlieferung endlich gelingen, dann gibt es keinen anderen Weg als den durch die Volksfront und ihren Sieg" (ebd., 342f.). Das Paradigma *Volksfront* blieb, wenngleich nicht mehr explizit thematisiert, auch in den späteren Werken Blochs das Modell für ein Bündnis zur revolutionären Umgestaltung kapitalistischer Gesellschaften.

Das Bild des *Bastillesturms* (vgl. PH 186f. u. ö.) und mit ihm die Französische Revolution und ihr *unabgegoltenes* Erbe ziehen als ein zentrales Leitmotiv durch sämtliche Schriften Blochs. Freilich bleiben auch die übrigen Arsenale kultureller Erbstücke als *Vor-Schein* von möglichem Neuen weiterhin im Blickfeld. Die in *Erbschaft dieser Zeit* erstmalig vorgestellte Revue beerbbarer utopischer Potenziale wird im *Prinzip Hoffnung* enzyklopädisch ausgeweitet: „Dieses umfassende Buch, das ungefähr 1650 Seiten zählt, endet, nachdem es eine Enzyklopädie menschlicher Wunschträume darzustellen versucht hat – eine Enzyklopädie der Wege, der ehemals geträumten oder auch durchgearbeiteten Wege zu einer noch so partiellen Erfüllung –, mit neuen Inhalten. Diese Enzyklopädie endet mit der Kategorie ‚Heimat'" (TAG 75f.). Letztere wird beschrieben als eine Gründung „ohne Entäußerung und Entfremdung in realer Demokratie" (PH 1628). Die revolutionäre Perspektive dorthin wird im *Prinzip Hoffnung* insbesondere durch die Interpretation des Theorie-Praxis-Verhältnisses der marxschen Thesen über Feuerbach (vgl. ebd., 288ff.) skizziert, während der Abschnitt über „Jugend, Zeitwende, Produktivität" (ebd., 132ff.) das Zusammentreffen günstiger Bedingungen subjektiver und objektiver Art untersucht – mit „Zeitwenden" oder „Wendezeiten" werden dabei allgemein die Revolutionen bezeichnet.

Andere Werke wiederholen oder ergänzen einzelne Aspekte revolutionären Erbes wie auch revolutionärer Praxis. In *Naturrecht und menschliche Würde* fällt der Rückblick auf die „amerikanische, französische Revolution und ihre Depravierungen" (NmW 80) – und mit ihnen auf den ständig fortzuführenden Kampf um die *Menschenrechte* als den Bedingungszusammenhang für jede Revolution: „Jedes Volk wird nur diejenige Art und Höhe sozialer Revolution haben und gewinnen, zu der es auf Grund erlangter und behaltener Menschenrechte bereitet ist" (ebd., 81). Auch die grundsätzliche Überlegung des Neuarrangements revolutionärer Erbschaften wird gelegentlich wieder aufgegriffen, wie im *Materialismusproblem*: „Ein Proletariat als aufsteigende Klasse hat aus den Befreiungskämpfen früherer unterdrückter Schichten ohne weiteres Personen, Zeichen, Aufrufe übernommen und für sich gebraucht. Auch wo gar keine zukunftsträchtige Klasse aufstand, fand streckenweise Identifizierung statt, nämlich mit dem Willen des Aufruhrs selber, gegen die Herrenbestie; so beim Aufstand der römischen Sklaven" (MP 418). In den anderen Schriften wird mehrfach das Modell revolutionärer Bündnisse skizziert. In *Atheismus im Christentum* heißt es zu den Möglichkeiten von Christentum und Marxismus: „wenn christlich die Emanzipation der Mühseligen und Beladenen wirklich noch gemeint ist, wenn marxistisch die Tiefe des Reichs der Freiheit wirklich substanziierender Inhalt des revolutionären Bewusstseins bleibt und wird, dann wird die Allianz zwischen Revolution und Christentum in den Bauernkriegen nicht die letzte gewesen sein" (AiC 353). Zur Verbindung von Arbeitern und Intellektuellen lautete Blochs Frage, mit Blick auf die Russische Revolution: „Der Bourgeoisie war es doch eigentlich viel zuviel Bund zwischen dem Gedanken und den Arbeitenden. Und muss die revolutionäre Bewegung auf die Arbeiter beschränkt sein? Wo steht denn das geschrieben?" (Gespräche 168). Bezüglich der antiautoritären Revolte von 1968 ging es entsprechend um die „Kontaktfrage" (PM 402) zwischen Studenten und Arbeitern. Bloch sprach von „revolutionärer Unruhe", sie sei entstanden „von Tokio bis nach San Franzisko und Los Angeles ohne jede Verabredung" (Gespräche 169). Im Pariser Mai wie auch im Prager Frühling hätten sich die gleichen Bündnisfragen gestellt: „Und die Beteiligung der Intellektuellen an den Freiheitsbewegungen in der Tschechoslowakei ist doch deutlich erkennbar, ebenso wie die der mit den Intellektuellen ununterscheidbar verbündeten Arbeiter im französischen Mai, leider nur für kurze Zeit, bis ausgerechnet die Kommunistische Partei diese Revolution verraten hat" (ebd., 124). Es bestehe die Notwendigkeit zu einem Bündnis nicht nur mit den Arbeitern, sondern mit all denen, die gemeinsame Not leiden. Wenn Bloch den Begriff *Volk* benutzt, dann ist der Gegensatz zu Kapital und Obrigkeit stets mitgedacht, so wiederholt er an anderer Stelle: „Das Volk sind diejenigen, die gemeinsam Not leiden" (ebd., 203).

In den späten Äußerungen gewinnt das Theorem vom *Absterben des Staates* nochmals eine verstärkte Bedeutung. Die Geburt der bürgerlichen Demokratie habe mit einem Gewaltakt begonnen, mit der „Erstürmung der Bastille"; die Gewalt habe sich schließlich aber im bürgerlichen Staat zur Klassenherrschaft verfestigt: „Der Staat ist die Gewaltpotenz an sich" (ebd., 166). Deshalb wird eine als notwendig erachtete – nachrevolutionäre – Gegenbewegung umrissen: „Absterben des Staates ist ein außerordentlich gewaltloser, friedlicher, sozusagen christlicher Ausdruck, der in der bürgerlichen Revolution gar nicht vorgekommen ist, wo nur die Rollen ausgetauscht wurden, wo die Gewalt vom Absolutismus auf den Bourgeois übergegangen ist" (ebd.). In *Experimentum Mundi* variiert Bloch zur Illustration dieser Problematik – mit der Erfahrung des Stalinismus als der Kenntnisnahme einer weltgeschichtlich realen Dystopie – eine Passage aus *Das Prinzip Hoffnung* (vgl. PH 551): „auf tausend Kriege kommen kaum zehn Revolutionen, so leicht gelingen alle Reichstagsbrände, so verblüffend können auch geglückte Revolutionen eines neuen Anfangs zum schlechten Alten degenerieren" (EM 237). Durch alle Kämpfe und Niederlagen hindurch sei der von Generation zu Generation sich fortsetzende Wille zur Veränderung ein keinesfalls zu unterschätzendes revolutionäres Moment. Bloch benutzt hier sogar eine biologische Metapher: „Nur im subjektiven Faktor wird die durch viele Geschlechterfolgen unsterblich hindurchwandernde Keimzelle der Revolution tätig" (ebd, 256). Doch gleichermaßen sei die historisch-gesellschaftliche Entwicklung der „ausreichenden Bedingungen" für die Revolution unhintergehbar. Die Revolution selbst als „einschlagendes" historisches Ereignis wird von Bloch in Parallelführung zu Walter Benjamins Denk- und Anschauungsmodell als Unterbrechung der gleichförmigen Geschichtszeit, als *Kairos* gefasst. Bloch zitiert aus Benjamins Thesen *Über den Begriff der Geschichte*: „Das Bewusstsein, das Kontinuum der Geschichte aufzusprengen, ist den revolutionären Klassen im Augenblick ihrer Aktion eigentümlich. Die große Revolution führt einen neuen Kalender ein" (ebd., 258). Der Rekurs auf den Beginn der Französischen Revolution impliziert hier wiederum das Problem des aufzuarbeitenden und sozialistisch zu erweiternden *Citoyen*-Erbes.

Der ebenso wie Hegel und Schelling von Bloch hoch geschätzte Hölderlin hatte noch während der Französischen Revolution bekannt: „Ich glaube an eine künftige Revolution der Gesinnungen und Vorstellungsarten, die alles bisherige schaamroth machen wird" (Hölderlin 1797, 271). Hölderlin sprach damit erstaunlicherweise eine Dimension an, die in heutiger Sicht etwa mit kulturwissenschaftlichen Termini wie *Mentalitäten* und *populare Diskurse* zu beschreiben wäre – ein Problem, mit dem alle Revolutionen zu kämpfen hatten. In der Russischen Revolution suchte man ihm durch verschiedene Strategien kultureller Revolution zu begegnen – mit wechselndem Erfolg. Der Sieg Hitlers und die Etablierung einer Kette von europäischen Faschismen zwangen die linken Intellektuellen einige Jahre später zu einer neuen Durchdringung des Problems. Blochs *Erbschaft dieser Zeit* umriss das Programm eines Kampfes um das Gedachte und Gefühlte in den Köpfen und Körpern, er begriff *Mentalitäten* als durchaus materielle Formen und wusste um die Gewalt von Ideologien (vgl. EdZ 116ff., Hasard 56f. u. 95ff.). Seine kulturrevolutionären Intentionen einer Aneignung und Verwandlung des bestehenden kulturellen Inventars, seine vielen Einzelanalysen sowie seine semiotischen Techniken entsprechen strukturell in vielerlei Hinsicht dem Modell des ideologischen Klassenkampfes, das bei Gramsci vorzufinden ist. Gramscis Konzeption lässt sich mit den folgenden, seinen eigenen Worten zusammenfassen: „Worauf es ankommt, ist die Kritik, der ein solcher ideologischer Komplex von den ersten Vertretern der neuen Geschichtsepoche unterzogen wird: durch diese Kritik ergibt sich ein Prozess der Unterscheidung und der Veränderung im relativen Gewicht, das die Elemente der alten Ideologien besaßen: was zweitrangig und untergeordnet oder auch beiläufig war, wird als hauptsächlich aufgenommen, wird zum Kern eines neuen ideologischen und doktrinalen Komplexes. Der alte Kollektivwille zerfällt in seine widersprüchlichen Elemente, weil die untergeordneten dieser Elemente sich gesellschaftlich entwickeln usw." (Gramsci 1993, 1051; vgl. Hall 1984, 117). Gramscis Ausführungen lassen sich streckenweise (*mutatis mutandis*) wie eine Parallelaktion zu Bloch lesen – und umgekehrt.

Die Frage nach einer möglichen Aktualisierbarkeit der blochschen Überlegungen wird je nach Standpunkt der Rezipienten recht unterschiedlich beantwortet werden müssen. Wer glaubt, aus Blochs Denken des *Neuen* höchstens noch ästhetisches Potenzial herauszuschlagen zu können, wird sich vermutlich gleich an seinem oft leninistisch klingenden politischen Vokabular stoßen und geneigt sein, das Programm als historisch vollkommen überholt anzusehen. Wer hingegen der Überzeugung ist, dass der gegenwärtige Zustand nicht der optimale und eine andere Welt möglich sei, dürfte bei Bloch diverse brauchbare *Erbstücke* finden, die eine korrigierende Wiederaneignung im Kontext westlich-marxistischer Strömungen und anderer kritischer Traditionen eröffnen.

→ *Antizipation; Heimat; Ungleichzeitigkeit, Gleichzeitigkeit, Übergleichzeitigkeit; Vor-Schein*

 Dietschy 1988; Gramsci 1993; Hall 1984; Hölderlin 1797; Klatt 1984; Korngiebel 1999.

Wilfried Korngiebel

Spekulativer Materialismus

Materie ist nicht der Begriff für eine bestimmte Art des Seienden (z. B. neben Geist), sondern die Kategorie zur Bezeichnung des unabhängig von der Bewusstseinsform an sich existierenden Seienden, die Grundlage von allem In-der-Welt-Sein. Diese Basisbeschreibung der Materialität, Voraussetzung des dialektischen Materialismus, geht auch in Blochs Materie-Verständnis ein. Aber er bleibt dabei nicht stehen. Das Vorhandene ist nicht alles, was sein kann. Das seit Aristoteles gärende

Problem der Realität des Möglichen kommt im reinen An-sich-Sein noch nicht in den Blick. Zum Sein gehört das *dynamei on*, die Scholastiker lassen *in actu* entspringen, was in der *potentia activa* angelegt ist. Diese Erbschaft differenzierter Kategorien holt Bloch in den dialektischen Materialismus herein. Um Möglichsein als Modus der Materie und nicht nur des Denkens zu erfassen, bedarf es allerdings der Vergegenwärtigung des Ganzen. Nur eine materielle Ganzheit, die das Nicht-Mehr und das Noch-Nicht einschließt, kann in Erinnerung und Antizipation Vorstellungsformen materieller Wirklichkeit begreifen. Geschichts- und Revolutionsverständnis des Marxismus hängen an diesem ontologischen Zeitbegriff. Das Totum in seiner räumlichen und zeitlichen Infinitesimalität ist daher immer nur ein Gedankending, wie Marx wissenschaftliche Abstraktionen treffend genannt hat, und nicht im logischen Prädikationsverfahren, sondern in der spekulativen Methode der Konstruktion darstellbar. Bloch bringt in den dialektischen Materialismus die Dimension der spekulativen Philosophie ein, die latent seit je zu ihm gehörte und nur unter der Vorherrschaft einer an der Mechanik orientierten Materie-Auffassung verdrängt wurde. Der Terminus *Spekulativer Materialismus* kommt bei Bloch zum ersten Mal vor und erläutert sich erst in seiner Darstellung.

„Die große Grundfrage aller, speziell neueren Philosophie ist die nach dem Verhältnis von Denken und Sein. [...] Je nachdem diese Frage so oder so beantwortet wurde, spalteten sich die Philosophen in zwei große Lager. Diejenigen, die die Ursprünglichkeit des Geistes gegenüber der Natur behaupteten, also in letzter Instanz eine Weltschöpfung irgendeiner Art annahmen, bildeten das Lager des Idealismus. Die anderen, die die Natur als das Ursprüngliche ansahen, gehören zu den verschiedenen Schulen des Materialismus" (LF 274). Wie vereinfachend diese Unterscheidung auch sein mag – und in der Tat wäre es schwer, in der Philosophiegeschichte idealtypisch „reine" Manifestationen materialistischer Theorie nachzuweisen, wie auch „rein" idealistische Systeme nicht häufig sind –, sie bezeichnet die grundlegenden weltanschaulichen Vorannahmen, durch die Aufbau und Inhalt philosophischer Systembildungen bestimmt werden. Als Paradigmata aus den Anfängen europäischer Philosophie könnte man für den Materialismus Demokrit, für den Idealismus Platon nennen.

Die Formulierung von Engels zeigt, dass es sich hier um eine *ontologische* Aussage handelt, die sich auf den substanziellen Status der Welt bezieht und Fundierungsverhältnisse statuiert, denen gemäß die

Stufen des Lebendigen, des Seelischen und des Geistigen als Erscheinungsformen der materiellen Natur, das Bewusstsein als eine Art des materiellen Seins gefasst werden. Davon zu unterscheiden ist ein *erkenntnistheoretischer* Materialismus (oder Realismus), der besagt, dass die Bewusstseinsinhalte die bewusstseinstranszendente Wirklichkeit auszudrücken, abzubilden oder widerzuspiegeln vermögen. Der erkenntnistheoretische Materialismus impliziert die Annahme eines vom Bewusstsein unabhängigen Seins, ist also seinerseits abhängig von einer ontologischen Voraussetzung.

Die Behauptung von der Materialität der Welt schließt (wie Lenin im *Materialismus und Empiriokritizismus* hervorhebt) noch keine Vorentscheidung über die Beschaffenheit der Materie ein. Im Gegensatz zum mechanischen Materialismus, insbesondere des 18. Jahrhunderts, nimmt der dialektische vielmehr qualitative Sprünge an, die den Übergang von einem Seinszustand der Materie zum anderen ausmachen. Diese Sprünge werden vorbereitet durch kontinuierliche quantitative Veränderungen, die an einer Schwelle in eine qualitativ neue Erscheinungsform der Materie umschlagen (Gesetz des Umschlags von Quantität in Qualität). Hieran wird die Denkfigur der Dialektik deutlich: Die Welt wird als ein bewegtes materielles Kontinuum begriffen, das sein Gegenteil, nämlich Diskontinuitäten, unter sich befasst. Logisch gesprochen: Die Kontinuität ist als *übergreifendes Allgemeines* Gattung, die zwei – und nur zwei – Arten einschließt, sie selbst (die Kontinuität) und ihr Gegenteil (die Diskontinuität).

Diese logische Figur (die die Grundstruktur der hegelschen Logik ausmacht) erhebt den Anspruch, die Formel für die Realverfassung der Welt anzugeben, also ontologische Relevanz zu haben (logisch-ontologischer Doppelcharakter der Dialektik). Das bedeutet, dass die Realverfassung der Welt den Widerspruch in sich einschließt, und zwar so, dass jede Wirklichkeit ihre *bestimmte Negation* als Möglichkeit in sich schließt und dass diese Möglichkeit im Zuge der Selbstentfaltung eines Seienden herausprozessiert wird. So vollzieht sich die Bewegung oder Entwicklung der Welt als Aufhebung eines Zustandes in seiner bestimmten Negation und so fort, vermittelt durch ein Kontinuum von Zwischenzuständen, in denen die Eigenschaften und Momente des Ausgangszustands sich in ihrer Konsequenz immer weiter ausbilden, bis sie schließlich in ihr Gegenteil übergehen.

Logisch ist diese Konzeption nur durchzuhalten, wenn die materielle Substanz nicht als eine homogene Masse, sondern gemäß ihrer Struktur bestimmt wird (hier reproduziert sich das alte Problem des

Zusammenhangs von Stoff und Form). Schlüsselbegriff des dialektischen Materialismus wird dann nicht eine in ihrer Allgemeinheit formal unbestimmt bleibende Substanz-Kategorie Materie, sondern die jeweils konkret zu bestimmende Kategorie der *materiellen Verhältnisse*. Damit stellen sich für eine allgemeine Ontologie des dialektischen Materialismus systemtheoretische Probleme; jedes individuelle Seiende kann als Systemstruktur beschrieben und als Subsystem einer umfassenderen Systemstruktur aufgefasst werden, so aufsteigend bis zum obersten System der Welt im Ganzen. Dialektischer Materialismus als philosophische Theorie von der Welt in oberster Allgemeinheit wird also im Unterschied zu den Einzelwissenschaften, die es jeweils mit definierten Subsystemen zu tun haben, die Vermittlung des Einzelnen und Besonderen mit dem Ganzen vollziehen. Das heißt, dass der dialektische Materialismus sich nie von den Einzelwissenschaften ablösen kann, die als seine Konkretion in ihn eingehen; dass er aber eben diese Einzelwissenschaften als philosophische Weltanschauung im Hinblick auf *Totalität* überschreitet. Hier setzt Bloch, Hegel materialistisch wendend, ein.

Es ist für die Beurteilung der Philosophie Ernst Blochs nicht belanglos geblieben, dass die beiden Hauptwerke seiner reifen Mannesjahre in der umgekehrten Reihenfolge ihres Entstehens und dann noch mit fast zwanzigjährigem Abstand erschienen: *Das Prinzip Hoffnung*, 1938–45 geschrieben, wurde zuerst 1954 ff. in der DDR, dann 1960 in der Bundesrepublik veröffentlicht und bestimmte, anknüpfend an das Frühwerk *Geist der Utopie* (von 1918), das Bloch-Verständnis der Gegenwart. *Das Materialismusproblem, seine Geschichte und Substanz*, 1936–37 entstanden, wurde erst 1972 verlegt. Das Bild des großen Bewusstseinsphilosophen Bloch, der die Gestalten des objektiven Geistes auf ihren antizipatorischen Gehalt transparent macht, der in der Geschichte des Denkens die Chiffren einer noch offenen Zukunft liest, der die Philosophie des weltverändernden Subjekts in einer Ontologie der Möglichkeit fundiert – dieses Bild umreißt die Wirkung, die von Bloch ausgeht, und enthält auch idealistische Missverständnisse, die oft genug damit verknüpft sind.

Dass Blochs halb revolutionäre, halb eschatologische Systematik des subjektiven Faktors, die die Frucht seines religionsphilosophischen Beginns war, auf einer ausgearbeiteten Materialismus-Konzeption aufgebaut wurde, blieb dabei meist verborgen. Und dennoch war, um dem *Prinzip Hoffnung* und der dort vorgenommenen Entfaltung des „subjektiven Faktors" ontologischen Grund zu verschaffen, eine Ausarbeitung des Materialismus-Verständnisses unerlässlich; die Ankündigung, dass diese Fundierung geleistet sei, blieb indessen ein nur von wenigen als Problem aufgenommenes Versprechen. Die eingängige und partiell einleuchtende Formulierung von Jürgen Habermas, Bloch sei ein marxistischer Schelling (vgl. Habermas 1960), legte den Gedanken nahe, man könne sich ungefähr vorstellen, wie es mit seinem qualitativen Materie-Begriff als dem quellenden Urgrund und Schoß aller Spezifikationen des Seins beschaffen sei. Ein Hauptproblem der blochschen Philosophie wurde so vorschnell beiseite geschoben.

Dass die Materie-Analyse jedoch ein unbedingt einzulösendes Versprechen war, erhellt aus zwei Gründen: aus dem subjektiven, dass Bloch seine Philosophie als einen dialektisch konstruierten *Materialismus* versteht und folglich das ungeheure Gewicht, das im *Prinzip Hoffnung* dem Bewusstsein gegeben wird, in der Materie selbst fundieren muss; und aus dem objektiven, dass keine Ontologie an dem Problem des materiellen Seins vorbeikommt, möge sie dieses idealistisch als Anderssein einer Geistessubstanz, realistisch als widerständige Gegebenheit oder materialistisch als einzige Entität und Substrat einer aus sich selbst zu erklärenden Welt bestimmen. Nur eine auf sich selbst beschränkte, von jeder ontologischen Aussage absehende Erkenntnistheorie, wie etwa Kant sie in der *Kritik der reinen Vernunft* versucht, kann das Materie-Problem aus der Philosophie wegeskamotieren – und was dazu zu sagen ist, hat Hegel bereits in der Vorrede zur *Phänomenologie des Geistes* deutlich genug gesagt. Erst ein Missverständnis der kantischen Erkenntniskritik in der philosophischen Selbstinterpretation der neuen Physik hat dazu verführt, das Materieproblem als aufgehoben zu betrachten, weil es in der erkenntnistheoretischen Interpretation bestimmter naturwissenschaftlicher Beobachtungen und Beobachtungsmethoden nicht mehr auftaucht; das ist allerdings selbst wieder eine ontologische Behauptung, die diese Art Positivismus doch eigentlich gerade umgehen wollte, so dass die positivistische Abstinenz letzthin zu einem Widerspruch in sich führt (vgl. MP 345ff.). Nehmen wir es als unbestreitbar, dass keine Philosophie ohne ontologische Aussagen auskommt und dass jede große Systemphilosophie eine Ontologie entwickelt, in deren Mittelpunkt unter anderem auch das Verhältnis zur Materie steht! Bei Bloch erscheint die Materie ständig als der Seinsgrund, auf den das antizipierende Bewusstsein rückbezogen ist und von dem her der Antizipation ihr Realitätsgrad zugewiesen werden kann. Ohne einen solchen Rückbezug wäre Antizipation von Illusion nicht zulänglich zu unterscheiden. Daher Blochs energischer Zugriff auf den spekulativen Begriff von Materialismus.

„Das im Nicht gärende, im Noch-Nicht gebärende, das Novum noch garantierende Möglichkeits-Substrat ist, mit umgreifendem Halt, die *Materie*, und zwar sowohl als bedingend-tragende wie als resultierend-wölbende. Reale Möglichkeit selber, soll sie nicht weniger als Luft schweben, ist einzig die der Materie, einer vom ahistorischen Klotz freilich weit entfernten, höchst utopisch geladenen" (TE 227).

Eine solche Materie ist nicht das, was wir darunter zu denken gewohnt sind. Wir müssen uns frei machen von Traditionen, die seit Jahrtausenden, seit den Erzvätern unserer Philosophie, den Materiebegriff bestimmt haben. Die Vorstellung von Passivität, die Aristoteles mit seiner *hyle* verbunden hat, ließ Materie immer in den zweiten Rang rücken. Letztlich lag dieser Vorstellung das Modellbild des Handwerkers zugrunde, für den Materie nur als „Material", als „Zeug" gegeben ist; noch die moderne Technik ist an diesem Modell orientiert, für Materie als das Trächtige, Werdende, als *physis* ist darin kein Platz (vgl. Landgrebe 1953, 144ff.). Den Unterschied, die Natur als beliebiges Material oder aber als Potenz zu betrachten, hat Leibniz mit einem schönen Vergleich beschrieben: „Daher habe ich lieber den Vergleich mit einem Stück Marmor gebraucht, das Adern hat, als den mit einem einheitlichen Marmorstück oder einer leeren Tafel, die man bei den Philosophen *tabula rasa* nennt. Denn wenn die Seele dieser leeren Tafel gliche, so würden die Wahrheiten in uns enthalten sein, wie die Figur des Herkules im Marmor, wenn dieses Stück Marmor vollständig gleichgültig dagegen ist, ob es diese oder eine andere Gestalt erhält. Gäbe es aber in dem Stein Adern, welche die Gestalt des Herkules eher als irgendeine andere Gestalt anzeigten, so würde dieser Stein dazu mehr angelegt sein, und Herkules wäre ihm in gewissem Sinne wie eingeboren, wenn auch Arbeit nötig wäre, um diese Adern zu entdecken und sie durch Politur zu säubern, indem man alles entfernen würde, was sie daran hinderte, deutlich hervorzutreten" (Leibniz 1704, XVII). Was Leibniz hier zu Lockes Polemik gegen die „eingeborenen Ideen" über die Seele sagt, ließe sich *mutatis mutandis* auch auf die Materie und die Formen (oder Potenzen) übertragen. Und Bloch steht auf der Seite von Leibniz, gegen Locke. Die Materie ist ihm nicht ein gleichförmiger Stoff, sondern sie hat ihre spezifische Physiognomie: Sie ist qualitativ unterschieden, nicht nur nach den jeweiligen Seinsschichten, auf denen sie auftritt, sondern auch in ihrer Potenzialität, die bedingt ist durch Ort, Zeit und Situation ihres Vorkommens.

Gerade ein solcher Rückgriff auf eine qualitative Naturphilosophie, der verschüttete Intentionen vor allem der Renaissance-Philosophie wieder freilegt und für die Zukunft der marxistischen Philosophie fruchtbar machen will – gemäß jenem Programm des jungen Marx, der die „Naturalisierung des Menschen, Humanisierung der Natur" (PH 235, vgl. ÖpM 594) forderte – gerade ein solcher Rückgriff macht nun allerdings eine eingehende Analyse der Materiebestimmung notwendig. Was gibt die Naturwissenschaft an mathematischen Strukturen der Materie zureichend an, durch welche nicht quantitativen Aspekte muss der naturwissenschaftliche Materiebegriff ergänzt werden? Das sind Fragen, die an Blochs Ontologie zu richten sind.

Bloch selbst muss diese Fragen als dringlich, ja, als unumgänglich verstanden haben. Wenn wir im *Geist der Utopie* von 1918 den ersten, halb keimhaften, halb enthusiastisch aufgeblätterten Entwurf seines ureigensten philosophischen Systems, die erste Ausgestaltung seines Grundgedankens sehen dürfen, dann ist die enzyklopädische Fülle des *Prinzip Hoffnung* die große Summe seines Denkens. Doch dieser Summe, stets und bei jedem Schritt seines Denkweges gegenwärtig, schickte er als deren Grundlegung eine Explikation dessen voraus, was Materie bedeutet; gleichsam als könnte er den Flug des antizipatorischen, revolutionären Bewusstseins nicht wagen, hätte er sich nicht des Bodens vergewissert, auf dem er wieder zu landen haben würde. In der Tat: *Der Geist der Utopie* ist eine religionsphilosophische, den Geist und Stil der Verkündigung in sich tragende Herzensergießung; dass *Das Prinzip Hoffnung* seine philosophische Stärke aus dem Rückbezug jedes seiner Stücke auf eine innerweltliche Ontologie gewinnen konnte, verdankt es eben jener Wendung zum Materialismus, durch die Blochs Chiliasmus sich an der geschichtlichen Realität festmacht. Und das Moment von Subjektivismus und Idealismus, das dem *Prinzip Hoffnung* anhaftet, wird in mancher Hinsicht korrigiert, wenn man nun das *Materialismusproblem* als dessen Grundlegung versteht. Von hier aus werden die Dimensionen der Philosophie Blochs erst als durch ihre Koordinaten bestimmt.

Vertrautheit mit der modernen Physik – selten bei heutigen Philosophen des Geistes – kommt Bloch zugute, er braucht sie weder aus Mangel an Urteilsfähigkeit außer Acht zu lassen (wie Simmel, den er mit einem ernsthaften Scherzwort zitiert, „er verhalte sich zu den neuen physikalischen Ereignissen wie zu Dienstboten, sie seien ihm gleichgültig, aber sie regten ihn auf", MP 357) noch muss er sich, wie die meisten Positivisten, ihr unterwerfen, weil er nichts anderes kennen würde. So spielen die Quantentheorie und ihre Folgen einerseits, die Relativitätstheorie andererseits eine ihnen zukommende Rolle, nämlich als Kern eines Hauptteils, bezeichnenderweise konfrontiert mit Engels' *Dialektik der Natur*; aber sie überlagern nicht die historische Breite, die kategoriale Tiefe des Materieproblems – seine qualitativen und intensiven Aspekte und Differenzierungen, seine spekulative Fassung in der langen, von Platon bis Husserl reichenden Geschichte des Universalien-Streits.

Der Terminus *Spekulativer Materialismus*, als *skandalon* gemeint, wirkt zunächst verblüffend. Spekulation – das ist doch gerade (wenn man dabei nicht bloß an Börsenkurse denkt) die bodenlose Extrapolation ins Fiktive, bestenfalls eine Konstruktion der Welt aus der Verfassung des eigenen Geistes (wie bei Hegel). Definiert Materialismus sich nicht gerade im Gegensatz zur Spekulation?

Demgegenüber legt Bloch einen Horizont am Materiebegriff frei, der sich in der Beschränkung auf das empirisch Gegebene nicht erschöpft. Vielmehr wird durch den Materialismus – schon durch den der ionischen Naturphilosophen und Demokrits, später durch den der Aufklärungssystematiker, schließlich durch den der „Dialektik der Natur" – der spekulative Begriff der Totalität, aus dem erst eine Auffassung von Welt zu gewinnen ist, entfaltet und aufgenommen.

„Ja, durchs Dialektische als solches, als ‚Puls der Lebendigkeit' wird eine noch gründlichere Erweiterung des Materiebegriffs möglich, eine nicht nur empirische, sondern geradezu spekulative [...]. Allerdings bedarf das Wort Spekulation (ursprünglich von speculari = erspähen, umherblicken, Ausschau halten), um zum Erweiternden das Seine beizutragen, dringend so einer Prüfung wie einer Erinnerung an seinen großen, noch nicht herabgekommenen Sinn. [...] so hat doch Hegel das spekulative Verfahren als eine Erkenntnis gerade durch konkrete Begriffe im Gegensatz zu den bloß abstrakten Begriffen der Reflexion ausgezeichnet. Derart Hegel: ‚Das Spekulative ist das positiv-Vernünftige, das Geistige, erst eigentlich Philosophische' [...]. Geht das Spekulative dieser idealistischen Art einzig auf Geist, ob auch auf Weltgeist, so wird es durch diesen Bezug gewiß nicht erschöpft" (ebd., 470f.).

Nun besagt die Charakterisierung eines Begriffs als „spekulativ" allerdings nicht, dass er seinen Gegenstand, so wie er ist, abbildet, sondern dass er ihn in der Konstruktion seiner konkreten Genesis (als

Begriff) erzeuge und dass die von ihm gemeinte Sache eben nur in diesem Vorgang des Erzeugens ihres begrifflichen Abbildes gegeben sein könne. Das Totum, das Ganze der Welt, ist nie und nimmer empirisch aufzuweisend „gegeben", aber jeder empirische Begriff weist, auf seine Begründung hin analysiert, über sich hinaus auf das transempirische Ganze eines Begründungszusammenhangs, der sich so aus der Bewegung konkreter Begriffe ergibt, ohne gegeben zu sein. Spekulativ – das heißt nach Art eines Spiegels (*speculum*) erzeugt – nennen wir solche Begriffe also deshalb, weil sie ihre Inhalte nicht einfach abbilden, sondern aus dem Horizont eines Ganzen (eben des Spiegelbildes, in das das Einzelne eingelassen ist) zur Anschauung bringen (vgl. Holz 1961, 61ff.).

Spekulativer Materialismus besagt also einmal, dass der Materiebegriff aus seiner Funktion, das formlose Substrat jener Bestimmungen zu sein, die durch die Erkenntnis an ihn herangebracht werden (also das Korrelat zu jeglicher Art transzendentalen Idealismus zu bilden) herausgenommen und zum vollinhaltlichen Begriff der Beschaffenheit der Welt im Ganzen gemacht wird; nämlich in der von Hermann Weyl festgehaltenen Meta-Physikalität des Wesens der Wirklichkeit, deren physikalische Gesetzmäßigkeiten nur Reaktionen im Feld auf ein materielles Agens darstellen; qualitativ in der Deduktion der Seins-Sphären aus der anorganischen Materie durch Kennzeichnung der Umschlagpunkte vom Anorganischen zum Organischen, vom Organischen zum Psychischen, vom Psychischen zum Historisch-Gesellschaftlichen; zeitlich durch Bezeichnung der Materie als Realmöglichkeit von Ungewordenem, als Potenz zum Novum (vgl. MP 350 u. 357 zu Weyl, 364–369 zu Engels).

Dieser „spekulative Materialismus entdeckt im δυνάμει ὄν der Materie und seiner gewiß höchst gefahrenreichen Offenheit nach vorwärts jenen wahren Grundzug der Materie, dessen Logikon mit Finalität zu bezeichnen ist" (MP 473). „Das *Vermögen* zu solcher *Materie nach vorwärts* wirkt, wie bemerkt, aktiv im subjektiven Faktor, vorzüglich in der die materiellen Verhältnisse revolutionär umwälzenden Klasse und ihrer *Potenz*, und dem entspricht objektiv-konkret die reale *Möglichkeit* als *Potenzialität* dieser Verhältnisse und ihrer Materie zur Umwälzbarkeit selber" (ebd., 472).

So ist der Anschluss der Naturdialektik an den historischen Materialismus und an das *Prinzip Hoffnung* hergestellt. Aber darin erschöpft sich der Begriff des spekulativen Materialismus nicht. Vielmehr bliebe jener Begriff von Materie selbst fiktiv und metaphysisch im schlechten,

Transzendenz als Gegenstand der Metaphysik meinenden Sinn des Wortes, könnte er nicht aus sich selbst, das heißt mit Evidenz, als notwendig erwiesen werden. Gehen wir nämlich von der Definition aus, ein spekulativer Begriff bilde seinen Gegenstand als allgemeinen ab, indem er ihn als besonderen auf seinen Begriff bringe – welche Erzeugung des Einzelnen als Allgemeines das leibnizsche Monaden-Modell darstellt –: Dann können wir die Materie als einen solchen Gegenstand bezeichnen, der, indem er als Einzelner gemäß seinen empirischen Merkmalen begriffen wird, sein Gegenteil, die Allgemeinheit seiner, nicht als bloße Abstraktion, sondern als die Idee des realen Seinsgrunds hervorbringt. Das begriffliche Verhältnis, demzufolge Obst als Gattungsbegriff die Arten Äpfel, Birnen, Himbeeren usw. (beziehungsweise deren einzelne Exemplare) unter sich fasst, ist ein essenziell anderes als jenes, in dem die Gattung Materie als allgemeine Wesenheit alles Seienden zur besonderen Materie als realgegebener Einzelheit steht; nur im zweiten Falle gilt die dialektische Figur des übergreifenden Allgemeinen, die die Identität von Identität und Nicht-Identität besagt und die die Grundfigur einer spekulativen Logik ist. Der spekulative Begriff der Materie und nur er verbürgt die übergreifende Identität von Metaphysik und Physik (= Naturwissenschaft), derzufolge die Natur nicht als das Andere des Geistes, sondern Natur und Geist als Momente des Selbstunterschieds der Materie begriffen werden können.

Bei Bloch wird die Konzeption eines spekulativen Materialismus außerhalb eines strengen Deduktionszusammenhangs eingeführt und bleibt im Rahmen des hegelschen Verständnisses, dass „Totalität diejenigen Bestimmungen in sich vereinigt enthält, welche dem Dogmatismus in ihrer Trennung als ein Festes und Wahres gelten" (Hegel, zit. nach ebd., 471). Diese Totalität als ein zugleich räumliches, zeitliches und qualitatives Umfassendes findet Bloch in der aristotelischen Materie-Bestimmung: „Materie ist hier nicht nur Tragendes, sondern Austragendes, sie stellt überall das Woraus, in dessen Empfänglichkeit die Form einschlägt. So jedoch, dass die Form nicht aus der Materie kommt, sondern sich ihr aufprägt. Stoff und Form stehen bei Aristoteles im Verhältnis der objektiven Anlage zur objektiven Verwirklichung: Die Bewegung ist der Übergang vom Möglichen zum Verwirklichten. Das potentielle Sein der Materie, das aktushafte (energetische) der Form zusammen ergeben die Wirklichkeit: sie ist das Mögliche als verwirklicht" (ebd., 143f.).

Diese Auslegung des Aristoteles geht wohl über das hinaus, was bei ihm selber gemeint ist, macht aber die spätere Aristoteles-Tradition fruchtbar, indem sie die seit Alexander von Aphrodisias virulente, bei Avicenna und Averroës, beim jungen Thomas und bei Siger von Brabant aufgenommene und ausgearbeitete materialistische Komponente des *corpus Aristotelicum* artikuliert (vgl. Bloch 1952; MP 479–546). Der hier angesprochene Materiebegriff sprengt nun allerdings sowohl den klassischen wie den der modernen Physik; ja er ist überhaupt jenseits der physikalischen Fragestellung angesiedelt – und nirgendwo, zu allerletzt in Engels' *Dialektik der Natur*, heißt es, dass Materie primär ein physikalisches Problem sei. So wird der Gegenstand des Materialismus wieder zu einem meta-physischen und Metaphysik als philosophische Grundlagendisziplin restituiert; der dialektische Materialismus ist dann selber eine metaphysische Theorie.

Diese Wendung wird möglich und gerechtfertigt, wenn man den engelsschen Gebrauch des Wortes Metaphysik – als Gegensatz zur Dialektik und Betrachtung der Wirklichkeit unter hypostasierten Kategorien des schlecht Allgemeinen – korrigiert und zurückgeht auf die aristotelische Programmatik: „Und ihr Gegenstand ist nicht das Übersinnliche, sondern das Seiende überhaupt: ‚Die Prinzipien und Ursachen des Seienden suchen wir aber, wie wir wissen, sofern es ein Seiendes überhaupt ist' (Aristoteles, Metaphysik V, I). Und die untersuchten ‚Seinsprinzipien' heißen hier recht immanent, fast empirisch: Stoff, Form, Zweck, Ursache. Metaphysik ist so von Aristoteles her Wissenschaft der Formbeziehungen des Seins; so fällt sie zusammen mit Ontologie" (MP 451).

Metaphysik als *prima philosophia* fällt also nicht aus dem Marxismus heraus, dieser ist vielmehr zu einem Teil selber Metaphysik, nämlich als Materialismus im zweifachen Aspekt: als dialektischer, der die Materialität der Welt und die materielle Wurzel der Selbstentfaltung der Welt zu immer höheren, d. h. komplexeren Formen bis hin zum Psychischen und Geistigen behauptet; und als historischer, der die Gesetzlichkeit der Geschichte aus dem Entwicklungsprozess und der Relation der (materiellen) Produktivkräfte und der (institutionellen) Produktionsverhältnisse herleitet. Will sagen: Sätze allgemeiner Art, die die Ordnung oder die Prinzipien des Zusammenhangs und der Abfolge natürlicher und gesellschaftlicher Daten betreffen, sind – weil eben jenseits dieser Daten gelegen – transempirisch, und d. h. metaphysisch.

Gewiss, bei Bloch werden die Legitimationsgründe für die Geltung metaphysischer Sätze nicht erörtert, und sozusagen stillschweigend tritt hier der von Leibniz formulierte Anspruch ein, dass diejenige Hypothese Geltung erhalte, die die kontingenten Tatsachenwahrheiten auf die einfachste Weise und möglichst lückenlos zu einem System verbinde, innerhalb dessen sie als Ausdruck und Folge notwendiger Vernunft-Wahrheiten dargestellt werden können. Soll dieser Satz nicht zu einem puren Konventionalismus umschlagen, so wird allerdings eine *prima philosophia* ihre Aussagen als notwendige Vernunft-Wahrheiten spekulativ ausweisen müssen – und dieser methodologischen Anforderung wird auch der Marxismus einmal zu genügen haben; der implizite Rückbezug auf die in ihm liegenden hegelianischen Voraussetzungen (die Lenin sich in seinen Hegel-Exzerpten und Glossen dazu verdeutlichte) reicht dazu nicht aus (vgl. Holz 1969). Die Entfaltung einer spekulativen Theorie des dialektischen Materialismus ist gefordert, und damit ein gegenüber dem mechanischen Materialismus veränderter Materie-Begriff.

Materie wird universal, der Unterschied von materiellem und nicht materiellem Seienden wird hinfällig; auch das Leben, das der Vitalismus so emphatisch gegen eine materialistische Weltdeutung ausspielte, auch Seele und Geist sind nur Erscheinungsformen der Materie, die auf jeder dieser Stufen nur jeweils eine ihrer vielen Möglichkeiten verwirklicht. Physiologische, psychologische, intellektuelle Funktionen widerlegen nur den mechanischen Materialismus, nicht den dialektischen. Denn dieser geht ja gerade davon aus, dass Veränderungen quantitativer Art auf einer Stufe des Seins in eine qualitativ neue Seinsstufe hinüberleiten können, wobei der Umschlag sich an einer Schwelle vollzieht; wenn wir den Begriff des Quantitativen nach heutiger naturwissenschaftlicher Einsicht um den des Strukturellen erweitern, so ist – wie z. B. die Molekularchemie, die Eiweißchemie, die Biologie der Erbfaktoren zeigen – der Terminus des Umschlags von einer Qualität in eine andere aufgrund qualitativ-struktureller Veränderungen experimentell zu erhärten. Die Grenzen zwischen den Seinsschichten sind durchlässig geworden, Materie ist ihr gemeinsames Prinzip. Damit wird der Materie-Begriff insgesamt den Naturwissenschaften entzogen, die nur noch mit einem Regionalaspekt der Materie befasst sind. Das gemeinsam Materielle aller Seinsschichten ist es, dass sie immanent, aus den Konstitutionsprinzipien des realen Weltseienden, erklärt werden können; dass alles Vorkommende immer nur an Stofflichem erscheint (und mithin nie und nimmer separate Substanzen, reine für sich seiende Geistwesen existieren), was allerlei mythologische Fiktionen, wie eine unkörperliche Seele, ein Leben nach dem Tode, belohnende und strafende Götter etc. zunichte macht.

Materie wird zum ersten Prinzip einer Philosophie, die die Deduktion der Mannigfaltigkeit der Welt ohne Rückgriff auf einen setzenden Akt aus der Transzendenz, also ohne den in jedem auch noch so abstrakten Begriff Gottes oder eines transzendenten bzw. transzendentalen Seins mitgedachten Anthropomorphismus leisten will (zur Desanthropomorphisierung vgl. Lukács 1963). Das Problem des Materialismus liegt darin, dass er ein Kategoriensystem ausarbeiten muss, das eine Entrückung der Materie selbst in die Transzendenz nicht zulässt; und doch ist ein solches Kategoriensystem bisher nur im Rahmen idealistischer Philosopheme angelegt, so dass in die philosophische Konstruktion des Materialismus immer zugleich die Dechiffrierung und Destruktion des Idealismus mit eingeht. Chiffre aber muss jede Philosophie sein – und darum ist auch der von Bloch notierte Vorrang des Idealismus in der Philosophiegeschichte gar nicht so verblüffend –, solange sie ein Teil des von Marx beschriebenen Fetischverhältnisses des Überbaus ist; der Fetischismus als universales Seinsphänomen erlaubt Realphilosophie nur in sozusagen kryptomaterialistischer Form (vgl. MP 128, 138).

Begrifflich legt sich nun das Materie-Problem in drei Sinnschichten auseinander: Einmal ist Materie als das Substrat jedes Einzelseienden zu verstehen; zum zweiten meint Materie die Seinsweise der Natur im Ganzen; drittens deckt sich damit die Idee von Welt überhaupt. Dieser dreifachen Entfaltung des Materie-Problems ist nun noch nachzugehen.

Die erste Grundbehauptung jedes Materialismus besagt, dass alles, was in dieser Welt vorkommt oder vorkommen mag, materieller Natur sei. Von jeher ergab sich aus dieser Behauptung die Schwierigkeit, die Andersartigkeit der psychischen und geistigen Phänomene auf Materielles zu reduzieren, das heißt die Seinsweise des Bewusstseins aus materiellen Prozessen abzuleiten. Durch Jahrtausende der Philosophiegeschichte hat der Stand der biologischen und medizinischen Forschung eine solche Ableitung nicht gestattet, das heißt die materialistische Behauptung blieb, bis zu Kant und Hegel hin und noch weit bis an die Grenzen des 20. Jahrhunderts, eine metaphysische, unbeweisbare. Die fortgeschrittenste Form eines kritischen Materialismus konnte stets nur besagen, dass es keine Erscheinungen psychischen oder geistigen Lebens gibt, die nicht *an* einem materiellen Sein aufträten, mit diesem verschwänden und auf diesem materiellen Sein aufruhten (zu Leibniz' Beitrag vgl. Holz 1958, Kap. 2). Erst in unserer Zeit haben sich von verschiedenen Forschungszweigen her die Ansätze zu einer Interpretation des psychischen und des geistigen Seins als Erscheinungsweisen materieller Prozesse empirisch ergeben. Die Neurologie und die Hirnphysiologie haben die Lokalisierbarkeit der Bewusstseinsvorgänge und die Veränderbarkeit von Bewusstseinsstrukturen und -inhalten durch äußere mechanische oder chemische Eingriffe bis hin zu „Persönlichkeitsveränderungen" belegt. Die Erbbiologie hat die materiellen Träger psychischer Prägung entdeckt. Die Hormonbiologie hat Einblicke in die Steuerungsmechanismen psychischer Funktionen erlaubt, und die Kybernetik hat erste approximative Modelle für höhere Organismen entworfen. Die Biochemie ist der Entstehung des Lebens auf die Spur gekommen und vermag Empfindungen als chemisch-physiologische Reaktionen in ihrer materiellen Beschaffenheit zu beschreiben. Es ist heute nicht mehr von der Hand zu weisen, dass das Bewusstsein als eine entwickelte Form des materiellen Seins gesehen wird. Zu allem, was auch in der Welt begegnen mag, können wir nach einem materiellen Substrat fragen.

Für einen zeitgenössischen Materialismus ist so der Umschlagpunkt physikalisch-chemisch-energetischer Prozesse in Bewusstseinsvorgänge viel deutlicher fassbar. Auch liefert die inzwischen ausgebildete dialektische Theorie mit der Kategorie des Sprungs von einer Qualität zur anderen als Folge des Umschlags quantitativer (oder, müssen wir heute hinzufügen, struktureller) Veränderungen in qualitativ Neues eine Formel, die die Umsetzung materiellen Geschehens in Bewusstsein zu fassen vermag. Auch hier hat Leibniz mit der *lex continui* und mit seiner Konzeption einer Wahrnehmungsschwelle die ersten Denkansätze zu einer dialektischen Lösung des Materie-Bewusstseins-Problems ausgearbeitet. Setzt man die Möglichkeit eines Umschlags von einer Erfahrungsqualität in eine andere voraus (wie er sich etwa beim Übergang eines Aggregatzustandes in einen anderen vollzieht, ganz unerwartet gar beim Vorgang der Sublimation unter Überspringung des mittleren), so besteht keine Schwierigkeit, von neurophysiologischen Abläufen zu Bewusstseinsvorgängen zu kommen. Eine dialektische Betrachtung schließt ein, dass man auf die mechanische Vermittlung als Erklärung verzichtet, wenn sich erweist, dass eine solche nicht vorliegt und nicht vorliegen kann.

Nun allerdings hat sich auch der Inhalt dessen gewandelt, was als Materie gilt. Schon Leibniz hat die bloße Bestimmung der Materie als *res extensa* im Cartesianismus abgelehnt und nachdrücklich darauf hingewiesen, dass man bereits in der Physik nicht ohne die Hinzunahme der Kraft auskomme und dass die Idee der Masse allein nicht einmal ausreiche, um der *materia prima* im Sinne der scholastischen Philosophie Genüge zu tun. So hat es Bloch leicht, sich gegen eine mechanistische Materie-Vorstellung abzugrenzen, die keinen Platz für objektive Zeit in sich lässt und folglich zu Kants Entwertung von Raum und Zeit als „Anschauungsformen" der transzendentalen Subjektivität führen musste. Bloch kann also gegen die ganz und gar leblose, geschlossene Materie der klassischen Physik, der Mechanik, eine andere Vorstellung setzen, die in neueren physikalischen Theorien ihren Halt findet: „Sie ist kein toter Klotz, der nur von Druck und Stoß geschoben wird und sich immer gleich bleibt. Derart, dass sie, selbst wenn die Bewegung von ihr als untrennbar verstanden wird, bei allen Formen immer wieder auf die alten, die dauernd quantitativen Füße fällt. Das ist die Auffassung des *mechanischen* Materialismus, ehemals zur bürgerlichen Aufklärung so wichtig, dann aber nicht mehr revolutionär, sondern vulgär geworden" (TE 230). „Statt dessen geht es bereits in den Atomen bildend zu, sie können als elektro-magnetische Felder dargestellt werden mit einem Kern als ‚Energieknoten', ja als Erregungszentrum, von dem das Feld sich mit Lichtgeschwindigkeit ausbreitet. Und wie unmechanistisch ging erst die ‚Ausbreitung' in den organischen, sozialen, kulturellen ‚Feldern' weiter; der so sich aktivierenden Möglichkeit sind keine Grenzen gesetzt. Immer neue Gestalten kamen und kommen aus dem bildenden materiellen Schoß, aus der Materie als dem Substrat stets bedingter, doch nie begrenzter, erschöpfter Möglichkeiten" (ebd., 232). Die Einstein-Formel hat in der Tat unser Materie-Verständnis von dem Zwang, sie als Masse nach mechanischen Gesetzen zu denken, entbunden und an ihr eine energetische Seite aufgeschlossen, die philosophisch noch nicht durchdacht ist. Und die Universalität, mit der wir heute Prozesse als energetische darstellen können, macht es einfacher, ein materielles Substrat dem Bewusstsein zugrunde zu legen.

Allerdings gilt es Missverständnisse abzuwehren, denen die philosophierenden Naturwissenschaftler und ihre philosophischen Interpreten häufig genug unterliegen: Das nur mehr statistisch zu fixierende Verhalten der Elementarteilchen bedeutet keineswegs die Einführung von „Freiheit" in den Bereich der Mikrophysik, da „Freiheit" überhaupt kein sinnvoll auf vernunftloses Verhalten anzuwendender Begriff ist (vgl. Holz 1956a, 98ff.); selbst von Indeterminiertheit zu sprechen wäre falsch – es liegt eine mit anderen mathematischen Formeln beschreibbare Determiniertheit im Ganzen vor, deren Geltung im

Einzelfall wir mit eben diesen Formeln nicht bestimmen können. Ferner hat die so sehr strapazierte Heisenbergsche Unschärferelation keine ontologische, sondern nur eine gnoseologische Bedeutung: Sie bezieht sich auf die Beobachtungsbedingungen und damit auf unsere Kenntnis von den Eigenschaften der Materie, nicht auf deren Sein; das kann gegen alle obskurantistischen Auslegungen der heisenbergschen Physik gar nicht deutlich genug gesagt werden (vgl. MP 332). Und wenn in einer von mancherlei unabgeschlossenen Forschungen aufgerissenen Erkenntnissituation sich ein Philosoph enthalten möchte, über Materie inhaltliche Bestimmungen auszusagen, so genügt doch das Eingeständnis, dass jede naturwissenschaftliche Formulierung von etwas spricht, das außerhalb des Bewusstseins-von-etwas vorhanden ist; damit wird, wenn auch auf formalste Weise, die Materie als Substrat des Seienden bezeichnet.

Sofort aber weitet sich die Materie-Vorstellung, wenn wir nicht nur auf das einzelne Seiende und sein Substrat achten, sondern auf die Mannigfaltigkeit des außer uns Seienden, d. h. auf das Reich der Natur. Gerade am Übergang zur Natur ist ja bisher jeder Idealismus gescheitert, sei es in der kantischen *Kritik der Urteilskraft*, sei es in der hegelschen *Enzyklopädie*. Die Natur aber ist es, als deren Teil und Wesen ja auch der Mensch selbst begriffen werden muss und von der Biologie, der Medizin, einem Teil der Psychologie ja auch begriffen wird. Die Natur als der einheitliche Seinsgrund alles innerweltlich Seienden und als der Gegenstandsbereich prinzipiell empirisch auszumachender und allgemein zu verifizierender Erkenntnisse erfordert geradezu eine monistische Erklärung, mithin – nach dem Scheitern der Deduktion aus dem Geiste – einen Rückgang auf die Materie als das gemeinsame Substrat der Natur. Kurz, das in der Betrachtung des Einzelseienden noch unbestimmt bleibende, ihm zugrunde liegende Etwas muss bei dem Blick auf das Ganze des Seienden sich notwendig spezifizieren und in einer Naturphilosophie entfaltet werden (keine Ontologie kommt um das Problem einer Naturphilosophie herum; Nicolai Hartmann hat sich in seinem Alterswerk explizit diesem Zwang unterworfen), die Natur nicht allein als Objekt mathematisch formulierbarer Gesetze und technischer Bearbeitung oder Ausnutzung betrachten darf.

Da scheint dann der durchgängige Zusammenhang der anorganischen, der organischen und schließlich der menschlichen Natur auf. Heute gilt, wie schon gesagt, das unvermittelte Anderssein dieser Bereiche nicht mehr. Übergänge und Zwischenstufen zeigen sich allenthalben. Eine starre Schichtentheorie ist nicht einmal mehr als vergröbertes Schema aufrechtzuerhalten und weicht eher wieder den Bildern einer kabbalistischen Naturphilosophie, die einen universellen Zusammenhang von allem mit allem ahnt:

„Wie alles sich zum Ganzen webt,
Eins in dem andern wirkt und lebt!
Wie Himmelskräfte auf und niedersteigen
Und sich die goldnen Eimer reichen!
Mit segenduftenden Schwingen
Vom Himmel durch die Erde dringen,
Harmonisch all' das All durchklingen."
(Goethe 1950, V. 447ff.)

Aus solchen Quellen ist ein Materie-Begriff gespeist, der an die Stelle der mechanischen Masse ein lebendiges Gewebe von keimenden Kräften und einen Austausch von Impulsen und Wirkungen setzt, nicht zuletzt um in diesem Spiel und Widerspiel Raum zu geben für die Entstehung von qualitativ Neuem. Blochs Natur ist nicht die starre, in die ewige Wiederkehr des Gleichen eingefangene Natur des wissenschaftlichen Weltbildes, das der Positivismus entwarf, sondern eine *natura naturans*, die stets Ungewordenes aus sich hervorbringt, neue Formen aus sich entfaltet und zu neuen Stufen der Selbstverwirklichung aufsteigt. Er nimmt das *participium futuri* wörtlich, Natur ist die noch nicht ganz und gar erschienene Wirklichkeit, die Schatzkammer der Möglichkeiten – und jedes Verwirklichungsstadium gebiert neue Möglichkeiten, die vorher noch nicht gegeben waren.

„Das bereits Wirkliche ist von einem Meer von Möglichkeiten umgeben, und immer wieder, immer noch steigt aus diesem Meer ein neues Stück Wirklichkeit auf, nicht zuletzt oder auch möglicherweise ganz zuletzt, mit diesem Nichts oder Alles, aus der Materie der *anorganischen* Natur" (TE 234). „Es gärt, wie gesagt wurde, im Nicht, gebärt sich aus im Noch-Nicht, trägt, füllt und umgreift alles, also sich selber. Die Materie ist bewegt, indem sie in ihrem zu sich offenen Möglichen ein ebenso unausgetragenes Sein ist, und sie ist nicht passiv wie Wachs, sondern bewegt sich selber formend, ausformend. Und der Geist ist darin kein Trumpf gegen sie, worin sie verdampft, die dann immer als unverbesserlicher Klotz gedachte, sondern ihre eigene Blüte, aus dem Substrat keineswegs herausfallend oder auch heraussteigend" (ebd., 233f.).

In dieser Natur hat nun allerdings der Mensch einen bevorzugten Platz – Blochs Denken ist durch und durch anthropozentrisch; auch wo er von der Welt spricht, die schon vor dem Menschen war und ohne den Menschen existieren könnte und vielleicht einmal ohne ihn weiterexistieren wird, geht es ihm im Grunde um die Heilsgeschichte des Menschen, in der sich für ihn auch die Heilsgeschichte der Natur realisiert. Die Natur also hat, indem sie den Menschen hervorbrachte, nicht nur die entwickeltste, differenzierteste Form und das Bewusstsein, auch das Bewusstsein ihrer selbst (oder von sich selbst) hervorgebracht, sondern zugleich mit der Reflexion auf Mögliches auch den ganzen Raum uneingelöster Möglichkeiten für Teleologie, für gezielte Verwirklichung geöffnet. Aus dem Zusammenspiel von Zufall und Gesetzlichkeit in der unbewussten Natur erwächst nun im Fortschritt ein Bewusstsein, mithin ein möglicher Plan zum Guten, zum Ultimum, zum Gelungensein: „Daher braucht Materie ihre kühnste Organgestalt, Organisationsgestalt, den Prometheus Mensch, um der Zukunft zu begegnen, um ihr aktiv die Weichen des heilsam laufenden Prozesses zu stellen, um die Welt mit dem Feuer zu übergießen, das hinter ihrer erreichten Vorhandenheit ist, vielmehr angezündet werden soll" (ebd., 234). „In so zu begreifender Materie hat auch die Phänomenologie und Enzyklopädie der menschlichen Hoffnungsinhalte ihren vom bloßen menschlichen Bewußtsein unabhängigen Halt; der pure Geist (übrigens nannten weder Spinoza noch Leibniz ihre Substanz so) ist keiner. Derart wird nicht überraschen, daß die objektiv-reale Möglichkeit, die einzige *Garantie* des Novum, in Materie ihr einziges *Substrat* hat" (ebd., 233).

Dieser „Bogen" zwischen Utopie und Materie, von dem Bloch spricht, ist nun allerdings ein ganz enthusiastischer (wie auch der ekstatisch-numinos werdende Stil zeigt), und Bloch selbst kehrt von solchen Ausflügen in eine mystische Naturphilosophie schnell wieder auf den Boden wissenschaftlicher Problemstellungen zurück, gleichsam um zu zeigen, dass es auch eine realistischer klingende Formulierung dieser eschatologischen Aussicht gibt. Es geht um eine Wiederherstellung qualitativer Naturbetrachtung neben der quantitativ-technischen. Diese hat nicht nur in der Kunst, nicht nur in unserem Naturerleben ihren Sinn, sondern sie weist voraus auf ein Verhältnis des Menschen zur Materie, das nicht mehr nur unter dem Gesichtspunkt der Ausbeutung von Produktivkräften besteht, sondern Natur als Heimat begründet. Eine solche Natur wäre dann als Ganzes, mit dem Menschen in ihr, zum Subjekt erhoben, das sich selbst in eine Harmonie aller seiner

Glieder untereinander versetzt – die Idee des Paradieses ist nicht fern! Die Substanz als Subjekt und die harmonische Selbstbewegung der Natur (ein pythagoräischer Gedanke), mit der Welt als einem prozesshaften Gesamtkunstwerk – das ist der Endzustand des Gelungenseins, die *perfectio mundi*, auf die die utopisch verstandene Naturgeschichte hin tendiert: „So fragwürdig es bleibt, ob ein Subjekt der Natur bereits als verwirklicht vorhanden ist, so sicher muß dieses als treibende Anlage offen gehalten werden, und zwar als eine, die durchaus in alle ihre Verwirklichungen hineinwirkt. An dieser Stelle aber taucht nun – ohne alles kantisch Regulative, wo nicht theologisierende ‚Hinzudenken‘ – das Leibnizsche Energie-Problem auf: die von ihm so genannte ‚inquiétude poussante‘. Leibniz setzt sie als Kern-Intensität aller Monaden und zugleich als Explizierungstendenz dieses ihres Kerns selbst. Damit vereint sich die Schärfe der Leibnizschen Gleichung von Energie und jener ‚Inwendigkeit‘ der Monaden, die Subjektheit im objektiven Sinn als dynamische Naturbestimmtheit bedeutet. Das Subjektproblem der Natur ist bei Leibniz zwar in eine Unzahl von Individualmonaden pluralisiert, aber in dieser Unzahl ist die Urform von alldem: die alte natura naturans, noch deutlich erkennbar" (PH 786).

Auch die anorganische Natur, nicht nur die menschliche Geschichte, hat ihre Utopie, und diese sogenannte tote Natur ist kein Leichnam, sondern „ein Strahlungs- und Figurenraum, dessen Substanz sich erst bildet" (TE 236).

Materia sive substantia sive natura – möchte man in Abwandlung des spinozistischen Substanzbegriffs über den blochschen schreiben. Seine Materie hat einen pantheistischen Einschlag, denn sie wird letztlich nicht als die Pluralität der Materieteilchen, als die Vielheit von Wirkungszusammenhängen in der Welt gedacht, sondern als die eine Ganzheit der Welt, das *hen kai pan*, die *monas monadum*, das metaphysische *Totum*. Nicht nur alles in der Welt ist materiell – eine Behauptung, die sich sehr wohl zum Beispiel mit der Annahme eines außerweltlichen Gottes vereinbaren ließe –, sondern die Welt selbst ist ganz und gar Materie und nichts ist außer ihr, neben ihr oder über ihr. Sie bedarf auch keines Schöpfers, denn die Materie ist selbstschöpferisch, ein fruchtbarer und befruchteter Schoß, aus dem immer neue Formen geboren werden. „Ja die gesamte Versuchsreihe der Weltmanifestierungen ist noch eine unabgeschlossene Phänomenologie unserer *wirklichen* Materie, als eines Ultimum, nicht Primum. Ist ein dialektischer, in seiner Dialektik von Nicht-Haben getriebener, mit utopischem Haben schwangerer Prozeß von Proben auf das immer erst dämmernde Exempel eines aus seinem Noch-Nicht gewonnenen ontos-on-Seins, Substanz-Seins" (ebd., 226). „Dies Substrat, als unser ebenso eigenes, ist es, das sich in Myriaden Werdegestalten, Organisationsformen seiner ausspannt; es steht, als natura naturans wie naturata, gerade im Laboratorium Salutis voll-inhaltlich auf Feuer, in Feuer, Materia ultima, das ist ihr realisierter Weltgrund in Latenz" (ebd., 234).

Nun steht jedoch jeder Utopie des Weltzuwachses an Substanz das Gesetz von der Erhaltung der Gesamtsumme von Energie und Materie entgegen, das keine Vermehrung des materiellen Weltinhalts zulässt. Einer Utopie der quantitativen Anreicherung der Welt ist gerade unter der Voraussetzung der ausschließlichen Materialität der Welt kein Spielraum gewährt. Die utopische Steigerung des Seins, das Heraus-Prozessieren eines Noch-Nicht-Seins kann sich also nur auf eine qualitative Veränderung, auf eine strukturelle Differenzierung und Verbesserung, auf einen Intensitätszuwachs beziehen. Darum muss Bloch die qualitative Naturbetrachtung wieder in ihr Recht einsetzen, darum muss er Realitätsgrade in ein und derselben Materiemenge unterscheiden können, wenn er Utopie auf die materielle Welt und Natur ausdehnen will (vgl. ebd., 235, 295). Nur so kann die Welt auf eine bessere, reichere, erfülltere Zukunft hin in Bewegung sein. Der Prozess ist dann kein ewiges Auf und Ab, sondern ein aufsteigender, wenn auch von manchen Hindernissen gebrochener, in Schleifen verlaufender. Ja, Dialektik als die Hervorbringung des Selbstwiderspruchs, als Identität der Identität und der Nicht-Identität, mithin nicht als konträre Entgegensetzung von Verschiedenen (*diversa*, ἕτερα), sondern als Setzung des Unterschiedenen (*differentia*, διάφορα) in ein und demselben, wird nur denkbar unter der Voraussetzung einer graduellen Seinsstufung, einer Abschattung der Intensitätsdichte des Realen. Mit anderen Worten: Die Materie einer Super-Nova ist noch keineswegs das, was sie als gestaltete Materie sein könnte, aber es ist bereits mehreres in ihr angelegt; ein Prozess bleibt in ihr im Gang und kann zu neuen Formen führen. Oder ein Beispiel aus dem Bereich der schon mit dem Menschen vermittelten Natur: Die unkontrollierte Nilschwemme brachte alljährlich Zerstörung, die durch Kanalisation und organisatorische Maßnahmen gebändigte trug zur Fruchtbarkeit des Landes und zur Entstehung der altägyptischen Hochkultur bei.

Der Realitätsgrad der Welt im Ganzen ist eine Funktion der Zeit: Bei ungehemmtem Fortschritt nimmt die Intensität des materiellen Seins zu. In diesem Sinne ergänzt Bloch den scholastischen Terminus der *materia prima* durch einen utopischen der *materia ultima*. Aus diesem Ansatz ergeben sich die klassischen ontologischen Probleme: Die Frage nach dem Seinsmodus, die Frage nach dem Verhältnis von Materie und Form, die Frage nach dem Verhältnis von Wesen und Erscheinung. Alle diese Fragen erhalten eine Antwort aus dem Satze *S ist noch nicht P*, das Subjekt ist noch nicht voll prädiziert. Der Modus eines Seienden bestimmt sich aus der Nähe oder Ferne zum Prädikat (vgl. Holz 1965); die Formen, die die Materie aus sich hervorbringt, sind die in ihr angelegten Seinsprädikate; in der Erscheinung erscheint das, was ist (und nicht weniger), aber es erscheint nicht das Wesen, welches noch nicht ist. Erst in der *materia ultima* – einem eschatologischen Grenzbegriff – fallen die Modi zusammen, werden Materie und Form eins, sind Wesen und Erscheinung identisch.

Es muss auffallen, dass hier die „letzte Materie" kaum mit anderen Bestimmungen ausgezeichnet wird, als sie in der traditionellen Theologie Gott zugeschrieben werden. Wir sprachen darum oben von einem pantheistischen Einschlag in Blochs Materie-Begriff – und in der Tat ist ja in einem streng zu Ende geführten Pantheismus Gott ganz in der Welt aufgehoben, also eigentlich als solcher nicht mehr existent. Das gilt für die spinozistische Gleichung ‚Gott = Natur', es gilt aber auch für die leibnizsche *monas monadum*, und vom theistischen Irrationalismus, von Jacobi und Schelling, wurde das ja auch Leibniz, ebenso wie Spinoza, als „Materialismus" und „Atheismus" zum Vorwurf gemacht (vgl. Holz 1954). Heute möchte die Theologie ihre verlorenen Söhne lieber zurückholen, möchte, wie Johann Baptist Metz in der Düsseldorfer Atheismus-Diskussion mit Bloch, den Atheismus als „Theologie im Exil" in Anspruch nehmen, während man natürlich ebenso gut von einer Entmythologisierung und Säkularisierung der Theologie im Materialismus sprechen könnte. Tatsache ist jedenfalls: Hat man erst Gott überflüssig gemacht, so werden der geschichtlich verstandenen Materie Eigenschaften zurückerstattet, die zuvor in Gott hypostasiert waren.

Materie – geschichtlich verstanden. Das ist das Schlüsselwort. Es besagt, dass die Materie sich nicht immer gleich bleibt, dass die Zeit an ihr nicht nur quantitativ abläuft, sondern qualitativ Spuren hinterlässt. Die Materie, als Weltsubstanz und Substrat der Natur, ist noch nicht endgültig und unwiderruflich organisiert, sie bleibt vielmehr offen für die Entdeckung neuer Gestalten an ihr selbst, neuer Organisationsformen ihrer Teile. Wer möchte, angesichts der Kernfusion, solche Möglichkeiten selbst für die anorganische Materie ausschließen? Wer müsste nicht solche Entwicklungssprünge der Materie in erdgeschichtlichen Epochen – bei der Entstehung organischer Substanz aus anorganischer, bei dem Erscheinen von Bewusstsein – zugeben? Die Materie einer lebenden Zelle ist doch in der Tat sehr entschieden von der eines anorganischen Moleküls unterschieden. So mag der Weltstoff als erfüllt mit Potenz betrachtet werden: „[...] *reale Möglichkeit ist nichts anderes als die dialektische Materie*. Reale Möglichkeit ist nur der logische Ausdruck für materielle Bedingtheit zureichender Art einerseits, für materielle Offenheit (Unerschöpftheit des Materie-Schoßes) andererseits" (PH 237). „Materie ist nicht nur κατὰ τὸ δυνατὸν [*kata to dynaton*], nach Möglichkeit, also das nach dem gegebenen Maß des Möglichen jeweils Bedingende, sondern sie ist τὸ δυνάμει ὄν [*to dynamei on*], das *In-Möglichkeit-Seiende*, also der – bei Aristoteles freilich noch passive – *Schoß der Fruchtbarkeit, dem auf unerschöpfte Weise alle Weltgestalten* entsteigen" (ebd., 238). Nur so ist es ja auch denkbar, dass ein dauernder Prozess sich nicht nur an der Materie, sondern *mit* der Materie vollzieht (und wie sollte er sich nicht mit ihr vollziehen, da die Materie doch das Ganze der prozessualen Wirklichkeit ist?).

Bloch fasst die Materie durchaus antieleatisch. Das besagt zunächst noch gar nichts, insofern ein strenger Eleatismus auf der Basis der zenonschen Paradoxien in der Philosophie nie durchgehalten wurde. Wesentlich ist vielmehr, dass Bloch auch jene abgewandelte Form des eleatischen Seins nicht gelten lässt, derzufolge einer prozessualen Welt ein „unbewegter Beweger" gegenübersteht („denn es gibt etwas, das immer das Bewegte bewegt, und das erste Bewegende ist selbst unbewegt"; MPhy 88). Er nimmt vielmehr Partei für die Linksaristoteliker, die die Selbstbewegtheit der Materie behauptet und damit einen atheistischen Materialismus ontologisch fundiert haben. In der Tat ist es ja keine Denknotwendigkeit, die Bewegung durch Anstoß aus der Ruhe hervorgehen zu lassen; man könnte umgekehrt, wie Leibniz dies tut, die Ruhe als einen Grenzfall der Bewegung (im mathematisch definierten Sinne) betrachten, also Bewegung als primär ungeschaffen setzen. Für Bloch ergibt sich die Anfänglichkeit der Bewegung schon aus der These, dass die Welt noch unterwegs zur Identität von Wesen und Erscheinung sei. Solange aber noch unaktualisierte Potenzen in der Welt vorhanden sind, ist auch eine Bewegungstendenz gegeben (gemäß jenem leibnizschen Satz „omne possibile exigit existere"). Die Materie ist offen auf noch nicht erfüllte Möglichkeiten hin, das hält sie in Unruhe, in jener „inquiétude poussante", die wir bei Bloch zitiert finden (vgl. PH 786).

„Das Wirkliche ist Prozeß; dieser ist die weitverzweigte Vermittlung zwischen Gegenwart, unerledigter Vergangenheit und vor allem: möglicher Zukunft. Ja, alles Wirkliche geht an seiner prozessualen Front über ins Mögliche, und möglich ist alles erst partial Bedingte, als das noch nicht vollzählig oder abgeschlossen Determinierte" (ebd., 225). Bei allem, was in der Materie und an ihr geschieht, geht es um die Verwirklichung von Möglichkeiten, die in ihr liegen oder sich ausbilden. Und indem Materie aus sich selbst ein materielles Agens, den Menschen, hervorbrachte, ist diese Verwirklichung von Möglichkeiten nunmehr eine Selbstverwirklichung der Materie als der einen und umgreifenden Weltsubstanz.

„In der Geschichte ist sie die Selbstergreifung des geschichtlichen Täters, als des arbeitenden Menschen; in der Natur ist sie die Verwirklichung dessen, was man hypothetisch natura naturans oder Subjekt der materiellen Bewegung genannt hat, ein noch kaum berührtes Problem, obwohl es mit der Selbstergreifung des arbeitenden Menschen deutlich zusammenhängt und in der Verlängerungslinie der Marxschen ‚Humanisierung der Natur' liegt" (ebd., 235).

Hier verschlingen sich Anthropologie und Geschichtsphilosophie, also die Lehre vom Humanum, und Naturphilosophie, also die Lehre von der Materie, aufs Engste und unauflöslich miteinander. Keine Naturphilosophie ohne Rückbezug auf den Menschen und seine Geschichte, keine Geschichtsphilosophie ohne Fundierung in der materiellen Natur, keine Ontologie, als die übergreifende Allgemeinheit beider, ohne eine qualitative Materie-Bestimmung, aus der die menschliche Intentionalität erwachsen kann.

Werden nun aber alle Hervorbringungen der Geisteswelt, die Objektivationen des Geistes, als Reflexionsgestalten der Materie verstanden, wird die Materie als übergreifendes Allgemeines ihrer selbst und ihres Gegenteils, des Geistes, definiert, so erhält die traditionelle Aufgabe der Philosophie, die Erhellung der Bewusstseinsformen, eine neue Bedeutung: Sie wird nun zur Reflexion der Reflexion der Materie selbst, also zur höchsten Daseinsweise der tätigen Materie. Dialektischer und historischer Materialismus sind theoretisch verklammert, das antizipatorische Bewusstsein kann fundiert werden in der Tendenzstruktur des materiellen Weltsubstrats, die Phänomenologie des antizipatorischen Bewusstseins beschreibt einen Teil des materiellen Weltprozesses selbst, nämlich auf der Ebene der geschichtlichen Existenz, die sich durch Reflexion verwirklicht. Ein metaphysischer Monismus von allgegenwärtiger Gewalt umgreift die Vielheit der Erscheinungen, die Ur-Dialektik des Einen und Vielen wird in der Idee der Selbstentfaltung der Materie, der Differenzierung und Qualifizierung des Einen zum Vielen aufgenommen. Und das im Anschluss an Engels' *Dialektik der Natur*, in die die ganze Tradition der „Aristotelischen Linken" (MP 479) integriert wird.

„Kurz, ist ‚Bewegung die Existenzweise der Materie', ist Dialektik der Natur ‚die Selbstbewegung der Materie und die Spaltung des Einheitlichen': so ist ‚der Menschengeist, als höchste Blüte der organischen Materie', zugleich ‚die höchste Bewegungsform der Materie' – nicht als eines dicken, toten Stoffs, sondern als des *immer entwickelteren Bewegungsinhalts*" (ebd., 366). „Nun aber betont Engels, trotz aller Übergänge dazwischen, auch Schichten eigener, großer Art im Strom: so eben mechanische, chemische, organische, ökonomisch-historische. Und das nicht trotz des dialektischen durchgängigen Flusses, sondern kraft seiner: der starting point eines *sehr großen, wesenhaft umqualifizierenden* Umschlags selber setzt das Andere, als *entschieden-Anderes* einer neuen Schicht. Diese also hat mit einer ‚Unveränderlichkeit der Arten', auf höherer Ebene etwa, selbstredend gar nichts gemein; schon deshalb nicht, weil diese Schichten sich keineswegs unveränderlich und starr gegeneinander halten" (ebd., 367). „Kurz, ist der Mensch die höchste Blüte der bisher so geringen Menge von organischer Materie, so ist die mögliche Blüte der großen Masse von anorganischer Materie (‚Resurrektion der Natur' nennt Marx nicht Unverwandtes, an anderer Stelle) überhaupt noch nicht befindbar. Ebensowenig sind die Einflüsse entschieden, welche, wie Engels an anderer Stelle sagt, die technisch kulturelle Verwandlung der ‚Dinge an sich' in ‚Dinge für uns' auf den ‚ewigen Kreislauf' ausübt. [...] Die Fähigkeit zum Novum, eben ein Hauptunterschied zwischen Dialektik und Mechanistik, bestimmt auch das Ende der Naturdialektik, damit nicht ausgemacht eine ungeheure, total entspannte Weltdunstleiche der einzige Effekt sei" (ebd., 371).

Die Menschheitsgeschichte wird so zu einem Teil der Naturgeschichte und zur Möglichkeit, naturnotwendig scheinende Entropie – den zweiten Hauptsatz der Wärmelehre – zu durchkreuzen. Das auf der Stufe der Physik geltende Gesetz kann auf der Stufe der Lebewesen, gar der Geschichte, aufgehoben werden. Dieses „Kann-Sein" macht die Chance der Natur aus. Dass der Mensch dem Menschen das Wichtigste sei und Natur ihm nur vermittelt durch sein eigenes Interesse, sein Bewusstsein erscheine – diese Egozentrizität eines ontologisch verstandenen *homo-mensura*-Satzes –, ist selber ein dialektisches Moment der Naturgeschichte: quasi eine „List der Vernunft", durch die sich die Materie für Neues, Übersteigendes offen hält.

So gründet sich die Zukunftsphilosophie des *Prinzip Hoffnung* in einem durchaus metaphysischen Materialismus, sucht sich ihrer Legitimität, die sie sonst nur aus dem Begriff des Geistes gewinnen könnte, in einer naturphilosophischen Ursprungstheorie zu vergewissern. Und doch ergeben sich hier nicht unwichtige Differenzen. Die Geschichtsphilosophie des *Prinzip Hoffnung*, so sehr sie den unendlichen Progress und die Unerschöpflichkeit der Möglichkeiten betont, muss als Horizont der Geschichte, als ihr Telos, einen Zustand der Gelungenheit, der Vollkommenheit, der Identität und Aufhebung der Entfremdung, der „Naturalisierung des Menschen und der Humanisierung der Natur" entwerfen; sie bedarf eines Eschatons wenigstens als regulativer Idee.

Anders indessen in einer materialistischen Weltkonzeption. Da kann, soll Materie wirklich als ein unendliches δυνάμει ὄν bestimmt werden, der Möglichkeitskreis nicht geschlossen werden; eine „gelungene" Materie wäre gerade der entropische Endzustand, gegen den das Geschichtsbewusstsein sich wehrt; Widerspruch müsste aber als unendlich perpetuiert, als Basis-Kategorie des Seins selbst verstanden werden, dann aber das Gelungenheitspathos der Utopie ausschließen. Bloch notiert, im Zusammenhang der Materialismus-Analyse, diese Schwierigkeit, die dann im *Prinzip Hoffnung* verdeckt wird: „Jedoch wesentlich außerhalb solcher Beimengungen von Klassengesellschaften, von bürgerlicher Ideologie und hypostasierter Mythologie, auch über das Kategorialfeld Einzelheit – Allgemeinheit hinaus, nämlich im Materiellen selber liegen [...] die anderen Cruxpaare: Novum – Abgeschlossenheit (Gewordenheit, Ruhe); Werdensversuche (der Sache, die selber noch nicht weiß, wo ihr der Kopf steht) – Gelungenheit" (ebd., 116).

Er räumt diesen Alternativen den Rang von „echten materialistischen *Aporien* und *Antinomien*" (ebd.) ein, deren Widerspruch im Fortgang des blochschen Denkens nicht aufgehoben wird. Er erscheint vielmehr am Schluss des Werkes noch einmal ungebrochen und nur durch die große Sprachgebärde des Autors versöhnt; denn „Materie nach vorwärts" steht im unendlichen Prozess, Materie als Fundus utopischer Verwirklichungen ist in Potenz, in Tendenz auf ein Ende, das sie erreichen kann und soll. „Von der Materie als einer offenen kann nicht groß genug gedacht werden, als einer selber spekulativ beschaffenen im angegebenen Sinn des objektiv-realen In-Möglichkeit-Seins, das ebenso der Schoß wie der unerledigte Horizont ihrer Gestalten ist. Es gibt qua dynamei on den wichtigen Bogen Utopie – Materie; ihn zu begreifen ist jede Philosophie an der Front dem Weltexperiment schuldig. Hier vor allem ist *Materie nach vorwärts*; und das nicht nur als Maßgabe und Träger der Bedingungen, nach denen etwas möglich sein kann, sondern erst recht als Substrat des objektiv-real Möglichen überhaupt, gewiß auch Scheitern, Umsonst, Nichts enthaltend, doch kraft menschlicher Weichenstellung und Information im noch Potentiellen durchaus eine – sublime Materie von Heimat im Prozeß latent haltend. Nichts wie Alles unserer Materie sind freilich Grenzbegriffe der äußersten Latenz, doch ihr Inhalt hat in seinem Negativen und desto stärker im Positiven wie oft schon einen Vorschein, der hier zu einem Eschaton des Absturzens, dort zu einem der Erfüllung gehört und daran schon rührt" (ebd., 469).

→ *Dialektik; Materie; Möglichkeit; Natur; Natursubjekt; Novum; Prozess; Substanz; Tendenz; Ultimum; Utopie*

⌑ GOETHE 1950; HABERMAS 1960; HOLZ 1956a; HOLZ 1958; HOLZ 1961; HOLZ 1969; HOLZ 1975; LANDGREBE 1953; LEIBNIZ 1704; LUKÁCS 1963.

Hans Heinz Holz

Spuren

Spuren ist nicht nur der Titel eines 1930 veröffentlichten Buches, sondern auch ein Grundmotiv der blochschen Philosophie der Hoffnung. Die Bedeutung der Spuren liegt darin, dass sie eine Verbindung herstellen zwischen dem Thema der strukturellen Unvollkommenheit des Realen, seiner Dimension der Dunkelheit des gelebten Augenblicks und der Erwartung und einer spezifischen Denkweise, die sich vom abstrakten, verallgemeinernden Denken herkömmlicher Theorien oder Ideologien unterscheidet. Das Spurendenken impliziert einen ungewöhnlichen Gebrauch der emotionalen, kognitiven und der Wahrnehmungsfähigkeiten, der bereits eine Weise darstellt, sich auf das utopische Ferment – das Aufblitzen der Funken, die das Leere bevölkern – einzustimmen.

Der Begriff *Spuren* bezeichnet im Allgemeinen Abdrücke auf dem Boden oder im Schnee, die von Füßen, Rädern, Skiern oder Wildtieren hinterlassen werden. Die erweiterte Bedeutung verweist auch auf die

Kondensstreifen von Flugzeugen oder die Furchen eines Gefährts. Im Gebirge oder im Wald kann der Begriff auch Wegstrecken oder Pfade, die keine bestimmte Abgrenzung haben, bezeichnen. Sie tauchen auf und verschwinden und stellen so Zeichen des Durchgangs in wenig bereisten Gegenden dar. Der bildliche Gebrauch des Begriffs *Spuren* ist sehr breit gefächert, da er auch ein Indiz, einen Rest, eine winzige Menge oder eine Kleinigkeit bezeichnen kann. Von zentraler Bedeutung sind hierbei die Merkmale des Marginalen und des Unauffälligen, die im Detektivroman gar zu einem kanonischen Element werden – von Edgar Allan Poe über Conan Doyle bis zu Agatha Christie. Der Detektiv, der sich auf die Suche nach den Spuren des Verbrechens begibt, wird so zum Modell für eine besondere Sensibilität – den „Spürsinn" – mit außergewöhnlichen Fähigkeiten (dem Tastsinn, dem Riechen), um das übersehene Detail, das scheinbar unbedeutende Fragment, zu finden. Insbesondere in seiner mit Umlaut geschriebenen verbalen Form „spüren" bezeichnet das Wort in diesem Zusammenhang eine Wahrnehmungsfähigkeit, bei der alle fünf Sinne gleichzeitig aktiviert werden. Bezeichnet wird dabei also eine Art Synergie zwischen Körper und Geist, zwischen Gefühl, Beobachtung, Vorstellungskraft, Beweisführung. Es ist eine Synergie, die ermöglicht, über die bloße Sinnenwelt hinaus zu „sehen" und zu „empfinden" und daher auch „vorherzusehen" und „vor-herzuempfinden". Mit dem Körper und dem Geist zu spüren, ist auch für den benjaminschen *Flaneur* charakteristisch, der nur scheinbar müßig und unbeteiligt flaniert, der dabei aber alles, was ihm begegnet, verstärkt wahrnimmt. Verkörpert in Baudelaires Bewohner der Großstadt, der in den Menschenmengen mit dem gemischten Gefühl von Fremdsein und Vertrautheit lebt, überlagert sich der *Flaneur* zuweilen mit der Figur des Detektivs. Indem Bloch diese vielfältigen Anregungen miteinander kombiniert und das Konkrete und den Gefallen an der Unmittelbarkeit des Unvorhersehbaren fokussiert, entwirft er in seinen Schriften der 30er-Jahre ein eigenes Spurendenken. Dabei können zahlreiche Analogien zu Benjamins *Passagen*-Denkweise (vgl. *Einbahnstraße*, Benjamin 1991, 368–371) festgestellt werden. Ein noch näheres Signifikat wird durch Heideggers Idee der *Holzwege* (vgl. Heidegger 2003) ersichtlich: kaum erkennbare Wege, die im Wald in einer Lichtung enden, sich dort verlieren und für einen kurzen Augenblick den authentischen Bezug zum Sein aufreißen.

Das Motiv der Spuren spielt in Blochs Philosophie der Hoffnung eine zentrale Rolle, indem es eine der mannigfaltigen Figuren des Weltprozesses repräsentiert und die Themen der Reise in ein unbekanntes Land, die Entdeckung des Vor-Scheins und des Noch-Nicht miteinander verbindet. Im Übrigen ist *Spuren* der Titel eines 1930 veröffentlichten Buches: Indem Bloch es als ersten Band für seine Gesamtausgabe gewählt hat, hat er diesem Buch die Rolle eines Prologs für sein gesamtes Denken zugewiesen. Als es erschien, stieß es auf keine große Resonanz. *Spuren* ist aber ein Unikum in Blochs Werk: Aufgrund seines ausdrücklich literarischen Charakters kann es als enigmatischer Text bezeichnet werden, der sich jeder Klassifizierung entzieht. Die Stellung als Sockel des gesamten Werkes schließt aus, dass es ein bloßes Schreibexperiment einer spezifischen Periode war – der 20er- und 30er-Jahre, in denen Bloch aktiv am surrealistischen und expressionistischen Avantgardediskurs teilnahm. *Spuren* enthält aber vielmehr eine weitere und entscheidende Bedeutung: Die Dimension der Suche und der Unvollkommenheit der Philosophie der Hoffnung wird in der Tat mit einer neuen Denkweise verbunden, in der Erzählung und Überlegung, poetisch-literarische und philosophische Momente sich überschneiden. Es handelt sich um eine Bewegung, die im Anfang von Blochs Denken verwurzelt ist. Bereits *Durch die Wüste* (1923) und *Geist der Utopie* (1923) enthalten Prosastücke, die Titel wie *Philosophische Anekdoten* (DdW 1, 121–159) oder *Einige ethisch-mystische Symbolintentionen* (GdU 1923, 252–258) tragen. Obwohl die philosophischen Schriften eher auf einer ontologisch-metaphysischen Ebene angesiedelt sind, ist Blochs Prosa immer barock, reich an Bildern und an narrativen Einschüben. Von gleicher Relevanz ist dabei, dass Bloch in den 1920er- und 1930er-Jahren für Zeitschriften wie *Der Neue Merkur* schrieb und regelmäßig für das Feuilleton mehrerer Tageszeitungen (wie etwa die *Frankfurter Allgemeine Zeitung*) arbeitete und dabei besonderes Talent für einen einfachen und konzisen Stil zeigte (vgl. FD). Aus diesem umfangreichen Material von Artikeln stammen auch viele der Texte, die in *Spuren* zusammengetragen wurden. Hier ist die Verbindung zu der deutschen Romantiktradition der Kurzprosa oder der Aphorismen auffällig (vgl. Lichtenberg, Novalis, Schlegel und Goethe). Dennoch ist bei Bloch das Interesse für die Popularliteratur entscheidend und umfasst Apologien, Sprichwörter, Märchen, Kalendergeschichten, Kolportagen, Feuilleton-, Detektiv- und Abenteuerromane. Dies ist ein Interessengebiet, das in den Kreisen der surrealistischen und expressionistischen Avantgarde besonders verbreitet war. Insbesondere eignen sich hierfür das Stilmittel des *Pastiche*, der serielle Charakter dieser narrativen Erzählformen, die Präsenz von festen

Strukturen und Rahmen, von wiederkehrenden Themen und der Montage, d. h. die Zergliederung und Wiederzusammensetzung von Teilen in neue Einheiten. Dazu kommt die enge Verbindung mit dem Alltagsleben der Menschen, sowohl mit ihrer dunklen Unrast, mit der Leere ihrer Existenz und dem entsprechenden Wunsch nach Ablenkung und Zerstreuung, wie auch mit ihrer Erbauung und Belehrung.

Spuren als Titel eines Buchs, das eine Sammlung von Texten ist, die gleichzeitig narrativ und philosophisch sind, ist mehr als ein bildhafter Ausdruck oder eine Metapher des Noch-Nicht. Noch weniger gehören sie bloß zu einem gesonderten Bereich der Journalistik und Essayistik in Blochs Werk, nämlich sein politisches und intellektuelles Engagement, mit dem er versuchte, auf den Aufstieg der Nazis in Deutschland und die Ohnmacht der regierenden Linken aufmerksam zu machen. Die *Spuren* stellen eher eine spezifische Denkweise dar: Eine Alternative zu dem abstrakten, verallgemeinernden Denken, das Theorien, Doktrinen oder Ideologien konstruiert, um das Bewusstsein der Massen zu manipulieren. Es handelt sich um ein Spurendenken, um ein „fabulierendes Denken" („Kurz, es ist gut, auch fabelnd zu denken"; SP 16). Diese Denkweise wird in der Tat von einem Philosophen praktiziert, der Spuren verfolgt, entdeckt, manchmal verwischt, neu zusammensetzt und durcheinander bringt – Spuren von kleinen Geschichten, Bilder vom Großstadtleben, vom verschütteten Elend oder der Niedertracht, Witze, Augenblicke des Erstaunens oder Entsetzens, kurze Reportagen über Vergangenheit oder Gegenwart, Details, Indizien, Überlegungen und Anekdoten von großen Philosophen und persönliche Erfahrungen.

Die Spuren sind im Endeffekt Realitäten, die sich dem Denken präsentieren in Form von Abfall, Fragmenten, Nichtigkeiten, als Ereignisse, die doppeldeutig und zersplittert, aber existenziell und utopisch intensiv sind, da sie in pulsierenden und unentschiedenen Momenten wahrgenommen wurden, die zwischen Vergangenheit und Zukunft, zwischen Nicht-Mehr und Noch-Nicht angesiedelt sind. Um die Realität in Form von Spuren wahrzunehmen, muss man sie erfahren – man muss emotional davon betroffen und veranlasst sein darüber nachzudenken, sich über den Sinn der Dinge und des Daseins Gedanken zu machen. Es ist also notwendig, eine intensivierte Wahrnehmung zu praktizieren, die jenseits von Gewohnheit und alltäglichen Konventionen liegt. Um eine solche Erfahrung der Realität zu machen, muss man sie erzählen und immer wieder neu erzählen. Nur auf diese Art und Weise, indem man am unendlichen und immer unvollendeten Gewebe der Geschichten webt, indem man mit dem Gedächtnis und der Vorstellungskraft spielt, mit der Vielfalt, den Widersprüchen und den Paradoxa des narrativen Stoffs experimentiert – nur so wird man über die Starrheit des Offensichtlichen und des Üblichen hinausgehen können. Auf diese Art und Weise entdeckt man (oft nicht ohne Schock) auch die Konturen des *experimentum mundi* in der Erfahrung, die Öffnung auf das Neue und Unvorhersehbare. Die Bedeutung der *Spuren* besteht also darin, dass sie eine enge Verbindung herstellen zwischen dem Thema der strukturellen Unvollkommenheit des Realen, seiner Dimension der Dunkelheit des gelebten Augenblicks und der Erwartung und einem ungewöhnlichen Gebrauch der emotionalen, kognitiven und Wahrnehmungsfähigkeiten – einem Gebrauch, der bereits eine Weise darstellt, sich auf das utopische Ferment, das Aufblitzen der Funken, die das Leere bevölkern, einzustimmen. Die kleinen und fragilen Texte, die Geschichten, die weder Hand noch Fuß haben, die embryonalen Denkformen, welche die nervöse, elektrisierende, unterbrechende, anspielende Prosa der *Spuren* ausmachen, sind an und für sich selbst Spuren, spontan entworfene Entwürfe, Holzwege im Lauf der Hoffnung.

In diesem theoretischen Zusammenhang geben die *Spuren* ein Bild von utopischer Realität wieder, das nichts Pathetisches oder Tröstendes an sich hat, sondern vor allem Aspekte präsentiert, bei denen die „Kleinheit des Endes" von zentraler Bedeutung ist. „Man achte gerade auf kleine Dinge, gehe ihnen nach" (SP 16). Das Kleine und Unauffällige ist ein „Glitzern, ein kurzes und spitzes, das verwundet. Das aufreizt und wohl auch etwas sät, aber nur Anfänge, nichts, was blüht oder zum blühen kommen könnte" (ebd., 82). „*Diese* Zeichen des ‚Kleinen' wird man nicht verwechseln, sie haben etwas von der Kleinheit des wirklichen Endes, das in jeden richtigen Anfang eingesprengt ist, der ihm Richtung und Geschmack *unserer Richtung* gibt. Sie finden sich im Leben der Meisten (wenn man recht hinhören wolle), geben grade das Zeichen zum Austritt aus der Serie (ein letztes, heute noch unkräftiges Zeichen), zum Eintritt in das möglich Schicksallose, mindestens in das formbare Schicksal" (ebd., 60f.). In seinem „Spurenlesen kreuz und quer" (ebd., 17) betont Bloch den experimentellen und überhaupt nicht garantierten Charakter des utopischen Laufes, der nur in den Differenzen und hindernisreichen Streckenführungen eines Weges besteht.

Die Rezeption der *Spuren* ist ziemlich umstritten gewesen. Das Buch wurde aufgrund seiner literarischen Qualität und Originalität geschätzt, aber meistens wurde es getrennt oder sogar als widersprüchlich zu Blochs allgemeinem ontologischen Projekt wahrgenommen. Diesbezüglich ist Adornos Essay (vgl. Adorno 1961) bezeichnend, verfasst anlässlich der zweiten Fassung von *Spuren*, Blochs erster Publikation in der BRD. In diesem Essay, der von kanonischer Bedeutung für die Bloch-Rezeption im Deutschland der 1960er- und 1970er-Jahre gewesen ist, hebt Adorno die Widersprüchlichkeit der Verbindung zwischen der „Philosophie der Hoffnung" und dem „Spurendenken" hervor. Eine „gesprochene, nicht geschriebene" (ebd., 134) und „naive" Philosophie, die verlangt, dem Formlosen Expressivität und Bedeutung zu verleihen, finde im Endeffekt seine Garantie durch das traditionelle Denken und in den spekulativen Angelpunkten der Identität, des Ganzen und des Endzwecks. Das Thema der *Spuren* wird daher auf seinen expressionistischen Charakter fixiert, der sich nicht in ein Denksystem pressen lasse. Im Laufe der 1960er-Jahre erscheinen Studien, die mehr Sensibilität gegenüber dem *Spurendenken* entwickelten (vgl. Mayer 1965). Zeitgleich mit der Benjamin-Rezeption wächst auch das Interesse an Blochs Umgang mit Kitsch und Kolportage (vgl. Ueding 1973) als Ausdruck von Wünschen und Bedürfnissen von Menschen wie auch ihrer Rebellions- und Rettungsimpulse. Auch der Gebrauch der Montage als narratives Prinzip wird in ihrer philosophischen Bedeutung aufgewertet (vgl. Hoffmann 1977).

Von besonderer Bedeutung ist die Rezeption in Italien, wo die 1989 herausgegebene Übersetzung von *Spuren* zu einem großen Interesse am Spurendenken geführt hat, mit einer Neuinterpretation von *Das Prinzip Hoffnung*, vor allem die Aspekte der Fortschrittskritik, die Sensibilität für die zeitliche Diskontinuität (also die Ungleichzeitigkeit) und die Aufmerksamkeit für die Dunkelheit des gelebten Augenblickes betreffend. Der Interpretationsvorschlag der Herausgeberin im ausführlichen Vorwort zur italienischen Ausgabe von *Spuren* (vgl. Boella 1989) wird in den Beiträgen zum Thema der *Spuren* in der Zeitschrift *aut aut* wieder aufgenommen und weiter entwickelt (vgl. Berto 1990).

→ *Hoffnung; Noch-Nicht; Ungleichzeitigkeit, Gleichzeitigkeit, Übergleichzeitigkeit; Vor-Schein*

📖 Adorno 1961; Benjamin 1991; Berto 1990; Boella 1989; Hoffmann 1977; Locher 2008; Mayer 1965; Ueding 1973.

Laura Boella

Subjekt – Objekt

Das Oszillieren zwischen Subjekt und Objekt, zwischen Selbst und Welt, ist für Bloch der die Welt und ihre Erkenntnis strukturierende dialektische Prozess. In der menschlichen Geschichte verflechten sich so objektive und subjektive Faktoren, wobei der subjektive Faktor als vorrangige Triebkraft in die objektiven Widersprüche, ihre Möglichkeiten entbergend, eingreift. Das erkennende Verhältnis von Subjekt und Objekt ist eingebunden in diese Bewegung, die weder Subjekt noch Objekt, noch ihr Verhältnis unverändert lässt. Der Schlüssel der Einsicht in dieses Verhältnis wird zum Hebel der Veränderung (vgl. PA 623).

Bloch sieht die Anfänge der kulturellen Auseinandersetzung mit Wechselbeziehungen zwischen einem eher geistigen und einem eher sachlichen Faktor bereits in frühen Mythen und Kulten (vgl. TE 73f.). Aristoteles verwendete die Bezeichnung *hypokeimenon* (ὑποκείμενον) für das Zugrundeliegende, das auch etwas Substanzielles bezeichnet: „Substrat aber ist dasjenige, über das das übrige ausgesagt wird, während es selbst über kein anderes ausgesagt wird" (MP, Z. 3, 1028b, 35). Gemeint ist damit jene Entität, die sich qualitativ, grammatikalisch oder logisch durch anderes bestimmt. Mit den Übersetzungen und Kommentaren des Boethius kam die Bezeichnung Subjekt (lat. *subiectum*, ‚das Unterlegte', das Darunterliegende) als „Umschreibung des wirklichen, vom Bewußtsein unabhängigen Seienden als Träger von Attributen oder Qualitäten als auch als Angabe des grammatikalischen oder logischen Subjekts von Aussagen" (EP 1548) in die mittelalterliche Philosophie. Ein Seiendes war Subjekt als Träger von Qualitäten oder Attributen, grammatikalisch ist das Subjekt dasjenige, dem in der Aussage etwas zuerkannt oder nicht zuerkannt wird, und logisch wurde bis hin zur modernen Logik das Subjekt als logischer Gegenstand bestimmt. Es gibt keine klare Subjekt-Objekt-Trennung, sondern primär wird das Subjekt bestimmt, und seine Gegenbegriffe sind die Eigenschaften, die ihm zugesprochen sind (Akzidenzien), bzw. Prädikate, die vom Subjekt als Satzgegenstand ausgesagt werden. Damit verweist das Subjekt selbst auf die Sache und insofern hatte ursprünglich die Bedeutung von Subjekt und Objekt gerade den zum heutigen Sprachgebrauch umgekehrten Sinn: Das Seiende wurde subjektiv genannt, während die Inhalte des Denkens als objektiv betrachtet wurden (vgl. ebd.). Als Subjekt wurde dasjenige bezeichnet, „in dem etwas ist", „wovon gehandelt wird", woran „sich ein Handeln terminiert" und „das subsistiert und Träger von Akzidenzien ist" (HWP 401). Ihm kommen die Bedeutungen von Bestimmbarkeit, Materie und Veränderbarkeit zu (vgl. ebd., 375). Wilhelm von Ockham schließlich legte erstmals Wert auf eine klare Unterscheidung der logischen und der ontologischen Bestimmung des Subjekts (vgl. EEP 474). In der neuzeitlichen Scholastik verändert sich die Anwendungsbreite für das Subjektive, das nun „einen voluntaristischen Zug" (HWP 402) in Richtung Zustimmung, Überzeugung und Gewissheit erlangt. Der Stellung nehmende Mensch wird zum Subjekt, und Subjektivität kennzeichnet diese ihn auszeichnende Fähigkeit der Stellungnahme. Jedoch stehen einem verstockten Anhänger irgendeiner Meinung oder These durchaus auch sachliche Widerstände entgegen, und in der Folge wird durch die Kennzeichnung *subjektiv* gerade jene Äußerung gekennzeichnet, die „nicht aus der [...] Wahrheit der Sache" (ebd., 404) abgeleitet sind. Dies erfährt im Kontext der thomistischen Theologie durchaus keine negative Wertung, denn der Wille des Menschen wird als Werkzeug des Heiligen Geistes betrachtet. Die heute übliche Bedeutung des Begriffspaares „objektiv-subjektiv" wird im 17. Jahrhundert in der Jesuitenscholastik noch weitgehend getragen durch das Begriffspaar „physisch-moralisch" (vgl. ebd., 405).

Mit René Descartes beginnt ein Perspektivenwechsel. Obwohl er den Begriff *subjektiv* noch in der mittelalterlichen Bedeutung verwendet (z. B. Descartes 1870/III, 130), entsteht die neue Kategorie *menschlicher Geist* „als Träger des Bewußtseins und Ort des Denkens und Wollens" (EP 1548) – bei Descartes die „Substanz, welcher unmittelbar das Denken einwohnt" (Descartes 1870/III, 130). Daneben gibt es die Substanz, welche Ausdehnung voraussetzt. Die beiden Substanzen können jeweils ohne die andere bestehen (ebd., 131, 143). Damit ist die Subjekt-Objekt-Unterscheidung der Neuzeit im Beginn eine Trennung, wenn nicht Entgegensetzung. Gottfried Wilhelm Leibniz, in dessen Tradition Bloch viel stärker steht, sieht im *subiectum* die Grundlage der Perzeption und des Wollens (vgl. Leibniz 1996, 612). In jeder individuellen Substanz, der Monade, ist die vollständige Bestimmtheit des Subjekts, auch ihre Zukunft, enthalten. Seit ungefähr 1750 werden die Kategorien subjektiv und objektiv weitestgehend in der heute üblichen Bedeutung verwendet. Die Dinge selber werden häufig Objekte genannt, oft – aber nicht immer – werden Zustände des menschlichen Geistes subjektiv genannt (vgl. HWP 409). Recht deutlich wird diese Verwendung bei Friedrich Heinrich Jacobi. Er verortet das Subjektive auf der Seite des Begriffs bzw. des Denkens und das Objektive auf der Seite der Natur „außer dem Begriffe" (Jacobi 1787, 51). Immanuel Kant schließlich macht aus dem menschlichen Subjekt „eine aktive, dynamische Substanz [...], die in die sie umgebende Welt eingreift" (EP 1549). Kant unterscheidet das Subjekt als *„denkend"* vom *„gedachte[n]"* Objekt (KAA/3 KrV, 122 [B 155]). Im Erkennen sieht er eine verbindende Aktivität, die vom Subjekt ausgeht, wobei er diesem ein synthetisierendes Vermögen zuschreibt. Das Subjekt vereinigt erkennende und handelnde Aktivität. Neben dem empirischen Subjekt, das den Gesetzmäßigkeiten der Welt unterworfen ist, entfaltet Kant den Gedanken des transzendentalen Subjekts (ebd., 344), das über das Empirische hinausreicht und „den Grund für die Möglichkeit des Erkennens und des sittlichen Handelns bildet" (EP 1550). Objektivität ist für Kant durch Intersubjektivität möglich. In der praktischen Philosophie bestimmt er menschliche Subjekte als Personen: „*Person* ist dasjenige Subjekt, dessen Handlungen einer *Zurechnung* fähig sind" (KW 7, 329 [AB 22]).

Johann Gottlieb Fichte schließt in seiner frühen *Grundlage der gesammten Wissenschaftslehre* das Subjektive (Ich) und das Objektive (Nicht-Ich) über den dialektischen Dreischritt einer thetischen Selbstsetzung des Ich, einer antithetischen Setzung des Nicht-Ich synthetisch so zusammen, dass sich das endliche Ich und das endliche Nicht-Ich gegenseitig beschränken und damit bestimmen. „Ich setze im Ich dem theilbaren Ich ein theilbares Nicht-Ich entgegen" (FW 1, 110). Für Friedrich Hölderlin sind im „Sein schlechthin" Subjekt und Objekt „so vereiniget, daß gar keine Teilung vorgenommen werden kann, ohne das Wesen desjenigen, was getrennt werden soll, zu verletzen" (Hölderlin US, 227). Dies ist jedoch nicht gemeint im Sinne der Identität des Selbstbewusstseins (Ich (Objekt) = Ich (Subjekt)), denn: „Wie ist aber Selbstbewußtsein möglich? Dadurch daß ich mich mir selbst entgegensetze, mich von mir selbst trenne, aber ungeachtet dieser Trennung mich im entgegengesetzten als dasselbe erkenne" (ebd., 227). Das „Sein schlechthin" ist nur der „intellektuellen Anschauung" – ein Begriff, den wir bei Schelling wiederfinden werden – zugänglich. Beim frühen Schelling, für den der Anfang und das Ende aller Philosophie Freiheit ist (vgl. SW I/1, 176), steht das absolute Ich für „das durch Freiheit Wirkliche" (ebd.), und dieses ist selbst kein Subjekt, denn ein solches wäre von etwas außer ihm Gesetzten, dem Objekt, bestimmt. Solche Verhältnisse des Setzens als Entgegensetzen gelten lediglich im Endlichen, und hier bestimmen sich Subjekt und

Objekt wechselseitig, aber unter Anteilnahme am Unendlichen, Unbedingten. „Subjekt nenne ich vorjetzt das, was nur im Gegensatz, aber doch in bezug auf ein schon gesetztes Objekt, bestimmbar ist. Objekt das, was nur im Gegensatz, aber doch in bezug auf ein Subjekt, bestimmbar ist" (ebd., 165). Aber im „Absoluten selbst sind diese beiden Einheiten nicht unterschieden" (SW I/2, 63). „Es ist dieselbe und gleich absolute Identität, welche der Form des Seyns, obschon nicht dem Wesen nach, als Subjekt und als Objekt gesetzt ist" (SW I/4, 123). Der Zusammenhang zwischen Subjekt und Objekt, ihre Entgegensetzung, aber auch ihr Aufeinanderverwiesensein, führt letztlich zur dialektischen Formel der Einheit von Entgegensetzung und Identität: „Im Ich sind ursprünglich Entgegengesetzte, Subjekt und Objekt; beide heben sich auf, und doch ist keines ohne das andere möglich. Das Subjekt behauptet sich nur im Gegensatz gegen das Objekt, das Objekt nur im Gegensatz gegen das Subjekt, d. h. keines von beiden kann reell werden, ohne das andere zu vernichten, aber bis zur Vernichtung des einen durch das andere kann es nie kommen, eben deswegen, weil jedes nur im Gegensatze gegen das andere das ist, was es ist. Beide sollen also vereinigt sein, denn keines kann das andere vernichten, doch können sie auch nicht zusammen bestehen. Der Streit ist also nicht sowohl ein Streit zwischen beiden Faktoren, als zwischen dem Unvermögen, die unendlich Entgegengesetzten zu vereinigen, auf der einen, und der Notwendigkeit es zu tun, wenn nicht die Identität des Selbstbewußtseins aufgehoben werden soll, auf der andern Seite" (SW I/3, 393). Die Subjektivität entfällt auch nicht im Bereich der Natur. Schelling geht davon aus, dass das Objektive der Natur nur ihre Außenseite zeigt, während das „innere Triebwerk [...] nicht-objektiv" (ebd., 275) ist. Die Produktivität der Natur macht es notwendig, über die Empirie des Tatsächlichen hinauszugehen: „Der Gegensatz zwischen Empirie und Wissenschaft beruht nun eben darauf, daß jene ihr Objekt im Seyn als etwas Fertiges und zu Stande Gebrachtes, die Wissenschaft dagegen das Objekt im Werden und als erst zu Stande zu Bringendes betrachtet" (ebd., 283). Daraus ergibt sich, dass die Natur als bloßes Produkt Objekt genannt wird und die Natur als Produktivität zur „Natur als Subjekt" (ebd., 284f.) wird. Indem das Unendliche ins Endliche expandiert, entfaltet es seine Potenzen (vgl. SW I/2, 225) und diese zeigen sich in der Abstufung des allgemeinen Weltbaus (vgl. SW I/3, 240).

Der frühe Hegel sieht in der Liebe eine Einheit des Subjekts mit dem Objekt, wo das Subjekt das Objekt nicht beherrscht und nicht von ihm beherrscht wird (vgl. HW 1, 242): „Jene Vereinigung kann man Vereinigung des Subjekts und Objekts, der Freiheit und Natur, des Wirklichen und Möglichen nennen. Wenn das Subjekt die Form des Subjekts, das Objekt die Form des Objekts behält, die Natur immer noch Natur, so ist keine Vereinigung getroffen. Das Subjekt, das freie Wesen, ist das Übermächtige, und das Objekt, die Natur, das Beherrschte" (ebd.). Um diese Trennung aufzuheben, versteht er später im Anschluss an Schelling das Sein als „lebendige Substanz" und „in Wahrheit Subjekt" (HW 3, 23). Es kommt darauf an, „das Wahre nicht als Substanz, sondern ebensosehr als Subjekt aufzufassen und auszudrücken" (ebd., 24). Ein Subjekt ist bestimmt als „Sichselbstwerden" und nur ein Subjekt ist „Wirkliches" (ebd.). Das Subjekt ist nichts anderes als „die Bewegung des Sichselbstsetzens oder die Vermittlung des Sichanderswerdens mit sich selbst ist" (ebd.), das Anderssein in einem Prozess, in dem es selbst erst wird. In der *Phänomenologie des Geistes* durchläuft die Wissenschaft alle „Gestalten des Geistes als Stationen des Weges in sich, durch welchen er reines Wissen oder absoluter Geist wird" (HW 3, 593). Dieser Weg führt das Subjekt von ganz abstrakten Bestimmungen über immer neue Formen des Anderswerdens, die beim Weitergehen jeweils „aufgehoben" werden, zum vollständigen Werden seiner selbst.

Auffallenderweise verwendet Hegel in der *Phänomenologie* ausdrücklich nicht die Subjekt-Objekt-Beziehung, sondern verweist kritisch auf diese Sichtweise: „So wie der Ausdruck der Einheit des Subjekts und Objekts, des Endlichen und Unendlichen, des Seins und Denkens usf. das Ungeschickte hat, daß Objekt und Subjekt usf. das bedeuten, was sie außer ihrer Einheit sind, in der Einheit also nicht als das gemeint sind, was ihr Ausdruck sagt, ebenso ist das Falsche nicht mehr als Falsches ein Moment der Wahrheit" (HW 3, 41). Wenn Hegel in der *Phänomenologie* vom Subjekt spricht, dann sieht er es im Verhältnis zur Substanz. Diese können nicht außer einander, in nur äußerlicher Wechselbeziehung, vorgestellt werden und verweisen auf die Tatsache, dass bei Hegel nicht die äußeren Dinge Gegenstand seiner philosophischen Wissenschaft sind, sondern das über sie Gewusste. Im Kapitel „Selbstbewußtsein der Enzyklopädie" beschreibt er ausführlicher, „daß ich jedes Objekt, als ein Glied im Systeme desjenigen fasse, was ich selbst bin" (HW 10, 213, § 424). In ein und demselben Bewusstsein befinden sich das Ich und die Welt, und in der Welt findet das Ich sich wieder. Diese Einheit ist hier jedoch noch nicht vom Bewusstsein selbst erfasst, sondern nur von uns als äußeren Beobachtern.

Wenn sich das Bewusstsein, das Subjekt äußert und dadurch für sich wird (vgl. HW 3, 31), bleibt es dabei immer in sich selbst (vgl. ebd., 28). Es geht um das „reine Selbsterkennen im absoluten Anderssein" (ebd., 29). Eine Beziehung zwischen Subjekt und Objekt wird erst in der Begriffslogik diskutiert. Hegel betrachtet es hier ausdrücklich als Aufgabe der Philosophie, den Gegensatz von Subjektivität und Objektivität „durch das Denken zu überwinden" (HW 8, 351, § 194 Zusatz 1): „Beim Erkennen ist es überhaupt darum zu tun, der uns gegenüberstehenden objektiven Welt ihre Fremdheit abzustreifen, uns, wie man zu sagen pflegt, in dieselbe zu finden, welches ebensoviel heißt, als das Objektive auf den Begriff zurückzuführen, welcher unser innerstes Selbst ist" (ebd., § 194 Zusatz 1). In der Begriffslogik vollzieht der Begriff den Übergang vom subjektiven Begriff zum objektiven Begriff, und ihre Einheit bildet die Idee (vgl. HW 6, 240 ff.; HW 8, 307ff.): „Der Begriff, welcher zunächst nur subjektiv ist, schreitet, ohne daß er dazu eines äußeren Materials oder Stoffs bedarf, seiner eigenen Tätigkeit gemäß dazu fort, sich zu objektivieren, und ebenso ist das Objekt nicht ein Starres und Prozeßloses, sondern sein Prozeß ist der, sich als das zugleich Subjektive zu erweisen, welche den Fortgang zur Idee bildet" (HW 8, 351, § 194 Zusatz 1). Der Begriff der Sache ist „das in ihr selbst Allgemeine" (HW 5, 26); gemeint ist das konkret-Allgemeine, jenes, das seine Besonderungen begründet und enthält, nicht etwa ausschließt oder subsumiert. In der schließlich erreichten „Sphäre der Idee" hat der „Begriff die schlechthin ihm angemessene Realisation" gefunden und ist insofern frei, „als er diese seine objektive Welt in seiner Subjektivität und diese in jener erkennt" (HW 6, 271). Die Idee ist niemals statisch-fertig, sondern der ständige Prozess, in dem sie „ewig das mit sich Identische von dem Differenten, das Subjektive von dem Objektiven, das Endliche von dem Unendlichen, die Seele von dem Leibe, ab- und unterscheidet und nur insofern ewige Schöpfung, ewige Lebendigkeit und ewiger Geist ist" (HW 8, 371, § 214). Hegel erfasst mit der Idee das Leben und das theoretische sowie praktische Erkennen. Durch das Übergreifen der Idee über alle ihre Formen erweist sich die unorganische Natur als an sich lebendig (vgl. ebd., 375f., § 219). Dabei wird das Nur-Lebendige negiert durch das Erkennen und das nur theoretische Erkennen durch die praktische Erkenntnis und „praktische Tätigkeit" (ebd., 378, § 225): „Während es der Intelligenz nur darum zu tun ist, die Welt so zu nehmen, wie sie ist, so geht dagegen der Wille darauf aus, die Welt erst zu dem zu machen, was sie sein soll" (ebd., 386, § 234 Zusatz). Da die Bewegung vom Subjekt ausgeht und ihre Wahrheit in dem mit seinem Objekt vermittelten Subjekt findet, erweist sich das Subjekt als „übergreifend" (ebd., 372, § 215). Damit unterscheidet es sich von der „einseitigen Subjektivität des in sich verschlossenen Selbstbewußtseins" (HW 10, 237), die urteilend und bestimmend wirkt (vgl. HW 8, 373 § 215). Diese ist nicht mit ihrer Objektivität vermittelt, sondern steht ihr entgegen (vgl. HW 10, 214). In Hegels Theorie der Gesellschaft nimmt die Arbeit bereits einen grundlegenden Platz ein: „Die Vermittlung des Bedürfnisses und die Befriedigung des Einzelnen durch seine Arbeit und durch die Arbeit und Befriedigung der Bedürfnisse aller Übrigen" (HW 7, 346) ist an der Basis der Ökonomie Grundlage für rechtliche Institutionen der Freiheit. Nicht zuletzt durch die Arbeit wird das einzelne Subjekt aus seiner Vereinzeltheit herausgerissen, und es muss sich auf die menschliche Allgemeinheit beziehen. Arbeit ist „zugleich mit der Negation der eigenen Begierde die positive Formierung der Außendinge durch die Arbeit, indem durch sie das Selbst seine Bestimmungen zur Form der Dinge macht und in seinem Werk sich als ein gegenständliches anschaut" (HW 4, 121). In der Theorie von Karl Marx wird die Arbeit zentral für die Begründung von Gesellschaftlichkeit und gesellschaftlicher Historizität. Für das einzelne Individuum gilt bereits beim jungen Marx: „Die Natur des Menschen (ist) so eingerichtet […], daß er seine Vervollkommnung nur erreichen kann, wenn er für die Vollendung, für das Wohl seiner Mitwelt wirkt" (BJ 594). Wie Sesink betont, heißt Subjektivität auch hier nicht nur, dass das Subjekt etwas hervorbringt, sondern dass dieses Hervorgebrachte wieder auf das Subjekt zurückbezogen wird (vgl. Sesink 1995, 382). Entscheidend wird für Karl Marx und Friedrich Engels die Erkenntnis, dass das Hervorbringen jeweils innerhalb einer historisch konkreten Produktionsweise geschieht, und diese Produktionsweise zwar durch die Menschen im alltäglichen Handlungsvollzug hervorgebracht wird, dass diese Art der Lebensäußerung sie aber auch bestimmt (vgl. DI 21). Marx kritisiert am bis dahin vorliegenden Materialismus, „daß der Gegenstand, die Wirklichkeit, die Sinnlichkeit nur unter der Form des Objekts oder der Anschauung gefasst wird; nicht aber als menschliche sinnliche Tätigkeit, Praxis, nicht subjektiv" (ThF 5). Marx kritisiert Hegels Subjektbegriff, weil bei diesem „nur die Abstraktion des Menschen, das Selbstbewusstsein" (ÖpM 577) zum Subjekt wurde statt des „wirklichen Menschen". Die Subjektivität des wirklichen Menschen jedoch ist „die Subjektivität gegenständlicher Wesenskräfte, deren Aktion daher auch eine gegenständliche sein muß" (ebd.). Marx entwickelt seine eigene Position in Auseinandersetzung mit den Junghegelianern wie auch deren Kritiker Feuerbach. Dies zeigt sich besonders in den *Thesen über Feuerbach*. Aus den kritischen Thesen von Marx lässt sich (dem blochschen Vorschlag der Gliederung der Thesen aus PH 294 folgend) dessen eigene Position rekonstruieren. Erkenntnistheoretisch will dieser die Sinnlichkeit „als menschlich-sinnliche Tätigkeit" (ThF 6, These 5) begreifen, was bedeutet, sie nicht nur unter der Form des Objekts zu fassen, sondern „als menschliche sinnliche Tätigkeit, Praxis" (ebd., 5, These 1), d. h. in diesem Sinne subjektiv. Es zeigt sich, dass „zwar überall das Sein das Bewußtsein bestimmt, aber gerade wieder das historisch entscheidende Sein, nämlich das ökonomische, außerordentlich viel objektives Bewusstsein enthält" (PH 300). Indem Marx das „Zusammenfallen des Ändern[s] der Umstände und der menschlichen Tätigkeit oder Selbstveränderung [...] nur als revolutionäre Praxis" (ThF 6, These 3) fasst, wendet er sich einerseits „gegen die mechanische Milieutheorie" und andererseits „gegen die idealistische Subjekttheorie" (PH 301). In den „anthropologisch-historischen" Thesen, wie Bloch sie nennt (vgl. PH 294), geht es um die Aufhebung der Selbstentfremdung, die in der praktischen Revolutionierung der weltlichen Grundlage der Selbstentfremdung besteht (vgl. ThF 6, These 4). Damit verweist Marx auf die gesellschaftlichen Grundlagen eines in sich zerrissenen Bewusstseins, das nicht nur durch Reflexion, wie bei der Aufhebung des „unglücklichen Bewusstseins" (HW 3, 181) in der *Phänomenologie des Geistes* von Hegel zu beheben ist, sondern praktischer Revolutionierung der sich selbst widersprechenden weltlichen Grundlage (These 4) bedarf. Dies ist nun wiederum nicht für ein einzelnes Individuum möglich, sondern nur dem Menschen als gesellschaftlichem Wesen (vgl. ThF 6, These 6). Die Gesellschaftlichkeit untermauert den bei Feuerbach noch „hohlen Bogen zwischen einzelnem Individuum und abstraktem Humanum" (PH 304). Sie ist prozessual-historisch verfasst und erscheint jeweils als „bestimmte Gesellschaftsform" (ThF 7, These 7). Theorie und Praxis erweisen sich damit als eng verschlungen. Sie sind nicht voneinander isolierbar (vgl. ThF 5, 7, Thesen 2, 8), sondern „theoretisch vermittelte [...] Praxis" (PH 311) und durch Praxis vermittelte, konkrete Gedanken (vgl. ebd., 310).

In der Tradierung des östlichen Marxismus wurde ebenfalls von einer „wachsenden Bedeutung der subjektiven Faktoren" (Scheler 1964, 11) gesprochen, aber die „bewusste, schöpferische Aktivität", die die bloßen Verwaltungsakte verdrängen sollte, war zuerst einmal lediglich an die „Wirtschaftsleitungen" adressiert, deren Planung und Leitung durch eine Teilnahme der „Volksmassen" ergänzt werden sollte (vgl. ebd., 10). Subjektivität wird hier gleichgesetzt mit „bewußt" und „wissenschaftlich begründet" (ebd., 11). Das bis 1989 in der DDR aktuelle *Philosophische Wörterbuch* spricht den Menschen (im Stichwort *Mensch*) niemals als Subjekt (z. B. als Produzenten seiner Lebens- und gesellschaftlichen Bedingungen) an, sondern immer nur als „Produkt". Gegen Ende der DDR führte der Bedarf an Untersuchungen zur „fortwährenden Entfaltung der Universalität des Menschen" (Wessel 1988, 97) zur Gründung eines interdisziplinären Projektes „Biopsychosoziale Einheit Mensch – Struktur und Dynamik der Ontogenese des Menschen". Der Mensch als Subjekt war dabei aber nicht gefragt – es ging weiterhin um ihn als Objekt von Determinierungen, allerdings nun in ihrer „komplexen Struktur" (ebd., 99). Einen anderen Akzent setzte Herbert Hörz in einem Beitrag, der menschliches Verhalten als sich selbst organisierendes Verhalten diskutiert: „Menschen sind Natur- und Vernunftwesen, Gestaltungs- und Sozialwesen, die in der Lage sind, durch gesellschaftliche Bedingungen und ihre revolutionäre Veränderung bestimmt, ihre Existenzbedingungen effektiver und humaner zu gestalten" (Hörz 1989, 41). Die von Helmut Seidel in den 60er-Jahren initiierte Praxis-Diskussion, die erst nach 1990 nachträglich in öffentlichen Debatten wirksam werden konnte, ging davon aus, dass die Praxis Ursache und Grundlage, d. h. das letzthin bestimmende Moment der menschlichen Geschichte darstellt. „Dies kann aber nur durch eine gründliche Analyse des Subjekt-Objekt-Verhältnisses geschehen" (Seidel 1966, 1182). Georg Quaas (vgl. Quaas 2002) zeigt, dass das Modell Helmut Seidels noch daran krankt, wichtige Erkenntnisschritte von Marx zwischen 1844 und 1845 nicht mitzuvollziehen, sondern dahinter zurückzufallen. Es kommt darauf an, die Vermittlung über Werkzeuge und Sprache mitzudenken und nicht nur das Verhältnis „des Menschen" zur Natur im Sinne eines Verhältnisses von Subjekt und Objekt, sondern das Verhältnis zwischen Menschen als ebenso basal zu erfassen.

Bloch sieht im Subjekt-Objekt-Problem ein Grundproblem der klassischen deutschen Philosophie (PA 601). In einem Gespräch über seine geistige Entwicklung berichtet er von seiner persönlichen Ausgangsfrage: „Was ist das Zentrum? Das Subjekt oder das Objekt? Populärer gesagt: die Psychologie oder die Metaphysik?" (Bloch 1974a, 28) Seine Interessensgebiete umfassten Psychologie und Kosmologie, aber er

„wußte nicht, wie man die beiden zusammenbringen kann" (ebd.). In der zweiten Fassung seiner ersten Buchveröffentlichung *Geist der Utopie* gibt er dem abschließenden Kapitel den Untertitel „Über die Weltwege, vermittels derer das Inwendige auswendig und das Auswendige wie das Inwendige werden kann" (GdU 2, 289). Danach sucht er, das wird zum treibenden Ziel seiner Bemühungen: Eine „wachsende und sich erweiternde Subjekt-Objekt-Vermittlung" (Braun 1983, 128). Dabei ist für Bloch das Subjekt-Objekt-Verhältnis gerade der „dialektische Prozess in seiner eigentlichsten Struktur und in der Struktur seines Materials erfaßt" (SO 198f.). Im dialektischen Prozess sind Subjekt und Objekt „dauernd verbunden" (ebd.): „Dialektische Erkenntnis oszilliert daher notwendig zwischen ihren Momenten: Subjekt und Objekt; erst dies Oszillieren zwischen Selbst und Material stellt Erkenntnis- und Weltprozeß zugleich her" (ebd., 199). Wie stark diese Vermittlung im individuellen Leben wie auch im historischen Geschehen wirkt, arbeitet Bloch in seinem zweiten Buch *Thomas Münzer als Theologe der Revolution* heraus. Dies bezieht sich einerseits auf die jeweils regionalen und historischen Besonderheiten der Wirkungsorte von Münzer, andererseits aber auch darauf, dass Münzers Wirkung maßgeblich von der Überzeugung des Getragenseins durch Gottes Plan herrührte: „Der Mensch soll und muß wissen, daß Gott in ihm sei", so zitiert er Münzer (TM 208). Der Aufstand aus der subjektiven Empörung heraus weiß sich getragen vom „Außen- und Obensein" Gottes (ebd.). Aber das Maßgebliche ist das Subjekt, für Münzer wie auch für Ernst Bloch: „Das Orgelwerk klingt nur, wie es der Meister schlägt", zitiert Bloch Jakob Böhme (ebd., 204). Der Weg vom hungernden und darbenden Subjekt hin zur Erfüllung in einer Einheit, in der sich Subjekt und Objekt nicht mehr getrennt und fremd gegenüberstehen, wurde bereits beschrieben von Goethe in seinem *Faust* und von Hegel in der *Phänomenologie des Geistes*. Darauf bezieht sich Bloch an vielen Stellen (PH 1195ff.; SO 75f.; TE 50ff., 73f.). Beide Werke dominiert das gemeinsame „Fahrtmotiv, in der dialektisch sich hocharbeitenden Subjekt-Objekt, Objekt-Subjekt-Durchdringung" (SO 77). „Der Leser durchwandert" in der *Phänomenologie* „die Schädelstätten der abgeschiedenen Geister, sieht die kategorialen Momente der absoluten Idee gestaffelt in den Bewußtseins-, Gesellschafts-, Werkgestalten der Weltgeschichte" (TE 72). In *Faust I* geht der unzufrieden-ruhelose Heinrich Faust einen Pakt mit Mephisto ein, um Ruhe und Erfüllung zu finden. Mephisto führt Faust durch verschiedene Lebensbereiche, in Auerbachs Keller, in die Hexenküche – aber überall endet die Szene mit Verstörung und fluchtartigem Weiterziehen. Auch seine Liebe zu Gretchen bringt keine Erfüllung. Das Motiv der Wechselwirkung zwischen Selbst-Entwicklung und Weltbeziehung thematisiert Goethe insbesondere in *Faust II*. Dieser versucht sich in verschiedenen Künsten, begibt sich auf eine Reise durch verschiedene Epochen. Das Ende verdeutlicht Blochs Auffassung, Goethes *Faust* sei „Ausdruck des bürgerlichen Bewußtseins am Beginn der weltgeschichtlichen Sendung des Bürgertums: der Entfesselung der Produktivkräfte" (SO 75f., vgl. auch TE 66). Indem es gelingt, dem Meer Land abzugewinnen, erweist sich Faust als erfolgreicher Unternehmer, dessen Handlungen aber widersprüchliche Folgen haben: Er selbst bewohnt einen Palast, aber er bedroht das kleine Glück von Philemon und Baucis. Es zeichnet Faust aus, dass er sich des Unglücks bewusst wird, das er mitgeschaffen hat. Obwohl der Fortschritt insofern differenziert zu betrachten ist, gibt es dazu keine Alternative: „Im Weiterschreiten find er Qual und Glück, / Er, unbefriedigt jeden Augenblick!" (Goethe, Faust II, 194). Der innere Antrieb wirkt nicht nur subjektiv erweiternd, sondern zielt auf gelungenere Subjekt-Objekt-Vermittlungen: „Neue Qual, neue Hoffnung zeigen dem Ungesättigten, als dem das Eigentliche Eingedenkenden, stets wieder den Beginn einer neuen Sphäre an. Das ist: eine neue Subjektstufe zur Vermittlung des Subjekts mit dem Objekt, des Objekts mit dem Subjekt. Diese vermittelte Subjekt-Objekt-Beziehung ist der Prozeß der Erfrischung, ja der erneuerten Geburt des Ziels" (TE 51). Kategorial ist Faust eine blochsche Leitfigur, die Faust-Dichtung ein Leitbild: „Der Faust-Plan, in der immer wieder einsetzenden Folge: aktuelles Jetzt – historisch verzweigte Gestaltensphäre – informierte und doch ungesättigte Existenz, dieser Subjekt-Objekt-Subjektplan ist das Grundmodell des dialektisch-utopischen Systems materieller Wahrheit" (PH 1200). Darüber hinaus wird im *Faust* ein „*Stadienwesen des Erkennens*" (TE 52) vorgeführt, dem entsprechende Schichten des Daseins (ebd., 53) zugeordnet sind. Dieser Zusammenhang ist in gnostischen Systemen, bei Mystikern, bei Nicolaus von Cusa (vgl. Kues WN, 47 ff.) gegeben, aber auch bei Schelling findet Bloch das Bestreben, „zugleich die Verzweigungen der Wissenschaft selbst zu verfolgen und das organische Ganze derselben zu konstruieren" (SW I/5, 246). In besonderer Weise bezieht sich Bloch immer wieder auf Hegels *Phänomenologie des Geistes*. Er versteht die *Phänomenologie des Geistes* als „Reisebuch des Geistes zu Gott, als dem ‚Objekt' der letzten Union, als dem Zielpunkt jeder Adäquation des Geistes an die Sache, an seine Sache" (TE 73). Grundsätzlich sei die *Phänomenologie* „von Anfang bis Ende die Vermittlung des Denkens mit dem Sein, des Ich mit dem Nicht-Ich" (SO 60). Das Subjekt „entwickelt sich an den Gegenständen, macht sie zu den seinen, entäußert und berichtigt sich an ihnen ebenso, wie es in ihnen sich äußert und wachsend aufschließt" (ebd., 61).

Deshalb gilt: „Es ist die Geschichte des Subjekts, das sich durch sein jeweiliges Objekt, des Objekts, das sich durch sein Subjekt berichtigt, auf immer höheren Stufen, in immer höheren Geschichts- und Weltgestaltungen, bis zuletzt das Subjekt alle seine Entäußerungen und Objektivierungen durcherfahren hat, bis es sich von diesen Entäußerungen selbst entäußert und die begriffene Gesichte oder das absolute Wissen geworden ist" (ebd., 68). Am Ende verhält sich das Subjekt zum Gegenständlichen nicht mehr als zu einem Fremden (vgl. ebd., 61). Bloch bemerkt, dass für Hegel deshalb nicht das Subjekt-Objekt-Verhältnis wesentlich ist (tatsächlich verwendet Hegel diese Kategorien in der *Phänomenologie* nicht), sondern dass Hegel den Gedanken verwirklicht, dass „das Wahre nicht als Substanz, sondern ebensosehr als Subjekt aufzufassen und auszudrücken" ist (HW 3, 23). Das Bewusstsein der *Phänomenologie* „durchläuft so eine Welt, in der keine Substanz ist und gilt, die nicht ebensosehr mit dem fahrenden Subjekt fährt und von ihm durchdrungen ist" (TE 71). Damit ist eine Methode angegeben, für die es heißt: „Methode haben heißt mit dem Weg der Sache gehen, und der Weg der Sache verlangt universitas, genetisch gegliederte Totalität des Blickes" (ebd., 61). Der „Weg der Sache" (ebd., 75) ist – im *Faust* und der *Phänomenologie* – ein dialektischer. Er führt durch Widersprüche hindurch, und Neues entsteht aus Negationen. Der Prozess vollzieht sich nicht bis hinein in eine „schlechte Unendlichkeit" (HW 5, 163), sondern mündet in einen erfüllten Augenblick, in ein Subjekt ohne fremdes Objekt (vgl. TE 79). *Faust* wie auch die *Phänomenologie* sind gebunden an das aufsteigende Bürgertum (vgl. TE 66; für *Faust* SO 75f.; für die *Phänomenologie* SO 61). Deshalb ist trotz der Aufnahme dieses wertvollen Erbes damit noch nicht das letzte Wort für ein Denken, das über den bürgerlichen Horizont hinaus will, gesprochen. Bloch sucht und findet bei Karl Marx eine weiterentwickelte Sichtweise, die er mit seinen Ausführungen über die *Thesen über Feuerbach* aufgreift.

Marx konkretisiert in den *Thesen* den Begriff des menschlichen Subjekts als „gesellschaftlich tätigen Menschen, mit wirklichen Verhältnissen zueinander und zur Natur" (PH 292). Bloch gruppiert die Thesen „philosophisch, nicht arithmetisch" (ebd., 294) in drei Gruppen: die erkenntnistheoretische Gruppe (Thesen 5, 1, 3), die anthropologisch-historische Gruppe (Thesen 4, 6, 7, 9, 10) und die zusammenfassende Theorie-Praxis-Gruppe (Thesen 2, 8), die mit dem „Losungswort" (ebd.), der 11. These, abschließt. Er kritisiert an der materialistischen Theorie, dass Erkenntnis häufig dem „ruhend abbildende[n] Spiegel" gleiche, unter „Auslassung des Arbeitsbegriffs" (ebd., 297). „Dem bisherigen Materialismus fehlt die dauernd oszillierende Subjekt-Objekt-Beziehung, die Arbeit heißt" (ebd., 298). Die Subjekt-Objekt-Vermittlung gestatte keine Einseitigkeit, weder die Verabsolutierung der Gegenständlichkeit des Objekts, noch der Tätigkeit des Subjekts. Bei der Interpretation der dritten Feuerbachthese (vgl. ThF 5f.) betont Bloch sehr nachdrücklich, dass die Selbstveränderung der Menschen nicht nur nach Maßgabe der Umstände geschieht, sondern „daß der Mensch und seine Tätigkeit allemal das Spezifische der materiellen Geschichtsbasis bleiben" (PH 302). „Der arbeitende Mensch, diese in allen ‚Umständen' lebendige Subjekt-Objekt-Beziehung, gehört bei Marx entscheidend mit zur materiellen Basis; auch das Subjekt der Welt ist Welt" (ebd., 303). In der anthropologisch-historischen Thesengruppe arbeitet Bloch heraus, dass die Basis der geistigen Entfremdung im Selbstwiderspruch der weltlichen Grundlage besteht und nur durch deren praktische Revolutionierung aufgehoben werden kann (vgl. ThF 6, These 4; PH 304f.). Dies verweist auf den gesellschaftlichen und nicht einzelindividuellen Charakter der hier wirksamen Subjektivität und außerdem darauf, dass sich die Gesellschaftlichkeit in Form konkret bestimmter Gesellschaftsformen zeigt (vgl. ThF 6f., Thesen 6, 7; PH 305f.). Trotzdem, und diese Lesart ist wiederum für Bloch wesentlich, „je wissenschaftlicher der Sozialismus, desto konkreter hat er gerade die Sorge um den Menschen im Mittelpunkt, die reale Aufhebung seiner Selbstentfremdung zum Ziel" (PH 306). Damit sperrt er sich explizit gegen alle Lesarten, die das Individuum nur der Gesellschaftlichkeit unterworfen sehen, es lediglich als ihr Produkt darstellen. Die Einteilung der Feuerbachthesen nach Bloch führt von der gesellschaftlichen Praxis zurück zu Fragen der Erkenntnis, nun aber als mit der Praxis vermittelter. In sehr kurzen Sätzen erfasst er die gesellschaftsformspezifische Rationalität und Gnoseologie, wenn er erwähnt, dass die (eher kontemplative, auf Substanzen gerichtete) antike und mittelalterliche Erkenntnistheorie von der Tätigkeit abstrahierte und die bürgerlich-abstrakte Theorie das Objekt als Äußeres, ohne wirkliche Vermittlung durch Arbeit, begriff. Bloch dagegen skizziert den Zusammenhang von Theorie und Praxis als „Umfunktionierung des Schlüssels zum Hebel, der wahren Abbildung zum seinsmächtigen Eingriff" (ebd., 312). Für diesen Theorie-Praxis-Zusammenhang sind mit Marx noch nicht alle Werkzeuge bereitgestellt, die blochsche Philosophie will sie ausarbeiten. Dabei entstehen Kategorien wie *Tendenz* und *Möglichkeit*: „Philosophische Veränderung ist derart eine nach Maßgabe der analysierten Lage, der dialektischen Tendenz, der objektiven Gesetze, der realen Möglichkeit" (ebd., 326f.). Bloch würdigt also die Leistung von Marx bezüglich der Subjekt-Objekt-Thematik vor allem insofern, als danach nicht mehr vereinzeltes Individuum und abstrakte Gattung bzw. anschauende Sinnlichkeit und abstraktes Denken einander gegenübergestellt werden können und jeweils ein Pol überbewertet werden kann. Marx erkannte in der konkret-historischen Gesellschaftsform und der Praxis jene Vermittlungsebenen, von der aus die Subjekt-Objekt-Dialektik in befreiender Absicht weiterentwickelt werden kann.

Die Beziehungen zwischen Subjekt und Objekt konstituieren in der Philosophie Blochs die „Bewußtseins-, Gesellschafts-, Werkgestalten der Weltgeschichte" (TE 72). Kategorial erstreckt sich diese Prozessualität zwischen dem *Dass,* dem „intensive[n] Ursprung" (ebd., 211), aus welchem sich probend verschiedene Gestalten entwickeln, hin zum *Was*, dem wesenhaften „mögliche[n] Sinngehalt" (EM 31) des Weltprozesses. Die Quelle dieses Prozesses ist (noch) nicht exakt bestimmbar, das Ziel nicht vorgegeben: „Wie wir schon sind, leben wir keineswegs nur dahin. [...] Es pocht etwas in uns, dies klopft, hungert, treibt, setzt an. Also meldet sich immer wieder das setzende Daß, das Daß, ganz unten, das sich noch nicht hat, doch drinnen wie draußen, draußen wie drinnen das Seine sucht, setzt, eben auf den weiteren Weg des sich-heraus-Bringens schickt" (ebd., 253). Dieser „Weg des sich-heraus-Bringens" bewirkt ein wechselseitiges Verändern von Individuum und Welt. Die Mensch-Welt-Beziehung erweist sich als Subjekt-Objekt-Beziehung, bei welcher der subjektive Faktor als „unabgeschlossene Potenz, die Dinge zu wenden" (PH 286) wirkt und der objektive Faktor „die unabgeschlossene Potentialität der Wendbarkeit, Veränderbarkeit der Welt im Rahmen ihrer Gesetze" darstellt (ebd.). Da sie sich notwendig aufeinander beziehen, gilt: „Beide Faktoren, der subjektive wie der objektive, müssen [...] in ihrer beständigen dialektischen Wechselwirkung begriffen werden, in einer unteilbaren, unisolierbaren" (ebd., 168). Beide Faktoren sind miteinander „verflochten" (ebd., 286), Bloch spricht auch von ihrer „Durchdringung" (TE 43). Das Subjekt ist auf das Objekt bezogen, seine „ganze

Ehre" ist es, „aufschließend, ja Zündschlüssel zu sein. Und das Objekt mit Riegel ist als solches ebenso deutlich auf den Schlüssel angewiesen" (ebd., 44f.). Die Begründung dieser Selbst- und Weltveränderung ist in der Kategorie der *objektiv-realen Möglichkeit* verankert, die das im Sein „nicht nur partial Bedingte, sondern partial Bestimmte" (ebd., 298) umfasst. Jedoch kann der „subjektive Faktor […] nicht blind gegen objektiv vorliegende Gesetzmäßigkeiten handeln, aber er ist dazu fähig, die Bedingungen zu einer neu eintretenden Gesetzmäßigkeit herzustellen, um dann dieser nicht mehr hemmenden, sondern human befördernden Gesetzmäßigkeit gemäß zu handeln und weiterzutreiben" (PA 547). Auf solche Weise verändern sich Objekt wie auch Subjekt in diesem Prozess. Das Objekt entfaltet neue Möglichkeiten, das Subjekt ist als Potenz ebenfalls „unabgeschlossen" (PH 286). Der Veränderungsprozess ist jedoch keine „schlecht unendliche" (HW 5, 163) Aufeinanderfolge von Zuständen, sondern zielt letztlich auf Erfüllung. Er quillt aus dem intensiv drängenden Dass-Faktor, verläuft über Stadien, in denen sich unterschiedliche Gestalten bilden, und sucht seine Mündung, die sich im Fluss überhaupt erst bildet und nicht vorher schon vorhanden ist. Diese allgemeinen Bestimmungen gelten in verschiedenen Sphären auf unterschiedliche Weise. Deshalb seien nun das Mensch-Natur-Verhältnis, das Verhältnis von Geschichte und Tätigkeit sowie der Erkenntnisprozess betrachtet.

Das allgemeinste Subjekt-Objekt-Verhältnis stellt das Verhältnis Mensch-Natur dar, wobei Bloch wenigstens hypothetisch auch der Natur in bestimmter Weise einen Subjektivitätscharakter zuspricht. Wenn wir uns ebenso wie Bloch auf die marxschen Feuerbachthesen beziehen, so sehen wir uns mit der Kritik von Marx an der feuerbachschen Position konfrontiert, dass dieser den Gegenstand „nur unter der Form des Objekts oder der Anschauung" (ThF, 5, These 1) fasst, „nicht aber als sinnlich menschliche Tätigkeit, Praxis, nicht subjektiv" (ebd.). Es kommt nun also darauf an, das Wechselverhältnis von Objektivem und Subjektivem in dieser grundlegenden menschlichen Tätigkeit, der Praxis, zu betrachten. Die Natur ist nicht mehr nur Gegenstand der Anschauung, sondern der praktisch verändernden Tätigkeit des Menschen, und dieser betrachtet die Natur nicht nur, sondern verändert sie. Obgleich die marxsche These auch so gelesen werden könnte, als wäre das Objekt der Gegenstand der Anschauung und die Praxis das Subjektive, ist das Verhältnis so zu bestimmen, dass der tätige Mensch durch die Praxis, durch die Vergegenständlichung und Objektivierung zum Subjekt wird und die Natur dadurch zum

Objekt, dass das Objekt durch die Tätigkeit des Menschen zur Vergegenständlichung von dessen Fähigkeiten wird (vgl. Klotsch 1965). Bloch zeigt dieses Verhältnis an einem alten Krug aus dem Rheinfränkischen. An ihm „hat das Volk daran gearbeitet, seine Lust und tiefe Behaglichkeit in einem Trinkkrug auszuprägen, sich auf dieses Haus- und Schenkengerät aufzutragen" (GdU 2, 19). Die Erwartung einer sich gegenseitig bereichernden Allianz zwischen Menschheit und Natur hatte diese Position nicht von Anfang an. In seiner Frühzeit betrachtet Bloch die „bloß physische Natur" als „Schutthaufen von betrogenem, gestorbenen, verdorbenem, verirrtem und umgekommenen Leben" (ebd., 337), als „ungeheuerliche kopflose Kulisse", als „harte[s], verschlackte[s], gottlose[s] Schalenwerk" (ebd., 338) und meint: „Die Welt ist ein Turm, in dem ein Gefangener sitzt, und der Turm läßt sich nicht mithumanisieren" (ebd., 336). Genau diese Ansicht kritisiert er später an Hegel, der die „Natur [...] nur als verlassenen Schauplatz der geschehenen Geschichte" betrachtet habe (SO 102). Um Hegel gerecht zu werden, muss festgehalten werden, dass dieser zwar in der Natur „nur de[n] Leichnam des Verstandes" erblickt (HW 9, 25). Dabei lässt er es aber nicht bewenden, sondern die Natur ist für ihn auch „eine der Weisen der Idee [...], sich zu manifestieren" (ebd.) und Aufgabe der „denkenden Naturbetrachtung" ist für ihn herauszuarbeiten, „wie die Natur an ihr selbst dieser Prozeß ist, zum Geiste zu werden, ihr Anderssein aufzuheben" (ebd.), denn „die Steine schreien und heben sich zum Geiste auf" (ebd.). Die bei Hegel so oft kritisierte Herabsetzung der Natur erklärt sich aus seiner Kritik an der Naturvergöttlichung, wie sie ihm in der Romantik begegnet – und die gleichzeitig von ihm zurückgewiesene Herabsetzung des Menschlich-Gesellschaftlichen, das in Hegels Geist–Begriff steckt. Nach Hegel befindet sich die bloße Natur auf dem Weg zum Höheren, hat es aber noch nicht erreicht: „Die Natur ist an sich, in der Idee göttlich, aber wie sie ist, entspricht ihr Sein ihrem Begriffe nicht; sie ist vielmehr der unaufgelöste Widerspruch" (ebd., 27f.). Der höhere Geist kann durch die Naturphilosophie sein Wesen in der Natur erkennen – aber ohne diese Erkenntnis, einfach unmittelbar ist die Natur noch nicht Geist, sondern die schreienden Steine bedürfen ihrer Aufhebung zum Geist. Bloch findet spätestens seit 1936/37 auch in der „anorganische[n] Vorstufe" eine unabgeschlossene „Latenz", die „mit der menschlichen wie erst mit der eigenen Freiheit" vermittelt ist (MP 315). Es sind primär die menschlichen Belange, deren Durchdenken Bloch zu dieser veränderten Natursicht bewegt, denn wegen „der Beziehung der Menschen zur Natur dürfte deren riesiges Um-uns auch in der Geschichtsphilosophie, Ethik, Ästhetik und so fort noch Bedeutendes zu melden haben" (PA 498). Es wäre eine Zweiweltentheorie, auf der einen Seite die Gesellschaft als verbesserungsfähig anzusehen, die Natur jedoch als entfremdet-verdinglichte Mechanik zu betrachten. „Und jede Dialektik risse zwischen menschlichen und Naturvorgängen ab, sie wäre einzig auf die Lokalgrösse: Menschengeschichte beschränkt, auf einen blossen Spuk von Homunkulus-Materie in der historischen Glasretorte" (LdM 447). Das Naturbild von Bloch erschließt sich daraus, dass er von einer Korrespondenz des „von uns Gemachten" und des „naturhaft von uns Ungemachten, aber Einbezogenen und Einbeziehbaren" (ebd.) ausgeht. Deshalb kritisiert er seine früheren Ansichten implizit: „Dieses ad acta Gelegtsein der Natursphäre ist nicht wahr, das keimende Subjekt der Natur hat nicht Stereotype und Leichenstarre um sich. Seine Formen sind prozeßhaft, dialektisch-qualifizierend, morphologisch-experimentell, kurz von Umtrieben der Utopie bewegt." (EM 225f.)

Muss zwischen den Veränderungsmöglichkeiten in der Gesellschaft und denjenigen in der Natur differenziert werden? Menschen können „physisch keine neuen Bedingungen schaffen, sondern nur vorhandene umstellen" (PA 558). Die bisherige Technik ist lediglich in der Lage, Naturgesetze auszunutzen und Gesetzeswirkungen zu kombinieren, die Natur ist „nicht wie die menschliche Gesellschaft von Grund auf verfügbar und so umbaubar" (ebd., 559). Ein Blick auf die natürlichen Gesetzmäßigkeiten zeigt aber, dass sie unveränderlich sind: Das Ohmsche Gesetz gilt immer und überall, wo die Bedingungen dafür gegeben sind, das Newtonsche Planetenbewegungsgesetz auch. Und obwohl immer wieder Sterne verschwinden und entstehen, folgt ihr Entwicklungsweg denselben Naturgesetzen. Wenn Naturgesetze unveränderlich sind, so kann nicht wirklich Neues und real Mögliches erwartet werden, viel „spricht also auf den ersten Blick dafür, daß hier unserem Leben ein durchaus Anderes gegenübersteht" (ebd., 558). Selbstverständlich anerkennt Bloch beispielsweise einen Unterschied zwischen Menschen und Tieren. Die Umweltveränderung durch Arbeit, die den Menschen eigen ist, macht sie zum „Subjekt der Weltveränderung" (PH 1238f.): „Die Tiere sind mit sämtlichen Handlungen und Empfindungen in ihr fixes Gattungswesen und dessen Umwelt eingebaut: der Mensch kann sich darüber hinausheben" (ebd., 1238). Trotzdem rechtfertigt dies keinen Dualismus zwischen Natur und menschlicher Welt: „Der erste Blick, der Menschen und Dinge auch gesetzhaft trennt, kann nicht der letzte bleiben" (ebd., 562), betont wird die „übergreifende Einheit dialektischer Gesetzmäßigkeit" (ebd., 564). Als einzige Besonderheit gilt für das Naturreich, dass es noch keine kosmogonische Entsprechung zum „Übergang aus der Vorgeschichte in die Geschichte", zum „Sprung aus dem Reich der Notwendigkeit in das der Freizeit" gibt (ebd., 561). Ein Sprung in das, was mythologisch genannt wird „neuer Himmel, neue Erde" wäre „rein naturgesetzlicher Unsinn [...] apokalyptische Phantasie" (ebd., 562), wobei das für Bloch kein Denkverbot begründet. Seine Naturvorstellung widersetzt sich nun jeder Statik; Bloch bezieht sich auch auf den Wortgebrauch von *physis*, was „Pflanzung" und „Aufgehen" bedeutet (ebd., 565) und sieht in der Natur einen „riesige[n] Inbegriff von Vor-Mensch (Mensch-Basis) und von Mensch-Hintergrund; eine Summe halb steckengebliebender, halb erzutopischer Inhalte, von daher Dialektik auch hier" (SO 216). Wie begründet sich diese utopische Dialektik in der Natur? „Der Mensch ist nicht anders in die Welt gelangt als die Dinge um ihn herum, das gleiche dunkle Daß prozessiert hier wie dort" (PH 1581). Im Menschen zeigt sich dieses „Daß" als Intention, in der äußeren Natur gibt es nach Bloch ebenfalls ein Drängen, „worin eine objektive Tendenz [...] nicht zuletzt außermenschlich-physischer Art angelegt sein kann" (EM 144f.). Die *natura naturans* ist Ursache dieses naturhaft Drängenden und Spannungsgeladenen. Obwohl Bloch einräumt, dass zwischen den Produktionsvorgängen in der Natur und denen in der menschlichen Geschichte unterschieden werden muss, führt er ein *hypothetisches Natur-Agens* (PA 558) ein, das *Natur-Subjekt* (EM 251; PH 785f.). Dass die Natur subjekthaft agiert und nicht bloß auf Einwirkungen reagiert, schließt Bloch nicht primär aus Naturbeobachtungen, welche aufgrund ihrer Methodik für derartige Prozesse eher systematisch blind sind. Er verweist auch nicht auf Naturdialektik, feststellbare Widersprüche in der Natur oder ihre Entwicklung, sondern es ist für das menschliche Handeln in Wechselwirkungen mit dem natürlichen Umfeld wichtig, dass „die Natur nicht bloß Objekt sein kann, sondern selbst die Keime eines werdend Subjektiven enthalten muß" (EM 227). Um der menschlichen Freiheit der Selbst- und Weltgestaltung willen kann die kosmologische Welt dieser Tendenz nicht disparat entgegenstehen, sondern diese ist „schwanger" durch Prozesse und Gestaltbildungen, die auf menschliche Entbindungsarbeit warten (vgl. TE 299). Die Annahme, dass die äußere, kosmische Welt entsprechend dem Entropiegesetz langsam dahinstirbt, würde dem menschlichen Sein und Wirken jeden Sinn nehmen: „Hätte die Welt nur Mechanismus und seine ‚Entropie' im Grund, so wäre die Geschichte, wie wenn Fische in einem Bottich sich beißen oder auch ein Liebesspiel aufführen, und draußen tritt aus der Tür bereits die Köchin mit dem dazu disparaten, jedoch alles beendenden Messer" (ebd., 144). Bloch geht deshalb davon aus, dass es neben der neuen marxistischen Anthropologie auch eine „neue marxistische Kosmologie" (ebd., 145) geben muss. Kein Mystizismus soll so begründet werden, aber eine neue Art Weltvertrauen, das auch im Kosmischen Latenzen entbergen kann (vgl. PA 565). Es ist also die Natur, das Drängende, Spannungshafte in ihr selbst, das von uns Menschen an der Front des Weltprozesses erwartet, diese neuen Latenzen zu gestalten. Natur erwartet keine „Erhaltung" oder „Konservierung"; sie ist selbst „kein Vorbei" (EM 95, 227; PH 807; LdM 264f.; PA 565). Nichts in der Natur „ist einfach gegeben, alles darin ist uns aufgegeben" (EM 172). Sie ist uns nicht zum beliebigen Zwecke gegeben, zur Vernutzung, zum Verbrauch, zur Zerstörung. Zwar gibt es keinen ursprünglichen perfekten Naturzustand, der zu bewahren oder zu dem zurückzukehren wäre, aber das, was uns „aufgegeben" ist, ist die Gestaltung der Welt zur Heimat, von der wir noch nicht wissen, wie sie genau aussehen wird. Heimat bedeutet bei Ernst Bloch immer das Gegenteil von Fremdheit. Man findet sie nicht in der Vergangenheit, sondern die Aufhebung von Entfremdung führt alle Beteiligten in neue Verhältnisse, die erst auf diesem Weg entstehen. Ob es Ökodorfplaneten sein werden oder raketenhaft durchs Weltall sausende Habitate – Heimat sind sie dann, wenn sich „weder der Mensch zur Welt noch aber auch die Welt zum Menschen verhalten als zu einem Fremden" (PH 241). Verhältnisse, in denen Menschen die Natur lediglich ausbeuten oder auch nur überlisten, erfüllen diese Bedingung nicht. Die derzeitige Beziehung der Menschen zur Natur kennzeichnet Bloch häufig mit dem Begriff der *Überlistung* (ebd., 783, 787). Technik bezieht sich auf die Natur „lediglich ausnutzend, Gesetzeswirkungen kombinierend [...], ohne daß der subjektive Faktor (Vermehrung) der Produktivkräfte (Maschinerie, Herstellung des Gebrauchszweckbildes) anders als sozusagen listig-passiv sein könnte" (PA 559). Dass sich Menschen in dieser beschränkten Weise auf die Natur beziehen, sieht Bloch in ihren ebenfalls entfremdeten, noch nicht befreiten gesellschaftlichen Verhältnissen begründet. Wenn er sagt, „Natur ist kein Vorbei, sondern der noch gar nicht geräumte Bauplatz, das noch gar nicht adäquat vorhandene Bauzeug für das noch gar nicht adäquat vorhandene menschliche Haus" (PH 807), so bezeichnet das „noch gar nicht adäquat vorhandene menschliche Haus" diesen unzureichenden gesellschaftlichen Zustand. Ein anderes Naturverhältnis, eins der Befreundung und der *Allianz*, erfordert ein „gesellschaftlich mit sich selbst vermittelte[s] Subjekt" (ebd., 787) – und nur ein solches kann sich „mit dem Problem des Natursubjekts wachsend" (ebd.) vermitteln. In den neuen wissenschaftlichen und technischen Entwicklungen des 20. Jahrhunderts sieht Bloch vorwiegend Chancen. Es sind „die Tage des bloßen Ausbeuters, des Überlisters, des bloßen Wahrnehmers von Chancen […] auch technisch gezählt" (ebd., 783). Bloch spricht von einer „nicht-euklidischen Technik" (ebd., 775), wozu er damals auch die Atomenergie zählte (ebd.). Welcher Technik kann der Status einer Allianz- statt einer Überlistungstechnik zuerkannt werden? Sie muss „in einer objektiven Produktionstendenz der Welt gegründet sein", „die Wurzel der Dinge mitwirkend" verwenden (ebd., 805). Indem sie „das Herstellende auch in der Natur" verspürt, aufspürt und begreift (ebd., 783), wird Technik dazu befähigt. Nicht nur geschickte Handhabung von Gesetzen oder eine beschleunigende Einflussnahme gelten als Herausforderung, sondern die in der natürlichen Welt vorhandenen realen Möglichkeiten in ihrer nur partialen Bedingtheit erlauben durch entsprechendes subjektives Eingreifen eine Veränderung, Beseitigung oder Herstellung von Bedingungen, die „neue Verwirklichungen und Wirklichkeiten" (PA 547) entbinden. Die physikalischen Gesetze, wie das Ohmsche Gesetz oder das Newtonsche Planetenbewegungsgesetz, gelten selbstverständlich weiterhin, denn der „subjektive Faktor kann nicht blind gegen objektiv vorliegende Gesetzmäßigkeiten handeln, aber er ist dazu fähig, die Bedingungen zu einer neu eintretenden Gesetzmäßigkeit herzustellen, um dann dieser nicht mehr hemmenden sondern human befördernden Gesetzmäßigkeit gemäß zu handeln und weiterzutreiben" (ebd.). So ermöglicht das Einbringen neuer Kräfte, wie zum Beispiel Antriebsdüsen für Raumflugkörper, andere als elliptische Planetenbahnen und das Raumfahrzeug kann den Mond oder den Jupiter ansteuern. Ob diese Raumfahrt betrieben wird als imperialer Raubzug oder als ein Ausflug in neue, unbekannte Welten, in denen man neue Freunde sucht, liegt nicht am Newtonschen Gesetz und nicht an der Antriebsdüse – sondern ist vom „Verhältnis des Menschen zum Menschen" bedingt. Erst in einer von Entfremdung befreiten klassenlosen Gesellschaft, so Bloch, ist eine „befreundete, konkrete Allianztechnik, die sich in Einklang zu bringen versucht mit dem hypothetischen Natursubjekt" (EM

251), möglich: „Die vergesellschaftete Menschheit im Bund mit einer ihr vermittelten Natur ist der Umbau der Welt zur Heimat" (PH 334).

Die menschlichen Subjekte „suchen nach der verborgenen Heimat" (TM 14), gestalten in einem Prozess von „Leiden, Wandern, Irren" (ebd.) nach jeweils vorgegebenen objektiven Bedingungen ihr Leben. Auch wenn sie bisher weitgehend blind für die Gesetzmäßigkeiten des Objektiven waren und getrieben von unbegriffenen Impulsen, so waren die sie schon immer die Akteure ihrer Welt; aber Bloch betont, dass erst seit Marx „Wollen und der Gang der Sache richtig aufeinander abgestimmt" (PA 546) sind. *Praxis* bedeutet dabei, als aktiver subjektiver Faktor „objektiv-real Mögliches zu verwirklichen und gar neue Möglichkeiten herzustellen" (EM 255), wobei der subjektive Faktor in den noch unentschiedenen Schwebezustand der bereits seienden Bedingungen „einbricht" und die Potenzialität freisetzt. Damit ist ein Zusammenhang von Objektivem und Subjektivem in der menschlichen Geschichte bestimmt, bei dem weder das Objektive als unveränderbar verdinglicht, noch das Subjektive als freischwebende Willensausübung dargestellt wird. Vielmehr stehen „Bedingendes wie Bedingtes, also auch partiell Bedingtes in gesetzmäßigem Zusammenhang" (PA 549) und als Handlungsorientierung für unsere Praxis ergibt sich „die Verwirklichung der objektiv-realen Möglichkeiten, damit sie, soweit sie schlechte sind, tunlichst gesperrt, soweit sie gute sind, tunlichst befördert werden und nicht brachliegen" (ebd.). Die objektiven Widersprüche reichen also für das Fortschreiten der Geschichte auf dem Weg in Richtung Heimat nicht aus, sondern es bedarf des Eingriffs des subjektiven Faktors „als Mobilisierung der im schlecht Vorhandenen selber auftretenden Widersprüche zu dessen völliger Unterhöhlung, zu dessen Einsturz" (PH 168f.). Es gilt: „Der Widerspruch muß ergriffen werden und aktiv ergriffen sein" (SO 149). Das Subjekt ist aber nicht nur der Zerstörer, sondern es enthält „das Andrängen einer antizipierbaren Gelungenheit in sich" und vertritt „dieses Andrängen in der utopischen Funktion" (PH 169). Denn: „Anders gesagt, ohne subjektiv-real Vermögendes wären die Möglichkeiten der Geschichte blind, ohne objektiv-reale Möglichkeiten wäre das Vermögen der menschlichen Geschichtsbildung taub. Und gerade die dialektische Prozeßgesetzlichkeit, mit dem Novum an der Front, gibt der kenntnisreichen subjektiven Freiheit Wirkungsraum; wonach diese subjektive Freiheit dann selber nichts anderes ist als das zu den Menschen gerückte Aktionszentrum der objektiven Faktoren und ihrer Gesetzlichkeit" (PA 555). Im Verlaufe der „Erzeugungsgeschichte des Menschen und seiner Welt durch Bewegung und Arbeit" (TE 83) eröffnet besonders die Technik als Allianztechnik die Möglichkeit, „mechanisch vorliegende Gesetze auf gänzlich neue Weise zu gebrauchen und in den Dienst ‚unnatürlicher', nämlich menschlicher Verhältnisse zu stellen" (PA 590). Dies geschieht allerdings derzeit noch als „Nebenprodukt des Profitstrebens" (ebd., 37), und erst in einer anderen Gesellschaftsform kann eine „befreundete, konkrete Allianztechnik, die sich in Einklang zu bringen versucht mit dem hypothetischen Natursubjekt" (EM 251), entstehen. Dann endlich würde gelten: „An Stelle des Technikers als bloßen Überlisters oder Ausbeuters steht konkret das gesellschaftlich mit sich selbst vermittelte Subjekt, das sich mit dem Problem des Natursubjekts wachsend vermittelt" (PH 787).

Um diese andere Gesellschaft zu erkämpfen, wirkt – wie Bloch unter dem Einfluss von Georg Lukács (vgl. Lukács 1968) schreibt –, vor allem das „klassenbewußte Proletariat als Subjekt-Objekt der Geschichte" (PA 513): „sobald eben das Subjekt des Proletariats – heute tatsächlich noch ein bloßes Objekt des Gesellschaftsprozesses und nur potentiell, nur latent auch sein mitbestimmendes Subjekt – in revolutionärer Tat als sein Subjekt hervortritt, ist zugleich die angebliche Naturgesetzlichkeit der Ökonomie aufgehoben" (ebd., 613). Diese konkrete Wechselbeziehung zwischen Subjektivität und Objektivität eröffnet die in der Politik ständig akute Problematik der Wechselbeziehung von Bestimmt- bzw. Bedingtheit und Freiheit. Philosophisch wurde der „Unterschied zwischen Freiheit und Initiative und Notwendigkeit als Gesetzeszusammenhang" schon immer ausführlich diskutiert (ebd., 542). Dabei erkennt Bloch eine Neigung des Idealismus „zur Luftlinie der Freiheit" (ebd.) und des Materialismus zum Determinismus. Politisch zeigen sich die Pole des Verhältnisses als deterministischer Ökonomismus und Voluntarismus bzw. Bernsteinismus und Putschismus (PA 541). Werden die objektiven Tendenzen verabsolutiert, so wird der Wille zur Praxis geschwächt: „Objektivistische Idolatrie des objektiv Möglichen wartet dann zwinkernd ab, bis die ökonomischen Bedingungen zum Sozialismus sozusagen völlig reif geworden sind" (PH 677). Es entsteht eine Art „Kirchenglauben", „daß die objektive Tendenz Vorsehung in sich habe und Menschen nur als Zuschauer brauche" (SO 104). Wird jedoch der subjektive Faktor verabsolutiert, so entsteht die „anarchistische Propaganda der Tat" (ebd.). Für Bloch ist der deterministische Ökonomismus verhängnisvoller: „Reine Aktionstheorie und reine Selbstlaufstheorie, beide sind gleich falsch, aber die letztere ist, wegen des mechanistischen Charakters ihrer Subjektausschaltung, vulgär-materialistisch verführender. Deshalb also muß der subjektive Faktor am Ende doch ausgezeichnet werden; und zwar gerade als ein mit der Objektentwicklung besonders stark wachsender, entscheidungskräftiger" (ebd.). In den realsozialistischen Ländern herrschte zwar kein reiner Objektivismus vor, aber auch die starke Bindung der Subjektivität an „Bewusstsein" und „Wissenschaftlichkeit", die in starkem Maße nur rezeptiv verstanden wurden, führte zu einer faktischen Unterbewertung des subjektiven Faktors, obgleich es in der philosophischen Debatte einige Ansätze gab, in der Praxis die Identität von Objekt und Subjekt zu sehen (vgl. z. B. Scheler 1964, 23) bzw. andere praxisphilosophische Ansätze zu entwickeln (vgl. Heise 1965, Seidel 1966). Der Stellhebel im widersprüchlichen Verhältnis objektiver Gesetzmäßigkeit und bewusstem Handeln wird auch hier in der Veränderung der Bedingungen gesehen (vgl. Scheler 1964, 27). Menschen können auf Grundlage historisch entstandener, objektiver Bedingungen und Umstände – ausgehend von subjektiven Interessen und Zwecken (die natürlich nicht völlig unabhängig von den objektiven Möglichkeiten entstehen), Umstände und Bedingungen beibehalten bzw. ändern.

Erkenntnistheoretische Fragen sind für Bloch Bestandteil der Analyse des Weltprozesses, bei dem die Menschen an dessen „Front" erkennend und handelnd wirken. Dabei gilt es, nicht lediglich Tatsachen und fixe Gesetzmäßigkeiten abzubilden und ihnen entsprechend zu agieren, sondern es kommt darauf an, das real Mögliche und die diesem entsprechenden Bedingungen zu erfassen, um dann, die Bedingungen verändernd, gewünschte Möglichkeiten in Wirklichkeit zu setzen und unerwünschte zu verhindern. Orientierungspunkt des Erkenntnisprozesses ist deshalb die mögliche Zukunft, die geschichtlich hervorgebrachten Tatsachen sind es nur bedingt. Diese werden als Bedingungsgrundlage nicht ignoriert – primär interessieren Bloch aber die in den Bedingungen angelegten Möglichkeiten. Das setzt voraus, dass sich das zu erkennende Objekt in einem Prozess befindet, sich bewegt: „Es kann derart nichts erkannt werden, ohne dass dieses sich bewegt. Und es wird nur erkannt, um zu verändern, folglich ist dies Eingreifende von vornherein im Blick" (LdM 94; TLU 255). Außerdem ist eine Gleichgerichtetheit von Subjekt und Objekt vorausgesetzt; Erkennen ist deshalb die „informierende Mitwissenheit mit dem Gang der objektiven Realität" (EM 242). Es besteht „kein

Riß zwischen Subjekt und Objekt, sondern eine Brücke" (ebd., 54). Diese Brücke verbindet zwei Pole, den subjektiven und den objektiven, die nicht durch eine statische Abbildbeziehung verbunden sind, sondern durch den Prozess des Fortbildens (vgl. ebd., 60). Das Subjekt ist nicht passiv betrachtend, sondern es deckt, „in stärkster Abhängigkeit vom erlebenden und auffassenden Subjekt" (TE 42), „überall das Produzierende" auf. Der Erkenntnisprozess ist nicht trennbar vom Prozess der Praxis, der Arbeit. Das fortbildende Erkennen wie auch die bewusste Praxis beruhen darauf, dass „das arbeitende Subjekt sich [...] in die Sache begibt, sich hineinbildet und das in ihr Angelegte mit bewusst-revolutionärem Anteil vorwärts treibt" (LdM 98). Um dieser Bewegtheit willen durchschaut das fortbildende Erkennen alle „Entfremdungen, schließlich Verdrängungen, die mit dem Warenumlauf zusammenhängen" (TE 41). Sogar in den Naturwissenschaften vermutet Bloch einen maßgeblichen Einfluss des „kapitalistischen Interesse[s] an einer Art Betriebskalkulation der Natur [...]: wie an der Ware nur der Preis wichtig ist, so an der Natur nur die quantitative Berechenbarkeit, nicht der qualitative Inhalt" (SO 208). Neben der Aufdeckung der Verdinglichung kommt es auf eine „sachkundige, tendenz- und gesetzkundige Objekttheorie" an, „kraft derer in die Objektwelt wirklich eingegriffen, sie konditional vermenschlicht werden kann" (TE 41). Auf diese Weise dient in einer kritischen Wissenschaft „der Schlüssel der Einsicht zum Hebel der Veränderung" (PA 623). Für den Weltprozess bedeutet diese Selbst- und Welterkenntnis menschlicher Subjekte an seiner *Front* eine „Begegnung der Welt mit sich selber" (Bloch 1974c, 170). In Blochs Philosophie, deren Gegenstand wie Methode die „Prozeß-Latenz einer noch unfertigen Welt" (PA 288) ist, gelten Kategorien als „Organisationsformen der bewegten Materie, worin sich das intensive Daß auf dem Weg zu seinem latent-substanziellen Was vermittelt" (LdM 216). Wir erkennen diese Kategorien durch Kategorialbegriffe, und die „Kategorienlehre ist die Bereitschaftsstellung klarer und reicher Kategorialbegriffe zur Darstellung der wichtigsten dieser Daseinsformen" (LdM 253). Es geht Bloch um eine „prozessierende Kategorienlehre", „in der immer deutlicher, gestalteter und objektivierter sich herausarbeitet, was in dem leer anfangenden Nullpunkt des unmittelbaren Augenblicks das eigentlich gemeinte denn nun sei" (Bloch 1975, 261). Diese Kategorienlehre durchläuft „sieben Stadien der theoretisch-praktischen Wegfindung" (EM 254), und weil die Kategorien „Beziehungen eines Daß auf ein Was sind" (ebd., 72), vollzieht sich dieser Prozess vom „Daß des Meinens über das mannigfach erscheinende Etwas zum Was seines Inhalts" (ebd., 76). Auf diese Weise wurde „Hegels Hauptsache: das Subjekt-Objekt-Verhältnis" (SO 188) zu einer Beziehung, die auch die dialektische Prozessphilosophie von Bloch maßgeblich strukturiert.

Die „Grundlegung", wie Bloch den zweiten Teil seines Werks *Das Prinzip Hoffnung* nennt, beginnt mit dem, was in uns antreibt – dem Drängen, das sich zuerst als Streben und als Sehnen äußert (PH 49). Dieses „Streben und Wünschen, nicht gesättigt" (ebd.) greift ins Äußere; was es sucht, ist ihm zuerst noch nicht bewusst. Aber indem es sich dem Äußeren zuwendet, mit ihm wechselwirkt, Erfahrungen mit ihm macht, erschließt es sich dieses – das Subjektive nimmt Objektives auf, wächst an ihm und verändert sich. „Ein Mensch nimmt sich mit, wenn er wandert. Doch ebenso geht er hierbei aus sich heraus, wird um Flur, Wald, Berg reicher" (TE 49).

Nicht nur individuell beginnt die Reise mit dem Subjekt – auch geschichtlich ist „stets das bedürftige Subjekt, indem es sich und seine Arbeit unangemessen objektiviert findet, der Treiber der geschichtlich auftretenden Widersprüche" (SO 512). Für die Natur ist die Sache komplizierter: Sie „zeigt einleuchtenderweise keine Produktionsvorgänge, die gleich denen in der Gesellschaft und ihrer Geschichte Arbeit von Subjekten wären" (PA 558). Ihre Bewegung erscheint subjektlos. Aber die sich als schöpferisch erweisende Natur-Materie kann nichtsdestotrotz wenigstens hypothetisch als „Subjekt der Natur" (PH 777, 786; EM 251) bezeichnet werden. Bloch spricht auch vom „Subjektkern der Natur" (EM 218). Die Subjekthaftigkeit der Natur erweist sich als die hypothetische Antwort auf die Frage, „ob die eminenten Zweckhaftigkeiten der menschlichen Technik einen Anschluß an die Produktion der physischen Vorgänge haben können oder nicht" (PH 785). Die Vorrangigkeit des Subjekts, die „Prävalenz des Subjekts über den jeweiligen Umkreis von Gesellschaft und Natur" (TE 83) bezieht sich erstens auf das Subjekt als Ausgangspunkt der Subjekt-Objekt-Beziehungsbewegung in allen Sphären, der individuellen, der geschichtlichen und auch der naturgeschichtlichen. Zweitens wird die Bedeutung der individuellen Subjektivität in der Werkkomposition deutlich: Alle Schriften Blochs weisen in ihren Einführungssätzen einen existenziellen Charakter auf. Weil es um uns geht, beginnen wir bei uns und kommen einst hoffentlich bei uns an, die wir geworden sein werden wie die Welt und die Welt geworden sein wird wie wir. Dass das Subjekt jeweils der initiierende Faktor in der sich entfaltenden Subjekt-Objekt-Beziehung ist, ergibt sich bereits aus der Bestimmung von Subjektivität als Aktivitätszentrum der „Selbstsetzung" (Fichte), als „Produzierendes" (Schelling) bzw. als lebendige, „sichselbstwerdende" Substanz (Hegel), wie sie mit dem Beginn der Neuzeit im Sprachgebrauch üblich wird. Außerdem ist festzustellen, dass Bloch, eine „intellektuelle Berührung [...] mit den Affekten" als „für jede Selbsterkenntnis nötig" ansieht (PH 80). Auch um Selbsterkenntnis geht es, wenn das „Inwendige auswendig und das Auswendige wie das Inwendige" (GU 2, 289) werden soll. Der utopische Inhalt der menschlichen Selbstbegegnung besteht in der „Identifizierung mit uns selbst und zu einer Welt, die – im utopischen Grenzbegriff – nur Dinge für uns enthält" (PA 178). Es ist für Bloch ein „Grundsatz der Emanzipation, vom Subjekt her [...] zum Objekt hin" (TE 68) zu argumentieren. Das „Menschsein" gibt das Maß ab (vgl. SO 104). Damit wird von vornherein verhindert, dass etwas Gesetztes bloß hingenommen wird. Es geht um die „Erzeugungsgeschichte des Menschen und seiner Welt durch Bewegung und Arbeit" (TE 83). Und hier gilt: „dazu muß das Subjekt allerdings eine Prävalenz innerhalb der historisch-dialektischen Subjekt-Objekt-Beziehung besitzen. Denn sonst gäbe es gerade für die Entäußerung, für die Entfremdung in der Objektivität kein Maß, und es gäbe nicht den aktiven Widerspruch des subjektiven Faktors, welcher nach diesem Maß die inadäquaten Objektivitäten, im Bund mit den objektiven Widersprüchen in ihnen, messen und zerstören kann. Die Prävalenz des Subjekts ist derart nicht nur eine idealistische, sondern in ihr ist das Prius eines stoßenden, die Objektivität immer wieder umbrechenden Faktors" (SO 103). Bloch ist sich der Gefahr bewusst, die aus einer Verabsolutierung dieser Prävalenz des Subjektiven resultieren würde. Eine Autarkie des subjektiven Faktors, die nicht vermittelt wäre mit den objektiven Tendenzen, führt zur „anarchistischen Propaganda der Tat", zum „Abenteuer der reinen Aktion" (ebd., 104). Die wechselseitige Bereicherung von Subjekt und Objekt findet nicht als ewig-unendliche Zustandsveränderung statt, sondern es geht um „Weltwege, vermittels derer das Inwendige auswendig und das Auswendige wie das Inwendige werden kann" (GU 2, 289). Bei Hegel gibt es eine ähnliche Konzeption, wenn er im Geist das „Wissen der Einheit des Subjektiven und Objektiven" (HW 10, 230, § 440, Zusatz) sieht und explizit schreibt: „Das Prinzip des freien Geistes ist, das Seiende des Bewußtseins als ein Seelenhaftes zu setzen und umgekehrt das Seelenhafte zu einem Objektiven zu machen" (ebd., 231f.). Die Mündung des Subjekt-Objekt-Prozesses wird auch bei Bloch durch das Identischwerden von Subjekt und Objekt angezeigt. Das bedeutet für das Subjekt, dass es sich als Befreites (vgl. SO 510) „aus seinem Ungenügen in einer mit ihm zureichend adäquaten Objektwelt aufhebt und dadurch erst seine Substanz gewinnt" (ebd., 108). Für das Objekt bedeutet diese Identifizierung, dass es nicht mehr als entfremdetes dem Subjekt gegenübersteht (ebd., 108, 510), sondern dass es „nur Dinge für uns enthält" (PA 178). Bei Marx gibt es eine analoge Vorstellung von der „wahre[n] Auflösung des Streits zwischen [...] Vergegenständlichung und Selbstbetätigung" (ÖpM 536), nämlich die Vorstellung des Humanismus als vollendeter Naturalismus und des Naturalismus als vollendetem Humanismus (ebd.). Bloch bezeichnet die erreichte Identifizierung von Subjekt und Objekt als positives Utopikum *Heimat*. In der Heimat ist die Welt für das Subjekt gelungen, und es ist zu sich gekommen (vgl. PH 368). Dies hebt den Unterschied zwischen Subjekt und Objekt nicht vollständig auf, in der Heimat verschwindet nicht das Subjekt im Objekt oder das Objekt im Subjekt. Darauf verweist beispielsweise das Wörtchen „wie" im Ausdruck, dass das Auswendige *wie* das Inwendige werde. Im Unterschied dazu kritisiert Bloch bei Hegel den „Einsturz des Objekts ins Subjekt" (SO 99), indem „das Selbst der Phänomenologie darin nicht bloß mit keinem fremden, sondern überhaupt mit keinem Gegenstand mehr behaftet [ist]" (TE 81; vgl. SO 74f., 106f.). Demgegenüber ist Blochs Vorstellung weniger identitär. In der Heimat gehen weder Objekt noch Subjekt verloren, aber sie finden sich im „Objekt-Subjekt einer nicht mehr entäußerten Gegenstandswelt" (SO 108). Das Objektive begegnet dem Subjekt durchaus noch als Gegenständliches, aber nicht mehr als Entfremdet-Entäußertes. Es geht einzig um „die Aufhebung jener Gegenständlichkeit, mit der der Mensch behaftet ist als mit einer fremden" (ebd. 106).

→ *Dialektik; Front; Heimat; Möglichkeit; Naturallianz; Noch-Nicht; Prozess; Substanz; Tendenz*

📖 BRAUN 1983; DESCARTES 1870 III; GOETHE Faust II; HEISE 1965; HÖLDERLIN US; HÖRZ 1989; JACOBI 1798; KLOTSCH 1965; KUES 1862; LUKÁCS 1968; QUAAS 2002; SCHELER 1964; SEIDEL 1966; SESINK 1995; WESSEL 1988.

Annette Schlemm

Substanz, Substanzialität

Der Substanzbegriff bei Bloch gewinnt seine Bedeutung vor allem im Zusammenhang mit der Grundlegung des Gedankens vom hypothetischen Natursubjekt. Insofern muss hier ausdrücklich auf den entsprechenden Artikel verwiesen werden. Unter dem logischen Aspekt begründet die Substanz als Kategorie das, was bei Bloch in der von ihm eingeführten offenen Prädikation „S ist noch nicht P" (TE 195) im Gegensatz zur klassischen Formulierung „S = P" als Subjektgestalt angestrebt wird. Im Sinne dieses blochschen Kernsatzes ist die Welt stets in Bewegung, mithin unfertig.

Substanz (lat. *substantia*, ‚Wesen, Mittel des Subsistierens, Eigenschaft') bezeichnet in der philosophischen Tradition der Antike als Grundbegriff der klassischen Metaphysik den ursprünglich griechischen, der Rechtssprache entstammenden Begriff Grund (*ousía*, ‚Baugrund, Grundstück, Vermögen') als Grund der Seienden und dessen, was diesen selbst zugrunde liegt als ihr welthaftes Substrat (*hypokeimenon*) (EPW 131; HWP 495). Platon definiert die Substanz seinerseits auch mitunter als „Wesenswas" (*to tí en einai*) und als Form (*eídos*) (EEPW 1558), während die Vorsokratiker die Substanz noch vergleichsweise unspezifisch dem Naturbegriff (*physis*) zugeschlagen hatten, also eher dem Substrat (EEPW 1559). Vor allem die ionischen Naturphilosophen bestimmen das Zugrundeliegende in der Hauptsache als materielle Entität, wie z. B. als Wasser (Thales) oder Luft (Anaximenes), also im Sinne eines Urstoffs mit Blick auf die allgemeine Elementenlehre, oder unbestimmter auch als *apeíron* (Anaximander), d. h. als das den Anfang und die Seienden bestimmende Unendliche. Platon setzt schließlich zwei Seinsbereiche einander entgegen: jenen des Unvergänglichen, des Substanziellen und jenen des Welthaften, des andauernden Werdens (Timaios 27D–28A, 106f.) Für Aristoteles ist die Substanz ein aus sich heraus vollbestimmtes Etwas als letztes logisches und ontologisches Substrat (HWP 498).

Es gibt bei Aristoteles eine Ambivalenz des Gebrauchs, welchen man von dem Substanzbegriff machen kann, weil die Konnotation „Stoff/Stoffe" nicht immer sauber von der Konnotation eines zweistelligen Prädikats getrennt werden kann (Rapp 1996, 8). Ganz im Gegensatz zum Subjektbegriff (*hypokeímenon*), der auf ein Zugrundeliegendes verweist, das inmitten verschiedener Möglichkeiten der Prädikatszuweisung persistiert und sich insofern gleich bleibt und diese

Position durchhält. Freilich kann das Zugrundeliegende hierbei auch bedeuten, dass etwas zugrunde liegt, so wie die Materie (*hyle*) der Wirklichkeit (*enérgeia*) zugrunde liegt (ebd., 9). Eingebürgert ist der Substanzbegriff allerdings mit Blick auf seine Bedeutung als etwas, das Prinzip und (erste) Ursache von etwas Seiendem bezeichnet. Im Falle materieller Objekte ist die Substanz auch Form. (Morrison 1996, 195 f.) Diese durchaus komplexe Sachlage hat in der Folge durch die Jahrhunderte hindurch zu manchem Missverständnis geführt, noch zusätzlich mystifiziert durch die wesentlich ideologisch begründete Nutzung der Begriffe im Zuge einer mittelalterlich-christlichen Aneignung. Auch die Aristoteles-Rezeption Blochs ist von diesem Umstand in Mitleidenschaft gezogen worden.

Im Mittelalter dominiert ohnehin ein nicht immer zureichend sorgfältig identifizierter Neuplatonismus, der lateinische Übersetzungen der Begriffe verwendet (Substanz, Essenz), welche eine zusätzliche Unschärfe einführen. Thomas von Aquin differenziert sogar noch zwischen *essentia* (Wesen) und *substantia* (Substanz) und rechnet dabei die Erstere der Seite der *quidditas*, des Dass-Grundes zu, im Unterschied zur *quodditas*, dem Was-Wesen. Diese Differenzierung wird erst ein halbes Jahrtausend später bei Schelling an zentraler Relevanz gewinnen. Descartes schließlich radikalisiert die Selbstständigkeit der Substanz zum absoluten Formprinzip: So kann nur Gott als *substantia infinita* eigentlich wirklich Substanz sein (EEPW 1565; HWP 521). Trotzdem definiert Descartes endliche Substanzen (*substantiae finitae*) und differenziert die denkende von der ausgedehnten Substanz (*substantia cogitans/extensa*). Hierbei ist die *substantia cogitans* vom Körperlichen getrennt. Nur sie kann die Welt adäquat erfassen. Der Verstand gewinnt somit eine explizite Unabhängigkeit von der sinnlichen Wahrnehmung, und darauf gründet sich die überwiegend mathematisierte Erforschung der Welt. Dieser Ansatz ist aufgrund seiner dualistischen Gestalt (in der Trennung von Geist und Materie, welche wesentlich *innerhalb* des Welthaften stattfindet) unter systematischen Aspekten gleichwohl redundant. Erst Spinoza wird hier Abhilfe schaffen und einen konsequenten Monismus entwerfen: Er vollzieht schließlich die endgültige Trennung der Substanz von der konkreten, beobachtbaren Welt. Bei ihm kann nur Gott allein Substanz sein, insofern aber auch die *reale* Welt, wie sie in Wahrheit ist. Transzendenz wird mithin in Immanenz gewendet. Endliches ist immer durch anderes beschränkt, absolute Unabhängigkeit – und das heißt insbesondere: absolute Freiheit – gibt es nur im Begriff des Unendlichen und des Ewigen. Und die letzten beiden Begriffsbestimmungen treffen allein auf die Substanz zu. Folglich drückt sich die unendliche und ewige Substanz durch unendlich viele Attribute aus, von denen der Mensch aber nur jene beiden zu erfassen vermag, die in seinen Modus fallen: Materie und Geist. Das auf diese Weise Erfasste nennt der Mensch voreilig „Welt", aber es handelt sich nur um jenen Teil der Welt, der dem Menschen *modal* zugänglich ist. Dieser aber ist gleichwohl der realen Welt immanent. Diese Immanenz begründet die Identität Gottes als wirkende *natura naturans*, welche somit auch modal welthaft jene Eigenschaften übernimmt, die vorweltlich (real welthaft) der Substanz insgesamt zukommen: nämlich Prinzip und erste Ursache zu sein. Bei Leibniz wird die Immanenz Spinozas zum *inesse*, zur dynamisierten *representatio* innerhalb der prästabilierten Harmonie: Jeder Teil repräsentiert das Ganze im Rahmen einer dynamisch vermittelten Struktur (HWP 525; EEPW 1566f.). Weil Leibniz zentrale Aspekte des Substanzbegriffs bei Spinoza missversteht (die vor allem durch das Verhältnis von Realität und Modalität bestimmt sind), definiert er zusätzlich das *principium individuationis*, das ihm helfen soll, die Existenz der Einzeldinge zu erklären und ihn zur Monadentheorie führt. Dieses Prinzip erweist sich jedoch als redundant (weil modale Beobachtungen die Verfasstheit der realen Substanz nicht tangieren und deshalb Vorwürfe gegen Spinoza wegen der Unteilbarkeit und Determiniertheit der Substanz leicht zurückgewiesen werden können), so dass Leibniz im Grunde hinter das von Spinoza bereits Erreichte zurückfällt. Während später Kant den Substanzbegriff jenen Kategorien zuordnet, die er im apriorischen Denken verortet, so dass er sich vorgeblich vom Substanzbegriff verabschieden kann, wird Schelling kurz darauf wieder auf Spinoza zurückgreifen: Bei ihm wird, vor allem in der Spätphilosophie, die Substanz nunmehr zur absoluten Identität als *Indifferenz zwischen Subjekt und Objekt* (HWP 529f.; EEPW 1567). Erkennbar wird sie allenfalls in der Form der Offenbarung, die Schelling in einer kritischen Anspielung auf Fichte einführt und aus dem Begriff der „intellektualen Anschauung" ableitet. Dieser Ansatz ist bis in die heutige Zeit hinein nicht vollständig abgeklärt. Bei Hegel schließlich repräsentiert die Substanz eine Bewegung als „Reflexion des Andersseins in sich selbst" (HW 3, 23) und „nur diese sich *wiederherstellende* Gleichheit [...] – nicht eine *ursprüngliche* Einheit als solche oder unmittelbare als solche – ist das Wahre" (HW 3, 23).

Die intellektuelle Selbstbeziehung des Absoluten holt eine Dialektik mit in die Betrachtung hinein, die sich wesentlich als Bewegung

(Transport und Entwicklung gleichermaßen) entäußert: „Die Einheit des Absoluten und seiner Reflexion ist das *absolute* Verhältnis oder vielmehr das Absolute als Verhältnis zu sich selbst, – *Substanz*" (HW 6, 186 f.). Das Sein in Form des Bewusstseins ist immer (schon) auf dem Weg zum Selbst-Bewusstsein: „In der Wirklichkeit ist nun die wissende Substanz früher da als die Form oder Begriffsgestalt derselben. Denn die Substanz ist das noch unentwickelte *Ansich* oder der Grund und Begriff in seiner noch unbewegten Einfachheit, also die *Innerlichkeit* oder das Selbst des Geistes, das noch nicht *da ist*" (HW 3, 584). Der Begriff letztlich ist absolute Substanz als *Einzelnes*, ebenso als *Allgemeines* in der „*Reflexion-in-sich* in unmittelbarer Einheit", er ist „das Reich der *Subjektivität* oder der *Freiheit*" (HW 6, 240). Es ist deutlich erkennbar, dass Hegel seinerseits hinter das zurückfällt, was bereits bei Schelling geklärt ist, insofern nämlich die Unbewusstheit (Präreflexivität) des Vorweltlichen betroffen ist. In diesem Sinne kann Substanz niemals *wissende* Substanz sein. Marx wird später wieder vom Wesen sprechen, bezogen auf Seinsweisen, aber auch auf Strukturen bzw. hierarchisch geordnete Strukturebenen, in welchen es sich welthaft entäußert. Wesen ist – ganz im Sinne Hegels – Substanz als Kristall des gesellschaftlichen Handelns, Arbeitsergebnis gesellschaftlicher Tätigkeit: Werte sind hier allemal Warenwerte (K I, 54). Mithin wird hier der klassische Substanzbegriff verlassen und durch einen ersetzt, der sich in der Alltagssprache seitdem eingebürgert hat: Substanz wird hier eher im stofflichen Sinne als das verstanden, was konkret als greifbares Ergebnis der Produktion körperlich erfasst und substanziell durch seinen Wert (messbar in einer entsprechenden Geldmenge) bestimmt werden kann. Im Grunde müsste man also sagen, dass bei Marx zunehmend das Geld (als abstraktes Tauschmedium) zur Substanz wird.

In den Naturwissenschaften, namentlich in der Physik, wird um die Jahrhundertwende von 1900 der Substanzbegriff implizit im Rahmen der einsteinschen *Geometrisierung der Physik* (Zimmermann 2004, 277) wieder eingeführt und stellt in der Modellbildung der Allgemeinen Relativitätstheorie bei der geometrischen Beschreibung der Raum-Zeit „die Abbildung der Substanz selbst dar (ist also eine den in den menschlichen Modus fallenden Attributen zugängliche Repräsentation der Substanz)" (ebd., 278), vorausgesetzt man akzeptiert dieses Vorgehen, das mit vier Dimensionen einen Raum darstellt, der aus dem konkreten physikalischen Phänomen herausführt, also eine Abstraktion darstellt, als „formal abbildbaren Teil einer Substanz", die außerhalb des bekannten Raumes liegt, aber als symbolisierte Form somit der Mathematik zugänglich ist. (Einstein selbst hat wahrscheinlich die Geometrie noch als Abbildung der Substanz verstanden und auf diese Weise, freilich unberechtigt, mit in die Welt „hereingeholt".) Das derartige „Modellieren der Welt ist zugleich ein Modellieren der Konfiguration welthafter Attribute", eine Konfiguration, die dabei „ihren Grund (die Substanz selbst)" modelliert (ebd., 616). Diese abstrakte, allem vorgängige Struktur kann immer nur „eine *Projektion der Substanz* auf das Welthafte" sein (ebd., 313). Das uns notwendige Moment der Reflexion, des Innehaltens und der Abgrenzung durch Bezeichnung, lässt uns nur Teile *für sich* erfassen, das Ganze *an sich* bleibt uns unerreichbar.

Bei Bloch wird der erkennende Mensch im Zuge der substanziellen Explikation zum Geburtshelfer der „*Frage der Welt nach sich selber*" (EM 245): „Die Verstärkung der Weltfrage und ihres Inhalts durch den Menschen eröffnet erst den Übergang der Weltdinge aus einer noch stockenden, verkrusteten Dinghaftigkeit zum Gärenden wie Fragenden wie Überwölbenden eben der Substanz, das ist *Prozeß-Substanz*. Als solche ist sie keine Transmissionskategorie, auch keine Gestaltkategorie, sie hat ja noch keine herausgebrachte Gestalt erlangt, sondern sie ist Keim und utopisches Totum der materia ultima im Laboratorium Welt. Bei alldem ist zwischen Substanz und Substantialität zu unterscheiden, indem die Substanz, im Unterschied zur umgehenden Substantialität, als noch ausstehendes Totum keine Grade hat. [...] sie steht ein für das vollendete Werk, für die gelungene Identität in der Beziehung von Was und Daß, quidditas und quodditas" (ebd., 246). Substanzialität erscheint somit auch als Vorschein der recht eigentlich noch ausstehenden Substanz (Zeilinger 2006, 65 mit Verweis auf EM 246). Wesentlich ist die Tendenz auf eine ausstehende Entscheidung hin: Es gibt somit Greifbares, Findbares in und an der Welt, Konkretisierungen sind möglich und geboten. Die Bearbeitung des Welthaften (durch den Menschen) ist insofern immer auch eine Ausarbeitung, eine *Herausarbeitung* des im Inneren als Möglichkeit verborgenen und dort konzentrierten Kerns. Die Materie ist dabei „der gärende Schoss einer Substanz, die sich gleichsam selbst erst gebiert, das heisst entwickelt, verdeutlicht und qualifiziert. Das Gärende ist das Subjekt in der Materie, die entstehende Blüte oder Frucht (auf dem dunkel-schweren, vielfach durchkreuzten Weg des Prozesses) ist die Substanz dieses Subjekts" (LdM 173). Bloch bricht insofern beim Substanzbegriff aus dem geschichtlich bekannten und gesetzten Rahmen aus. Er orientiert sich an dem Vorgehen des dialektischen Materialismus im Sinne des ihm zu seiner Zeit bekannten marxistischen Ansatzes und wagt sich dabei sehr weit nach vorn – vielleicht zu weit. Denn zentral ist ihm der Begriff der Prozess-Substanz: Sie ist *„mithin ein Realproblem in eigener Sache"* (SO 363), eine als offene gedachte Substanz. Logisch gefasst wird sie in der Formulierung: „S ist noch nicht P, [...] das Eigentliche ist noch nicht prädizierte Wirklichkeit" (SO 517). Bloch kann hier den Widerspruch nicht vermeiden, denn „Wirklichkeit" referiert hier auf welthafte Modalität, nicht auf die Realität. Im Grunde folgt er dem marxistischen Vorgehen, parallel zum aus Frankreich stammenden „mechanischen Materialismus" des 19. Jahrhunderts, die Materie selbst zur formalen Substanz werden zu lassen.

Bloch versucht, diesen Punkt primär historisch zu fundieren: Philosophen tendieren für Bloch zu einer Kreisbewegung, die unter anderem als „ein Mittel [zu verstehen ist], um die angegebene inhaltliche ‚Lösung' des Weltproblems insgesamt zu *runden*, in sich selbst festzumachen. Auch dort, wo Philosophen [...], gleichsam im Stolz und Schlüsselwort ihrer Philosophie, formal nicht zyklisch sind, wird vom Kreis doch das Überwölbende und Einwölbende verwendet. Es entsteht auf diese Weise der Schluß: das Wesen der Welt ist, wenn nicht als Erscheinung, so doch als Begriff, mindestens als Bezeichnung herausgebracht worden, es läuft im absehbaren oder auch unabsehbaren Kreis dieses Begriffs. Der Begriff und sein Zentralinhalt sind verschieden: bei Plato heißt er Idee, bei Aristoteles Entelechie, bei Spinoza Substanz, bei Leibniz Monade, bei Hegel absoluter Geist, bei Schopenhauer Wille zum Leben. Einheitlich aber ist die Abgeschlossenheit, daß es so ist, und daß der Kern der Welt (als wäre er nicht Kern, sondern völlige Bestimmtheit, Erwachsenheit) so ist. Alle bisherigen Philosophien haben seit Thales dieses Beendete oder Fixum des Wesens, auch Kants Ding an sich unterliegt dieser Kategorie, trotz seiner sonstigen Unerkennbarkeit. Hegels Philosophie kulminiert im Fixum: das ‚Offenbare' ohne Rest, ohne Gärung im Schoß künftiger Zeiten und Ungekommenheiten, gibt ihr das uneigentlich Präsente und Geschlossene. Die ausgemachte Lösung des Weltproblems ist bezogen auf einen Grundinhalt, bei dem, da er in so heftiger Geschichte begriffen ist und soviel Front und Novum aufwirft, keineswegs feststeht, ob er an und für sich selber bereits ausgemacht und erledigt ist. Stellt aber der Grundinhalt *ein nicht nur für die menschliche Vernunft, son-*

dern ein an und für sich selbst noch Ungelöstes dar, mithin ein Realproblem in eigener Sache, dann kann keine fertige Bestimmung dieser Sache gegenüber angemessen sein. Was in sich selber noch Gärung, Prozeß und Inkognito ist, wird durch definitive Termini nicht kenntlich gemacht. Was in sich selber noch nicht identifiziert ist, kann durch kein abgeschlossenes ‚Prinzip' einer Philosophie kenntlich gemacht, gar identifiziert werden. [...] Vielmehr muß das offene Daß im Sein, das selbst noch keineswegs eröffnet ist, bewußt bleiben. Dies offene Daß ist das erzeugend Treibende in allen Dingen, ohne daß es sich selber bereits völlig aus sich herausgemacht, herausgetrieben hätte. Das Daß und sein Erzeugen ist der herstellende, der intensive, der realisierende Faktor in der Welt" (SO 362f.).

Dieses ausführliche Zitat zeigt deutlich die Argumentationsrichtung Blochs: Er zielt ganz klar auf das modal Welthafte ab. Und wenn man in dieser Passage das Wort „Substanz" durch das Wort „Materie" ersetzt, wird alles sogleich zureichend korrekt. Gleichwohl: Das Panorama der philosophischen Vorgänger gerät dann durcheinander, denn in Blochs Vergleich werden Begriffe zusammengeführt, die alle nicht genau dasselbe bezeichnen oder zumindest zu bezeichnen intendiert sind. Letztlich kann man Folgendes sagen: Im Spannungsfeld zwischen der Linie Spinoza–Schelling und Leibniz–Hegel sucht und findet Bloch einen eigenen Weg: „Daß diese objektive Noch-Nicht-Entschiedenheit der Welt, dieser ihr Frontcharakter, bisher so wenig durchdacht wurde, das wirkt desto überraschender, als der Weltprozeß selbst so völlig nur erst *geschieht* und nicht etwas Fertiges *expliziert*. Er ist sichtbar offene Front an seiner jeweiligen Spitze und zeigt daran ein zwar vermitteltes, jedoch noch gärendes Novum. Nicht nur für uns, sondern auch an und für sich selbst ist das Wesen der Welt noch nicht zu Ende expliziert, befindet sich die Materie selber im Zustand des Problems, als eines *Real-Problems*, nicht bloß Erkenntnisproblems. So ist also absolute Fixierung, rebus sic stantibus, genau das Mittel, um der wahrhaft absoluten Fixierung (Identifizierung), der realiter noch ausstehenden, den Weg zu verlegen. Diese Fixierung ist einzig in Zukunft befindlich, also nur der *dialektischen Methode des Novum* zugänglich, die Hegel so jäh unterbrochen, so großartig angebahnt hat. Hegel wurde durch diese Unterbrechung, in Widerspruch zu seiner Prozeßlehre, was Spinoza in Übereinstimmung mit seiner Welt-Statik war: der entschiedenste Liebende eines bereits zufallslos gesehenen Schicksals. Einer Notwendigkeit, die bereits so gut wie aus dem Wesen selber fließt, die zu den

Menschen in derselben Beziehung geneigt ist, in der diese sie bejahen. Beide Philosophen lehren kein Sollen, das die fertige Explikation der Substanz durchbricht, bei beiden hängt die Substanz bereits gänzlich immanent in ihre adäquaten Ideen, in ihre ausprägenden Erscheinungen und Modi herein. Um diesen Preis hat Hegel die ‚schlechte Unendlichkeit' besiegt, der Preis war übertrieben, doch allerdings: die Übertriebenheit einer endlosen Annäherung wurde gerade dadurch, allopathisch, erledigt. Es gibt nicht nur das gestaltlose Sausen ewiger Strebung, also hoffnungsloser; es gibt ein Element des Endzustands im gefährlichen Prozeß. Dieses Element kann auch der Untergang als Ende sein; denn zum Prozeß gehört wesentlich die Kategorie der Gefahr. Aber es kann auch, wenn konkretes Bewußtsein die Weichen der Geschichte richtig stellt, Sieg sein, der Sieg dessen, was Hegel, in seinem allzusehr als seiend gesetzten Panlogismus, das Fürsichsein nennt, das Sein ohne Entäußerung und Entfremdung. Das ist der radikale Hoffnungsgrund, derjenige, worin, als einer Entelechie des Überhaupt, der Grund mit dem Wesen wirklich zusammenfällt" (SO 451f.).

In diesem Zitat sieht man ganz deutlich, auf welche Weise Bloch hier explizit über die Welt und die Materie spricht und keineswegs über die Substanz. (Nur wenn die Letztere umgangssprachlich als fester Stoff verstanden wird, kann der Begriff stehen bleiben. Eine solche Sprechweise aber kann in der heutigen Sicht wohl schwerlich aufrechterhalten bleiben.) Der wesentliche Punkt liegt jedoch an anderer Stelle, nämlich ausgehend von der Materie im Blick auf die gesellschaftliche Praxis: Denn es bedarf für Bloch zur Explikation des oben angesprochenen „radikalen Hoffnungsgrundes" der „begreifenden Tat, der der Begriff nie zu spät, sondern zur rechten Zeit kommt. Der Effekt ist dann die erreichbare – folglich weder unendliche noch aber auch beendete – Annäherung an das wirkliche Präsens, das in der Zukunft liegt, und das bei Hegel bereits Präsenz heißen möchte" (SO 452). Diese Präsenz ist jedoch nur in der Zukunft, also utopisch vorhanden: „Denn Präsenz (des Fürsich) ist solch vollkommene Vermittlung zwischen Subjekt und Objekt, zwischen Sollen und Sein, daß sich beide nicht mehr gegeneinander im Widerspruch verhalten. Es ist das ein sehr herrlicher, strahlenwerfender Akkord, genannt: das höchste Gut; doch er steht bestenfalls in nicht unmöglicher realer Möglichkeit, also in Ferne" (SO 453). Für Bloch wird bei Hegel die Substanz wesentlich als Subjekt aufgefasst, das Subjekt als Substanz, im Gegensatz zu Spinoza, für den Substanz nicht zum

Wesen des Menschen wie der Welt gehört: „[Spinoza] (Ethik II Lehrsatz 10) [....] denkt Hegel gar nicht daran, den Inhalt des Subjekts in den Abgrund einer unentwickelten Substanz zu werfen, der für Hegel genau so leer ist wie die Flachheit des unentwickelten Subjekts" (SO 454). Aber gerade dadurch werden (falls die Sicht Blochs zuträfe) Substanz und Materie unzulässig miteinander konfundiert. Ob aber die blochsche Sicht wirklich zutrifft, steht noch dahin, weil nämlich die inkriminierte Passage in der *Phänomenologie des Geistes* (HW 3, 582–586; vgl. HW 6, 219ff.) auch ganz anders gelesen werden kann, worauf im Detail einzugehen hier jedoch nicht der richtige Ort ist. Mithin ist auch die Anbindung der Spannung zwischen Substanz und Subjekt einerseits an jene zwischen Subjekt und Objekt andererseits durchaus grundsätzlich in Frage zu stellen. Dazu heißt es bei Bloch: „[Es] wird [bei Hegel] in den Spinozismus das ihm ebenso Entgegengesetzteste hineingetrieben, nämlich Zeit, Vielheit, Geschichte, Zweck, – alles Kategorien, die Spinoza als anthropomorphe ablehnt, als ‚inadäquate Ideen' im Verhältnis zu seiner Substanz. Die Bruchstellen sind riesig, sie machen eben den Ort der eng aneinandergepreßten Subjekt-Objekt-Dialektik aus. Es ergibt das eine eigene Art von Entgegengesetztem, von einem Verhältnis also, in dem die Dialektik mehr als zuständig ist, und das zu meistern ihr Geschäft ist. So sehr, daß die Subjekt-Objekt-Spannung, zuletzt die darin totaliter umgehende Subjekt-Substanz-Spannung das Eigentümlichste der objektiven Dialektik ausmacht" (SO 455). So ist die Aufsprengung der Geschlossenheit des Systems die eigentliche Lösung Blochs, aber mehr logisch als onto-logisch zu verstehen: „Die Starrheiten des Fremdkörpers können und müssen aus dem systematischen Gefüge entfernt werden, vorab die idealistisch-geschlossenen, panhaftmythologisch abgeschlossenen. Aber was dann zutage tritt, ist alles andere als tumultuarisches Philosophieren, es ist vielmehr zusammenhaltende Richtung durchaus. Die legitime Ordnung des Systems lebt gerade als Marschordnung oder, raumhafter formuliert, als Aufbau-Ordnung der noch keineswegs zu Ende qualifizierten, gar identifizierten Mensch-Natur-Materie. Marx hat als erster die Hegelsche Dialektik so auf Nicht-Idealismus wie auf Zukunft bezogen. [...] System ist *utopisch-konkretes Totum*. Invariable der Richtung macht seine Strenge aus, Welt ohne Entfremdung sein bestimmendes Principium = Ultimum, Darstellung der Tendenz und Latenz dieser Welt seinen Bauplan. Das derart mögliche, ja einzig mögliche offene System ist zielhaft zusammengehalten von der utopischen Totalität der

Substanz als Subjekt, des Subjekts als Substanz in Einem. Das erst ist das Ganze der Materie, und es ist ein zwar unablässig dem Prozeß sich mitteilendes, doch ebenso ein noch utopisches, konkret-utopisches Ganzes, Alles, Totum" (SO 469f.). In offener Enzyklopädie findet sich dagegen die korrekte Darstellung: „ Es ist die auf gehende Füße gestellte Dialektik, es ist die nicht, wie bei Hegel, angehaltene und auf kategorisierte Gewordenheiten beschränkte" (SO 506). Und weiter: „Erst in dieser Dialektik, als einer des nicht betrachteten, zur betrachteten Geschichte geschlossenen Geschehens, ist Wissen selber verändernd. Ist nicht bloß auf wißbare Vergangenheit bezogen, sondern auf wirkliches Werden, auf geschehend unabgeschlossenes, auf wißbar-betreibbaren Zukunftsinhalt. S ist noch nicht P, [...] das Eigentliche ist noch nicht prädizierte Wirklichkeit" (SO 517). Diese Letztere (die *prädizierte* Wirklichkeit) ist also allemal modal welthaft. Sie gilt es weiterzuentwickeln: Der Ausgang der Entwicklung ist somit noch keineswegs entschieden, den Weg der Bewegung hat der Mensch selbst in der Hand. Das, was sein könnte, obliegt des Menschen Tatkraft und Arbeit am Weltprozess. Soweit die Epistemologie. Hinsichtlich der Ontologie gilt: „Das Was dieses Daß, der mögliche Sinngehalt seines im Weltprozeß sich herausexperimentierenden, zur adäquaten Manifestierung drängenden Daßfaktors, also der *Sinn dieser Welt* liegt selber noch in keiner Vorhandenheit" (EM 31; Hervorh. durch Verf.) Die Möglichkeiten zu ergreifen und formend und gestaltend in die Welt einzugreifen, das ist des Menschen Rolle und Aufgabe.

Die Montage all jener Komponenten von Weltlichkeit ergibt bewegliche, neue Möglichkeiten – ohne Beliebigkeit oder Relativismus – die gestaltet werden können. Zielformen sind zum Beispiel eine Naturallianz und eine Allianztechnik, welche die Mitproduktivität von Materie in die Welt integriert: „Die Zentralkategorie Prinzip als *Gebietskategorie des Nicht-Gebietshaften* schlägt [hierbei] durch alle Gebiete hindurch und stellt überall die Invariante der einen, grundsätzlichen, unnachlaßlichen Richtung dar; wodurch allerdings ein letzthinniger Plural der Prinzipien kämpferisch abgelehnt ist" (EM 180). Bleibendes Zielprinzip ist das wirklich wahr werden wollende ‚Hoffnungsprinzip', das sich im historischen Gang zunehmend offenbart: „Was ist aber dasjenige, das über noch so vielen negativen Fakten das zu berichtigende Fieri nicht vergißt und das als ständiges Wunder ohne Aberglauben aufgrund des Postulats im unnachlaßlichen Prinzip steckt und das dem noch nicht Gelungenen, wenn in Aktion befindlich, mehr verpflichtet ist, als es dem Zweckpessimismus lieb sein mag? Es ist die Substanz der noch nicht gelungenen guten Sache, die sich richtunggebend gegen alles unzureichend, gar böse Vorhandene mitteilt; das eben macht den Mut wie die Einheit wie das auf die Dauer letzthin Eine im Eingedenken eines unum bonum aus. [...] Denn das Prinzip eines guten Überhaupt macht ohnehin bereits die Gestalt-, erst recht die Gebietskategorien zu solchen des versuchten Auszugs, eben in besseres Gemeinwesen, Substanzwesen" (EM 180f.). Im Grunde deutet diese durchaus problematische Stelle (weil neben dem Substanzbegriff auch eine explizite Wertung moralischer Art eingeführt wird, aber keine ethische Beurteilung von Angemessenheit) auf eine verschiedene Verwendung von „Substanz", sich als Wesen dessen ausweisend, was es im historischen Prozess zunehmend herauszuarbeiten gilt. Man kann also hier „Substanz" verstehen als das, was den Kern der Sache ausmacht, das Unveräußerliche des Projektes, also des welthaften Grundentwurfs. In dieser Sichtweise gewinnt der blochsche Ansatz zudem an existenzialistischer Konnotation. Methodisch wichtig ist hierbei die durchgehende und durchdringende Frage-Form, die Kunst des Fragens (vgl. TLU 53), welche die Realfrage der Welt nach sich selber verstärkt: „Die Verstärkung der Weltfrage und ihres Inhalts durch den Menschen eröffnet erst den Übergang der Weltdinge aus einer noch stockenden, verkrusteten Dinghaftigkeit zum Gärenden wie Fragenden wie Überwölbenden eben der Substanz, das ist *Prozeß-Substanz*. Als solche ist sie keine Transmissionskategorie, auch keine Gestaltkategorie, sie hat ja noch keine herausgebrachte Gestalt erlangt, sondern sie ist Keim und utopisches Totum der materia ultima im Laboratorium Welt. Bei alldem ist zwischen Substanz und Substantialität zu unterscheiden, indem die Substanz, im Unterschied zur umgehenden Substantialität, als noch ausstehendes Totum keine Grade hat" (EM 246). Die Intensität ist in diesem Zusammenhang die Verlaufsform, d. h., die Präsenzform der Substanzialität, ihr ist die Steigerung möglich, Graduierungen zeigen dabei stets den *status quo* an. Der hier nochmals unterstrichene Begriff der „Prozeß-Substanz" kann nunmehr im Sinne der Keimbildung als Auslösung der Formation von Struktur begriffen werden (also *logos spermatikos*). Aber auch diese Konnotation des Substanzbegriffs ist nach wie vor modal welthafter Art. Anders gesagt: Obwohl Termini der Substanz-Metaphysik im klassischen Sinne bei Bloch durchaus benutzt werden, verweisen sie doch zumeist stattdessen, wenn sie korrekt in den gewählten Kontext eingebettet werden, auf das Wesen der modal welthaften Materie. Dazu noch die folgende Passage: „Substanz selber [...] steht ein für das vollendete Werk, für die gelungene Identität in der Beziehung von Was und Daß, quidditas und quodditas. In diesem Sinn ist die Substanz schon keine Kategorie mehr und bedeutet darum letzten Endes die Aufhebung der Zweiseitenlehre von [...] quid pro quod. Ihre einzig erst vorhandene Daseinsweise, die der Substantialität, wird präformiert durch den logischen Grundsatz der Identität, der eben darum auch den allein haltbaren Zustand der Substanz in der seinsollenden Identität formuliert. Identität wird darin nicht als bloß tautologisch leere gefaßt, auch nicht als bloß methodisch bei der Stange haltende, vielmehr als prozessuale Identifizierung, id est als zentral durchgehende und umfassende Kategorie des Bewegungs- und Zielinhalts im Prozeß. Die derart utopische Substanz hat Wesen nicht als fertige Ge-wesenheit, sondern als noch nicht Gewordenes, das freilich Vergangenes oft unerledigt, das heißt fordernd unerstarrt als Zukunft in der Vergangenheit mit sich führt. Substanz hat die erlangte Essenz des Noch-Nicht-habens erst in ultimativer Realisierung des nicht mehr an sich bleibenden Daß, hat erst in diesem Ultimum den erlangbar höchsten Seinsgrad. Als Sein wie erlangte Utopie, nämlich mit endlich zuende getriebenem Worauf der Hoffnung, aber ohne metaphysische Pensionsruhe eines bloßen Am-Ende-Seins. In der noch ungewordenen Substanz der Welt, gestellt durch die Selbstfrage der Welt nach ihrer Essenz, ist ausgedrückt, daß der substantielle Tragekern der Welt im Zeitmodus der Zukunft steht, die ebenso der Zeitmodus der objektiv-realen Möglichkeit ist. Wenn aber der Tragekern der Welt das noch unherausgebrachte Daß ist, dann gibt sich das Dunkel der Zukunft als das suo modo verlängerte Dunkel des gerade gelebten Augenblicks" (EM 246f.).

Auch hier erkennen wir die Vermischungen, die dadurch geschehen, dass Bloch zunächst mit der Substanz im klassischen Sinne der scholastischen Debatte über die Vermittlung von Was und Daß beginnt, dann aber zunehmend, besonders im direkten Verweis auf die Logik, modal welthafte Konnotationen aufnimmt, welche den Substanzbegriff wiederum stofflich positionieren und ihm die Wesentlichkeit des konzeptuellen Tragekerns verleihen. Nehmen wir Substanz klassisch, dann kann sie nicht ungeworden sein, weil sie *realiter* immer schon alles ist, was sie ist. Sie kann niemals etwas anderes werden. Dagegen kann die modale Welt sich sehr wohl entwickeln, auch zu einem Besseren hin, welche das Gegenwärtige überschreitet (wie das in einem existenzialistischen Entwurf die Regel ist). Nennt man also („in abuse of language") den logischen Kern und zugleich strukturellen Bildungskeim der Materie ausnahmsweise „Substanz", um auch das Stoffliche hervorzuheben, dann kann sich dieser Begriff allein auf die modal zugängliche Welt beziehen, die am Ende ihrer Entwicklung nichts weiter ist als die vollständig in *natura naturata* transformierte *natura naturans*. Und um deren Erhellung ist es in erster Linie zu tun – was auch ganz dem ursprünglichen, marxistischen Projekt entspricht, denn als Geist ist der Mensch (man muss hinzufügen: *zumindest vorläufig*) die höchste Blüte der Natur, wie Engels schon bemerkt, „doch diese Blüte ist ebenso ein Werkzeug oder, um im Bild zu bleiben, eine Schlüsselblume, und: der Schlüssel ist nicht die ganze Substanz, sondern erst zusammen mit der Sache, die er aufschließt, als die der Mensch in und mit der sich fortbewegenden, fortbewegbaren noch so tief verschlossenen Natur ringsum besteht" (EM 225). Nur in diesem Sinne von „Substanz" und in keinem anderen, kann der Mensch der Geburtshelfer einer gebärenden Substanz sein. Einer Substanz, die Bloch in der Zukunft verortet, und zwar als *Produkt* menschlicher Tätigkeit. Man erkennt deutlich eine im Grunde idealistische Figur: Durch die korrekt verwendete menschliche Geschichte wird die Substanz am Ende der Entwicklung auf eine höhere Stufe gehoben. Das ist fast schon ein Moment der himmlischen Erlösung. Bloch erweitert bzw. verformt in diesem Verständnis eines strukturellen Messianismus den klassisch gewachsenen Substanzbegriff. Das ist ein durchaus origineller Ansatz für eine dynamische Materietheorie, die mehr mit der Materie meint als die Physik. Gleichwohl verbleibt er unbefriedigend, weil er hinsichtlich der Verwendung und heutigen Bedeutung von Substanz weiterführende Einsichten verstellt, weil er sie unklarer erscheinen lässt als sie in Wahrheit sind. Zum anderen aber ist das Beibehalten einer messianischen Sicht von welthafter Evolution heute gleichermaßen unhaltbar geworden. Insofern fällt Bloch am Ende noch hinter den späten Schelling zurück. Zwar zielt Bloch auf Anklänge an das schellingsche Programm ab, aber aus einer Position heraus, welche die abklärende Interpretation der Offenbarungsphilosophie Schellings zu seiner Zeit noch nicht vollständig zu leisten imstande ist. Die Tragweite der folgenden Formulierung ist mithin unverstanden geblieben, denn diese unterstellt bereits die saubere Trennung von real und modal Welthaftem: „Wir wollen das Sein begreifen – also müssen wir das, was vor dem Sein ist, in Bezug auf das künftige Sein begreifen. Der Ausgangspunkt der Philosophie ist also das, was sein wird, das absolut

Zukünftige: es ist also unsere Aufgabe, in die Wesenheit des absolut Zukünftigen einzudringen. [...] Dieser letzte Begriff des noch nicht Seienden ist ganz inhaltsleer, ganz negativ; aber der positive Begriff des Sein Könnenden liegt darin verborgen. Das, was sein wird, kann seiner Natur nach nichts anders sein, als das Sein Könnende, worunter man aber nicht versteht, daß es nur unter gewissen Bedingungen sein könne, wie man etwa von Dingen sagt, daß sie sein und nicht sein können – sondern dieses Können des absolut Zukünftigen ist ein aktives Können, es bedarf bloß seiner selbst, um zu sein – oder ein solches, das, um zu sein, nichts bedarf, als zu wollen; wo zwischen Sein und Nichtsein nur das Wollen in der Mitte steht" (Schelling 1992, I, 24). Gleichwohl bezieht sich die ganze Passage auf praktisch raumzeitlose Vorgänge, die *vor aller Welt* geschehen. Schelling also nimmt bereits 1831 die (spinozistische) Position der Substanz mit Blick auf die Welt ein, anders als Bloch, der die Position der Welt mit dem Vorausblick auf die Substanz einnimmt, dabei aber nicht zurückschaut. (Der zitierten Schelling-Stelle geht nämlich der ausdrückliche Hinweis voran: „Die Philosophie will hinter das Sein kommen; ihr Gegenstand ist also nicht das Sein selbst, sondern das, was vor dem Sein ist, um eben das Sein zu begreifen"; ebd., 23. Bloch versteht die Philosophie allerdings ganz anders).

Die erforderliche neue Mathesis als Werkzeug der Präzisierung wie Realisierung des blochschen Ansatzes steht somit immer noch aus. Die Frage nach der Substanz sieht die Welt als Frage und Experiment, wie Bloch auch selbst sagt. Und er hat (unabhängig davon, wie der Substanzbegriff beurteilt wird) auf jeden Fall Recht: „Beides, die Naturalisierung wie die Humanisierung [von Mensch und Natur], ist nicht ohne höchst fortgetriebene Immanenz als nächste Nähe der Menschsache, Weltsache denkbar, die aus dem existenziellen Dunkel herausgeführt werden muß, um in den Realitätsort wirklicher Nähe hineingeführt, ins Gegenwärtige, gar Gegenwärtige der Wirbegegnung hineingebracht zu werden. Deren sich selber noch währendes Inkognito muß vom Wozu des Daß-Grunds in der Welt her wachsend experimentell mit Wasbestimmtheiten gelichtet werden [...]. Erst so bleiben beginnend wie endend Subjekt-Objekt nicht mehr behaftet mit einem sich Fremden; der das Nächste begreifende Zielbegriff schlägt ein in den Willen zu Freiheit und Heimat; beide stehen, auf sich wartend, in Latenz. Wobei Aufklärung ex fine und die Nähe zum Gesicht zwar noch nirgends als Lösewort, aber überall als Losungswort voranziehen: Natura naturata nos ipsi erimus" (EM 264).

→ *Materie; Metaphysik; Möglichkeit; Natur; Natursubjekt; Spekulativer Materialismus*

📖 Cassirer 1994; Morrison 1996; Rapp 1996; Zeilinger 2006; Zimmermann 2004.

Rainer E. Zimmermann

Tendenz

Unter Tendenz versteht Bloch eine objektive Beschaffenheit des Seins von intensiver Qualität (ein „Treiben"), das in seinem Kern ein Logisches mit sich führt, welches allerdings noch unbestimmt ist. Auf die Tendenz können sich die Menschen bei der Verwirklichung ihrer Zwecke beziehen, sie nutzen.

Die Wurzel des Begriffs *Tendenz* (engl. *tendency*, frz. *tendance*) liegt im altgriechischen Verb τείνειν (*teinein*) mit den Hauptbedeutungen ‚strecken, spannen, sich ausdehnen, auf etwas abzielen'. Diese Bedeutung ist im lateinischen *tendere* erhalten geblieben. *Tendere*, davon abgeleitet *Tendenz*, liegt Begriffen zugrunde wie Neigung, Streben, Richtung, Ziel, Intention, verwandt sind *appetitus, conatus* und *inclinatio* (vgl. HWP 10, 998). Obwohl häufig auch alltagssprachlich gebraucht, wird *tendieren* seit der Antike in drei Bereichen als Fachterminus verwendet: im Bereich menschlicher Handlungen, Absichten und Dispositionen, im Bereich der Naturphilosophie sowie in der Metaphysik. So strebt der Mensch nach dem Guten (*tendere ad bonum*), weil er nach dem ihm Entsprechenden strebt: „Quomodo substantiae in eo quod sint, bonae sint cum non sint substantialia bona" (Boethius 1988, 36ff.). Bei Thomas von Aquin haben die Dinge die metaphysische Eigenschaft, „zu ihrer natürlichen Form, sofern sie diese nicht haben, hinzustreben" (*Summa theologica* I, 19, 1; vgl. HWP 10, 998), eine von der aristotelischen Entelechie beeinflusste Auffassung.

Zentraler philosophischer Begriff wird die Tendenz in der Metaphysik von Leibniz. Tendenz ist neben dem einfachen Vermögen (*puissance*) Teil der Kraft als dem tätigen Vermögen im vollkommenen Sinn. Im menschlichen Wollen ist Tendenz das Bestreben (*conatus*) nach dem Bewusstsein von Gut und Böse, und sie ist das Streben Gottes nach dem höchsten Guten. Die Wirkkraft der Tendenz verortet Leibniz in den Monaden. Im Brief an de Volder von 1703 schreibt er, dass den einfachen Substanzen oder Monaden ein Streben (*appetitus, l'appetit*) zu eigen sei, wobei es sich um innere Tendenzen (*tendentiae internae*) zur Veränderung handle (vgl. Leibniz 1703, 252). Die Monade ist definiert „als eine einfache Substanz, die in die zusammengesetzten eingeht; *einfach*, das heißt ohne Teile"; so beginnt die *Monadologie* (1714). Diese einfachen Substanzen oder Monaden sind die „wahrhaften Atome der Natur", sind die „Elemente der Dinge" (Leibniz 1714, 439). Sie können „nur mit einem Schlage zu sein beginnen" (ebd., 439f.) – und aufhören. Da durch äußere Ursachen keine Veränderung im Inneren der Monaden möglich scheint, müssen sie selbst aktiv sein, sie müssen „irgendwelche Eigenschaften haben, sonst wären sie sogar keine Seiende" (ebd., 441), wären identisch schlechthin. „Seiende" sind sie als zusammengesetzte Substanzen, „als eine Anhäufung oder ein *Aggregat* von Einfachen" (ebd., 439). Rückschließend von der Tatsache, dass es „niemals in der Natur zwei Seiende [gibt] die einander vollkommen gleich wären" (ebd., 443), muss sich jede Monade von der anderen unterscheiden, und zwar ist dies zurückzuführen auf „einen inneren oder auf einer inneren Bestimmung (denominatio intrinseca) beruhenden Unterschied" (ebd.). Nicht etwa sind die Differenzen im Seienden verursacht durch die Zusammensetzung; jede Veränderung, die wir an Dingen wahrnehmen, kann „nur aus einfachen Bestandteilen herkommen" (ebd., 441), also aus den einfachen Substanzen. Kein Seiendes befindet sich in einem statischen Zustand. Vielmehr nimmt Leibniz es „für zugestanden, daß jedes geschaffene Seiende und folglich auch jede geschaffene Monade der Veränderung unterworfen ist, und daß diese Veränderung sogar in jeder Monade fortdauernd vor sich geht" (ebd., 443), wofür ein „*innere[s] Prinzip*" (ebd.) verantwortlich ist. Da Veränderung allein nicht hinreichend die „Besonderung und die Mannigfaltigkeit der einfachen Substanzen" (ebd., 443) begründen kann, erweitert Leibniz die Bestimmung der einfachen Substanz: Sie ist zwar ohne Teile, aber es muss „in der einfachen Substanz eine Mehrzahl von Bestimmungsmomenten und Beziehungen geben" (ebd.). An dieser Stelle erfolgt die Einführung des Begriffs der Perzeption: Perzeption ist der „vorübergehende Zustand, der eine Vielheit in der Einheit oder in der einfachen Substanz einschließt und darstellt" (ebd., 445). Dass Monaden Veränderungen unterliegen, sie vorübergehende Zustände (Perzeptionen) haben, ist verursacht durch die „Tätigkeit des inneren Prinzips, die die Veränderung oder den Übergang von einer Perzeption zur anderen bewirkt" (ebd.). Diese Veränderung, so Leibniz, „kann Strebung *(appetitus)* genannt werden" (ebd.). Nun hat dieser Appetitus einen Mangel: Er kann „nicht immer ganz und gar zu der Perzeption gelangen [...], auf die er angelegt ist, aber er erlangt immer irgend etwas und dringt zu neuen Perzeptionen vor" (ebd.). Hinzu kommt bei Leibniz eine antimechanistische Haltung: „Übrigens ist man gezwungen zuzugestehen, daß die *Perzeption* und das, was davon abhängt, *durch mechanische Gründe,* das heißt durch Figuren und Bewegungen, *nicht erklärbar* ist" (ebd.). Vielmehr ist dies nur erklärbar durch die Dynamik in den einfachen Substanzen oder Monaden, die „weder Ausdehnung noch Gestalt" (ebd., 439) haben.

Descartes definiert Tendenz als Verbindung von Anstrengung und Widerstand (vgl. Descartes 1664, 84f.). Bei Kant sind entgegengesetzte Tendenzen „wahrhafte Prädikate eines und desselben Dings, die ihm zugleich zukommen" (KAA/2 NG, 171f.) und die sich aufheben können. Eine weitere Verwendung findet Tendenz bei Fichte: „Und diese Tendenz ist es, was gedacht wird, wenn das Ich an und für sich ohne alle Beziehung auf etwas außer ihm gedacht wird"; es handelt sich um die „Tendenz zur absoluten Selbstthätigkeit um ihrer selbst willen bzw. zur Selbständigkeit" (FGA I/5, 45). Von Fichte inspiriert, stellt Novalis fest: „Frey seyn ist die Tendenz des Ich – das Vermögen frey zu seyn ist die productive Imagination" (Novalis 1795/96, 177). Naturphilosophisch relevant wird Tendenz bei Schelling, in seiner *Einleitung zu dem Entwurf eines Systems der Naturphilosophie* von 1799. Schelling erläutert die Entzweiung in der Natur, ihre Duplizität, ihre Verwandlung des „*reinen Subjekts* in ein *Selbst-Objekt*" (SW I/3 (1799), 288). Da diese ursprüngliche Duplizität gegeben ist, folgert Schelling, dass „schon in der ursprünglichen Produktivität der Natur entgegengesetzte Tendenzen liegen" (ebd.), nämlich die produktiven, positiven Tendenzen und denen „reell entgegengesetzte" (ebd.), negative Tendenzen, die hemmend auf die unendliche Produktivität wirken. Erst die Zusammenwirkung beider Tendenzen führt zum Produkt: „Damit es zum Produkt komme, müssen diese entgegengesetzten Tendenzen zusammentreffen" (ebd.). Fünf Jahre später, im *System der gesammten Philosophie und der Naturphilosophie insbesondere* (1804) befasst er sich in § 88 mit der Materie als Masse. Diese ist gekennzeichnet durch „die vollkommene *Privation* der Thätigkeit oder der Bewegung [...] Die Masse als Masse hat überall keine Tendenz zur Bewegung oder zur

Ruhe, inwiefern beides postive – nur in wechselseitiger Entgegensetzung stehende – Bestimmungen sind" (SW I/6, 245). Bewegung und Ruhe sind keine Eigenschaften der Masse; denn sie habe „ihrer Natur nach eine reine Tendenz zum Nichts – oder zum Nichtseyn – und behauptet diese Tendenz in der Ruhe wie in der Bewegung" (ebd.). Die Masse ist immer nur Werkzeug eines „bewegende[n] Princip[s]" (ebd.) außerhalb ihrer. Ihr eigenes Wesen hingegen drückt sich in dem scheinbaren Paradox einer passiven Tendenz aus: „Es ist also ein Affirmirendes in der Masse, das insofern als ein Positives erscheinen kann, aber es ist ein Affirmirendes, das bloß das *Nichts* in der Materie affirmirt, es ist also eine Tendenz, aber keine *positive*, auf etwas Positives gehende, sondern eine unmittelbar auf die Privation gehende, d.h. eine passive Tendenz" (ebd., 246).

Im Werk von Marx ist Tendenz ein geläufiger Begriff, was auch darauf zurückzuführen ist, dass im 19. Jahrhundert das Wort Tendenz in der Sprache der Exekutive und damit in der politischen Öffentlichkeit weit verbreitet war: „aufwieglerische Tendenz usw. finden wir in den Zensurinstruktionen, Bücherverboten dieser Zeit massenweise" (Lukács 1977, 109). In anderem Kontext, nämlich im *Kapital*, definiert Marx bei der Erläuterung des Gesetzes vom tendenziellen Fall der Profitrate Tendenz als verhindertes Gesetz: „Das Steigen der Mehrwertsrate [...] ist ein Faktor, wodurch die Masse des Mehrwerts und daher auch die Profitrate mit bestimmt wird. Er hebt nicht das allgemeine Gesetz auf. Aber er macht, daß es mehr als Tendenz wirkt, d.h. als ein Gesetz, dessen absolute Durchführung durch gegenwirkende Umstände aufgehalten, verlangsamt, abgeschwächt wird" (K III, 244). In den *Grundrissen* verwendet Marx Tendenz etwas modifiziert, quasi als Vorform des Gesetzes: „Die innern Gesetze des Kapitals – die nur als Tendenzen in den historischen Vorstufen seiner Entwicklung erscheinen – werden erst als Gesetze gesetzt; die auf das Kapital gegründete Produktion setzt sich nur in ihren adäquaten Formen, sofern und soweit sich die freie Konkurrenz entwickelt, denn sie ist die freie Entwicklung der auf das Kapital gegründeten Produktionsweise" (G 550). Das Kapital hat selbst eine „innre *Natur*" (ebd., 327), die folgende Wirkungen hervorruft: „Es ist, wie wir gesehn, Gesetz des Kapitals Surplusarbeit [...] zu schaffen; es kann dies nur, indem es *notwendige Arbeit* in Bewegung setzt – d.h. Tausch mit dem Arbeiter eingeht. Es ist daher seine Tendenz, möglichst viel Arbeit zu schaffen; wie es ebenso sehr seine Tendenz ist, die notwendige Arbeit auf ein Minimum zu reduzieren. Es ist daher ebensosehr Tendenz des Kapitals, die arbeitende Bevölkerung zu vermehren, wie einen Teil derselben beständig als Surplusbevölkerung – Bevölkerung, die zunächst nutzlos ist, bis das Kapital sie verwerten kann – zu setzen. [...] Es ist ebensosehr Tendenz des Kapitals, menschliche Arbeit überflüssig zu machen (relativ), als menschliche Arbeit ins Maßlose zu treiben" (ebd., 312f.). Das Kapital hat also „ebensosehr die Tendenz diesen Pauperismus zu setzen als aufzuheben. Es wirkt in entgegengesetzter Richtung, wo in der Zeit bald das eine, bald das andre das Übergewicht hat" (ebd., 511).

Zu Beginn des 20. Jahrhunderts ist für Bergson in seiner Naturphilosophie „die Entwicklung höherer Lebensformen die Folge der Ausdifferenzierung einer grundlegenden Lebens-Tendenz" (Bergson 1907/1912, 578ff./104), wobei er zwischen „divergierenden Tendenzen" und „ergänzenden Tendenzen" unterscheidet. Erstere sind von größerer Bedeutung, da ihr Wesen ist, „durch die bloße Tatsache ihres Wachstums divergierende Richtungen zu schaffen" (ebd. 579/105; vgl. HWP 1000). Daneben taucht der Begriff der Tendenz in Theorien zur Willensbildung auf, so bei Cohen. Wille ist ursprünglich verursacht von der kein Bewusstsein voraussetzenden Tendenz, einer Selbstbewegung des Willens (vgl. Cohen 1904, 133ff.), Ursprung der „Expansion des Bewusstseins" (ebd. 133). Eine wichtige systematische Differenzierung erfährt Tendenz in der Erkenntnistheorie Husserls: „Wir müssen also unterscheiden: 1. die Tendenz vor dem Cogito, die *Tendenz als Reiz* des intentionalen Hintergrunderlebnisses in ihren verschiedenen Stärkegraden" (Husserl 1939, 81f.). Diese präreflektive Tendenz hat zwei Seiten: einmal das „*Eindringen auf das Ich*, den Zug, den das Gegebene auf das Ich ausübt" (ebd., 82) und zum anderen „vom *Ich aus die Tendenz zur Hingabe*, das Gezogensein, Affiziertsein des Ich selbst" (ebd.). Davon unterscheidet Husserl die Zuwendung des Subjekts als „*Folgeleisten* der Tendenz, m. a. W. die Umwandlung des tendenziösen Charakters des intentionalen Hintergrunderlebnisses, durch die es zum aktuellen Cogito wird" (ebd.). Daraus ergibt sich: „Das Ich ist nun dem Objekt zugewendet, *von sich aus* tendenziös darauf hin gerichtet. So ist, allgemein gesprochen, jedes Cogito, *jeder spezifische Ichakt ein vom Ich her vollzogenes Streben*, das seine verschiedenen Formen der Auswirkung hat" (ebd.). Für Husserl ist mithin die äußere Wahrnehmung die „elementarste vorprädikative Erfahrung zur Basis seiner Theorie prädikativer Urteilsformen" (HWP 1001).

Große Bedeutung erlangt Tendenz im Denken von Lukács. In seinem Vorwort von 1967 zu *Geschichte und Klassenbewußtsein* übt er

Selbstkritik, indem er seinen *Studien über marxistische Dialektik*, wie es im Untertitel heißt, „objektiv eine Tendenz innerhalb der Geschichte des Marxismus" (Lukács 1968, 15) attestiert, die sich „gegen die Grundlagen der Ontologie des Marxismus richtet" (ebd.). Als diese Grundlage anerkennt er – ganz im Sinn von Blochs Einwand in seiner Rezension des Werks von 1923 (vgl. PA 598–621) – eine Unterbewertung der naturphilosophischen Elemente bei Marx und Engels: „Ich meine die Tendenz, den Marxismus ausschließlich als Gesellschaftslehre, als Sozialphilosophie aufzufassen und die darin enthaltene Stellungnahme zur Natur zu ignorieren oder zu verwerfen" (Lukács 1968, 15). Ergebnis dieser Tendenz sei unter anderem eine Schwäche in den philosophischen Auseinandersetzungen, die „z. B. daran hindert, den marxistischen Praxisbegriff herauszuarbeiten" (ebd. 16). Lukács verwendet Tendenz häufig zur Kennzeichnung einer zugrunde liegenden Neigung, die nicht unmissverständlich manifest wird. So hätten Rosa Luxemburg und Franz Mehring, maßgebliche Theoretiker des Marxismus, „wenig Sinn für die wesentlichen philosophischen Tendenzen im Lebenswerk von Marx" (Lukács 1972, 27) gehabt. Zentraler Terminus ist Tendenz bei Lukács auch im ästhetischen Kontext. Grundlegend ist hierfür sein Aufsatz *Tendenz oder Parteilichkeit?* von 1932. Es sei wesentlich, schreibt Lukács, dass Tendenz schon in der ersten Hälfte des 19. Jahrhunderts „eine subjektive Bedeutung erhält" (Lukács 1977, 109). Tendenz-Kunst und Tendenz-Literatur werden geläufige Bezeichnungen, die als das „Subjektivistische, Gesinnungshafte und eben darum Abstrakt-Allgemeine" (ebd., 110) von Anhängern der „reinen Kunst" bekämpft werden. Im Gegensatz zu dieser bürgerlichen dichotomischen Auffassung will Lukács den objektiven Begriff der Tendenz bewahren, eine „vom Dichter (im Sinne von Marx) nur bewußt gemachte Tendenz der gesellschaftlichen Entwicklung selbst" (ebd., 113). Letztendlich kommt Lukács zu dem Ergebnis, dass die marxistische Literaturtheorie auf den vorbelasteten Terminus Tendenz verzichten sollte zugunsten des Begriffs der Parteilichkeit (vgl. ebd., 119f.). Bezeichnend ist, dass Tendenz als Stichwort im *Philosophischen Wörterbuch*, herausgegeben von Georg Klaus und Manfred Buhr, nicht auftaucht. Im Klappentext der elften Auflage heißt es: „Den eigentlichen Bestand des Wörterbuchs bilden die Darstellung der Kategorien und der mit ihrer Hilfe formulierten Gesetze des dialektischen und historischen Materialismus sowie der einzelnen Disziplinen der marxistisch-leninistischen Philosophie". Deutlich wird hiermit, dass Tendenz keine zentrale Kategorie der Parteiphilosophie darstellte.

Hingegen ist Tendenz – auch als Gegenbegriff zu Gesetz – konstitutiv in Blochs konkret-utopischem Denken.

Die Bedeutung der leibnizschen Monadologie für Blochs Ontologie des Noch-Nicht-Seins im Allgemeinen, für die Bedeutung seiner Kategorie Tendenz im Besonderen ist unbestreitbar. Tendenz markiere den „Ausgangspunkt" (LV 3, 126) der Lehre von Leibniz, so Bloch in seinen *Leipziger Vorlesungen*. „Der Grundton in dieser Philosophie ist lebendig; ein Akzent von Tätigkeit [...] liegt auf allem. [...] Diese Tätigkeit ist ein Streben zu etwas hin, eine Tendenz" (ebd.). Bloch betont, dass der Tendenzbegriff erst bei Leibniz eine spezifische Bedeutung erhalte: „Die Tendenz geht darauf hin, hell zu werden" (ebd.), weswegen in „allen Individuen oder Monaden [...] eine stoßende Unruhe, die inquiétude puissante [...] angelegt" (ebd. 127) ist, da sie aus dem Dunklen ins Hellere streben. Daraus ergibt sich die Unfertigkeit der Welt, sowohl der Menschen als auch des außermenschlichen Geschehens. Aber auch ein neuer Materiebegriff resultiert aus der Grundannahme einer Tendenz: „Die Behälter, der Raum vor allen Dingen, das Starre, Mechanische des Materiebegriffs lösen sich auf durch Einführung von fast ausschließlich intensiv-dynamischen Bestimmungen" (ebd.). Zwar liegt kein „dynamischer Materialismus [vor], so doch eine materialistische Dynamik, eine in der Welt selbst befindliche, von ihr ausgetriebene, nicht von außen angestoßene Dynamik" (ebd., 128). – Bloch hat Leibniz schon früh kennen gelernt, bei seiner Lektüre des „ganzen spekulativen Farbenbogen[s] von Leibniz bis Hegel" (Gespräche 29) in der Mannheimer Schlossbibliothek. Bereits in *Geist der Utopie* von 1918 findet sich eine Vorstufe des Konzepts, wofür später das Begriffspaar *Tendenz-Latenz* maßgeblich stehen wird. Im Zusammenhang seiner Traumtheorie formuliert Bloch als Korrelat des Trauminhalts der menschlichen Seele eine wie immer auch geartete Realität, eine Realität, die wesentlich genannt werden könnte, die mit „Himmelreich" apostrophiert wurde. Die Begründung dieser prinzipiell objektiv-real möglichen Realität lautet: „das ist nicht nur denkbar, das heißt formal möglich, [...] sondern schlechterdings notwendig, [...] aus der Natur der Sache a priori postuliert und demnach auch wirklich, das heißt von *utopischer*, intensiver Neigung genau gegebener, *essentieller* Realität" (GdU 1, 444). Utopisches Philosophieren wird mit dem apriorischen Postulat begründet, dass die treibende Intensität im Sein auf dessen essenzielle Realität zielen müsse. In der fünf Jahre später erschienenen Ausgabe von 1923 nimmt Bloch neu jenen Satz auf: „Wird aber nichts als die Seele gewollt, so enthüllt sich darin zugleich das Wollen selber. Das Treibende ist in seiner Tiefe zugleich der Inhalt, die einzige Anlangung, Deckung des Treibens" (GdU 1923, 363 u. GdU 2, 344). Das im Sein Tendierende hat in seinem Kern als Latenz – nicht nur als subjektive Projektion – etwas qualitativ Bestimmtes, das es herauszubringen gilt. Ein Beispiel für die Anwendung dieses Theorems findet sich im Kapitel „Der sozialistische Gedanke": Bei aller berechtigten Kritik am utopischen Sozialismus mahnt Bloch an, dass mit der Ökonomisierung des Sozialismus „weder die utopische Tendenz in all diesem begriffen noch die Substanz ihrer Wunderbilder getroffen und gerichtet noch gar der religiöse Urwunsch verabschiedet" (ebd. 305) sei. Neu fügt Bloch den Begriff im Abschnitt „So das Weib und Grund in der Liebe", wo er von „Vermischung zweier verschiedener Vererbungstendenzen" (ebd. 263) spricht. Er thematisiert an dieser Stelle die zweigeschlechtliche Fortpflanzung. Denkbar wäre auch „eine organisch-psychische Parthenogenesis" (ebd.), was aber dem Menschen als einem erotischen, einem liebenden Wesen widerspricht. Tendenz ist hier zu verstehen als sich sinnlich-erotisch manifestierende Triebkraft, die im Geschlechtsakt zu einer Vervollkommnung der Frau und des Manns führt (ob mit oder ohne Zeugung eines Kindes): „An diesem folglich hat der zwischen den Geschlechtern anhängige Prozeß seinen Ort und Ausgang, daß das Weib des Manns bedarf wie der Traum der Deutung, und der Mann ergreift das Weib wie die Deutung den Gehalt, – beide auf dem Liebesweg zur androgynen Einheit, in der Innerlichkeit, der Menschengestalt der Liebe" (ebd. 265).

Ein ausdrückliches Ausgreifen der Kategorie Tendenz auf naturphilosophische Problemstellungen findet in *Erbschaft dieser Zeit* statt: „sollte es also ein Problem des Erbes *auch in der Natur* geben? Dergestalt, daß in den einzelnen historisch aufeinanderfolgenden Naturbegriffen – den urwüchsig animistischen, den magischen, den qualitativ gestuften – außer der Ideologie aufgehobene Momente des großen Tendenzwesens Natur mitbezeichnet, mitinformiert wären?" (EdZ 294). Die Zitierung dieser Stelle im viel später entstandenen Atheismus-Buch (AiC 68) unterstreicht ihre Bedeutung. Deutlich akzentuiert wird durch die Qualifizierung der Natur als „Tendenzwesen" der objektive Charakter der Tendenz; ihr Treiben ist nicht ausschließlich auf menschgemäße Ziele gerichtet. Eine Illustrierung dessen findet sich im Begriff der „mineralischen Tendenz", die gegen das Lebendige treibend wirkt und schließlich auch das Organische besiegt:

„Man hat den Tod in die organische Substanz selbst einbezogen, ihn gleichsam an die Spitze eines eigenen Triebs, des Todestriebs, gelegt. Nicht nur als Sehnsucht des hohen Alters, sondern gerade auch als Tendenz der Jugend, als mineralische Tendenz gleichsam, die das Ich auslöschen, allhaft oder starr vergehen lassen will" (EdZ 391). Die Realisierung der objektiv gegebenen Potenzialitäten ist der menschlichen Potenz anheim gestellt. So ermöglicht die Konstitution des Wirklichen dem Subjekt das Betreiben seiner eigenen Angelegenheiten. Im später entstandenen *Prinzip Hoffnung* heißt es dann: „Aber dies Element Wirkliches ist doch darin, daß der Subjektfaktor, freilich nur im Bund mit der objektiven Tendenz, die Kraft zum Gegenzug gegen das Schicksal hat und zur Beschleunigung des zögernden Möglichen guter Art" (PH 798).

Bloch befasst sich in der zweiten Hälfte der dreißiger Jahre mit der weiteren Klärung systematischer Fragen und der Konzeption eines spekulativen Materialismus. Tendenz ist ein tragender Pfeiler dieses Entwurfs. Deutlich wird das u. a. daran, dass Bloch in den 1978 erschienenen Ergänzungsband zur Gesamtausgabe, *Tendenz – Latenz – Utopie*, aber auch in das Kapitel *Zu Hoffnung und Materie* zwei 1936 in Prag verfasste Texte aufnimmt: „Wahrheit als eingreifende Abbildung von Tendenzen – Latenzen" (TLU 250–260) und „Einzige Invariante: Tendenz auf Erscheinung des Wesens" (ebd., 260–264). Weiteren Aufschluss über den Fortgang der systematischen Arbeit ermöglicht das 2000 erschienene Werk *Logos der Materie*. In dem dort veröffentlichten, in Paris und Prag 1935–1936 entstandenen Manuskript *Verwirklichung und Seinsgrade* (LdM 109–131) findet sich eine Definition des Tendenz-Begriffs, wie ihn Bloch verstanden wissen will: Die Tendenz ist in dem Spannungsverhältnis von Dass-Grund und Was-Inhalt dem intensiven Pol zugeordnet: „Das Dass ist ein setzender Akt, er will, bedarf, treibt und lässt werden" (ebd., 119). Bloch unterscheidet zwischen dem im Menschen wirkenden Dass, sich artikulierend in einer „besondere[n] Art des Meinens" (ebd.), und dem „Dass ausser uns" (ebd.), einem „äussere[n] Meinen, als gleichgültig, widerstehend oder konform" (ebd.) dem subjektiven Dass gegenüber. Dieses äußere Dass ist im Weltprozess „in Gestalt von Vorgängen, ein ebenfalls setzendes, treibendes, in Gestalt von Zuständen ein bereits gesetztes Dass; im Vorgang ist die Unruhe und Gärung seines Werdens, im Zustand die Kruste oder auch ‚Gestalt' seines Gewordenseins. Im Vorgang erscheint das willenshafte Gezieltsein des fremden, äusseren Dass als Tendenz" (ebd.). Die Tendenz markiert somit den außermenschlichen, dynamischen Anteil, den „Vorgang", das „Werden" (im Unterschied zu den bereits erfolgten Manifestationen, zum „Zustand", zum „Gewordensein") der mit dem Dass-Grund allen Seins gesetzten Intensität. Mit Gewordenem sind kategorial „Gestalten" gemeint. Unter diesen Gestalten gibt es solche bemerkenswerten, die sich menschgemäß veränderbar zeigen. Es handelt sich demzufolge um „keine festen Gestalten, durchaus nicht, wohl aber [um] Spannungs-Figuren, Tendenz-Gestalten im Prozeß, [...], die aus dem – sonst heillosen – Prozessualismus sich erheben" (TLU 259). Durch die in ihnen wirkende Tendenz werden sie zu „Auszugsgestalten", die hinstreben zu den in ihnen angelegten Inhalten. Auch im 1936/37 entstandenen Werk *Das Materialismusproblem, seine Geschichte und Substanz* entwickelt Bloch sein Konzept weiter, indem er u.a. eine Eigenschaft des leibnizschen „appetitus" der Monaden besonders hervorhebt. Zum einen ist das Streben, „von verworrenen Vorstellungen in deutlichere überzugehen" (MP 55) ausschlaggebend, also der „appetitus perfectionis". Hinzu kommt, dass der neue, zukünftige Zustand *in* der Monade immer wirkmächtiger wird und diese schließlich insgesamt in den neuen Zustand übergeht (vgl. ebd.). Dieser von Bloch viel zitierte geniale Gedanke, dass die Gegenwart mit der Zukunft schwanger sei, ist ein Konstituens seiner Philosophie in allen Teilbereichen, ob in der Geschichtsphilosophie oder in der Naturphilosophie. Grundlegend für die Materietheorie Blochs ist die Weiterführung des aristotelischen Gedankens, die Seele sei die Entelechie des Leibes durch Leibniz (vgl. MP 54). Dieser dehne die Aussage auf „sämtliche ‚Körper' der Welt" (ebd., 55) aus. Daher sind die Monaden nicht nur „formelle Atome", sondern auch „materielle Seelen" (vgl. ebd.). Die weiterführenden Reflexionen Blochs gipfeln schließlich in der Aussage: „*Tendenz ist Energetik der Materie in Aktion, forttreibend in allen ihren schon erreichten Gestalten zu Auszugsgestalten, hin zum tendenziell Implizierten des entelechetisch gemeinten Ziels, wie es noch nicht geworden, doch utopisch latent ist*" (ebd., 469). In *Subjekt-Objekt. Erläuterungen zu Hegel* stellt Bloch den Zusammenhang Leibniz-Hegel her. Erst bei Hegel erreicht das dialektische Philosophieren seinen Höhepunkt. Jedoch gilt, dass ohne Leibniz „die Dialektik nicht als so kraftbegabt begriffen worden wäre" (SO 132), sie wäre ohne ihn „wenn auch voll Lebendigkeit, so doch schwerlich voll ihres eigentlich explosiven Begriffs: der *Tendenz*" (ebd.). Die hier erkannte explosive Kraft wird in der Zukunft auch geschichtsphilosophisch bedeutend: „Leibniz war im ganzen gewiß ein höchst konziliater Denker, doch sein Tendenzbegriff, die ‚iquiétude poussante', ist gerade kraft seines Analogon zur Expansionstendenz eingeengter Körper unüberhörbar revolutionär. Er zeigt mehr an als bloßen Übergang von dunklen zu helleren Vorstellungen, er präformierte das eigentlich Expansive, das nachdem die Hegelsche Dialektik, zum Unterschied von allen früheren, aufweist. Der Zusammenhang des Leibnizschen Tendenzbegriffs mit dem eines Strebens, das bei Einengung steigt, ist daher in seinen Nachwirkungen wichtig und wurde bisher nicht genügend beachtet. Er ist desto wichtiger, als er zu seinem Teil den revolutionären Gedanken erklärt, der später von der Hegelschen Dialektik gemacht werden konnte. Der Leibnizsche Tendenzbegriff hat dies Subversive in die Dialektik eingezahlt, so konnte es später wieder vorgefunden und verwendet werden" (SO 133).

In der *Tübinger Einleitung in die Philosophie* prägt Bloch in dem Kapitel über den Widerstand (vgl. TE 303–321) den Begriff „Tendenz-Gesetz", was den Gegensatz von Tendenz und Gesetz in der Weise überwinden will, dass Gesetze unter bestimmten, von der Tendenz veränderten Bedingungen selbst veränderbar sind. Im Unterschied zum Widerspruch, welcher sich, „*in seiner* Sache selber, als deren innere Entzweiung" (ebd., 317) entwickelt, ist der Widerstand „*der Sache äußerlich*, stößt ihr als Unfall, ja als Nihilisierendes wie kalte Teufelsfaust zu" (ebd.). Die Frage ist nun, ob gegen dieses Vereiteln überhaupt vorgegangen werden kann. Die Erfahrung zeigt, dass „kluges gutes Tun [...] doch imstande [war], den Lauf der Dinge zum Besseren zu verändern" (ebd., 318), was gleichzeitig bedeutet, dass die Dinge sich verändern lassen – beides ist nach Bloch nicht selbstverständlich. Vielmehr legt dies die Vermutung nahe, dass die „objektiven Bedingungs-Folge-Zusammenhänge, also *Gesetze*" (ebd.) nicht ewig und ehern sind, was das „subjekthafte Gebrauchen-Können, das objekthafte Gebrauchtwerden-Können" (ebd. 319) anzeigt. Gesetze sind „sowohl im Bisherigen wohl determiniert wie nach vorwärts offen" (ebd.), mit veränderten Bedingungen verändern sich auch die Gesetze, die selber „ausschließlich genetisch-immanente Bedingungszusammenhänge" (ebd.) darstellen. Bedingung hierfür ist die Tendenz: „Alle Bedingungen sind letzthin durch ein sie Bereitendes, Fälligmachendes jeweils bedingt, und die Gesetze, vorzüglich die organisch-historisch-sozialen, sind als Zusammenhänge solch funktionierender Bedingungen einzig *Tendenz-Gesetze*" (ebd.).

Die Einordnung der Kategorie Tendenz in Blochs offenes System erfolgt in seinem systematischen Hauptwerk *Experimentum Mundi*.

Frage, Kategorien des Herausbringens, Praxis. Kategorial gehört Tendenz (wie auch Latenz) zur Gruppe der Transmissionskategorien, also den Kategorien der „Überfahrt" (lat. *transmissio*) von einem Ufer zum anderen, aber auch der Kraftübertragung. Blochs Prozessphilosophie geht von einer „thelisch-logischen, energetisch-entelechetischen Urrelation" (EM 72) aus; zwischen diesen beiden Polen erfolgt die „Überfahrt", die „Kraftübertragung". So sind alle Kategorien „das immer weiter sich ausprägende Relations-Wie, der versuchte Bezug des Daß zum Was, also in scholastischer Terminologie der quodditas zur quidditas und umgekehrt" (ebd., 78). Die Tendenz ist das objektive Korrelat zur subjektiven *Intention*: „Daß die subjektive Intention nicht allein bleibt, daß ein Arbeitenkönnen an der gesellschaftlichen Welt und durch sie hindurch an der physischen Natur konkret vorsichgehen kann, hängt von eben dieser objektiven Tendenz ab, als einem Streben, das der Intention entgegenzukommen nicht unfähig ist" (ebd., 145). Mit anderen Worten: Der menschliche Gestaltungs- und Veränderungwille kann (sowohl auf dem Gebiet der Gesellschaft wie auf dem der Natur) ihm entsprechende objektive Bedingungen fruchtbar machen, Ursachen für die Erreichung seiner Ziele schaffen. Zu unterscheiden davon ist das Gesetz; Bloch distanziert sich auch von Marx' Definition der Tendenz als verhindertem Gesetz (vgl. ebd., 146). Die Tendenz ist „keine wie immer geartete Sonderweise des unabänderlichen Gesetzes" (ebd.), weil Kennzeichen des Gesetzes die stete Geltung, also die Wiederholung des vom Gesetz erfassten Sachverhalts ist. Die Tendenz aber ist offen, noch nicht entschieden – zu der Realisierung des Gemeinten bedarf es des subjektiven Faktors: „Kurz, wo das Gesetz das sich Wiederholende festhält, hält die Tendenz gerade den Platz offen für das Novum" (ebd.). Diese Aussagen sind im Marxismus geschichtsphilosophisch und revolutionstheoretisch von eminenter Bedeutung: Die Geschichte ist demzufolge kein Automatismus, es gibt keine gesetzmäßige Entwicklung, es gibt „wohl eine unnachlaßliche Tendenz hin auf die klassenlose Gesellschaft, nicht aber gilt ein Gesetz, nach dem die klassenlose Gesellschaft sich notwendig einstellt" (ebd.). Bloch stellt die Tendenz über das Gesetz, da dank ihrer die Möglichkeit erst zur objektiv-realen wird, das Novum erst wirklich werden kann; die utopische Dimension der Philosophie der begriffenen Hoffnung bliebe ohne die objektive Tendenz subjektivistischer Aktionismus. Alle Lebendigkeit speist sich aus der Tendenz, sie ist „die einzig undurchbrechbare und wirklich weltdurchgängige Lebendigkeit im Geschehen" (ebd., 147). In ihr wirkt das Nicht „immer noch vom Anfang her voll Impetus" (ebd.) als Zweckursache. Die „dialektische Tendenz" (ebd.) ist das „Werden der Ur-Sache im historischen Experiment ihrer Totalität" (ebd.).

→ *Dialektik; Intensität; Latenz; Marxismus; Möglichkeit; Noch-Nicht; Novum; Objektive Phantasie; Prozess; Utopie*

📖 Bergson 1907; Boethius 1988; Cohen 1904; Descartes 1664; Husserl 1939; Leibniz 1703; Leibniz 1714; Lukács 1968; Lukács 1972; Lukács 1977; Novalis 1795/96.

Doris Zeilinger

Theorie – Praxis

Theorie und Praxis werden von Bloch aus der Perspektive eines Bruchs in der Geschichte dieser Begriffe interpretiert: bis Marx, bei Marx, nach Marx. Sie oszillieren, d. h. schwingen wechselnd und wechselseitig ineinander „mit Prius der Theorie, Primat der Praxis" (EM 250). Die aristotelische Unterteilung in betrachtende und ausübende bzw. herstellende Tätigkeit, die in der mittelalterlichen Philosophie im Gegensatz von *vita contemplativa* und *vita activa* fortgesetzt wird, hatte Gott und nicht die reale Welt zum Telos. Für Bloch spielt die Philosophie der Renaissance eine große Rolle, weil sie eine Denkentwicklung anbahnt, die sich stärker der Welt zuwendet. Diese mündet im Deutschen Idealismus, der aus der Perspektive materialistischer Transformation durch Marx betrachtet wird. Dadurch wird die gesellschaftliche Praxis nicht nur zum Leitbegriff für die Betrachtung (*theorein*) der Philosophiegeschichte, aus der sich deren Begriff speist, sondern auch zum Leitfaden blochscher Philosophie.

Etymologisch stehen Theorie und Praxis in einem gegensätzlichen Zusammenhang. Während Theorie von *theoria* (‚Anschauen, Betrachtung') sich herleitet und lange Zeit kontemplativen Charakter besitzt, leitet sich Praxis von einer Schwundform von *pera*, nämlich *pra* (‚darüber hinaus, weiter, jenseits') ab, aus dem *presso/pratto* (‚durchfahren, vollstrecken, vollführen') sich herleitet (vgl. HWP 7, 1307f. u. 10, 1127–1154).

Terminologisch werden zunächst einmal nicht Theorie und Praxis, sondern Praxis und Poiesis entgegengestellt. Die begriffliche Unterscheidung von menschlicher Tätigkeit in Praxis und Poiesis ('Herstellen, Arbeit') bei Aristoteles wird vor dem Hintergrund der sokratisch-platonischen Auseinandersetzung mit der Sophistik verständlich, wo jene Unterscheidung verwischt wurde, indem die technisch-praktische Dimension des Wissens auf die menschliche Praxis als Ganze übertragen worden war. Dies lebt noch in den sokratischen Dialogen fort, in denen notorisch Schusterwerkstätten und Malerateliers als Beispiel bemüht werden. Die Praxis des „Banausen", wie Lederschneiden und Holzleimen, sollte von der Praxis der freien Bürger Athens unterschieden werden.

Die platonische Auseinandersetzung mit den Sophisten ist geleitet von der Frage verbindlichen praktischen Zwecks, der über die Organisation der Mittel hinausgeht. Der Dialog *Gorgias* treibt die Diskussion zu dem Punkt, wo die instrumentelle Überlagerung der Praxis der Frage des Zwecks nicht mehr ausweichen kann, der Frage, was um seiner selbst willen geschieht. Die handlungstheoretischen Fragestellungen des Aristoteles in der *Nikomachischen Ethik* werden so vorbereitet.

Neben der handlungstheoretischen finden wir allerdings bei Aristoteles auch eine theologische, kosmologische und biologische Bedeutung von Praxis. Er tendiert zu einer terminologischen Verwendung, die von einer weitesten Bedeutung im Sinne der Bewegung schlechthin eingeschränkt wird, über den Lebensvollzug des Lebendigen (Pflanzen, Tiere, Menschen), den menschlichen Lebensvollzug, den nach außen gerichteten Tätigkeiten bis zum sittlichen Handeln, das – anders als die Poiesis – kein von der Tätigkeit unterschiedenes äußeres Produkt besitzt. Theorie gilt als höchste Form menschlicher Praxis, das theoretische Leben (gr. *bios theoretikos*, lat. *vita contemplativa*) wird vom politischen Leben und dem Leben des Genusses als höhere Lebensform abgehoben. Poiesis ist an objektiven Produkten orientiert, während Praxis sich auf den Vollzug an sich bezieht. Das Ziel fällt mit dem Handlungsziel zusammen: „Jede Kunst und jede Lehre, desgleichen jede Handlung und jeder Entschluß, scheint ein Gut zu erstreben, weshalb man das Gute treffend als dasjenige bezeichnet hat, wonach alles strebt. Doch zeigt sich ein Unterschied der Ziele. Die einen sind Tätigkeiten, die anderen noch gewisse Werke oder Dinge außer ihnen. Wo bestimmte Ziele außer den Handlungen bestehen, da sind die Dinge ihrer Natur nach besser als die Tätigkeiten. Da der Handlungen, Künste und Wissenschaften viele sind, ergeben sich auch viele Ziele. Das Ziel der Heilkunst ist die Gesundheit, das der Schiffsbaukunst das Schiff, das der Strategik der Sieg, das der Wirtschaftskunst der Reichtum. Wo solche Verrichtungen unter *einem* Vermögen stehen, wie z. B. die Sattlerkunst und die sonstigen mit der Herstellung des Pferdezeuges beschäftigten Gewerbe unter der Reitkunst, und diese wieder nebst aller auf das Kriegswesen gerichteten Tätigkeit unter der Strategik, und ebenso andere unter anderen, da sind jedesmal die Ziele der architektonischen, d. h. der leitenden Verrichtungen vorzüglicher als die Ziele der untergeordneten, da letztere nur um der ersteren willen verfolgt werden. Und hier macht es keinen Unterschied, ob die Tätigkeiten selbst das Ziel der Handlungen bilden oder außer ihnen noch etwas anderes, wie es bei den genannten Künsten der Fall ist" (NE 1094a). Aristoteles versteht die menschliche Praxis im weiteren Sinne als eine Tätigkeit eigener Art, der er ein eigenes geistiges Vermögen zuordnet, die Klugheit (*phronesis*), durch die der Mensch Orientierung erhält. Diese Orientierung setzt hier ein für alle Menschen verbindliches Ziel, die Glückseligkeit, voraus, ein Ziel, nach dem jede Praxis strebt. „Das Denken für sich allein aber bewegt nichts, sondern nur das auf einen bestimmten Zweck gerichtete, praktische Denken. Von ihm hängt auch das hervorbringende Denken ab. Denn jeder Hervorbringende bringt sein Erzeugnis für einen bestimmten Zweck hervor, und was er hervorbringt, ist nicht schlechthin Zweck, sondern nur mit Bezug auf ein anderes und für ein anderes. Wohl aber sind die Handlung und ihr Inhalt schlechthin Zweck. Denn das richtige Handeln ist ein absoluter Zweck, und auf diesen ist auch das Begehren gerichtet. Und so ist denn die Willenswahl entweder begehrendes Denken oder denkendes Begehren, und das Prinzip, in dem sich beides, Denken und Begehren, verbunden findet, ist der Mensch" (ebd., 1139b).

Die moderne Auffassung dieses teleologischen Modells von Praxis unterscheidet sich dadurch, dass von einem verbindlichen Zweck der Praxis abstrahiert wird – eine Revozierung der Sophistikkritik.

In der hellenistischen Philosophie wird die Frage des Vorrangs des theoretischen oder praktischen Lebens diskutiert. In der Stoa gelten sie als gleichwertige Lebensformen, die gleichermaßen den *bios logikos* zum Ausdruck bringen, ein Leben, das der Allvernunft, dem allgemeinen Logos entspricht. Demgegenüber steigert Plotin die Abwertung der Praxis: „Wenn die Menschen zur Theorie zu schwach sind, wenden sie sich der Praxis zu, dem Schatten der Theorie und des Logos"

(Plotin 1959f., ENN III, 8, 4, 32). Im Gegensatz zu Aristoteles ist die Theorie nicht mehr eine, allerdings höhere, Form der Praxis, die Theorie ist das Höchste, Praxis nur eine niedrige, die schwächste Form der Theorie, ihre Imitation, die auf sie ausgerichtet ist. Dieser Pankontemplationismus gründet in der Hypostasenlehre, die alle Stufen des Seins als Emanationen des Einen ansieht.

Die Latinisierung des Begriffs der Praxis erfolgt über eine Übersetzung des Kommentars des Eustratius zur aristotelischen *Nikomachischen Ethik* erst Ende des 13. Jahrhunderts. *Actus* bzw. *operatio* ist die auf einer Willensentscheidung beruhende menschliche Tätigkeit, während die Latinisierung von ‚Theorie' schon im vierten Jahrhundert erfolgte. *Contemplativa* wird anstelle des Lehnworts *theoria* verwendet. Leben in reiner Theorie ist den Menschen, anders als den Göttern, nicht möglich.

Praxis wird durch Duns Scotus auf den Willen – als eines vom Intellekt verschiedenen Vermögens – bezogen, die, soll sie rechtens sein, mit vorangegangener vernünftiger Erkenntnis übereinstimmen soll. Praxis ist ein hervorgelockter oder befohlener Willensakt, wobei der *actus elictus voluntatis*, der rein innerliche Willensakt, in einem primären Sinne das Wesen von Praxis ausmacht. Ein befohlener Willensakt ist aber nur Praxis *per accidens*, weil die Tätigkeit von einem fremden Willen abhängt und auf ihn hingeordnet ist. Sie ist lediglich materialiter von sittlicher Güte bestimmt, während die Handlung, die sich unmittelbar aus der Tugend (*virtus*) ergibt, auch formaliter davon bestimmt ist.

Wilhelm von Ockham unterscheidet weitere und engere Praxisbegriffe. Der weiteste umfasst die Tätigkeit einer beliebigen Kraft; eingegrenzter sind die Akte des Strebevermögens und der Affekte, dann die Tätigkeiten, die in unserer Macht stehen, am engsten ist die Praxis als Akt des Willens, die Akte, die mit dem beratenden Verstand übereinstimmen und Gegenstand von Beratung und Wahl sind und aus denen resultiert, durch welches Mittel ein angestrebter Zweck zu erreichen ist, seien es äußere Tätigkeiten, seien es die inneren Tätigkeiten des Willens. Ockham unterscheidet des Weiteren zwischen dem praktischen Akt und der Praxis. Letztere ist die in der Macht des Willens liegende Tätigkeit, während der praktische Akt etwas vom Willen kontingenterweise Bewirkbares zum Gegenstand hat. Die Praxis setzt also den praktischen Akt als *actus dictandi* voraus.

Die Präponderanz der Theorie oder Kontemplation gegenüber der Praxis beginnt sich in der Renaissance bzw. frühneuzeitlichen Philosophie umzukehren. In seiner Idolenlehre beklagt sich Francis Bacon, dass noch niemand gefunden wurde, der die Härte des Geistes aufgebracht hätte, „die üblichen Theorien und Begriffe völlig abzulehnen und den so befreiten und gereinigten Verstand von neuem auf das Einzelne zu richten" (Bacon 1982, 1. Buch, Satz 97). Die Theorie hat sich der naturwissenschaftlich-technischen Praxis zu fügen.

Dieser Umwandlung des Praxisbegriffs stellt sich Kant entgegen, indem er die Praxis von der Freiheit her bestimmt: „Praktisch ist alles, was durch Freiheit möglich ist" (KAA/3 KrV, 520 [B 828]). Es gibt zweierlei Kausalität: die auf dem Naturbegriff beruhende beinhaltet technisch-praktische Prinzipien, die auf dem Freiheitsbegriff beruhende moralisch-praktische. Letztere geht auf eine Praxis, die gesollt ist, ewige Aufgabe ist, Glück in Würde zu verwirklichen, während Erstere unvermeidlich realisiert wird: „Das Naturgesetz wird immer verwirklicht, das Zweckideal *soll* nur verwirklicht werden; also gibt es bei Kant keine Theorie-Praxis" (TLU 264).

Das Moralisch-Praktische wird bei Fichte im Begriff der Tathandlung gesteigert, in der das absolute Ich sich in seinem Sein selbst konstituiert. Bei Hegel spielt die Entgegensetzung von Praxis und Poiesis, wie sie bei Kant noch nachklingt, keine wesentliche Rolle mehr. Mit Hegel wird ein abstraktes Sollen kritisiert. In der Sphäre des subjektiven Geistes äußert sich Praxis als Wille: Der praktische Geist ist der sich selbst bestimmende und seinen Bestimmungen äußerliche Realität gebende Geist, so dass der Geist im Praktischen ein Anderes zum Gegenstand hat. In der *Wissenschaft der Logik* heißt es: „Die Idee, insofern der Begriff nun *für sich* der an und für sich bestimmte ist, ist die *praktische* Idee, *das Handeln*" (HW 6, 541). Das kantische abstrakte Sollen der Pflicht bleibt eine bloße Idee des Guten, dem noch die Wirklichkeit fehle. Das Wirkliche soll ebenso vernünftig, wie das Vernünftige wirklich sein. „Bei Hegel umgekehrt wird Erkenntnistat des Menschen dadurch abgeschafft, daß der komplette Weltgeist es selber ist, der sich auch komplett selbst verwirklicht. Das Werden des Gewordenen kennt den Begriff nur als Zuschauer, als bloße Reproduktion post festum, und ohnehin darf die Selbstbewegung-Selbstverwirklichung der Idee nicht als reale Weltproduktion, im realen Nacheinander von Stufen gedacht werden. So sind Kant wie Hegel, jeder von anderem Ort, dem Eingriff der Erkenntnis in die Welt fern, einem Eingriff, den konkrete Utopie ebenso wie konkrete Spekulation aus der realen Unentschiedenheit des Weltlaufs legitimieren" (TLU 264).

Die Junghegelianer erschließen daraus ein Programm der Verwirklichung der Philosophie, der die System gewordene Philosophie Hegels noch nicht Rechnung getragen hätte. Anfänglich bewegt sich auch Marx noch in junghegelianischen Bahnen der Kritik als Praxis der Philosophie, um dann, zusammen mit Engels, den Anspruch, durch Kritik die Identität von Praxis und Theorie zu realisieren, in der *Heiligen Familie* als „kritische Kritik" (vgl. HF) zurückzuweisen. Der Umsturz der realen gesellschaftlichen Verhältnisse und die Lösung theoretischer Gegensätze sind nur auf praktische Art zu bewerkstelligen. So zeigen schon die *Ökonomisch-philosophischen Manuskripte*: „man sieht, wie die Lösung der *theoretischen* Gegensätze selbst *nur* auf praktische Art, nur durch die praktische Energie des Menschen möglich ist und ihre Lösung daher keineswegs nur Aufgabe der Erkenntnis, sondern eine *wirkliche* Lebensaufgabe ist, welche die *Philosophie* nicht lösen konnte, eben weil sie dieselbe als *nur* theoretische Aufgabe faßte" (ÖpM 542). Es wird in der *Deutschen Ideologie* betont, „daß alle Formen und Produkte des Bewußtseins nicht durch geistige Kritik, [...] sondern nur durch den praktischen Umsturz der realen gesellschaftlichen Verhältnisse, aus denen diese idealistischen Flausen hervorgegangen sind, aufgelöst werden können" (DI 38). In diesem Kontext stehen auch die elf Feuerbachthesen, die Bloch interpretiert.

Praxis bei Bloch ist einerseits Gegenstand seiner Philosophie, andererseits ist sie ein methodischer Leitbegriff. Der historisch-ursprüngliche Gegenbegriff Theorie wird nicht mehr bloß kontemplativ verstanden, sondern von der sie übergreifenden gesellschaftlichen Praxis oder auch Arbeit in einem nicht auf instrumentelles Handeln beschränkten Sinne. So beginnen Blochs *Leipziger Vorlesungen zur Geschichte der Philosophie* mit dem Unterschied menschlicher Praxis von der Tätigkeit der Tiere: „Was ist das, daß man sich über eine Sache so verwundert; daß man so wenig über sie im klaren ist; daß ein Nachdenken über sie in Gang kommt? Das setzt unseren Zustand voraus, der zum Unterschied von dem der allermeisten Tiere ein merkwürdig unbewaffneter ist. Wir werden nackt geboren, ohne schützendes Fell; wir haben keine Klauen, wir haben Zähne, die zum Zerfleischen nicht sonderlich geeignet sind; also: wir haben keine Waffe. Die menschliche Waffe ist das Gehirn. [...] Das aber, was den Menschen von den Tieren vor allem unterscheidet, ist die Arbeit. Wie sie wissen, sind die Menschen durch die Arbeit geschaffen worden, in einem nicht nur zoologischen Sinn" (LV 1, 13).

In seinem Hauptwerk *Das Prinzip Hoffnung* arbeitet Bloch explizit in seiner Deutung der marxschen Kritik an Feuerbach (vgl. PH 288ff.) das Verhältnis von Theorie und Praxis heraus. Die elf Feuerbachthesen gruppiert Bloch in eine erkenntnistheoretische Gruppe (Thesen 5, 1, 3), Anschauung und Tätigkeit betreffend, eine anthropologischhistorische Gruppe (Thesen 4, 6, 7, 9, 10) und eine Theorie-Praxis-Gruppe (Thesen 2, 8); die elfte These bleibt als für ihn wichtigste übrig. Er fasst das Ergebnis wie folgt zusammen: „*Die Praxisbegriffe bis Marx sind also völlig verschieden von dessen Theorie-Praxis-Konzeption, von der Lehre der Einheit zwischen Theorie und Praxis*" (ebd., 315). In der erkenntnistheoretischen Gruppe macht Bloch diese Verschiedenheit anhand des Konzepts der Sinnlichkeit klar: „Anerkannt wird hier, daß auch denkend nur vom Sinnlichen auszugehen ist. Die Anschauung, nicht der von ihr nur abgezogene Begriff ist und bleibt der Anfang, an dem jedes materialistische Erkennen sich ausweist. [...] Aber These 5, sodann vor allem These 1 machen zugleich kenntlich, daß bei *betrachtender* Sinnlichkeit, wie Feuerbach sie einzig kennt, die Füße noch nicht gehen können [...]. Daher lehrt These 5: bloßes Anschauen ‚faßt die Sinnlichkeit nicht als praktische, als menschlichsinnliche Tätigkeit'. [...] Daher geschah es, daß die tätige Seite, im Gegensatz zum Materialismus, ‚vom Idealismus entwickelt wurde – aber nur abstrakt, da der Idealismus natürlich die wirkliche sinnliche Tätigkeit als solche nicht kennt'" (ebd., 295). Die in der antiken und feudalen Gesellschaft verachtete Arbeit wird in der bürgerlichkapitalistischen Gesellschaft aufgewertet, so dass „die herrschende Klasse sich selber in Tätigkeit, also Arbeit sieht oder sehen möchte" (ebd., 296), es herrscht eine Arbeitsmetaphysik oder ein „*Arbeitsschein um die herrschende Klasse*" (ebd.). „Das Arbeitsethos [...], diese kapitalistische vita activa, setzte sich gegen die vita contemplativa der beschaulichen, mönchisch-gelehrten Existenz" (ebd.). Kants Spontaneität, Fichtes Tathandlung, Hegels demiurgischer Geist reflektierten in idealistischer Form die gattungsgeschichtliche Rolle gesellschaftlicher Arbeit, materieller Praxis. Das Prius des Seins vor dem Bewusstsein wird allerdings bei Bloch nicht idealistisch aufgehoben wie bei Hegel: „Unabhängigkeit des Seins vom Bewußtsein ist im Bereich der normalen menschlichen Umgebung keineswegs das Gleiche wie Unabhängigkeit des Seins von menschlicher Arbeit. Durch die Arbeitsvermittlung mit der Außenwelt wird die Unabhängigkeit dieser Außenwelt vom Bewußtsein, ihre Gegenständlichkeit vielmehr so wenig aufgehoben, daß sie gerade dadurch endgültig formuliert wird. Denn wie die menschliche Tätigkeit selber eine gegenständliche ist, also aus der Außenwelt nicht herausfällt, so ist auch die Subjekt-Objekt-Vermittlung, indem sie geschieht, ebenso ein Stück Außenwelt" (ebd., 300). Die gegenständliche Tätigkeit, die materielle Praxis hat so auch erkenntnistheoretisch eine konstitutive Rolle hinsichtlich der Gegenstände der Erkenntnis: „Ein gelingendes Subjekt-Objekt setzt sich durch Selbsterkenntnis in die Praxis seiner Erkenntnis. Letztere Erkenntnisart ist nicht nur eine konkrete, sondern eine *konstituierende* und *realisierende*; es ist die des sofortigen Übergangs zur konkreten Praxis" (TLU 120).

In der Theorie-Praxis-Gruppe hebt Bloch ab auf die gegenständliche Wahrheit. Die Sinnlichkeit nur passiv, kontemplativ aufzufassen, weist er mit Marx als scholastisch zurück: „Wahrheit ist kein Theorie-Verhältnis allein, *sondern ein Theorie-Praxis-Verhältnis durchaus*" (PH 311). In der zweiten Feuerbachthese kommt Marx zu dem Schluss: „Die Frage, ob dem menschlichen Denken gegenständliche Wahrheit zukomme, ist [...] eine *praktische* Frage. In der Praxis muß der Mensch die Wahrheit, i. e. Wirklichkeit und Macht, Diesseitigkeit seines Denkens beweisen. Der Streit über die Wirklichkeit oder Nichtwirklichkeit des Denkens – das sich von der Praxis isoliert – ist eine rein *scholastische* Frage" (ThF 5). Dies deutet Bloch so, dass die bisherige Philosophie als scholastisch erscheint. „Denn entweder hatte [...] die antike und die mittelalterliche Erkenntnistheorie die Tätigkeit nicht reflektiert, oder aber die Tätigkeit war als bürgerlich-abstrakte keine mit ihrem Objekt wahrhaft vermittelte" (PH 311). In der elften, wohl bekanntesten Feuerbachthese: „Die Philosophen haben die Welt nur verschieden *interpretiert*, es kömmt drauf an, sie zu verändern" (ThF 7), sieht Bloch den Sinn oder das Losungswort der Feuerbachthesen formuliert. Diese grenzt er schnell ab vom amerikanischen Pragmatismus, dem die Meinung zugrunde liege, „Wahrheit sei überhaupt nichts anderes als geschäftliche Brauchbarkeit der Vorstellungen" (PH 320). Das Gegenteil gilt: *„bei Marx ist nicht deshalb ein Gedanke wahr, weil er nützlich ist, sondern weil er wahr ist, ist er nützlich"* (ebd., 321f.). An den bisherigen Philosophen werde eine „Klassenschranke" (ebd., 323) deutlich, sodass sie die Welt nur verschieden interpretiert haben. „Interpretation aber ist der Kontemplation verwandt und folgt aus ihr; *nicht*-kontemplative Erkenntnis also wird nun als neue, als wahrhaft zum Sieg tragende Fahne ausgezeichnet. Doch als Fahne der *Erkenntnis*, als die gleiche Fahne, die Marx [...] seinem Hauptwerk gelehrter Forschung aufgesetzt hat. Dies Hauptwerk ist lautere Anweisung zum Handeln, doch es heißt ‚Das Kapital', nicht ‚Führer zum Erfolg' oder auch ‚Propaganda zur Tat'; es ist keinerlei Rezept zur raschen Heldentat ante rem, sondern steht mitten in re, in sorgfältiger Untersuchung, philosophierender Zusammenhangs-Erforschung schwierigster Wirklichkeit" (ebd.). Die herausragende Stellung der Praxis gegenüber der Theorie wird durch einen „reflexiven Status" (Müller 2000) gekennzeichnet, so dass Praxis unterhalb des Standes von Theorie abzuweisen ist.

In Blochs *Experimentum Mundi* wird deutlich, dass das „Weltexperiment" als ein offenes zu verstehen ist, statt der Verwirklichung eines vernünftigen Prozessziels kann auch das Ende auf dem „Abfallhaufen der Vereitelung" (EM 247) möglich sein. Hoffnung ist enttäuschbar. Daher ist das Weltexperiment auch nicht nur als Experiment an der Welt zu verstehen, sondern als *„Realexperiment der Welt selber.* Die Bewegung insgesamt transzendiert also dazuhin ohne Transzendenz, das heißt durchaus als Transzendieren, aber in die Immanenz hinein, mit Ankunft, Identität, Heimat in Sinn, als Sinn. Dem entspricht eine endlich betonte Ontologie des Noch-nicht-Seins im noch nicht Bewußten, noch nicht Gewordenen, beide wesend in den Perspektiven der Tendenz und Latenz, im Realexperiment der Kategorien [...] wie ihrer Materie nach vorwärts" (ebd., 263f.).

Theorie ist nicht kontemplativ zu verstehen, auch nicht als ein Erklären, was unmittelbar bloß ist. Auch weist Bloch die Vorstellung von Modellen oder Hypothesen ab, die positivistisch verifiziert oder falsifiziert werden: „So entsteht Hantierung mit ‚Modellen', die sich dauernd scheinbar der Anschauung anpassen, ohne daß ihnen in dieser das Geringste entspricht" (TLU 251), und es „berührt sich der neue Subjekt-Bezug, als Reales meinend, auch mit der kapitalistisch-idealen Form nicht, worin er immerhin zuerst erschienen ist. Diese Form ist, als erkenntnistheoretische, die der *Erzeugung,* nämlich der Erzeugung des Erkenntnisinhalts [...] aus seinem Kalkül" (ebd.).

Theorie versteht Bloch immer schon im Lichte von Theorie-Praxis. Der Kern der Sache sei noch nicht heraus. Dies impliziert ein Wirklichkeitsverständnis, nach dem diese eine „Tendenz auf Erscheinung des Wesens" (ebd., 260) hat. Die Inhalte haben ihre Geschichte, nicht nur im Sinne des Vergangenen, sondern auch des Zukünftigen. Theorie verweist so auf künftige Praxis des Realisierens, dessen, was latent in der Wirklichkeit schon vorhanden ist oder wozu sie tendiert: „Nur mit dem Index Tendenz und Latenz, nur innerhalb dieser Bestimmungs- und utopischen Realitätsarten kann der Kern der Sache bezeichnet werden; denn er ist für sich selbst noch nicht heraus. *Er ist selber nur erst in Tendenz und Latenz, in Realgärung und Realverschlossenheit, im objekthaften Chifferstand und Realgeheimnis.* Diese offene Bestimmung hat nicht das mindeste mit Agnostizismus gemein; schon deshalb nicht, weil sie keine ewige Unerkennbarkeit behauptet, sondern eine, welche mit aller Gewalt der Theorie-Praxis aufgehoben werden soll" (ebd., 262).

Theorie wird also nicht zu einem abstrakten Modell, zum Auspinseln einer Utopie oder „transzendenten Faktizität" (ebd.), das heißt „die Welt ist noch das Welträtsel selbst" (ebd. 263). Abstrakte Utopie hat Bloch zufolge mit „hypostasierender Spekulation genau das gemein, daß sie Wunsch- oder Idealkategorien als real in den Raum der Nicht- oder Noch-Nicht-Erfahrung hineinprojizierte. Marxismus als konkrete Utopie vertraute statt dessen erstens nur der Tendenz, zweitens malte er keinen sogenannten Zukunftsstaat aus" (ebd.).

Das Wesen ist zwar unfertiger Tendenzinhalt, aber negativ aus Tendenzen der Wirklichkeit utopisch erkannt. Theorie geht daher auf eine neue Wesensobjektivation, mit der die alte schwanger geht. In dem alten sokratischen Sinne spielt der Philosoph die Rolle eines Geburtshelfers. Erkenntnis und Tat sind *„beide zugleich Theorie und Praxis* also dem Weltlauf nicht nur zusehend wie die abstrakte Haltung" (ebd., 263f.). So wendet sich Bloch zugleich gegen Kant und gegen Hegel, weil beide auf verschiedene Art keine Theorie-Praxis haben. Kant wegen der ewigen Trennung von Sein und Sollen, Hegel deswegen, weil der „komplette Weltgeist es selber ist, der sich auch komplett selbstverwirklicht. Das Werden des Gewordenen kennt den Begriff nur als Zuschauer" (ebd., 264).

Aristoteles' Wirklichkeitsverständnis, die *entelechia*, wird von Bloch materialistisch gedeutet im Sinne der arabischen Aristoteliker. Die Materie wird aus einem bloß Passiven zu einem Fruchtbaren, Fruchtbringenden gemacht. Die modalen Bestimmungen des *kata to dynaton* und *dynamei on* (nach Maßgabe des Möglichen und In-Möglich-Sein) der Materie bestimmen das Verhältnis von Theorie und Praxis. Auf der einen Seite ist die Materie allein nicht in der Lage, das utopische Totum zu erlangen: „Allerdings kommt die Materie in ihrer rein passiven Potentialität ohne die tätige Zielform nicht zur Entfaltung. Als selber aus sich die Formen herausbringend wird sie erst viel später, bei Avicenna und Averroës gedacht" (ebd., 411). Auf der anderen Seite wird die Realisierung des Realisierenden schon bei Aristoteles angedeutet: „Dennoch gibt Aristoteles hierzu den entscheidenden Anstoß, zugleich auch mit der anderen viel zu wenig beachteten Modellbildung, der zufolge die Beziehung von Stoff und Form, von δύναμις [dynamis] und ἐνέργεια [energeia] als *Bewegung* gedacht werden muß. Von Aristoteles in dem lapidaren Satz ausgedrückt, κίνησις [kinesis], Bewegung, sei ‚unvollendete Entelechie'" (ebd.).

Der aristotelische Neologismus *Entelechie* enthält ‚*echein*' (haben) und *telos* und bedeutet so viel wie ‚sich am Ende haben', ‚bei sich angelangt sein' oder ‚heimgefunden haben'. Im Sinne der schellingschen Spätphilosophie verwendet Bloch Existenz und Wesen im Sinne eines „Daß" und „Was". Das „Dunkel des gerade gelebten Augenblicks" (ebd., 380) stellt den Anfang auch des Neuen dar. Das Neue „gründet im Jetzt und Hier und dem, was noch vor diesem im Unmittelbaren umgeht" (ebd.). Im Dunkel des gelebten Augenblicks „ist ausgesprochen, daß wir an der Stelle, wo wir uns befinden, nicht sehen. Erst wenn dieser Augenblick vergangen ist oder zuvor, wenn er noch erwartet wird, haben wir eine Ahnung von ihm. [...] Präsens ist noch keine Präsenz" (ebd., 386). Das Dasshafte hat noch nicht *sein* Was gefunden, das Bekannte ist noch lange nicht erkannt.

Theorie kann sich aus sich heraus noch nicht vollenden, es bedarf der künftigen Erscheinung des Wesens. Dies gilt auch bereits in einem nicht ultimativen Sinne, so dass die Sinnlichkeit als praktische auch ein Erkenntnisvermögen ist. „Entscheidend aber ist die in der Praxis – als der wirklichen Realisierung – sich anbahnende Deckung des Etwas mit dem Was oder adäquaten Inhalt des Subjekt-Objekt-Daß. Entscheidend ist die Verwandlung der sinnlichen Fremdkörper in Dinge für uns – bis zur ‚Naturalisierung des Menschen, Humanisierung der Natur'" (ebd., 128).

Das Alpha wie Omega Blochs, sein letztes Thema, ist die Realisierung des Realisierenden, was eine Frage der „Frontexistenz" ist, die auf eine, sei es noch nicht gelungene, sei es noch nicht vereitelte „Heimfindung" abzielt. Ihr Anfang, ihr Zuvor ist ein Dasshaftes, das sein Was noch nicht gefunden hat.

→ *Latenz; Marxismus; Prozess; Realisierung des Realisierenden; Tendenz; Ultimum*

📖 Bacon 1982; Müller 2000; Plotin 1951f.

Martin Blumentritt

Traum

Der Traum ist in der Philosophie Ernst Blochs eine zentrale Artikulationsform des antizipierenden Bewusstseins. Nacht- und Tagträume gestalten Wunschbilder, die die als defizitär erlebte Wirklichkeit überschreiten und Projektionen eines besseren Lebens enthalten, die zum Ausgangspunkt für gesellschaftliche Veränderungsprozesse werden können. Besonders Wachträume bergen nach Bloch ein hohes sozialutopisches Potenzial.

Aus neurologischer Perspektive sind Träume eine ungesteuerte Aktivität des Gehirns, vornehmlich während des Schlafes, die mit Wahrnehmungserlebnissen verbunden ist, die aus neu gestalteten und kombinierten Tageserlebnissen bestehen können. Die Psychoanalyse (Freud) betrachtet Traumbilder als verschlüsselte Sprache des Unbewussten, die zu verborgenen Strukturen des individuellen Seelenlebens führt, wenn man sie auf dem Wege der Traumdeutung lesbar macht. Als anthropologisches Universale sind Träume seit jeher Gegenstand von Religion, Philosophie und Dichtung, aber auch des Volksglaubens und der Magie. In fast allen Kulturen findet sich eine reiche Tradition der Traumdeutung. Artemidors *Oneirokritikon* ist bis weit in die Neuzeit die im Abendland einflussreichste Lehre von den überindividuellen Traumsymbolen. Die – u. a. von Aristoteles abgelehnte – Vorstellung, Träume offenbarten den Willen Gottes oder enthielten Prophezeiungen zukünftiger Ereignisse, ist sehr alt und lässt sich ebenso in der Antike (Homer, Vergil) wie in der Bibel und in orientalischen Kulturen (Mesopotamien, Ägypten) nachweisen. Im Alten Testament ist der Traum ein Offenbarungsmedium, z. B. im Buch *Daniel*. Im Neuen Testament lenkt Gott die Ereignisse über Träume einzelner Protagonisten, z. B. Josefs und der Sterndeuter in der Erzählung von Geburt und Kindheit Jesu. Während vormoderne Epochen eine umfangreiche Literatur zur spirituellen Traummantik hervorgebracht haben, führte die Aufklärung Träume primär auf physiologische Vorgänge zurück (Kant) und ebnete damit den rationalen Traumerklärungen im 19. und 20. Jahrhundert, u. a. der Neuro- und Kognitionspsychologie, den Weg (vgl. HWP 10, Sp. 1461–1473 u. 12, Sp. 13–16; TRE 34, 28–50).

Der Traum nimmt in Blochs Philosophie einen zentralen Platz ein und erfährt im Vergleich zur theologischen und philosophischen Tradition eine völlig neue Deutung. Denn in bestimmten Erscheinungsweisen interpretiert Bloch ihn über die klassische prophetische Funktion hinaus als eine Aktivität des antizipierenden Bewusstseins, das die gegenwärtig gegebene Welt denkend überschreitet und auf dem Weg eines von Hoffnung getragenen Vorgreifens in die Zukunft ein neues, besseres Leben imaginiert. Träume, besonders solche „nach vorwärts" (PH 1616), bergen ein großes utopisches Potenzial, indem sie im Sinne von Karl Marx' „Traum von einer Sache" Alternativen zur Wirklichkeit entwerfen und so zur Keimzelle individueller und gesellschaftlicher Veränderungen werden können, an deren Ende „eine uns adäquate Welt" steht, „ohne unwürdige Schmerzen, Angst, Selbstentfremdung, Nichts" (ebd., 17). Für Bloch sind besonders Träume, die den Mangelerfahrungen des Daseins Bilder einer positiven Wunsch- und Idealexistenz entgegenstellen, Movens des historischen Prozesses in Richtung auf ein endlich gelingendes Leben, auf „Heimat" (ebd., 1628). Sie sind Ausdruck eines Defizits, das nach Aufhebung drängt und Veränderung intendiert. Wunschträume sind insofern ein implizites „Nein zum Mangel" (ebd., 3), und sie gehören für Bloch untrennbar zum Wesen des suchenden, unzufrieden strebenden Menschen, der in seiner Imagination ein Noch-Nicht entwirft, das real werden soll, und dadurch den Weltprozess vorantreibt. Träume von einem besseren Leben sind für Bloch eine fundamentale anthropologische Konstante. Sie entspringen dem spezifisch menschlichen Vermögen zum Überschreiten des Gegebenen und Vorgefundenen: „Denn die menschliche Seele umspannt alles, auch das Drüben, das noch nicht ist" (GdU 1, 443; vgl. LV 3, 153–161).

Der zentrale Text für Blochs Traumtheorie ist das 14. Kapitel im *Prinzip Hoffnung* (PH 86–128). Es enthält die grundlegende Unterscheidung zwischen Nacht- und Tagträumen und die Auseinandersetzung mit der Traumdeutung Sigmund Freuds. Aufschlussreich ist daneben auch der Essay zum „Traum von einer Sache" in den *Philosophischen Aufsätzen* (PA 163–169), der berühmten Formel Karl Marx', die Bloch in seinen Werken immer wieder aufruft.

Nachtträume haben für Bloch ein geringeres utopisches Potenzial als Tagträume (vgl. TLU 288f.), aber auch sie können als „fiktive Erfüllungen einer unbewußten Wunschphantasie" (PH 87) indirekt antizipatorisch wirken, indem sie Mangelzustände halluzinatorisch aufheben. Bloch unterscheidet drei Charakteristika des Nachttraums, die ihn zu einem Raum für Wunscherfüllungen machen: 1. Im Schlaf ist die Zensur-Instanz des Ich weitgehend ausgeschaltet; Denkverbote des Wachzustandes fallen weg. 2. Elemente des Tageslebens nimmt der Nachttraum zwar auf, doch er kann sie frei neu kombinieren und assoziativ modifizieren. 3. Im Nachttraum bricht die kindliche Triebwelt unzensiert wieder durch und überwindet sämtliche später erworbenen, zweckrationalen und logischen Kategorien. Durch diese drei Eigenschaften schirmt der Nachttraum das Bewusstsein für die Dauer des Schlafes von der Außenwelt ab und schafft einen Freiheitsraum für Wunschbilder, die sich infolge der nie ganz entmachteten Zensurinstanz des Ich allerdings zumeist nur in symbolischer Einkleidung zeigen und für den Träumer verschlüsselte „Kriminalgeschichten seiner selbst" (ebd., 90) inszenieren. Trotz ihres Symbolismus' erkennt Bloch aber auch den Nachtträumen eine antizipatorische Qualität zu, denn ihre Bilderwelten beheben mittelbar Defizite und befriedigen imaginativ unerfüllte Wünsche. Sie verbessern und ergänzen so die während des Tages erlebte Wirklichkeit. Sogar Angstträume sind Ausdruck des Wunsches nach einer Veränderung der real erlebten Welt, indem sie nicht nur auf zurückliegende Lebenserfahrungen (Freuds „Tagesreste") reagieren, sondern vorausweisend „die objektive Sorge des Kommenden" (ebd., 94) artikulieren. Bloch distanziert sich damit von der Traumdeutung Sigmund Freuds, der Angstträume vor allem als Ausfluss der Primärangst vor dem Verlust des zentralen Libido-Objektes, der Mutter, interpretiert, und wirft ihm „Psychologismus […] ohne soziale Umwelt" (ebd., 93) vor, der nur in die frühe Kindheit zurückweise und dabei verkenne, dass es in erster Linie „gesellschaftliche Blockierungen des Selbsterhaltungstriebs" (ebd., 95) seien, die nach vorne drängende Wünsche im Individuum vernichteten und dadurch Angst und Verzweiflung hervorriefen (vgl. aber Gekle 1986, S. 268–310). Noch schärfer weist er die Traumlehre C. G. Jungs zurück, die Nachtträume als Schauplatz der Reaktivierung archaischer Archetypen des kollektiven Unbewussten erklärt. Jungs statische Urbilder sind für Bloch rein regressive Mythisierungen ohne jede schöpferische Kraft, Ausdruck des reaktionären Denkens einer „müde[n] Bourgeoisie" (EdZ 347) und der Ideologie von „Blut und Boden" (TLU 289) gefährlich nahe.

Im Zusammenhang seiner Philosophie der Utopie wichtiger sind für Bloch die Tagträume, die sich im Wachzustand bei vollem Bewusstsein einstellen bzw. vom Träumer selbst aktiv aufgerufen und ausgestaltet werden. Sie bauen „Luftschlösser auch als Planbilder und nicht immer nur fiktive" (PH 96). Anders als Freud erblickt Bloch in Tagträumen nicht nur eine Vorstufe der Nachtträume und einen Freiraum für das Spiel mit verdrängten Triebbefriedigungen, sondern sie greifen auf eine erstrebenswerte Zukunft vor, die dem Träumenden die Erfüllung seiner individuellen und gesellschaftlichen Wünsche und Hoffnungen bringt und der „eine Sphäre wie immer bestimmter Realität korrelativ gegenübersteht" (GdU 1, 444). In diesem Sinne sind Tagträume antizipierend, und anders als Nachtträume entwickeln sie Lebensszenarien, die im besten Falle „zum klug-erfahrenen Plan" (PH 102) werden und zum Kampf um ihre Realisierung führen. Diese Lebensszenarien gewähren oft konkret Lebenshilfe, denn es gibt „keinen Menschen, der ohne die wohltätigen Folgen des Träumens auch nur einen Schritt gehen könnte oder gar imstande wäre, sich zu seiner Tagesarbeit zu erheben" (GdU 1, 55). Während das Ich während des Nachttraums weitgehend ausgeschaltet ist, ist es beim Tagtraum selbst der frei gestaltende Urheber der Traumbilder und agiert ohne jede Zensur. „Der Träger der Tagträume ist erfüllt von dem bewußten [...] Willen zum besseren Leben, und Held der Tagträume ist immer die eigene erwachsene Person" (PH 101). Insofern weist der Tagtraum über das Gegebene und Gegenwärtige hinaus und imaginiert höchst bewusst und kreativ eine bessere Welt, die im Unterschied zum Nachttraum den Träumenden übersteigt und andere Menschen mit einschließt, d.h. „öffentlich verbessern" (ebd., 103) will. Tagträume verlassen den individuellen Innenraum und streben nach Weltveränderung. Hierdurch besitzen sie eine sozialutopische Kraft, die historische Veränderungsprozesse anstoßen kann. Sie sind gesellschaftlicher „Sprengstoff" (PA 169), zumal dann, wenn sie kollektiv geträumt werden. Als „Phantasieexperimente der Vollkommenheit" (PH 106) sind sie nicht nur der Kern jeder Liebessehnsucht und erotischen Phantasie (vgl. ebd., 368–387), sondern artikulieren sich auch in Kunst, Musik, Religion und Wissenschaft und bilden die Voraussetzung jedes revolutionären Prozesses, indem sie Wünsche nicht nur vergeistigen, sondern deren konkrete Erfüllung vorscheinen lassen. In Abgrenzung zur Psychoanalyse Freuds, die im Tagtraum vor allem ein Instrument der individuellen Sublimierung und kompensatorischen Regression erkennt, wertet Bloch den Wachtraum als kollektive Keimzelle utopischer Hoffnungsinhalte auf, der „einer immerhin gestaltbaren Möglichkeit" (ebd., 111) den Weg weist, und dies selbst dann noch, wenn er Archaisches aufgreift, dessen utopisches Potenzial noch nicht hinreichend artikuliert wurde. Der Ursprung des Tagtraums ist eine Stimmung „zwischen Trübe und Heiterkeit" (ebd., 120), die die Phantasie dazu anregt, Bilder eines besseren Lebens zu schaffen, die

Neues enthalten und dadurch die erlebte Wirklichkeit transzendieren. Es gibt nach Bloch vorgreifende Wachträume der Angst und – als deren Gegensatz – solche der Hoffnung. Hoffnungsszenarien sind der Gegenpol zu jeder Verzweiflung, da sie die Erwartung eines guten Endes in sich bergen: Während „die negativen Erwartungsaffekte und ihre utopischen Bilder letzthin das Höllenhafte als ihr Unbedingtes intendieren, haben die positiven Erwartungsaffekte ebenso unausweichlich das *Paradiesische* im Unbedingten ihres letzthinigen Intentionsgegenstandes" (ebd., 127). Sie zielen in Richtung eines erhofften Zustandes des Ich und der Welt, der zum Inhalt des Noch-Nicht-Bewussten gehört, und sind dadurch ein Medium der Utopie.

→ *Antizipation*; *Noch-Nicht*; *Novum*; *Objektive Phantasie*; *Vor-Schein*

𝌀 BLOCH, J. R., 1995; GEKLE 1986; GEOGHEGAN 1996; HORSTER 1987; RIEDEL 1994; SCHMIDT, B. 1985; ZIMMERMANN 2001; ZUDEICK 1987; ZYBER 2007.

Heiko Hartmann

Ultimum

Die Kategorie Ultimum ist ein Grenzbegriff und deutet auf die im Moment der Verwirklichung als Vorschein gegebene letzte Identität zwischen Existenz und Essenz („Dass" und „Was"), auch bildhaft „Heimat" genannt. Das Ultimum ist in allen Ereignissen das Gleiche. Es ist der „noch ungewordene totale Zielinhalt selber" (TE 233), der nur als Symbolintention auf mannigfache Weise präsent ist.

Das Äußerste oder die letzten Dinge sind verborgen (*ultima latet*, urspr., ‚Die letzte Stunde bleibt verborgen'). Jener Teil der Philosophie Blochs, der sich mit dem letzten Erwartungshorizont der Erfahrung beschäftigt, kann als ein einziger Versuch verstanden werden, diesen Grundsatz der Eschatologie auszulegen. Bloch erhält dabei wesentliche Anregungen aus der Tradition, insbesondere der jüdisch-christlichen Tradition, bleibt aber immer dabei, „dass über alles bisher Gedachte hinauszudenken, über alles bisher Gewollte hinauszuwollen ist" (Kimmerle 1974, 297). Die Eschatologie war bisher eine Sache der

Theologie. Bloch will sie als eine philosophische Angelegenheit verstanden wissen, wobei die Philosophie die Theologie ausdrücklich überschritten hat. Für Bloch ist es entscheidend, dass der Begriff des Ultimum in der religiösen Tradition Europas als *primum* und nicht als *novum* gedacht worden ist und immer abzielt auf das Wiederentdecken oder Wiederkehren eines verlorenen und doch bereits vollendeten Anfangs. In dieser Gestalt bestimmt das Ultimum auch noch das Denken Hegels, der deswegen die Geschichte oder den Prozess nur als Kreislauf und Erinnerung aufzufassen vermag. Das Ultimum war im bisherigen Denken immer eine *restitutio in integrum* (TE 234). Bloch versucht, unter Beibehaltung der Idee, dass das vergangene Leid ungeschehen gemacht werden soll und dass es noch Zukunft in der Vergangenheit gibt, das Letzte nicht als Restauration, sondern als wirklich neue, noch ausstehende Erfüllung zu denken. Weil Bloch an einem so seins- wie denknotwendigen Begriff eines Ganzen festhält, bleibt er ein metaphysischer Denker, aber weil er diese Totalität als noch nicht und als überhaupt noch nie da gewesen und insofern nur der Hoffnung zugänglich versteht, befindet er sich zugleich auf entschiedene Weise in einem kritischen Verhältnis zur klassischen Metaphysik. Hierin liegt wohl auch das auszeichnende Merkmal seiner Philosophie. Für die theologische Rezeption der Philosophie Blochs ist die Kategorie des Ultimum zentral. Moltmann (vgl. Moltmann 1964) verwendet Blochs Ideen für seinen Versuch einer Erneuerung der christlichen Eschatologie.

Das Ultimum drückt somit aus, dass die Geschichte ein Ende hat. Es ist das „dialektische Erspringen" (TE 234), als welches das Ende in der Geschichte tendierend versucht und intendiert anwesend ist. Sowohl Novum als auch Ultimum und Front sind gleichursprüngliche, einander wechselseitig bedingende Begriffe: Das Novum ist nur möglich als versuchtes Ultimum an der Front der Geschichte; das Ultimum ist der neue Versuch eines bisher noch nie Dagewesenen und nicht bloße Wiederholung eines verlorenen Ursprungs. Erst am Ende des Verwirklichungsprozesses wird das am Anfang Gegebene im Unterschied zwischen intensivem Dass-Grund und Was-Gestalt, im Unterschied zwischen Sein und Seiendem, vollständig und mit sich und allem versöhnt. Das Ultimum garantiert das Novum, und umgekehrt garantiert das Novum, dass das Ultimum nicht als Rückkehr zum Ursprung missverstanden werden kann. Das Ultimum funktioniert daher auch als (negatives) Maß für die Kritik am Bestehenden, und als Reflexionsbegriff macht es aufmerksam auf das, was im Verwirklichen als noch Ungewordenes zurückbleibt und daher exterritorial ist im Verhältnis zum Prozess der Geschichte. Das Ultimum ist die Hoffnung auf die Totalität als das Alles in Allem; eine Hoffnung, welche in jeder Situation über sich hinausweist und doch Bedingung ist für, zugleich aber auch bedingt ist durch die konkrete Verwirklichung neuer Situationen. Das Ultimum unterliegt dabei auch der Konfrontation mit dem Tode als der „stärksten Anti-Utopie". Die eschatologische Dimension ist schon von den ersten Schriften Blochs an eine Konstante in seinem Denken. Dabei ist es wichtig zu bemerken, dass es hier immer um ein noch im Werden befindliches Endziel geht, das wir durch schöpferische Arbeit explizit zu machen haben: „Diejenige [Lage], welche zu uns paßt, muß erst noch gefunden, erkämpft werden" (aus: „Eigens versteckt", 1910; PA 13f.). Seit *Geist der Utopie* (1918) ist es für Bloch klar, dass das Endgültige oder die Utopie, in der Tradition gemeinsam mit dem Terminus „Apokalypse" gedacht, uns gegeben ist als die im Kern der Existenz liegende Frage an uns selbst, eine noch auf keine Antwort hin formulierbare, völlig offene Frage („Die Gestalt der unkonstruierbaren Frage"; GdU 1, 343). Das Staunen, als Anfang der Philosophie, ist wiederum die traditionelle Ausdrucksweise dafür. Im Staunen begegnen wir einem Aspekt unserer „Lage", nämlich, dass sich etwas überhaupt noch nicht auf dem Wege der Verwirklichung befindet und es deswegen in allen Erfahrungen das Gleiche ist. Es verweist auf die noch ausstehende, aber doch schon als Geheimnis vorgegebene Identität zwischen „Dass-sein" und „Was-sein". Das Staunen ist ein Urphänomen und kann nur poetisch angemessen dargestellt werden. Bloch verweist häufig auf eine Stelle in Knut Hamsuns *Pan*: „Ich sehe einen einzelnen Grashalm an, er zittert vielleicht ein wenig, und mich dünkt, das ist etwas; und ich denke bei mir: hier steht nun dieser Grashalm und zittert!" (SP 216). In dieser Erfahrung ist etwas gegeben, das sich nicht reduzieren lässt auf eine Kausalerklärung – wir haben es hier zu tun mit einer Erfahrung der Grundlosigkeit, ein einfaches So-Sein, die sich als Frage, als Staunen, äußert und die auf uns wirkt, indem wir spüren, dass wir mit ihr etwas anfangen müssen. Diese Erfahrung eines Geheimnisses ist das, „was den Metaphysiker von den bloßen Rechnungsräten der Welterklärung unterscheidet" (ebd., 217). Das Einlösen des Geheimnisses wird gedacht unter dem Zeichen des Endziels, der Utopie. Aber die am Anfang des Denkes wie Existierens gelegene unkonstruierbare Frage bleibt dabei richtungweisend: Inmitten aller kategorialen Verwirklichung bleibt dieser Kern exterritorial. Wir können sagen, dass für Bloch Anfang und Ende im radikalen Sinne außerhalb des historischen Prozesses liegen (obzwar nicht als transzendentes, vorab bestehendes Reich oder Sphäre), und als solche den Prozess, das Transzendieren oder Überschreiten selbst, erst ermöglichen. Es ist hier erläuternd zu verweisen auf eine zentrale Bemerkung über den Verwirklichungsprozess in *Experimentum Mundi*: „Daß aber zwischen Daß und Was überhaupt bezogen werden kann: diese Beziehung ist selber die Grundkategorie, und alle anderen führen sie nur aus" (EM 71). Die Grundkategorie ist, ebenso wie der Grund selbst, ein Ungrund, eben das Geheimnis (vgl. auch Blochs Leipziger Vortrag über Schelling; LV 4, 229–240). Es verbindet Ratio („Was-Gehalt") mit Willen („Daß-Anstoß"): „Wir stehen also wieder bei dem Problem des Ursprungs des Endlichen und des Wirklichen. Wir haben die Rezeption von Böhme schon kennengelernt in dem Wort ‚Ungrund', das ein Böhmischer Ausdruck ist, womit das Nichtlogische des Grunds bezeichnet wird. Grund klingt ja logisch und ist es; Grund und lateinisch *ratio* sind dasselbe, englisch ‚reason' bedeutet Vernunft und Grund. Darum Böhmisch ‚Ungrund'. Weiterhin Böhmisch ist die Umschreibung dieses Ungrunds mit Hunger, Gier, Erregung, Setzung, Willenshaftem. Hunger ist emotional, und Emotionen gehören zur Willenssphäre, befriedigter oder unbefriedigter Wille erregt Affekt, Lust oder Unlust" (ebd., 230). Nur am Ende des Verwirklichungsprozesses wird eine völlige „Deckung" zwischen Dass und Was verwirklicht sein, aber diese gibt es noch nicht, auch nicht als Ideal. Sie muss erst im dialektisch-materialistischen Prozess herausprozessiert werden und ist nur als Richtungsinvariante im Staunen da. Es handelt sich hier auch nicht um die „Entwicklung" einer schon implizit gegebenen Identität, sondern um ein unterbrochenes und unterbrechendes Versuchen und Überschreiten im Lichte des Ultimum. Der Chiliasmus, auf den Bloch sich in diesem Kontext immer wieder bezieht, soll nicht missverstanden werden als die Lehre des historisch realisierten Königreichs Gottes auf Erden, sondern als die – in religiöse Begriffe gekleidete – Andeutung von dem, was bei Bloch „konkrete Utopie" heißt: als ein transzendierendes, historisch geortetes Handeln in der Hoffnung auf das exterritoriale Endziel. Die konkrete Utopie enthält die Überwindung des Krieges, aber nicht des Kampfes, und ist die Realisierung des bereits möglichen menschlichen Glücks. Als solches ist sie tatsächlich in Übereinstimmung mit dem Chiliasmus als „die in christlicher Eschatologie wurzelnde Annahme, daß zwischen dem letzten Akt der Weltgeschichte und dem Beginn des göttlichen Reichs eine Zwischenzeit von 1000 Jahren liegen wird, in der Christus mit den beim Weltende auferstandenen Gläubigen in Frieden und Glückseligkeit herrscht" (WPB 126). Die im Staunen der unkonstruierbaren Frage gelegene Symbolintention des Ultimum öffnet den Zwischenbereich zwischen der geschichtlichen Zeit und dem Messianischen. Der von Marx übernommene historische Materialismus wird insoweit von Bloch bejaht, als er mit dem Begriff des Klassenkampfes erklärt, wie bestimmte Inhalte sich historisch durchsetzen, bis eine Lage erreicht worden ist, in welcher der Klassenkampf überwunden werden kann und die Zeit anbricht, in der die eigentlich konkrete Utopie anfangen kann. Diese ist aber selbst noch nicht die „wirkliche Genesis" des „Endes" (PH 1628), sondern nur der Beginn und deren Anfang (ebd.): Das ist es, was Bloch „Heimat" nennt. Der kategoriale Terminus Ultimum deutet also auf die Grundkategorie, genauer: die Offenheit, die in der Grundkategorie erfahrbar wird und die sich auslegen lässt als die latente Weise, in der die letzten Dinge in der konkreten Geschichte anwesend sind.

Kehren wir zur ersten Ausgabe von *Geist der Utopie* (1918) zurück. Die zentralen Gedanken über das Ultimum und seine Beziehung zu den konkreten Ereignissen (zur Geschichte) finden wir hier knapp formuliert, obzwar ohne den kategorialen Terminus selber, der erst in *Das Prinzip Hoffnung* und später ausführlich in der *Tübinger Einleitung in die Philosophie* und in *Experimentum Mundi* verwendet wird: „Wahrscheinlich ist das Staunen selbst jeweils identisch, sowohl dem Akt wie dem tieferen Gegenstand nach, auf den es sich hinter den Auslösungen bezieht, und nur den Stärkegraden nach verschieden. Ein Tropfen fällt und es ist da; eine Hütte, das Kind weint, eine alte Frau in der Hütte, draußen Wind, Heide, Herbstabend, und es ist wieder da, genau so, dasselbe; oder wir lesen, daß sich Dimitri Karamasow im Traum verwundert, wie der Bauer immer ‚Kindichen' sagt, und wir ahnen, hier wäre es zu finden; ‚die Ratte, die raschle so lange sie mag! Ja wenn sie ein Bröselein hätte!', und wir fühlen, bei diesem kleinen, schnöden, sonderbaren Vers aus Goethes Hochzeitslied, hier in dieser Richtung liegt das Unsagbare, das, was der Knabe liegen ließ, als er wieder aus dem Berg herauskam, ‚vergiß das Beste nicht!' hatte der Alte zu ihm gesagt, aber noch keiner konnte dieses Unscheinbare, tief Versteckte, Ungeheure jemals im Begriff entdecken" (GdU 1, 364). Das Staunen ist immer identisch, also exterritorial zum Vorgang, und bezieht sich immer auf das Gleiche, das Letzte oder das Ultimum, das "tief" und "tief versteckt" ist. Unscheinbare Anlässe fördern es zu Tage, und es unterbricht, indem es "schnöde" überschreitet. Die konkrete Utopie (das ersehnte "Bröselein") ist noch nicht das Ultimum, das ja noch nie in Begriffen vorhanden war, und besteht also als Offenheit im Abstand zwischen Dass und Was, aber ebenso als Richtung und Gerichtetsein auf "das Beste" hin. Die Zeit, die durch das Staunen als aufs Ultimum vorlaufend eröffnet wird, ist nicht die geschichtliche (oder wie Marx sie nennt: die prähistorische) Zeit, sondern eine "Hoch-Zeit" der chiliastischen Erwartung oder konkret-utopischen Hoffnung (vgl. PH 381–385 u. 740–746; AiC 267–278; MP 255–257). Die buchstäbliche Hoch-Zeit als Anfang von Heimat in der Liebesbeziehung (und somit deren *Radikal-Werden*; PH 1628) verleiht "Breite und Dauer" (GdU 1, 351) hinsichtlich des Hoffnungsaffektes des Verlangens, des (sexuellen) Eros. Hier gibt es auch Querverbindungen zu den Themenkomplexen des Feierns, der Freizeit und Muße und der Pastorale (vgl. "Achtstundentag, Welt im Frieden, Freizeit und Muße"; PH 1039–1086).

Im *Prinzip Hoffnung* wird die Kategorie des Ultimum ausdrücklich eingeführt (ebd., 233ff.), und auch hier wird betont, dass das Ultimum als Kern oder besser: Grenzfall des Neuen, also als Versuchsgestalt von Identität, zu betrachten ist: "Das dialektische Entspringen dieses totalen Inhalts wird nicht mehr durch die Kategorie Novum, sondern durch die *Kategorie Ultimum* bezeichnet, und an dieser freilich hört die Wiederholung [des „noch ungewordenen totalen Zielinhalts"] auf. Doch nur dadurch hört sie auf, daß im gleichen Maß, wie das Ultimum die letzte, also höchste Neuheit darstellt, die Wiederholung [die unablässige Repräsentiertheit des Tendenzziels in allem progressiv Neuen] sich zur letzten, höchsten, gründlichsten Wiederholung: der Identität steigert. Wobei die Neuheit im Ultimum kraft des totalen Sprungs aus allem Bisherigen heraus geradezu triumphiert, doch eines Sprungs zur aufhörenden Neuheit oder Identität" (ebd., 233). Bloch bespricht die Geschichte des Denkens über das Ultimum, und sieht bereits im alttestamentlichen Exodus-Motiv einen Hinweis darauf, dass es den totalen Zielinhalt noch nicht gibt. In der Geschichte der Philosophie ist Identität nur als am Ursprung stehend, als Verlorengegangenes und Wiederzufindendes gedacht worden. Von Platon bis Hegel herrscht die Idee der Anamnesis, des „grundsterilen Zyklus" (ebd., 234). Für Bloch wird das, was „Anfang" bedeutet, erst klar am Neuen des totalen Zielinhalts, des Endes: die Verwirklichung des Verwirklichens selber „fängt erst an zu beginnen" (ebd., 235), in der

Geschichte in Gestalt des schöpferisch tätigen Menschen, in der Natur als wesendes Natursubjekt. So muss klar gesehen werden, dass das Ultimum, das „Reich der Freiheit" (ebd.), einerseits außerhalb der Geschichte liegt und eigentlich nicht entlang des geschichtlichen Weges herbeigeführt werden kann, andererseits eben das in der Geschichte „stets gemeinte" (ebd.) ist. Bloch verwendet am Ende seiner Erörterung der Kategorie *Ultimum* den Terminus „gelobtes Land": Das Reich der Freiheit sei das „durch den Prozeß gelobte Land". In religiöser Sprache drückt Bloch damit aus, dass die Beziehung zwischen Geschichte und Endziel eine der Terminologie (des Ausdrucks) ist, der schöpferischen Manifestation und der hoffenden Erwartung, nicht aber eine der effektiven oder sogar teleologischen Kausalität, obzwar jenes Ausdrucksverhältnis zum immer weitergehenden, umstürzenden Fortschritt aufruft. An manchen Stellen verwendet Bloch den der Kunstgeschichte entliehenen Begriff des *Goldgrundes*, auf den bei Ikonen das Bild aufgetragen wird, um dieses Verhältnis anzudeuten (vgl. TE 229). Diese Beziehung zeigt mehr Ähnlichkeit zu der Beziehung zwischen Ding an sich und Erscheinung bei Schopenhauer (und hier liegt auch die Bedeutung des Expressionismus für Bloch; vgl. PM 81), als zum eindimensionalen Fortschrittsdenken der technokratischen Utopien.

Wie die Kategorien *Novum* und *Front*, ist die Kategorie *Ultimum* eine quasi-formelle; sie hilft uns in der Analyse konkreter Ereignisse und beim Verstehen unserer Erfahrung. Sie verweist auf einen allgemeinen Charakterzug der (menschlichen und außermenschlichen) Wirklichkeit. Bloch hat mir ihr versucht, die ausgedehnte Geschichte der Eschatologie zu beerben, um ihr in seinem Denken einen Platz zu geben. Ob er dabei immer seinen eigenen ontologischen Voraussetzungen treu geblieben ist, steht freilich dahin. So spricht er im Abschnitt über das *Ultimum* in der *Tübinger Einleitung* von „prozessual vorgehender Lösung des Grunds dieser Welt" (TE 230), wobei mindestens der Eindruck erweckt wird, dass die Lösung am Ende der Geschichte steht wie das Geschenk am Ende des Auspackens. Das ist aber keineswegs der Fall: Nicht nur wird die Lösung im Prozess überhaupt erst hergestellt, sondern auch das Endziel ist exterritorial zum Prozess. Die Hoffnung muss hier das Paradox vermitteln.

Die Kategorie *Ultimum* spielt schließlich auch eine Rolle in der Ethik und, wie schon angemerkt, in der philosophischen Anthropologie. Diese Rolle ist von Bloch nicht in Detail ausgeführt worden, aber in der *Tübinger Einleitung* (TE 165ff.) wird der Unterschied zum

Existenzialismus dargelegt und die Ethik einer Philosophie der Hoffnung abgegrenzt vom Absurden (wie in *Sisyphus* von Camus als Verkörperung einer Ethik ohne Hoffnung) und vom Absolutismus der jeweils autonomen Handlung bei Sartre. Das Ultimum führt zu einem Sich-in-Existenz-Verstehen und liegt damit an der Basis der Ethik, aber keine Handlung geschieht aus purer Freiheit, keine Handlung ist absolute und ausgemachte Selbstbestimmung, da auch die Vergangenheit noch Hoffnung hat, und der Hoffnunglosigkeit wird ein „Optimismus mit Trauerflor" gegenübergestellt. Die Gestalt des Odysseus – „Ich heiße Niemand" – zeigt, auch im Bereich der philosophischen Anthropologie und Ethik, wie sehr der Anfang im absoluten Staunen und die Identität am Ende im konkreten Lebensvollzug nur gemeinsam auftreten.

→ *Dialektik; Front; Grund; Latenz; Materie; Novum; Tendenz; Utopie*

📖 KIMMERLE 1974; MOLTMANN 1964.

Johan Siebers

Ungleichzeitigkeit, Gleichzeitigkeit, Übergleichzeitigkeit

Ungleichzeitigkeit kann im komparativen Sinn verwendet werden und sich auf den unterschiedlichen Entwicklungsstand synchroner und vergleichbarer Prozesse innerhalb oder zwischen Gesellschaften beziehen. Für Bloch ist die diachrone Bedeutung des Begriffs wichtiger: sie zeigt an, dass in einer gleichen Zeit verschiedene Zeiten präsent sind und das Vergangene nicht ganz vergangen ist. Ältere Sozialstrukturen, Mentalitäten oder Emanzipationsprojekte wirken als unerledigte Vergangenheit objektiv weiter und können durch den subjektiven Faktor revitalisiert werden. Bloch arbeitet speziell das Beerbbare im Vergangenen heraus. Er misst also das Ungleichzeitige nicht wie üblich lediglich am Maßstab des Gleichzeitigen, sondern befragt beides im Blick auf seine Zukunftsfähigkeit, auf Übergleichzeitigkeit. Die Analyse der Konfliktlage einer Gesellschaft muss ihrer temporalen Vielschichtigkeit Rechnung tragen und darf sie nicht auf einen strukturlogisch dominierenden *gleichzeitigen* Antagonismus reduzieren. In den gleichzeitigen Widersprüchen sieht Bloch „verhinderte, im Jetzt enthaltene Zukunft" (EdZ 122), in den ungleichzeitigen Widersprüchen durchkreuzte oder unvollendete Geschichte am Werk. Im Nationalsozialismus hat er eine wirkmächtige Verbindung und Mobilisierung von gleichzeitigen und ungleichzeitigen Widersprüchen erkannt. Zu ihrer Überwindung formuliert *Erbschaft dieser Zeit* das Programm einer mehrschichtigen, mehrzeitlichen und mehrräumigen Dialektik. Sie stellt das moderne Denkschema der einlinig fortschreitenden Geschichte in Frage.

Ungleichzeitigkeit ist eine Kategorie der Moderne, die sich, indem sie sich selber als „Neuzeit" setzt, zugleich von allen vorangehenden Epochen loslöst. Sie holt das ausgeschiedene Andere in einer temporalen Struktur wieder herein, wobei sie dem Früheren auf der Zeitachse einen subalternen Platz zuweist: Ungleichzeitiges erscheint zugleich mit der *einen* Zeit der Geschichte. Wird die Gleichzeitigkeit von Ungleichzeitigem auch erst im 20. Jahrhundert begrifflich explizit ausgearbeitet, so gehört sie doch, wie Reinhart Koselleck gezeigt hat, zu den Hauptmerkmalen der „Sattelzeit" zwischen 1750 und 1850, in der sich das Selbstverständnis der europäischen Moderne konstituiert. Es ist kein Zufall, dass darin die Bewegungsbegriffe „Geschichte", „Fortschritt", „Revolution", „Entwicklung" und „Emanzipation" eine zentrale Rolle spielen. Die neuen Wortbildungen – allesamt Kollektivsingulare – zeigen die semantischen und realen Veränderungen an, die im Umfeld der französischen Revolution eingeleitet werden. „Der Schritt von den Geschichten im Plural zur einen Geschichte überhaupt im Singular indiziert wortgeschichtlich einen neuen Erfahrungsraum und einen neuen Erwartungshorizont" (Koselleck 1979, 264).

Das Übersteigen von Überliefertem ist zwar schon seit dem 5. Jahrhundert ein Bestandteil des abendländischen Geschichtsbilds. Das Wort „modern" drückt seitdem das Selbstverständnis einer Epoche aus, die sich von der vorhergehenden – zunächst der heidnisch-römischen Vergangenheit – abzusetzen sucht (vgl. Jauss 1970, 11ff.). Die Renaissance brachte das Bewusstsein einer neuen Zeit hervor, blieb aber über die „dunkle Zwischenzeit" des Mittelalters hinweg auf das Vor-Bild des Altertums bezogen (vgl. Koselleck 2010, 167). Erst das ausgehende 18. Jahrhundert hat, aufbauend auf den neuzeitlichen Entgrenzungen im Zuge der europäischen überseeischen Expansion, aber auch auf ästhetisch-kulturellen Auseinandersetzungen – wie der *Querelle des Anciens et des Modernes* im 17. Jahrhundert – das Überholen des Gewordenen und das Fortschreiten in eine bessere Zukunft ins Zentrum gerückt. Die Aufklärung hat einen Begriff der Geschichte hervorgebracht, in dem sich die Bewegung der Geschichte als Fortschritt und die Zukunft als offener Raum bewussten, zielgerichteten Handelns deuten ließ. „Geschichte an und für sich" (Koselleck 1979, 349) wurde entdeckt, jenseits heils- oder naturgeschichtlicher Einbettungen als Erfahrungsraum konstituiert und gleichzeitig temporalisiert, d. h. nach den Zeitmodi differenziert: Gemachte Erfahrungen der Vergangenheit und Erwartungen an die Zukunft sind fortan nicht mehr beinahe deckungsgleich, sondern driften auseinander. „Es ist noch nie eine Zeit so stark, und so nah, so ausschließend und allgemein an die Zukunft angewiesen worden, als unsere jetzige", resümiert Friedrich Schlegel in seinen Vorlesungen zur Philosophie der Geschichte 1828: „Auf die Zukunft sind wir angewiesen, weit mehr als auf die Vergangenheit" (Schlegel 1971, 417). Die Zeitdifferenz von *früher* und *später* wird in der Moderne zum Hiatus, der nur mittels eines moralisch aufgeladenen „Fortschritts zum Bessern", durch Vervollkommnung der menschlichen Gattung (Condorcet) bewältigt werden kann (vgl. Koselleck 2010, 172ff.; ders. 1979, 359).

Obwohl also das moderne Geschichtsdenken im Prinzip Wert- und Zeitreihe, Verbesserung und Abfolge verbindet – was gegen Ende des 18. Jahrhunderts im Begriff *Entwicklung* zum Ausdruck gebracht wird –, ist der linear-progressive Geschichtsverlauf faktisch geprägt von Brüchen und Diskrepanzen, Rückfällen und Stillstand. In einer selben Zeit lassen sich Fortschritt (in Kunst und Wissenschaft) und Verfall (in den Sitten oder der Politik) beobachten, was Rousseau mit der Neuprägung *perfectibilité* (‚Vervollkommnungsfähigkeit') beantwortete. Kant hat darüber hinaus einen Fortschrittsbegriff entwickelt, der sich als Gebot der praktischen Vernunft mit empirisch gegenläufigen Erfahrungen in Einklang bringen ließ (vgl. Koselleck 1975, 382ff.). Damit ist die innere Heterogenität im modernen Begriff von Geschichte jedoch nicht beseitigt. In seiner Kritik an Condorcet bringt Friedrich Schlegel sie auf den Punkt: „Das eigentliche Problem der Geschichte ist die Ungleichheit der Fortschritte in den verschiedenen Bestandteilen der gesamten menschlichen Bildung, besonders die große Divergenz in dem Grade der intellektuellen und der moralischen Bildung" (Schlegel 1966, 7).

Zur Gleichzeitigkeit des Ungleichzeitigen führt jedoch nicht nur die Erfahrung, dass sich Geschichte in einer selben Gegenwart aus ungleich schnell verlaufenden sektoriellen Prozessen zusammensetzt. Zu dieser Mehrschichtigkeit historischer Binnengeschichte in einer

Gesellschaft kommt hinzu, dass mit zunehmender Erschließung des Globus sich Weltgeschichte nur noch unter Berücksichtigung der Koexistenz verschiedener Kulturen und ihrer unterschiedlichen Entwicklungsrhythmen und -Geschwindigkeiten denken ließ (s. u.). Ebenso wichtig ist schließlich drittens das Hineinragen früherer Epochen in die Gegenwart, das mit einer rein diachronen Betrachtung nicht erfasst werden kann. Novalis schlägt daher 1798 im *Allgemeinen Brouillon* vor, das Verhältnis von Antike und Moderne als „Übergang einer Kraft in die Andre" zu verstehen und von ihrer „Successiven und *Simultanen* Existenz" (Novalis 1968, 432) zu sprechen.

Die Entdeckung von Ungleichzeitigkeit stellt die Moderne nicht allein vor Probleme der synchronen und diachronen Ordnung. Da sich die Epoche geschichtsphilosophisch legitimiert, überhaupt zum ersten Mal eine Philosophie der Geschichte begründet, unterminieren die hervortretenden Ungleichzeitigkeiten den eben gewonnenen Standpunkt. Sie stellen in Frage, was als ein Ergebnis neuzeitlicher Selbstvergewisserung im 18. Jahrhundert hervorkam: dass es nicht mehr nur viele Geschichten von etwas, sondern *„die* Geschichte" als Subjekt-Objekt und letzte Instanz gibt. Das Projekt der Moderne, das sich entlang der prozessualen Reflexionsbegriffe von Geschichte, Fortschritt und Emanzipation entwirft, ist auf diese Vereinheitlichung angewiesen. Denn indem es sich von seiner eigenen geschichtlichen Herkunft distanziert, um eine von aller Vergangenheit verschiedene Zukunft zu eröffnen, muss es sich dauernd selbst überholen und so die Geschichte aus sich selber begründen. „Die Moderne kann und will ihre orientierenden Maßstäbe nicht mehr Vorbildern einer anderen Epoche entlehnen, *sie muss ihre Normativität aus sich selber schöpfen"* (Habermas 1985, 16) und versetzt sich damit in den Zustand einer permanenten Selbstlegitimation. Um vom Standpunkt einer unweigerlich verselbständigten Aktualität aus das Ganze der Geschichte zu denken, muss sie daher zu einem Erfassen der *Gleichzeitigkeit* des Ungleichzeitigen gelangen. So wird beispielsweise von der romantischen Enzyklopädistik eines Novalis mit Hilfe von „Wissenschaften des Kombinationsvermögens" das utopische Projekt einer „Totalwissenschaft" (Novalis 1968, 275) verfolgt. Sie soll Wissensformen aus unterschiedlichen Zeiten und epistemologischen Zusammenhängen – Ästhetik und Naturwissenschaft – zusammenbringen und in einer „Experimentalanordnung" neu kombinieren (vgl. Herrmann/Thums 2002, 16f.). In anderer Weise haben auch Schelling und Hegel versucht, die Selbst-Entzweiungen der Moderne zu überwinden. Bei beiden wird Geschichte letzten Endes zur Offenbarung des Absoluten, bei Hegel allerdings so, dass sich die produzierende Selbstbeziehung des Subjekts ganz in den Prozess der Entzweiung und Vermittlung begibt, aus dem sie gewonnen wird (vgl. Habermas 1985, 46). In diesem Sinne kann Geschichte als Erscheinungsweise des Geistes, der sich in der Arbeit der Weltgeschichte entfaltet, verstanden werden. Vor allem in der Spätphilosophie Schellings wird hingegen ein nicht auflösbarer Grundwiderspruch beibehalten: „als das, was es ist, kann sich das Subjekt nie habhaft werden [...]" (SW I/10, 101).

Einwände gegen die geschichtsphilosophische Bewältigung der Ungleichzeitigkeiten begleiten das Projekt der Moderne von Beginn an. So gibt Herder 1774 in seiner Kritik an Kant zu bedenken: „eigentlich hat jedes veränderliche Ding das Maß seiner Zeit in sich; dies besteht, wenn auch kein anderes da wäre; keine zwei Dinge der Welt haben dasselbe Maß der Zeit [...]. Es gibt also (man kann es eigentlich und kühn sagen) im Universum zu einer Zeit unzählbar viele Zeiten" (Herder 1881, 59). Herder wendet sich auch gegen den Fortschrittsglauben, das Bewusstsein der eigenen Aufgeklärtheit und Vernünftigkeit, die zu einer hybriden Herabsetzung der vorangegangenen Epochen geführt hätten: solche Geschichtsphilosophie lege an die alten Gesellschaften und Zeitalter einen ihnen nicht gerecht werdenden Maßstab an, wenn sie diese nur mit der eigenen Zeit vergleiche und an dem schon erreichten Fortschritt messe (vgl. HWP 3, 420). Dieser Einwand ist auch im Blick auf spätere geschichtsphilosophische Rangfolgen – etwa die hegelschen Entwicklungsstufen der Völker und welthistorischen Reiche (vgl. HW 7, 508f.) – von Bedeutung. Es ist offensichtlich, dass die Selbstvergewisserung der europäischen Moderne mit der Ausbildung von Weltgeschichte auch das Ziel verfolgt, die andern synchron existierenden Kulturen ebenso wie die früheren in einem temporal gefassten Ordnungsschema des Aufstiegs zu verorten, dessen Gipfelpunkt sie selber darstellt. Es war die fast einhellige Überzeugung der Aufklärung, dass sich schließlich alle Nationen „dem Zustand der Zivilisation nähern, den die aufgeklärtesten, freiesten und vorurteilslosesten Völker, den die Franzosen und die Anglo-Amerikaner erreicht haben" (Condorcet 1976, 193). Die Machtbeziehung zwischen den einen und den andern wurde auch in den modernen, im Zeichen der Gleichheit verfassten Geschichtsphilosophien mit Hilfe einer Semantik asymmetrischer Gegenbegriffe gestaltet, wie sie bereits im Gegenüber von Hellenen und Barbaren (und später von Christen und Heiden) konzipiert worden war. Chronologisch synchrone Kulturen wurden zudem auf der Skala von Entwicklungsstufen diachron eingereiht (vgl. Koselleck 1979, 211ff. u. 323).

Für das 19. Jahrhundert ist das Fortschrittsmodell bestimmend, demzufolge „einzelne Völker oder Staaten, Erdteile, Wissenschaften, Stände oder Klassen den anderen voraus seien" (ebd., 324), allerdings mit je nach Perspektive anderen Schlussfolgerungen für das eigene Handeln oder die Beurteilung der andern. Der Fortschrittsindex der Weltgeschichte fungiert dabei als normatives Kriterium für Rückstand oder Übereinstimmung mit dem Geist der Zeiten. Allerdings setzt dies einen Standort voraus, von dem aus beurteilt werden kann, wer „auf der Höhe der Zeit steht". Nur vom Ort einer weltgeschichtlichen Jetztzeit ausgehend kann eine spezifische Niveaudifferenz konstituiert werden (vgl. Uhl, 2003, 57ff.). Die geschichtsphilosophische Standortbestimmung aus deutscher Sicht erfolgte zunächst vor allem in Relation zur Französischen Revolution. Paris wurde daher zu dem Ort, wo „Weltgeschichte mit eigenen Augen" zu sehen ist, wie Heinrich Heine schrieb (ebd., 58). „Nach Paris zu reisen, bedeutet aus dem Land der Ungleichzeitigkeit in das der Gleichzeitigkeit zu gelangen", resümiert Elke Uhl in Anspielung auf Schlegels *Reise nach Frankreich* (Uhl 2000, 27). Hier wurde weltgeschichtliche Gegenwart lokalisiert, die anderen Völkern das Bild ihrer Zukunft bot und insbesondere mit der „deutschen Misere" aufs Schärfste kontrastierte. Heine erinnert an die deutschen Bauern, die wegen der Unterdrückung durch ihre Landesherren nach Frankreich ausgewandert waren, was in diesem Land „sechs und dreyssig Revoluzionen hervorgebracht und sechs und dreyssig Königen die Krone mitsammt dem Kopf gekostet" hätte (Heine 1970, 10).

Für Linkshegelianer wie Moses Hess oder Arnold Ruge wich Deutschland umso mehr vom weltgeschichtlichen Weg ab, je ferner der Endzweck dieser Geschichte gesetzt wurde. So blieb ihnen, wollten sie auf den Standpunkt des revolutionären Selbstbewusstseins der Weltgeschichte nicht verzichten, nur der Ausweg, auf die Revolution der *Theorie* zu setzen (vgl. Kanda 2003, 191f.). Der junge Marx brachte diese für die Philosophie des deutschen Vormärz typische Haltung auf den Punkt: „Wir sind *philosophische* Zeitgenossen der Gegenwart, ohne ihre *historischen* Zeitgenossen zu sein" (KHRE 383). Zur Kritik an den deutschen Zuständen, die „*unter dem Niveau der Geschichte*" (ebd., 380) stehen, gehört für ihn daher auch die an ihrer „idealen Verlängerung" in der hegelschen Philosophie. Er nennt sie die deutsche „Traumgeschichte". Nicht ihren Gehalt kritisiert er, sondern, dass sie nur in abstrakter Gleichzeitigkeit „al pari" zur modernen Gegenwart stünde. Ihr fehle die Praxis, aufzuheben sei sie nur durch Verwirklichung (vgl. ebd., 383f.). Im selben Zusammenhang kommt Marx in *Zur Kritik der Hegelschen Rechtsphilosophie* auf die komparative Ungleichzeitigkeit Deutschlands im Verhältnis zum Niveau der europäischen Emanzipation zu sprechen, die er als Anachronismus bezeichnet: „Wenn ich die deutschen Zustände von 1843 verneine, stehe ich, nach französischer Zeitrechnung, kaum im Jahre 1789, noch weniger im Brennpunkt der Gegenwart" (ebd., 379). Weshalb Deutschland „die Mittelstufen der politischen Emanzipation nicht gleichzeitig mit den modernen Völkern erklettert" (ebd., 386), wird von Marx hier nur angedeutet, wenn er das komplexe Verhältnis der Klassen zueinander berührt, in dem die Mittelklasse keine führende Rolle zu spielen vermag: nicht nur die deutschen Könige gelangten zur Unzeit auf den Thron, „es ist jede Sphäre der bürgerlichen Gesellschaft, die ihre Niederlage erlebt, bevor sie ihren Sieg gefeiert" hat (ebd., 389).

Marx und Engels haben zwar das moderne Fortschrittsdenken geteilt, dabei aber die Bedeutung der Klassenantagonismen für Revolutionen als „Triebkraft des sozialen und politischen Fortschritts" (RKD 36) herausgestellt. Vor allem aber haben sie die Veränderungsdynamik durch Analyse der sozioökonomischen Verhältnisse zu entschlüsseln gesucht. Widersprüche im Verhältnis der materiellen Produktivkräfte zu den Gesellschaftsstrukturen (Produktionsverhältnissen) spielen dabei die Schlüsselrolle, doch werden diese keineswegs verabsolutiert, sondern von den „juristischen, politischen, religiösen, künstlerischen oder philosophischen Formen" unterschieden, „worin sich die Menschen dieses Konflikts bewusst werden und ihn ausfechten" (KPÖ 9). Marx betont auch das „unegale Verhältnis der Entwicklung der materiellen Produktion, z. B. zur künstlerischen" (EKPÖ 640).

Die Ungleichmäßigkeit der Entwicklung ist bereits innerhalb der sogenannten Basis konstitutiv. Die Verbindung von Produktivkräften und Produktionsverhältnissen, die Marx als „Produktionsweise" bezeichnet, ist keine starre. Sie unterliegt dauernden Veränderungen bis hin zum Widerspruch. In den Lehrbüchern des Marxismus-Leninismus ist daraus allerdings ein universalgeschichtliches Entwicklungsgesetz geworden, nach dem in allen Stadien der Geschichte eine Art Verfolgungsjagd zwischen Produktivkräften und Produktionsverhältnissen stattfindet: Haben die Ersteren die Letzteren überholt, so tritt ein revolutionärer Umbruch ein, und die Jagd beginnt auf der Stufe einer höheren Produktionsweise von neuem (vgl. Sofri 1969). Damit ist der Sinn der marxschen Kategorien offensichtlich verfehlt. Sie reduzieren die Vielfalt geschichtlicher Möglichkeiten und Faktoren nicht auf ein abstraktes Grundmuster, das dann dem Geschichtsverlauf als allgemeines Entwicklungsgesetz zugrunde zu legen wäre. Grundsätzlich reflektieren sie vielmehr die Gliederung einer bestimmten Gesellschaftsform, nämlich der kapitalistischen.

Mit dem weiteren Begriff der „ökonomischen Gesellschaftsformation" bringt Marx außerdem zum Ausdruck, dass in einer konkreten Gesellschaft verschiedene Produktionsweisen koexistieren können. Dies zu beachten ist wichtig im Blick auf die Analyse von peripheren Gesellschaften. Das Eindringen der Warenzirkulation hat die autochthonen nicht-kapitalistischen Produktionsverhältnisse zunächst oft nur überlagert, in manchen Fällen auch perpetuiert. In Brasilien und dem karibischen Raum hat sie sogar Formen der produktiven Sklaverei auf den Plantagen neu hervorgebracht. Heute noch sind in Entwicklungsländern Formen der kapitalistischen und der kleinbäuerlich-familialen Subsistenzwirtschaft eng miteinander verflochten.

Wie weit Marx und Engels den modernen geschichtsphilosophischen Diskurs fortführen und ob sie historische Entwicklungsgesetze formuliert haben, ist Gegenstand umfangreicher Debatten. Zweifellos sind sie jedoch nicht von einem vorgefassten Schema linearen Fortschritts ausgegangen. Marx rechnet nicht nur mit Rückschritten und der „Fortvegetation altertümlicher, überlebter Produktionsweisen, mit ihrem Gefolg von zeitwidrigen gesellschaftlichen und politischen Verhältnissen" (K I, 15). Er kann auch vorkapitalistischen Relikten eine möglicherweise positive Funktion abgewinnen. So hat er nach der Niederlage der Pariser Kommune den Anstoß zu einer Revolution nicht von den fortgeschrittensten bürgerlichen Nationen, sondern eher von Ländern mit ausgeprägter Ungleichzeitigkeit wie Russland erwartet, in denen Formen des dörflichen Gemeineigentums in breitem Umfang fortbestanden. Dass Russland mit der Zerstörung dieser Strukturen anfangen müsse, um allererst die Etappe des kapitalistischen Regimes zu absolvieren, hält Marx nicht für ausgemacht. Ob das Land stattdessen, „ohne die Qualen dieses Systems durchzumachen, sich alle Früchte desselben aneignen kann, indem es seine eignen geschichtlich gegbnen Voraussetzungen weiter entwickelt" (OS 108), ist für ihn zumindest eine offene Frage. Gelänge es, so argumentiert er an anderer Stelle, eine politische Revolution in Russland mit einer im westlichen Kapitalismus zu verbinden, so dass beide sich ergänzten, so könnte „das russische Gemeineigentum an Boden zum Ausgangspunkt einer kommunistischen Entwicklung dienen" (VzrAMKP 296). Dies zeigt, dass Marx das geschichtlich Mögliche nicht einfach von einem ökonomisch bestimmten Etappenfahrplan von Produktionsweisen abhängig macht, sondern ebenso sehr vom Verlauf der politisch-sozialen Auseinandersetzungen her bestimmt und ein produktives Zusammenwirken von Gleichzeitigem und Ungleichzeitigem nicht ausschließt.

Im Kontext der europäischen Moderne ist dies keineswegs selbstverständlich, tendiert diese doch dazu, weiter bestehende ältere Gesellschaftsformen – insbesondere diejenigen der außereuropäischen Kulturen – als Relikte oder überwundene Stufen des Entwicklungsgangs der Menschheit zu behandeln. Bereits im 17. Jahrhundert hatte John Locke zeitgleiche Völker wie diejenigen Amerikas als „primitiv" und im Naturzustand der Menschheit verharrend bezeichnet, weil ihre Gesellschaft nicht auf Geld und Privateigentum aufbaute (vgl. Locke 1977, 225ff.). So wurde von den kolonisierenden Nationen ein Bild der Kolonisierten geprägt, das diese in der Differenz zur „Zivilisiertheit der aufgeklärten Nationen" (Turgot 1990, 198) als Wilde oder Barbaren beschrieb. Zugleich wurde diese Differenz temporalisiert, in eine Ungleichzeitigkeit in der historisch gleichen Zeit verwandelt. Der entstehende Kapitalismus galt dabei als Maßstab für den erreichten Stand der Entwicklung: was abweicht, wird einem vergangenen Stadium der Menschheit zugewiesen.

Nachdem die Aufklärung das Geschichtsdenken etabliert hat, nimmt diese Verungleichzeitigung der anderen Kulturen neue und zunehmend rassistische Formen an. Einerseits scheint zwar das Interesse zu wachsen, in der vergangenen Geschichte den eigenen Ursprüngen auf die Spur zu kommen. So werden seit der Romantik in den verschiedensten Disziplinen – Religionsgeschichte, Ethnologie und vergleichender Sprachwissenschaft – Brauchtum, Mythen oder Etymologien nach Überbleibseln früherer Stufen durchforscht. E. B. Tylor prägt dafür schließlich den Begriff des „survival". Andererseits lässt sich aber auch eine „Radikalisierung der Ungleichzeitigkeit der Nicht-Europäer im anthropologischen Diskurs des 19. Jahrhunderts" (Henn 1990, 631) konstatieren, die mit dem Wandel von idealistischen zu positivistischen Geschichtskonzeptionen einhergeht. Der noch von Schelling und Goethe herkommende Naturphilosoph Carl Gustav Carus etwa gelangte von einer Einteilung der Menschheit in „Tag- und Nachtvölker" sowie östliche und westliche „Dämmerungsvölker" zu einer Hierarchie der Menschenrassen nach ihren physischen und intellektuellen Qualitäten. Darwin schließlich konnte auf dem Hintergrund seiner Evolutionstheorie eine Zeit voraussagen, „in der die zivilisierten Rassen der Menschheit wohl sicher die wilden Rassen auf der ganzen Erde ausgerottet und ersetzt haben" (Darwin 1982, 164; vgl. Henn 1990, 634f.).

Das 19. Jahrhundert ist bestimmt von einer Vergeschichtlichung der europäischen Aufklärung, in der nun „die Geschichte" den Platz des normativen Fundaments besetzt, den zuvor die unwandelbare Menschenvernunft eingenommen hatte (vgl. Schnädelbach 1983, 56). Sie mündet in einer „Historisierung von Geschichte" selber, die sich von geschichtsphilosophischen Universalkonzepten verabschiedet und einem einzelwissenschaftlichen und individualisierenden Verstehen zuwendet. In seiner zweiten unzeitgemäßen Betrachtung *Vom Nutzen und Nachteil der Historie für das Leben* hat Nietzsche 1874 dieses „unermüdliche Zerspinnen und Historisieren alles Gewordenen" als Krankheit der Moderne bezeichnet und von einem „verzehrenden historischen Fieber" (Nietzsche 1966, 267 u. 210) gesprochen. Kernpunkt seiner Kritik ist, dass im hypertrophen Historismus das Wissen die Lebenskraft schwäche und die Vergangenheit darin zum „Totengräber des Gegenwärtigen" (ebd., 213) werde. Auch von teleologischen Konstruktionen der Menschheitsgeschichte und des Weltprozesses distanziert sich Nietzsche, um stattdessen, als Gegengift gegen die „historische Krankheit", auf das „Unhistorische" und das „Überhistorische" (ebd., 281) zu setzen. Er findet es in der „Zusammengehörigkeit und Kontinuität des Großen aller Zeiten" (ebd., 221). Zwar spielt er damit auf die Ewigkeit herstellenden Mächte von Kunst und Religion an, legt aber damit zugleich die Basis für sein heroisch-elitäres Menschenbild. Denn es sind für Nietzsche die großen Einzelnen, welche die Zeiten überbrücken und sich in einer Art „Genialen-Republik" über die Massen und ihr „lärmendes Gezwerge" hinweg unterhalten. Sie thronen *über* der Historie, „setzen nicht etwa einen Prozess fort, sondern leben zeitlos-gleichzeitig" (ebd., 270).

Auf eine transhistorische *Gleichzeitigkeit* hatte bereits Kierkegaard großen Wert gelegt. Auch er hatte gegen weltgeschichtliches Spekulieren polemisiert und sich an den Einzelnen gewandt: *„was Du in der Gleichzeitigkeit tust, ist das Entscheidende"* (Kierkegaard 1854/55, 279). Wesentliches Existieren ist für ihn nur möglich, wenn der Einzelne sich selbst gegenwärtig wird. Nicht gleichzeitig, sondern auf Vergangenheit oder Zukunft bezogen sein, heißt verzweifelt sein. Allerdings ist wahre Gleichzeitigkeit nur dem Glaubenden geschenkt, der mit Christus gleichzeitig wird. *Gleichzeitigkeit* (dän. *Samtidighet*) ist ein Schlüsselbegriff Kierkegaards, von ihm geprägt, um das Christwerden zu erfassen und die Geschichtlichkeit des christlichen Glaubens mit der Ewigkeit Gottes zu verbinden. Er operiert dabei auf verschiedenen Ebenen (vgl. Wolff 1991, 28ff.) und unterscheidet unmittelbare und wahrhafte Gleichzeitigkeit. Christ werden ist nur in der eigenen Zeit möglich, wer aber nur gleichzeitig mit seiner eigenen Zeit ist, der ist im Blick auf Christus ein Nicht-Gleichzeitiger (vgl. Kierkegaard 1844, 67). Unmittelbare Gleichzeitigkeit (Simultaneität) konstituiert also noch keine wahre Gleichzeitigkeit. Genau so bedeutet auch historische Zeitgenossenschaft mit dem Jesus von Nazareth noch nicht Nachfolge Christi, denn erst der Glaube macht einen Augenzeugen zum Jünger, den Nicht-Gleichzeitigen zum Gleichzeitigen (vgl. ebd., 56). Es geschieht dies in der Zeit, und zwar im Augenblick, der von Kierkegaard nicht als vorübergehende Zeit, sondern als das „Zweideutige" bestimmt wird, „darin Zeit und Ewigkeit einander berühren" (Kierkegaard 1844b, 90). In diesem Sinne rettet der Glaube den Einzelnen nicht aus der vergänglichen Zeit, aber aus der nicht-gleichzeitigen Gleichzeitigkeit mit sich selbst (vgl. Wolff 1991, 38).

Ungleichzeitigkeit als eigenständige Kategorie wird erst im 20. Jahrhundert in kunst- und kulturgeschichtlichen Zusammenhängen und in der Ende der 20er Jahre aufkommenden Diskussion über das Konzept der Generation verwendet. Dabei verschiebt sich der Fokus von einer gesuchten *Gleichzeitigkeit* des Ungleichzeitigen hin zur Hervorhebung der *Ungleichzeitigkeit* des Gleichzeitigen. Von ihr spricht 1926 offenbar als erster der Kunsthistoriker Wilhelm Pinder. Er problematisiert zunächst die Starrheit von Epocheneinteilungen nach Stilprinzipien, erklärt aber auch der zugrunde liegenden Vorstellung einer „alleingültigen, ‚einheitlichen Zeit' mit ihrem einheitlichen ‚Fortschritt'" den Krieg und fordert an Stelle dieses starren Schemas ein elastisches, „polyphones Geschichtsdenken" (Pinder 1928, 3 u. XVIIf.). Gemeint ist damit, dass in der Kunstgeschichte Stile nicht „im Gänsemarsch einander folgen, sondern sich übereinander, gegeneinander schieben" (ebd., 14). Dieser Überschichtung von Stimmen in einem selben Zeitraum kann aber eine Geschichtsbetrachtung nicht gerecht werden, die dem eindimensionalen Bild der objektiven Zeitstrecke verhaftet ist. Statt dieses „kalten" Begriffs bringt Pinder den aus dem historischen Denken der Romantik stammenden „lebenswarmen der subjektiv verschiedenen Zeiten" (ebd., 11) ins Spiel.

Qualitative, erlebte Zeit tritt an die Stelle der im Positivismus dominierenden quantitativen Bestimmung von Zeit. Wenn aber wirkliche Zeit nur die erlebte Zeit ist, so wird in der Konsequenz die Rede von epochalen Einheiten, von einem einheitlichen Zeitgeist oder Zeitstil obsolet. „Für jeden ist die gleiche Zeit eine andere Zeit, nämlich *ein anderes Zeitalter seiner selbst*" (ebd.), folgert Pinder. „Gleichzeitigkeit des Daseins" entpuppt sich also als „versteckte Ungleichzeitigkeit" (ebd., 151) und wird zur Hauptsache auf die Übereinstimmung von Gleichaltrigen reduziert. Gleichzeitig sind in diesem Sinne nur gleichzeitig Geborene, ist die gleiche Generation.

Schon Dilthey hatte auf die Bedeutung der Zeiteinheit der Generation für die Geschichtsschreibung hingewiesen, die er dem äußerlichen, mit Jahreszahlen operierenden Ordnungsprinzip vorzog. Eine Generation ist Dilthey zufolge durch eine Gleichartigkeit des Erlebens von Geschichte und ihrer Einwirkungen charakterisiert. Er brauchte dafür den – nicht bloß chronologisch verstandenen – Ausdruck der Gleichzeitigkeit (vgl. Dilthey 1957, 36f.). Pinder hingegen legt nun den Akzent auf die Ungleichzeitigkeit und Verschiedenheit der in einer Zeit auftretenden Gruppierungen. Hintergrund dafür dürften die beschleunigten und krisenhaften Veränderungsprozesse seiner Gegenwart sein, die auch in ästhetischer Hinsicht zu einer kaleidoskopischen Vielfalt an gleichzeitig existierenden Ausdrucksformen führten. Doch während Bloch in der Kunst der Montage, in Expressionismus und Surrealismus experimentierende Zerfallsformen einer bisherigen Ordnung, d. h. Mischformen einer Übergangszeit erkannte, die auf eine selber zerspellte Wirklichkeit wiesen (vgl. EdZ 277), lässt Pinder die gesellschaftlichen Vermittlungsinstanzen unerwähnt. Maßgebend sind für ihn stattdessen die Generationen, die er als „Entelechien" versteht. Künstler sind Teil einer vorbestimmten Gemeinschaft von Gleichgesinnten: „die Zeit ihrer Geburt bedingt die Entfaltung ihres Wesens", selbst „ihre Probleme werden mit ihnen geboren; sie sind schicksalsbestimmt" (Pinder 1928, 16).

Lässt Blochs Denken sich vor allem in seiner Frühzeit als revolutionär-romantisches (vgl. GdU 2, 347 u. Loewy 1979) kennzeichnen, so stellt Pinder den Gegenpol einer konservativ-romantischen Weltanschauung dar, in der – ähnlich wie bei Oswald Spengler – geschichtsbiologische und Wachstumsvorstellungen vorherrschen und die Volksgeister der Romantik in Gestalt von Kulturraum, Nation, Stamm oder jenen Generationsentelechien wiederkehren, „die in geheimnisvollem Naturvorgange geboren werden" (Pinder 1928, 146). Er verbindet

Wertschätzung von Expressionismus und Bauhaus mit unverhohlener Anpassung an den Nationalsozialismus. Gleichwohl hat sich, wie F. J. Schwartz (2005, 103ff.) plausibel aufzeigt, Blochs *Erbschaft dieser Zeit* – ohne ihn zu erwähnen – von Pinders mehrschichtigem Zeitbegriff und seinem polyphonen Geschichtsdenken, mehr noch aber von seiner Thematisierung der Ungleichzeitigkeit anregen lassen. Vermutlich ist Bloch durch Karl Mannheim, der mehrfach auf Pinders Terminologie hinweist (vgl. ebd.; Mannheim 1928; ders. 1935, 14; ders. 1964, 517, 521, 536) auf diesen gestoßen. Auch für Bloch ist qualitativ bestimmte Zeiterfahrung wesentlich: „Nicht alle sind im selben Jetzt da. Sie sind es nur äußerlich" (EdZ 104). Die Differenzierung von Zeitzugehörigkeiten nimmt er jedoch, wenn man von der speziellen Aufmerksamkeit für Jugend absieht, nicht nach Altersgruppen, sondern gesellschaftlichem Standort vor. Vor allem aber geht er der vielschichtigen Dialektik nach, die im Interagieren von ungleichzeitigen *und* gleichzeitigen Faktoren im deutschen Faschismus zum Ausbruch kommt.

Ungleichzeitigkeit ist ein zentraler Begriff für Ernst Bloch, der bei ihm in Städte- und Landschaftsbildern, musik- und religionsphilosophischen Zusammenhängen, in politischen und zeitkritischen Aufsätzen, aber auch in ontologischen und erkenntnistheoretischen Kontexten begegnet. Dennoch wird die Kategorie, wenn wir von der Behandlung einiger geschichts- und zeittheoretischer Aspekte in der *Tübinger Einleitung in die Philosophie* und in *Experimentum Mundi* absehen, einzig an zwei Stellen systematisch erläutert, nämlich im Kapitel *Ungleichzeitigkeit und Pflicht zu ihrer Dialektik* von *Erbschaft dieser Zeit* und in der Replik auf eine Kritik des Buchs durch Hans Günther in der Zeitschrift *Internationale Literatur* (vgl. Hasard 42ff.; leicht verändert in PA 31ff.). Allerdings spürt Blochs philosophische Erkundung des Noch-Nicht, die „durchgekochtes Denken mit viel instanzenreichem Nebenbei" (TE 213) sein will, auch ohne den Begriff zu verwenden, zahlreiche Phänomene der Ungleichzeitigkeit oder von unvergangener Vergangenheit auf.

Die Sensibilität für das Thema wurde geweckt durch das gegensätzliche Städtepaar von Ludwigshafen und Mannheim: „der harte, seltsame, knisternde Akkord zwischen dem Futurum links des Rheins und dem Antiquarium rechts des Rheins ging mir ziemlich deutlich durch mein ganzes Philosophieren nach" (Gespräche 30). Die ehemalige kurfürstliche Residenzstadt, ein Zentrum höfischer und dann auch bürgerlicher Kultur, besaß das größte Schloss Deutschlands, Blochs Vaterstadt Ludwigshafen dagegen verfügte mit I. G.-Farben über die größte Fabrik des Landes und war eine Stadt ohne Tradition, im 19. Jahrhundert gegründet. Hier macht Bloch Bekanntschaft mit der Arbeiterbewegung, mit Marx, in der „philosophiehaltigen Oase" (Bloch 1959, 3) der Schlossbibliothek gegenüber dagegen trifft er auf Hegel und Schelling, auf zukunftshaltige Vergangenheit. In Mannheim „sprachen die Geister alter Zeit" (LA 406), Ludwigshafen aber steht mit seiner „traditionsleeren Luftleere" in *Erbschaft dieser Zeit* als Archetyp für reine Gleichzeitigkeit, ist damit auch eine der ersten „Seestädte auf dem Land, [...] am Meer einer unstatischen Zukunft" (EdZ 211) gelegen.

Werkintern kann von drei Wegen gesprochen werden, auf denen Bloch zu seiner Konzeption von Gleichzeitigkeit und Ungleichzeitigkeit gelangt (vgl. Dietschy 1988, 122ff.; ders. 1998, 104ff.). Ein erster Weg führt vom Versuch, Geschichte und insbesondere Kultur unter dem Vorzeichen des *Novum* oder des *Noch-Nicht* neu zu denken schließlich zu Differenzierungen des Fortschrittsbegriffs in verschiedenen Sphären und einer Neukonzeption von kulturellem Erbe. Erstmals taucht der Begriff der Ungleichzeitigkeit 1908 in der Dissertation über Rickert auf. Hier spricht Bloch davon, dass im modernen Großstadtleben „Menschen aus ganz verschiedenen Jahrhunderten der Bildung zu einer gleichen Epoche zusammenleben" (KE 3). Was er dabei zu erfassen sucht, ist vor allem ein „Diapason", ein „gleicher Durchklang", die „sozial-psychische" Einheit der Zeit. Auch in der Geschichtsschreibung vermisst er ein ganzheitliches Vorgehen, das die Breite der gleichzeitigen Ereignisse, die „einheitlich schwingende Kultur eines Zeitalters" (TLU 70f.) abbilde. Würden philosophische, künstlerische, politische oder technische Entwicklungen getrennt behandelt, so werde der paradoxe Anschein erweckt, „als ob die Menschen der Vergangenheit ungleichzeitige Dinge erlebt hätten" (ebd.). Eine isolierende Darstellung sei auch dadurch nicht zu rechtfertigen, dass mitunter „in dem realen Ablauf der Ereignisse eine starke Ungleichzeitigkeit bestehen" (ebd.) könne. Diese reale Ungleichzeitigkeit beschreibt er an der Stelle als einen Ausnahmefall, der eintritt, wenn inneres, geistiges, und äußeres Leben nicht übereinstimmen. Später wird dies als dialektisches Wechselwirken von Basis und Überbau und – auf anderer Ebene – von subjektivem und objektivem Faktor ein konstitutives Strukturmerkmal von Ungleichzeitigkeit generierenden Prozessen sein.

In der Dissertation ist auch von einem „ungleichzeitige[n] Einsetzen der Stimmen" (ebd.) die Rede. Darin klingt schon das Bild von der Vielstimmigkeit und Polyrhythmik an, das Bloch zur Charakterisierung von Geschichtsverläufen dann häufig verwenden wird. Ungleichzeitiges, heterogenes Geschichtsmaterial, so kann man den Beginn der blochschen Reflexion darüber resümieren, muss beachtet werden, wenn nicht die Einzigartigkeit historischer Phänomene verloren gehen soll, ohne die sich *Novum* nicht denken lässt. Anders als im Historismus soll freilich „der Anteil der schöpferischen Neuheit nicht in ihrer individuellen Zersplitterung, sondern in ihrer Teilnahme am Gang des historischen Geltens begründet" (KE 15) sein. Der Terminus der Ungleichzeitigkeit stammt offenbar aus der Musiksprache, wo er „für die nacheinander einfallenden Stimmen eines Tonstücks steht, die sich abwechselnd wieder- und überholen" (Riedel 1992, 1380). Nicht auszuschließen ist allerdings, dass Bloch sich von seinem Würzburger Lehrer und Doktorvater Oswald Külpe zu einem erweiterten Gebrauch des Begriffs anregen ließ. Dieser hatte in denkpsychologischen Experimenten die Gleichzeitigkeit und Ungleichzeitigkeit von Handbewegungen untersucht (vgl. Külpe 1891/92).

In *Geist der Utopie* (1918) verlagert Bloch frühere Einsichten, die noch im neukantianischen Horizont einer transzendentalen Geltungssphäre formuliert waren, in den Bereich des Subjekts, das die Zeit überholt. Realgeschichtliches Antizipieren eines Seins wie Utopie und gesuchter Selbstbegegnung des Humansubjekts beginnt nun an die Stelle von Postulaten und Werten zu treten. Dies erfordert eine andere als die einfache lineare Zeitstruktur, einen semantischen Bruch mit der „Gänsemarschlinie" des Fortschritts. Diskontinuitäten im Geschichtsverlauf, wie sie bereits in der Romantik thematisiert worden waren, werden hervorgehoben, so die „epochenerzeugende Rhythmik" (GdU 1, 311) von Aufstiegs-, Reife- und Niedergangszeiten, die idealtypisch zu verstehende Unterscheidung von Neuzeit und Mittelalter und vor allen Dingen das Ultimum, „zu dem hin und von dem her beeinflusst das menschliche Geschehen seine letzten Klangfiguren bildet" (ebd.). Zu diesem transhistorischen Ort hin gibt es erst recht kein kontinuierliches Aufsteigen, sondern nur einen „Sprung".

Neu hinzu kommt Blochs Entdeckung, dass es *Zukünftiges in der Vergangenheit* gibt, das gerade als Verhindertes, Vereiteltes, nie wirklich Gewordenes unterirdisch weiterläuft und wiedererwachen kann: „Dieses weiter zu treiben, das Pochende, Unterdrückte, Zukünftige, das nicht werden konnte in all dem zähen Teig des Gewordenen [...]

ist die denkerische, geschichtsphilosophische Arbeit" (ebd., 335). Ihre Aufgabe wird bestimmt als die einer wertenden, vom Interesse am praktisch verändernden Eingriff geleiteten Hermeneutik, die sich deutlich abhebt vom kontemplativen Umgang mit Geschichte, wie sie der Historismus pflegte. Ähnlich wie später Walter Benjamin (vgl. Benjamin 1974, 694) sprechen *Geist der Utopie* und das nach der gescheiterten deutschen Revolution verfasste Buch *Thomas Münzer als Theologe der Revolution* (1921) vom messianischen Anspruch dessen, was „nur halb geschehen ist" an die Späteren: „alles wartet auf uns" (GdU 1, 335; vgl. TM 9), dass wir es verwirklichen. Damit betritt Bloch erstmals wirklich eigenes Gebiet und bringt eine Dimension der Ungleichzeitigkeit ins Spiel, die keine bloße Störung des historischen Gangs, keine geschichtliche Anomalie bezeichnet. Sie meint auch „mehr als ein temporales Phänomen, sie ist eine Kategorie des uneingelösten, im Vergangenen eingekapselten ‚Traums von einer künftigen Sache', des Weltfriedens einer entdinglichten Menschheit" (Bloch, J. R. 1997, 76f.).

Terminologisch taucht allerdings Ungleichzeitigkeit in *Geist der Utopie* nur an einer Stelle auf, im Kapitel zur Musiksoziologie. Er bezieht sich dort auf das Unzeitgemäße musikalischer Meisterwerke, ihre Nichtübereinstimmung mit dem Zusammenhang der Gesellschaft, in der sie entstanden sind. Ungleichzeitigkeit meint hier also den produktiven Überschuss großer Werke über das wirtschaftliche und staatliche Leben ihrer Zeit hinaus. Bloch nennt das hier auch das „sphärisch Unvergleichbare", das nach einer „geschichtlich völlig exzentrischen Typisierung" (GdU 1, 91) dieser Stoffe und Werke verlange. Denn Künstler und Kunstwerke sprengen den „leeren, formalen Marsch der Zeit" (ebd., 95). Erinnert der Begriff der „Sphäre" an Max Webers eigengesetzliche Lebensordnungen, so hat Nietzsches Artistenmetaphysik Bloch zu seinem utopisch-ungleichzeitigen Kunstverständnis inspiriert. Ihm hält er freilich in der zweiten Ausgabe von *Geist der Utopie* (GdU 1923, 54f.) und der Werkausgabe von 1964 (vgl. GdU 2, 57f.) vor, die Ungleichzeitigkeit der Musik noch allzu historisch, d.h. im Blick auf ihr Zuspätkommen als „die letzte aller Pflanzen" der europäischen Kultur aufzufassen und sie als „bloßen Revenant" zu behandeln, während er selber an großen Werken das utopisch Überschießende herausstellt, das alle Zeitgebundenheit transzendiert und ihre „geniale Sobestimmtheit zu einer Chiffre für einen übergeschichtlichen kanonischen Diapason verwandelt" (ebd., 60). Später wird er diesbezüglich vom *Übergleichzeitigen* sprechen.

Das Thema der irreduziblen *Sphären* führt Bloch in den zwanziger Jahren fort, wenn er in der Auseinandersetzung mit Lukács' *Geschichte und Klassenbewusstsein* diesem eine „soziologische Homogeneisierung des Prozesses" (PA 618) vorwirft, welche die heterogenen Subjekt-Objekt-Niveaus von Kunst, Religion, Natur und Metaphysik einebne. Diese „exzentrischen Prozessgehalte" benötigten „ihren eigenen Raum, mit andern Worten, die Erschwerung der Totalität durch den Begriff der Sphäre" (ebd., 619). In dem 1928 verfassten Essay *Viele Kammern im Welthaus* wird dieser Gedankengang fortgeführt und radikalisiert. In einem *„Katalog des Ausgelassenen"*, d. h. von Inhalten, die im *„männlichen, bürgerlichen, kirchlichen Begriffsystem keinen Platz haben"* (EdZ 392), werden disparate Phänomene wie „die unsagbare Schlafwelt des Embryo" (ebd., 390), die Welt der Toten oder die in Unfall und Katastrophen sich offenbarende Fremdheit der Natur notiert: „Falltüren in der Welt" (ebd.) des Rationalismus, die nach einer existenzielleren und konkreteren Ratio verlangen. Der Text, der im Februar 1929 in der *Frankfurter Zeitung* erschienen ist, leitet über zu *Erbschaft dieser Zeit* und seiner mehrschichtigen Dialektik und wird mit Ergänzungen dann in die zweite Ausgabe des Buchs von 1962 übernommen. Die Reflexionen über die Heterogenität der Sphären und ihre je eigene, „elastische" Zeitstruktur werden 1955 in *Differenzierungen im Begriff Fortschritt* (später in TE, 116–147) fortgeführt, die zwischen ihnen auftretenden Ungleichzeitigkeiten und Wechselwirkungen werden hauptsächlich in *Das Materialismusproblem, seine Geschichte und Substanz* (1972) und in *Experimentum Mundi* (1975) breiter behandelt.

Die zweite Linie in der Entwicklung einer Theorie der Ungleichzeitigkeit hat nicht mit dem externen Verhältnis von Sphären zu tun, sondern mit einer inneren Differenz im Subjekt: dem Auseinanderfallen von Präsens und Präsenz. Bloch spricht auch davon, dass der gerade gelebte Augenblick noch nicht erlebt werde. Dieser Hiatus im Selbstverhältnis wird als „Dunkel des gelebten Augenblicks" bezeichnet und auf das noch nicht gelüftete Inkognito des Humanum bezogen und schließlich zu einer „Ontologie des Noch-Nicht-Seins" ausgeführt. Sie wird bestimmt von der originären Differenz: Dass-Sein und Was-Sein, Existenz und (utopische) Essenz sind noch nicht zur Deckung gebracht.

In dieser Hinsicht kann man sagen, dass Un-Gleichzeitigkeit Blochs Philosophie von Grund auf eingeschrieben ist. Sie geht auf an der verwunderten Frage: „wann ist man selber in der Gegend seiner

Augenblicke bewusst anwesend?" (GdU 2, 237) und wird über die Gestalten des Noch-Nicht-Bewusstseins weiterverfolgt bis hin zur spekulativen Annahme, dass „der *zentrale Augenblick* unseres Existierens sich überhaupt noch nicht in den Prozess seiner Objektivierung" begeben habe und somit der „Kern des Existierens [...] als noch *ungeworden* [...] *exterritorial* zum Werden und Vergehen" (PH 1387ff.) stünde. Im Unterschied zur relativen Gleichzeitigkeit oder Ungleichzeitigkeit zwischen gesellschaftlichen Klassen und Sphären handelt es sich hier im Grunde um die Ebene absoluter Gleich- oder Ungleichzeitigkeit, mit Kierkegaard gesprochen um den „Gewinn der Ewigkeit" (Kierkegaard 1848, 78; vgl. PH 209). Auch für den Dänen war es einzig im Augenblick, in dem Zeit und Ewigkeit einander berühren, möglich, „gleichzeitig mit sich selbst zu sein" (ebd.). Bloch gebraucht in diesem Zusammenhang denn auch den aus der Mystik stammenden Ausdruck des *nunc stans*.

Die mit dem Augenblicksdunkel zusammenhängende zeitphilosophische Reflexionslinie führt im Wesentlichen an *Erbschaft dieser Zeit* vorbei und wird im *Prinzip Hoffnung* und den späteren Werken weiter entfaltet. In der *Tübinger Einleitung in die Philosophie* und in *Experimentum Mundi* wird Gegenwart doppelt bestimmt, einerseits als punkthaftes Jetzt, das eigentlich noch gar nicht in die Zeitreihe eingetreten ist (vgl. TE 151), andererseits als ausgedehnter Präsensraum, der *Ungleichzeitiges* umfasst, weil er qualitativ so unterschiedliche Bewegungsinhalte wie die der geologischen oder der Humangeschichte umfasst. Diese breite Gegenwart wird als „übliche" oder „unechte" bezeichnet, im Unterschied zur „echten", welche noch aussteht (vgl. EM 88). Dass sich das punktuelle, pulsierende Jetzt nicht verstetigt, weil es sich noch nirgends manifestiert, „weder zuständlich noch gar gegenständlich, herausgemacht" (TE 151) und realisiert hat, muss als der eigentliche Seinsgrund von Ungleichzeitigkeit bezeichnet werden: nur weil das „intensive Jetzt (bezeugt durch das Dunkel des gerade gelebten Augenblicks) [...] noch exul seiner Erscheinung ist" (ebd.), gibt es für Bloch den Lauf der Zeit, das Werden und Vergehen und Gegenwart als raumhaftes Ensemble verschiedener Zeiten (vgl. EM 84ff.; Schiller, H.-E. 1982, 272).

Die dritte Linie im Werdegang der Kategorie Ungleichzeitigkeit hat expliziter mit gesellschaftlichen und politischen Fragen zu tun und namentlich mit der Geschichte misslungener Revolutionen in Deutschland. Schon auf den ersten Seiten der Dissertation ist beiläufig von der „so mannigfach gestörten" deutschen Geschichte die Rede (vgl. KE 4). Was damals nur düstere Vorahnung war, verdichtet sich unter dem Schock des Ersten Weltkriegs und vor allem, nachdem auch die Hoffnungen auf eine sozialistische Revolution enttäuscht wurden, und nötigt Bloch dazu, sich eingehender mit den Ursachen der durchkreuzten Geschichte Deutschlands zu befassen. Der Blick zurück ist dabei nicht frei von revolutionär-romantischen Zügen, von imaginierter Vergangenheit, Erinnerungen an „das alte vergessene, phantastische Reich" (GdU 1, 303f.) oder „das alte deutsche demokratische Gemeinschaftsideal" (KnK 82). „Deutschland hat seine Seele verloren, die alte winklige, fromme, traumerfüllte" (PM 15), heißt es in einem Text aus dem Jahr 1911. Das idealisierte Vergangene kontrastiert aufs Schärfste mit dem kaltem kapitalistischem Betrieb, dem Rationalismus, der Mechanisierung, vor allen Dingen aber der „Todesmaschine" (Bloch 1919, 78) des Weltkriegs – „die Artillerie tötete die Mystik" (GdU 1, 399).

Entfesselt wurde der Krieg nach Blochs Überzeugung von Deutschland allein. Die Auseinandersetzung mit der Kriegsschuld und den Kriegsgründen führt ihn daher zu ersten Ansätzen einer Theorie der Ungleichzeitigkeit (vgl. Dietschy 1988, 140ff.; Uhl 1992, 221ff.). Dabei stellt er einerseits wie die Denker des Vormärz eine *externe* Ungleichzeitigkeit Deutschlands im Verhältnis zu andern Nationen fest, die im Erringen von Demokratie und Freiheit ihm weit voraus seien. Entsprechend setzt er seine Hoffnung auf die Entente-Länder, namentlich Frankreich und das Amerika Wilsons. Die Ungleichzeitigkeit der deutschen Verhältnisse besteht für Bloch, auf eine knappe Formel gebracht, darin, dass in ihnen ein Kapitalismus ohne demokratische Revolution, ein wirtschaftlicher Liberalismus ohne gleichrangigen politischen Liberalismus etabliert wurde. Andererseits sucht Bloch die *interne* Ungleichzeitigkeit Deutschlands aus seiner Geschichte zu begreifen. Es sind vor allem zweierlei Gründe, die er in seinen politischen Aufsätzen in der in Bern von deutschen Emigranten herausgegebenen *Freien Zeitung* und in seinem *Vademecum für heutige Demokraten* (vgl. KnK) dafür anführt: die unüberwundenen feudalen Strukturen und das Eigenleben des staatlichen und militärischen Machtapparats Preußens.

Blochs Analyse, die sich u. a. auf Franz Mehrings *Lessinglegende* und Hugo Balls *Zur Kritik der deutschen Intelligenz* stützt, macht auf die Ausbildung und Erhaltung spezifischer Mentalitätsstrukturen – wie Untertanengeist und „Herrschgesinnung" (Bloch 1919, 63) – aufmerksam, aber auch auf die Eigengesetzlichkeit des militärischen und staatlichen Apparats, die sich damit noch mehr verfestigen kann. Aus diesem Grund wird für Bloch der Kampf für politische Freiheit zur unabdingbaren Voraussetzung der ökonomischen Befreiung. Würde der im „ostelbischen Eis" konservierte Kasernengeist und das preußische „Zwangs- und Obrigkeitswesen" nicht durch ein nachgeholtes 1789 beseitigt, so geriete ein möglicher Nachkriegssozialismus zu einer Fortsetzung der preußischen Staatsmacht mit andern Mitteln. Auch im Marxismus, so warnt er, drohe ein „latenter Staatssozialismus" (KnK 448, vgl. 387 u. 390). Unabdingbar ist daher eine Befreiung von dieser Vergangenheitslast, die nur mit einem Sieg der Entente zu erreichen wäre. Denn „niemals", so schreibt er im Juni 1918 in einer Broschüre mit dem programmatischen Titel *Schadet oder nützt Deutschland eine Niederlage seiner Militärs?*, „könnte ein so ungleichzeitiger Zustand Deutschland auch nur einen Augenblick Ruhe gönnen, Preußen muss so oder so untergehen. Die ganze Menschheit ist erschüttert von den liberalen Ideen der französischen, von den sozialistischen Ideen der russischen Revolution, und im selben Augenblick verkapselt sich eine scheinbar triumphierende Despotie, wie noch keine härtere und unmenschlichere gesehen wurde; eine Despotie ohne Menschen und Ausweg; ein ganzes lebendiges Museum der Ausbeutungs-, Beherrschaftungs- und Tyranneimethoden aller Zeiten" (KnK 468).

Dass dieses Museum der Ungleichzeitigkeiten mit der militärischen Niederlage keineswegs ausgeräumt ist, zeigen die nachfolgenden Jahre. In der Folge setzt sich Bloch mit der leidvollen Erfahrung auseinander, die er bereits als 21-Jähriger in seiner ersten Veröffentlichung, dem Aufsatz *Über das Problem Nietzsches*, in den Satz kleidete: „Das Alte löst sich auf und das Neue will noch nicht werden" (Bloch 1906, 567). Er schreibt, kaum einen Monat nach Ausbruch der November-Revolution, eine Parabel mit dem bezeichnenden Titel *Groteske für Deutschland*, die von der Übermacht eines vorzeitlichen Ungeheuers handelt, dem ein neues Gehirn eingepflanzt wurde: der alte Leib saugt „das Gute, das endlich Menschenwürdige wieder in sich zurück und gebrauchte die Revolution für seine Zwecke" (KnK 422). In veränderter Form hat Bloch dieselbe Geschichte später in die 1959 erschienene zweite Ausgabe der *Spuren* übernommen und ihr die neue Überschrift *Ein russisches Märchen?* (SP 190) gegeben. Ob auf die Sowjetunion oder Deutschland bezogen, die Parabel formuliert in prägnanter Weise das Problem sozialistischer Revolutionen in Ländern, die keine demokratischen Revolutionen im Leibe haben.

In den bisher erwähnten politischen Texten war vor allem von Ungleichzeitigkeit im hemmenden Sinn die Rede. Eine andere Seite kommt im 1921 veröffentlichten Buch *Thomas Münzer als Theologe der Revolution* zum Vorschein. Und dies, obwohl es von vereitelter Geschichte handelt: Der Aufstand der Bauern konnte 1525 niedergeschlagen, die damals entzündeten Hoffnungen jedoch konnten nicht ausgelöscht werden. „Die Toten kommen wieder, ihr Tun will mit uns nochmals werden" (TM 9), formuliert Bloch die Absicht, mit der er sich des Vergangenen erinnert. Das Eingedenken, das Bloch hier ins Zentrum rückt, soll das Gewissen schärfen „für all das Ungeschehene [...] im bereits Geschehenen" (ebd., 14). Damit formuliert er nicht nur einen moralischen Anspruch, sondern macht auf eine Dimension des Ungleichzeitigen aufmerksam: das unterirdische Fortwirken verhinderter Geschichte im kollektiven Gedächtnis des Volks. Der Revolutionsimpuls, dem der Weg zur Wirklichkeit versperrt ist, überlebt vornehmlich in religiöser oder ästhetischer Gestalt. Er hört aber dadurch nicht auf, das Gewordene der Sieger anzufechten und sich häretisch zu verhalten gegenüber der herrschenden Religion wie gegenüber der gesellschaftlichen Wirklichkeit. Als „himmlisch-Unterirdisches" wird diese „revolutionär-religiöse Erberinnerung" (ebd., 277f.) von Bloch bezeichnet.

Für das Fortwirken dieser Tradition der Unterdrückten und ihren Einbruch in die Gegenwart sind eine Revolutionierung der Zeitvorstellung und ein Aufbrechen des homogen-leeren Kontinuums der Geschichte notwendig, wie Bloch sie 1922 in dem Aufsatz *Über motorisch-mystische Intention in der Erkenntnis* beginnt, indem er an Stelle der „gegen Vergangenes wie Zukünftiges hilflosen und passiven Uhrzeit" nun „die neue, die unterbrechend-unterbrochene, die winkliggeräumige [...] geschichtsphilosophische Zeit" (TLU 113) proklamiert. Fast gleichzeitig mit der Erinnerung an Bauernrevolten thematisiert Bloch aber in *Die Bodenständigkeit als Blasphemie* auch den „frisch gereizten Pfahlbürgerhass [...] gegen den großstädtischen Industrialismus und – Sozialismus", den er auf „uralte, agrarische Elemente des Daseins" (PM 78f.) zurückführt. Die in *Erbschaft dieser Zeit* vereinigten Texte und Analysen aus den zwanziger Jahren gehen auf beide Aspekte des Ungleichzeitigen, die antimodernistisch-retardierenden wie die zeit-überholenden utopischen ein.

Erbschaft dieser Zeit erscheint am 27. Oktober 1934 in Zürich erstmals und wird 1962 überarbeitet und mit Erweiterungen im Rahmen der Werkausgabe erneut publiziert. Das Buch bündelt die früher gewonnenen Einsichten in Unstimmiges, Queres und Hemmendes, „sphärisch Unvergleichbares" und historisch Exzentrisches, uneingelöste und eingefrorene Geschichte. Es fasst sie zusammen und unternimmt zugleich den Versuch, Ungleichzeitiges zu dialektisieren, d. h. es nicht nur geschichtsphilosophisch, sondern im gesellschaftlichen Zusammenhang von Konflikt- und Widerspruchsformationen zu begreifen. Marx, den Bloch seit Beginn der zwanziger Jahre intensiver rezipiert hat, wird dafür wichtig, dabei aber auch im Sinne einer mehrdimensionalen Dialektik, die Gleichzeitiges wie Ungleichzeitiges umfasst, interpretiert und weiterentwickelt.

Entstanden ist das Buch unter dem Eindruck des aufziehenden Faschismus und seiner Fähigkeit, die Massen für sich zu mobilisieren. „Man unterschätze nicht den Gegner, sondern stelle fest, was so vielen eine psychische Tatsache ist und sie begeistert" (Bloch 1924, 477), schreibt Bloch bereits 1924 in einem Artikel über *Hitlers Gewalt*. Hitler wird darin als Volks-Tribun mit religiöser Aura und Suggestionskraft geschildert, der eine „Truppe mit Mythos geschaffen" (ebd., 475) habe. Bloch scheut sich also nicht, im Nationalsozialismus die Travestie eines – ebenfalls religiös inspirierten – Sozialismus zu erkennen, eine „windfängerische Kopie", die als „patriarchalisch-reaktionärer Antikapitalismus" (ebd., 476) die Bourgeoisie jedoch nicht wirklich bedrohe. Zugleich notiert er bereits das ungleichzeitige Material, das sich hier manifestiert: Spukhaft wirke die Bewegung „durch die mitgeführten feudalen Gespenster, durch die Allianz von kräftig gegenwärtiger Begeisterung mit längst versunkenen Ritterträumen oder altgermanischem Volkstum aus dem zehnten Jahrhundert" (ebd., 477).

Ein Hauptinteresse von *Erbschaft dieser Zeit* ist es, die Antriebe und Motive zu klären, die den Nationalsozialismus ermöglicht haben und zum „schiefen Statthalter der Revolution" (EdZ 164) werden ließen. Das Buch unterscheidet sich von andern Faschismustheorien, die soziologisch, sozialpsychologisch oder ökonomisch argumentieren, u. a. dadurch, dass es die sozio-kulturellen Aspekte ins Zentrum rückt und sie als Diskursformationen der „Zerstreuung" (1924–1929), der „Berauschung" (1924–1933) und von „Sachlichkeit und Montage" (1924–1933) zu entschlüsseln sucht. Es ist auch zum guten Teil während der Zeiten geschrieben worden, die es behandelt, und darauf angelegt, in die Diskurse einzugreifen, ist eine Kritik „im Handgemenge", die Schlüsselthemen, Wunschträume und Archetypen mit großer Mobilisierungskraft wie „Leben", „Ganzheit", „Nation" oder

„Reich", ja selbst „Führer", „Volksgemeinschaft" oder „Blut und Boden" neu zu besetzen und umzufunktionieren sucht (vgl. ebd., 18). Ein Hauptadressat seiner Kritik ist die Linke, namentlich die kommunistische, welche es unterlassen habe, die ambivalenten, aber massenwirksamen antikapitalistischen und antimechanistischen Gefühlslagen zu bearbeiten.

Bloch geht also insbesondere den Phänomenen nach, die von der abstrakten kapitalistischen Rationalität, aber auch von einem ebenso verdinglichten und verengten Marxismus ausgelassen werden. Um der „Unterernährung sozialistischer Phantasie" entgegenzuwirken, fordert er deshalb eine „konkret-materialistische Vernunft", die *„dem Ganzen der Wirklichkeit gerecht wird"* (ebd., 149). Intendiert wird nicht nur eine „sprachliche und propagandistische Reform" (EdZ 153) des versteinerten Marxismus in politischer, sondern auch seine Erneuerung und Erweiterung in methodologischer Hinsicht. Konkrete Vernunft im Sinne des hegelschen Aufsteigens vom Abstrakt-Isolierten zum Konkret-Vermittelten bedeutet, das Ganze einer gesellschaftlichen Konstellation zu erfassen. Anders als bei Hegel oder Lukács soll die Kategorie der Totalität nun jedoch breit, differenziert und sachgemäß unterbrochen sein, um auch heterogene Bestandteile und Bereiche einzubeziehen, namentlich die „vielen Unaufgelöstheiten ihrer Vergangenheit" und die „noch nicht erschienenen Horizonte ihrer Zukunft" (Hasard 314). Um die Vielschichtigkeit des Gleichzeitigen zu begreifen, ist eine vielschichtige Dialektik notwendig.

Erbschaft dieser Zeit löst diesen Anspruch nach eigenem Bekunden nur mittelbar ein, nämlich an den Symptomen spätbürgerlicher Inhalte, die es kritisiert, den kulturellen Beutestücken und Erbgehalten, die es heimholt. Aufgabe eines zweiten Buchs bleibe es, schreibt Bloch im Vorwort zur ersten Ausgabe, die Gehalte dieser Dialektik „gleichsam an Ort und Stelle" (Bloch 1935, 14) konkret zu entwickeln. Dieses Buch ist so nie geschrieben worden, wohl nicht zuletzt deswegen, weil nach Blochs Auffassung dies nicht nur ein Problem der systematischen Darstellung bedeutet, sondern die Gestaltung anderer gesellschaftlicher Verhältnisse voraussetzt, in denen die weiter bedeutsamen Zeitinhalte der Vergangenheit nicht länger ins Ungleichzeitige verdrängt werden, dafür aber die konkrete Vielfalt eines gleichzeitigen *Multiversums* bilden. Erst ein Überwinden der kapitalistischen Realabstraktion und der antagonistischen Struktur einer Klassengesellschaft würde in diesem Sinne die explosiv sich entladenden Ungleichzeitigkeiten in produktive Momente eines zusammenhängenden Ganzen verwandeln:

„Mehrzeitliche und mehrräumige Dialektik, die Polyrhythmik und der Kontrapunkt solcher Dialektik sind derart gerade das Instrument der *beherrschten* letzten Stufe oder Totalität" (EdZ 124).

Gleichwohl lassen sich in *Erbschaft dieser Zeit* Grundzüge einer *mehrschichtigen Dialektik* ausmachen. Sie hebt sich deutlich ab von der sowjetmarxistischen Schulphilosophie, welche Dialektik zu einer Lehre von den allgemeinsten Bewegungsgesetzen der Natur, der Gesellschaft und des Denkens gemacht hat. Doch die Welt ist nicht homogen, schon gar nicht die gesellschaftliche Wirklichkeit. An ihrem „vielstimmigen, vielräumigen, über und über von Widersprüchen durchspellten" (Hasard 62) Wesen hat sich materialistische Dialektik konkret zu variieren und mehrschichtig zu bewähren. Sie darf – genau so wie der Zeit- und der Fortschrittsbegriff – von der qualitativen Bestimmtheit ihrer Materie nicht völlig abstrahieren, sondern muss „elastisch" gefasst werden. An die Stelle der Gleichförmigkeit von Bewegungsgesetzen tritt bei Bloch daher eine Dialektik, die um des „wechselvollen materiellen Geschehens" (TE 133) willen variabel und insbesondere auf Grund der unterschiedlichen Fortgangsgeschwindigkeiten und der *„verschiedene[n] Verteilung der historischen Materie"* (ebd.) vielschichtig, mehrlinig und unstarr zu sein hat.

In der Tat haben wir es in *Erbschaft dieser Zeit* mit einem dialektisch-hermeneutischen Verfahren zu tun, das nur schwer von den Gegenständen losgelöst werden kann, auf die es bezogen ist. Das gilt insbesondere für die Kategorie Ungleichzeitigkeit selber. Sie benutzen heißt, sie selbst in der Gesellschaft entdecken (vgl. Conrad 2002, 2 u. 11). Entsprechend vielfältig präsentiert sie sich in dem Buch. Sie bringt ganz unterschiedliche Ebenen und „Schichten" ins Spiel:
– Klassenstrukturen, welche sich nicht auf ein einfaches Schema antagonistischer Klassen reduzieren lassen, und die darin eingebetteten sozialen Zeiten,
– die ungleichmäßigen Entwicklungsgeschwindigkeiten in räumlich gefassten Sphären: in Stadt und Land, in Regionen und Nationen, im Bereich der Produktionsweisen,
– die heterogenen Zeitstrukturen im politischen, rechtlichen und kulturellen „Überbau",
– die Ungleichzeitigkeit von Mentalitätsstrukturen, Rationalitätstypen und Bewusstseinslagen sowie Schichtungen im psychischen Aufbau.

Erbschaft dieser Zeit operiert außerdem selber in unterschiedlichen Zeithorizonten. Auch wenn vor allem den aktuellen ideologischen und ästhetischen Praktiken zur Herstellung faschistischer Öffentlichkeit besondere Beachtung geschenkt wird, so geht das Buch doch ebenso dem soziokulturellen Kontext („Zerstreuung" und „Berauschung") nach und stößt schließlich auf tiefer liegendes „kulturelles Grundwasser", auf ältere „Hassbilder", namentlich den Juden gegenüber, oder uralte Kaiserträume (EdZ 108f.). Es sind „Restbestände aus sehr verschiedenem ‚Es war einmal'" (ebd., 59), die in die ideologische Schmelze nationalsozialistischer Mythologie eingehen und darin wiederkehren: „chthonische' Bestände einer Vorzeit" (ebd., 60), „dickes Unbewusstsein von früher, sogar vorgeschichtlicher Art" (ebd., 61), pervertierte Erinnerungen, aber auch archaische Neubildungen und Trugbilder von heute, die mit echten „Archaismen" und dem „ungewordene[n] Licht" (ebd., 103), das möglicherweise in ihnen eingesprengt ist, sich vermischen.

Zur Mehrräumigkeit und Mehrzeitigkeit dieser Dialektik gesellt sich auch eine Polyvalenz im Blick auf die Mehrdeutigkeit der Phänomene: „die Zeit fault und kreißt zugleich" (ebd. 15). Bloch scheut das Ambivalente nicht, unterschlägt nicht „das Wendige der Zerstreuung und das Mischdunkel der Berauschung" (ebd., 214), selbst wenn es ihm hauptsächlich darum geht, die zukunftstauglichen Elemente darin aufzudecken. „Nichts zu vergessen, alles zu verwandeln" (ebd., 157) lautet das Programm von *Erbschaft dieser Zeit*, und so wird auch in dem, was nach andern – wie Lukács – einzig zur „wesenlosen Fäulnis des Zerfalls" (ebd., 19) gehörte, nach verwandlungsfähigem Geschichtsmaterial gesucht. Noch lebende Archaismen werden ebenso untersucht wie neu belebte oder erfundene Vergangenheiten. Dies allerdings stets geleitet von dem praktisch-emanzipatorischen Erkenntnisinteresse der Gegenwart, die als „Zeit des Übergangs" (ebd. 20) bestimmt wird. Ihre widersprüchliche, explosive Mischwirklichkeit ist es, welche zum massenhaften Ausbrechen des Ungleichzeitigen in den 20er-Jahren führt.

Es ist „die Wirtschaftskrise, welche den Spuk freisetzt", aber sie „vollzieht sich in einem Land mit besonders viel vorkapitalistischem Material" (EdZ 114): Mit diesem Doppelbefund ist der spezifische Ansatz von Blochs Ungleichzeitigkeitskonzept in *Erbschaft dieser Zeit* umrissen. Anders als etwa Wilhelm Pinder begreift er die Gleichzeitigkeit des Ungleichzeitigen als soziale Konfliktlage, als einen strukturellen Zusammenhang, der von Widersprüchen bestimmt ist. Anders als die vorherrschende marxistische Theorie insistiert er auf der unüberwundenen Vergangenheit: die kapitalistische Gleichzeitigkeit hat die früheren Sozial- und Bewusstseinsformen keineswegs im hegelschen

Sinne „aufgehoben", sondern höchstens subordiniert oder verdrängt und führt daher alle möglichen „Schlupf- und Wetterwinkel" (ebd. 20) und ebenso utopisch Unerledigtes weiter mit sich. Betrachten wir diese beiden Hauptneuerungen des blochschen Ungleichzeitigkeitskonzepts näher.

Erbschaft dieser Zeit arbeitet unterschiedlich gelagerte Konfliktlinien im Gegenwärtigen heraus und sucht sie dialektisch zu erfassen. Das bedeutet, dass Gleich- und Ungleichzeitigkeit als Widerspruchsverhältnisse analysiert werden, die über sich hinaus treiben und insofern Gegenwart als wirkliche *Übergangszeit* qualifizieren. Darum wird Ungleichzeitigkeit von bloßer Zurückgebliebenheit klar unterschieden. Wer nicht mitkommt im beschleunigten Gang der Modernisierung, ist deswegen noch nicht aus einer andern Zeit. Hier handelt es sich um „falsch Ungleichzeitiges" (ebd., 112), das nicht aus dem Strom des Gleichzeitigen herausfällt. „Echt Ungleichzeitiges" (ebd., 122) hingegen steht schief zur gleichzeitigen Tendenz, seine Heterogenität ist struktureller, nicht konjunktureller Art. Nur qualitativ anderes gesellschaftliches Sein oder Bewusstsein kann also den Stoff für ungleichzeitige Widersprüche liefern.

Streng genommen allerdings kann das nur Zeit-Ferne und Zeit-Fremde – das „Disparate", wie Bloch es gelegentlich nennt – als solches höchstens einen *Gegensatz* zum Jetzt bilden. Ein Restsein aus früheren Zeiten mag Widerstand hervorbringen, doch konstituiert es noch keinen ungleichzeitigen *Widerspruch*. Ein solcher liegt, dialektisch betrachtet, erst vor, wenn gegensätzliche Elemente in einem strukturlogisch wesentlichen Zusammenhang stehen, wenn sie Momente einer Einheit darstellen, deren Identität und Bestand an diese Einheit von Gegensätzen gebunden ist. So steht z. B. der freie Bauer zum kapitalistischen Grundherrn nur in dem äußeren Verhältnis eines Gegensatzes. Erst als ein Pächter oder Lohnarbeiter konstituiert er mit ihm eine Einheit, deren Identität von der Aufrechterhaltung eben dieser Verbindung gegensätzlicher Bestimmungen abhängt (vgl. Dietschy 1988, 166ff.). Diese Differenzierungen finden sich in *Erbschaft dieser Zeit* nicht immer genügend herausgearbeitet, doch sind sie notwendig, wenn man mit Bloch die ungleichzeitigen mit den gleichzeitigen Widersprüchen verschränkt sehen will: „Niemals aber wäre der subjektiv ungleichzeitige Widerspruch so scharf, der objektiv ungleichzeitige so sichtbar, bestünde kein objektiver *gleichzeitiger*, nämlich der in und mit dem *heutigen Kapitalismus* selbst gesetzte und wachsende" (ebd. 117).

Widersprüche können zu neuen Lösungen führen, doch nur, wenn sie in diesem Sinne ausgetragen und -gestaltet werden: der subjektive Faktor von Erkenntnis und vor allem der eingreifenden Praxis ist mitbestimmend für den Verlauf von Konflikten. Daher unterscheidet Bloch, auch darin von einem Teil der marxistischen Tradition abweichend, die innere von der äußeren Seite eines Widerspruchs, *subjektives* Widersprechen vom *objektiven* Antagonismus. Er begründet dies mit der Umstülpung der hegelschen Dialektik, die nach Marx' Wort vom Kopf auf die Füße zu stellen ist: „die Füße, mit denen sich die Dialektik bewegt, sind die der arbeitenden Produzenten der Geschichte, nicht die des Geistes" (SO 138). Dies führt einerseits dazu, dass die komplexe Wechselwirkung zwischen subjektivem und objektivem Faktor zu einem zentralen Thema der blochschen politischen Philosophie wird und als Nichtübereinstimmung von politischem Bewusstsein und objektiver Lage reflektiert wird. Andererseits werden die Widerspruchsarten nicht nur mit Mitteln der politischen Ökonomie aus der Analyse der gesellschaftlichen Kernstruktur – der „Anatomie der bürgerlichen Gesellschaft" (Marx) – abgeleitet, sondern soziologisch und sozialpsychologisch ergründet: „Je nachdem, wo einer leiblich, vor allem klassenhaft steht, hat er seine Zeiten. Ältere Zeiten als die heutigen wirken in älteren Schichten nach; leicht geht oder träumt es sich hier in ältere zurück" (EdZ 104).

Wie die beiden Widerspruchsseiten zusammenwirken, wird in *Erbschaft dieser Zeit* vor allen Dingen an der ungleichzeitigen Dynamik erläutert, die vom Nationalsozialismus ausgenutzt werden konnte. Der *subjektiv* ungleichzeitige Widerspruch, der dem kapitalistischen Jetzt dumpf widersprechende und feindlich gesinnte Habitus absteigender Schichten, ihre „gestaute Wut" verbindet sich mit dem *objektiv* ungleichzeitigen Widerspruch, den Bloch im Doppelsinn des Wortes als „unerledigte Vergangenheit" (ebd., 122) charakterisiert. Den Erfolg der faschistischen Bewegung erklärt er gerade damit, dass sie nicht nur zu verführen und zu betrügen imstande war, sondern objektiv Ungleichzeitiges und unaufgearbeitete Vergangenheit aufzugreifen und zu nutzen verstand. „Der subjektiv ungleichzeitige Widerspruch aktiviert diesen objektiv ungleichzeitigen, so dass beide Widersprüche zusammenkommen, der rebellisch schiefe der gestauten Wut und der objektiv fremde des übergebliebenen Seins und Bewusstseins" (ebd., 117).

Objektive Ungleichzeitigkeit als Fortbestand älteren gesellschaftlichen Seins gehört in den Bereich, den man als „mehrräumige Dialektik" bezeichnen kann, da darin die gesellschaftliche Totalität in Sphären oder Subsysteme mit unterschiedlichen Entwicklungslogiken und -geschwindigkeiten sich aufgliedert. In der marxistischen Tradition wird dieser Sachverhalt als Nicht-Übereinstimmung von Basis und Überbau und ungleichmäßige Entwicklungsdynamik auf verschiedenen Ebenen des gesellschaftlichen Seins thematisiert. Darauf nimmt auch Bloch Bezug, wenn er in *Erbschaft dieser Zeit* vom „Weiterwirken älterer, wenn auch noch so durchkreuzter Verhältnisse und Formen der Produktion sowie älterer Überbauten" (ebd., 116f.) spricht.

Es ist offensichtlich, dass frühere Rechts- oder Eigentumsformen, erst recht aber kulturelle Elemente oder religiöse Riten und Vorstellungen in moderneren Kontexten eingebettet weiterexistieren können. Ebenso können sich auch nicht vollständig beseitigte vorkapitalistische Produktionsverhältnisse und Sozialstrukturen im Kontext kapitalistischer Gleichzeitigkeit in vielfältiger Weise neu artikulieren und neue, hybride Formen hervorbringen. Die Kombination und Überlagerung verschiedenartiger Formen der Produktion ist gerade in politischer Hinsicht von eminenter Bedeutung. Oskar Negt hat darauf hingewiesen, dass im 20. Jahrhundert Revolutionen stets in Ländern wie Russland, China oder Kuba stattfanden, in denen die kapitalistische Form des Wertgesetzes noch nicht den inneren Zusammenhang der betreffenden Gesellschaft stiftete. „Der Explosionspunkt ist vielmehr der, an dem innerhalb des ‚historischen Milieus' (Marx) einer Gesellschaft Produktionsweisen, Aneignungsformen und Lebenszusammenhänge ganz verschiedener Entwicklungsstufen aufeinanderstoßen, wo also die kapitalistische Entfaltung des Wertgesetzes Formen des Gemeineigentums, der handwerklichen und bäuerlichen Produktionsweise, Restformen von Gentilverfassungen, kollektive Verfügungsrechte über Land und Produktionsmittel noch nicht vollständig aufgezehrt hat, aber sie permanent in Frage stellt und bedroht" (Negt 1975, 30f.). Das stützt die These von *Erbschaft dieser Zeit*, dass Ungleichzeitiges nicht notwendig konservativ oder gegenrevolutionär sich äußern muss.

Was nun den Entwicklungsgang in den verschiedenen *Sphären* einer Gesellschaft – der ökonomischen, politischen, kulturellen – angeht, so kann hier noch viel weniger von einem homogenen Gleichschritt die Rede sein. Stets hat sich Bloch gegen das krude und einseitige Kausalverständnis im Verhältnis von *Basis* und *Überbau* gewandt. Er hat zumindest eine Wechselwirkung angenommen. Doch reicht dies noch nicht aus. Ein Blick auf vorkapitalistische Verhältnisse zeigt, dass das Verhältnis der verschiedenen Instanzen variabel ist und nicht von vornherein feststeht. Ältere Sozialstrukturen können der Form nach weiterbestehen und neuen Produktionsverhältnissen als Gefäß dienen. Verwandtschaftsverhältnisse in tribalen Gesellschaften zum Beispiel sind polyvalent: sie können sowohl politische wie ideologische Funktionen übernehmen und die ökonomischen Beziehungen bestimmen. *Basis* und *Überbau* sind daher nicht als Kausalverhältnis, sondern als *funktionelle* Unterscheidung für das Verständnis des wesentlichen gesellschaftlichen Zusammenhangs zu begreifen (vgl. TE 120).

Als zu einfach und einem statischen Entsprechungsverhältnis – wenn nicht sogar einem bloßen Reflex-Modell – verhaftet erweist sich jedenfalls die verbreitete und zuweilen auch von Bloch vertretene Ansicht, ungleichzeitig seien Bewusstseins- oder Kulturformen, deren ökonomische Basis verschwunden seien (vgl. MP 398). Diese Auffassung unterstellt ein Verhältnis der Entsprechung (oder gar der Widerspiegelung), das vordem bestanden hätte. Doch nicht das einfache Verschwinden von „Unterbauten" bringt schiefes Bewusstsein als Überbleibsel hervor oder macht Ungleichzeitiges zu „falschem Bewusstsein". Hauptgrund für Ideologien, welche die realen Produktionsverhältnisse undurchsichtig machen, verdrehen und auf den Kopf stellen, ist letztlich die Unbewusstheit der gesellschaftlichen Produktion, die von Marx im Kapitel über den Fetischcharakter der Ware als Verdinglichung von gesellschaftlichen Beziehungen analysiert wurde (vgl. K I, 85ff.). Die „unechte", abstrakte Gleichzeitigkeit, die *Erbschaft dieser Zeit* dem Kapitalisten bescheinigt, hat in dieser Realabstraktion der gesellschaftlichen Produktion ihren Grund. Ihre Überwindung bezeichnet Bloch denn auch als Schritt vom Verdinglichungs- zum Tendenzwissen: echte Gleichzeitigkeit geht über in *Übergleichzeitigkeit*, die das „Morgen im Heute" erkennt (vgl. EdZ 212f.).

Übergleichzeitig ist, was die Zeit bewusst überholt (vgl. TE 91) und damit erlaubt, Gegenwart als Zeit des Übergangs, als Tendenz oder verhinderte Zukunft zu erfassen. Es ist in diesem Sinne das Noch-Nicht-Realisierte, das gewissermaßen den Scheinwerfer auf die unaufgelösten Widersprüche richten lässt. In seinem Licht erscheinen die ungleichzeitigen Widersprüche als vereitelte geschichtliche Möglichkeiten und somit als *„unerledigte Vergangenheit"*, die gleichzeitigen Widersprüche hingegen als *„die verhinderte, im Jetzt enthaltene Zukunft, die verhinderte technische Wohltat, die verhinderte neue Gesellschaft, womit die alte in ihren Produktivkräften schwanger geht"* (EdZ 122). Mit Leibniz fasst Bloch also Tendenz als Streben oder „Daseinsweise gehemmter Aktivität" (SO 132) auf: „Tendenz wächst aus der Verhinderung" (LV 150). Weil er so den Widerspruch als blockierte Bewegung und letztlich als Äußerungsform des Noch-Nicht versteht, kann Bloch zur Gleichwertigkeit von subjektiver und objektiver Seite des Widerspruchs gelangen und gegen die „Automatie eines objektiven Faktors" (SO 104), die den Fortschrittskonzepten der Theoretiker der II. und III. Internationale innewohnte, das treibende Subjekt und seine ungesättigten Bedürfnisse ins Feld führen.

Gehört der „Konflikt zwischen dem kollektiven Charakter der kapitalistisch entfalteten Produktivkräfte und dem privaten Charakter ihrer Aneignung" zum Bereich des objektiv gleichzeitigen Widerspruchs, so steht *„die freie revolutionäre Tat des Proletariats"* (EdZ 122) für den subjektiv gleichzeitigen. Dieser echt gleichzeitige Widerspruch habe, schreibt Bloch noch vor der Kehrtwende der KPD zu einer antifaschistischen Volksfrontstrategie (1935), die Aufgabe, mit verelendeten Bauern und deklassierten Mittelschichten einen Dreibund unter proletarischer Hegemonie zu bilden, um „die echt ungleichzeitigen Widersprüche aus der Reaktion zu lösen und an die Tendenz heranzubringen" (ebd., 123). Wie dies gelingen soll, vor allem aber, wie die „Tat des Proletariats" zustande kommt, wird nicht näher untersucht. Mit Lukács wird offenbar davon ausgegangen, dass seine historische Selbsterkenntnis in Gestalt eines revolutionären Klassenbewusstseins ihm Einsicht in die antagonistische Struktur der gesellschaftlichen Verhältnisse verschaffen werde und so die Möglichkeit zu ihrer bewussten, aktiven Umgestaltung gebe.

Anders verhält es sich mit den ungleichzeitigen Gesellschaftsschichten. Ihr Denken, ihre Einstellungen und ihre Klassenlage werden in *Erbschaft dieser Zeit* breit und gründlich untersucht. Ein Hauptaugenmerk gilt dabei den Mittelschichten, den noch selbständigen Teilen des Kleinbürgertums, Handwerkern, Händlern und kleinen Ladenbesitzern, sowie den Angestellten. Die drohende soziale Deklassierung hat nicht zu einer Proletarisierung des Bewusstseins geführt. Die marxsche Annahme, die noch lange die Strategie der kommunistischen Parteien bestimmt hat, dass diese Schichten zusammen mit den Bauern allmählich zwischen Bourgeoisie und Arbeiterklasse zerrieben würden, hat sich nicht bewahrheitet. Sie wurde daher in der Regel mit der andern These von der hoffnungslosen Zwiespältigkeit des Kleinbürgertums ergänzt, seiner Doppelnatur als Kleinproduzenten und Kleineigentümern, so etwa von Hans Günther in seiner 1936 verfassten ausführlichen Kritik an *Erbschaft dieser Zeit* (vgl. Günther 1981, 357f.).

Auch Bloch schließt sich Marx' Ansicht an, dass sich im Kleinbürgertum „die Interessen zweier Klassen zugleich abgestumpft" (EdZ 118) hätten und charakterisiert es als „Muffklasse und Mischklasse aus lauter unausgetragenen Widersprüchen" (Hasard 52). Doch begnügt er sich nicht damit, das Hin- und Hergerissensein der Mittelschichten zu konstatieren. Die eigentliche analytische Arbeit besteht vielmehr darin, dieser Ambivalenz auf den Grund zu gehen und die merkwürdige „Revolution" zu durchschauen, die „noch in der Reaktion, die merkwürdige Reaktion (Seele, kontemplative Bildungsgüter, Innerlichkeit), die noch in der willigsten ‚Revolution' des Kleinbürgertums dampft" (ebd., 54). Um die Heterogenität der Bewusstseinslagen zu erfassen, wird neben dem sozialen auch der unterschiedliche chronologische Standort berücksichtigt. Hier setzt das Erforschen der „Wetterwinkel" der Ungleichzeitigkeit an, das insbesondere den Diskrepanzen zwischen älteren und neueren Schichten und zwischen Stadt und Land nachgeht.

Echte Ungleichzeitigkeit – und nicht bloße Rückständigkeit – stellt Bloch in erster Linie bei Bauern, aber auch bei Handwerkern und dem Kleingewerbe in der Provinz fest. Von diesen der Produktionsweise nach älteren Schichten, die noch den „Habitus früherer Jahrzehnte, ja Jahrhunderte" (ebd., 53) aufweisen, unterscheidet er die neu gebildete Schicht der Angestellten. Doch gerade bei diesen diagnostiziert er atavistische Verhaltensweisen: „Wild und kriegerisch schlägt der Angestellte aus, will noch gehorchen, aber nur als Soldat, kämpfend, glaubend. Die *Lust* des Angestellten, nicht proletarisch zu sein, steigert sich in orgiastische Lust der Unterordnung, des magischen Beamtenseins unter einem Herzog, [...] einen orgiastischen Hass gegen die Vernunft, in einen ‚Chthonismus', worin Berserker und Kreuzzugsbilder sind" (EdZ 109f.). Dem Umstand, dass sich hier Vorgänge der sozialen Deklassierung mit solchen der Regression verbinden, sucht *Erbschaft dieser Zeit* mit seiner *mehrräumigen Dialektik* Rechnung zu tragen, die sowohl auf der Ebene der gesellschaftlichen wie der psychischen Topik operiert. Als Interdiskurs verbindet sie dank metaphorischem Sprachgebrauch Elemente der verschiedenen Diskurse (Soziologie und Psychoanalyse) und hält beispielsweise zum Sonderfall der Angestellten fest, auch diese neu produzierte Gruppe stamme aus „Kleinbürgerschichten älterer Art" und trage „deren verschollene Innenarchitektur mit sich herum" (Hasard 57).

Es sind vor allem sozialpsychologische Einsichten, welche *Erbschaft dieser Zeit* zu Tage fördert: „Hält sich für einen andern, als er ist" (EdZ 31), „kopiert gerade diejenigen, welche nach unten stürzen ließen, nämlich die echten Herren" (ebd., 35): so schildert das Buch, zum Teil an Kracauers *Die Angestellten* (1929) anknüpfend, den teilproletarisierten Angestellten und seine Verführung durch die Zerstreuungskunst der beginnenden Unterhaltungsindustrie. „Vor dem Film begann [...] zuerst das Gefühl für Führer", stellt es fest und notiert auch die „erotische Wirkung, die gerade von diesen falschen Personen auf ebenso falsche ausging" (EdZ 37). Bloch untersucht die ästhetischen Mittel der nationalsozialistischen Propaganda. Ihre Inszenierung von Politik, zeigt vor allem die Verwendung alter Bilder, Kollektivsymbole und Archetypen und ihre Umschmelzung in eine moderne Mythologie auf. Er weist auf die effektvollen Verbindungen von „Gott, Führer, Vaterland und Feuerwerk" (ebd., 404) oder die *unio mystica* des Ich-Körpers mit dem der Nation und dem des „(kapitalistischen) Sozialkörpers" (ebd., 190) hin. Er zeigt, wie mit modernen Techniken der Massenkommunikation religiöse Effekte einer unmittelbaren Partizipation, einer Verschmelzung des Ich mit dem Idol, erzeugt werden.

Auch wenn er dabei, wie Hanna Gekle in ihrer Studie zu Freud und Bloch darlegt (vgl. Gekle 1986), auf die zugrunde liegenden psychischen Vorgänge der imaginären Wunscherfüllung und namentlich der Regression kaum eingeht, so hat Bloch doch erkannt, welch zentrale Bedeutung dem Imaginären in der Etablierung und Zementierung von autoritär strukturierten Nationen zukommt. *Erbschaft dieser Zeit* enthält viel Material, das sich zu einer psychoanalytischen Deutung der gesellschaftlichen Produktion von Ungleichzeitigkeit ausbauen ließe. So ist es beispielsweise kein Zufall, dass sich die unerfüllten Ketzerträume vom „Dritten Reich" mit der Figur eines Retters in Kaisergestalt verbanden und vor allem, dass im nationalsozialistischen Mythos „Reich" und „Führer" amalgamiert wurden (vgl. EdZ 126ff.). Die Projektion des Wunschbildes auf den Herrscher ist, wie der Ethno-Psychoanalytiker Mario Erdheim gezeigt hat, mit der Herstellung gesellschaftlich-geschichtlicher Unbewusstheit eng verbunden: in den Phantasmen des „guten", vergöttlichten Herrschers findet ein Unbewusstmachen von Herrschaft statt, weil das Ich der Beherrschten sein anwachsendes Aggressionspotenzial gegen die Machtträger abwehren muss. In der Masse regrediert dabei das Individuum noch weiter: Es verliert die Fähigkeit der Objektwahl und verfällt einer Identifikation, so dass sich der Führer an Stelle des Ich-Ideals setzen kann (vgl. Erdheim 1984, 193f.). Allerdings entzieht sich das unbewusst gemachte

Aggressionspotenzial nicht nur der Kontrolle durch das Ich; seine Abwehr ruft nach Ersatzbefriedigungen, die sich in Feind- und Hassbildern äußern.

Das Unbewusstwerden sozialer Konflikte bedeutet, dass sie aus dem Bereich gestaltbarer Gegenwart in die zeitlose Wunschwelt des psychischen Apparats verbannt werden. Damit können sich nach Erdheim auch Institutionen gegen Veränderungen immunisieren. Unter veränderten gesellschaftlichen Bedingungen aber werden diese „eingefrorenen" Strukturen zu archaischen Relikten, verwandelt sich die „einst mit den Verhältnissen synchrone Lösung der menschlichen Aggressionsproblematik in eine anachrone" (ebd., 199). Nach dieser Deutung verdanken die ungleichzeitigen Strukturen ihre Wirksamkeit also einer gesellschaftlich etablierten Unbewusstheit. Das erklärt, weshalb in der nationalsozialistischen Berauschung utopisch geladene Reichsträume ohne weiteres mit dem autoritären Führerprinzip zusammengehen und sich institutionell verfestigen können. Was Bloch dabei entgeht, ist nicht dieser Zusammenhang, wohl aber der Umstand, dass gerade das ins Unbewusste eingelassene Wunschpotenzial, auch wo es der vorhandenen Wirklichkeit widerspricht und Noch-Nicht-Bewusstes enthält, auf Grund seiner libidinösen Struktur dem Wiederholungszwang unterliegt und so zur Stütze von Herrschaft werden kann, anstatt sie zu untergraben.

Ungleichzeitigkeit als ein Phänomen des Unbewussten oder der „Irratio" wird von Bloch an zahlreichen Beispielen von „anachronistischer Verwilderung" (EdZ 117), Primitivierung oder Archaisierung thematisiert (vgl. Dietschy 1988, 224ff.). Sein Hauptinteresse gilt jedoch der Dynamik, die sie im kulturellen oder gesellschaftlichen Raum entfaltet, und ihrer sozialhistorischen Genesis: „[...] gerade daher, weil so viel Vergangenheit noch nicht zu Ende geworden ist, poltert auch diese durch die Morgendämmerungen der Neuheit" (ebd., 160). Mit dieser Jean Paul entliehenen Spuk-Metapher (vgl. PM 96) macht er darauf aufmerksam, wie Ungleichzeitigkeit durch Ausschluss aus dem Gleichzeitigen, d. h. durch verhinderte geschichtliche Realisierung, entsteht und deren Beweggründe in ein gespenstisches Nachttreiben verbannt. Die abstrakte Gleichzeitigkeit der kapitalistischen Gesellschaft verstärkt diese „Auslassungen" und hinterlässt eine „Menge ungleichzeitiger, das heißt schief, wo nicht archaisch zur bürgerlichen Ratio stehender Gehalte" (MP 421f.). Diese „verdrängte Materie" (EdZ 123), umfasst auch jene subversiven und utopischen Inhalte, die im Lauf der Geschichte ins Irreale und Irrationale, in die Gefilde religiöser Wunschträume und Befreiungsphantasien verbannt wurden. Aus diesen unterirdischen Quellen beziehen Leitmotive der Gegenwartskultur wie „,Leben', ,Seele', ,Unbewusstes', ,Nation', ,Ganzheit', ,Reich'" (ebd., 18) ihren Stoff und vor allem ihre religiöse Energie.

Erbschaft dieser Zeit unternimmt es, diesen „Anti-Mechanismen" (ebd.), die gegen die Entzauberung und Entpersönlichung der Welt im kapitalistischen Betrieb Einspruch erheben, in einem konkretutopischen Marxismus (vgl. ebd., 151) eine andere Heimat zu verschaffen als die der antimodernen oder faschistischen Reaktion. Ohne kritische Prüfung, Herauslösen aus dem alten Zusammenhang und Einbau in einen neuen ist dies nicht möglich. Daher unternimmt das Buch eine breite Sichtung aller möglichen bürgerlichen Erbstücke, die von den im ländlichen Raum erhaltenen Erinnerungen „an das relativ Lebendigere und Ganze früherer Beziehungen von Menschen" (ebd., 120) bis hin zu „Schwung" und „Sachlichkeit" (ebd., 215ff.) der Großstadt und der Kunst der Montage reicht. Erbschaft sucht Bloch, anders als die Marxisten um Lukács, nicht bloß in der fortgeschrittensten Gleichzeitigkeit, sondern gerade auch im zweideutigen Gebiet des Ungleichzeitigen, das sich als Irratio manifestiert. Daher verlangt er dafür eine materialistische Vernunft, die konkret ist und nicht wie die halbe Vernunft kapitalistischer Ratio „anti-mechanistische ,Unvernunft'" (ebd., 68) zur Kehrseite hat. Sie darf nicht wie diese die ungleichzeitige oder „windschiefe Anderheit" (ebd., 118) exkommunizieren, sondern muss sich auf einen *Rationalismus des Irrationalen* verstehen. Dieser intendiert „Ganzheit und *aufgebrochenes* Irrationale darin" (EdZ 68).

Blochs Vorstoß ins Zwielicht der Irrationalismen ist gleichwohl nicht unproblematisch. Seine Forderung nach einer „Besetzung und Rationalisierung der irrationalen Bewegungen und Gehalte" (ebd., 157) zeigt das an. Denn einmal kommt darin ein fragwürdiger Glaube an eine souveräne Vernunft zum Ausdruck, die offenbar imstande wäre, das Irrationale gänzlich aufzulösen und zu bändigen, und es ist nicht zu verkennen, dass Bloch dazu tendiert, das Unbewusste dem Bewussten und Noch-Nicht-Bewussten genauso unterzuordnen wie das Ungleichzeitige dem Gleichzeitigen und Übergleichzeitigen. Zum andern muss zwar das „irrationale Feld [...], um beerbt zu werden, erst verwandelt werden" (Hasard 205), doch kann daraus leicht ein bloßes Verschieben libidinöser Besetzung von Objekten und somit eine Bewegung im imaginären Raum von Identifikationen werden.

Das wird an Beispielen deutlich, die Bloch anführt: Einige der Symbole der Nazis wie die „Ganzheiten und Lebendigkeiten" von Heimat, Familie, Nation und Volksgemeinschaft werden ohne große Umschweife und Verwandlung auf die Sowjetunion übertragen: „Wie anders hat Russland bereits *Zucht* und *Führer, Boden, Heimat* und *Folklore* einmontiert (die urkommunistischen Gentes scheinen hindurch); wie unbetrüglich zeigen sich hier die organischen Kräfte der *Familie*, die organisch-historisch gebliebenen der *Nation* umfunktioniert und in den Dienst einer *Volksgemeinschaft* gestellt, aber einer rechten" (Bloch 1935, 101). Allerdings erschöpft sich die blochsche Intervention keineswegs in solchen Entreißversuchen. Indem er auf Wiederaneignung und Verwirklichung der abgespaltenen und fehlgeleiteten Wunschgehalte besteht, hat Bloch Stichworte für eine kulturpolitische Strategie geliefert, die das vielgesichtige subjektive Widerspruchspotential unterdrückter Schichten berücksichtigt und im Gegenzug zur faschistischen „Ästhetisierung der Politik" (Benjamin 1974, 506) eine Politisierung der Alltagsästhetik herbeiführt. Wilfried Korngiebel hat die Grundlinien dieser kulturellen Gegenhegemonie von *Erbschaft dieser Zeit* herausgearbeitet (vgl. Korngiebel 1999). Im heutigen Kontext schlägt Boaventura de Sousa Santos eine verwandte Strategie vor, die in mancher Hinsicht an Bloch anknüpft. Angesichts der Auslassungen (vgl. EdZ 392) oder „Abwesenheiten", die durch die globale hegemoniale Epistemologie und Rationalität produziert werden, propagiert er eine gegenhegemoniale Globalisierung, welche die Monokulturen des Wissens, der linearen Zeit oder der rassistischen Klassifizierung in Ökologien der Kenntnisse, der Zeitlichkeiten und der Anerkennung verwandelt. In den Weltsozialforen sieht er eine „Soziologie des Aufkommens" und des Noch-Nicht am Werk, welche diejenige der Produktion von „Abwesenheiten" ablösen könnte (vgl. De Sousa Santos 2004, 1009ff.).

Die Irrationalität im Ungleichzeitigen hat schließlich noch eine Tiefendimension, die mit der *Unvergangenheit des Vergangenen* zu tun hat und Blochs Konzept von anderen, insbesondere auch demjenigen von Wilhelm Pinder, klar abhebt. Wie bereits ausgeführt, wurde Bloch schon früh auf das Problem unvollendeter und deswegen fortwirkender Geschichte aufmerksam. So bemerkte er auch einen Zusammenhang zwischen seiner philosophischen Entdeckung des „Heraufkommenden" oder Noch-Nicht-Bewussten mit dem „verwandt Irrationalen des halb Geschehenen oder fast Ungeschehenen, Unerlösten in der Geschichte" (DW 1, 90). Irrational ist es, weil es sich um

„verdrängte Materie" handelt, die ins Unwirkliche verbannt wird. Einzig Walter Benjamin hat in ähnlicher Weise vom Erlösungsbedarf des Vergangenen gesprochen und festgestellt: „Es gibt Noch-nicht-bewusstes-Wissen vom Gewesenen, dessen Förderung die Struktur des Erwachens hat" (Benjamin 1982, 491).

In diesem Sinne bedeutet das blochsche *Erbschaftskonzept* also weit mehr als eine tagespolitische Besetzung von Themen. Erbe ist hier nicht als Kulturgut oder Relikt, sondern als Vermächtnis und Auftrag zu verstehen, das in der bisherigen Geschichte Angelegte, aber noch nicht Realisierte einzulösen, das Abgebrochene und nie ganz Gewordene fortzutreiben: „Die Toten kehren verwandelt wieder" (SO 517). Das bezieht sich auf frühere Theorie und Praxis wie auf ästhetische Vorgriffe, beide sind gemeint, „die, deren Tat zu kühn war, um zu Ende gekommen zu sein (wie Thomas Münzer); die, deren Werk zu umfassend war, um mit dem Lokal ihrer Zeit zusammenzufallen (wie Aischylos, Dante, Shakespeare, Bach, Goethe)" (ebd.). Kulturerbe meint bei Bloch nicht Kult des Überlieferten, sondern Erneuern, was früher nicht gelang, verändernde Relecture der Kultur. Sie kehrt das übliche Verhältnis von Tradition und Revolution um, indem sie in der Tradition die „Revolution der Abgeschiedenen" findet und gegenwärtige Revolution in der langen „Tradition der Heraufkommenden" (vgl. TE 153) versteht. Rückgriff auf Vergangenes setzt in diesem Sinne wie bei Benjamin das Aufsprengen des Zeitkontinuums voraus: diese Tradition des „Ungekommenen" (ebd.) entsteht durch Innovation, durch Bruch mit dem bloß Gewordenen, der Bildungsware, den Verdinglichungen.

Solches Erben setzt ein entsprechendes Vermächtnis voraus: Zurückgreifen lässt sich auf Vergangenes nur, wenn dieses „ebenso, unerledigt, in die Zukunft vorgreift" (ebd.). Dass ein Werk über den Horizont seiner Zeit hinaus Bedeutung erlangt, liegt darin begründet, dass es mehr als das Gewesene enthält. Dazu aber muss es von vorneherein das Vorhandene fort-, und nicht nur abbilden, argumentiert Bloch gegen die vulgärmarxistische Erkenntnistheorie. Damit hebt er sich auch von dem mechanistischen Verständnis der Beziehungen zwischen Basis und Überbau ab. Gerade auf dem Feld der kulturellen Produktion ist Überbau für ihn mit Überschuss (vgl. MP 376), mit einem utopischen Transzendieren des Bestehenden verbunden. Blochs Auffassung vom kulturellen Überschuss ist allerdings nicht einheitlich. Einerseits tendiert er dazu, im Utopiegehalt von Kunstwerken – d. h. in Vorwegnahmen utopischer Seinsfülle – den Grund ihrer Nachwirkung oder Beerbbarkeit zu sehen. Man könnte dies das essenzialistische Verständnis von Kulturerbe nennen. Andererseits insistiert er – zumal in *Erbschaft dieser Zeit* – auf dem Fragmentcharakter von Kunst und ihrem offenen Bedeutungshorizont. Danach weisen Werke über sich und ihre Zeit hinaus, weil sie in ihren Bedeutungen noch unfertig und auf Aneignung durch Rezipierende angewiesen sind. Fragment in diesem Sinne ist ein Werk nicht, weil sein Realitäts-Korrelat noch nicht erschienen wäre, sondern, „weil seine Bedeutung von den Rezipierenden mitproduziert wird" (Fischer-Lichte 1979, 170). Blochs Rede vom „de te fabula narratur"-Eindruck der Lesenden weist in diese Richtung. Noch deutlicher sagt er im Hegelbuch: „Rückgriff aufs Erbe ist dasselbe wie Erneuerung" (SO 366), Erneuerung nämlich der darin wirksam gewesenen Intention, nicht so sehr ihrer damaligen Verwirklichung. Entscheidend ist also eine „Wechselbeziehung: kritische Beachtung der Gegenwart, dadurch produktiv ermöglichter Erbantritt der Vergangenheit" (TLU 171). Nur so kann es gelingen, „auch Unabgegoltenes irrational sich gebender Art aus der Vergangenheit als Problem für eine weitere, tiefere Ratio" (TE 153) zu gewinnen.

Ausgangspunkt für dieses rettende Erben ist ein gegenwärtiges, emanzipatorisch-praktisches Interesse: „erinnert wird einzig, was für uns und […] auch für sich noch nicht fertig geworden ist" (TE 281). Daher sind für Bloch nicht bloß die klassischen Höhepunkte der Kulturgeschichte und ihre mögliche Nachreife relevant. Mehr noch interessieren ihn Wendezeiten, in denen die „Prozentgehalte des Noch-Nicht-Bewussten" (TLU 294) und des Unvollendeten besonders hoch sind. So stellt seine Relecture der Geschichte unterschiedlichste Grade der Beerbbarkeit oder des Vergangenseins fest. Die kategorialen Grundlagen für diese Zukunfts-Messung im Vergangenen hat Bloch 1937 in Prag in einem Manuskript formuliert, das fast 40 Jahre später schließlich ins *Experimentum Mundi* teilweise Eingang fand. Darin werden – in Umkehrung der üblichen Zeitenfolge – Zukunft als Vorgreifen und eigentlicher Zeitmodus („Zeit in der Zeit") und Vergangenheit als „beständig absinkende ‚Frucht' der Zukunft", als „Nicht-mehr-Zukunft" und „Gewordensein minus Gelungensein" (LdM 270; vgl. EM 103) bestimmt. In der Vergangenheit ist aber durchaus noch Zukunft, denn sie kann zwar nicht ungeschehen gemacht, aber der Vergessenheit entrissen und neu belebt werden. So wird menschliche Geschichte „in jeder Epoche […] nicht nur ‚neu geschrieben', sondern neu ernährt und aufgeschlagen, in ihren Qualitäten umbelichtet" (LdM 271).

Deutlich gemacht werden kann auf diesem Hintergrund, wie das Verhältnis von Un-, Gleich- und Übergleichzeitigkeit zu denken ist. Es ist dabei wohl kein Zufall, dass der Terminus Übergleichzeitigkeit von Bloch nur sehr selten verwendet wird, kann er doch leicht im Sinne Nietzsches als überhistorisch-äternisierend oder als eine Hierarchie der Wahrheiten verstanden werden. Eine solche Rangfolge, ja fast ein linear-progressives Aufsteigen, das in einem überlegenen, beherrschenden Wissen „auf der Höhe der Zeit" gipfelt, scheint der Satz nahe zu legen: „Gleichzeitigkeit ist keine, wenn sie nicht auch übergleichzeitig ist; al pari mit der wirklichen Gegenwart steht nicht der Kapitalist des unbeherrschten, wetterwendischen Heute, sondern nur der Kenner und Beherrscher des Morgen im Heute zugleich, kurz der tätige Marxist" (EdZ 213). Doch im scheinbaren Lob auf die Partei, die immer recht hat, versteckt sich bei näherem Zusehen gerade schärfste Kritik an dieser: Sich auf dem Boden der kapitalistischen Gegenwart zu bewegen, heißt für Bloch noch nicht Marxist sein. Diesen macht eben erst aus, dass er sich als übergleichzeitig, d. h. „die Zeit bewusst überholend" (TE 91) und tendenzkundig erweist.

Ohne *Übergleichzeitigkeit*, ohne „die im Jetzt enthaltene Zukunft" (EdZ 122), ist Gleichzeitigkeit also bloßes „up to date" oder „unechte" Gleichzeitigkeit (vgl. ebd., 212). Organ par excellence für das Transzendieren von Gegenwart ist für Bloch die Kunst. Sie ist *Vor-Schein*, am stärksten in Musik, „wo ein Ungestaltetes trotzdem gestaltet herandrängt" (AvU 74). Im ästhetischen Vor-Schein ist Antizipieren am Werk, immer aber auch angetrieben vom Gedenken unerledigter Vergangenheit und der in Kultur und Religion wach gehaltenen „rebellische[n] Vermissung" (EdZ 121). Insofern kann man auch sagen, dass ohne Ungleichzeitigkeit keine Zukunft möglich ist. Das Ungleichzeitige im Gleichzeitigen zu bedenken, dazu nötigt nicht nur das spukhafte Wiederkehren unterdrückter und ausgeschiedener Elemente, sondern auch die „sehr diskontinuierliche Melodie der menschlichen Freiheitsgeschichte" (LdM 21), die lediglich als stets unterbrochene und nur durch Unterbrechung des herrschenden gleichzeitigen Zusammenhangs existiert. Sie ruft nach einem Bruch mit dem Kontinuum leeren Fortschritts der Zeitreihe und macht eine mehrschichtige historische Dialektik zur Pflicht.

Noch in seiner Leipziger Zeit hat Bloch in einem Vortrag vor der Deutschen Akademie der Wissenschaften, der später modifiziert in die *Tübinger Einleitung in die Philosophie* Eingang fand, das Thema der Vielstimmigkeit und Multilinearität der Geschichte wieder aufgenommen. Die 1955 verfassten *Differenzierungen im Begriff Fortschritt* machen deutlich, dass Blochs Philosophie der Geschichte sich grundlegend abhebt von den Schematismen des Historischen Materialismus. Sie kennt keinen Linearismus und homogenen Universalismus (der eine überall gleiche geschichtliche Tendenz unterstellt), Objektivismus (der den subjektiven Faktor in der Geschichte zum bloßen Vollzugsorgan degradiert), Proletarismus (der nur mit dem gleichzeitigen Widerspruch von Kapital und Arbeit rechnet), Ökonomismus (der den Überbau als Reflex der Basis behandelt) und Produktivismus (der die Produktivkraftentwicklung unbeschadet der Naturfolgen zur Fortschrittsinstanz per se erklärt).

Allerdings löst sich Bloch nicht ganz von universalgeschichtlichen Konzepten eines Fortgangs der Menschheit in Stadien der gesellschaftlichen Entwicklung, die einer einheitlichen Gesetzmäßigkeit folgen (vgl. TE 128 u. PA 500). Um für die Breite der geschichtlichen Prozesse und die unterschiedlichen „gesellschaftlichen Stufen der Völker" Platz zu schaffen, erwägt er „eine Art Raumzuschuss in der historischen Zeitlinie" (TE 128). Dies erweckt den Anschein, als solle durch einen Ausbau des Prozesshauses, durch räumliche Anstückungen und „Zuschüsse" von gleich- und ungleichzeitigen „Schauplätzen" und „Schleifen" im Grunde das alte universalgeschichtliche Fortschrittsmodell der europäischen Moderne gerettet werden. Bloch prangert zwar die „angebliche Zivilisierung" außereuropäischer Völker als imperialistische Ideologie von Kolonialregimen an, sieht darin aber eine Perversion des Fortschrittsgedankens und beklagt lediglich seinen „allzu europäischen Zielinhalt" (vgl. Bloch 1955, 11f. u. 20).

Andererseits kündet Bloch einen semantischen Bruch mit dem eurozentrisch-linearen Geschichtsdenken an und propagiert „statt der Einlinigkeit ein breites, elastisches, völlig dynamisches Multiversum" und eine „neue Zeit-Mannigfaltigkeit" (TE 146). Er plädiert angesichts der unterschiedlichen Zeitdichte und Bewegungsinhalte der historischen Materie und ihrer ungleichmäßigen Fortschrittsarten in Analogie zum unstarren Riemannschen Raum für „eine *Art ‚Riemannsche' Zeit*" (ebd., 136). Ebenso nimmt er im Blick auf die qualitative Verschiedenheit von Geschichts- und Naturzeiten Differenzierungen vor, wobei er darauf Wert legt, Natur nicht als Vorbei und bloßen Schauplatz für menschliches Geschehen zu behandeln – die „Gänsemarschlinie des Vorher und Nachher ist an einem *nicht nur abgelaufenen Vorher der Natur*, nicht nur *allpointierenden Nachher der Kulturgeschichte* am wenigsten haltbar" (ebd., 142). Ungelungensein und

Unfertigsein des Weltprozesses, in dem eine „keineswegs homogene Materie sich ausgestaltet und herausexperimentiert" (EdZ 395) verlangen für die Kategorienbildung ein prinzipielles Offenhalten und einen Pluralismus der Weltwege. Das ist für Blochs Geschichtsphilosophie bei aller Bezogenheit auf den Zielpunkt des Humanum von entscheidender Bedeutung: „Nicht ein kontinuierlich sich entfaltender Prozess wird rekonstruiert, sondern ungleichzeitige Fragmente eines Prozesses, dessen Gesamtkonzeption erst noch wird und insofern nur in Ansätzen vorscheint, werden aus der Distanz heraus montiert" (Zimmermann 2001, 54).

Der in *Erbschaft dieser Zeit* entfaltete Theorieansatz der *Ungleichzeitigkeit* wurde zunächst kaum aufgenommen. Abgesehen von Besprechungen des Buchs durch Klaus Mann, Ludwig Marcuse, Ernst Krenek, Hermann Hesse und Friedrich Burschell kam es einzig dank der Kritik von Hans Günther 1936 zu einer Kontroverse darüber in der Zeitschrift *Internationale Literatur* (vgl. Dietschy 1988, 9, Anm. 3). Damals nicht zur Veröffentlichung gelangt sind Rezensionen von Joachim Schumacher und Georg Lukács (vgl. ebd.). Eine breitere Diskussion setzt erst nach dem Erscheinen der zweiten Ausgabe des Buchs 1962 allmählich ein. Vor allem Arbeiten von Oskar Negt und Alexander Kluge, der Zeitschrift *Ästhetik und Kommunikation* und Wolfgang Emmerichs Studie *‚Massenfaschismus' und die Rolle des Ästhetischen* (Emmerich 1977) ist es zu verdanken, dass auch über die Bloch-Forschung hinaus die Relevanz von *Erbschaft dieser Zeit* für die Faschismustheorie erkannt wurde. Trotz häufiger Bezugnahmen auf das Problemgebiet der Ungleichzeitigkeit in der Fachliteratur und eine größere Zahl von Artikeln dazu sind bis heute nur wenige Monografien erschienen, die sich systematisch mit der Bedeutung der blochschen Konzeption auseinandersetzen und ihre Aktualisierung versuchen (Dietschy 1988; Conigliaro 1990; Korngiebel 1999). Zu erwähnen sind außerdem die Jahrbücher der Ernst-Bloch-Gesellschaft (Vidal 1995/96) und der Ernst-Bloch-Assoziation (Zeilinger 2006b), die Tagungsbeiträge zum Thema enthalten. Im Ersteren wird die Relevanz der Kategorie Ungleichzeitigkeit aus ästhetischer, psychoanalytischer und aus theater- und gesellschaftspädagogischer Sicht diskutiert, im zweiten Band wird ihre Bedeutung für das Verständnis indigener Revolten und des Kapitalismus als Religion behandelt und das Verhältnis der blochschen Konzeption zu Pinder, Benjamin und Heidegger ausgeleuchtet.

Die Begriffsgruppen *Gleichzeitigkeit des Ungleichzeitigen* und *Ungleichzeitigkeit des Gleichzeitigen* haben mittlerweile Eingang in die unterschiedlichsten Diskurse gefunden und werden, mit oder ohne Bezugnahme auf Bloch, in verschiedenen Disziplinen verwendet. So spielen sie sowohl in geschichtstheoretischen Zusammenhängen, etwa in kritischer Reflexion der Geschlechtergeschichte (vgl. Arni 2007), wie in diversen historischen Studien eine wichtige Rolle (vgl. z. B. Maek-Gérard 1980; Hardtwig 1993). Wegbereitend waren dafür besonders die Untersuchungen von Reinhart Koselleck zur Begriffsgeschichte, die die Mehrschichtigkeit von „chronologisch aus verschiedenen Zeiten herrührenden Bedeutungen eines Begriffs" (Koselleck 1979, 125, vgl. 217) hervorhoben und zudem zeigten, dass Erfahrungen der *Gleichzeitigkeit des Ungleichzeitigen* für die Ausbildung des modernen Geschichtsbewusstseins konstitutiv sind.

Sehr präsent ist das Begriffspaar auch in literatur- und kunstwissenschaftlichen Kontexten, beispielsweise in Studien zur Romantik (z. B. Brüggemann 2006), zum Vormärz (z. B. Hotz 1976), zur Kunst- und Zeittheorie der 20er-Jahre (vgl. Schwartz 2005) oder in der vergleichenden Literaturwissenschaft von Entwicklungs- und Industrieländern (z. B. Kreutzer 1989). Ebenso begegnet es in der Kommunikationswissenschaft (Mihr 2005), in empirischer Kulturwissenschaft (Jeggle 1986), Kulturanthropologie und Religionsgeschichte (Gladigow 2004). Gladigow weist ausdrücklich auf die Bedeutung „notwendiger Ungleichzeitigkeiten" im Repertoire von Religionen hin, die er von bloßen Relikten unterscheidet (ebd., 4, vgl. 13). Zu einem ähnlichen Befund gelangt Erdheim aus ethnopsychoanalytischer Sicht, wenn er aufzeigt, wie sich ungleichzeitige Strukturen als „Kühlsysteme" zum Einfrieren gesellschaftlichen Wandels verstehen lassen (Erdheim 1984, 326).

Generell kann festgestellt werden, dass die *Gleichzeitigkeit des Ungleichzeitigen* im sozialwissenschaftlichen Diskurs zunehmend Verwendung findet. Dazu beigetragen haben neben der konstruktivistischen Systemtheorie (vgl. Luhmann 1993) vor allem die Entwicklungssoziologie sowie dann auch dekonstruktivistische Theorien, welche von der inneren und äußeren Differenz von Kulturen ausgehend Multi-, Inter- und Transkulturalität in der Globalisierung (vgl. dazu Drechsel/Schmidt/Gölz 2000) thematisieren. Während frühere Modernisierungstheorien meist mit einem nach dem Modell westlicher Industriegesellschaften verlaufenden Entwicklungsfortschritt und mit der Dichotomie von Traditionalität und Modernität operierten, interessieren sich neuere Ansätze vermehrt für die unterschiedlichen Mischformen („multiple Modernities"), in der sie eine Vielfalt variierter, auf nicht-westlichen Elementen aufbauender Entwicklungspfade erkennen (vgl. Djongkil 1993, 186ff.; Senghaas1998, 14; Leuenberger 2008, 26). Modernisierung wird nun als Prozess verstanden, in dem Gesellschaften mit sich selbst in Konflikt geraten und Pluralität generieren (vgl. Senghaas 1998, 21f.). Gebrochen wird dabei mit einem essenzialistischen Verständnis von Kulturen, das diese als homogene und kohärente Entitäten auffasst. Ungleichzeitigkeiten werden, insbesondere in der Kriegsursachenforschung, als Bruchlinien im Durchsetzungsprozess globaler Vergesellschaftung wahrgenommen, an denen die je verschiedenen traditionalen Ausgangsbedingungen von Gesellschaften sichtbar werden (vgl. Conrad 2002, 23; Jung, D. 1995, 187f.). Dabei dient die methodisch verstandene Gleichzeitigkeit des Ungleichzeitigen dazu, „die konfliktive Verschränkung und das widersprüchliche Nebeneinander unterschiedlicher Vergesellschaftungsformen" (Jung/Schlichte/Siegelberg 2003, 31) zu erfassen. Gerade im Blick auf die hybriden Sozialformen von Übergangsgesellschaften und ihre mehrschichtigen Transformationsdynamiken erweist sich dies als hilfreich. Denn während in den Ursprungsgebieten der kapitalistischen Ökonomie Staat und Gesellschaft in einem langen Prozess zum Nationalstaat verschmolzen wurden, ist die Ausbildung moderner Staatlichkeit in vielen postkolonialen Staaten unabgeschlossen, mit Formen patrimonialer Herrschaft durchsetzt und Gegenstand konkurrierender Machtansprüche, die unter Rückgriff auf religiös oder ethnisch konstruierte Identitäten legitimiert werden (vgl. ebd., 56ff.). Gesellschaftliche Desintegration und autoritäre Regierungsformen gehen dann auf der Ebene der symbolischen Ordnung und der Diskurse oft einher mit ungleichzeitigen Traumbildern nationaler Identität (vgl. Dietschy 1987, 186ff.). Zugleich findet eine „Kulturalisierung" statt, eine Verlagerung gesellschaftlicher Auseinandersetzungen auf die Ebene der über Werte und Weltbilder vermittelten Sinngebung. Vor allem in den Konzepten der Multikulturalität wird dabei Differenz oder Andersheit zum Grundmerkmal von Gesellschaften erhoben. In diesem Zusammenhang greift Anil Bhatti die blochsche Gleichzeitigkeit des Ungleichzeitigen auf, um die konstitutive kulturelle Komplexität Indiens zu beschreiben. Er interpretiert sie mit einem von Nehru stammenden Bild als Palimpsest, dessen Bedeutung in der Vielheit der Schichten liege, die sich überlagert haben, nicht in einer vermeintlich homogen-authentischen Urschicht, zu der man durch Wegradierung der andern vordringen könnte. Damit wendet sich Bhatti gegen die Versuche des westlichen Kolonialismus wie auch der Hindunationalisten, Homogenität durch „kulturelle Besitzergreifung" herzustellen (vgl. Bhatti 2003, 66f.). Im lateinamerikanischen Kontext stellt Néstor García Canclini eine Hybridisierung von Kulturen fest, die auf den Märkten des Symbolischen eine Gleichzeitigkeit vieler Zeiten entstehen lasse (vgl. García Canclini 1989, 19).

Diese Diagnose trifft sich sowohl mit dem Kerngehalt der kulturtheoretischen Debatten um die Postmoderne wie auch mit dem Befund von Globalisierungstheorien, dass eine in der Geschichte beispiellose *Vergleichzeitigung des Ungleichzeitigen* stattfinde. Am deutlichsten und rasantesten werden in den Finanzmärkten „die vielen Zeiten in den vielen Weltregionen […] zu einer einzigen normierten und normierenden Weltzeit zusammengezogen, nicht nur weil durch die modernen Medien ‚virtuell' die Gleichzeitigkeit von ungleichzeitigen Ereignissen hergestellt werden kann, […] sondern weil auch synchrone Gleichzeitigkeit in diachrone Ungleichzeitigkeit verkehrt und auf diese Weise artifizielle Ursache-Wirkungs-Ketten erzeugt werden können" (Altvater/Mahnkopf 1997, 40). Die kapitalistische Verwertungslogik, die an Grenzen der räumlichen Ausdehnung stößt, erzwingt also eine Beschleunigung in der Zeit (vgl. ebd., 577), was aber gesellschaftlich zugleich zu einer Enthistorisierung der Zeit führt, sie zur bloßen „Instantzeit" (Rosa 2005, 346) ohne Zukunftshorizont und Vergangenheitsraum zusammenschrumpfen lässt. Folgt man Hartmut Rosa, so sind die auf den ersten Blick konträren Diagnosen der „sozialen Beschleunigung" und der „gesellschaftlichen Erstarrung" beide zutreffend: eine Art „rasender Stillstand" (P. Virilio) sei tatsächlich das Kennzeichen der Spätmoderne (vgl. ebd., 41). So würde das Projekt der Moderne, das mit der Verzeitlichung von Geschichte begonnen hat, in einer „Entzeitlichung" enden, die „streng genommen keine Gleichzeitigkeit des Ungleichzeitigen" mehr wäre, „sondern eine gleichsam statisch-situative, ‚zeitlose' und ordnungslose *Gleichzeitigkeit der historischen Fragmente*" (ebd. 449). Diese richtungslose und ubiquitäre Vergleichzeitigung von höchst heterogenen Ereignissen und Prozessen weist Züge jener „Zerstreuung", „Berauschung" und „Montage" (EdZ 21) auf, die Bloch schon für die Weimarer Zeit diagnostiziert und als „anachronistische Verwilderung" (ebd., 117) und „Explosion des Ungleichzeitigen" (ebd., 203) charakterisiert hat.

Die Machtgeometrie der Globalisierung äußert sich nicht nur in zunehmender „*Desychronisation*" sozialer Funktionssysteme (vgl. Rosa

2005, 46), sie ruft auch eine Menge ungleichzeitiger Gegenbewegungen hervor, die von der Wiederbelebung ethnischer Partikularidentitäten bis zu den Authentizität und Ursprünglichkeit reklamierenden religiösen Fundamentalismen reichen. „*Machtungleichheit und Ungleichzeitigkeit,* die die kapitalistische Entwicklung in ihren bisherigen Phasen geprägt haben" (Ha 2004, 77), sind nicht verschwunden, und das Recht der Differenz in keiner Weise eingelöst. Denn wie die Protagonisten von Postmoderne und Multikulturalismus unter dem Deckmantel des Eklektizismus und der „Liebe zum Multiplen" im Grunde der Homogenisierungslogik des Globalismus folgen (vgl. Raulet 1984, 319), so bekämpfen auch die gegenmodernen Bewegungen mit ihrem Rückgriff auf dogmatisierte Traditionsbestände wirkliche Pluralität und Andersheit. Daher wendet Roger Behrens gegen Theorien des Multikulturalismus zu Recht ein, dass Blochs „Multiversum" gleichberechtigter Kulturen auf kapitalistischem Boden gar nicht realisierbar sei (vgl. Behrens 1996, 201f.).

Noch radikaler ist die Kritik der postkolonialen Theorien, welche in der Kolonialität ein konstitutives Element der europäischen Moderne erkennen, das auf der epistemischen Enteignung der anderen und der Verneinung ihrer Gleichzeitigkeit und Gleichwertigkeit aufbaut (vgl. Castro Gómez 2005, 21ff. u. die Arbeiten von Gayatri Chakravorty Spivak, Enrique Dussel, Walter Mignolo u. Aníbal Quijano). Die Differenz und die andern würden auch „im postmodernen Diskurs vom Zentrum aus benannt, autorisiert und aufgewertet", so dass sie ihre autonomen Stimmen verlieren, „weil in diesem Akt der Überwältigung ihre Fähigkeit, für sich selbst zu sprechen, geleugnet wird" (Ha 2004, 84). Früh schon hat in diesem Sinn der Haitianer Laënnec Hurbon bei Bloch einen Bruch mit dem Identitätscode der westlichen Metaphysik vermisst, weil er die Verschiedenheit der Kulturen in einem noch nicht gefundenen Endzustand münden lasse, der ihnen erst Sinn und Wahrheit verleihe (Hurbon 1974, 134 u. 137; vgl. EdZ 395). Von der Ungleichzeitigkeit her, welche sich als unausgeräumte Alteritas im vereinheitlichten Gleichzeitigen Platz verschafft, ließe sich allerdings Blochs Philosophie auch anders lesen. Gegen alle „Strategien des Vergessens" (vgl. Schmidt, B. 1994) hält sie das Gedächtnis für das noch Ungelungene im geschichtlichen Prozess wach.

→ *Antizipation; Augenblick; Fortschritt; Multiversum; Revolution; Utopie; Vor-Schein; Zeit*

📖 Altvater/Mahnkopf 1997; Arni 2007; Arnold 1985; Behrens 1996; Benjamin 1974, 1982; Bhatti 2003; Bloch, J. R. 1997; Bodei 1979; Brüggemann 2006; Castro Gómez 2005; Condorcet 1976; Conigliaro 1990; Conrad 2002; De Sousa Santos 2004; Dietschy 1987, 1988, 1998; Dilthey 1957; Djongkil 1993; Drechsel/Schmidt/Gölz 2000; Emmerich 1977; Erdheim 1984; Fischer-Lichte 1979; García Canclini 1989; Gekle 1986; Gladigow 2004; Günther 1981; Ha 2004; Habermas 1985; Hahn 2007, 2008; Hardtwig 1993; Henn 1990; Herder 1881; Herrmann/Thums 2002; Hotz 1976; Hurbon 1974; Jameson 1991; Jauss 1970; Jeggle 1986; Jung, D. 1995; Jung/Schlichte/Siegelberg 2003; Kanda 2003; Kierkegaard 1844, 1844b, 1848, 1854/55; Korngiebel 1999; Koselleck 1975, 1979, 2010; Kreutzer 1989; Külpe 1891/92; Leuenberger 2008; Locke 1977; Loewy 1979; Luhmann 1993; Maek-Gerard 1980; Mannheim 1928, 1935, 1964; Mihr 2005; Negt 1975; Nietzsche 1966; Novalis 1968; Pinder 1928; Raulet 1984; Riedel 1992; Rosa 2005; Schiller, H.-E. 1982; Schlegel 1964, 1971; Schmidt, B. 1994; Schnädelbach 1983; Schwartz 2005; Senghaas 1998; Sofri 1969; Turgot 1990; Uhl 1992, 2000, 2003; Vidal 1995/96; Wolff 1991; Zeilinger 2006; Zimmermann 2001.

Beat Dietschy

Utopie

Über die klassischen Definitionen von Utopie (Traum vom besseren Leben, Entwurf einer idealen Gesellschaft) hinaus bezeichnet der Begriff bei Bloch zum einen den Möglichkeitsgehalt des Wirklichen; zum anderen das denkende Entwickeln dieser Möglichkeiten über das Gegebene hinaus; zum dritten die Eigenschaft des Menschen, sich und die gegebene Welt denkend und handelnd zu übersteigen; und schließlich die Eigenschaft der Materie, in ihr wohnende Möglichkeiten zu entwickeln und entwickeln zu lassen. Gegen die übliche Lesart, Utopien als phantastische Übersteigungen der Wirklichkeit und damit per se als *abstrakt* zu definieren, betont Bloch mit dem Begriff der *konkreten Utopie* die mögliche Vermittlung utopischen Wünschens und Denkens mit realen Tendenzen. Die Utopie und das Utopische werden so zu einem umfassenden philosophischen Prinzip.

Der Begriff bezeichnet einen Ort, den es nicht gibt, einen Nicht-Ort, ein Nirgendwo. Geprägt wurde er von Thomas Morus in seinem 1516 erschienenen Roman *Libellus vere aureus nec minus salutaris quam festivus de optimo rei publicae statu deque nova Insula* („Ein wahrhaft kostbares und ebenso bekömmliches wie kurzweiliges Buch über die beste Staatsverfassung und die neue Insel Utopia").

Morus bildet aus den altgriechischen Wörtern für *nicht* (οὐ [*u*]) und *Ort* (τόπος [*tópos*]) den Kunstbegriff *Utopia*. Ihm hat offenbar zunächst der lateinische Titel „Nusquama" (Nirgendland, von lat. *nusquam*, ‚nirgends') vorgeschwebt. Diesen Namen verwenden Morus und Erasmus von Rotterdam in ihrer Korrespondenz zur Drucklegung der *Utopia*. Erst im November 1516 scheint sich der griechische Neologismus durchgesetzt zu haben. Vermutlich auch wegen der lautlichen Gleichheit von „utopia" und „eutopia" im Englischen. „Eutopia ist der Name, mit dem ich rechtens zu nennen bin", heißt es in einem Lobgedicht, das dem Text der *Utopia* in der Erstausgabe vorangestellt ist („Wherefore not Utopie, but rather rightely / My name is Eutopie – place of felicitie"). Der französische Humanist Guillaume Budé schlägt in einem Brief, der seit der französischen Ausgabe von 1517 in die *Utopia* aufgenommen wurde, einen der Begriffsbildung *Utopia* vergleichbaren griechischen Neologismus vor: *Udepotia*, also Niemalsland (von griechisch *udepote*, ‚niemals'). Dieser Begriff wäre auch grammatisch korrekt gewesen. Denn im Griechischen wird „u" zur Verneinung eines Satzes verwendet, einzelne Wörter aber mit dem vorgesetzten „a": Richtig wäre also die Bezeichnung *Atopia* gewesen (vgl. Kytzler 1985, 197). Aber dann wäre der Anklang an *Eutopia* verloren gegangen. Der korrekte Neologismus *Udepotia* dagegen setzt einen Zeitbezug. Für Morus scheint aber der räumliche Aspekt wichtiger gewesen zu sein, um die Nichtwirklichkeit seines Modells zu charakterisieren. Die Rezeption durch das zunächst angesprochene Lesepublikum, die Elite der europäischen Humanisten, bestätigt und verstärkt die Bedeutungselemente, die Morus seiner Begriffsbildung beigibt: Nichtwirklichkeit, Idealstaat, Modellcharakter, Realitätskritik (vgl. Funke 1991, 12).

Die Darstellung des idealen Gemeinwesens ist eingekleidet in einen Reisebericht: Ein weit gereister Philosoph kehrt nach Hause zurück und zeigt sich höchst befremdet über den desolaten politischen Zustand der Staaten seiner Zeit. Zumal er auf der Insel *Utopia* eine vorbildliche Staatsform kennen gelernt habe. Seine Gesprächspartner drängen ihn, von diesem Land zu erzählen. Die *Utopia* ist also sowohl eine scharfe Kritik an den bestehenden Verhältnissen als auch Darstellung eines Idealzustandes, der gegenwärtig sein soll, also nicht weit in der Zukunft liegt, sondern nur räumlich weit weg in einer entlegenen Weltgegend.

Morus' *Utopia* erscheint in einer intellektuellen Atmosphäre, in der Vorstellungen von einem idealen Leben weit verbreitet waren. Im 15. Jahrhundert waren die bis dahin weitgehend unbekannten Dialoge Platons entdeckt und ins Lateinische übersetzt und kommentiert worden. Platons *Politeia* ist dem gelehrten Publikum des 16. Jahrhundert also geläufig, in dem erwähnten Lobgedicht wird die Verbindung ausdrücklich hergestellt: „Utopia hieß ich bei den Alten wegen meiner Einsamkeit, nun bin ich Rivalin des platonischen Staates". In der zeitgenössischen Rezeption wird die Verwandtschaft der *Utopia* mit der *Politeia* hervorgehoben, sie wird aber auch mit den „Inseln der Seligen", den „Elysischen Gefilden" verglichen.

Mit „utopischem" Denken in der Antike war das humanistische Publikum also durchaus vertraut. Wir treffen hier eine große Formenvielfalt an: Elemente des Reiseromans, Vorstellungen vom Schlaraffenland (schon bei Homer und in den alten Komödien) mischen sich in den hellenischen Utopien mit ernsthaften Entwürfen eines idealen Gemeinwesens, wobei das Literarisch-Fiktive der Gattung bei Morus zunächst gar nicht im Vordergrund steht. Die griechische Aufklärung des 5. Jahrhunderts zum Beispiel kennt Formen rationalen Planens der unmittelbar bevorstehenden Zukunft. Hier werden keine phantastischen Inseln oder Länder am Ende der Welt beschrieben, sondern Modelle für die ideale Polis entworfen. Thukydides spricht von Denkern, die auf Veränderung versessen sind, von Sklaven des *atopon*, des Abweichenden, des Ungewöhnlichen, des Seltsamen, des „Ortlosen" (vgl. Herzog 1985, 6). Diesem Ortlosen sollte aber ein Ort zugewiesen werden.

Die Staatsschrift des Phaleas von Chalkedon (um 400) wird von Aristoteles ausführlich zitiert, ebenso Hippodamos von Milet, ein Städteplaner des 5. Jahrhunderts und ein Praktiker, der einen Modellstaat entwickelt, ohne Staatsmann zu sein, wie Aristoteles anmerkt. Man könnte auch Platon in die Reihe der Staatsdenker stellen, deren Modelle auf Verwirklichung orientiert waren. Platon hat zwar seinen eigenen Staatsentwurf als Idee bezeichnet, deren Realisierung kaum ernsthaft in Betracht gezogen werden könne, er nennt die *Politeia* sogar ein dichterisches Phantasiegebilde, aber immerhin versuchte er, seine Vorstellung eines idealen Staates in Syrakus zu verwirklichen

(367 v. Chr.). Erst nach dem Scheitern dieses Versuchs verlegt Platon die Schilderung des idealen Gemeinwesens in die Vergangenheit: In den Dialogen *Timaios* und *Kritias* entwirft er ein Bild von einem Urathen als Idealstaat, als Muster des Maßvollen und Ausgewogenen, das im Krieg mit dem Inselreich Atlantis steht. Dort gibt es zwar alles in Überfülle, aber Platon nennt Atlantis einen „Staat im Fieberzustand", er ist ein Muster der Maßlosigkeit. Vereinzelt hat es im antiken Griechenland auch – zumindest zeitweise – gelungene Realisierungen von Staatsutopien gegeben. So hat um 315 v. Chr. Alexarchos, der jüngere Bruder des Kassander von Makedonien, in der Nähe des Berges Athos die Stadt Uranopolis (Himmelsstadt) gegründet. Er hielt sich selbst für Helios, den Sonnengott. Im Jahr 133 v. Chr. beanspruchte Aristonikos, der Halbbruder des letzten Königs von Pergamon (Attalos III.), den Thron, obwohl Attalos sein Reich und den Staatsschatz testamentarisch den Römern vermacht hatte. Der Aufstand gegen die Römer wurde von Aristonikos zur Sozialrevolution erklärt. Er rief die Unterdrückten zum Befreiungskampf auf, versprach den Sklaven die Freiheit und allen Gefolgsleuten ein freies und gerechtes Leben in einer Heliopolis (Sonnenstaat). Die Römer machten ihm und seinen Plänen den Garaus.

Daneben erlebte aber auch die phantastische Erzählung von einem idealen Reich vor allem im Jahrhundert nach Platon eine neue Blüte. Schon die Mythen wussten Wundersames zu berichten, zum Beispiel vom Land der Phäaken am Ende der Welt, „wo niemals der Fuß anderer Sterblicher war" (Homer), oder von Hyperborea, das weder zu Fuß noch per Schiff erreicht werden kann, wo ein Volk lebt, das weder Krankheit noch Alter kennt und seine Tage mit Tanz und Gesang verbringt. Solche mythischen Wunschbilder, aber auch die Vorstellung eines „Goldenen Zeitalters", also die geschichtliche Rückverlegung des idealen Zustandes, bekamen neue Nahrung durch abenteuerliche Reiseberichte. Etwa von den Seereisen des Nearchos, Admiral Alexanders des Großen, der zum Beispiel von einer großen Expedition nach Indien berichten konnte. Handelsreisende erzählten von Arabien, Indien, Südchina, von bemerkenswerten Menschen, Gebräuchen und sozialen Verhältnissen. Das alles förderte die romanhafte Schilderung idealer Staats- und Gesellschaftszustände, wie sie in der Gattung nach Morus idealtypisch wurde, aber eben auch in der hellenischen Antike schon anzutreffen ist.

Theopompos von Chios schildert um die Mitte des 4. vorchristlichen Jahrhunderts in seiner *Philippika* ein Land namens „Meropis".

Ein Idealstaat am Rande der Welt, jenseits des großen Ozeans, in dem die Menschen doppelt so alt werden wie in Griechenland, doppelt so groß und um ein Vielfaches glückseliger sind als die Griechen. In dieser Erzählung überwiegt das Abenteuerliche und Phantastische derart, dass hier auch eine Satire auf Platons *Atlantis* vermutet wurde (Pöhlmann 1925, 285ff.; Kytzler 1973, 60f.). Bei einer Reise ins Land der Hyperboreer, die nach dem Mythos zu den Glückseligsten unter dem Himmel gehörten, waren die Meroper derart entsetzt von den nach ihren Maßstäben elenden Zuständen, dass sie sogleich wieder nach Hause fuhren und ihr „Meropis" nie wieder verließen.

Bei Hekataios von Teos (oder Abdera) sind die Hyperboreer aber wieder das glückselige Fabelvolk, in deren Land die Stadt der Kimmerier liegt. Die liegt in Homers *Odyssee* an „des tiefsten Ozeans Ende", in dem nie die Sonne scheint, nahe am Eingang des Hades, in ihr herrschten stets Nacht und Nebel, die „kimmerische Finsternis". Nicht so bei Hekataios: Hier sind die Kimmerier vom Gott Apollon geliebt, sie leben in einer fruchtbaren Landschaft, alljährlich gibt es zwei Ernten, und obwohl von Hekataios' Werk nur noch Fragmente existieren, wissen wir aus Zeugnissen von Zeitgenossen, dass hier eine vollständige *Politeia* vorgelegen haben muss (Kytzler 1973, 61; Pöhlmann 1925, 291ff.).

Der Philosoph Euhemeros, der um 300 v. Chr. am Hof des makedonischen Königs Kassander lebte, nimmt uns in seiner *Heiligen Schrift* mit auf eine Entdeckungsreise zu einer Inselgruppe im Indischen Ozean südlich des „Glücklichen Arabien". Dort liegt die Insel Panchaia, auf der in einer üppigen Natur ein glückliches Volk in einem Ständestaat unter Herrschaft einer priesterlichen Aristokratie lebt. Für die Utopieforschung ist das der erste Staatsroman, in dem „eine Schilderung der wirtschaftlichen und sozialen Rechtsordnung" überliefert ist (Pöhlmann 1925, 293; vgl. Kytzler 1973, 62). Grund und Boden, Acker- und Weideland sind Gemeineigentum. Die Bewirtschaftung übernehmen zwar Kleinbetriebe, die Erträge werden aber in öffentlichen Magazinen gesammelt und von den Priestern an das Volk verteilt. Die Volkswirtschaft ist also eine staatliche Angelegenheit, die Gesellschaftsordnung kollektivistisch.

Auch Iambulos, ein Händler aus dem 3. vorchristlichen Jahrhundert, ein „sozialökonomischer Jules Verne" (Pöhlmann 1925, 305), erzählt eine abenteuerliche Geschichte: Von Äthiopiern im südlichen Arabien gefangen genommen, mit einem Segelboot auf dem Indischen Ozean ausgesetzt, gelangt er zu einer Inselgruppe am Äquator. Die

Menschen leben dort in völliger Gleichheit und Harmonie, sie lösen einander bei der Arbeit ab, es gibt keine Ehe, die Kinder werden von der Gemeinschaft aufgezogen. Die Insulaner verehren die Sonne, weshalb Iambulos die sieben Inseln auch „Sonnenstaat" nennt (Kytzler 1973, 62f.).

Utopische Vorstellungen sind also im antiken Griechenland in vielfältiger Form verbreitet, sie sind so populär, dass sie in Komödien (*Wolkenkuckucksheim* und *Weibervolksversammlung* von Aristophanes) und Satiren und Parodien (Lukians *Wahre Geschichten*) verspottet werden können.

Die Verbindung des 16. Jahrhunderts mit dieser antiken Tradition liegt auf der Hand. Erasmus von Rotterdam hat 1506 eine Lukian-Werkausgabe besorgt – zusammen mit Thomas Morus. In dessen *Utopia* ist die Lukian-Lektüre tägliche Pflicht, es gibt zahlreiche Anspielungen auf Platon, auf die phantastische Reiseliteratur der Antike (etwa Iambulos), die Rolle des Erzählers Hythlodaeus ist antiken Vorbildern direkt nachempfunden.

Dazu kommt eine mentalitätsgeschichtliche Parallele: Wie das vierte vorchristliche Jahrhundert in Griechenland steht auch das 16. Jahrhundert Mitteleuropas unter dem Eindruck eines Zeitalters der Entdeckungen. Die Fahrten des Christoph Kolumbus wurden erstmals von Martyr von Angleria beschrieben (*De orbe novo*, 1516), Amerigo Vespuccis Reisen vom deutschen Kartografen Martin Waldseemüller (*Cosmographiae introductio*, 1507). Große Seereisen schürten die Neugier auf Nachrichten über phantastische Reiche am Ende der Welt. Fruchtbarer Boden für eine Erzählung, die das ideale menschliche Leben innerhalb der existierenden Welt ansiedelt und nicht mehr ins christliche Heilsversprechen einbettet.

Der Begriff *Utopie* ist im 16. und 17. Jahrhundert außerhalb Englands noch nicht geläufig oder wurde mit dem Werk des Thomas Morus identifiziert. In England selbst ist dagegen schon früh eine Verallgemeinerung des Begriffs festzustellen. Die Attribute „illusionär", „phantastisch", „irreal" gehörten von Beginn an zur Utopie; zunächst in politischen Auseinandersetzungen, dann auch im alltäglichen Sprachgebrauch werden die Begriffe *Utopie* und *utopisch* verallgemeinert zur Kritik an den (falschen) Vorstellungen des Gegners. Mit Beginn des 18. Jahrhunderts wird der Begriff auch in Deutschland geläufiger, im Laufe des 18. Jahrhunderts dann auch in Frankreich (vgl. HWP 6, Sp. 513; Falke 1973, 2ff.). Auch hier schleppt der Begriff seine negative Konnotation stets mit.

In der Philosophie wird die Vorstellung einer besseren Welt „ohne Sünde und Unglück" (Leibniz 1968, 102) zwar als so angenehm wie legitim betrachtet. Es soll aber, wenn es nach Kant geht, bei der Vorstellung bleiben. „Es ist doch süß, sich Staatsverfassungen auszudenken, die den Forderungen der Vernunft (vornehmlich in rechtlicher Absicht) entsprechen; aber vermessen, sie vorzuschlagen, und strafbar, das Volk zur Abschaffung der jetzt bestehenden aufzuwiegeln" (KAA/7, SF 92). Kant nennt Platon, Morus, Harrington und fährt fort: „Ein Staatsproduct, wie man es hier denkt, als dereinst, so spät es auch sei, vollendet zu hoffen, ist ein süßer Traum; aber sich ihm immer zu nähern, nicht allein denkbar, sondern, so weit es mit dem moralischen Gesetze zusammen bestehen kann, Pflicht, nicht der Staatsbürger, sondern des Staatsoberhaupts" (ebd.).

Im engeren gattungsbegrifflichen Bereich macht die *Utopia* schnell Geschichte. Zunächst als literarische Kategorie, mit der auch rückwirkend Vorstellungen vom idealen Staat – wie Platons *Politeia* – charakterisiert werden. Und sie wird Vorbild für eine Reihe von Abhandlungen über den besten Staat in der ersten Hälfte des 16. Jahrhunderts. Tommaso Campanellas *Sonnenstaat* gehört dazu (1602 verfasst, 1623 veröffentlicht), der ebenfalls auf einer Insel liegt. Er wird von Sonnenpriestern regiert, Armut und Privateigentum sind abgeschafft, es herrscht Güter- und Weibergemeinschaft, der Staat ist straff organisiert einschließlich der von Platon entlehnten Zuchtwahl.

Francis Bacons *Nova Atlantis* (1627) bezieht sich auf Platons Atlantis-Erzählung, orientiert sich aber auch deutlich am Muster des Seefahrer-Berichts bei Thomas Morus. Das neue Atlantis ist eine Insel im Pazifik, die zufällig von gestrandeten Seeleuten entdeckt wird. In diesem Staat gibt es Privateigentum, strikte Monogamie, patriarchalische Verhältnisse in Familie und Staat. Das Wissenschaftszentrum ist die mächtigste Institution. Nicht Philosophen, sondern Naturwissenschaftler bestimmen die Richtlinien der Politik. Wissenschaft und Technik sind der „eigentliche Kern des utopischen Gemeinwesens" (Saage 1998, 65).

Johann Valentin Andreae entwirft in *Christianopolis* (1619) zwar eine protestantische Idealgesellschaft, aber auch sie ist durchaus diesseitig gedacht, und James Harringtons *Commonwealth of Oceana* (1656) ist ein deutlicher Gegenentwurf zum England Oliver Cromwells, keine phantastische Geschichte, sondern im Wesentlichen der Entwurf einer Verfassung, einer Regierungsordnung, eines repräsentativen Parlamentssystems. Eine religiöse Utopie ist wiederum Johann

Gottfried Schnabels *Insel Felsenburg*, die zwischen 1731 und 1743 in vier Bänden erschienen ist. Schiffbrüchige Seefahrer entdecken diese Insel, auf der sie eine pietistisch-gottesfürchtige Gesellschaft gründen. Eine Art irdisches Paradies im Unterschied zu dem düsteren Bild, das von den europäischen Zuständen des 18. Jahrhunderts gezeichnet wird. Diese Idealgesellschaft ist rund hundert Jahre alt, wie Schnabel schreibt, aber sie existiert „bis heute", also bis ins Jahr 1728, dem Jahr der Niederschrift.

Wir haben es hier durchweg mit Raum-Utopien zu tun, also mit Gesellschaftsmodellen, die als gegenwärtig existent, aber geographisch weit entfernt behauptet werden. Die „kopernikanische Wende" (Saage 1999, 48) der utopischen Gattung von der Ferne in die Zukunft markiert Louis-Sébastien Merciers Roman *Das Jahr 2440* (1771). Hier ist es keine Insel mehr, kein Ort am Ende der Welt, kein geographisch entrücktes, aber zeitlich fixiertes Ideal, sondern die Utopie wird vom Raum in die Zeit verlegt, und zwar im Medium des Traums: Die Subjektivität des Ich-Erzählers konstituiert den Gegenstand. Dazu kommt: Das Paris des Jahres 2440 ist keine statische Utopie mehr wie die Platons oder die der Renaissance, sondern sie wird als entwicklungsfähig und entwicklungsbedürftig dargestellt. „Das utopische Gemeinwesen steht nicht mehr außerhalb einer zielgerichteten geschichtlichen Entwicklung, sondern ist in diese eingebunden" (Saage 1999, 60). Die immer weiter fortschreitende Entdeckung der Welt macht Raum-Utopien immer weniger plausibel, die Hoffnung auf eine bessere Welt wird zunehmend in die Zukunft verlegt.

So auch bei dem amerikanischen Schriftsteller Edward Bellamy, der in seinem Roman *Looking Backward 2000* (1888) einen jungen Amerikaner in einen hypnotischen Schlaf fallen lässt, aus dem er im Jahr 2000 erwacht. Die Menschen sind glücklich, weil die Technik ein einfaches, leichtes, gleiches und gerechtes Leben ermöglicht. Freilich ist diese Gesellschaft gleichzeitig durchmilitarisiert und hierarchisiert: Die Wehrpflicht gilt bis zum 45. Lebensjahr, Herrscher sind die Älteren ab dem 45. Lebensjahr.

Aber auch Raumutopien wurden weiter geschrieben. So bedienten zwei englische Zeitgenossen Bellamys noch einmal das Muster des phantastischen Reise-Romans. Edward George Bulwer-Lytton (*The coming race or the new utopia*, 1870) erzählt von einem jungen Engländer, der bei einem Bergwerksunglück in eine unterirdische Welt gerät, in der die Menschen seit biblischen Zeiten in Wohlstand und Glück leben, weil sie eine mysteriöse Naturkraft beherrschen.

Während Samuel Butlers *Erewhon* (1872) hinter einem fast unüberwindlichen Gebirge auf Neuseeland liegt. Dort sind die Menschen glücklich, weil alle Technik abgeschafft wurde. Denn sie haben Angst, die Maschinen könnten ein eigenes Bewusstsein entwickeln und die Herrschaft über die Menschen erlangen. In beiden Fällen geht es also um eine Utopie eines fernen Raumes – unter der Erde oder hinter den Bergen.

Aber auch für diese – und viele andere – utopischen Entwürfe bleibt charakteristisch, dass sie sich als Antworten auf gesellschaftliche und politische Fehlentwicklungen ihrer Zeit verstehen. Utopie ist – nicht erst seit dem gattungsstiftenden Typus *Utopia* – immer Kritik und positives Modell zugleich. Allerdings gewinnt bei Butler das satirische Element, das in fast allen Gesellschafts-Utopien auch vertreten ist, die Oberhand. Sein *Erewhon* ist zwar einerseits eine satirische Abrechnung mit der viktorianischen Gesellschaft, gleichzeitig aber verspottet er die naive Maschinenstürmerei der Bewohner von Erewhon. Hier wird keineswegs eine ideale Gesellschaft vorgestellt – die negative Utopie kündigt sich an.

Seit Beginn des 18. Jahrhunderts entwickelt sich eine Form der Gesellschaftsutopie, die sich vom literarisch-romanhaften Vorbild allmählich ablöst. Zwar hatte es auch in der Antike schon eher staatstheoretisch-wissenschaftliche Entwürfe idealer Gesellschaften gegeben, aber die phantastischen Züge der utopischen Literatur überwogen doch. Bei den Frühsozialisten seit Ende des 18. Jahrhunderts dagegen ist das politische Handeln mindestens gleichrangig. Es kommt also nicht mehr so sehr auf ausschweifende Beschreibungen an, vielmehr auf kurz- oder mittelfristig umsetzbare Handlungskonzepte.

In Frankreich war François Noël Babeuf (1760–1797) einer der Ersten, die den Sozialismus als Staatsform verwirklichen wollten. Von Babeuf stark beeinflusst, entwickelte Henri de Saint-Simon (1760–1824) die Idee, dass in der industriellen Gesellschaft der Anteil am gemeinschaftlich erarbeiteten Wohlstand sich danach richten muss, was der Einzelne dazu beigetragen hat. Adlige, Grundherren, Hausbesitzer, Bankiers, Zwischenhändler und andere parasitäre Gruppen der Gesellschaft gehen nach diesem Modell leer aus.

Babeuf und Saint-Simon beeinflussten wiederum andere Frühsozialisten wie Charles Fourier (1772–1837) und Louis-Auguste Blanqui (1805–1881). Fourier war ein expliziter Vertreter einer Utopie-Kritik, die schon bei Saint-Simon zu beobachten war: Hauptfehler der klassischen Utopien ist danach, dass sie die soziologischen Gesetze und die historische Entwicklung missachten. Im Laufe der Diskussionen um Sozialismus und Kommunismus setzte sich immer mehr die Betrachtung durch, dass eine bessere Kenntnis der historischen Abläufe und sozialen Zusammenhänge den Makel des Utopie-Vorwurfs nehmen können.

Fourier analysierte die Lage der Arbeiter in Frankreich zur Zeit der Restauration und entwickelte daraus sein Konzept der „harmonischen Assoziation" der arbeitenden Klassen. Gleichwohl ist es gerade Fourier, der eine besonders phantastische Utopie konzipiert: Die „Phalanstères", eine genossenschaftliche Ordnung als Wirtschafts- und Liebesgemeinschaft, in der jeweils 1500 bis 1800 Menschen in großer Harmonie zusammen leben und arbeiten.

Dagegen kehrt Etienne Cabet (1788–1856) wieder zum Staatsroman zurück. Seine *Reise nach Ikarien* ist ein Reisebericht. Ein englischer Lord kommt auf einer Seereise zur Insel Ikarien. Dort hatte es kurz zuvor eine Revolution gegeben, das Ergebnis ist eine völlig gleiche, gerechte und deshalb glückliche Gesellschaft. Eine entwickelte Industrie sorgt für gesellschaftlichen Reichtum, die Produktionsmittel gehören allen.

Cabets *Ikarien* soll erklärtermaßen keine Utopie sein, er hält sein Projekt für realisierbar. Auch hier hält sich also die bei den Frühsozialisten durchweg negative Konnotation des Begriffs durch. Cabet und seine Anhänger haben auch versucht, Ikarien zu verwirklichen. Sie kauften 1849 eine Siedlung am Mississippi in Illinois. Das Experiment misslang.

In England war Robert Owen (1771–1858) einer der wichtigsten Vertreter des Frühsozialismus, auch er schrieb keine Staatsromane, sondern handelte politisch. Er hatte in seiner Baumwollspinnerei in New Lamark in Schottland die Utopie einer menschenwürdigen Fabrik verwirklicht, ging dann in die USA, wo er die Kolonie New Harmony gründete. Aber das Experiment einer genossenschaftlich organisierten Klein-Gesellschaft scheiterte.

William Morris, ein früher Mitbegründer des englischen Sozialismus, aber ein später Utopie-Schriftsteller, verfasste 1891 mit *News from Nowhere* die Utopie einer sozialistischen Gesellschaft. Morris greift darin die Tradition des utopischen Romans auf: Der Erzähler fällt nach einem Treffen der „Sozialistischen Liga" in einen tiefen Schlaf und erwacht in einem fernen Zeitalter, in dem Gemeineigentum und demokratische Kontrolle über die Produktionsmittel herrschen. Die Unterschiede zwischen Leben, Arbeit und Kunst sind aufgehoben, es gibt nur noch kreative und erfüllende Arbeit. Morris' Werk ist offensichtlich eine Antwort auf Bellamys *Looking Backward*, das drei Jahre vorher erschienen war.

In den Diskussionen um Sozialismus und Kommunismus galt und gilt als ausgemacht, dass es sich bei den Vorstellungen sozialistischer oder kommunistischer Gesellschaften um Utopien handle. Dabei haben sowohl fast alle Frühsozialisten als auch Marx und Engels als Begründer des „wissenschaftlichen Sozialismus" den Begriff *Utopie* für ihre Konzepte abgelehnt. Bei Marx und Engels ist der Utopie-Begriff durchweg scharf negativ besetzt, sie werfen gerade den Frühsozialisten utopisches Denken bzw. Utopismus vor. Meist sprechen sie von „phantastischen Schilderungen der zukünftigen Gesellschaft" (MKP 490) oder von „reine[r] Phantasterei" (ES 194). Zwar räumen sie – so im *Manifest der Kommunistischen Partei* – ein, dass St. Simon, Owen und Fourier den Klassengegensatz und dessen Sprengkraft gesehen haben. „Aber sie erblicken auf der Seite des Proletariats keine geschichtliche Selbsttätigkeit, keine ihm eigentümliche politische Bewegung" (MKP 490). Das heißt: Die Utopisten nehmen die politischen Aktionen, die Entwicklung des Klassenkampfes nicht zur Kenntnis. „Sie träumen noch immer die versuchsweise Verwirklichung ihrer gesellschaftlichen Utopien, Stiftung einzelner Phalanstères, Gründung von Home-Kolonien, Errichtung eines kleinen Ikariens – Duodezausgabe des neuen Jerusalems" (ebd., 491). Diese Kritik ist allerdings weniger als Vorwurf gegen die Utopisten gemeint, die bei Marx und Engels „Schriftsteller der Bourgeoisie" heißen. Dass immer noch geträumt wird anstatt die tatsächlichen Bewegungen der Klassenkämpfe zu analysieren, so das Argument, liegt am Zustand dieser Bewegungen selbst. „Die phantastische Schilderung der zukünftigen Gesellschaft entspringt in einer Zeit, wo das Proletariat noch höchst unentwickelt ist, also selbst noch phantastisch seine eigene Stellung auffasst, seinem ersten ahnungsvollen Drängen nach einer allgemeinen Umgestaltung der Gesellschaft" (ebd.). Je nachdem, in welcher Phase der wirklichen Bewegung Vorstellungen zukünftiger Gesellschaften konzipiert wurden, schreibt Marx an anderer Stelle, ist dieser „theoretische Ausdruck der praktischen Bewegung [...] mehr oder minder utopistisch, dogmatisch, doktrinär" (MK 357).

Andererseits musste Marx sich selbst gegen zwei Vorwürfe wehren: Zum einen gegen den, seine Vorstellung einer revolutionären Überwindung der Klassengegensätze sei utopisch. „Nicht die *radikale* Revolution ist utopischer Traum für Deutschland, nicht die *allgemein menschliche* Emanzipation", schreibt Marx in der *Einleitung zur Kritik der Hegelschen Rechtsphilosophie*, „sondern vielmehr die teilweise, die *nur* politische Revolution, die Revolution, welche die Pfeiler des Hauses stehenläßt" (KHRE 388). Andererseits verwahrt er sich gegen die Erwartung, seine Vorstellung von Kommunismus präzise auszumalen. Im Nachwort zur zweiten Auflage des *Kapitals* notiert er den Vorwurf, „ich beschränke mich auf bloß kritische Zergliederung des Gegebnen, statt Rezepte […] für die Garküche der Zukunft zu verschreiben" (K I, 25). Schon im Vorwort zur ersten Auflage hatte Marx die Funktion seiner eigenen wissenschaftlichen und politischen Arbeit so beschrieben: „Auch wenn eine Gesellschaft dem Naturgesetz ihrer Bewegung auf die Spur gekommen ist – und es ist der letzte Endzweck dieses Werks, das ökonomische Bewegungsgesetz der modernen Gesellschaft zu enthüllen –, kann sie naturgemäße Entwicklungsphasen weder überspringen noch wegdekretieren. Aber sie kann die Geburtswehen abkürzen und mildern" (ebd., 15f.).

Friedrich Engels hat schließlich die Abgrenzung des marxschen Denkens von den utopischen Sozialisten auf die Formel der „Entwicklung des Sozialismus von der Utopie zur Wissenschaft" gebracht. „Die materialistische Geschichtsauffassung und die Enthüllung des Geheimnisses der kapitalistischen Produktion vermittelst des Mehrwerts verdanken wir *Marx*. Mit ihnen wurde der Sozialismus eine Wissenschaft" (ES 209). Diese Auffassung wurde im Marxismus kanonisch.

Jules Verne (1828–1905) gilt mit seinen phantastischen Erzählungen als einer der wichtigsten Vorläufer der Gattung „Science Fiction". *Reise zum Mittelpunkt der Erde, Reise um den Mond, 20000 Meilen unter dem Meer* sind zunächst typische Abenteuerromane, gleichzeitig aber auch technische Utopien im klassischen Sinn: Bereits vorhandene technische Möglichkeiten werden ausfabuliert. Allerdings ist Verne nicht der erste Autor, der sich eine Reise zum Mond vorstellt. Eine der *Wahren Geschichten* des griechischen Satirikers Lukian erzählt im 2. Jahrhundert von einem Schiff, das von einem gewaltigen Sturm in die Luft geschleudert wird und nach sieben Tagen den Mond erreicht. Johannes Kepler münzt diese literarische Vorlage zu einer wissenschaftlichen Erzählung um: In *Somnium* (1609) beschreibt er den Traum von einer Reise zum Mond, auf der Probleme der Gravitation und das heliozentrische Weltbild erörtert werden. Das Buch wurde erst postum (1634) veröffentlicht. 1638 schreibt Francis Godwin in *Der fliegende Wandersmann* über einen Mann auf dem Mond, 1655 veröffentlicht Cyrano de Bergerac *Die Reise zum Mond*.

Zwar kommt bei Verne auch das Element einer besseren Welt in der Zukunft vor, zum Beispiel als Lebenstraum von Kapitän Nemo, aber entscheidend ist doch das Vertrauen in die weitere technische Entwicklung, die Entdeckungen auf der Erde und über sie hinaus möglich macht.

Der über vierzig Jahre jüngere Herbert George Wells (1866–1946) nennt seine Abenteuergeschichten schon „scientific romances". Sein erster großer Erfolg, *Die Zeitmaschine* (1895), ist noch nach dem Muster der technischen Zukunftsutopie konstruiert: Ein Mensch baut eine Zeitmaschine, weil er fasziniert ist von den Möglichkeiten der Technik. Seine Reise in die allerfernste Zukunft, ins Jahr 802.701, führt ihn allerdings in eine Welt, in der sich die Klassengegensätze des viktorianischen England zu einer wahren Horrorvorstellung weiterentwickelt haben. Die negative Utopie oder Dystopie, die schon bei Samuel Butler angelegt war, beginnt hier ihre eigentliche Karriere. 1899 erscheint *Wenn der Schläfer erwacht*, die Geschichte eines jungen Mannes, der nach vielen schlaflosen Nächten in einen merkwürdigen Tiefschlaf fällt und im London des 21. Jahrhunderts aufwacht – in einer Welt mit schrecklichen sozialen Zuständen.

Fast gleichzeitig schreibt Wells mit *Der Krieg der Welten* (1898) einen „reinen" Science-Fiction-Roman – den Angriff von Marsianern auf England, gegen den die Zivilisation machtlos ist. Nur durch die Hilfe von allerniedrigsten Lebensformen, nämlich Bakterien, kann der Angriff abgewehrt werden. Allerdings hat Wells nach der Jahrhundertwende einen Gesellschaftsentwurf nach dem Muster der klassischen Raum-Utopien geschrieben. In *A Modern Utopia* (1905) entwickeln zwei Reisende *Jenseits des Sirius* (so der deutsche Titel) eine ideale Welt, einen Wohlfahrtsstaat, in dem die Menschen dank weitgehender Automatisierung frei und glücklich leben und so gut wie nicht mehr arbeiten müssen. In *Men Like Gods* (1922) wird eine englische Reisegruppe durch ein mysteriöses Beben in ein Paralleluniversum auf den Planeten „Utopia" katapultiert. Die Menschen dort leben in einer perfekten, harmonischen Gesellschaft und haben einen Wissensvorsprung von rund 3.000 Jahren.

Typisch für die Weiterentwicklung des Genres sind aber eher Gesellschaftsvisionen in der Zukunft oder in den Weiten des Alls, die sich als menschenverachtende Zwangsgesellschaften erweisen. Der Glaube an gesellschaftlichen, wissenschaftlichen, vor allem aber technischen Fortschritt weicht der Furcht vor Fehlentwicklungen und vor dem Gang in die Katastrophe. Jack London beschreibt in *Die eiserne*

Ferse (1908) die nahe Zukunft einer Gesellschaft, in der Oligarchen und Plutokraten die totale Unterdrückung der unteren Klassen durchgesetzt haben und die Revolte aufbegehrender Arbeiter blutig niederschlagen. Allerdings bleibt Hoffnung, Hoffnung auf eine gelingende Revolution, die eine Gesellschaft mit gleichen Rechten, eine „Brotherhood of Man" verwirklichen wird. Jewgeni Samjatins *Wir* (1920), Aldous Huxleys *Schöne neue Welt* (1932), George Orwells *Farm der Tiere* (1944) und vor allem sein *1984* (1948) sind weitere Beispiele für negative Utopien oder Dystopien, ebenso wie Ray Bradburys *Die Mars Chroniken* (1946) und *Fahrenheit 451* (1951). Immer geht es um Gewaltherrschaft, um Unterdrückung, um Unmenschlichkeit als System, wobei die Mars-Chroniken von Ray Bradbury zum einen als Dystopie eingeordnet werden können, zum anderen auch ein typisches Beispiel für die Kategorie Science Fiction sind, die zu diesem Zeitpunkt des 20. Jahrhunderts bereits ein produktives Eigenleben entwickelt hat, ausgehend von der romanhaften utopischen Literatur, die sich im 19. Jahrhundert immer häufiger technischen Entwicklungen widmete, und in Abgrenzung von konzeptioneller utopischer Literatur, die trotz des überwältigenden Erfolges der Science Fiction auch im 20. Jahrhundert durchaus weiterlebte.

Schon in seiner Dissertation über den Neukantianer Heinrich Rickert tastet sich Bloch an einen Begriff von Utopie heran, der gleichsam eine neue Geschichtsmetaphysik begründen könnte. Die neukantianisch orientierte Geschichtswissenschaft gibt sich nach Bloch damit zufrieden, Vorgänge zu beschreiben und „geschichtliche Richtigkeiten" festzustellen. Er fragt demgegenüber nach einer utopischen Idee, mit der aus der „Kurve unserer bisherigen Geschichte" kraft einer „rückwärts gewandten Prophetie von großer apriorischer Stärke" (KE 51) Erkenntnisse über die Entwicklung der Zukunft gezogen werden könnten. Bloch ist auf der Suche nach einem philosophischen Begriff oder gar einem Kategoriensystem, das den Geschichtsprozess erfassen können soll. „Aber es ist völlig evident, dass die neue Metaphysik in der Lösung jener Rätsel liegen muss, die als die eigentlichen Schicksale der Geschichte und Utopie erst unter einer absoluten Mitwissenheit in die Herrschaft und die neuen Befehle der Erkenntnis übertreten" (ebd., 80). Das sind die letzten Sätze von Blochs Dissertation, sie beschreiben sein philosophisches Programm zwar noch verschwommen, aber doch in Umrissen erkennbar: Es ist die Suche nach einer neuen Metaphysik, die „Philosophie der Utopie" wird heißen können.

Zunächst arbeitet Bloch allerdings intensiv an Problemen der Logik und der Wissenschaftstheorie, ihm schwebt ein großes philosophisches System vor, „gegen das das Hegelsche sich wie eine Hundehütte ausnehmen sollte (ganz lausbübisch mitgeteilt, nur um das Postulat anzugeben)" (Landmann 1984, 27). Der Ausbruch des Ersten Weltkriegs unterbricht diese Systemarbeiten, nun rückt etwas in den Vordergrund, an dem Bloch schon seit 1907 gearbeitet hatte, „ursprünglich nur als Nebenwerk gedacht, mit dem ich mich von der Logik erholte" (ebd., 26): das erste Hauptwerk *Geist der Utopie*. Im Frühjahr 1915 begann er mit der Niederschrift des Buches, sie wurde im Frühjahr 1917 abgeschlossen, vermutlich hat Bloch noch im Schweizer Exil an den Druckfahnen gearbeitet (vgl. Zudeick 1987, 50ff.).

Es ist im Wesentlichen ein Anti-Kriegs-Buch, ein Buch gegen die Kriegsverherrlichung, gegen die Leere und Stumpfheit einer erbärmlichen Zeit. „Ein stickiger Zwang, von Mittelmäßigen verhängt, von Mittelmäßigen ertragen: der Triumph der Dummheit, beschützt vom Gendarm, bejubelt von den Intellektuellen, die nicht Gehirn genug auftreiben konnten, um Phrasen zu liefern" (GdU 1, 9). Utopie heißt hier nun nicht, dass ein besseres, gar ideales Gemeinwesen, ein Modellstaat entworfen würde, der nach der Überwindung des Zustands der Geistlosigkeit zu konstruieren wäre. Blochs Kritik an Krieg, Kapitalismus und preußischen Militarismus mündet in eine grundsätzliche Kritik am „Zeitalter der Gottferne". Die gilt es zu überwinden, das ist Blochs frühe Philosophie der Utopie.

Die Überwindung der Gottferne denkt Bloch zunächst strikt individualistisch, sie geht aus von und findet statt in der Selbstbegegnung des Subjekts. Er will ausdrücklich eine „Metaphysik der Innerlichkeit" formulieren, denn der Blick auf diese Welt sagt ihm, „dass dieses, was es gibt, nicht die Wahrheit sein kann, und dass es über der vorliegenden Tatsachenlogik noch eine verschollene und verschüttete Logik geben muss, in der erst die Wahrheit wohnt" (GdU 1, 64). Zunächst bietet ihm die Malerei des Expressionismus eine neue Weise der menschlichen Selbstbegegnung, sie ist eine Kunst, in der der Mensch selbst erscheint, zum Objekt wird. „Hier können uns die Bildwerke, fremdartig bekannt, wie Erdspiegel erscheinen, in denen wir unsere Zukunft erblicken, wie die vermummten Ornamente unserer innersten Gestalt, wie die endlich wahrgenommene, adäquate Erfüllung, Selbstgegenwart des ewig Gemeinten, des Ichs, unserer im Geheimen schwingenden Herrlichkeit, unseres verborgenen Götterdaseins" (GdU 1, 51).

In der Musik wird die Selbstbegegnung des Subjekts noch deutlicher als in der bildenden Kunst, allein schon deshalb, weil sie nicht mit Gegenständlichem „beladen", vielmehr ein „Hören von etwas Heraufkommenden" (TLU 376) ist. Dieses Offene, Unbeladene macht den Ton geeignet, das zu sagen, was Sprache nicht sagen kann, aber auch nicht die Ornamente in der bildenden Kunst. Die unabgelenkte Sprache der Musik drückt etwas aus, „das auch alle Menschen zu verstehen glauben, wenn sie ein Verhältnis zur Musik haben, aber von dem keiner weiß, was es bedeutet" (TAG 40). Utopie heißt hier, dass eine Zeit kommen wird, wo der Ton spricht, „wo die neuen Musiker den neuen Propheten vorhergehen werden: und so wollen wir den Primat eines sonst Unsagbaren der Musik anweisen, diesem Kern und Samen, diesem Wiederschein der bunten Sterbenacht und des ewigen Lebens, diesem Saatkorn zum inneren mystischen Meer des Ingesindes, diesem Jericho und ersten Wohnort des heiligen Landes. Wenn wir uns nennen könnten, käme unser Haupt, und die Musik ist eine einzige subjektive Theurgie" (GdU 1, 234).

Blochs „Metaphysik der Innerlichkeit" stößt allerdings auf eine grundlegende Schwierigkeit. Der Versuch, durch den Gang nach Innen sich selbst und den Dingen gleichsam auf die Schliche zu kommen, hat in der Innerlichkeit selbst das größte Hindernis. Denn das ist das, was Bloch als das „Dunkel" schlechthin bezeichnet. Wir wissen nicht, wer oder was wir sind, wir müssen gleichsam außer uns gehen, um etwas sehen und erkennen zu können. „Wir haben kein Organ für das Ich oder Wir, sondern liegen uns selbst im gelben Fleck, im Dunkel des gelebten Augenblicks, dessen Dunkel letzthin unser eigenes Dunkel, uns Unbekanntsein, Vermummt- oder Verschollensein ist" (ebd., 371f.). Und das bedeutet: Auch der Weg nach Innen ist noch kein Weg zu der verschollenen Logik, der verschütteten Wahrheit, vorerst bleibt nur die Frage. „So bleibt dieses als letztes Ziel: die Frage nach uns zu fassen, rein als Frage, nicht als Hinweis auf die Lösung; die ausgesagte, aber unkonstruierte, unkonstruierbare Frage selber als Antwort auf die Frage" (ebd., 367)

Dahinter steht die Vermutung, dass das Dunkel des gelebten Augenblicks gerade durch die unkonstruierbare Frage allererst gelichtet werden könnte, dass also das Dunkel des Unmittelbaren mit der Frage nach uns selbst zusammenfalle, des Rätsels Lösung mithin in der allernächsten menschlichen Nähe liege, nicht in einem göttlichen Himmel oder Jenseits – das ist der Sinn der „subjektiven Theurgie", also Gottwerdung des Menschen. Von dieser Vermutung kommt Bloch zu der nächsten, nämlich dass im Utopischen die Lösung des Rätsels liegen könnte: Was wir Menschen sind, was die Welt ist, ist nicht bereits fertig, es ist in Chiffren und Symbolen verborgen, leuchtet in Träumen und Ahnungen utopisch auf, zeigt sich keimhaft in menschlichen Werken und Taten. „Denn das, was ist, kann nicht wahr sein, aber es will durch die Menschen zur Heimkehr gelangen" (ebd., 338).

Bloch arbeitet hier mit einem Wahrheitsbegriff, der mit wissenschaftlicher Erkenntnis nicht nur nichts zu schaffen hat, sondern bewusst nichts zu schaffen haben will. Es geht nicht um die Erkenntnis von Realität und ihrer Tendenzen und Möglichkeiten, es geht um Wahrheit als quasi-religiöse Evidenz. Knapp sechzig Jahre später hat Bloch dazu folgende Erläuterung gegeben: „Wahrheit in diesem Sinn ist nicht die wissenschaftliche und auch nicht die phänomenologische, sondern eine utopische Kategorie. In ihr sind das wahre Sein und die Welt getrennt [...]. Die Realität wird nicht [...] aus- oder eingeklammert, sondern verworfen: utopische Wesensschau" (Landmann 1984, 33).

So subjektivistisch, so schwärmerisch und ekstatisch aber das Frühwerk *Geist der Utopie* auch daherkommt, schon hier versucht Bloch, objektiven Boden unter die Füße zu bekommen. Er spottet über die „Posse" einer Weltverbesserung nur aus den Tiefen des Gemüts, er glaubt nicht daran, dass man sich eine bessere Welt herbeiträumen könne. Das aber ist am Ende doch auch in *Geist der Utopie* gemeint: die Überwindung der schlechten und die Einrichtung einer besseren Welt. Und dazu gehört auch für den frühen Bloch wissenschaftlich-politische Analyse der bestehenden Welt und ein Begriff von dem, was gewollt ist. Dieser Begriff fehlt, stellt Bloch fest. Seine überraschende Erklärung: „Das macht, wir haben keinen sozialistischen Gedanken" (GdU 1, 9).

Dahinter steht ein Sozialismus-Begriff, der für die „Gedankenatmosphäre" dieser Zeit typisch ist. Er geht zurück auf das – romantisierte – Brüderlichkeitsideal der Aufklärung, auf christliche Ökumene-Gedanken und mystische Vorstellungen von Gemeinde. „Wir bringen der Gemeinde nicht mit, weswegen sie sein soll, und deshalb können wir sie nicht bilden. Wir haben Sehnsucht und kurzes Wissen, aber wenig Tat und was deren Fehlen mit erklärt, keine Weite, keine Aussicht, keine Enden, keine innere Schwelle, geahnt überschritten, keinen utopisch prinzipiellen Begriff. Diesen zu finden, das Rechte zu finden, um dessentwillen es sich ziemt, zu leben, organisiert zu sein, Zeit zu haben, dazu gehen wir, hauen wir die phantastisch konstitutiven Wege, rufen was nicht ist, bauen ins Blaue hinein, bauen uns ins Blaue hinein und suchen dort das Wahre, Wirkliche, wo das bloß Tatsächliche verschwindet – incipit vita nova" (ebd., 9).

Solche und andere Passagen legen die Vermutung nahe, dass Blochs Frühwerk entscheidend von Gustav Landauer beeinflusst ist – ohne dass er diesen Einfluss kenntlich macht (vgl. Christen 1979, 37ff.; Münster 1982, 124ff.; Braun, B. 1991, 128ff.; Kellermann 2006, 6). Denn nicht nur der sprachliche Duktus erinnert an Landauer, auch der Utopie-Begriff selbst, der von Landauer neu geprägt und von Bloch – so scheint es – in dessen Sinn systematisiert wurde. Der *Geist der Utopie* hört sich bei Landauer so an: „Der Geist ist es, der Geist der Denker, der Geist der vom Gefühl Überwältigten, der großen Liebenden, der Geist derer, denen das Selbstgefühl und die Liebe zusammenschmilzt zur großen Welterkenntnis, der Geist hat die Völker zur Größe, zum Bunde, zur Freiheit geführt. Da brach aus den einzelnen heraus wie eine Selbstverständlichkeit das nötigende Müssen, sich zu Gemeinsamem zu verbinden mit den Menschenbrüdern. Da war dann die Gesellschaft aus Gesellschaften, die Gemeinsamkeit aus Freiwilligkeit" (Landauer 1911, 18; gegen die These von Landauers Einfluss auf Bloch vgl. Pelletier 2008). Auch Landauers Begriff von Sozialismus könnte Bloch beeinflusst haben. Anders als Marx und Engels setzt er nicht auf vermeintliche geschichtliche Gesetzmäßigkeiten, sondern auf das Wollen der Menschen. „Sozialismus ist die Willenstendenz geeinter Menschen, um eines Ideals willen Neues zu schaffen" (Landauer 1911, 18).

Neues zu schaffen – das ist auch die „verpflichtende Stoßrichtung" von Blochs *Geist der Utopie*: gegen die elende Realität, über das bloß Tatsächliche hinaus das Wahre zu suchen vermittels eines utopisch prinzipiellen Begriffs, in Richtung auf eine sozialistische Brüdergemeinde. So vage, verschwommen, ja gelegentlich verworren Blochs Darlegungen über weite Strecken dieses Erstlingswerks auch sind, hier will er doch mit aller Macht konkret werden, will Anker werfen in der Realität, in der Gegenwart – das Losungswort heißt Oktoberrevolution: „Aber nun ist die russische Revolution losgebrochen. Und von ihr erst zieht der Ernst herauf, die Werte an die richtige Stelle zu legen und aus ihrem täuschenden Bündnis mit dem Unwert zu lösen" (GdU 1, 297f.).

Dass diese Revolution allerdings in Russland und nicht in Deutschland stattgefunden hat, ist für Bloch ein deutscher Skandal. Aber er hat Hoffnung: Nach Ende des Krieges könnte die „demokratische Sozialisierung in Deutschland herrlicher noch als in Russland" (ebd., 302) gelingen. Allerdings würde eine solche Revolution nicht vom Proletariat getragen, wie Marx gedacht hatte, sondern von dem jüdischen Messianismus, wie Bloch ihn interpretiert. Russland, Deutschland und das Judentum werden so zum universalen Hoffnungsträger der Menschheit: „[...] in unserem tiefsten, noch namenlosen Inneren schläft der letzte, unbekannte Christus, der Kälte-, Leere-, Welt- und Gottbesieger, Dionysos, der ungeheure Theurg, von Moses geahnt, von dem milden Jesus nur umgeben, aber nicht verkörpert" (ebd., 332). Ernst Bloch, der „Deutscher Philosoph Oktoberrevolution" (Negt 1972) genannt wird, ist also – zumindest in dieser frühen Phase – eher der deutsche „Theologe der Revolution". Er verdient in der Tat jenen Ehrentitel, den er ein paar Jahre später Thomas Münzer gegeben hat.

Freilich ist dies eine ausgeprägt säkularisierte Theologie, die Gottsuche wird energisch auf die Füße gestellt. Es soll zwar eine Seelenwanderung geben, aber keinen Himmel, kein Jenseits, in dem ein Gottvater thront. So ist auch der Messias, dessen Revolution die Welt von allen Übeln reinigen soll, kein von Gott Gesandter und Gesalbter. Vielmehr schläft der noch nicht gekommene, nicht vollendete Christus *in uns selbst*, wir Menschen sind die Heilsbringer.

Was Bloch als „aufgedecktes Menschengesicht" bezeichnet, ist die genaue Umkehrung der üblichen, christlich gemeinten Menschwerdung Gottes. Es ist die durch und durch ketzerische Gottwerdung des Menschen, und der Mensch, der in dieser Gottwerdung endlich zu sich selbst gekommen ist, wird erweckt und verwirklicht in der mystischen Brüdergemeinde, die Bloch Sozialismus nennt: „und so ist es immer noch denkbar und aus der Kurve der bisherigen Geschichte zu begreifen, anders, es muß wieder denkbar werden, es gibt keinen Zweifel daran, daß durch die tausendfachen Energien, durch die äonenweite Optik einer neuen Proklamation das Judentum mit dem Deutschtum nochmals ein Letztes, Gotisches, Barockes zu bedeuten hat, um solchergestalt mit Rußland vereint, diesem dritten Rezipienten des Wartens, des Gottesgebärertums und Messianismus, – die absolute Zeit zu bereiten" (GdU 1, 332).

Auch bei kühner Auslegung wird man nicht sagen können, dass derlei in der russischen Oktoberrevolution auch nur im Entferntesten gemeint war, aber das berührt Bloch nicht weiter: Die sozialistische Wirtschaftsordnung, die Abschaffung des Eigentums, die „durch das revolutionäre Proletariat erzwungene Entlastung des Menschen von den Fragen der Ökonomik" (ebd., 432), die mögliche Abschaffung der Armut, die Erleichterung der Arbeit durch sinnvoll eingesetzte Technik, die Umformung des Staates zu einem bloßen Instrument von „Verbrauchs- und Produktionsregelung" (ebd., 402) – all diese und andere Ziele des Sozialismus sind für Bloch nur erst Vorstufen. Der so erreichte Gesellschaftszustand nimmt der menschlichen Existenz das Erbärmliche, aber er lässt „das Leid, die Sorge und die ganze sozial unaufhebbare Problematik der Seele stärker als jemals hervortreten, um sie den großen, übermenschlichen, überirdisch eingesetzten Gnadenmitteln der Kirche, der notwendig und apriori nach dem Sozialismus gesetzten Kirche zu verbinden" (ebd., 410). Bloch interessiert, was danach kommt. „Karl Marx, der Tod und die Apokalypse" heißt das letzte Kapitel von *Geist der Utopie*, und Bloch schlägt diesen verwegenen thematischen Bogen nicht um des Effekts willen. An der biblischen Apokalypse interessiert ihn die These, dass der Anfang der wahren Welt erst am Ende liege, dass die eigentliche Schöpfung noch gar nicht gekommen ist. Das ist – behutsam verweltlicht – auch sein Thema: Diese Welt ist nicht die wahre, sie muss überwunden werden, sie wird das mit der sozialistischen Revolution, und dieses revolutionäre Ende ist gleichzeitig der Anfang der möglichen wahren Welt, und in dieser hat dann eine wiederaufgebaute Kirche als eine Art Erziehungs- und Heilsanstalt ihre zentrale Funktion: „die Seele, der Messias, die Apokalypse sind das Apriori aller Politik und Kultur" (ebd., 433). Insofern hält Bloch es auch für wenig sinnvoll, „wenn der Marxismus atheistisch konsequent bleibt, um der Menschenseele nichts anderes als einen mehr oder minder eudämonistisch eingerichteten ‚Himmel' auf Erden ohne die Musik zu geben, die aus diesem mühelos funktionierenden Mechanismus der Ökonomie und des Soziallebens zu ertönen hätte" (ebd. 1, 407).

Die zweite Fassung von *Geist der Utopie* erscheint 1923, in diese Zeit fällt die Präzisierung seines Verhältnisses zum Marxismus, auch durch die Auseinandersetzung mit dem Werk des Jugendfreunds Georg Lukács. 1923 erscheint dessen Buch *Geschichte und Klassenbewusstsein*, das Bloch ausführlich rezensiert und dessen Bedeutung für sein eigenes Denken er häufig herausgestellt hat. Die Erstfassung von *Geist der Utopie* wird nun „lediglich als vorläufige Fixierung, als gedrucktes Konzept" bezeichnet. „Mit der hier vorliegenden neuen Ausgabe erst erscheint der ‚Geist der Utopie' in endgültiger, systematischer Form" (GdU 1923, Vorsatzblatt).

Die Änderungen sind zum einen stilistischer Art. Die Sprache wird nüchterner, das Orakelhafte, auch Mystische wird weitgehend zurückgenommen. In der Nachbemerkung zur Neuauflage 1964 nennt Bloch die Erstfassung ein „Sturm- und Drang-Buch" (GdU 2, 347; vgl. TLU 391), „ein versuchtes erstes Hauptwerk, expressiv, barock, fromm, mit zentralem Gegenstand". Und weiter: „Seine revolutionäre Romantik findet [...] Maß und Bestimmung in ‚Das Prinzip Hoffnung' und den ihm folgenden Büchern" (GdU 2, 347).

Vor allem wird in der zweiten Fassung von *Geist der Utopie* die Innerlichkeits-Metaphorik zurückgenommen: die „Metaphysik der Innerlichkeit" heißt jetzt „Metapyhsik des Wirproblems". Und der Blick auf Marx und den Marxismus ändert sich. Das Schlusskapitel „Karl Marx, der Tod und die Apokalypse" trägt jetzt den Untertitel: „Oder über die Weltwege, vermittelst derer das Inwendige auswendig und das Auswendige wie das Inwendige werden kann." 1974 erklärt Bloch: „Bei Marx ist Verwandtes in den Pariser Manuskripten ausgedrückt, als Naturalisierung des Menschen und Humanisierung der Natur. Das Inwendige soll auswendig werden, also naturhaft, aber im gleichen Akt soll das Auswendige wie das Inwendige werden" (TLU 388). Zwar konnte Bloch die *Pariser Manuskripte* 1923 noch nicht kennen, aber insgesamt wird doch deutlich, dass Bloch sich intensiver mit Marx beschäftigt hat und er auf dem Weg ist, der 1935 im Vorwort zur Erstausgabe von *Erbschaft dieser Zeit* zum Abschluss gekommen ist: „Der Tenor dieser Blätter, der Standort, von dem untersucht wird, ist durchgehend marxistisch" (EdZ 1935, 11). Zwei Jahre später taucht dann auch zum ersten Mal der Begriff auf, der für Blochs Utopie-Verständnis konstitutiv wurde: Der Begriff der *konkreten Utopie*.

Was Ernst Bloch mit *konkreter Utopie* meint, hat er von Anfang an an seinem Begriff des Marxismus festgemacht. Sozialismus und Kommunismus sollten für Marx und Engels, auch für deren Vorläufer und Nachfolger, nichts mit Utopie zu tun haben, der „Fortschritt von der Utopie zur Wissenschaft" hat danach das Utopische „erledigt". Gegen diese Art von „Erledigung" hat Bloch sich stets hartnäckig gewehrt. Ob das Platon, Aristoteles, Schelling, Hegel, den Idealismus, das Christentum oder was auch immer betrifft – Bloch ist immer ein emsiger Sucher nach etwas Verwertbarem auch in dem gewesen, das angeblich abgetan ist. So erklärt er, dass die Tradition der „Staatsmärchen" in der Tat durch Wissenschaft abgelöst worden ist, dass dies aber nur die Hülle sei, mit deren Ende der Kern durchaus nicht auch vernichtet werde. Denn „Antrieb wie Hintergrund dieser Gebilde ist hier gleichfalls ein anderes wie die Hülle, in die sie sich kleiden" (Hasard 315). Also muss der gute Kern der Utopie gerettet werden: „die *konkret-dialektische, die in der wirklichen Tendenz erfasste und lebendige Utopie des Marxismus* ist diese Rettung" (ebd., 315f.). So formuliert Bloch 1937 in seinem Aufsatz *Zur Originalgeschichte des Dritten Reiches*, der 1962 in die erweiterte Ausgabe von *Erbschaft dieser Zeit* aufgenommen wurde. „Die *konkrete Utopie des Marxismus*" (ebd., 316) ist von da an ein fester Begriff in Blochs Philosophie der Utopie.

Mit dem Begriff der *konkreten Utopie* will Bloch sich absetzen von allem abstrakt Utopischen, also von Vorstellungen, die das Wirkliche, das Gegebene abstrakt übersteigen, überfliegen, ohne sich um die Verwirklichungs-Bedingungen von Utopie zu kümmern. Gleichzeitig dehnt er den Utopie-Begriff weit über jede literarisch fassbare Gattung hinaus aus. Bloch definiert den Menschen insgesamt als utopisches Wesen, dessen Träume, Phantasien, Hoffnungen über das jeweils Gegebene hinausweisen können. Nicht nur wissenschaftlich geschultes und technisch fortgeschrittenes Bewusstsein kann zum Träger von Utopie werden, das alltägliche Bewusstsein selbst ist prinzipiell utopiefähig: „Menschsein heißt wirklich: Utopie haben" (TE 239).

Dass die „utopische Funktion" kein Hirngespinst sei, keine fixe Idee eines Philosophen, das versucht Bloch in seinem ausgeführten Lebenswerk, zentral im *Prinzip Hoffnung*, deutlich zu machen, indem er in enzyklopädischer Fülle ausbreitet, was das alles heißen kann: „Utopie haben". Ausgehend von bloßen Wünschen, Phantasien, kleinen Tagträumen, mit denen sich der Mensch in eine schöne Welt hineinphantasiert, über planvolle Entwürfe einer besseren Welt bis hin zu Wunschbildern von Identität.

Ausgangs- und ständig wiederholter Ansatzpunkt seiner Überlegungen aber ist stets das alltägliche Bewusstsein, das unbewusst bleibende, „noch nicht bewusste" Arsenal des Utopischen in den kleinen Tagträumen. Von denen geht es aus, aber es bleibt nicht dabei. Vom alltäglichen Bewusstsein geht der Weg zu einer von menschlicher Praxis aktiv gestalteten und mit den gesellschaftlichen Wirklichkeiten und Möglichkeiten vermittelten Zukunft. Erst dadurch wird aus reiner Träumerei, aus abstrakter Utopie die *konkrete Utopie* im Sinne Blochs.

Die rein subjektiven Äußerungen der utopischen Funktion sind zwar wichtiges Indiz für deren Vorhandensein, aber noch nicht das, worauf Bloch eigentlich hinaus will. „Es führt zu gar nichts, nur auf schöne Art zu fühlen. Das bleibt innen, hat keinen Weg aus sich heraus, wird nicht mitgeteilt" (PH 930). Solches Fühlen, sagt Bloch, hat keine „Erdung", ist abstrakt. Demgegenüber heißt *konkrete Utopie* bei Bloch: Beobachtung der gesellschaftlichen, der wirtschaftlichen, der kulturellen Entwicklungen, das Horchen auf Tendenzen und Latenzen, auf die Herz-Töne des möglicherweise Kommenden. Hier haben Marx und der Marxismus – das „Novum einer konkreten Utopie" (EM 188) – ihren Platz: Der Marxismus ist nicht die Totenglocke der Utopien, sondern tritt deren Erbe an, weist „als konkret gewordene Utopie" den Weg zu einer „unentfremdeten Ordnung in der besten aller möglichen Gesellschaften" (PH 728).

Wie eine solche Gesellschaft auszusehen habe, das kann und will Bloch genauso wenig angeben wie Marx. Bloch hält sich strikt an Marxens Anweisung, keine „Rezepte für die Garküche der Zukunft zu verschreiben". Wer Zukunftsbilder allzu sorgfältig ausmalt, setzt die Gegenwart gleichsam durch ein allzu (pseudo-)konkretes Bild unter Druck. Das Horchen auf die Tendenzen und Latenzen könnte vernachlässigt, der Blick für die Möglichkeiten in der Wirklichkeit könnte dadurch getrübt werden. Die geschichtliche Entwicklung kann allenfalls zeigen, welche negativen Entwicklungen es zu überwinden galt und gilt.

Entfremdung, Unterdrückung, Ausbeutung, Sklaverei, Krieg, Militarismus, Diktatur – man kann angeben, was mit Geschichte nicht gemeint sein kann. Und man kann mit der Chiffre „Reich der Freiheit" angeben, was positiv aus der Überwindung des Negativen folgen kann und soll. Marx hatte damit ein Reich gemeint, das die Abschaffung der privatkapitalistischen Aneignung des kollektiv erwirtschafteten Reichtums einer Gesellschaft zur Voraussetzung hat. Um das zu erreichen, genügt es freilich nicht, dem Prozess der Geschichte zuzuschauen, seine Gesetzmäßigkeiten zu analysieren und darauf zu warten, dass sie ihre Arbeit tun. Die Arbeit muss der Mensch tun, da eben nicht alles starr gesetzmäßig abläuft, sondern die Entwicklung dieser Welt durchaus noch unentschieden ist. Es gilt, Entwicklungstendenzen zu beobachten und sich zu ihnen konkret arbeitend zu verhalten.

„Die Kritik der Religion endet mit der Lehre, dass der *Mensch das höchste Wesen für den Menschen* sei, also mit dem *kategorischen Imperativ, alle Verhältnisse umzuwerfen*, in denen der Mensch ein erniedrigtes, ein geknechtetes, ein verlassenes, ein verächtliches Wesen ist." So lautet der berühmte, von Bloch immer wieder zitierte Marx-Satz aus der *Einleitung zur Kritik der Hegelschen Rechtsphilosophie* (KHRE 385).

Noch deutlicher auf Blochs Anliegen weist eine Passage aus einem Brief Marxens an Arnold Ruge aus dem Jahr 1843 hin: „Von unserer Seite muss die alte Welt vollkommen ans Tageslicht gezogen und die neue positiv ausgebildet werden. Je länger die Ereignisse der denkenden Menschheit Zeit lassen, sich zu besinnen, und der leidenden, sich zu sammeln, um so vollendeter wird das Produkt in die Welt treten, welches die Gegenwart in ihrem Schoße trägt" (DFJ 343). Und in einem weiteren Brief an Ruge vom September 1843 schreibt Marx: „Es wird sich zeigen, dass die Welt längst den Traum von einer Sache besitzt, von dem sie nur das Bewußtsein besitzen muss, um sie wirklich zu besitzen. Es wird sich dann zeigen, dass es sich nicht um einen großen Gedankenstrich zwischen Vergangenheit und Zukunft handelt, sondern um die *Vollziehung* der Gedanken der Vergangenheit" (ebd., 346).

Blochs Philosophie der Utopie ist der Versuch, Marx an dieser Stelle besonders ernst zu nehmen, nämlich mit dem, was Marx selbst realen Humanismus nennt. Es geht um den Menschen, das heißt für Bloch auch: Seine Philosophie des Utopischen, die auch eine Philosophie der Materie ist, die auch eine Kosmologie ist, die enzyklopädisch alles Mögliche zu umfassen versucht, ist zugespitzt auf die Geschichte des Menschen, sie ist eine Philosophie der menschlichen Zwecksetzungen und der Ermittlung der Bedingungen der Möglichkeit der Durchsetzung dieser Zwecke. Der Mensch ist zu utopischem Überschreiten ganz besonders disponiert. Was ihn treibt, sagt Bloch, ist ein Gefühl des Mangels. Im Leiblichen ist es der Hunger, über das Leibliche hinaus das Empfinden, dass in dieser Welt etwas nicht so ist, wie es sein soll. Es gibt ein spezifisch menschliches Streben, einen als Mangel empfundenen Zustand zu überwinden. Und damit ist gesellschaftlich Unterdrückung, Ausbeutung, Entfremdung gemeint.

„Marxismus aber ist die erste Tür zu dem Zustand, der Ausbeutung und Abhängigkeit ursächlich ausscheidet, folglich zu einem beginnenden Sein wie Utopie. Er setzt Befreiung vom blinden Schicksal, von der undurchschauten Notwendigkeit, im Bund mit der konkreten Zurückdrängung der Naturschranke. Indem Menschen hier zum erstenmal bewußt Geschichte machen, verschwindet der Schein jenes Schicksals, das von Menschen, in der Klassengesellschaft, selbst produziert und unwissend fetischisiert worden ist. Schicksal ist undurchschaute, unbeherrschte Notwendigkeit. Freiheit ist beherrschte, aus der die Entfremdung verschwunden ist und wirkliche Ordnung aufgeht, eben als das *Reich* der Freiheit" (PH 728).

In der wissenschaftlichen Diskussion galt lange Zeit Robert von Mohls Begriff des „Staatsromans" als verbindliche Definition von literarischen Utopien, die in irgendeiner Form der *Utopia* des Thomas Morus verpflichtet waren (Mohl 1845 u. 1855). Diese Orientierung wird allerdings schon dann problematisch, wenn man die politische Philosophie der Antike in die Geschichte des utopischen Denkens einbeziehen will (vgl. Kytzler 1973, 44ff.; Mumford 1973, 30ff.; Doren 1968, 126ff.; Nipperdey 1962, 357ff. u. 1975, 114ff.). Verlässt man allerdings die von Morus ausgehende Gattungsbestimmung, so kommt man bald dazu, das Wesen der Utopie in der „Intention auf ‚andere Möglichkeiten'" (Schwonke 1957, 2) zu sehen und von einer „Utopialität" zu sprechen, die „für das Menschsein schlechthin konstitutiv" ist (Reigrotzki 1963, 118). Das birgt die Gefahr in sich, Utopie bloß noch als eine „über den Tagesbetrieb hinausreichende Perspektive für übermorgen" (Nipperdey 1962, 359) oder nur als Spiel mit Möglichkeiten zu verstehen und ihre Eigenart damit aus den Augen zu verlieren. Am Ende liefe das auf eine allgemeine Definition von Intelligenz und Bewusstsein hinaus (Ruyer 1950, 23).

Mit dieser Gefahr ist auch Bloch konfrontiert, und er hat sich folgerichtig den Vorwurf eingehandelt, er habe Utopie als „uferloses Prinzip" gefasst und damit „alle sozialen Potenzen des utopischen Denkens" (Krysmanski 1963, 14f.) aufgelöst. Auf der einen Seite haben wir also „saubere" lexikalische Definitionen wie die von Wilhelm Kamlah: „Eine Utopie ist die literarische Fiktion optimaler, ein glückliches Leben ermöglichender Institutionen eines Gemeinwesens, die faktisch bestehenden Missständen kritisch gegenübergestellt werden" (Kamlah 1969, 17). Auf der anderen Seite steht die dem Denken Blochs näher stehende Formulierung von Arnhelm Neusüss: „Nicht in der positiven Bestimmung dessen, was sie will, sondern in der Negation dessen, was sie nicht will, konkretisiert sich die utopische Intention am genauesten" (Neusüss 1968, 33).

In den frühen Utopie-Diskussionen des 19. Jahrhunderts war die Frage der Verwirklichung utopischer Entwürfe noch kein Thema. Utopien galten lange als phantastische, närrische Erzählungen, die man nicht ernst nehmen musste. Hans Freyer sah dann 1920 das „Problem der Utopie" darin, wie denn das utopische Denken vermittelt werden könnte mit den „Tendenzen der Gegenwart", wie das utopische Wollen als „Faktor des geschichtlichen Prozesses" begriffen werden könnte (Freyer 1920, 343). Seine Antwort: Zwar ist utopisches Denken politisch, insofern es mit den „Kräften" der Wirklichkeit argumentiert (vgl. Freyer 1936, 81). Aber dass es sich selbst in diese Wirklichkeit einbringt, wie es der Sozialismus fordert, hält Freyer für undenkbar (vgl. Freyer 1920, 344). Wahr und groß ist Utopie nach Freyer dann, wenn sie als Streben „nach dem stärkeren, gesünderen, glücklicheren Menschentum" (ebd., 345) abzielt auf eine politische Tat, die aber nur von den Mächtigen ausgehen kann. Nur wer Macht hat, kann Bestehendes verändern, kann Geschichte machen. Ohne politische Macht bleibt die Utopie im Kopf und wird nie reale Zukunft.

Großen Einfluss auf die Utopie-Diskussion des 20. Jahrhunderts hatte dann Karl Mannheim mit seinem Essay *Ideologie und Utopie* von 1929. Mannheims Kurzformel lautet: Ideologie legitimiert Herrschaft, Utopie protestiert gegen die herrschende Ordnung. Utopisch ist ein „Bewusstsein, das sich mit dem es umgebenden ‚Sein' nicht in Deckung befindet" . Entscheidendes Kriterium indes ist der Übergang in Handlung, die „die jeweils bestehende Seinsordnung zugleich teilweise oder ganz sprengt" (Mannheim 1969, 169). Es stellt sich also die Frage, wie ideologisches und utopisches Denken mit der Realität vermittelt werden kann. Sind ‚seinstranszendente' Vorstellungen affirmativ in das herrschende Weltbild ohne umwälzende Wirkung eingebunden, handelt es sich um Ideologien. Beispiele sind die christliche Menschenliebe und die liberale Freiheits-Idee des 18. Jahrhunderts. Beide Ideologien wirkten zwar auf den geschichtlichen Prozess ein, aber sie vermochten es nicht, die bestehende Wirklichkeit „in der Richtung der eigenen Vorstellungen zu transformieren" (ebd., 172). Das Problem dabei: Als Kriterium der Utopie das zu bestimmen, was sich in der neuen Seinsordnung als „adäquat verwirklichbar" herausstellt, löst ihre konkreten inhaltlichen Bestimmungen und deren historischen Rang letztlich auf. Das führt zu der merkwürdigen Konsequenz, dass nach Mannheims Formel gerade klassische Utopien wie Platons *Politeia* und Morus' *Utopia* keine sind.

Selbst wo der kritische Sinn der Utopie so ernst genommen wird wie in Paul Tillichs Formel von der „Verneinung dessen, was negativ ist in der menschlichen Existenz" (Tillich1951, 52), wird die Beziehung zur Wirklichkeit angesichts der Problematik von Macht und Ohnmacht der Utopie doch wieder entspannt: Letztlich gebe es nur ein radikales Hinausgehen über die politische und soziale Dimension der Utopie (ihre horizontale Linie) hin zur Vertikalen, das heißt zum Einbruch, Durchbruch des Göttlichen (vgl. ebd., 56ff.).

Ähnlich geht es Martin Buber bei seiner Definition der Utopie als der „Schau des Rechten" in der philosophischen Idee zunächst um den realistischen Charakter der Utopie, die einen aktiven Weg aus der Gegenwart in eine bessere Zukunft zeigen will. Er votiert dabei für einen „voluntaristischen" Sozialismus, der durch Appell an Vernunft und Gerechtigkeitssinn des Menschen eine „echte Gemeinschaft" aufbauen könnte. Die „Restrukturierung der Gesellschaft" soll dann bewerkstelligt werden im Bunde mit den „Kräften in den Tiefen der Wirklichkeit", des „wirtschaftlichen und gesellschaftlichen Werdens" und „in der Tiefe der Menschenseele" (Buber 1950, 21ff. u. 44f.).

Einer der ersten und einflussreichsten Vertreter der These von der unlösbaren Einheit von Utopie und Gewalt war Hans Freyer. Der Wunsch, einen idealen Staat zu konstruieren, führt nach seiner Meinung zunächst zu der Notwendigkeit, dieses Gemeinwesen von allen äußeren Einflüssen abzuschotten: Alle Utopien sind „Inseln" (Freyer 1920, 328ff.; 1936, 24ff.; 1955, 65f.). Das ist auch im geschichtlichen Sinne gemeint. Utopien lösen sich notwendig vom „Kontinent der historischen Kulturen ab". Damit der vollkommene Staat entstehen kann und erhalten bleibt, muss er aber auch gegen Störungen von innen absolut geschützt sein. Das geschieht dadurch, dass er seine Bürger – unter anderem durch eine allgegenwärtige Erziehung – total vereinnahmt. Konsequenz: „Es gibt keine liberale Utopie" (Freyer 1936, 47). Um das utopische Ziel zu realisieren, bedarf es eines Appells an die Vernunft oder – in letzter Konsequenz – der politischen Macht. „Die Gewalt, durch die Utopie gerechtfertigt: das ist die Definition des Terrors" (Freyer 1955, 69).

Diese These geht später über in den Totalitarismus-Vorwurf, der am prägnantesten zunächst von Karl Popper formuliert wird. Nur setzt Popper seine Utopie-Kritik genau am anderen Ende an als Freyer: Der hatte Platon noch gepriesen als denjenigen utopischen Denker, der mit seinem gerechten Staat ein Weltgesetz erfüllen und nicht bloß irgendein Gebilde aus dem Kopf konstruieren wollte (vgl. Freyer 1936, 56). Platons „transzendentale Utopie" sehe das Wesen des Staates im „Auseinanderfallen in Wertverschiedenes, aus dem er sich integriert" (Freyer 1920, 342), und damit überschreite sie in ihrer metaphysischen Tiefe die utopische Denkform bereits in Richtung ihrer Selbstauflösung (vgl. Freyer 1936, 35 u. 38).

Demgegenüber erklärt Popper Platons politisches Programm für totalitär und will zeigen, dass eine Reihe von falschen Propheten, an deren bösem Ende Marx stehe, dem Zauber Platons erlegen sind (vgl.

Popper 1977, 126ff. u. 228ff.; 1975, 6ff. u. 102ff. u. passim). Im Kern besagt Poppers Utopie-Kritik: Wer sich einen Idealstaat ausdenkt, setzt einen Wert, der sich qua Wert dem rationalen Denken entzieht. Will der Utopist andere zu diesem Ziel bringen, muss er Gewalt anwenden, da dies mit Argumenten nicht möglich ist (vgl. Popper 1968, 318ff.). Dieses Konzept hat bis in die Gegenwart, in der die Totalitarismus-Debatte immer mal wieder auflebt, zahllose Anhänger und Nachahmer gefunden, die im wesentlichen Poppers Behauptungen wiederholen. Das Problem dabei ist, dass „die" Utopie oder „das" utopische Denken in den Urteilen ihrer Verächter jeweils etwas anderes sind. Bei Popper geht es um jedes Versprechen von Glück in einem idealen Gemeinwesen, bei Freyer sind literarische Utopien im Sinne von Morus und Campanella gemeint. Die Phänomene, an denen Utopie-Kritik sich festmacht, scheinen nahezu beliebig auswechselbar.

Tatsächlich ist in einigen literarischen Utopien ein totalitäres Instrumentarium eingebaut, zum Beispiel in Platons *Politeia* und, besonders ausgeprägt, in Campanellas *Sonnenstaat*. Aber auch die Bürger der liberal gemeinten *Utopia* entgehen an den Rändern der Gesellschaft der Machtausübung nicht (vgl. Nipperdey 1975, 129; 1962, 372). Nur: In der Argumentation des Realpolitikers bzw. des „realistischen" Politik-Wissenschaftlers gerät jedes utopische Denken zum Totalitarismus, weil es an der Welt scheitern muss, die nun mal so und nicht anders ist. Dazu kommen Erfahrungen des 20. Jahrhunderts mit totalitären Staaten, die den Utopie-Begriff hoffnungslos desavouiert haben. So kann immer wieder formuliert werden, dass Utopien die empirische Wirklichkeit, die „Vorgegebenheit von Mensch und Welt" nicht ernst nehmen (Hauser 1967, 242). Ergo: „Die wirkliche Hoffnung des Menschen liegt darin, dass er der Mensch bleibt, der er seit jeher ist" (Freund 1967, 118).

Demgegenüber besteht Nipperdey darauf, dass die neuzeitliche Utopie vom Typus *Utopia* zwar alle menschlichen Lebensbezüge in der politischen Struktur eines Gemeinwesens einbegreift, dass aber dahinter das Verständnis einer Welt steht, die eben nicht fertig, nicht „gegeben" ist, sondern den Menschen „aufgegeben". Die Selbstgewissheit der wirklichen Welt wird erschüttert, Wirklichkeit in ihrem Geltungsanspruch relativiert, „der Leser wird provoziert, die Wirklichkeit [...] kritisch zu prüfen" (Nipperdey 1975, 123; vgl. Hermand 1974, 13f.). Gleichwohl bleibt es dabei, dass utopische Entwürfe häufig ein gestörtes Verhältnis zur Geschichte haben. Der radikale Neuanfang schneidet den utopischen Staat gerne von der geschichtlichen Entwicklung ab. Dagegen müsste utopisches Denken selbst geschichtsphilosophisch „eingemeindet" werden, eine Forderung, die für einen Denker wie Ernst Bloch selbstverständlich ist.

Die Rede vom Ende der Utopie ist eng mit ihrer Geschichte verwoben. Schon Marx und Engels sahen – nicht zuletzt durch ihr eigenes Werk – das Ende der Utopie gekommen, nämlich ihre Überführung in Wissenschaft. Auch der literarischen Gattung „Utopie" ist immer wieder das Totenglöcklein geläutet worden, zuletzt wurde ihr Tod durch den Siegeszug der Gattung „Science Fiction" erklärt. Im politisch-sozialen Raum ist die Rede vom Ende der Utopie spätestens seit Mitte des 20. Jahrhunderts ein festes Element des Utopie-Diskurses. In den Ländern des vermeintlichen „Realsozialismus" herrschte ein ausdrückliches Utopie-Verbot, weil doch die sozialistischen oder kommunistischen Staaten als angebliche Verwirklichungen von Utopie diese geschichtlich „erledigt" hätten. Dem gleichen gedanklichen Kurzschluss unterliegen die Utopie-Verächter: Staatssozialistische Praxis wird identifiziert als Umsetzung utopischen Denkens.

Andererseits spricht zum Beispiel Herbert Marcuse in seinem Vortrag *Das Ende der Utopie* (1967) davon, dass die hohe Entwicklung der Produktivkräfte „die Beseitigung der Schrecken der kapitalistischen Industrialisierung" möglich mache, weshalb man „heute in der Tat von einem Ende der Utopie reden" könne (Marcuse 1967, 19f.). Dagegen warnt Bloch vor einem „Abschied von der Utopie" durch Einebnung in eine Realpolitik, in der die pragmatischen Nahziele für das Ganze ausgegeben werden und Fernziele nicht mehr vorkommen (vgl. AvU 80).

Nach dem Zusammenbruch der staatssozialistischen Systeme im Osten bekam freilich die Gleichsetzung von Utopie und Kommunismus einen kräftigen Schub. Die Rede vom „Ende des utopischen Zeitalters" (Fest 1991; Winter 1993 u. a.) wurde sprichwörtlich. Gleichzeitig wurde vom „Ende der Geschichte" gesprochen. Für viele war offensichtlich, dass die Niederlage des Staatssozialismus gleichbedeutend ist mit dem weltpolitischen Sieg des Kapitalismus und der – mit dem Kapitalismus identifizierten – liberalen Demokratie. In Anlehnung an Hegels Vorstellung, dass der Geist im preußischen Staat zu sich gekommen, der Weg des Weltgeistes in Hegels Gegenwart also abgeschlossen sei, kommt der US-Politologe Francis Fukuyama zu dem Schluss, dass der Sieg des Kapitalismus das „Ende der Geschichte" bedeute, da nur noch ein Prinzip die Weltgeschichte beherrsche.

Die Debatte über das „Ende der Utopie" ließ auch die Diskussion um Utopie und Gewalt und die Totalitarismus-These wieder aufleben: Sozialismus/Kommunismus und Faschismus sind in dieser Lesart gleichermaßen Utopien, deren autoritäre Zwangsbeglückungssysteme notwendig zu Unterdrückung und Terror führen müssten (vgl. Saage 1992). Das führt dann zum Beispiel bei Fest zu einer Gleichsetzung auch von Marx und Hitler: „Die nahezu metaphysische Bedeutung, mit der Marx das ‚historische Gesetz' ausstattete, nahm mit einer unscheinbaren, aber enthüllenden Verschiebung im Denken Hitlers die ‚Vorsehung' ein, und der eine wie der andere bezogen daraus, samt ihren Exekutoren, jene intellektuelle Ungerührtheit und Kälte, die selbst dem Schrecken noch moralische Rechtfertigungen zuspielt" (Fest 1991, 84).

Das Problem solch schlichter, aber nicht nur in der Publizistik verbreiteter Argumentationen liegt auf der Hand: Zum einen ist es zweifelhaft, auch noch jedes politische Programm, zumal ein ausgesprochen rassistisches, zur Utopie zu erklären – einschließlich der Techniken von Machterwerb und Machterhalt. Hitler ist eben kein Utopist, sondern „Liquidator der Utopie", wie Saage richtig darstellt (Saage 2008/1, 26). Zum anderen wird es auch den radikalen Utopie-Kritikern schwer fallen, etwa Marx' „Reich der Freiheit" als Zwangssystem zu interpretieren, dessen Durchsetzung buchstäblich über Leichen geht. Schon Hegel hatte sich dagegen verwahrt, die Wirklichkeit auf abstrakte Idealbilder zu verpflichten, Marx ist auch in dieser Frage entschiedener Hegelianer, und für den hegelianischen Marxisten Bloch ist die Offenheit des Utopischen begriffskonstitutiv – Systemutopien sind ihm ein Gräuel. Derlei Differenzierungen aber sind weder bei Popper, noch bei seinen Nachfolgern und Nachahmern vorgesehen.

Dass im Schwung der Debatte um das „Ende des utopischen Zeitalters" auch die Philosophie Ernst Blochs wieder in den Blick kommt, versteht sich von selbst. Bloch war von den Sachwaltern des „Realsozialismus" in der DDR schon früh vorgehalten worden, seine Philosophie der Utopie sei eine Welterlösungslehre, subjektivistisch, mystisch, also das Gegenteil von dialektisch-materialistischer Scholastik. Dem hätte Bloch nicht widersprochen. Im Westen wurde Bloch entweder als „marxistischer Schelling" (Habermas) rezipiert oder als ostdeutscher Kulturfunktionär denunziert.

Prototypisch für diese Kritik ist der Soziologe Helmut Schelsky, der Blochs Philosophie der Utopie als „marxistische Existenzphilosophie eines Jugendbewegten" bezeichnet. Er hält Blochs Utopiebegriff für moralisch und politisch gefährlich, weil er „auf einer völligen Entwertung der Gegenwartserfahrung des einzelnen Menschen" beruhe (Schelsky 1979, 36). „Die existenziell bedingte Jugendbewegungsphilosophie gipfelt in einer Verherrlichung der Jugend als Existenzform schlechthin, damit in einer Aufdauerstellung der Unreife und einer Entlastung von Realitätsverwirklichung und Arbeit" (ebd., 14). Unter anderem behauptet Schelsky, Bloch verherrliche die stalinistische Jugendbewegung und stelle die „herrschaftsgelenkte Jugend der DDR als revolutionär träumend in einer Zeitwende" dar (ebd., 122). Das hat mit Bloch wenig zu tun, zeigt aber die für eine bestimmte Bloch-Rezeption typische ressentiment-geladene Haltung.

Einen zweiten wichtigen Typus der Bloch-Kritik stellt Hans Jonas dar. Er setzt dem *Prinzip Hoffnung* unter dem Eindruck der möglichen Selbstvernichtung der Menschheit das *Prinzip Verantwortung* entgegen. Jonas wirft dem Marxismus vor, „von Anfang an die Macht der Technik beschworen zu haben, von der er – im Zusammenwirken mit der Kollektivierung – das Heil der Menschheit erwarte" (Jonas 1979, 293; vgl. Saage 2008, 27ff.). Dies ist für Jonas Ausdruck einer Maßlosigkeit, die seit Francis Bacon das europäische Denken beherrscht und mit Ernst Bloch einen traurigen Höhepunkt erreicht habe. Jonas meint, dass der utopische Traum nichts anderes beinhalte „als die Leugnung der Gefahren und Grenzen der Technik; nicht nur, weil die von der Profitwirtschaft befreite Technik nun sinnvoller gebraucht wird, sondern weil sie, befreit von den sozialen Zwängen, die ihr noch nicht vollständig ausgeschöpftes Fortschrittspotential im Zaum halten, als der nun wirklich entfesselte Prometheus ihre größten Möglichkeiten erreicht" (ebd., 344).

Der utopische Drang, so argumentiert Jonas ganz im Sinne von Schelsky und Fest, sei letztlich zerstörerisch, ihm müsse entgegengesetzt werden „eine Ethik der Erhaltung, der Bewahrung, der Verhütung und nicht des Fortschritts und der Vervollkommnung" (ebd., 249; vgl. Strasser 1992, 172f.). Dass Bloch Technik gerade nicht als Mittel der Naturbeherrschung, sondern als Möglichkeit zur Allianz mit Natur „als einem nicht mit uns Fremdem behafteten Objekt" (EM 248) versteht, wird dabei gerne ausgeblendet.

→ *Dialektik; Fortschritt; Hoffnung; Marxismus; Materialismus; Materie; Mensch; Möglichkeit; Noch-Nicht; Novum; Prozess*

📖 AFFELDT-SCHMIDT 1991; BEHREND 1997; BRAUN, B. 1991; BUBER 1950; CHRISTEN 1979; DOREN 1968; FALKE 1973; FEST 1991; FREUND 1967; FREYER 1920, 1936, 1955; FUNKE 1991; GÜNTHER/MÜLLER 1988; HAUSER 1967; HERMAND 1974; HERZOG 1985; HÖLSCHER 1992; HOLZ 1975; JACOBY 2005; JONAS 1979; KAMLAH 1969; KELLERMANN 2006; KRYSMANSKI 1963; KYTZLER 1973; KYTZLER 1985; LANDAUER 1911, 2003; LANDMANN 1984; LEIBNIZ 1968; MANNHEIM 1969; MARCUSE 1967; MARTY/MUSCHAMP/ROTHSTEIN 2003; MOHL 1845; MOHL 1855; MÜNSTER 1982, 2004; MUMFORD 1973; NEGT 1972; NEUSÜSS 1968; NIPPERDEY 1962, 1975; PELLETIER 2008; PFETSCH 1990; PÖHLMANN 1925; POPPER 1968; POPPER 1977; REIGROTKI 1963; RÜSEN/FEHR/RIEGER 2004; RUYER 1950; SAAGE 1991, SAAGE 1992; SAAGE 1998; SAAGE 1999; SAAGE 2008/1; SAAGE 2008/2; SCHELSKY 1979; SCHMIDT, A. 1975; SCHMIDT, B. 1988; SCHWONKE 1957; SEIBT 2001; SERVIER 1971; SPAEMANN 1977; STARBATTY 1989; STEINACKER-BERGHÄUSER 1973; STRASSER 1992; TILLICH 1951; VOSSKAMP 1985/1; VOSSKAMP 1985/2; WINTER 1993; ZIMMERMANN 2001; ZUDEICK 1980; ZUDEICK 1987.

Peter Zudeick

Vor-Schein

Der Vor-Schein kann als die Grundkategorie utopischen Philosophierens begriffen werden, genauer noch: als eine aus den Feldern des Ästhetischen und der Kunst abgeleitete Kategorie; denn die Kunst ist für Bloch *„ein Laboratorium und ebenso ein Fest ausgeführter Möglichkeiten"* im Zeichen des „welthaft vollendeten Vor-Scheins" (PH 249). Im Vor-Schein spiegeln sich Versprechungen, kommen Zustände der Harmonie und des Glücks, nicht zuletzt eben immer wahrhaft menschliche Verhältnisse zum Ausdruck.

„Vorschein wird seit dem 17. Jh. gebraucht, im Sinne von ‚zum V. bringen', ‚zum V. kommen', ‚Hervorscheinen', ‚Hervorleuchten', ‚in Erscheinung treten', d. h. im Sinne einer sichtbaren bzw. erkennbaren Ankündigung, des Vorzeichens eines Kommenden. Als philosophischer Terminus wurde der Begriff ‚V.' vor allem in der Ästhetik entwickelt" (HWP 11, 1201). Vom Begründer der Ästhetik als philosophischer Disziplin, Alexander Gottlieb Baumgarten, über die Philosophie der deutschen Klassik und des deutschen Idealismus, insbesondere Schiller und Hegel, zieht sich eine Spur durch die Philosophiegeschichte bis zu Heidegger, der den Vorschein als eine der drei Weisen des Scheins thematisiert, nämlich als ein „Scheinen als Erscheinen". „Vorschein", so der Verfasser des Artikels im HWP, Volker Caysa, weiter, „meint einen Glanz wie auch einen Anschein, und zwar nicht als eine beliebige Eigenschaft, sondern als Grund ihrer Möglichkeit". Im Anschluss an Heidegger ist für Gadamer Schönheit „nicht einfach Symmetrie, sondern der V. selbst, der auf ihr beruht". Hervorscheinen ist demzufolge „nicht nur eine Eigenschaft dessen, was schön ist, sondern macht sein eigentliches Wesen aus" (vgl. HWP 11, 1201).

Zunächst brieflich, später dann auch noch in Aufsatzform, nimmt Blochs alter Freund Siegfried Kracauer, liebevoll von Bloch immer als „Krac" apostrophiert, den 80. Geburtstag zum Anlass, um „auf Verbindendes und Trennendes in unserem Denken" aufmerksam zu machen. Kracauer selbst reklamiert ein „ängstliches Mißtrauen gegen große Träume" für sich und stellt dagegen seinen „Zug zur Nüchternheit" heraus, um dann Blochs Utopien und den großen Hoffnungsgedanken ins Feld zu führen. Gemeinsam, so Kracauer weiter, sei ihnen freilich die Vorliebe für den Rummel und den Zirkus, jene „Phänomene des undeutlichen Lebens". Nachdem er noch auf die Authentizität des blochschen Philosophierens, die Einheit von Person und System hingewiesen hat, kann er es sich am Ende doch nicht verkneifen, auf eine grundsätzliche Problematik Blochs hinzuweisen: das „gelegentlich in wörtlichem Sinne Von-oben-Verfügen – etwa in Deiner Interpretation von Kunst als einem ‚Vor-Schein' des Utopischen" (Br. I, 399–403).

Blochs Antwort fällt kurz und lakonisch aus; nach dem pflichtschuldigst abgetragenen Dank für die Lektüre, „mit lebhafter Erinnerung und Betroffenheit" (ebd., 404), geht er mit keinem Wort auf das Monitum ein. Wie auch? Denn hier ist immerhin Grundsätzliches angesprochen, das sich nicht so en passant behandeln ließe. Dennoch legt Kracauer in seiner Formulierung den Finger auf einen wunden Punkt: er zielt auf die Apodiktik der Setzung des *Vor-Scheins*, der – so könnte man mit einer hegelschen Floskel sagen – „wie aus der Pistole geschossen" kommt. So hat es zumindest zunächst den Anschein, wenn man die blochsche Ästhetik und Kunstphilosophie isoliert vom Gesamtsystem betrachtet.

Zu Recht hat Gert Ueding, der auch eine zweibändige Anthologie zu Blochs *Ästhetik des Vor-Scheins* ediert hat, in seiner Einleitung darauf hingewiesen, dass die „Probleme seiner Ästhetik [...] die Kernprobleme der Philosophie Blochs [reflektieren]" (Ueding 1974, 7). Das heißt: „Die ästhetische Aktivität und ihr Produkt: das Werk, gehören zu den wichtigsten Manifestationen und Objektivationen des utopischen Bewußtseins, das selber die Realchiffren und Realsymbole der Welt dem Menschen eröffnet: als Antizipation des Noch-Nicht-Gewordenen sind die derart durch ihren utopischen Überschuß bedeutenden, weiterdeutenden Werke offensichtlich gemachter Teil einer Realität, die selber unfertig ist und noch aussteht" (ebd., 10). Noch kürzer: im Blick auf die schöpferische Tätigkeit wie das geschaffene künstlerische Werk selbst wird „die unerschöpfte Erwartungsfülle des real Möglichen" (ebd.) expliziert. Bereits etliche Jahre vor Ueding hat der Schriftsteller Dieter Wellershoff, dem im Übrigen Blochs „Dunkel des gelebten Augenblicks" als unablässiger Vorwurf fürs eigene Schreiben gegolten hat (vgl. Jung, W. 2000), die blochsche Trias von Kunst, Utopie und Ontologie bündig zur Sprache gebracht: „das Noch-Nicht [ist] die zentrale utopische Kategorie. Eine Ahnung der möglichen Vollendung haben wir nur durch die Kunst. Bloch begreift sie als ein ‚Laboratorium und ein Fest ausgeführter Möglichkeiten'. Es ist das Metier des Künstlers, eine Sache ans Ende zu treiben, auszufabeln, also die unfertige Wirklichkeit überbietend ein vollendetes Werk zu schaffen. Die im Kunstwerk sichtbar gewordene Vollkommenheit verweist so auf die noch ausstehende Vollendung der bewegt-unfertigen Wirklichkeit. Der Glanz des vollendeten Kunstwerks ist Vor-Schein des noch nicht erschienenen Gelungenseins der Welt" (Wellershoff 1960, 389).

Ästhetik und Kunst stellen so etwas wie das Integral der blochschen Philosophie dar. Und der Begriff des Vor-Scheins bildet das Scharnier, unter dem ebenso das Gebiet der Kunst wie das der Ästhetik (als Reflexion der Kunst) zusammengefasst werden kann. Klar ist, dass Blochs Begrifflichkeit des Vor-Scheins eng mit der Geschichte des Schein-Begriffs in der Ästhetik verzahnt ist. In seinem Artikel „Schein" für das Lexikon *Ästhetischer Grundbegriffe* verweist Josef Früchtl darauf, daß sich der Terminus „ästhetischer Schein" um die Mitte des 18. Jahrhunderts herausgebildet hat, wobei dieser Terminus „zeitweise den Begriff der Illusion und partiell auch den der Nachahmung" ablöst. „Entsprechend der generellen philosophischen Terminologie, in der

der Begriff des Scheins in (meist gegensätzlicher) Relation zu dem des Seins, des Wesens, der Wirklichkeit und der Wahrheit verwendet wird, bezeichnet der Begriff des ästhetischen Scheins den Modus des durch die Kunst dargestellten Seins, Wesens bzw. der durch die Kunst dargestellten Wirklichkeit und Wahrheit" (ÄG 366). Von herausragender Bedeutung ist die Ästhetik des deutschen Idealismus, sind die Theorien von Kant, Schiller, Schelling und Hegel, die immer wieder auch von Bloch entsprechend gewürdigt werden. Während für Kant und Schiller – grosso modo – Schein als Spiel thematisiert wird, referiert bei Hegel Schein auf Wahrheit: Der „Schein selbst ist dem Wesen wesentlich, die Wahrheit wäre nicht, wenn sie nicht schiene und erschiene", heißt es an einer berühmten Stelle von Hegels Kunstphilosophie (HW 13, 21). Damit ist nicht zuletzt auch der Erkenntnischarakter der Kunst angesprochen, denn in der Kunst – in jedem einzelnen Kunstwerk – gelangt die (historische) Wahrheit zur Erscheinung, zum sinnlichen Scheinen der Idee, wie sich Hegel an anderer Stelle auch ausdrückt (vgl. ebd., 151).

Bloch widmet der Ästhetik innerhalb seines Hegel-Buches *Subjekt – Objekt* ein eigenes Kapitel, in dem er sein Augenmerk darauf richtet, die – wie er sagt – hegelsche Inhaltsästhetik (vgl. SO 275; LV 4, 328–337) zu dechiffrieren und die hegelsche Redeweise über Kunst als eine spezifische Sprache der „Kunst im Medium des Begriffs, aber, wohlverstanden, Kunst als Erscheinung" (ebd., 279f.) vorzustellen. Dieser besonderen Anverwandlung der Kunst im Medium der Philosophie entspricht auch Hegels Denken der Kunst „von der Produktion her", worin Bloch einmal mehr die Bedeutung der hegelschen Kunstphilosophie neben derjenigen Schellings und Schopenhauers auszumachen glaubt (vgl. ebd., 283). Schließlich kommt Bloch auf die Begriffe Schein und Vor-Schein zu sprechen und hält dabei Hegel seine (immanente) Schranke vor, nämlich innerhalb seiner Systematik das Ende der Kunst gesehen und die Aufhebung der Kunst in der Religion und später noch der Religion in der Philosophie betrieben zu haben: „Die Fragen gehen gewiß weiter, Hegel schließt nicht mit der Schönheit, im Tempel steht das Götterbild, das als solches aus der Religion stammt, nicht aus der Poesie. Doch Kunst geht bei Hegel nicht in sich selber weiter, als ‚Vor-Schein', etwa im Sinne Schillers (trotz der interesselosen Betrachtung)" (ebd., 289). Die entscheidende Formulierung ist an dieser Stelle, dass Kunst bei Hegel „nicht in sich selber weiter[geht]", womit Bloch auf den von Hegel angesprochenen Vergangenheitscharakter der Kunst hinweist. Denn gemäß der hegelschen Ästhetik setzt die Philosophie der schönen Kunst an jenem (historischen) Moment ein, da eben diese „Gestalt des Lebens" für uns bereits eine vergangene ist; daher erst, so Hegel in der Einleitung zu seiner Ästhetik, könne sie uns wieder zur denkenden Betrachtung einladen (vgl. HW 13, 26). Hegels Blick wendet sich also der Vergangenheit und vornehmlich antiken Werken zu, deren hermeneutische Potenziale er allerdings mit stupendem Wissen zu entfalten versteht und somit in die eigene Gegenwart überführen bzw. -setzen kann. Bestritten wird freilich für diese eigene Zeit und Gegenwart der Gedanke einer „höchsten Bestimmung", d. i. – in Hegels Verständnis – die Ansicht von der Kunst als *dem* zeitadäquaten Ausdruck menschlichen Geistes, als Objektivation des je erreichten Bildungsstands der Menschheit.

Bei aller (durchaus berechtigten und bereits von den Hegelianern im 19. Jahrhundert, von seinen Gegnern und gebildeten Verächtern zu schweigen, geäußerten) Kritik an Hegel, insbesondere an seiner Systematik, ist der Schritt vom Schein zum Vor-Schein nicht allzu weit. Gemeinsamer Bezugspunkt ist die metaphysische (Hegel) bzw. ontologische (Bloch) Fundierung, dass der Schein Ausdruck der Wahrheit des Seins ist. Hinzu kommt dann freilich die blochsche Pointe des Vorausweisenden und des Zukunftsbezugs (vgl. ÄG 381) bzw. des Versprechens (vgl. Schmidt, B. 1978, 31), denn die Hermeneutik der Kunst am Werk wie im Blick auf die künstlerische Produktion selbst enthält immer auch noch weithin unabgegoltene Momente, utopische Potenziale, deren Entschlüsselung der philosophischen Deutung anheimgestellt ist. „Schein", so hat sich der Bloch-Schüler und Interpret Schmidt ausgedrückt, „wird im Stand des Vor-Scheins in wie immer auch ferne, so doch erreichbare, realisierbare Zukunft gerückt. Vor-Schein ist nicht Systematisierung gemäß einer kantischen regulativen Idee etwa als ‚subjektive Maxime', sondern subjektive Antizipation eines objektiv Realisierbaren. Als solche ist der ‚Vor-Schein' die Grundkategorie utopischen Philosophierens" (ebd.). Um es auf eine pointierte Formulierung von Bloch selbst aus dem *Prinzip Hoffnung* zu bringen: „*Kunst ist ein Laboratorium und ebenso ein Fest ausgeführter Möglichkeiten*, mitsamt den durcherfahrenen Alternativen darin, wobei die Ausführung wie das Resultat in der Weise des fundierten Scheins geschehen, nämlich des welthaft vollendeten Vor-Scheins" (PH 249).

Wie eine solche hermeneutische Entschlüsselung des Vor-Scheins aussehen kann, lässt sich gut nachvollziehen an einem Text aus den

Spuren, „Gruß und Schein", in dem Bloch eine philosophische Erzählung über die Dialektik des Scheins präsentiert. Dem Erzähler wird beim Besuch einer „kleinen alten Stadt" in einem Gasthaus vom bedienenden Wirt Erschreckliches über die Nachbarn, die allesamt in friedlichen Bürgerhäusern hinter warm „erleuchteten Fernstern" hausen, berichtet: Da ist von Lug, Trug und Eifersucht bis zu Mord und Totschlag die Rede, also vom ganzen Angebot an menschlicher Infamie und Kriminalität. Dies mag nun zwar, sagt Blochs Erzähler, alles zutreffen und sogar im hellen Licht eines ebenso sozial- wie ideologiekritisch versierten Verstehens erklärbar und durchschaubar sein (Schein als Täuschung), es ändert aber gar nichts am – psychologisch bzw., besser noch, anthropologisch – grundierten Bedürfnis nach dem „gemütlichen Schein", einem Vor-Schein, der sich in den Fassaden dieser Bürgerhäuser und dem Licht in deren Fenstern spiegelt und der, wofür zahllose romantische Texte hier noch einstehen könnten, im Begriff der Idylle bzw. des Idyllischen passend ausgedrückt ist: „Am Schein", so resümiert der Erzähler, „wird jedenfalls etwas versprochen, das nicht gehalten zu werden braucht und oft fast teuflich [sic] ins Leere locken kann, das aber immerhin auch seinerseits, zuweilen, eine *Tendenz* auf tout va bien in den Dingen anzeigt. Sie enthält vieles, alle möglichen Elemente und Versprechungen einer noch verworrenen Fahrt, auch Fassadenmusik" (SP 179).

Präzise ist hier also vom utopischen Vor-Schein die Rede als von einem vor-scheinenden Zustand der Harmonie und des Glücks, die dem Subjekt in Licht und Gestalt dieser Bürgerhäuser der Kleinstadt entgegenleuchten. Die blochsche Hermeneutik expliziert an diesem schlichten Beispiel, wofür auf komplexere Art und Weise schließlich die Kunstwerke, aber durchaus auch religiöse Gehalte einstehen können. Im Blick auf das Kunstwerk spricht Bloch von der Allegorie, hinsichtlich der Religion vom Symbol. Dementsprechend lauten dann auch die Kapitel aus dem *Experimentum Mundi* „Allegorischer Vor-Schein in der Kunst ohne Illusion" und „Symbolischer Vor-Schein in Metareligion ohne Aberglauben". Und in der *Tübinger Einleitung in die Philosophie* heißt es dazu, abbreviatorisch zusammengefasst: „Die pluralistische Kunst bewegt sich darstellungsmäßig, trotz eindeutigem Verwesentlichen, im Umkreisenden, Mehrdeutigen von *Allegorien*; die zentralistische Religion faßt sich darstellungsmäßig, trotz allem Gebrauch transparenter Poesie, im eindeutig Gerichteten, letzthin Konvergierenden von *Symbolen*" (TE 181). Wenig später äußert Bloch noch den Gedanken vom Organon-Charakter der Kunst, den er – via Kant, Schelling, Hegel – aus der ästhetischen Tradition des deutschen Idealismus ableitet und dem Vor-Schein zuschlägt: „Daß Kunst ein philosophisches Organon sein könne, kraft der sinnlichen Besonderheit ihres herausgetriebenen Wesentlichen: die kritische, die illusionsfreie Erfahrung aus dieser Art Vor-Schein ist aus der Bedeutung klar, die nicht nur die Erkenntnis für die Ästhetik, sondern die Ästhetik für die Erkenntnis, bei Kant, Schelling, Hegel, gewonnen hat" (ebd., 184).

Im Unterschied zum Jugendfreund Georg Lukács, aber auch zu Theodor W. Adorno hat Bloch keine eigene (ausdrückliche) Ästhetik geschrieben. Vielmehr ist, wie bereits erwähnt, die Ästhetik als Philosophie der Kunst seiner Ontologie eingeschrieben; sie ist deren Integral. Kunst interessiert Bloch als Kunstwerk, die Deutung richtet sich auf die Gehalte, auf den jeweiligen Inhalt. Darin bleibt er Hegelianer bis zuletzt. Zum anderen noch denkt Bloch, dabei auf Schelling zurückgreifend, die Kunst von Seiten der künstlerischen Produktion her – durchaus auch: von Seiten des Genies, denn in ihm sieht er den Ausdruck einer befreiten bzw. unentfremdeten Tätigkeit; das Genie ist nämlich eine *„Produktivkraft"* (vgl. MP 403). Die Analyse des Werks zielt darauf ab, die spezifische Form eines bestimmten Inhalts zu bestimmen und als Protest und Verheißung zu lesen.

Die blochsche Kunstphilosophie ist also eine „Ästhetik des Vor-Scheins". Dazu kann man bereits in der zweiten Fassung von *Geist der Utopie* lesen: „das große Kunstwerk [ist] ein Abglanz, ein Stern der Antizipation und ein Trostgesang auf dem Heimweg durch Dunkelheit; und doch eben nur Ferne, Scheinen, Abglanz, erklärter Widerspruch aller Vollendung auf Erden, außerstande, den bedürftigen Menschen selbst bereits in der verzweifelt antizipierten Glorie wohnhaft zu machen" (GdU 2, 151f.). Und im *Prinzip Hoffnung* führt er auf derselben Linie aus, dass der Schein „sichtbarer Vor-Schein" ist; dieserart präsentiert Vor-Schein ungelebt Mögliches, in ihm drückt sich ein Überschuss, ein ästhetischer Mehrwert aus. Es geht um die Verschwisterung des Schönen mit dem Wahren, von schönem Schein und wahrem Vor-Schein. „Und die Antwort auf die ästhetische Wahrheitsfrage lautet: Künstlerischer Schein ist überall dort nicht bloßer Schein, sondern eine in Bilder eingehüllte, nur in Bildern bezeichenbare Bedeutung von Weitergetriebenem, wo *die Exaggerierung und Ausfabelung einen im Bewegt-Vorhandenen selber umgehenden und bedeutenden Vor-Schein von Wirklichem darstellen*, einen gerade ästhetisch-immanent spezifisch darstellbaren" (PH 247).

In diesem Sinne liest und interpretiert Bloch unaufhörlich die Kunst- und Literaturgeschichte, durchforstet er das Material nach unabgegoltenen Möglichkeiten – nach Tendenzen und Latenzen. Der souveräne Blick erstreckt sich über die gesamte erhaltene Geschichte; die antike Mythologie, Tragödie und Komödie werden ebenso interpretiert wie Dante und Boccaccio, Rembrandt und Rubens geradeso wie die Expressionisten. Dionysos ist für Bloch „der mythologische Name für das historisch verdrängte, unterschlagene, geschwächte, mindestens abgelenkte ‚Subjekt'" (EdZ 364). Rembrandts Paradoxlicht versteht er als „*Perspektivenlicht der Hoffnung*" (PH 938), und den künstlerischen wie literarischen Expressionismus rettet er vor dem Verdammungsurteil rechter wie linker Demagogie. Gegen Lukács' Verurteilung des Expressionismus als kranke, ja degenerierte Kunsterscheinung führt Bloch ins Feld, dass eine „*Wirklichkeit in Zeiten der Krise*" eine „*keinesfalls nur mit breit-ruhiger Vermittlung treffbare*" (EdZ 277) sei. Im Gegenteil erfordere diese Zeit der Zerrissenheit, des mangelnden transzendentalen Obdachs, vielmehr einen künstlerischen Ausdruck, dem die Zerrissenheit und Fragmentarik, das Unabgeschlossene selbst, inhärent seien.

Damit ist wohl auch der tiefste Bruch zum lukácsschen Konzept des großen realistischen Kunstwerks, einer in sich geschlossenen Totalität, angezeigt, ein Bruch im Übrigen, der sich bereits an vielen Stellen in *Geist der Utopie* untergründig gezeigt hatte. Damals opponierte Bloch mit Strindberg gegen den lukácsschen Neoklassizismus im Zeichen (des längst vergessenen) Paul Ernst, später dann argumentierte er mit Brecht und dem gesamten Expressionismus gegen den kritischen bzw. sozialistischen Realismus. Am Ende mit einem Argument, dem man nicht nur bei Adorno in aller Ausführlichkeit später wiederbegegnen kann, sondern das darüber hinaus auch von anhaltender Aktualität ist. In Wahrheit, so Bloch in einem Essay von 1940, *Das Problem des Expressionismus nochmals*, an die Adresse der Marxisten, „ist die Wirklichkeit auch in Zeiten und Großwerken der breit möglichen Vermittlung nie lückenloser Zusammenhang, sondern stets noch – Unterbrechung und stets noch Fragment" (ebd., 278).

Überdenkt man die Tiefe und Reichweite der Formulierung, so erkennt man wahre Abgründe für die Kunst, das Leben und die gesamte Wirklichkeit. Zugleich scheinen hier Überschneidungen mit Gedankengängen Brechts, Benjamins und Adornos auf: Benjamin spricht von der Schockwirkung, die die Kunst erzeugen müsse, nicht zuletzt, um damit das faule Kontinuum der Geschichte zu sprengen (vgl. Benjamin 1974, 702); Brecht betont verschiedentlich, dass eine komplexe Welt nicht mehr durch einfache Reproduktionstechniken erfasst und wiedergegeben werden könne, man müsse vielmehr, um beispielsweise die Kruppwerke oder AEG darzustellen, wieder etwas aufbauen, etwas „Künstliches", „Gestelltes" (Brecht 1967, 161f.); Adorno redet der Hässlichkeit das Wort: Kunst müsse „das als häßlich Verfemte zu ihrer Sache machen", „um im Häßlichen die Welt zu denunzieren, die es nach ihrem Bilde schafft und reproduziert" (Adorno 1980, 78f.).

Dennoch: das letzte Wort soll, auch weil es so gänzlich unerwartet klingt, Blochs Jugendfreund Georg Lukács vorbehalten sein, zeigt sich doch darin einmal mehr, wie tief der ungarische Marxist in Grundimpulsen seines Philosophierens und insbesondere seines ästhetischen Denkens sich von Ernst Bloch beeinflusst weiß. So heißt es ganz blochisch in Lukács' opus maximum, in der *Ontologie des gesellschaftlichen Seins*, über das Kunstwerk, über dessen Vor-Schein: „Das Kunstwerk, wenn es wirklich eines ist, hat [...] ein permanentes, immanentes Gerichtetsein gegen die Entfremdung" (Lukács 1984, 535). Und weiter – Blochs Utopiegedanken umspielend: „Indem der Künstler die Welt mit den Augen der echten Individualität, die eine tiefe und energische Intention auf die Gattungsmäßigkeit für sich, des Menschen und seiner Welt in sich schließt, betrachtet, kann mit ihrem bloßen Dasein eine die Entfremdung bekämpfende und eine von ihr befreite Welt in der künstlerischen Mimesis entstehen, ganz unabhängig von den subjektiv-partikularen Anschauungen des Künstlers selbst" (ebd.).

Im *Vor-Schein* leuchtet mithin eine erstaunliche Konvergenz auf, die letzte gemeinsame Grundlage zweier Philosophien bzw. Ontologien, die vordergründig nicht verschiedener sein könnten: d. i. „die Abweisung der gegebenen Welt, und zwar auf nicht indirekte apologetische Weise, und die Notwendigkeit der Transzendierung dieser Welt" (Radnóti 1977, 188).

→ *Antizipation; Ästhetik; Möglichkeit; Objektive Phantasie; Spuren*

 Adorno 1980; Benjamin 1974; Brecht 1967; Jung, W. 2000; Lukács 1984, 1986; Radnóti 1977; Schmidt, B. 1978; Ueding 1974; Wellershoff 1960.

Werner Jung

Zeit

Zeit ist in Blochs Philosophie kein Kontinuum, sondern eine Abfolge von Jetzt-Zuständen. Sie ist keine abstrakte physikalische Größe, sondern ihre Existenz ist an ihren qualitativen Gehalt, d. h. an historische Ereignisse, gebunden. Deren Bedeutung für den dialektisch voranschreitenden Weltprozess ist entscheidend für die Wertigkeit einer Zeit. Zeit kann insofern historisch unterschiedlich ‚dicht' sein und ist keine absolute Größe. Die Naturzeit etwa weist gemessen an kulturhistorischen Maßstäben eine geringere Dichte auf. In der Vergangenheit kann daher viel Zukunft angelegt sein, und Tradition und Utopie stellen keine Gegensätze dar. Denn die Vergangenheit birgt häufig ein utopisches Potenzial, das noch nicht zur Entfaltung gelangt ist und dessen Gärung die Gesellschaft der Zukunft, verstanden als Reich der Freiheit, mit vorbereitet.

Zeit als vom Menschen erfahrene und wahrgenommene, kognitiv reflektierte Form des Nacheinanders der Ereignisse und der Veränderung umfasst ca. 12.000 Jahre, davon rund 3000 Jahre schriftlich fixiert, prähistorisch (Gattung *Homo*) gut 2,5 Millionen, geologisch 4,5 Milliarden und kosmisch ca. 14 Milliarden Jahre. Seit Aristoteles ist Zeit eine der Kategorien der Wirklichkeit. Bloch kann insofern auf eine jahrtausendealte philosophische Reflexion über das Phänomen der Zeit zurückgreifen. Am wichtigsten für seine Zeitphilosophie sind u. a. die Modelle der Antike, die Impulse, die er aus den Bestimmungen der Zeit bei Leibniz und Hegel empfangen hat, und die Physik seiner Zeit (u. a. Riemannsche Mannigfaltigkeit, Einsteins Relativitätstheorie).

Die Reflexion des Menschen über das Wesen der Zeit reicht bis in den Alten Orient zurück. Für die westliche Tradition des östlichen Mittelmeerraums bestimmend wurde Aristoteles, der in seiner *Physik* die Existenz der Zeit als „Maß der Bewegung" an die Existenz der Veränderung und einer Seele mit Zählvermögen band. Er unterschied zwischen Zeitdauer und Zeitpunkt und fasste die Zeit als immerwährendes Kontinuum, das als Ausgedehntes in Teile zerlegt, d. h. gemessen werden kann. Augustinus betrachtete in den *Confessiones* die Zeit als Schöpfung des überzeitlichen, ewigen Gottes, die erst mit der Welt zu existieren begonnen hat. Ohne die menschliche Seele, die Zeit durch die Setzung von Vergangenheit, Gegenwart und Zukunft überhaupt erst konstituiert, würde die Zeit auch nach Augustinus gar nicht existieren. Zeit ist somit von Gott geschaffen, wird aber erst von der Einzelseele realisiert. Im Unterschied zur zyklischen Zeitauffassung der Antike entwarf die Bibel ein vorwiegend lineares Zeitmodell, in dem die Welt- und Heilsgeschichte von der Erschaffung der Welt an über Wirken, Tod und Auferstehung Christi bis hin zum Jüngsten Tag teleologisch ausgerichtet ist. Leibniz sah in Zeit und Raum analoge Relationen: Während die Zeit die Ordnung der Sukzession von Ereignissen ist, ist der Raum die Ordnung ihres Nebeneinanders. Zeit und Raum erachtete er in Abgrenzung vom Begriff der absoluten Zeit Newtons als nur relational zu bestimmende Größen. Kant reduzierte die Zeit in der *Kritik der reinen Vernunft* auf eine apriorische Form der sinnlichen Anschauung. Er unterschied als ihre Modi Beharrlichkeit, Folge und Zugleichsein und definierte Vergangenheit und Zukunft als Ableitungen des Subjekts aus Wahrnehmungen in der Gegenwart. Hegel führte in seiner *Phänomenologie des Geistes* die Unterscheidung zwischen Naturzeit und geschichtlicher Zeit ein und suchte sie als Bewusstseinsphänomen zu erweisen. In der für Blochs Denken zentralen Geschichtstheorie von Karl Marx ist die Geschichtszeit aufgespannt zwischen einem Urzustand und einem durch die proletarische Weltrevolution hergestellten Endzustand, in dem es keine Staaten und Klassen, keine Religion und keine Ausbeutung mehr gibt. Dieser primär gesellschaftstheoretischen Zeitdeutung steht jene der modernen Physik gegenüber: In der Perspektive der Einsteinschen Relativitätstheorie ist Zeit abhängig vom Raum, von der Bewegung des Beobachters in ihm und von der am jeweiligen Ort herrschenden Gravitation. Raum und Zeit sind miteinander in einer invarianten Struktur vermittelt, der Raumzeit. Im Sinne der kosmologischen Standardinterpretation dieser in ihren Hauptzügen nach wie vor gültigen Theorie entstand Zeit gemeinsam mit Raum und Materie beim „Urknall", der initialen Emergenz des Universums aus einer ursprünglichen Singularität (vgl. HWP 12, Sp. 1186–1262; Gloy 2008; Zimmermann 2000, 2004, 2007).

Zentrale Stellen für Blochs Zeitbegriff finden sich in der *Tübinger Einleitung in die Philosophie* (vgl. TE 129–147), in *Experimentum Mundi* (vgl. EM 83–114) und im Ergänzungsband *Tendenz – Latenz – Utopie* (vgl. TLU 286–300). Die Zeit ist eine zentrale Kategorie in Blochs Philosophie, denn in ihr ereignet sich das Voranschreiten des historischen Prozesses. Sie ist der Raum für das Experimentum Mundi und in dieser Funktion „der Helfer einer objektiv-realen Möglichkeit, [...] der Fortschrittsraum zu möglich Gutem" (EM 107).

Zeit ist für Bloch kein konstanter Fluss, sondern diskontinuierlich und „in sich selbst differenziert und atomisiert" (ebd., 101). Sie ist eine Abfolge von pulsierenden Jetzt-Zuständen, die vom Nie unterbrochen werden und nur gelebt, nicht aber erlebt werden können, weil man aus dem „Dunkel des gerade gelebten Augenblicks" (ebd., 85) nicht heraustreten und sich ihm reflektierend gegenüberstellen kann. Das Jetzt ist wegen seiner Unmittelbarkeit nicht fassbar. Es muss erst vergangen sein, um bewusst wahrgenommen werden zu können. Die Reihe der Jetzt-Zustände bildet die erfahrbare Gegenwart. Sie ist „der einzige und ausgezeichnete Zeitort unseres Handelns" (ebd., 87) und „der einzige Standort für verändernde Eingriffe vor allem revolutionärer Praxis" (ebd., 100). Zugleich ist sie „ein Mischgebilde aus Jetzt, Vergangenheit und Zukunft" (ebd., 88). Das Jetzt ist noch nicht festgelegt und enthält den Keim alles Neuen, Kommenden und Möglichen. Es birgt „echte Zukunft" im Sinne des „noch nicht Erschienene[n]", aber „Erscheinungsmögliche[n]" (ebd., 90). Die Zukunft ist im Unterschied zur Vergangenheit, dem „Nichtmehr-Werden" (ebd., 91), noch offen und dynamisch und bewegt sich antizipierend (vgl. ebd., 104). Für Bloch ist das Jetzt dann ein erfülltes, wenn sich in ihm die völlige Übereinstimmung zwischen seinem Inhalt und dem Hunger des Subjekts nach Heimat und Freiheit einstellt, wie es z. B. in Fausts Wunsch „Verweile doch, du bist so schön" und im „Nunc stans" der Mystiker zum Ausdruck kommt. Es bedeutet „keiner Zukunft mehr bedürftige Präsenz, die es noch nirgends gibt" (ebd., 89).

Bloch geht in seiner Philosophie von einem qualitativen Zeitbegriff aus, nicht von einem bloß quantifizierenden, wie ihn etwa ein Uhrmacher verwendet (vgl. ebd., 93f. u. 104f.). Er bindet Zeitlichkeit an Inhalte. Zeit ist für ihn keine absolute physikalische Größe im Sinne Newtons, sondern „Zeit ist nur dadurch, daß etwas geschieht, und nur dort, wo etwas geschieht" (TE 129). Ein Indiz dafür sieht er u. a. in der erlebten Zeit, die schnell vergeht, wenn sie als inhaltsreich empfunden wird, die aber länger zu sein scheint, wenn sie nicht mit Erlebnissen gefüllt und daher weniger dicht ist. Uhr und Kalender messen das Verstreichen der Zeit ungeachtet ihres qualitativen Gehalts als rein abstrakte Größe. Sie erfassen nicht die prozessuale Tendenz ihres Voranschreitens. Für Bloch ist der physikalische Zeitbegriff daher ungeeignet, um über historische Prozesse, d. h. über die „Geschichtszeit" im Unterschied zur „Naturzeit" (ebd., 138), zu reflektieren. Denn geschichtliche Ereignisse modifizieren die Zeit hinsichtlich ihrer Dichte. Sie ist kein starres Gefäß für diese Ereignisse, sondern wie der Riemannsche Raum „elastisch" (ebd., 131), und wird durch sie qualitativ überhaupt erst konstituiert: „Ist die Zeit, in der das Wasser immer wieder dieselben kalten Steine wäscht, in der die Wogen immer wieder stereotyp ans Land schlagen, hundert und aber hundert Tausende von Jahren lang, wirklich auch nur länger oder gleich *dicht* wie das eine knappe russische Jahr 1917?" (ebd., 138; vgl. EM 94–96 u. 105). Bloch bemisst also die Dauer der Zeit nicht nach den Maßstäben der Chronometrie und ihrer mechanischen Hilfsmittel, sondern nach ihrem historischen Gehalt. Die historische Zeit sieht er im Unterschied zur newtonschen Physik durch die Attribute „Gerichtetheit" und „Unumkehrbarkeit" gekennzeichnet (TE 131). Wie der Raum der nicht euklidischen Physik durch die in ihm befindliche Materie verändert wird, so steht bei Bloch auch die Zeit in kausaler Abhängigkeit von der in ihr mit unterschiedlicher Dichte verteilten historischen Materie. Sie wird dadurch zu einer variablen Größe und ist wie der Raum ‚gekrümmt'. Den Hintergrund für diesen Zeitbegriff bilden Blochs Konzept einer dynamischen Materie und die Annahmen der Allgemeinen Relativitätstheorie über den Zusammenhang zwischen Raum und Gravitation.

Dass Zeit ganz unterschiedliche Wertigkeiten haben und in variablen Verfassungen erscheinen kann, belegt Bloch mit Beispielen aus der menschlichen Kultur. So bemisst sich Arbeitszeit z. B. nicht allein nach der Zahl der Stunden, die sie umspannt, sondern nach der in ihr erzielten Produktivität, d. h. nach inhaltlichen Kriterien, auf deren Grundlage z. B. Gehälter festgesetzt werden. Die Genres der Musik und der Literatur haben alle ihre eigene Zeit (vgl. EM 105f.). Eine weit ausgreifende Fuge hat z. B. andere zeitliche Dimensionen als eine motivisch dichte Sonate, ein breit auserzähltes Epos andere als ein Drama mit konzentrierten Dialogen und Szenen. Die griechische Mythologie wird von einem anderen Zeitkonzept bestimmt als das Christentum mit seiner Vorstellung von einem linearen, teleologisch gerichteten Geschichtsverlauf. Zeit ist somit nicht gleich Zeit, sondern sie wird durch ihren jeweiligen Gehalt und die Zielbestimmung ihres angenommenen oder intendierten Verlaufs geprägt. Ereignisse spielen sich nicht einfach ‚in' der Zeit ab wie in einem „abstrakt-neutralen Behälter" newtonscher Prägung (TE 136) oder „in einer vorgegebenen Röhre" (EM 106), sondern sie schaffen überhaupt erst ihre je eigene

Zeit und geben ihr einen Wert für den historischen Prozess, den gesellschaftlichen Überbau usw. Wirtschaft, Technik und Kunst haben jeweils spezifische Zeitstrukturen, die sich „nicht leicht auf gleichen Generalnenner bringen" lassen (TE 135).

Nicht jede Zeit ist für Bloch gleich wertvoll im Hinblick auf ihre Bedeutung für den gesellschaftlichen Fortschritt, denn Epochen unterscheiden sich in den „Zielinhalten der historischen Materie" (ebd., 136) und sind nicht gleich zentriert. Daher sieht er anders als etwa ein Geologe einen gravierenden Unterschied „zwischen den *prähistorischen Jahrmillionen* [...] und den *paar Jahrtausenden Kulturgeschichte* seit der neolithischen Zeit" (ebd.). Denn Letztere, obwohl in kosmischen Dimensionen verschwindend kurz, sind angefüllt mit stetig zunehmender historischer Materie, d. h. viel reicher an qualitativ dichter Geschichtszeit. In Blochs Denken ist die Zeit der prähistorischen Naturgeschichte insofern kategorial etwas völlig anderes als die Zeit der menschlichen Kulturgeschichte, auch wenn beide Zeiten auf einem abstrahierenden Zeitstrahl üblicherweise als nahtlos aufeinander folgend abgebildet werden. Der Beginn der Geschichtszeit bedeutet einen qualitativen Sprung; in ihr geschieht Neues. Die Naturzeit ist mir ihr gleichwohl nicht vorbei, sondern im Gegenteil durch ihre Tendenz zur „Humanisierung der Natur mit den Tendenzinhalten der kulturellen Geschichtszeit besonders verbunden" (ebd., 143) und dadurch einbezogen in die Schaffung eines zukünftigen Reiches der Freiheit, des „Eschatons im Zielpunkt des Fortschritts" (ebd., 147).

Blochs qualitativer Zeitbegriff relativiert die Bedeutung der Chronologie historischer Ereignisse insofern, als er impliziert, dass es Zukunft in der Vergangenheit geben kann und Tradition und Utopie nicht unbedingt Gegensätze darstellen. Denn die Vergangenheit birgt häufig Fragen und Problemstellungen, die noch nicht gelöst sind. Sie enthält Unausgereiftes, Nichterledigtes, Offengebliebenes und ist noch immer virulent und präsent dadurch, „dass uns aus der Vergangenheit noch viel ungewordene Zukunft aufrufend entgegenkommt" (TLU 291; vgl. EdZ 104–126), die realisiert werden will, weil ihr Potenzial noch nicht zur Entfaltung gelangt ist. Die Vergangenheit hinterlässt der Gegenwart ein utopiehaltiges Erbe, dessen Hoffnungsinhalte nach zukünftiger Erfüllung drängen. Mit ihrem historischen Material überliefert sie ungenutzte und unausgetragene Möglichkeiten, die real werden wollen (vgl. EM 102–104). Ein Beispiel für solcherart „*mögliche Zukunft in der Vergangenheit*" (TLU 294) sieht Bloch in den Bauernkriegen des 16. Jahrhunderts, besonders im Chiliasmus Thomas Münzers (vgl. TM 227ff.): Der damals ausgelöste Freiheitsimpuls wirke über die Jahrhunderte hinweg bis in die Gegenwart fort, weil er historisch noch nicht abgegolten sei.

Dem Marxismus empfiehlt Bloch daher, die Vergangenheit nicht als unfruchtbares Vorbei abzutun, sondern Tradition und Utopie konstruktiv zu verbinden: „Marxismus braucht Vermittlung mit den Tendenzen der Vergangenheit, die noch weiterbestehen und vielleicht erst in Zukunft zur Explosion kommen" (TLU 298). Denn in früheren Zeiten war Marx' „Traum von einer Sache" als „Wirklichkeitsform des objektiv Möglichen" oft schon da, und zurückliegende Epochen überliefern insofern „Werden, Überschreiten und Unzufriedenheit" (ebd., 299). Dies aber sind die Kraftquellen des kommenden Humanismus, der für Bloch nichts anderes ist als „menschlicher Sozialismus" (ebd., 300).

→ *Augenblick; Fortschritt; Prozess; Ungleichzeitigkeit, Gleichzeitigkeit, Übergleichzeitigkeit*

📖 BECKER 2003; BODEI 1979; DIETSCHY 1988; GLOY 2008; PECHRIGGL 1993; VIDAL 1995/96; ZEILINGER 2006b; ZIMMERMANN 2000; ZIMMERMANN 2004; ZIMMERMANN 2007a.

Heiko Hartmann

Literaturverzeichnis

ABAELARD = ABAELARD: Sic et Non, hrsg. von Ernst Ludwig Henke u. Georg Stephan Lindenkohl, Theologisches Seminar Philippinum, Marburg 1851.
ADAM 1963 = Alfred ADAM: Der Begriff „Deus absconditus" bei Luther nach Herkunft und Bedeutung, in: Luther-Jahrbuch 1963. Jahrbuch der Luther-Gesellschaft, hrsg. von Franz Lau, Jahrgang XXX, Hamburg 1963, S. 97–106.
ADOLPHI 2000 = Rainer ADOLPHI: Die ideale Welt im Materialen verankert. Grundlegung eines Prozeßdenkens in Schellings Freiheitsphilosophie, in: Berliner Schelling Studien: Heft 1. Vorträge zur Philosophie Schellings, Berlin 2000, S. 147–175.
ADORNO 1951 = Theodor W. ADORNO: Minima Moralia – Reflexionen aus dem beschädigten Leben, Frankfurt a. M. 1951.
ADORNO 1961 = Theodor W. ADORNO: Blochs Spuren, in: Noten zur Literatur II, Frankfurt a. M. 1961, S. 131–151.
ADORNO 1964 = Theodor W. ADORNO, Fortschritt, in: Helmut Kuhn, Franz Wiedemann (Hrsg.): Die Philosophie und die Frage nach dem Fortschritt, München 1964.
ADORNO 1965 = Theodor W. ADORNO: Henkel, Krug und frühe Erfahrung, in: Siegfried Unseld (Hrsg.): Ernst Bloch zu ehren. Beiträge zu seinem Werk, Frankfurt a. M. 1965, S. 9–20.
ADORNO 1970 = Theodor W. ADORNO: Negative Dialektik, Gesammelte Schriften 6, hrsg. von Rolf Tiedemann, Frankfurt a. M. 1970.
ADORNO 1974 = Theodor W. ADORNO: Blochs Spuren, in: Ders., Noten zur Literatur. Frankfurt a. M. 1974, S. 233–250.
ADORNO 1980 = Theodor W. ADORNO: Ästhetische Theorie, hrsg. von Gretel Adorno u. Rolf Tiedemann, Frankfurt a. M. 1980.
ADORNO 1992 = Theodor W. ADORNO, Negative Dialektik, Frankfurt a. M. 1992.
ADORNO 2006 = Theodor W. ADORNO: Zur Lehre von der Geschichte und von der Freiheit, Frankfurt a. M. 2006.
ADORNO/HORKHEIMER 1987 = Theodor W. ADORNO, Max HORKHEIMER: Dialektik der Aufklärung, Frankfurt a. M. 1987.
AFFELDT-SCHMIDT 1991 = Birgit AFFELDT-SCHMIDT: Fortschrittsutopien, Stuttgart 1991.
AGAMBEN 2009 = Giorgio AGAMBEN: Philosophical Archaeology, in: Law and Critique. Jahrgang 20, Nr. 3, 2009, S. 211–231.

AISCHYLOS 2005 = AISCHYLOS: Tragödien, hrsg. von Bernhard Zimmermann, 6. Auflage, Düsseldorf/Zürich 2005.
ALTVATER/MAHNKOPF 1997 = Elmar ALTVATER, Birgit MAHNKOPF: Grenzen der Globalisierung. Ökonomie, Ökologie und Politik in der Weltgesellschaft, Münster 1997.
ANDERS 1980 = Günther ANDERS: Die Antiquiertheit des Menschen, Bd. 2, München 1980.
ANDERS 1994 = Günther ANDERS: Der Blick vom Mond. Reflexionen über Weltraumflüge, 2. Aufl., München 1994.
ANDERSON 2005 = Benedict ANDERSON: Die Erfindung der Nation, 2. Aufl., Frankfurt a. M. 2005.
AQUIN 1988 = Thomas von AQUIN: Über Seiendes und Wesenheit (De ente et essentia). Lateinisch-Deutsch. Mit Einleitung, Übersetzung und Kommentar, hrsg. von Horst Seidl, Hamburg 1988.
ARENDT 1993 = Hannah ARENDT: Was ist Politik?, hrsg. von Ursula Ludz, München/Zürich 1993.
ARNDT 1977 = Andreas ARNDT: Vladimir Iljic Lenin, in: Heinz Kimmerle (Hrsg.): Dialektik-Modelle von Marx bis Althusser, Beiträge der Bochumer Dialektik-Arbeitsgemeinschaft, Den Haag 1978, S. 86–106.
ARNI 2007 = Caroline ARNI: Zeitlichkeit und Anachronien. Gegenwart und Transformationen der Geschlechtergeschichte aus geschichtstheoretischer Perspektive, in: L'Homme. Europäische Zeitschrift für feministische Geschichtswissenschaft, Bd. 18, H. 2, Wien 2007, S. 53–76.
ARNOLD 1985 = Heinz Ludwig ARNOLD (Hrsg.): Ernst Bloch. Sonderband text und kritik, München 1985.
Aufrechter Gang 2000: http://bloch.de/Moderiertes_Zukunftsforum/intros/AUFRECHT.html (10.1.2012).
AVENARIUS 1888 = Richard AVENARIUS: Kritik der reinen Erfahrung, Leipzig 1888.
BAADER 1921 = Franz von BAADER: Schriften, ausgewählt u. hrsg. von Max Pulver, Leipzig 1921.
BAADER 1925 = Franz von BAADER: Schriften zur Gesellschaftsphilosophie, hrsg. u. eingeleitet von Johannes Sauter, Jena 1925.
BAADER 2008 = Franz von BAADER: Fermenta cognitionis, Leipzig 2008.
BACON 1870 = Francis BACON: Organon. Franz Baco's Neues Organon, übersetzt, erläutert u. mit einer Lebensbeschreibung des Verfassers versehen von J. H. von Kirchmann, Berlin 1870.

BACON 1982 = Francis BACON: Novum Organon, Berlin (Ost) 1982.
BACON 2008 = Francis BACON: New Atlantis (1627), in: Ders.: The Major Works, hrsg. von Brian Vickers, Oxford 2008, S. 457–489.
BADIOU 1986 = Alain BADIOU: L'être et l'événement, Paris 1986.
BADIOU 2009 = Alain BADIOU: Logics of Worlds, London/New York 2009, S. 3.
BAHR 1975 = Hans-Dieter BAHR: Theatrum Mundi – Experimentum Mundi, in: Ernst Blochs Wirkung. Ein Arbeitsbuch zum 90. Geburtstag, Frankfurt a. M. 1975, S. 156–172.
BAJOHR/WILDT 2009 = Frank BAJOHR, Michael WILDT (Hrsg.): Volksgemeinschaft, Frankfurt a. M. 2009.
BALIBAR 1990 = Etienne BALIBAR: Gibt es einen „Neo-Rassismus"? in: Ders./Immanuel Wallerstein: Rasse Klasse Nation. Ambivalente Identitäten, Hamburg und Berlin 1990, S. 23–38.
BAUER 1975 = Otto BAUER: Die Nationalitätenfrage und die Sozialdemokratie (1907), in: Werkausgabe, hrsg. von der Arbeitsgemeinschaft für die Geschichte der österreichischen Arbeiterbewegung, Bd. 1, Wien 1975.
BAUMANN 1995 = Zygmunt BAUMANN: Postmoderne Ethik, Hamburg 1995.
BAUMGARTEN 1739 = Alexander Gottlieb BAUMGARTEN: Metaphysica, Halle 1739.
BECKER 2003 = Ralf BECKER: Sinn und Zeitlichkeit. Vergleichende Studien zum Problem der Konstitution von Sinn durch die Zeit bei Husserl, Heidegger und Bloch, Würzburg 2003 (Trierer Studien zur Kulturphilosophie 8).
BECKER/SCHOLZ 2004 = Alexander BECKER, Peter SCHOLZ: Dissoi Logoi. Zweierlei Ansichten, Berlin 2004.
BEHREND 1997 = Hanna BEHREND: Rückblick aus dem Jahr 2000 – Was haben Gesellschaftsutopien uns gebracht?, Berlin 1997.
BEHRENS 1996 = Roger BEHRENS: Die Ungleichzeitigkeit des realen Humanismus. Konsequenzen, Experiment und Montagen in kritischer Theorie, Cuxhaven/Dartford 1996, S. 192–201.
BEHRENS 2006 = Roger BEHRENS: Die Heimat der Nomaden, in: Bloch-Jahrbuch 2006, hrsg. von Francesca Vidal, Mössingen-Talheim 2005, S. 83–97.
BENEDIKT XVI 2007 = BENEDIKT XVI: Enzyklika Spe salvi, Rom 2007.
BENHABIB 2008 = Seyla BENHABIB: Die Rechte des Anderen, Frankfurt a. M. 2008.

BENJAMIN 1974 = Walter BENJAMIN: Über den Begriff der Geschichte, in: Gesammelte Schriften, unter Mitwirkung von Theodor W. Adorno u. Gershom Scholem hrsg. von Rolf Tiedemann u. Hermann Schweppenhäuser, Bd. I/2, Frankfurt a. M. 1974, S. 691–706.

BENJAMIN 1978 = Walter BENJAMIN: Zentralpark, in: Gesammelte Schriften, unter Mitwirkung von Theodor W. Adorno u. Gershom Scholem hrsg. von Rolf Tiedemann u. Hermann Schweppenhäuser, Bd. I/2, Frankfurt a. M. 1978, S. 655–690.

BENJAMIN 1982 = Walter BENJAMIN: Das Passagen-Werk, in: Gesammelte Schriften, unter Mitwirkung von Theodor W. Adorno u. Gershom Scholem hrsg. von Rolf Tiedemann u. Hermann Schweppenhäuser, Bd. V/2, Frankfurt a. M. 1982.

BENJAMIN 1991 = Walter BENJAMIN: Einbahnstraße, in: Gesammelte Schriften, hrsg. von Tillman Rexroth, Bd. IV/1, Frankfurt a. M. 1991, S. 83–148.

BENSE 1943 = Max BENSE: Raum und Ich. Eine Theorie über den Raum, München/Berlin 1943.

BENSE 1958 = Max BENSE: Ästhetik und Zivilisation. Theorie der ästhetischen Zivilisation, Krefeld/Baden-Baden 1958.

BENSE 1960 = Max BENSE: Programmierung des Schönen. Allgemeine Texttheorie und Textästhetik, Krefeld/Baden-Baden 1960.

BERGER 1926 = Karl BERGER: Heimat und Vaterland, Leipzig/Berlin 1926.

BERGHAHN 2008 = Klaus L. BERGHAHN: Zukunft in der Vergangenheit. Auf Ernst Blochs Spuren, Bielefeld 2008.

BERGSON 1907 = Henri BERGSON: L'Évolution creatrice, Paris 1907.

BERGSON 1912 (1921) = Henri BERGSON: Schöpferische Entwicklung, Jena 1912 (1921).

BERTO 1990 = Graziella BERTO: Lo spazio dell'evento. Note su pensiero e narrazione in „Tracce" di Ernst Bloch, in: aut aut 237/238 (1990), S. 111–133.

BHATTI 2003 = Anil BHATTI: Kulturelle Vielfalt und Homogenisierung, in: Johannes Feichtinger, Ursula Prutsch, Moritz Csáky (Hrsg.): Habsburg postcolonial. Machtstrukturen und kollektives Gedächtnis, Innsbruck 2003, S. 55–68.

BINDER 1983 = Klaus BINDER: Falsche Anamnesis in der Frage, was in uns antreibt und wohin, in: Seminar. Zur Philosophie Ernst Blochs, hrsg. von Burghart Schmidt, Frankfurt a. M. 1983, S. 299–325.

Bloch-Akademie: www.bloch-akademie.de/t4_2.htm (23.4.2011).

Bloch, J. R. 1989 = Jan Robert Bloch: Wie können wir verstehen, daß zum aufrechten Gang Verbeugungen gehörten?, in: Bloch-Almanach 9, hrsg. von Karlheinz Weigand, Ludwigshafen 1989, S. 73–113.
Bloch, J. R. 1995 = Jan Robert Bloch: Subjekt ist noch nicht Prädikat. Einführung in die Blochsche Philosophie, in: Zugänge zur Philosophie Ernst Blochs, hrsg. von Klaus Rohrbacher, Frankfurt a. M. 1995, S. 9–24.
Bloch, J. R. 1995a = Jan Robert Bloch: Die dialektische Struktur der Selbstorganisation, in: Kristalle der Utopie. Gedanken zur politischen Philosophie Ernst Blochs, Mössingen-Talheim 1995, S. 134–158.
Bloch, J. R. 1997 = Jan Robert Bloch: Utopie: Ortsbestimmungen im Nirgendwo. Begriff und Funktion von Gesellschaftsentwürfen, Opladen 1997.
Bloch, J. R. 1998 = Jan Robert Bloch: Der Faktor Arbeit in der Philosophie Ernst Blochs, in: Virtuelle Bloch Akademie, August 1998: www.bloch-akademie.de/txt/t4_02.htm (20.7.2010).
Bloch, J. R./Zimmermann 2000 = Jan Robert Bloch, Rainer E. Zimmermann: Naturallianz, in: Utopien haben einen Fahrplan. Gestaltungsräume für eine zukunftsfähige Praxis, hrsg. von Klaus Kufeld u. Peter Zudeick, Mössingen-Talheim 2000, S. 99–108.
Bloch, J. R. 2000a = Jan Robert Bloch: Auf den Spuren Klymenes, in: VorSchein 18/19, hrsg. von Doris Zeilinger, Nürnberg 2000, S. 161–172.
Bloch, J. R. 2006 = Jan Robert Bloch: Zur Utopie der Materie, in: Heidelinde Beckers, Christine Magdalene Noll (Hrsg.): Die Welt als fragwürdig begreifen, Würzburg 2006, S. 24–31.
Bloch, J. R. 2009 = Jan Robert Bloch: Das Auftauchen an einem anderen Ort. Zu den Wegen im „Prinzip Hoffnung", in: Bloch-Almanach 28, hrsg. von Klaus Kufeld, Mössingen-Talheim 2009, S. 45–71.
Bloch, K. 1989 = Karola Bloch: Die Sehnsucht des Menschen, ein wirklicher Mensch zu werden. Reden und Schriften, Bd. 2, hrsg. von Anne Frommann u. Welf Schröter, Mössingen-Talheim 1989.
Blood 1920 = Benjamin Paul Blood: Pluriverse, Boston 1920.
Bodei 1979 = Remo Bodei: Multiversum. Tempo e storia in Ernst Bloch, Napoli 1979.
Boella 1989 = Laura Boella: Pensare e narrare, in: Ernst Bloch: Tracce, Milano 1989, S. VII–IL.

BOETHIUS 1966 = Acius Manlius Severinus BOETHIUS: De Institutione, Frankfurt a. M. 1966.
BOETHIUS 1981 = Acius Manlius Severinus BOETHIUS: Consolationis Philosophiae, Darmstadt 1981.
BOETHIUS 1988 = Acius Manlius Severinus BOETHIUS: Quomodo substantiae in eo quod sint, bonae sint cum non sint substantialia bona. Die theologischen Traktate, hrsg. von Michael Elsässer, Hamburg 1988, S. 34–44.
BÖHME 1988 = Hartmut BÖHME: Natur und Subjekt, Frankfurt a. M. 1988.
BÖHME 1977 = Jakob BÖHME: Aurora oder Morgenröte im Aufgang, hrsg. u. erläutert von Gerhard Wehr, Freiburg i. Br. 1977.
BOLZ 1991 = Norbert BOLZ: Auszug aus der entzauberten Welt. Philosophischer Extremismus zwischen den Weltkriegen, München 1991.
BOTHNER 1982 = Roland BOTHNER: Kunst im System, Bonn 1982.
BOTHNER 1996 = Roland BOTHNER: Von der Rettung der Natur, in: Bloch-Almanach 15, hrsg. von Karlheinz Weigand, Mössingen-Talheim 1996, S. 93–116.
BOTHNER 2006 = Roland BOTHNER: Die Materie, die Kunst und der Tod, Heidelberg 2006.
BRANDT 1957 = Hermann BRANDT: Artikel „Verborgenheit Gottes", in: RGG 6.
BRÄUER 2009 = Helmut BRÄUER: Stadtchronik und städtische Gesellschaft, Leipzig 2009.
BRAUN BOW = Eberhard BRAUN: Artikel „Marx", Bloch-Online-Wörterbuch, http://www.ernst-bloch.net/owb/fobei/fobei32.htm (22.4.2011).
BRAUN 1975 = Eberhard BRAUN: Die naturrechtlichen Fundamente der klassischen politischen Ökonomie, in: Ernst Blochs Wirkung. Ein Arbeitsbuch zum 90. Geburtstag, Frankfurt a. M. 1975, S. 381–419.
BRAUN 1983 = Eberhard BRAUN: Antizipation des Seins wie Utopie. Zur Grundlegung der Ontologie des Noch-Nicht-Seins im „Prinzip Hoffnung", in: Seminar: Zur Philosophie Ernst Blochs, hrsg. u. eingeleitet von Burghard Schmidt, Frankfurt a. M. 1983, S. 123–150.
BRAUN 1997 = Eberhard BRAUN: Grundrisse einer besseren Welt. Beiträge zur politischen Philosophie der Hoffnung, Mössingen-Talheim 1997.

BRAUN, B. 1991 = Bernhard BRAUN: Die Utopie des Geistes. Zur Funktion der Utopie in der politischen Theorie Gustav Landauers, Idstein 1991.
BRECHT 1967 = Bertolt BRECHT: Schriften zur Literatur und Kunst, in: Gesammelte Werke in 20 Bänden, Bd. 18, Frankfurt a. M. 1967.
BRECHT 1994 = Bertolt BRECHT: Über die Kunst des Philosophierens, in: Bertolt Brecht: GBA, Frankfurt a. M., Bd. 22/1, Berlin/Weimar 1994, S. 512f.
BRÜGGEMANN 2006 = Heinz BRÜGGEMANN: Gleichzeitigkeit des Ungleichzeitigen: Universalität und Differenz als Gegenstand eines – frühromantischen – Denkens im poetischen Medium, in: Alexander von Bormann (Hrsg.): Ungleichzeitigkeiten der Europäischen Romantik, Würzburg 2006.
BRUMLIK 1989 = Micha BRUMLIK: Diesseits von Utopie und Mythos. Versuch, zu einem vernünftigen Begriff von Heimat zu kommen, in: Ernst Bloch und die Heimat, hrsg. von Klaus Rohrbacher, Ludwigshafen/Rh., S. 32–49.
BRUMLIK 2009 = Micha BRUMLIK: Laudatio auf Seyla Benhabib zur Verleihung des Ernst-Bloch-Preises 2009, in: Bloch-Almanach 28, hrsg. von Klaus Kufeld, Mössingen-Talheim 2009, S. 27–36.
BRUNKHORST 1998 = Hauke BRUNKHORST: Demokratischer Experimentalismus, Frankfurt a. M. 1998.
BRUNNER 1968 = Otto BRUNNER: Das „ganze Haus" und die alteuropäische „Ökonomik", in: Neue Wege der Verfassungs- und Sozialgeschichte, hrsg. von dems., 2. Aufl., Göttingen 1968, S. 103–127.
BRUNO 1902 = Giordano BRUNO: Von der Ursache, dem Prinzip und dem Einen, aus dem Italienischen übersetzt u. mit erläuternden Anmerkungen versehen von Adolf Lasson, Leipzig 1902.
BRUNO 1982 = Giordano BRUNO: De la causa, principio ed uno, Hamburg 1982.
BURCK 1963 = Erich BURCK (Hrsg.): Die Idee des Fortschritts, München 1963.
BUBER 1950 = Martin BUBER: Pfade in Utopia, Heidelberg 1950.
BÜNDNIS 90/DIE GRÜNEN 2009 = BÜNDNIS 90/DIE GRÜNEN: Heimat. Wir suchen noch, 2009, www.gruene-bundestag.de/cms/archiv/dok/290/290922. heimat_wir_suchen_noch.html (27.12.2010).

BURKERT 1997 = Walter BURKERT: Impact and Limits of the Idea of Progress in Antiquity, in: Arnold Burgen, Peter McLaughlin, Jürgen Mittelstraß (Hrsg.): The Idea of Progress, Berlin/New York 1979, S. 17–46.

CALDWELL 2003 = Peter C. CALDWELL: Dictatorship, State Planning and Social Theory in the German Democratic Republic, Cambridge 2003.

CAMUS 2000 = Albert CAMUS: Der Mythos des Sisyphos, Reinbek 2000.

CASTRO GÓMEZ 2005 = Santiago CASTRO GÓMEZ: Aufklärung als kolonialer Diskurs. Humanwissenschaften und kreolische Kultur in Neu Granada am Ende des 18. Jahrhunderts, Dissertation 2005, http://publikationen.ub.uni-frankfurt.de/volltexte/2006/3274.

CASTRO VARELA 2007 = María do Mar CASTRO VARELA: Unzeitgemäße Utopien. Migrantinnen zwischen Selbsterfindung und Gelehrter Hoffnung, Bielefeld 2007.

CHAWTASSI 1972 = Grigorij CHAWTASSI: Weltergänzung durch Poesie, in: Weimarer Beiträge, Heft 2, 1972, S. 145–161.

CHRISTEN 1979 = Anton F. CHRISTEN: Ernst Blochs Metaphysik der Materie, Bonn 1979.

CHRISTENSEN 1985 = Ralf CHRISTENSEN: Über das Naturrecht sich vom Schicksal zu befreien, in: Anachronistische Hefte. Zeitschrift für überschreitendes Denken, Nr. 5, Karlsruhe 1985, S. 4–17.

CHRISTENSEN/FRAUHAMMER 1985 = Ralf CHRISTENSEN, Bernd FRAUHAMMER: Der Stellenwert des Rechtsgedankens bei Bloch. Erläuterungen zum Rundfunkvortrag „Naturrecht und menschliche Würde" (WDR-Sendung 1961), in: Bloch-Almanach 5, hrsg. vom Ernst-Bloch-Archiv der Stadtbibliothek Ludwigshafen 1985, S. 179–198 (Abdruck des Rundfunkvortrags ebd., S. 165–178).

CICERO 1874 = Marcus Tullius CICERO: Des Marcus Tullius Cicero fünf Bücher über das höchste Gut und Übel. Übersetzt, erläutert u. mit einer Lebens-Beschreibung versehen von J. H. von Kirchmann, Leipzig 1874.

CICERO 1994 = Marcus Tullius CICERO: Über die Gesetze, hrsg. von Rainer Nickel, 3. Aufl., Düsseldorf/Zürich 1994.

CICERO 1997 = Marcus Tullius CICERO: Gespräche in Tusculum / Tusculanae Disputationes, Lateinisch/Deutsch, übersetzt von Ernst A. Kirfel, Ditzingen 1997.

CICERO 2000 = Marcus Tullius CICERO: De finibus bonorum et malorum / Über das höchste Gut und das größte Übel, Stuttgart 2000.

CICERO Top = Marcus Tullius CICERO: Topica, http://www.thelatinlibrary.com/cicero/topica.shtml; (29.3.2011).

COHEN 1904 = Hermann COHEN: Ethik des reinen Willens, Berlin 1904 (= Werke Bd. 7, hrsg. vom Hermann-Cohen-Archiv am Philosophischen Seminar der Universität Zürich unter der Leitung von Helmut Holzhey, Hildesheim 2008).

CONDORCET 1976 = Marie Jean Antoine de CONDORCET: Entwurf einer historischen Darstellung der Fortschritte des menschlichen Geistes (1794), Frankfurt a. M. 1976.

CONIGLIARO 1990 = Francesco CONIGLIARO: Sulla nave di Odisseo. Saggio su Ernst Bloch: non-contemporaneità, contemporaneità, sovra-contemporaneità, Palermo 1990.

CONRAD 2002 = Burkhard CONRAD: Zur Ungleichzeitigkeit in der Weltgesellschaft. Erkenntnistheoretische Kommentare zur Kriegsursachenforschung. Arbeitspapier Nr. 1/2002 der Forschungsstelle Kriege, Rüstung und Entwicklung, Universität Hamburg – IPW 2002.

CUNICO 1976 = Gerardo CUNICO: Essere come utopia. I fondamenti della filosofia della speranza di Ernst Bloch, Firenze 1976.

CUNICO 1986 = Gerardo CUNICO: Grundbestimmungen der utopischen Ontologie bei Ernst Bloch, in: Ernst Bloch – Utopische Ontologie, hrsg. von Gvozden Flego u. Wolfdietrich Schmied-Kowarzik, Bochum 1986, S. 95–114.

CUNICO 1988 = Gerardo CUNICO: Critica e ragione utopica, Genova 1988.

CUNICO 2000 = Gerardo CUNICO: Logik utopischen Denkens und Seins. Nachwort zu: LdM, S. 451–467.

CUNICO 2001 = Gerardo CUNICO: Logos der Materie, in: VorSchein Nr. 20/21. Jahrbuch der Ernst-Bloch-Assoziation, Berlin/Wien 2001, S. 47–61.

CUSANUS 2002 = CUSANUS: Dialogus de ludo globi, 42, 7, Bd. 3, Hamburg 2002.

CZAJKA 1986 = Anna CZAJKA: Dunkel des gelebten Augenblicks als Ausgangs- und Zielpunkt der Philosophie. Ernst Blochs philosophische Anthropologie in nuce, in: Ernst Bloch – Utopische Ontologie, hrsg. von Gvozden Flego u. Wolfdietrich Schmied-Kowarzik, Bochum 1986, S. 141–152.

DANNEMANN/ERDBRÜGGE 1978 = Rüdiger DANNEMANN, Wolfgang ERDBRÜGGE: Georg Lukács und Karl Korsch, in: Heinz Kimmerle: Dialektik-Modelle von Marx bis Althusser. Beiträge der Bochumer Dialektik-Arbeitsgemeinschaft, Den Haag 1978, S. 135–160.

DAXNER u. a. 1981 = Michael DAXNER u. a.: Andere Ansichten der Natur (Arbeitskreis Naturqualität), Münster 1981.

DAXNER 1989 = Michael DAXNER: Frieden hat einen Ort, Heimat eine Struktur, in: Ernst Bloch und die Heimat, hrsg. von Klaus Rohrbacher, Ludwigshafen/Rh., S. 12–30.

DENKER 1978 = Rolf DENKER: Hoffen aufs Reich der Freiheit, in: Denken heißt Überschreiten. In Memoriam Ernst Bloch 1885–1977, hrsg. von Karola Bloch u. Adelbert Reif, Köln/Frankfurt a. M. 1978, S. 43–51.

DESCARTES 1664 = René DESCARTES: Le monde, in: Œvres 11, hrsg. von Charles Adam u. Paul Tannery, Paris 1909.

DESCARTES 1859 = René DESCARTES: Regeln zur Leitung des Geistes, Hamburg 1959, S. 1–109.

DESCARTES 1870/I = René DESCARTES: Abhandlung über die Methode, richtig zu denken und Wahrheit in den Wissenschaften zu suchen, in: René Descartes' philosophische Werke, übersetzt, erläutert u. mit einer Lebensbeschreibung des Descartes versehen von J. H. von Kirchmann, Abteilung I, Berlin 1870, S. 17–83.

DESCARTES 1870/II = René DESCARTES: Prinzipien der Philosophie, in: René Descartes' philosophische Werke, übersetzt, erläutert u. mit einer Lebensbeschreibung des Descartes versehen von J. H. von Kirchmann, Abteilung II, Berlin 1870, S. 3–266.

DESCARTES 1870/III = René DESCARTES: Untersuchungen über die Grundlagen der Philosophie, in welchen das Dasein Gottes und der Unterschied der menschlichen Seele von ihrem Körper bewiesen wird, in: René Descartes' philosophische Werke, übersetzt, erläutert u. mit einer Lebensbeschreibung des Descartes versehen von J. H. von Kirchmann, Abteilung III, Berlin 1870, S. 5–145.

DESCARTES 1992 = René DESCARTES: Meditationes de prima philosophia, hrsg. von Lüder Gäbe, Hamburg 1992.

DE SOUSA SANTOS 2004 = Boaventura DE SOUSA SANTOS: Das Weltsozialforum: Für eine gegenhegemoniale Globalisierung, in: Utopie kreativ, H. 169, Berlin 2004, S. 1004–1016.

DESSAUER 1959 = Friedrich DESSAUER: Was ist der Mensch – die vier Fragen des Immanuel Kant, Frankfurt a. M. 1959.

DIETSCHY 1983 = Beat DIETSCHY: „Experimentum Mundi": Prinzip und System gelingender Praxis, in: Burghart Schmidt (Hrsg.): Seminar: Zur Philosophie Ernst Blochs, Frankfurt a. M. 1983, S. 163–183.

DIETSCHY 1987 = Beat DIETSCHY: Ungleichzeitigkeit und nationaler Traum. Eine Kategorie Ernst Blochs – in neuem Kontext, in: Verdinglichung und Utopie. Ernst Bloch und Georg Lukács, hrsg. von Michael Löwy, Arno Münster u. Nicolas Tertulian, Frankfurt a. M. 1987, S. 180–194.

DIETSCHY 1988 = Beat DIETSCHY: Gebrochene Gegenwart. Ernst Bloch, Ungleichzeitigkeit und das Geschichtsbild der Moderne, Frankfurt a. M. 1988.

DIETSCHY 1989 = Beat DIETSCHY: Heimat zwischen Lebenswelt, Nationalismus und emanzipatorischem Leitbild, in: Ernst Bloch und die Heimat, hrsg. von Klaus Rohrbacher, Ludwigshafen/Rh., S. 74–81.

DIETSCHY 1998 = Beat DIETSCHY: Im Zwielicht der Zeit. Ernst Blochs Erkundungen der Ungleichzeitigkeit, in: VorSchein. Blätter der Ernst-Bloch-Assoziation, Bodenheim 1998, Nr. 16, S. 104–139.

DIETSCHY 2006 = Beat DIETSCHY: Ohne Ungleichzeitigkeit keine Zukunft. Indigene Versuche, eine andere mögliche Welt zu bauen, in: VorSchein Nr. 27/28, hrsg. von Doris Zeilinger, Nürnberg 2006, S. 101–111.

DIETSCHY 2009 = Beat DIETSCHY: Religion des Exodus. Zu Ernst Blochs „Atheismus im Christentum", in: Zwischen Medellín und Paris. 1968 und die Theologie, hrsg. von Kuno Füssel u. Michael Ramminger, Luzern 2009, S. 206–220.

DILTHEY 1957 = Wilhelm DILTHEY: Die geistige Welt. Einleitung in die Philosophie des Lebens, Gesammelte Schriften, Bd. V, 2. Aufl., Stuttgart/Göttingen 1957.

DIOGENES LAERTIUS 1967 = DIOGENES LAERTIUS: Leben und Meinungen berühmter Philosophen, Hamburg 1967.

DIOGENES LAERTIOS 1998 = DIOGENES LAERTIOS: Leben und Lehre der Philosophen, Leipzig 1998.

DIOGENES LAERTIUS 1999 = DIOGENES LAERTIUS: Diogenis Laertii vitae philosophorum, hrsg. von Miroslav Markovich u. Hans Gärtner, 3 Bde., Bd. 1 u. 2, Stuttgart/Leipzig 1999, Bd. 3, München/Leipzig 2002.

DJONGKIL 1993 = Kim DJONGKIL: Zur Theorie der Moderne. Ungleichzeitigkeit des Gleichzeitigen: ein Beitrag zur Diskussion um die Moderne in soziologischen Gesellschaftstheorien, Göttingen 1993.

DOBRONRAVOVA/HOFKIRCHNER 2004 = Iryna DOBRONRAVOVA, Wolfgang HOFKIRCHNER (Hrsg.): Science of Self-Organization and Self-Organization of Science, Kiew 2004.

DOREN 1968 = Alfred DOREN: Wunschräume und Wunschzeiten, in: Neusüss 1968, S. 123–177.
DRECHSEL/SCHMIDT/GÖLZ 2000 = Paul DRECHSEL, Bettina SCHMIDT, Bernhard GÖLZ: Kultur im Zeitalter der Globalisierung. Von Identität zu Differenzen, Frankfurt a. M. 2000.
DÜNNE/GÜNZEL 2006 = Jörg DÜNNE, Stephan GÜNZEL (Hrsg.): Raumtheorie. Grundlagentexte aus Philosophie und Kulturwissenschaften, Frankfurt a. M. 2006.
ECKHART 1903 = Meister ECKHART: Predigten, in: Meister Eckharts mystische Schriften, übertragen von Gustav Landauer, Berlin 1903.
EHRICHT 2004 = Hans-Reiner EHRICHT: Adaptionen und Transformationen aristotelischen Denkens in den ontologischen Annahmen von Ernst Bloch, in: Bloch-Almanach 23/2004, hrsg. von Karlheinz Weigand, Mössingen-Talheim, S. 9–40.
EMMERICH 1977 = Wolfgang EMMERICH: „Massenfaschismus" und die Rolle des Ästhetischen. Faschismustheorie bei Ernst Bloch, Walter Benjamin, Bertolt Brecht, in: Lutz Winkler (Hrsg.): Antifaschistische Literatur. Programme, Autoren, Werke, Bd. 1, Kronberg/Ts. 1977.
ERASMUS 1998 = ERASMUS VON ROTTERDAM: Vom freien Willen, 7. Aufl., Göttingen 1998.
ERDHEIM 1984 = Mario ERDHEIM: Die gesellschaftliche Produktion von Unbewusstheit. Eine Einführung in den ethnopsychoanalytischen Prozess, Frankfurt a. M. 1984.
ERDMANN 1864 = Johann Eduard ERDMANN: Grundriss der Logik und Metaphysik, Halle 1864.
EUSTERSCHULTE 2001 = Anne EUSTERSCHULTE: Giordano Brunos Begriff der Materie, in: VorSchein Nr. 20/21. Jahrbuch der Ernst-Bloch-Assoziation, Berlin/Wien 2001, S. 29–46.
EVERETT 1957 = Hugh EVERETT: Relative State Formulation of Quantum Mechanics, in: Rev. Mod. Phys. 29, 1957, S. 454–462.
FAHRENBACH 1956 = Helmut FAHRENBACH: Über das Wesen der Hoffnung, Phil. Diss., Heidelberg 1956.
FAHRENBACH 1998 = Helmut FAHRENBACH: Blochs utopisch-praktische Philosophie der Zukunft und die Gegenwart, in: Francesca Vidal (Hrsg.): „Kann Hoffnung enttäuscht werden?" Jahrbuch der Ernst-Bloch-Gesellschaft 1997, Mössingen-Talheim 1998, S. 159–192.
FALKE 1973 = Rita FALKE: Utopie – logische Konstruktion und Chimère, in: Rudolf Villgradter, Friedrich Krey (Hrsg.): Der utopische Roman, Darmstadt 1973, S. 1–8.

FEST 1991= Joachim FEST: Der zerstörte Traum. Vom Ende des utopischen Zeitalters, Berlin 1991.
FETSCHER 1973 = Iring FETSCHER: Der Marxismus. Seine Geschichte in Dokumenten, 2. Aufl., München 1973.
FEUERBACH 1971 = Ludwig FEUERBACH: Das Wesen des Christentums, Stuttgart 1971.
FISCHER 1974 = Heribert FISCHER: Meister Eckhart. Einführung in sein philosophisches Denken, Freiburg/München 1974.
FISCHER-LICHTE 1979 = Erika FISCHER-LICHTE: Bedeutung. Probleme einer semiotischen Hermeneutik und Ästhetik, München 1979.
FLEGO/SCHMIED-KOWARZIK 1986 = Gvozden FLEGO, Wolfdietrich SCHMIED-KOWARZIK (Hrsg.): Ernst Bloch – Utopische Ontologie. Bd. II des Bloch-Lukács-Symposiums 1985 in Dubrovnik, Bochum 1986.
FORSCHNER 1995 = Maximilian FORSCHNER: Die stoische Ethik, 2. Aufl., Darmstadt 1995.
FOUCAULT 2004 = Michel FOUCAULT: Geschichte der Gouvernementalität, 2 Bde., Frankfurt a. M. 2004.
FRANZ 1985 = Trautje FRANZ: Revolutionäre Philosophie in Aktion, Hamburg 1985.
FREI 1969 = Bruno FREI: „Atheismus im Christentum" (Rezension), in: Das Argument 52, 11. Jg., 1969, H. 3, S. 257–262.
FREI 1977 = Bruno FREI: Rezension: „Experimentum Mundi. Frage, Kategorien des Herausbringens", in: Das Argument 101, 19. Jg., 1977, S. 102f.
FREIRE 1992 = Paulo FREIRE: Pedagogia da esperança: um reencontro com a Pedagogia do oprimido, Rio de Janeiro 1992.
FREUD 1986 = Sigmund FREUD: Briefe an Wilhelm Fließ, Frankfurt a. M. 1986.
FREUND 1967 = Julien FREUND: Das Utopische in den gegenwärtigen politischen Ideologien, in: Säkularisation und Utopie. Festschrift für Ernst Forsthoff, Stuttgart 1967, S. 101–130.
FREYER 1920 = Hans FREYER: Das Problem der Utopie. Deutsche Rundschau 183 (1920), S. 321–345.
FREYER 1936 = Hans FREYER: Die politische Insel. Eine Geschichte der Utopien von Platon bis zur Gegenwart, Leipzig 1936.
FREYER 1955 = Hans FREYER: Theorie des gegenwärtigen Zeitalters, Stuttgart 1955.
FRIEDRICH 1987 = Heinz FRIEDRICH (Hrsg.): Leben ohne Zukunft. Gedanken über die Hoffnung, München 1987.

FROMM 1991 = Erich FROMM: Wege aus einer kranken Gesellschaft, München 1991.

FUCHS 2002 = Christian FUCHS: Der Technikbegriff Rosa Luxemburgs und seine Bedeutung für aktuelle techniksoziologische Fragen, in: VorSchein 22/23, hrsg. von Doris Zeilinger, Nürnberg 2002, S. 175–188.

FUCHS/ZIMMERMANN 2009 = Christian FUCHS, Rainer E. ZIMMERMANN: Practical Civil Virtues in Cyberspace. Toward the Utopian Identity of Civitas and Multitudo, Aachen 2009.

FUNKE 1991 = Hans-Günter FUNKE: Utopie, Utopiste, in: Rolf Reichardt, Hans-Jürgen Lüsebrink (Hrsg.): Handbuch politisch-sozialer Grundbegriffe in Frankreich 1680–1820, Heft 11, München 1991, S. 5–104.

GARCÍA CANCLINI 1989 = Néstor GARCÍA CANCLINI: Culturas híbridas, Mexico City 1989.

GARZON VALDES 1978 = Ernesto GARZON VALDES: Die Polis ohne Politik (1963), in: Burghart Schmidt (Hrsg.): Materialien zu Ernst Blochs „Prinzip Hoffnung", Frankfurt a. M. 1978, S. 372–387.

GEHLEN 1978 = Arnold GEHLEN: Die Säkularisierung des Fortschritts, Frankfurt a. M. 1978.

GEKLE 1986 = Hanna GEKLE: Wunsch und Wirklichkeit. Blochs Philosophie des Noch-Nicht-Bewußten und Freuds Theorie des Unbewussten, Frankfurt a. M. 1986.

GEKLE 1990 = Hanna GEKLE: Die Tränen des Apoll. Zur Bedeutung des Dionysos in der Philosophie Ernst Blochs, Tübingen 1990.

GEOGHEGAN 1996 = Vincent GEOGHEGAN: Ernst Bloch, London/New York 1996.

GERHARDS 1973 = Hans-Joachim GERHARDS: Utopie als innergeschichtlicher Aspekt der Eschatologie. Die konkrete Utopie Ernst Blochs unter dem eschatologischen Vorbehalt der Theologie Paul Tillichs, Gütersloh 1973 (Studien zur evang. Ethik 11).

GETHMANN-SIEFERT 2005 = Annemarie GETHMANN-SIEFERT: Einführung in Hegels Ästhetik, München 2005.

GIVSAN 1986 = Hassan GIVSAN: Zur Grundlegung der Ontologie, in: Ernst Bloch – Utopische Ontologie, hrsg. von Gvozden Flego u. Wolfdietrich Schmied-Kowarzik, Bochum 1986, S. 87–94.

GLADIGOW 2004 = Burkhard GLADIGOW: Anachronismus und Religion, in: Brigitte Luchesi, Kocku von Stuckrad (Hrsg.): Religion im kulturellen Diskurs. Festschrift für Hans G. Kippenberg zu seinem 65. Geburtstag, Berlin 2004, S. 3–15.

GLOY 2008 = Karen GLOY: Philosophiegeschichte der Zeit, München 2008.
GNÄDINGER 1985 = Louise GNÄDINGER (Hrsg.): Angelus Silesius: Cherubinischer Wandersmann, krit. Ausgabe, Stuttgart 1985.
GOETHE 1950 = Johann Wolfgang GOETHE: Faust. Eine Tragödie, in: Sämtliche Werke in 18 Bänden, hrsg. von Ernst Beutler u. a., Band 5: Die Faustdichtungen, Zürich 1950.
GOETHE Faust II = Johann Wolfgang von GOETHE: Faust, der Tragödie zweiter Teil, Leipzig 1949.
GOLLWITZER 1963 = Helmut GOLLWITZER: Die Existenz Gottes im Bekenntnis des Glaubens, München 1963 (Beitr. zur evang. Theologie 34).
GOTTSCHED 1962 = Johann Christoph GOTTSCHED: Versuch einer Critischen Dichtkunst (1729), Leipzig 1730, Nachdruck der 4., vermehrten Aufl., Darmstadt 1962.
GRAMSCI 1975 = Antonio GRAMSCI: Quaderni del Carcere, Turin 1975.
GRAMSCI 1993 = Antonio GRAMSCI: Gefängnishefte, Band 5 (8. u. 9. Heft), hrsg. von Klaus Bochmann u. Wolfgang Fritz Haug unter Mitwirkung von Peter Jehle, Hamburg 1993.
GRAMSCI 1994 = Antonio GRAMSCI: Gefängnishefte, Band 6 (10. u. 11. Heft), hrsg. von Wolfgang Fritz Haug unter Mitwirkung von Klaus Bochmann, Peter Jehle u. Gerhard Kuck, übersetzt u. mit einer Einleitung versehen von Wolfgang Fritz Haug, Hamburg 1994.
GREEN 1969 = Ronald M. GREEN: Ernst Bloch's Revision of Atheism, in: The Journal of Religion 49 (1969), S. 128–135.
GROPP 1957 = Rugard Otto GROPP (Hrsg.): Ernst Blochs Revision des Marxismus. Kritische Auseinandersetzungen marxistischer Wissenschaftler mit der Blochschen Philosophie, Berlin 1957.
GÜNDEL 1987 = Johann GÜNDEL: Über das „Prinzip Hoffnung", in: Leben ohne Zukunft? Gedanken über die Hoffnung, hrsg. von Heinz Friedrich, München 1987, S. 38–50.
GÜNTHER 1981 = Hans GÜNTHER: Der Herren eigner Geist. Ausgewählte Schriften, Berlin, Weimar 1981.
GÜNTHER/MÜLLER 1988 = Rigobert GÜNTHER, Reimar MÜLLER: Das goldene Zeitalter. Utopien der hellenisch-römischen Antike, Stuttgart u. a. 1988.
GÜNZEL 2009 = Stephan GÜNZEL (Hrsg.): Raumwissenschaften, Frankfurt a. M. 2009.

GUTIÉRREZ 1973 = Gustavo GUTIÉRREZ: Theologie der Befreiung, München 1973.
HA 2004 = Kein Nghi HA: Ethnizität und Migration reloaded. Kulturelle Identität, Differenz und Hybridität im postkolonialen Diskurs, Berlin 2004.
HABERMAS 1960 = Jürgen HABERMAS: Ein marxistischer Schelling. Zu Ernst Blochs spekulativem Materialismus, in: Merkur 14 (1960), S. 1078–1091.
HABERMAS 1981 = Jürgen HABERMAS: Ernst Bloch – Ein marxististischer Schelling, in: Ders.: Philosophisch-politische Profile, Frankfurt a. M. 1981, S. 141–159.
HABERMAS 1985 = Jürgen HABERMAS: Der philosophische Diskurs der Moderne. Zwölf Vorlesungen, Frankfurt a. M. 1985.
HABERMAS 1987 = Jürgen HABERMAS: Philosophisch-politische Profile, Frankfurt a. M. 1987.
HAHN 2007 = Paulo HAHN: A „não-simultaneidade" e „multiversum" contra um Totum cultural: uma possível aproximação de Ernst Bloch com a filosofia intercultural, in: Paulo Hahn, Antonio Sidekum (Hrsg.): Pontes interculturais, São Leopoldo 2007, S. 139–149.
HAHN 2008 = Paulo HAHN: Ernst Bloch: die Dimension der Sozialutopie und ihr Einfluss im lateinamerikanischen Denken sowie die Konzepte Ungleichzeitigkeit und Multiversum als Grundbedingungen für das Verständnis und als Perspektive für einen interkulturellen Dialog, Mainz 2008.
HALL 1984 = Stuart HALL: Ideologie und Ökonomie. Marxismus ohne Gewähr, in: Wolfgang Fritz Haug, Veikko Pietilä: Die Camera obscura der Ideologie. Philosophie – Ökonomie – Wissenschaft. Drei Bereichsstudien, Berlin 1984, S. 97–121.
HÄNY = Arthur HÄNY, zit. nach Volkmar Gimpel: Themenkomplex A. Heimat in der Sprache – Begriffe, Definitionen, Literatur, Dezember 2000. www.gemeinsamlernen.de/laufend/heimat/h310.htm (17.7.2010).
HAPP 1971 = Heinz HAPP: Hyle, Berlin 1971.
HARDT/NEGRI 2000 = Michael HARDT, Antonio NEGRI: Empire, Cambridge (MA) 2000.
HARDT/NEGRI 2004 = Michael HARDT, Antonio NEGRI: Multitude. War and Democracy in the Age of Empire, New York 2004.

HARDTWIG 1993 = Wolfgang HARDTWIG: Zur Signatur der Epoche. Der deutsche Weg in die Moderne. Die Gleichzeitigkeit des Ungleichzeitigen als Grundproblem der deutschen Geschichte 1789–1871, in: Ders. u. a. (Hrsg.): Deutschlands Weg in die Moderne. Politik, Gesellschaft und Kultur im 19. Jahrhundert, München 1993, S. 9ff.
HARTL 1979 = Friedrich HARTL: Der Begriff des Schöpferischen. Deutungsversuche der Dialektik durch Ernst Bloch und Franz von Baader, Frankfurt a. M. u. a. 1979.
HARTMANN 1938 = Nicolai HARTMANN: Möglichkeit und Wirklichkeit, Berlin 1938.
HARTMANN 1966 = Nicolai HARTMANN: Teleologisches Denken, 2. Aufl., Berlin 1966.
HATTLER 2004 = Johannes HATTLER: Monadischer Raum. Kontinuum, Individuum und Unendlichkeit in Leibniz' Theorie des Raumes, Lancaster/Heusenstamm 2004.
HAUG 1985 = Wolfgang Fritz HAUG: „… und nur der Marxismus ist, wie der Detektiv, so der Befreier…". Zum hundertsten Geburtstag von Ernst Bloch, in: Das Argument 153, 27. Jg., 1985, S. 643–646.
HAUG 2007 = Wolfgang Fritz HAUG: Axiome eines Neuanfangs. Über die philosophische Aktualität von Karl Marx, in: Das Argument 271, 49. Jg., 2007, H. 3, S. 363–374.
HAUG 2008 = Wolfgang Fritz HAUG: Artikel „Kategorie", in: HKWM 7/I, Berlin 2008, S. 467–486.
HAUSER 1967 = Richard HAUSER: Utopie und Hoffnung, in: Säkularisation und Utopie. Festschrift für Ernst Forsthoff, Stuttgart 1967, S. 235–251.
HEIDEGGER 1927 = Martin HEIDEGGER: Sein und Zeit, Tübingen 1927.
HEIDEGGER 1953 = Martin HEIDEGGER: Sein und Zeit, 7. Auflage, Tübingen 1953.
HEIDEGGER 1967 = Martin HEIDEGGER: Sein und Zeit, Tübingen 1967.
HEIDEGGER 1972 = Martin HEIDEGGER: Sein und Zeit, 12. Auflage, Tübingen 1972.
HEIDEGGER 1989 = Martin HEIDEGGER: Nietzsches Lehre vom Willen zur Macht als Erkenntnis (Sommersemester 1939), hrsg. von Eberhard Hanser, Stuttgart 1989.

HEIMATBUND 1978 = HEIMATBUND Rotenburg/Wümme (Hrsg.): Heimat, Forschung, Kulturpflege, Eigenverlag 1978.

HEIMSOETH 1922 = Heinz HEIMSOETH: Die sechs großen Themen der abendländischen Philosophie und der Ausgang des Mittelalters, Berlin 1922.

HEINE 1970 = Heinrich HEINE: Vorrede zum Salon, I. Band, in: Säkularausgabe. Werke, Briefwechsel, Lebenszeugnisse Bd. 7, Berlin/Paris 1970, S. 7–14.

HEISE 1965 = Wolfgang HEISE: Über die Entfremdung und ihre Überwindung, in: Deutsche Zeitschrift für Philosophie 13 (1965), S. 684–710.

HELLER 1972 = Agnes HELLER: Hypothese über eine marxistische Theorie der Werte, Frankfurt a. M. 1972.

HENN 1990 = Alexander HENN: „Wie Tag und Nacht". Zur Metaphorik der Ungleichzeitigkeit im anthropologischen Diskurs des 19. Jahrhunderts, in: Karl-Heinz Kohl (Hrsg.): Die Vielfalt der Kultur. Ethnologische Aspekte von Verwandtschaft, Kunst und Weltauffassung, Berlin 1990, S. 629–638.

HERAKLIT FRAGMENTE = HERAKLIT: Fragmente, in: Die Fragmente der Vorsokratiker. Griechisch und Deutsch von Hermann Diels, 4. Aufl., 1. Bd., Berlin 1922, S. 77–104.

HERAKLIT 2007 = HERAKLIT: Fragmente, hrsg. von Bruno Snell, 14. Aufl., Mannheim 2007.

HERDER 1881 = Johann Gottfried HERDER: Verstand und Erfahrung. Eine Metakritik zur Kritik der reinen Vernunft, in: Sämtliche Werke, Bd. 21, Berlin 1881.

HERMAND 1974 = Jost HERMAND: Von der Notwendigkeit utopischen Denkens, in: Reinhold Grimm, Jost Hermand (Hrsg.): Deutsches utopisches Denken im 20. Jahrhundert, Stuttgart 1974, S. 10–29.

HERRMANN/THUMS 2002 = Britta HERRMANN, Barbara THUMS (Hrsg.): Ästhetische Erfindung der Moderne? Perspektiven und Modelle 1750–1850, Würzburg 2002.

HERZOG 1985 = Reinhart HERZOG: Überlegungen zur griechischen Utopie, in: Vosskamp 1985/1, Bd. 2, S. 1–20.

HILLEBRECHT 2000 = Sabine HILLEBRECHT (Hrsg.): Haymatloz – Exil in der Türkei 1933–1945, Berlin 2000.

HÖFFE 2003 = Otfried HÖFFE: Kants Kritik der reinen Vernunft. Die Grundlegung der modernen Philosophie, München 2003.

HÖSLE 1998 = Vittorio HÖSLE: Hegels System. Der Idealismus der Subjektivität und das Problem der Intersubjektivität, 2. erw. Aufl., Hamburg 1998, S. 297–312 u. S. 685–700.
HOFFMANN 1977 = Rainer HOFFMANN: Montage im Hohlraum: Zu Ernst Blochs „Spuren", Bonn 1977.
HOGREBE 1992 = Wolfram HOGREBE: Metaphysik und Mantik, Frankfurt a. M. 1992.
HÖLDERLIN 1797 = Friedrich HÖLDERLIN: Brief an J. G. Ebel vom 10. Januar 1797, in: Sämtliche Werke, Bd. 19, Frankfurter Ausgabe, hrsg. von D. E. Sattler, Frankfurt a. M. 1975ff.
HÖLDERLIN US = Friedrich HÖLDERLIN: Urteil und Sein, in: Sämtliche Werke. Kleine Stuttgarter Ausgabe, Bd. 1–6. Band 4, hrsg. von Friedrich Beissner, Stuttgart 1946–1962, S. 226–250.
HÖLSCHER 1992 = Lucian HÖLSCHER: Utopie, in: Otto Brunner, Werner Conze, Reinhart Koselleck (Hrsg.): Geschichtliche Grundbegriffe, Stuttgart 1992, Bd. 7, S. 733–788.
HOLZ 1954 = Hans Heinz HOLZ: Schelling über Leibniz, in: Deutsche Zeitschrift für Philosophie 2 (1954), Heft 4, S. 755ff.
HOLZ 1956 = Hans Heinz HOLZ: Aurora und die Eule der Minerva, in: Neue Zeit, 15.11.1956.
HOLZ 1956a = Hans Heinz HOLZ: Kategoriale Aspekte des Freiheitsbegriffs, in: Deutsche Akademie der Wissenschaften zu Berlin, Sektion Philosophie (Hrsg.): Das Problem der Freiheit im Lichte des wissenschaftlichen Sozialismus, Berlin 1956.
HOLZ 1958 = Hans Heinz HOLZ: Leibniz, Stuttgart 1958.
HOLZ 1961= Hans Heinz HOLZ: Die Selbstinterpretation des Seins, in: Hegel-Jahrbuch 1961/II.
HOLZ 1965 = Hans Heinz HOLZ: Kategorie Möglichkeit und Moduslehre, in: Ernst Bloch zu ehren. Beiträge zu seinem Werk, hrsg. von Siegfried Unseld, Frankfurt a. M. 1965, S. 99–120.
HOLZ 1967 = Hans Heinz HOLZ: Einsatzstellen der „Ontologie des Noch-Nicht-Seins", in: Materialien zu Ernst Blochs „Prinzip Hoffnung", hrsg. von Burghart Schmidt, Frankfurt a. M. 1967, S. 263–291.
HOLZ 1969 = Hans Heinz HOLZ: Lenin und Hegel, in: Stimme der Gemeinde, hrsg. von Martin Niemöller u.a., Jg. 1969, August-Heft.
HOLZ 1975 = Hans Heinz HOLZ: Logos spermatikos. Ernst Blochs Philosophie der unfertigen Welt, Darmstadt/Neuwied 1975.

HOLZ 1978 = Hans Heinz HOLZ: Einsatzstellen der „Ontologie des Noch-Nicht-Seins", in: Materialien zu Ernst Blochs „Prinzip Hoffnung", hrsg. von Burghart Schmidt, Frankfurt a. M. 1978, S. 263–291.

HORKHEIMER 1933 = Max HORKHEIMER: Materialismus und Moral, in: Gesammelte Schriften, Bd. 3, Frankfurt a. M. 1988, S. 11–149.

HORSTER 1977 = Detlef HORSTER: Diskussionsbeitrag zu Blochs „Experimentum Mundi", in: Das Argument 103, 19. Jg., 1977, S. 387–389.

HORSTER 1978 = Detlef HORSTER: Phänomenologie der sozialistischen Zukunft, in: „Denken heißt überschreiten". In memoriam Ernst Bloch 1885–1977, hrsg. von Karola Bloch u. Adelbert Reif, Frankfurt a. M. 1978, S. 97–108.

HORSTER 1991 = Detlef HORSTER: Bloch zur Einführung, 7. Aufl., Hamburg 1991.

HÖRZ 1976 = Herbert HÖRZ: Marxistische Philosophie und Naturwissenschaften, Berlin 1976.

HÖRZ 1989 = Herbert HÖRZ: Menschliches Verhalten als Selbstorganisation? – Philosophische Positionen, in: Das Wesen des Menschen. Probleme der Forschung, Sitzungsberichte der Akademie der Wissenschaften der DDR – Gesellschaftswissenschaften, Berlin 1989, S. 37–62.

HOTZ 1976 = Karl HOTZ: Georg Weerth – Ungleichzeitigkeit und Gleichzeitigkeit im literarischen Vormärz, Stuttgart 1976.

HURBON 1974 = Laënnec HURBON: Ernst Bloch. Utopie et espérance, Paris 1974.

HUSSERL 1939 = Edmund HUSSERL: Erfahrung und Urteil. Untersuchungen zur Genealogie der Logik, Prag 1939.

JACOBI 1798 = Friedrich Heinrich JACOBI: David Hume über den Glauben oder Idealismus und Realismus, in: Friedrich Heinrich Jacobi: Werke. Gesamtausgabe, hrsg. von Klaus Hammacher u. Walter Jaeschke, Band 2/1, S. 7–112.

JACOBY 2005 = Russell JACOBY: Picture Imperfect. Utopian Thought for an Anti-Utopian Age, New York 2005.

JÄGER 1969 = Alfred JÄGER: Reich ohne Gott. Zur Eschatologie Ernst Blochs, Zürich 1969 (Basler Studien zur historischen u. systematischen Theologie 14).

JÄGER 1969a = Alfred JÄGER: Materie und Prozeß, in: Materialien zu Ernst Blochs „Prinzip Hoffnung", hrsg. von Burghart Schmidt, Frankfurt a. M. 1969, S. 306–324.

JAHN 2006 = Jürgen JAHN (Hrsg.) „Ich möchte das Meine unter Dach und Fach bringen..." Ernst Blochs Geschäftskorrespondenz mit dem Aufbau-Verlag Berlin 1946–1961. Eine Dokumentation, Wiesbaden 2006.

JAMES 1994 = William JAMES: Das pluralistische Universum. Vorlesungen über die gegenwärtige Lage der Philosophie, hrsg. von Klaus Schubert u. Uwe Wilkesmann, Darmstadt 1994.

JAMESON 1978 = Frederic JAMESON: Die Ontologie des Noch-Nicht-Seins im Übergang zum allegorisch-symbolischen Antizipieren: Kunst als Organon kritisch-utopischer Philosophie, in: Burghart Schmidt (Hrsg.): Materialien zu Ernst Blochs „Prinzip Hoffnung", Frankfurt a. M. 1978, S. 403–439.

JAMESON 1991 = Frederic JAMESON: Postmodernism. Or the Cultural Logic of Late Capitalism, Durham 1991.

JANSOHN 1972 = Heinz JANSOHN: Utopische Hoffnung in der Immanenz – kritische Hoffnung in der Transparenz. Ein Vergleich zwischen Bloch und Kant, in: Trierer Theologische Zeitschrift 81 (1972), S. 1–25.

JANTSCH 1982 = Erich JANTSCH: Die Selbstorganisation des Universums, München 1982.

JAUSS 1970 = Hans Robert JAUSS: Literaturgeschichte als Provokation, Frankfurt a. M. 1970.

JEGGLE 1986 = Utz JEGGLE u. a. (Hrsg.): Volkskultur in der Moderne: Probleme und Perspektiven empirischer Kulturforschung. Festschrift für Hermann Bausinger zum 60. Geburtstag, Reinbek 1986.

JEAN PAUL 1975 = JEAN PAUL: Titan, in: Werke in zwölf Bänden, hrsg. von Norbert Miller, München/Wien 1975, Bd. 3: Augenblick.

JONAS 1979 = Hans JONAS: Das Prinzip Verantwortung. Versuch einer Ethik für die technologische Zivilisation, Frankfurt a. M. 1979.

JUNG, D. 1995 = Dietrich JUNG: Tradition – Moderne – Krieg. Grundlegung einer Methode zur Erforschung kriegsursächlicher Prozesse im Kontext globaler Vergesellschaftung, Münster/Hamburg 1995.

JUNG, W. 2000 = Werner JUNG: Im Dunkel des gelebten Augenblicks. Dieter Wellershoff – Erzähler, Medienautor, Essayist, Berlin 2000.

JUNG, W. 2008 = Werner JUNG: Die Zeit – das depravierende Prinzip. Kleine Apologie von Georg Lukács' Die Theorie des Romans, in: Ders.: Zeitschichten und Zeitgeschichten. Essays über Literatur und Zeit, Bielefeld 2008, S. 61–78.

JUNG/SCHLICHTE/SIEGELBERG 2003 = Dietrich JUNG, Klaus SCHLICHTE, Jens SIEGELBERG (Hrsg.): Kriege in der Weltgesellschaft. Strukturgeschichtliche Erklärung kriegerischer Gewalt (1945–2000), Wiesbaden 2003.

JÜNGER 1920 = Ernst JÜNGER: In Stahlgewittern. Tagebuch eines Stoßtruppführers, Stuttgart 1920.

JUNGK 1990 = Robert JUNGK: Zukunft zwischen Angst und Hoffnung. Ein Plädoyer für die politische Phantasie, München 1990.

KAMBERGER 1981 = Klaus KAMBERGER: Mit dem Hintern am Boden und dem Kopf in den Wolken, Frankfurt a. M. 1981.

KAMLAH 1969 = Wilhelm KAMLAH: Utopie, Eschatologie, Geschichtsteleologie, Mannheim 1969.

KANDA 2003 = Junji KANDA: Die Gleichzeitigkeit des Ungleichzeitigen und die Philosophie. Studien zum radikalen Hegelianismus im Vormärz, Frankfurt a. M. 2003.

KANDINSKY/MARC 1984 = Wassily KANDINSKY, Franz MARC: Der Blaue Reiter. Dokumentarische Neuausgabe von Klaus Lankheit, München/Zürich 1984.

KANT 1821 = Immanuel KANT: Vorlesungen über die Metaphysik, Erfurt 1821.

KAUS 1992 = Rainer J. KAUS: Archäologie der Kindheit. Psychoanalytische Bedingungen für die Realisierung von kindlichen Lebensträumen am Beispiel Heinrich Schliemanns, in: Psyche 11 (1992), S. 1037–1069.

KELLERMANN 2006 = Philippe KELLERMANN: Vom Geist und geistlosen Zuständen. Ein Versuch über den Anarchisten Gustav Landauer, in: Grundrisse 17, Wien 2006, S. 5–11.

KEMPSKI 1978 = Jürgen von KEMPSKI: Bloch, Recht und Marxismus (1964), in: Burghart Schmidt (Hrsg.): Materialien zu Ernst Blochs „Prinzip Hoffnung", Frankfurt a. M. 1978, S. 367–372.

KETTERING 1987 = Emil KETTERING: Nähe – Das Denken Martin Heideggers, Pfullingen 1987.

KIERKEGAARD 1843 = Søren KIERKEGAARD: Enten-Eller, Kopenhagen 1843.

KIERKEGAARD 1844 = Sören KIERKEGAARD: Philosophische Brocken, in: Ders.: Gesammelte Werke, 10. Abt., Düsseldorf/Köln 1960.

KIERKEGAARD 1844b = Sören KIERKEGAARD: Der Begriff der Angst, in: Ders.: Gesammelte Werke, 11. u. 12. Abt., Düsseldorf/Köln 1952.

KIERKEGAARD 1848 = Sören KIERKEGAARD: Christliche Reden, in: Ders.: Gesammelte Werke, 20. Abt., Düsseldorf/Köln 1959.

KIERKEGAARD 1854/55 = Sören KIERKEGAARD: Der Augenblick, in: Ders.: Gesammelte Werke, 34. Abt., Düsseldorf/Köln 1959.
KIERKEGAARD 1975 = Sören KIERKEGAARD: Entweder – Oder, München 1975.
KIMMERLE 1966 = Heinz KIMMERLE: Die Zukunftsbedeutung der Hoffnung. Auseinandersetzung mit dem Hauptwerk Ernst Blochs, Bonn 1966.
KIMMERLE 1974 = Heinz KIMMERLE: Die Zukunftsbedeutung der Hoffnung. Auseinandersetzung mit Ernst Blochs „Prinzip Hoffnung" aus philosophischer und theologischer Sicht, 2. Aufl., Bonn 1974.
KIMMERLE 1990 = Heinz KIMMERLE: Anfänge der Dialektik, in: Christoph Jamme, Helmut Schneider (Hrsg.): Der Weg zum System, Materialien zum jungen Hegel, Frankfurt a. M. 1990, S. 267–288.
KIMMERLE 1996 = Heinz KIMMERLE: Prolegomena, in: Ders. (Hrsg.): Das Multiversum der Kulturen: Beiträge zu einer Vorlesung im Fach „Interkulturelle Philosophie" an der Erasmus Universität Rotterdam, Amsterdam 1996, S. 9–29.
KIRCHNER 2002= Verena KIRCHNER: Im Bann der Utopie. Ernst Blochs Hoffnungsphilosophie in der DDR-Literatur, Heidelberg 2002.
KLATT 1984 = Gudrun KLATT: Vom Umgang mit der Moderne. Ästhetische Konzepte der dreißiger Jahre, Berlin 1984.
KLEIN 2007 = Manfred KLEIN: Heimat als Manifestation des Noch-Nicht bei Ernst Bloch, München und Ravensburg 2007.
KLEIN 2008 = Manfred KLEIN: Prozeß und Manifestation, in: Bloch-Almanach 27, hrsg. von Karlheinz Weigand, Mössingen-Talheim 2008, S. 49–71.
KLEINSCHMIDT 2004 = Erich KLEINSCHMIDT: Die Entdeckung der Intensität, Göttingen 2004.
KLOTSCH 1965 = Helmut KLOTSCH: Zum Problem der Objekt-Subjekt-Dialektik, in: Deutsche Zeitschrift für Philosophie 13 (1965), S. 1196–1212.
KLUGE 2002 = Friedrich KLUGE: Etymologisches Wörterbuch der deutschen Sprache, 24. Aufl., Berlin/New York 2002.
KLYMENE: Elemente der Philosophie. Ein Systemprogramm, in: System und Struktur, Cuxhaven/Dartford 1996, IV 2, S. 225–229.

Koch 1989 = Gerd Koch: Der „aufrechte Gang" (Ernst Bloch) als Ziel und Methode politischer Bildung an verschiedenen Lernorten – nicht nur an der Schule, in: Texte zur politischen Bildung, Bd. 3: Lernfelder, Themenbereiche und Vermittlungswege in sozialwissenschaftlich-fachdidaktischer Perspektive, hrsg. von Bernhard Claußen, Frankfurt a. M. 1989, S. 297–316.

Koch/Manke/Zingelmann 1985 = Gerd Koch, Winfried Manke, Klaus Zingelmann (Hrsg.): Herausforderung: Umwelt, Frankfurt a. M. 1985.

Kondylis 1979 = Panaiotis Kondylis: Die Entstehung der Dialektik, Stuttgart 1979.

Kondylis 1990 = Panaiotis Kondylis: Die neuzeitliche Metaphysikkritik, Stuttgart 1990.

Korngiebel 1999 = Wilfried Korngiebel: Bloch und die Zeichen. Symboltheorie, kulturelle Gegenhegemonie und philosophischer Interdiskurs, Würzburg 1999.

Kornwachs 2004 = Klaus Kornwachs: Technik und Arbeit. Ernst Bloch und die Enttäuschung auf großer Fahrt, in: Bloch-Jahrbuch 2004, hrsg. von Francesca Vidal, Mössingen-Talheim 2004, S. 13–46.

Körtner 1988 = Ulrich H. J. Körtner: Weltangst und Weltende. Eine theologische Interpretation der Apokalyptik, Göttingen 1988.

Koselleck 1975 = Reinhart Koselleck: Fortschritt, in: Otto Brunner, Wilhelm Conze, Reinhart Koselleck (Hrsg.): Geschichtliche Grundbegriffe. Historisches Lexikon zur politisch-sozialen Sprache in Deutschland, Stuttgart 1975, Bd. 2, S. 351–424.

Koselleck 1979 = Reinhart Koselleck: Vergangene Zukunft. Zur Semantik geschichtlicher Zeiten, Frankfurt a. M. 1979.

Koselleck 2006/2010 = Reinhart Koselleck: Begriffsgeschichten, Frankfurt a. M. 2006/2010.

Kraemer 1986 = Joel L. Kraemer: Philosophy in the Renaissance of Islam, Leiden 1986.

Kreutzer 1989 = Leo Kreutzer: Literatur und Entwicklung. Studien zu einer Literatur der Ungleichzeitigkeit, Frankfurt a. M. 1989.

Kruttschnitt 1993 = Elke Kruttschnitt: Ernst Bloch und das Christentum. Der geschichtliche Prozess und der philosophische Begriff der ‚Religion des Exodus und des Reichs', Mainz 1993 (Tübinger Studien zur Theologie u. Philosophie 7).

KRYSMANSKI 1963 = Hans-Jürgen KRYSMANSKI: Die utopische Methode, Köln/Opladen 1963.
KUES 1862 = Nikolaus von KUES: Von der Wissenschaft des Nichtwissens, in: Des Cardinals und Bischofs Nicolaus von Cusa wichtigste Schriften in deutscher Übersetzung von F. A. Scharpff, Freiburg i. Br. 1862, S. 3–104.
KUFELD 2002 = Klaus KUFELD: Multiversum und Ungleichzeitigkeit. Ein ideologiekritischer Beitrag zur kulturellen Debatte der Globalisierung, in: Bloch-Almanach, hrsg. v. Ernst Bloch-Archiv der Stadt Ludwigshafen, Mössingen-Talheim 2002, S. 125–144.
KUFELD 2004 = Klaus KUFELD: Mit der Natur leben. Der Themensatellit ‚Naturallianz', in: Bloch-Jahrbuch 2004, hrsg. von Francesca Vidal, Mössingen-Talheim 2004, S. 105–113.
KÜLPE 1891/92 = Oswald KÜLPE: Gleichzeitigkeit und Ungleichzeitigkeit von Bewegungen, in: Philosophische Studien, hrsg. von Wilhelm Wundt, Bd. VI, Leipzig 1891, S. 514–555, Bd. VII, Leipzig 1892, S. 147–168.
KÜLPE 1912 = Oswald KÜLPE: Die Realisierung (3 Bde., 1912–23), Bd. 1, Leipzig 1912.
KÜNG 1987 = Hans KÜNG: Existiert Gott? Antwort auf die Gottesfrage der Neuzeit, 4. Aufl., München 1987.
KYTZLER 1973 = Bernhard KYTZLER: Utopisches Denken und Handeln in der klassischen Antike, in: Rudolf Villgradter, Friedrich Krey (Hrsg.): Der utopische Roman, Darmstadt 1973, S. 45–68.
L'80 1985 = L'80-Gespräch: Sisyphos und der Traum vom Gelingen, in: L'80. Zeitschrift für Politik und Literatur 35 (1985), S. 19–36.
LABICA 1986 = Georges LABICA: Der Marxismus-Leninismus. Elemente einer Kritik, Hamburg 1986.
LANDAUER 1911 = Gustav LANDAUER: Aufruf zum Sozialismus, Berlin 1911.
LANDAUER 2003 = Gustav LANDAUER: Die Revolution, Münster 2003.
LANDGREBE 1953 = Ludwig LANDGREBE: Die Aporien des Dingbegriffs und die Fremdheit der Welt, Actes des Xième Congrès International de Philosophie, vol. III, Bruxelles 1953.
LANDMANN 1984 = Michael LANDMANN: Gespräch mit Ernst Bloch (Tübingen, 22. Dezember 1967), in: Bloch-Almanach 4, hrsg. von Karlheinz Weigand, Ludwigshafen 1984, S. 16–40.
LANGE 1974 = Friedrich Albert LANGE: Geschichte des Materialismus und Kritik seiner Bedeutung in der Gegenwart, 2 Bde., Frankfurt a. M. 1974.

LEBUS 1997 = Claude LEBUS: Von der Höhlenmalerei zur ökologischen Kunst, in: Art d'Eco. Kunst als Medium der Umweltbildung, hrsg. von Andreas Pallenberg, Bonn 1997, S. 16–31.

LEHMANN 1995 = Günther K. LEHMANN: Ästhetik der Utopie, Stuttgart 1995.

LEIBNIZ 1703 = Gottfried Wilhelm LEIBNIZ: Brief an B. de Volder, in: Philosophische Schriften, hrsg. von Carl Immanuel Gerhardt 1875–90, Nachdruck 1960–79, Bd. 2.

LEIBNIZ 1704 = Gottfried Wilhelm LEIBNIZ: Neue Abhandlungen über den menschlichen Verstand/Nouveaux Essais sur l'entendement humain, in: Philosophische Schriften, Bd. 3/1, hrsg. von Wolf von Engelhardt u. Hans Heinz Holz, Frankfurt a. M. 1996.

LEIBNIZ 1714 = Gottfried Wilhelm LEIBNIZ: Monadologie. Kleine Schriften zur Metaphysik, in: Philosophische Schriften, Bd. 1, hrsg. von Hans Heinz Holz, Frankfurt a. M. 1996, S. 439–483.

LEIBNIZ 1968 = Gottfried Wilhelm LEIBNIZ: Die Theodizee, Hamburg 1968.

LEIBNIZ 1982 = Gottfried Wilhelm LEIBNIZ: Monadologie, hrsg. von Herbert Herring, Hamburg 1982.

LEIBNIZ 1996 = Gottfried Wilhelm LEIBNIZ: Monadologie. Hauptschriften zur Grundlegung der Philosophie, hrsg. von Ernst Cassirer, Hamburg 1996, S. 603–621.

LEUENBERGER 2008 = Theodor LEUENBERGER: Harte und weiche Kulturen. Anmerkungen zur transkontinentalen Interaktionsgeschichte, in: Hans Norbert Janowski, Theodor Leuenberger (Hrsg.): Globale Akteure der Entwicklung. Die neuen Szenarien, Wiesbaden 2008, S. 23–32.

LEUTZSCH 2003 = Martin LEUTZSCH: Das Jesusbild von Ernst Bloch, in: VorSchein. Jahrbuch der Ernst-Bloch-Assoziation, Nr. 22/23 (2002), hrsg. von Doris Zeilinger, Berlin/Wien 2003, S. 18–29.

LEVY 1987 = Ze'ev LEVY: Utopie und Wirklichkeit in der Philosophie Ernst Blochs, in: Bloch-Almanach 7, hrsg. vom Ernst-Bloch-Archiv der Stadtbibliothek Ludwigshafen in Verb. mit der Ernst-Bloch-Gesellschaft durch Karlheinz Weigand, Baden-Baden 1987, S. 25–51.

LINDEMANN 1992 = Klaus LINDEMANN (Hrsg.): „Heimat". Gedichte und Prosa, Stuttgart 1992.

LOCHER 2008 = Elmar LOCHER (Hrsg.): Spuren. Lektüren, Innsbruck 2008.

LOCKE 1977 = John LOCKE: Über den wahren Ursprung, die Reichweite und den Zweck der staatlichen Regierung, in: Zwei Abhandlungen über die Regierung, Frankfurt 1977.
LOEWY 1979 = Michael LOEWY: Marxisme et Romanticisme Révolutionnaire, Paris 1979.
LOWE 1965 = Adolph LOWE: S ist noch nicht P. Eine Frage an Ernst Bloch, in: Siegfried Unseld (Hrsg.): Ernst Bloch zu ehren, Frankfurt a. M. 1965, S. 135–143.
LÖWENSTEIN 2009 = Bedrich LÖWENSTEIN: Der Fortschrittsglaube. Geschichte einer europäischen Idee, Göttingen 2009.
LÖWITH 1950 = Karl LÖWITH: Von Hegel zu Nietzsche, Stuttgart 1950.
LUKÁCS 1920 = Georg LUKÁCS: Theorie des Romans, Berlin 1920.
LUKÁCS 1923 = Georg LUKÁCS: Geschichte und Klassenbewußtsein. Studien über marxistische Dialektik, London 2000 (Reprint der Erstausgabe von 1923).
LUKÁCS 1963 = Georg LUKÁCS: Die Desanthropomorphisierung der Widerspiegelung in der Wissenschaft, Ästhetik Teil I – Die Eigenart des Ästhetischen (2. Kapitel), Neuwied/Berlin 1963.
LUKÁCS 1968 = Georg LUKÁCS: Geschichte und Klassenbewußtsein. Studien über marxistische Dialektik, Darmstadt/Neuwied 1968.
LUKÁCS 1971 = Georg LUKÁCS: Die Seele und die Formen, Neuwied/Berlin 1971.
LUKÁCS 1972 = Georg LUKÁCS: Zur Ontologie des gesellschaftlichen Seins. Die ontologischen Grundprinzipien von Marx, Darmstadt/Neuwied 1972.
LUKÁCS 1977 = Georg LUKÁCS: Tendenz oder Parteilichkeit, in: Ders.: Schriften zur Literatursoziologie, Frankfurt a. M. u. a., S. 109–121.
LUKACS 1981 = Georg LUKÁCS: Die Eigenart des Ästhetischen, 2 Bde., hrsg. von Jürgen Jahn, Berlin/Weimar 1981.
LUKÁCS 1984 = Georg LUKÁCS: Ontologie des gesellschaftlichen Seins, 2 Bde., hrsg. von Frank Benseler, Bd. 1, Darmstadt 1984.
LUKÁCS 1986 = Georg LUKÁCS: Ontologie des gesellschaftlichen Seins, 2 Bde., hrsg. von Frank Benseler, Bd. 2, Darmstadt 1986.
LUHMANN 1993 = Niklas LUHMANN: Gleichzeitigkeit und Synchronisation, in: Ders.: Soziologische Aufklärung 5. Konstruktivistische Perspektiven, 2. Aufl., Opladen 1993, S. 95–130.
LUTHER 1924 = Martin LUTHER: Vom unfreien Willen, nach der Übersetzung von Justus Jonas, hrsg. von Friedrich Gogarten, München 1924.

LUTZ-BACHMANN 1995 = Matthias LUTZ-BACHMANN: Der utopische Gehalt der Religion bei Ernst Bloch, in: Zugänge zur Philosophie Ernst Blochs, hrsg. von Klaus Rohrbacher, Frankfurt a. M. 1995, S. 127–135.

LUXEMBURG 1903 = Rosa LUXEMBURG: Karl Marx, in: Dies.: Gesammelte Werke, hrsg. vom Institut für Marxismus-Leninismus beim ZK der SED, 5 Bde., Berlin (Ost) 1970-1975, Bd. 1/2, S. 369–377.

MÄDER 2010 = Denis MÄDER: Fortschritt bei Marx, Berlin 2010.

MAEK-GERARD 1980 = Eva MAEK-GERARD (Hrsg.): Die Gleichzeitigkeit des Ungleichzeitigen. Studien zur Geschichte Italiens, Frankfurt a. M. 1980.

MANNHEIM 1928 = Karl MANNHEIM: Das Problem der Generationen, in: Kölner Vierteljahrshefte für Soziologie, Bd. 7, H. 2, 1928, S. 157–185, H. 3, S. 309–330.

MANNHEIM 1935 = Karl MANNHEIM: Mensch und Gesellschaft im Zeitalter des Umbaus, Leiden 1935.

MANNHEIM 1964 = Karl MANNHEIM: Wissenssoziologie. Auswahl aus dem Werk, hrsg. von Kurt H. Wolff, Berlin, Neuwied 1964.

MANNHEIM 1969 = Karl MANNHEIM: Ideologie und Utopie, Frankfurt a. M. 1969.

MANOS 2001 = Helene MANOS: Zu Hamburg in der „Fremde"?, Hamburg 2001.

MARCEL 1957 = Gabriel MARCEL: Philosophie der Hoffnung. Überwindung des Nihilismus, München 1957.

MARCUSE 1967 = Herbert MARCUSE: Das Ende der Utopie, Berlin 1967.

MARCUSE 1979 = Herbert MARCUSE: Triebstruktur und Gesellschaft. Ein philosophischer Beitrag zu Sigmund Freud, in: Ders.: Schriften, Bd. 5, Frankfurt a. M. 1979.

MARKOV 1955 = Walter MARKOV: Die Utopie des Citoyen, in: Rugard Otto Gropp (Hrsg.): Festschrift Ernst Bloch, Berlin (Ost) 1955, S. 229–240.

MARKUN 1985 = Silvia MARKUN: Bloch-Monographie, Reinbek 1985.

MARKUN 2010 = Silvia MARKUN: Ernst Bloch. Hans Heinz Holz und Ernst Bloch: System und Fragment, Halle 2010.

MARSCH 1961 = Wolf-Dieter MARSCH: Eritis sicut Deus. Das Werk Ernst Blochs als Frage an christliche Ethik, in: Kerygma und Dogma 3 (1961), S. 173–196.

MARSCH 1963 = Wolf-Dieter MARSCH: Hoffen worauf? Auseinandersetzung mit Ernst Bloch, Hamburg 1963.
MARTY/MUSCHAMP/ROTHSTEIN 2003 = Martin E. MARTY, Herbert MUSCHAMP, Edward ROTHSTEIN (Hrsg.): Visions of Utopia, Oxford 2003.
MAUTHNER 2010 = Fritz MAUTNER: Der Atheismus und seine Geschichte im Abendlande, hrsg. von Ludger Lütkehaus, 4 Bde., Aschaffenburg 2010 (Nachdr. d. Ausg. Stuttgart 1920–1023).
MAYER 1965 = Hans MAYER: Ernst Blochs poetische Sendung, in: Siegfried Unseld (Hrsg.): Ernst Bloch zu ehren. Beiträge zu seinem Werk, Frankfurt a. M. 1965, S. 21–30.
MAYER 1978 = Hans MAYER: Musik als Luft von anderem Planeten. Ernst Blochs „Philosophie der Musik" und Ferruccio Busonis „Neue Ästhetik der Tonkunst", in: Burghart Schmidt (Hrsg.): Materialien zu Ernst Blochs „Prinzip Hoffnung", Frankfurt a. M. 1978, S. 464–472.
MAZZINI 2010 = Silvia MAZZINI: Für eine mannigfaltige mögliche Welt. Kunst und Politik bei Ernst Bloch und Gianni Vattimo, Frankfurt a. M. 2010.
METZ 1965 = Johann Baptist METZ: Gott vor uns. Statt eines theologischen Arguments, in: Siegfried Unseld (Hrsg.): Ernst Bloch zu ehren. Beiträge zu seinem Werk, Frankfurt a. M. 1965, S. 227–241.
MEYER/WIEGERLING 1997 = Hans-Georg MEYER, Klaus WIEGERLING (Hrsg.): Heimat: Das allen in die Kindheit scheint und worin noch niemand war, Frankfurt a. M. 1997.
MEYER-SICKENDIEK 2005 = Burkhard MEYER-SICKENDIEK: Affektpoetik. Eine Kulturgeschichte literarischer Emotionen, Würzburg 2005.
MEZGER 1965 = Manfred MEZGER: Theologie als Wissenschaft, in: Siegfried Unseld (Hrsg.): Ernst Bloch zu ehren. Beiträge zu seinem Werk, Frankfurt a. M. 1965, S. 181–207.
MIERMEISTER 1996 = Jürgen MIERMEISTER: Ernst Bloch, Rudi Dutschke, Hamburg 1996.
MIHR 2005 = Christian MIHR: Über die Gleichzeitigkeit der Ungleichzeitigkeit. Der Medienwandel in Lateinamerika im Lichte neuerer soziologischer und postkolonialer Theorieperspektiven, in: Klaus Arnold u. Christoph Neuberger (Hrsg.): Alte Medien – neue Medien. Theorieperspektiven, Medienprofile, Einsatzfelder. Festschrift für Jan Tonnemacher, Wiesbaden 2005, S. 291–321.

MITZSCHERLICH 2000 = Beate MITZSCHERLICH: Heimat ist etwas, was ich mache, Pfaffenweiler 1997.
MODERSOHN-BECKER 1957 = Paula MODERSOHN-BECKER: Briefe und Tagebuchblätter, München 1957.
MOHL 1845 = Robert von MOHL: Die Staatsromane, Zeitschrift für die gesamte Staatswissenschaft 2, Tübingen 1845.
MOHL 1855 = Robert von MOHL: Die Geschichte und Literatur der Staatswissenschaften, Bd. 1, Erlangen 1855.
MOLTMANN 1964 = Jürgen MOLTMANN: Theologie der Hoffnung. Untersuchungen zur Begründung und zu den Konsequenzen einer christlichen Eschatologie, München 1964 (Beitr. zur evang. Theologie 38).
MOLTMANN 1965 = Jürgen MOLTMANN: Die Kategorie ‚Novum' in der christlichen Theologie, in: Siegfried Unseld (Hrsg.): Ernst Bloch zu ehren. Beiträge zu seinem Werk, Frankfurt a. M. 1965, S. 243–263.
MOLTMANN 1974 = Jürgen MOLTMANN: Das Experiment Hoffnung. Einführungen, München 1974.
MOLTMANN 1976 = Jürgen MOLTMANN: Im Gespräch mit Ernst Bloch. Eine theologische Wegbegleitung, München 1976 (Kaiser Traktate 18).
MOLTMANN 1978 = Jürgen MOLTMANN: Die Apokalyptik im Messianismus, in: Burghart Schmidt (Hrsg.): Materialien zu Ernst Blochs „Prinzip Hoffnung", Frankfurt a. M. 1978, S. 482–493.
MOLTMANN 1995 = Jürgen MOLTMANN: Ernst Bloch und die Wiedergeburt der messianischen Hoffnung, in: Ernst Bloch als Schriftsteller, hrsg. von der Ernst-Bloch-Gesellschaft, Mössingen–Talheim 1995 (Bloch–Jahrbuch 1994), S. 107–124.
MOLTMANN 1997 = Jürgen MOLTMANN: Theologie der Hoffnung. Untersuchungen zur Begründung und zu Konsequenzen einer christlichen Eschatologie, 13. Aufl., Gütersloh 1997.
MORIN 2010 = Edgar MORIN: Die Methode: Die Natur der Natur, hrsg. von Wolfgang Hofkirchner, übersetzt aus dem Französischen u. mit einem Nachwort versehen von Rainer E. Zimmermann, Wien/Berlin 2010.
MORRIS/THORNE/YURTSEVER 1988 = Michael MORRIS, Kip THORNE, Ulvi YURTSEVER: Wormholes, Time Machines, and the Weak Energy Condition, in: Physical Revue Letters 61 (13), S. 1446–1449.
MÜLLER 2000 = Horst MÜLLER: Praxis, in: Ernst Bloch Assoziation: Das Bloch-Online-Wörterbuch, http://www.ernst-bloch.net; 2.2.2011.

MÜLLER, H. 1986 = Horst MÜLLER: Praxis und Hoffnung. Studien zur Philosophie und Wissenschaft gesellschaftlicher Praxis von Marx bis Bloch und Lefèbvre, Bochum 1986.
MUMFORD 1973 = Lewis MUMFORD: Rückschritt nach Utopia und die Herausforderung der griechischen Dialektik, in: Rudolf Villgradter, Friedrich Krey (Hrsg.): Der utopische Roman, Darmstadt 1973, S. 30–44.
MuN 1978 = Marxismus und Naturbeherrschung. Beiträge zu den Ersten Ernst-Bloch-Tagen Tübingen 1978, hrsg. vom Sozialistischen Büro Offenbach, Offenbach 1979.
MÜNSTER 1982 = Arno MÜNSTER: Utopie, Messianismus und Apokalypse im Frühwerk von Ernst Bloch, Frankfurt a. M. 1982.
MÜNSTER 1987 = Arno MÜNSTER: Blochs spekulativer Materialismus, in: Synthesis Philosophica 4, vol. 2, fasc. 2, Zagreb 1987, S. 572–580.
MÜNSTER 2003 = Arno MÜNSTER: Ernst Blochs Religionsphilosophie im Spannungsfeld von jüdischem Messianismus, ‚ketzerischem' Christentum und materialistischem Atheismus, in: VorSchein. Jahrbuch der Ernst-Bloch-Assoziation, Nr. 22/23 (2002), hrsg. von Doris Zeilinger, Berlin/Wien 2003, S. 48–64.
MÜNSTER 2004 = Arno MÜNSTER: Prinzip Verantwortung oder Prinzip Hoffnung? Vortrag, Nürnberg 2004, www.praxisphilosophie.de/bloch.htm (23.4.2011).
MÜNZ-KOENEN 1997 = Inge MÜNZ-KOENEN: Konstruktion des Nirgendwo: die Diskursivität des Utopischen bei Bloch, Adorno, Habermas, Berlin 1997.
NATURALLIANZ 2000: www.bloch.de/Moderiertes_Zukunftsforum/intros/NATURALLIANZ.html (23.4.2011).
NATURSCHUTZ 2006: www.bmu.de/naturschutz_biologische_vielfalt/un-konferenz_2008/dokumente/doc/39686.php (23.4.2011).
NEGT 1972 = Oskar NEGT: Ernst Bloch – der deutsche Philosoph der Oktoberrevolution. Ein politisches Nachwort, in: Ernst Bloch: Vom Hasard zur Katastrophe. Politische Aufsätze aus den Jahren 1934–1939, Frankfurt a. M. 1972, S. 429–444.
NEGT 1975 = Oskar NEGT: Erbschaft aus Ungleichzeitigkeit und das Problem der Propaganda, in: Joachim Perels, Jürgen Peters (Hrsg.): Es muss nicht immer Marmor sein. Erbschaft aus Ungleichzeitigkeit, Berlin 1975, S. 9–34.

NEGT 1998 = Oskar NEGT: Für eine Ökonomie des ganzen Hauses, in: Virtuelle Bloch-Akademie, September 1998: www.bloch-akademie.de/page4.htm (27.12.2010).

NEGT 2001 = Oskar NEGT: Arbeit und menschliche Würde, Göttingen 2001.

NEGT 2006 = Oskar NEGT: Aufrechter Gang und die Mitproduktivität der Natur, in: Bloch-Almanach 25, hrsg. von Karlheinz Weigand, Mössingen-Talheim 2006, S. 11–20.

NEGT/KLUGE 1992 = Oskar NEGT, Alexander KLUGE: Maßverhältnisse des Politischen, Frankfurt a. M. 1992.

NEHER 1984 = André NEHER: Le pèlerin de l'espérance: Ernst Bloch, in: Bloch-Almanach 4, hrsg. vom Ernst-Bloch-Archiv der Stadtbibliothek Ludwigshafen durch Karlheinz Weigand, Baden-Baden 1984, S. 85–95.

NEUSÜSS 1968 = Arnhelm NEUSÜSS (Hrsg.): Utopie. Begriff und Phänomen des Utopischen, Neuwied/Berlin 1968.

NICHOLLS/LIEBSCHER 2010 = Angus NICHOLLS, Martin LIEBSCHER: Thinking the Unconscious. Nineteenth-century German thought, Cambridge 2010.

NIETZSCHE 1872 = Friedrich NIETZSCHE: Die Geburt der Tragödie aus dem Geiste der Musik, in: Werke in 2 Bänden, München 1967, S. 7–110.

NIETZSCHE 1966 = Friedrich NIETZSCHE: Werke in drei Bänden, hrsg. v. Karl Schlechta, München/Wien 1966.

NIETZSCHE 1969 = Friedrich NIETZSCHE: Umwertung aller Werte. Aus dem Nachlass zusammengestellt von Friedrich Würzbach, München 1969.

NIETZSCHE 1980 = Friedrich NIETZSCHE: Die fröhliche Wissenschaft (1882), in: Ders.: Sämtliche Werke, Kritische Studienausgabe, hrsg. von Giorgio Colli u. Mazzino Montinari, Bd. 3, München/New York 1980.

NIETZSCHE 1980a = Friedrich NIETZSCHE: Zur Genealogie der Moral (1887), in: Ders.: Sämtliche Werke, Kritische Studienausgabe, hrsg. von Giorgio Colli u. Mazzino Montinari, Bd. 5, München/New York 1980.

NIETZSCHE 1980b = Friedrich NIETZSCHE: Also sprach Zarathustra (1884), in: Ders.: Sämtliche Werke, Kritische Studienausgabe, hrsg. von Giorgio Colli u. Mazzino Montinari, Bd. 4, München/New York 1980.

NIETZSCHE 1981 = Friedrich NIETZSCHE: Schopenhauer als Erzieher, in: Ders.: Unzeitgemäße Betrachtungen, Frankfurt a. M. 1981, S. 185–279.
NIETZSCHE 1999 = Friedrich NIETZSCHE: Sämtliche Gedichte, hrsg. von Ralph-Rainer Wuthenow, Zürich 1999.
NIPPERDEY 1962 = Thomas NIPPERDEY: Die Funktion der Utopie im politischen Denken der Neuzeit, in: Archiv für Kulturgeschichte 44 (1962), S. 357–378.
NIPPERDEY 1975 = Thomas NIPPERDEY: Die Utopia des Thomas Morus und der Beginn der Neuzeit, in: Ders.: Reformation, Revolution, Utopie. Studien zum 16. Jahrhundert, Göttingen 1975, S. 112–142.
NISHIDA 1999 = Kitaro NISHIDA: Logik des Ortes. Der Anfang der modernen Philosophie in Japan (übers. u. hrsg. von Rolf Elberfeld), Darmstadt 1999.
NOVALIS 1 = NOVALIS: Schriften, Band 1: Das dichterische Werk, Tagebücher und Briefe, hrsg. von Richard Samuel, Darmstadt 1999.
NOVALIS 2 = NOVALIS: Band 2: Das philosophisch-theoretische Werk, hrsg. von Hans-Joachim Mähl, in: Ders.: Werke, Tagebücher und Briefe Friedrich von Hardenbergs, hrsg. von Hans-Joachim Mähl und Richard Samuel, 3 Bde., Bd. 2, München/Wien 1978.
NOVALIS 1795/96 = NOVALIS: Philosophische Studien der Jahre 1795/96 (Fichte-Studien), Fragment 555, in: Ders.: Schriften, Bd. 2: Das philosophisch-theoretische Werk, hrsg. von Hans-Joachim Mähl, Darmstadt 1999.
NOVALIS 1968 = NOVALIS: Schriften, Bd. 3: Das philosophische Werk, hrsg. von Richard Samuel, Stuttgart 1968.
OISERMAN 1979 = Teodor Iljitsch OISERMAN u. a.: Geschichte der Dialektik. 14.–18. Jahrhundert, Berlin 1979.
OKEN 1991 = Lorenz OKEN: Lehrbuch der Naturphilosophie, 3. Auflage, Zürich 1843, Nachdruck Hildesheim u. a. 1991.
OVID 1980 = OVID [Publius Ovidius Naso]: Metamorphosen Libri, München 1980.
PAETZOLD 1974 = Heinz PAETZOLD: Neomarxistische Ästhetik, Teil 1: Bloch, Benjamin, Düsseldorf 1974.
PAETZOLD 1986 = Heinz PAETZOLD: Die symbolisierende Funktion der Vernunft. Zu Ernst Blochs Philosophiekonzeption, in: Gvozden Flego, Wolfdietrich Schmied-Kowarzik (Hrsg.): Ernst Bloch – Utopische Ontologie, Bd. II des Bloch-Lukács-Symposiums 1985 in Dubrovnik, Bochum 1986, S. 127–140.

PALAZZETTI 1991 = Luciana PALAZZETTI 1991: Ontologie, Existenz, utopisches Humanum, in: Bloch-Almanach 11, hrsg. von Karlheinz Weigand, Ludwigshafen 1991, S. 89–121.

PANNENBERG 1965 = Wolfhart PANNENBERG: Der Gott der Hoffnung, in: Siegfried Unseld (Hrsg.): Ernst Bloch zu ehren. Beiträge zu seinem Werk, Frankfurt a. M. 1965, S. 209–225.

PARACELSUS 2010 = PARACELSUS: Philosophische Schriften, in: Ders.: Werke, Studienausgabe Bd. 3, hrsg. von Will-Erich Peuckert, Darmstadt 2010.

PAUEN 1992 = Michael PAUEN: Apotheose des Subjekts, in: Bloch-Almanach 12, hrsg. von Karlheinz Weigand, Ludwigshafen 1992, S. 15–64.

PECHRIGGL 1993 = Alice PECHRIGGL: Utopiefähigkeit und Veränderung. Der Zeitbegriff und die Möglichkeit kollektiver Autonomie, Pfaffenweiler 1993 (Schnittpunkt Zivilisationsprozess 10).

PELLETIER 1991 = Lucien PELLETIER: Bloch lecteur de Schelling, in: Bloch-Almanach 11, hrsg. von Karlheinz Weigand, Ludwigshafen 1991, S. 41–87.

PELLETIER 2003 = Lucien PELLETIER: Ernst Bloch: Entwurf einer Naturphilosophie (1912). Aus dem Nachlass hrsg., eingeleitet u. erläutert, in: Bloch-Almanach 22/2003, hrsg. von Karlheinz Weigand, Mössingen-Talheim, S. 9–58.

PELLETIER 2008 = Lucien PELLETIER: Bloch a-t-il plagié Landauer? in: Bloch-Almanach 27, hrsg. von Karlheinz Weigand, Mössingen-Talheim 2008, S. 73–120.

PERSSON 1985 = Christer PERSSON: Die mitproduzierende Natur, in: Bloch-Almanach, 5. Folge, hrsg. von Karlheinz Weigand, Baden-Baden 1985, S. 131–163.

PETRI 1989 = Horst PETRI: Erziehungsgewalt, Frankfurt a. M. 1989.

PETROVIC 1986 = Gajo PETROVIC: Naturalisierung des Menschen – Humanisierung der Natur. Eine kleine ‚Revision' von Marx und Bloch, in: Gvozden Flego, Wolfdietrich Schmied-Kowarzik (Hrsg.): Ernst Bloch – Utopische Ontologie, Bd. II des Bloch-Lukács-Symposiums 1985 in Dubrovnik, Bochum 1986, S. 203–217.

PETROVIC 1991 = Gajo PETROVIC: Alienation, in: T. Bottomore (Ed.): A Dictionary of Marxist Thought, Oxford 1991.

PFETSCH 1990 = Frank R. PFETSCH: Politische Utopie oder: Die Aktualität des Möglichkeitsdenken, in: Aus Politik und Zeitgeschichte B 52–53/90, Bonn 1990, S. 3–13.

PICHT 1979 = Georg PICHT: Utopie und Hoffnung, in: Constanze Eisenbart (Hrsg.): Humanökologie und Frieden, Stuttgart 1979, S. 438–457.

PIEPER 2006 = Josef PIEPER: Über die Hoffnung (1935), in: Ders.: Schriften zur Philosophischen Anthropologie und Ethik: das Menschenbild der Tugendlehre, hrsg. von Berthold Wald, Hamburg 2006, S. 256–297.

PIEROTH/SCHLINK 1995 = Bodo PIEROTH, Bernhard SCHLINK: Grundrechte. Staatsrecht II, 11. Aufl., Heidelberg 1995.

PINDER 1928 = Wilhelm PINDER: Das Problem der Generation in der Kunstgeschichte Europas, 2. Aufl., Berlin 1928.

PIRON-AUDARD 1983 = Catherine PIRON-AUDARD: Marxistische Anthropologie und Psychoanalyse nach Ernst Bloch, in: Seminar. Zur Philosophie Ernst Blochs, hrsg. von Burghart Schmidt, Frankfurt a. M. 1983, S. 283–298.

PLATON 1992 = PLATON: Timaios, griech.-deutsch, übersetzt von H. G. Zekl, Hamburg 1992.

PLATON 1985 = PLATON: Das Trinkgelage oder über den Eros. Übertragung, Nachwort u. Erläuterungen von Ute Schmidt-Berger, Frankfurt a. M. 1985.

PLOTIN 1959f. = PLOTIN: Enneaden, in: Paul Henry, Hans-Rudolf Schwyzer (Hrsg.): Plotini opera, Paris 1951–1973.

PÖHLMANN 1925 = Robert von PÖHLMANN: Geschichte der sozialen Frage und des Sozialismus in der antiken Welt, Bd. 2., München 1925.

POPPER 1968 = Karl POPPER: Utopie und Gewalt, in: Neusüss 1968, S. 313–326.

POPPER 1977 = Karl POPPER: Die offene Gesellschaft und ihre Feinde, Bd. 1: Der Zauber Platons, München 1977.

POPPER 1975 = Karl POPPER: Die offene Gesellschaft und ihre Feinde. Bd. 2: Falsche Propheten. Hegel, Marx und die Folgen, München 1975.

PRIGOGINE/STENGERS 1981 = Ilya PRIGOGINE, Isabelle STENGERS (Hrsg.): Dialog mit der Natur, München/Zürich 1981.

QUAAS 2002 = Georg QUAAS: Der Ausgangspunkt Marxschen Philosophierens – eine Textanalyse, in: Volker Caysa, Helmut Seidel, Dieter Wittich (Hrsg.): Zum philosophischen Praxis-Begriff. Die „zweite Praxis-Diskussion in der DDR", Rosa-Luxemburg-Stiftung Sachsen 2002, S. 69–93.

RADNÓTI 1977 = Sándor RADNÓTI: Bloch und Lukács: Zwei radikale Kritiker in der ‚gottverlassenen Welt', in: Die Seele und das Leben. Studien zum frühen Lukács, hrsg. von Agnes Heller u. a., Frankfurt a. M. 1977, S. 177–191.

RAPP 1992 = Friedrich RAPP 1992: Fortschritt. Entwicklung und Sinngehalt einer philosophischen Idee, Darmstadt 1992.

RATSCHOW 1972 = Carl-Heinz RATSCHOW: Atheismus im Christentum? Eine Auseinandersetzung mit Ernst Bloch, Gütersloh 1972 (Gütersloher Taschenausgaben 67).

RAULET 1976 = Gérard RAULET: Espérance et secularisation chez Ernst Bloch. Contribution du ‚Principe Espérance' a une philosophie pratique de l'histoire. Thèse pour le doctorat d'état, Paris-Sorbonne 1976.

RAULET 1976a = Gérard RAULET: Der dritte Hiob, in: Burghart Schmidt (Hrsg.): Materialien zu Ernst Blochs „Prinzip Hoffnung", Frankfurt a. M. 1976, S. 104–111.

RAULET 1982 = Gérard RAULET: Humanisation de la nature, naturalisation de l'homme, Paris 1982.

RAULET 1983 = Gérard RAULET: Subversive Hermeneutik des ‚Atheismus im Christentum', in: Seminar. Zur Philosophie Ernst Blochs, hrsg. von Burghart Schmidt, Frankfurt a. M. 1983, S. 50–74.

RAULET 1984 = Gérard RAULET: Modernes et postmodernes, in: Ders. (Hrsg.): Weimar ou l'explosion de la modernité, Paris 1984.

RAULET 1986 = Gérard RAULET: Blochs „Ontologie des Noch-Nicht-Seins". Postontologische Hermeneutik als Philosophie der symbolischen Formen, in: Gvozden Flego, Wolfdietrich Schmied-Kowarzik (Hrsg.): Ernst Bloch – Utopische Ontologie, Band II des Bloch-Lukács-Symposiums 1985 in Dubrovnik, Bochum 1986, S. 115–126.

RAULET 1987 = Gérard RAULET: Natur und Ornament. Zur Erzeugung von Heimat, Darmstadt/Neuwied 1987.

RAULET 1991 = Gérard RAULET: Allegorisierte Natur, in: Kritischer Materialismus, hrsg. von Matthias Lutz-Bachmann u. Gunzelin Schmid Noerr, München 1991, S. 228–251.

REHMANN 1994 = Jan REHMANN: Artikel „Antizipation", in: HKWM 1, 1994, S. 364–376.

REHMANN 2004 = Jan REHMANN: Artikel „Hoffnung", in: HKWM 6/1, 2004, S. 450–469.

REHMANN 2008 = Jan REHMANN: Einführung in die Ideologietheorie, Hamburg 2008.

REIGROTZKI 1963 = Erich REIGROTZKI: Die Utopialität als wissenschaftliche Kategorie, in: Sozialwissenschaft und Gesellschaftsgestaltung. Festschrift für Gerhard Weisser, Berlin 1963, S. 103–119.
REINHOLD 1789 = Karl L. REINHOLD: Versuch einer neuen Theorie des Vorstellungsvermögens, Jena 1789 (ND 1963).
REINICKE 1974 = Helmut REINICKE: Materie und Revolution. Eine materialistisch-erkenntnistheoretische Untersuchung zur Philosophie von Ernst Bloch, Kronberg 1974.
RIEDEL 1992 = Manfred RIEDEL: Zukunft in der Vergangenheit? Über Ursprung und Sinn von Blochs Geschichtsdialektik, in: Deutsche Zeitschrift für Philosophie 40 (1992), S. 1373–1389.
RIEDEL 1994 = Manfred RIEDEL: Tradition und Utopie. Ernst Blochs Philosophie im Licht unserer geschichtlichen Denkerfahrung, Frankfurt a. M. 1994.
RITSERT 2008 = Jürgen RITSERT: Dialektische Argumentationsfiguren in Philosophie und Soziologie. Hegels Logik und die Sozialwissenschaften, Münster 2008.
RITTER 1969 = Joachim RITTER: „Politik" und „Ethik" in der praktischen Philosophie des Aristoteles, in: Ders.: Metaphysik und Politik. Studien zu Aristoteles und Hegel, Frankfurt a. M. 1969, S. 106–132.
ROBERTS 1990 = Richard H. ROBERTS: Hope and its Hieroglyph: A Critical Decipherment of Ernst Blochs ‚Principle of Hope', Atlanta 1990 (Studies in religion 57).
ROCHHAUSEN 1957 = Rudolf ROCHHAUSEN: Zum Blochschen Materiebegriff, in: Rugard Otto Gropp (Hrsg.): Ernst Blochs Revision des Marxismus. Kritische Auseinandersetzungen marxistischer Wissenschaftler mit der Blochschen Philosophie, Berlin 1957, S. 71–91.
ROEDER VON DIERSBURG 1967 = Egenolf ROEDER VON DIERSBURG: Zur Ontologie und Logik offener Systeme. Ernst Bloch vor dem Gesetz der Tradition, Hamburg 1967.
ROMBACH 1981 = Heinrich ROMBACH: Substanz, System, Struktur, Bd. 2, Freiburg/München 1981.
ROSA 2005 = Hartmut ROSA: Beschleunigung. Die Veränderung der Zeitstrukturen in der Moderne, Frankfurt a. M. 2005.
ROTHACKER 1947 = Erich ROTHACKER: Logik und Systematik der Geisteswissenschaften, Bonn 1947.
ROUSSEAU W = Jean-Jacques ROUSSEAU: Hat der Wiederaufstieg der Wissenschaften und Künste zur Läuterung der Sitten beigetragen?, in: Ders.: Schriften zur Kulturkritik (frz.-dt.), Hamburg 1967, S. 1–59.

ROUSSEAU U = Jean-Jacques ROUSSEAU: Abhandlung über den Ursprung und die Grundlagen der Ungleichheit unter den Menschen, in: Ders.: Schriften zur Kulturkritik (frz.-dt.), Hamburg 1967, S. 61–269.

RÜSEN/FEHR/RIEGER 2004 = Jörn RÜSEN, Michael FEHR, Thomas W. RIEGER (Hrsg): Thinking Utopia: Steps into Other Worlds, New York/Oxford 2004.

RUYER 1950 = Raymond RUYER: L'Utopie et les utopies, Paris 1950.

SAAGE 1991 = Richard SAAGE: Politische Utopien der Neuzeit, Darmstadt 1991.

SAAGE 1992 = Richard SAAGE (Hrsg.): Hat die politische Utopie eine Zukunft?, Darmstadt 1992.

SAAGE 1998 = Richard SAAGE: Bacons „Neu-Atlantis" und die klassische Utopietradition, in: Utopie kreativ 93, Berlin 1998, S. 57–69.

SAAGE 1999 = Richard SAAGE: Merciers „Das Jahr 2440" und die „kopernikanische Wende" des utopischen Denkens, in: Utopie kreativ 101, Berlin 1999, S. 48–60.

SAAGE 2008/1 = Richard SAAGE: Utopieforschung, Bd. 1: An den Bruchstellen der Epochenwende von 1989, Berlin 2008.

SAAGE 2008/2 = Richard SAAGE: Utopieforschung, Bd. 2: An der Schwelle des 21. Jahrhunderts, Berlin 2008.

SANDKÜHLER 1974 = Hans Jörg SANDKÜHLER (Hrsg.): Marxismus und Ethik, Frankfurt a. M. 1974.

SARTRE 1994 = Jean-Paul SARTRE: Das Imaginäre, Reinbek 1994.

SARTRE 1999 = Jean Paul SARTRE: Fragen der Methode, Reinbek 1999.

SARTRE 1997 = Jean Paul SARTRE: Das Sein und das Nichts, Reinbek 1997.

SCHEIBLE 1988 = Hartmut SCHEIBLE: Wahrheit und Subjekt. Ästhetik im bürgerlichen Zeitalter, Reinbek 1988.

SCHELER 1964 = Hermann SCHELER: Der objektive Charakter der gesellschaftlichen Gesetze im Lichte der Subjekt-Objekt-Dialektik, in: Deutsche Zeitschrift für Philosophie, Sonderheft 1964, S. 7–29.

SCHELER 1966 = Max SCHELER: Der Formalismus in der Ethik und die materiale Wertethik, 5. Aufl., Bern 1966.

SCHELER 1973 = Max SCHELER: Wesen und Formen der Sympathie, Bern/München 1973.

SCHELSKY 1979 = Helmut SCHELSKY: Die Hoffnung Blochs – Kritik der marxistischen Existenzphilosophie eines Jugendbewegten, Stuttgart 1979.

SCHIEMANN 2003 = Gregor SCHIEMANN: Aristotelische Natur in modernen Lebens- und Forschungswelten, in: Natur als Politikum, hrsg. von Margarete Maurer u. Otmar Höll, Wien 2003, S. 93–107.

SCHILLER 1966 = Friedrich SCHILLER: Die ästhetische Erziehung des Menschen in einer Reihe von Briefen, in: Ders.: Werke, Bd. 2, München 1966, S. 445–518.

SCHILLER 1967a = Friedrich SCHILLER: Über die ästhetische Erziehung des Menschen in einer Reihe von Briefen, in: Ders.: Sämtliche Werke. 5 Bde., hrsg. von Gerhard Fricke u. Herbert G. Göpfert, Bd. 5/4., durchgesehene Aufl., München 1967.

SCHILLER 1967b = Friedrich SCHILLER: Kallias oder Über die Schönheit, in: Ders.: Sämtliche Werke. 5 Bde., hrsg. von Gerhard Fricke u. Herbert G. Göpfert, Bd. 5/4., durchgesehene Aufl., München 1967.

SCHILLER, H.-E. 1982 = Hans-Ernst SCHILLER: Metaphysik und Gesellschaftskritik. Zur Konkretisierung der Utopie im Werk Ernst Blochs, Königstein/Ts. 1982.

SCHILLER, H.-E. 1991 = Hans-Ernst SCHILLER: Zur Kontroverse um den Totalitätsbegriff zwischen Ernst Bloch und Georg Lukács, in: Ders.: Bloch-Konstellationen. Utopien der Philosophie, Lüneburg 1991, S. 152–173.

SCHILLER, H.-E. 1991a = Hans-Ernst SCHILLER: Kant in der Philosophie Ernst Blochs, in: Ders.: Bloch-Konstellationen. Utopien der Philosophie, Lüneburg 1991, S. 51–101.

SCHILLER, H.-E.1993 = Hans-Ernst SCHILLER: Brüderlichkeit und Moralprinzip, in: Ders.: An unsichtbarer Kette. Stationen Kritischer Theorie, Lüneburg 1993, S. 182–218.

SCHILLER, H.-E. 2006 = Hans-Ernst SCHILLER: Das Individuum im Widerspruch. Zur Theoriegeschichte des modernen Individualismus, Berlin 2006.

SCHILLER, H.-E. 2007 = Hans-Ernst SCHILLER: Bloch und Hegel, in: Bloch-Almanach 26, hrsg. von Karlheinz Weigand, Mössingen-Talheim 2007, S. 39–60.

SCHILLER, H.-E. 2008 = Hans-Ernst SCHILLER: Ethik und Kritik der Utopie. Zum Verhältnis von Ernst Blochs Veränderungsethik und der Erhaltungsethik von Hans Jonas, in: Oliver Decker, Tobias Grave (Hrsg.): Kritische Theorie zur Zeit, Springe 2008, S. 56–69.

SCHILLER, H.-E. 2009 = Hans-Ernst SCHILLER: Gerechtigkeit ist Gleichheit. Eine philosophische Feldvermessung, in: Reinhold Brinkmann, Christine Knopp (Hrsg.): Gerechtigkeit – auf der Spur gesellschaftlicher Teilhabe, Berlin 2009, S. 15–66.

SCHILLER, H.-E. 2011 = Hans-Ernst SCHILLER: Ethik in der Welt des Kapitals. Zu den Grundbegriffen der Moral, Springe 2011.

SCHIMPF/PARTSCH 1994 = Volker SCHIMPF, C. J. PARTSCH: Renaissance des Rechts auf die Heimat im nationalen und internationalen Recht?, in: LKV – Landes- und Kommunalverwaltung, 1994, Heft 2, S. 47–49.

SCHLEGEL 1964 = Friedrich SCHLEGEL: „Esquisse d'un tableau historique des progrès de l'esprit humain" (1795), in: Ders.: Kritische Ausgabe, 1. Abt., Bd. 7, hrsg. von Ernst Behler, München u. a. 1966.

SCHLEGEL 1971 = Friedrich SCHLEGEL: Philosophie der Geschichte, in: Ders.: Kritische Ausgabe, Bd. 9, hrsg. von Jean-Jacques Anstett, München u. a. 1971.

SCHLEGEL PL III = Friedrich SCHLEGEL: Philosophische Lehrjahre III, 18. Bd., 2. Abteilung der Kritischen Schlegel-Ausgabe, hrsg. von Ernst Behler, Zürich 1963, S. 121–193.

SCHLEMM 2005 = Annette SCHLEMM: Wie wirklich sind Naturgesetze?, Münster 2005.

SCHLINK 2000 = Bernhard SCHLINK: Heimat als Utopie, Frankfurt a. M. 2000.

SCHMIDT, A. 1962 = Alfred SCHMIDT: Der Begriff der Natur in der Lehre von Marx, Frankfurt a. M. 1962.

SCHMIDT, A. 1975 = Alfred SCHMIDT: Ernst Bloch und die ultima materia, in: Ernst Blochs Wirkung, Frankfurt a. M. 1975, S. 71–74.

SCHMIDT, A. 1978 = Alfred SCHMIDT: Kritik der Mitproduktivität der Natur, in: Burghart Schmidt (Hrsg.): Materialien zu Ernst Blochs „Prinzip Hoffnung", Frankfurt a. M. 1978, S. 325–335.

SCHMIDT, B. 1978 = Burghart SCHMIDT: Utopie ist keine Literaturgattung, in: Gert Ueding (Hrsg.): Literatur ist Utopie, Frankfurt a. M. 1978, S. 17–44.

SCHMIDT, B. 1978a = Burghart SCHMIDT (Hrsg.): Materialien zu Ernst Blochs „Prinzip Hoffnung", Frankfurt a. M. 1978.

SCHMIDT, B. 1983 = Burghart SCHMIDT: Die Aktualität einer Naturpolitik des Sozialismus in Blochscher Perspektive, in: Seminar: Zur Philosophie Ernst Blochs, hrsg. u. eingeleitet von Burghart Schmidt, Frankfurt a. M. 1983, S. 228–260.

SCHMIDT, B. 1983a = Burghart SCHMIDT: Vom teleologischen Prinzip in der Materie, in: Seminar: Zur Philosophie Ernst Blochs, hrsg. u. eingeleitet von Burghart Schmidt, Frankfurt a. M. 1983, S. 204–227.

Schmidt, B. 1983b = Burghart Schmidt: Einleitung, in: Seminar: Zur Philosophie Ernst Blochs, hrsg. u. eingeleitet von Burghart Schmidt, Frankfurt a. M. 1983, S. 7–21.
Schmidt, B. 1985 = Burghart Schmidt: Ernst Bloch, Stuttgart 1985 (Sammlung Metzler 222).
Schmidt, B. 1988 = Burghart Schmidt: Kritik der reinen Utopie, Stuttgart 1988.
Schmidt, B. 1994 = Burghart Schmidt: Postmoderne – Strategien des Vergessens, Frankfurt a. M. 1994.
Schmidt, B: 1994a = Burghart Schmidt: Am Jenseits zu Heimat, Wien 1994.
Schmidt, B. 2006 = Burghart Schmidt: Heimaten als zahllose Knoten in hoch wehenden Netzen, in: Bloch-Jahrbuch 2006, hrsg. von Francesca Vidal, Mössingen-Talheim 2006, S. 17–27.
Schmidt, Th. E. 1999 = Thomas E. Schmidt: Heimat, Berlin 1999.
Schmied-Kowarzik 1984 = Wolfdietrich Schmied-Kowarzik: Das dialektische Verhältnis des Menschen zur Natur. Philosophiegeschichtliche Studien zur Naturproblematik bei Karl Marx, Freiburg/München 1984.
Schmied-Kowarzik 1986 = Wolfdietrich Schmied-Kowarzik: Ernst Bloch – Hoffnung auf eine Allianz von Geschichte und Natur, in: Ernst Bloch – Utopische Ontologie, Band 2 des Bloch-Lukács-Symposiums 1985 in Dubrovnik, hrsg. von Gvozden Flego u. Wolfdietrich Schmied-Kowarzik, Bochum 1986.
Schmied-Kowarzik 1996 = Wolfdietrich Schmied-Kowarzik: „Von der wirklichen, von der seyenden Natur". Schellings Ringen in Auseinandersetzung mit Kant, Fichte und Hegel, Stuttgart-Bad Cannstatt 1996.
Schmitz-Emans 2008 = Monika Schmitz-Emans: „Utopisch aufgeschlagene Landschaft". Romantische Weltbuchoptik, Ernst Blochs Chiffernkonzept und Carlfriedrich Claus' graphische Denklandschaften, in: Bloch-Almanach 27, hrsg. von Karlheinz Weigand, Mössingen-Talheim 2008, S. 153–176.
Schnädelbach 1983 = Herbert Schnädelbach: Philosophie in Deutschland 1831–1933, Frankfurt a. M. 1983.
Scholten 2003 = Helga Scholten: Die Sophistik: Eine Bedrohung für die Religion und Politik der Polis?, Berlin 2003.
Schröter 2010 = Welf Schröter: Forum Soziale Technikgestaltung, Stuttgart 2010. www.forum-soziale-technikgestaltung.de/cms/index.php (23.4.2011)

SCHULZ 1985 = Walter SCHULZ: Metaphysik des Schwebens. Untersuchungen zur Geschichte der Ästhetik, Pfullingen 1985.
SCHULZ/HORN 1957 = Robert SCHULZ, Johannes Heinz HORN: Kritisches zum Fortschrittsbegriff Ernst Blochs, in: Deutsche Zeitschrift für Philosophie 5 (1957), S. 576ff.
SCHWARTZ 2005 = Frederic J. SCHWARTZ: Nonsimultaneity. Ernst Bloch and Wilhelm Pinder, in: Ders.: Blind spots. Critical theory and the history of art in twentieth-century Germany, China 2005.
SCHWONKE 1957 = Martin SCHWONKE: Vom Staatsroman zur Science Fiction, Stuttgart 1957.
SCOTUS ERIUGENA 1870 = Johannes Scotus ERIUGENA: Über die Eintheilung der Natur, hrsg. von J. H. v. Kirchmann, Berlin 1870.
SEIBT 2001 = Ferdinand SEIBT: Utopica: Zukunftsvisionen aus der Vergangenheit, München 2001.
SEIDEL 1966 = Helmut SEIDEL: Vom praktischen und theoretischen Verhältnis der Menschen zur Wirklichkeit, in: Deutsche Zeitschrift für Philosophie 14 (1966), S. 1177–1191.
SENECA 1999 = L. Annaeus SENECA: Briefe an Lucilius, Werke Bd. 3, 4. Aufl., Darmstadt 1999.
SENECA 2005 = Lucius Annaeus SENECA: De vita beata / Vom glücklichen Leben. Lateinisch / Deutsch, übers. u. hrsg. von Fritz-Heiner Mutschler, Stuttgart 2005.
SENGHAAS 1998 = Dieter SENGHAAS: Zivilisierung wider Willen. Der Konflikt der Kulturen mit sich selbst, Frankfurt a. M. 1998.
SERRES 1981 = Michel SERRES: Carpaccio, Reinbek 1981.
SERVIER 1971 = Jean SERVIER: Der Traum von der großen Harmonie. Eine Geschichte der Utopie, München 1971.
SESINK 1995 = Werner SESINK: Differenzierungen im Subjekt-Begriff, in: Kritische Philosophie gesellschaftlicher Praxis, Kassel 1995, S. 374–388.
SEXTUS EMPIRICUS 2001 = SEXTUS EMPIRICUS: Gegen die Wissenschaftler (Adversus Mathematicos), hrsg. von Fritz Jürß, Würzburg 2001.
SIEBERS 2002 = Johan SIEBERS: The Method of Speculative Philosophy. An Essay on the Foundations of Whitehead's Metaphysics, Kassel 2002.
SIEBERS 2011 = Johan SIEBERS: Myth means the saying word / ‚The lord said that he would dwell in thick darkenss', in: The Movement of Nihilism. Heidegger's thinking after Nietzsche, hrsg. von Laurence Hemming, Bogdan Costea u. Costas Amiridis, London 2011.

SIMMEL 1919 = Georg SIMMEL: Der Begriff und die Tragödie der Kultur, in: Ders.: Philosophische Kultur, 2. Aufl., Leipzig 1919, S. 223–253.
SIMONS 1983 = Eberhard SIMONS: Das expressive Denken Ernst Blochs, Freiburg/München 1983.
SMOLIN 1999 = Lee SMOLIN: The Life of the Cosmos, Oxford 1999.
SOFRI 1969 = Gianni SOFRI: Il modo di produzione asiatico, Torino 1969.
SONNEMANS 1973 = Heino SONNEMANS: Hoffnung ohne Gott? In Konfrontation mit Ernst Bloch, Freiburg i. Br. u. a. 1973.
SOPHOCLES 1894 = SOPHOCLES: Electra, edited with introduction and notes by Sir Richard Jebb, Cambridge 1894.
SPAEMANN 1977 = Robert SPAEMANN: Kritik der politischen Utopie. Zehn Kapitel politischer Philosophie, Stuttgart 1977.
SPICKER 1902 = Gideon SPICKER: Versuch eines neuen Gottesbegriffs, Berlin 1902.
STARBATTY 1989 = Joachim STARBATTY: Thomas Morus, in: Ders. (Hrsg.): Klassiker des ökonomischen Denkens, München 1989.
STEINACKER-BERGHÄUSER 1973 = Klaus-Peter STEINACKER-BERGHÄUSER: Das Verhältnis der Philosophie Ernst Blochs zur Mystik, Marburg 1973.
STRASSER 1992 = Johanno STRASSER: Utopie und Freiheit, in: Saage 1992, S. 166–177.
SUSMAN 1992 = Margarete SUSMAN: Das Nah- und Fernsein des Fremden – Essays und Briefe, hrsg. von Ingeborg Nordmann, Frankfurt a. M. 1992.
TELLER 1956 = Jürgen TELLER: Korreferat zu Genosse Horns „Kritische Bemerkungen zur Philosophie Ernst Blochs", in: Ders.: Hoffnung und Gefahr. Essays, Aufsätze, Briefe 1954–1999, Frankfurt a. M. 2001, S. 50–78.
TELLER 1965 = Jürgen TELLER (alias Theodor Heim): Blochs Atheismus, in: Siegfried Unseld (Hrsg.): Ernst Bloch zu ehren. Beiträge zu seinem Werk, Frankfurt a. M. 1965, S. 157–179.
TETENS 1775 = Johann N. TETENS: Ueber die allgemeine speculative Philosophie, Bützow 1775.
THEMENSATELLIT HEIMAT:
www.bloch.de/Moderiertes_Zukunftsforum/intros/HEIMAT.html (27.12.2010).
TILLICH 1951 = Paul TILLICH: Politische Bedeutung der Utopie im Leben der Völker, Berlin 1951.

TROLLER 2009 = Stefan Georg TROLLER: Sprache und Emigration, in: Lettre International 87 (2009), S. 94–99.

TURGOT 1990 = Anne-Robert-Jacques TURGOT: Über die Fortschritte des menschlichen Geistes, hrsg. von Johannes Rohbeck u. Lieselotte Steinbrügge, Frankfurt a. M. 1990.

TURKI 1996 = Mohamed TURKI: Ernst Bloch und die Rezeption der arabisch-islamischen Philosophie, in: Rainer E. Zimmermann, Gerd Koch (Hrsg.): U-Topoi. Ästhetik und politische Praxis bei Ernst Bloch, Mössingen-Talheim 1996, S. 96–109.

UEDING 1973 = Gerd UEDING: Glanzvolles Elend. Versuch über Kitsch und Kolportage, Frankfurt a. M. 1973.

UEDING 1974 = Gert UEDING: Blochs Ästhetik des Vor-Scheins, in: Ders. (Hrsg.): Ernst Bloch: Ästhetik des Vorscheins, 2 Bde., Frankfurt a. M. 1974, Bd. 1, S. 5–19.

UEDING 1992 = Gert UEDING: Aufklärung über Rhetorik. Versuche über Beredsamkeit, ihre Theorie und praktische Bewährung, Tübingen 1992.

UEDING 1994 = Gert UEDING, Bernd STEINBRINK: Grundriss der Rhetorik. Geschichte, Technik, Methode, Stuttgart 1994.

UHL 1992 = Elke UHL: Der undiskutierbare Krieg: Exkurs zur Genese der Blochschen Ungleichzeitigkeitstheorie, in: Volker Caysa, Petra Caysa u. a. (Hrsg.): „Hoffnung kann enttäuscht werden". Ernst Bloch in Leipzig, Frankfurt a. M. 1992, S. 221–244.

UHL 2000 = Elke UHL: Ungleichzeitigkeit als geschichtsphilosophisches Problem, in: Bloch-Almanach 19, hrsg. vom Ernst Bloch-Archiv der Stadt Ludwigshafen, Mössingen-Talheim 2000, S. 23–38.

UHL 2003 = Elke UHL: Gebrochene Zeit? Ungleichzeitigkeit als geschichtsphilosophisches Problem, in: Geschichtsphilosophie und Kulturkritik. Historische und systematische Studien, hrsg. von Johannes Rohbeck u. Herta Nagl-Docekal, Darmstadt 2003, S. 50–74.

UNSELD 1965 = Siegfried UNSELD: Ernst Bloch zu ehren. Beiträge zu seinem Werk, Frankfurt a. M. 1965.

VIDAL 1994 = Francesca VIDAL: Kunst als Vermittlung von Welterfahrung. Zur Rekonstruktion der Ästhetik von Ernst Bloch, Würzburg 1994.

VIDAL 1995/96 = Francesca VIDAL (Hrsg.): Die Gegenwart des Ungleichzeitigen. In Erinnerung an Wolfram Burisch, Jahrbuch der Ernst Bloch-Gesellschaft, Mössingen-Talheim 1996.

VIDAL 1998 = Francesca VIDAL (Hrsg.): Kann Hoffnung enttäuscht werden? Jahrbuch der Ernst-Bloch-Gesellschaft 1997, Mössingen-Talheim 1998.
VIDAL 2003 = Francesca VIDAL (Hrsg.): Bloch-Jahrbuch 2003, Mössingen-Talheim o. J.
VIDAL 2003a = Francesca VIDAL: Bloch, in: Musik in der deutschen Philosophie. Eine Einführung, hrsg. von Stefan Lorenz Sorgner u. Oliver Fürbeth, Stuttgart 2003, S. 135–152.
VIDAL 2005 = Francesca VIDAL: Heimat – Worin noch niemand war?, in: Bloch-Jahrbuch 2005, hrsg. von Francesca Vidal u. Irene Scherer, Mössingen-Talheim 2005, S. 122–128.
VOGT 1998 = Jochen VOGT (Hrsg.): Der Kriminalroman. Poetik-Theorie-Geschichte, München 1998.
VOSSKAMP 1985/1 = Wilhelm VOSSKAMP (Hrsg.): Utopieforschung. Interdisziplinäre Studien zur neuzeitlichen Utopie, 3. Bde., Frankfurt a. M. 1985.
VOSSKAMP 1985/2 = Wilhelm VOSSKAMP (Hrsg.): Utopieforschung, Thomas Morus' Utopia: Konstituierung eines gattungsgeschichtlichen Prototyps, in: Ders. (Hrsg.): Utopieforschung, Frankfurt a. M. 1985, Bd. 2, S. 183–196.
VOSSKÜHLER 1984 = Friedrich VOSSKÜHLER: Natur als Problem in der marxistischen Philosophie, in: Wachstum der Grenzen, hrsg. von Jan Robert Bloch u. Willfried Maier, Frankfurt a. M. 1984, S. 269–294.
WALLERSTEIN 2002 = Immanuel WALLERSTEIN: Utopistik, Wien 2002.
WEBER 1999 = Max WEBER: Politik als Beruf, Stuttgart 1999.
WEHRSPAUN 2003 = Charlotte u. Michael WEHRSPAUN: Eine neue Zukunft für den Fortschritt?, in: Aus Politik und Zeitgeschichte 27, Bonn 2003, S. 3–5.
WEIER 1967 = Reinhold WEIER: Das Thema vom verborgenen Gott von Nikolaus von Kues zu Martin Luther, Mainz 1965.
WEIMER 1971 = Ludwig WEIMER: Das Verständnis von Religion und Offenbarung bei Ernst Bloch, Diss. München 1971.
WELLERSHOFF 1960 = Dieter WELLERSHOFF: Der exzentrische Mensch. Zur Philosophie Ernst Blochs, in: Merkur, H. 146, Stuttgart 1960, S. 381–391.
WENZ 1998 = Gunther WENZ: Vorwort, in: Erasmus von Rotterdam: Vom freien Willen, 7. Aufl., Göttingen 1998.
WERTHEIM 1999 = Margaret WERTHEIM: The Pearly Gates of Cyberspace. A History of Space from Dante to the Internet, New York 1999.

WESSEL 1988 = Karl-Friedrich WESSEL: Forschungsprojekt „Der Mensch als biopsychosoziale Einheit", in: Deutsche Zeitschrift für Philosophie, 36 (1988), S. 97–106.

WHITEHEAD 1929 = Alfred North WHITEHEAD: Process and Reality. An Essay in Cosmology, New York 1929.

WHITEHEAD 1984 = Alfred North WHITEHEAD: Wissenschaft und moderne Welt, Frankfurt a. M. 1984 (Science and the Modern World, New York 1925).

WIEGMANN 1976 = Hermann WIEGMANN: Ernst Blochs ästhetische Kriterien und ihre interpretative Funktion in seinen Literarischen Aufsätzen, Bonn 1976.

WIELAND 1988 = Christoph Martin WIELAND: Aristipp und einige seiner Zeitgenossen (Leipzig 1800–1802), Frankfurt a. M. 1988.

WINCKELMANN 1962 = Johann Joachim WINCKELMANN: Kunsttheoretische Schriften. Bd. 1: Gedanken über die Nachahmung der griechischen Werke in der Malerei und Bildhauerkunst. Mit Sendschreiben und Erläuterung. Faksimileneudruck der 2. verm. Auflage Dresden 1756, Baden-Baden/Strasbourg 1962.

WINDELBAND 1882 = Wilhelm WINDELBAND: Was ist Philosophie?, in: Ders.: Präludien. Aufsätze und Reden zur Philosophie und ihrer Geschichte, 9. Aufl., Tübingen 1924.

WINDER 1974 = Peter WINDER: Die Anthropologie Ernst Blochs, Frankfurt a. M. 1974.

WINTER 1993 = Michael WINTER: Ende eines Traums. Blick zurück auf das utopische Zeitalter, Stuttgart 1993.

WIZISLA 1990 = Erdmut WIZISLA: Ernst Bloch und Bertolt Brecht. Neue Dokumente ihrer Beziehung, in: Bloch-Almanach, 10. Folge, hrsg. von Karlheinz Weigand, Ludwigshafen 1990, S. 87–105.

WOLFF 1964 = CHRISTIAN WOLFF: Philosophia prima, sive ontologica, methodo scientifica pertractata, qua omnis cognitionis humanae principia continentur, Frankfurt a. M./Leipzig 1730, 2. Aufl. 1736, Nachdruck Hildesheim 1964.

WOLFF 1991 = Klaus WOLFF: Das Problem der Gleichzeitigkeit des Menschen mit Jesus Christus bei Sören Kierkegaard im Blick auf die Theologie Karl Rahners, Würzburg 1991.

WORRINGER 2007 = Wilhelm WORRINGER: Abstraktion und Einfühlung. Ein Beitrag zur Stilpsychologie, München 2007.

WOSCHITZ 1979 = Karl Matthäus WOSCHITZ: Elpis – Hoffnung. Geschichte, Philosophie, Exegese, Theologie eines Schlüsselbegriffs, Wien u. a. 1979.

WÜRGER-DONITZA 2003 = Wolfgang WÜRGER-DONITZA: Grundlegung einer negativen Anthropologie, Bd. 1: Ethik, Würzburg 2003.
WUILMART 1985 = Françoise WUILMART: Problematik beim Übersetzen von Ernst Blochs „Das Prinzip Hoffnung" ins Französische, in: Bloch-Almanach, 5. Folge, hrsg. vom Ernst-Bloch-Archiv durch Karlheinz Weigand, Baden-Baden 1985, S. 204–222.
WURT 1986 = Marianne WURT: Antizipierendes Denken. Ernst Blochs Philosophie und Ästhetik des Noch-Nicht-Bewußten in Zusammenhang seiner Freud-Kritik, Frankfurt a. M. 1986.
WÜSTEHUBE 1989 = Axel WÜSTEHUBE: Das Denken aus dem Grund. Zur Bedeutung der Spätphilosophie Schellings für die Ontologie Ernst Blochs, Würzburg 1989.
XENOPHON 1997 = XENOPHON: Erinnerungen an Sokrates, Stuttgart 1997.
YOSHIDA 2004 = Haruyo YOSHIDA: Streitfall „Kulturkreise". Zur Aktualität der Positionen von Spengler, Frobenius und Bloch, in: Neue Beiträge zur Germanistik, hrsg. von der Japanischen Gesellschaft für Germanistik, Bd. 3, H. 3, München 2004, S. 58–72.
YOSHIDA 2011 = Haruyo YOSHIDA: Solidarität mit Amerika, Kampf für das „Multiversum". Ernst Bloch und der Erste Weltkrieg, in: Transkulturalität: Identitäten im neuen Licht. Asiatische Germanistentagung Kanazawa 2008, hrsg. von Ryozo Maeda, München 2011.
ZEILINGER 1985 = Doris ZEILINGER: Der Mensch im Blochschen Weltexperiment, in: Bloch-Almanach, 5. Folge, hrsg. von Karlheinz Weigand, Baden-Baden 1985, S. 119–129.
ZEILINGER 2003 = Doris ZEILINGER: Mensch als Frage, Welt als Antwort. Zum Verhältnis von Natur und Religion bei Ernst Bloch, in: VorSchein Nr. 22/23, Jahrbuch 2002 der Ernst-Bloch-Assoziation, hrsg. von Doris Zeilinger, Berlin/Wien 2003, S. 30–47.
ZEILINGER 2006 = Doris ZEILINGER: Wechselseitiges Ergreifen. Ästhetische und ethische Aspekte der Naturphilosophie Ernst Blochs, Würzburg 2006.
ZEILINGER 2006a = Doris ZEILINGER: Leibnizsche Elemente in Ernst Blochs Denken, in: VorSchein Nr. 25/26, Jahrbuch 2004/2005 der Ernst-Bloch-Assoziation, hrsg. von Doris Zeilinger, Nürnberg 2006, S. 245–258.
ZEILINGER 2006b = Doris ZEILINGER (Hrsg.): VorSchein. Jahrbuch der Ernst-Bloch-Assoziation, Nr. 27/28: „Prinzip Hoffnung als Perspektive? Zur politischen Praxis konkreter Utopie / Ungleichzeitigkeit und Erbschaft unserer Zeit. Produktion – Kommunikation – Religion", Berlin/Wien 2006.

ZEILINGER 2007 = Doris ZEILINGER: Natur und Zukunft. Zu einem Kerngedanken der Philosophie Ernst Blochs, in: Kommune 4/2007, S. 90–93.

ZEILINGER 2007a = Doris ZEILINGER (Hrsg.): VorSchein Nr. 29: „Raumkonstruktion und Raumerfahrung", Jahrbuch 2007 der Ernst-Bloch-Assoziation, Nürnberg 2007.

ZEILINGER 2008 = Doris ZEILINGER: Natur und Dialektik bei Ernst Bloch, in: VorSchein Nr. 30: „Polyphone Dialektik", Jahrbuch 2008 der Ernst-Bloch-Assoziation, hrsg. von Doris Zeilinger, Nürnberg 2008, S. 77–87.

ZEILINGER 2009 = Doris ZEILINGER: Zum Stand der Naturphilosophie im Prinzip Hoffnung, Bloch-Almanach 28, hrsg. von Klaus Kufeld, Mössingen-Talheim 2009, S. 157–174.

ZEILINGER 2011 = Doris ZEILINGER: Substanz bei Hegel und Bloch, in: Zeilinger 2011a, S. 41–54.

ZEILINGER 2011a = Doris ZEILINGER: VorSchein Nr. 31: „Fragen der Substanz heute", Jahrbuch 2009/2010 der Ernst-Bloch-Assoziation, Nürnberg 2011.

ZIMMERMANN 1988 = Rainer E. ZIMMERMANN: Neue Fragen zur Methode: Das jüngste Systemprogramm des dialektischen Materialismus, in: Ders.: Jean-Paul Sartre, Cuxhaven 1988, S. 44–57.

ZIMMERMANN 1992 = Rainer E. ZIMMERMANN: Axiomatische Systemdialektik als Differenzphilosophie, in: System und Struktur, hrsg. von Rainer E. Zimmermann, Cuxhaven und Dartford 1992, S. 29–64.

ZIMMERMANN 1996 = Rainer E. ZIMMERMANN: „Es ist gut, (Riemannsche) Zeit zu haben." Zum Konzept der Aufhebung des Ungleichzeitigen bei Ernst Bloch, in: Die Gegenwart des Ungleichzeitigen, Bloch-Jahrbuch 1995–96, hrsg. von Francesca Vidal, Mössingen-Talheim 1996, S. 22–33.

ZIMMERMANN 1996a = Rainer E. ZIMMERMANN: Prosperos Buch oder Echolot der Materie, in: VorSchein 15, hrsg. von Doris Zeilinger, Nürnberg 1996, S. 40–57.

ZIMMERMANN 1998 = Rainer E. ZIMMERMANN: Die Rekonstruktion von Raum, Zeit und Materie, Frankfurt a. M. 1998.

ZIMMERMANN/GRÜN 1999 = Rainer ZIMMERMANN, Klaus-Jürgen GRÜN (Hrsg.): Existenz & Utopie, Band VII/1 u. 2 der Zeitschrift ‚System und Struktur', Cuxhaven/Dartford 1999.

ZIMMERMANN 2000 = Rainer E. ZIMMERMANN: Physik als praktische Theorie, in: Utopien haben einen Fahrplan. Gestaltungsräume für eine zukunftsfähige Praxis, hrsg. von Klaus Kufeld u. Peter Zudeick, Mössingen-Talheim 2000, S. 178–196.

ZIMMERMANN 2001 = Rainer E. ZIMMERMANN: Subjekt und Existenz. Zur Systematik Blochscher Philosophie, Berlin/Wien 2001 (Monographien zur Philosophischen Forschung 281).

ZIMMERMANN 2001a = Rainer E. ZIMMERMANN: Der Vorläufer des Revolutionärs. Materie und Substanz bei Bruno im Vorgriff auf die Philosophie Spinozas, in: VorSchein Nr. 20/21, Jahrbuch der Ernst-Bloch-Assoziation, Berlin/Wien 2001, S. 11–28.

ZIMMERMANN 2001b = Rainer E. ZIMMERMANN: Leben des Galilei, in: Brecht-Handbuch (Bd. 1: Stücke), hrsg. von Jan Knopf, Stuttgart 2001, S. 357–379.

ZIMMERMANN 2001c = Rainer E. ZIMMERMANN: Der Vorläufer des Revolutionärs, in: VorSchein 20/21, hrsg. von Doris Zeilinger, Nürnberg 2001, S. 11–28.

ZIMMERMANN 2001d = Rainer E. ZIMMERMANN: Imago Mundi. Begründung und Verfügungsmacht oder Eine Poetik der Modelle, in: BilderWelten, Bloch-Jahrbuch 2000, hrsg. von Francesca Vidal, Mössingen-Talheim 2001, S. 11–57.

ZIMMERMANN 2002 = Rainer E. ZIMMERMANN: Kritik der interkulturellen Vernunft, Paderborn 2002.

ZIMMERMANN 2002a = Rainer E. ZIMMERMANN: Spinoza in Context. A Holistic Approach in Modern Terms, in: Infinity, Causality, and Determinism. Cosmological Enterprises and their Preconditions, hrsg. von Eeva Martikainen, Frankfurt a. M. 2002, S. 165–186.

ZIMMERMANN 2005 = Rainer E. ZIMMERMANN: The Modeling of Nature as a Glass Bead Game, in: Human Approaches to the Universe. An Interdisciplinary Perspective, hrsg. von Eeva Martikainen, Helsinki 2005, S. 43–65.

ZIMMERMANN 2004 = Rainer E. ZIMMERMANN: System des transzendentalen Materialismus, Paderborn 2004.

ZIMMERMANN 2006 = Rainer E. ZIMMERMANN (Hrsg.): Naturallianz. Von der Physik zur Politik in der Philosophie Ernst Blochs, Hamburg 2006.

ZIMMERMANN 2006a = Rainer E. ZIMMERMANN: Bewußtsein und Quantenuniversum, in: Naturallianz, hrsg. von Rainer E. Zimmermann, Hamburg 2006, S. 17–38.

ZIMMERMANN 2007 = Rainer E. ZIMMERMANN: Kreativität der Materie, Nordhausen 2007.

ZIMMERMANN 2007a = Rainer E. ZIMMERMANN: On the Modality of the World. Space and Time in Spinoza, in: Notions of Space and Time. Early Modern Concepts and Fundamental Theories / Begriffe von Raum und Zeit. Frühneuzeitliche Konzepte und fundamentale Theorien, hrsg. von Frank Linhard u. Peter Eisenhardt, Frankfurt a. M. 2007 (Zeitsprünge. Forschungen zur frühen Neuzeit, Heft 1/2), S. 217–242.

ZIMMERMANN 2007b = Rainer E. ZIMMERMANN: Topological Aspects of Biosemiotics, in: TripleC, special issue, 5(2) 2007, S. 49–63.

ZIMMERMANN 2007c = Rainer E. ZIMMERMANN: Die Raumdeutung. Ein erster Ansatz, in: Vor-Schein 29, hrsg. von Doris Zeilinger, Nürnberg 2007, S. 13–25.

ZIMMERMANN 2007d = Rainer E. ZIMMERMANN: On the Modality of the World. Space and Time in Spinoza, in: Notions of Space and Time. Modern Concepts and Fundamental Theories. Zeitsprünge 11(1/2), hrsg. von Frank Linhard u. Peter Eisenhardt, Frankfurt a. M., S. 217–242.

ZIMMERMANN 2008 = Rainer E. ZIMMERMANN: Anna Czajka: Poetik und Ästhetik des Augenblicks, in: Bloch-Jahrbuch 2008, hrsg. von Francesca Vidal, Mössingen-Talheim 2009, S. 218–223.

ZIMMERMANN/HOFKIRCHNER 2009 = Rainer E. ZIMMERMANN, Wolfgang HOFKIRCHNER: The Topos of Virtuality, in: TripleC 7(1) 2009, S. 74–87.

ZIMMERMANN 2010 = Rainer E. ZIMMERMANN Aktuelle Bloch-Studien 2008/2009, Aachen 2010.

ZIMMERMANN/WIEDEMANN 2010a = Simon M. WIEDEMANN, Rainer E. ZIMMERMANN: Reconstructing the Glass Bead Game. On the Philosophy of Information, in: TripleC 8(2) 2010, S. 133–135.

ZIMMERMANN/WIEDEMANN 2010b = Simon M. WIEDEMANN, Rainer E. ZIMMERMANN: Topos der Materie, Neue Anleitung zum Glasperlenspiel. Im Druck.

ZUBKE 1996 = Friedhelm ZUBKE: Pädagogik der Hoffnung, Würzburg 1996.

ZUDEICK 1980 = Peter ZUDEICK: Die Welt als Wirklichkeit und Möglichkeit. Die Rechtfertigungsproblematik der Utopie in der Philosophie Ernst Blochs, Bonn 1980.

ZUDEICK 1985 = Peter ZUDEICK: Der Hintern des Teufels, Bühl-Moos 1985.

ZUDEICK 1987 = Peter ZUDEICK: Der Hintern des Teufels. Ernst Bloch – Leben und Werk, durchges. u. verb. Studienausg., Moos/Baden-Baden 1987.

ZWEIG 1989 = Stefan ZWEIG: Über Sigmund Freud, Frankfurt a. M. 1989.

ZYBER 2007 = Erik ZYBER: Homo utopicus. Die Utopie im Lichte der philosophischen Anthropologie, Würzburg 2007 (Trierer Studien zur Kulturphilosophie 15).

Verzeichnis der Mitarbeiterinnen und Mitarbeiter

Martin Blumentritt, Dr. phil., geb. 1954, freier Autor in Hamburg, Sprecher der Ernst-Bloch-Assoziation (EBA). Zahlreiche Aufsätze zu Bloch; *Begriff und Metaphorik des Lebendigen. Schellings Metaphysik des Lebens 1792–1809* (2007) und *Hegels dialektische Logik als Algebra der Kritik der Moderne* (2011).

Laura Boella, Dr. phil., geb. 1949, Professorin für Moralphilosophie an der Universität Mailand. Aktuelle Schwerpunkte: Das ethische Leben und sein Vor-Scheinen in der Empathie, in der Imagination. Zahlreiche Publikationen zu Bloch, Monographie: *Ernst Bloch. Trame della speranza"* (1987). Übersetzungen ins Italienische und Autorin von Einleitungen zu Werken Blochs: *Spuren* (1991), *Erbschaft dieser Zeit* (1992), *Geographica* (1993).

Ivan Boldyrev, Dr. phil., geb. 1984, Dozent an der Hochschule für Wirtschaftswissenschaften (Higher School of Economics) in Moskau. Schwerpunkte: Hegel, Romantik, Bloch und sein Kontext (insbesondere Lukács, Benjamin und Adorno). Zahlreiche russische Publikationen zu Bloch, Monographie: *Zeit der Utopie* (2012). Übersetzungen von Texten Blochs und Benjamins ins Russische.

Beat Dietschy, Dr. phil., geb. 1950, Geschäftsführer der entwicklungspolitischen Organisation „Brot für alle" (Bern), letzter persönlicher Mitarbeiter Ernst Blochs, Bearbeiter von „Tendenz – Latenz – Utopie" (Ergänzungsband zur Gesamtausgabe) und der Leipziger Vorlesungen, Bd. 1, Mitglied der Ernst-Bloch-Assoziation und der Ernst-Bloch-Gesellschaft. „Gebrochene Gegenwart. Ernst Bloch, Ungleichzeitigkeit und das Geschichtsbild der Moderne" (1978), Mitherausgeber von *Arbeitspolitik. Eine Debatte zur Zukunft der Arbeit* (2000), *Kein Raum für Gnade? Weltwirtschaft und christlicher Glaube* (2002), *Noche del mundo y razón utópica* (2003), zahlreiche Aufsätze zur Philosophie Blochs.

Heiko Hartmann, Dr. phil., geb. 1967, Honorarprofessor der Freien Universität Berlin, Mediävist und Leiter des Akademie Verlages Berlin, Mitglied der Ernst-Bloch-Assoziation, Studium der Philosophie u. a. bei Jürgen Teller in Leipzig. Zahlreiche Publikationen, u. a.

„Utopias/Utopian Thought", in: *Handbook of Medieval Studies. Terms – Methods – Trends*, hrsg. von Albrecht Classen, Berlin/New York 2010, und Rezensionen zur mittelalterlichen Literatur- und Kulturgeschichte, u. a. zu: Gregory Claeys: *Ideale Welten. Die Geschichte der Utopie*, Darmstadt 2011, in: Mediaevistik 24 (2011).

Wolfgang Fritz Haug, Dr. phil. habil., geb. 1936, bis 2001 Professor für Philosophie an der Freien Universität Berlin, wissenschaftlicher Leiter des Berliner Instituts für kritische Theorie (InkriT), Herausgeber der Zeitschrift *Das Argument*, der *Gefängnishefte* von Antonio Gramsci und des *Historisch-kritischen Wörterbuchs des Marxismus*. Zahlreiche Schriften, in denen seit den 1960er-Jahren weniger über als mit Bloch gedacht wird.

Hans Heinz Holz, Prof. Dr. Dr. hc. (1927–2011), Professor für Philosophie an der Universität Marburg von 1971–1978, danach bis zu seiner Emeritierung an der Universität Groningen, Mitherausgeber der philosophischen Zeitschrift *Topos* und der *Marxistischen Blätter*. Dissertation *Herr und Knecht bei Leibniz und Hegel* bei Ernst Bloch in Leipzig, *Logos spermatikos. Ernst Blochs Philosophie der unfertigen Welt* (1975), „Zum Problem eines spekulativen Materialismus" (in: *VorSchein* Nr. 30 „Polyphone Dialektik", 2008), Veröffentlichung eines Gesprächs mit Ernst Bloch: „System und Fragment" (2010). Zahlreiche Publikationen, u. a. zu Fragen der Dialektik, der Ästhetik und zu Leibniz.

Werner Jung, Prof. Dr., geb. 1955, Prof. für Neuere deutsche Literaturwissenschaft an der Universität Duisburg-Essen, Mitglied der Ernst-Bloch-Assoziation. Schwerpunkte: Literatur des 18. bis 21. Jahrhunderts, Ästhetik, Poetik, Literaturtheorie und Editionsphilologie. Verschiedene Aufsätze über Bloch und Lukács (in *VorSchein. Jahrbuch der Ernst-Bloch-Assoziation* und *Bloch-Almanach*). Letzte Monographien: *Heinrich Heine* (2010), *Literatur ist Konstruktion. Gespräche mit Schriftstellern* (2011).

Manfred Klein, Dr. phil., geb. 1965, Lehrbeauftragter an der Justus-Liebig-Universität Gießen, Dozent in der Erwachsenenbildung (VHS). Schwerpunkte: Geschichte der Philosophie, Religionsphilosophie, Philosophie in Literatur und Poesie, Ernst Bloch, Philosophie der Lebenskunst. Monographien: *Heimat als Manifestation des Noch-Nicht bei Ernst Bloch* (2007), *Über Anmut und Würde – Friedrich*

Schillers Abrechnung mit der Philosophie Immanuel Kants (2009), Aufsätze, z. B. *Prozess und Manifestation. Zu Ernst Blochs Ontologie des Noch-Nicht-Seins* (2008).

Gerd Koch, Prof. Dr. phil., geb. 1941, Diplom-Pädagoge, Groß- und Außenhandelskaufmann, Hochschullehrer i. R. in Berlin, im Vorstand der Ernst-Bloch-Gesellschaft bis 2010, Gründungsmitglied der Ernst-Bloch-Assoziation und der Ernst-Bloch-Gesellschaft. Herausgeber (mit R. E. Zimmermann) von *U-Topoi. Ästhetik und politische Praxis bei Ernst Bloch* (1996), Aufsätze: „Der ‚aufrechte Gang' (Ernst Bloch) als Ziel und Methode eingreifender politischer Bildung an verschiedenen Lernorten – nicht nur an der Schule" (1989), „Naturallianz in meiner Alltäglichkeit" (1999), „‚Ich bin. Aber ich habe mich nicht. Darum werden wir erst'" (2001) sowie Publikationen zur sozialen Kulturarbeit (Theater).

Wilfried Korngiebel, Dr. phil., geb. 1956, arbeitet im EDV-Bereich sowie als Dozent an Volkshochschulen im Ruhrgebiet. Mitgliedschaft: Ernst-Bloch-Assoziation, Ernst-Bloch-Gesellschaft, Leo-Kofler-Gesellschaft. Philosophische Schwerpunkte: Ungleichzeitigkeit, Globalisierung, Rassismus, Interkulturalität. Frühere Veröffentlichungen u. a.: *Bloch und die Zeichen* (1999). *‚... und die Erinnerung tragen wir im Herzen.' Briefe ehemaliger Zwangsarbeiter. Bochum 1942–1945* (2002, Mitherausgeber), *Stadt Land Burg. 18 geschichtliche Wanderungen im Ruhrgebiet* (2010, Ko-Autor).

Silvia Mazzini, Dr. phil., geb. 1979, freie Dozentin und Dramaturgin, Mitglied der Ernst-Bloch-Assoziation. Zahlreiche Aufsätze zur ästhetischen und politischen Philosophie Blochs. Mitgründerin der italienischen Initiative „Manifesto teatro" und der Assoziation I. F., beide inspiriert von der blochschen Philosophie. Monographie: *Für eine mannigfaltige mögliche Welt. Kunst und Politik bei Ernst Bloch und Gianni Vattimo* (2010).

Jan Rehmann, Dr. phil. habil., geb. 1953, Dozent am Union Theological Seminary, New York, Privatdozent am Philosophischen Seminar der Freien Universität Berlin. Schwerpunkte: Ideologietheorie, Nietzscheanismus, Poststrukturalismus, christlich-marxistischer Dialog, Weberianismus. Veröffentlichungen: *Max Weber: Modernisierung als passive Revolution. Kontextstudien zu Politik, Philosophie und Religi-*

on im Übergang zum Fordismus (1998), *Postmoderner Links-Nietzscheanismus. Deleuze & Foucault. Eine Dekonstruktion* (2004, italienische Ausgabe 2009), *Einführung in die Ideologietheorie* (2008, englische und italienische Ausgabe in Vorbereitung).

Hans-Ernst Schiller, Dr. phil. habil., geb. 1952, Professor für Sozialphilosophie und Ethik an der FH Düsseldorf. Promotion über Bloch (*Metaphysik und Gesellschaftskritik,* 1982), zahlreiche Aufsätze zu Bloch, teilweise gesammelt in: *Bloch-Konstellationen. Utopien der Philosophie* (1991). Jüngste Buchveröffentlichungen: *Das Individuum im Widerspruch. Zur Theoriegeschichte des modernen Individualismus* (2006), *Ethik in der Welt des Kapitals. Zu den Grundbegriffen der Moral* (2011).

Annette Schlemm, Dr. phil., geb. 1961, Physikerin und Philosophin, aktiv unter anderem in der „Zukunftswerkstatt Jena" und im Internet („Philosophenstübchen"-Website und -Blog). Buchveröffentlichungen, z. B. *Dass nichts bleibt, wie es ist …* (2 Bde. 1996), *Wie wirklich sind Naturgesetze? Auf Grundlage einer an Hegel orientierten Wissenschaftsphilosophie* (2005) und mehrfach Beiträge für *VorSchein. Jahrbuch der Ernst-Bloch-Assoziation*.

Volker Schneider, geb. 1954, Studium der Anglistik, Geschichte, Kunstgeschichte und Philosophie, Unternehmer und international tätiger Unternehmensberater, langjähriges Mitglied und Sprecher der Ernst-Bloch-Assoziation. Arbeitsgebiete: Gehirnforschung, Erkenntnistheorie, Leibniz, Hegel, Marx, Blochs Begriff der Substanz. Zahlreiche Aufsätze zur Philosophie Blochs, zuletzt „‚Licht aus Räuberherbergen' – Ernst Blochs Näherungen an den Substanzbegriff" (2010), „New Open Science. Rationality 2.0" in: Th. Botz-Bornstein: The Crisis of the Human Sciences: False Objectivity and the Decline of Creativity (Cambridge 2011). Aktuelles Projekt : Entwicklung einer ökonomischen Theorie geldlosen Wirtschaftens unter Einsatz und Verwendung blochscher Kategorien des Offenen.

Johan Siebers, Dr. phil., geb. 1967, Senior Lecturer, University of Central Lancashire und Affiliated Fellow, Institute of Germanic and Romance Studies, School of Advanced Study, University of London, Vizepräsident der Ernst-Bloch-Gesellschaft. Zahlreiche Aufsätze zur Philosophie Blochs, zu Metaphysik, spekulativer Philosophie, Sozialphilosophie, Sprach- und Kommunikationsphilosophie. Monographie: *The Method of Speculative Philosophy* (2002).

Peter Thompson, PhD, geb. 1960, Dozent für deutsche Politik und Philosophie an der Universität Sheffield (GB) und Direktor des Centre for Ernst Bloch Studies ebendort. Hauptinteressen: Marx, Bloch und die Anthropologie. Monographie: *The Crisis of the German Left* (2005) sowie Aufsätze zu Ernst Bloch wie „The Quantum Mechanics of Hope. An Introduction to Ernst Bloch's Atheism in Christianity" (2009), „Heimatlos zu Hause: Bloch, Žižek and the Dislocated Heimat" (2009), „Worin noch niemand war: The GDR as retrospectively imagined community" (2011).

Francesca Vidal, PD Dr. phil. habil., geb. 1959, Kulturwissenschaftlerin, Wissenschaftliche Mitarbeiterin im Institut für Philosophie der Universität Landau, Präsidentin der Ernst-Bloch-Gesellschaft (EBG), Herausgeberin des Jahrbuchs der EBG. Monographien: *Kunst als Vermittlung von Welterfahrung. Zur Rekonstruktion der Ästhetik von Ernst Bloch* (1994), *Rhetorik des Virtuellen. Die Bedeutung rhetorischen Arbeitsvermögens in der Kultur der konkreten Virtualität* (2010), zahlreiche Aufsätze zur Philosophie Blochs.

Doris Zeilinger, Dr. phil., geb. 1955, Lehrerin in Nürnberg, Sprecherin der Ernst-Bloch-Assoziation (EBA), Herausgeberin des EBA-Jahrbuchs *VorSchein*, Gründungsmitglied der EBA (1985) und des Instituts für Design-Science e.V. München (2007). Zahlreiche Arbeiten zu Bloch, u.a.: *Die Kategorienlehre Ernst Blochs und ihr Theorie-Praxis-Begriff* (1981), *Wechselseitiges Ergreifen. Ästhetische und ethische Aspekte der Naturphilosophie Ernst Blochs* (2006); letzte Aufsätze: „Zum Stand der Naturphilosophie im Prinzip Hoffnung" (2009), „Substanz bei Hegel und Bloch" (2011), „Georg Lukács en Ernst Bloch – Geschiedenis en klassenbewustzijn als kristallisatiepunt" (2011).

Rainer E. Zimmermann, Dr. rer. nat., Dr. phil. habil., geb. 1951, Professor für Philosophie an der Hochschule München, Life Member of Clare Hall, Cambridge (UK), Vorsitzender des Vorstands und Wissenschaftlicher Direktor des Instituts für Design Science e.V. München, Mitherausgeber der Schriftenreihe des Instituts, u.a. Mitglied der Ernst-Bloch-Assoziation und der Ernst-Bloch-Gesellschaft. Zahlreiche Arbeiten zu Bloch, darunter *Subjekt & Existenz. Zur Systematik Blochscher Philosophie* (2001).

Peter Zudeick, Dr. phil., geb. 1946, Journalist, Gründungsmitglied der Ernst-Bloch-Assoziation und der Ernst-Bloch-Gesellschaft. *Die Welt als Wirklichkeit und Möglichkeit. Die Rechtfertigungsproblematik der Utopie in der Philosophie Ernst Blochs* (1980), *Der Hintern des Teufels. Ernst Bloch – Leben und Werk* (1987); mehrere Aufsätze zur Philosophie Ernst Blochs. Außerdem: *Alternative Schulen* (1985); *Nietzsche für Eilige* (2005); *Tschüss, ihr da oben: Vom baldigen Ende des Kapitalismus* (2009).

Register

Verzeichnet sind nur die im Text genannten und behandelten Personen. In Quellenbelegen und Literaturhinweisen angeführte Namen finden sich in der Gesamtbibliographie.

Abälard, Peter 246, 303
Abu Sulayman al-Sijistani 379
Adorno, Theodor W. 23, 134f., 142, 153, 209, 260, 328f., 409, 513, 670–672
Agamben, Giorgio 415
Aischylos 369, 624
Albertus Magnus 132
Alembert, Jean le Rond de 351
Alexander der Große 636
Alkidamas 361
Amos (AT) 42
Anaximander 266, 541
Anaximenes 266, 541
Anders, Günther 210
Andreae, Johann Valentin 639
Angelus Silesius (Johann Scheffler) 43f.
Antiphon 361
Aphrodisias, Alexander von 493
Aragon, Louis 34
Aristipp 362, 368
Aristonikos 636
Aristophanes 638
Aristoteles 14, 61, 63, 104, 116, 128, 132, 145f., 186, 191, 228, 233, 235, 266f., 271, 274, 277, 287–290, 296, 302f., 306, 308, 325, 327, 362, 375–381, 395, 399, 401f., 404f., 417, 450, 483, 488, 492f., 504, 514, 541f., 546, 568–570, 576–578, 635, 653, 673
Artemidor 578
Augustinus, Aurelius 106, 116, 118, 193, 195, 217, 232, 411, 415, 450, 673

Averroës 267, 271, 335, 338, 379, 386, 398, 450, 493, 576
Avicebron 267, 271, 380
Avicenna 205, 267, 271, 335, 493, 576

Baader, Franz von 339, 435
Babeuf, François Noël 641
Bach, Johann Sebastian 624
Bachmann, Ingeborg 209
Bacon, Francis 63, 156, 272, 350f., 571, 639, 663
Bacon, Roger 132
Badiou, Alain 280, 413
Ball, Hugo 607
Baudelaire, Charles 509
Bauer, Bruno 106
Bauer, Otto 318
Baumgarten, Alexander Gottlieb 16, 665
Beethoven, Ludwig van 33, 313, 415, 475
Behrens, Roger 632
Bellamy, Edward 640, 643
Benedikt XVI. 195
Benhabib, Seyla 172, 186
Benjamin, Walter 23f., 31, 142f., 409, 482, 509, 513, 604, 624, 628, 671
Bense, Max 209, 467
Bergerac, Cyrano de 644
Bergson, Henri 78, 414, 437, 442, 445, 559
Bhatti, Anil 630f.
Biermann, Wolf 209
Blanqui, Louis-Auguste 641
Bloch, Jan Robert 208, 401
Blood, Benjamin Paul 312

Boccaccio, Giovanni 671
Boethius, Anicius T. Severinus 246, 362, 514
Bogdanov, Alexander Alexandrowitsch 474
Böhme, Hartmut 351f.
Böhme, Jakob 62f., 165f., 272, 384, 435, 523, 585
Bolz, Norbert 58
Bonaventura (Johannes Fidanza) 62
Bothner, Roland 394
Boyle, Robert 213
Bradbury, Ray 646
Braun, Eberhard 248, 333, 373
Brecht, Bertolt 25, 30, 34f. 179, 198, 329, 671f.
Bridgman, Percy 336
Bruckner, Anton 33
Brumlik, Micha 170, 182, 186
Brunner, Otto 178
Bruno, Giordano 62, 138, 267, 271, 274, 278, 312, 345, 348, 352, 380, 398, 402, 418, 450
Buber, Martin 52, 659
Budé, Guillaume 634
Buhr, Manfred 209, 560
Bulwer-Lytton, Edward George 640
Burschell, Friedrich 628
Butler, Samuel 641, 645

Cabet, Etienne 642
Campanella, Tommaso 411, 639, 660
Camus, Albert 589
Carus, Carl Gustav 597
Caysa, Volker 665
Chagall, Marc 420
Chakravorty Spivak, Gayatri 632
Chirico, Giorgio de 34
Christensen, Ralf 179, 369
Christie, Agatha 509
Chrysippos 417

Cicero, Marcus Tullius 84, 116, 192, 232, 325, 362
Cohen, Hermann 452, 559
Comte, Auguste 39
Condorcet, Antoine C. Marquis de 473, 591, 593
Cromwell, Oliver 639
Cunico, Gerardo 209, 388

Darwin, Charles 327, 341, 598
Daxner, Michael 186
Deleuze, Gilles 399, 413
Demokrit 39, 266, 271, 402, 449, 484, 490
Derrida, Jacques 413
Descartes, René 14–16, 63f., 195, 268, 303, 404, 418, 450, 515, 542, 557
Diderot, Denis 473
Dieckmann, Friedrich 171
Dietschy, Beat 4, 334, 399, 402
Dilthey, Wilhelm 53, 275, 298, 600
Dimitroff, Georgi 478
Diodorus Kronos 302
Dostojewski, Fjodor Michajlowitsch 4
Doyle, Arthur Conan 509
Dussel, Enrique 632
Dutschke, Rudi 209

Eckhart (Meister E.) 43, 62, 165, 233
Ehricht, Hans-Reiner 327, 375
Einstein, Albert 336, 353, 497, 544f., 673f.
Eisler, Hans 30
Emmerich, Wolfgang 628
Engels, Friedrich 7f., 69, 110, 141, 167, 256, 272, 285, 288, 295, 298, 301, 354–356, 359, 383f., 430, 437, 473f., 476, 484, 490, 493, 506, 520, 553, 560, 572, 595f., 643f., 650, 653, 661
Epiktet 362

Epikur 3, 104, 146, 362
Erasmus von Rotterdam
  147f., 634, 638
Erdheim, Mario 620f., 629
Ernst, Paul 671
Euhemeros 637
Euklid 274, 342, 354, 357, 450,
  452, 454
Eustratius 570

Fahrenbach, Helmut 194
Fest, Joachim 662f.
Feuerbach, Ludwig 4, 38–40, 43,
  45, 88, 106, 110, 167, 176,
  255f., 258, 299, 480, 521,
  525, 573
Fichte, Johann Gottlieb 4, 65,
  213, 330, 364, 369, 451, 465,
  473, 516, 539, 543, 557,
  571, 573
Flaubert, Gustave 57
Foucault, Michel 186
Fourier, Charles 641–643
Franck, Sebastian 112
Frank, Philipp 336
Frei, Bruno 248
Freud, Sigmund 11, 181f., 202f.,
  406, 428, 578, 579–581, 620
Freyer, Hans 657–660
Frisch, Max 171
Frobenius, Leo 139
Frohschammer, Jakob 416
Fromm, Erich 92
Früchtl, Josef 666
Fukuyama, Francis 661

Gadamer, Hans-Georg
  23, 413, 665
Galilei, Galileo 268, 325, 352
García Canclini, Néstor 631
Gekle, Hanna 203, 398, 620
Giotto (di Bondone) 421
Givsan, Hassan 388
Godwin, Francis 644
Goethe, Johann Wolfgang von
  4, 36, 58, 60, 73, 162, 174,
  181, 242, 339, 499, 510,
  523f., 586, 597, 624
Gollwitzer, Helmut 45, 194
Görner, Rüdiger 171
Gottsched, Johann Christoph 14f.
Gracián, Baltasar 15
Gramsci, Antonio 8, 12, 255, 474,
  477f., 482f.
Grass, Günter 209
Grimm, Jacob 162, 190
Grimm, Wilhelm 162, 190
Grotius, Hugo 362
Günther, Hans 601, 618, 628

Habermas, Jürgen 268, 399,
  487, 662
Haeckel, Ernst 39f.
Hamann, Johann Georg 4
Hamilton, William 233
Hamsun, Knut 330, 584
Hardt, Michael 369
Harrington, James 639
Hartmann, Eduard von 221f.
Hartmann, Nicolai 303–306,
  498
Hawking, Stephen William 453
Hebel, Johann Peter 187, 248
Hegel, Georg W. Friedrich 4, 6,
  16, 21f., 25, 27f., 31, 36, 40,
  52–54, 60, 62f., 65–68,
  70–77, 79–82, 84, 86–88,
  91f., 106, 115, 130, 134–136,
  138f., 146, 149, 155, 164,
  167, 199, 201f., 213, 221,
  236, 243, 248, 251, 260f.,
  271f., 277, 282, 285–287,
  295f., 298f., 310, 312, 321,
  329, 333, 338f., 345, 347,
  364f., 379, 383–385, 387f.,
  391, 402, 413, 415, 419,
  436–438, 440, 445, 451, 453,
  458, 466, 473, 482, 486f.,
  490, 492, 494f., 517–521,
  523–525, 529, 538–540,
  543f., 546–550, 561, 564f.,
  571–573, 576, 583, 587,

592f., 595, 602, 611, 625, 644, 647, 653, 655, 661f., 665, 667f., 670, 673f.
Heidegger, Martin 23, 39, 52, 93, 162, 196, 233, 280, 405, 410f., 452, 509, 628, 665
Heimsoeth, Heinz 405
Heine, Heinrich 187, 594
Hekataios von Teos 637
Heraklit 60, 85, 243
Herder, Johann Gottfried 16, 39, 213, 593
Herzen, Alexander 69
Hesiod 190
Hess, Moses 594
Hesse, Hermann 628
Hippodamos von Milet 635
Hitler, Adolf 143, 482, 610, 662
Hobbes, Thomas 195, 268, 271, 402
Holbach, Paul T. Baron de 39, 358
Hölderlin, Friedrich 25, 171, 482, 516
Holz, Hans Heinz 243, 321, 350f., 366–369, 371, 375, 379, 388
Homer 578, 635–637
Horkheimer, Max 113, 135, 142
Hörz, Herbert 437, 522
Hotho, Heinrich Gustav 21
Humboldt, Wilhelm von 213
Hurbon, Laënnec 632
Husserl, Edmund 108, 490, 559
Huxley, Aldous 646

Israel, Joachim 92

Jacobi, Friedrich Heinrich 503, 515
Jäger, Alfred 375, 380, 387
James, William 312f., 316, 413
Jameson, Frederic 4, 10
Jaspers, Karl 52, 304
Jean Paul (Johann P. F. Richter) 56, 621
Jefferson, Thomas 362

Jesaja (AT) 42
Jesus von Nazareth 43, 47, 112, 147, 193, 195, 412, 599, 651
Joachim von Fiore 152, 286, 411, 476
Johannes Duns Scotus 62, 288, 570
Johannes Scotus Eriugena 380, 450
Johnson, Uwe 209
Jonas, Hans 210, 663
Joyce, James 34
Jung, Carl Gustav 4, 580

Kamlah, Wilhelm 657
Kant, Immanuel 4, 16–20, 31, 36, 64f., 70, 103–108, 113–115, 117–120, 122, 126, 128, 130, 133, 148f., 154–156, 166, 190, 195–197, 202f., 213, 221, 223, 268, 283, 290, 295, 297f., 302f., 325, 328, 339, 347f., 385, 398f., 407, 418f., 451, 458, 465, 473, 487, 495, 497, 516, 543, 546, 557, 571, 573, 576, 578, 591, 593, 639, 667, 670, 674
Kassander von Makedonien 636f.
Kauffman, Stewart 401
Kaus, Rainer J. 181
Kautsky, Karl 248
Kempski, Jürgen von 372
Kepler, Johannes 644
Kierkegaard, Sören 4, 52, 59, 93, 162, 167, 195f., 406, 598f., 606
Kimmerle, Heinz 209
Kimminich, Eva 173
Klages, Ludwig 4
Klatt, Gudrun 58
Klaus, Georg 560
Klee, Paul 143
Kluge, Alexander 628
Kolumbus, Christoph 638
Kondylis, Panaiotis 380, 384
Koselleck, Reinhart 590, 629

Kosik, Karel 92
Kracauer, Siegfried 334, 620, 665
Krauss, Werner 199
Krenek, Ernst 628
Külpe, Oswald 467, 603
Künast, Renate 171
Küng, Hans 45f.

Landauer, Gustav 650
Laski, Harold 313
Lefebvre, Henri 92
Lehmann, Günther K. 57f.
Leibniz, Gottfried Wilhelm 16, 61, 64, 79, 165, 203, 213, 222, 233–235, 251, 268, 286, 288f., 296, 303, 351, 381, 404f., 450f., 457f., 488, 493, 495f., 500f., 503f., 515, 543, 546f., 555–557, 561, 564f., 617, 673f.
Lenin, Vladimir Iljic 7, 69, 185, 248, 254–256, 261, 288, 297, 317–319, 474, 477, 485, 494, 595
Lessing, Gotthold Ephraim 39, 213
Leukipp 266, 449
Levy, Ze'ev 50
Lichtenberg, Georg Christoph 510
Liebknecht, Karl 249
Locke, John 362, 488, 597
London, Jack 645
Lotze, Friedrich Hermann 107, 312
Lukács, Georg 23–25, 29f., 32, 52–54, 57, 69, 72, 84, 91f., 97f., 215, 248, 250f., 259, 263, 291, 304–306, 309f., 319, 326, 334, 340, 388, 397, 495, 535, 559f., 605, 611, 613, 618, 622, 628, 652, 670–672
Lukian 638, 644
Lunatscharski, Anatoli Wassiljewitsch 474

Luther, Martin 4f., 84, 147f., 233, 325, 476
Luxemburg, Rosa 7, 249, 251, 560
Lykrophon 361
Lyotard, Jean-François 24

Mahler, Gustav 33, 234
Maimonides, Moses 50
Mann, Klaus 628
Mannheim, Karl 601, 658
Marc Aurel 362
Marc, Franz 407
Marcel, Gabriel 195f.
Marcuse, Herbert 92, 661
Marcuse, Ludwig 628
Markov, Walter 263
Marković, Mihailo 92
Markun, Silvia 388, 401
Marsch, Wolf-Dieter 194, 282
Martyr von Angleria 638
Marx, Karl 5f., 8f., 11, 30, 39f., 54, 58, 68, 76, 84, 88–92, 94f., 98f., 101, 106, 110, 112f., 130, 134f., 138f., 141, 143, 149f., 156, 167, 176, 184f., 187, 196, 202, 205, 207, 223, 241, 247f., 250–260, 263f., 272, 276f., 291f., 299, 305, 307f., 310, 317, 325f., 340, 344, 355f., 359, 368, 423, 437, 444, 448, 458, 465, 473f., 484, 489, 495, 506, 520–522, 525–528, 534, 540, 544, 549, 558, 560, 566f., 572–574, 579, 586f., 594–597, 602, 610, 615–617, 619, 643f., 651–653, 655f., 659, 661f., 674, 678
May, Karl 55
Mehring, Franz 560, 607
Mercier, Louis-Sébastian 640
Metz, Johann Baptist 46f., 503
Mignolo, Walter 632
Mirabeau (Honoré Gabriel de Riqueti) 473

Mitzscherlich, Beate 170
Modersohn-Becker, Paula 170
Mohl, Robert von 657
Moltmann, Jürgen 4, 49, 194, 583
Montaigne, Michel 384
Morin, Edgar 312, 353
Morris, William 642f.
Morus, Thomas 112, 286, 411, 634–636, 638f., 657f., 660
Moses (AT) 42, 651
Mozart, Wolfgang Amadeus 33
Münster, Arno 53, 331
Münzer, Thomas 41, 143, 147, 150, 152, 154, 156f., 190, 236, 334, 461, 475f., 523, 604, 609, 624, 651, 678

Nearchos 636
Negri, Antonio 369
Negt, Oskar 252, 367f., 616, 628
Neher, André 50
Nehru, Jawaharlal 630
Nenning, Günter 265
Neusüss, Arnhelm 657
Newton, Isaac 268, 370, 450f., 530, 533, 674f.
Nietzsche, Friedrich 4, 23, 35, 39f., 57, 85, 107, 110, 114f., 120, 124, 167, 215, 276, 288, 405, 415, 420, 467f., 598, 604, 608, 626
Nikolaus von Kues (Cusanus) 62, 233, 346, 395
Nipperdey, Thomas 660
Novalis (Friedrich von Hardenberg) 213, 337f., 352, 420, 435, 510, 557, 592

Oken, Lorenz 213
Opitz, Martin 14
Orwell, George 646
Ovid (Publius Ovidius Naso) 368
Owen, Robert 642f.

Paine, Thomas 362
Pannenberg, Wolfhart 48

Paracelsus (Philippus A. T. B. von Hohenheim) 343, 347f., 458, 461f.
Parmenides 51, 298, 449
Pauen, Michael 375
Paulus (NT) 5, 145, 147, 193
Peirce, Charles Sanders 413
Persson, Christer 384
Petrović, Gajo 92
Petrus Hispanus 246
Phaleas von Chalkedon 635
Pindar 190
Pinder, Wilhelm 599–601, 613, 623, 628
Platon 51, 61, 104f., 116, 132, 145, 161, 191, 241, 266, 311, 368, 375f., 405, 415, 417, 450, 484, 490, 541, 546, 587, 635–640, 653, 658–660
Plechanow, Georgi Walentinowitsch 156
Plotin 61, 266, 418, 432, 569
Poe, Edgar Allan 509
Popper, Karl 659f., 662
Prigogine, Ilya 350, 401
Proklos 61
Protagoras 362
Proust, Marcel 34
Pufendorf, Samuel von 362

Quaas, Georg 522
Quijano, Anibal 632

Raimundus Lullus 351
Ratschow, Carl Heinz 47–49
Raulet, Gérard 209, 356, 389, 394, 401
Rehmann, Jan 258
Rembrandt (R. Harmensz van Rijn) 671
Ricardo, David 5
Rickert, Heinrich 4, 53, 108, 135, 602, 646
Riedel, Manfred 71, 244
Riehl, Wilhelm Heinrich 177
Rochhausen, Rudolf 269

Roeder von Diersburg, Egenolf 379
Rosa, Hartmut 631
Rosenzweig, Franz 50
Rothacker, Erich 298
Rousseau, Jean-Jacques 85f., 133, 170, 276, 473, 591
Rubens, Peter Paul 671
Ruge, Arnold 184, 207, 594, 656
Rühle, Jürgen 263f.

Saage, Richard 662f.
Saint-Simon, Henri de 641
Samjatin, Jewgeni 646
Sartre, Jean-Paul 84, 93f., 327, 359, 392, 413, 418, 589
Savigny, Friedrich Carl von 363
Scaliger, Julius Caesar 14
Schaff, Adam 92
Scheler, Max 108, 121, 314
Schelling, Friedrich W. Joseph 18, 20, 23, 25, 62, 65f., 71f., 75, 79, 82, 98, 138, 165f., 213, 221f., 233f., 273f., 325f., 330f., 334f., 338, 364, 375, 383, 385, 387–391, 393, 401, 435f., 438, 441, 451, 465, 482, 487, 503, 516–518, 524, 539, 542–544, 547, 553f., 557, 585, 592f., 597, 602, 653, 662, 667, 670
Schelsky, Helmut 211, 662f.
Schiemann, Gregor 375
Schiller, Friedrich 16, 19, 31, 58, 86, 325, 339, 665, 667
Schlegel, Friedrich 435, 510, 591, 594
Schliemann, Heinrich 181
Schmidt, Alfred 327, 375
Schmidt, Burghart 58, 171, 367, 375, 388, 392, 401, 668
Schmied-Kowarzik, Wolfdietrich 330
Schnabel, Johann Gottfried 640
Schönberg, Arnold 33

Schopenhauer, Arthur 4, 23, 163, 167, 221f., 405, 546, 588, 667
Schumacher, Joachim 628
Schwartz, Frederic J. 601
Scotus, Michael 380
Seidel, Helmut 522
Seneca, Lucius Annaeus 104, 192, 362
Sesink, Werner 520
Sextus Empiricus 362
Shakespeare, William 384, 624
Siger von Brabant 39, 493
Simmel, Georg 53f., 91, 489
Simons, Eberhard 399
Smith, Adam 5
Sokrates 61, 114f., 143, 145f., 376
Sorel, Georges 156
Sousa Santos, Boaventura de 623
Spengler, Oswald 139, 320, 600
Spicker, Gideon 233
Spinoza, Baruch de 11, 39, 63f., 195, 220, 247, 267, 274, 312, 325, 338, 345, 358, 369, 377, 381–383, 388–390, 395, 398, 400–402, 405, 450, 458, 500, 503, 542f., 546–549
Spranger, Eduard 170
Stalin, Josef 109, 254–256, 261, 317f.
Stirner, Max 106
Strindberg, August 671
Sue, Eugene 110

Teilhard de Chardin, Pierre 49
Thales 266, 541, 546
Theopompos von Chios 636
Theunissen, Michael 52
Thomas von Aquin 116, 132, 194, 232f., 325, 362, 380, 493, 542, 555
Thukydides 635
Tillich, Paul 39, 658
Tomuschat, Christian 173
Troller, Stefan Georg 181f.
Trotzki, Leo 474

Register

Türcke, Christoph 171
Tylor, Edward Burnett 597

Ueding, Gert 666
Uhl, Elke 594

Valdés Garzón, Ernesto 372
Vergil (Publius V. Maro) 578
Verne, Jules 637, 644f.
Vespucci, Amerigo 638
Vico, Giambattista 15f.
Virilio, Paul 631
Volder, Burchard de 556
Voltaire (François-Marie Arouet) 473
Voßkühler, Friedrich 389

Wagner, Richard 33, 475
Waldseemüller, Martin 638
Walser, Martin 209
Washington, George 314
Weber, Max 110f., 604
Weill, Kurt 179
Wellershoff, Dieter 666
Wells, Herbert George 645

Weyl, Hermann 491
Whitehead, Alfred North 413, 437, 467
Wieland, Christoph Martin 362
Wilhelm von Ockham 62, 515, 570
Wilson, Woodrow 109, 314f., 607
Winckelmann, Johann Joachim 16, 18
Windelband, Wilhelm 53, 466
Wolf, Christa 209
Wolff, Christian 15, 165, 213
Worringer, Wilhelm 331
Wuilmart, Françoise 174, 178
Würger-Donitza, Wolfgang 279

Yoshida, Haruyo 323

Zeilinger, Doris 278, 398, 401
Zenon von Elea 60, 146, 378, 417, 504
Zimmermann, Rainer E. 331, 338
Zudeick, Peter 375, 379, 384f., 387, 398

www.ingramcontent.com/pod-product-compliance
Lightning Source LLC
Chambersburg PA
CBHW070252240426
43661CB00057B/2539